中国考古学会

1979

《中国考古学年鉴》编辑委员会

中国社会科学年鉴

中国考古学年鉴 2016

YEARBOOK OF ARCHAEOLOGY IN CHINA

中国考古学会 编

中国社会科学出版社

图书在版编目（CIP）数据

中国考古学年鉴．2016／中国考古学会编．—北京：中国社会科学出版社，2017．11

ISBN 978－7－5203－1492－3

Ⅰ．①中…　Ⅱ．①中…　Ⅲ．①考古学—中国—2016—年鉴　Ⅳ．①K87－54

中国版本图书馆 CIP 数据核字（2017）第 280180 号

出 版 人　赵剑英
责任编辑　孙铁楠
责任校对　林福国
责任印制　张雪娇

出　　版　中国社会科学出版社
社　　址　北京鼓楼西大街甲 158 号
邮　　编　100720
网　　址　http://www.csspw.cn
发 行 部　010－84083685
门 市 部　010－84029450
经　　销　新华书店及其他书店

印刷装订　三河市东方印刷有限公司
版　　次　2017 年 11 月第 1 版
印　　次　2017 年 11 月第 1 次印刷

开　　本　787×1092　1/16
印　　张　48.25
插　　页　10
字　　数　1264 千字
定　　价　308.00 元

云南江川甘棠箐旧石器遗址——甘棠箐遗址远眺

云南江川甘棠箐旧石器遗址
——考古队员在用RTK测量出土标本

云南江川甘棠箐旧石器遗址
——遗址出土石器

江苏兴化、东台蒋庄遗址——良渚文化墓地局部（由西向东）

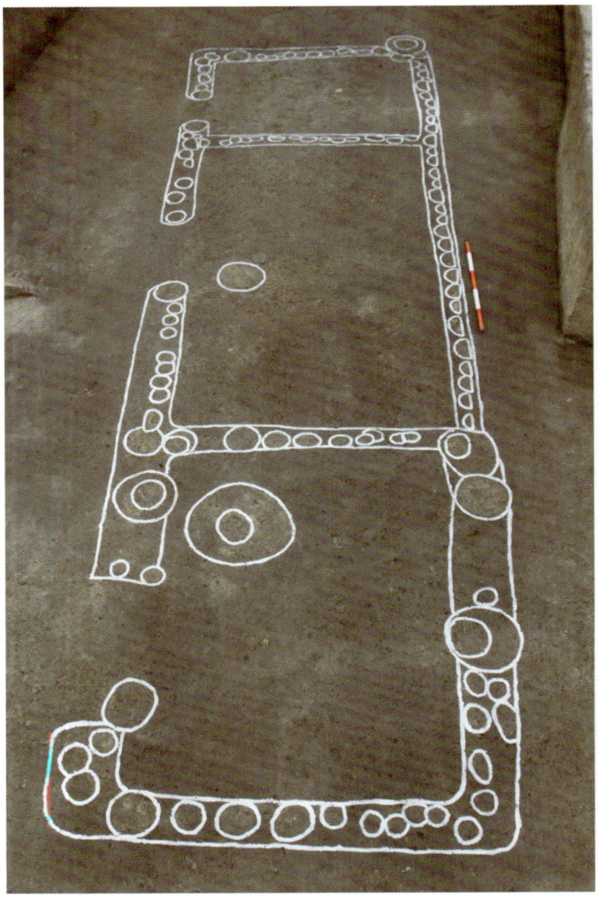

江苏兴化、东台蒋庄遗址——F3（良渚，由东向西）

江苏兴化、东台蒋庄遗址
——M45（良渚，由北向南）

江苏兴化、东台蒋庄遗址——M110 组合（良渚）

江苏兴化、东台蒋庄遗址——足部穿孔陶鼎（良渚）

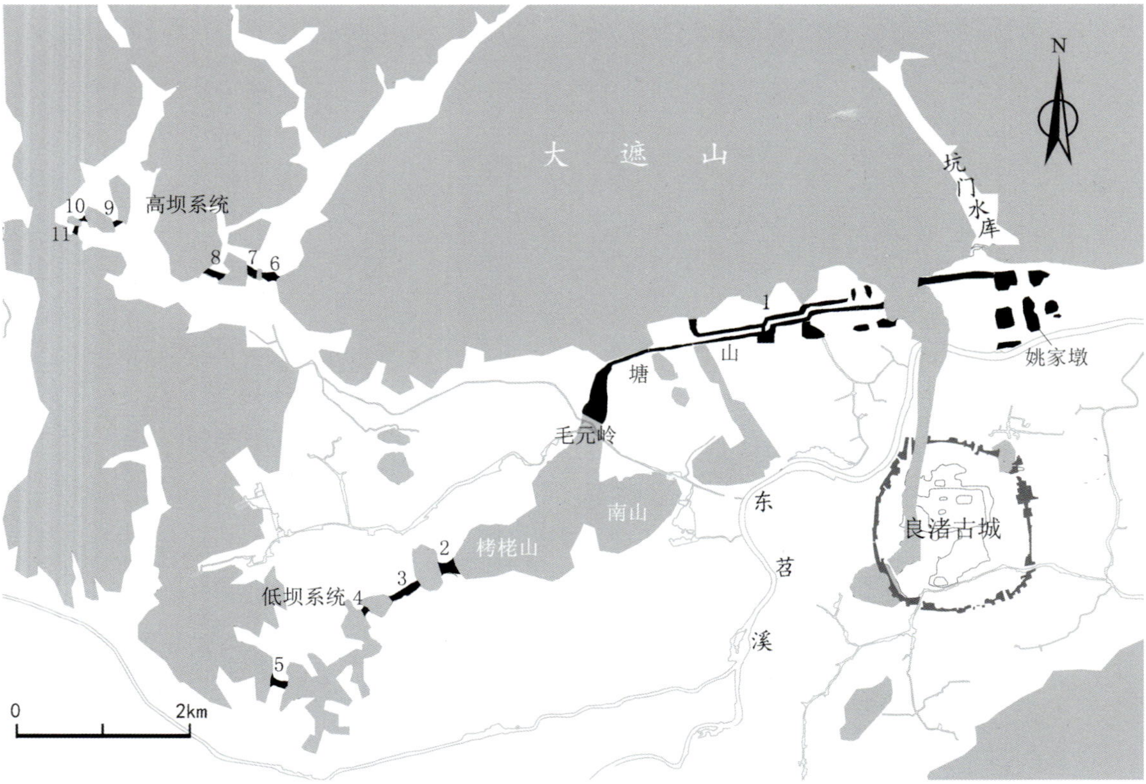

浙江余杭良渚古城外围大型水利工程的调查与发掘——良渚古城及外围水利系统结构图

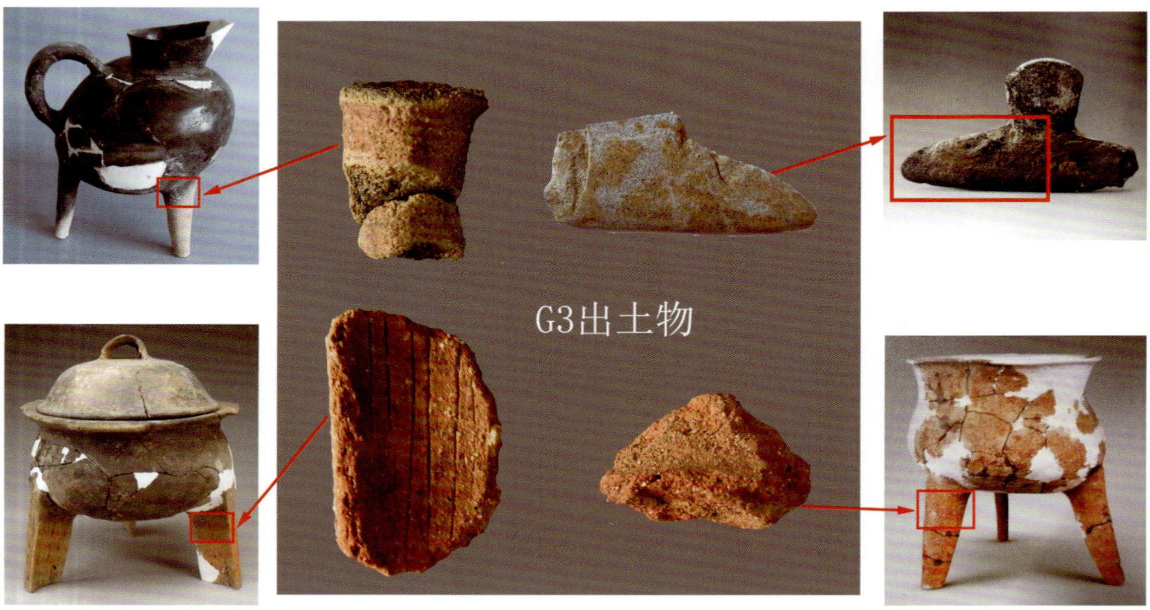

浙江余杭良渚古城外围大型水利工程的调查与发掘—— 老虎岭 G3 出土的良渚文化遗物

海南东南部沿海地区新石器时代遗存——英墩遗址贝壳堆积

海南东南部沿海地区新石器时代遗存——桥山遗存出土陶器

陕西宝鸡周原遗址——凤雏三号建筑基址航拍

陕西宝鸡周原遗址——立石、铺石遗迹正射影像

陕西宝鸡周原遗址
——镶嵌绿松石的青铜车軎及轴饰

湖北大冶铜绿山四方塘遗址墓葬区——四方塘遗址墓葬区全景（由北向南）

湖北大冶铜绿山四方塘遗址墓葬区
——M1 出土器物

湖北大冶铜绿山四方塘遗址墓葬区
——M1 全景（由北向南）

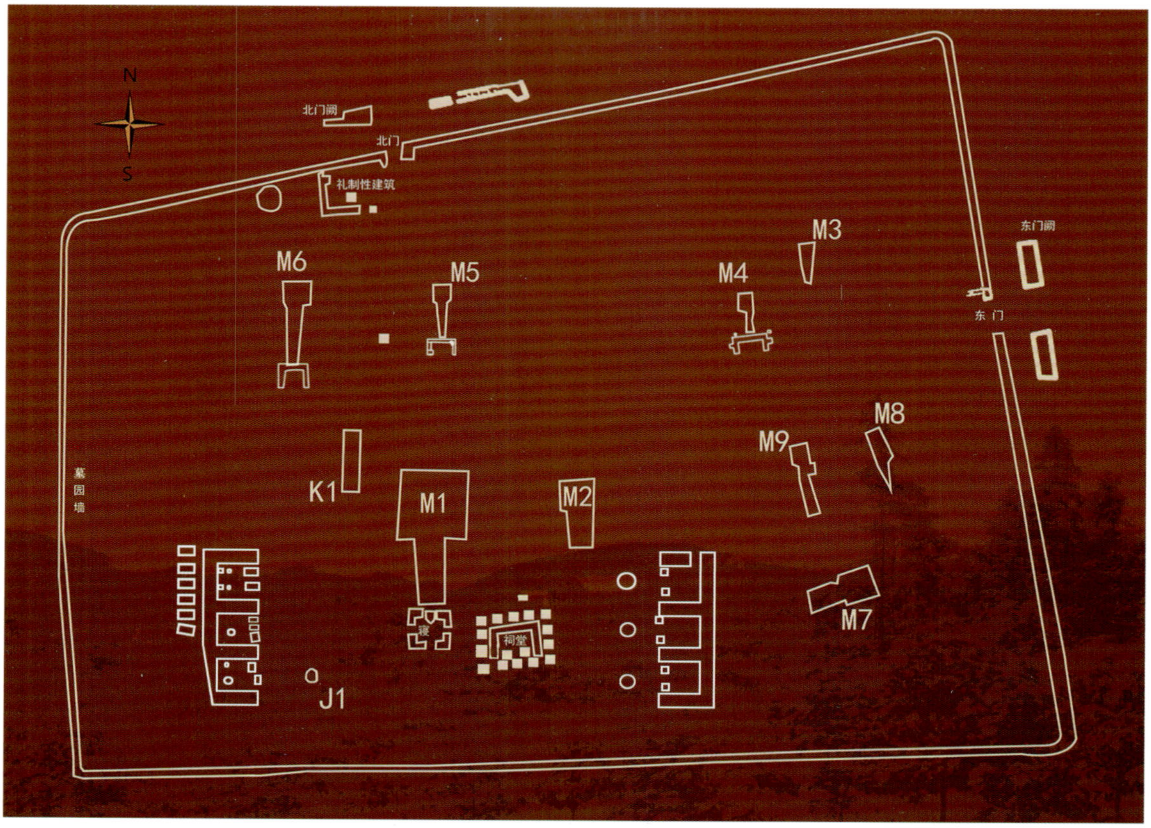

江西南昌西汉海昏侯刘贺墓——墓园结构

江西南昌西汉海昏侯刘贺墓——“昌邑籍田”铜鼎

江西南昌西汉海昏侯刘贺墓——三子奁

江西南昌西汉海昏侯刘贺墓——二十五弦瑟

江西南昌西汉海昏侯刘贺墓——编钟出土现场

江西南昌西汉海昏侯刘贺墓——马蹄金与金饼

河南洛阳汉魏洛阳城太极殿遗址——汉魏洛阳城太极殿遗址与都城轴线（上南下北）

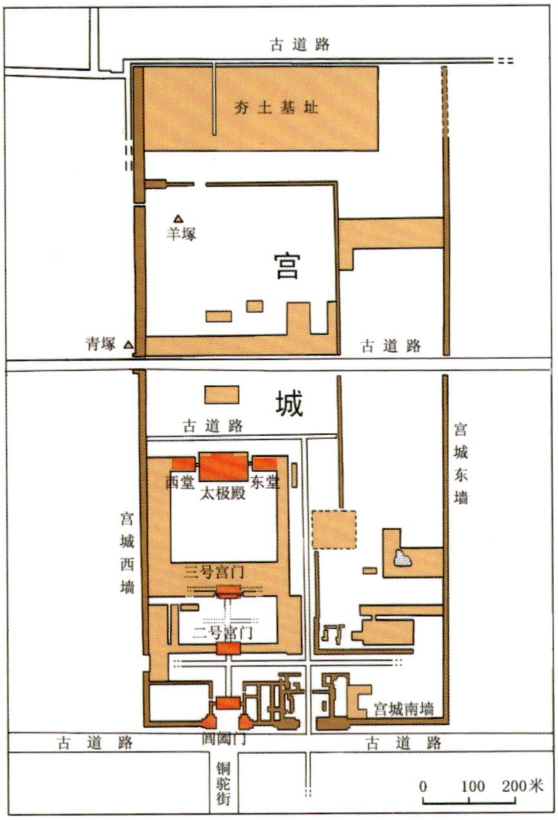

河南洛阳汉魏洛阳城北魏宫城平面示意图（上北下南）

河南洛阳汉魏洛阳城太极殿遗址——汉魏洛阳城太极殿出土铜莲花饰件

河南洛阳汉魏洛阳城太极殿遗址—— 汉魏洛阳城太极殿台基东壁（上南下北）

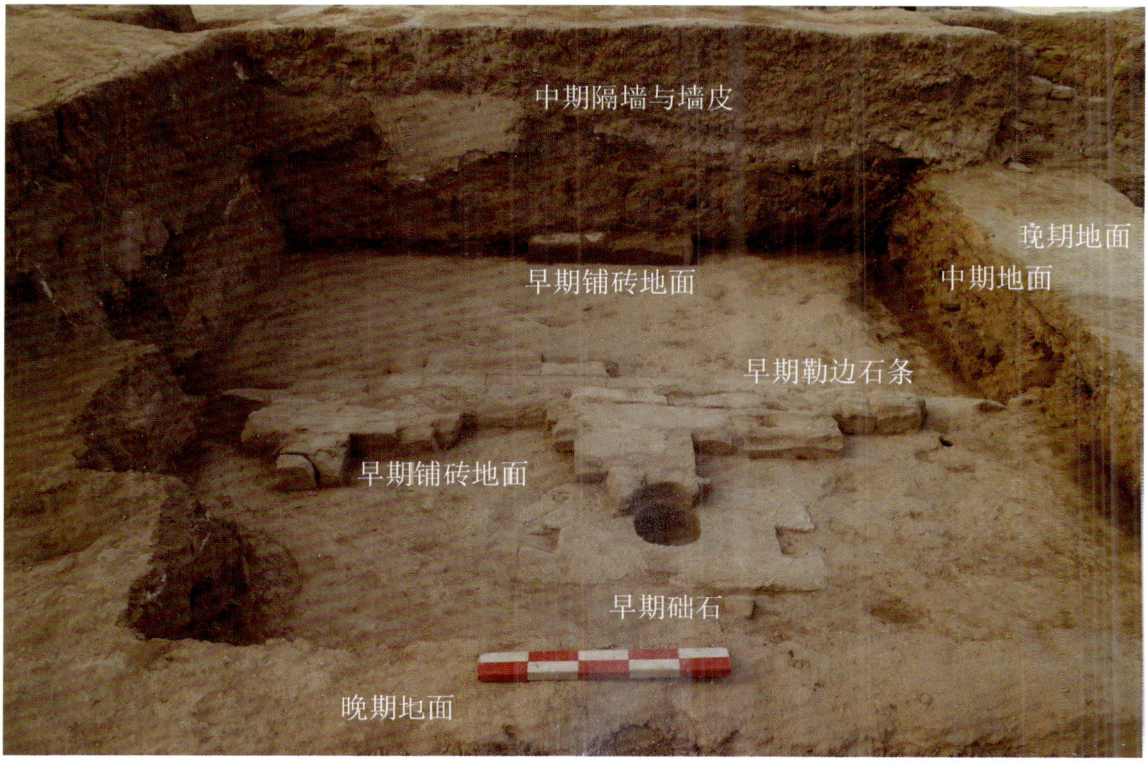

河南洛阳汉魏洛阳城太极殿遗址
——汉魏洛阳城太极东堂北侧早期遗迹（上南下北）

内蒙古多伦辽代贵妃家族墓葬——M2 墓室内

内蒙古多伦辽代贵妃家族墓葬——M2 出土瓷器

内蒙古多伦辽代贵妃家族墓葬——M2 出土玉配饰

内蒙古多伦辽代贵妃家族墓葬——M2 金花银高翅冠

目　　录

第一篇　考古学研究

第二篇　考古文物新发现

第三篇　学术会议

第四篇 对外学术交流

第五篇　考古教学

第六篇　逝世考古学家

第七篇　考古学文献资料目录

第八篇　大事记

第一篇

考古学研究

考古学理论:回顾与期望

陈　淳

26年前，张光直先生在为1991年出版的《时间与传统》所写的序中曾经写道："考古学理论在中国一向不大受人重视。最近两年来出版的《中国考古学年鉴》固然是对当代中国考古学研究活动很可靠的反映，而在这里面根本没有'考古学理论'这个范畴。可见，'理论'这件东西在当代中国的考古学研究活动中可以说没有什么地位"（[加]布鲁斯·炊格尔:《时间与传统》，蒋祖棣、刘英译，生活·读书·新知三联书店1991年版）。

现在可以告慰张先生的是，这个情况终于发生了变化。《中国考古学年鉴》将考古学理论列入其编辑范畴，表明我国考古学界已经认识到理论与实践的关系，以及理论对考古探索的指导作用。目前，随着材料的大量积累、科技手段的普遍应用、学科交叉的展开、各种探索问题的深入和细化，我国的考古学研究呈现出一派蓬勃兴旺的局面。但是，就像发掘出土的原始材料一样，用各种科技手段提炼的信息也是凌乱和不成体系的，需要通过整合和阐释才能将这些信息变为系统的历史知识。而这种整合和阐释过程也离不开考古学理论。目前，我国考古学研究显示出一种技术和方法快于理论的趋势。看上去，目前许多考古研究比过去那种描述和直觉表述"科学"多了，技术多样，数据分析翔实，提炼信息明确，但是或因问题意识不清，或因缺乏与其他背景材料和信息的充分整合，孤立的测试数据和分析结果仍然是碎片化的认识，许多重要的因果关系仍然扑朔迷离，历史真相仍然迷雾重重。因此，我国学界在加强科技手段的同时，还是应当学会用理论思考和问题导向来进行研究设计，对各种信息进行逻辑推理和论证，进而提出综合性的历史阐释。

本文意在回顾理论对于考古研究的意义和国际考古学理论的发展，并对我国考古学理论提出一些希望。

一　理论与科学研究

张光直先生对中国考古学漠视理论的原因进行了剖析。他认为，中国的传统史学本身就缺乏对历史学理论的系统讨论，借用黑格尔的话说，就是中国人只相信赤裸裸和明确的事实。加上受兰克学派"近代的历史学只是史料学"的影响，考古学也就特别注重材料的获取和考证，而不相信主观的理论，常以为理论不过是一种成见。他进而强调，与"资料""技术"和"方法"不同，"理论"是研究人类历史规律的总结，并指导具体的研究工作（[加]布鲁斯·炊格尔:《时间与传统》，蒋祖棣、刘英译，生活·读书·新知三联书店1991年版）。另一个原因，应该与我国考古学的学术定位有关，即将考古学看作是历史学的分支，好比车的两轮和鸟的两翼。以史学为依从和为史学服务的考古研究，其问题和答案都与历史有关，不需要理论的解释。这种倾向在古典考古学比较发达的欧洲国家或以色列的圣经考古中也很明显。

然而，考古对象的物质性使得这门学科更像是自然科学的研究，而与以文献为基础的历史研究有很大的不同。俄国考古学家利奥·克莱因（L. S. Klejn）指出，考古材料是物质遗存、器物和各种东西，并非是由语言锁定的概念。历史学家处理的是思想和语言领域的材料。文献资料处于历史学家相通的语言领域，但考古材料则不是，它们处在另一个领域。考古学家的任务就是要把考古材料（特别是它们的信息）转换到思想和语言的领域中来。考古学家所能理解的器物语言只是一种隐喻的表述。这种理解要将器物的语言转变为真实、普通和自然的语言，即一种词汇与概念、思想与关联的语言。这种转换的特别难处在于，不像民族志的器物，它们可以由当代土著提供解释，考古制品已是古物，它们的使用者早已不在，了解的线索早已切断（L. S. Klejn，“To Separate a Centaur：on the Relationship of Archaeology and History in Soviet Tradition.” *Antiquity*，67，1993）。

要解读物质遗存，并将其转换成历史的语言，这就涉及科学研究的基本原理或认识论的问题。认识论是指我们如何了解事物的真相，关注对人类知识性质及可信度的了解。认识论考察知识如何获取、知识中肯定性与或然性的不同程度，以及知识（具有某种程度的肯定性）和信念（缺乏肯定性）之间的区别。过去两千年中，存在两种对立的认识论取向，一是经验主义，强调感知的作用；另一种是理性主义，强调推理在认知中的重要作用（B. G. Trigger，“Archaeology and Epistemology：Dialoguing across the Darwinian Chasm.” *American Journal of Archaeology*，102（1），1998）。长期以来考古研究主要由经验主义的认识论所主导，而科学研究强调理性主义的认识论，在这两种认识论中理论的作用和地位完全不同。

经验主义研究是指凭直觉、常识和经验来对研究对象作想当然或貌似合理的解释。经验主义者认为，人类认识的对象是客观世界的具体事物或实体，它们独立于人们的主观意识而存在，主要依赖经验才能实现和完成这种认识。因此他们认为，只要人们不带成见地进行观察，那么由此提供的经验知识可以不受任何理论或先入之见而保持中立，绝对可靠。因此，经验主义者重视感性经验而否认理性思维，认为理性认识是抽象和间接的认识，思想越抽象则越空洞，越不可靠，也越远离真理。英国早期古墓发掘者威廉·格林威尔（C. W. Greenwell）“只管收集事实，永远不要考虑理论”的名言，就是经验主义者对待理论态度的典型表现（［英］保罗·巴恩主编：《剑桥插图考古史》，郭小凌、王晓秦译，山东画报出版社2000年版）。我国有的学者对理论也有类似的看法，把理论看作是缺乏事实根据的空谈或主观想象的胡诌。甚至有人觉得，考古研究强调理论为先导，不是以材料为基础，简直就是本末倒置。

人们意识到，材料的客观性和感性认识固然在科学认知上十分重要，但是经验和直觉只能得到表象的看法，表象也可能具有蒙蔽性。因此完全致力于表象观察的经验知识是不可靠的，而且其认识客观世界的深度也比较有限。理性主义是指通过逻辑推理而非根据表象来获得真知。17世纪，法国哲学家笛卡儿强调超越人类的经验来解释主导自然法则的重要性，标志着科学探索对理性主义的重视。19世纪法国哲学家孔德提出，科学应该超越经验主义，将知识建立在可以验证的、有系统的“实证”基础之上。他说，如果没有某种科学理论作为先导并提供最后的阐释，那么任何现象的真实观察都是不可能的。

由此可见，经验主义和理性主义认识论对理论的看法刚好截然相左。前者完全排斥理论的作用，而后者则将其视为科学研究的向导和获取真知的必由之路。因此，考古学强调理论是对自身科学性的一种反思和追求。美国科学哲学家胡佛（K. R. Hoover）和多诺万（T. Donovan）指出，“科学是一种思考和提出问题的过程，它不是一堆知识。它是我们声称知道某些事情的几种途径之一。在某种意义上，科学方法是一套标准，用来决定有关真相不同观点的矛盾如何解决。它为研究者提供有助于解决问题的一种策略。它也为研究的受众提供一种判断能力来评估在得出结论的过程中是如何提出和使用证据的”。他们还说，“科学作为一种思考与研究方式，最好不要把它看作存在于书本、机器或罗列数据的报告里，而是存在于脑子不可见的世界里，它必须与提出问题和解答问题相关”（K. R. Hoover and T. Donovan, *The Elements of Social Scientific Thinking*, Boston: Wadswarth, 10th ed, 2011）。

科学也从不妄言“真理”，它是指确凿无疑，这是不存在的。所谓科学研究，就是减少现象世界里不确定性的过程，通过观察和研究使得这些现象能够被部分了解。考古学与自然科学相比，最主要的差别是与讨论或漠视不确定性的方式相关，这门学科期望做出确定性推断的程度远高于自然科学。但是，社会科学特别是考古学研究的难度又远大于自然科学，被视为一种“硬科学”。难度越大，期望值自然越低。这会使考古学变得更加枯燥乏味（S. Weiner, “Archaeology, Archaeological Science and Integrative Archaeology.” *Israel Journal of Earth Science*, 56, 2008）。

考古学认识世界的途径越来越接近自然科学的另一标志就是学科交叉或科技考古的发展趋势。考古记录包括两个方面：我们肉眼所见的所有人工制品，也即所谓的显性材料；还有在这些物质材料中隐藏的信息，也即所谓的隐性材料。自放射性碳断代方法诞生以来，各种其他分析手段越来越多地被用来解决各种考古学问题。其结果是，今天考古学的解释不仅要立足于肉眼所见，而且也要利用通过显微技术和其他分析手段提炼的各种信息。这些由显性材料与隐性材料提供的信息，能够使考古学家更好地了解和解释考古记录的成因以及它们的社会与文化背景，从而能进行较为全面的历史重建（S. Weiner, “Archaeology, Archaeological Science and Integrative Archaeology.” *Israel Journal of Earth Science*, 56, 2008）。

在这样一种趋势下，研究什么问题、收集什么材料、采取什么方法和技术、提取何种信息、如何整合这些显性和隐性的信息来对考古材料做出历史阐释就更加需要理论的指导。正如英国考古学家马修·约翰逊（M. Johnson）所言，考古学家和没有头脑的废铜烂铁收集者之间的差别在于，我们要用一套法则将考古发现转化为对过去有意义的解释。这些法则不管是明确的还是含糊的，从根本上说是理论的。事实固然重要，但是没有理论，它们不会吐露真言（M. Johnson, *Archaeological Theory. An Introduction*. Oxford: Blackwell Publishers, 1999）。因此，理论用来决定我们选择哪些材料，并对我们研究的结果做出解释（B. Myhre, “Theory in Scandinavia Archaeology Since 1960: A View from Norway.” *Archaeological Theory in Europe*, London: Routledge, 1991）。伦福儒和巴恩则提出了理论、方法与材料三个方面的互动关系，认为理论决定了采用的方法和技术，并指导采集哪些材料和标本。技术和方法根据设计要求为解决特定问题来分析各种材料和提炼信息，田野发掘则根据需要解决的问题以及方法和技术要求来寻找和采集样本。这三个方面彼此衔接，相互依赖。如果没有问题意识，方法选择的好坏就没有标准，再先进的技术也无用武之地（［英］科林·伦福儒、［英］保罗·巴恩：《考古学：理论、方法与实践》，陈淳译，上海古籍出版社 2015 年版）。

理论优先与问题导向的研究，是科学实证主义的演绎方法，演绎法并非是脱离材料的凭空猜测，而是帮助我们从杂乱无章的材料中找到问题所在和研究方向。这是自然科学采用的思维模式，运用一种理论的逻辑来提出命题，以便能够予以检验。科学的程序被设计来防止偏见的产生，一种理论的前提必须将其置于可以被证伪的基础上。由理论出发的演绎提供了一种探索的程序，构建的理论被用来引导许多特定谜题的破解（K. R. Hoover and T. Donovan，*The Elements of Social Scientific Thinking*，Boston：Wadswarth，10th ed，2011）。

一方面，我们可以把这种实证主义演绎比作历史的侦探。考古学家好比福尔摩斯的破案，将各种碎片化的线索拼合起来重建历史。福尔摩斯首先根据案发现场的蛛丝马迹从脑子里预判案情发生的场景，然后采用严谨的推理来梳理事情经过的逻辑关系并进行科学分析，再用证伪排除各种其他可能来最终锁定嫌犯。一旦演绎揭示了谜底，它们对于普通人的常识来说都极其简单。福尔摩斯的逻辑推理适用于人类所有的经验性领域，而柯南道尔的小说是对实证主义力量的称颂。另一方面，我们又可以把考古学家比喻为临床医生。新考古学提倡的各种理论被看作是药方，其目的是防止和治疗考古研究中的主观性。理论指导的考古研究能为人工制品分析带来客观和健康的认识，从系统论到中程理论，都是对其他理论无效时的一种补救措施（M. Shanks and C. Tilley，*Social Theory and Archaeology*，Albuquerque：University of New Mexico Press，1987）。

科学理论是多层次的，最基本的可相对区分为处于较低层次的经验规律和处于较高层次的理论原理。各种经验规律的普遍性程度是不相同的，而各个理论原理的普遍性程度也是不相同的（张巨青主编：《科学研究的艺术——科学方法导论》，湖北人民出版社 1988 年版）。同样，考古学理论在研究中涉及诸多方面和各个层次。英国考古学家戴维·克拉克（D. L. Clarke）将概念的理论与信息的理论和推理的理论区分开来，分别把这些理论称为考古学的形而上理论、考古学的认识论以及考古学的逻辑与解释。这三种理论相互重叠，并渗透着其他各种层次的理论，它们是考古学阐释的各个步骤。沉积前和沉积理论考虑考古记录中人类活动、社会形态、环境因素和沉积特点的关系。沉积后理论考虑这些沉积特征发生了什么，诸如损毁、侵蚀和扰动。提取理论主要是发掘和野外对残存沉积物进行采样的理论。分析理论关注信息的提取与处理，阐释理论考虑如何将这些特征与不可直观和无法体验的古代社会和环境原因联系起来（D. L. Clarke，"Archaeology：the Loss of Innocence."*Antiquity*，47，1973）。

加拿大考古学家布鲁斯·特里格（B. G. Trigger）认为，考古学理论可以被视为由高级、中级和低级三个层次理论组成的体系。考古学的高级理论与其他社会科学的高级理论相一致。比如，马克思主义的唯物论，文化唯物论和文化生态学可以被看作是高级层次的理论，它既适用于考古学，也同样适合于其他社会科学，因此这是一种人文社会科学的总体理论。但是，高级理论不是直接从考古发现的材料中来予以认识和检验的，也无法直接用来对考古学的具体发现作出规律性的解释。要达到知其所以然的境界，高级理论的运用取决于中级理论的研究与发展。

中级理论是在直观的考古遗存与物质现象与非直观的人类行为之间建立起一种有效关系的理论。路易斯·宾福德（L. R. Binford）的"中程理论"和迈克尔·希弗（M. B. Schiffer）的"行为考古学"就是考古学中级理论的代表，它被比喻为考古学解读物质现象的"罗塞塔碑"。中程理论与中级理论关注物质与人类行为之间相伴关系的规律性认识，并具有跨文化的有效性。因此，中级理论和中程理论好比是破译考古现象中人类行为信息的密码。考古学高级理论的阐释和运用，取决于中级理论研究的成果，它是对考古现象做高层次理论阐释的一个必需的桥梁。没有这个桥梁，对于考古学实践来说，包括马克思主义唯物史观在内的所有社会科学理论都将是难以企及的空中楼阁。

低级理论是考古学的实证研究理论，对一些反复观察到的现象做规律的总结。这是一种经验型的研究，包括用类型学和地层学来判断考古学文化的时空关系和传承。有时，考古研究也推测一些器物的功能和现象的社会文化意义，但是这种分析仍是一种依赖直觉的常识性推测，并不具备理论所要求的规律性特点。从认识论的角度来看，低级理论所得出的一些总结仍然是有待于检验的规律，尚未上升到普遍意义的规律性认识（［加］布鲁斯·特里格：《考古学思想史》，陈淳译，中国人民大学出版社 2010 年版）。

陈胜前也有五个层次考古学理论的看法：（1）考古材料的解读，包括地层学和类型学；（2）遗址形成过程解读，包括埋藏学、遗址废弃过程和地质学研究等。（3）行为信息提炼，包括人工制品的技术、葬俗和民族考古学类比；（4）社会和文化发展规律的解释；（5）考古学认识论和价值观的思考。他认为，当今中国考古学主要限于第一个和第四个层面的探讨，即类型学和马克思主义。由于这两个层次的推理是脱节的，因此无法从考古材料来直接讨论社会规律问题（陈胜前：《考古学理论的层次问题》，《东南文化》2012 年第 6 期）。

考古学利用一套理论体系来对材料和现象进行阐释是比较晚才发展起来的。在相当长的一段时间里，考古学的进展主要是依赖材料的积累，各个层次的理论还没有完善，于是像一些古代科学那样，传统考古学的阐释大体上是以直觉方法和经验认识为基础的。直觉思辨方法比较注重经验事实或感性知识，这是科学中最基础的部分。经验事实和感性知识是指人们对亲身观察到的事实作出描述和记录，在经验事实和感性知识之上是运用理性方法对其进行处理，从而上升到理性事实和抽象的认识。因此，考古学理论的发展体现了这门学科科学化的过程。然而，思想和科学的历史不是自发的。考古学中应用理论的历史不能与实际的研究状况和考古学在某特定国家中发挥的作用分开（S. Cleuziou［et al.］, "The Use of Theory in French Archaeology." *Archaeological Theory in Europe*, London: Routledge, 1991）。下面简单介绍一下理论在世界一些国家的发展过程，进而回顾三十年来我国考古学理论的进展。

二　国际学界的发展

布鲁斯·特里格在《考古学思想史》里介绍了考古学范式从进化考古学向文化历史考古学、过程考古学和后过程考古学发展的一般性趋势。虽然对考古学理论的明确关注被公认为始于 20 世纪 60 年代美国新考古学或过程考古学的努力，然而英国考古学家柴尔德（V. G. Childe）在 1936 年曾在英国史前学会会刊上呼吁考古学家在研究中要有理论意识，要有系统地讨论如何研究史前的经济和社会生活问题（V. G. Childe, "Changing Methods and Aims in Prehistory." *Preceedings of the Prehistoric Society*, No. 1, 1936）。英国哲学家和考古学家罗宾·柯林武德（R. G. Collingwood）在 20 世纪三四十年代就从哲学和认识论来思考考古学研究。

柯林武德是一位观念主义者，他认为研究过去离不开人们当下对事物性质的看法，而且考古学家都是以习得的概念来看待过去的。考古学家只会感知他们想找的东西。除非这些东西与他们的兴趣相关，否则一切都毫无意义。他指出，成功发掘的一个最重要的条件就是，一项发掘无论其大小，发掘者应该明知其发掘的理由，必须知道他想找什么，然后决定怎样发掘才能找到。这就是柯林武德的“问答逻辑”的中心原则。他说，早期的考古发掘都是盲目的，没有寻找答案的明确问题。虽然后来考古发掘从18世纪的挖宝转向19世纪的求知，但是在操作上基本也是盲目的。比如，英国考古学之父皮特·里弗斯（A. Pitt-Rivers）是一位天才的考古学先驱，虽然他的发掘过程极其严谨细致，但是并没有明确的问题指导。这一时期的考古发掘仍以遗址而非问题为导向，即选择一个遗址进行系统发掘，在完整发掘后，再选择下一个遗址。这种发掘的结果是，博物馆堆满了出土文物，但是对于遗址的历史仍所知甚少。

柯林武德指出，探索过去不只取决于探方里出些什么东西，也取决于我们想解决什么问题，对于询问不同问题的人来说，出土东西的含义各不相同，对于没有想法的人来说可能只是东西本身或什么都不是。因此他认为，认知思维并不是一种被动的感知过程，而是主观的积极探究（［英］柯林武德：《柯林武德自传》，陈静译，北京大学出版社2005年版）。柯林武德对当时流行的文化历史考古学方法论提出质疑，认为所有经验主义的研究都难以做到真正客观，都离不开研究者的观念、兴趣和社会背景。

自20世纪30年代以降，西方学界对器物史和文化历史学导向的范式逐渐感到不满，出现了一些强调理论指导的呼吁。张光直认为，考古学理论的蓬勃发展还是在“二战”以后，而且这一讨论的中心主要在美国，且数十年不衰。这并不是说美国有最好和最正确的考古学理论，而是美国考古学界的理论是多元化的。因此，考古学家可以在丰富多样的理论中选择符合自己立场和观点的理论，并从这些体系中得到启发与激励（［加］布鲁斯·炊格尔：《时间与传统》，蒋祖棣、刘英译，生活·读书·新知三联书店1991年版）。总体来说，由于学术传统和社会背景不同，各国有自己特有的考古学传统，相互间的影响和互动也各不相同。下面简单介绍一下考古学理论在几个不同国家里的发展，以便为我国考古学的发展提供一份参照。

（一）美国

20世纪上半叶，美国的考古学还是以文化历史学范式为主导。但是，与旧大陆国家的考古学不同，美国考古学研究的不是欧洲殖民者的历史而是印第安土著的历史，所以美国考古学与人类学有着密切的联系，在学科定位上属于人类学的分支。于是，新考古系在美国兴起的时候，就提出了“更加科学化和更加人类学化”的口号。

新考古学首先对文化历史学研究的归纳法和依赖经验直觉的方法提出批评，认为用这种方法得出的结论无法判断其正确与否。受德裔美国科学哲学家卡尔·亨普尔（C. G. Hempel）的影响。宾福德强调考古研究应当采用科学方法，以减少判断的主观性。他认为，为了做出科学的解释，必须从一般性原理出发进行假设，然后通过经验数据和独立的分析数据对其进行严格的检验，即所谓的规律—演绎模式。但是，后来他们发现人类的行为过于复杂，不可能像自然科学那样存在许多一般性法则，于是这种演绎采取了假设—演绎的模式。

新考古学理论的发展受功能主义影响很大，而美国考古学研究的社会多为狩猎采集群和早期农耕社会，主要关注文化对环境的适应，所以被称为生计聚落考古。新考古学或过程考古学主要采用文化生态学和系统论等理论研究这些社会的生存方式，在农业起源和文明起源研究中，还流行许多唯物主义决定论的理论，如人口压力理论、竞争宴飨理论、广谱经济理论、最佳觅食理论和最省力模式等。文化生态学是由美国人类学家朱利安·斯图尔特（J. Steward）倡导的一种理论，他把社会或文化看作是由技术经济、社会结构和意识形态组成的三层蛋糕，并在下面加了一层生态环境，将生态环境看作是左右社会和文化变迁的重要因素。了解人地关系和文化对环境的适应，可以帮助我们了解和解释社会文化变迁的原因。生态学方法强调生物自然环境因素的重要性——动植物、气候和地形——但是它的真正贡献是为研究提供的一种视角。通过这种视角，考古学家将人类和自然看作是一系列动态和互动系统中的参与者。文化与环境的阐释概念导致产生了富有成果和可予检验的模式（P. J. Watson，S. A. LeBlanc and C. L. Redman，*Explanation in Archaeology*：*An Explicit Scientific Approach*，New York：Columbia University Press，1971）。

采纳文化生态观，导致了对许多传统观念的重新评估。比如，以前根据类型学划分的不同考古学文化到底是文化传统和族群差异还是适应不同环境造成的功能差异？而以前从传播迁移或从融合和碰撞来做简单解释的文化现象，则从交互作用圈和世界系统理论的角度来考虑。对人地关系的重视，使得考古学家采纳了生物科学的许多有用概念。比如挪威人类学家弗雷德里克·巴斯（F. Barth）率先采用的社群“生态位”（ecological niche）概念：“任何一个族群的‘环境’并不仅由自然条件来定义，同时也取决于他们所依赖的其他族群的存在和活动。每个群体只是开拓整个环境的一部分，留下其大部分给其他群体利用……采用某种动物生态学的概念，尤其是生态位的概念——某群体在整个环境中的位置，他们与资源和竞争对手的关系。”（F. Barth，“Ecological Relationship of Ethnic Groups in Swat，North Pakistan.” *American Anthropologist*，58，1956）。生态位不能与环境区域和聚落的简单地理位置相混淆。环境区是指由其自身一批动植物所占据的不同区域，并以特定的地形、气候和土壤条件为特点。生态位是被某文化有选择地栖居的，包括这批群体的采办系统，加上他们与动植物和邻居的其他关系。于是，两种文化可以在同一环境区域内比邻而居，占据差异很大的生态位。

为了了解社群在各种环境里对不同生态位的利用，遗址域（catchment area）概念被来分析考古遗址与周边环境条件之间的关系，根据遗址里出土的人工制品和生态物，对遗址的生计或经济形态提出假设。然后详细勘察遗址周边的地形、土壤、植被和其他环境资源条件，最后生成地图。遗址域分析是一种理论的检验，推测人们日常行走距离、搬运的最大范围，以及遗址中出土的生活资源的可能分布，判断这些资源的最可能来源。遗址域分析与出土材料相结合，有助于解释遗址的生计行为、遗址功能和环境条件（［英］科林·伦福儒、［英］保罗·巴恩主编：《考古学：关键概念》，陈胜前译，中国人民大学出版社2012年版）。

从文化生态学来了解人地关系和文化适应，导致环境考古学的兴起，并刺激了聚落形态方法的诞生和农业起源研究的深入。聚落考古学由美国考古学家戈登·威利（G. R. Willey）所开创，在斯图尔特的启发下，威利从四种聚落形态：生活居址、仪式建筑、防御建筑和墓地的历时变化来了解秘鲁维鲁河谷的史前社会变迁，标志了考古学文化功能性阐释的战略性起点（G. R. Willey，*Prehistoric Settlement Patterns in the Virú Valley*，*Peru*. Washington，DC：Bureau of American Ethnology，Bulletin no. 155）。维鲁河谷的聚落形态研究被誉为考古学史上最重要的方法论突破和自汤姆森三期论发明以来最重要的发明（［加］布鲁斯·特里格：《考古学思想史》，陈淳译，中国人民大学出版社2010年版）。

新考古学或过程考古学的另一项重要理论进展就是提倡系统论（system theory）。系统论是来自其他自然和社会科学领域的一种理论方法。该理论认为，系统和系统关系存在于许多生物和非生物的现象中。大到天体和太阳系的运转，小到人体和生物体的循环，都属于不同的运转系统。主导这些系统的法则有时不但类似，甚至可以十分相似。采用系统论的概念，要比考古学家在分析描述中所采用的一对一的因果机理解释更加合理。它主要有三个方面的特点，一是采纳控制论来分析系统的各个组成部分或亚系统，引入正反馈和负反馈的机制，观察系统的平衡和失调。系统中某个亚系统的失调会对整个系统产生影响，负反馈在面对外来波动性输入时，会以一种基本稳定状态维持着系统，而正反馈会引起系统不可逆转的变化。二是与生态学研究相结合，将文化视为一种功能适应系统，其亚系统由诸如如人口、技术、经济、贸易、社会结构和宗教信仰等组成。而文化系统又和生态系统组成了一个互动的功能系统，环境的变迁会从正负两个方面影响文化系统的运转和变迁。三是采纳奥地利生物学家路德维希·贝塔朗菲（L. von Bertalanffy）的一般系统论，研究生命系统的增长态势，比如种群数量与土地载能的关系。系统论方法特别适合于计算机模拟研究，对众多变量的相互作用的关系进行有效的模拟，并做出长期趋变迁趋势的判断，并检验考古观察和阐释的合理性（P. J. Watson，S. A. LeBlanc and C. L. Redman，*Explanation in Archaeology*：*An Explicit Scientific Approach*，New York：Columbia University Press，1971）。

美国考古学家肯特·弗兰纳利（K. V. Flannery）是开发利用系统论研究的顶尖学者，在对中美洲瓦哈卡河谷圭拉那魁兹洞穴的研究中，他采用电脑模拟来论证农业起源的理论。电脑程序将一个四人游群置于四种植被带中，然后根据潮湿、干燥和平均年份的随机顺序观察他们觅食策略的变化。有趣的是，该游群确立了两种策略，在潮湿年份中采取比较积极的策略，会进行栽培植物等试验性活动。而在干旱年份比较保守。模拟的结果和遗址出土的材料特点十分吻合，说明预判的觅食策略能够解释遗址的生计和觅食活动。然后，模拟在其他变量不变，变换生态系统的五个参数来进行观察，一是更加潮湿；二是更加干旱；三是极端气候消失，都为平均年份；四是人口增长；五是保持四人的平均水平。模拟发现，这些过程都没有加快农业的发展进程，甚至还会导致趋缓。因此，该项研究并不支持农业起源于人口压力的理论阐释（K. V. Flannery，*Guilá Naquitz*：*Archaic Foraging and Early Agriculture in Oaxaca*，*Mexico*. Walnut Creek，Left Coast Press，2009）。

过程考古学还强调研究社会演变规律的重要性，采用新进化论模式来研究社会发展的一般性趋势。20 世纪中叶，出于对当时学界以德裔美国人类学家弗朗兹·博厄斯（B. Franz）历史特殊论为主导的现状不满，美国人类学家朱利安·斯图尔特和莱斯利·怀特（L. White）重拾对社会变迁一般性趋势的重视，将社会的进化观带回到舞台的中心。新进化论在美国人类学家埃尔曼·塞维斯（E. Service）、马歇尔·萨林斯（M. Sahlins）和莫顿·弗里德（M. Fried）等学者的努力下得到完善，并以塞维斯的四阶段社会类型游群、部落、酋邦和国家为代表，概括了人类社会从简单到复杂的一般性发展趋势。

在新进化论的框架下，考古学进行了大量有益的研究来探索古代社会的复杂化过程和社会变迁的动力机制。其中对文明与国家起源的研究着墨尤多，起初由比较偏好强调某一主要动力的单因论解释如水源论、战争论和贸易论，慢慢转向系统论的多因论阐释。

新考古学或过程考古学认为，考古学的目的不应是描述而是解释。考古学家的解释不应是猜测，而是必须了解材料，利用考古材料来论证其观点，并最终解决“如何”和

"为何"的问题，而不仅仅局限于了解"何人""何物""何时""何地"的问题。由此可见，考古学从描述转向阐释，理论的作用就非常关键。理论是对材料和现象的阐释依据，是对研究客体的科学认识。理论开辟对某种未知事实的探究方向，提出我们认识某种现象的阐释方案。因此，理论是人们从感性认识向理性认识的升华。在另一方面，理论又是研究的向导和感官识别的判断基础。它指导田野发掘、采样和分析程序，并做可行的研究设计，以便使研究向预先设定的目标前进。

经过五十多年的发展，过程考古学今天仍然是研究古代社会文化的主要范式，虽然它受到许多批评，其中包括来自后过程考古学的批评，但是过程考古学探索社会演变规律的目标、关注系统论和文化变迁研究、以问题为导向的研究、强调严格的方法论设计和在考古学阐释中重视各种理论建设，仍然使得它充满活力，并继续影响着全世界的考古学实践。

（二）英国

虽然英美两国在语言和学术传统上十分接近，但是由于学科定位、社会思潮和研究对象的不同，英国考古学对传统方法的反叛来得比较迟缓。考古学理论的发展也体现了自己的特色，并为后过程考古学的兴起做出了特有的贡献。当新考古学思潮传到英伦时，英国考古学界开始的反应相当负面，从漠视、嘲笑、批评它行话太多，贬低它毫无新意到斥之为非英国做派等不一而足。格林·丹尼尔（G. E. Daniel）把新考古学看作是胡言乱语而不屑一顾，认为美国考古学是从最无收益的考古材料中发展起来的，因为对自己的材料感到沮丧，于是他们只能埋头于理论和方法，把时间耗在讨论文化过程和动力法则上来寻找安慰（［英］格林·丹尼尔：《考古学一百五十年》，黄其煦译、安志敏校，文物出版社1987年版）。作为《古物》（*Antiquity*）杂志的主编，他在刊物上组织了有关考古学发展方向的讨论文章。1973年，戴维·克拉克在《古物》杂志上发表了《考古学纯洁性的丧失》，公开为新考古学辩护。就像他先前出版的著作《分析考古学》（*Analytic Archaeology* 1968）一样，他提出了自己有关新考古学的独特见解，呼吁强调方法论，优化分析程序与概念，讨论考古学知识与解释的性质。他特别表现出一种充满活力的学术好奇心和愿景，要求从本学科以外来寻找新思想。克拉克的考古学新思想标志着英国考古学开始偏离传统的经验性和非理论的考古学范式。

戴维·克拉克英年早逝，无法践行他的新考古学纲领。新考古学在英国的主要倡导者是科林·伦福儒（C. Renfrew），他本科读的是自然科学，后来在美国短期执教。虽然伦福儒对探究通则持保留态度，但是他拥护新考古学的实证方法，并将系统论用于他对爱琴海地区的文明发展，把游群、部落、酋邦和国家的新进化论概念引入欧洲的个案研究之中。于是，英国考古学出现了一种新的研究和书写模式，从一种系统论框架来强调社会和经济变迁，并将有关交换、纪念建筑、墓葬、聚落形态和中心位置的考古材料作为研究这种过程的证据。同时在研究中重视科技手段、地理方法和数理统计。

伦福儒的著作没有像克拉克那样受到敌视和攻击，部分原因是他的著作没有晦涩的行话，比较易懂。更重要的是，他的方法是对特定材料做出解释，而非阐述方法论本身。从20世纪60年代晚期以降，由伦福儒倡导的这种考古学，不管有意还是无意，已经成了这门学科当下最流行的研究模式。它代表了社会—经济取向的英国过程考古学特点，这就是强调社会与经济过程，强调文化的系统论观点，采纳新进化论的社会类型学，采用一种涵盖所有新科技、数学统计和地理学方法在内的方法论。

从20世纪70年代中叶开始，英国考古学受到来自欧洲大陆学术思潮的影响。其中之一，就是法国的新马克思主义学派，该学派的目的是从马克思主义矛盾与冲突的思想来开发分析前资本主义社会的方法。权力和冲突的来源不限于对日常生产的控制，而且涉及繁衍、地位、知识和显赫物品，特别对后者分配、传播和交换的控制。该方法另一个重要因素就是强调意识形态，这种意识形态并非共有的一般世界观，而是用来使社会中不对称的关系自然化和合法化的信念。这种意识形态通过物质文化和祭祀活动的投射使之成为人类学研究的一个重要的领域，并对考古学家产生了很大的吸引力。

该方法的另一吸引力在于，它将社会变迁的解释坚定地放在社会内部。虽然这点很像系统论的视角，但是变迁的原因并非系统的失调，而是内部的矛盾。它提供的也不是一种通则性的解释，而是对特定案例的特殊性解释。该方法的进一步发展，是承认社会的交换和互动网络以及它们所象征的主导结构是非常广泛的。考古学家借鉴沃勒斯坦用于解释晚近历史的世界系统理论，将它用来解释早期文明的起源和各种社会在某区域网络中的社会和经济结构差异。

在英国考古学家伊恩·霍德（I. Hodder）的努力下，后过程考古学以一种明确的运动亮相。他采用法国新马克思主义人类学的卓见来研究物质文化。霍德认为，物质文化并非是过去人类行为的被动反映，而是过去社会活动意义深远的组成部分。为了了解它们，我们未必要通过各种改造过程用正确的研究程序来推断过去，而是要找到解释过去文化含义的途径。讨论这个问题的一种途径即结构主义方法，并以霍德主编的《象征与结构考古学》为先声［I. Hodder (ed.), *Symbolic and Structural Archaeology*, Cambridge: Cambridge University Press, 1982］。物质文化中所见的形态被视为各种对立面的结构体，并最终被视为潜在结构原理的特定表现，而社会就是用这些原理来对其人群和环境进行归类，并构建社会关系的秩序。这种原理在不同地区的物质文化（墓葬、房屋和陶器纹饰等）中可能表现为不同形式，但正是这些原理构成了过去各种文化的最终解释。考古学的任务就是要阐明这些原理以及物质文化体现这些原理的方式。

后过程考古学强调的另一种方法就是研究物质文化在意识形态上的象征意义，即所谓的象征考古学。意识形态并非社会现实的面具，而是这种现实的组成部分，它还是各种原理的组成部分，社会个人就是用这些原理来组织他们的生活和行为的。通过意识形态的这种概念，考古学就能从理论上将物质文化的象征性解释与社会结构和长期变迁的解释联系起来。

霍德还提出了背景考古学（contextual archaeology）的概念，他提出物质文化与其含义之间的关系可能根本上是主观的，但是其含义至少部分源自其背景和先前的背景。这种背景是指文化背景以及文化历史的背景。于是，背景考古学再次强调文化历史的重要性以及考古学与历史学的紧密关系。考古材料不仅是推断证据的基础，而且是需要读懂的一种“文本”。

后过程考古学对过程考古学实证论的一个反映，就是考古学作为一门学科操作的自我评判意识。这种被称为批评考古学（critical archaeology）的思想特别要求关注考古学在现代欧洲社会发展中的作用，以及在当下政治讨论中如何看待过去，还有就是如何从欧洲人自己特有观念的讨论如何沿用到其他社会研究中的问题（T. Champion, “Theotetical Archaeology in Britan.” *Archaeological Theory in Europe*, London: Routledge, 1991）。

（三）法国

法国有着悠久和杰出的古物学、古典考古学和旧石器考古学传统，来自里昂的雅各布·斯庞（J. Spon）是第一位用现代意义来应用考古学术语的古物学家和铭刻学家，将考古学专门指称研究过去人类社会的物质遗存。他还认为古代铭刻是比文献更直接和更可靠的信息来源，因为文献会被重复创造。古物学家伯尔纳·蒙福孔（B. de Montfaucon）出版过15卷本的《古物说明和图版描绘》，为早期的古物研究提供了榜样。商博良破译罗塞塔碑的双语铭文，为埃及学和法国的东方学或古典研究奠定了基础。

法国是旧石器考古学的摇篮，布歇·德·彼尔特（J. Boucher de Perthes）、爱德华·拉泰尔（E. Lartet）和莫尔蒂耶（L. L. G. de Mortillet）确认了打制石器的人工性质和更新世人类的存在，而后两位根据法国旧石器的类型初步建立起旧石器时代的发展序列和分期。由于史前学和古典考古学在法国属于不同的领域，因此拉泰尔和莫尔蒂耶在法国的学术体制内处于边缘地位。即便法国旧石器考古学因莫尔蒂耶的研究成果和理论建树而受到广泛关注，但是这门学科得不到应有的支持。法国史前学在步日耶和博尔德的努力下，完善了文化历史学范式的方法论和类型学体系。

继莫尔蒂耶、步日耶（A. H. Breuil）和博尔德（F. Borde）之后，安德烈·勒鲁瓦—古尔汉（A. Leroi-Gourhan）是对法国史前学贡献最大的考古学家。他是所有欧洲考古学家中最精通人类学的一位学者，从20世纪40年代起就尝试用结构主义理论建立一种器物的民族志学，判然有别于步日耶和博尔德建立的器物类型学。他用一种不同于考古学文化和器物类型的视角来分析考古遗存，试图用结构分析来揭示物质文化的内在关系，了解器物趋同的功能制约和文化或族群之间的风格趋异。他提出了"操作链"的概念，意在分析器物从加工到废弃的生命史以及它们在不同阶段的形变序列。他视人类的文化演进始于工具，是大脑和肢体协同的产物，然后是族群的分化，最后是扩充人类记忆的技术进步。勒鲁瓦—古尔汉还采用抽象符号的统计学分析来研究旧石器时代晚期洞穴壁画的分布规律，试图用结构关系来解读其内在的含义。他倾向于认为，其中马和野牛的图像象征了男女性别关系，将马与男性相连，而野牛与女性相连。但是到了20世纪70年代后期，他完全放弃了这种方法（［加］布鲁斯·特里格：《考古学思想史》，陈淳译，中国人民大学出版社2010年版）。

总的来说，法国考古学家很少采用理论，也鲜有建树。法国有许多思想家对20世纪下半叶考古学理论的发展影响深远，如埃米尔·涂尔干（E. Durkheim）、路易·皮埃尔·阿尔都塞（L. P. Althusser）、皮埃尔·布迪厄（P. Bourdieu）、米歇尔·福柯（M. Foucault）、克洛德·列维—斯特劳斯（C. Levi-Strauss）、费尔南·布罗代尔（F. Braudel）等，但是他们对本国的考古学几乎没有产生什么影响。法国的学术传统独立于英美的实证主义人类学和其他国家的文化历史类型学，是"欧洲大陆的一块孤岛"。这种独立性可能一方面与法国源自启蒙运动的自命不凡有关，另一方面可能与国家体制的厚此薄彼有关。20世纪60年代初，法国考古学无论田野工作还是在高校，像是一片学术沙漠。法国考古学以其马克思主义传统和一般的哲学传统置身于欧美实证主义为代表的理论潮流之外。法国考古学界与美国考古学界来往很少，限于个人参加各自召开的学术会议。一个颇具影响的例外是宾福德与博尔德对莫斯特文化的争论，宾福德将博尔德归于四批不同人群的莫斯特传统看作是功能差异。这使得博尔德的工作在美国广为人知，但是应该更加引起美国考古学界重视的勒鲁瓦—古尔汉的研究却不为人知，他的著作也很少被译成英语。

法国考古学的原创性贡献表现在文化技术的探究方面，通常被称为民族考古学方法。这种方法与美国新考古学提倡民族考古学十分相似，希望能够解释有关物质文化与社会之间关系，而这在打制石器的实验复制上十分成功，而在骨器、陶器、冶金和农业技术上仍处于草创阶段，而且主要服务于博物馆展示。

尽管有来自其他学科和英美考古学的影响，但法国考古学可能还会沿袭它源自启蒙运动的传统，主要关注文化技术（cultural technology）。理论阐释主要立足于经验性的研究，用类比、实验方法和技术分析来了解物质文化。法国学者认为，未来考古学理论的繁荣取决于不同学术传统的互动，而非采用某种单一的“正确”推理方法（S. Cleuziou [et al.]，“The Use of Theory in French Archaeology.” *Archaeological Theory in Europe*，London：Routledge，1991）。

（四）斯堪的纳维亚

北欧是科学考古学的摇篮，丹麦汤姆森的三期论是科学考古学诞生的标志，其他一些学者的工作为后来考古学的发展做出了榜样。瑞典动物学家和考古学家斯文·尼尔森（S. Nilsson）坚信文化进化学说，认为人口的增长促成了斯堪的纳维亚的狩猎采集者向最早游牧者的转变。他最早采用民族志类比来了解人工制品的用途，进而了解古代先民的生活方式。他是第一个用实验手段来解释石器打制方法的考古学家。丹麦地质学家约翰·斯廷斯特鲁普（J. J. Steenstrup）最早从环境考古来研究文化变迁，将松、栎与山毛榉及榆树植被分别与石器时代、青铜时代和铁器时代相对应。自 1848 年开始，以詹斯·沃尔塞（J. J. A. Worsaae）和廷斯特鲁普领衔的丹麦等第一届厨庖贝丘委员会开启了将考古发现与古环境研究相结合的先河，结合考古学、地质学和生物学方法来研究史前先民是如何生活的。1905 年开始，瑞典地质学家杰拉德·德·吉尔（G. de Geer）利用冰缘湖泊的纹泥为斯堪的纳维亚 12000 年来的冰川消退断代，建立了世界上最早的日历矫正的自然年表，并与能够断代的考古发现相联系。瑞典人伦纳特·冯·波斯特（L. von Post）开创了孢粉学方法，改善了斯廷斯特鲁普对北欧冰后期植被变迁的先驱性研究，并为砍伐森林和引入驯化植物的过程提供了证据。瑞典考古学家奥斯卡·蒙特柳斯（O. Montlius）完善了器物类型学方法来建立相对断代，并是从整个欧洲范围调查史前史的第一位考古学家（［加］布鲁斯·特里格：《考古学思想史》，陈淳译，中国人民大学出版社 2010 年版）。

20 世纪 40 年代和 20 世纪 50 年代，斯堪的纳维亚考古学处于一个乐观和富有创造力的时期，强调采用历史学和经济学的方法，研究聚落发展和重建古代的生活方式，开发了许多新的发掘技术。动植物学家参与的学科交叉研究逐渐成为常态，并由那些不以形态学和类型学为导向的考古学家主导，他们主要采用与历史时期早期的民族学类比来研究考古遗存。

20 世纪 60 年代初，社会人类学、民族志和民族学成为高校考古专业学生的必修课，新的人类学理论引入考古学界，大家都开始熟知美国考古学家沃尔特·泰勒（W. W. Taylor）、戈登·威利、阿尔伯特·斯波尔丁（A. Spaulding）以及人类学家朱利安·斯图尔特和莱斯利·怀特的名字。这与弗雷德里克·巴斯的工作密不可分，巴斯 1956 年在剑桥大学获得博士学位，将英国的社会人类学引入挪威，并开始影响北欧的考古学。过程考古学的概念和理论以及系统论方法开始在斯堪的纳维亚的考古学中流行。参考沃尔特·泰勒的论述，巴斯将文化定义为“当地某人群知识与技能的总和”，在他看来，考古学只能重建很有限的一小部分古代文化，这是巨大的挑战。

基于农田、房屋和古坟地理学研究的聚落考古在北欧有着悠久的传统。20 世纪 60 年代，瑞典地理学家开始关注史前的农业景观，引入新方法来“研究社会的空间发展”。这对考古学产生了很大影响，最终使得这两门学科融合到同一趋势之中。与此同时，文化生态学和古环境变迁也越来越受重视，随着工业开发而来的抢救考古的发展，大型学科交叉项目在抢救考古学的框架下组织起来，地质学和动植物专家共同参与，并对学科定位产生了根本的影响。考古学从过去以历史为背景的人文学科转变为优先考虑人类与环境关系的学科。

20 世纪 70 年代中叶，斯堪的纳维亚考古学已经建立起能与英国考古学比肩的理论平台，并且直接立足于英美考古学的理论基础之上，戴维·克拉克、科林·伦福儒和路易斯·宾福德的著作产生了巨大的影响。同时，引入了丹麦经济学家埃斯特·博塞洛普（E. Boserup）有关农业发展与人口的理论、埃尔曼·塞维斯有关文明起源和原始社会结构的理论，以及英国考古学家埃里克·希格斯（E. Higgs）有关古经济学的理论。塞维斯、萨林斯和弗里德的新进化论被全盘采纳，产生了一种生态学—系统论—新进化论的范式。在此范式内，基于生态学、经济学和社会等亚系统的演绎系统论主导着斯堪的纳维亚的考古学研究。

该时期另一重要进展就是开始逐渐接受理性主义的演绎法，量化分析和电脑技术也日益重要。假设检验、建模和概念的严格定义给传统考古学带来了巨大的变化。尽管这种推理方法已经存在，但是现在变得更加自觉，程序更加明确。不管是归纳还是演绎，主要还是采用实证论，相信考古材料中蕴含着客观的信息和知识。

随着后现代思潮和后过程考古学的兴起，斯堪的纳维亚也出现了反实证论的观点，对中立和政治无涉立场的考古研究提出质疑。其中的代表人物是挪威考古学家阿恩·约翰森（Arne Johansen），他关注考古学中客观性和主观性的问题，并对考古研究的基础即理论和经验材料的关系提出质疑。他认为并不存在自身意义的考古材料，它们是由考古学家的假设和提出的问题而构建的。因此，考古学无法像新考古学建议的那样从事客观的研究。虽然北欧学界并不完全认同约翰森的观点，但是他提出的考古学永远无法成为一门客观的学科则被大家逐渐接受。

受英国后过程考古学家伊恩·霍德、迈克尔·罗兰兹（M. Rowlandz）和克里斯多夫·蒂利（C. Tilley）的著作以及法国新马克思主义的影响，结构主义和马克思主义成为许多斯堪的纳维亚考古学家的首选。许多年轻考古学家在霍德《行动中的符号》（*Symbols in Action*）和《象征与结构考古学》等著作的启发下，开始用符号学研究岩画的象征意义，并将器物看作是原始社会中价值、规范和地位的象征。还有就是弗雷德里克·巴斯的著作《族群与边界》（*Ethnic Groups and Boundries*），将物质文化看作是标示族群身份的俚语（idiom），并将族属从一种社会组织来定义。还有一些尝试是将结构马克思主义、象征主义和物质文化的意识形态结合到一个总体理论之中，这种研究的主要兴趣关注社会的上层建筑而非经济和社会方面。

总的来说，斯堪的纳维亚考古学理论讨论的基础仍然立足于考古学的基本概念：类型与文化。在这个层面上，考古学的范式仍然是历史学、定性和以器物为基础的实证研究。但是，在过程论后过程论的影响下，研究课题涉及经济、社会、人口迁徙、早期语言、宗教信仰、族属和政治结构等各个方面（B. Myhre，“Theory in Scandinavia Archaeology Since 1960：A View from Norway.” *Archaeological Theory in Europe*，London：Routledge，1991）。

（五）德国

早在19世纪70年代，海因里奇·谢利曼在特洛伊的发掘为考古的地层学方法奠定了基础。20世纪上半叶，德国考古学为欧洲考古学的理论方法做出的贡献，在某些方面堪比斯堪的纳维亚考古学。一战前，古斯塔夫·科西纳（G. Kossina）提出了所谓的“聚落考古”来研究族群分布。这种方法将器物类型学和地理分布相结合来分辨史前人群。这种方法的原理是：（1）典型器物类型能够分辨“文化”；（2）这类器物类型的分布代表了“文化区”；（3）明确定义的文化区与特定的部落或族群相对应；（4）如果前后之间没有明显的中断或变迁，相关的部落和族群能够从晚近的历史阶段上溯到史前。

科西纳的方法对欧洲史前学产生了深远的影响，特别是它成为柴尔德构建考古学文化概念和文化历史学范式的榜样。但是，柴尔德对这一方法做了修正，强调器物组合而非个别典型的器物类型，而且他的范式相对侧重考古学文化的社会方面而非科西纳的族群和种族方面。“二战”之后，科西纳的方法因其内在的缺陷和明显的种族主义和沙文主义色彩而被德国考古学界所摒弃。

20世纪60年代，德国考古界对新考古学思潮反应并不积极，认为戴维·克拉克的观点并不令人信服、缺乏事实根据或“新瓶装旧酒”。这种对理论的不信任不仅针对史前考古学，也存在于考古学的所有分支领域里，如原史时期考古、罗马区域考古和中世纪考古中。近东考古学和古典考古学因为它们处理的材料完全不同，与历史学和语言学的课题密切相关而完全与其无关。古典考古学主要由艺术史的方法所主导，与考古学的其他分支没有什么来往。在旧石器和中石器时代考古学中，大部分精力仍然放在描述上，努力改善分析技术和遗址内的石制品空间分析，并越来越重视拼合方法。

被视为比较进步和开放的领域是新石器时代考古，受英美新考古学思想的影响而非科西纳传统概念的延续，德国考古学开始采用学科交叉方法来研究聚落形态，并辅以各种实验考古学的手段。虽然德国新石器时代学者了解欧美过程考古学的新概念，但是他们很少应用或根本没有理论。结果，其研究仍然是以器物类型和年代学为主导，其成果仍然局限于分辨当地和区域分布的人群和文化，将它们置于各自的文化序列之中。

德国考古学家也有关于理论和方法论的讨论和争辩，介绍史前考古学的发展趋势，讨论联系史前考古学与文化人类学的方法论问题，以及批评德国考古学中以材料为主导的取向，并呼吁转向以问题为主导的研究。但是，这些文章只是零星的论述而无法形成气候。德国考古学家对欧美新考古学的态度基本是负面和否定的，而对后过程考古学更是一无所知。一方面是因为他们对美国、英国和斯堪的纳维亚考古学家理论探讨的目的和内容不太了解；另一方面是因为他们难以接受新考古学的“反历史学”立场，因为占学界重要地位的古典考古学和中世纪考古学都与历史学有密切的关系。

拒绝过程考古学和人类学模式，使得考古学对解释文化变迁如中石器向新石器时代、青铜时代向铁器时代、铁器时代向罗马时代的过渡特别薄弱。理论阐释的薄弱造成德国考古学所有的分支领域都缺乏研究综述，为此辩解的理由就是“我们需要更多的材料才能撰写历史”。然而，他们既不知道到底需要多少材料，也不清楚需要什么样的材料。这种情况被形容为“德国考古学派的悲惨命运：只是描述材料，不反躬自问这到底有何价值”（H. Härke, “All Quiet on the Western Front? Paradigms, Methods and Approaches in West German Archaeology”, *Archaeological Theory in Europe*, London: Routledge, 1991）。德国考古学漠视理论的态度与其历史背景有关，战后德国学界清算科西纳的理论方法，造成学者对所有理论的不信任，倾心于精湛的发掘技术、类型学分析和完善考古年代学。

（六）日本

田野考古是在1868年明治维新之后由西方学者引入日本，长期以来采用一种民族主义取向的文化历史学范式。柴尔德的许多著作很早就被译成了日文，对日本考古学的理论传统影响很大，特别是他的历史唯物论被许多日本考古学家所采纳，但是其解释文化变迁的传播论却并不吃香。这种偏好与20世纪50年代和20世纪60年代马克思主义在日本历史学研究中占主导地位有关，日本考古学家不但寻求一般规律来解释日本历史的发展，而且在20世纪70年代初讨论区域政体如中国、朝鲜和日本之间的互动在国家形成中的作用。日本学者也十分重视转变时期移民与当地土著之间的互动，但是将这种文化变迁与发展混为一谈。

公元8世纪日本古代官僚国家形成之后未见有大规模移民，形成了一种同质性民族的信念。这种信念认为，他们直系祖先的习俗和思想无须通过艰巨的理论研究来了解，这也导致在日本考古学家中缺乏有关认识论的讨论。而且，日本政客和商人也希望让日本民众相信，他们是同质性大和民族的一员，本质上团结在天皇的统治之下。

当下流行的“日本文化论”或伪科学的日本文化，包括特别强调日本文化有别于任何外来文化的独特性，进而强调日本文化作为经济成就基石的优越性。加上崇拜天皇造成对皇室谱系和墓葬进行历史和考古研究的禁忌，成为现代工业化日本的利益集团从意识形态上操纵历史的典型例子。考古学家只能放弃从皇室起源来研究国家的形成，转向考古材料的类型学研究。日本考古学家忌讳卷入政治问题，甚至避免进行理论探讨。

20世纪70年代初开始，研究课题的关注发生了明显改变。像“技术发展”“丧葬实践”和“社会分层/国家形成”等研究明显减少，与此同时“社会结构/血缘关系”和“贸易/互动”的研究显著增加，反映了研究取向从进化论模式朝结构主义模式的转变。这个改变被认为受英美的过程考古学、列维·斯特劳斯结构主义以及年鉴学派的影响有关。有些西方学者认为，英美的过程考古学对日本没有什么影响。然而，有些过程考古学的方法还是被日本学者所采纳。比如人口研究、聚落形态和生计活动的季节性研究。有些日本考古学家还在日本列岛开展食物采集的民族考古学研究。此外，大部分日本学者吸收过程考古学的某些思路，作为改善自身研究的方法，将其看作是材料分析的一种“科学途径”。日本考古学中既没有采用系统论和一般法则来解释文化过程的尝试，也没有欧美考古学流行的对阐释客观性的反思。对待过程考古学的这种态度与日本学者长期依赖经验方法有关，即强调收集更多有关过去的“事实”，而非完善一种阐释材料的理论框架。

日本考古学总体来说从事的是一种文化历史学研究，一些学者采用柴尔德和马克思的理论来解释日本社会的历史发展。这些理论被认为是有用的一般性理论，并未从全球范围考虑通则性的问题。这可能部分由于日本的岛国性质，形成了日本考古学独特的概念和方法论基础（H. Tsude，“Archaeological Theory in Japan.” *Theory in Archaeology*，London：Routledge，1995）。

从上面的介绍可见，考古学的理论思考是伴随着美国新考古学或过程考古学的范式变革而兴起，之后在英国和斯堪的纳维亚等国家得到响应。随后，后过程考古学在英国兴起。表现出理论阐释从关注生计适应的实证论取向，转向对人类意识形态和文化象征及结构方面的关注。虽然过程与后过程考古学的理论取向不同，但是它们都努力借鉴人类学或社会学理论来更好地了解过去的社会文化是如何运转和变迁的。有些研究领域成为各国学者互动的产物，比如，在后过程考古学思潮的影响下，美国过程考古学将认知、象征和个人的因素结合到原来以生计聚落为中心的研究之中，出现了认知—过程考古学的范式（［美］肯特·弗兰纳利、［美］乔伊斯·马库斯：《认知考古学》，寻婧元译、陈淳校，《南方文物》2011 年第 2 期）。性别考古学在 20 世纪 70 年代是挪威考古学关注的一个重要方面，但直到 1984 年美国考古学家玛格丽特·康基（M. Conkey）和珍妮特·斯佩克特（J. Spector）发表了她们的先驱性成果之后，性别考古和女权考古学才成为北美后过程考古学的一个特色。能动性和个人考古学理论则受到了英国社会学家安东尼·吉登斯（A. Giddes）的结构化理论、路易斯·阿尔都塞的法国新马克思人类学理论和法国社会学家皮埃尔·布迪厄“习性”（*habitus*）概念的影响。各种理论对世界各国考古学的影响程度各异，经历了情况各异的发展，对考古实践的影响和推动也各有不同，这取决于各国的学术传统和社会背景。

三　在中国的发展

考古学范式的变迁和新考古学理论是在改革开放后的 20 世纪 80 年代中叶进入中国。张光直先生在多次回国访问中向高校考古专业师生和研究所同人介绍美国考古学的进展及主要的理论方法。1984 年秋他给北大师生的讲座内容结集为《考古学专题六讲》于 1986 年由文物出版社出版，在这些讲座内容中除了“聚落考古”一讲对过程考古学的田野方法介绍得比较详细外，其他内容主要介绍分析技巧和他自己对中国考古课题的研究心得，并没有太多涉及理论问题。这些讲座内容现在看来只能算是“启蒙”，鉴于过程考古学与传统考古学的对立和当时的社会环境，张光直先生对于理论话题还是表现得十分谨慎，以免引起不必要的误解。

1985 年，路易斯·宾福德访华，与贾兰坡先生商谈旧石器考古学合作事宜，参观了周口店遗址以及山西和东北的一些旧石器地点。后来由于研究思路特别是宾福德从埋藏学对周口店第一地点骨骼破碎动力和用火遗迹所提假设而引起的误会，最后使得访问不欢而散。这次交流凸显了我国传统方法与实证主义过程论的凿枘不投，我国学者擅长经验性判断和归纳法，将猿人洞出土的破碎骨骼和用火遗迹看作是古人类狩猎和用火的证据，而宾福德则从埋藏学原理出发，怀疑其中可能有自然动力的作用。因此，他访华的初衷就是想检验这种自然动力的可能性。这次访问和合作的失败十分可惜，令我们失去了一次学习的机会。宾福德在回国后对美国考古学界发表了他的访华观感，其中对中国考古学漠视理论提出了尖锐的批评，认为中国考古学者体会不到理论与范式的作用，根本不知道如何应用理论来认识自己这个领域（刘景芝：《外国学者看中国旧石器时代考古》，《文物春秋》2001 年第 2 期）。

与许多国家相仿，我国学界在相当长的一段时间里对美国新考古学的反应总体上是负面的，而这种反感至今也不能说已经完全消除。这种排斥心态一是来自过程考古学基本上是一场范式革命，是对文化历史学传统的否定。面对新范式的冲击，许多考古学家特别是用传统范式做了一辈子研究的资深学者更加难以接受，本能地予以排斥。二是我国学界长期与国际学界隔绝，对这门学科发展的全球化趋势非常陌生，感觉不到有变革和改进的必要。三是过程考古学理论充斥着晦涩难懂的行话或术语，这种行话对于母语为英语的学者尚不易理解，更不要说存在语言隔阂的中国学者了。于是，国内面对美国新考古学思潮的冲击出现了不少争论，态度也各不相同。这种争论对于学术发展来说是正常的反应，对于改变现状和促进学术发展是十分必要的。

20 世纪 80 年代中期，新考古学经历了二十多年的争论、实践和检验，其优缺点基本已经彰显，并处在向后过程考古学转变之中。新考古学内部也充斥着各种不同思想和流派的争论，所以对于外人来看难免盲人摸象，一头雾水。因此在有关新考古学讨论之中，中国学者在信息不对称的情况下，根据自己的一孔之见来评判其价值显然会有以偏概全之虞。这时，张光直先生介入到这场争论中来，为中国学界梳理了美国新考古学的来龙去脉，并评价了其优缺点。在美国，张光直先生因偏重考古学的史学地位被新考古学派归入“传统考古学家”的范畴，尽管他赞同过程论的许多理念，并为过程研究方法做出了自己的贡献。

张光直先生对新考古学的评价十分公正和中肯，他肯定了新考古学超越年代学和类型学，超越遗址和遗物描述，进入社群分析和行为重建，总结社会发展规律的意义。但是也批评了新考古学唯我独尊、排除异己，自认为是唯一正确路线的缺点。他认为，新考古学最大的成功在于它的环境、生计和聚落考古，以及它采纳的假设—检验的演绎法。中国学者的方法主要是地层学和类型学，在解释考古现象时常常采取想当然或来自解释者的灵感，多没有系统的方法。除了年代、器物和文化关系外，在人类生活方式、社会结构和经济形态及运作以及宗教信仰上缺乏系统明确的方法。因此，他向中国学者发出了“理论多元化、方法系统化、技术国际化”的呼吁。他说，中国考古学要找新的道路，与美国当年相比有许多便宜。美国这条路走了三十多年，今天回顾一下，知道哪条是康庄大道，哪条是死路一条，哪条是冤枉路。中国考古学界可以参考一下他山之石，不妨学其精华，但不必蹈其覆辙（张光直：《考古人类学随笔》，生活·读书·新知三联书店 1999 年版）。

自 20 世纪 80 年代以来，介绍和讨论考古学理论的文章数量越来越多。学界对过程与后过程考古学的范式逐渐有了比较清楚的了解，这导致业内出现了对习用传统范式的反思，并尝试在自己的研究中借鉴新的思维和方法。1987 年，文物出版社出版了黄其煦译的格林·丹尼尔《考古学一百五十年》（*A Hundred and Fifty Years of Archaeology*）。虽然这本书主要介绍世界考古学发展的历程，并未特别涉及理论，但是大大开阔了国内考古学界的眼界。早期的理论文章多为翻译和综述性的介绍，影响较大的有中国历史博物馆考古部编、1991 年由三秦出版社出版的《当代国外考古学的理论与方法》和中国社会科学院考古研究所编、1996 年由中州古籍出版社出版的《考古学的历史：理论·方法·实践》。这两本文集收集了英美等国著名考古学家的代表性论文，并由编者对选编的理由及国外考古学发展的背景做了概述，成为当时学界了解国外学术动态的一个窗口。

1991 年，北京三联书店翻译出版了蒋祖棣译的布鲁斯·特里格（炊格尔）《时间与传统》（*Time and Tradition* 1978），由张光直先生作序。这是第一本译介西方考古学理论的著作，深受业内人士的关注。可惜由于翻译质量欠佳，影响到对原著的了解。1995 年，吉林大学出版社出版了杨建华的《外国考古学史》，由科林·伦福儒作序，内容也涉及考古学范式的发展。其中伦福儒的序短而精到，他建议中国考古学家要重视思想和理论的创新。他说，真正的考古学史不仅是指考古发现的历史，也不只是科学技术的发展史。事实上，真正意义的考古学史也是考古学思想的发展史。他还说，经验证明，难度最大的进展是观念上的进步。要回答历史重建的问题，与其说依靠新的发现或发掘，还不如说来自分析上的进步和理性、观念上的发展。

1999 年，北京三联书店出版了张光直的系列著作，包括《中国青铜时代》、《中国考古学论文集》、《考古人类学随笔》和《番薯人的故事》四种。这些著作结合国外的许多先进理论来讨论中国的考古材料，提出自己的理论阐释，而且很少采用新考古学晦涩的行话，所以深受国内同行的重视和欢迎，成为行内学者们的必读书。

2004 年，文物出版社出版了中国社会科学院考古研究所组织翻译的科林·伦福儒和保罗·巴恩第三版《考古学：理论、方法与实践》（*Archaeology*：*Theory*，*Method and Practice* 2000）。这本教材全面介绍当今国际考古学的范式，从考古学探索的六大问题“何人”“何地”“何时”“何物”以及“如何”和“为何”入手来编排章节，大量采用研究案例，深入浅出地展示如何将理论、方法与实践相结合，令人耳目一新。这本书的翻译引进被评为不二的选择，它特别适用于中国。因为中国从未有系统介绍西方考古学的著作，而且它兼有欧美考古学之长，且是西方流行的考古学教材（陈胜前：《评〈考古学：理论、方法与实践〉》，《边疆考古研究》2007 年第 1 期）。由于这本名著的翻译由多人分担，翻译质量参差不齐，而且许多术语和概念的理解和翻译不甚准确，因此也引来不少批评和商榷。

2005 年开始，岳麓书社出版由中山大学人类学系组织翻译的国外考古学理论著作，被认为是继 20 世纪 90 年代译介西方考古学理论著作之后的第二波翻译浪潮。这批译著包括 2005 年出版的马修·约翰逊的《考古学理论导论》（*Archaeological Theory*，*An Introduction* 1999）（魏峻译）、肯·达柯的《理论考古学》（*Theoretical Archaeology* 1995）（刘文锁、卓文静译）、伊恩·霍德、司格特·哈德森的《阅读过去》（*Reading the Past* 1986）（徐坚译），还有 2008 年出版的布鲁斯·特里格（炊格尔）的《考古学思想史》（*A History of Archaeological Thought* 1989）（第一版）（徐坚译）和 2009 年出版的尼科拉斯·戴维、卡洛尔·克拉梅尔的《民族考古学实践》（*Ethnoarchaeology in Action* 2001）（郭立新译）。这批译著还是存在翻译质量的问题，特别是《理论考古学》和《阅读过去》这两本是英国后过程考古学家的论著。而《民族考古学实践》是美国过程考古学家在中程理论指导下，践行行为考古学提供类比的民族志研究，译者如果没有吃透这些著作的学术背景和概念是很难译好的。

在新旧考古学范式发生冲突和碰撞的过程中，我们发现虽然中国学界习用的是文化历史学范式，其实我们对这个范式鼻祖柴尔德的著作和思想也所知甚少。周进楷曾经翻译过柴尔德的两本书，一是《工具发展小史》（*The Story of Tools* 1944），1953 年由中国图书仪器发展公司出版；另一本是《远古文化史》（*Man Makes Himself* 1936），1954 年由群众出版社出版。由于年代久远，早已湮没无闻。为了更好地了解考古学范式的变革以及反思传统方法的不足，有必要翻译介绍柴尔德的原著。借柴尔德逝世 50 周年之际，2008 年上海三联书店出版了他的五本译著，分别是《欧洲文明的曙光》（*The Dawn of European Civilization* 1925）（陈淳、陈洪波译）、《人类创造了自身》（安家瑗、余敬东译、陈淳校）、《历史发生了什么》（*What Happened in History* 1942）（李宁利译、陈淳校）、《历史的重建——考古材料的解释》（*Piecing Together the Past*：*the Interpretation of archaeological data* 1956）（方辉、方堃杨译、陈淳校）、《考古学导论》（*A Short Introduction to Archaeology* 1956）（安志敏、安家瑗译、陈淳校）。由于《考古学导论》篇幅很短，所以特将柴尔德的一些著名单篇如“城市革命”和“告别辞”以及特里格等人对柴尔德的评价文章也收录在内，较为全面地介绍了柴尔德的思想方法以及对当代考古学的意义。其中，《欧洲文明的曙光》被格林·丹尼尔誉为“史前考古学的一个新起点”（［英］格林·丹尼尔：《考古学一百五十年》，黄其煦译、安志敏校，文物出版社1987年版）。同时，特邀陈胜前翻译了路易斯·宾福德的《追寻人类的过去》（2013年）（*In Pursuit of the Past* 1983），配合这套柴尔德著作的出版，以作新旧范式的比较。

之后，推介国外考古学理论原典的翻译工作持续至今。布鲁斯·特里格《考古学思想史》（第二版）（陈淳译）和《时间与传统》（重译本）（陈淳译）、科林·伦福儒、保罗·巴恩主编的《考古学：关键概念》（*Archaeology: the Key Concepts* 2005）（陈胜前译）分别在2010年、2011年和2012年由中国人民大学出版社出版。2013年开始，国家哲学社会科学重大项目《外国考古学研究译丛》启动，包括五本考古学和人类学经典著作，分别是科林·伦福儒、保罗·巴恩的《考古学：理论、方法与实践》（英文2012年第六版，中文第二版）（陈淳译）、英国考古学家希安·琼斯（S. Jones）的《族属的考古》（*Archaeology of Ethnicity* 1997）（陈淳、沈辛成译）、戈登·威利的《聚落与历史重建——秘鲁维鲁河谷的史前聚落形态》（*Prehistoric Settlement Pattern in the Verú Valley, Peru* 1953）（谢银玲等译、陈淳校）、埃尔曼·塞维斯的《国家与文明的起源》（*Origins of the State and Ciilization* 1975）（龚辛等译、陈淳校）、肯特·弗兰纳利的《圭拉那魁兹：墨西哥瓦哈卡的古代期觅食与早期农业》（*Guilá Naquitz: Archaic Foraging and Early Agriculture in Oaxaca, Mexico* 2009）（陈淳等译）。其中《考古学：理论、方法与实践》（中文第二版）和《族属的考古》已经分别在2015年和2017年由上海古籍出版社出版。选择这五本书充分考虑了这些著作在国际学界的代表性、权威性以及对国内学界的借鉴意义。

在此期间，某些零星出版的译著也值得一提。比如2010年海南出版社出版的美国人类学家约瑟夫·泰恩特（J. Tainter）的《复杂社会的崩溃》（*The Collapes of Complex societies* 2003）（邵旭东译）、布鲁斯·特里格（炊格尔）的《理解早期文明》（*Understanding Early Civilization* 2003）（徐坚译）和2016年译文出版社出版的肯特·弗兰纳里和乔伊斯·马库斯（J. Marcus）夫妇的《人类不平等的起源》（*The Creation of Unequality* 2012）（张政伟译）。泰恩特的《复杂社会的崩溃》可以看作是塞维斯《国家与文明的起源》的姐妹篇，表明文明崩溃与其起源一样值得研究。作者用考古学和历史学材料详尽介绍了世界各地古代文明崩溃的案例，然后从经济学边际效益递减理论来解释复杂社会的崩溃。不仅对古代文明衰落提供了解释，也为当代文明的走向提供镜鉴和警示。特里格的《理解早期文明》是后现代语境里的一种文明研究尝试，即在一般性趋势下详细比较和了解各大文明的异质性和特殊性，以便更深刻理解文明发展的具体轨迹。《人类不平等的起源》是为普通读者写的一本书，但是对专业学者同样深具启迪。弗兰纳利夫妇将考古材料与民族志材料完美结合起来，生动而详细地介绍了人类从平等向等级社会的发展。这是过程考古学中程理论的一例成功尝试，弗兰纳利将这种叙事方式比作用现生动物的表现来解释化石动物的习性和演化。在前言的末尾，作者特别提到了美国考古学家理查德·麦克尼什（R. S. MacNeish）对考古学理论的看法。他说，理论像是香水，用得恰到好处会非常吸引人。但是使用失当，则会被认为是在掩盖不好的东西。

翻译原典可以让国内同行直接了解国外的动态和思潮，但是也存在一些问题。其一是翻译质量的问题，特别是理论性很强的论著。如果译者自己不了解讨论的学术背景、术语和概念的定义和作者的意思，按字面硬翻的话难免佶屈聱牙，言不达意，反会让读者觉得作者思维混乱或国外理论的乖谬。二是原著不是写给中国读者看的，论述中不会普及一些关键概念、背景和问题的来龙去脉，对于这些背景知识和词汇最好提供译注，否则会对理解造成很大的困惑。针对这些问题比较好的解决办法就是以综述的方式系统介绍各种理论的背景、概念、术语以及存在的争论或缺点。

为此，本文作者从20世纪晚期开始就在国内刊物上发表这类综述性的推介文章，后来结集成册，其中《考古学的理论与研究》2003年由学林出版社出版，2014年由上海人民出版社再版。《考古学前沿研究：理论与问题》2016年由北京师范大学出版社出版。此外，为了在高校开设考古学理论课程的需要，本文作者编著了一本《考古学理论》教材2004年由复旦大学出版社出版；还有一本《文明与早期国家探源》，2007年由上海书店出版社出版，系统介绍了国际学界文明探源的理论与实践。

1987年，美国考古学家约翰·奥尔森（J. W. Olsen）在英国《古物》杂志上发表了一篇介绍中国考古学现状的文章，其中指出了中国考古学存在的两个问题。一是重描述而不重阐释，二是缺乏以解决某些重大历史问题为目标的战略性研究，即世界考古学探索三大基石的人类起源、农业起源和文明起源研究（J. W. Olsen，“The Practice of Archaeology in China Today.” *Antiquity*，61，1987）。这两个问题都直接与理论有关。就目前来看，第一个问题仍然进展不大，但是第二个问题有了较大的改观。

在人类起源问题上，近几十年来化石材料的积累和分子人类学的进展，人类起源特别是现代人起源成为这个问题的焦点。国际学界有关现代人起源的理论或假说主要有两种，一是非洲起源说或叫“夏娃理论”，认为所有现代人都起源于非洲。这一论断主要根据线粒体DNA的分子人类学研究，并确定尼人是向现代人进化的绝灭旁支。二是多地区起源说，认为自直立人扩散到欧亚大陆后各自独立向现代人演进。我国的古人类和旧石器考古学界倾向于多地区起源说，这种理论可以吴新智院士的“连续进化附带杂交”为代表（吴新智：《从中国晚期智人颅牙特征看中国人的起源》，《人类学学报》1998年第4期）。而遗传学界则倾向于非洲起源说，认为无论是线粒体DNA还是Y染色体证据都指向现代人来自非洲（柯越海、宿兵等：《Y染色体遗传学证据支持现代中国人起源于非洲》，《科学通报》2001年第5期）。化石和DNA材料有各自的特点和局限，对于这个问题可能还需要多学科的交叉。我国不同学科的学者应该以放眼世界和科学中立的态度来取长补短，联合攻关。

农业起源自20世纪80年代以来逐渐成为国内考古研究的热点。国外流行的许多理论也被介绍到国内，引起了学界的热烈讨论，并有力推动了环境考古和植物考古的发展。这使得浮选法成为田野发掘的常规操作，大植物遗存、花粉、植硅石和淀粉颗粒都被列入生态物而给予了与人工制品同等的重视。以往我国的农业起源研究主要以出土农作物的鉴定为主要途径，以“何时”与“何地”来指导发掘与研究。随着农业起源理论的普及，学界对于“最佳觅食理论”“广谱革命”“人口压力理论”“竞争宴飨理论”等有了比较充分的了解，也开始思考和讨论农业起源的动因问题（潘艳、陈淳：《农业起源的实践与理论》，《江汉考古》2012年第2期）。现在国际学界的共识是，农业起源是一个非常漫长的过程。从狩猎采集者到农业社群之间存在着一个广阔的中间环节，向农业发展中的狩猎采集群不一定拥有驯化性状明显的物种，而对驯化物种的依赖程度也各不相同。此外，他们的发展方向是不确定的，可能会成为精耕细作的农业社会，也可能像日本的绳纹时代那样保持长期稳定的采集经济，也可能回到狩猎采集状态。农业起源这个漫长和不确定性的过程就是美国考古学家布鲁斯·史密斯（B. Smith）所定义的“低水平食物生产”（［美］布鲁斯·史密斯：《低水平食物生产》，潘艳、陈航译，陈淳校，《南方文物》2013 年第 3 期）。而这种农业起源研究不限于目前成为主食的谷物品种，还包括各种蔬菜、豆类、水果、香料、调味品等各种植物。

国外农业起源的理论也受后过程论的影响有进一步的发展，从过去比较侧重外部因素的生态环境研究转向同时考虑社会内部的因素。比如霍德认为，在社群规模随农业起源而逐渐扩大的漫长过程中，人与人之间、人与环境之间时空感的变化使人的意识和认知也相应产生渐变（I. Hodder, “Çatalhöyük in the Context of the Middle Eastern Neolithic.” *Annual Review of Anthropology*, 36, 2007）。而女性很可能更多参与动植物驯化的过程而成为农业起源的主导者（G. J. Fritz, “Gender and the Early Cultivation of Gourds in Eastern North America.” *American Antiquity*, 64（3），1999）外，食物的全球化也是目前研究和讨论的一个热点。

吕烈丹的《稻作与史前文化演变》总结了水稻起源研究历程和方法，将考古发现与民族学和自然科学相结合，对稻作农业与社会发展的关系进行了阐释（吕烈丹：《稻作与史前社会演变》，科学出版社 2012 年版）。该书虽然介绍了农业起源相关理论，但其重点并未放在水稻和农业如何和为何起源的问题上。

陈胜前的《史前的现代化》明确采用过程考古学的文化生态学理论，从狩猎采集者的环境适应来探讨中国多地区农业起源和不起源的原因。该书作者用当代气象资料模拟不同生态环境里狩猎采集者的适应，并结合考古材料讨论从旧石器向新石器时代的过渡。该书还全面回顾和评价了当今有关农业起源的理论，并对这些理论的普适性做了讨论（陈胜前：《史前的现代化》，科学出版社 2013 年版）。这本著作观点新颖，视野广阔，为业内同行提供了理论联系实际和材料的榜样。读后的一点感想是，该书环境决定论和过程论色彩较浓。从全国范围环境差异极大的背景来讨论农业起源难免线条过粗，话题似乎更注重“不起源”。从全球范围来看，世界农业起源中心不过三四个范围很小的发源地，所以农业不起源是普遍的，而起源则是特例。在不起源上着墨过多，就有点偏离农业为何及如何起源的焦点问题。农业起源其实是个小范围的微观问题，更适合用小游群适应的生态位来进行探讨，比如弗兰纳利在墨西哥瓦哈卡的农业起源研究。

潘艳的《人类生态视野中的长江下游农业起源》根据其博士论文写成。主要创意有三：（1）从全球农业起源的视角来分析稻作起源，并紧跟学术前沿，有明确的问题导向。（2）用生态位概念分析农业起源，从人类对资源被动利用的过程论视角，转向关注先民对生态系统进行积极操纵的后过程论思考。（3）从对水稻单一作物驯化过程转向对各种资源综合利用的关注，然后从不同资源比例变化来判断植物驯化的背景与过程（潘艳：《人类生态视野中的长江下游农业起源》，上海辞书出版社 2017 年版）。该书的一个遗憾是，作者对国际流行的几种农业起源理论只是做了评述，没有用自己的案例对这些理论进行检验，或提出自己解释稻作起源的理论。

当前文明与早期国家探源结合了社会科学通则与历史学个案的研究，已经成为一个学科交叉的领域。文明和早期国家的起源是诸多社会科学共同关心的问题，理论探讨方兴未艾。中国文明起源一直与历史学研究联系在一起，以夏商周三代国家的起源与发展为中心。由于受这一影响，夏的何时何地，以及三代的年代起讫、王室世系和首都地望常是讨论的热点。至于理论探讨，多围绕马克思主义的进化论及亚细亚经济模式和军事民主制展开。由于缺乏中程理论对考古材料的解读，这种社会规律的探讨难免成为贴标签，比如将夏商的社会性质看作是奴隶社会等。

随着新进化论概念引入中国，国内学界也开始借鉴各种文明和国家起源的理论来讨论中国文明和早期国家的发展动力。其中争论较大的就是酋邦，有人尝试用它探讨中国分析前国家社会的特点和性质，有人则认为它不适用于中国，有人甚至认为中国史前不存在酋邦社会。还有人觉得还是用中国古代名称如“古国”或“五帝时代”来描述中国文化的发展更加合适。其实，酋邦就像“部落”或“国家”的称呼一样，是个泛指的抽象概念，用来统指部落与国家之间的一个发展阶段。其优点是它有明确的科学定义，并基于民族志研究的一般性总结，可以作为一种分析工具来对中国考古材料进行分析比较，判断酋邦向国家社会的演变。而中国学者偏好的“古国”“王国”和“五帝时代”则没有这样的科学定义和理论构建。

我国文明探源借鉴国外理论方法的一项比较出色的尝试是聚落形态研究。聚落考古首先由美国考古学家戈登·威利首创，被誉为“考古学文化功能性解释的新起点”（G. R. Willey，*Prehistoric Settlement Pattern in the Verú Valley*，*Peru*. Washington DC：Bureau of American Ethnology，Bulletin No. 155，1953），以及自汤姆森提出三期论以来最重要的方法论突破（［加］布鲁斯·特里格：《考古学思想史》，陈淳译，中国人民大学出版社 2010 年版）。威利的聚落形态方法是从居址、仪式建筑、防御建筑和墓地四种建筑类型的数量、规模和分布来了解维鲁河谷的人地关系、经济和社会结构的历时演变，为透物见人提供了一种有效的方法。

1999 年起，中国社会科学院考古研究所二里头工作队将聚落形态作为田野工作的重点，进行了四年的踏勘、钻探和重点发掘，了解遗址的规模、结构、布局以及环境问题（许宏、陈国梁、赵海涛：《二里头遗址聚落形态的初步考察》，载杜金鹏、许宏主编《偃师二里头遗址研究》，科学出版社 2005 年版）。1997 年至 2002 年，一支中外合作团队对二里头所在的伊洛河流域进行了拉网式的聚落形态调查，结合地质考古、植物考古和陶器分析，探索社会复杂化进程、人口波动、集团冲突、环境变迁、土地利用、农业生产力水平、手工业专门化、区域间互动和政治的集中等重大课题（陈星灿、刘莉、李润权、华翰维、艾琳：《中国文明腹地的社会复杂化进程——伊洛河地区的聚落形态研究》，《考古学报》2002 年第 2 期）。在聚落形态调查的基础上，乔玉根据聚落面积来估算各时期人口的变迁，借助地理信息系统重建各时期聚落领地的生产力和土地利用率，进一步探讨人口与社会复杂化之间的关系（乔玉：《伊洛地区裴李岗至二里头文化时期复杂社会的演变》，《考古学报》2010 年第 4 期）。戴向明从聚落形态和陶器生产专门化来探索晋南垣曲盆地的社会复杂化进程，这里距离伊洛河流域不到一百公里。手工业专门化是社会复杂化的一项重要指标，能为了解文明与早期国家的起源做出贡献（戴向明：《陶器生产、聚落形态与社会变迁》，文物出版社 2010 年版）。刘莉从更大范围的聚落形态来考察二里头时期的社会变迁，认为龙山和二里头文化早期仍显示为酋邦社会。二里头文化二期国家结构的出现比较突然，如果夏朝确实存在的话，其初期仍是一个酋邦，到后期才发展为一个地域国家（刘莉：《中国新石器时代——迈向早期国家之路》，陈星灿等译，文物出版社 2007 年版）。

受张光直三代都制及其迁徙可能与控制青铜原料这一战略资源相关论断的启发（张光直：《夏商周三代都制与三代文化异同》，载张光直《中国青铜时代》，生活·读书·新知三联书店 1999 年版），刘莉和陈星灿在聚落形态、陶器及其他考古材料分析的基础上，用“世界系统理论”讨论中国早期国家形成的政治经济关系，认为二里头政体的扩张很可能是出于政治经济战略的原因（Liu Li and Chen Xingcan, *State Formation in Early China*, London: Duckworth, 2003）。

李峰在《西周的灭亡》一书中，将考古学、金文和文献与地理学相结合，对西周的兴衰进行了详尽的历史重建，为我们提供了耳目一新的阐述（李峰：《西周的灭亡》，徐峰译、汤惠生校，上海古籍出版社 2007 年版）。罗泰的《宗子维城》利用考古材料和文献，探讨了春秋战国时期的社会状况和历史变迁，内容涉及礼制、贵族世系、用器制度、社会等级、性别差异、族群关系等问题（［美］罗泰：《宗子维城》，吴长青等译、王艺等校，上海古籍出版社 2017 年版）。虽然后面两本书严格来说属于西方的汉学研究，与考古学理论的关系不是很密切，但是从整个研究思路而言，与社会人类学的探索路径基本相同，只不过文献赋予这样的古史重建以更准确和更具体的帮助。罗泰和李峰都强调，文献虽然重要而且珍贵，但是不能以深信不疑的态度简单加以应用。罗泰还说，考古材料只有从文献史学的束缚中解放出来，在不受后者干扰的情况下，才能提供独到的认识。解放了的考古学能够大幅度拓宽历史研究的范围。

从理论上来对长江下游文明起源做出综述的有郑建明的《环境、适应与社会复杂化》，该文在梳理了各种理论的基础上，讨论了环太湖流域和宁绍平原的人地关系和文化演变的歧义轨迹，并对良渚文明的兴衰提出了独到的见解（郑建明：《环境、适应与社会复杂化》，上海人民出版社 2009 年版）。

小结

考古学理论在中国的发展与其他国家如法国、德国和日本的情况相似，即根据本国的学术传统来吸收过程论和后过程论的一些理论方法。虽然国内对过程考古学仍然评价不一，但是其习用的生计聚落方法已经被普遍采纳。浮选法、聚落形态、环境考古、动植物考古以及科技手段，都是过程考古学的特点。方法讲究实用，接受比较容易。而理论则有门派之见，借鉴比较勉强。然而，方法和实践离不开理论的指导。所以，中国考古学当下的范式可以被视为结合了某些过程论方法的文化历史考古学。罗泰在《宗子维城》中提到，虽然中国考古学家也关注社会历史，但是世界其他地区发展起来的理论方法和视角，几乎完全没有用于分析中国的考古材料，有文献资料的上古时期尤其如此（［美］罗泰：《宗子维城》，吴长青等译、王艺等校，上海古籍出版社 2017 年版）。结果，我们虽然引进了许多新方法，但是整体水平没有显著提升。最终成果仍然是描述，难以上升到阐释的层面。

考古材料不会自动提供信息，需要考古学家用理性思考来解决问题。考古学理论可以令我们知道可以解决哪些问题，如何来做，通过科学程序的步步论证，将这些材料变成能传递给公众的历史知识。所以，有无理论指导的考古研究，结果大不相同。目前，过程论的生计聚落方法已经成为我们操作的常态，希望也能够同步借鉴相关的理论如文化生态学和生态位模式，以问题导向来研究人地互动。这样才能使我们的研究真正做到透物见人，从描述转向文化演变的阐释。我们每年有大量考古报告问世，大多是原始材料的描述。然而一堆考古材料不是历史，正如一堆砖瓦不是一座房子。期望学界同人重视理论、方法和实践的结合，使得今后发表的报告能够超越原始材料的描述，为读者提供历史重建的解释和综述。

旧石器时代考古与古人类学研究

王小庆

2015年度的旧石器时代考古工作取得了丰硕的成果，发现了一批重要的考古遗址与全新的资料，丰富了我国旧石器时代时间和空间的框架，填补了空白，极大地推动了学科的发展与深化。通过对以往发现的各类资料科学、系统的研究，为完善我国旧石器文化谱系、认识人类演化与文化发展、不同区域间的文化交流、人类的发展与自然环境变化的互动等重大学术问题提供了全新的视角与认知。

2015年11月7日至9日，由陕西省考古学会和中国考古学会旧石器专业委员会主办中国史前考古龙岗论坛在陕西汉中召开，大会对近年开展的汉中盆地旧石器遗址调查和龙岗寺遗址旧石器遗存的系统发掘工作进行了充分的探讨，并就旧石器时代考古的学科建设、人才培养及遗址的保护和利用等进行了研讨。

一　考古新发现与新的发掘成果

郁南磨刀山遗址位于广东省云浮市郁南县河口镇和都村，地处南江盆地东北部；为南江西岸第四级阶地，为了解文化遗存的保存状况，并为遗址的文物保护提供依据与对策，广东省文物考古研究所联合北京大学考古文博学院、云浮市博物馆和郁南县博物馆等单位对郁南磨刀山遗址第1地点于2014年4月至8月进行抢救发掘，发掘面积200平方米。在原生网纹红土堆积中发现上、下两个包含石制品的旧石器时代早期文化层，出土各类石制品近400件，确认早期人类在该遗址的主要活动区域远超1000平方米。出土的近400件石制品大部分发现于下文化层。石制品原料岩性以砂岩、石英与石英岩为主，少量细砂岩与变质砂岩等，与砾石层所见砾石岩性一致。石制品类别包括石料、石核、石片、断块、碎屑、石锤、石器、残石器及使用砾石等，其中又以石料、断块、碎屑、石核与使用砾石的数量为多，石器与残石器的数量相对较少。所发现的石制品类别涵盖从搬运石料、加工石器、使用石器到废弃石器的整个过程，反映出发掘区存在完整的石器生产操作链。石制品埋藏状况表明此为原地埋藏。出土石制品的石器工艺较为简单粗糙，原料与毛坯的选择较为随意，其石器生产操作链表现出的是一种高损耗、低效率的石器生产方式，这首先与石料的易获取程度有关，当时的古人类即在古南江河漫滩上进行石器生产与其他生计活动。石制品埋藏于上、下两个文化层，代表有间断的两期人类活动，可以推断出当时的古人类主要活动在平水位时期的河漫滩上，并随着南江水位的变动发生迁徙。此外，自2012年上半年，广东省文物考古研究所联合云浮市博物馆、郁南县博物馆与罗定市博物馆等单位，在南江流域开展旧石器考古专项区域调查。至2015年年初，在南江流域已发现66处旧石器地点（遗址），采集到数以百计的砍砸器、手镐、手斧、刮削器、尖状器及凹缺刃器等打制石器。地点群主要集中发现于中游的南江盆地东北部，大部分地点密集分布在郁南县河口镇、大湾镇境内约 20 平方千米的范围内。在南江两岸的第二级阶地至第四级阶地皆发现石器地点。依据地貌部位、地层堆积与石器工艺的差别，可将各石器地点分为三期，第一期的年代在中更新世偏早阶段，第三期应至晚更新世较晚阶段，而第二期则在两者之间。南江旧石器地点群构成了从旧石器时代早期至晚期相对完整的文化发展序列，不同阶段在原料利用、石器技术及工具组合等方面的差异，也反映出岭南亚热带—热带过渡地区更新世气候环境变迁之下古人类适应模式的演进。南江流域的旧石器考古发现既是中国旧石器时代考古的重大进展，为华南乃至中国旧石器时代考古研究提供了珍贵的新材料，同时也为深入研究华南—东南亚地区旧石器文化的关系、区域人类起源与演化历史以及东西方文化比较等国际热点课题提供了十分重要的新契机（《中国文物报》1 月 30 日）。

鸽子山遗址位于宁夏回族自治区青铜峡市西部，地处贺兰山台地中段鸽子山盆地周边。遗址发现于 20 世纪 80 年代末，宁夏回族自治区文物考古研究所和中国科学院古脊椎动物与古人类研究所于 2014 年 9 月至 10 月，在青铜峡市文管所的大力协助下，联合组队选择鸽子山遗址第 10 地点进行了首次发掘。虽然揭露面积不大，两个探方的文化层也还未完全清理至底，但是取得的材料已经非常丰富。在原生地层中共计获得石制品及炭样标本 700 余件，还发现有一些疑似灰堆、火塘等遗迹现象。石制品以红色砂岩、石英岩为主，类型主要有石锤、石核、细石叶以及有磨制痕迹的石制品。尽管鸽子山遗址第 10 地点仍然存在两面器技术和细石叶技术，但是石器的主要类型和构成发生了改变，由以普通打制石器为主向磨制石器为主过渡，类似矛头状的“贺兰尖状器”在第 10 地点基本匿迹，这些特征可能反映了晚更新世末期该地区古人类生计模式和生存方式的转变。鸽子山遗址位于西北沙漠—荒漠草原—黄土高原的过渡带，遗址的丰富文化内涵和独特的地理位置不仅为研究旧石器时代末期人类技术行为、生存模式提供了重要的材料，也为研究人地关系、古人类对环境变化的适应提供了一个典型地点。同时与周边的水洞沟遗址、长流水遗址、伊克尔索格遗址的对比研究将有助于西北地区晚更新世至全新世早期文化序列的建立以及该地区农业起源、技术演化、文化变化等重大课题的推进（《中国文物报》5 月 22 日）。

2015 年 5 月至 6 月初，江西省文物考古研究所和中国科学院古脊椎动物与古人类研究所等单位组成联合考古队，在江西省安义、靖安和奉新县等地展开为期一个月的旧石器考古调查，新发现旧石器遗址 15 处，主要分布在南潦河和北潦河的河流二、三级阶地，时代涵盖旧石器时代早期、中期和晚期。此次调查获得石制品 200 余件，有备料、石核、石片、石砧、石锤、刮削器、石球、砍砸器和薄刃斧等，而最大收获是在安义县的舒家垄、郭家村、回春寺等遗址的网纹红土地层中发现打制石器，根据地质地貌和石制品的文化特征，初步确定遗址的地质时代属于中更新世，距今 50 余万年，属于旧石器时代早期。它的发现把江西的史前史提前到 50 万年前，为研究中国的旧石器文化提供了重要的资料。此外，在潦河沿岸多地还采集到手斧，这对研究中国手斧文化的分布以及古人类的认知能力具有重要的学术意义，为中西方旧石器文化的对比研究提供了新的材料（《中国文物报》7 月 31 日）。

甘棠箐遗址位于云南省玉溪市江川县，地层堆积为古抚仙湖湖滨沼泽相沉积。云南省文物考古研究所于 2014 年 10 月至 2015 年 2 月对遗址进行了主动性发掘，共出土石制品

25153 件、骨制品 28 件、木制品数十件。遗址文化层顶部发现了用火遗迹，初步判断为篝火遗存；动物组合与元谋动物群极为相似，初步判断其地质时代应为早更新世。甘棠箐遗址发现的木器开启了对旧石器时代东亚地区远古人类技术和行为模式认识的一个重新定位，为解决长久以来困扰着中国学者的何以东亚地区旧石器时代石器技术与西方相比相对简单和粗糙这一学术疑问，提供了较好的解释依据，反映出旧石器时代华南地区古人类对生态环境的一种适应性策略（《中国文物报》11 月 20 日）。

天津市文化遗产保护中心在 2005 年对蓟县旧石器考古专题调查的基础上，于 2015 年 4 月至 5 月，以开展国家社科基金项目“天津地区旧、新石器时代过渡遗存综合研究”为契机，与吉林大学边疆考古研究中心、蓟县文物保护管理所组成联合考古调查队，对蓟县北部山区开展了有针对性的旧石器考古调查。他们以 1:10000 地形图为基础，筛选适于古人类生存并具备第四纪埋藏条件的河流阶地、山谷；结合详细的行政区划图和以往哺乳动物、旧石器考古线索，确定了以蓟县北部和中东部地区为重点的考察区域，新发现 14 处旧石器地点（遗址），采集石制品千余件，石制品原料以角岩、石英岩、燧石为主；剥片以锤击法为主，也存在一定比例的间接剥片法，砸击法在少量地点被广泛使用；石制品类型较为丰富，包括石核、石片、断块及工具等，工具种类包括刮削器、尖状器、砍砸器等；修理多采用锤击法，且以正向加工为主。此次调查新发现旧石器地点文化遗存分布的地貌部位清楚，石制品技术与类型特征明确，文化内涵丰富，学术研究价值重大，从地貌部位与文化特征推测，此次调查新发现的旧石器地点的年代已经进入到旧石器时代中、早期，即地质年代的晚更新世早期或更早，不晚于距今 10 万年，将早期人类在天津地区活动的历史推向了更久远的时代。同时，二、三、四级阶地上不同的文化面貌反映了蓟县旧石器文化发展的不同阶段，为建立区域旧石器文化序列奠定了基础（《中国文物报》12 月 18 日）。

二　对已有材料的整理与研究

1. 东北地区

2011 年 10 月，黑龙江省文物考古研究所在位于黑龙江省齐齐哈尔市富裕县塔哈乡老虎屯村东北的老虎屯遗址进行了考古调查与试掘，李有骞对此进行了整理研究。遗址位于乌裕尔河右岸的岗地上，共发现石制品 201 件。这些石制品原料以燧石为主，嫩江两岸比较常见的砾石是当时最主要的石料来源，剥片方法以锤击法为主，辅之以砸击法，大量细石核的存在说明细石叶技术在剥片技术中占有重要的比重。该遗址的剥片技术以细石叶和石叶技术为特点，工具以边缘简单修理的小型石制品为特征，这些石制品的年代属于旧石器时代晚期（《北方文物》1 期）。

2011 年 4 月，沈阳市文物考古研究所和吉林大学边疆考古研究中心对辽宁省康平和法库两县进行了旧石器考古调查，在秀水河和辽河的二、三级阶地上，共发现旧石器地点 14 处，在西山地点采集石器 9 件。付永平等人对此进行了整理研究。西山旧石器地点位于辽宁省沈阳市法库县柏家沟镇柏家沟村西山小河的三级侵蚀阶地上，9 件石器均出自耕土层，石器原料种类较为单一，以玛瑙为主，工具类型较为单一，以刮削器为主，兼有石球。综合石制品类型组合、技术特征及周边环境，该地点应为一处狩猎或生活的临时营地，年代为旧石器时代晚期（《文物春秋》1 期）。此外，万晨晨等人对吴家窝堡东山旧石器地点的资料进行了整理研究，该地点位于辽宁省沈阳市康平县东升乡吴家窝堡东山的三级阶地上。此次调查共获石器 27 件，类型包括石核、石片、断块和工具。原料以石英砂岩为主，石英和玛瑙次之，少量安山岩和流纹岩。石器以中型、特大型和大型为主，包括刮削器和砍砸器等典型器形，明显具有旧石器时代晚期北方大石器的工业特征。推测地点年代为旧石器时代晚期。依据遗址位置、石器特征等分析，推测该地点是一处从事采集狩猎和分割食物、消费栖息等生计活动的临时性场所（《文物春秋》4 期）。

陈全家等人对 2002 年在吉林省图们市月晴镇岐新 B、C 地点发现的 31 件石器进行了研究，两个地点分别位于图们江左岸的四级和三级阶地上。B 地点石器是以中型为主，小型和大型次之。C 地点是以小型石器为主，微型和中型次之。两地点石器类型均较为简单，剥片技术和修理技术比较单一。石器原料没有发现黑曜岩，这与周围其他以黑曜岩原料为主的旧石器时代晚期地点形成鲜明的对比。此处年代暂归于旧石器时代晚期，同时根据遗址的位置和两地点的石器工业特征分析，推测 B 地点旧石器的形成要稍早于 C 地点，其可能是古人们进行狩猎、采集活动的临时性场所（《北方文物》4 期）。

2012 年 4 月，吉林大学边疆考古研究中心和沈阳市文物考古研究所联合对沈阳市进行旧石器时代考古调查。在辽河、浑河和蒲河的二、三级阶地上，发现旧石器地点 10 处，农大后山地点石器丰富、地域特征鲜明，陈全家等人对此进行了整理研究。此次调查共获得石器 201 件，分为石核、石片、断块、工具和砾石五类。在原料的选择上，普遍使用细砂岩、石英岩等石料；石器个体均较小，剥片技术以锤击法和砸击法为主，偶尔会用到碰砧法；工具中类型丰富的刮削器占有相当大的比例；为典型的小石器工业类型，年代不会晚于旧石器时代晚期（《边疆考古研究》18 辑）。

2. 华北地区

东营坊遗址位于天津市蓟县东北部东营坊村附近的一处建筑工地内。2007 年 5 月至 7 月间，中国科学院古脊椎动物与古人类研究所和天津市文化遗产保护中心组成联合发掘队对其进行了抢救性发掘，王春雪等人对此次工作进行了整理研究，发掘面积 200 平方米，出土石制品 90 件。石制品原料以黑色或灰黑色燧石为主，石制品原料系就地取材于遗址附近的河床或基岩；石制品类型包括石核、石片、石器和断块；剥片采用锤击法；石器以小型为主，包括刮削器和雕刻器，由硬锤直接加工而成，方向以正向居多。根据文化层底部哺乳动物化石的测年结果，遗址年代为旧石器时代中晚期过渡阶段或旧石器时代晚期早段。该遗址的发现与发掘为中国北方旧石器主工业增加了新的材料，扩大了其分布范围，对于揭示晚更新世古人类在该地区的行为特点及环境动因具有重要的学术意义（《人类学学报》1 期）。

2005 年 5 月，天津市文化遗产保护中心与中国科学院古脊椎动物与古人类研究所对位于天津市蓟县城关镇郭庄子乡黄土坡村以北 250 米的黄土台地上东大屯地点进行了重点调查，王春雪等人对此次工作的情况进行了整理研究。此次调查所获得石制品 30 件，包括石核、石片、断块和工具。石制品原料以燧石为主，不见其他原料。石制品组合含有刮削器、尖状器、雕刻器等北方的典型石片石器工业组合中的常见类型，通过对遗址周围地区进行小规模区域地质调查来看，该遗址古人类因地制宜，就地取材制作石器，所用的石器原料应采自附近河床和基岩，年代应为旧石器时代晚期。这对研究环渤海地区旧石器时代晚期以来人类生活的环境背景、旧石器文化内涵以及旧石器时代向新石器时代过渡具有重要的学术意义（《边疆考古研究》17 辑）。

上沙嘴遗址位于河北省阳原县泥河湾村西北，最初发现于20世纪70年代，出土石制品34件，包括石核、石片、石器和断块，并伴随纳玛象头骨犀等的牙齿化石。报道后在国内外引起强烈反响。卫奇等人经过近年来的考察和对石制品的研究认为，上沙嘴地点位于下更新统泥河湾组，且得到了古地磁测年为距今170万至160万年的确认。上沙嘴旧石器地点是泥河湾盆地发现的第一个早更新世人类遗迹，也是中国乃至东亚分布纬度最高的一个早更新世旧石器地点。上沙嘴地点地层性质的重新厘定，不仅还原了上沙嘴地点的考古地位，而且证实纳玛象这个物种早在100万年前的泥河湾盆地就已经形成，它不是最早发生在中更新世印度纳巴达河谷，它在时间和空间上的演化路线很值得研究。在泥河湾盆地，早更新世纳玛象的存在对于草原猛犸象的发生说也提出了严峻挑战，因为草原猛犸象缺少头骨化石佐证，有关时空演化路线和环境适应也缺乏论证（《人类学学报》2期）。

贾真秀等人对2006年、2008年和2013年从西白马营遗址文化层调查所得的87件石制品进行了整理研究。西白马营旧石器遗址位于河北省阳原县东堡乡西白马营村南，新发现的石制品类型有石核、石器和废片等，其中废片包括完整石片、破碎石片、碎片与断块等。石制品原料以燧石、石英以及硅质白云岩为主，个体以小型居多，剥片技术主要为硬锤锤击法，偶用砸击法。刮削器是石器的主要类型，修理采用硬锤锤击法。根据对87件石制品组合的归纳，并结合20世纪80年代发掘报告，西白马营遗址为华北小型石片石器技术传统。年代相当于旧石器时代晚期。他们对于细石叶技术出现后泥河湾盆地仍“残存”小型石片石器传统这一现象的原因，认为可能是不同的环境因素所决定，即缺乏资源的寒冷环境下因生存需要产生了细石叶技术，相对温暖的环境原有简单的传统石片石器技术即可满足生存需要，无须更复杂的技术；也可能是拥有不同技术的人群扩散导致这一现象的存在。这些问题尚需新的工作来佐证（《人类学学报》3期）。

侯家窑遗址以丰富的早期智人化石，数以千计的石制品、动物化石以及数量极多、比例极高的石球等极具文化特色，在现代人的起源、演化，旧石器文化演化、发展等研究中占有重要地位，受到国内外学者的高度关注，但对其年代问题一直有较大的争议，为此河北省文物研究所组织了2007～2012年的考古调查和发掘。王法岗对此次考古发掘的地层提出新认识，新的考古发掘证实该遗址的文化遗物并非出自以往报道的泥河湾层之中，该遗址的时代应该仍为以往认为的中更新世晚期之末或者晚更新世早、中期，至于各种测年结果之间的差异，除其年代可能超出一些方法的测年范围，也可能与该遗址文化层较厚、时代跨度较大有密切联系，这有待于新的系统取样测年及测年技术的进一步发展来检验。侯家窑遗址文化遗物的埋藏地层是否为泥河湾层，将对泥河湾层延续时代及泥河湾古湖消失时代的研究起到至关重要的作用，许家窑组存在的前提条件已经不存在，失去了存在的基础和意义，赞同取消许家窑组这一岩石地层单位的建议（《文物春秋》6期）。

3. 华东地区

黄泥梁旧石器遗址位于山东省日照市东港区秦楼街道双庙村。2012年，中国科学院古脊椎动物与古人类研究所、山东省文物考古研究所和日照市文物局联合在该遗址进行了试掘，陈福友等人对这批资料进行了整理研究，试掘工作中共获得石制品75件，其中试掘出土者71件，地表采集者4件。试掘石制品埋藏于黄土地层的古土壤层中，石制品个体较小，原料以闪长玢岩和脉石英为主，类型包括石核、石片、石器、断块等，属石片石器工业组合；地表石制品原料主要为燧石，类型有细石核、细石叶、端刮器等，属细石器工业组合，时代为更新世晚期。此次的调查和试掘确认了黄泥梁遗址的原地埋藏属性，肯定了遗址的发掘潜力和研究价值。黄泥梁遗址的发现和研究将推动山东旧石器考古研究的进展，同时，遗址位于山东沿海地区，进一步的发掘与研究将为揭示中国东部沿海地区旧石器时代的人类行为提供重要的科学材料，为探讨沿海地带石器技术和人群交流提供可能（《人类学学报》1期）。

大珠山遗址位于山东省青岛市黄岛区乔家洼社区西的大珠山东麓，2013年10月至11月，青岛市文物保护考古研究所与中国科学院古脊椎动物与古人类研究所联合对该遗址进行了发掘，陈宇鹏对这批资料进行了整理研究。石制品的原料主要为灰黑色的石英岩，类型包括石器、石核、石片和断块等，石器以边刮器和端刮器为主，另有少量的尖状器、石钻等。剥片以锤击法为主，在类型组合和打制技术上都属华北地区小石器文化传统，与以前发现的望海楼、银雀山等遗址等旧石器时代文化遗存应有技术传承和演变关系（《青岛考古》2期）。

2006年7月至9月，为配合安景高速的施工建设，安徽省文物考古研究所联合东至县文物管理所，对地处东至县城西的华龙洞旧石器时代遗址进行试掘，进一步弄清华龙洞遗址石制品的技术类型，董哲等人在发掘简报的基础上，对华龙洞遗址出土石制品进行了技术类型学研究。遗址出土石制品总计120件。原料以硅质岩和石英岩为主，可以划分为备料、石核、石片、断块和碎屑、工具等几个大的类别，这些石器类型多样且功能存在明显分化，工具以中、小型为主，器物毛坯根据工具类型大小而存在分化，刮削器在石器工具类型中数量最多，石器工业面貌与南方砾石工业传统不甚相同。根据出土动物群化石与古人类化石特征，初步判定属更新世中期。根据遗址无生产石器的工具且废片、碎屑较少的特点，推断遗址性质可能并非最初报道的石器加工场，考虑2006年发掘未发现明显的火塘、砾石堆等遗迹现象，推测华龙洞遗址的性质接近于临时活动地点（《东南文化》6期）。

4. 华中地区

肖家河旧石器地点位于湖北省十堰市郧县五峰乡肖家河村，处于汉水右岸第四级阶地上，2006年在发掘南水北调中线工程湖北省地下文物保护规划的乔家院春秋战国墓葬的过程中，工作人员在地表、地层及墓葬填土中发现有打制石制品67件，杜杰等人对这批资料进行了整理研究。石制品的岩性大类中以火成岩为多，原料和素材以河床中磨圆度较高的河卵石为主；石制品的剥片和加工方式均为硬锤锤击法，剥片时虽对石核的台面不进行预先修理，但石核利用率不低，石器类型以砍砸器为主，其次为手斧、手镐，刮削器最少；石器的加工方式以单向加工为多，双向加工的石器也有相当的比例。依据遗址所处阶地，推测肖家河地点发现的旧石器年代应该属于早更新世的偏晚阶段或中更新世早期，相当于旧石器时代早期。它的发现为研究中国南方旧石器时代文化传统提供了非常重要的实物材料。石制品面貌和所处区域旧石器时代早、中期一些遗址有着惊人的一致性，证明了中国南方旧石器文化发展的连续性，中国南方砾石文化传统有着自己独特的发生、发展和演化谱系（《华夏考古》1期）。

舒家岭旧石器时代遗址位于湖北省丹江口市牛河乡舒家岭村，2012年3月至7月间，湖南省文物考古研究所对该址进行了抢救性考古发掘，李意愿等人对这批资料进行了整理研究。出土石制品的原料为就近获取磨圆度较高的河卵石，岩性以石英、火成岩、硅质灰岩为主，石制品类型包括石器、石核、、石片和断块等。个体以大、中型为主，小型标本也占一定比例。遗址中出土有较大比例的砾石在遗址中以分散和局部集中的现象分布，根据倾角、倾向和长轴方向的统计分析，可以排除埋藏后的堆积，应是古人类搬运来的作为储备的原料。剥片只见锤击法。以单向剥片为主，不对石核台面进行修整；工具组合比较简单，主要有砍砸器、刮削器、手镐、尖状器、薄刃斧，以前三者为主。石器组合仍以重型工具为主，但同时在遗址中也出现了一些中小型的刮削器和尖状器，以及相当数量的中小型石片。少量石片可以直接用来作为工具，在整理过程中观察到了少数石片刃缘有使用时留下的细小片疤。从原料上来看，该遗址比早期的遗址更多地使用了石英原料，这是汉水流域旧石器遗址在向晚期发展的一个特征。从整体的类型和技术上观察，该遗址仍属于中国南方旧石器时代主工业范畴。根据地层结合石制品的特点，推测舒家岭遗址的年代为晚更新世。舒家岭遗址所发现的石制品组合与此前在汉水流域调查和发掘的遗址具有较为一致的石器工业面貌，表现为以砾石为主加工成重型工具的特点，属于华南地区的砾石石器工业。舒家岭遗址的发掘为我们进一步了解汉水流域晚更新世时期古人类在该区域的活动和适应性生存行为以及华南地区砾石石器工业的特征提供了新的材料（《人类学学报》2 期）。

5. 华南地区

百色盆地因发现阿舍利技术风格的手斧以及所属的年代而受到国内外学术界的关注，2008 年田阳博物馆在第三次文物普查期间，在百峰遗址采集石制品 37 件，包括 2 件手斧和 16 件手镐，并采集 2 枚玻璃陨石，李大伟对这批资料进行了整理研究。百峰遗址位于广西田阳县西部，处于百色盆地西段，属于右江右岸第四阶地，百峰遗址采集的石制品和百色盆地第四阶地发现的石制品特征基本一致，石器表面新鲜，均未见水流磨圆搬运痕迹。原料多为石英岩、砂岩；打片和加工石器采用直接锤击法，石核利用率低、石片背面保留有砾石面；石器类型以砍砸器、刮削器、手镐、手斧为主。百峰遗址采集石制品和玻璃陨石均来自遗址第二层，为网纹红土层。百峰遗址中手斧和玻璃陨石发现于同一地层层位，进一步丰富了百色手斧的研究资料，为用玻璃陨石的形成时间来代表百色盆地手斧的年代又提供了一个新的证据（《人类学学报》3 期）。

6. 西北地区

位于东秦岭山地的洛南盆地是目前中国旧石器遗址分布最密集、出土石制品数量最丰富的地区之一，2010～2012 年，中国科学院古脊椎动物与古人类研究所、陕西省考古研究院、南京大学和洛南县博物馆对洛南盆地南洛河与其南部支流县河之间的第二级阶地四十里梁塬地带再次进行大规模的旧石器时代考古调查与发掘，夜塬即为众多新发现的旷野旧石器地点之一。邢路达对这一地点的资料进行了整理研究。夜塬地点采集的石核、石片、断块、碎片及工具等石制品 617 件。工具包含砍砸器、手斧、薄刃斧、大型石刀、刮削器、尖状器、雕刻器等。石制品原料为第二级阶地附近砾石层及河漫滩上的砾石，以颜色不同的石英岩及石英为主，石英砂岩及细砂岩偶有使用。石制品尺寸多为小型及中型，但工具中修理精致的手斧、薄刃斧和石刀等大型工具尺寸较大。剥片主要采用锤击法，砸击法与碰砧法也少量应用，石核剥片率较高。工具毛坯主要为石片，刃缘多两面修理。根据以往在洛南盆地的相关研究推测，该地点石制品的年代大致为中更新世晚期到晚更新世早期。夜塬地点新发现的石制品丰富了洛南地区的旧石器材料，有益于进一步探讨莫维斯线以东含阿舍利技术遗址的文化属性（《人类学学报》1 期）。

水洞沟遗址位于宁夏回族自治区灵武市临河乡，中国科学院古脊椎动物与古人类研究所与宁夏回族自治区文物考古研究所于 2002 年、2003 年对该地区进行了多次地质和考古调查，新发现近 20 处地点。对水洞沟遗址的分布范围和考古价值取得了新的认识。水洞沟遗址第 8 地点于 2003 年正式发掘，王春雪等人对这批资料进行了整理研究。此次发掘出土石制品共计 776 件。其种类包括石核、石片、工具、断块、小砾石五类。原料以石英砂岩为主，应为因地制宜、就地取材进行石核剥片和工具生产等活动。石制品组合类型简单，石核数量以砸击石核为主，石核开发利用程度较高。工具类型简单，包括石锤、石砧、刮削器、雕刻器和砍砸器，均为小型。其中以刮削器数量最多。工具毛坯以片状毛坯为主，块状毛坯次之。工具修理方法为锤击法，加工部位主要集中分布在毛坯的单侧或单端。加工方式以单向加工为主，其中又以正向加工为最多。此外，还发现 8 件鸵鸟蛋皮串珠，根据该地点文化层的^{14}C 测年数据，该地点的年代为距今 27040 年前左右。水洞沟遗址第 8 地点的石器工业为探究 MIS3 阶段水洞沟地区的古人类对于资源开发利用的能力、策略以及适应生存方式提供了重要资料，具有重要的学术意义（《人类学学报》4 期）。

7. 西南地区

贵州以更新世洞穴遗址的发现在我国古人类学和旧石器时代考古学领域占有重要地位。2007 年以来，以贵州省文物考古研究所为主，以往和近期的线索，对洞穴发育较好的贵州中部和西南部进行了全面的调查，张兴龙等对此次调查进行了整理研究。新发现的 9 处洞穴遗址均分布在珠江水系的盘江流域，文化遗物主要为石制品。黔中遗址的石制品原料主要为燧石和硅质灰岩，而黔西南石制品原料多以河流成因的石英岩砾石居多。剥片技术主要为锤击法；黔中石制品的个体较小，而黔西南石制品的个体相对较大；石器组合以刮削器占多数。区域对比显示这些遗址的年代在距今 3 万年后的更新世末期至全新世初期。此次调查丰富了更新世末期古人类在贵州的活动信息，其中惠水清水苑大洞、长顺马路大洞和安龙路边大洞具有较好的工作前景（《人类学学报》4 期）。

老鸦洞遗址是贵州省毕节市七星关区一处旧石器时代晚期遗址，该遗址 20 世纪 80 年代被发现并发掘，出土大量石制品及动物碎骨。为进一步研究该遗址，明确遗址文化及年代性质，2013 年 7 月至 8 月，中国科学院古脊椎动物与古人类研究所与贵州省博物馆组成联合考古队对该遗址进行了再次系统发掘，出土包括石制品、骨制品、古人类牙齿化石、动物化石、植物果核、炭屑在内的标本两千余件，关莹等人对这批资料进行了整理研究。老鸦洞遗址所在的石灰岩山体中含有大量的燧石岩脉，这些岩脉为古人类制作石制品提供了丰富的原材料，导致了遗址中超过 60% 的石制品均由灰黑色燧石制成，其他原料，如石英和水晶晶体，多数来自山洞周围，而非源自河流砾石，仅有极少数个体较大的砾石在地层中出现，作为石锤或垒砌火塘的材料之用；在加工技术上，硬锤直接打击是石器制作者使用的主要技术，修理台面的现象频繁出现。除硬锤直接打击以外，针对小型岩块原料，尤其是石英和水晶晶体，老鸦洞古人类还采用砸击法剥制石片，最大限度地利用原料；从石制品类型上看，石叶制品和细石叶制品均不见于该遗址，整个石制品组合体现了典型的中国旧石器时代晚期石片石器传统，下部地层至上部地层中所含石制品没有明显技术变化。石制品在制作技术上显示了典型的小石片石器传统特征。^{14}C 测年结果表明，这些出土物及遗迹记录了旧石器时代晚期距今 3.7 万至 2 万年，以及距今 1.4 万年古人类在老鸦洞内生存的历史，是毕节地区旧石器时代晚期最初阶段古人类生存栖息的证据。多个石制品及炭屑、灰烬富集的层位表明了古人类对该洞穴的长时间反复利用，以及末次冰期最盛期期间人类活动的消退现象（《人类学学报》4 期）。

三 综合研究

勒瓦娄哇技术是人类演化史上具有里程碑意义的一项重要发明，其最为经典的作品是从预制石核上剥取的龟背状的勒瓦娄哇石片和三角形的勒瓦娄哇尖状器。我国学者在20世纪80年代就开始了对勒瓦娄哇技术的研究，陈宥成等人尝试在前人基础上，从勒瓦娄哇技术的概念入手，对该技术的起源、发展、繁荣和衰退进行分析，认为勒瓦娄哇技术的历史可以分为四个发展阶段。距今50万至25万年的滥觞期，以“优先剥片法”生产的形态较大的勒瓦娄哇石片为特征；距今25万至13万年的发展期，以“循环剥片法”和长度大于10厘米的勒瓦娄哇尖状器的出现为特征；距今13万至5万年的繁荣期，以形态较小的各式勒瓦娄哇石片、勒瓦娄哇尖状器和勒瓦娄哇石叶以及边刮器、凹缺刮器、锯齿刃器等各式工具为特征；距今5万至3万年的衰退期，以零星遗址中勒瓦娄哇技术产品与石叶工业或其他工业混合出现且不占主体地位为特征。而这一切石器形态与技术的变化则反映了石器功能与人类行为的转变（《考古》2期）。虽然勒瓦娄哇技术盛行于欧洲旧石器时代中期的莫斯特文化中，但是在中国的一些旧石器时代遗址或地点中也存在有勒瓦娄哇技术的石制品，董哲在明确了勒瓦娄哇技术的定义后，通过对金斯太遗址、水洞沟遗址、盘县大洞遗址、河套地区地点群、富源大河遗址等的材料梳理，从勒瓦娄哇技术石制品的功能分析和分布区域相关文化生态学的视角出发，对勒瓦娄哇技术在中国的分布和消失进行了探讨，认为勒瓦娄哇技术分布于西北到东南的生态交错带上，是面对不稳定的生态环境的一种适应手段，因其经济上的高效益使得狩猎采集者在气候波动、环境不稳定性增加时为提高流动性而被采用（《文物研究》21辑）。

两面器技术是史前人类的一项重要的石器技术传统，可谓源远流长。陈宥成等人把两面器技术的发展分为早期、中期、晚期和末期四个阶段。两面器技术的早期始于170万年左右，出现在东非，以西图尔卡那湖地区Koliselei 4遗址为代表。两面器技术的中期大约始于距今100万年，以“大石片阿舍利”技术传统为标志，以肯尼亚奥罗格赛利（Olorgesailie）遗址和奥杜威峡谷Bed Ⅳ和Masek Beds为代表，并在非洲、西亚等地广泛传播。两面器技术的晚期始于距今60万至50万年，该阶段黎凡特地区和北非的大石片阿舍利传统消失，欧洲比利牛斯山以外发现了最早的阿舍利，但与“大石片阿舍利”明显不同。到了“后阿舍利时代”，两面器技术进入末期，但在莫斯特文化和索鲁特文化等之中作为一项重要的文化因素依然存在。在东亚和北美，两面器技术直到旧—新过渡阶段和新石器时代依然长盛不衰。两面器技术从早到晚历经硬锤修理、软锤修理和压制修理等演变过程，其形态从早到晚表现出小型化和多样化的趋势，这背后则反映了石器功能和人群流动性的变化（《华夏考古》1期）。

旧石器时代向新石器时代的过渡一直是学术界关心和瞩目的热点，李国强综合近年来的考古新发现，认为近年来取得的植物考古学证据表明，在距今3万至1万年之间的旧时器时代晚期至新石器时代早期，北方地区对植物性食物的利用经历了由广谱采集到集约—专项采集的进程，并在距今1万年前后的东胡林遗址出现了对粟类植物的原初驯化。就器物而言，在年代介于距今2.4万至1万年前后的太行山南端—黄河北部弯道地区的各遗址中，都只有代表单一采集模式的石磨盘出现，而在介于1.2万至9000年的太行山北麓—燕山南麓和太行山东麓北段地区（即桑干河—永定河流域和拒马河—大清河流域）的多个遗址中，已出现了由石磨盘、陶器、石镰、石锄等代表粟类植物专项加工和集约采集模式的组合工具，由此构成了诱发驯化的必要条件并产生了具有早期驯化特征的品种。因此，后一地区应该是北方粟类植物的原初驯化中心。这一驯化过程的产生，是该区古人类在旧石器晚期发达的细石器文化的作用，为适应末次冰期以来的气候和环境变化，特别是距今12800年至11500年期间的新仙女木期降温事件造成的动物性食物的短缺，不断开发粟类食物资源引发的必然结果。同时，气候与食物资源的变化以及人口压力也必然导致该区人群的迁移，特别是寒冷时期的南迁。但是，早于距今1万年前的南下人群并没有承载对粟类植物进行驯化的技能，在新的聚居地仍然延续着传统的狩猎—采集模式（《南方文物》1期）。

陈胜前从理论的角度对旧石器时代向新石器时代的过渡的研究范式进行了探讨，认为旧石器时代晚期革命是人类演化史上的里程碑，人类在生计、聚落形态、技术、人口、人地关系、人物关系等方面都发生了重要的变化，最突出的变化表现在人与物的关系之上。中国旧石器时代晚期革命的研究范式目前主要还是以技术—类型学为中心的，显然这是不够的。从现有的材料来看，中国旧石器时代晚期的技术类型变化与旧石器时代早中期存在明显的连续性。由于石器研究方法上困难，石器技术类型与人群属性难以对等，所以很难通过它来回答现代人的扩散，也很难体现旧石器时代晚期革命的性质。相对而言，过程考古学的功能—适宜的视角能够较好地解释技术变化的行为意义，中国旧石器时代晚期早段的适应辐射、晚段的细石叶技术起源以及更新世之末到早全新世食物生产的起源，是旧石器时代晚期的技术革命，并不完全是一场人类适应方式的革命。认知—过程考古学更注重从人类认知与社会关系发展的角度来理解旧石器时代晚期革命，更有利于我们理解旧石器晚期革命。而注重研究物质意义、能动性与历史的后过程考古学范式能更好地把握旧石器时代晚期革命最突出的特征、人与物关系的变化，所以，后过程考古学的范式应该是我们研究这一问题值得关注的途径。这四个范式的研究其实都是不可或缺的，不是相互替代而是补充与叠加的关系，代表旧石器考古学研究在不断深入，对旧石器晚期革命的理解更加透彻。就中国旧考古学研究而言，我们还需要在技术—类型学研究的基础上，拓展研究范式，从而更好地理解史前人类的演化（《北方民族考古》2辑）。

他山之石，可以攻玉，王益人通过对峙峪与法国潘色旺两个遗址的比较，从管理体制、文化遗产保护、人才培养、发掘理念等众多方面对中国旧石器时代考古学的学科发展的提出了建议（《化石》2期、《大众考古》4期）。

四 专题研究

1. 石器技术与文化

（1）石制品技术类型的分析

石制品加工技术、技术类型的分析是旧石器时代考古学中一项最为基础而重要的工作。

水洞沟第12地点位于水洞沟第1地点以北约4000米处。2007年夏天中国科学院古脊椎动物与古人类研究所联合宁夏回族自治区文物考古研究所对其进行了约12平方米的发掘，获得石制品近万件。初步的研究显示，这是以细石叶技术为主导的文化遗存，其丰富的文化内涵，对探讨旧石器时代晚期末段人类行为转变和适应能力的提升等方面有重要的意义，为深入发掘其文化内涵、解析石制品技术体系，仪明杰等人对发掘出土石核类石制品的系统分析。从石料的质地、尺寸等角度分析，结合水洞沟周边的原料调查结果，该遗址的石核类石制品原料均来自水洞沟遗址及其附近区域。石料的开发具有针对性。石核类石制品中硅质白云岩和燧石占有绝对比重，其他类型原料的使用较少。石料的利用与当地的石料构成有密切关系，原料的构成显示了开发策略的差异。锤击石核是细石核的预制阶段；砸击技术的开发对象多是以燧石为代表的优质石料，尺寸小，不适于锤击及间接剥片技术的应用；细石叶技术是该遗址的核心剥片技术，其中以楔形石核的打制技术最成体系。这种以细石叶技术为主体的文化现象，在旧石器时代晚期末段的中国北方地区具有普遍性，是人类在气候波动的条件下实现适应生存的重要技术保证。旧石器时代晚期连续出现气候寒冷事件，中国北方地区的狩猎采集者生存压力变大。细石叶工具在狩猎、后期处理猎物、皮革加工等方面有明显优势，这些技术、生态优势使这项新技术爆炸性地扩散开来（《人类学学报》2 期）。在此基础上，仪明杰等人又对水洞沟遗址第 12 地点出土的楔形石核进行了具体分析，复原了其动态生产过程，以期深层次解析古人类的原料开发策略。楔形石核技术往往需要大量的预制以制备台面、楔状缘，对尺寸较大的原料需求高，但是水洞沟地区的燧石属小型砾石，尺寸小，多不具备开发为楔形石核的潜力。然而，燧石的质地均一，硬度、韧性适宜，产生的石片刃缘锋利，是受人青睐的优质原料，故将之开发为其他形式的细石核。尽管优质白云岩比重低，但是白云岩基数大，且不乏大尺寸者，具备预制潜力，因而在楔形石核中占有绝对比重（《边疆考古研究》18 辑）。

刘扬等人以阶段类型学的视角为出发点，通过对乌兰木伦遗址出土石制品的观察分析认为乌兰木伦遗址石核的剥片过程可分为初次剥片阶段和持续剥片阶两个阶段。前者反映了石核剥片序列的预备阶段，后者则反映了石核剥片程序的生产阶段，它们在石核剥片过程中相互联系并作为一个整体构成了石核剥片的序列。两个不同的剥片阶段内部又分别区分出不同的剥片方法和技术，通过对石核技术特征的分析，推导这些技术和方法之间关系的紧密程度，最终概括出乌兰木伦遗址石核剥片至少存在 17 个剥片序列。不同剥片序列对石核初始毛坯的形状和原料等具有一定的选择性。这表明乌兰木伦遗址初始毛坯利用以及剥片方法、技术和序列的多样性，反映古人类不仅具备较高的剥片技术，还具备较强的计划性和组织能力；而个别序列则显示古人类对具有特殊技术特征石片的有目的生产。将这些剥片序列与经典的石核台面数量分类法进行比较，可知后者是石核不同剥片序列产生的最终石核或阶段石核，因而它们可以具有相同的石核利用率。因此，具有不同技术特征的石核和石片类型并不是石核剥片程度的反映，而是不同剥片技术和方法在不同剥片序列和阶段（程度）的共同反映。从该层意义上讲，单以台面数量进打石核分类会导致对遗址剥片技术认识简单化，而无法真正理解复杂多样的石核剥片序列（《考古》6 期）。

奇和洞遗址一期文化遗存自 2008 年发现以来，因年代处于旧石器时代晚期向新石器时代过渡的关键时期而备受瞩目，吕锦燕对奇和洞遗址一期文化遗存中发现的 27 件石核进行了研究。奇和洞遗址的打片技术也是锤击为主，砸击为辅，偶有碰砧法剥片。在打片上没有概念型版，基本没有加工预制台面的思维，极少转向剥片出现两个台面的情况，基本都是随意打片，没有固定的形制。所以遗址中的石核基本全为“简单石核”，石核的原材料质地较差，难以产生理想的剥片，而且石器的原料开采地就在洞口的河床上，材料随手可取，所以石核的利用率较低（《福建文博》3 期）。

郧县后房遗址 2010 年的发掘在第②层和第③层分别出土了 89 件和 73 件石制品，时代初步推断为中更新世晚期至晚更新世初期。李英华等人运用技术分析法对该石器工业的分析表明，在工具刃口类型中，双边汇聚形态的刃口比例最高。这说明古人类可能对此类工具的需求比较大，这与古人类本身的生产活动和行为方式有关。从早期到晚期，古人类对石器工业各阶段产品从没有明显的管理发展到“专坯专用”，即根据所需要的成型工具的类型，精选4种毛坯，运用精确的规划和连贯的打制完成工具的制作。但对石器工业生产的原料一直保持“专料专用”，即剥坯概念的产品均用石英原料制成，而修型概念的产品均用石英以外的原料制成，表明古人类对原料特性已经有清晰的认知，石器工业生产体系具备了比较成熟的管理意识。石器工业生产的原料均采自二级阶地上广布的砾石层，采用的是就地取材的原料利用策略。这些都反映了古人类在打制概念、方法和管理层面上既有明显的稳定性，又有重大的突破和变化，其管理模式向更周密、更成熟的方向发展。该项分析为今后中国石器工业的技术分析提供了重要个案（《江汉考古》4期）。

（2）区域文化体系的研究

砾石石器在华北地区作为一种重要的文化因素的出现始于中更新世，并且一直延续到距今4万至2.5万年，伴随着石叶和细石器工业组合的崛起而逐渐消亡。陈宥成等人以N38°为界，分南北两部分梳理了华北地区砾石石器的发现，以其探索其与人类行为和文化特征的关系。砾石工具与石片工具反映的是两套不同的操作链，反映了不同的创作思想。从文化的角度来看石器工业是一个宏观的表述，正如中国南方地区的砾石石器工业可以含有石片石器文化因素一样，中国华北地区的石片石器工业也含有砾石石器文化因素。从人类历史的发展来看，砾石石器是一种更为古老的传统，石片石器传统虽然出现较晚，但是之后成为人类文化选择的主流，这一传统在我国泥河湾盆地早更新世遗址群中得到继承和发展。砾石石器是一种古老的石器传统，而石片石器传统是随后出现的，这两个传统是两个不同的“文化基因”，同时，制作砾石石器和遗址的功能密不可分，通过技术、文化、历史等角度深入理解砾石石器，对于我们今后遗址时代的判定、石器技术分析和人类行为探索都具有重要意义（《中原文物》1期）。

陈宥成等人通过对长江中游地区出土的大型尖状器的分析，根据毛坯的选择、利用和修理模式以及丰度等的观察，认为大型尖状类石器在长江中游地区相邻或相近的汉水上游、丹江口库区、三峡地区和澧阳平原等不同区域保存有不同的技术传统。汉中盆地的大型尖状类石器多选自河滩砾石为毛坯直接加工。丹江口库区无论是调查数据还是发掘数据其比例均高于汉中盆地，从现有发掘材料来看其大型尖状类石器有稳定的传统，即选自砾石直接单面或两面加工而成，但调查的材料显示存在另外一种传统，即选取砾石生产长度大于10厘米的大石片，以大石片为毛坯加工大型尖状类石器。三峡地区古人类在更新世期间似乎不存在有生产大型尖状类石器的传统，为数不多的手镐与当地的砾石砍砸器和石片砍砸器应当为“同质异型”类器物。澧阳平原及周边丘陵区内发现的大型尖状类石器相比于汉中盆地和丹江口库区，发现数量最多，技术传统也最为复杂，至少包括三种不同的技术。大型尖状类石器在不同区域显示不同的技术传统，暗示从中更新世开始长江中游地区可能在一定程度上形成了并不简单的文化关系（《人类学学报》1期）。

日本学者加藤真二在对目前发现的华北地区旧石器时代晚期的细石器文化遗存进行了科学、系统的梳理和分析后，认为在末次冰期冰盛期（LGM时期），为了适应环境的变化，华北的旧石器人选择了频繁移动的生活方式。因此，石器群也自然地选择了在宿营地附近收集低成本、低品质的小形石料的收集方式，并且掌握了高效使用这些石料的制作办法，从而促成了石器的小型化和定型度的降低，以及剥离小型石片技术的发达。大约2.5万年前，随着猛犸象动物群的流入，带有北方系细石器工业的人群经东北部南下，并与华北人群有了接触。南下人群所持有的细石叶技术，与华北人群频繁的移动及对小型石料高效率的使用方式相适应，产生了有效狩猎武器。但是，华北人群不把这些细石叶技术直接引入，而是以他们本来就持有的剥片技术为基础，模仿使用楔形细石核的细石叶技术，或者是通过转化剥片技术等方式来引进细石叶技术。他认为河北盂家泉、二道梁、山西柿子滩S12、宁夏彭阳PY03地点、陕西龙王辿、甘肃大地湾、河南西施应该属于出现期细石器工业。同时，他进一步推测南下人群和华北人群之间的相互交往，和华北人群引入细石叶技术的地区可能在包括泥河湾盆地在内的长城线附近。并且在华北地区的广大范围里，极短的时期内出现了细石器工业。从此可以推定，通过华北人群的信息及物资流通网络，在短期内细石叶技术被推广得更广泛了。目前，不能够明确地表明此物资流通网络的存在。但是，内陆的海洋贝壳的出土，赤铁矿在华北地区广泛分布等特点都暗示着此物资流通网络的存在（《华夏考古》2期）。

新疆位于我国西北边陲，特殊的地理位置促成了新疆历史时期别样的文化面貌，新疆史前时期的文化面貌是怎样的？当时的人们是否也如历史时期那样有着频繁的交流？所有这些问题都是进入21世纪学术界所热切关注的。朱之勇人等以考古发现、研究为视角，就新疆旧石器遗址的寻找、细石器的研究状况做了梳理、分析，尽管目前新疆还没有发现带有明确地层的旧石器，但对这一地区旧石器的存在还是持积极、乐观的态度。鉴于新疆细石器遗存都系地表采集的现实情况，建议在今后的工作中，应以类型学为基础，以操作链、工艺因素分析等理念为导向，结合数量统计、石器实验等方法，从微观走向宏观，先做好小区域内文化面貌的研究，然后再做大区域的整合研究（《边疆考古研究》18辑）。

2. 理论与研究方法

（1）理论的思考

石制品作为古人类留下的最丰富，同时也是保存最好的文化遗物，一直吸引着考古学家们尝试采用各种方法对其进行研究，试图从一块块冰冷的石头中解读出更多人类行为信息。彭菲在回顾了石器分析方法的发展与演变，追溯了类型学的诞生与发展过程之后，介绍了操作链的缘起，并对它所存在的问题及发展方向进行了讨论。对于从操作链研究中演化出的两大分支——技术心理（认知）学与技术经济学，该文主要介绍了技术经济学研究的内容与具体操作方法。作者认为旧石器考古学对石制品的研究经过多年的发展，已经包含了从宏观到微观的多个层面多种分析方法，任何一种孤立的方法都无法全面地将石制品所蕴含的人类信息提取，只有以关联的思维，以人类行为为研究目标，结合类型学、操作链、定量、定性、宏观、微观多种方法，整合不同研究方法所获得的成果，才能最大限度地获取古人类行为信息，这也正是操作链所秉持的整体和联系的理念（《人类学学报》3期）。

“石器工业”是旧石器时代考古学中常用的词语，但对其内涵和准确的定义却因个人的理解不同而有所差异。崔天兴在对以往学者使用“石器工业”一词的含义进行梳理后认为，“工业”在旧石器时代考古学背景中，有两个基本内涵，一是单个遗址的石器组合及其加工技术；二是指在一定时间内分布在一定区域内具有相同物质文化面貌的考古学遗存。该文进而指出考古学中的“工业”是由人类勤勉之特质所引申出来，界定为人类之特质，从而具有文化、器物组合的内涵，在考古学中流传下来并作为一个专业术语进行使用（《中国文物报》5 月 8 日）。

（2）研究方法的探索

抽样是统计学中的基本概念，是指按一定程序从总体中抽取样本的过程。抽样的目的是根据样本的观测结果对总体进行推断。按随机原则从调查总体中抽取部分单位进行观察，用以估计推算总体某些数量特征的非全面调查，又称抽样推断，主要包括简单随机抽样、分层抽样、整群抽样、等距抽样四种。在考古学研究中，抽样调查的方法也被广泛应用，依据不同考古学资料的特征，确定合理、有效、科学的抽样方法是问题的关键。徐廷等人结合简单随机抽样、整群抽样和连续重复抽样的特点，基于中心极限定理，设计了适用于大批量石制品抽样调查的具体方案，通过边抽样、边评价的方式，利用有限的样本量推断总体特征，并将其实际应用到大窑遗址二道沟地点石制品的研究中，取得了良好的效果。此外，这种抽样方案对于石制品的物源追溯、遗址区域调查等也有一定的实用价值（《人类学学报》3 期）。

石制品原料的产地分析是旧石器时代考古学中首先要解决的一个基本问题，刘爽等人利用北京大学考古文博学院科技考古实验室的设备，选取潜在矿源与遗址中有代表性的黑曜岩样品，应用激光烧蚀电感耦合等离子体发射光谱等方法对黑曜岩矿料和遗址黑曜岩制品主微量元素进行测定，建立数据精确的部分黑曜岩样品数据库。使用便携式 X 荧光光谱仪扩大测量样品数量，对于异地、大量以及体形较大的完整器等进行无损测定，建立大样品数据库。选择可靠的判源特征元素组合，总结各遗址黑曜岩制品化学元素特征规律，应用社会统计学分析软件，采用多元统计主成分分析等手段对不同地区黑曜岩样品数据进行对比分析，结合考古背景、样品性状等多方面信息综合考察，判断遗址中黑曜岩制品原料的可能来源，进行相关研究（《边疆考古研究》18 辑）。陈全家等人运用便携式 X 荧光光谱仪对吉林东部地区考古遗址出土的黑曜岩标本进行了产地分析，根据测试结果可将这些标本的产地分为 5 个组群，可能有不同的产地，为今后的进一步工作奠定了基础（《东方考古》12 集）。

对石料进行一定的热处理是古人类在打制石器过程中逐渐学会的一项技能，宁夏水洞沟遗址的发现首次证实了旧石器时代东亚古人类的热处理行为。邵亚琪等人通过压缩实验和 XRD（X 射线衍射）检测，对宁夏水洞沟遗址区采集的白云岩石料热处理前后的力学性能进行了定量研究。结果表明，经过 450℃ 热处理的白云岩石料材质更加均匀，硅质含量减小、钙质含量增加，抗压强度下降 31%，最大应变提高 27%，在应力—应变曲线上出现了明显的锯齿状波动现象。这些变化降低了打击石料所需的力度，使石料易于产生多次开裂，不容易发生一次性灾变破坏，为古人类调整打击点、打击方向和力度创造了机会，从而降低了打制难度，提高了石器的制作质量和效率。而经 550℃ 热处理后，石料会产生大量肉眼可见的粗颗粒，打制性能下降；同时，抗压强度下降 67%，石器切碎食物能力下降。因此热处理温度不宜过高（《人类学学报》3 期）。

模拟打制是史前考古研究中的重要实验考古方法之一，对于正确认识考古标本的类型和技术、解读当时人类的认知水平和知识积累具有不可取代的作用。杨石霞等人简要回溯了模拟打制实验的发展史，并评述其应用现状。模拟打制实验在欧美有较长的发展与应用历史，但最终趋向了不同的发展方向。传统的模拟打制实验研究在欧洲得到了更加深入的继承和发展，而美国在 20 世纪 90 年代后期逐渐发展起了以定量控制、数理统计为核心的实验方法。他们以近期在山西丁村开展的角页岩模拟打制实验为例，介绍传统的模拟打制实验的基本流程和内容，包括实验的内容设计、实施及记录和分析等。此次实验结果肯定了硬锤锤击技术在丁村角页岩石核剥片和修理中的广泛应用，并在一定程度上否定了以往对使用碰砧法的推测，另外，为深入了解石制品的形制提供了参考，帮助研究者更准确的恢复“操作链”。最后对模拟打制实验存在的问题和应用前景作了讨论和展望（《人类学学报》4 期）。

石制品拼合研究能够反映遗址结构和遗址埋藏过程的变化，能够反映遗物的分布状态及遗址的形成过程，是我们了解早期人类行为方式的重要参考。刘扬等人对乌兰木伦遗址1 号地点 2010 ~ 2012 年发掘出土的 11934 件石制品进行拼合研究，辨别出 28 个拼合组，含 64 件石制品。石制品拼合组空间分布等相关信息显示，乌兰木伦遗址石制品的分布状况主要是人类行为造成的。在剥片和工具加工过程中，标本剥落到地表后被迅速埋藏，未受到后期扰动，因此在遗址中很好地保留了古人类活动最原始的信息。拼合标本断裂面的状态也更多指示它们是在剥片过程中断裂，而不是后期埋藏因素如踩踏造成的。此外，拼合石制品的发现，以及石制品构成多以小于 10 毫米的碎片为主，其次为石片，而石核、工具等类型的比例较少，这些都表明乌兰木伦遗址是人类生产石片和加工石器的集中场所，为原地埋藏（《人类学学报》1 期）。李锋等人对徐家城旧石器遗址 346 件石制品的拼合研究中获得 26 个拼合组，共计 61 件，拼合结果显示，4B、4C 层剥片与石器加工行为是石制品空间分布形成的主要原因，但可能存在遗址使用时古人类对石制品位置改变的行为；4A 层石制品零散分布可能反映了此时遗址处于古人类活动的边缘地带。遗址剥片方法以硬锤锤击法为主，石核剥片序列以转向为主，古人类对石料进行单层或多层开发；同时部分石器破碎后古人类可能对其进行再利用。平面分布显示发掘区内可能存在两个相对集中的剥片区域，并且古人类在同一区域剥片和加工石器。然因遗址石制品原料性质、发掘面积等局限性，拼合分析的优势并未在此项研究中尽现。今后此类研究应结合其他研究方法，综合多方面信息解释遗址形成过程、石器技术及遗址空间利用方式（《人类学学报》2 期）。

原料最小单元分析是西方学者在拼合研究中逐渐发展出的分析方法。主要依据石料属性（如颜色、质地等）及理化分析（如 X 衍射等）将石制品划分成尽可能小的分析单元，以此为基础讨论遗址埋藏过程、石器技术、遗址空间利用等方面的信息。赵宇超等人用这一目前国内尚未普及的方法对徐家城旧石器遗址主文化层的石制品进行研究，涉及遗址形成过程、空间利用以及古人类的流动组织等方面。研究表明，古人类原地剥片行为是遗址主文化层石制品分布状态形成的主要原因，文化层交界位置所受扰动程度较大；石器工业面貌权宜性色彩较为浓厚，发掘区内并未呈现明显的功能分区，同一时期可能存在其他生活中心。最后对原料最小单元分析方法的适用性和潜力做了一定讨论（《人类学学报》3 期）。

在旧石器考古中发现的不单单有石制品和骨骼化石等遗物，还有许多重要的遗迹现象，李君等人对泥河湾盆地发现的旧石器时代遗迹进行梳理与分析，将其分为三种类型，除了常见的人类活动形成的遗迹外，还将动物活动形成的痕迹以及目前无法明确性质的痕迹单独列出，将其按照遗迹单位来对待，意在引起学者对这类遗迹现象的重视。虽然目前对这两类遗迹的认识还不够充分，但是其重要性却不能低估，随着研究的逐渐深入，新科技手段的不断应用，对这种遗迹的认识会越来越深入，它会为今后的研究提供更多有重要价值的信息。今后要更加注重“面”的发现与研究。通过对遗物与遗迹的综合研究，对整个遗址会有深入认识，进而在此基础上上升到对遗址群的研究层面，小角度与大视野相结合，这是旧石器考古不断深化的研究趋势（《文物春秋》6期）。

（3）古人类化石的发现与研究

曾被命名为中国猿人北京种（Sinanthropus pekinensis）的直立人北京种（Homo erectus pekinensis）（北京人）化石是当时世界上具有最为可靠发掘记录的古人类化石。1941年大部分北京人化石丢失，仅存的当时发掘出土具有鉴定价值的人类化石为保存在瑞典乌布萨拉大学古生物博物馆的3枚北京人牙齿。2011年在瑞典乌布萨拉大学古生物博物馆保存的周口店发掘出土的化石中新发现了一枚北京人牙齿化石。Martin Kundrát和刘武等人报道了这枚新发现的北京人牙齿化石并回顾了此前发现的3枚北京人牙齿化石的历史。这4枚人类牙齿化石代表了在周口店最早发现了的直立人牙齿化石，新发现的这枚北京人上犬齿齿冠咬合面磨耗较重，提示该牙齿属于一个成年个体（《人类学学报》1期）。

英国《自然通讯》杂志2015年1月刊登了张钧翔、海部阳介等人的题为《台湾第一个古老型人属》的论文，报道了从澎湖海沟60米～120米深处打捞上来的1件人类下颌骨和11种哺乳动物化石，认为澎湖下颌的时代为晚于距今45万年前，最可能为距今19万～1万年前。该文没有确定它属于人属的哪个物种，并认为难以确定性别。吴新智等人就该文提供的比较详细的丰富资料作进一步的分析和讨论后认为，澎湖下颌特别高的粗壮指数、长的髁间宽和两前臼齿齿槽长、粗壮的上外侧圆枕、宽阔的臼齿外沟和特别大的臼齿以及没有颏隆凸，提示其年代可能属于中更新世，最可能属于中更新世中后期，可能在距今45万～13万年前；它有不少特征指示其与东亚化石人类有比较密切的亲缘关系，但不大可能属于直立人，还有个别特征提示其先辈可能接受过来自西方基因流的影响；参照中国中更新世人的相关数据，澎湖下颌可能属于女性（《人类学学报》3期）。

猫猫洞位于贵州省兴义县城东北顶效镇西南的猫猫山山腰上，20世纪70年代，在此发现人类化石、文化遗物和哺乳动物化石。曹波等人将这批人类化石予以重新整理发表，从而使该遗址的发掘资料更为完整，同时对哺乳动物化石、地层、堆积物做完整的报道。该遗址的人类化石包括下颌骨4件，股骨3段，是中国南方洞穴遗址中发现的数量较多，系统分类地位较清楚的晚期智人的化石，并提出“兴义人”的命名。人类化石同层的鹿牙采用铀系法测年结果为距今14500年前左右，相当于更新世的末期（《人类学学报》4期）。

五十年前在云南元谋盆地发现的2枚早期直立人牙齿被作为东亚最早的人类化石而载入史册。最初的岩性地层、古生物和古地磁研究确定“元谋人”化石出自早更新世地层，年代为距今170万年前左右，并在以后成为主流意见。但少数学者对此提出了质疑并开展再研究，提出“元谋人”的年代为距今70万～60万年前。高星围绕此问题的最新古地磁研究结果重新肯定了“元谋人”为距今170万年前的结论。从地质、古生物和年代测定各方面的综合材料和数据进行对比分析后，他认为“元谋人”为早更新世早期的结论是可信的。但由于当时化石采集和发掘工作的局限性，这2枚牙齿的确切出土位置和埋藏状况并非十分清晰，“伴生”的文化遗存也十分模糊。类似的情况也发生在其他一些重要的人类化石上，尤其是出土于内蒙古萨拉乌苏、四川资阳、广西柳江、广东马坝、重庆龙骨坡等遗址的化石材料，致使相关的研究和讨论无法建立在坚实的材料与数据的基础上。古人类化石对研究人类的起源与演化、扩散具有不可替代的重要作用，而对其生存年代的精准测定，又是开展各项研究和论证化石及文化遗存材料价值的基础。中国的大多数古人类遗址由于找不到其形成过程中的火山灰沉积，行之有效的高精度测年手段无法加以运用，致使一些遗址的测年数据不被广泛采信。另外，一些重要人类化石并非经规范的考古发掘出土，地层和埋藏学的原始信息缺失，对日后的采样测年造成了困扰，使一些数据因“先天不足”而受到质疑。对化石年代较老的情况，只能采取各种手段，获得化石发现或出土的原始信息并用多学科协作的方式做交叉验证，尽可能得到有说服力的数据与结论。而对于^{14}C测年范围许可的样品，最有效的手段是在化石上做微损取样直接测年，得到化石本身精确的年代数据，这应该是唯一可行的途径（《人类学学报》4期）。

以往研究发现，中国直立人化石呈现较大的形态变异。对于这种变异程度及造成变异的原因，在古人类学界有不同的认识。有学者提出在直立人阶段，中国古人类已经呈现明显的区域性差异，但也有人认为这些差异似乎没有规律性。近年，刘武等人采用不同方法对若干地点的中国直立人牙齿特征及其变异进行了系列研究，取得了一些新的发现和认识。他们在回顾总结这些研究的基础上，结合对其他一些地点中国直立人牙齿特征的观测对比，对中国直立人牙齿特征表现特点及变异做了进一步的分析。这一研究发现，中国直立人牙齿特征具有较大的变异范围。这些变异似可分为两种主要类型，元谋、建始、郧县梅铺、和县牙齿呈现出较多的原始特点，代表一种原始类型；周口店、沂源等地点的标本特征相对进步，表现出更多的典型直立人特征。其他一些地点的直立人化石呈现出混合或中间状态。值得注意的是部分呈现出原始牙齿特征类型的中国直立人的生存年代相对较晚，其牙齿特征的原始性与生存时代不具有对应关系。他们认为中国直立人牙齿特征类型反映了更新世早期和中期不同直立人群的演化状态。原始类型牙齿特征的形成不仅与演化时序性和地理分布有关，还在一定程度上反映了一些中国直立人群的演化隔离（《人类学学报》4期）。

人类的起源与发展不仅是考古学界，同时也是全社会共同关注的热点问题，回顾古人类化石的发现历史，勾勒人类进化的路线图，推测人类进化的趋势，大胆提出对基因证据的质疑，著名古人类学家、中国科学院院士吴新智先生的《探秘远古人类》在其助手徐欣的协助下创作完成，2015年5月由外语教学与研究出版社付梓出版。该书共分7个章节，分别介绍了在人类起源问题上的神创论与进化论之争，重要人类化石和演化证据发现与揭示的过程，人类演化的历史梗概，人类在身高、大脑、骨骼、四肢及人种等方面的进化抑或退化的趋势，对人类直接祖先的寻觅与认定过程，在现代人起源问题上“夏娃假说”与“多地区进化假说”这两个针锋相对理论体系的形成过程与争论焦点，以及作者个人的学业经历与感悟。最后还结合自己的科考经历对寻找野人的缘起、过程和是否存在野人这一大众感兴趣的问题做了介绍和阐述。这些相互衔接、呼应的内容既铺陈了人类起源、演化的历史过程，又展示了科学家为揭示这一过程所经历的曲折和艰辛。

五　古环境与年代学的研究

河南灵井许昌人遗址是我国近年来发掘的最为重要的古人类遗址之一。该遗址中出土了大量石器、骨器、动物化石、粪便化石等遗存以及人类头盖骨化石等。王文娟等人对该遗址出土的鬣狗粪化石进行了类型学及其包含的微体化石等方面研究，从分析统计结果来看，鬣狗粪化石中包含了丰富的古信息，如古寄生虫卵、动物毛发、孢粉、植硅体、真菌等。他们主要针对鬣狗粪化石中古寄生虫卵及动物毛发进行分析，探讨了作为寄主鬣狗罹患的寄生虫病，以及鬣狗的食物来源等情况，为深入理解更新世晚期人类适应环境与气候提供了新的证据（《人类学学报》1期）。

牛亚科动物在中国第四纪古人类遗址中十分常见，但其分类和鉴定仍存在诸多问题。南方洞穴动物群经常仅有单个牙齿保存，所以南方更新世洞穴遗址中牛亚科动物化石鉴别问题更为突出。王晓敏等人对湖北郧西白龙洞古人类遗址出土的大型牛亚科动物化石进行了整理研究，这些牛亚科动物化石不仅有大量单个牙齿，还有残破颅骨、角心、下颌骨及头后骨骼。白龙洞的牛亚科动物角心粗短、横截面呈背腹略扁的椭圆形；额骨上的角间隆突发育且呈拱形；顶骨从颅顶退出；枕面较圆且高；角后颅骨收缩强烈使得枕骨上部变窄，颞窝明显凹进；下颌角大于90°，下颌支向后倾斜；下颌第二臼齿的结构复杂程度介于水牛和黄牛之间。依据上述特征，可将白龙洞的大型牛亚科动物化石归入大额牛，白龙洞是我国出土大额牛石最为丰富的古人类遗址，为区分南方洞穴出土的牛亚科动物化石提供了重要材料（《人类学学报》3期）。

侯家窑遗址是旧石器中期重要的考古文化遗址，然而对侯家窑古人类的生存年代及生存环境至今尚存争议。张聪聪等人通过野外地质观测、地磁测量和电阻率测深等工作以及动植物研究资料分析，对遗址区地质地貌环境，尤其是与古人类生存密切相关的古河流发育情况进行了系统研究。结果表明在侯家窑遗址区发育一条NNW—SSE向的古河流，它形成于距今22.4万年前的泥河湾古湖泊大规模萎缩阶段，直至被晚更新世冲洪积物掩埋后才结束发育历史。侯家窑遗址古人类文化遗存埋藏于古河流截弯取直遗留的牛轭湖沉积层及不整合覆于其上的壤化黏土层中，时限为距今22.4万~16.1万年前，即侯家窑古人类在此地生活达6万年之久。牛轭湖区不仅适宜多种植物生长，而且水流缓滞、清澈，是各类动物优先选择食物和饮水的地方。古人类在这里使用石球围猎，较之在其他地带成功率高。侯家窑古人类生存时期，气候寒冷，但这里的地形呈面向东南的宽阔圈椅状，光照条件良好，气候温和，其间又有河流穿过，生态环境相对优越，动植物资源较为丰富；而且遗址附近优质石器原料遍布，许多石料在河谷中即可寻到，方便石器制作。因此，对于旧石器时代以狩猎和采集为主要生活方式的古人类来讲，在寒冷的区域气候背景下，选择生存环境较好的侯家窑遗址区倚河而居势成必然（《第四纪研究》3期）。此前对侯家窑遗址的研究多集中在古人类及哺乳动物化石及其地层年代方面，对古人类生存时的古气候、古环境研究较少，更未见定量研究。穆会双等人利用最终筛选后的420个表土和83个地层样品的孢粉数据，采用MAT（modern analogue technique）方法定量重建了泥河湾盆地侯家窑遗址距今22万~8.5万年前的年均温和年均降水序列。依据孢粉定量重建的气候变化序列与大西洋—太平洋深海氧同位素和南极冰芯记录的MIS5、MIS6和MIS7阶段有较好对应。冰期时，泥河湾盆地的年平均气温比现在低2℃~4℃，年均降水量比现在多200毫米~400毫米；间冰期时，年均气温比现在高约1℃，或与现在相近，年均降水量也与现在相近。冰期时，泥河湾盆地的古气候相对稳定，间冰期时波动频繁。侯家窑古人类生活在大理冰期（MIS6阶段），气候寒冷湿润，丰富的动植物资源成为侯家窑人的主要食物来源，侯家窑人已学会适应和抵御严寒的气候环境（《第四纪研究》3期）。

萨拉乌苏河地区地处鄂尔多斯高原毛乌素沙漠东南部边缘，是中国第一个正式报道的人类化石和首次成批旧石器文化遗物的发现区域，萨拉乌苏位于东亚夏季风的边缘区和黄土沙漠过渡带，其生态环境脆弱，对气候变化敏感，是中国北方沙区（沙漠与沙地）反映晚更新世以来沙漠变迁、河湖进退和气候变化的良好地区。马玉贞等人通过对前人在古生物及其所反映的古地理环境方面的研究成果进行总结和梳理，回顾萨拉乌苏古生物与环境的研究进展。近百年来，对萨拉乌苏晚更新世以来的地层、古生物及其所反映的环境做了大量的调查与研究，在不同地点和地层层位发现脊椎动物化石 45 个属种，人类化石或遗骸 15 件，并进行了孢粉分析和环境重建。但在一些方面仍需更深入的研究，如孢粉记录的分辨率和解译；萨拉乌苏人类化石或遗骸的确切年代；重点连续沉积剖面晚更新世以来高分辨率的生物地层和环境变化序列、萨拉乌苏地区对全球气候变化的响应及该区环境变化的动力机制等（《第四纪研究》3 期）。

新石器时代考古

栾丰实

2015 年，中国新石器时代的田野考古工作蓬勃开展，重要发现层出不穷，研究方法和手段趋向于多元化，研究成果丰硕。

据统计，2015 年度出版的以新石器时代为主的田野考古报告 6 部，发掘简报 50 余篇，研究专著十余部，发表各种论文 300 余篇。同时，2015 年度提交答辩并通过的博士学位论文近 10 篇，硕士学位论文 30 多篇。

围绕着特定的学术课题召开了一系列新石器时代考古的专题学术会议，例如："早期文明对话：世界主要文明起源中心的比较国际学术研讨会"（4 月，北京）；"早期文明中的'权力与信仰'学术沙龙"（6 月，北京）；第 22 届世界历史大会卫星会议——"比较视野下的龙山文化与早期文明"（8 月，山东济南）；"齐家文化与华夏文化国际研讨会"（8 月，甘肃广河）；"第十一届红山文化高峰论坛"（8 月，内蒙古赤峰）；"《良渚玉工》学术成果发布会暨良渚文化玉器与中国古代玉器工艺学术座谈会"（10 月，北京）；"《襄汾陶寺》出版暨陶寺遗址与陶寺文化学术研讨会"（11 月，北京）；"黄河流域史前陶器与文明·社会学术研讨会"（12 月，山东济南）；"石家河遗址考古 60 年暨中国考古学会新石器时代考古专业委员会成立大会"（12 月，湖北天门）；"五千年文明见证——红山文化与中华文明学术研讨会"（12 月，大连）；等等。这些学术会议的召开，有力地推动了中国新石器文化研究的深入开展。

一 考古新发现和基础性研究

这一部分内容既包括 2015 年度公布的考古新发现资料，也有相当多的往年发掘资料系统整理后的正式全面出版。以下分八个区域予以简要介绍。

（一）海岱地区

黄淮下游的海岱地区公布的新资料以大汶口、龙山文化为主。在鲁南薛河流域进行的区域系统调查，累计调查面积约 260 平方千米。调查中对采集的遗物、遗址边界、堆积剖面等，普遍采用了 GPS 定点记录方法。同时，分后李、北辛、大汶口、龙山、岳石、商代、西周、东周和秦汉九个时期，对调查区域发现的聚落遗址分类进行了分析和概括。在具体分析各个时期聚落演变特征的基础上，将这一长时段的聚落发展过程归并为三个大的阶段，即后李和北辛文化时期、大汶口文化至商代时期、两周及秦汉时期，揭示了长达数千年间的稳定发展过程（《中国国家博物馆馆刊》3 期）。

大汶口文化是海岱地区新石器文化快速发展并产生早期文明的重要时期，而大汶口是迄今为止分布区内最大的遗址。2012～2013年，在800平方米的发掘范围内，发现了大汶口文化早期晚段7座保存完整的房屋基址。房址排列整齐，朝向东南，面积整齐划一，均为边长约4.2米的正方形。房址开口于第4层层面，周边有一圈较为密集的柱洞，地面上遗有石、骨、陶器若干，其中大口尊的发现较为重要，显著扩大了此类器物向北分布的区域。每座房址之上皆均匀地布满一大层小块红烧土堆积，其中包含有明显为墙皮或房顶的残块。其他遗迹很少，同时期的灰坑只有2座，位于居住区的东北侧，其中1座埋有2只整猪，1座埋有1只幼猪，当有特殊用途。上述重要发现，为中华文明探源工程区域研究增添了新的资料（《考古》10期）。

皖北地区固镇南城孜和宿州杨堡两处遗址，均发现典型的大汶口文化晚期阶段遗存。南城孜遗址发现的8座房址，均为有成排柱洞的地面式建筑，并且在修建之前用纯净的黄土或白色土铺垫，然后再挖柱坑立柱。此外有一定数量的灰坑和少量土坑墓。杨堡遗址的遗迹主要为墓葬和灰坑。发现的6座小墓均为土坑竖穴，葬式有仰身直肢和侧身屈肢两种，而侧身屈肢的葬法在大汶口文化中较为少见。从出土遗物来看，南城孜和杨堡两处遗址的大汶口文化遗存均属于晚期阶段偏后时期，与尉迟寺同类遗存的晚期相当（《考古》2期）。

龙山文化的资料相对丰富一些，既有边线王的早年发掘资料，也有新发现的尧王城、南城孜和杨堡等。尧王城是鲁东南沿海地区一处重要的大汶口文化末期到龙山文化时期遗址。历经多次发掘，2012年以来的新一轮发掘，有两项重要发现。一是在遗址内部发现一座早期环壕城址。勘探和试掘结果表明，城墙南北长近500米、东西宽约300米，包括城墙在内的面积接近15万平方米。城墙宽度为26米～28米，墙体基础部分有用石块铺垫的现象，可能与良渚文化的影响有关。城墙外侧的壕沟宽近30米。城墙始建和最初使用的时代可以早到大汶口文化晚期偏后时期，与丹土和垓下城址的时代相若。这是目前海岱地区发现的第三座年代可以早到大汶口文化晚期阶段的城址。二是城内发现分布密集、保存较好的龙山文化房址。在300平方米的范围内分布着6座，为典型的台基式建筑，即先行在地面用土铺垫出相对高一点的土台，然后在土台上挖槽筑墙体，墙体有夯土墙和土坯墙两种。房址的形状有长方形和圆形两种，以单间为主，个别为双间，面积在12平方米～15平方米。此外，还发现一些出土较多完整或可复原的龙山文化陶器的灰坑，当有特殊用途（《考古》9期）。

边线王是继山东城子崖，河南王城岗、平粮台之后较早发现的一座龙山文化城址，一直没有正式的报告或简报公布，所以学界长期以来都只能引用《中国文物报》的一篇极其简单的报道。边线王位于鲁北中部的浉河流域，由于遗址所在位置较高，是历年整地和挖土的主要地点，所以遗址受到严重破坏，多数地段去掉耕土后便暴露出生土。边线王的城址仅保留着城墙的基槽，地上部分基本没有保存下来。随着海岱地区一系列城址和环壕的发现，如城子崖、丁公、桐林、景阳冈等城址和李寨、后埠、逄家庄、苏家村等环壕，人们发现这些面积均远远大于边线王的龙山文化城址，均是在平整的地表上直接筑墙，完全没有挖基槽的现象。而面积在5万平方米以下的多是环壕聚落。所以，包括笔者在内的不少人对边线王的城墙基槽心存疑虑，认为城墙基槽或许就是壕沟，或者主要是壕沟，该遗址很可能就是一座环壕聚落。新公布的资料继续坚持边线王龙山文化城墙基槽的存在，同时，认为“内城大约构筑于龙山文化早中期”，“外城构筑于龙山文化中晚期”。不过，从报告中公布的出土陶器可知，边线王遗址的龙山文化遗存均为龙山文化前半期，最晚也只到龙山文化中期前段，没有晚期的遗存（《海岱考古》8 辑，科学出版社）。

南城孜和杨堡相距不远，均存在着依次的三个时期的文化遗存，即大汶口文化晚期、龙山文化和岳石文化。两遗址龙山文化遗存的共同特点是，年代均为龙山文化后半期．文化面貌上既有与北、东两侧的鲁南、苏北地区龙山文化相同的特征，也有与豫东鲁西南地区相似的因素，如各种拍印纹饰和罐类器物较多等，甚至还有一些长江下游地区的文化因素。因此，值得进一步开展工作和深入研究（《考古》2 期）。

继青岛胶州赵家庄遗址发现龙山文化时期水田遗迹之后，近几年在位置略偏东南的青岛市黄岛区台头遗址发现了新的疑似龙山文化水田遗迹。水田位于遗址边缘，为面积较大的大片纯净灰黑色淤积土，并发现类似于土垄的黄色土堆积。从疑似水田遗迹中采集的 151 份土样，经检测水稻植硅体的密度超过 1000/g 的有 111 个，所占比例达 70% 以上，达到和超过了水田的数值。从而为在当地及更北的胶东半岛、辽东半岛等地区寻找早期水田提供了有益的经验［青岛市文物保护考古研究所编著《青岛考古》（二），科学出版社］。

继辽东半岛地区的《文家屯——1942 年辽东先史遗迹发掘调查报告书》和《辽东半岛四平山积石塚の研究》两部早年发掘资料的田野报告正式出版之后，2015 年度又整理出版了上马石贝丘遗址 1941 年的全部调查和发掘资料。上马石遗址位于辽宁大连市长海县大长山岛，后来发掘的小珠山和吴家村等遗址就在邻近的广鹿岛。宫本一夫等通过对上马石遗址发掘资料的系统研究，认为该遗址存在长时段的文化发展过程，即“小珠山下层—小珠山中层—偏堡—小珠山上层—双砣子 1 期 1—3 期—上马石 A 区下层—上马石 A 区上层—上马石 BⅡ区—尹家村 2 期”等遗存。这一编年与目前完整的辽东半岛古代文化遗存的编年体系比较，只是缺少小珠山中层和偏堡文化之间的吴家村期。这一编年体系对于建立整个东北亚地区新石器时代、青铜时代、铁器时代的完整序列和年代对应关系具有重要意义。同时，有助于对旱作农耕和稻作农耕的传播和扩散、日本弥生时代的开始年代等重大学术问题的解决。上述编年的前半部分，近年来中国社会科学院考古研究所通过对小珠山等遗址的发掘和研究，提出新的五期划分意见，与此大同小异（《辽东半岛上马石贝塚の研究》，九州大学出版会）。位于大连金州张家岚后山的积石冢，尽管遭受严重破坏，仅存一座大冢，出土遗物也不多，但在被完全破坏之前经抢救性发掘，清理了冢内 11 座小珠山三期文化墓葬，为辽东半岛地区沿黄海地区龙山文化时期的积石冢研究提供了一份重要的新资料（《北方文物》4 期）。

后李文化的区域差异、相互年代关系以及与北辛文化的关系等问题，学术界存在着诸多分歧意见。梅圆圆把后李文化分为西河和月庄两类遗存，认为它们之间差异的原因不是传统认为的那样西河较早而月庄较晚，而两者基本是平行发展的。提出月庄类遗存发展为北辛文化之后，又与西河类遗存并存了一段时间。这一观点的问题在于，月庄遗址在西，后李遗址在东，西河遗址位于两者之间，而月庄遗存未见于同时的西河，却越过西河出现在更东面的后李和前埠下遗址之中，令人费解。所以，这一问题的解决还有待于更多的资料（《海岱考古》8 辑）。

（二）中原地区

中原地区新发表的资料比较丰富。年代较早的是河南舞阳贾湖遗址，在前六次发掘的基础上，2001 年进行了第七次发掘。特色是充分利用科大的科技优势，全面开展了目标明确的多学科综合研究，内容几乎包括了影响人类生存的各个方面。报告在全面公布居址、墓葬的发掘资料之后，分 12 个专题报告了各学科的研究成果，内容涉及人类学、动物考古、植物考古、岩矿资源、遗址古环境、经济形态、农业、技术工艺、聚落形态、用龟习俗、原始文字和骨笛等。此次发掘对所有文化层和遗迹单位定量采集土样进行水选，鉴定后发现，农业经济的比重远远低于采集。从而得出贾湖先民的生存策略是以捕捞和采集为主，狩猎为辅，农业和家畜饲养仅处于从属地位的结论，修正了原来的认识。科学研究资料的系统性在某种程度上决定着研究结果的真实性和可靠性。换言之，田野阶段非系统性的点缀式取样，有时会得出误导人们认识的结论。这是在考古学中开展多学科综合研究的一条重要经验，应引起考古学界同人的重视。此外，贾湖遗址发现了距今 8000 年前后的小麦，这就提出了许多新的问题。同时，以贾湖遗址为代表的豫中南地区的新石器时代中期文化，展现了较高的社会发展水平，其与裴李岗文化的关系，是一个仍然没有解决的问题［河南省文物考古研究院等编著《舞阳贾湖》（二），科学出版社］。

河南灵宝北阳平和西坡遗址的发现，为学界正确理解和认识仰韶文化中期的聚落和社会提供了一个重要契机。西坡遗址面积达 40 万平方米，周边有河和人工壕环绕。在遗址中心位置发现的较大规模广场，四角各有一座面积超过 100 平方米的特大型半地穴式房址，这种聚落布局当继承自仰韶早期。2011 年发掘的大型半地穴式房址 F107，面积 169 平方米，由半地穴坑体、柱槽和槽内立柱、半地穴墙体、火塘和居住面等部分构成。F107 恰好位于前期大型房址 F108（广场四角四座房址之一）之上，形制和结构相近，但方向掉转了 90 度，为南略偏西。由此看来，仰韶中期偏晚阶段，西坡遗址的聚落布局与前一阶段相比发生了明显改变。向心式聚落结构的结束表明，仰韶文化中期偏晚阶段的社会组织开始产生较大变化或变革。所以，为了全面了解和研究仰韶文化中期的微观聚落形态和社会结构，今后应有计划地持续开展西坡遗址的发掘工作（《考古》5 期）。

山西省东南部的浊漳河上游地区，地形复杂，以山地和丘陵地貌为主，属于自成一系的地理单元，以往的考古工作较为薄弱。2010～2014 年，国家博物馆考古部等单位对这一地区进行了为期五年的田野考古调查，旨在梳理和把握区域内早期文化的整体面貌和基本内涵。经过调查和复查，确认古遗址 263 处，在 95 处遗址采集了标本并予以介绍。其中仰韶早期 7 处，仰韶中期 27 处，仰韶晚期 33 处，庙底沟二期文化 41 处，龙山文化 59 处。调查资料的发表为今后在该地区进一步开展田野工作奠定了基础（中国国家博物馆等编著《浊漳河上游早期文化考古调查报告》，科学出版社）。

在经过了 30 年的期盼与等待之后，陶寺遗址 1978～1985 年的发掘资料，在发掘团队的努力下，终于呈现给了学界和广大读者。占地总面积达 430 万平方米的陶寺遗址，作为中国文明起源研究最重要的遗址之一，前期七年间发掘面积达 7000 平方米，发现了大量遗迹和遗物。报告分为上下两编：上编为发掘资料，主要有居址和墓葬，分庙底沟二期文化和陶寺文化两大部分。陶寺遗址发掘的 1300 多座墓葬，虽然排列得严整规范，但相互之间的分化和差别则十分明显，并且大中型墓葬分布得相对较为集中。故报告将墓葬划分为大中小三型六类十二小型，整体上呈现出典型的金字塔状结构，较为清晰地展现了陶寺这一都城级别的龙山文化时期大型中心聚落内部复杂的社会组织和社会结构。为中华文明的形成研究提供了有力证据。从考古学角度来看，陶寺遗址的重要性不仅在于出土了一大批高等级的贵重物品，如鼍鼓、土鼓、石磬、龙盘、文字、铜器、玉器等，而且首次在中国北方地区清理出一大批完全朽蚀不存的成套木器和葬具，如鼍鼓、木案、木俎、木盘、各种木豆、木盆、木斗、木勺、木碗、木杯、木觚、木仓形器、木桶等，大凡其他质料有的容器，都有木制者，从一个角度向我们再现了史前社会的真实面貌。为今后的同类田野考古工作提供了范例和可资借鉴的经验。下编主要是出土遗物的检测、鉴定和分析，内容包括孢粉、出土木材、人骨、动物遗存、石器和玉器、陶器、铜器、彩绘木器、颜料、乐器以及遗址的地貌环境等（中国社会科学院考古研究所等编著《襄汾陶寺》，文物出版社）。

陶寺遗址发现城址后开始的新一轮发掘，重要发现不断。前几年在大城东南部发掘出一座属于陶寺文化中期的大型夯土基址。基址长约 27 米、宽约 19 米，面积超过 500 平方米。整体是由主体建筑、东西南三侧墙基础和中间围拢起来的庭院组成的“回”字形大型建筑。这座位于陶寺城内手工业作坊区的大型建筑，当与城市的手工业生产管理关系密切（《考古》1 期）。

位于晋南运城盆地的绛县周家庄遗址，包含仰韶、庙底沟二期、龙山等多个时期的文化堆积，其中龙山文化遗存的面积达 450 万平方米。经勘探和局部解剖发现的龙山文化环壕，壕内面积 300 多万平方米，属特大型环壕聚落遗址。截至 2012 年，累计发掘面积近 3000 平方米，发现房址 29 座、陶窑 9 座、灰坑近 200 座、墓葬 289 座。房址均为小型，面积在 10 平方米左右或更小，有地面式、半地穴式和地穴式三种。陶窑由工作坑、火膛、火道和窑室等部分构成，圆形窑室的直径在 1 米～1.5 米。墓葬有土坑墓和瓮棺墓两种主要形制，头向西南。土坑墓集中成群分布，相互之间有一定分化，按墓室面积可分为较大型和小型两类，前者多有木质葬具，后者墓室狭小，仅可容身。所有墓葬几乎没有随葬品。周家庄遗址与相距不远的陶寺规模相当，文化面貌大同小异，但两者的等级就目前资料而言差别很大，其原因有待于进一步探究（《考古》5 期）。

位于河南禹州的前后屯遗址，面积约 6 万平方米。2010 年发掘的 2000 平方米，以庙底沟二期文化晚期遗存为主，也有少量龙山文化时期遗存。遗迹有房址、灰坑、灰沟和墓葬等。出土遗物中有一定来自东方大汶口文化晚期的文化因素，如篮纹鼎和罐、匜、高足杯等（《考古》4 期）。新郑龙湖兴田遗址的发掘，发现有王湾三期文化的房址、灰坑和灰沟等遗迹及大量陶器等遗物，有助于对豫中地区王湾三期文化整体面貌的认识（《华夏考古》2 期）。

陕北石峁龙山文化特大型石城遗址的发现，是中华文明起源研究的重大成果。而城内布局、结构和文化内涵的全面揭示，需要长期而扎实的田野考古工作。新近公布的两处遗址发掘资料，后阳湾位于内城东部，呼家洼位于内城皇城台南部。两地点共发现 6 座房址和 5 座墓葬。后阳湾的房址均为地穴式白灰面房址，面积 10 余平方米。墓葬则有土坑墓和瓮棺墓两类。出土遗物中还发现 1 枚鳄鱼骨板。这次抢救性发掘虽然面积较小，但出土遗物为确定石峁城址的年代及内涵提供了一定证据（《考古》5 期）。此外，在榆林寨峁梁、神木圪垯梁遗址也发现与石峁时代相近的新石器时代遗存（《考古与文物》2 期）。经过较大面积发掘的神木木柱柱梁遗址，发现龙山晚期的椭圆形环壕，壕内面积约 1.7 万平方米。此外还有半地穴式房址、灰坑和墓葬等。为了解石峁所在的榆林、神木地区龙山晚期的聚落形态和社会结构提供重要资料（《考古与文物》5 期）。

关于仰韶文化半坡类型（或称为半坡文化）和庙底沟类型（或称为庙底沟文化）的年代关系，从 20 世纪 50 年代以来就众说纷纭，莫衷一是，一直有学者为维护自己的见解而进行新的论证或提出新的证据。徐永杰从两者典型单位的叠压打破和共存关系入手，重新审视和讨论了两者的年代关系。按半坡和庙底沟各分为三期，半坡文化一期早于庙底沟文化，庙底沟文化一期可以早到半坡文化二期，而半坡文化三期则和庙底沟文化二、三期平行发展，两者大抵同时结束（《考古》3 期）。

（三）甘青及西北地区

位于河西走廊的张掖西城驿，是一处重要的新石器时代晚期遗址。说其重要，一是地理位置重要，遗址位于连接中国中原地区与中亚地区的交通路线上，这是学界从早年安特生开始就一直关注的区域。二是遗址的文化内涵重要，不仅发掘出用于青铜冶炼的遗迹和遗物，还发现了与中西文化交流相关的遗存，如大麦和小麦、土坯等。西城驿遗址的史前文化遗存分为两期。一期为马厂文化向四坝文化发展的所谓“过渡类型”；二期为四坝文化，或认为四坝文化已经进入了青铜时代（《考古》10 期）。在正式发掘之前，曾对西城驿遗址进行过三次调查，确定其面积为 35 万平方米。在第一地点采集到齐家文化和四坝文化遗物，第二地点采集到齐家文化、“过渡类型”和四坝文化的遗物，两个地点均采集到铜矿石、铜渣、铜颗粒等冶炼遗物（《考古与文物》2 期）。张雪莲等对西城驿遗址的 26 个样品进行了^{14}C 测年，并对其测年结果进行了初步分析，认为马厂文化遗存的年代范围大致为公元前 2135 ~ 前 1900 年，四坝文化大致年代为公元前 1880 ~ 前 1530 年（《华夏考古》4 期）。

青海民和喇家遗址已进行过多次考古发掘，成果丰硕。2014 年，配合国家考古遗址公园建设又进行了较大规模的发掘，揭露面积 3600 平方米，发现马家窑文化、齐家文化等多个时期的遗存，其中以齐家文化最为丰富。齐家文化的遗迹主要有房址、灰坑、灰沟、陶窑和墓葬等。房址面积不大，多不足 10 平方米，平面有圆角长方形、圆形和椭圆形等多种，一般由居室、灶址（部分有壁炉）、门道、门前活动场地等部分构成。几栋房屋合用一个户外活动场地是此次发掘的重要新发现。出土遗物除了石、骨、陶器之外，还有青铜器、玉器、卜骨等（国家文物局主编《2014 中国重要考古发现》，文物出版社。以下简称《考古发现》）。

谢端琚从发现和工作过程、分布区域和年代、房屋和墓葬、经济生活、宗教信仰及其与仰韶文化的关系等方面探讨了马家窑文化石岭下类型。认为石岭下类型的^{14}C 测年在公元前 3980 ~ 前 3042 年，居民多以氏族或部落为单位聚居，经济生活以农业为主，兼营畜牧业和狩猎业。总体上属马家窑文化早期阶段的文化遗存（中国社会科学院考古研究所编著《新世纪的中国考古学（续）——王仲殊先生九十华诞纪念论文集》，科学出版社）。

（四）环太湖地区

江苏张家港东山村遗址的发掘收获，是近年来环太湖地区史前文化研究中的一个重要突破。之前已有不少零星报道，2015 年度较为全面地发表了东山村遗址的发掘资料。东山村遗址包含马家浜文化和崧泽文化两个时期的文化遗存。马家浜文化遗存主要有 1 座房址和 16 座墓葬。墓葬成组分布，以南北向为主，相互之间有分化，但不明显。崧泽文化时期的聚落布局较为清晰：中部为房址密集的居住区，被红烧土覆盖的 5 座房址有规律地排开，其中长方形建筑 F1，面积达 85 平方米；西部是高等级的大中型墓葬分布区，10 座大墓均位于此区；东区分布着 22 座中小型墓葬。东山村崧泽文化遗存蕴含的意义是多方面的，例如：第一次揭示出崧泽文化高等级聚落的真实面目，进而昭示着崧泽文化偏早阶段的社会分化就非常明显，为后来一进入良渚文化就达到很高水平做了充分的铺垫；至晚从崧泽文化偏早阶段开始，权贵阶层和普通民众就分区独立埋葬，这一中国后来普遍实行的埋葬制度，很可能肇始于崧泽文化（《考古学报》1 期、《考古》3 期）。

杭嘉湖平原腹地的嘉兴吴家浜遗址，为一高出周围水田的土墩，发现了比较单纯的马家浜文化遗存。遗迹主要有房址 3 座、灰坑 13 座、墓葬 15 座。房址平面为长方形，有柱洞和灶坑。墓葬均为土坑竖穴墓，有的还发现木质葬具。出土遗物有石器、玉器、骨器、陶器和动物骨骼等。吴家浜遗址是浙北地区继罗家角和马家浜之后又一处重要的马家浜文化遗址（《浙江省文物考古研究所学刊》10 辑）。

位于浙西北的安吉安乐遗址，是一处围绕着山冈由多个独立的遗址点组成的山前坡地遗址，保存较好。2013 ~ 2014 年又发掘 2000 平方米，发现丰富的崧泽文化遗存，其中有房址 1 处、红烧土遗迹 28 处、灰坑 13 座和墓葬 90 座。出土遗物除玉、石、陶器和木器之外，还有较丰富的动植物遗存等。从宏观上看，浙北西部山区的新石器时代遗址以马家浜文化晚期和崧泽文化早期居多，而东部平原则多为崧泽文化晚期和良渚文化时期。两者之交，有一个由西向东较大规模的人口迁徙，其原因待考（《考古发现》）。

良渚文化又有较多新资料面世。1987 年以来的调查显示，良渚城址外围西、北方向的近山地区，存在着由多条水坝组成的大型水利设施，由高坝和低坝两个系统组成，可分为三组。第一组是位于城址北侧大遮山前的塘山水坝群，东西向分布，整体近似横“L”形，东西长约 5 千米，局部存在内外双坝。第二组是城址西侧略远处的鲤鱼山水坝群，由四条水坝连接断续的 5 座小山丘，东北与塘山水坝相连，形成低坝系统。第三组是岗公岭水坝群，位于低坝的西北山中，目前发现的 6 座水坝，可分为东西两小组。筑坝工艺和 ^{14}C测年数据显示，水坝的始建和使用年代不晚于良渚文化早中期，绝对年代在公元前 3000 年前后。关于这一规模宏大的水利工程的功能和用途，目前有防洪、运输、蓄水、灌溉等不同意见，与莫角山良渚文化古城遥相呼应，直接相关。

最近几年，在良渚古城外围发现了规模更大的外郭城。经探查后基本确定，由古城北面的扁担山—和尚地遗址、东面的郑村—里山—高村遗址、南面的卞家山遗址等高地构成了良渚古城外郭城的基本轮廓。整个外郭城东西约 3000 米，南北约 2700 米，面积约 8 平方千米。卞家山和扁担山等遗址的发掘资料表明，这些呈条形分布的遗址，均为人工堆筑的居址，同时也是外郭城城墙的组成部分。良渚古城东郭城之外发掘的美人地遗址，发现了 6 处良渚文化的人工土台遗迹，土台的大小不一。在土台靠近河道一侧发现 3 处防护的木板遗迹，结构为：下部铺设纵横交错的枕木，其上为竖立的整齐木板（以上均见《考古》1 期）。吕青等分析了良渚古城城墙铺底石的形貌特征、岩石类型及组合。调查古城周边山体露头及冲沟岩石的特征后认为，古城铺底的 11 种岩石类型均产自附近山体，所以其来源是城周边的山脚和山涧冲沟（《华夏考古》2 期）。

先后经过四次发掘的浙江海宁小兜里遗址，揭露面积超过 3000 平方米，包含了崧泽文化、良渚文化和马桥文化三个时期的连续堆积和各种遗存。小兜里主要遗迹有人工修筑的土台、墓地和其他建筑遗迹。土台分布在东西两区，始建于崧泽文化晚期，沿用到良渚文化甚至马桥文化时期。发现的 50 多座墓葬，主要属于崧泽文化晚期到良渚文化时期，从整体上看，良渚文化墓葬的等级不高，但社会分化和分层十分明显。如 M5、M6 和 M8，墓室面积为 5 平方米左右，均为一椁一棺，随葬品数量较多，使用了玉石钺、冠状玉梳背和其他较多玉饰，但未见琮和璧等，应属聚落内的社会上层。小兜里的考古发掘工作虽然是配合基本建设，时间紧，任务重，发掘期间困难重重，但发掘质量堪称一流。发掘者对土台、墓葬等重要遗迹的精细清理，获取了不同形制的葬具、随葬品的配置等许多稍一疏忽就无法获取的资料。此外，一个值得注意的现象是，M5 和 M8 两座良渚文化墓葬，与其有关联的“大口缸”均为崧泽文化晚期型式，这是文化上的“滞后”或是两者并非一体，值得关注（浙江省文物博古研究所、海宁市博物馆编著《小兜里》，文物出版社）。

位于杭嘉湖平原南端的海宁杨家角遗址，坐落在村南一处人工土台之上。经发掘除了发现少量灰坑和灰沟等遗迹，主要是清理了 22 座良渚文化小型墓葬，出土了玉器、石器、陶器等随葬品。西距良渚遗址群约 16 千米的余杭三亩里遗址，坐落在横山北侧，由东西两个人工土台构成。在 1600 平方米的发掘范围内，发现较为密集的居住遗迹，如柱坑和柱洞、沟槽、灰坑、灰沟、水井以及墓葬等。三亩里遗址的新石器时代遗存可以分为早晚两期：早期的主体属于良渚文化早中期，部分可以延续到良渚晚期；晚期遗存则为相当于龙山早期阶段的钱山漾文化。此外，萧山金山和桐乡董家桥遗址也发现少量良渚文化遗存（均见《浙江省文物考古研究所学刊》10 辑）。

受良渚古城发现的启发，上海博物馆在福泉山遗址寻找城址线索时，于北侧吴家场隆起的地段发现了一处新的良渚文化墓地。发掘的 4 座良渚文化墓葬，以 M207 的规模较大，残长 3.85 米、宽约 2 米，面积接近 8 平方米，与反山大墓的规模相当。葬具推测有一椁一棺，墓中使用了 6 只狗殉葬。随葬品总数达 308 件（组），其中有包括 1 件琮、3 件璧和 6 件钺在内的 280 件（组）玉器。同时，还发现 2 件长度达 90 厘米的片状大型象牙器（权杖），底端突出的榫头恰好插入象牙镦孔之内。象牙器的主体表面雕刻有纤细的云雷纹，在边缘位置有十组精美的浅浮雕“神徽”图像。由此可见，M207 的等级属于良渚文化的大型墓葬级别，其墓主当为福泉山良渚文化最高等级的贵族。应该特别指出的是，福泉山 M207 大型象牙器的成功提取和精美图案、纹饰的剥离和复原，得益于整体运到室内进行实验室发掘清理。此前有过不少的失误和教训，所以，今后在田野发掘阶段遇到类似重要遗存，应排除一切困难采取措施整体运回室内进行处理（《考古》10 期）。

镇江马迹山遗址的再次发掘，发现新石器时代末期广富林文化遗存，虽不丰富，但增加了该文化的分布点（《东南文化》1 期）。

距离凌家滩遗址仅 2000 米的韦岗遗址，面积约 3 万平方米。经发掘后发现成群柱洞、陶片和烧土堆、灰坑和灰沟等遗迹。出土遗物以陶器和陶片为主，特征和时代与凌家滩遗址居住区相同。结合在凌家滩周边地区开展的区域系统调查，表明高等级的大型中心聚落凌家滩遗址不是孤立存在的，其周边有不同层级的众多聚落支撑和拱卫，从而为正确理解和认识凌家滩地区这一时期的社会组织和社会结构提供了有益的资料（《考古》3 期）。

江西抚河流域乐安、宜黄两县开展的考古调查中，发现一批先秦时期的古遗址，其中新石器时代晚期遗址有 4 处，从采集的遗物看，与赣江流域文化区的面貌相近。同时，也有与良渚文化类似的因素。这一调查工作，填补了赣南地区新石器文化的空白［江西省文物考古研究所等编著《江西抚河流域先秦时期遗址考古调查报告》（I），文物出版社］。

2014 年是崧泽文化正式命名 30 周年，有一系列文章讨论了崧泽文化的有关问题。环太湖地区新石器文化的发展序列为马家浜文化—崧泽文化—良渚文化已无疑问，但张敏认为崧泽文化与前后文化之间的界缘尚不明确。崧泽文化与马家浜文化之间，替代大于传承，两者可能有一段平行发展的时间。崧泽文化与良渚文化之间的“过渡段”，明确的归属也存在不确定性。陈杰认为崧泽文化的形成过程十分复杂，除了继承本地马家浜文化的传统之外，更多的是受到皖江流域甚至更西文化的影响，在成功吸收和消化这些外来因素之后，在中期阶段达到其发展过程中的鼎盛时期，不仅反向影响了许多地区，也为后来良渚文化的大发展奠定了基础。栾丰实认为崧泽文化可以区分为核心区、外围区和周边影响区三个层次，其核心分布区在环太湖周边一带。随着崧泽文化的崛起，其向北方扩散和影响的力度不断加强，这从崧泽文化典型器物陶豆和大口尊向北方的传播可得到确证。而文化传播和扩散的程度可以明确分为四个层级，并对应着四个区域。朔知将皖江两岸与崧泽文化时代相当的新石器文化分为东西两区，聚落选址多在岗地边缘，形成了以玉石器为主体的文化特质，同时吸纳邻近地区的文化因素，文化发展很快达到一个高峰，促进了长江下游地区的崧泽化进程（以上均见《东南文化》1期）。

良渚文化的去向一直是学术界关注的热点问题。许鹏飞从探讨良渚文化末期遗存的内涵入手，认为良渚文化末期出现大量新的文化因素，意味着这一时期发生了巨大变化。由钱塘江以南地区良渚文化和钱山漾文化的文化因素分析，可知后者的典型特征来自良渚文化内部。同时，还吸收了其他文化的文化因素，最终完成了由良渚文化到钱山漾文化的过渡。曹峻对钱山漾文化进行了文化因素分析，认为本土文化因素及在此基础上发展出来的因素占主流地位，而来自北方龙山文化的因素居于次要位置（均见《东南文化》5期）。此外，曹峻还从文化面貌概况、器物形态和特征等方面讨论了广富林文化的本土因素和外来因素，认为广富林文化的主体因素来自当地的钱山漾文化，其中也有来自北方龙山文化的因素（《东方考古》12集）。

（五）江汉地区

以江汉平原为中心的长江中游地区，新石器时代的资料较为丰富。位于南洞庭湖和东洞庭湖之间的青山岛青山遗址，面积约3万平方米。由于发掘面积较小，发现的遗迹不甚丰富，主要有人工土台、房屋基槽、灰坑（报告名之“坑穴”）、灰沟和栅围沟槽等。遗址的时代较为单一，报告分地层及遗迹、遗物两大部分予以介绍。遗物部分先按器类划分型式，选典型标本介绍，然后以探方、层次、遗迹为单位，将可辨别的器形按单位一一介绍。整体看下来，确如作者所言，“有重复冗赘之嫌”。在考古学研究的重心开始转移到古代社会研究的今天，如何编排和发表田野考古资料，确实是一个需要认真研究的问题。报告最后在总结青山遗址文化特征的基础上，讨论了湘江流域同时期遗存的文化性质，提出“堆子岭文化”的命名，在分布上与鄂东皖西南的黄鳝嘴文化、长江中段的大溪文化、沅江中上游的高庙上层文化并列（湖南省文物考古研究所编《湘阴青山》，科学出版社）。

龙嘴遗址位于湖北大洪山南麓，西北距著名的石家河遗址只有6000米。湖北省文物考古研究所对其进行了较大面积的发掘，发现了城址、房址、灰坑、灰沟和墓葬等。其中以城址的发现最为重要。龙嘴城址属油子岭文化时期，城址平面近似圆形，南北长305米，东西宽269米，面积8.2万平方米。城墙底部宽约17米，残高1米~3.2米。城墙东、南、西三侧环湖，北侧有壕沟，壕宽约18米，深1.5米左右。整体上由城墙、自然湖泊和壕沟围合成一个封闭的城垣结构。在目前长江中游地区发现的17座新石器时代城址中，龙嘴城址的时代仅次于湖南澧县城头山大溪文化城址，也是江北地区最早的城址，从而为探讨江汉地区新石器时代城垣聚落的起源、发展、功能和社会组织形态等，提供了重要资料（湖北省文物考古研究所、天门市博物馆编著《天门龙嘴》，科学出版社）。

长江中游规模最大的石家河城址内外屡有重要发现。2011年在城内中心谭家岭遗址南部低洼地段进行了小面积发掘，收获颇丰。发现的遗迹有房址、灰坑、木构遗迹和瓮棺墓葬等。出土遗物十分丰富，除了较多石器、陶器和陶塑人及各种小动物等，还首次在石家河遗址发现了竹编、木器、木桩、木板和原木等有机质遗物。木构遗迹有可能是石家河文化时期由陆地伸向河道的码头类遗存（《考古》3期）。

位于随枣走廊涢水流域的随州佘老湾遗址，面积近10万平方米，由东西两区构成。发掘资料表明，这是一处以石家河晚期和后石家河文化为主的新石器时代遗址，对于认识随枣走廊与大洪山南麓后石家河文化的不均衡发展有一定积极意义（《江汉考古》6期）。

赵亚锋分析了城头山屈家岭文化时期城址产生的背景，认为是在与汉东地区激烈冲突中修建起来的，其用途与大溪文化阶段的城址有所不同，应该承担着一定的防御功能（《湖南考古辑刊》11集）。

（六）川渝及西南地区

重庆丰都玉溪坪是三峡工程淹没区一处十分重要的新石器时代遗址，2002年发掘2000平方米，包含新石器时代及商周等时期的遗存。发现的遗迹数量不多，主要有房址及其他与居住有关的遗迹如柱洞和烧土面、灰坑和墓葬等。出土遗物比较丰富，可以划分为早晚两期三段。推测早期在公元前2900～前2600年，晚期在公元前2400～前2000年，中间有一定缺环（《南方民族考古》11辑）。

嘉陵江流域以往发掘的新石器时代遗址不多，最近几年，在嘉陵江下游的合川、北碚一带发掘了多处先秦时期遗址。其中合川河嘴屋基、猴清庙、牛黄坝、老菜园和北碚大土等5处遗址发现有新石器时代遗存。这几处遗址发掘面积都不大，发现的遗迹和遗物也不甚丰富，但基本的文化面貌比较清楚。除了合川河嘴屋基时代略早，其他4处遗址的新石器时代遗存年代均在距今5000～4500年，与峡江地区玉溪坪文化晚期大同小异，可归为同一文化（重庆市文化遗产研究院、重庆文化遗产保护中心编著《嘉陵江下游考古报告集》，科学出版社）。

坐落在大渡河中游西侧的四川泸定县坪上遗址，发掘面积900平方米。发掘出新石器时代晚期和以后多个时期的遗存，属于新石器时代的遗存主要有灰坑和部分石器、陶器。坪上遗址尽管出土遗迹和遗物不甚丰富，但对于以往工作比较薄弱的大渡河流域新石器文化，仍有一定的积极意义（《四川文物》6期）。

位于贵州中部的贵安新区牛坡洞遗址，由A、B、C三洞组成，为典型的洞穴遗址。2011年的发掘，主要集中在A、B两洞，发现了较为丰富的新石器时代早期到历史时期的文化遗存，整体上分为四期。第一期为旧石器时代晚期向新石器时代过渡阶段，出土石器以打制石器和细石器为主，测定年代为距今10200～8700年；第二期是洞穴内的主要堆积，石器仍以打制为主，但已出现磨制石器，经济生活仍以狩猎和采集为主，年代在距今8000～5500年。第三期的显著特征是开始出现陶片，并且制作技术较高，故发掘者认为与第二期之间没有直接的承继关系，推测年代为距今5000～3000年。第四期已进入历史时期。牛坡洞遗址的发掘，为贵州地区史前文化研究增添了新的资料（《考古》8期）。

紧邻金沙江支流桑园河的云南宾川白羊遗址，坐落在河岸的台地之上。遗址面积不大，但文化堆积十分丰富，地层厚达5.5米，可分为25层。发现的遗迹有房址、灶、火塘和火堆、灰坑和墓葬等。房址有多种，如直接在地面立柱建房、半地穴式、在基槽内立木柱和在浅基槽内垫柱础石等。墓葬有土坑墓和瓮棺葬之分。土坑墓的墓主葬式有二次葬、断肢葬、合葬、单人葬等。白羊村遗址可以分为早、中、晚三期，推测其绝对年代在距今4200～3600年（《考古发现》）。

青藏高原东南部从自然地理上可以划分为三个部分，即藏东川西、藏南和喜马拉雅山南翼。罗伊考察了这三个区域新石器文化的文化面貌，进而探讨了三者之间的关系。认为其文化面貌的相似性主要是由相似的生存环境决定的（《中原文物》4期）。

（七）燕辽及东北地区

内蒙古东部科左中旗哈民忙哈遗址继2010年和2011年两次大规模发掘之后，2012年、2014年对该遗址抢救性发掘3150平方米，发现24座房址、23座灰坑和7座墓葬。聚落遗址内部以房址为主，一般遗址常见的其他遗迹如灰坑数量不多，墓葬甚少。三次发掘的7400平方米范围内的68座房址连成一片，布局严整，排列有序，整体上蔚为壮观。因为哈民聚落的房址可能是因为遭遇到不可抗拒的突发性不幸事件，从而导致聚落内房屋在短时间内全部毁灭，所以，对这一保存完整的“活态聚落”所承载的哈民社会研究是一次可遇而不可求的机缘。在2011年探出并确认了存在环壕之后，此次又在其外侧相距5米的位置发现一条新的环壕，表明哈民聚落外围为双环壕结构。哈民一类遗址主要分布于西辽河以北以东的科尔沁草原地区，年代在距今5500～5100年，与红山文化晚期相当，可命名为“哈民文化”（《考古》10期、《草原文物》1期）。

牛河梁一带是红山文化祭祀遗存——女神庙、祭坛和积石冢的密集分布区，在不到50平方千米的范围内，发现了16处祭祀遗存，被称为红山文化的圣地。为了厘清牛河梁地区古代遗址及祭祀遗存的分布和变迁，进而探讨牛河梁祭祀遗迹群的性质、归属及内部组织等相关问题，近期在牛河梁地区40多平方千米范围进行了系统的区域考古调查。调查分四个时期记录了陶片分布点的情况，认为红山文化时期的社区和祭祀遗存之间存在着分层对应关系，即调查区的东北和西北各有一个小型社区，对应着新发现的小规模祭祀遗存。而南部原有的大规模密集存在的祭祀遗存，则可能为整个红山文化所有。由于调查面积过小，目前的证据似不足以得出以上结论（《华夏考古》3期）。

坐落在内蒙古林西县柳树林村东北丘陵西南坡的柳树林遗址，在2500平方米的范围内发现红山文化房址20座，灰坑30座，同时出土了一批石骨器和陶器资料，陶器以筒形罐和叠唇钵为大宗。房址为成排分布的半地穴式建筑，平面以圆角长方形和圆角梯形为主，房址使用面积在30平方米～80平方米。柳树林遗址为一处单纯的红山文化中期阶段的聚落遗址，保存相对较好，值得今后关注。敖汉旗七家红山文化遗址亦经较大面积的发掘，发现了较为单纯而丰富的红山文化遗存，其中包括房址10座，灰坑73座，灰沟1条，出土一批石骨蚌器和陶器。房址成组分布，均为半地穴式，开间有双间和单间之分。极具特色的是双连间房址，平面呈“吕”字形，均为前后室相连的结构。一般前间较小，中部呈坑状下凹；后间面积较大，为主室，内部或设前后排列的双灶。以上两处遗址的发掘，丰富了红山文化的居住类资料（均见《草原文物》1期）。

吉林伊通杏村和羊草沟两处遗址的发掘，发现左家山二、三期文化时期的房址和灰坑等遗迹。房址均为半地穴式建筑。出土陶器以筒形罐为主，并发现少量玉器。为东北中部新石器文化研究增添了资料（《考古》6期）。

张星德选择朝阳小东山等7处红山文化早期遗址，对出土典型器物进行了类型学排比，进而将红山文化早期再细分为早中晚三期。并与后冈一期文化进行了比较，认为两者存在较多相似之处，进而认为红山文化的形成与后冈一期文化有关。故红山文化早期可以称之为后冈期红山文化（《边疆考古研究》18 辑）。赵宾福等重新讨论了小河沿文化的分期和年代，将其划分为早、中、晚三期，早、中期分别与红山文化中期晚段和晚期同时存在，晚期晚于红山文化。绝对年代的上限超过公元前 5500 年，下限可到公元前 2500 年，前后延续了 1000 多年（《边疆考古研究》17 辑）。

（八）岭南地区

在以往小规模试掘的基础上，2013～2014 年又两次发掘福建三明南山遗址，对 4 号洞穴和山顶部分进行了较大面积的揭露。发现柱洞、灰坑和大型蓄水池及墓葬等遗迹，出土石、骨、陶器千余件和大量炭化稻谷。南山遗址的发掘收获，对于完善闽西北地区新石器文化的发展序列具有重要意义（《考古发现》）。

位于广东龙门山前侵蚀台地的庙山遗址，2015 年经过较大面积的发掘，新石器时代晚期遗存主要有柱洞、灰坑、墓葬等遗迹，出土的遗物有石器和陶器。陶器分为硬陶和软陶两种，以硬陶为主，外表普遍施加各种纹饰。从文化归属来看，庙山遗址早期为虎头埔文化的地方变体（《四川文物》6 期）。

广西邕宁凌屋贝丘遗址坐落在邕江北岸的台地上，面积约 3000 平方米。2013 年，在 2000 平方米的范围内发掘出 303 座新石器时代墓葬。墓葬的葬式主要有屈肢葬和肢解葬两类。屈肢葬又有仰身、侧身、俯身和蹲踞等不同形式。肢解葬约占全部墓葬的三分之一，也有多种形式。凌屋遗址自下而上的年代大体与顶狮山文化第一至四期相当，绝对年代在距今 10000～6000 年（《考古发现》）。

坐落在海南陵水桐栖港西北岸的桥山遗址，为一处典型的潟湖沿岸沙丘遗址，2012～2014 年发掘 600 平方米。以遗址第 3 层层面为界，层面之上叠压的遗存和第 3 层遗存的面貌不同，属于不同的考古学文化。海南地区以往甚少发现距今万年以来的史前遗址，桥山遗址的发掘成果，对于建立海南地区新石器时代的文化发展序列具有重要意义和价值（《考古发现》）。在海南西部昌江流域的考古调查中，新发现和复查了 10 余处史前文化遗址。何国俊将其划分为早、中、晚三期，早中期为距今 5000～4000 年。就目前的资料而言，海南地区的史前文化，时间上存在着比较大的缺环，文化发展上也不衔接和不连贯，这些问题的解决有待于今后的田野考古工作（《百越研究》4 辑）。

陈伟驹以广东牛栏洞为例，探讨了华南地区史前遗址的年代学问题。认为牛栏洞遗址的动物骨骼 ^{14}C 测年偏晚，而螺壳的 ^{14}C 年代较好地反映了该遗址的真实年代。由于年代学处理模式的改变，导致众多岭南史前遗址的年代都可能有所改变，其后果甚至会带来整个岭南史前文化格局的调整（《东南文化》6 期）。

二　专题研究

（一）总括和跨区域研究

王小庆系统梳理和分析了中国大陆、日本列岛和朝鲜半岛地区迄今所发现的距今 1 万年以前的早期陶器。认为陶器的起源可以追溯到距今 16000～15000 年，这一时期生活在东亚地区的人类开始尝试制作和使用陶器。到距今 1 万年前后，陶器已经成为人类生存的基本用具，并且极大地改变了人类的生活方式。中国大陆存在两个与陶器起源关联度较高的区域，即华南地区和华北西北部，分属两个不同的文化系统。而日本列岛与后一个文化系统存在一定关联（《四川文物》5期）。

何驽通过分析陶寺文化和王湾三期文化时期的天下观，认为“地中”概念出现于陶寺文化时期，确立于王湾三期文化，普及于二里头文化。其中王湾三期的强势对外扩张起了重要作用。而中原概念与“中国”概念存在着必然联系（《中原文化研究》5期）。

关于“龙山时代”的时间跨度，目前存在着两种意见：一是为公元前3000（或略晚）～前2000年，主要包括庙底沟二期文化和龙山文化两个时期；二是为公元前2600（或2500）～前2000年，只包括龙山期诸文化。王立新认为应以后者即严文明先生于1981年提出的“龙山时代”的时间范围为准（吉林大学边疆考古研究中心编著《庆祝魏存成先生七十岁论文集》，科学出版社）。需要指出的是，严文明先生提出“龙山时代”概念10年之后，在纪念城子崖遗址发掘60周年时，认为可以将庙底沟二期文化、大汶口文化晚期、良渚文化、屈家岭文化等归入龙山时代早期，而“龙山时代的年代就当是公元前3000年到公元前2000年左右，持续达一千年”（《龙山时代考古新发现的思考》，载张学海主编《纪念城子崖遗址发掘60周年国际学术讨论会文集》，齐鲁书社1993年版）。

魏坚等认为，分布于陕北、晋北和内蒙古南部的庙子沟文化，与甘青地区的马家窑文化共同源自仰韶中期的庙底沟文化，两者在房址形态、陶器的基本器类、彩陶纹样、经济形态等方面具有较多相似性，社会发展阶段大体一致。由于后来的发展，两者逐渐产生较大差异（《边疆考古研究》18辑）。

中原地区与北方之间的文化联系，太行山东西两侧历史上都曾起过通道的作用。张渭莲和段宏振提出，太行山东麓的南北狭长地带，位居中原、北方、山东、黄土高原四个文化区的夹缝地带，既是南北方的交通要道，也是东西方的沟通桥梁，而主流则是一条南北方向的文化走廊。然后从自然环境、考古分期、文化面貌和聚落形态等方面，分早、中、晚不同阶段探讨了这一区域的新石器文化。最后，分新石器时代早期、前仰韶和仰韶早期、仰韶中期、仰韶晚期、庙底沟二期文化、龙山文化等六个时期探讨了太行山东麓地区新石器文化演进的基本格局（张渭莲、段宏振《中原与北方之间的文化走廊》，文物出版社）。

1922～1923年，安特生依据田野考古调查和发掘资料，将甘肃地区史前和青铜时代早期文化划分为“齐家、仰韶、马石、辛店、寺洼、沙井”六期。夏鼐先生利用1944年赴西北地区开展考古工作的机会，对安特生当年调查和发掘的遗址一一审核，并适度发掘，最终修正了安特生分期的错误。栾丰实对这一工作过程进行了详细梳理，还原了夏鼐先生严谨、细致的科学态度和实事求是的工作作风（《东方考古》12集）。

（二）聚落考古与文明起源

由严文明提出并和赵辉一起主持的“聚落演变与早期文明”研究课题，作为北京大学中国考古学研究中心成立之后第一个重点课题，于2001年正式立项，2005年基本完成。因种种原因到2015年才由文物出版社结集出版，所以，文中所用资料绝大部分止于完成之前。课题的指导思想是采用聚落考古的方法，分区域来探讨中国新石器时代文化和社会的发展进程，力求梳理出史前社会复杂化或文明化的演进和轨迹，进而探索中华文明的起源和形成问题。全书除了前言和后记之外分为9个部分，总体上按区域来探讨和分析中国各主要地区史前聚落的演变与早期文明的发展。分别是：中原地区的史前聚落演变与早期文明（魏峻），海岱地区的史前聚落演变与早期文明（栾丰实），长江中游地区的史前聚落演变与早期文明（张弛），长江下游地区的史前聚落演变与早期文明（秦岭），成都平原先秦时期聚落演变与早期文明（孙华），北方地区的史前聚落演变与早期文明（韩建业），东北南部地区的史前聚落演变与早期文明（郭大顺），论中国史前社会的文明化进程（赵辉），西亚史前聚落的发展与文明进程（杨建华）。赵辉最后综合讨论了中国史前社会的文明化进程，从启动、多元进程、两个模式、阶段性、动因和历史的表达、“以中原为中心”的历史趋势的形成和中国文明的特征等方面，总结和概括了中国文明起源所涉及的一些基本问题（北京大学中国考古学研究中心编著《聚落演变与早期文明》，文物出版社）。

“早期中国”是考古学近年来迅速走红、热度持续不减的名词，其阐释迭有新论。韩建业从宏观的角度探讨了文化上的“早期中国”。认为其植根于遥远的旧石器时代和新石器时代早期，萌芽于公元前6000年前后的新石器时代中期，这一阶段可称为“早期中国之前的中国”。而公元前5000年之后进入新石器时代晚期，各区域的文化融合得到进一步加强，形成早期中国的三大文化系统。公元前4000年前后开始的庙底沟时代，文化上的早期中国得以形成，产生所谓的核心区、主体区和边缘区三个层次的结构。公元前3500～前1800年，为文化上早期中国的古国时代或邦国时代。公元前2500年之后的龙山时代诸文化，实际上是新石器文化上早期中国的主体文化，从万国林立到中原中心的出现。公元前1800～前1300年是早期中国的王国时代，其核心是中原地区的二里头文化和二里冈文化。同时，他还探讨了早期中国与五帝及夏商时期的古史传说，分析了早期中国的地理环境、环境变迁与文化演变的关系等问题（韩建业《早期中国》，上海古籍出版社；《江汉考古》3期）。

杨育彬、郑杰祥、窦志力等总结和归纳了中原地区古代文明起源和形成的特点，赵春青、马世之、李慧萍等讨论了中原地区早期城址与嵩山文明、早期中国的关系等（《中华之源与嵩山文明研究》2辑）。

李伯谦认为陶寺是中原地区最早出现的一个科学意义上的国家——王国的都城所在地。并认同陶寺遗址就是“尧都平阳”的观点（《华夏考古》4期）。何驽讨论和分析了陶寺晚期聚落形态和社会的变化。认为陶寺中晚期之交，宫城大部分城墙受到大规模破坏，到晚期偏晚，被破坏的宫城墙体又得到修复重建，但工程比较潦草。此后不久，宫城又被彻底平毁。如何解释这一现象？陶寺晚期人牙锶同位素的分析结果显示，当时的移民比例占到75%以上，从遗址中饲养的家畜由以往的家猪被绵羊所替代，以及陶寺与石峁两个城址的异同分析，何驽认为造成陶寺晚期两次平毁失去都城地位和社会动荡的策源地很可能是以石峁城址为代表的集团（中国社会科学院考古研究所编著《新世纪的中国考古学（续）——王仲殊先生九十华诞纪念论文集》，科学出版社）。

谢银玲、陈淳翻译了戈登·威利的名著《秘鲁维鲁河谷的史前聚落形态》，认为他在秘鲁河谷采用的聚落形态研究方法，标志着考古学研究范式的重大变革。这一开创性研究，是考古学史上最重要的方法论突破，自汤姆森三期论以来最重要的发明（《东南文化》4期）。最近20年来，随着中国考古学研究的重心逐渐向古代社会研究转移，聚落考古作为一种考古学研究古代社会的方法，得到学界的广泛采用和实践。聚落考古作为一种方法论，有宏观和微观之分，区域聚落形态属宏观范畴。裴安平对区域聚落形态包括戈登·威利的研究提出了一系列质疑，认为区域聚落形态弊端种种，如并非史前晚期才开始产生，混淆了聚落遗址自然群落和社会组织的区别，忽略了小区域的聚落形态及其变化，不能反映史前聚落之间的血缘关系，将遗址和聚落混为一谈，过分强调面积和内涵的重要性，等等（《东南文化》1 期）。

陈继玲等引入陶器风格的分类方法来讨论查海聚落的居住性质。所谓陶器风格主要包括了陶器的形态、纹饰和制作技术三个方面，据此把查海遗址房址中的筒形罐归纳为三组风格。认为时间不是风格变化的主因，而是与居住方式和性质联系紧密。进而推定第一组的房址为临时居住，第二组为短期居住，第三组则为长期居住。这一研究把国外流行的陶器风格分类方法运用到国内的考古研究，其结论还有待于证实（《边疆考古研究》18 辑）。

姜寨遗址的资料发表以来，国内各种研究层出不穷。对于这样一个经过多年多人研究过的聚落资料，可否产出新的重要认识，克里基斯琴·彼得森（美）和吉迪恩·谢拉克的《姜寨：中国一座新石器中期村落的社会与经济结构》（《南方文物》4 期）给出了答案。文章依据发表的姜寨报告，在概括仰韶文化和姜寨遗址的环境背景等基本信息的基础上，讨论了姜寨一期聚落的聚落分区、建筑的分布和大小及功能、户口的估算、农户的储藏能力、遗址内动物骨骼的废弃形态、家户的人工制品组合等。得出了一些新颖的结论，有些甚至是颠覆性的。如传统的认识是，姜寨聚落的各个区（以大房子为中心的区块）可能统一控制着区内的生业和手工业生产活动以及消费、积累和再分配，并且是当时聚落内基层的主要决策单位。而上述研究认为，资源的生产、集中和消费是以家户为单位来安排，生产的侧重点和家户之间的交换，都是由家户做主，不受区一级首领控制。于是，在生产侧重和剩余产品的积累上展现了丰富的多样性，从而成为黄河中游地区复杂社会发展的重大起点，并展现了不平等的最初萌芽。这一成果为我们认识和研究中国新石器时代的社会提供了一个新的视角。当然，其中一些基础性问题，还存在一些可以讨论的方面。如姜寨仰韶一期聚落的三个亚期，是否如其所说只有 40 年，从而不必要划分开？中国新石器时代房屋从建造到废弃的使用寿命有多长？如何确定聚落内同时存在的房址数量？如此等等都有不确定的因素。

程玲分析了珠江三角洲地区以贝丘和沙丘为代表的史前海洋宏观聚落形态的变迁。认为冰后早期随着海进海洋聚落开始发育，到达高峰时呈现“河网—滨海”的聚落分布格局。距今 6000 年之后海平面回落，贝丘聚落逐渐荒废，沙丘聚落持续发展。距今 5000 ~ 3000 年海平面回升，海洋聚落呈现开始扩张的态势（《南方文物》2 期）。

程玲讨论了台湾海峡两岸史前聚落的变迁。认为早全新世为“海岛聚落”初现时期，距今 6500 ~ 5000 年的新石器时代中期是“海岛聚落”的发展阶段，距今 5000 ~ 3000 年的晚期海洋聚落由海岛向海岸和近海河岸扩张。海峡两岸史前宏观聚落形态时空格局的变迁，反映了闽台史前人类对海洋环境的适应和利用（《百越研究》4 辑）。蔡彦从宏观角度讨论了台湾地区史前聚落的变迁。认为新石器时代早期原住民在北部丘陵定居，带着稻作的大陆居民开始来到嘉南平原。中期开始向西部平原扩散，台中盆地和嘉南平原得到进一步开发。晚期则主要集中于东西两岸的低地，形成两大集团分庭抗礼的局面（《华夏考古》2 期）。

（三）墓葬和埋葬习俗

张弛的论文集《社会权力的起源》（文物出版社），是通过墓葬的葬仪来探讨社会权力的起源和早期发展。书中多数文章在不同场合公布过，未公开发表的有5篇，即作为序言的第一篇和结语的最后一篇，以及正文中的第四篇和最后两篇。序言是从宏观层面来讨论史前考古的社会权力研究，并进一步引申到葬仪中的社会、观念和权力，在此基础上具体分析了中国史前考古中墓葬和墓地研究的得失。结语则从社会、观念和权力三个层面探讨了中国史前葬仪发展的阶段性，或者说由这三个层面解读社会和权力的演进过程。这一过程在时间上可以划分为三个大的阶段，即裴李岗时期、仰韶中期和仰韶晚期至龙山文化时期。社会分化从无到有，社会分层由起步到越来越明显；各个地区所展现的权力形态既有相同之处，如尚武，也有完全不同的方面；从仰韶中期开始就存在于各个地区大大小小的邦国，到第三阶段尚不能确定是否发展到更高一级的邦国联盟或王国形态的政体。正文中的三篇，即《五千年前的社会权力形态——以大汶口（早期）、东山村和凌家滩大墓为例》《大汶口大型墓葬的葬仪》《陶寺和龙山大墓的葬仪》，则是做出上述研究结论的基础，从方法、研究过程和结论都值得一读。

钱耀鹏等对半坡遗址仰韶早期墓葬的埋葬方式重新进行了检讨。认为以往的认识存在诸多疑问，以埋葬特征为分类标准，把半坡仰韶早期墓葬的人骨分为五类，即骨骼基本完整而有序、局部骨骼位移或缺失、整体位移且摆放整齐、整体位移而摆放凌乱和骨骼零星或缺失严重。最终确认其埋葬方式存在疑似一次葬、二次葬（迁出和迁入）、二次扰乱葬（局部或整体扰乱）和多次使用或合葬所导致的人骨堆积现象。而“割体葬仪”则没有可靠证据。二次扰乱葬等葬俗在甘青地区马家窑文化中得到延续和发展（《西部考古》8辑）。

陈洪海讨论了青海宗日墓地随葬的大量特征鲜明的属于明器范畴的小型陶器。明器的使用从宗日墓地早期就已经开始，中晚期达到顶峰，几乎每一座墓葬都使用明器，此后又开始减少。文中对明器的摆放位置和方式、宗日式陶明器的源流、明器的使用规律以及明器的产生与消亡过程进行了详细探讨（《西部考古》8辑）。

许鹏飞选择高城墩等7处良渚文化墓地资料，依随葬品的种类和数量，将良渚文化的墓葬划分为7个等级，不同等级所拥有的财富和社会地位均不相同，整体上形成一种金字塔状社会结构。而激烈竞争的社会关系和凌驾于血缘关系之上的等级制度是良渚文化社会的主要特征（《中国国家博物馆馆刊》3期）。

山东胶州三里河遗址大汶口文化墓葬分为三区，其中一、二区墓葬数量较多，区内又有不同的墓组，李长盈认为这种三级结构目前主要见于大汶口文化之中。它们仅靠血缘关系难以维持，所以这一时期很可能已经出现了“血缘+地缘”的模式。同时，墓葬之间的分化加大，可以划分为三个等级，高高在上的一级墓葬昭示着领袖人物的出现（《东南文化》5期）。

（四）文化交流

小麦起源于西亚，后传入中国，逐渐成为中国北方地区的主要农作物。赵志军依据目前的考古资料，提出至迟在距今4000年以前，小麦已经传到中国境内。认为小麦传播到黄河流域的通道至少有两条：一条是草原通道，传播途径为西亚—中亚—欧亚草原诸青铜文化—中国北方文化区—黄河中下游地区；一条是绿洲通道，传播路线是西亚—中亚—帕米尔高原—塔里木盆地南北两侧的绿洲—河西走廊—黄土高原区（《南方文物》3期）。

陶鼎是中国新石器时代重要的炊器，使用区域广，流传时间长，为核心器物之一。韩建业从宏观角度梳理了新石器时代陶鼎的产生、发展和扩散的过程。认为陶鼎源自中原地区的裴李岗文化，公元前5000年前后开始的新石器时代晚期，扩散到黄河、长江中下游地区；公元前4200年以后进一步扩展到辽东半岛；公元前3500年以后，陶鼎仍主要在黄河、长江中下游地区流行，并扩展到华南北部地区；公元前2500年开始的龙山时代，陶鼎的流行区域没有大的变化，只是向南进一步扩展到华南大部地区。最后指出陶鼎4000年的发展过程，"中原地区始终是核心"，这一结论可能会有异议（《考古》1期）。

任瑞波在前人研究的基础上，分析了四川茂县营盘山遗址出土的彩陶。他从彩陶花纹的分类分期入手，对川西地区新石器时代彩陶的本地化过程提出异议。认为营盘山彩陶纹样与甘青地区马家窑文化彩陶有很大共性，本地特色彩陶花纹在早期阶段即已出现（《边疆考古研究》18辑）。

洪猛等把湖南湘乡岱子坪遗址的屈家岭、石家河文化遗存分为五期，分期考察了各期之间存在更替和延续两种基本发展模式。通过分析与域外文化的交流，揭示了洞庭湖、鄱阳湖和太湖三大区域文化的互动关系（《江汉考古》6期）。

胶东半岛和辽东半岛之间的文化交流，牵涉到中国大陆文化向东北亚地区的扩散和传播，一直受到学术界的重视。王富强等认为，两个半岛之间的海上文化交流始于距今6000年以前的白石村一期和小珠山一期文化，此后不断发展。到龙山文化时期，两地的文化交流进入了一个内容广泛的快速发展和活跃时期，而相互交流的趋向，胶东半岛向北的扩散和传播始终占据主流地位（《东方考古》12集）。

分布于闽江下游地区的昙石山文化，经济活动始终与海洋紧密联系在一起，与周邻海域史前文化关系密切。海峡对岸与其时代相若的圆山文化、凤鼻头文化中，均有一些来自昙石山文化的文化因素，如有段石锛、彩陶等，表明昙石山文化曾向海东地区扩散并对当地的圆山文化和凤鼻头文化施加了强烈影响（《福建文博》4期）。

（五）环境考古

胡松梅从遗址的地层、遗址布局、动植物遗存和湖泊演变等方面，分析了渭水流域距今8000～5000年的环境演变，在此基础上勾勒出文化的动态发展过程。认为白家文化最初分布在渭河流域低级阶地，距今7300年前后，气候波动升温，人们为避水患而向高处迁移，后产生了新的西山坪文化。随着气候好转形成的半坡文化，开始向四周地区扩散。距今5800～5300年，气候缓慢降温，反而使庙底沟文化得到空前发展。之后，气候进一步恶化，导致关中地区人口减少和文化衰落（《考古与文物》6期）。

张宏彦认为历史时期北方地区农牧交错的"长城地带"，其产生之前曾经存在过一个"前长城地带"。从环境、气候和文化的变迁过程来看，河套地区距今7000年以前的前仰韶时期，气候偏冷偏干，为采集—狩猎文化区；距今7000～5000年的仰韶时代，由于仰韶文化的北上，该地区进入农业文化与采集—狩猎文化南北二元分布的格局；距今5000～4000年的龙山时代，原先的和平格局被打破，对抗和冲突成为常态，"前长城地带"形成（《西部考古》8辑）。

王辉等依据河南禹州瓦店遗址附近的地学和考古资料，并结合环嵩山地区的区域资料，将瓦店遗址附近晚更新世以来的地貌演化划分为6个阶段。龙山文化晚期，瓦店附近的颍河流域呈现"水乡"特点。在此基础上，瓦店先民建起了环壕聚落，并在台地上发展出稻旱混作的生业经济。作为人类主要活动区域的河流地貌，其演化对人地关系研究有重要意义（《南方文物》4 期）。

李兰等通过微体遗存、孢粉、矿物表面微形态等检测分析，探讨张家港东山村遗址的全新世环境变迁。认为这一带在马家浜文化之前是湖沼相沉积环境，距今 7400 年之后，水体不稳定，受气候变化影响明显，人类活动加强，对区域植被破坏严重。而依山傍水的自然地理环境，是崧泽文化在这里获得迅速发展的有利条件（《考古与文物》6 期）。

湖北沙洋县钟桥是一处包含大溪、屈家岭和石家河文化等不同时期堆积的遗址。吴立等采用对疑似洪水层和现代洪水沉积物的锆石微形态、粒度、磁化率等地球化学指标的比较，揭示了屈家岭文化中晚期（距今 4900～4600 年）和石家河文化末期（距今 4000～3800 年）发生的两次大洪水事件，在江汉地区分布得十分普遍，影响了区域新石器文化的兴衰（《地理学报》7 期）。

青海喇家齐家文化聚落遗址发生的灾难性事件，引起不同学科学者的关注，已有多种解释。周强等在野外考察的基础上，利用第四纪地貌学、沉积学、古洪水水文学等学科的研究方法，对遗址剖面中的红色黏土层与喇家北部大红山脚下的沉积物及上游积石峡黄河古洪水滞留沉积层进行了对比研究。认为伴随着强地震的暴雨山洪，裹挟着来自大红山的泥石流，使喇家遗址遭受毁灭性破坏（《地理学报》11 期）。

李梓杰等对珠江三角洲地区多个遗址采集的贝壳进行了鉴定和统计分析，结合佛山银洲贝丘遗址出土的贝类资料，围绕着当时的古环境和人地关系等问题，提出了一些新的见解（《南方文物》4 期）。

（六）生业经济

生业经济主要包括植物考古与早期农业、动物考古与家畜饲养及渔猎等。

1. 植物考古与早期农业

刘莉等对内蒙古敖汉旗西梁遗址出土的 1 件石磨盘和 1 件石磨棒进行了残留物和微痕分析，认为磨棒和磨盘主要用来加工山药、栝楼根和百合等块根植物。进而认为小河西文化先民的经济形态明显继承自旧石器时代晚期的采集狩猎传统，而粟黍和小麦族的种子也是食谱中的一部分，是寻找东北地区农业起源的主要线索（中国社会科学院考古研究所编著《新世纪的中国考古学（续）——王仲殊先生九十华诞纪念论文集》，科学出版社）。

付萍等对内蒙古哈民忙哈遗址浮选获取的植物遗存进行了种属鉴定和统计，炭化农作物中黍占绝对优势，粟的数量很少。进而认为该遗址先民的生业经济，是以黍为主的旱作农业。同时，采集和狩猎仍然是哈民居民生存资源的重要补充（《农业考古》4 期）。但在另一篇运用同一批资料进行的研究，其结论相反，认为哈民先民经济结构的主体仍然是采集和渔猎，农业是生存资源的重要补充［赤峰学院红山文化研究院编著《第九届红山文化高峰论坛论文集》（以下简称为《红山论坛》），吉林出版集团］。

陕西蓝田新街遗址的浮选结果显示，炭化稻的出土概率和绝对数量都达到了较高水平，表明仰韶文化晚期已经形成稻旱混作的生业经济类型。同时，还发现 1 粒炭化小麦。以往在黄河中游地区发现的小麦遗存时代均偏晚，今后应关注上述地区的同类发现（《南方文物》3 期）。

王祁等对现代小麦和水稻进行了炭化模拟实验，结果显示，水稻的炭化温度区间为 180℃～210℃，而小麦的炭化温度区间为 215℃～315℃。据此推断，炭化稻的形成概率只有炭化小麦形成概率的三分之一左右。这对于通过炭化植物的数量统计来研究人类生业经济会有一定影响，应引起相关研究者的注意（《南方文物》3 期）。

齐乌云等在山东莒县 5 处遗址采集的 6 个植硅体样品，包括了大汶口晚期（4 个）、龙山（1 个）和岳石文化（1 个）三个时期。检测结果显示，大汶口晚期该地区就已经开始种植水稻，但数量少于黍粟。到龙山文化时期，稻属植硅体显著增多并超过黍粟。由于经过测试的样品数量过少，缺乏系统性，其结论还有待于验证（《农业考古》6 期）。

陈涛等对四川新津宝墩遗址的土样进行了植硅体分析，发现大量具有驯化特征的水稻叶秆的植硅体及出自水稻稃壳的植硅体。此外，还存在少量黍稃壳植硅体。从而表明宝墩文化时期的经济结构是以稻作为农业为主（《人类学学报》2 期）。

聂政从植物考古、动物考古和人骨胶原同位素三个方面讨论了山东青岛北阡大汶口文化早期遗址的生业经济状况。认为邻近海洋的北阡聚落采用了海洋生物类、陆生肉食类和植物性食物并重的三元结构的资源利用模式。这一时期农业经济已经出现，农作物以黍为主，采集野生植物和坚果类也一直持续下来（《海洋遗产与考古》2 辑）。

陈相龙等对神木木柱柱梁遗址出土的人骨进行了碳氮稳定同位素的检测分析。结果表明，当时居民的食物结构以粟、黍等 C4 类植物为主，肉食的摄入量较低。所以，以谷物种植和家畜饲养为特点的农耕经济是当时先民的主要生计方式（《考古与文物》5 期）。

吴梦洋等选取 18 例福建闽侯昙石山遗址墓葬出土的人骨标本，进行了骨胶原的提取和 C、N 稳定同位素的检测。分析结果表明，昙石山先民以来源广泛的肉食和一定量的 C3 类植物为生，肉食来源既有大量的海生动物类资源，也有陆生动物类资源。同时进行的墓葬等级与食物链的关系分析，表明食物的营养级与社会贫富可能没有关联（《海洋遗产与考古》2 辑）。

2. 动物考古与家畜饲养及渔猎

河南新郑李家沟遗址早期遗存的发现，是近年来中原地区新石器时代考古的重要收获。王星光认为中原地区的农业起源，由仰韶文化、裴李岗文化上溯到新发现的李家沟文化。地处中纬度的嵩山地区，具有过渡色彩的气候和地貌，这是由采集狩猎经济向农业经济过渡的最佳生境。而李家沟遗址发现的牛、马、羊、猪和陶器，均与定居相关，这一时期可能已经培育了黍、粟等农作物（《中华之源与嵩山文明研究》2 辑）。

2014 年年底，《美国国家科学院院报》发表署名文章《全新世早期中国北方地区的家鸡驯化》，认为中国北方是早期的家鸡驯化中心之一。袁靖等对文中观点进行了全面分析和驳议，认为目前中国家鸡的可靠证据是来自距今 3300 的前后的安阳殷墟（《南方文物》3 期）。

李志鹏等鉴定和研究了河北邢台小里遗址出土的后冈一期文化动物骨骼资料，包括哺乳类、爬行类、鸟类、鱼类和无脊椎动物等，分属家养动物和野生动物两大类。统计分析结果表明，较之此前的磁山文化时期野生动物超过半数，后冈一期文化时期获取肉食资源的生产方式转变为以家畜饲养为主（《南方文物》4 期）。

叶茂林以喇家的动植物遗存为例，探讨了齐家文化农业发展的生态化适应问题。齐家文化同时存在着农业和畜牧业，两者孰经孰重，学界意见不一。文中认为齐家文化存在一种草作农业畜牧方式，形成与粟作并存的半农半牧的经济形态。由于草作农业的失败，导致齐家文化向游牧方向转化过渡（《农业考古》6 期）。

四川马尔康哈休是大渡河上游地区一处重要的新石器时代遗址，文化内涵兼有本地土著文化和仰韶文化、马家窑文化等文化因素。在发掘报告划分为三段的基础上，何锟宇将其归并为早晚两段，探讨了哈休遗址史前生业方式。认为其在栽培旱作谷物的同时，主要以狩猎方式获取肉食资源，经济结构比较单一。而岷江上游地区的马家窑类型，其生业方式在旱作农耕的同时，获取肉食资源以饲养家畜为主，狩猎采集作为补充，与陇东、陇南地区的仰韶文化晚期、马家窑文化相似（《考古》5 期）。

方方认为凹石和蚝蛎啄广布于中国东南沿海地区的贝丘遗址，是史前居民用于捕食贝类的两种基本工具。关于凹石和蚝蛎啄（凹形器和尖状器）的功能和是否为组合使用等问题，还有待于新的资料加以证实（《海洋遗产与考古》2 辑）。

（七）技术和经济

李小龙等收集了中国北方地区 20 余处新石器时代的窑洞建筑资料，按仰韶晚期、庙底沟二期文化、龙山前期和后期四个阶段，总结和归纳了其形制、结构、灶址、墙和地面、通道和门等房屋要素发展演变的基本特征。认为北方地区史前窑洞建筑可以划分为两大阶段，即仰韶晚期和庙底沟二期文化为第一阶段，窑洞建筑尚处于探索和发展时期；龙山文化为第二阶段，窑洞建筑已经成熟，已经与现代窑洞大同小异（《草原文物》1 期）。

杨宽等采用观察和实验考古相结合的方法，探讨了内蒙古林西白音长汗遗址出土的兴隆洼文化石铲的功能。分析内容包括形制特征、使用痕迹、设计工艺分析、复制使用实验和民族学佐证等。结果表明这些石铲是刀耕火种时期人们生产生活必不可少的工具（《边疆考古研究》7 辑）。栗荣贺等采用实验考古的方法，对查海遗址出土石器的制作技术和装柄方法进行了模拟实验。制作技术包括钻孔中的弓钻模拟，石钻和石环的配套结合形成简单的机械装置，起着和后来金属装置同样的作用，他们认可邓聪关于钻头的轴承说（赤峰学院红山文化研究院编著《红山论坛》，吉林出版集团）。

新石器遗址的石器中，有一种类似于“钻头”的工具，一端或两端有旋转磨制的痕迹，邓聪认为是“辘轳承轴器”。李永强对此提出异议，认为这是一种环玦类石制品扩孔的工具——环砥石。为了了解扩孔技术并与同类工具进行比较，他采用实验考古的方法进行了模拟实验，步骤包括选料、制坯、琢孔、扩孔等。比较后认为环砥石虽然在不同遗址有细微差别，但其作为环玦类毛坯的研磨、扩孔功能是基本相同的（《东南文化》6 期）。

长江下游地区良渚文化及以后经常发现一种所谓破土器的石器，即上侧有斜把的三角形石刀，其用途主要有破土划沟和大型厨刀两种基本观点。刘莉等采用微痕分析和模拟实验相结合的方法进行了探讨，认为其功能可能是加工多种植物，类似于铡刀（《东南文化》2 期）。孙建等对刘莉等关于长江下游出土的新石器时代三角形石器不是石犁的模拟实验和微痕分析提出质疑。认为微痕分析立足的模拟实验，要与实际环境相符合，以北方旱地之犁来衡量南方耕作水田的石犁似不妥。同时，提出选择标本要有代表性，微痕分析不能割裂器物的整体性。最后认为把三角形石器解释为石刀没有足够的证据（《四川文化》6 期）。

面积达 15 万平方米的山西襄汾大崮山遗址，在 300 平方米的范围内，发现了 2 万余件石制品。翟少东对大崮山以及周边的陶寺等遗址出土石制品的岩性进行了鉴定和对比分析，并把分布范围扩展到以大崮山为中心的 400 平方千米。同时，还探讨了大崮山石料资源的利用模式（《考古》3 期）。为了考察陶寺遗址磨制石器的生产工艺，翟少东仿陶寺石器中的斧、锛、凿、楔、刀、矛和装饰品等7种器形，进行了针对性的复制实验。结果表明，陶寺遗址磨制石器的完整生产工艺包括选料选型、打片、琢、钻孔、磨和抛光等程序，但并不是每一件石器都要经过这些工序。在技术上，磨制石器的制作比打制石器容易，但比较耗费时间（《人类学学报》2期）。在上述研究基础上，又从宏观角度考察了华北地区磨制石器的制作工艺，并与打制石器的工艺进行了比较（《中原文物》1期）。黄可佳对国内磨制石器的研究方法和现状进行了分析，内容涉及磨制石器的定名和分类、制作工艺和技术、功能和使用方法、原料和流通体系等，并分析研究中存在的问题（《文物春秋》1期）。

彭小军等在讨论长江中游地区新石器时代陶窑及陶器生产的过程中，分析了陶窑经历了同穴窑（大溪文化）、横穴窑（屈家岭文化）、竖穴窑（石家河文化晚期）依次替代的演变关系及其区域性特点。而伴随着陶窑结构的变化，是陶器烧制技术的改进和发展。同时，还讨论了陶器生产的规模和专门化问题（《南方文物》4期）。

乔玉统计分析了尉迟寺遗址大汶口文化聚落内陶器的使用情况。认为聚落中每个家庭的陶器使用量约为15件。一些特殊器形，如鬶、甗、甑、箅子等，则与特殊食物的制备和消费密切相关。而陶豆则在葬仪中受到特殊重视（《南方文物》4期）。

辛学礼等探讨了安徽蚌埠禹会村遗址的龙山文化低温陶器。通过提取过程和修复过程中的全方位观察，认为这里发现的低温陶器与新石器时代较早阶段因陶器烧制技术水平低而产生的低温陶器不同，属于有意而为。这种现象应与禹会诸侯记载中的短期会盟和祭祀活动有关（中国社会科学院考古研究所编著《新世纪的中国考古学（续）——王仲殊先生九十华诞纪念论文集》，科学出版社）。

鲁晓珂等利用多种科技手段，对河南瓦店遗址出土的7件王湾三期文化白陶样品的组成结构进行了分析。结果显示，瓦店遗址白陶可以分为高铝型、高硅型和高钙型三类。高铝型白陶，推测其原料是含有铁钛等杂质的高岭土。高硅型白陶的原料以石英为主。高钙型白陶的原料主要是文石碳酸钙，为首次发现（《华夏考古》4期）。

关于史前纺织业的重要工具——纺轮，近年来陆续开展了专门的研究。吴卫对昙石山及闽江下游地区史前遗址出土的纺轮进行了观察和比较，对其基本特征、制作、不同形式纺轮的使用情况及反映的纺织业生产水平进行了分析和讨论（《文物春秋》1、2期）。谢莉等分析了广西革新桥遗址出土石拍的制作方法和程序，赞同其功能是制作树皮布的工具，并与周围地区的石拍进行了比较（《南方文物》2期）。

山西芮城清凉寺庙底沟二期文化至龙山文化时期的墓地资料，展现了一些特殊的现象，如墓主身份差别较大，前后期分布规律不同，有非正常埋葬现象，墓中随葬大量玉石器以及墓地中有来自不同区域的文化因素等。薛新明在分析上述现象的基础上，提出清凉寺墓地的墓主与潞盐外销有关，当时已经开通了黄河北侧穿越中条山区的运盐通道（《东方考古》12集）。燕生东将莱州湾南岸地区分为两个区域。第一区域在距现海岸线15千米~30千米，第二区域在现今咸淡水分界线两侧，距海岸线30千米~40千米，各发现10处和12处龙山文化遗址。这些遗址面积普遍较小，均在2000平方米以下，出土遗物以鼎和罐的数量最多，可以确认为制盐的遗址有12处。从而表明龙山文化时期已经产生规模化的盐业生产（《考古》12期）。

（八）玉器研究

良渚文化的文化和艺术成就，首推发现的大量精美玉器。随着发掘品的数量不断增多，玉器的研究工作也日益精进。邓聪和曹锦炎主编的《良渚玉工——良渚玉器工艺源流论集》（香港中文大学中国考古艺术研究中心），是良渚玉器研究最新的扛鼎之作。研究分为两大部分：一是良渚文化玉器的制作技术和工艺研究。包括通过实验考古学手段来模拟沙绳切割大小玉料和扩孔、锯片切割和精雕细琢、微雕技术的充分运用和展示、管转辘轳机械的使用、砥磨和镶嵌技术的发展等。特别对象征王权和军权的玉琮、玉钺，采用高精拍摄技术获得的图像信息，甚至发现在 1 毫米内有 5 条细线条的现象，为 5000 年前名副其实的绝代微雕精品。细致观察和比较后发现，即使是象征王权的高端玉器，也有出自不同玉工之手的现象，而为“王”治玉的玉工的作品，偶尔也出现于贵族的墓中。这对于了解高端玉器在社会上层的流转，进而分析其社会和政权运作方式等具有重要的参考价值。二是从多个方面和视角对良渚文化玉器的来源和内涵进行深入解读和研究。全书收录论文 11 篇，作者有所内老一代专家，而绝大多数为中青年中坚力量。内容涉及史前早期玉器的工艺、崧泽玉器、良渚玉器工与艺的展续、良渚玉器工艺之源流、良渚玉器复合工艺、良渚用玉之形和纹饰、管钻工艺、线切割工艺等研究以及安乐、董塘山背、好川等遗址出土玉器的研究等。全面、系统、准确、深入地展现了良渚文化玉器研究的现状。

彩绘石钺是长江下游地区新石器时代晚期的特色遗物，波及的区域较为广泛。刘文强从彩绘图案分类与绑缚方式入手，分四个时期分析了彩绘石钺的空间分布，总结了其产生、发展的演变过程，并讨论了其功能和用途。同时，分析了彩绘石钺发展传播的社会背景，其中提出的一些看法，不仅与彩绘石钺关系不大，作为研究基础的年代对应也存在诸多问题，如对花厅遗址性质的认识等（《文物研究》21 辑）。

王炜林从杨官寨等遗址发现的庙底沟文化时期的石璧和琮，联系到同时期的璧形彩陶纹样，认为璧等礼器可能为中原本土起源，其时代或许可以追溯到庙底沟文化时期（《考古与文物》6 期）。

山东临朐西朱封遗址发现的 3 座重椁一棺的龙山文化大墓，是迄今为止中国新石器时代墓室面积最大的墓葬，或称其为“王”墓，并以出土一批高质量精美玉器而闻名于世。2012 年，中国社会科学院考古研究所文保中心组织不同领域的专家，对西朱封遗址出土的龙山文化玉器进行了全面的检测、分析和研究。课题包括三个方面的内容：一是系统公布了西朱封 3 座龙山文化大墓出土的玉器资料以及多年来临朐县调查、征集的史前玉器；对西朱封遗址出土的龙山文化玉器进行多种手段的检测和分析，如矿物学分析、能谱仪玉器成分分析、红外光谱分析、拉曼光谱分析及静水密度测定以及绿松石的显微测量等，同时，也开展了玉料和治玉工艺及玉器加工技术的研究等；从宏观角度考察和论述了海岱地区龙山文化玉器的发现和研究历史、海岱系玉器在中国史前玉器中的地位及对中原地区文明进程的影响、用玉制度等相关课题。这一研究成果的及时公布，不仅为今后的进一步研究打下了一个良好的基础，而且也推动了中华文明探源研究向纵深的发展（杜金鹏主编《临朐西朱封龙山文化玉器研究》，科学出版社）。

张登毅等探讨了山西清凉寺、下靳和陶寺等遗址出土的绿松石制品，认为其较少有权力色彩，更多地表现为审美意识。作者认为探讨绿松石的产地，有文献释读、类型学对比和科学检测分析三条途径。从而可以推定绿松石的产地（可能是陕西洛南一带）及其流通的通道（《华夏考古》4 期）。

（九）精神文化考古研究

关于认知考古和人类精神文化考古研究，何驽在较长时间思考和实践的基础上，借中华文明探源工程的契机，提出了自己关于精神文化考古的理论架构。他认为，精神文化考古是“考古探索人类社会认知能力的主流成果所形成的文化内涵，即社会心理和社会意识形式”。社会心理是指一定民族、阶层中普遍流行却没有经过系统化和理论化的精神状态，其中包括普遍的社会动机、社会态度和社会价值取向等。由于国内目前尚未开展这一领域的研究，故今后的发展任重道远。社会意识形式包括三个核心内容，有两种表达形式系统，即以自然观（人对自然的认识观念）、社会观（人对社会的认识观念）、宗教观（人对超自然即神的认识观念）为核心，以符号、艺术为两大表达体系。而社会心理则是社会意识的心理基础。何驽在论著中对后一部分，即构成社会意识形式主体的自然观考古、社会观考古、宗教观考古、符号系统考古、艺术考古的理论与实践，结合自己的实践进行了较为详细的解读和论证。这一新颖而较为独特的理论和叙事方式，应引起学界的重视（何驽《怎探古人何所思》，科学出版社）。

方向明认为，崧泽和良渚文化时期，属于精神文化范畴的宗教信仰既有联系也有区别。崧泽文化时期的祭器和礼器丰富多样，体现了尚未形成统一信仰系统的分散状态。到良渚文化时期，以玉琮、玉璧、玉钺和神徽图像为主要内容的统一宗教信仰已经形成（《东南文化》1 期）。

顾万发对仰韶文化中最为流行的“回旋勾连纹”彩陶图案进行了新的诠释和解读。认为这样的研究不仅仅是解决常规的彩陶问题，对中国文化中的重要宏观学术问题研究也有帮助。如对彩陶中有关阴阳和太阳等问题的探讨，可以确知中国古代存在着太阳崇拜，古人多将太阳与祖先相联系，而阴阳理论也是中国古代文化的核心内容（本书编委会编《庆贺徐光冀先生八十华诞论文集》，科学出版社）。同时，通过对大地湾等遗址出土的特殊彩绘图案的解读，他指出早期彩陶中普遍存在的“斜向轴对称”构图法和“阴阳组合”的构图思想。袁广阔等认为，在部分新石器时代遗址出土的彩陶花纹中，绘有特定的玉器图案。这种彩陶绘玉风俗对中国古代文化有着深远的影响（以上均见《中原文物》5 期）。

江苏澄湖遗址良渚文化古井中出土贯耳罐上的一行四个刻符，发表之后受到学术界的广泛关注，多有隶定和解读。张溯在前人研究的基础上，结合其他考古发现，对四个刻符进行了新的解读，提出了一些自己的见解（《东南文化》5 期）。

田广林等将目前发现的 20 余例红山文化的人形坐像，分为屈腿盘坐，垂腿高坐，跪坐、踞坐和箕坐三大类。认为盘坐和高坐都是当时的正坐姿态，其形象均为神像（赤峰学院红山文化研究院编著《红山论坛》，吉林出版集团）。

王仁湘以红山文化玉器为重点，探讨了中国史前艺术中的鸮形主题。依次从史前艺术品中鸮形造型的分类、史前鸮形艺术主题作品的演变脉络、文明时代早期的鸮形艺术主题的传承、文化背景等方面展开。其内容属于历史长河中已经丢失的记忆（赤峰学院红山文化研究院编著《红山论坛》，吉林出版集团）。

陶器、玉器和石器等载体上刻划的文字、图像和符号，发现于多处良渚文化遗址，是良渚文化高度发达的文明成就的重要组成部分。良渚博物院课题组历时 5 年，经全体人员的辛勤工作，由张炳火主编，良渚博物院编著的大型图录《良渚文化刻划符号》由上海人民出版社出版。图录全文 800 余页，收录器物 554 件：其中陶器 536 件，符号 632 个，分为象形符号、抽象符号和其他符号三大类，以抽象符号数量最多；玉器 7 件，符号 10 个；石器 11 件，符号 11 个（组）。其中，包括相当一批目前还没有发表的资料，如来自美人地、卞家山、玉架山、庄桥坟、朱墓村等遗址的刻符。可以说是在目前条件下全面地记录和再现了良渚文化精神文化领域的重要资料和成果。由于事先制订有详细而完整的工作方案，资料收集过程中采用了统一的标准，拍照、拓墨和临摹基本同时进行，相互参照，加上优良的印制效果，使我们可以清楚地看到每一个符号的完整载体、局部放大照片、拓本和摹本。这就为今后的研究工作奠定了非常好的基础。可以相信，随着时间的推移，这一工作的重要价值和意义会逐渐地凸显出来。

马保春等讨论了中国早期器物刻划符号的命名问题，建议将“刻划符号”和“刻划符号”统一称为“刻划符号”。同时，认为目前的“几何形符号”和“象形符号”存在不足，提出“线段形”和“形体形”的名称（《中原文物》6 期）。

（十）专题展览及研究

2015 年 4 月，浙江省文物考古研究所和北京大学中国考古学研究中心联合举办的“权力与信仰——良渚遗址群考古特展”，在赛克勒考古与艺术博物馆开幕。良渚文化发现以来，有两次发现和研究的高潮：一次是 20 世纪 70～80 年代，由于草鞋山、瑶山和反山等一批贵族墓葬的发掘而出土数量惊人的精美玉器，引起世人的震动；一次是 2007 年以来良渚古城和周边地区大型水利设施等一系列重要发现，使良渚文化成为中国最早产生国家进入文明社会的代表，影响扩展到世界范围。深度解读良渚文化，探讨并总结其文明和国家的内涵、特征，无疑是关心中国早期文明和良渚文化的同人的共同追求。展览的举办者可能本着上述理念，精心挑选了良渚遗址群反山墓地的一座“王”墓——M20，予以全面展示，分为“‘王’的葬礼”“权力的展现”两个专题，来解读良渚社会上层的“权力和信仰”。M20 是反山墓地 12 座墓葬中随葬品数量仅次于 M12 的大墓，男性。随葬品单件计 538 件，其中玉器 502 件，包括琮（4 件）、钺（1 件，另有 24 件石钺）、璧（43 件）等全套重器，向人们再现了 5000 年前泱泱良渚大国王者的风采。

展览开幕和展览期间，主办单位召开了两次专题学术研讨会。“早期文明的对话”国际学术研讨会，邀请国内外对早期文明有深入研究的学者，就“早期国家的起源与形成”“全球视野下的早期文明比较研究”等专题进行了深入交流和研讨。随后举行的“早期文明中的权力与信仰”学术沙龙，多家学术机构的学者与会，就此议题展开了充分讨论。配合展览的大型图录，组织了一组围绕着“权力与信仰”来深入探讨良渚社会的论文（浙江省文物考古研究所编著《权力与信仰》，文物出版社）。

2015 年 12 月，山东省博物馆等单位主办的“大河上下——黄河流域史前陶器展”在山东省博物馆开幕。展览汇集了黄河上、中、下游地区的青海、甘肃、陕西、河南、山西、山东六省七个单位的史前陶器精品。展品主要集中在仰韶和龙山两个时期，既有各区域文化精美的彩陶和彩绘陶，也有晶莹剔透的白陶和乌黑光亮的黑陶，使广大观众领略了中国新石器时代黄河流域史前陶器的艺术魅力。

围绕着黄河流域史前陶器的展览，主办单位组织了一组研究陶器的文章，内容涉及黄河流域彩陶（王仁湘）、西北地区的史前陶器（李水城）、中原龙山文化的陶器、聚落和社会（方燕明）、海岱地区陶器的精华——彩陶、黑陶和白陶（栾丰实）、黄河流域的制陶技术（李文杰）等。向广大观众展现了黄河流域史前陶器研究的历史与现状（山东博物馆编《大河上下——黄河流域史前陶器展》，文物出版社）。同时，配合陶器展览，山东省博物馆还举办了一次专题学术研讨会，与会代表60多人，就黄河流域史前陶器的各个领域进行了深入的研讨和学术交流。

夏商周时期考古

王立新　李　朵

2015年夏商周时期考古的发现和研究收获颇丰，发表简报、报告和研究论文总计300余篇，出版田野考古报告、专著、论文集和图录等70余部，召开了“国家起源研究的理论与方法国际学术研讨会”“河济地区文明起源与早期国家学术研讨会”“夏商周时期的中原与周边——纪念郑州商城发现60周年暨韩维周、安金槐、邹衡先生学术成就研讨会”“纪南城考古发掘四十周年学术研讨会”“湖南出土商、西周青铜器国际学术研讨会”等学术会议。

一　夏代

2015年度有关早期夏文化的发现和研究相对较少。东赵遗址发现的新砦期城址，不仅证明郑州地区存在新砦期遗存，而且凸显了该地在夏代早期政治格局中的重要地位。对于进一步了解新砦期遗存的分布、文化面貌、性质归属等问题也具有重要意义（《中国文物报》2月27日）。

袁广阔再次强调，对于早期夏文化的探索，不应忽视河济地区的后冈二期文化遗存。他认为，该类遗存在年代、地域、文化面貌、聚落特征等方面均与文献记载的夏后氏的早期活动密切相关，我国首个早期国家实应兴起于河济地区（《中华之源与嵩山文明研究》2辑）。张雪莲、赵春青对新砦遗址2002年发掘出土动物骨骼进行碳、氮稳定同位素分析。结果显示，该遗址不同种类家畜之间的饲养方式虽有所不同，但家畜的食物均是以包括粟、黍在内的C4类植物为主（《南方文物》4期）。

二里头遗址与二里头文化的发现及研究仍持续受到学界关注。

2015年度报道有二里头遗址2012～2013年度的部分发掘收获，包括宫殿区内东北部的一处巨型坑（《考古》12期），以及围垣作坊区的一条南北向夯土城垣（Q7）和两侧的路土遗迹（《考古》1期）。郑州东赵遗址除发现新砦期城址外，还确定了一处二里头文化时期的重要城址——中城（《中国文物报》2月27日）。

许宏总结了二里头遗址的工作历程和发掘收获，重申该遗址是到2015年可以确定的中国乃至东亚地区年代最早的具有明确规划的都邑性遗址，其宫室建筑的空间规划和都邑的总体布局开中国古代都城规划制度的先河（《中原文化研究》4期）。许宏同时又力主，就目前最新的测年结果等因素来看，二里头遗址为早商都邑仍不失为一种合理的假说；甚至二里头遗址性质的最终确定，也需要相关文字材料的证明（《南方文物》3期、《中国文物报》11月6日、11月20日）。不过，也有学者对不断下拉和压缩的二里头遗址的年代产生了疑惑。魏凯指出，二里头文化测年数据与考古分期方案及天文学推算成果之间存在诸多矛盾，原因或许在于^{14}C测年技术自身的局限。他主张，当前的^{14}C测年数据只宜作为二里头文化定性研究的参考；二里头文化的年代构建尚需通过多元证据的互校和整合来实现和完善（《中国国家博物馆馆刊》5期）。

钱燕分析了二里头文化第四期的文化因素、分布地域以及二里头遗址与偃师商城的关系，认为二里头文化第四期遗存仍属于夏文化，属夏文化晚期阶段。张继华对登封南洼遗址出土二里头文化遗存进行了分析，认为该遗址第三期遗存的存在，表明二里头文化前后两大期之间是渐变和连续演进的；二里头文化分期方案仍有进一步探讨的空间。此外他还指出，南洼遗址发现的环壕证明，二里头文化腹心地区的聚落也存在大规模的防御设施（《中华之源与嵩山文明研究》2辑）。

可喜的是，在上述基础问题研究之外，也有学者开始关注二里头文化时期早期国家政体的出现、军事防御体系、都邑内人群构成，以及中心与边缘的互动等问题。

曹兵武认为，二里头文化的出现，结束了早期中国不同区域文化传统间的自然生长和竞争的模式；以距今4000年左右的降温事件为背景，中原地区发生了以二里头文化为主导性的文化整合与重构，形成了整个东亚文化相互作用圈中“共识的中国”（《中国文物报》9月11日、9月18日）。这与之前王巍等人的看法有相似之处。李昶、张弓峰通过考察新砦城址、二里头遗址等多处夏代重要遗址的材料，将夏都军事防御体系划分为都城地区和外围地区两重层次，并认为夏代早期是以都城地区为重点构建防御体系，而中晚期则以外围地区为重点构建防御体系（《中原文物》3期）。赵春燕依据人牙釉质锶同位素比值的测定，对陶寺与二里头遗址人口迁移现象和迁移规模进行了分析。结果显示，二里头遗址应是本地人口占居多数，但也存在较高比例的外来移民（《中华之源》）。张国硕结合文献与考古材料，考证夏代韦、顾、昆吾三方国的地望可能分别在今郑州市区、荥阳大师姑和新郑望京楼等地（王震中、高大伦、肖先进主编《夏商周方国文明国际学术研讨会论文集（2014中国广汉）》，科学出版社。以下简称《方国文明》）。

邓聪、王方通过观察出土牙璋的细部特征，发现二里头VM3：4牙璋的制作工艺与风格，对包括成都金沙在内的西南地区的同类器产生了较为直接的影响，也波及东南沿海地区。他们认为，牙璋跨区域的复制可视为政治权力观念由原生国家向次生国家传播的一种表现；牙璋等实物资料的存在，可以从一个侧面反映夏王朝政治理念的实践，代表着东亚广域王权国家的起源（《中国国家博物馆馆刊》5期）。

高寒考察了二里头文化的农业经济发展状况（《方国文明》）。辛爱罡对二里头文化非镶嵌类绿松石制品的使用功能进行了分析，认为其均作为服饰之用，按功能划分主要有耳饰、项饰、腕饰、冠饰等。此类饰品在二里头文化一期已出现，二期之后渐趋繁荣，均出土于贵族成人墓葬之中（《中原文物》6期）。

四坝文化、齐家文化仍是西北地区青铜时代考古研究的重点。

以往多次调查表明，甘肃张掖西城驿遗址是一处与早期冶铜业相关的重要聚落遗址（《考古与文物》2期）。2010年对该遗址的发掘，获得马厂晚期至四坝早期和四坝文化两个阶段的文化遗存，为探讨四坝文化的来源、河西走廊早期冶金技术及东西方文化交流提供了重要材料（《考古》10期）。

张良仁、王辉将西城驿遗址出土的彩陶划分为三期，认为三期彩陶各具特征又呈现出前后延续的特点。第一期为马厂晚期，第三期属于四坝文化，第二期相当于以往所说的“过渡类型”，但与第三期特征更为接近，故可归入四坝文化（《北方民族考古》

2辑)。陈国科等人对西城驿遗址2010~2011年发掘所获金属遗物进行检测。结果显示，该遗址的冶金技术处于由红铜—砷铜合金阶段向锡青铜阶段的过渡时期(《考古与文物》2期)。李延祥等人对西城驿遗址出土的炉渣、矿石、炉壁附渣等冶铸遗物进行了系统检测，初步判断至少在二期中段该遗址已掌握了冶炼青铜合金的技术(《考古与文物》2期)。张雪莲等人则对西城驿遗址出土人骨进行了稳定同位素分析，发现当地先民是以C4类植物为主食，并且地层堆积偏下的人骨显示出了更高的肉食程度(《考古》7期)。

青海喇家遗址2014年发掘获得丰富的齐家文化遗存，其中陶窑和三座房址共用一处门前场地等现象是该遗址的首次发现(《中国文物报》3月13日)。

“齐家文化与华夏文明国际研讨会”的组织和召开，将齐家文化的研究推向一个新的高潮。张天恩对齐家文化的分期、年代、发展与影响等问题进行了系统的探讨。他认为，该文化可分为四期，年代在公元前2200~前1400年。同时，该文化有自西向东发展的态势，尤其是在第一、二期有较大范围的扩展，影响范围可及中原腹地。朱乃诚对齐家文化玉器中具有中原文化传统的器类进行了研究，并对此类玉器所反映的中原与陇西两地之间的文化交流及历史背景展开了讨论。叶茂林论述了齐家文化的材料对于研究当时甘青地区气候环境、生业形态、矿产资源开发等方面的现实意义。赵春燕等人对喇家遗址出土动物牙釉质进行了锶同位素比值分析，发现喇家早期动物资源的获取以自给自足为主，晚期才有外来资源的补充(《中国社会科学院古代文明研究中心通讯》28期)。

辽宁锦州西大砬子遗址2012年的发掘(《北方民族考古》2辑)、赤峰松山区水地乡大南沟石城的调查(《草原文物》1期)，均报道有夏家店下层文化遗存。刘潼、温科学探讨了夏家店下层文化几处重要聚落遗址的生业形态、仪式活动、聚落结构及其反映的社会发展程度等问题(《北方民族考古》2辑)。朱乃诚、黄可佳考察了夏家店下层文化的玉器。朱乃诚认为，夏家店下层文化玉器传统承自红山文化，并吸收了二里头文化、石家河文化等多方面玉文化因素，形成了独特的玉文化面貌，最终对商周玉文化产生了重要影响(中国社会科学院考古研究所编著《新世纪的中国考古学(续)——王仲殊先生九十华诞纪念论文集》，科学出版社。以下简称《新世纪(续)》)。黄可佳指出，夏家店下层文化用玉观念相较红山文化有明显转变，由对神祇的崇拜转变为对玉石钺所代表的权力象征的重视(《草原文物》2期)。

2015年度关于先商文化的研究不多。高天麟对鹤壁刘庄下七垣文化墓地出土陶器进行了分期和文化因素分析，认为该墓地陶器群所呈现的复杂文化面貌，与王国维关于夏人与“商人错处河济盖百岁”的见解相符(《新世纪(续)》)。侯亮亮、徐海峰对河北赞皇南马遗址出土先商文化动物骨骼进行稳定同位素分析，并以此为基础探讨了先商文化的家畜饲养方式(《边疆考古研究》17辑)。

此外，江苏泗洪后陈遗址发掘的岳石文化遗存得以报道(《中国国家博物馆馆刊》7期)。彭博尝试复原了朱开沟遗址早期青铜时代房址的结构和建造过程，并据建筑工序和功能区别，将房址分为手工业制作、集会或宗教功能的公用建筑和日常起居的私人建筑两类(《北方文物》4期)。

二　商代

商前期考古仍主要围绕一些都邑性聚落而展开。偃师商城三号宫殿基址（《考古》12期）、新郑望京楼城址内发掘的一批小型房址（《中国国家博物馆馆刊》1期）和郑州东赵遗址商代早期大型建筑基址（《中国文物报》2月27日）有简要报道。

该领域研究内容多涉及聚落及各类遗存现象的解释。

谢肃分析了郑州商城的兴衰过程与历史地位，认为该城中心聚落的地位仅在白家庄期为小双桥遗址所短暂取代；白家庄期以后，伴随小双桥遗址的衰落，郑州商城又重新成为郑州地区的中心聚落，一直持续到人民公园期（《中原文化研究》2期）。张立东研究认为，郑州商城的内城应是南北各一门、东西各两门的六门三街式格局，与偃师商城最初格局一致（《江汉考古》4期）。庞小霞、高江涛推测郑州商城C8T166M6墓主生前为武官，因在夏商之争中立有特殊战功而被葬入王室宫殿区（《中原文物》6期）。冉宏林指出郑州商城的各类手工业作坊均存在手工业者居葬同地的现象，并以“聚族而居，聚族而葬”来解释这类较为普遍的现象（《中华之源与嵩山文明研究》2辑）。

张国硕发现，洹北商城是以城郭布局来规划设计的，具体的建造经历了从“宫城与环壕”到“宫城与大城”的发展演变，但是大城城垣未及建成即遭废弃（《考古与文物》4期）。陆忠发认为洹北商城的所谓“宫城”其实无“廷”，故并非宫城，而应是军营（《殷都学刊》1期）。赵俊杰则指出陆忠发所持“军营说”的论据不足（《殷都学刊》4期）。通过与岐山凤雏西周宗庙基址的对比，王恩田认为洹北商城宫城内的两处建筑基址应是宗庙而非宫殿，其中一号基址祭祀的神主可能是武丁卜辞中的“九示”，二号基址祭祀的神主应是武丁的“四父”（《中国国家博物馆馆刊》1期）。

张科分别将盘龙城和荆南寺遗址出土陶鬲与中原腹地同类器进行了相似度的比较，据此推测盘龙城遗址的商人可能源于辉卫型和二里岗类型，其后与土著居民处于高度融合状态，而荆南寺遗址的商人很可能是二里岗类型人群的一支，与商文化中心区始终保持密切的联系，相对独立于当地土著之外（《江汉考古》1期）。此说不失为一种有启发性的探索。郭明考察了盘龙城商代大型建筑的特征，指出其与同期中原商文化大型建筑的主要特征相同，但也存在细节上的差异，或与地域特殊性相关（《江汉考古》5期）。

朱剑等人采用INAA方法，检测比对了小双桥和吴城遗址出土的原始瓷样本，结果显示两遗址的样本元素组成有异，推测小双桥遗址出土的原始瓷可能是本地烧造（《华夏考古》3期）。李宏飞等人运用X射线荧光技术分析了小双桥遗址出土的岳石文化风格陶器，发现其与同遗址内其他器类在原料选择上相近，因而可能是由熟悉岳石文化制陶技术者在郑州地区制作而成的（《中原文物》3期）。

殷墟遗址的发掘与研究仍是晚商考古的重点。

2012～2015年大司空村东地发掘的一处商代邑聚（《考古》12期）和2002～2008年间对安阳铁三路制骨作坊遗址的三次发掘（《考古》8期）有简要报道。

胡进驻考察了殷墟王陵穴位的排列，认为王陵西区是以居西的侯家庄北地一号墓为核心，系祖穴，其他七座四墓道大墓从早到晚、自东至西，南北交替作两排布列于祖穴东面，已经属于一种较为典型的昭穆制墓葬排列方式［《北京师范大学学报》（社会科学版）

5 期]。唐锦琼对殷墟遗址铜器墓中陶器的使用情况进行分析，指出其与铜器的使用方式有明显差异；而不同器类陶器的使用亦有差别（《考古》4 期）。苗霞重新考察了位于小屯宫殿宗庙区内编号 M34 的遗迹，认为其并非墓葬，而应是水井或具有冷藏功能的窖藏坑（《中原文物》1 期）。丁思聪将殷墟出土的玉石质戈、圭、璋统称为玉戈类器，认为三者实际上都是玉戈分化的产物，进一步指出“石璋”在殷墟四期的流行，可能与当时玉料来源的缺乏、礼制的僵化和随葬品的明器化相关（《殷都学刊》4 期）。

赵春燕等人采用锶同位素检测技术追溯殷墟遗址中马的来源。在检测的 10 例马中有 5 例可能为本地出生，其余 5 例则来源各异（《南方文物》3 期）。周文丽等人检测分析了安阳殷墟孝民屯出土的两类熔铜器具的材质、工艺和用途（《南方文物》1 期）。

晚商时期殷墟以外的商文化分布区也有重要的考古发现。河南禹州大吕遗址发现有商代晚期大型聚落和包含甲字形大墓的高级别墓区（《中国文物报》10 月 23 日）。荥阳小胡村墓地清理商代晚期墓葬 58 座，出土的多件铜器上发现“舌”字铭文（《华夏考古》1 期）。岐山王家嘴遗址 2010 年发掘的一座商文化京当类型的铜器墓得以报道（《中国国家博物馆馆刊》11 期）。《凤翔孙家南头：周秦墓葬与西汉仓储建筑遗址发掘报告》（科学出版社）报道有先周时期的墓葬。

对晚商文化的研究还涉及地方类型的年代、分布，以及墓葬与大型建筑的等级等。牛世山认为京当类型遗存的年代上限应不早于小双桥期，下限可晚到殷墟二期偏晚。时间上与先周文化有并行，空间分布上两者也有相当部分的重合（《古代文明研究通讯》总 64 期）。他还将京当型遗存在先周文化区中的分布概括为“据点式”模式（《考古与文物》6 期）。陈翔对小胡村墓地进行了分析，认为墓地中随葬品组合清楚的 M22、M28 属殷墟二期晚段，墓主属“舌”族的中小贵族，生前从事军事和生产管理工作，但两人所属兵种不同。同时推测小胡村一带可能是晚商“舌”族的封地，而 1933 年被盗的安阳薛家庄殷墓墓主的身份应该是在商王室供职的“舌”族高级贵族或族长（《南方文物》4 期）。杜金鹏考察了老牛坡遗址 F2、F3 两座大型建筑基址，认为二者属于商文化中等级较低的宫室建筑。老牛坡遗址作为商文化地方性中心城邑，其聚落等级不及盘龙城商城高（本书编委会编《庆贺徐光冀先生八十华诞论文集》，科学出版社。以下简称《庆贺徐光冀》）。

在考古实践中，方国都邑与军事重镇常常不易区分。王立新、王涛以三星堆和吴城两处明确的商代方国都邑为例，对比分析方国都邑和盘龙城城址等商王朝军事重镇的异同，以期深化对商代政治地理结构的了解（《江汉考古》2 期）。也有部分研究涉及商文化中某类遗迹现象的解析。谢肃考察了商文化中与城墙相关的祭祀遗存，认为城墙在营造和使用过程中都存在祭祀行为，祭祀对象可能有所不同（《考古与文物》3 期）。贺俊探讨了商人“腰坑”葬俗的来源，认为其与史前时期、二里头文化中发现的“腰坑”葬俗没有直接关联，而是商灭夏后郑洛地区商文化自身发展的产物（《中国文物报》8 月 14 日）。张兴照对商代邑聚的输排水系统作了整体考察，认为其应包括聚落内外、建筑单元和单体建筑三个层次（《华夏考古》1 期）。

此外，吕鹏综合分析了商人对家养黄牛的开发和利用方式，发现商代黄牛主要用于肉食、祭祀、畜力和骨料来源四个方面（《考古》11 期）。可谓近年动物遗存研究中的一篇力作。

有关先周文化的研究仍处于低迷阶段。仅梁云从葬式葬俗出发重新考察碾子坡商代遗存，认为其族属并非周人、商人或“阮”“共”之类的东方民族，同意将其与密须氏相联系（《中原文物》6 期）。孙庆伟对先周文化研究的学术史进行了回顾，指出先周文化探索面临的困境，在于理论与方法问题而非材料本身（《江汉考古》1、2、3 期），这是很有见地的认识。

北方长城地带商代遗存的研究在新材料的基础上有所进展。2010 年 11 月陕北子洲县关王岔村出土一组商代铜器。刘建宇等人分析了其中 6 件青铜容器的合金成分、铸造工艺及矿料来源（《文物》1 期），另对这组铜器的铸造、加工工艺作了复原研究（《南方文物》1 期）。内蒙古清水河西岔遗址的发掘资料尚未系统报道。吕智荣、孙战伟据已公布资料的分析，将西岔三期遗存归入李家崖文化，作为该文化的一个地方类型，称为西岔类型（《考古与文物》4 期）。2011 年发掘的内蒙古克什克腾旗喜鹊沟遗址，是我国长江以北地区截至 2015 年已确认的年代最早的铜矿遗址。王立新、付琳从喜鹊沟遗址周边环境、地形地貌以及生业形态分析，认为该遗址是一处因采矿活动而存在的季节性聚落，采矿者的食物来源主要依靠畜牧和渔猎。结合以往辽西地区晚商青铜器的发现，推测包括喜鹊沟在内的大兴安岭南端铜、锡矿很可能是中原地区晚商铜、锡矿料的一个重要来源（《考古》4 期）。付琳、王立新还对夏家店下层文化消亡后辽西地区所呈现的纷纭复杂的文化面貌进行了辨析，依陶器群特征将该地区晚商至周初阶段的遗存区分为后坟类、魏营子墓葬、向阳岭类、喜鹊沟类、柳南墓葬五类遗存（《考古》8 期）。

围绕早期巴蜀文化所开展的调查、发掘与研究工作方兴未艾。成都市新都区 2010～2011 年发掘的高家院子遗址（《考古》4 期）和同盟村遗址（《四川文物》5 期）均有十二桥文化遗存的介绍。《宣汉罗家坝》（文物出版社）系统刊布了罗家坝遗址发掘所获早期巴文化的材料。《嘉陵江下游考古报告集》（科学出版社）则刊布了重庆合川区河嘴屋基与猴清庙遗址的商周时期遗存。泸定县坪上遗址也发现有商周时期遗存（《四川文物》6 期）。

由于 2014 年广汉国际学术会议的召开，三星堆遗址与三星堆文化再次成为早期巴蜀文化研究中的热点。陈德安、杨剑探讨了三星堆城址的布局、功能和城建技术渊源等问题。陈显丹则着重分析了三星堆城址的平面布局。敖天照依据三星堆遗址出土的璞玉、籽玉、玉料等，对遗址范围内的玉器作坊地点、原料来源、制作工艺等进行了初步研究。王方考察了成都平原自宝墩文化至十二桥文化阶段的石器制作技术及其发展历程。张肖马剖析了三星堆Ⅱ号祭祀坑所出青铜树与东汉墓葬出土摇钱树之间的内在关联（以上均见《方国文明》）。施劲松指出，十二桥遗址早期地层中出土有大量三星堆文化典型陶器，表明该遗址早期遗存或属于三星堆文化（《考古》2 期）。白九江、李大地认为，峡江地区商周时期遗存可统称为“石地坝文化”，属于十二桥文化的一个地方类型（《庆贺徐光冀》）。

陈坤龙等人对陕西城固苏村出土商代铜器进行了合金成分和金相组织分析，发现苏村小冢出土的三角援戈、锡、面饰等器类的铸造技术与合金配比，同本土冶铸传统有较大差异，有可能产自关中或其他地区（《考古与文物》3 期）。

2015 年度报道了湖北大冶香炉山冶炼遗址的调查材料，其中年代偏早者可至商代。李延祥、崔春鹏等人检测了该遗址采集的炉渣样品（《江汉考古》2 期）。其他地区商代遗存的发现不多，研究也十分有限。浙江宁波镇海鱼山遗址（《中国文物报》3 月 13 日）、贵州天柱县溪口遗址（《四川文物》2 期）均包含有商代遗存，但与周代遗存的界限不易区分。2005 年青海省民和博物馆在喇家遗址北区发掘的 5 座辛店文化的墓葬得以报道（《考古》3 期）。

三　西周

围绕周原与丰镐两大都邑的研究热度不减。

2015 年度报道的周原凤雏三号建筑基址，是截至 2015 年发掘的规模最大的西周建筑遗址。发掘者认为此处建筑应是西周的社宫，庭院中的立石是社主，是周王朝祭社活动最明确的证据。曹大志、陈筱也持相同观点，还对该建筑基址的柱网结构进行了复原，认为该建筑的梁架结构处于建筑史上一个重要的承上启下的阶段（《中国国家博物馆馆刊》7 期）。孙庆伟对此提出不同见解，认为凤雏三号建筑基址应是殷遗民在周原所建的亳社，且该建筑基址与早年发现的凤雏甲、乙组基址应属同一组建筑群。这组建筑址与其南侧的墓葬区，以及庄白建筑基址和铜器窖藏，共同构成了一个商遗民的居邑，与微史家族关联密切（《古代文明研究通讯》总 66 期）。2013 年在贺家村西发掘的一座西周中晚期的铜器窖藏，出土车马器、乐器和工具共计 102 件，是周原考古的一项重要发现（《中国国家博物馆馆刊》11 期）。以上的发现和研究，对于从整体上认识周原的性质与布局，具有十分重要的意义。

丰镐遗址的墓葬研究取得重要进展。张礼艳的《丰镐地区西周墓葬研究》（社会科学文献出版社）以地层学和类型学相结合的方法，构建起丰镐地区西周遗存截至 2015 年最为全面、系统的分期编年体系，为西周遗存的分期断代提供了一个可供参照的标尺。该书首度对丰镐地区西周墓葬的空间分布进行了细致的考察，从中成功区分出周人墓葬区和殷遗民墓葬区。张礼艳、燕妮由墓葬材料出发分析了西周丰镐、洛邑和岐邑的人群构成，注意到三个都邑的人群主体均由周人和殷遗民构成，但各都邑内两类人群所占比重不同，其原因应与各都邑所设的历史背景、地理位置和战略位置相关（《东北史地》6 期）。付仲杨、宋江宁等指出，丰镐地区在西周中晚期已存在盗墓现象，盗洞多选择在紧邻墓室边角的位置，盗掘的目的应该是为了获得墓葬中珍贵的随葬品（《南方文物》3 期）。

针对宝鸡石鼓山重大考古发现而开展的研究依然引人注目。张天恩赞同石鼓山墓葬的族属应与羌戎有关，并将随葬青铜器划分为殷商文化系统、先周文化系统和时尚器用三类，认为后一类器物的铸作年代略晚于前两类，当在商周之际（《文物》1 期）。林森也同意多数学者关于该墓地族属的看法，但是认为石鼓山 M3 中出土的十余种不同族徽铭文的铜器，应是墓主跟随武王灭商后所分得的战利品（《边疆考古研究》17 辑）。陈坤龙等人检测了石鼓山 2012 年发现的西周铜甲，发现其主体成分接近硫化亚铜，夹杂少量铁的硫化物，系在铸造后经热锻成形，并以孔雀石颜料于表面绘制纹饰。研究小组还推测该铜甲应为“整片式铜铠甲”，是受西方锻造技术影响，并结合本地皮甲的传统形制和装饰特点制作而成的（《文物》4 期）。此外，《凤翔孙家南头：周秦墓葬与西汉仓储建筑遗址发掘报告》也报道有部分西周墓葬。

围绕洛邑遗址开展的工作有限。2011 年在洛阳市瀍河区发掘 8 座西周早中期平民墓葬，其中 5 座应为殷遗民墓葬（《中国国家博物馆馆刊》11 期）。宫万琳结合考古发现、文献记载和邙洛墓志，考证成周城应在今洛阳老城至瀍河两岸一带，只是城圈尚未找到（《中原文物》4 期）。

西周封国地区的考古发现以河南地区最为丰富。禹州大吕遗址发现有西周墓地，包括大中小型不同规模的墓葬和车马坑。发掘者推测其应为一处西周公族墓地，可能与早期许国或吕国有关（《中国文物报》10月23日）。《荥阳官庄遗址》（科学出版社）报道了2010~2011年官庄遗址的发掘收获，其中以西周晚期遗存最为丰富。郑州大学历史学院围绕官庄遗址开展的系统调查表明，西周晚期前后，该遗址周边区域内的聚落和社会格局经历了一次重新整合，或许与东虢的分封有关（《中原文物》4期）。2015年度报道了1993年发掘的平顶山应国墓地M257。墓主属于应侯家族成员，应为士一级的贵族（《华夏考古》3期）。此外，新郑市寺东高遗址（《中原文物》5期）、淅川单岗遗址（《江汉考古》4期）、淅川龙山岗遗址（《中国国家博物馆馆刊》7期）均发现有西周时期遗存。

其他封国地区的相关发现和报道不多。2004年，考古工作者在滕州前掌大墓地又抢救性发掘了一座被盗的西周早期墓葬（《文物》4期）。枣阳郭家庙墓地曹门湾墓区发现大中型墓葬和车马坑，出土遗物丰富，应属西周晚期至春秋早期的曾国公族墓地，为研究曾国历史与周代封国制度提供了又一批重要资料（《江汉考古》3期）。镇江博物馆报道了马脊墩土墩墓的发掘材料，将其定性为西周晚期吴国高等级贵族墓（《东南文化》3期）。

有关曾国墓葬的研究依然是周代封国考古中的一个热点。常怀颖梳理了两周时期曾国车马葬仪的演进历程，认为其最初基本遵循周系的车马葬仪，此后受楚文化影响渐强。但墓室殉车始终不为曾侯葬仪所重。他还发现，曾侯夫人的车马葬仪虽较曾侯为低，但较楚国女性贵族为高（《江汉考古》5期）。任雪莉通过对叶家山墓地曾侯谏器组分流情况的分析，提出曾侯及夫人墓的早晚应排列为M111、M27~M28、M2~M65、（M3?）[《陕西师范大学学报》（哲学社会科学版）6期]。周书灿认为，叶家山M65所出青铜器铭文可证今湖北随州一带的姬姓曾国至迟于西周康王时期即已存在。西周晚期联合申国召犬戎伐周的缯，可能就在今湖北随州一带（《中原文物》5期）。杨勇总结了叶家山西周早期曾国墓地的相关研究（《中国史研究动态》2期）。

对其他西周封国遗存的研究缺少重点，但涉及内容仍颇为丰富。牛世山比较了殷墟及周边地区的西周遗存，发现殷墟范围内分布着较为典型的西周文化，而周边地区的西周遗存则有浓厚的殷商文化风格。由此推断，周人所迁的殷遗民，其主体应源于殷商故都内以家庭为单元的族群（《古代文明研究通讯》总66期）。井中伟等人对安阳王古道村的两座周代贵族墓葬（M1、M2）的年代及部分器物的定名作了重新检讨（《考古与文物》5期）。马萧林、魏兴涛等人对三门峡李家窑遗址出土骨器成品、坯料和废骨料所反映的骨器制作工艺流程、生产规模等进行了考察，并认为该遗址的骨器生产主要是由个体手工业作坊来经营的，且制骨作坊与屠宰场可能保持有长期的协作关系（《文物》6期）。张长寿由平顶山应国墓地M84的葬仪分析入手，辨析了西周中晚期姬姓诸侯墓地在丧葬礼俗方面的异同（《新世纪（续）》）。

景耀忠重新探讨了天马—曲村遗址铜礼器墓的分期、年代和埋葬习俗，将铜礼器墓划分为三期六段，认为其年代从西周早期延续至西周晚期（《文物天地》3期）。王宏、权敏对据传出土于山西的一批贾国青铜器做了重点分析（《中原文物》1期）。冉宏林对琉璃河ⅡM251墓主的族属、性别、等级等进行了重新观察，认为该墓应系高等级殷遗民墓，墓主为伯矩配偶的可能性更大，并由此讨论了西周时期“多族徽多人名墓葬”墓主的身份判定方法（《方国文明》）。《琉璃河遗址与燕文化研究论文集：纪念北京建城3060年》（科学出版社）一书收录了1995年至2015年内有关琉璃河遗址和燕文化的研究成果。曹斌重新检讨了前掌大墓地的年代与族属，认为该墓地应是“史”国墓地，而非薛国遗存，前掌大一带很可能是商末弃商投周的殷遗“史”族在西周早期的封国（《考古与文物》2 期）。

2015 年度报道的周边地区西周时期遗存材料不多，且多集中于东南地区。2013 年安徽铜陵夏家墩、神墩遗址的发掘发现有西周早期的炉基、炉壁及配套设施，是冶金考古的重要收获（《江汉考古》6 期）。谢军介绍了繁昌发现的 3 件西周晚期铜器（《江汉考古》6 期）。此外，安徽怀宁孙家城（《江汉考古》2 期）、浙江宁波庶来（《南方文物》4 期）、江西宜黄汪家（《文博》5 期）、广东龙门庙山（《四川文物》6 期）等遗址也均包含西周时期遗存。

对周边区域西周时期遗存的研究呈现出选题多样化的特点。何晓琳将宜昌万福垴遗址 H1、H2 出土陶器的年代定为西周晚期，认为其应归属周文化荆南寺类遗存（《楚文化研究论集》11 集）。赵东升考察了赣鄱地区西周时期的文化格局，指出该地区在西周早期曾经西周文化短暂经略，西周中晚期，随着周文化势力的减弱，逐渐成为吴越文化和楚文化的交汇与融合之地（《江汉考古》4 期）。赵欣等人对淳化枣树沟脑遗址西周中晚期马坑出土马骨样本进行遗传学分析，检测结果显示出较高的遗传多样性，并暗示该地区在西周时期或许存在马匹的贸易交换（《南方文物》3 期）。张全超等人检测了赤峰大山前遗址夏家店上层文化“祭祀坑”出土人骨的稳定同位素，结果显示这批居民是以粟、黍等 C4 类植物为主食（《考古与文物》4 期）。蔡昕欣从图案学角度对白金宝文化陶器纹饰的类型、组合、布局及整体风格等进行了分析（《北方文物》2 期）。从总体上看，2015 年对于西周封国以外地区遗存的研究大多缺乏明确的目的性，科技检测工作的问题意识也有待加强。

还有少量跨区域、跨时段的综合性研究。张天宇讨论了商末周初铜礼器墓中常见的“一墓多族徽”现象，认为以往被断为商代晚期的“一墓多族徽”的墓葬，甚至商文化控制区内出现的族徽构成“多而杂”的墓葬，其年代均应进入西周早期（《古代文明研究通讯》总 67 期）。此说有一定新意，但族氏的分蘖、氏族间的通婚等皆可造成一墓多族徽的现象，如何将这些现象与周初的分器现象相区分，则是需要慎重考虑的问题。褚晓波、张童心通过对山东、淮河—长江流域、冀北平原、泾渭河上游四个地区西周遗存构成的分析，试图揭示西周王朝疆域形成时所采用的策略及其规律（《东南文化》3 期）。李清临对周代砖瓦窑进行了分类，进而探讨了不同阶段砖瓦窑的形制和结构特征、建筑方式及砖瓦生产专业化的起源与发展等问题（《中原文物》1 期）。

四　东周

2015 年度东周考古仍以城址和墓葬为研究重点。在地域上，考古发现的集中区与研究重心已由三晋两周地区转移至楚文化区。

三晋两周地区

2012～2013 年，河南省文物考古研究院等单位为配合南水北调配套工程建设，在漯河市固厢墓地Ⅱ区发掘了 102 座战国墓葬。2015 年度报道了部分战国中晚期墓葬的材料（《文物》8 期）。禹州大吕墓地也有战国墓葬的简要介绍（《中国文物报》10 月 23 日）。

张亮、滕铭予探讨了晋南地区东周铜器墓在不同阶段的发展变化及其所反映的社会阶层变迁等问题，认为政治因素是造成墓主处于社会不同阶层的主要原因（《考古》6期）。徐团辉结合考古材料论证了战国初年韩国迁都宜阳、阳翟记载的可信性。同时指出，韩国在迁都宜阳、阳翟之后，平阳仍继续作为政治中心使用。宜阳和阳翟是具有浓厚军事色彩的临时性都城，带有战时陪都的性质（《华夏考古》2期）。顾万发介绍了郑州祭城镇古城的重要发现，并对该城的性质等相关问题作了细致分析（《华夏考古》3期）。史家珍、吴业恒撰文认为，洛阳"天子驾六"车马坑应属祭祀现象而非陪葬坑。东周王室之所以在此举行声势浩大的祭祀活动，意在宣示周王天下共主的身份（《庆贺徐光冀》）。

秦文化区

《凤翔孙家南头：周秦墓葬与西汉仓储建筑遗址发掘报告》（科学出版社）报道了91座春秋秦墓和车马坑的资料。2009年陕西省考古研究院等单位在千河下游开展了全覆盖式调查，发现东周、秦汉时期遗址40余处。其中多个地点发现有夯土基址及砖、瓦等建筑材料，推测很可能是离宫别馆类建筑遗迹（《考古与文物》3期）。在西安东郊"韩森冢"的考古调查中，发现"亞"字形大墓1座，陪葬坑2座。墓葬形制与秦东陵中主墓的形制结构比较接近，推测应属战国秦王陵级墓葬（《考古与文物》2期）。

丁岩结合文献记载与考古勘探资料，将咸阳原上的严家沟村北Ⅰ号陵园和周陵镇Ⅱ号陵园与唐代咸阳县址之间的相对位置、距离进行了比勘，指出前者应是秦永陵，后者应是秦公陵（《考古与文物》2期）。梁云、田亚岐探讨了雍城秦公陵园的墓主及排序，认为每一座陵园只对应一位国君，一座陵园内的多座大墓，反映了一代秦公与其夫人、次夫人的并穴合葬关系，同时确定了陵园的布局规律，即秦公墓在陵园内西南，秦公夫人、次夫人在陵园内东北，陪葬墓区则分布在陵园外东北（《考古与文物》4期）。孙战伟将清涧李家崖东周秦墓划分为两个阶段，认为第一阶段为春秋晚期至战国中期，墓地性质为晋系文化遗存；第二阶段为战国晚期至秦统一，墓地性质为秦文化遗存（《南方文物》3期）。林源、张文波考察了秦都的建筑排水设施及排水方式（《华夏考古》2期）。

楚文化区

多年来，楚墓的材料始终层出不穷。大冶铜绿山四方塘墓地2014年的发掘共清理春秋时期墓葬42座。发掘者推测墓地内埋葬的是铜绿山矿区采冶活动的低级管理者、技术人员和矿工（《江汉考古》5期）。勘探表明，荆州冯家冢墓地是由2座大型封土墓、100余座陪葬墓及2座大型车马坑等组成的一处陵园，墓主应该是战国时期某位楚王及其王后（《文物》2期）。已发掘其中的7座小型楚墓（《文物》2期）以及陪葬墓BXM1周围的9座祭祀坑（《文物》2期）。《武当山柳树沟墓群》（科学出版社）中报道有9座战国时期墓葬。南漳川庙山墓地2014年发掘有23座陶器墓，年代在春秋中期至战国早期（《江汉考古》4期）。谷城尖角墓地被盗后追缴回一批文物，其中战国时期的遗物应出自一座楚贵族墓葬。报道者结合"卼子曾"铜壶铭文，推测该墓地是蔿氏宗族的墓地之一（《江汉考古》3期）。2014年襄阳卸甲山村发现一批春秋中期的青铜器，包括鼎、缶、盘、盉、器盖共7件（《江汉考古》3期）。湖北荆州曹家山（《江汉考古》5期）、望山桥（《中国文物报》2月27日）、安徽淮南胡台孜（《东南文化》3期）、河南淅川申明铺（《考古》5期）等墓地，均发现有战国时期的楚国贵族墓。《淅川新四队墓地》（科学出版社）也介绍有战国时期墓葬。此外，2015 年度报道的南阳市万家园 M199（《江汉考古》5 期）和华鑫苑小区 M124（《华夏考古》3 期），分属春秋早期早段和春秋晚期早段。

湖北宜昌万福垴遗址经过调查勘探，基本明确是以春秋时期遗存为主的大型聚落遗址。在其周边还发现有杨家咀、桂溪湖、中沙湾三个遗址（《江汉考古》5 期）。郧县尖滩坪遗址也报道有东周楚文化遗存（《江汉考古》3 期）。《沅陵窑头发掘报告：战国至汉代城址及墓葬》（上、下）（文物出版社）一书表明，窑头城址始建于战国中期，汉初废弃，性质为沅陵县城。位于沅江中游的老屋脊遗址，以战国秦汉时期遗存最为丰富。出土封泥上的文字为研究楚秦时期的古县邑提供了新史料（《湖南考古辑刊》11 集）。江西抚河流域调查中新发现的乐安黄泥坪遗址，主体年代在春秋时期（《文博》4 期）。

2015 年度楚文化的研究集中见于《楚文化研究论集》（第十一集）（上海古籍出版社），书中收录“湘鄂豫皖楚文化研究会第十三次年会”的会议论文，汇集了对早期楚文化、楚文化与周边文化的关系、城址以及楚墓出土各类器物等多方面的研究。其中楚文化与周边文化的关系是此次会议的研讨重点。宋亦萧从楚文化遗存中辨识出六种域外文化因素，并据此探讨了楚文化与域外文化之间的交流及其路线。魏赜通过对楚文化中鬲、鼎类器物的分析，试图揭示楚文化与同期黄河中游文化遗存的关系。杨权喜提出周梁玉桥周代遗存应系濮文化，并考察了楚文化与濮文化的关系。韩严振分析了楚文化对吴越文化的影响。粟慧探讨了东周时期三峡地区楚人制瓦技术的源流及其与巴文化的关系。张义中提出，楚国的扩张及楚文化的南渐，推动了腰坑习俗向岭南地区的传播。李全立则探讨了陈、楚关系以及周口楚墓的形制与特征。对楚墓出土器物的研究是此次会议关注的另一个热点。顾久幸分析了荆州楚墓出土的玉器以及楚地的玉文化传统、玉器的功能和意义等。王蔚波考察了河南出土春秋虎形玉雕的装饰工艺。聂菲考证江陵马山一号楚墓出土的“木辟邪”实应为家具凭几。周玉端指出楚墓中的“匕首”实际上是明器化的剑。王从礼认为楚墓中的贝形器是马的饰件，依其功用和形制，可定名为“贝形马饰”。胡永庆考察了淅川楚墓出土青铜器的组合、铸造工艺以及装饰艺术和铭文等特征。王先福依据枣阳九连墩二号楚墓出土马器的位置、类别、数量，参照秦始皇陵出土铜车马，对马勒进行了推测复原。罗运兵、陈斌对楚墓中鹿角的性质及象征意义进行了分析。后德俊综合考察了楚墓出土竹简的制作工艺。早期楚文化与楚国城址为以往研究所关注。在此次会议中，陈振裕总结了寻找早期楚都丹阳与探索早期楚文化的方法，以及研究中需要注意的线索。郭德维再次论证季家湖古城是春秋时期的楚郢都。龚长根认为鄂王城并非楚国别都，而是战国时鄂君启受封的故城。付梦丽、王然考察了东周时期随枣走廊地区陶器的文化面貌，认为其与典型周文化关系密切，同时又显现出明显的地域特征。

在年会论文之外，楚墓依然是研究关注的焦点。陈丽新、陈树祥考察了四方塘墓地与铜绿山古矿冶遗址的关系，认为四方塘墓地应是当时矿区内不同级别管理者的公用墓地（《江汉考古》5 期）。张闻捷通过考察固始侯古堆一号墓出土的铜器，将墓葬年代定在战国初期吴亡之后，推测墓主人是楚国番县贵族而非吴王夫人季子（《华夏考古》2 期）。陶亮、于璐研究认为，淅川下寺、和尚岭及徐家岭墓地应同属楚国早期的鬬氏家族，始于克黄改命之后。和尚岭、下寺、徐家岭三处墓地分别是以鬬克黄、鬬成然、郧公鬬辛为中心形成的墓葬群（《中原文物》4 期）。张昌平发现，襄阳卸甲山墓葬出土的一组春秋中期青铜器，其特征与同时期楚文化青铜器不同，而类似于江淮地区青铜器，并由此进一步考察了江汉和江淮两个地区的文化联系（《江汉考古》3 期）。王少青、穆乐等人考察了周口市楚都陈时期的考古遗存（《中原文物》4 期）。王树芝、赵志军等人鉴定了九连墩楚墓出土的 113 件木质遗物的植物种属（《新世纪（续）》）。

随州文峰塔墓地是春秋中期至战国中期曾国贵族墓地，也是近年来东周曾国考古最为重要的发现。2015 年度报道的文峰塔墓地 M4，年代为春秋晚期偏早，应属曾侯墓葬。墓内一件编钟的铭文中有“左右楚王，弗讨是许”，发掘者认为其印证了“曾即随说”（《江汉考古》1 期）。对此，张昌平重申曾非随的意见，认为在青铜器铭文中，曾和随是两个不同的名称，不仅这两个国家自己区分明确，楚国也对二者有明确区分。新材料恰恰证明了传世文献记载的随地已经出现了随国青铜器，“曾随合一”假设的前提已不复存在（《中国国家博物馆馆刊》11 期）。曹锦炎介绍了 4 件铸有“曾子”之名的青铜戈，并将其年代断于春秋中期偏晚（《江汉考古》1 期）。

齐鲁文化区

2015 年度山东大学考古系对邹城邾国故城遗址的发掘，出土多件带有陶文且规格等差的陶量，可能是战国时期的官方陶量（《中国文物报》10 月 23 日）。临淄范家村（《文物》4 期）、临沂姜墩（《中国文物报》10 月 9 日）两处墓地均含有东周时期的墓葬。宿迁青墩遗址 2009 年采集到一件有纪年和自铭的铜戟刺，属韩国兵器（《文物》2 期）。

郑同修探讨了齐文化研究的几个问题，包括齐文化区域概念的界定、齐文化的形成以及 2015 年研究所面临的主要任务（《庆贺徐光冀》）。王青、张云涛以黄水河流域周代墓葬材料为中心，研究了莱文化的发展历程、文化特征、典型器物、文化构成和分布范围等（《方国文明》）。石学军、王雁等人对即墨故城的盛衰及其原因进行了分析（《管子学刊》4 期）。印群通过对东周齐国殉人陪葬墓的比较分析，探讨了战国早、中、晚期齐殉人陪葬墓的嬗变历程（《管子学刊》4 期）。

北方文化区

陕西省考古研究院 2012 年在黄陵史家河墓地发掘战国墓葬 37 座，出土遗物丰富（《考古与文物》3 期）。孙周勇、孙战伟等人探讨了史家河墓地的年代、布局、墓葬特征及族属等问题，认为该墓地在战国早中期是一处与魏国关系密切的戎人墓地；至战国晚期，该墓地已成为秦人的一处葬地（《考古与文物》3 期）。刘建宇等人检测分析了陕西横山黑水沟遗址出土的炉渣、坩埚残片及铜器残块等冶铸遗物，结果显示该遗址应存在本地的青铜加工业，但冶铸生产规模相对较小，产品以工具等小件器物为主（《南方文物》1 期）。

甘肃省文物考古研究所对漳县墩坪遗址北部墓地进行了勘探和发掘，了解到其属于一处春秋中期至战国早期的戎人墓地（《中国文物报》6 月 19 日）。2014 年马鬃山玉矿遗址寒窑子草场、径保尔草场两个地点的调查和发掘材料于 2015 年度报道，为了解当时的采矿规模和聚落等提供了重要材料（《考古》7 期）。李维明研究发现，以往被学界视为沙井文化典型遗址的金川三角城遗址，其实自身特征明显，可考虑定名为三角城类型或三角城文化（《考古与文物》5 期）。

东大杖子墓地是近年来辽西地区青铜时代考古的重要发现。2015 年度简要报道了该墓地 2000 年和 2003 年两次发掘的主要收获，墓葬主要属战国时期（《文物》11 期、《边疆考古研究》18 辑）。2012 ~ 2013 年在大凌河流域上游开展的区域考古调查，发现青铜时代至战国秦汉遗址 30 处，为深入认识东大杖子墓地的性质及相关遗址的分布等提供了重要材料（《边疆考古研究》18 辑）。成璟瑭、孙建军等人介绍了葫芦岛市博物馆收藏的一些收缴或征集的东大杖子墓地出土器物，包括铜器、玉器及 1 件金质剑柄筒口部（《文物》11 期）。华玉冰、成璟瑭等人总结了东大杖子墓地的工作情况及主要收获，并对该墓地的年代、布局、文化性质与族属等进行了探讨（《庆贺徐光冀》）。王丹鉴定了东大杖子墓地 M32 出土织物，认为其纤维成分为大麻，组织结构为平纹（《边疆考古研究》18 辑）。王贺、柏艺萌对东大杖子墓地出土薄壁青铜器的检测结果显示，这些器物是锻打制成的铅锡青铜器（《边疆考古研究》18 辑）。

巴蜀文化区

2015 年度该区东周考古处于低落期。2014 年在三星堆遗址青关山地点发掘的 4 座战国土坑墓，出土了一批铜器、陶器，其中 3 座为船棺葬，是广汉市内的首次发现（《四川文物》4 期）。张媛认为，成都羊子山出土或采集的 5 面战国铜镜属于仿楚式镜风格的本地铸造器物（《四川文物》5 期）。严志斌、洪梅考察了战国巴蜀文化中的罍形符号，认为其当源于青铜罍的形象，具有身份等级含义，并对其分布、发展和流布等进行了分析（《中国国家博物馆馆刊》11 期）。

吴越群舒文化区

安徽省文物考古研究所等单位在凤阳南郊乔涧子发掘 1 座春秋墓（编号 M2），系竖穴土坑木椁墓，是首次发现的春秋晚期钟离国贵族墓葬（《江汉考古》2 期）。2015 年度还报道了镇江庄连山（《东南文化》3 期）、苏州大墩（《东南文化》5 期）、观音山（《东南文化》5 期）等地点发现的春秋中晚期墓葬。

林森通过分析与钟离国相关的考古发现、文献记载和古文字材料，肯定了钟离国的族姓为嬴姓，以伯州犁为始的钟离氏则为子姓。钟离国大约是在钟离君柏去世之后到昭公四年楚人在钟离修城以防御吴国之前的这段时间之内被楚国灭掉（《考古与文物》5 期）。

其他地区

《延庆胡家营——延怀盆地东周聚落遗址发掘报告》（科学出版社）刊布了胡家营东周聚落遗址的发掘资料和相关研究成果。王争梳理了燕文化分期的研究现状，并提出对研究方法的一些思考（《文物春秋》2 期）。

广州增城浮扶岭遗址 M511 于 2015 年度报道，其年代在战国晚期至西汉南越国早期，是发掘区内发现的规模最大的墓葬，由墓道、封门及椁室组成，推测墓主是越人部落的首领或上层贵族（《文物》7 期）。

五 专题

考古学文化综合研究

跨区域、跨时段的考古学文化编年与谱系研究仍是考古学文化综合研究的主流，但也有一些研究将视野扩展到聚落形态变迁与社会复杂化进程研究领域。

戴向明系统梳理了晋南地区龙山至夏商时期考古遗存的文化面貌、性质、年代和谱系关系，认为该地区从龙山到二里头阶段的转变并非本地文化传统自然延续或演变的结果，而是被郑洛地区二里头文化直接取代后形成新的文化类型（《庆贺徐光冀》）。张渭莲、段宏振的《中原与北方之间的文化走廊：太行山东麓地区先秦文化的演进格局》（文物出版社）一书，构建了先秦时期太行山东麓地区考古学文化的编年序列，并对不同时期文化格局的演变及其动因进行了分析，可谓区域文化研究的典范之作。

薛河流域是山东地区古遗址分布密度较高的地区之一，2010～2012 年中国国家博物馆与山东大学合作对该流域开展了区域性考古调查，共发现遗址和遗物分布区 180 余处。了解到该区域在大汶口文化至商代这一漫长的阶段聚落发展处于稳定期，而自西周开始聚落的演进步入高速发展期（《中国国家博物馆馆刊》3 期）。燕生东考察了晚商文化在东方地区的分布态势，以及周初东方诸分封国的位置，发现东方地区周初封国均位于晚商文化分布区内，目的可能是便于控制和管理东方地区的殷商遗民（《古代文明研究通讯》总 66 期）。魏峭巍对鲁北地区商周时期东夷文化遗存进行了综合梳理，认为鲁北夷人文化系统并未被商文化完全取代，珍珠门文化在该地区可延续至西周中晚期，西周中期后逐渐融入周文化系统（《中原文物》4 期）。李龙海对两周时期海岱地区的华夏化进程进行了分析（《中原文物》1 期）。

丛德新将新疆地区青铜时代遗存划分为八个文化区，并探讨了各区域间的文化联系（《新世纪（续）》）。林梅村通过分析中国境内发现的塞伊马—图尔宾诺文化遗存，探讨了欧亚草原文化因素在史前丝绸之路上的传播及其对中国青铜文化的影响（《文物》10 期）。刘学堂亦强调夏文明的形成与史前“青铜之路”的相关性，认为青铜冶制、小麦种植等技术因素的输入，推进了中原地区的社会集约化程度，对中原文明体系有重构效应（《中原文物》3 期）。杨建华、邵会秋则考察了青铜时代和早期铁器时代中国北方与欧亚草原的文化交往，指出在战国晚期和汉代初期，长城的建立促使了中国北方地区人群的分化，部分早先南下的北亚人群退到长城以北，在文化上融合了西面欧亚草原的因素而形成了匈奴文化。南北交往的受阻又促使了丝绸之路的开通（《吉林大学社会科学学报》1 期）。邵会秋、杨建华还探讨了夏家店上层文化青铜器与欧亚草原文化间的联系，指出自公元前 9 世纪末开始，欧亚草原的欧洲部分与亚洲部分的交往路线被彻底打通，整个草原地区第一次构成了一个大的整体（《考古》10 期）。

朱永刚、唐淼将吉林省境内的青铜时代考古学文化依自然地理和文化面貌划分为西、中、东三个文化区。其中以西区松嫩平原的文化发展脉络最为清晰（《边疆考古研究》17 辑）。

邹后曦、白九江在梳理重庆地区先秦文化序列的基础上，重点分析了巴文化的源流、葬俗等问题（《庆贺徐光冀》）。江章华对成都平原先秦时期聚落的分布、规模、结构与变迁动因等进行了考察，认为成都平原史前人群应来自岷江上游，并逐渐向平原腹地移动；岷江冲积扇上未发现三星堆文化聚落可能与洪水有关（《考古》4 期）。赵炳清对先秦巴蜀地区的人口迁徙、文化交流以及巴蜀文化的形成与发展历程作了讨论（《四川文物》4 期）。

杨式挺、邱立诚等人的《广东先秦考古》（广东人民出版社）一书，将广东青铜时代文化划分为商时期和周时期两大阶段，进而对各阶段的房屋建筑、埋葬制度及青铜器、陶器、玉石器的生产和使用等问题进行了综合考察。

墓葬研究

方辉通过考察考古发现中朱砂使用的案例，结合传说和文献记载，对朱砂在史前及夏商葬仪中功能地位的确立过程及其历史背景进行了研究（《文史哲》2 期）。雒有仓对商周家族墓地出土复合族徽铜器的墓葬类型（《四川文物》6 期）、葬制和葬俗（《考古与文物》2 期），以及复合族徽铜器的种类和组合（《中国国家博物馆馆刊》5 期）等进行了系统研究，认为复合族徽应是族氏分化、族氏联姻或联盟关系的表征。

宫希成对安徽漳河流域周代土墩墓群的年代、分布、结构、营造方式及社会背景等进行了分析，认为土墩墓在该区域的大量密集存在应与周代对区域内铜矿资源的开发密切相关（《庆贺徐光冀》）。付琳分别考察了江南地区商周时期土墩墓的祭祀遗存（《东南文化》3 期）与周代土墩墓“一墩多墓”的结构与形式（《南方文物》3 期）。他将土墩祭祀遗迹划分为“墓下祭祀”“墓前祭祀”“墩上祭祀”和“墩脚祭祀”四种形式，而将“一墩多墓”划分为向心结构与不规则结构两种形式。他认为，在向心结构的土墩墓中，中心墓葬与周围墓葬之间主从关系明显，这类墓大致流行于西周晚期至春秋时期，集中发现在茅山两侧的宁镇丘陵地区；而不规则结构的土墩墓，大多系晚期墓葬选建于早期土墩之上或之旁而逐渐形成，墩内墓葬之间不具备明显的主从关系，是江南地区土墩墓中“一墩多墓”的主流形式。

唐淼依据墓葬的构建特征和埋葬方式，将东北东部地区青铜时代的大石盖墓划分为四型，并对不同区域内此类墓葬的形制、随葬器物、文化特征与年代等进行了探讨（《边疆考古研究》17 辑）。陈云洪对四川地区船棺葬的葬具、随葬品进行了类型学分析，将船棺葬分为四期，年代从西周晚期到西汉初期，推断其族属是蜀人开明氏一族（《边疆考古研究》17 辑）。

青铜器研究

对青铜器的研究仍然以单类器物为主，但研究内容不仅包括对器物的类型学分析，也涉及器物的定名、功用、源流、分布与传播等诸多方面。

在青铜容器研究方面，张懋镕、沙忠平分析指出，宝鸡地区出土青铜簠具有年代早、数量多、体量大、成组合的特点，说明青铜簠最先应兴起于宝鸡地区。这与该区域是当时政治、经济、文化的中心有关，也与当时重食的文化氛围相关（《文博》1 期）。毕经纬综合考察了铜铆的形制与演变、分期与年代、起源与流布、区域特征、功用、使用人群及其在铜容器组合中的地位等，认为铜铆产生于两周之际的鲁东南地区，由当地东夷人创造，存在自东而西的传播过程（《考古学报》4 期）。曹斌对青铜觯的定名与器用（《北方民族考古》2 辑）、起源（《南方文物》4 期）、分布和区域特征（《文博》5 期）、时代性与族属（《文物春秋》3 期）等问题分别作了细致讨论。王世民考察了青铜罍在商代青铜礼器组合中的地位，认为随葬方罍者身份较高，也有个别身份特高者既用方罍，也用圆罍（《新世纪（续）》）。张昌平、汪涛考察了 2012 年重现于纽约苏富比秋季拍卖会的东周陈侯壶，对该壶的纹饰、铭文及铸造工艺等做了细致分析（《文物》3 期）。裴书研收集整理了 1178 件商周青铜壶，依类型学分析将青铜壶的发展划分为三个阶段，指出其间曾出现两次器形更替和三个发展高峰（《考古与文物》3 期）。陈小三认为“倗叔壶”的器身可能是在器盖铭文的基础上，结合近年重要考古发现而伪造的。作册吴盉的年代应相当于西周晚期的厉王时期（《中国国家博物馆馆刊》3 期）。他还指出，平顶山应国墓地 M85 出土的铜盉（M85：15）属于吴越风格，其年代不晚于西周早期偏晚，推测吴越地区青铜器生产的上限可提早至西周早期（《考古》5 期）。针对由后母戊鼎定名而引发的争论，李维明梳理了后母戊鼎的研究历程（《中国文物报》6 月 19 日、7 月 3 日、7 月 31 日）。张庆、方敏研究认为，王子午鼎的造型特征系受到楚庄王审美观念的影响，而非“楚灵王好细腰”的结果（《中原文物》2 期）。张爱冰则考察了江淮地区牺首鼎的年代、渊源及其标志的族群与文化（《考古》1 期）。徐良高考察了尊类器物的定名及性质界定的过程，指出对该类器物的认知是层累地积成的结果，并非实证的结论和历史的真实（《南方文物》1 期）。

青铜兵器仍是青铜器研究中的热点。高江涛、胡保华、刘翔等人围绕中国境内发现的塞伊马—图尔宾诺式倒钩铜矛展开了热烈讨论。高江涛将此类铜矛划分为两型，并将多数标本的年代断在公元前 1800 ~ 前 1600 年，认同该类器物是经由天山北麓、河西走廊而逐渐东传至晋陕高原、中原腹地及丹江流域的认识，进一步认为中国境内发现的此类铜矛很可能属于礼仪用品而非武器（《南方文物》4 期）。胡保华将倒钩铜矛归为他所划分的夹叶阔叶类铜矛的一个小类，认为该类铜矛系齐家文化人群“仿制”欧亚草原地区同类器的产物（《江汉考古》6 期）。刘翔将该类铜矛划分为三型，断其年代为公元前 2100 ~ 前 1100 年，认为山西省工艺美术馆所藏的一件系目前所见形制最早的，说明山西有可能是塞伊马—图尔宾诺文化因素通过草原南传进入中国境内的第一站（《文物》10 期）。刘瑞等人检测了这件倒钩铜矛的合金成分（《文物》10 期）。井中伟（吉林大学边疆考古研究中心编著《庆祝魏存成先生七十岁论文集》，科学出版社。以下简称《庆祝魏存成》）、严志斌（《考古》5 期）分别对西周半环形钺的形制演变、年代及源流等问题做了探讨。二人均认可半环形钺源于卷首刀，属礼仪性兵器，多出于高等级贵族墓，是重要的权力象征物。朱延平探讨了铜镞的起源，认为颈部斜收的扁茎镞是铜镞中较早的形制，其前身可能是同样形制的石镞，并指出辽东及周边地带应是石镞的重要发祥地之一（《庆贺徐光冀》）。刘延常、徐倩倩等人分析发现，山东地区所见周代青铜殳中的绝大多数应为晋殳，该类兵器除了具有指挥、军旗标识和壮军威的功能外，还有仪仗和打击功能（《中国国家博物馆馆刊》3 期）。成璟瑭、高振海研究认为，辽西地区所见短内式铜戈产生于当地短茎式铜剑文化与燕文化的交流碰撞中，又以辽西为据点，传播至朝鲜半岛及日本列岛，年代横跨整个战国时期，下及秦汉之际（《庆祝魏存成》）。孟琦、彭博对中国北方地区春战之际流行的鹤嘴斧的功能、用途及来源问题进行了分析（《北方文物》2 期）。郭富对川滇石棺葬出土青铜戈的年代、分期、来源及使用方式等做了探讨（《方国文明》）。郭妍利、陈昱浩回顾了商周青铜兵器的研究历程［《西北大学学报》（哲学社会科学版）6 期］。

还有一些关于其他类别青铜器的研究。高西省分析了目前所见西周楚公编钟的形制、纹样和组合特征，认为西周时期楚人编钟在甬钟合瓦、柱甬形制、编组（8 件一套）、音列设计等方面均沿用周制，但纹饰已具自身特色（《文物》1 期）。郎剑锋将东周晚期吴越地区的青铜杖饰视为简化的太阳树，认为这是该地区自河姆渡文化以来太阳崇拜传统的延续（《东南文化》4 期）。丁兰、张莹莹分析认为，随葬青铜器座是东周时期跨族群的大区域文化现象。而春秋中期晚段出现的楚式“镇墓兽”，其基本构型当源于青铜器座。二者同样具有引载墓主人灵魂升天的功用（《江汉考古》5 期）。胡健、王米佳提出，战国以前的“翣”应特指羽扇，由羽毛和青铜羽座组成，而“山”字形薄铜片或为“翣”的铜羽座（《中原文化研究》5期）。孙明搜集了商周时期的悬铃类铜器，对该类铜器的分布、起源、传播及悬铃的功能做了探讨，认为该类铜器是北方草原民族文化与商周青铜文化相互融合的产物（《北方民族考古》2辑）。马艳对中国境内包括战国时期在内的涡纹牌饰（《考古与文物》3期），孙璐对东北地区出土的先秦时期车马具（《草原文物》2期），均做了截至2015年最为全面而系统的探讨。李帅指出，滇西高原青铜时代墓葬中出土的鸡形饰杖首和铜马俑是该区域存在鸡、马信仰的物质反映（《考古与文物》4期）。

有关青铜器的综合研究主要着眼于区域特征、文化互动、器用制度、装饰艺术等方面。韩金秋《夏商西周中原的北方系青铜器研究》（上海古籍出版社）一书，是在其博士论文的基础上修改增补完成的。该书对中原地区所见夏商西周时期北方系青铜器的类型、年代、分布、来源及其反映的中原与北方文化间的关系等做了全面而细致的梳理。孙晓鹏、韦姗杉以太行山东麓和燕山南北地区的相关遗存为例，探讨了夏商西周时期北方融合型青铜器的分布、传播及其反映的文化关系（《中原文物》5期）。陈小三系统论证了早商文化的北进对北方地区青铜容器的铸造所起的巨大推动作用（《边疆考古研究》17辑）。伴随楚文化研究的趋热，楚系青铜器研究亦成关注焦点。袁艳玲、张闻捷对楚系青铜器的分期与年代（《考古学报》4期）、袁艳玲对楚墓的用鼎制度及其背后的礼制含义（《考古》8期），以及裴书研、陈昱浩对楚系青铜器发展的社会背景及特征［《西北大学学报》（哲学社会科学版）2期］的探讨，均取得了突出成绩。张闻捷系统归纳了楚国青铜礼器的形成、发展与演变的过程，并比较分析了楚地与中原、关中、齐鲁等地在礼器制度方面的异同（《楚国青铜礼器制度研究》，厦门大学出版社；《南方文物》4期）。郎剑锋介绍和分析了域外文献中著录的吴越风格青铜器，并作了初步的年代判断（《中国国家博物馆馆刊》7期）。吴小平对云贵地区出土战国秦汉时期青铜炊具所反映的文化因素作了颇为细致的分析（《考古》3期）。杨远《透物见人——夏商周青铜器的装饰艺术研究》（科学出版社）一书，在对夏商周青铜容器分期、分类的基础上，论述了不同时期青铜容器的造型、装饰设计、装饰工艺的发展变化及其所体现的审美思想的演变。张昌平分析了商周之际腹壁伸出有长梁的青铜器容器，认为这是自妇好墓之后浮雕及复杂装饰发展到极致的一种体现（《南方文物》2期）。

青铜器的科技检测、冶铸技术及工艺研究取得了丰硕成果。张宏英等人对郑韩故城出土东周青铜器的微量元素进行检测，发现21个青铜器样品的微量元素特征具有相对一致性，表明它们可能具有相同的原料来源（《文物保护与考古科技》4期）。邵安定等人检测分析了甘肃大堡子山秦公墓地出土的部分金属器，并讨论了金属器的制作技术（《文物》10期）。郁永彬等人对安徽枞阳汤家墩和铜陵师姑墩遗址出土冶铸遗物的检测分析，首次确认在长江中下游地区存在砷铜冶炼活动，并发现枞阳地区在西周时期已开始使用冰铜冶炼工艺，是我国使用硫化矿冶炼冰铜最早的证据之一（《考古》5期）。李晓岑等人检测分析了云南洱源北山土坑墓出土东周时期铜器，发现其材质呈现多样化的特点，多数器物为铸造，个别铜器还出现了表面镀锡技术（《江汉考古》3期）。周卫荣、黄维对先秦透空青铜器（《中国国家博物馆馆刊》1期）、刘彦琪等人对甘肃礼县出土两件春秋青铜方壶（《文物》1期）、廉明琪对赵卿墓出土镬鼎（《文物世界》3期）分别做了制作工艺研究，取得了新的认识。

还有的研究涉及域外冶金技术。陈建立对中西方早期冶金技术作了系统的比较，在此基础上提出，中国早期冶金技术传统是西方冶金技术传入并与本土创造相结合而形成的（《中国文物报》1月9日），中国早期冶铸技术具有传承与发展的特质，经历了“引进—吸收—再创造—反馈”的发展历程（《中国文物报》1月23日）。桑栎梳理了近东地区早期铜器的发现及冶金术的发展脉络（《边疆考古研究》17辑）。白云翔通过韩国完州郡上林里出土铜剑的研究发现，这应是战国中期东渡朝鲜半岛的吴越地区铸剑工匠在当地铸造完成的（《文物》8期）。

玉石陶瓷器研究

玉石器与原始瓷器研究愈益引人注目。

叶舒宽、古方主编《玉成中国：玉石之路与玉兵文化探源》（中华书局）一书编录有一组专研“玉兵”的论文。许宏指出，从玉兵的演变态势看，二里头时期部分青铜礼兵器已替代既有的玉兵器器种，从而形成“金玉共振”的局面。李健民认为，由殷墟妇好墓、广汉三星堆与新干大洋洲出土玉石仪仗的比较和分析可以发现，殷商时期中原与周边的文化交流与互动已呈现出多元一体的格局。王方强调，三星堆与金沙遗址出土的大量玉兵器，是与青铜礼器、金器、象牙一起被埋的，显非实用之器，而是用于祭祀礼仪。

还有对玉石容器、礼器与配饰的研究。田小娟分析发现，商周玉石容器在器型与纹饰上多仿青铜礼器，也有仿陶器者。商代的玉石器皿多见于殷墟，以实用器为主，西周则主要见于周原地区，均为把玩的小器皿而非实用器（《中国国家博物馆馆刊》7期）。越南北部出土的8件牙璋，年代为距今3600～3500年。彭长林认为这是冯原文化模仿三星堆文化牙璋的作品，是当地精英阶层彰显身份和地位的威信品（《华夏考古》1期）。张睿祥、欧秀花等人依据组合方式将两周组玉佩分为多璜式、玉牌式和环佩组合式三种，强调多璜式组玉佩主要出土于姬姓诸侯及夫人墓葬，玉牌式组玉佩专属诸侯夫人佩戴，主要起装饰作用（《中原文物》5期）。井中伟、魏凯分析了商周时期扳指的发展演变、功用、定名等问题，指出该类器物本名应为“夬”（《边疆考古研究》18辑）。张绪球对荆州院墙湾一号楚墓和秦家山二号楚墓出土部分玉器的制作年代、文化属性等问题做了初步探讨（《江汉考古》1期）。此外，张登毅、李延祥对山西出土先秦绿松石制品（《华夏考古》4期）、韩金秋对夏家店上层文化石锤斧（《草原文物》1期），分别做了类型、年代及功用等方面的研究。

针对玉石器及料器开展的科技检测、微痕分析与模拟实验研究，已占一定比重。幸晓峰、沈博对成组玉石璧的音乐性能和功能（《方国文明》），鲍怡、朱勤文等人对三门峡虢国墓地M2012梁姬墓出土玉器的材质（《中原文物》1期），分别做了检测分析。叶晓红、刘新等人对桐柏月河一号春秋墓中出土玉器阴刻技术进行微痕分析，发现添加解玉砂的旋转砣具技术至迟于春秋晚期已被成熟运用于玉器阴刻（《南方文物》4期）。刘凌云通过模拟实验，证明西周玉器的斜刀技法是由硬物手刻完成的，而非斜砣琢磨所致（《南方文物》4期）。刘莉、陈星灿等人以浙江昆山遗址的两件商代三角形石刀为考察对象，通过模拟实验和微痕比较，发现此类三角形石刀很可能是用来切断植物茎叶的铡刀（《东南文化》2期）。付琳等人对林西井沟子西区墓地出土的一类外观呈黑、灰、白、淡黄色小型圆柱状“料珠”的成分及制作工艺进行检测分析，发现其原料主要为滑石（《边疆考古研究》18辑）。王颖竹等人检测分析了陇东征集的两件战国时期乳钉纹管形器（MB11、MB26），发现二者均有玻璃相和肉眼可见的石英颗粒。其中MB11是介于费昂斯和玻璃制品之间的过渡制品（《中原文物》6 期）。

近年浙江省文物考古研究所等单位围绕瓷器起源课题在浙江北部的东苕溪流域开展了一系列田野考古调查与发掘工作，取得了突破性进展。2015 年度不仅刊布了田野考古工作报告——《东苕溪流域夏商时期原始瓷窑址》（文物出版社），而且编辑出版了《原始瓷起源研究论文集》（文物出版社）和郑建明的《夏商原始瓷略论稿》（文物出版社）。论文集汇集了“瓷之源”课题组成员的相关研究成果，内容涉及原始瓷起源的考古学研究、原始瓷的物理与化学检测分析、实验考古、地质环境分析等方面。课题组一致认为，原始瓷应起源于夏代，成熟于商代早期，东苕溪流域是其最重要的起源地。郑建明的专著则全面考察了夏商原始瓷的分期、起源、技术工艺、社会含义，以及原始瓷与印纹硬陶、青铜器等器类的关系。以上研究极大地推进了对原始瓷起源及其发展过程的认识。但李宝宗、袁瑕（《中原文物》4 期）、李清临（《华夏考古》4 期）等人仍然坚持原始瓷起源的多源说。前文甚至认为北方原始瓷的产生要早于南方。温星金将北赵晋侯墓地出土原始瓷与中原都邑地区出土原始瓷器做了系统比较，认为二者共性较多，而与南方同期原始瓷在诸多方面呈现出较大差异，推测晋国早期原始瓷当源自王朝的赏赐或交流（《中原文物》4 期）。

此外，方辉探讨了商周时期夷式簋的年代、来源及传播情况，认为夷式簋源于岳石文化的陶簋（《方国文明》）。石从枝考察了邢台商代陶窑的形制演变及陶器生产情况（《方国文明》）。

其他研究

郭明分别归纳分析了夏商周时期大型院落建筑的布局（《考古》3 期）、形制（《考古与文物》5 期）与大型单体建筑（《文物》8 期）的发展演变，指出商周之际大型建筑存在三方面显著变化：与夏商大型院落建筑布局相比，西周出现了真正的对称式院落；商代大型院落流行“堂庑一体式”，周代大型建筑流行“堂厢分离式”；夏商与周代在大型单体建筑的整体风格和细部特征上有较大差异。张国硕、缪小荣系统考察了先秦城址的马面防御设施，认为其应源于我国北方地区，大体经历了萌芽期（仰韶晚期）、形成期（龙山时期）、缓慢发展期（夏商西周时期）与繁荣期（东周时期）的发展历程（《中原文化研究》1 期）。

吴爱琴系统分析了先秦服饰制度的形成过程、特点及意义，认为西周时期表现礼制内容的冕服及配饰在使用上的差异已初步形成；战国时期，服饰使用进一步等级化、严格化，服饰制度基本形成（《先秦服饰制度形成研究》，科学出版社；《华夏考古》2 期；《中原文物》3 期）。

王志浩等人检测分析了鄂尔多斯北方青铜文化中的金银器（《草原考古》1 期）。

秦汉时期考古

韩国河

2015 年秦汉时期的考古发现与研究有了新的收获和进展。出版发掘报告、报告集、研究论著和论文集数十部，发表考古简报和研究论文数百篇。研究角度广泛，其中都城与聚落、帝王陵墓、区域墓葬、美术考古、简牍以及科技考古等领域的发现与研究层出不穷。

一　遗址

（一）都城

褚晓波、张童心以考古学文化面貌反映的文化族属认同角度，从以马莲花流域为中心的义渠戎文化面貌入手分析，认为在秦国自雍城迁泾阳、栎阳以及定都咸阳的过程中，北方部族向南扩散受到阻止是一个非常重要的因素（《北方文物》3 期）。

（二）离宫别馆

刘娟通过梳理文献记载和考古资料，认为阿房宫并未建成，并且一直维持其规划、建造之时的"临时代名"而称"阿房宫"（《陕西历史博物馆馆刊》22 辑）。2009 年"关中秦汉离宫别馆考古队"再次勘察了甘泉宫遗址，获得了一些新的发现，梁云根据此次的调查测量，对汉甘泉宫的形制及相关问题作了探讨（《考古与文物》3 期）。该考古队还对千河下游进行了全覆盖式的调查，发现东周至秦汉时期遗址 40 余处，遗物以砖瓦等建筑材料为主，且多发现有夯土基址，调查者认为这些遗址可能是当时的离宫别馆（《考古与文物》3 期）。

（三）长城与边城

张文平等人对之前认定的分布于内蒙古自治区乌兰察布市灰腾梁之上的北魏御苑遗址进行了复查，发现所谓的御苑其实是墙体、烽燧、障城齐备的西汉长城遗存（《边疆考古研究》2 期）。甄自明、岳够明分析了鄂尔多斯地区汉代城址的分布、城址与长城、城址与秦直道、城址与昭君出塞的关系（《草原文物》1 期）。

白光根据考古调查结果与文献记载相对应，认为河北丰宁县凤山镇土城子遗址即是秦汉要阳故城城址（《文物春秋》3 期）。艾冲通过对历史文献、田野调查、考古资料的综合分析和逐一判断，得出西汉时期上郡管领 23 县的治城地望（《陕西历史博物馆馆刊》22 辑）。

赵红梅对两汉时期在北方、西北边疆民族地区设置郡县的三类统辖模式进行了研究。

其中郡县设在两汉时期削弱了匈奴对东胡、乌孙等族的控制，特别是河西四郡的设置为张骞出使西域创造了条件（《北方文物》4期）。

（四）窑址

在河南省焦作市武陟县苗庄墓地发掘3座汉代陶窑，呈品字形排列，三座陶窑的形制大致相近，由操作坑、窑门、火膛、窑室、烟道五部分组成；建造手法相同，均为由地面向下掏挖形成。发掘者根据出土遗物等方面特征推测其可能是专门为附近墓地烧制修筑墓葬所用青砖、瓦、空心砖等建筑材料的砖瓦窑（《中原文物》5期）。李婉琪、索秀芬对内蒙古中南部地区战国至秦汉时期的35座陶窑进行了具体的形制分析并探讨了相关问题（《草原文物》1期）。

（五）仓储遗址

由陕西省考古研究院、宝鸡市考古研究所、凤翔县博物馆编著的《凤翔孙家南头：周秦墓葬与西汉仓储建筑遗址发掘报告》（科学出版社）介绍了仓储建筑遗址的形制、结构和出土的遗物。

（六）玉矿遗址

2014年对甘肃马鬃山战国至汉代玉矿遗址的调查与发掘中，在寒窑子草场和径保尔草场两个地点发现矿坑、斜井、石料堆积、防御遗存、灰坑、灰沟、房址等，出土遗物主要有陶片、石器和玉料等，对了解古代采矿规模和聚落等提供了重要资料（《考古》7期）。

（七）排水设施

林源、张文波介绍了秦建筑遗址中的排水设施，包括散水、排水沟以及由排水池、地漏、排水管和渗井等组成的排水系统，并指出秦在建筑排水方面已经积累了比较丰富的经验，形成了一些固定的排水做法，排水设施的生产制作也呈现出规律性，反映了秦的建筑排水技术发展已经达到了一定的水平（《华夏考古》2期）。

（八）其他建筑遗址

西安市文物保护考古研究院在西安市长安区大兆汉宣帝许皇后陵北侧抢救性发掘一处汉代遗址，发现陵园墙址、夯土建筑基址等遗迹，出土遗物以筒瓦、板瓦等建筑材料为主，另有陶质生活器皿、生产工具、钱币等。发掘者认为此处是西汉中晚期建筑遗址，可能是许皇后陵园相关建筑的一部分（《洛阳考古》2期）。

孟祥伟搜集了两汉时期河南的铸钱遗存，并分析总结了其特点，点明了铸钱遗存的研究价值（《中国钱币》4期）。

二　陵墓

（一）帝陵

2015年度相关帝陵的发现和研究相对薄弱，具体情况如下。

关于秦始皇陵：关于秦始皇帝陵兵马俑坑的专著主要是许卫红《说说秦俑那些事：秦始皇陵兵马俑一号坑第三次发掘记事》（三秦出版社）。这本书在整理发掘出土新资料时以通俗生动的语言向读者展示了秦始皇陵兵马俑一号坑第三次发掘的前前后后，一方面补充了专业发掘报告中不能反映的工作者的情感、遇到的困难和压力，如实记录了一个考古工作者以不屈不挠的毅力，应对困境的心路；另一方面又以通俗的文字介绍了考古新收获，向普通公众进行文化知识的普及。这种角度的呈现和解剖显然更具亲切感，使读者易于接受。

在陪葬坑方面，2015 年陕西的考古工作者对其进行了更为深入和综合的研究。其中，秦始皇帝陵博物院兵马俑坑考古队公布了《秦始皇帝陵一号兵马俑陪葬坑 2009 ~ 2011 年发掘简报》（《文物》9 期），对一号坑局部建筑堆积、陶俑、车马和兵器进行了细致的记录和描述。一号坑虽已进行两次正式发掘，但此次 H1 的确认依然意义重大，或许会成为一把打开俑坑被毁之谜的钥匙；盾、鼓、笼箙等材料弥补了漆器、纺织等领域研究的缺环；修补痕迹纠正了以前盲目套用秦代“物勒工名”制度的错误，有助于俑坑属性的正确定位。冉万里在《由弋射之矢看秦始皇陵车马坑》（《大众考古》1 期）一文中通过论证秦始皇陵西侧陪葬坑一号铜车马车舆之中铜箭箱内的 4 枚圆柱形镞头铜矢是用于弋射的矰矢，同时将另外同出的 50 枚有杀伤力、镞头锋利的铜矢判断为用于射杀猛兽的铜矢，得出秦始皇陵西侧陪葬坑出土的一号铜车马的名称虽然仍然可以称为“立车”也即汉代的轺车，但是其用途却应该是用于田猎的田车。他认为这是秦始皇陵西侧陪葬坑出土的一号铜车马和二号铜车马为秦始皇外出狩猎的田车车队的证据。武丽娜、付建在《秦始皇帝陵青铜水禽坑》（《大众考古》4 期）一文中详细介绍了水禽坑 k0007 发现的前后经过，并细致描述了坑中所出天鹅、铜鹤、鸿雁和乐舞俑。文中结合水禽坑不远的鱼池遗址推测水禽坑应该是五行学说在陵寝布局设计上的具体运用。

关于两汉帝陵：新报道的主要是洛阳市文物考古研究院公布了《洛阳偃师东汉洛南陵区 2008 年考古勘探简报》（《洛阳考古》2 期）。该简报对 2008 年 6 ~ 10 月在洛南陵区内现存的部分封土墓勘探情况进行说明。其中封土直径在 100 米以上的特大型封土墓共 7 座（M1038、M1048、M1052、M1054、M1055、M1071、M1079），发掘者根据封土规模和墓葬形制等推测 M1038、M1048、M1052、M1054 以及此前勘探的白草坡 M1030 应属于帝陵级别；M1055、M1071 较之以上墓冢略低，但远高于一般封土墓，墓主身份也可能为帝后。

杨武站、曹龙在《汉霸陵帝陵的墓葬形制探讨》（《考古》8 期）一文中对汉文帝霸陵的墓葬形制进行了探讨，并根据霸陵选址的地质、地貌条件及西汉帝陵传统，进一步推测霸陵的墓葬形制为带 4 条墓道的“亞”字形竖穴土坑墓，与其他西汉帝陵并无两样，只是未建封土而已。从地貌上来看，霸陵坐落在黄土台塬上而非山地，缺少依山为陵的地貌、地质条件，自然也不应是崖墓。西汉帝陵营建前有仔细的规划设计，霸陵营建也是如此，若帝陵为崖墓，后陵不可能为竖穴圹墓；反之，窦皇后陵为带封土的竖穴土圹墓，帝陵的墓葬形制肯定也是竖穴土圹墓，只是“不治坟”。关于霸陵不起封土的原因作者认为有二：一是文帝个人喜好和性格所致；二是大臣们敢言直谏使文帝改变想法，实行薄葬。

关于西汉帝陵的陵寝建筑研究，刘尊志在《试论西汉帝陵的寝与相关建筑》（《中原文物》5 期）一文中认为寝园的设置可能始于景帝阳陵，基本是由一组、两组或多组建筑组合成的综合性陵墓祭祀设施，其后又有发展与变化，垣墙或有或无，但均以寝殿为中心，并对后世影响较大。随着陵墓设施的逐步完善和墓葬祭祀的不断发展，寝与相关设施从陵园内迁出后，由一组、两组或多组建筑组合成的综合性陵墓祭祀设施。寝殿是祭祀的主要场所，作为主体建筑，所属院落位置尊（帝陵一般居西）、地位高、面积大，其他建筑则服务于寝殿的功用。正因为这一建筑群体以寝殿为中心，故得名“寝园”。寝一类礼制建筑继承于秦并延续至东汉，东汉帝陵的寝园地位提高，寝殿作用得到加强，规模扩大，并由此衍生出石殿、园省等相关设施，这也促成了以祭祀、朝拜为主要内容的封建陵寝制度完全确立。可以说，西汉帝陵的寝与相关建筑在封建陵寝制度发展和逐步确立过程中发挥着承上启下的重要作用。

（二）诸侯王、列侯墓

在新材料方面，最引人注目的是江西南昌西汉海昏侯墓的考古工作取得了重要成果。《掀起西汉列侯的面纱》（《光明日报》11 月 5 日）、《江西南昌西汉海昏侯墓考古取得重要发现》（《中国文物报》11 月 6 日）都对其进行了报道。杨军在《江西南昌西汉海昏侯墓园》（《大众考古》12 期）一文中对海昏侯墓的基本情况做了介绍。海昏侯墓位于今天南昌新建区大塘坪乡观西村附近，当时海昏侯国国都紫金城西南，是目前我国发现的面积最大、保存最好、内涵最丰富的汉代侯国墓园。墓园由两座主墓、七座陪葬墓、一座陪葬坑、门阙、祠堂、厢房等组成，平面呈梯形，有长达 868 米、保存较完整的墓园墙，总面积达 4 万平方米。两座主墓为海昏侯（M1）及其夫人墓（M2），占据了墓园最中心的位置，属同茔异穴合葬。此外，墓园内还发现有礼制性高台建筑、数处有踩踏面的道路和以水沟为代表的排水设施。

此外还有收录在《河北省考古文集（五）》（科学出版社）中的《鹿泉市北新城汉墓 M1 发掘简报》是对河北地区西汉中晚期某代真定王王后或夫人之墓的详细报道。该墓与 M2 南北并列，M2 居北，为某代真定王之墓，M1 在南，为王后或夫人之墓。《平度六曲山墓群 2011 ~ 2014 年度调查勘探报告》收录在青岛市文物保护考古研究所编著的《青岛考古（二）》（科学出版社）中。该文介绍了山东平度六曲山多座西汉胶东王墓葬的调查情况，包括地面建筑、封土等内容，并就相关内容作了分析。龙朝彬在《〈沅水下游汉墓〉资料整理概况》（《湖南省博物馆馆刊》11 辑）一文中提到土坑墓 M2098，墓室（含墓道）总面积 57 平方米，葬具为双椁双重棺，为夫妻同穴合葬，带有两条墓道。该墓随葬有铜鼎、盒、壶、钫等铜礼器，还出土了通常仅在王侯级别贵族墓中才出土的黄金饼六枚，据此发掘者认为墓主可能属二千石级太守甚至是王侯级高级贵族。

在诸侯王墓研究方面，何旭红在《长沙杨家山西汉“刘骄”墓和“杨子赣”墓考》（《湖南省博物馆馆刊》11 辑）一文中从出土器物铭文、两墓相对位置以及杨家山乃至湘江西岸西汉时期高等级墓葬的考古发现等方面分析，得出“刘骄”或为封君、“杨子赣”为翁主（公主），并非过往认为的某代长沙王后，两墓为同茔异穴的夫妇合葬墓。黄展岳《南越国考古学研究》（中国社会科学出版社）一书是其在南越国研究方面的论文汇集，对于南越国的研究具有重要的学术意义。丁海祥在《西汉闽越国贵族王陵区初探》（《福建文博》1 期）一文中对闽越国贵族王陵区的分布情况、结构类型、布局特点和随葬器物组合等相关问题进行了分析，并认为其中位于最北部的牛山一号汉墓应是闽越王陵之一。聂菲在《特殊空间：马王堆一号汉墓北边厢空间的营造与利用》（《湖南省博物馆馆刊》11 辑）一文中对幸免于盗墓骚扰的一号墓的墓内空间陈设进行研究，为研究西汉时期的丧葬礼俗提供了十分宝贵的资料。该文以一号墓北边厢随葬品为例，视其为墓葬的一部分而加以分区、分类地梳理与分析，并尝试对随葬品的象征意义进行阐述，进而以随葬品的组成方式及空间营造的特点为中心展开讨论，同时还对其源流进行考察，力图拓宽马王堆汉墓的研究视野与范围。丁岩《凤栖原西汉墓园大墓主人试探》（《西部考古》9 辑）通过对凤栖原大墓的墓园及大墓的特征和出土器物的研究，认为其时代为西汉中期，进一步结合出土的“卫将长史”和“张”等文字资料和与文献记载相比照，推定大墓主人是西汉中期的富平侯卫将军张安世。

刘尊志在《汉代诸侯王墓动植物陪葬内容及相关问题浅析》（《南方文物》3 期）一文中将西汉诸侯王墓分为八个区，并以几座东汉诸侯王墓为例，介绍了两汉诸侯王墓动植物陪葬的发现状况，分别归纳了动植物陪葬的品种和类别，对动植物陪葬形式进行总结分类，进而得出动植物陪葬的八个作用或用途，包括财富的象征、食品、生活的反映与写照、供奉祭奠的祭祀物品、镇墓或辟邪、其他器物的配套物品、与丧葬有关的物品、具有特殊用途。该文文末在分析动植物陪葬内容体现的丧葬内容的同时，探讨了动植物陪葬内容的时代特点和地域特色、西汉诸侯王墓用狗陪葬的相关讨论和东汉诸侯王墓陪葬陶质动物的发展与变化三个相关问题。

（三）一般墓葬

2015 年度整体报道的新材料较多，其中尤以河南、陕西、山东、湖南、重庆、江苏、浙江等地区公布的新材料较为集中，其他省份亦有报道。有关汉墓的区域研究及综合研究也有一些新成果的发表。

河南省是 2015 年度新发表汉墓资料数量最多的省区。由河南省文物局编著、科学出版社出版的南水北调中线工程文物保护项目、河南省考古发掘报告丛书共有五部出版：《淇县西杨庄墓地、黄庄墓地Ⅰ区发掘报告》中对两个墓地发现的 52 座两汉时期墓葬等进行了详细的叙述。《淇县黄庄墓地Ⅱ区发掘报告》总结了 2006 ~ 2007 年先后两次的考古发掘成果，其中介绍了西汉晚期至东汉晚期墓葬 30 座，对揭示淇县西部平原地区的汉代墓葬制度具有一定意义。《卫辉大司马墓地》上编详细地公布了 2006 年在该墓地发掘的 26 座墓葬，其中汉墓 1 座，为研究豫东北一带汉晋至明清时期丧葬制度提供了新的资料，下编为综合研究，收录了研究大司马墓地考古材料的专题论文 3 篇，涉及小五铢等，从不同的方面和角度对这批材料所反映的币制、墓主身份、丧葬习俗进行了探讨。《禹州新峰墓地》报道了 2007 ~ 2011 年发掘清理的 505 座战国秦汉墓葬，该批墓葬在遗存特征与埋葬习俗方面均有一定特点，对我们理解许昌地区汉代考古学文化以及汉代许昌的社会历史面貌具有相当价值。《淅川新四队墓地》在全面、系统介绍新四队发现的 48 座墓葬资料的基础上，对墓葬形制、陪葬品、墓葬的年代及相关问题等进行了深入探讨，总结了墓葬的时代特点、地域特征、等级归属及其合葬形式、墓葬分布、家族墓地等。

在新材料方面尤以淅川报道最多，包括 2008 ~ 2009 年在赵杰娃山头清理的 5 座西汉积炭墓（《洛阳考古》3 期）、2010 年在王庄汉墓群发掘的 15 座（《华夏考古》2 期）、在仓房镇侯家村李沟墓地发掘的 57 座（《考古学报》3 期）及其中具有代表性的西汉晚期至东汉早期墓葬 2 座（《江汉考古》1 期）。郑州地区，2015 年度出版有考古报告《郑州汉墓》（大象出版社），该报告是河南省文物考古研究院在配合郑州商城的基本建设中，考古发掘的十余处汉代墓葬区，涉及十二处墓地墓葬的详细介绍。其他资料有 2009 年在郑州市四方汇清华·紫光园小区抢救发掘的44座汉代砖室墓，时代分属西汉中期、西汉晚期、新莽或稍晚时期（《文物春秋》2期），以及2014年在登封东华镇袁村汉墓群发掘的M2，时代为东汉晚期（《洛阳考古》2期）。开封市报道的新材料有在尉氏县大新庄清理的西汉中期及稍晚空心砖墓16座（《文物》8期），和2014年在尉氏县后刘墓地清理的11座汉砖室墓（《华夏考古》3期），年代为东汉早期前后，可分为单室墓和多室墓两类。在洛阳孟津县朱仓村发掘了东汉晚期夫妇合葬墓M1，为斜坡墓道单砖室墓，墓主人身份为一般贵族（《文物》4期）。禹州市主要介绍了杨庄墓地的东汉中晚期墓M101，为研究该地区生活习俗提供了珍贵的实物资料（《文物春秋》1期）。

在南阳市一中新校址清理的东汉中期墓M189中出土了1件用黑色黏合剂粘接修复的瓷碗，这在南阳东汉墓中是首次发现，经检测黏合剂成分与大漆或生漆较为接近（《中原文物》1期）。宋蓉通过对南阳地区各类汉墓的综合考察，建立了该地区墓葬分期框架，并进行了文化因素分析研究，考察不同时期各类文化因素对南阳地区考古学文化面貌的影响程度及组合方式，在墓葬研究的基础上，结合文献学的研究成果，探讨了南阳地区汉代考古学文化的特点、发展历程及其形成模式等问题（《考古学报》2期）。

陕西省新报道的汉墓资料主要有2011年在西安南郊郭杜镇发掘的1座西汉早期至中期墓（《西部考古》9辑）、2012年在凤翔双塚村、三家店村发掘的3座东汉中晚期墓（《文博》1期）。后者中的双塚大型汉墓出土鱼鳞式铁铠甲及多把铁剑等兵器，应是东汉中期一位军事首领的合葬墓，对进一步研究东汉时期雍城屯驻营兵制度以及与西羌民族融合和文化交流具有重要研究价值。此外还有2013年在西安张家堡村清理的42座西汉墓葬，形制以土洞墓为主，个别为竖穴土圹墓，其中洞室墓以竖穴墓道土洞墓为多，出土了一大批精美文物，M29出土的彩绘铜镜直径超过27厘米，为研究西汉彩绘铜镜提供了新材料。该墓群墓葬规模较小，时代自西汉早期至中晚期，推测应为一处汉长安城内居民墓地（《中国国家博物馆馆刊》4期）。

河北省报道的新材料主要有2004年在张家口宣化东升路发掘的3座东汉土圹砖室墓中的M3，该墓为双墓道八室砖室墓，规模较大，结构复杂，形制特殊且保存较完整，根据墓葬形制和出土器物的特征推断其年代为东汉晚期，墓主人身份应为有一定职级的地方官吏或富庶士绅。发掘者认为这种墓葬形式的出现，很可能是为了满足家族迁葬时的实际需要而设置的，M1～M3墓葬年代相同，距离相近，或许属于同一家族，为研究和探讨东汉中晚期幽燕地区砖室墓的发展和演变提供了新的资料（《文物》3期）。《河北省考古文集（五）》（科学出版社）中有关于河北地区中小型汉墓的报道，如《河北安平后大寨汉墓发掘简报》《藁城台西商、汉及宋代墓葬发掘简报》。此外还有2006年在邯郸薛庄遗址发掘的1座汉魏时代瓮棺墓W1（《北方文物》3期）。宋蓉通过对冀中南汉墓墓葬形制和随葬品的分析及对该地区汉墓文化因素的解析，探讨了其地域文化的特点及其与周边地区的关系，并提出冀中南汉墓在两汉时期与三河地区联系密切（《文物春秋》1期）。

北京地区2015年度新公布的主要有2007年在平谷区东高村发掘的西汉中晚期墓M2，其形制为刀形竖穴土圹木椁墓，在本地区所见数量不多（《北方文物》2期），以及2013年在东城区西革新里发掘的竖穴土坑墓8座，时代为西汉早期至西汉中期，这些墓葬的位置当处西汉蓟城东南，可对探索蓟城提供部分线索（《北方文物》2期）。冯双元对2013年在东城区土坑墓M8中出土的西汉半两钱残范进行了研究，从钱模的尺寸观察当为四铢半两，范上钱模的规格分两类，说明这两种规格的半两钱币是同时期流通的货币，而该钱范并非明器，当为墓主人生前使用，在一定程度上证明了汉文帝前元五年废除盗铸钱令的史实，为研究西汉民间铸币及西汉经济史提供了实物资料（《中国钱币》1期）。

山东省的新材料主要有2009~2010年在济南市魏家庄发掘的95座汉墓，这批墓葬普遍规模较小，结构较简单，从形制上可分为土坑竖穴墓、土坑竖穴砖椁墓和土坑竖穴石椁墓三种，随葬品种类丰富、数量较多、部分颇具特色（《海岱考古》8辑）。济南市考古研究所报道了2014年在济阳县白杨店村抢救性发掘的一座东汉晚期画像石墓M1，该墓规模较大，墓室结构较为复杂，制作考究，出土的画像石较多，是对山东地区东汉画像石墓考古资料的有益补充，墓主应有较高的社会地位（《东南文化》6期）。莒县博物馆在2001年对浮来山汉墓进行了抢救性发掘，根据出土器物形制和印章铭文分析，其时代为西汉中期偏早，墓主为西汉城阳国官员，这是莒县首次发现的可确认为城阳国高官的墓葬，对研究西汉城阳国历史、莒地葬俗和汉代文化交流都有十分重要的意义（《东南文化》4期）。2005年在滕州朱洼附近发掘的69座汉墓年代从西汉中期延续至新莽时期，为研究鲁南枣滕地区汉代墓葬形制、埋葬习俗、面貌特征以及历史文化等增添了一批重要的实物资料（《海岱考古》8辑）。《青岛考古》（二）（科学出版社）中收录有关于青岛地区中小型汉墓的报道，如《城阳区玉皇岭汉代墓地发掘简报》《黄岛区丁家皂户汉墓发掘简报》，另外在平度市侯家庄村和马戈庄村还发现有东汉时期画像石墓门。此外还有2010年烟台市博物馆在烟台开发区皂户头发掘的4座西汉土坑竖穴墓和1座东汉砖室墓，其中西汉墓M16壁龛随葬陶器，并砸碎覆以石块，应是当时的一种特殊葬俗（《海岱考古》8辑）。

辽宁省新公布的材料也较丰富。由辽宁省文物考古研究所编著《羊草庄汉墓》（文物出版社）集中介绍了2013年在鞍山市立山区沙河镇羊草庄发掘的78座汉墓，时代为西汉晚期到东汉中晚期，为研究鞍山地区汉代历史以及汉墓分期、断代和探讨两汉时期长城以内地区的少数民族墓葬提供了新线索和实物资料。其中保存较好的12座石椁墓在墓葬形制及随葬品组合上均存在着较高的一致性，年代应为王莽至东汉初年，这一类型汉墓在辽宁境内发现较少，且较为零散，多集中在辽阳地区（《边疆考古研究》17辑）。辽阳市的新材料主要有2008~2012年在苗圃发掘的19座石室墓（《考古学报》4期）和4座土坑墓（《考古》4期）。其中石室墓可分为单棺墓、单室墓、三室墓和多室墓，多带有长方形斜坡或竖直墓道，墓葬结构复杂，布局考究，砌筑坚固，可分为东汉中期、东汉晚期及汉魏之际三期。4座土坑墓则可分为单棺墓、一椁双棺墓和一椁三棺墓等三类，时代为西汉早期和西汉晚期至东汉早期。结合该墓地石室墓、砖室墓出土遗物可知，在辽阳地区西汉晚期至东汉早期，土坑墓和石室墓并存，土坑墓逐渐被石室墓和砖室墓所取代。

两湖地区新材料以长沙市报道最多，主要有2013年在开福区湖南日报传媒中心工地发掘的4座汉墓（《湖南省博物馆馆刊》11辑）、2014~2015在青少年宫工地发掘的东汉晚期墓M1（《湖南省博物馆馆刊》11辑）以及2013年在长沙识字岭发掘的西汉晚期墓M3（《文物》10期）。其中M3规格较高，出土器物丰富，是近年来长沙地区发掘清理的规模较大的西汉时期墓葬，墓主应是具有一定身份等级的贵族。2010年株洲市文物部门在攸县皇图岭镇鹅形岭抢救清理了15座东汉砖室墓，出土了陶、瓷、铜、铁、琉璃器文物465件（套），其中3种纪年铭文墓砖的释读，大量罕见的铁“S”形器，精良的梨、刀剑等钢铁兵器，仅见的铜五铢衡器“朋珥”，陶器普遍施贴印方格纹的器物组合和出土信息的公布，提供了东汉晚期和末期的断代标尺，为研究湘江流域乃至江南地区汉晋历史文化系统提供了考古素材（《湖南省博物馆馆刊》11 辑）。由彭佳主编、津市市文物局编的《而立集——湖南省津市市文物工作三十周年纪念文集》（岳麓书社）是一本反映津市市文物局文物工作二三十年部分成果的文集，其中报道了一些汉代墓葬的考古资料，如《湖南津市花山寺战国西汉墓清理简报》《津市肖家湖十七号汉墓》《津市市新洲豹鸣村东汉墓》等，另外还有两篇综合性论述：《沅水中下游秦代墓葬概论》《湘西北地区西汉墓葬概论》。此外，龙朝彬介绍了考古报告《沅水下游汉墓》资料整理的概况（《湖南省博物馆馆刊》11 辑），湖北省文物局编著的《武当山柳树沟墓群》（科学出版社），介绍了南水北调中线一期工程丹江口水库淹没区时代跨战国、西汉、东汉、宋代和明清墓葬 134 座。

2015 年度川渝地区发表的资料相对也较丰富。2009～2010 年，考古工作者在绵阳市涪城区桐子梁崖墓发掘了崖墓 123 座，其中东汉墓葬 113 座，以 M40、M50、M67 规模较大，随葬品丰富，是较为典型的东汉晚期墓葬，在墓室两侧和顶部有墨线或浮雕并施彩绘的图像和仿木结构建筑。桐子梁东汉崖墓的发掘为这一时期绵阳地区的文化面貌以及艺术史研究提供了重要材料（《四川文物》4 期）。2014 年在长宁县古河镇缪家林崖墓群发掘的 M5，为研究四川地区汉墓、画像石棺等提供了重要的实物资料（《四川文物》5 期）。重庆市的新资料主要有 2011 年在涪陵区唐家坡、石院子墓地的发掘东汉墓葬 8 座（《四川文物》5 期）、2011～2012 年在江北区四马溪遗址发掘的西汉早期至东汉初期土坑墓 6 座（《四川文物》3 期）、2008 年在石柱县陶家坝墓地发掘的东汉晚期墓葬 2 座（《四川文物》2 期）以及在丰都县麒麟包墓群发掘的 2 座（《江汉考古》4 期）。其中后者为研究三峡地区东晋时期借葬前人墓穴并保留其遗物的特殊丧葬习俗提供了重要考古资料。此外，重庆市文化遗产研究院和重庆文化遗产保护中心编著的《嘉陵江下游考古报告集》（科学出版社）对该地域秦汉考古遗存有所涉及。

浙江省新公布的主要有 2014 年在德清县开发区胡堂庙区域发掘的汉六朝墓葬 8 座（《东方博物》55 辑）、2015 年在安吉汉代土墩遗存（D14）清理出的汉代土坑墓葬 6 座（《大众考古》8 期）、2011 年在余杭区星桥镇里山发掘东汉砖室（椁）墓 22 座（《东方博物》54 辑）、2014 年在永嘉县瓯北镇朱岙老坟山发掘的东汉晚期至三国时期砖室墓 1 座（《东方博物》55 辑）及 1992 年在东华山发掘清理的汉墓 12 座（《东方博物》54 辑）。《衢州汉墓研究》（文物出版社）一书共收录了 1972 年至 2014 年间衢州地区考古发掘的 149 座汉墓和 1830 件随葬品的相关信息，全面系统地梳理了衢州汉墓墓葬结构形制、出土随葬物品和丧葬习俗，填补了浙江地方汉墓研究的空白。星桥里山汉墓 M8 出土了一面天禄镜，是目前唯一一面经科学发掘获得的天禄镜，具有重要的文物和研究价值；东华山汉墓系一家族墓地，位于中心的 M48 是浙江省内第一次发掘有明确身份的西汉高级别大墓，具有重要的研究价值。

江苏省的新资料也较集中，主要有 2014 年在新沂市高庄汉代土墩墓群进行的抢救性发掘，共清理各类墓葬 68 座，其中土坑墓、石椁墓年代处在西汉中晚期至王莽时期，砖室墓年代多为东汉时期，推断此为一处西汉中晚期至东汉时期徐州地区的平民家族墓地（《大众考古》6 期）。2012 年，南京市博物馆在六合区葛塘发掘的 1 座约为王莽时期至东汉早中期的汉墓，墓道内随葬明器类铜车马器的现象在南京及其附近地区同时期墓葬中较为少见（《中国国家博物馆馆刊》12 期）。此外，还有苏州破虏墩西汉晚期墓葬 4 座（《苏州文博论丛》6 辑）、2009 年在镇江市终家村墓葬群中清理的汉墓 2 座（《东方博物》55 辑)、2013 年在徐州贾汪新城小学清理的汉代墓葬 16 座(《湖南省博物馆馆刊》11 辑)。

两广地区新材料主要有 2009～2010 年广州市文物考古研究院在黄埔大田山发掘清理的东汉砖室墓 4 座,从墓葬形制分析,这 4 座墓年代接近、风格相似,极有可能为家族墓葬(《广州文博》8 辑)。2007 年在中山大学北校区清理的一批东汉三国至东晋南朝时期的砖室墓,共计 14 座,其中东汉三国墓 4 座,无论在墓室形制结构,还是墓葬随葬品组合方面基本延续了本地区自汉以来的丧葬传统(《广州文博》8 辑)。张金国对中山大学北校区砖室墓进行了研究,认为这些墓葬在整体上东汉三国墓丧葬制度本土化倾向十分明显,其中外来文化的影响也值得注意,到晋南朝时期,外来丧葬文化居于主导地位,基本改变了东汉三国墓丧葬本土化倾向(《广州文博》8 辑)。韩湖初通过研究考古发掘清理的 600 多座合浦汉墓及其中出土的重要文物,说明合浦汉墓群与汉代"海丝"的开通和繁荣时间是一致的,汉墓是海上丝绸之路繁荣的物证,从中可以窥见中西文化交流的盛况(《大众考古》7 期)。

云南省文物考古研究所编著的《会泽水城古墓群发掘报告》(科学出版社)综合报道了 2002～2004 年两次对会泽水城古墓群进行考古发掘的成果,其中共清理西汉末至东汉初期墓葬 24 座,为汉代政府在云南置郡县以后的遗存,对研究滇东北的古代文化和云南的汉化过程有重要参考价值。2012～2013 年中国社会科学院考古研究所与云南省文物考古研究所合作对陆良县薛官堡墓地先后进行了两次考古发掘,清理了一批古代墓葬,大部分都为汉代或汉代以前与"西南夷"有关的土著墓葬,均为土坑竖穴墓,共计 210 余座,其主体年代应在西汉时期。此次发掘填补了西南夷考古的一个地域空白,对研究战国秦汉时期西南夷地区特别是滇东黔西地区土著青铜文化的谱系及族群构成和分布等,具有非常重要的学术意义。此外,墓葬出土的随葬品中包含不少外来文化器物或文化因素,有助于探讨当时西南夷地区不同族群及文化之间的交流和互动等问题,尤其是出土的铜镜、五铢钱和铁器等更是为考察汉文化进入西南夷地区以及土著文化与汉文化的融合等提供了弥足珍贵的资料(《考古》4 期)。2013 年在云南盐津县墨石沟发掘的 1 座东汉中期偏晚崖墓,为云南东北地区崖墓考古提供了重要资料(《四川文物》3 期)。

安徽省、贵州省新发表的材料比较少。安徽省主要介绍的有六安经济开发区宝利嘉战国—汉墓群中的西汉早期墓葬 M184,从填土中大量的青膏泥和墓葬形制来看,其明显受到楚文化因素的影响(《江汉考古》2 期)。2004 年在安徽泗县前李墓地发掘清理西汉晚期墓葬 42 座,为研究该地区汉代墓葬分布范围、规律及丧葬习俗提供了第一手科学资料(《华夏考古》3 期)。此外《文物研究》(21 辑)介绍了六安汉代王陵墓地附属墓葬群调查报告和六安经开区宝利嘉二期西汉墓 M26 发掘情况。2012 年在贵州赫章县可乐墓地发掘了 2 座土坑竖穴墓葬,均属具有强烈地方土著文化因素的"乙类墓",时代大致为西汉前期至中期。其中,M373 为"套头葬";M374 的规模较大,形制较特殊。这两座墓葬在形制方面的新特点和新发现的器物类型,极大地丰富了可乐墓地的文化内涵,为研究可乐墓地文化内涵充实了新资料(《考古》2 期)。

内蒙古自治区报道了 2013 年在察右前旗常家村东滩发现的 1 座鲜卑墓,出土陶器颈部饰纹体现了东汉晚期拓跋鲜卑的典型纹饰及饰纹风格,其墓葬文化性质更多地体现了文化的融合(《草原文物》1 期)。青海省报道了 2011 年在西宁陶家寨发掘的 2 座砖室墓,墓葬时代上限为王莽时期,下限为东汉中期。其中 M1 出土的釉陶器为同时期青海地区所仅见，是青海省截至2015年为止发现的最早一批釉陶器，还值得一提的是，此次发现的陶厕是目前所见唯一一座东汉早期单体陶厕，与现代青海农村习见的旱厕结构基本相同，是否一脉相承有待进一步研究（《文物》9期）。

此外还有学者对汉墓进行了区域或综合研究。刘慧中通过对江西汉代墓葬进行形制划分、分期等的分析，阐述了汉代以后，赣境人们的信仰和风俗习惯各方面在与南迁的北方文化各种思想的长期交流融合过程中逐渐趋同，以及汉代墓葬在社会政治、经济的不断发展中形成了新的“视死如生”的丧葬观念，说明赣文化已发展成带有中原文化特色的多元区域文化阶段（《南方文物》3期）。宋蓉通过对豫北晋南地区汉代墓葬的形制、随葬品的类型学研究和文化因素分析，建立了该区的分期，讨论其文化因素属性，在此基础上，考察各类文化因素在不同历史阶段的接触方式、影响程度，进而深入探讨豫北晋南地区汉代考古学文化的特点及其发展历程（《华夏考古》1期）。蒋璐在对广大北方地区汉代墓葬进行全面总结的基础上，将其墓葬发展划分为三大阶段，并结合文献中汉朝对北方边疆的经略，对北方地区汉墓格局演变与汉代边疆政策的关系进行了探讨，认为两汉时期的边疆政策以及由此产生的政区变化在该地区汉墓的格局演变中起到了决定性的作用（《华夏考古》3期）。张卓远结合文献记载与考古发现墓地建筑遗迹的研究，深入分析了这些建筑产生的历史和社会原因，并指出汉画像墓葬墓地建筑现象是社会新兴地主阶级为获得社会认同而对上层丧葬制度的一种仿效，这一过程客观上对整个社会具有一定的示范作用（《文物建筑》8辑）。韩国河、朱津对中小型汉墓研究的现状做了梳理，认为随着中小型汉墓资料的日益丰富，其研究思路和体系需要拓展和创新，在研究广度方面，汉墓的分区研究需要完善，要用更广阔的视野进行对比研究，在研究高度方面，需要对中小型汉墓进一步解读，上升至对社会制度和历史发展规律的探讨，在研究深度方面需更加细致化，科技分析方法要更多地应用其中；并强调要在发掘和整理过程中尽可能全面地收集和公布墓葬信息，在研究中应当树立一种“人学”研究的意识（《文博》3期）。

另有在《庆贺徐光冀先生八十华诞论文集》（科学出版社）中收录有关秦汉时期研究的文章包括：张卫星、曹玮《秦始皇陵墓上建筑研究》，焦南峰、王东、赵旭阳《咸阳严家沟陵园时代及墓主考辨》，李银德《西汉陵墓内房屋建筑的考察及初步认识》，刘兴林《汉代土墩墓分区和源流》、姜万里、赵晓刚《东汉西盖马县治考略》。高崇文《古礼足征——礼制文化的考古学研究》（上海古籍出版社）中收录有其在秦汉帝陵和诸侯王墓丧葬礼制方面的文章，例如《西汉诸侯王墓车马殉葬制度探讨》《秦汉帝陵陵寝制度探讨》等。

三　美术考古

关于美术类专题资料报道和研究代表性著作有：牛天伟等集录全10册《中国南阳汉画像石大全》（大象出版社），全面、系统地介绍了南阳汉画馆馆藏画像石，在南阳汉画像石的整理与研究史上具有里程碑意义。蒋英炬、杨爱国、蒋群主编《朱鲔石室》（文物出版社），将朱鲔石室画像石考察的结果，包括其地理环境、发现与保存著录的历史状况，画像石所构成的石祠建筑结构以及石祠画像内容等进行了较全面系统的整理。研究性著作有：卜友常《汉代墓葬艺术考述》（上海三联书店）、何志国《美术考古文存》（中国书籍出版社）、黄宛峰《汉画像石与汉代民间丧葬观念》（中国社会科学出版社）。

其他散见的研究中，以对汉代画像石、画像砖、壁画图像题材的研究为大宗，所包含的图像内容种类丰富并且涉及汉代的思想、宗教、建筑研究等方面。如李清泉对带有"天门"榜题的石棺画像和铜牌饰画像进行了界定，并探讨了其观念的渊源与流变，梳理了天门图像的分布范围（《古代墓葬美术研究》3辑）。巫鸿再一次对马王堆一号汉墓出土的漆棺、屏风和帛画上几个璧或璧的图像进行了细致的观察和对比，认为这些璧可以分为"锁定"和"穿过"两种。龙与璧之间不同的关系对应着以璧在安魂和引魂升天方面的不同功能，透露出墓葬设计者对于宗教和礼制问题的细致思考，也反映了不同信仰在同一墓葬中的有机结合（《文物》1期）。肖贵田、滕卫对水陆神灵交战图类图像的渊源、空间位置、内涵等方面进行了研究（《东方考古》12集）。胡雪竹全面梳理了汉代的鸟、龟图像，并重点对四神以外的鸟、龟组合图像的形式和意义开展了探讨（《碑林集刊》21辑）。朱宏亮对汉画像中所呈现的阴阳五行元素做了梳理和归类（《文物春秋》6期）。庄小霞从鼎的形制、丹鼎图内容及丹鼎图的含义等几个方面考证了四川画像砖中所见的丹鼎图像，认为其反映了汉代四川地区人们的"太阴炼形"信仰，且这种信仰可能来源于山东地区（《四川文物》6期）。朱浒对山东滕州汉画像石馆藏的一块汉画像石的图像志进行了分析，初步认定其为"胡人礼佛"题材的汉画像石，指出其代表了早期佛教与中国本土神仙信仰和儒家信仰在鲁南地区的碰撞和融合（《中原文物》5期）。李亚利、滕铭宇对汉画像中的亭榭建筑进行了识别及命名，并梳理了源流，结合画像内容和文献记载进行了建筑功能和文化的讨论（《考古与文物》2期）。马骥、宋红宇梳理了汉画像石、画像砖上阙的图像以及现存阙的实物（《湖南省博物馆馆刊》11辑）。

赵碧玉分析了汉代画像石墓中祭祀墓主活动题材在墓中的具体配置及相关问题（《洛阳考古》4期）。王煜探究了陕西米脂官庄汉墓射鸟画像为后羿射日的表现，提出汉代的射鸟画像至少可以分为后羿射日、射侯射爵、射猎娱乐和射猎生产四类，每类图像在具体因素和画像组合上都各有特点。他还建议在汉画像的研究中应该注意对画像组合和画像场景的考察（《文博》6期）。孙彦分析了汉代农耕图题材的壁画是庄园经济发展、贵族地主精神生活的体现，进一步探讨了壁画墓的起源问题（《苏州文博论丛》6辑）。此外，孔永红探讨了南阳地区汉画中农业生产图像稀少的原因主要有三：一是汉代农民的生产水平与农业的发展不均衡；二是农业政策与商业发展形成了鲜明的反差；三是受到了楚文化与汉文化交融的影响等（《农业考古》4期）。

王煜、唐熙阳探讨了西王母图像与西方女神像之关系与背景，认为西王母神像确与西方女神像有一定关系，并在汉代中西文化交流的大背景和汉代西王母信仰的小背景下与西方女神信仰和图像产生了一次生动的互动（《考古与文物》5期）。孙良玉探讨了南阳地区汉代画像石中所见的女性发式及发饰，认为发式主要有高髻、椎髻、双丫髻、圆髻等几种髻型；发饰则主要有假发与假髻、頍和帻、冠等，这些都体现了时人在头发审美上的追求与认知（《中原文物》3期）。庄蕙芷通过探讨早期山水画的功能和定义，论证了在汉代已经诞生了中国早期的山水画（《中国美术研究》1期）。郝利荣、杨孝军以徐州汉画像石中自然灾害题材的图像为线索，结合历史背景和文献记载分析了自然灾害和灾异思想进入汉代画像的过程（《文物世界》1期）。练春海对河南地区出土的带有铭文的力士画像砖进行了细致的分析，认为"电转"应释读为"申博"，并对申博图像的相关问题进行了探讨（《文物》5期）。季伟则介绍了汉代不同质别的弹琴类画像文物及长笛（《中原文物》1期、6期）。王娟考释了汉代画像石上菱形类纹样的演变（《四川文物》3期）。

此外也不乏其他类别的美术类专题研究，如由绍兴博物馆编、张宏林著《鉴影觅韵——铜镜中的文化与故事》（文物出版社）一书中涉及60多个与汉镜铭文和纹饰研究有关的内容。曾蓝莹对汉代铜镜纹饰里有关马的铭文和图像进行了梳理和探讨（《古代墓葬美术研究》3辑）。刘晓则探讨了博局纹饰的文化内涵（《四川文物》6期）。中国社会科学院考古研究所编著的《新世纪的中国考古学（续）——王仲殊先生九十华诞纪念论文集》（科学出版社）中收录有对汉代的玉器、玻璃、铜镜等方面的研究。冯时对于巴蜀印章有关于其文字的考释（《四川文物》3期）及严志斌、洪梅对钟形符号的考察（《四川文物》第5期）。总体来看，美术类的专题研究由器物描述逐步转向内涵研究的态势较为明显。

四 简帛研究

简帛方面的研究在2015年度呈现出百花齐放的态势，不仅各地名简的研究十分丰富，且对于秦汉时期简帛的内容、文法、语法乃至音法都涉猎甚广。新动态主要有启动编纂了世界首部简牍学专科辞典（《中国社会科学报》3月30日），中国文化遗产研究院与山东博物馆重启了银雀山汉简的整理（《中国文物报》2月13日、《美术教育研究》6期），湖北随州周家寨汉墓发现了大量漆器和简牍（《中国文物报》2月27日），新报道了2013年湖南益阳兔子山遗址九号井出土之简牍（《国学学刊》4期），武汉大学携手国内多家文博单位在秦简牍整理研究方面取得了重大进展（《湖北日报》7月14日）。出版的著作有由陈伟主编的《秦简牍合集》（第一辑）（中国社会科学出版社），贾丽英等所著的《秦汉家庭法研究：以出土简牍为中心》（中国社会科学出版社）。其他论著具体介绍如下：

秦汉简牍中论著研究较多的是里耶秦简，在2015年度关于里耶秦简的研究大致可分为古文字研究和考证类研究。在古文字研究方面，多是受益于2012年由文物出版社出版的《里耶秦简》（一）及《里耶秦简校释》（第一卷）二书。安徽大学的蒋伟男硕士即根据二书中所公布的材料对《里耶秦简》（一）中所出现的所有文字进行了一次全面的整理。湖南大学的温俊萍硕士则针对《里耶秦简》（一）展开了书体研究，认为里耶秦简打破了篆书“婉而通”的书写原则，字体结构也更加稳定，奠定了现代汉字的基础。湖南师范大学的刘薇硕士则以农仓管理和公物管理为中心研究了立业秦简与秦代地方行政。吉首大学的廖燕硕士则研究了里耶秦简中的通假字、古今字。孔德超则根据《里耶秦简》（一）极强的真实性及其中所见的词汇现象，探讨了《里耶秦简》（一）对语文辞书修订的重要价值（《荆楚学刊》5期）。在考证类研究中，郑威对于战国秦汉时期里耶秦简的历史地理做了较多研究：其一是考证了里耶秦简中所见的即墨，梳理了战国秦汉时期即墨的演变历程（《江汉考古》5期）；其二是考证了里耶秦简中所见的巴蜀地区，以及僰道始置于秦、宕渠本为秦道、蜀郡官员转任三个问题［《四川师范大学学报》（社会科学版）2期］。王佳还研究了里耶秦简等出土文献中所见的秦南郡属县的一些问题（《江汉考古》2期）。同样对历史地理展开研究的还有鲁家亮，他主要补论了秦洞庭郡迁陵县下辖之三乡的往来、与朝廷关系、在文书中的记载顺序等情况（《国学学刊》4期）。张春龙等先生研究了里耶秦简中的刻齿现象，认为可能代表数字，并由此试解读了岳麓秦简《数》中的未解读简（《文物》3期）。杨芬研究了里耶秦简中所见官文书的开启记录，从而加深了对于秦代公文制度的认识，并认为秦代文书的开启比汉代更为规范（《四川文物》3

期）。赵粲然、李若飞等补正了《里耶秦简》（一）及《里耶秦简校释》（第一卷）中的八处遗漏［《鲁东大学学报》（哲学社会科学版）2 期］。王佳则研究了里耶秦简中所见的迁陵地区物价情况（《江汉论坛》10 期）。

除了里耶秦简外，其他简帛方面的研究也涉及古文字、律法、经济、医学、音律等诸多门类。

在古文字及书法方面，吴晓懿探讨了战国简牍书法与题铭艺术的字体，从书法美学的角度出发，整理、阐明了不同地域字迹风格的差异等（《中国国家博物馆馆刊》2 期），此外吴晓懿还探讨了战国毛笔形制及其对简牍书法的影响（《中国书法》13 期）。王伦信探讨了纸本替代简牍过程中的教育文本变革［《河北师范大学学报》（教育科学版）2 期］。王相帅、朱生玉研究了简帛文献语音研究中的通假字问题（《理论月刊》5 期）。申红义以简帛文献中的否定副词“弗”的主观化用语特征做一分析研究［《新疆大学学报》（哲学·人文社会科学版）4 期］。

在经济方面，朱德贵分析研究了长沙走马楼汉简中所见的“都乡七年垦田租簿”及其相关问题，并提出西汉中期田租征收的具体办法是依据平均粮食产量和一定的税率按亩计征（《中国社会经济史研究》2 期）。陈敏、曾玉婷从简牍记录中探析了中国古代的借贷关系与性质（《财会月刊》12 期）。

在官制方面，张俊民研究了西汉简牍文书中所见的职官长史，提出“长史”有可能最高官至八百石（《国学学刊》4 期）。

在律法方面，研究了秦汉简牍法律用语中的省称（《长江师范学院学报》2 期）。魏永康考论了秦简牍中所见的田制（《西安财经学院学报》5 期）。徐世虹鉴别了出土简牍中的法律文献的性质及类别［《中国优秀传统法文化与国家治理学术研讨会暨庆祝研究院（所/中心）成立三十周年论文集》（上）（下）］。牛静总结了第四届出土文献与法律史研究学术研讨会（《法制博览》35 期）。

在医学方面，裴之祺介绍了汉代的《仪礼》简、医药简牍和王仗简（《文物天地》4 期）。王奇贤、张显成对出土散见的涉医简牍进行了研究综述（《古籍整理研究学刊》6 期）。庞境怡、张如青从出土简帛来看战国秦汉石器的中医外科学（《中华中医药学刊》11 期）。周祖亮考证了简帛中所载的医术药用酒文化（《农业考古》4 期）。

在制度研究方面，吴方浪、吴方基考论了简牍中所见的秦代地方廪食标准（《农业考古》1 期）。刘太祥研究了简牍中所见的秦汉国有财务管理制度［《南都学坛》（人文社会科学学报）3 期］。

在简牍内容研究方面，各家论述颇多，不仅有材料公布，也有不少旧简新论。朱德贵、庄小霞探讨了香港中文大学文物馆馆藏简牍中所见的“奴婢廪食出入簿”文书的相关问题，认为该文书应为官文书，并否定了以往秦汉奴婢可以立户的观点。另外，该文书还反映了西汉“编户齐民”为完成官府或君长所分配的徭役任务而分派自家私人奴婢从事官府某一经济建设的历史事实（《中国农史》5 期）。曹旅宁通过考证认为长沙东牌楼东汉简牍“李建与精张诤田案”中之“田一石”应相当于旧制的六亩三分，并为一计量单位（《平顶山学院学报》1 期）。谢继忠探析了敦煌悬泉置《四时月令五十条》的生态环境保护思想渊源，认为主要有三，一是源于月令书，二是源于先秦诸子的生态环境保护思想，三是源于秦汉时期的生态环境保护法律（《农业考古》6 期）。郝建平对尹湾汉墓中出土的简牍进行了一个研究综述，并探讨了其对汉史研究之裨益（《古籍整理研究学刊》1 期)。

而 2015 年度关于帛画的研究相对较少，王煜认为马王堆帛画中心的双龙穿壁图像实际应该是阊阖门的表现，而其上的平台则为昆仑悬圃，并提出升天成仙与昆仑为通天中心的观念在西汉前期应已经形成(《江汉考古》第 3 期)。

综上所述，2015 年度对于简帛的研究新成果卓越丰富，内容研究深入且多样化，各类主题的研究各有专攻，对于解决秦汉文献史中仍存在的问题应有较大贡献。

五　专题研究

2015 年诸家学者关乎专题方面的研究多集中在各器类研究及各项考证等方面，兼有部分理论研究、科技研究等。整体上展现了百家争鸣的态势，不仅各项研究均有涉猎，且遍及全国各地。以下对各类专题研究做一简单介绍。

在考古理论研究方面，韩国河、张继华探讨了汉代聚落考古目前存在的若干问题，提出今后应高度重视并着力探讨其与汉代基层社会组织单位之间的对应关系(《中原文物》6 期)。徐承泰介绍了汉代考古遗存的埋藏学特征及其影响，认为汉代考古遗存的埋藏性质以墓葬为主，因而坚持系统发掘、及时整理、全面报道并重视对陶器的研究(《江汉考古》4 期)。万义广探讨了秦汉时期农商对立观念及其对乡村社会的影响(《农业考古》3 期)。

在科技类研究专题中，林永昌、陈建立等人通过郃城铸铁作坊出土铁遗物的冶金分析初步论证了汉代关中地区铁器生产原料的来源与流通(《考古与文物》6 期)。邵安定、梅建军等人科学分析了秦始皇陵园出土的青铜水禽泥芯以探讨其工艺特征，发现不同水禽及同一水禽不同部位的泥芯应是使用了不同的泥料，且这些泥料并非来自秦陵地区(《南方文物》1 期)。郭继斌、刘江卫取样分析了汉代彩绘陶仓楼，为制订科学保护方案及下一步修复工作奠定了基础(《中原文物》5 期)。刘亚雄、陈坤龙等人分析了陕西临潼新丰秦墓出土的 23 面铜镜，并对这一时期铜镜制造中是否存在热处理工艺进行了探讨(《中原文物》4 期)。

在音乐考古专题研究中，薛梦潇介绍了“五音”的配置与齐、楚月令之源流，分析了传世文献与出土简帛所揭示出的三种不同“五音”配置差异存在的原因，并分析了最终以《吕纪》为代表的“齐月令”成了秦汉的“王官月令”(《江汉考古》5 期)。

在各器类专项研究方面，主要有金属器具与陶器大两类。吴小平专注于战国秦汉时期云贵地区青铜炊器的研究，认为可分为鼎、釜、双耳锅、釜甑及鍪五类，并通过类型学和文化因素分析的研究进而分析了青铜炊具分布格局的变化及其背景(《考古》3 期)。张逸枫、秦丽荣探讨了汉魏“摇钱树”的相关问题，提出实际命名为“钱树”较为合理，同时从外观形态、文化渊源、文化内涵等方面对其展开了全面探讨(《中原文物》6 期)。马艳研究了中国境内出土的涡纹牌饰，并由其出发探讨了我国长城地带及甘宁地区与欧亚草原西部的互动(《考古与文物》3 期)。与国际视野相关的还有仝涛、李林辉介绍的欧亚视野内的喜马拉雅黄金面具，而黄金面具的发现佐证了喜马拉雅地带并非闭塞不通，且可看出铁器时代早期这一地区形成了一个较为统一的考古学文化系统。黄金面具作为探讨该地区与整个欧亚大陆的关联性的一个重要指标，其代表了在广泛地区内的丧葬观、宗教观及价值体系(《考古》2 期)。关于铁器的研究则有德阳市文物考古研究所等单位共同介绍了四川广汉市所新发现的西汉纪年铁“雒江桥墩”（《四川考古》1 期），并由李映福等人对该桥墩的相关问题展开了较为深入的研究（《考古》9 期）。在陶器方面，李丽娜探讨了中柱盂形器的功用和形制（《中原文物》1 期）。张卫星从 2012 年发现的“宫臧”戳印展开了对秦始皇陵一批陶俑的新认识（《古代墓葬美术研究》3 辑）。张延红从三门峡出土的六博俑模型来探讨秦汉时期的博具（《中原文物》5 期）。韩冰研究了汉代建筑上的屋脊装饰（《中原文物》2 期）。刘芳芳研究了镜台的渊源、形制演变等问题（《文物与考古》3 期）。朱津探讨了汉墓出土陶灶的类型与区域特征（《中原文物》2 期）。陈杰专注于三峡地区汉墓出土的九眼陶灶（《四川文物》2 期）。田鸣主要研究了河南许昌地区的汉代陶器（《中原文物》3 期）。鲍颖建、刘丁辉初步探讨了荥阳娘娘寨遗址出土的“大泉五十”钱范（《中原文物》2 期）。史晓雷通过两件汉代的陶作坊模型证明了我国汉代已出现了较复杂的连机碓（《农业考古》1 期）。此外，还有黄儒宣系统研究了式图与式盘，并提出式盘的起源与式图的发展有着密不可分的关系，都是式占模拟宇宙的产物（《考古》1 期）。朱和平、邓昶通过文献与实物的相互印证提出秦汉时期包装已有意识地根据所包装的内容选取不同的包装材料（《中原文物》1 期）。郭靖介绍了南阳市博物馆藏的三通汉碑（《中原文物》4 期）。

张建峰考证了秦汉时期的沐浴方式（《考古与文物》6 期）。吕劲松考释了秦始皇陵中陪葬的骟马（《农业考古》1 期）。杜小钰、孙凯质疑和反驳了“长信宫灯”最初的所有者是“长信尚浴”的说法，并通过各项分析论证得出其最初所有者应是“阳信家”，且此灯是皇太后让其宫官“长信尚浴”和“内者”制造并赠予阳信长公主的（《中原文物》1 期）。

此外，涉及文字方面的研究，王伟对秦玺印封泥中涉及的职官地理进行了详细的研究（《秦玺印封泥职官地理研究》，中国社会科学出版社）。黄文杰《秦汉文字的整理与研究》（社会科学文献出版社）对秦汉文字各种材料和各家研究成果的全面收集和分类系统整理，在此基础上对秦汉文字形体特点和演化规律的探讨、对秦汉古体字的深入研究、对秦汉文字中的异构字的详细分析研究，以及对秦汉文字文本的校读和对疑难字词的考释，对汉字发展史研究具有重要的研究价值。

三国魏晋南北朝时期考古

钱国祥　郭晓涛

三国魏晋南北朝时期的社会情况非常复杂，一前一后各有一个强大的统一王朝时期，前者秦汉王朝时期，奠定了以汉文化为主体的王朝格局；后者隋唐帝国时期，铸就了以中国为核心、华夏文明为传统的东亚秩序文明圈。三国魏晋南北朝夹在两个大统一帝国时期之间，处在一个相当漫长的战争与分裂时期。这一时期中原扰攘、神州芜秽，历史事件千头万绪，文化面貌多元杂糅，各方面的文化因素在东亚大陆的核心地带相互融合、碰撞、裂变。战乱造成人口大面积、大范围地移动，晋室衣冠南渡、胡族逐鹿中原、西域宗教信仰纷至沓来，直接导致这一时期的文化面貌呈现出万千星斗竞相辉映的局面。

2015年，三国魏晋南北朝时期的考古发现和研究成果显著。中原地区的大型遗址，作为都城的不同时间段的帝国核心，有着学术价值可观的重要发现；一般城址的考古发掘工作，在全国范围内大面积开花，成果卓然；在边陲地区，跨文化地域的考古发掘，为研究不同地域、不同族群、不同文化之间的交流互动提供了珍贵的研究素材。

研究方面的收获，主要体现在对以往构建理论的不断探索和深化，使之进一步丰富或改进。第一，在都城考古方面，都城制度的研究随着考古发掘的不断进展，逐步对以往的认识有所调整、纠正或者重新定义。第二，三国魏晋南北朝时期的墓葬，与其社会一样正处在一个变革时期，自俞伟超先生提出“晋制”说以来，学界多承其衣钵，在材料逐步丰富的基础上踵事增华；尤其近年来学者们开始重新思考“晋制”理论的内涵，以齐东方先生为代表，对其理论在更深层次进行阐发。第三，社会在动荡、文化在碰撞、思想在激荡，多元文化的融合交汇是魏晋南北朝时期考古的重要特色，以丝绸之路为代表的中西文化交流研究成果显著增加，研究视野扩展到整个东亚大陆，乃至与中亚、欧洲腹心地带的比较。第四，有别于秦汉时期，魏晋南北朝时期墓葬考古有一个重要的学科分支——墓志研究，作为一大亮点其研究逐步深入，从原有的经史互补的研究习惯中逐步突破出来，谱牒世系的研究有了长足的进展；墓志研究不再满足于两重证据法的研究现状，开始向史学史方面挺进。第五，与其他领域一致，这一时期的考古学研究方法也大量引进了各种科技手段，技术考古在其中多有贡献，诞生了一大批喜人的成果。

一　都城和其他遗址的发现与研究

（一）都城遗址

从年代上讲，三国魏晋南北朝自曹丕禅汉代魏开始，至北周覆亡隋朝建立，凡361年。其间累计建立政权29个，不同等级的都城遗址分布在不同区域。北方民族在入主中原之后，不约而同地彰显其国统正朔之诉求，这个时期进入一个蔚为壮观的造城运动时期。都城制度在这场运动中不断地被探索、被定型，成为研究中国古代都城制度的一个至关重要的时期。从这个意义上讲，三国魏晋南北朝时期的都城考古将是中国古代都城考古的一个重要节点。

2015 年度出版的徐苹芳《中国城市考古学论集》中，徐苹芳先生强调了古代城市考古学与古代史之间密切的关系。而城市考古中最重要的环节，则是都城遗址的考古。

1. 汉魏洛阳城

在河南洛阳汉魏故城太极殿遗址发掘的基础上，北魏宫城太极东堂遗址又有新的发现，明确了东堂殿基的规模范围、形制布局、建筑时代以及其与主殿太极殿的关系。此次发现与之前发掘的太极殿主殿台基，共同构成了魏晋至北魏宫城中最核心的宫室建筑群，确定了太极殿主殿与太极东、西堂东西并列三殿的总体格局，完善了对该建筑群建造与沿用时代的整体认识。太极殿主殿与东堂台基的时代序列大致相当，其始建年代均可上溯至三国曹魏时期；迨至北魏沿用其主体格局，并有所改建；北魏分裂之后，洛阳城顿成废墟，到北周宣帝时期，对该建筑群又进行了大规模改建，但据发掘情况结合文献记载，此次改建并没有完成。综合分析，太极殿及太极东堂遗址的发掘，为研究汉魏洛阳城的宫城形制演变和中国古代都城制度史提供了重要资料（中国社会科学院考古研究所洛阳汉魏城队《河南洛阳市汉魏故城发现北魏宫城太极东堂遗址》，《考古》10 期）。

作为中国古代历史上第一座“建中立极”的太极殿，其主殿与东西堂东西并列的形制布局，以及太极殿为大朝、太极东堂为常朝的宫室制度，均创始于曹魏时期，影响了后世诸朝的宫殿样式和形制；从太极殿的发掘收获，再回溯到此前十余年该城宫城南区的考古工作，基本上确定了曹魏至北魏以宫城南门阊阖门为起点、经由二号和三号宫门至太极殿的宫城轴线，为进一步探索中国古代都城的单一宫城形制和“五门三朝”制度提供了重要的考古基础资料。

以往对北魏洛阳外郭城里坊曾有过较多复原研究，郑君雷通过考古与文献资料再次进行了探讨，主要从坊里、道里、营建里几个概念的尺度出发，对目前郭城东西墙复原中的问题进行了辨析，由此进一步厘定了东郭城以及建春门诸石桥的位置关系，同时认为南郭城过洛河存在有规划的里坊，记载的 320 坊当为规划数，而 220 里则是实有里坊数（郑君雷《北魏洛阳外郭城复原研究的初步检讨》，载吉林大学边疆考古研究中心编《庆祝魏存成先生七十岁论文集》，科学出版社）。

2. 六朝建康城

王志高将其多年来江苏南京六朝建康城考古研究的论文结集成册，总结和回顾了六朝建康城考古发掘的心路历程，许多论文对六朝建康城的建制、布局、城市建设等有较深入的研究，基本复原了六朝都城——南京的风貌（王志高《六朝建康城的发掘与研究》，江苏人民出版社）。

江苏六朝史研究会组织的“六朝建康城东方大都会”国际高层论坛，是研究六朝建康城的学术盛会，张学锋对会议发言进行了总结（张学锋《“六朝建康城东方大都会”国际高层论坛会议总结》，《南京晓庄学院学报》7 期）。

楼劲认为经过历史、考古学者的不懈努力，六朝建康城的研究已经达到了一个全新的阶段，他对建康城的四至提出了自己的研究角度，认为从建康城礼制建筑遗址的文献记载出发，进一步细化建康宫、城方位的参照系；同时还对建康城的朝向问题提出了个人见解（楼劲《六朝建康城研究的新阶段》，《南京晓庄学院学报》7 期）。

日本学者佐川英治基于近年建康城的考古工作，首次对建康城和日本藤原京进行了比较研究，并提出了六朝江南文化的新论点（[日]佐川英治《六朝建康城与日本藤原京》，《南京晓庄学院学报》7期）。

张学锋在对六朝建康城研究基础上，以建康城为中心，旁及曹魏邺北城、北魏洛阳城、东魏北齐邺南城、隋唐长安城，指出这一时期出现的"中世纪都城"的形制特点。都城经过严格规划，坐北朝南；宫城位于中轴线北端，衙署位于宫城之南，里坊构成的外郭城三面包围宫城；宫城以北设立禁苑。认为中世纪都城是中国传统都城制度与草原文化结合的产物（张学锋《所谓"中世纪都城"——以东晋南朝建康城为中心》，《社会科学战线》8期）。

3. 邺城

牛润珍《古都邺城研究——中世纪东亚都城制度探源》（中华书局），系统讲述了邺城的历史变迁和都城制度对东亚都城的影响。

4. 统万城

在陕西靖边县统万城的一南一北，分别发现一组大型夯土基址，均在距离城址2千米～3千米以外。统万城以南的夯土基址由3个方形夯土台基组成，边长36米～37米；夯土台基有着巨大的地下夯土基础；夯土台基外有一周围墙。城北的夯土基址也由3个夯土台基构成，2个圆形台基、1个方形台基。发掘者认为上述夯土基址的性质可能与赫连大夏国的祭祀习俗相关（《榆林考古接连有重大新发现》，《榆林日报》10月30日）。

5. 国内城

吉林集安市国内城遗址是高句丽时期的第二座王都，也是高句丽都城史上历时最久的平原城址。赵少军分析国内城城垣北墙遗迹东北墙角的剖面，认为国内城的北墙及东墙局部，在高句丽时期存在一次大规模的补修，其最大特征是在城垣内侧完成（赵少军《国内城城墙修筑问题探讨》，《东北史地》2期）。

6. 其他皇家遗址

在都城遗址之外，研究者将视野拓展到都城以外与皇家功能息息相关的建筑遗址。内蒙古自治区文物考古研究所对武川县榆树店古城的考古调查结果认为，该古城应该是北魏阴山行宫广德殿遗址（张文平、袁永春《考古调查确认北魏阴山行宫广德殿旧址》，《草原文物》1期）。内蒙古呼和浩特市大青山坝顶圜丘遗址的考古调查显示，遗址底层为长方形夯土台基，其上有三层圆形台基，认为该遗址是附属于北魏行宫阿计头殿的祭坛遗址[袁永春、张文平《呼和浩特市大青山坝顶圜丘遗址性质初探》，《内蒙古社会科学》（汉文版）36卷5期]。

（二）城镇及其他遗址

城市考古是魏晋南北朝时期考古的重要内容，除洛阳、建康等都城遗址外，随着考古工作的深入及研究视角的拓宽，地区性城镇邑聚遗存也成为研究的重要方面，尤其区域考古调查方法的使用，使得一些重要遗址重见天日。

严辉通过文献和考古调查结合的方法，对河南伊洛河流域秦汉魏晋南北朝时期的古城、古聚落进行了全面梳理，析出《水经注》古城邑聚记载凡83处、《读史方舆纪要》记载凡84处，勘核后确定约122处。认为该区域内都城遗址的考古工作清楚，但是郡县、乡亭、聚邑、坞垒、关津等资料尚不明晰。对比考古调查与发掘的29座古城邑资料，认为考古工作还有深入的空间，建议设立课题解决（严辉《伊洛河流域秦汉魏晋南北朝时期古城、古聚落汇考》，载本书编委会编《庆贺徐光冀先生八十华诞论文集》，科学出版社）。

作为地方性城址的代表，江苏扬州市蜀岗上古代城址资料的公布，确证了六朝时期广陵城的存在。三国魏晋南北朝时期的广陵城经历数次兴废，而考古资料却一直暂付阙如，2015 年度扬州城的考古工作是一大突破。其北城墙东段夯土墙体的发掘解剖，发现的六朝时期夯土最高残存 1.2 米，是在汉代夯土城墙内侧加宽 1.7 米形成；而唐代夯土则又是在六朝及以前墙体之上两侧增筑加宽而成。六朝广陵城城垣地望的确定，为下一步全面考察六朝广陵城提供了重要线索（中国社会科学院考古研究所、南京博物院、扬州市文物考古研究所《扬州城遗址考古发掘报告（1999～2013 年）》，科学出版社）。

汉唐蓟城是今天北京城市的源头，近年不断有新的发现。胡传耸对近年来北京地区汉唐蓟城考古工作进行了回顾，考古发现的蓟城城垣之下叠压着东汉时期的墓葬，可以确定蓟城的年代不早于东汉，很有可能是魏晋至隋唐时期的蓟城遗存。随着西晋华芳墓志和其他唐代墓志的出现，魏晋至隋唐时期蓟城的位置、规模也基本已经确定下来（胡传耸《北京汉唐考古回顾与展望》，《北京文博文丛》2 辑）。

在辽宁沈阳市老城区地下，埋藏着一座古城——宫后里古城，以往学者一致认为其与《汉书·地理志》中辽东郡的侯城县相关。近年来随着城市建设的发展，不断考古发现有关古城的详细信息。考古工作者基本上确定了这座古城的四至范围，结合勘探发掘资料，认为宫后里城址始建于战国中晚期，东汉中晚期至魏晋时期兴盛，魏晋之后基本废弃（赵晓刚、姜万里《沈阳宫后里城址刍议》，《东北史地》2 期）。

四川芦山县姜城遗址是一座汉魏时期的古城遗址，近年来陆续出土一些经过改用的残碑，分别是《杨君之名残碑》《赵仪碑》《“十四年”残碑》。郭凤武等对新近出土的《故府张君之碑》考释研究，认为碑主人应该是东汉晚期到三国蜀汉时期，曾官至蜀汉云南太守的汉嘉人张休；结合其他残碑的情况，研究者认为这些残碑是延熙十一年（248）被重复利用于筑城（郭凤武、吴伟《四川芦山县姜城遗址新出土〈故府张君之碑〉初探》，《四川文物》6 期）。

唐际根等对江西萍乡县芦溪古城考古勘察，古城平面呈不规则近圆形，总面积约 15 万平方米。墙垣宽度为 18 米～20 米，系红色土堆筑于地面之上，内夹大量砂石。调查者认为古城的年代很可能早至三国时期，并将该古城与孙吴时期修建的萍乡县城联系起来（唐际根、邹松林、常淑敏《江西省萍乡芦溪古城勘察简报》，《南方文物》4 期）。

新疆维吾尔自治区策勒县斯皮尔古城的考古工作又有新的发现，古城平面呈矩形，年代约为魏晋时期（中国社会科学院考古研究所新疆工作队《新疆策勒县斯皮尔古城的考古调查与清理》，《考古》8 期）。

日本学者关尾史郎综合甘肃高台县境内的古墓群、画像砖、出土简帛以及分布的古城址等考古资料，提出了发展“高台学”的学术呼吁。认为高台地区的考古发现与研究，对于了解河西地区的历史文化构成有重要意义。同时指出，魏晋时期在此建立的建康郡居住着粟特人，这里成为他们前往内地的中转站，这对从城址考古研究角度探索东西方文化交流有着重要的意义（［日］关尾史郎著，王蕾译《高台研究的成果和意义——推进“高台学”》，《河西学院学报》31 卷 1 期）。

魏坚《牛川古城与北魏六镇》的报告，介绍了近年在内蒙古考古调查发现的一些古城，有四子王旗库伦图城卜子古城、察右中旗土城子乡元山子古城、达茂旗希日穆仁城圐圙古城和察右后旗克里孟古城，而克里孟古城应该就是牛川古城。同时还结合文献以及周围军镇的设置，认为克里孟古城在北魏帝国的军事防御以及皇帝北巡中扮演重要角色。韦正介绍了河北尚义土城子古城的调查收获，认为该城址是北魏北部边疆东部地区最大的城镇遗址，推测为六镇中的柔玄镇（包桂红、程鹏飞《“草原游牧民族与丝绸之路暨中蒙联合考古十周年国际学术研讨会”纪要》，《草原文物》2 期）。

二 墓葬的发现与研究

（一）“晋制”的有关讨论

囿于文献，传统考古学在研究之初就会有一种根深蒂固的影响，认为所谓的“晋制”就是“薄葬”的代名词。这一点，从俞伟超当年将单室墓作为“晋制”的主要因素考量，应该就是产生在这样一种学术背景之下。然而，作为一个大时间段内的墓葬制度理念，如果仅仅用薄葬来解释，显然不够完善。

齐东方在关于“晋制”问题的进一步讨论中，深刻剖析了构成“晋制”内涵的四个概念：丧葬观念、丧葬习俗、丧葬礼仪、丧葬制度。同时认为晋制的存在与否，应该从这四个要素的动态形成过程来观察。曹魏墓葬的不封不树首开先河，西晋墓葬承其流风，衣冠南渡之后，以中原为正朔的东晋王朝继承了北方墓葬制度；由此可以确定，魏晋时期由于上层观念的转变，使得原有的丧葬观念受到冲击动摇；原来东汉时期前堂后室的墓葬形式发生了改变，原有的横前堂被祭台代替，表明了丧祭礼仪的转变；汉代墓葬中习见的日用品组合，在魏晋时期逐步向祭奠仪式感强烈的用器过渡；牛车、陶俑、仪仗组合成为两晋墓葬的普遍风尚，并逐步被社会各层面接受，进而形成群体记忆而被固化成为一种习俗。至于习俗如何确定成为礼仪和制度，作者引述了大量文献加以佐证，从概念方面为“晋制”的研究构建了一个完善的制度体系（齐东方《中国古代丧葬中的晋制》，《考古学报》3 期）。

作者之所以剖析“晋制”的内涵与外延，应该是对于目前学术界对“晋制”理论滥用的反思。而事实上，魏晋时期之后的十六国、南北朝时期，由于中原陆沉、战乱频仍，草原、西域、宗教的因素大量注入墓葬文化之中，墓葬制度在这两个时期的巨大变化，更应得到学术界的重视，其多元化的墓葬文化则更可能是影响隋唐墓葬制度的源头。

刘振东对晋制的探讨，认为就墓制而言，曹魏制度是对汉制的颠覆，而晋制则是对曹魏制度的继承和改造。其主要从坟丘墓即封土墓葬的角度出发，对汉魏南北朝时期的墓葬制度，尤其是墓葬等级制度进行归纳综述。其将魏晋时期归结为中国古代坟丘墓的衰落期，从地面设施、墓葬形制以及随葬品三个方面对曹魏时期的墓葬加以论述。认为地面设施“不封不树”，是曹魏墓制与两汉时期墓葬制度最重要的区别。从墓葬形制方面比较，曹魏时期的墓葬埋藏较深、墓葬规模变小、墓内装饰趋于简单化，平面形状发生些许变化（刘振东《冥界的秩序——中国古代墓葬制度概论》，文物出版社）。

值的肯定的是，其认识到曹魏与西晋墓葬之间的不同，同时将十六国和南北朝时期的墓葬分别定义。显示了在其研究过程中，认识到这一个历史大时期内，各个时间段、不同地域墓葬文化所体现的不同面貌。也就是说，所谓的晋制是一个不断嬗变的动态进程。

霍巍对晋制的探讨，不仅局限在墓葬内，研究的触角已经伸到了墓葬周边。其通过分析六朝墓葬外神道瑞兽形象的演变规律，进一步阐述了墓葬从“汉制”到“晋制”的转变机理。其中六朝墓葬神道石刻瑞兽的出现，与汉代开始出现的城门、宫门、墓门的守护性石兽应该有所关联；而汉代的石兽可能与汉代“丝绸之路”开通以后，“西方”文化因素的影响有关。而六朝狮子图像进入墓室内部，与地面石兽相互呼应，形成从外到内、由表及里的一套瑞兽系统，这一研究是对“晋制”特点的重新阐发。这种新特征是对汉代“四神”传统的革新与嬗变，其是在传统基础之上东西方文化交流的结果。在当年俞伟超先生提出“晋制”理论的基础之上，霍巍认为“晋制”的探讨，除了墓葬形制的演变之外，亟待从更多方面加以考量（霍巍《六朝墓葬装饰中瑞兽的嬗变与“晋制”的形成》，《考古》2 期）。

（二）帝王陵墓的考古发现与研究

1. 三国曹魏陵墓

2009～2010 年，曹休墓的发掘为了解曹魏时期贵族墓葬的排列布局提供了标尺性的依据，严辉在其基础上与曹魏高陵横向对比研究，认为曹休墓的发掘有助于解决曹魏帝陵的问题，继而表明对文帝首阳陵地望的倾向性意见——可能在河南偃师市邙岭乡赵坡村附近。耿朔从历史地理的角度出发，通过对“首阳山”和“乾脯山”古今地望及名称的辨析，对首阳陵的相对位置进行了研究。认为曹魏主陵区不同于西晋帝陵在首阳山以南，应该在首阳山主峰以北地区寻找（耿朔《首阳山小考——兼谈魏文帝首阳陵位置问题》，《北方民族考古》2 辑）。

2. 六朝陵墓

江苏南京市栖霞区狮子冲发掘了 2 座南朝大型砖室墓，墓葬位于象山南麓，东西并列，均坐南朝北，墓坑间距仅 10 米，墓室规模庞大。据调查和勘探，两墓与狮子冲的神道、石兽、陵垣共同构成一座完整的陵园。根据两墓封土之间的叠压关系判断，M1 的营建年代晚于 M2。墓室砖壁上均发现拼接整齐的砖印壁画，其中 1 号墓的“竹林七贤”砖印壁画在全国范围内罕见。2 座墓葬中出土砖上的纪年分别是中大通二年和普通七年，发掘者认为 2 座墓葬的墓主分别为梁昭明太子（M1）及其生母丁贵嫔（M2）（南京市考古研究所《南京栖霞狮子冲南朝大墓发掘简报》，《东南文化》4 期）。

此两座墓葬的发掘，纠正了学术界长久以来认为狮子冲神道石兽为宋文帝长宁陵，或者陈文帝永宁陵列置的学说，同时也验证了王志高之前对这两座大墓墓主身份的研究推测。

许志强、张学锋对狮子冲南朝墓主身份的判定进行了详细阐述，总结了前人关于狮子冲石兽及墓主身份的研究，同时结合对墓葬形制规模的考察与比较研究，认为狮子冲南朝墓与此前发掘的甘家巷 6 号墓、老米荡梁墓等栖霞山地区南朝墓葬基本相同，是具有典型意义的南朝中晚期大型墓葬。而从砖印壁画尤其是“竹林七贤图”的横向比较研究出发，认为狮子冲墓葬的规格与西善桥油坊村大墓、宫山大墓、建山金家村大墓、胡桥仙塘湾大墓一脉相承，应该属于帝王级别的墓葬。最后通过文献的梳理论证，综合认定两座大墓墓主人分别是梁昭明太子及其生母丁贵嫔（许志强、张学锋《南京狮子冲南朝大墓墓主身份的探讨》，《东南文化》4 期）。

以往经过科学发掘的六朝帝陵少之又少，早年一些被推定为帝陵的大墓，墓葬信息多不完备，造成了目前六朝帝陵定名的不确定局面。此次发掘的狮子冲大墓之所以引起重大关注，关键在于墓葬的信息较为全面，不仅为六朝帝陵的确定提供了参考系，同时从墓葬出土各类遗存的剖析，对比其他性质相近墓葬，可以更全面了解六朝帝陵埋藏制度的内涵。

王志高《六朝建康城发掘与研究》论文集中，有多篇研究六朝帝陵和贵族墓葬的文章值得重视。其中，对南京甘家巷西梁始兴郡王萧憺神道之东的一对南朝石兽进行了研究，指出以往学界认为其与鄱阳郡王萧恢有关的观点不确。其通过对石兽的造型、装饰风格的对比研究，同时考虑到与家族其他成员的位置关系，认为该石兽极可能是在世子始兴嗣王萧亮墓前列置的（王志高《南京甘家巷“梁鄱阳王萧恢墓神道石刻”墓主身份辨正》，《中国国家博物馆馆刊》12 期）。

刘庆柱先生在为王志高《六朝建康城发掘与研究》论文集的著序中，强调说明了帝陵研究的重要性，认为帝王陵墓与都城研究共同构成了古代都城“二元”文化的物化载体，研究帝王陵墓的制度，不啻是在研究地下的都城制度。所以，帝陵的研究要与都城的研究互相呼应才能相得益彰。

（三）一般墓葬的考古发掘

齐东方指出，丧葬观念只有普及到社会各阶层，才能成为时代的特征；而构成时代总体文化面貌的，绝大多数是一般人群社会。从这个意义讲，对一般墓葬的研究关注，是各个时期墓葬研究的共同命题，魏晋南北朝时期也不例外。2015 年度，各地考古发掘层出不穷，新材料不断涌现，使得这一时期的墓葬文化特征不断丰富与完善，相关研究也逐步深化。

北京大兴区发现 2 座北朝墓葬，通过墓葬中的铭文砖可知，墓主人名韩显度，祖籍乐浪郡朝鲜县，下葬于元象二年（539），这座北朝墓葬为本地区的墓葬研究树立了时间标尺（张景华、李韵《北京发现大型古墓葬群》，《光明日报》3 月 17 日）。

烟台市博物馆在山东烟台龙口市发掘东汉至魏晋时期墓葬 7 座，均为带斜坡墓道的砖室墓，墓室均为穹隆顶。由于破坏严重，棺椁制度和葬式不清楚。主要随葬品有白陶和釉陶器（孙兆峰《山东烟台发现战国至魏晋大型墓葬群》，《中国文物报》7 月 17 日）。

河北赞皇县北魏李仲胤夫妇合葬墓是北朝赵郡李氏家族墓中的一座。根据墓志记载，夫妇埋葬时间相差 27 年，墓葬发现有二次葬的遗迹现象（中国社会科学院考古研究所河北工作队《河北赞皇县北魏李仲胤夫妇墓发掘简报》，《考古》8 期）。

北魏李翼夫妇合葬墓为长斜坡墓道单室土洞墓，墓主殁于河阴之变，永熙三年与其夫人一起迁葬到此，墓为二次葬，随葬品组合完整、布局清晰（中国社会科学院考古研究所河北工作队《河北赞皇县北魏李翼夫妇合葬墓发掘简报》，《考古》12 期）。

山西省考古研究所对忻州九原岗北朝壁画墓发掘资料予以公布，壁画墓为单室砖室墓，在墓葬周边发现有墓园围墙遗迹。墓内发现大面积壁画，题材分别有神仙故事、马匹交易、围猎、出行等内容。墓葬的发掘为讨论北朝忻州地区墓葬文化提供了非常重要的资料。该壁画墓一度曾经被认为与尔朱荣的墓葬有关（山西省考古研究所、忻州市文物管理处《山西忻州市九原岗北朝壁画墓》，《考古》7 期）。

山西大同市恒安街发掘 1 座北魏墓葬，墓为偏室土洞墓，墓葬中铭文砖写有“崔令珍妻韩法容”。墓葬中出土的金耳饰与 1978 年阿富汗席巴尔甘地区出土的大夏贵霜时期墓葬的金耳饰十分相似，反映了东西方的文化交流（大同市考古研究所《山西大同恒安街北魏墓（11DHAM13）发掘简报》，《文物》1期）。

山西省考古研究所在太原晋阳古城东南侧发掘一批古代墓群，其中北齐墓葬22座，均为拱顶土洞墓。依据天井的有无与多寡，可以初步了解有不同等级的墓葬。M20出土的“齐故楚州刺史赵公铭”墓志，可知墓主的身份与年代。由此可以大体推断该处墓地的年代当在河清三年（564）前后（山西省考古研究所等《山西太原开化墓群2012～2013年发掘简报》，《文物》12期）。

内蒙古自治区文物考古研究所公布了乌审旗郭家梁村发现的北朝时期4座墓葬资料，发掘者认为墓葬或与北魏时期铁弗匈奴有关（内蒙古自治区文物考古研究所《为蒙古乌审旗郭家梁村北朝墓葬发掘报告》，《华夏考古》2期）。

内蒙古自治区伊和淖尔墓群地处浑善达克沙地南缘的一处丘陵谷地中，2014年发掘2座北魏时期墓葬。墓葬为斜坡墓道的土洞墓，墓室平面呈长方形，直壁拱顶。室内放置有木棺，墓主为仰身直肢葬，头向东北，入葬时身裹毛毡。出土有金银器、铜器、漆器、釉陶器、玻璃器、丝织品等珍贵遗物，墓葬年代大致为北魏平城时期。这批墓葬集鲜卑文化和欧亚草原文化因素于一体，为研究北魏时期草原丝绸之路、边疆地区历史民族关系提供了珍贵实物资料（陈永志、宋国栋、庄永兴《内蒙古正镶白旗伊和淖尔墓群再次发现北魏贵族墓》，《中国文物报》3月13日）。

宁夏回族自治区彭阳海子塬墓地于2010年在西北大学和宁夏文物考古研究所等单位共同合作下，发掘1座北魏时期墓葬（M14），出土的萨珊卑路斯银币为探讨高平经平凉至安定段的丝绸之路提供了新的考古学资料（西北大学文化遗产学院、宁夏文物考古研究所、彭阳县文物管理所《宁夏彭阳海子塬北魏、隋墓清理简报》，《考古与文物》3期）。

《北燕冯素弗墓》发掘报告在发掘多年以后，2015年度得以发表。根据墓葬形制，出土的步摇金叶、龙首提梁器、印章等综合考虑，推断这两座墓葬应该是十六国时期北燕国宰辅冯素弗及其妻属的墓葬（辽宁省博物馆编著《北燕冯素弗墓》，文物出版社）。

辽宁辽阳市苗圃汉魏墓地中，发掘1座纪年为西晋“太安三年”的壁画墓。墓葬为大石板砌筑的多室石室墓，为本地域传统的筑墓方式。明确的纪年铭文，使该墓可以成为西晋时期辽阳壁画墓的代表。此墓利用汉墓的建筑材料改建，这是魏晋时期山东地区的习俗，发掘者认为这体现了西晋辽阳与山东的文化交流（李海波、刘潼、徐沂蒙《辽阳苗圃汉魏墓地纪年墓葬》，《北方民族考古》2辑）。

江苏省南京市雨花台区铁心桥小村发掘2座南朝墓葬，其中M1有竹林七贤内容的画像砖（南京市博物馆《南京雨花台区铁心桥小村南朝墓发掘简报》，《东南文化》2期）。

同在雨花台区，华为南京基地发掘了一座土坑竖穴砖室墓，出土了较丰富的随葬物，其中1件小金罐引人注目（南京市考古研究所《华为南京基地南朝墓M36》，《中国国家博物馆馆刊》10期）。

南京市雨花台区板桥街道发掘两座西晋时期纪年墓，分别为元康七年（297）和永宁元年（301）。M8出土的铭文砖记录了墓主身份及卒葬年月，是近年来六朝墓葬的重要发现（南京市考古研究所《南京板桥新凹子两座西晋纪年墓》，《中国国家博物馆馆刊》12期）。

同在板桥地区，南京市考古研究所还发掘5座六朝时期墓葬。其中南朝中晚期的M1中出土的滑石印章，确定了墓主身份。发掘者认为该区域大型墓葬较为集中，应该是南朝时期帝室及世家大族的集中埋葬地（南京市考古研究所《南京板桥张家洼南朝墓 M1》，《中国国家博物馆馆刊》12 期）。

南京市考古所在雨花台区铁心桥镇尹西村还发现 4 座东晋中期家族墓，其中一座墓中出土的六面印章确定了墓主身份（陈大海《南京尹西村东晋家族墓》，《大众考古》5 期）。

河南洛阳吉利区济涧发现 1 座北魏墓葬，墓顶在生土壁上减地雕出仿木结构的“人”字形屋顶形状。墓内出土的铜鍑具有强烈的北方草原因素，发掘者认为该墓主可能来自北方草原民族（洛阳市文物考古研究院《洛阳吉利济涧北魏墓发掘简报》，《文物》4 期）。

河南淅川县杨营村发现魏晋墓葬 5 座、南朝墓葬 7 座，从考古学层面反映了丹江中游地区社会人文和人地关系的变迁（咸宁市博物馆《河南淅川杨营墓群发掘简报》，《江汉考古》1 期）。

湖南省文物考古研究所在永州市蓝山县五里坪发现汉至魏晋时期大型古墓群，共清理墓葬 51 座，其中土坑墓 34 座、砖室墓 17 座。魏晋时期墓葬数量较少，朝向多为西北—东南向，随葬品以陶器为主，开始出现直口六系罐、盘口罐等（陈斌《湖南蓝山五里坪发现汉至魏晋古墓群》，《中国文物报》11 月 20 日）。

广州市文物考古研究院在中山大学北校区发掘 14 座砖室墓，其中 4 座为东汉三国时期，10 座为晋南朝时期。东汉三国墓室为单隅顺砌，墓室砖墙单薄，墓室低矮；东晋墓葬则为双隅砌筑，券顶为三层结顶，墓室装饰有直棂窗等设施。东晋墓葬中布置有排水设施，甬道地面增加了窨井，东晋晚期墓葬墓道两侧砌筑有排水砖沟，同时为了排水顺畅，降低甬道平面，增加后室高度，呈现出由甬道到前室、后室逐级抬升的态势。在 10 座晋南朝墓葬中，三组为“同茔异穴”，应属于本地区这一时期“族葬”的主流形式。据对随葬品分析，瓷器制作工艺受到北方传统影响，有可能是东吴集团入主广州地区的结果。此外，三国与南朝墓葬随葬品组合存在连续性，这和墓葬结构上的变化基本一致，符合“族葬制”的传统（广州文物考古研究院《中山大学北校区砖室墓发掘简报》，《广州文博》8 辑）。

此外，在广州市麓湖公园还发现 4 座墓葬，均为券顶砖室墓。根据墓葬形制和出土遗物综合分析，墓葬的年代在两晋至南朝中晚期（广州市文物考古研究院《广州市麓湖公园晋南朝墓葬发掘报告》，《广州文博》8 辑）。

东汉末年以后，中原板荡，战乱频仍，北方民族纷纷南渡之后聚族而居。在福建建瓯市东峰村发掘南朝时期墓葬 24 座，其中九郎柯墓地出土的纪年铭文砖，基本上确定了墓葬的年代。这一发现，为研究闽中地区六朝时期汉人扩张和区域开发的历史提供了重要资料（厦门大学历史系考古专业《福建建瓯市东峰村六朝墓》，《考古》9 期）。

福建闽越王城博物馆在浦城县石陂镇发掘 1 座南朝券顶砖室墓，为闽西北六朝时期墓葬的区域研究增添了新资料（福建闽越王城博物馆等《浦城县石陂镇官山南朝墓清理简报》，《福建文博》3 期）。

云南省文物考古研究所在嵩明县发现两座魏晋南北朝时期的封土石室墓，墓葬形制为横列前堂式，墓室墙体和券顶有大小不一的石块建构，墓葬出土有铜跪俑、人形金箔等器物。发掘者认为墓主可能为中原迁入的汉人，或是受汉文化影响较深的当地土著（闵楠《嵩明出土魏晋南北朝铜跪俑》，《云南日报》3 月 16 日）。

重庆市文化遗产研究院在石柱县陶家坝发掘 1 座六朝时期的刀把形砖室墓，由甬道、墓室构成。墓室内有宋代及后世的碎瓷片，发掘者认为可能与南宋盗墓有关。考虑到这一地区唐宋时期的葬俗，将这一现象解释成为借室葬可能比较合适（重庆市文化遗产研究院等《重庆市石柱县陶家坝东汉六朝墓发掘简报》，《四川文物》2 期）。

2015 年年初，陕西兴平县留位墓地发现南北朝时期墓葬 5 座，墓葬分布密集，排列有序。墓道均朝南。一般由墓道、墓室两部分构成，规模较大的墓葬有天井、过洞。在咸阳市底张镇发掘南北朝时期墓葬 12 座，墓葬方向一致，形制相似，布局规律统一，应是家族墓地。大多数墓内发现多具骸骨，墓地随葬品极少见，发掘者推测与迁葬或战乱相关（陕西省考古研究院《2014 年陕西省考古研究院考古调查新收获》，《考古与文物》2 期）。

新疆文物考古研究所发表了 2010 年新疆库车友谊路发掘的 5 座魏晋十六国时期墓葬资料。墓葬均为斜坡墓道砖室墓，发掘者认为墓葬显示的文化属性与中原、河西地区关系密不可分，可能与当地的龟兹文化相关（新疆文物考古研究所《新疆库车友谊路魏晋十六国墓葬 2010 年发掘报告》，《考古学报》4 期）。

（四）一般墓葬的研究

如前所述，魏晋南北朝时期是一个乱象纷呈的时期，各种文化的交汇融合，造成物质文化方面的精彩纷呈，墓葬方面亦概莫能外。对于此时期墓葬研究的关注点较多，民族特色是这一时期墓葬的一大特征；同时，有一些特色夹杂着异域风情，是东西方文化通过丝绸之路、欧亚草原大通道等路径进入之后，和中国传统文化碰撞之后留下的文明火花。

辽东地区由于各种文化的杂糅，墓葬壁画既有中土模式，也存地域特色。孙力楠对辽东地区汉至魏晋南北朝的墓葬壁画源流进行了研究，指出辽东地区的壁画在题材上与中原地区大体一致，但在时间上有一定的滞后性（孙力楠《辽东汉至魏晋南北朝墓葬壁画源流初探》，载吉林大学边疆考古研究中心编《庆祝魏存成先生七十岁论文集》，科学出版社）。

张永珍对沈阳地区的汉至魏晋墓葬进行了区域墓葬类型与分期方面的研究，其确定的四期为公孙氏割据时期，五、六期则从公孙政权覆亡延至两晋之交（张永珍《辽阳沈阳地区的汉魏晋墓葬类型与分期研究》，载吉林大学边疆考古研究中心编《庆祝魏存成先生七十岁论文集》，科学出版社）。

韦正对被认定为拓跋鲜卑墓葬的单棺合葬墓进行了专题研究。从分布地域上，单棺合葬墓是以平城地区为中心，但可以经由内蒙古中部追溯至北部，时代上亦可以追溯到檀石槐联盟时代之前。单棺合葬墓是具有拓跋鲜卑渊源且长期保留的一种葬俗，伴随着拓跋鲜卑的南迁和社会的演化，多人合葬墓等原始葬俗逐渐被淘汰，而单棺合葬墓在平城地区被保留下来；而洛阳地区目前尚未有单棺合葬墓资料的出现，表明这种葬俗在洛阳地区被终止。作者认为单棺合葬墓葬俗的出现、流行和消亡折射了拓跋鲜卑的封建化过程，同时也是一个逐步汉化的过程（韦正《拓跋鲜卑的单棺合葬墓》，载内蒙古博物院等编《中国北方及蒙古、贝加尔、西伯利亚地区古代文化》，科学出版社）。

被推定为 4—5 世纪之交拓跋鲜卑族群的七郎山墓地人群性质重新引起了争议，吴松岩通过研究认为该人群应该为北魏镇民，很可能来自西北的羌戎降民部落（吴松岩《七郎山墓主人为北魏镇民论》，载吉林大学边疆考古研究中心编《庆祝魏存成先生七十岁论文集》，科学出版社）。

对墓葬壁画和图像学的研究，一直是魏晋南北朝时期墓葬考古研究的重中之重。南朝地区画像砖墓的研究已经很多，2015 年度发掘的狮子冲南朝大墓，出土的大量画像砖及榜题铭文，为这些图像的属性提供了重要的实物依据，也是研究南朝帝陵陵墓制度内涵的重要资料。

在对南朝地区其他墓地图像资料研究方面，浙江余杭小横山东晋南朝墓地以其墓葬数量而成为众多学者研究的对象。小横山墓地东晋南朝墓葬112座，其中南朝画像砖墓20座。韦正将小横山墓地画像砖题材分为7个类型，结合发掘出土位置，建立起图像之间的前后关系。对小横山M93券门上方朱雀砖的对比分析，认为应该是南方地区发现的唯一此类题材的画像砖。针对羽人戏龙（虎）砖，认为该类画像砖清晰展示了多砖拼嵌的大幅羽人戏龙（虎）画像砖转化为小幅单砖的演化线路，而小幅单砖上龙虎图像之上添加的骑乘人物，使得图像的本身意义更为清晰，可以与许多早期相关图像联系起来。从本质上讲，小横山墓地中的图像反映了世俗性的中国传统丧葬观念和礼仪制度。考虑到墓地的画像砖样式极有可能来自京城，推测墓地主人与首都建康应该联系紧密，作者列举了可能与墓地主人相关的齐钱唐公主和梁人朱异。结合小横山墓地的地望，同时探讨了临平湖与吴晋历史变迁的关系（韦正《小横山南朝画像砖墓管窥》，载巫鸿、朱青生、郑岩主编《古代墓葬美术研究》第三辑，文物出版社）。

再把视线转回到北方地区，北魏经历了平城、洛阳之后，形成了一种在形式上沿袭晋制，在风格上草原与中土相互交融的墓葬文化特征；迨至北魏分裂，王室播迁，邺城与长安地区风格大相径庭，其中邺城地区的壁画墓异军突起，形成了全新的邺城模式。区别于郑岩在魏晋南北朝壁画墓中提出的邺城规制理论，杨泓先生从田野发掘中有关“邺城规制”的考古遗迹和标本入手，按照都城规制、建筑创新、墓葬规制、佛教艺术等几个方面，分别讨论了邺城规制出现的文化背景，并认为邺城规制对隋唐制度产生了深远的影响（杨泓《邺城规制初论》，载中国社会科学院考古研究所编著《新世纪的中国考古学（续）——王仲殊先生九十华诞纪念论文集》，科学出版社）。

杨泓先生这一观点，在倪润安的文章中再次得到了阐发与引申。其从墓葬的各个方面综合剖析了北朝末期墓葬文化的格局面貌，认为随着北魏分裂，北朝墓葬文化的格局产生了重大的变化，并成为此后隋唐文化的重要源头。倪润安继此前对平城的墓葬研究之后，从北朝后期的墓葬格局出发，重点讨论了北齐墓葬文化格局形成的成因及其历史走向。首先北齐墓葬文化的格局脱离不了东魏时期奠定的基础和框架，邺城作为当时的中心区域影响最大。东魏邺城地区墓葬形制继承了洛阳地区北魏末年墓葬的特征，随葬品方面也承续北魏晚期的衣钵；但墓葬壁画方面，东魏墓葬突破了北魏中晚期遵循的“晋制”束缚，开创了新范式。而东魏青齐地区的墓葬则保持北魏晚期的地方传统，圆形石室墓占据主流位置，这种形式对冀定地区有所影响。青齐地区这种较为独立的文化特征，表明了东魏邺城文化的辐射强度较差，王朝文化的控制力较弱。及至北齐重振，东魏墓葬的文化格局得到强有力的改造，在邺城之外，晋阳霸府崛起。从两地的墓葬文化面貌观之，邺城崇文、晋阳尚武，两地文武相和，共同构建出北齐墓葬文化的“双核”体制，一改东魏邺城在文化影响力上孤掌难鸣的被动局面。北齐墓葬文化所产生的“双核”格局，直接影响了隋唐社会制度和历史走向（倪润安《北齐墓葬文化格局论》，《故宫博物院院刊》2期）。

江苏镇江地区发现一批六朝时期土洞墓，其与毗邻的南京、马鞍山等地区墓葬形制显然有别。刘华军对比了洛阳地区西晋土洞墓的形制特征，认为镇江六朝土洞墓大量承继了中原地区土洞墓的特征，部分特点受到了土著因素的影响（刘华军《对镇江地区六朝土洞墓的源流的一点思考》，《中国文物报》8月28日）。

韦正对北朝时期高足围屏床榻的形成进行了研究。其对一些考古出土资料逐一推定，并分析其具体特点，认为其形成与北方地区火炕的生活方式有关，同时受西方因素影响，华夏文化的矮足榻向高足床转变；而南方地区的人物画，显然对北方地区的围屏画产生了深刻的影响（韦正《北魏高足围屏床榻的形成》，《文物》第7期）。

三 专题研究

（一）陶瓷器

北朝城址的建筑遗迹中，陶制砖瓦占遗物的绝对数量，对砖瓦的专题研究已经成为中国古代都城考古学的一个重要研究分支。朱岩石通过对北朝时期出土陶瓦的观察，重点分析了这一时期陶瓦制作技术的发展演变过程（朱岩石《北朝陶瓦制作技术考古学研究》，载本书编委会编《庆祝徐光冀先生八十华诞论文集》，科学出版社）。

邯郸市临水镇发掘一批瓷窑遗址，时代从北朝一直到元代。北朝时期窑址遗存有原料池1座，出土了具有明显北朝晚期特征的青瓷，通过与北齐高润墓比较，发掘者认为该遗迹时代上限可以早至北朝晚期、下限不晚于隋代（邯郸市文物保护研究所等《河北邯郸临水北朝至元代瓷窑遗址发掘简报》，《文物》8期）。

浙江省考古研究所对上虞禁山早期越窑遗址的调查发掘，为探明南方地区早期越窑的时代序列起到了重要的推动作用。目前发现三国西晋时期窑址60余处，揭露了3条半地穴式长条形斜坡状龙窑，由火膛、窑室、排烟道组成。从结构、装烧技艺和出土产品观察，这3座龙窑代表了东汉、三国、西晋时期较完整的发展序列（郑建明《浙江上虞禁山早期越窑遗址的调查与发掘》，《中国文物报》2月27日）。

耿朔初步探索了北方地区出土西晋瓷器的主要特征，几乎均系日常实用器，而几乎不见随葬明器。通过与南方地区西晋瓷器的比较，认为绝大部分北方瓷器来自长江中下游的窑厂，沿水路上溯，南瓷北运的主要市场是首都洛阳以及水路沿线城邑。考虑到西晋瓷器在北方墓葬中并不是主要的明器，推测在北方地区可能是社会生活中的奢侈品（耿朔《北方地区出土西晋瓷器初探》，《故宫博物院院刊》3期）。

近年来，一系列考古新发现引发北方早期瓷器的讨论方兴未艾，其中有一些重要研究，诸如白瓷起源问题在学界争议颇多。刘未利用北朝纪年墓出土的瓷器建立了北朝瓷器序列，并将窑址、遗址中出土的同类型瓷器移入序列。值得注意的是，作者将大量北朝瓷器的来源指向南方地区尤其是长江中游的洪州窑、岳州窑产地。刘未在文中还对目前学界在北朝瓷器的生产时间上推断过早等问题表达了见解（刘未《北朝墓葬出土瓷器的编年》，载吉林大学边疆考古研究中心编《庆祝魏存成先生七十岁论文集》，科学出版社）。

（二）丝织品

丝织品自先秦时期出现，成为最能代表中国古代文化的象征。对于古代丝织品的制作技术等方面的研究，有赖于考古发现中丝织品的种类。阿斯塔那—哈拉和卓古墓群是古高昌时期的墓地，从1959年第一次发掘至今共发掘墓葬473座，墓地延续时间从三国时期一直到唐代中期，出土的大量精美丝织品为学界广泛关注。达瓦加甫·乌吉玛对墓地出土丝织品的纹样特征进行了归纳研究，总结了出土丝织品的种类有锦、绮、绢、缣、纱、刺绣、夹缬、绞缬、缂丝、绨、缯、绫、罗等，并对各个时期的种类进行分期。墓地第一期即从西晋到高昌国时期，丝织品纹样较少，主要为中国传统纹样：回纹、菱形纹、禽兽纹；同时开始吸收西域中亚的纹饰图案，从墓地丝织品纹样分析中发现数量最多的是联珠纹、植物纹和动物纹。这些有着异域风情图案的丝织品出现在汉文化为主体的高昌地区，体现的是这一时期该地区中西交流的繁盛。此外，还讨论了纹样中反映的宗教因素（达瓦加甫·乌吉玛《阿斯塔那—哈拉和卓古墓群出土丝织品纹样特征探讨》，《北方民族考古》2 辑）。

（三）铜镜

2014 年，洛阳地区出土了一面三角缘神兽镜，这是继 2006 年、2007 年以来洛阳地区出土的第三面同类型铜镜。虽然出土地点不明确，但是文章甫一公开，在日本学界产生了极大的反响。张懋镕先生在之前研究基础之上，认为该铜镜是典型的三国时期魏式镜，铜镜上的直柄单层笠松纹、直柄双重叠笠松纹，从未在中国境内出土，而洛阳地区接连出土此类型铜镜，昭示着其有可能成为日本出土三角缘神兽镜的源头（张懋镕《也谈新发现的洛阳三角缘笠松形神兽镜》，《中国文物报》4 月 24 日）。

（四）金器

魏晋十六国时期，活跃在东北亚地区的多个族群在文化面貌上高度发达，创造出璀璨的三燕文化。田立坤以三燕文化的金器为中心，对东北亚地区 3～6 世纪黄金制品的共性进行分析。其分别对三燕文化金器，还有新罗、百济、伽耶金器，包括倭国金器，各自分类。认为从早到晚的年代序列是：三燕—高句丽—新罗、百济、伽耶、倭国，由此确定了东北亚地区 3～6 世纪黄金制品经历了从辽西到辽东、朝鲜半岛、日本依次传播的过程。同时，高句丽金器的来源或来自扶余，三燕文化的金器可能对其工艺制法产生过影响（田立坤《东北亚三至六世纪的黄金制品》，载吉林大学边疆考古研究中心编《庆祝魏存成先生七十岁论文集》，科学出版社）。

四 墓志、简牍、铭文等出土文献研究

魏晋南北朝时期墓葬中出土有大量的石刻墓志、刻铭砖以及其他一些材质的文字资料。这些文字材料的研究是魏晋南北朝时期墓葬研究的最大特色，其作为地下出土文献不仅能够指明墓葬的时代、性质，还可以获得一些依靠考古手段无法获知的其他信息，同时对于既有传承文献也具有补充及研究的作用。

（一）墓志

墓志的研究功能并不仅仅是比勘史料，有学者认为墓志更是一种既能独立但并非孤立的史学考察对象。将墓志作为独立的考古学材料来研究，客观地建立起独立于史料之外的时空关系。研究途径的另辟蹊径，使得墓志的研究不至于沦为史料文献的附庸。

陈爽通过文本分析和图版对照，判定大量魏晋南北朝墓志直接抄录了墓主家族谱牒，并对谱牒残章做了辑录和格式复原。这一研究，可以视为魏晋南北朝历史考古的一次重新发现（陈爽《出土墓志所见中古谱牒研究》，学林出版社）。

骆鹏考释了南京出土的南齐王珪之的墓志，王珪之属六朝琅琊王氏家族，在礼学方面

有较高的造诣。王珪之墓志的出土，对南朝墓葬的断代分期和六朝士族家族墓地的分布都有着重要的学术意义（骆鹏《南京出土南齐王珪之墓志考释》，《东南文化》3 期）。

西魏时期的纪年墓葬十分罕见，其价值不言而喻。赵强就西安地区出土的 2 座西魏纪年墓深入研究，2 座墓葬分别是大统五年的姬买勖墓和大统十二年的邓子询墓。作者参考以往发现的侯义墓、谢婆仁墓、舒洛平墓，分别就西魏时期的职官制度、乡里制度进行了详细分析（赵强《西魏两座纪年墓葬及相关问题探讨》，《考古与文物》4 期）。

徐冲从洛阳地区新出土北魏广阳王元渊墓志出发，探讨了元渊之死和北魏末年的政局（徐冲《元渊之死与北魏末年政局——以新出元渊墓志为线索》，《历史研究》1 期）。

幽州刺史墓是 1976 年朝鲜考古工作者在朝鲜半岛发掘的墓葬，对于该墓墓主的身份，朝鲜、韩国、日本、中国的学者研究分歧较大。孙泓通过对墓志的考释，认为该墓墓主幽州刺史镇不应是南燕桂林王慕容镇，而应该是前燕慕容暐时期某任名字为“镇”的幽州刺史；同时还推定了高句丽灭辽东的时间（孙泓《幽州刺史墓墓主身份再考证》，《社会科学战线》1 期）。

北周武德皇后是中国历史上唯一的突厥族皇后，朱振宏在前人考释基础上，对武德皇后墓志重新研究，分析了武德皇后阿史那氏进入中原以后的荣衰情形（朱振宏《北周武德皇后墓志考释研究》，《唐史论丛》20 辑）。

（二）简牍

20 世纪以来，新疆地区出土了大量佉卢文简牍，杨福学通过这些简牍研究了魏晋时期鄯善国的农业、畜牧业、手工业等诸多方面，为重新构建鄯善国经济史奠定了坚实基础［杨福学《佉卢文简牍与鄯善国经济史的构建》，《石河子大学学报》（哲学社会科学版）1 期］。

出自尼雅遗址编号为 Kh. 677 的佉卢文木牍文书最早由英国学者发表，文俊红、杨福学通过研究，对鄯善国妇女拥有土地的问题进行了深入的讨论［文俊红、杨福学《佉卢文书所见鄯善国妇女土地问题辨析》，《石河子大学学报》（哲学社会科学版）2 期］。

自 1996 年长沙走马楼三国吴简出土以来，相关资料陆续得以刊布。徐畅就此进行了简单总结和回顾，其将吴简的整理工作视为新世纪汉晋简牍最伟大的功绩之一。与竹简的整理研究同步，竹、木牍的整理有着可观的进步，即将出版的《长沙走马楼三国吴简·竹木牍》单行卷收录吴简木牍凡 376 枚。作者稽核了近年来已经刊布的吴简中的木牍资料，从木牍分类、功能差别、书写材质的变化等方面，认真分析了目前国内外学界对于木牍研究的现状（徐畅《走马楼吴简竹木牍的刊布及相关研究述评》，《魏晋南北朝隋唐史资料》31 辑）。

戴卫红分别就长沙走马楼出土的三国吴“贷食”竹简和韩国扶余地区出土的 7 世纪百济时期“佐官贷食记”木简进行研究，从形制、内容、字形方面分析，二者之间既有不同，又有联系，这应该是与百济和东晋南朝各代政权的友好交流密切相关的（戴卫红《中、韩出土“贷食”简研究》，《中华文史论丛》1 期）。

凌文超注重从考古发掘的现状出发，综合利用走马楼吴简在考古发掘整理过程中的各类客观信息，对走马楼吴简中有关孙吴临湘县库钱账簿体系进行复原和整理研究，他的方法不啻为对考古资料的进一步发掘（凌文超《走马楼吴简库钱财簿体系的整理复原与研究》，《考古学报》2 期）。

张传官、杨金东对浙江萧山老虎洞南朝墓出土的墓砖铭文进行了分类研究，一类是“宋景平元年太岁癸亥七月许作”；另一类是“会稽永兴西乡相藏里许督自书之”。作者认为砖铭内容为墓主自定，应是墓主生前就已经制作好的，而其同姓亲友负责其墓砖的制作过程。砖铭中出现具体的乡里名称，为研究南朝时期萧山地区乡里制度有着重要价值（张传官、杨金东《谈杭州萧山区南朝墓 M1 新出墓砖铭文》，《中国国家博物馆馆刊》9 期）。

刘卫鹏对甘肃骆驼城遗址出土的前秦“建元廿年”棺板题记进行订正和考辨，校正后的题记是：“建元廿岁，太岁在申，十二月廿三日壬申，（直）危，葬时天地鼎峙，陇道断绝二年”。作者从题记内容出发，发现了前秦建元二十一年“陇道断绝二年”的记载（刘卫鹏《甘肃高台前秦“建元廿年”棺板题记辨正》，《敦煌研究》1 期）。

（三）其他铭文

吴浩军收集了河西走廊地区出土的镇墓文 60 余则，并逐一进行考释和文字校勘，为研究河西地区魏晋十六国时期丧葬文化提供了重要的研究基础（吴浩军《河西镇墓文丛考（三）》，《敦煌学辑刊》1 期）。

贾小军对敦煌地区出土的 10 份有关“薄命早终”的镇墓文进行研究。认为其书写的基本意图在于隔绝生死，为生人除害；相关内容还反映了当时社会的神鬼观念、人们对生命概念的理解，以及生者对死者的处理细节等问题（贾小军《魏晋十六国敦煌“薄命早终”镇墓文研究》，《社会科学战线》3 期）。

陈鸿钧整理了广州地区西晋时期的铭文砖资料，对其中“永嘉”年间的铭文砖展开了深入分析。这些铭文砖除广州地区有发现以外，在粤北之韶关、连州，广西梧州等地区均有发现，认为这些铭文砖反映了北人南迁安居乐业的宏大史事。而铭文砖中“永嘉世，天下荒，余广州，平且康”中“广州”一词是出土文物中首次出现（陈鸿钧《广东出土西晋“永嘉”铭文砖考》，《广州文博》8 辑）。

五　佛教考古的发现与研究

李崇峰从天竺寺塔出发，从佛教考古的角度，对西域洞窟、入华佛教寺院遗址的诸多方面发隐钩沉，勾勒了佛教从印度到中土的历史进程（李崇峰《佛教考古：从印度到中国》，上海古籍出版社）。

李裕群对山西高平大佛山摩崖造像考证研究，认为大佛山摩崖造像是建州境内开凿年代最早的佛教造像，是“云冈模式”南传的重要例证（李裕群、Lidu Yi《山西高平大佛山摩崖造像考——“云冈模式”南传的重要例证》，《文物》3 期）。

2012 年，邺城北吴庄佛教造像资料公布以后，邺城地区佛教遗存的研究成为邺城考古的一大重要领域。何利群总结概括了邺城周边地区佛教石窟和造像出土的研究情况，重新强调了北吴庄造像埋藏坑发现的意义；结合区域调查和矿物学分析，认为邺城地区出土的青石和白石造像可能来自邺城南部山区（何利群《邺城地区佛教造像的发现及相关问题的探索》，《华夏考古》3 期）。

中日学者合作重新整理了包头博物馆北魏怀朔镇佛寺遗址的出土遗物，并与思远佛寺遗址、思燕佛图遗址进行比较研究。从瓦当样式看，怀朔镇出土的双瓣莲花纹瓦当有两种样式，Ⅰ式瓦当大致时代相当于平城建造明堂的太和十五年（491）；Ⅱ式瓦当为新样式，形制接近于洛阳永宁寺瓦当，应是迁洛以后制作。出土泥塑像的样式，以通肩大衣的如来像、菩萨像居多，其样式与云冈石窟二期接近。结合瓦当样式，怀朔镇佛寺遗址的年代当为洛阳之前较为妥当。关于怀朔镇佛寺遗址的性质，考虑到其塑像接近于方山思远佛寺、朝阳思燕佛图，其建设可能与皇权的介入相关（谭士俊、姜涛、杨君、冈村秀典、向井佑介《北魏怀朔镇佛寺遗址研究》，载内蒙古博物院等编《中国北方及蒙古、贝加尔、西伯利亚地区古代文化》，科学出版社）。

佛教的东渐与北传需要一个过程，根据文献记载公元345年前燕慕容皝于朝阳龙城立龙翔佛寺，学界大致认可此为佛教进入辽西及东北地域的触点。宋玉彬从考古学角度出发，利用新考古材料，对佛教进入图们江流域的时间进行了论证。首先，确定了图们江地域发现早期高句丽佛教遗存的可能性，并对该流域内出土瓦作产品的遗址进行筛选和对比研究，区分出三燕和高句丽时期的瓦作产品；进而以河南屯寺庙址为切入点，认为该遗址为一处渤海早期的寺庙遗址，而杨木林子庙址的始建年代则或可追溯到高句丽时期，古城村1号庙址则有可能在国内城为都时兴建。由此，作者基本厘清了图们江流域佛教铺陈的态势，在考古类型学的具体运用上有借鉴意义（宋玉彬《试论佛教传入图们江流域的初始时间》，《文物》11期）。

关于佛教何时传入高句丽，学界历来观点不一致。王飞峰通过对中国与朝鲜半岛文献的系统梳理，结合目前高句丽佛像的发现情况，认为佛教在东晋太元末期（390～396）传入高句丽地区，冬寿墓出现的莲花纹是对辽西地区壁画素材的重新整合，与佛教传入高句丽并无关系（王飞峰《佛教传入高句丽时间考》，载中国社会科学院考古研究所编著《新世纪的中国考古学（续）——王仲殊先生九十华诞纪念论文集》，科学出版社）。

吉林大学边疆考古研究中心对吉林省珲春市古城村1号寺庙址出土遗物进行了整理，有大量的石质佛教造像，以及不同类型的建筑板瓦、筒瓦等。宋玉彬在田野调查的基础上，对遗物进行了科学的分析整理，结合周边其他遗址相关遗物，剖析了1号寺庙址出土遗物中间存在时代和风格上的矛盾之处，初步给出了这些问题形成的背景原因。其依据出土佛教造像的性质特点，推断寺庙址的年代至迟不晚于渤海国建国初期，而其一侧的温特赫部城址始建年代可以早到高句丽时期。1号寺庙址的断代确定的意义，在于该寺庙成为图们江流域现已确认年代最早的佛教寺院（吉林大学边疆考古研究中心等《吉林珲春古城村1号寺庙址遗物整理简报》，《文物》11期）。

六　边疆民族与中外文化交流考古的发现与研究

（一）边疆地区

自20世纪90年代田立坤提出“三燕文化”的概念以来，三燕文化的考古发现与研究一直是学术界关注的热点。吴珍锡将早期鲜卑和三燕文化的陶器对比分析，论证了以“鲜卑慕容部”为主体的东部鲜卑从游牧模式向定居农业转变的过程（吴珍锡《三燕墓葬随葬陶器组合的演变及其反映的社会形态转变》，《北方文物》3期）。

高句丽政权地处东北边陲，存续时间超过七百年，中国考古学诞生之初就开始了高句丽的考古学研究。因而，对高句丽多年来的考古学研究有必要进行系统的回顾，吉林省在这一方面凭借地缘优势取得了显著进展。

华阳梳理了近年来吉林省内学者在高句丽方面的研究成果，指出高句丽的研究呈现出逐步细化、深入的趋势，同时也分析了学者们目前在此方面研究的问题所在，并提出了解决的相应措施（华阳《吉林省高句丽研究综述》，《东北史地》3 期）。

高句丽的墓葬大致可以分为两类：积石墓和封土墓。多年的研究基本确立了积石墓向封土墓转变的时代趋势，而这一趋势的节点何在？学术界众说纷纭。赵俊杰以集安地区两座积石壁画墓（山城下 1405、1408）的时代为中心，探索了高句丽晚期积石墓向封土墓转变的考古学图景。文章拟定了一条高句丽新旧墓制过渡时期的发展脉络，基本廓清了其演变特征（赵俊杰《集安地区高句丽晚期积石墓的探索——以两座积石壁画墓的时代为中心》，《考古与文物》2 期）。

东北地区高句丽王陵的确认一直是学术热点，近年来高句丽王陵调查报告出版，一批考古新资料得以公布，尤以出土的“辛卯年好太王峙造铃九十六”铭文的铜铃引人注目。赵俊杰、马健从铜铃研究出发，否定了关于太王陵墓主为“广开土王说”，指出该铜铃是广开土王在位之时制作用以祭祀其父故国壤王的；由此，太王陵应为故国壤王的陵墓，而将军坟则应是广开土王的陵寝（赵俊杰、马健《高句丽太王陵墓主“广开土王说”的反思——出土铭文铜铃再研究》，《考古与文物》3 期）。

好太王碑面世以来，相关研究成果众多。赵俊杰从碑文中关于“十四年甲辰”的纪事中发微钩沉，首先确定该年纪事中“和通残兵”，是记载了广开土王十四年（404）倭人联合百济入侵带方郡故地之事。从史料价值方面，该记载为考证汉人前往日本的经过提供了线索和证据。通过考古材料与文献的互证，赵俊杰认为公元 4 世纪末叶，百济势力一度到达当时的带方郡，甚至向北到达乐浪郡。在考古学材料上，汉人砖室墓数量急剧下降，说明这一地区汉人社会发生了巨变。而好太王碑记载的倭人入侵时间极有可能是造成这种现象的原因，战争的结果开启了大量汉人“渡来人”到日本地区繁衍生息的序幕（赵俊杰《四、五世纪之交带方故地汉人集团的动向新证》，载吉林大学边疆考古研究中心编《庆祝魏存成先生七十岁论文集》，科学出版社）。

（二）中外文化交流

入华粟特人的墓葬是中西交流的研究热点之一。马晓玲总结了近年来国内学界对入华粟特人墓葬的考古发现与研究状况，梳理了 2000 年以来此项专题研究的总体发展态势和研究脉络，同时指出了研究过程中出现的学术偏差（马晓玲《中古时期入华粟特人墓葬的考古发现与研究》，《中国史研究动态》3 期）。

贾发义分别从交通、商业、政治、民族特点等方面探讨了中古时期粟特人移入河东的原因，近年来山西地区大量出土的粟特人墓葬为研究粟特人分布区域提供了重要考古依据（贾发义《中古时期粟特人移入河东的原因及分布初探》，《中华文史论丛》1 期）。

李瑞哲对北朝至隋唐时期入华粟特人墓葬石质葬具图像的分析认为，粟特人墓葬图像内容应该是粟特人起居生活的真实写照，考虑到图像内容的高度相似性，当年应该存在共同的图像范本（李瑞哲《对“图像程序”的重新认识——入华粟特人石质葬具图像所表现的共同主题》，《敦煌学辑刊》1 期）。

交叉步葬式是北魏时期一种特色的葬式，马燕经过归纳总结交叉步葬式的时代主要为 4 世纪后半至 5 世纪前半期。作者还将内陆欧亚西部斯基泰—萨马尔特时期的交叉步葬式、欧亚草原中世纪早期的交叉步葬式资料进行了对比分析，认为早期的交叉步葬式可能与咸海、新疆及里海北岸活动的塞人相关，而北魏时期交叉步葬式可能与北高加索早期阿兰遗存、南哈萨克斯坦阿雷西流域的文化遗存有直接关联（马艳《北魏与内陆欧亚西部交叉步葬式》，载内蒙古博物院等编《中国北方及蒙古、贝加尔、西伯利亚地区古代文化》，科学出版社）。

2015 年 10 月，"草原游牧民族与丝绸之路暨中蒙联合考古十周年国际学术研讨会"在蒙古国首都乌兰巴托召开。会议主要围绕"中蒙联合考古最新成果""草原游牧民族文化与艺术""草原游牧民族与丝绸之路""古代游牧民族丧葬习俗、祭祀仪式及都城研究"4 个主题展开。忍冬纹的纹样起源于地中海地区，后在西亚、中亚地区开始流行。中国与会学者程鹏飞对北魏中后期的忍冬纹进行了综合研究，从宁夏固原北魏漆棺墓、司马金龙墓、伊和淖尔 M3 中的忍冬纹来看，体现了当时儒释道等文化因素共存的现象，同时明显感受到草原文化和中原文化并而未合、汇而未融的文化气息（包桂红、程鹏飞《"草原游牧民族与丝绸之路暨中蒙联合考古十周年国际学术研讨会"纪要》，《草原文物》2 期）。

七 科技考古与文物保护

贺云翱曾经指出，技术考古是深化考古学内涵的重要途径，随着科学技术的进步，科技考古的手段在历史时期考古方面的作用日益凸显出来，通过技术的手段可以获取更多隐藏着物质遗存背后的形成背景、机理以及构成要素。

DEM 水文分析方法是调查古代河道的主要方法之一，胡珂使用该方法发现了陕西靖边统万城的古代河道。说明在统万城建成之初，确实存在较好的水文条件，并对其环境意义进行了初步讨论（胡珂《使用 DEM 水文分析方法发现的统万城古河道及其环境意义的初步讨论》，《考古与文物》4 期）。

在古代大型城址的考古过程中，新技术的引入可以使田野考古工作的效率事半功倍，高密度电阻率方法在晋阳古城考古勘探的运用取得了初步成效。晋阳古城历史悠久，文化层埋藏较深，且目前遗址表面现状复杂，张欣在考古物理勘探方面使用高电阻率法进行了大胆尝试，认为这种方法与传统钻探互相结合是对晋阳古城考古勘探的一种行之有效的方法（张欣《高密度电阻率法在晋阳古城考古勘探中的应用》，《文物世界》5 期）。

王贺、梅建军等对北周武帝孝陵内出土铜器上的铜锡焊料进行科学分析与研究，采用了模拟实验的方法，研究结果认为出土焊料为锡青铜合金。作者梳理了从西周晚期至汉代以来的焊料成分，认为武帝孝陵发现的锡青铜焊料说明北周时期存在铜焊技术，此次发现对于追溯铜焊技术的发生时间具有重要的参考意义（王贺、梅建军、潘路、杨军昌、张建林《北周武帝孝陵铜锡焊料的科学发现与研究》，《文物》4 期）。

材料学的研究方法不断被引入到对考古学遗存的研究中来，檀剑、李延祥对黑龙江友谊县凤林古城出土的铁器进行金相组织观察和夹杂物成分分析，认为该遗址中出土的铁器为生铁系列钢产品，产品采用了铸造、退火、炒钢、淬火等工艺。文章为深入研究魏晋时期东北亚地区钢铁技术提供了新的研究材料（檀剑、李延祥《黑龙江凤林古城出土铁器的实验研究》，《中国文物科学研究》1 期）。

隋唐五代时期考古

龚国强

2015年度，隋唐五代时期考古各领域都有新发现和新研究成果，发表或出版的考古简报、专刊报告、论文、论著等约150篇（部）。现谨按城市及建筑遗址、陵墓及墓葬、手工业遗存、墓志碑刻、石窟寺遗存、边疆民族与中外交流遗存、学术活动等几个方面，择要概括如下。

一　城市及建筑遗址

河南省洛阳市隋东都回洛仓遗址有了一些新的发现，共清理出漕运渠道1条、道路4处、晚唐至五代时期墓葬11座。渠道位于回洛仓城管理区的南部，呈南北走向，渠道口宽25.5米、深6.5米~7米。道路均位于北部仓储区的北墙外，路宽4米、13米、19.5米、22米不等，宽路面车辙均稀少（《洛阳考古》2期）。

江苏省扬州市唐扬州城遗址考古也取得了新进展，在蜀岗南缘城址西城墙的考古发掘中，明确了西城门以北主城壕的尺度及与主城墙的间距等问题（《考古》9期）。2015年度出版的《扬州城遗址考古发掘报告（1999—2013年）》则详细报道了4年间的发掘成果，对扬州蜀岗城址范围、唐罗城修建及沿革、蜀岗下城城门、扬州城城砖等问题有了一些新的认识。

四川省成都市唐代益州城址获得了新发现，在通锦路的抢救性考古发掘中，揭示出盛唐时期“净众寺”内的砖砌沟渠和人工池塘等园林式景观遗迹，出土了大量唐、五代时期建筑构件及青羊宫窑、琉璃厂窑和邛窑等瓷器（国家文物局主编《2015中国重要考古发现》，文物出版社）。

丁垚、张思锐等人在山西省五台山佛光寺东大殿观察到大量很可能属于唐时期风格的彩画遗存，与整个大殿一起，可视为长安佛寺建筑风格的代表（《文物》10期）。樊瑞平、刘友恒在对河北省正定县盛唐开元寺遗址保存的三门楼12残柱和一段阑额进行拼对、测量和记录的基础上，对残存石柱上的文字（功德主的题名、经文）和线刻（佛像和供养人像）进行了初步研究，并依据有关资料对三门楼式样进行了初步复原（《文物春秋》1期）。

周源认为文献仅载洛阳含嘉仓有三座城门，因此学者们根据出土铭文砖而提出的“东门”说值得商榷，“东门”实指的是仓城“含嘉门”（《中国历史地理论丛》1期）；汪勃对唐扬州罗城墙调查发掘资料进行了梳理，认为天宝九年（750）已建罗城，中唐时粗具规模，到晚唐乾符六年（879）时则进行了修缮（本书编委会编《庆贺徐光冀先生八十华诞论文集》，科学出版社，以下简称《庆贺徐光冀》）；李裕群对山西省太原市蒙山开化寺遗址上的两尊铁佛像（坐佛和迦叶弟子像）做了较细致的描述，就年代和佛像的名谓与禅法的关系做了考证和讨论，进而认为铁佛的年代在唐高宗末至武周时期，迦叶弟子像应在初唐唐高宗至武周时期，佛像禅定手法可与开化寺崇尚禅法有关（《庆贺徐光冀》）；贺大龙的《长治唐五代建筑新考》（文物出版社）一书，通过对山西省平顺县天台庵弥陀殿、龙门寺西配殿、大云院弥陀殿、长子县布村玉皇庙前殿、潞城市原起寺大雄宝殿、长子县小张碧云寺正殿等建筑实例的调查，对每处建筑的布局、年代、细部结构、建筑方法等进行了讨论研究。

二　陵墓及墓葬

隋唐陵墓考古方面。张建林结合文献记载，在 2005 年至 2015 年关中唐陵调查资料进行研究的基础上，提出学界常称的所谓“下宫”，实际上应为用于祭祀的寝宫，“下宫”的称呼始于晚唐。关中 18 座唐陵除唐僖宗的靖陵外，都发现有寝宫，通常位于陵园西南第一、第二阙的西侧，周有城垣，南面设门（早期昭陵和乾陵北面也设门）。初唐时期寝宫规模稍小，盛唐时增大，有内外城垣，晚唐时又变小。寝宫内有寝殿、便殿、廊庑等建筑（《庆贺徐光冀》）。程旭、杨瑾、王建荣主编《皇后的天堂——唐敬陵贞顺皇后石椁研究》（文物出版社）记述了敬陵石椁入藏陕西历史博物馆的曲折历程，重点对石椁的形制、彩绘和线刻图案等进行了较深入的综合性研究。

五代时期南唐二陵的考古继 1950 ~ 1951 年陵墓本身发掘之后，又有了新的发现和重要补充。在南京市江宁区祖堂山南麓对南唐钦陵和顺陵的陵园的勘探和试掘中，发现陵垣、陵门、夯土建筑台基、道路、窑址、墓葬等重要遗迹，出土了数量众多、时代特征明显的筒瓦、板瓦、莲花纹瓦当、滴水、鸱吻、兽面脊瓦等建筑遗物，明确了陵园的四界、方向、时代与性质（《文物》3 期）。发掘者王志高结合发掘资料和文献记载，对南唐二陵的陵园进行了复原研究，认为南唐诸陵共用一个封闭的不规整近方形陵园，陵园坐北朝南，陵垣四面辟门，陵园内设献殿和下宫，是对唐陵陵园布局制度的继承与创新。祖堂山南唐陵园在营建之初，堪舆、礼制、将作等众多职能部门曾进行了共同规划设计（《文物》3 期）。

2015 年度全国各地均有隋唐五代时期的贵族及平民墓葬发掘出土。西安市南郊西安理工大学新校区发掘唐代墓葬一百余座，其中唐王朝宗室后裔李倕墓未经盗掘，形制完整，出土随葬品丰富，尤以金冠、金配饰最为精湛（《考古与文物》6 期）。在河南省洛阳市通衢路南、洛龙路西发现唐武攸宜夫人李氏墓，出土陶人物俑、动物俑和墓志等随葬物（《洛阳考古》3 期）。河南省开封市小店王发掘出隋唐墓葬 2 座（《华夏考古》1 期）。洛阳市工业园区衔山路东发掘唐代刀形土洞墓 1 座，据出土墓志，墓主为河南尹达奚珣及妻寇氏的夫妇合葬墓（《洛阳考古》1 期）。河南省卫辉市大司马墓地发掘出隋末唐初乞扶令和夫妇合葬墓（《考古》2 期）。河南省泌阳县发现了唐代宗室幼童李洪钧之墓，出土了红陶羯鼓等一批小巧玲珑的陶器、带有明确纪年的墓志等（《洛阳考古》1 期）。

其他地区的墓葬有：在郑州市罗庄城中村改造工程项目中，清理出隋代单室砖券墓 1 座，出土隋大业六年（610）墓志 1 合，另有出土红陶俑、辟雍砚、瓷器、铁镜、墓志等随葬品（《中原文物》6 期）。

山西省临汾市西赵遗址三座唐墓出土有隋大业十年（614）、永隆二年（681）墓志以及玻璃器等随葬物（《考古》6期）；宁夏回族自治区固原市彭阳县海子塬墓地清理出隋墓5座（《考古与文物》3期）；北京市大兴区三合庄清理唐代墓葬33座，均保存完好，形制既有小型砖室墓，又有大型的“甲”字形墓，墓室内出现了砖仿木结构和砖仿家具装饰，墓室内出土有白瓷器和漆器等（国家文物局主编《2015中国重要考古发现》，文物出版社）；北京市通州区次渠镇发掘清理出唐墓5座，应属同一家族墓地，墓道均为斜坡状，墓室有弧边方形、圆形和长方形三种，这批墓葬的年代应该在唐末辽初时期，出土铜镜、铁釜、陶罐、釉陶罐、三彩鸭形盂等随葬品（《文物春秋》1期）。

山东省济阳县垛石镇发现唐代临济县令顾忖家族墓葬2座。其中，一号墓出土墓志表明墓主人为顾忖，为单室穹隆顶砖室墓，四壁残留彩绘壁画，墓室内饰有砖雕斗拱、桌、椅、窗，均有红色彩绘，前后室连接处上部出檐（《中国文物报》6月19日）。

墓葬研究方面。何伟、李卓中采用考古类型学和地层学的方法对宁夏地区原州唐代中小型墓葬的分期、墓葬形制和随葬品特征进行分析，将该地区唐代墓葬分为初唐、盛唐、中唐和晚唐四个时期（《华夏考古》3期）。

李明据以考古发现的唐昭容上官氏墓等毁墓的特殊现象，从文献记载和考古出土遗迹入手，分析了毁墓行为的实施主体、动机及期望的效果，试图还原唐代毁墓的具体做法，揭示出毁墓暴尸现象所反映的自武则天开始的复杂政治斗争和心理威慑因素（《考古与文物》3期）。

西安市长安区唐韩休墓自发掘以后，学者们对其精美的壁画展开了深入的讨论和研究。葛承雍将新出土的唐韩休墓山水壁画与日本正仓院南仓藏琵琶山水画做比较，认为唐代山水画家已经熟练运用“日出”为焦点的透视画法，为中国山水画变化发展的研究提供了重要实物史料（《美术研究》6期）。郑岩围绕韩休墓墓室北壁的山水图像的内容、图式与母题进行了讨论，探讨了其与敦煌观无量寿佛经变“日想观”图式的共同性以及早期山水画与佛教净土信仰的复杂互动关系等问题（《故宫博物院院刊》5期）。

郭晓涛对《陕西凤翔隋唐墓》发掘报告中凤南—17唐墓中出土的丝绢质品经咒残图进行了分析、释读和校正，认为该经咒文本是《佛说随求即得大自在陀罗尼神咒经》以及《佛说救护身命经》相关片段的合体。经咒中“王公主”的题记，应该是凤翔经咒的受持供养人，同时也应与墓主人相关（《考古》1期）。

杨效俊通过对隋仁寿年间舍利瘗埋制度的讨论，认为隋代京畿地区神德寺舍利石函图像以石函四面八树为特征，寓意释迦牟尼涅槃的过程和涅槃四德“常、乐、我、净”，石函精致繁复的风格融合了隋代陵墓石质葬具和佛教纪念碑艺术的装饰风格（《考古与文物》5期）。

郭物根据伊朗德黑兰大学教授释读的宁夏回族自治区固原市唐史诃耽墓出土的蓝宝石戒面印章文字，结合祆教经典文献的记载及相关考古发现，认为印章上狮子和植物纹样可能与墓主崇拜阿娜希塔女神和阿什女神有关（《考古与文物》5期）。

沈睿文《安禄山服散考》（上海古籍出版社）对安禄山墓葬壁画中人物服装细节进行了观察，分析了其体现出来的中原道教文化和中亚祆教文化的特色，进而讨论了安禄山墓葬所用的服散状况，是对墓葬考古资料再开发的一次有效尝试。

三　手工业遗存

手工业遗存包括陶瓷窑址及出土的铜镜和金银玉饰等遗物及装饰。

陶瓷窑址考古方面。西安市唐长安城延平门遗址西侧发掘一处唐代中晚期陶窑3组9座，其中6座陶窑共用一个操作间，从出土遗物综合判断，这些陶窑既烧造砖瓦、日用器皿，也烧制墓葬使用的明器（《洛阳考古》5期）。

袁胜文运用类型学的方法，对南方地区唐宋时期馒头窑进行了分区和分期探讨，认为四川盆地唐代初期的馒头窑技术有源于北方的可能，而广东地区唐代馒头窑技术则可能是当地砖瓦窑技术与同时期北方馒头窑技术传入共同作用的结果（《中国国家博物馆馆刊》2期）。

越窑是本时期南方重要的窑业生产基地，近年来考古研究有了新的进展。王轶凌、郑建明把浙江隋唐时期窑业按区域划分成沿海型、内陆型。沿海型包括越窑与瓯窑，生产规模庞大、产品种类丰富、质量高超，产品广泛见于国内外的遗址、墓葬与沉船中，远及东非；内陆型包括婺州窑与德清窑，相对而言规模较小，种类较少，质量一般，多售卖于当地，区域外极少见（《东南文化》2期）。郭璐莎回顾和总结了80多年来越窑遗址的调查、发掘及考古研究方面取得的诸多成果，从自下而上视角、透物见人、文化生态学、实验考古方法等方面展示了越窑遗址研究的发展方向（《东南文化》4期）。

徐忠文、徐仁雨、周长源《扬州出土唐代长沙窑瓷器研究》（文物出版社），对扬州唐城遗址历年来出土的唐长沙窑瓷器的主要地点、重要器物进行了统计，总结了这些瓷器在器类、釉色、纹饰、模印贴花主题等方面的主要特点，并对瓷器输来的时期、运输工具、扬州港作为瓷器贸易中心等问题进行了较全面的论述，为唐代“海上丝绸之路”研究提供了重要的实证资料。

何俊的《湖田古窑》（科学出版社）认为湖田窑率先烧制出胎白质坚的白釉瓷器，彻底打破了长期以来“南青北白”的瓷业格局，至五代后期，又创烧了一种胎薄体轻、青白相间的最名贵的青白瓷，不愧为“青白瓷的故里”。

徐殿魁就河南偃师杏园唐墓中出土的59面铜镜做了系统的列表统计（按墓号、墓主、纪年、镜名等栏），同时根据51面有明确纪年的铜镜，判断出新镜的出现年代：菱花镜出现于武则天长寿元年（692）、葵花镜出现于开元十年（722）、四方委角镜则出现于德宗贞元十年（794）、葡萄镜出现于高宗时期而盛行于武则天时期。该文还对5面葡萄镜进行区分，明确了彼此的传承关系。该文还讨论了葵花形双雁绶带荷花镜，认为飞禽是开元天宝时期最盛行的主题，应与绶与寿字同音（中国社会科学院考古研究所编著《新世纪的中国考古学（续）——王仲殊先生九十华诞纪念论文集》，科学出版社）。李彦平注意到唐两京地区出土的具有早期风格特别是模仿汉代风格的铜镜的现象，根据对部分标本的仔细观察，认为它们在外表相似汉镜，但在质地、纹饰、铭文、形制等方面还是具有一定的差异，应是唐镜的复古类型，主要出土于盛唐至中晚唐的中小型墓葬之中，开启了宋代复古铜镜的先河（《中原文物》1期）。

卢秀文根据敦煌石窟首饰图像，论述了步摇质料有玛瑙、金、银、宝珠等，其使用方法有三：附在钗、簪、钿之上，步摇与副并提，与长鬓假发合于一体。步摇可分为草叶型、花钗型、鱼型三种类型。步摇在敦煌早期壁画中未见出现，最早出现在盛唐第130、444窟（《敦煌研究》2期）。王欣亚、王妮讨论了“摩羯（希腊传来的羊首鱼身的摩羯宫图像）”与“摩竭（印度Makara图像，似鱼，嘴大张，鼻上卷）的不同。装饰有摩羯纹的金银器目前有十余件标本，最早出现在盛唐早期，至唐代晚期逐渐增多，主要集中于杯、碗、盆、盘等生活用具上，并且作为主要装饰题材，多模冲于器物内底［《美与时代》（城市版）12期］。

四 墓志碑刻

墓志的出土与研究，可补文献记载的不足，一直是研究者关注的热点。

河南省洛阳市出土唐达奚殉夫妇墓墓志两合，记述了唐玄宗、肃宗时期达奚殉与其夫人寇氏的生平事迹（《洛阳考古》1期）；河南省焦作市卢氏墓地出土唐后期怀州司仓摄河内县令卢得一及其妻李氏的墓志两方，是研究唐末藩镇割据历史的实物资料（《中原文物》2期）；四川省成都市金牛区红色村唐墓出土的《唐镇静军兵马使王怀珍墓志铭》，是涉及唐德宗贞元年间唐与南诏通好、唐宪宗元和初年蜀中动乱及西川节度使对西山诸羌之治抚的重要实证资料（《四川文物》1期）；王金文记录了唐昭靖太子墓志拓片内容，讨论了唐代宗昭靖太子的家族世系及其身世、墓志撰写者，可补《新唐书》《旧唐书》记载之不足（《中原文物》3期）。

墓志研究方面。邢鹏广泛收集了已发表的隋代宫人墓志资料43份，归纳和总结了隋代宫人墓志的形制、字体、出土地点等，探讨了宫人的封号、出身、籍贯、职务、死亡原因、死亡地点及其在宫廷中的地位等问题（《文物春秋》2期）。赵强考释了西安市出土的唐师府君墓志志文，探讨了陕北延安地区唐朝中后期内迁羌族以及剑南西川节度使的政治地理、军事布防等历史问题（《中原文物》4期）。王菁、周晓薇根据大唐西市博物馆收藏的《崔知之墓志》，讨论了崔知之生平事迹与书法、昊陵碑名称与建碑时间、书法者相王李旦的书风、古碑的摹勒与镌刻等相关问题（《华夏考古》1期）。《唐故安国寺大德尼法真墓志》出土于河南省洛阳市洛龙区龙门西山，赵青山对其墓志铭进行了考释，认为该碑文对了解唐代僧尼墓志书写形式及古代僧尼生活和丧葬习俗甚为重要（《敦煌学辑刊》1期）。洛阳市万安山出土了九通家族墓志，其中有名相张说之婿郑岩墓志，李建华认为该墓志称其嗣子名石胡，该名字与其先祖盘陁一样，具有鲜明的粟特色彩，郑岩是北朝时入华的粟特人后裔，其祖先极有可能出自昭武九姓的石国（《敦煌学辑刊》3期）。

近年来，西安、洛阳两地城市建设中出土了20多件高丽移民墓志，引起了一些学者的关注和研究。拜根兴、宋丽就此对涉及在7世纪中叶朝鲜半岛百济、高丽灭亡之后，大量移民到达并定居唐京师长安和东都洛阳等诸问题进行了新的探讨（《陕西历史博物馆馆刊》22辑）。楼正豪研究了西安碑林博物馆收藏的新见唐高句丽遗民南单德墓志，讨论了朝鲜半岛南氏家族在高句丽灭亡后，南狄、南于、南单德三代在唐代做官的经历，以及其在大唐讨伐“两蕃”和安史之乱中的功绩，认为志文作者薛夔是薛仁贵曾孙，薛氏家族与南氏家族有着一段不解之缘（《西部考古》8辑）。

其他还有对《尼释然墓志》的考释（《敦煌学辑刊》3期）等论文。

碑刻方面。王国宇根据河南省鹤壁市淇滨区大赉店村出土的唐代平真客墓碑，对唐偃师令、蒲州长史平真客的生平及历仕情况、谱系与家世进行了较清晰的梳理，推断了立碑时间与碑文作者（《中国国家博物馆馆刊》8 期）；张叶露认为唐初名碑《等慈寺碑》碑文记载了隋末唐初李世民大败窦建德的武牢之战的全过程，代表了楷书从魏碑向唐楷的过渡（《中原文物》3 期）。

五　石窟寺遗存

关于敦煌研究的成果十分丰富。沙武田认为敦煌莫高窟第 220 窟药师七佛变中的大型乐舞场景虽表现的是佛国净土世界情景，但剔除虚幻和艺术化成分，应是唐代长安城上元夜燃灯景象的再现（《敦煌研究》5 期）。史忠平、马莉通过对莫高窟发现的大量唐代观音画像中的净瓶进行了分类和分析，认为净瓶造型除受印度早期净瓶造型和佛典描述的净瓶造型影响外，还受到唐代瓷器、金银器以及萨珊、粟特、拜占庭、吐蕃等地金银器的影响（《中国国家博物馆馆刊》1 期）。赵声良讨论了敦煌 4 座隋代中心柱窟的两个类型：须弥山式的中心柱和正面不开龛的大型窟，认为洞窟前部的三铺佛像表现的是三世佛主题，既受到了华北中原文化的影响，同时也受到印度和中亚的影响（《敦煌研究》6 期）。王惠民重点对敦煌第 280 隋代晚期窟的法华信仰壁画进行了细致的考察，提出了比丘诵经图可能表示《法华经》中妙光法师说法、菩萨乘象图表示普贤菩萨守护《法华经》信仰者、涅槃图则表示《法华经》为佛临涅槃时所说等观点（《敦煌研究》1 期）。其他的论文还有潘亮文对敦煌石窟华严经变作品的再思考（《敦煌研究》5 期）等。

四川省安岳县是唐宋石窟摩崖的集中分布地。2015 年出版的《安岳卧佛院考古调查与研究》（科学出版社）全面系统和详细记录了卧佛院北岩、南岩、月亮坪三个区域内窟龛造像的崖面情况、窟龛形制、造像内容、窟内刻经壁面及经文内容等，对刻经目的、历代造像情况等相关问题也进行了初步的研究。而《安岳石窟圆觉洞保护研究》（科学出版社）从地质条件及岩体工程特性、病害调查及形成机理、保护修复材料及工艺研究、三维测绘及窟檐设计等方面，有效地开展了对圆觉洞石窟及石刻造像的保护性研究。

王剑平、雷玉华讨论了四川石刻造像中瑞像雕刻出现于唐初和流行于七八世纪的情况，认为这与唐初玄奘和出使印度的使节王玄策等人带回的印度佛像有密切的关联（成都文物考古研究所编《成都考古研究》二，科学出版社）。

杨富学校对的日本山部能宜《吐峪沟 42 窟禅观壁画研究——兼及汉文禅观文献的起源》一文，认为并列禅观比丘壁画很有可能依据的是吐鲁番的地方经典，从而为学界长期争论不休的《观无量寿佛经》来源地提供了重要的着眼点，对于新近工作和重新编号为 K32 窟的考古研究也有所帮助（《敦煌研究》4 期）。

李志荣、王瑞霞的团队在对山东青州龙兴寺 L0139 造像信息资料进行记录的过程中，发现传统记录很难满足研究要求，故而尝试出一条多学科结合的新方法，即利用多图像高保真 3D 建模技术、360 度无死角的影像采集及对关键部位的标点和高清微距拍摄，从而对造像的营造方式、贴金彩绘的一些规律和对造像的时代特征有了进一步的新发现和新认识（《敦煌研究》4 期）。

六 边疆民族与中外交流遗存

吐蕃王陵的调查和研究是近年来边疆考古的新进展。夏吾卡先考察了西藏自治区琼结县吐蕃皇家陵园内琼结桥碑和拓本，重新汉译了碑文，认为琼结桥碑最初应是赞普赤松德赞的墓碑，碑的形制除了仿照唐碑以外，在装饰和动物纹样方面还带有本地民族文化特色，兼有印度原始宗教、粟特文化、佛教文化的因素（《考古》6期）。

黑龙江省宁安市唐渤海上京城遗址的考古又有新发现，揭露出宫城南面第1号街道遗址、郭城正南门两侧墙遗址、南门北侧石块建筑基址、灰坑、坊墙、坊门址等遗迹（《北方文物》1期）。宫城北门可确定其形制为双门道结构门址，出土的遗物不见瓦件，可表明门址没有门楼建筑。此外，在城址的一处建筑基址中出土了舍利石函、铁函残片及其金镯、铜镯等（《文物》6期）。在吉林省延边朝鲜族自治州珲春市三家子乡古城村发现了年代最早的渤海国建国初期的一处佛寺遗址，出土了佛造像及陶瓦等遗物（《文物》11期）。

2015年有关渤海国遗址考古的研究论文发表不少，主要集中于魏存成《高句丽渤海考古论集》（科学出版社）和《庆祝魏存成先生七十岁论文集》（科学出版社）。前者收集了作者历年来在高句丽、渤海考古及相关历史、渤海都城与隋唐长安城的关系、王室贵族墓葬、唐鸿胪井刻石与渤海政权等方面的研究论文，是渤海研究的必读资料；后者集中了宋玉彬、赵虹光、赵哲夫、白森、王志刚、刘晓东等人有关渤海考古的8篇论文，分别讨论了渤海都城故址的辨识标准与西古城城址的性质、上京城建筑遗物、上京城皇城宫城区划、渤海“墓上建筑”和“墓前祭祀”方式、渤海文字瓦著录及研究等问题。此外，孙秉根较全面地收集了上京城、西古城、八连城、其他地区，以及俄罗城、朝鲜境内的火坑考古资料，并进行了统计分析，就火坑形制结构、使用者等级（国王和王室成员、宫廷服务成员、僧侣和中下级官吏、普通百姓）等问题提出了自己的观点（中国社会科学院考古研究所编著《新世纪的中国考古学（续）——王仲殊先生九十华诞纪念论文集》，科学出版社）。梁会丽对2004~2008年在渤海国东京龙原府故址八连城出土的文字瓦资料进行了分类和分期（《西部考古》8辑）。

蒋忠义、李春林除了讨论了宁夏西夏陵墓的形制特点以外，还比较了西夏陵与唐代宫殿建筑之间一些联系的问题（中国社会科学院考古研究所编著《新世纪的中国考古学（续）——王仲殊先生九十华诞纪念论文集》，科学出版社）。

云南大理的崇圣寺千寻塔是重要的南诏大理国遗存。赵云经过对文献记载和其他地区发现的同类器物图形等资料的梳理，认为原报告中命名为“油灯”的塔顶发现的3件豆形釉陶器的性质，实际上应为行香礼佛所用的行炉（《四川文物》4期）。

荣新江的论文集《丝绸之路与东西文化交流》（北京大学出版社），利用了考古、美术、文献材料，就丝绸之路、文化交流与互动、汉文化的西渐、外来物质文明的贡献、三夷教的流传五大部分，探讨了汉唐丝绸之路走向、与区域城镇的关系、中国与波斯、大食（阿拉伯）等东西方国家和地区的文化交往等问题。

七　学术活动

2015 年度，召开的学术会议有：3 月在西安举行的“唐韩休墓及富平桑园窑址考古发现学术研讨会”（《大众考古》4 期）、7 月于宁波举行的“行舟致远：扬帆海上丝绸之路”国际学术研讨会（《海交史研究》2 期）、8 月在敦煌莫高窟召开的“2015 敦煌论坛：敦煌与中外关系国际学术研讨会”（《敦煌研究》4 期）、10 月在西安召开的“第二届曲江壁画论坛——以壁画艺术史研究及保护修复技术研究为中心的国际学术会议”（《中国文物报》11 月 17 日）、10 月在敦煌莫高窟举办的“2015 两岸敦煌佛教艺术文化研习营”（《敦煌研究》5 期）、10 月在扬州举行的“扬州城考古学术研讨会”（《中国文物报》11 月 6 日、《大众考古》11 期）等，聚焦了 2015 年度学界关注的隋唐考古的热点论题，促进了学者之间的思想交流。

辽宋金元明清时期考古

董新林

2015年辽宋金元明清时期考古发掘资料和研究成果较为丰硕。据不完全统计，考古学专刊、专著、考古发掘简报和论文约230部（篇），还有数部著名学者的文集或纪念文集，以及大型图录等，在诸多方面的研究都取得重要进展。徐苹芳《中国城市考古学论集》（上海古籍出版社）汇集了徐苹芳有关城市考古和历史，以及历史文化名城保护等方面论文30篇，特别是关于元大都遗址考古发掘和研究的系列论著和相关综合论述，践行了对古今重叠型城市考古学方法论的探索历程，将会对历史时期城市考古产生重要影响。上海博物馆编著《志丹苑：上海元代水闸遗址研究文集》（科学出版社）中，介绍了12年志丹苑水闸遗址考古发现和发掘资料（7篇）；阐述了水闸遗址学术价值与文化底蕴（4篇）；探讨了水闸遗址整体结构和不同材质文物遗存的保护（2篇）；还涉及运用多学科方法和技术手段，专题研究水闸遗址的相关课题（6篇）。《新技术·新方法·新思路：首届"水下考古·宁波论坛"文集》（科学出版社）一书刊发30篇文章，内容涵盖了中国和法国、韩国、越南等水下考古的回顾展望与发展态势、项目管理与技术创新、最新收获与研究成果等。内蒙古博物院、内蒙古自治区文物考古研究所编著《中国北方及蒙古、贝加尔、西伯利亚地区古代文化》（科学出版社）文集中，一些论文发表了辽金元时期考古发掘和研究的新认识和新成果。

一　城址考古发现与研究

城址考古一直都是历史时期考古的重镇。今年辽宋金元明清时期城址考古的亮点，是辽金时期都城和城址考古发掘和研究有较大进展。

（一）都城

辽上京遗址由北部的皇城和南部的汉城组成，位于内蒙古自治区巴林左旗林东镇东南，是第一批全国重点文物保护单位。辽上京考古队根据全面考古调查和钻探线索，通过对宫城墙和宫城西门遗址等的试掘或发掘（《考古》12期），探明了辽上京宫城墙的形制结构，首次确认辽上京宫城位置和形制规模（《中国文物报》2月4日），极大地推进了辽上京布局和沿革的研究。金上京遗址是由南、北二城组成，位于黑龙江省哈尔滨市阿城区南，是第二批全国重点文物保护单位。赵永军、刘阳《大遗址保护视角下的金上京考古工作》（《北京文物》2期）一文指出，金上京考古队带着大遗址保护的理念，对金上京遗址腰墙、北城西墙、南城北墙，以及南城南墙西门址等进行试掘或发掘，了解到城墙结构，确认城址始建于金代早期；搞清南城南墙西门由城门和瓮城组成，系金代中期前后营建。填补了金上京考古的空白（《北方文物》2期）。

御街是南宋临安城的中轴线，是去太庙或景灵宫祭祀的唯一道路。御街两侧分布三省六部、太庙、五府和玉牒所等重要机构。杜正贤《回忆杭州南宋临安城御街考古》（载本书编委会编《庆贺徐光冀先生八十华诞论文集》，科学出版社）一文，回顾他参与的御街考古发掘经过，并阐述御街考古的学术价值及其意义。唐俊杰《杭州南宋临安城御街考辨》（载本书编委会编《庆贺徐光冀先生八十华诞论文集》，科学出版社）一文，认为南宋御街全长5100米，号称十里禁街。御街南起皇城北门（和宁门）至鼓楼，为其南段，路宽15.3米以上；鼓楼沿中山中路至贯桥为中段，路宽11.6米；贯桥向西沿凤起路至武林路为西段，路宽3米~9米。南宋前期御街用香糕砖侧砌；最迟至嘉定年间，用石板铺路。御街两侧设排水暗沟，不设御廊。御街南段是大朝会之所；中段为商业中心。近年发掘的杭州市南宋临安城东城墙遗址位于保安水门和候潮门之间，始建于五代后梁开平四年(910)，宋代沿用。发掘者初步了解东城墙基础以及以上城墙的形制结构和营造做法。内外城墙包砖之间距离约宽11.2米，合宋尺三丈有余（《杭州文博》1期）。

哈剌和林是成吉思汗建立的蒙古国都城。位于今蒙古国前杭爱省哈剌和林苏木东。陈永志、萨仁毕力格《蒙古国哈剌和林古城遗址的考古发掘与研究》（载本书编委会编《庆贺徐光冀先生八十华诞论文集》，科学出版社）一文对哈剌和林自然环境、遗址发现和发掘收获、城市布局和历史沿革做了较为全面的介绍。并指出哈剌和林城早在回鹘时期就已存在。孟凡人《元中都现阶段考古成果与元中都形制布局初探》（载中国社会科学院考古研究所编著《新世纪的中国考古学（续）——王仲殊先生九十华诞纪念论文集》，科学出版社）一文，细致梳理了有关元中都宫城、皇城、外城形制等考古发掘资料。在此基础上，探讨元中都与元上都、元大都的承袭关系和变化。认为元中都宫城规模、形状、主体殿址位置和性质似源于元安西王府城；元中都宫城具体配置的布局似仿元大都宫城；皇城形制似由元上都宫城外石夹城演变而来。刘未《蒙元创建城市的形制与规划》（《边疆考古研究》17辑）一文遴选18处所谓蒙元时期创建的城址和宫殿址进行其形制和规划的分析，探讨其城市类型、城市布局、城垣尺度和建筑尺度等，认为蒙元城市可以分为三重、双重和单重城垣3类。以“中”字形台基或方形台基为核心建筑可能是蒙古国时期的规划模式，“工”字形台基为核心建筑大约是至元年间元大都营建以后的制度。以台基式宫殿为城市中心、按整齐数值步尺确定建筑规模的城市规划方式是旧的宋金官式建筑传统与新的蒙元贵族政治环境相结合的特殊产物。

故宫博物院考古队对北京故宫内南三所、南大库、慈宁花园3处遗址的考古发掘，虽然面积不大，但是清理出明清两代的遗迹和遗物。这是故宫首次进行科学的考古发掘，具有重要学术意义（国家文物局主编《2014中国重要考古发现》，文物出版社）。

（二）地方城址

宝马城遗址位于吉林省安图县二道白河镇。赵俊杰《关于宝马城性质的初步研究》（《北方文物》3期）一文，根据2013年试掘资料和比较分析，认为此遗址具有规模小、城墙低矮、城内建筑和遗物等级高的特征，并结合文献记载，推定其很可能为金代皇家修建的祭祀长白山的神庙。2014年，在宝马城遗址发掘了城内中轴线上偏北的大型夯土建筑基址（编号JZ3）和环绕三座基址的回廊北段东侧部分。JZ3平面呈长方形，南向。夯土台基上有一座砖墙木结构建筑，面阔和进深均为3间，覆盆式明础石保存好，地面铺砖。这是辽金考古的重要发现（国家文物局主编《2014 中国重要考古发现》，文物出版社）。

塔虎城（又称“他虎城”或“塔呼城”等）是辽金史地和考古学界很关注的城址。位于吉林省前郭尔罗斯县。彭善国《前郭塔虎城的考古发现与研究》（载吉林大学边疆考古研究中心编《庆祝魏存成先生七十岁论文集》，科学出版社）一文对塔虎城考古发现和研究情况进行了综述，指出塔虎城繁荣于金代中晚期，不是辽代长春州的认识是符合实际的。彭善国《前郭塔虎城的分期与年代——以 2000 年发掘资料为中心》（《边疆考古研究》18 辑）一文对塔虎城发掘资料进行了系统整理，将遗物分为 2 组，即二期。并通过比较分析，认为塔虎城金代始有城市建制，金代中晚期为其繁盛时期，元代沿用，明代废弃。［日］白石典之著，王达来译《蒙古国戈壁沙漠地区的契丹系文化遗存》（《草原文化》2 期）对蒙古国戈壁沙漠地区的带有契丹文化因素的文化遗存进行了简单的介绍，是研究契丹辽代考古的新资料。

江苏扬州是唐宋时期重要的地方城市。《扬州城遗址考古发掘报告（1999～2013）》（科学出版社）通过对扬州蜀岗古城址的城圈、城壕和城内部分遗存；蜀岗下城址的扬州城南门、唐宋城东门、宋大城北门和北水门等门址，以及唐罗城西南角城墙和马道基址等的发掘，探讨了蜀岗古代城址的范围、唐罗城的修建及其沿革、宋至明清时期的扬州城、蜀岗下城址的城门特点等问题，在一定程度上推进了对扬州城的考古研究。扬州唐城考古工作队于 2014 年，又对推定为宝祐城东城门处（该处尚未拆迁）北侧进行试掘，了解到南宋时期夯土墙体至少有过三次修筑，与文献记载一致。还揭露出由木桩和柱洞组成的遗迹，平面呈“〕〔”形。其中间平行部分为南北方向，间距约 5.3 米、南北进深约 5.7 米，与东城墙相距 18 米。这是目前蜀岗上城址主城壕里清理出的第一座壕桥遗存（《中国国家博物馆馆刊》9 期）。汪勃、王小迎《扬州南宋堡城和宝祐城的发掘与研究》（《中国国家博物馆馆刊》9 期）一文对扬州南宋堡城和宝祐城相关图文资料和以往考古发掘情况进行了概述，认为扬州南宋二城沿革可分为堡寨（砦）城、宝祐城、“大城”三个阶段。

袁东山《重庆老鼓楼衙署遗址的初步研究——兼论老鼓楼衙署遗址的保护活化与利用》（载国家文物局主编《2014 中国重要考古发现》，文物出版社）一文，对明清巴县县衙和宋元寺庙平面布局、宋至清代重庆府衙谯楼结构等进行了探讨，并就遗址保护和利用提出观点。四川省成都市东华门遗址发现汉、六朝、隋唐五代、宋元和明代各时期文化遗存。其中宋元遗存有道路、房址、水井、灰坑等。明代遗存有人工河道、建筑基础、道路和水井等。其中明代早期蜀王府宫城东南角用砖石砌筑的河道（G4）最为重要，是研究明蜀王府布局的重要资料。

在广东省广州市越秀区盘福路 1 号，考古人员发掘明清广州城西北角的北城墙遗址。此次确认了宋代广州城西城北界，资料重要。宋代西城墙清理长度为 21.64 米，底宽 12.06 米、残高 3.15 米。由内（南）、外（北）壁包边砖墙和墙芯填土组成。砖面多有“番”字铭文，侧面有“番禺”戳印或“廿七”刻划符号。明代城墙方向西偏北 6°。清理长 10 米、残高 4.05 米。北壁包砖墙厚 1.6 米。明代合广州三城为一，对宋代广州城西城北城墙略向北扩（国家文物局主编《2014 中国重要考古发现》，文物出版社）。

明清时期严州城位于浙江省建德市梅城镇。今之梅城，仍保留元末明初所筑严州城的格局。考古工作者通过考古调查，确认明清严州城，包括外城、内城，以及儒学、县治、坛庙等重要建置。除东北角因山势略弧形内凹外，城址平面大致呈圆角方形，南北约

1200米、东西约1340米（《杭州文博》1期）。这是研究近古时期州城的重要资料。可惜文章没有发表城址测图。

始建于隋朝的即墨县衙是山东省目前唯一的三堂俱存的老县衙遗址。建筑群坐北朝南，按中轴线分布。2011年发掘出房址、路面、灰坑、水渠、过道、水井等，出土瓷器、陶器、石器、铁器等，是明清时期县镇遗址考古的重要发现之一（《中国国家博物馆馆刊》6期）。其中，一个灰坑可复原近300件景德镇民窑的青花瓷碗，时代从明万历时期延续到清康熙时期。

（三）村镇遗址

《白城永平辽金遗址2009～2010年度发掘报告》（科学出版社）报道了吉林省白城市洮北区永平遗址的考古发掘资料。发现7座大型台基址、11座房址和台基之间的路面、排水设施等。发掘者认为该遗址分为寺庙建筑群和村落建筑群，出土建筑构件、铁器、铜器、陶瓷器、玉石器等2000余件。遗址属于辽金时期。《2000年黄骅市海丰镇遗址发掘报告》（文物出版社）较为全面地报道了河北省黄骅市海丰镇遗址的发掘成果。这些成果反映了金元时期海丰镇港口形成、发展、衰落的历史过程。金元时期海丰镇应与日本、韩国等有着海上贸易往来。在河南淅川县单岗遗址，清理出宋元时期灰坑、陶窑、墓葬、墙基、灰沟等，出土陶器、瓷器、铁器、铜器等。大量青釉瓷器可能是豫西南地区最大窑口——邓窑产品。单岗遗址可能为一处兼有陶瓷器烧造功能的北宋晚期至金元时期的生活聚落遗址（《四川文物》2期）。

明代各地遍设卫所，徐州卫即是其中之一，卫镇抚司隶属其下。这方面的考古资料匮乏。孙爱芹的《明代徐州卫卫镇抚司遗址考古发现与相关问题研究》（《东南文化》1期）介绍了在江苏省徐州市彭城广场发现的一处明代大型建筑基址。该建筑以五开间的宽大厅堂为中心，两边附有厢房，基址内还出土大量的军备物品。根据厅堂前部出土的砖志可知该组建筑为徐州卫卫镇抚司公署。该组建筑基址保存较为完好，结构较为完整，是研究卫所遗址的重要资料。

在黑龙江五常市拉林机场遗址，发现灰坑、灰沟、灶、井、路等遗迹，遗物以陶瓷器为大宗。根据“同治年制”款器底和清代铜钱等推断该遗址年代为清晚期（《北方文物》4期）。

（四）其他遗址

“四时捺钵”是辽代皇帝的重要活动之一。根据2013年对吉林省乾安县查干湖西南岸3处春捺钵遗址群进行的调查，发现篦点纹陶片和辽金时期陶瓷片，可以确认这3处遗址群应属辽金时期。3处遗址群共有近千个大小土台，均是人为堆积。3区都有小土台围绕大土台的现象。推测藏字区等级最高（《边疆考古研究》18辑）。此遗址为认识辽代春捺钵营地提供了重要资料。

两宋时期江南运河入江口兴建、复修的澳闸系统，在宋代水运史上具有开创性意义，是研究古代复式船闸的典型案例。刘建国《两宋江南运河入江口澳闸系统研究》（《东南文化》3期）一文根据历史资料及考古发现指出，北宋与南宋对澳闸系统的建设各有侧重。北宋曾孝蕴的设计具有开创性；南宋史弥坚在继承中又有创新和发展。《镇江京口闸遗址》（江苏大学出版社）介绍了京口闸遗址的考古成果。京口闸位于江苏镇江，是江南大运河上的第一座闸，堪称漕运交通枢纽，历经唐代至清代，民国时期填埋为路。2011～2012年，考古揭示出唐代堰（闸）及北宋至明清京口闸东侧闸体、河道、码头、道路、碑亭等遗迹，出土唐代至民国时期陶瓷生活用品（其中有2件元代青花香炉）、祭祀供器等。

孙机《古代城防二题》（《中国国家博物馆馆刊》10期）中对古城的夯土城墙、门楼、马面、瓮城等防御措施和攻城门的冲车和逾城用的云梯，以及地道等做了详细考述。有些认识尚需考古资料印证。

二 陵墓考古发现与研究

墓葬考古资料一直占据最大的比例。不仅发表的考古发掘资料多，而且研究内容也较为丰富，其中不乏较为精彩的论述。本文从考古资料报道和综合研究两个方面加以介绍。

（一）发掘资料

将年度资料按辽金、两宋、元明清3组分述。

1. 辽金时期

《凌源小喇嘛沟辽墓》（文物出版社）报道的辽宁省凌源市城关镇八里堡村小喇嘛沟墓地是一处较为完整的辽代中晚期墓地，是研究辽代墓地布局的新资料。共发掘11座墓，均为东南向。除M6为砖筑类屋式墓外，其余均为土坑木构类屋式墓，叠涩券顶，墓顶用石板封盖，有斜坡式或阶梯式墓道。墓室平面多为八角形（仅M4为六角形）。其中M1位居墓地中心，未被盗掘。木构八角形主室内有一具画像石棺。出土金银器、白釉瓷器、三彩器和金属马具等。这是该墓地规模最大、年代最早的墓。诸墓道内多随葬牛头、牛腿骨、马头。M7墓道内葬有整马。M6的东北部有2个殉马坑。此外，内蒙古克什克腾旗大营子发现的一座砖室墓内，石棺壁面绘有彩画，保存不算太好（《文物》11期）。

在山西省大同市明代府城西南，曾发掘31座辽金墓葬。其中M1为砖筑圆形单室类屋式墓，骨灰罐在墓室中部。随葬陶瓷器18件。墓室内壁和墓顶绘有彩色壁画。此墓年代应属金代早期，而不是发掘者认为的辽代晚期。M6为长斜坡墓道土洞墓，南向。墓室内置一具石函，棺盖内壁刻有“大定四年（1164）正月……婶母刘……”题记（《文物》12期）。河北省张家口市宣化区下八里墓地东北约1千米处的一座壁画墓，为石筑类椁式墓，南向。椁室东壁绘备茶图和备酒图；南壁左侧绘2人，为侍奉图，右侧绘一假门，门两侧绘1男侍和1鸡（“金鸡老翁”），1女仆和1狗（“玉犬童女”），门上部绘“双头人”。西壁绘散乐图。北壁绘屏风前摆放长案、箱子、布袋、金铤等构成家居图（《文物》3期）。发掘者认为此墓应为辽代晚期至金代中期。笔者认为应该是金代早中期墓。2012年在河南省三门峡市区化工厂发掘2座金代砖室墓。其中M18保存较好，为砖筑类屋式墓，南向，长方形单室壁面有砖雕门窗和雕花等。东壁两扇假门上，右扇刻“陕州县司李”，左扇刻“见男李庆二男祥，贞祐二年（1214）十月十五，孙百僧二孙瘦”。西壁假门上部有“李陕”二字（左至右）（《中原文物》4期）。山西省昔阳县松溪路发掘一座金代砖筑类屋式墓，由墓道、甬道、八角形主室和后耳室组成。此墓室结构完整，随葬品位置明确，为研究晋东地区金代丧葬习俗补充了新资料（《考古与文物》1期）。山西省繁峙县杏园乡南关村发现一座金代晚期至蒙元初期的砖雕壁画墓，圆形墓室内仿木构砖雕、建筑彩绘，壁画保存较好（《考古与文物》1期）。

在陕西省铜川市耀州区阿来村发现3座土洞墓，均南向，一直排列。应为一处家族墓地。均由竖穴式墓道、墓门和长方形墓室组成，室内有一木棺。M1随葬铁猪和铁牛各1；M2出土一块砖买地券，可知墓主人葬于金代明昌七年（1196）（《文博》2期）。在安徽省泗县长沟镇前李村清理墓葬48座，其中汉代42座，金代6座，均为竖穴土坑墓。其中M9出土陶罐、陶瓶，“大观通宝”“正隆元宝”等，可定为金代墓葬。原报告定为北宋中晚期有误（《华夏考古》3期）。

2. 两宋时期

河南荥阳后真村墓地发现7座宋墓，其中3座砖筑类屋式墓，4座土洞墓。这可能是一处家族墓地，可惜未发表墓葬分布图（《中原文物》1期）。河南省温县苏王村墓地发现7座北宋时期砖筑仿木结构类屋式墓，出土遗物极少（《中国国家博物馆馆刊》4期）。河南省新安县城关镇新安宋村北宋砖雕壁画墓是一座重要的墓葬资料。对墓葬进行重新测绘、详细记录和再研究，是一项新的尝试（《考古与文物》1期）。河南省洛阳市涧西七里河仿木构砖室墓也有新认识（《考古与文物》1期）。

在安徽省南陵县弋江镇奚滩村铁拐组清理M1和M2。推测原有封土，均为竖穴土坑木棺墓，灌浆封筑。M1南向，重棺，随葬品分层码放。内棺盖上有荒帷和旌铭，旌铭白字书写：“安康郡太□□氏之柩”。棺盖内顶贴女性人物画像。棺内尸骨和敛服、随葬品保存完好。M2为同穴合葬墓，被盗掘（国家文物局主编《2014中国重要考古发现》，文物出版社）。

《临安洪起畏夫妇合葬墓》（文物出版社）报道了浙江省临安市横街村元至元三十一年（1294）洪起畏夫妇合葬墓。此墓坐东北朝西南。墓地纵长60米、宽52米。由抱手、封土、墓前建筑、两侧耳室、主墓室和暗排水道等组成。椭圆形封土位于墓葬中后部，高约5.8米。墓前建筑由通道、地坪与拜坛、排水沟（原称水渠）组成。在所谓拜坛和主墓室之间，有石块垒砌两个长方形庭院（分别放置两盒墓志）和2个砖砌耳室。主墓室为石筑类椁式墓，连体并列双室，券顶。墓门用条石封砌。左椁室木棺内有1个女性头骨。右椁室木棺内发现零星人骨，为洪起畏墓。洪起畏墓志涉及南宋末期重要人物和历史事件，弥补历史之缺。浙江庆元南宋胡纮夫妇墓均为砖筑类椁式墓，残存部分茔园遗迹。胡纮墓（M1）被破坏，仅存墓志。M2椁室后壁砌壁龛。椁内有木棺。石盖和砖券顶之间为积炭。墓底有排水沟。出土金银器、铜器、水晶和瓷器等，还有石墓志（《文物》7期）。这是较为重要的纪年宋墓资料。此外，南宋墓还有江苏镇江五洲山墓（《文物》5期）、湖北襄阳檀溪村墓地（《文物》2期）。

四川和重庆地区的石筑类屋式墓多有浮雕画像是地方特色。重庆北碚区苦塘沟墓地，以南宋杨元甲夫妇墓（M4和M3）为代表，具有较高的学术价值。M4椁室左壁龛内阴刻杨元甲墓志铭，方形后龛匾额阴刻“巴岳归隐”，内刻镇墓敕告文。M3随葬石墓志铭。椁室左壁龛内阴刻镇墓敕告文，两室右壁龛内均阴刻《楞严咒》。方形后龛匾额阴刻“大椿寿墓”，龛内曲足供案上放香炉和2盆插花（《四川文物》6期）。此外，还有四川资中鹤林村烂泥湾南宋墓地（《四川文物》2期）、重庆大足区龙神湾南宋王若夫妇墓等（《四川文物》4期）。

3. 元明清时期

内蒙古喀喇沁旗西沟墓是一座砖筑类屋式墓，由竖井式墓道、墓门、甬道和方形墓室组成。墓室边长2.35米、高2.15米，叠涩顶。墓室被盗，残存人骨。清理1铜镜和17件泥质黑陶器。可定为元代墓（《草原文物》1期）。河南宜阳仁厚村墓为一座土洞墓，南向。由竖井式墓道、甬道和靴形单墓室组成。墓室内残存2头骨等，为夫妇合葬墓。墓室内壁上绘孝悌人物故事图等（《文物》4期）。发掘者认为此墓是北宋墓，笔者认为可能是蒙元时期墓葬。陕西省西安市南郊长安区“汉人世侯”刘黑马及其家族成员12座墓葬是蒙元时期考古重要发现。其中葬于元朝中统三年（1262）的刘黑马墓（M17）居于该家族墓地北部的祖墓位置，其余墓葬多分布其南面，分东西两片，略呈扇状分布。刘黑马墓为土洞墓，由长墓道、天井、过洞、主墓室、壁龛和后耳室组成，南向。出土灰褐色陶俑、泥质黑灰陶器、金银器、铜器、铁器、玉饰件、铜钱、石墓志和镇墓石等（《考古与文物》4期）。

今年发现的明清墓较多，北方多是平民家族墓地；南方多是贵富大墓。如北京顺义区高丽营镇于庄墓地，11座明墓（M7～M17）均为土圹竖穴墓，分布密集，应以M13为祖茔。15座清墓（M1～M6，M18～M26）也都是土圹竖穴墓，分属3组，其中一组以M26为祖茔（《北京文博文丛》1期）。河南省温县苏王墓地有89座明墓，均南向。其中类屋式墓1座，类椁式墓6座，土洞墓24座，竖穴土坑墓58座。似可分成不同家族（《中国国家博物馆馆刊》4期）。在河南省南阳市发掘的11座明代中晚期墓均出土青花瓷器，有的出土石墓志。其中土坑竖穴墓3座、砖筑类椁式墓7座（其中4座用白灰浇浆密封），砖石混筑类椁式墓1座。墓主人多为官宦子弟、军功人员和地方豪绅（《中原文物》2期）。在陕西省铜川市耀州区阿来村清理的3座土洞墓，出土瓷器是明代陈炉窑常见器物（《文博》2期）。在山东省淄博市周村区发掘的11座明墓，均南向，墓葬排列有一定规律，随葬品瓷器、木器和铜镜等，应为一处许姓的家族墓地（《中国国家博物馆馆刊》2期）。此外，在北京市通州区土桥地铁站附近发现12座土坑竖穴明清墓（《北京文博文丛》3期），在石景山京西商务中心发掘清墓10座（《北京文博文丛》3期）。

福建省福州明代祝恒齐墓为砖筑类椁式墓，为连体并列5椁室，券顶，南向。墓底有排水沟。根据墓志铭可知，墓主人为明朝户部员外郎、名医祝恒齐（1457～1546）父子和妻妾合葬墓。其中西起第3室是为祝恒齐，第4、5室是其长子祝廷玉和儿媳陈氏墓。修墓于明嘉靖二十六年（1547），祝廷玉最后下葬于万历十一年（1583），历时36年。此墓两代人合葬一起，而且锡器家具保存好，是研究明代中晚期墓葬习俗的重要资料（《福建文博》1期）。丘濬（1421～1491）曾任户部尚书、武英殿大学士等职，是明孝宗时期“理学名臣”。海南省海口市水头村丘濬墓园修建于明弘治八年，东距明琼州府城约5千米。墓园坐南朝北。丘濬墓位于墓园南侧。整个墓园布局尚不清楚（《中国国家博物馆馆刊》10期）。

四川省宜宾市明弘治四年（1491）周洪谟墓为石筑类屋式墓，西南向。茔园残存部分圈墓石，墓碑底座、墓碑残块和石供案等。墓碑残块存楷书“明赐进士榜”题字。周洪谟墓由墓门、前横室和双后室组成，墓底设排水沟。墓内壁有画像石图案，局部彩绘。后龛内浮雕仿木牌位。东室长方形牌位上楷书“明故太子少保周文安公之墓”，两侧刻凤鸟。西室后龛内牌位上无字。参考文献推定墓主为周洪谟（《四川文物》1期）。重庆市铜梁县六赢村青龙嘴墓（2012TTQM1）为石筑三椁室类椁式墓，西南向。连体东西并列，石板封盖，平顶。此墓距张文锦家族墓地较近，不排除是张氏后人（《中国国家博物馆馆刊》6期）。

福建省厦门市澳厝村清代苏养斋墓坐西朝东，残存茔园呈“风”字形，用“三合土”做围墙。墓前有石墓碑和石地表，有供桌。墓碑上阴刻楷书“皇清同邑庠生养斋苏公暨配高氏墓域”。苏养斋墓为砖圹石盖的类椁式墓，并列双室，平顶。周围用三合土夯筑密封。北椁室的木棺内有人骨残迹，出土随葬品38件（《福建文博》2期）。

（二）综合研究

1. 综述

孙勐《北京辽金元考古回顾与展望》（《北京文博文丛》2期）一文，从都城、陵墓、窑址、窖藏、佛塔及地宫等方面，对于北京地区辽金元考古资料进行概述。李永强《北京明代考古回顾与展望》（《北京文博文丛》2期）一文认为，北京是明代考古研究的重镇，明北京城、十三陵和长城等构筑大半部明代考古史。北京明代考古大体分四个阶段。吴敬《略论我国古代墓葬的防护措施》（《四川文物》3期）一文指出，从石器时代至宋元时期，有着各种墓葬防护措施，主要表现在尸体防腐、墓室防潮和墓葬防盗上。尸体防腐措施随着技术的发展在材料和步骤上表现出明显的时代差异。墓室防潮和防盗措施都经历从帝王或高等级人物专享到宋元时期普遍运用于平民墓葬的发展过程。孙蕾、朱泓等《郑州地区汉唐宋墓葬人骨种系研究》（《华夏考古》3期）一文，以荥阳薛村遗址和新郑多处遗址的汉唐宋墓葬人骨为研究对象，对郑州地区汉、唐、宋组居民的颅骨标本进行人骨种系的研究，并对汉唐宋中原汉民族的人种成分构成及其演变等问题进行推测和归纳。认为现代北方汉族体质特征最终形成的时间应不早于宋代。

2. 辽金时期

吴炎亮、万雄飞《辽代契丹贵族葬俗刍议》（载本书编委会编《庆贺徐光冀先生八十华诞论文集》，科学出版社）认为，辽代契丹贵族存在魂归深山，聚族而葬；使用金属面具和网络；注重厚葬和流行殉牲等葬俗。林栋《试论辽代墓葬的天井》（《北方文物》4期）将辽墓天井分为竖井式（甲类）、庭院式（乙类）和漏斗式（丙类）三类。认为庭院式天井是契丹贵族的葬俗；而另两类天井主要是汉族的传统。辽圣宗开泰年间以后天井逐渐衰落。他还在《试论辽代契丹墓葬的棺尸床》（《北方民族考古》2辑）一文中探讨辽墓木棺床、砖土棺床、石棺床的流行年代和源流。黄小钰撰写了《辽墓壁画的考古发现与研究综述》（《故宫博物院院刊》1期）一文。李鹏《辽代墓饰门神图初探》（《北方文物》4期）一文认为辽墓的门神有神荼、郁垒二神，钟馗，武士门神，金刚力士门神等。这种源自农耕汉文化的门神习俗，逐渐为辽朝各民族、各阶层的人群所广泛接纳。启门图是老生常谈的壁饰题材。丁雨《浅议宋金墓葬中的启门图》（《考古与文物》1期）收集99个墓例，试图在分类统计和前人研究基础之上，从语境、门、妇人、东汉启门等几个角度，进一步探索这一时期启门题材的相关问题。辽代的女真文化在我国境内发现较少。林秀贞《辽陈国公主墓出土的玉佩精品》（载中国社会科学院考古研究所编著《新世纪的中国考古学（续）——王仲殊先生九十华诞纪念论文集》，科学出版社）一文，介绍了墓中几件以龙、凤及鱼为主题的盒、瓶类玉饰，探讨辽代玉饰艺术风格及其对金代玉饰的影响。冯恩学《辽代的女真文化》（《边疆考古研究》18辑）根据俄罗斯境内黑龙江中下游地区发现的40余个墓地资料，从封堆与洼坑、立柱遗迹、葬具、墓主的葬仪与葬式、随葬品等几方面对辽代女真考古的主要发现做了概述，方便了国内外学者对女真文化考古学的进一步研究。

完颜希尹家族墓地位于吉林省舒兰市小城子乡东新开岭一带。墓地范围东西长约5000米、南北宽约2000米。可分5个墓区。完颜希尹墓在第2墓区。顾聆博《完颜希尹家族墓地遗址研究新认识》(《边疆考古研究》18辑)一文,从墓区、墓葬和随葬品三个方面对墓地材料进行概述,并从墓穴和神道碑的位置、所谓"铁券"和墓室等级的探讨中,认为M1是完颜希尹墓。

蒋忠义、李春林《西夏陵形制与建筑特点》(载中国社会科学院考古研究所编著《新世纪的中国考古学(续)——王仲殊先生九十华诞纪念论文集》,科学出版社)一文,简述西夏陵概况和帝陵名称年代;重点通过和唐宋陵比较,对西夏陵平面布局、建筑形式和技术特点等进行了归纳。认为佛规意识影响到皇陵的建筑形式。实心夯土建筑加精美的外装修是西夏陵突出的特点。

3. 两宋时期

吴敬《南方地区宋代墓葬研究》(社会科学文献出版社)一书对南方地区宋墓进行综合研究,试图建立不同小区域内的断代标尺,归纳墓葬特征,总结南方宋墓的葬俗共性及其成因等,提出一些值得重视的新认识。

宋代族葬之风盛行,家族墓地是家族丧葬理念及其礼制特点的集中体现。北宋时期相州韩氏有3处家族墓地,即丰安祖茔(今河南安阳殷都区皇甫屯西地)、新安韩琦父母等茔地(今河南安阳水冶镇西)和韩琦夫妇茔地(今河南安阳殷都区皇甫屯西地)。金连玉《试论北宋相州韩氏家族墓地的墓葬位序与丧葬理念》(《故宫博物院院刊》1期)一文,结合考古与文献材料,以新安茔地和韩琦夫妇墓所在的丰安新茔地为例,对其家族墓地的墓葬位序及丧葬理念进行初步探讨。指出韩氏家族在北宋时期以"五音姓利说"规划墓地,集中埋葬家族成员,但墓葬位穴之间的尊卑关系又与文献所记载的五音墓地有所出入。南、北方地区的礼乐制度,自唐代以来一直存在一定差异。金连玉《南宋北方移民墓葬初探——以墓葬形制为中心》(《四川文物》2期)一文认为,南渡后的北方移民及其后裔墓葬,与本地墓葬之间无明显差异,多数采用南方本地流行的墓葬形制埋葬。造成这一现象的原因,不仅与北方移民的"权葬"思想有一定关系,可能也与南方地区不同的自然地理环境有关。

杨效俊《陕西韩城盘乐村宋墓壁画的象征意义》(《文博》5期)一文认为,陕西韩城盘乐村宋墓壁画虽然以墓主人为中心,但并不是简单地反映墓主的工作、信仰和娱乐生活。该墓壁画将宋辽时期业已成熟和完善的图像重新组合、绘制在墓室的相应空间,从而产生独特的建筑与图像程序和象征意义:寂灭为乐。此文较有新意。江苏溧阳宋代李彬夫妇墓是一座重要的宋墓资料。彭辉《江苏溧阳北宋李彬夫妇墓出土俑像、墓志及葬俗特征研究》(《东南文化》3期)认为李彬墓是一座具有浓郁道教丧葬风俗特征的北宋墓葬,出土"十二辰"俑、"仰观伏听"俑、"天关地轴"俑、"廉路神"俑、"当圹当野"俑等器物,遵循《大汉原陵秘葬经》的规定。新刊布的墓志资料,揭示北宋时期溧阳李氏家族的谱系,较为重要。邓菲《试析宋金时期砖雕壁画墓的营建工艺——从洛阳关林庙宋墓谈起》(《考古与文物》1期)一文在砖雕工艺讨论的基础上,利用墓葬题记与考古资料,进一步探讨宋金时期砖雕壁画墓的营建以及工匠在该过程中的重要作用,试图理解特定区域内墓葬图像呈现出的模式。两宋文人墓葬中成套出土书写用具,并形成"文房四士(友)"的搭配组合。扬之水《宋墓出土文房器用与两宋士风》(《考古与文物》1期)一文,结合文献对两宋墓葬出土文房诸物进行考证,指出宋代文房器具除笔墨纸砚之外,还包括士人爱赏的各种雅物清玩。文房器用随葬有着特定的文化背景。廖奔《北宋杂剧艺人肖像雕砖的发现》（《中原文物》4 期）和康保成《新发现的四方北宋铭文杂剧砖雕考》（《中原文物》1 期）都对 2014 年征集的 4 块汴京北宋杂剧艺人“丁都赛、薛子小”等肖像墓葬雕砖进行介绍和探讨。需要指出的是，这 4 件题名艺人肖像雕砖的真实性还须慎重认定。

四川省成都市二仙桥南宋墓中出土的一批瘗埋石刻，包括买地券、敕告文券、华盖宫文券、镇墓真文券等，是研究道教和中国古代丧葬习俗的重要资料。章红梅《〈成都市二仙桥南宋墓发掘简报〉释录校补》（《考古与文物》3 期）对已经发表的拓片和录文存在的疏漏做了校补，有利于学者再研究。

4. 元明清时期

董新林《北方地区蒙元墓葬初探》（《考古》9 期）一文根据碑铭资料，结合丧葬习俗的不同特点等，将北方地区蒙元墓识别为蒙古族人墓葬、“蒙古族化”人的墓葬、色目人墓葬和汉人墓葬等四类。并对蒙古族人等的丧葬特征进行初步归纳，为认识无碑铭的蒙元墓提供参考。徐学琳《南方地区元代墓葬形制探析》（《南方文物》3 期）将南方地区元墓分为八类和五个文化区。认为各文化区主要继承宋代以来的文化传统而各具特点，同时也表现出一致性的趋势，这与当时的历史背景和各地区社会文化的发展轨迹相符合。此文墓葬形制划分标准不统一，略显烦琐和混乱。袁泉《继承与变革：山东地区元代墓葬区域与阶段特征考》（《考古与文物》1 期）综合考虑地域文化、人群特点、地理形胜和政治冲击等因素，较好地建立起蒙元时期山东地区墓葬的整体时空框架。她认为，元代墓葬在当地宋金盛行的圆形单室砖雕壁画墓基础上，墓葬类型更趋多样化；同时一些小范围的局部区域特征日渐明显，如胶东半岛独具特色的石塔墓，以及济宁、嘉祥和邹县地区融南汇北的墓葬特点等。杨洁《陕西关中蒙元墓葬出土陶俑的组合关系及相关问题》（《考古与文物》4 期）将关中地区蒙元墓葬随葬陶俑分为镇墓神煞、出行仪仗、随侍供奉和家畜动物俑 4 类。认为陕西关中地区形成了使用陶质俑群及明器随葬习俗；墓主人多为“汉人”，带有浓郁道教文化色彩。

董新林《明代墓葬的考古发现和研究述论》（载本书编委会编《庆贺徐光冀先生八十华诞论文集》，科学出版社）一文对两京地区显贵墓、随葬品独特的墓葬、有壁饰墓葬、边疆“最高长官”墓、太监墓等进行了概述，并指出明墓考古学是研究薄弱、大有可为的领域。袁胜文《江西明墓的类型和分期》（《南方文物》3 期）将江西明墓分为五个类型和三个时期。认为弘治晚期至嘉靖初期（中期）是江西明墓的变化期，其原因与经济状况、地理条件和丧葬观念等因素有关。万历是明神宗朱翊钧在位时的年号。安葬明神宗朱翊钧及其皇后的陵寝——定陵是目前唯一正式发掘的古代皇陵。关于定陵考古资料的研究较多，但是对万历帝后独特葬式的关注很少。恩子健等《万历帝后葬式分析》（《北京文博文丛》1 期）大胆推测万历帝后出现三种不同的“S”形侧卧式葬式可能与佛教有关，是借鉴“吉祥狮子卧”的佛祖卧姿做葬式，是一种特殊的现象。江西星子县秀峰塔园发现三座类屋式墓，墓室彩绘壁画，坐北朝南。这在以类椁式墓为主的南方地区是较特殊的现象。徐长青、胡胜《江西星子县明代壁画墓的佛教文化特色》（载本书编委会编《庆贺徐光冀先生八十华诞论文集》，科学出版社）一文概述 3 座墓葬的基本情况，并探讨墓葬的佛教特色。认为塔园内 3 座墓葬墓顶呈覆钵状，墓室内绘有莲花图案，用须弥座棺床，还发现塔身、塔檐等石构件，可以判断这是明代开先寺的高僧墓，是重要考古发现。

王岩《定陵出土文物与〈明史·舆服志〉研究》（载中国社会科学院考古研究所编著《新世纪的中国考古学（续）——王仲殊先生九十华诞纪念论文集》，科学出版社）一文，将考古资料和文献结合，介绍定陵出土的帝后服饰、冠、带、佩等，认为万历时期冕冠服基本上遵照明初定制，也兼有明中期的特点，又有新的突破。

韩佺《清代后妃陵墓格局考察》（《中国国家博物馆馆刊》9期）认为清代后妃陵墓分为皇后单独建陵，后、妃陵园合建，妃园寝单独营建三类。后妃埋葬位次变化在一定程度上暗示了统治者丧葬理念的转变，即在吸纳儒家伦理纲常、尊卑有序观念的同时，兼顾了以血缘关系为核心的“聚族而葬”的埋葬特性。并在位次分析的基础上提出清代“内、外双层茔区”兆域格局的概念。

三　手工业遗迹遗物考古发现与研究

（一）陶瓷器和窑址

今年瓷窑等遗址的考古新资料不多，但都很重要。浙江龙泉窑创烧于北宋早期，兴盛于南宋至元初。明代中叶以后，由于各地制瓷业的兴起，龙泉窑逐渐衰落。清代中叶以后停烧。《龙泉大窑枫洞岩窑址》（文物出版社）报道了2006年9月至2007年1月发掘枫洞岩窑址的最新成果。主要有窑炉、大型房屋及其道路、水沟、储泥池、水井等重要遗迹，出土大量民用、官用瓷器和制瓷工具等；瓷片达数十吨。通过发掘，揭示了龙泉窑陶瓷生产完整的工艺流程，确认一批明洪武至永乐年间的龙泉青瓷。并认识到枫洞岩窑址宫廷用瓷与景德镇珠山产品有共同的“样”；枫洞岩窑址不是官窑，其烧造宫廷用瓷是朝廷“制样须索”。2013～2014年发掘的繁昌窑柯家冲遗址和骆冲遗址是重要的考古发现。柯家冲遗址清理龙窑1座，作坊基址2处、路面1处、排水沟2条和工棚1处。窑内出土瓷器较为精美，供应上层社会。骆冲遗址清理龙窑1座、房址1座、路面1条。产品面向民众。骆冲一号龙窑是我国分室龙窑较早形式之一。骆冲窑址专烧青白瓷，创烧于五代，繁荣于北宋早期，是研究青白瓷起源的重要资料（国家文物局主编《2014中国重要考古发现》，文物出版社）。河北省邯郸市峰峰矿区临水镇窑址是一处从北朝沿用到元代的磁州窑遗址，是滏阳河流域磁州窑的中心窑场之一。其中金代遗物最为精美，是研究磁州窑兴衰的重要资料（《文物》8期）。福建南靖县东溪窑是明清时期闽南地区一处较重要的外销瓷窑场。在封门坑窑址发现保存较好的窑炉、作坊、居住址和瓷土矿洞等（《福建文博》3期）。

在江苏南京雨花台区窑岗村发掘的琉璃窑遗址，清理出14座明代琉璃窑、窑作场地和护坡等遗迹，是重要发现之一。这批琉璃窑始烧于明朝洪武年间，废弃于明末。其中琉璃窑多由窑门、火膛、窑室和烟囱等构成。这些琉璃窑属于全倒焰式窑，代表了传统烧造技术的进步。窑址中出土的大量器物，以板瓦、瓦当、滴水等建筑构件为主，上施黄、绿、黑釉，造型精美；也出土瓷碗、陶模等器具（《文物》10期）。

陶瓷考古的研究论文较多，其中不乏较为重要的论述。众所周知，景德镇是中国陶瓷考古的重镇，是中国古代制瓷业后期的中心窑场。实际上在唐代元和八年（813）即有制瓷的文献记载，但考古一直没有发现早期瓷窑遗址。秦大树等《景德镇早期窑业的探索——兰田窑发掘的主要收获》（《南方文物》2期）一文，根据浮梁县兰田窑大金坞窑址和万窑坞窑址发掘资料，对景德镇早期窑业提出新认识。第一，初步总结景德镇地区早期龙窑从长变短，坡度从缓到陡，建筑方式从凸筑到砖砌的变化趋势；第二，将景德镇地区9～10世纪的窑业分为5段，确定各段年代，即从晚唐后期（9世纪后半叶）至北宋早期（10世纪晚期），并总结各阶段的基本特征；第三，9～10世纪景德镇生产的青绿釉、青灰釉、白釉等三类釉色器物是同时生产的特色器物。此三类产品分别受到江西洪州窑、浙江越窑和北方地区白瓷生产技术的影响，也有少量长沙窑的工艺特征。江建新《元代至明初景德镇地区制瓷技术及其源流考察》（《中国国家博物馆馆刊》2期）一文认为，元代景德镇制瓷技术有了空前进步，不仅吸收国内著名窑场的烧造技术，也汲取中东、韩国等优秀制瓷工艺；同时景德镇产品和技术也扩散到这些地区以及欧亚大陆，标志着景德镇早期全球化的开始。丁鹏勃《明代御窑窑炉及烧成工艺探究》（《中国国家博物馆馆刊》2期）一文认为，明代景德镇御窑从明早期葫芦形窑演变为中晚期的馒头形窑。万历中期以后馒头窑从前窄后宽式变为前后等宽。并辨析火监熿窑、色窑和风火窑等性质。

项坤鹏《宋代宫廷用瓷来源探析》（《考古与文物》1期）一文根据文献和考古资料，认为宋代宫廷用瓷来源有土贡（道州府所贡）、朝贡（藩属国所贡）、赋税、宫廷须索（对宫廷的非正常供给）、臣下进贡等。从产品组织生产角度讲，有“置官监窑”和“官方科买或买民窑产品”两种方式。王小迎、王睿《江苏扬州南宋宝祐城西城门外出土陶瓷器》（《中国国家博物馆馆刊》9期）一文，对发掘区第3层出土陶瓷器的器形特征、装饰手法、釉、胎等进行类型学研究，揭示了宋代以来扬州城瓷器使用情况以及与周边窑口的关系。

尚刚《元代卵白釉瓷器的分类》（《故宫博物院院刊》5期）一文将元代卵白釉瓷器分为供奉瓷、官府共用瓷和商品瓷三类。袁胜文《南方地区唐宋制瓷馒头窑研究》（《中国国家博物馆馆刊》2期）一文将南方地区唐宋制瓷馒头窑分为四川盆地、广东和浙江杭州3区，历经唐早期、唐中晚期、北宋早中期、北宋晚期至南宋早期、南宋中晚期和南宋末元初六期。并指出北方馒头窑在南方地区兴盛与否与当地的瓷业基础强弱关系呈反比。

吉州窑是宋元时期重要的瓷窑。王睿《吉州窑之永和窑与临江窑初步比较》（《南方文物》2期）一文，对吉州窑中的两个重要遗址永和窑和临江窑进行对比研究，认为这两个窑址属于两个类型。永和窑与北方诸窑关系密切，元代以后废弃；临江窑主要与南方诸窑有更多的传承，在明代临江窑仍在生产。罗辉《吉州窑绿釉瓷枕的装饰艺术探讨》（《南方文物》1期）一文，对吉州窑绿釉瓷枕进行了综述。指出瓷枕现存如意形和八角形两种器形，属于低温釉瓷，主要采用刻划花和印花装饰。王嫚《景德镇湖田窑与潮州笔架山窑青白瓷的比较研究》（《中原文物》1期）一文认为潮州笔架山窑青白瓷是在湖田窑的影响下产生的，但又具有鲜明的区域特色。德化窑因集中在福建德化县而得名。唐末五代时期生产青釉瓷；宋元时期以白瓷和青白瓷为主要产品；明代以质优的“中国白”白瓷闻名欧洲。德化窑是我国重要的外销瓷产地。王睿《德化窑窑址的考古发掘与研究》（载本书编委会编《庆贺徐光冀先生八十华诞论文集》，科学出版社）一文对龙窑窑炉结构、各窑址瓷器比较、窑具与装烧工艺、烧成温度等进行详细分析。将德化窑分为6个窑群。其中宋元时期的盖德窑群以碗坪仑窑为代表；浔中窑群则以屈斗宫窑代表南宋至元代窑址；以甲杯山窑代表元明时期窑址。

彭善国、刘辉《东北、内蒙古出土的耀州窑青瓷——以墓葬材料为中心》（《考古与文物》1期）一文认为，出土耀州青瓷的辽墓，主要分布在内蒙古东南部和辽宁西部，且时代绝大多数在1020年之前，墓主人多为契丹贵族。青瓷或是通过五代对契丹的贡奉或贸易流入辽境的。东北、内蒙古金代耀州青瓷只有20余件，散见墓葬、城址和窖藏内，变为民众日用品，流布地域比辽代有所扩大，这反映了金代各窑场产品竞争与流通格局的变化。崔剑锋、彭善国《塔虎城遗址出土部分瓷器的成分分析与产地推测》（《边疆考古研究》18辑）一文对吉林省前郭尔罗斯县塔虎城出土的化妆白瓷和白釉黑花瓷器的成分和产地进行了测试和分析，认为化妆白瓷都是江官屯窑生产，而白釉黑花瓷器的产地来源不详。

（二）冶铁遗址

辽代冶铁遗址缺少考古工作。北京市文物研究所对北京市延庆县大庄科矿冶遗址群进行4年的考古调查和发掘，取得重要收获。遗址由矿山、冶炼、居住和作坊遗址构成。考古调查发现矿山5处，冶炼遗址4处，居住和作坊遗址3处。其中水泉沟生产链条较为齐备，在遗址群中居于核心地位。目前发现炼铁炉10座，其中水泉沟冶炼遗址有5座，发掘其中4座，保存较好。根据出土遗物和^{14}C测年，判定该遗址为辽代。水泉沟生活和作坊遗址位于炼铁炉遗址东北侧，相距约100米。大庄科矿冶遗址群是目前国内发现保存炼铁炉最多、炉体保存较好的辽代冶铁遗址（国家文物局主编《2014中国重要考古发现》，文物出版社）。解小敏《对北京地区辽代冶铁考古研究的思考——由延庆水泉沟辽代冶铁遗址说起》（《北京文博文丛》1期）一文梳理了辽代冶铁史和冶金考古研究现状，侧重介绍北京市延庆县水泉沟辽代冶铁遗址的新发现概况及其新认识，并对辽代冶铁考古提出自己的认识和展望。

（三）窖藏

1991年，在南京市高淳区胥溪河的水利建设中发现一处元代窖藏，出土30余件具有南宋时代特征的金银铤、金饰件和少量典型的元代瓷器。金银铤皆有戳记铭文，铭文涉及成色、重量、地域、工匠名或金银铺号、用途等，具有较为重要的学术价值。窖藏形成可能与元至正十二年（1352）或至正十五年（1355）当地发生战争有关（《中国国家博物馆馆刊》12期）。

陕西省渭南市华县咸林中学校门前发现的一处南宋铜钱窖藏，形制为一椭圆形土坑。坑内铜钱用绳子相串零散摆放，被少量石、砖块覆盖。铜钱重量约4吨。其中有北宋时期26个年号钱、3个非年号钱，南宋2个年号钱，金代1个年号钱，共70种钱币。此次发现的北宋钱年号之连续、种类之多、数量之大，在陕西地区比较少见（《中国国家博物馆馆刊》10期）。

四　宗教遗存考古发现与研究

这一阶段的宗教遗存几乎都属佛教方面。陈筱、孙华《中国石窟寺保护性建筑的设计与实践》（《四川文物》2期）一文，对中国石窟寺所做保护性建筑的历史进行考察，认为在龛窟外部修建保护性建筑及设施是中国石窟寺保护的主要方式之一。从敦煌莫高窟加固工程、龙门奉先寺保护到云冈石窟保护性建筑的设计与实践，保护性建筑方案在与时俱进。理性科学、综合考虑的设计思路代表了石窟保护性建筑设计未来的发展趋势。

于博《从辽塔造像看密教对辽代七佛造像的影响》（《北方文物》3期）一文根据对辽塔七佛造像的个案解读，认为密教对辽代七佛造像体系影响巨大，辽代民众通过修行过去七佛所说的密宗陀罗尼经咒而祈福，可见辽代七佛信仰有着护世护法功能和现实功利性。在北京西山大觉寺发现一块金代石刻，详细记述金代禅门曹洞宗著名僧人青州希辩的生平和影响，对于研究金代禅宗历史具有重要的学术价值。宣立品《大金国燕京宛平县阳台山清水院长老和尚塔记》（《北京文博文丛》3期）一文，对这块长老和尚塔记做了录文和考述。

四川大足北山佛湾第137龛是一铺南宋绍兴时期所作阴刻线描画。该作依据《维摩诘经》而绘，完整地表现了文殊问疾维摩诘的情景。画面留有关于画工、刻工、主持人、功德主、制作年代等诸多题记，是研究晚期佛教美术不可多得的案例。米德昉《大足北山宋刻〈维摩诘经变〉及其相关问题考察》（《中国国家博物馆馆刊》3期）通过田野考察与文献甄别，对各类错讹予以商榷补正，并对经变之内容、粉本、作者等问题加以考述。四川安岳县茗山寺石窟现存造像12龛，其中较完整的龛窟6座。还有碑刻12方、题记11则和石塔残迹1处等。根据造像形式和风格等判断，主要窟龛的开凿时间在北宋后期至南宋前期之间（《四川文物》3期）。四川南充白塔（即元量宝塔）是一座仿木构楼阁式方形砖塔，高约40米。王书林、徐新云《四川南充白塔建筑年代初探》（《四川文物》1期）一文，将南充白塔所反映的仿木构建筑形制特征，与该地区同期砖石塔进行对比，发现其不对称性和装饰性均较强。推测南充白塔建造年代为南宋中后期。

南京大报恩寺是明代皇家寺院，其前身为北宋重建的长干寺（后称“天禧寺”）。明代大报恩寺总体分南北两区。北区沿中轴线依次设置金刚殿（山门）、香水河桥、天王殿、大殿、琉璃塔、观音殿、法堂等，中轴线两侧设置御碑亭、经藏殿等。考古学者于2008年开始发掘琉璃塔基遗址和地宫。塔基平面呈八角形，由5层结构环绕，中心下面有地宫。圆形竖穴土圹状的地宫保存完好，清理出金、银、铜、铁、陶、瓷、玉、玛瑙、水晶、玻璃、丝绸、香料等236件（份）和大量铜钱。其中有《金陵长干寺真身塔藏舍利石函记》（《文物》5期）等文字资料和“佛顶真骨”舍利、“感应舍利”和“诸圣舍利”，是佛教考古的重要发现。祁海宁、周保华《南京大报恩寺遗址塔基时代、性质及相关问题研究》一文，根据遗迹现象和出土《石函记》等遗物，认为大报恩寺塔基（TJ1）和地宫（DG1）建成于北宋大中祥符四年（1011），是北宋长干寺真身塔（即天禧寺圣感塔）的塔基和地宫。YJ1是明永乐至宣德时期修大报恩寺琉璃塔而搭建的大型鹰架。H37可能是南朝长干寺阿育王塔地宫（《文物》5期）。祁海宁《南京大报恩寺遗址六号井的发掘及与“义井”关系的探讨》（《东南文化》4期）一文认为，大报恩寺遗址北区北侧的一座砖砌水井（编号J6），分为上下两段，下段建于北宋，上段为明代加建而成。J6的下段保存完整，砌造精良，规模在该遗址所有已发现宋井中最大。该井很可能为北宋高僧可政与名相李迪联手创建的“义井”。

四川高县半边寺摩崖造像现存造像4龛，其中3龛开凿于明代。这是一处佛道合一的造像群，是四川地区少见的龛形较大的明代摩崖造像。“三身佛”作为主尊是四川地区明代佛教艺术的典型题材（《四川文物》1期）。陈凤贵、姚军《四川马边县明王寺初探》（《四川文物》1期）一文，通过考古调查和勘察指出，明弘治十七年（1504）在四川马边县创建“牛王寺”，旋改为明王寺，清嘉庆二十四年（1819）改为“名望寺”。明王寺现存建筑有天王殿、大雄宝殿（佛殿）、三清殿，佛殿与三清殿之间有灵池。明王寺是少数民族地区一处重要的儒、佛、道三教合一的建筑群。

辽宁省辽阳县首山清代塔基遗址由石砌围墙、地坪、塔基和地宫组成，南向。石砌围墙平面呈近方形，东西边长 11.2 米、南北边 11.8 米，墙宽 0.6 米。塔基地坪部分呈“凸”字形，方形基础地坪铺砖，南部正中有砖铺踏道。正中为近方形塔基，用石块大石条围砌，东西宽 2.5 米、南北 2.7 米。石条内填断砖。地宫呈方形，边长 2.7 米，前面有斜坡通道。地宫内砖砌棺床上放置青花骨灰罐，粗瓷大碗、三足玉香炉、石砚等。据考证，该塔基遗址为清初清风寺天律禅师的舍利塔（《北方文物》4 期）。

道教是中国土生土长的宗教。蒙古国时期，道教盛行。陈晓敏《论元代北京地区道教的发展——从北京地区现存元代道教碑刻谈起》（《北京文博文丛》1 期）一文对在北京元大都发现的 12 通元代道教碑刻进行介绍。指出北京地区现存元代道教碑刻的碑文主要是反映全真教、玄教、大道教等内容，与史料记载一致。北京地区的道教在元朝达到发展高峰。

五　边疆民族和中外文化交流

（一）土司考古的新资料

土司遗址考古近年得到国内外学术界瞩目。2015 年“土司遗址”成功列入《世界遗产名录》。孙华《中国土司遗址考古》（《南方考古》1 期）一文对中国西南土司遗产的背景、3 处提名世界遗址土司遗址概况和 5 篇关于播州杨氏土司遗产考古和保护研究的论文要点进行概述。他认为，泛称的“土司”制度至少可分两期：魏晋至两宋的“羁縻时期”；元至清的“土司时期”。湖南永顺县老司城遗址、湖北咸丰县唐崖城遗址和贵州遵义市海龙囤遗址，涵盖了贵州高原边缘历史上有影响的土司遗存，具有较强的典型性和代表性。这三处土司遗址既分别是永顺彭氏、唐崖覃氏和播州杨氏土司历史的实物记录，是中国西南地区土司治城遗址的典型代表，更是古代中国中心地区与边远地区文化交流的物质遗留，是中国古代从羁縻到土司制度发展演变的历史见证。

继 2014 年湘西彭氏土司的司治所在——湖南永顺老司城考古发掘报告发表后，2015 年又有一组贵州播州土司的考古发掘和研究资料得以刊布，再次引爆有关学者的眼球。周必素、李飞《贵州遵义市播州杨氏土司遗存的发现与研究》（《考古》11 期）从遗址和墓葬两个方面，对播州土司遗存进行全面梳理。指出播州杨氏土司不仅建有白锦堡和穆家川先后做司治的“平原衙署”，而且还在地势险要的山巅修建以海龙囤为核心的山城防御体系。完善的关囤山城防御体系和田庄堰塘具有地域文化特色。海龙囤“新王宫”采用中轴线对称、大堂居中、前堂后室的布局，反映出中国传统官署建筑的特征。墓葬方面不仅有杨烈墓等 9 个土司墓，还有 3 座疑似土司墓，以及杨忠勇等贵族墓和罗氏家族墓地等。播州杨氏土司墓地不集中分布，分葬四处，但墓地有完整的规划。墓园内包括垣墙、园门、祭祀性建筑、墓碑、墓室和高大的封土堆等。有的墓室前方设有神道、祭台和石翁仲等。贵州遵义海龙囤城是播州杨氏土司留下的最为重要的遗址。李飞等根据对海龙囤遗址城垣和 13 个关隘及门址的调查与清理发掘，将海龙囤城分为两大期。第一期城垣即为南宋末抗蒙山城——“龙岩新城”。第二期城垣即为明朝的土司城堡。并探讨了“龙岩新城”平面布局和明代城堡布局和沿革（《考古》11期）。贵州遵义养马城是播州杨氏土司营建的山城，是海龙囤城的“羽翼”。简报介绍石城形状布局，认为此城兴废与海龙囤城基本一致，始建于南宋末，与宋蒙战争有关，废弃于明代万历末年（《考古》11期）。

贵州遵义市新蒲播州杨氏土司墓地，时代从南宋末到明代末，是西南土司遗存考古重大发现。墓地内确认（南宋晚期）杨价墓（M3）、（明初）杨铿墓（M2）和（明万历年间）杨烈墓（M1），均夫妻合葬，棺床底有腰坑。墓向均为坐西南朝东北（《考古》7期）。杨价墓为双室并列的木构类椁式墓，因未被盗掘，出土大量金银器等。杨价墓出土的器物和墓园建筑构件，为判断海龙囤一期城址及养马城的年代属于南宋提供了重要参考（国家文物局主编《2014中国重要考古发现》，文物出版社）。杨铿墓位于东南侧坡地前端，没发现墓园。杨铿墓为三室并列的石筑类椁式墓，朝东北向。南室和中室前方均各发现一个碑座垫石和一个石函，函内有一盒石墓志（《考古》11期）。遵义市团溪播州第25世土司杨辉墓茔园呈东南向，平面呈“凹”字形。茔园外疑有杨辉墓祠（现为雷音寺遗址）。杨辉墓居茔园中部偏东，夫妻妾的3人合葬墓，并列石筑类椁式墓，中室（杨辉墓）和西室的封门石外侧，各有一个石函，函内放置一盒石墓志，用十字铁条箍封。东室棺床下有坑，坑内有石函，函内有一石买地券。每个椁室后面各有一通石墓碑（《考古》11期）。

（二）中外文化交流

中国在国外考古发掘项目越来越多，这也是中外文化交流的重要体现。秦大树《探寻东非古国马林迪——北京大学肯尼亚陆上考古的主要收获》（载本书编委会编《庆贺徐光冀先生八十华诞论文集》，科学出版社）一文介绍了发掘肯尼亚曼布鲁伊村遗址和马林迪老城遗址情况和主要成果。认为通过对马林迪王国两处的重要遗址的发掘，首次认定马林迪王国创始于9～10世纪，曼布鲁伊可能是早期马林迪王国聚集地。这是东非历史研究的重大推进。在10～11世纪，作为海上丝绸之路重要载体的中国瓷器已抵达此地区。永乐通宝、永乐官窑青花瓷和明早期龙泉窑的御窑瓷片等，为郑和到访东非提供重要证据。《蒙古国后杭爱省浩腾特苏木胡拉哈一号墓园发掘报告》（文物出版社）报道了中蒙联合考古队于2006～2007年发掘蒙古国后杭爱省胡拉哈一号墓园的资料。共发现1座匈奴墓、6座漠北回鹘汗国时期墓葬及17座蒙元时期墓葬，出土一批重要的文物。发掘者探讨了墓园布局和结构，并确认该墓园建于漠北回鹘汗国时期。

姜波《从泉州到锡兰山——明代中国与斯里兰卡交往的考古学实证》（载中国社会科学院考古研究所编著《新世纪的中国考古学（续）——王仲殊先生九十华诞纪念论文集》，科学出版社）一文，介绍了在斯里兰卡加勒港出土的“郑和布施锡兰山佛寺碑”。此碑用三种文字记述郑和代表大明皇帝给佛教、印度教、伊斯兰教主神贡献布施的史实；同时介绍中国泉州发现的钦赐“世”姓的锡兰国后裔的祖茔与墓碑，揭示了锡兰国后裔留居东方大港泉州的历史。以此为基础，该文探讨了元明时期海上丝绸之路上的族群、语言与宗教背景。伊斯兰玉石雕刻有着悠久的历史。许晓东《13～17世纪中国玉器与伊斯兰玉雕艺术的相互影响》（《故宫博物院院刊》1期）探讨中国玉器与伊斯兰玉雕艺术的关系。认为15世纪以来伊斯兰玉器艺术的发展，与蒙古人西征并成为该地区的统治者及其对汉地玉雕传统的接受和推崇息息相关。除了草原和海上丝路，西藏是明朝与中亚、南亚诸国交往的重要通道。马文宽《掐丝珐琅和眼镜制作技术的传入》（载中国社会科学考古研究所编著《新世纪的中国考古学（续）——王仲殊先生九十华诞纪念论文集》，科学出版社）一文，认为欧洲及拜占庭的珐琅生产技术，在元顺帝时经伊斯兰世界传入中国，在明代进入繁荣时期，以景泰蓝为代表。经明清百年发展，景泰蓝成为中国传统工艺名品，远销海外。眼镜是明代早期经伊斯兰世界由海、陆两途传入中国，称为优逮。明代中期始有眼镜之名。明末清初，我国才能自己制造眼镜。

六　古建筑考古

王进先《长治宋金元墓室建筑艺术研究》（文物出版社）一书，将数十年宋金元时期仿木结构墓的考古资料和地面古代建筑有机结合，根据《营造法式》规制，对墓室内仿木结构的柱枋斗拱各部做法，以及墓室内砖雕、壁画等进行较全面的研讨。这是一项很有意义的研究。

徐怡涛《〈营造法式〉大木作控制性尺度规律研究》（《故宫博物院院刊》6 期）一文，依据《营造法式》大木作等项制度，推算《营造法式》大木作的控制性尺度规律，并以现存唐至元朝古建筑实例加以验证。通过上述文献和实例的综合研究，提出了对中国古代木构建筑模数制和对尺度研究方法的若干认识和思考。万荣稷王庙位于山西省万荣县太赵村内。稷王庙坐北朝南，平面呈长方形，南北约 80 米、东西宽约 45 米。院内中轴线从南起依次有戏台和大殿两座古建筑，东南角和西南角各有一现代简易房。其中大殿是已知仅存的北宋时期庑殿顶建筑，在中国建筑史上具有重要历史价值。张梦遥、徐怡涛《宋至民国时期山西万荣稷王庙建筑格局研究》（《故宫博物院院刊》3 期）一文以稷王庙现状测绘、考古勘探及访谈资料为基础，结合相关文献和研究成果，探求万荣稷王庙格局的历史演变历程，复原出稷王庙自宋、金、元、明清至民国时期，各个重要阶段寺庙历史格局图。俞莉娜、徐怡涛《山西万荣稷王庙大殿大木结构用材与用尺制度探讨》（《中国国家博物馆馆刊》6 期）一文根据对山西万荣稷王庙的调查和精细测绘成果，整理出该庙大殿斗拱类构件、柱梁类构件及平面屋架尺度三类数据。运用统计学中对总体平均值的估算方法对原始数据进行处理，获得了大殿各类大木作尺度数据的校正复原值。

勾栏瓦舍是宋元时期民间兴旺的演出娱乐场所。秦建明《勾栏瓦舍试解》（《文博》4 期）从古代建筑结构入手，认为古代所谓的瓦舍，就是并联的卷棚建筑，以形似瓦垄，而名瓦舍。而勾栏则是栏杆的一种。栏柱外侧与底部横梁间有一斜撑，以形似勾矩，而名勾栏。因其是演出场地所用，故勾栏瓦舍，也就成为古代娱乐场所之代称。

北京先农坛始建于明永乐十八年（1420），时称山川坛，历经修缮，主体建筑沿用至今。这是明清帝王举行农耕典礼、祭享先农等神灵的坛庙。其中太岁殿是最为重要、保存最完整的建筑群。太岁殿内中轴线从南到北由拜殿、太岁殿和东西厢房组成，有围墙。宋长忠《北京先农坛太岁殿建筑特色分析》（《北京文博文丛》3 期）一文指出，在太岁殿修缮过程中，通过对建筑风格和梁架的研究分析判定，太岁殿生体结构仍为明代原物。

朱海仁《广州古祠堂建筑初探》（载本书编委会编《庆贺徐光冀先生八十华诞论文集》，科学出版社）一文指出，广东汉族居民分三大民系，即广府民系（讲粤语）、潮汕民系（讲潮汕话）和客家民系（讲客家话）。他根据文物普查资料，对明清时期广府民系和客家民系祠堂的布局、建筑特色进行了总结。

七　墓志、碑刻等

在河南省焦作市白作村北宋李从生墓中出土一方墓志。陈朝云、赵俊杰《北宋李从生墓志探微》（《中原文物》3 期）一文指出，墓主李从生为北宋神宗年间籍贯泽州的平民。其子李吉于北宋哲宗元祐五年（1090）为其建墓置志。元祐初年，李吉从泽州带领全家迁徙至怀州开采并经营煤矿，兴业旺族。此墓志对研究宋代焦作的煤炭开采及社会阶层等提供重要资料。降臣吕师孟是南宋晚期著名的“吕氏军事集团”的成员之一。向珊《方回撰〈吕师孟墓志铭〉考释》（《中国国家博物馆馆刊》6 期）指出，在江苏苏州出土的吕师孟墓志铭，完整记载了其生平、宦迹及姻亲状况等，以及南宋驸马杨镇有关信息，可补史料之缺。墓志作者为宋元之际的著名诗人方回。该文不见于方回的传世文集和《全元文》，是一篇重要的佚文。四川泸县宋墓以精美画像石而闻名。李伟、任江《四川泸县宋墓三通碑志石刻略考》（《四川文物》2 期）一文，考证宋墓出土的古骥墓志、陈鼎墓志和张氏族谱碑。墓主人均为底层仕宦，墓志涉及了该阶层丧葬活动中遵从堪舆地镜法与理气派的习俗。其中张氏族谱反映了视先人墓葬为“庆堂”或“吉宅”以祈福的丧葬风尚。

辽宁省辽阳市出土的《金赠光禄大夫张行愿墓志》（《北方文物》3 期）是与辽金时期渤海遗民有关的重要资料。墓志较详细记载合葬于金天德二年（1150）的渤海遗民张行愿家族情况，其二子张浩曾任宰相，封南阳郡王，可补史料之缺。但该墓志后来遗失，《全辽文》等著录资料不完整。李智裕《〈金赠光禄大夫张行愿墓志〉补释》一文根据辽阳博物馆馆藏墓志拓片，结合相关材料对张行愿墓志进行补释。

刘黑马是蒙元时期著名的汉军世侯之一，但《元史》以外的史料甚少。根据《西安南郊新出土〈刘黑马墓志〉考述》（《考古与文物》4 期）一文可知，刘黑马墓志丰富了文献记载，可与《元史》勘证，对研究汉军世侯中的天成刘氏家族具有较高的参考价值。根据李举刚《元刘天与墓志及相关问题探析》（《文博》2 期）一文可知，在西安市长安区夏殿村之西采集到的《刘天与墓志》，是发现蒙元时期刘黑马家族墓地的重要线索。志主系汉人世侯刘黑马家族后裔。该墓志内容丰富，涉及刘天与的仕宦经历及家族婚姻等新资料。

陈玮《大蒙古国京兆总管府奏差提领经历段继荣墓志铭考释》（《北方文物》3 期）一文考释了段继荣家族世系及其仕宦经历。段继荣卒于蒙古国蒙哥汗二年（1252）。墓志撰写于蒙古国时期至元三年（1266）。段氏家族为金代关中世宦之家，婚姻圈涉及河中显贵李金吾、伪齐刘豫、辞赋状元吕子成。此墓志是研究金元之际陕西关中士人及大蒙古国京兆军帅田氏家族的重要资料，纠《元史》之谬。陕西是宋蒙交战时期蒙古征蜀军队的大本营，许多战事的参与者卒后都埋于长安附近。樊波根据《刘元振墓志》《冯时泰墓志》《耶律秃满答儿墓志》等 3 方墓志，简要考证了刘整降蒙（1261）和泸州之战（1277）等历史，补充史料之不足（《四川文物》6 期）。山西省临汾贾村元墓的墓主苏公式，为蒙古汗国时期平阳路（今临汾）的诸色人匠达鲁花赤，即临汾地区管理手工业的长官。他曾三次受命前往金帐汗国（主要为今南俄草原），向拔都汗缴纳赋税。沈勰根据石墓志记载和历史文献，探讨了作为金帐汗国封地的平阳路；上缴赋税的内容以及从此地通往南俄草原的驿站道路（《考古与文物》4 期）。

张智勇考证了北京丰台区出土的明代明威将军腾骧右卫指挥佥事徐通及夫人董氏墓志。徐通卒于明武宗正德十四年（1519），享年 77 岁。徐通为腾骧右卫指挥佥事，正四品；散阶为明威将军；夫人董氏被封为恭人（《北方文物》4 期）。

甲骨文、金文研究综述

严志斌

2015年甲骨金文研究中出版重要著作有17部。甲骨学方面主要是利用甲骨资料对商代史进行研究。如芦金峰的《甲骨文与民族传统体育因素研究》（中国社会科学出版社），利用甲骨文资料对在中国早期出现的体育形态进行了研究和探索。初步构建起商代体育史的构架。张兴照《商代水利研究》（中国社会科学出版社）结合文献资料、甲骨文史料以及考古材料就水文环境、防洪、水运、农田灌溉、城邑水利等多方面的商代水利问题进行考察。齐航福所著《殷墟甲骨文宾语语序研究》（中西书局）一书主要以甲骨文为研究材料，讨论了“惠”“唯”字宾语前置句、否定句中代词宾语前置句、否定句中名词宾语前置句、肯定句中名词宾语前置句；“呼”“令”“使”“速”字兼语句；非祭祀勤词双宾语句；祭祀动词双宾语句；三宾语句；“于”“自”“在”“从”字介宾结构等问题。

此年度还出版或再版了一些甲骨学通论性著作，如王宇信《甲骨学通论》（中国社会科学出版社）是为作者同名书的修订版，全面介绍了甲骨学历史与研究现状。另，根据1933年中华书局版本影印出版了陈晋《龟甲文字概论》（湖北美术出版社）。邹芙都、樊森合著的《西方传教士与中国甲骨学》（科学出版社）将视角集中于甲骨学草创期（1899～1928）和发展初期（1928～1939）活跃于中华大地的西方传教士身上，研究其甲骨购藏、流布、保存、著录等甲骨学活动及代表著作、学术观点、主要贡献与深远影响等，并勾勒其甲骨学活动轨迹。

再有著录出版了一批甲骨资料，如宋镇豪、焦智勤、孙亚冰所作《殷墟甲骨拾遗》（中国社会科学出版社）收录了流散于河南安阳民间的殷墟出土带字甲骨，共696片。此书包括甲骨彩色照片、甲骨拓本与摹本以及释文。周忠兵《卡内基博物馆所藏甲骨》（上海人民出版社）所收美国卡内基博物馆所藏甲骨是库寿龄、方法敛二氏所藏甲骨的一部分。此书将甲骨按字体分类编排，在同类字体下再按相同或相近的事类编排，在按字体分类的框架下，对甲骨上的钻凿形态进行了详尽的分析，重新归纳出殷墟甲骨钻凿的发展序列。中国国家博物馆、中国书法家协会合作出版了《中国国家博物馆典藏甲骨文金文集粹》（安徽美术出版社），是中国国家博物馆馆藏书法文物甲骨文、金文藏品的精品集萃。

金文与青铜器研究方面，张闻捷的《楚国青铜礼器制度研究》（厦门大学出版社）以考古发现的楚墓资料为基础，结合出土简牍及礼制文献的记载，来探讨楚国青铜礼器的使用制度问题。从用鼎制度、粢盛器制度、酒器制度、盥洗器制度等方面来梳理楚国青铜礼制的形成、发展、演变过程，进而揭示出楚国的礼制改革之路。再通过文化的比较分析方法，来探讨楚地与中原、关中、齐鲁等地区礼器制度的异同，从器用制度的角度来认识礼制文献的创作时间、地域等相关问题。王长丰《殷周金文族徽研究》（上海古籍出版社）

对殷周金文族徽进行了全面的统计、整理，概述了当前族徽研究成果，对殷周时期同一墓葬出土不同族属器物的缘由进行了考证，提出了盟姻族徽理论，认为与墓主不同族属的器物是由墓主生前的“同轨”“同盟”“同位”“外姻”等“赗赠”助葬造成的。总结出10类族徽铭文存在的形式和判断标准，提出八项整理与研究殷周金文族徽的方法。杨怀源、孙银琼《金文複音词研究》（人民出版社）全面描写了金文复音词，并对汉语复音化的相关理论问题进行了深入探讨。主要内容有金文复音词概况（金文复音词表、金文复音词统计表、金文复音词分析）、殷周金文复音词的语法特征（双音节词的语法构成、三音节词的语法构成、四音节词的语法构成）、金文复音词的语义特征（成词语素与词的意义关系、双音节成词语素之间的语义关系）。陈英杰编《容庚青铜器学》（学苑出版社）对容庚青铜器学理论体系及容庚青铜器研究的成就进行总结，包括青铜器的分类与定名、分期与断代、铭文、花纹、辨伪以及鸟书研究等六个方面的内容。并编制了《〈金石学〉〈商周彝器通考〉〈殷周青铜器通论〉铜器着录对照表》《颂斋藏器目》。附录对容庚的《西清金文真伪存佚表》进行重编、校订，并从容庚的著作中爬梳资料，从行状与撰述、师友评价、学术交游（含学生培养）、品评人物、文物收藏等五部分内容撰写了《容庚年谱资料长编》（偏重于金石方面）。

青铜器图录方面，［美］凯莱、陈梦家著，田率译《白金汉所藏中国铜器图录》（金城出版社），英文版于1946年出版，全书收录了42件流失海外的中国商、周、汉代青铜器精品，它们现藏于美国芝加哥美术馆。本书前半部分由芝加哥艺术学院博物馆东方部主任查尔斯法本斯凯莱撰写，主要阐述42件器物的器形特征、铭文、保存情况等，并配有各器物多角度照片及细节纹饰。后半部分是我国著名考古学家陈梦家撰写的概述和考释，对中国青铜器分期和器身铭文做了专题分析。配有120余幅图片。陈昭容主编的《宝鸡戴家湾与石鼓山出土商周青铜器》（“中央研究院”历史语言研究所）由录戴家湾青铜器和石鼓山石嘴头村新出青铜器资料，全书依器类排序，图版共编176号，所收青铜器超过190件（其中五个编号的图版内容包括多件器物），每件器物有器物影像、铭文拓片及细部纹饰，并提供类似或相关器物以为参考。所有器物尽可能注明尺寸、流传及收藏单位。

另外，王丹著《〈汗简〉、〈古文四声韵〉新证》（上海古籍出版社）将《汗简》和《古文四声韵》所收传抄古文与出土古文字进行形体方面的互证，明确它们的来源、性质和结构，以及书中传抄古文自身存在的一些情况，如异体、通假、同义换读等，以期恢复它们的本来面貌。而故宫博物院组织编辑完成的《唐兰全集》（上海古籍出版社），包含唐兰先生的古文字学、音韵学、训诂学、历史学等方面的专著、论文集等。包括唐兰传记、论文集以及专著《裴务齐正字本刊谬补缺切韵》《殷虚文字记》《古文字学导论》《天壤阁甲骨文存并考释》《西周青铜器铭文分代史征》《甲骨文自然分类简编》等。

研究论文方面有一百多篇，研究主题主要集中在国别史地、社会制度、文字考释、甲骨缀合等方面。

叶家山曾国墓地的发现引发了学界对曾国历史研究的热潮。周书灿《夏商周缯地曾国探论》（《中原文物》5期）认为文献和考古学资料更加支持《夏本纪》所记缯氏早期居地在今河南方城缯关一带，《春秋》经传所记今山东兰陵之姒姓之鄫与《夏本纪》所记缯氏东迁有关。卜辞之曾地望待考，但大体可以推断，其不大可能位于今河南方城缯关一带。西周晚期联合申国召犬戎伐周的缯，可能就在今湖北随州一带。王琢、袁俊杰《叶家山曾国墓地日名铜器研究》（《长江大学学报》2期）认为曾国为姬姓诸侯国，其始封者当为南公。曾国的始封君南公即为周文王第十子聃季载，聃季载当为父癸，周武王姬发当为父乙。叶家山曾国墓地中曾侯之间，应该是兄弟关系，早期曾国在王位继承上实行的应是兄终弟及制。并认为曾聃一国，聃、曾、随都是同一诸侯国的异称。赵庆淼《卜辞之曾地望考》（《中原文物》4 期）讨论殷墟卜辞中所见的商代之曾，认为其地望并不在商王朝南方的随枣走廊内，而应该位于殷都以东的今山东平阴一带，《左传》宣公十八年的齐地之“缯”，与卜辞中的曾当为一地。

罗运环《新出金文与西周曾侯》[《陕西师范大学学报》（哲社版）6 期] 探讨了西周初年曾国的开国史与西周时代曾侯世系。考证第二位曾侯或当名“周”，第三位曾侯名字应为犺（戾）。对曾侯仲子游父及曾侯绊伯的关系及世系进行了推论。青铜器铭文中的曾国对应于传世文献中哪一个国家，历来有不同的看法。过去因为曾侯乙墓的发现，出现传世文献中的随国之地不见随国而只出土曾国青铜器的现象，多数学者认为曾国就是随国。近年来随大司马戈等随国青铜器的问世，特别是曾侯與编钟铭文等新材料的出现，主流观点认为这印证了“曾随合一”的认识。而张昌平《曾随之谜再检视》（《中国国家博物馆馆刊》11 期）认为新的考古发现意味着传世文献记载的随地已经出现了随国青铜器，“曾随合一”已改变了当初假设的前提，持此说法还意味着应该重新去论证青铜器中的曾国就是青铜器中的随国。他认为在青铜器铭文中，曾国和随国是两个不同的名称，不仅这两个国家自己区分明确，楚国也对其明确区分，曾国和随国不是一个国家是很确定的。曾侯與编钟铭文关涉曾国族系，学者多有阐发。李学勤《正月曾侯與编钟铭文前半详解》（《中原文化研究》4 期）认为伯适（南宫括）曾先后服侍文武两朝黜除殷命，以安定天下。后又受成王之命，在汭土建立都邑，这是曾国的初封。周朝封南宫括于曾国，一是为了加强对淮夷的控制，二是为了监临以至占有江汉地区。王泽文《文峰塔 M1 出土曾侯與钟铭的初步研究》（《江汉考古》6 期）认为曾的始祖“南公”可能不是周王室嫡系后裔，曾的始封可早到周武王世；将钟铭中的历日和《春秋》经传历日对照，分析当时的历法情况。另外，李零《文峰塔 M1 出土钟铭补释》（《江汉考古》1 期）也涉及。黄益飞《曾侯與钟铭文研究》（《南方文物》4 期）认为曾国始封君为南宫括，叶家山墓地 M1 即为南宫括之墓。曾国为姬姓。其综合释钟铭为：“唯王五月，吉日甲午，曾侯與曰：伯适上哲，左右文武，达殷之命，抚奠天下。王遣命南公，营宅纳土，君庇淮夷，临有江夏。周室之既與，吾用燮骄楚。吴恃有众庶行乱，西征南伐，乃加于楚。荆邦既爝，而天命将虞，有严曾侯，业业厥声，亲敷武功，楚命是争，复奠楚王。曾侯之灵穆，曾侯藏武，畏忌恭寅齐明，代武之表，怀燮四方。余申固楚成，孜复曾疆。择我吉金，自作宗彝。龢钟鸣皇，用孝以享于我皇祖，以祈眉寿，大命之长，其纯德降余，万世是尚。”另外，曹锦炎《曾子戈小议》（《江汉考古》1 期）刊布了四件铸有“曾子”之名的青铜戈，研究指出戈的年代大约在春秋中期偏晚阶段，铭文中所谓“曾子”之“子”当为美称。

对其他国族的研究还有：

黄锦前、张新俊《说西周金文中的“霸”与“格”——兼论两周时期霸国的地望》（《考古与文物》5 期）认为西周铜器铭文中作族氏称谓的“霸”与“格”所指为一，皆为文献所载的春秋时期的潞国之前身，系殷商时期西落鬼戎的支系，其地望西周及春秋早期在今山西省翼城县一带，春秋早期以后约在今晋东南的以潞城为中心的黎城、长治一带。

许可《试论沈岗楚墓出土登铎与古䣄国》（《中国文字研究》2 期）认为湖北襄阳沈

岗墓地出土的登铎，是目前最早一例自铭为铎的乐器。其铭文中䱷国大约在后来楚国的“鄘陵”一带，在春秋中期为楚或黄所灭。甲骨卜辞中的䱷方、西周晚期到春秋中期的䱷国、汉代沛国的鄘县，可能是三个不同的地方。

王正、雷建鸽《柯史簋与柯国、唐国》（《中原文物》5 期）通过应国墓地出土柯史簋铭文的解释，揭示了西周晚期柯国贵族嫁女儿于唐国的历史事实，并对柯国、唐国历史进行简单考索。

田成方《嬰士父鬲、蓼子鄬盏与己姓蓼国》（《华夏考古》3 期）认为嬰士父鬲是蓼妃所适之国所作铜器。蓼子鄬盏是己姓蓼国（氏）铜器。蓼子鄬盏年代约在公元前600 年或稍早，过去将它视为姬姓蓼国或偃姓舒蓼的器物，不确。己姓蓼国是祝融八姓中的昆吾后嗣，至晚于两周之际立国，在春秋早期具有一定的影响。之后，蓼国所在的南阳盆地被楚人吞并，在器物风格上受到楚文化熏染。

黄尚明《从考古新材料看鄂国的历史变迁》（《华中师范大学学报》1 期）认为商代之鄂方在今河南泌阳。西周早期鄂分封在江汉地区。根据随州安居出土的鄂国王室墓地资料分析，西周早期到西周晚期的鄂国在今湖北随州。楚熊渠又建立了楚国所辖的鄂国。周厉王派军队消灭了周所封的鄂国。东周时期楚所建立的鄂国变成了楚国的封君鄂君。南阳夏响铺墓地表明在西周晚期鄂国王室又迁徙到南阳东北，在此建都，直至春秋早期可能被楚所灭，因此西汉在南阳郡下设西鄂县，史称西鄂。楚熊渠所伐的鄂国即随州之鄂，所封之鄂国开始亦可能在随州附近，后来可能迫于周厉王和曾国的压力，迁至今湖北鄂州，春秋战国时期的楚封鄂君封地也在鄂州，于是西汉在江夏郡设鄂县，史称东鄂。

董珊《它簋盖铭文新释》（《出土文献与古文字研究》六辑）对它簋铭通释，认为其为昭王前期的凡国宗子它为祔祭其胡考所作祭器。

李学勤《胡应姬鼎试释》（《出土文献与古文字研究》六辑）公布一新见鼎铭“唯昭王伐楚荆，胡应姬见于王，辞皇，赐贝十朋，玄布二乙，对扬王休，用作厥嫡君、公叔乙尊鼎”。认为胡应姬是嫁于胡国的应国之女。“嫡君”为正夫人，“乙”即“公叔乙”。

吴国剑铭又见新器攻敔王姑癹皮難剑。曹锦炎《新见攻敔王姑癹皮難剑铭文及其相关问题》（《出土文献与古文字研究》六辑）考证器主姑癹皮難就是吴王包馀昧。铭文记述了昭公四年吴国伐麻、御楚、御越三次战役。该文认为《春秋》所记馀昧在位四年，馀昧在位十七年所记为误，而《史记》所载馀昧在位十七年，馀昧在位四年为确。董珊《新见吴王馀昧剑铭考证》（《故宫博物院院刊》5 期）也认为器主为吴王馀昧，但剑铭所记事件都发生在吴王馀昧之世。认为《春秋》经传所记载的吴王馀昧在位四年，吴王馀昧在位十七年，是正确的记载。反驳了《史记·吴世家》对这两位吴王在位时间的误记。

张闻捷《固始侯古堆一号墓的年代与墓主》（《华夏考古》2 期）通过对固始侯古堆一号墓出土铜器的考察，判断其年代应在战国初年吴亡之后，墓主人应为楚国番县贵族而非吴王夫人季子。孙伟龙、曲冰《绍兴塔山甬钟器主考辨》（《中国国家博物馆馆刊》5 期）对徐国铜器铭文中器主自述身世的方式进行了总结，归纳出两种习惯模式，即“徐王/君（某某）之子/孙（某某）”和“某某，余某某之子/孙/甥”。认为绍兴塔山甬钟器主之名应为“之乘辰自”。

历史地理研究方面，还有陈絜、赵庆淼《“泰山田猎区”与商末东土地理——以田猎卜辞“盂”“僔”诸地地望考察为中心》（《历史研究》5 期）认为殷墟田猎卜辞所见地名盂与僔，当分别位于汶水上游的“龟阴之田”和汶水下游的“汶阳之田”一带。与之相关联的商、丧、榆、宫等田猎点或途经地，亦在东土。商末田猎区似在泰山周围，或可称为“泰山田猎区”。李裕杓《西周时期淮夷名称考论》（《中国历史地理论丛》3期）认为西周的东南方有淮夷集团。相关铜器铭文中有“淮夷”“南淮夷”“南夷”“淮南夷”等名称实际上都是指称“淮夷”集团。吴良宝《新见兼陵攻尹戈及相关问题研究》（《吉林大学学报》1期）认为，楚国兵器兼陵攻尹戈戈铭中的“郘豊”就是见于《战国策》《史记》等书中的“吕礼”，其主要活动于秦昭王时期，由此可判断这件兵器铸造于战国中晚期之际。战国中晚期楚国兵器的监造者可以是当时的县公，也可以是县级的莫敖、司马、攻尹等职官；这种制度应该是受到魏、韩两国的影响。吴良宝、徐世权《魏“淮阳上官”鼎释地》（《中国文字研究》1期）湖北荆州谢家桥出土淮阳上官鼎铭文中的“淮阳”，资料发表者解读为今河南淮阳县的楚国“陈”城，吴良宝认为其是原宋国都城“睢阳”，齐灭宋后该地转属魏国，鼎铭的刻写时间不早于公元前285年。传世典籍与出土文献表明，西周昭王时期对江汉地区进行了一系列的军事行动，分别为十六年伐楚、十七年伐虎方和十八年至十九年的南巡狩。“昭王南征”是昭王季世经略南土史事的统称，实际上涵盖了伐楚和南巡。过去将昭王殒身归咎于楚人的说法，赵庆淼认为缺乏坚实的史料依据，是一种层累地造成的历史认知。昭王巡狩南土途经随枣走廊，抵达今湖北黄陂境内的长江北岸，并于南下涉江途中殒身，这是由同时期江汉平原的自然环境、交通路线和南巡行程等因素共同决定的（《“昭王南征而不复”之蠡测——基于文本形成与历史地理学的研究》，《学术月刊》5期）。

商周宗法制度方面的研究一直是商周时期研究的重点。邓统湘讨论了花东甲骨中的“子”（《从花东卜辞看商代武丁时贵族“子”的祭祀礼仪》，《社会科学论坛》9期）。杨清慧、王进锋《商周复合氏名意蕴新解——从古文字中一类特殊人物称名说起》（《四川文物》6期）讨论了商周时期的古文字中有一类特殊的人物称名。它们往往以一个人名中包含两个国族名的形式“A＋方或爵名或职官名＋B”出现。根据相关辞例的证据，它们可省略为“AB”。其中，A是称名者的父族氏，B是称名者的母族氏。王晖、高芳《周代宗法组织结构新探》（《学术月刊》10期）认为西周春秋时期近亲庙制为“三庄制”，即曾祖父、祖父、父考三世。“五世”是指去世“三世”父祖曾三代，加上还在世的“二世”子孙（指王子、王孙或公子、公孙）。而所谓“五世而迁”，对直系子孙来说，仅包括王子、王孙或公子、公孙，也就是君王的儿子和孙子辈；王孙之子或公孙之子均要从王族或公侯之族分化出去。即周代宗法制的“祖迁于上，宗易于下”。钱杭《世系传递中的爵职继承：对西周微氏铜器铭文的系谱学分析》（《史林》3期），认为《墙盘》铭文是典型的铭文型文章系谱，是以用文章而非文句对世代间各类继承事实进行的叙述的系谱的形式，建构了一个他律性的爵职继承系列，而非一个自律性的家世世系系列。

商周礼制是与宗法制互为表里的。黄益飞《平顶山应国墓地出土“旡”鼎铭文研究》（《考古》4期）探讨“旡”鼎，认为铭文所记关乎西周宗法及丧服制度。旡鼎铭文所记即“皇兄”系“公”之独子且早夭、无子嗣。小宗庶子“旡”人继为大宗宗子，并为大宗宗君“公”操办丧仪之事。袁俊杰、王龙正《论旡鼎与丧服礼》（《考古》6期）定旡鼎为康王时器。铭文是一篇关于旡奉皇兄之命参加其父应公丧葬礼仪活动并担任重要职事的记录。黄锦前《旻鼎铭文试释》（《中国国家博物馆馆刊》3期）将河南平顶山应国墓地“旡”鼎定名为旻鼎，认为其时代可定为康王时。将铭中的“择衣”读作“怿瘁”，训“尽瘁”，认为与所谓的“丧服礼”无关。铭中的“公”可能即应公鼎铭的“应公”，亦即第一代应公。很可能其时旻之“皇兄”已死，故旻踵其兄之旧职。擅长于礼仪研究的袁俊杰作《论令鼎与大藉礼》（《中原文物》第6期）对由令鼎铭文讨论了藉田礼举行时间、仪节及其与燕射礼的联系。该文认为令鼎铭文没有记时语，所记大藉礼是周昭王在初春开耕时举行的一次藉田礼，王驭、耕、觞均是藉田礼的重要仪节，觞在藉礼与射礼两个礼仪之间起着承上启下的作用，其举行地点西周时期是在藉田礼的现场，春秋战国时期则改在太寝，名称也由觞、飨食而变为劳酒。铭中的“溓宫”应释为康宫，该铭又为康宫原则增添一例证。

商周官制研究方面，张晓程讨论了甲骨中的字制（《卜辞所见商代王室职官名刍议》，《文史杂志》5期）。田率等就中国国家博物馆入藏的鄂监簋研究周王在诸侯邦国之内普遍设置监官之史实（《新见鄂监簋与西周监国制度》，《江汉考古》1期）。与官制密切相关是册命制度，山东高青陈庄遗址的引簋，其铭文记载了周王对引进行的册命，掌管“齐师”事。赵庆淼认为陈庄西周遗址是齐国公族的采邑所在地，“引”的身份属于齐国国卿，该篇册命金文是关于周代命卿制度的重要史料（《高青陈庄引簋铭文与周代命卿制度》，《管子学刊》3期）。景红艳《金文所见周代王室赏赐物中的“黄”及其等级》（《宝鸡文理学院学报》2期）认为“黄”是金文所见周代王室赏赐活动中频见的物品，是为周代贵族男子束腰的带子而非佩玉之属。金文中的“黄”颜色丰富，形制复杂，等级森严，其中葱黄最贵、其次金黄、其次朱黄、其次素黄、其次幽黄。

与官制相关的还有当时的军制。王晖《西周金文与军制新探——兼说西周到战国车制的演变》［《陕西师范大学学报》（哲学社会科学版）6期］研究认为西周时代军队的最大编制是“师”，每师编制2500人，“西（宗周）六师”共有1.5万士卒，“殷（成周）八师”有2万士卒，合计3.5万士卒。西周基层是兵民合一制的“伍”“两”“卒”“旅”，分别是5人、25人、100人和500人。西周军制和西周车制是吻合的：两辆车合为25人的“两”，一辆车为主车，其车有10个步卒，车上有3个甲兵，一为御夫，一为车右，一为指挥者；另一辆车为副车，其上有2个甲兵，为御夫和车右。军车共有3000乘，其中包括虎臣所属的禁卫军共计甲兵步卒3.75万人。春秋中期出现一乘配备30人或33人的车制，至春秋晚期才出现一乘配备75人以及100人的重车车制。

西周时期出现的土地转让问题关乎周朝国体。西周金文中的土地转让材料有卫盉、五祀卫鼎、九年卫鼎、师永盂、大簋、格伯簋与散氏盘、吴虎鼎、琱生诸器。李学勤介绍了一件新器（《一篇记述土地转让的西周金文论》，《故宫博物院院刊》5期）。周代金文资料中记载的土地交换现象则比较清晰地揭示了周代土地的私有性质。黄震云、吴晓波认为西周存在着土地交换但还并未形成完备的土地私有制度，在频繁的土地交换中，西周君王和官员始终起着一定的作用，就是说西周土地交换是在土地国有的框架内进行。随着土地交换的发展，土地所有权逐渐下移、原因多样化的呈现、交换程序不断简化以及交换过程中官方参与度不断减弱，不完全土地所有权向周王以下各阶层的完全土地所有权转化，西周土地制度的私有性逐渐加强，国有性式微，为后期地主土地所有制度的确立创造了条件。（《土地交换之下的西周土地私有性考察——以金文资料为对象》，《河南财经政法大学学报》5期）。琱生尊是近年新出土的重要器物，徐义华《琱生三器铭文补释》（《南方文物》3期）通过对琱生三器中关键字“狱”释为“要”或“约”，“刺”解释为文书。认为两者琱生三器皆是对土地、财产和相关法律文书进行清理，为分家的具体执行作准备。申述琱生三器无关诉讼，而是西周晚期的分家记录。

另外，李春艳《从青铜器铭文看西周的大学教育》（《社会科学论坛》6 期）讨论了西周的教育，认为西周学校称序，大学称辟雍，也叫大池，是与射箭有关的场所。西周大学教育的特点有三个特点：一是学习内容以射、御和礼乐为主，以射为最重者；二是周王会定期检查教学内容；三是注重德行的培养。盐业考古是近年开展较多的研究方向，李春艳《甲金文所见商周王室用盐考》（《盐业史研究》2 期）从甲骨、金文及先秦文献的记载看，商周王室将食盐主要用于祭祀、食用、赏赐、贸易等方面。王室对食盐生产的直接干预和贡纳制度是确保其食盐获取的有效途径。

年代学的研究是铜器研究中的关键，也是难点。叶正渤《师兑簋二器铭文历法解疑》（《中国文字研究》2 期）研究认为三年师兑簋铭文把月相词语“既望”误记成“初吉”，遂导致二器铭文所记历日不相衔接。本文还认为，校正后师兑簋二器铭文所记历日符合厉王元年（前 878）五月和厉王三年（前 876）二月的历朔。刘桓《西周金文历谱述略》（《北方论丛》4、5 期）确定周武王克商的年代是前 1111 年。又通过查历谱结合金文断代来考定年代的方法，确定西周各王王年，从而构建出一个新的西周金文历谱。黄怀信《再说西周王年》（《齐鲁学刊》6 期）认为武王克殷确当在公元前 1044 年 1 月 9 日。西周十三王在位之年数分别当为：14 年、32 年、12 年、22 年、39 年、20 年、15 年、15 年、9 年、37 年、14 年（共和）、46 年和 11 年。

学术界的传统观点认为召公是文王之子，与周公为兄弟。景红艳认为召公不是文王之子，其真实身份应当是周初开国之异族功臣。召公家族属于殷商文化圈而非姬周文化圈（《以出土文献为据再论召公不是文王之子》，《考古与文物》5 期）。新见的宫伯鼎，铭为“惟公省，徂南国，至于汉。厥至于胡，公锡伯口宝玉五品、马四匹，用铸宫伯宝尊彝”。李学勤认为此鼎为西周早期器，铭中的“公”可能是召公（《试说新出现的胡国方鼎》，《江汉考古》6 期）。令方彝器时代属“成王”还是“昭王”，学界的争论一直在持续。刘义峰将首句断为“王命周公，子明保，尹三事四方，受卿事寮”，从而认定其为成王时器（《令方彝断代论》，《南方文物》4 期）。陈小三《试论“倗叔壶”和作册吴盉》（《中国国家博物馆馆刊》3 期）在认为“倗叔壶”的器身可能是在器盖铭文的基础上，结合近年重要考古发现而制造出来的。综合分析作册吴盉的形制和铭文，其年代应相当于西周晚期，与其他铜器系联，可将其年代定在厉王时期。石继承《六年冢子韩政戈补考》（《中国文字研究》2 期）认为六年冢子韩政戈是韩王安世所造之物。

铜器断代以往多集中于器形、纹饰、铭文内容方面，近年来学者也认识到铭文字体也有年代学特征。王帅《西周金文字形书体与铜器断代研究》（《学术探索》1 期）从理论角度探讨西周金文字形书体研究及其断代应用的可行性。邓凯《金文字形构件断代法初探》（《殷都学刊》1 期）以火字构件尝试分期断代的研究，认为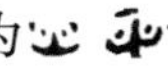常见于西周早期；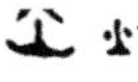常见于西周中期，在春秋、战国时期的写法一定比西周时期更趋简易；常见于西周晚期；常见于春秋时期。在此基础上认为西周早期的保员簋定到西周中期更妥。

文字考释方面，禤健聪释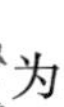为筑、释为匜、读为仰、读为藕、通为铸（《铜器铭文识小录》，《中国文字研究》1 期）。陈梦兮释遣伯盨的“禨”相当于金文习见的“匄祈”（《谈遣伯盨铭文中的“匄祈”》，《考古与文物》6 期）。蒋玉斌认为殷墟花东卜辞的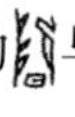与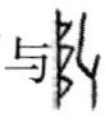、、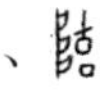为异体字，乃“颠陨”之“颠”的表意初文，或读为“沴”“疹”

（《释殷墟花东卜辞的“颠”》，《考古与文物》3 期）。谢明文认为[illegible]是“抱”的表意初文。“包”很可能是由“[illegible]”演变而来（《释甲骨文中的“抱”——兼论“包”字》，《中国书法》22 期）。陈健认为骨文中部分今释“兢”之字，应释为“辡”，金文中有类似字形者，也要随之改释。卜辞中，“辡”可用作人名或“联合祭祀”的意思，其“联合”的语义又偏重于祭祀等级和规格的差别对待，形成义素的对立统一，演化成后代的“辩”“辨”等字（《甲骨文“辡”字及相关问题考索》，《中国文字研究》2 期）。张立东分析最早的“商”字是由两部分组成的，上部是刃部朝上的钺，下部是祭几，整字所描绘的是刃部朝上的钺放置于祭几之上的礼仪场合。商人的这种礼仪很可能用于祭祀以钺为化身的战神（《钺在祭几之上：“商”字新释》，《民族艺术》6 期）。张新俊考察了甲骨文中即、既二字的异形写法，认为“即”字中人的身体部分都是向着“皀”的，而“既”则都是背着“皀”的，这也是区分这两个字最主要的标准。张新俊《甲骨文“即”、“既”补释》（《故宫博物院院刊》1 期）。蒋玉斌释[illegible]为钩膺之“钩”的初文（《释甲骨文中有关车马的几个字词》，《中国书法》20 期）。徐子黎释霸伯簋铭中的“[illegible]”是用来表示盛干粮的“斗”的专字（《释霸伯簋铭中的“[illegible]”》，《中国文字研究》2 期）。何景成将西周金文以往释为“覆”之字释为“[illegible]”，读为“送”。《周礼》中的承当“送逆”之职的多是行人、环人等使者，与西周金文用“逆送”表示使者的用法相当（《释金文词语“逆送”》，《中国文字研究》2 期）。罗卫东认为“萃”及“某萃”是由步兵组成的军事组织（《金文“萃”及“某萃”补论》，《励耘语言学刊》2 期）。雷缙碚、喻遂生认为甲金文“阜”字及字符“阜”的两个来源一为山崖，另一为阶级类建筑物（《甲金文“阜”字及字符“阜”的两个来源》，《中国语文》3 期）。吴红松释毛公鼎的“[illegible]”为“约辖”，是与軎配套使用的用以约束轴的装置；释大保铭文中“[illegible]土”为“杂土”，指优劣并存的土地；番生蓋铭“金[illegible]”读为“金首”。“金首”就是铜质的旗杆顶部。后二者释读不可信（《西周金文考释三则》，《江汉考古》4 期）。韩江苏将闢字释读为阂。阂的本义乃门外闭，指门蠡，引申为阻碍、阻隔（《甲骨文“阂”字考——兼论“蠡”（蠡）非“铺首”》，《殷都学刊》4 期）。董莲池、徐善飞将中賙王鼎中的賙释为歸，读为馈（《中賙王鼎铭文研究》，《中国文字研究》1 期）。连劭名认为商周时代的军事行动中有“追”，指抵抗侵略，驱逐敌寇（《商周时代军事行动中的“追”》，《殷都学刊》1 期）。韦心滢讨论了殷墟卜辞中的“某𠂤”，其句式结构为“氏名 + 𠂤”，内涵意义可为军事组织或聚落单位，有时可单指个人，即作为某长官。“才（在）𠂤”为出组卜辞中独特的用法，仅作为指称地名之用。“某𠂤”通常散布在离王都较远的近畿和边域内（《殷墟卜辞中的“𠂤”与“才（在）𠂤”》，《故宫博物院院刊》2 期）。单育辰讨论了甲骨文中的熊与兔（《甲骨文中的动物之三——“熊”、“兔”》，《出土文献与古文字研究》六辑）。朱凤瀚对遻尊铭进行考释并联系万犹方彝、鄧鬲、鄧簋铭文，认为属于万族的器主遻以乐舞娱王而得赏赐。对首次在铭文中出现“百工”的陶觥铭中的玉器名物进行考辨（《新见商金文考释（二篇）》）。刘钊将以往释为“永”之字改释为“役”，读为“疫”（《释甲骨文中的“役”字》，《出土文献与古文字研究》六辑）。田率公布了新入藏的西周早期士尊、桓父己尊、鼺甗甗；西周晚期的叔带父簋、春秋早期的杞伯双联鬲、春秋晚期的王子臣俎（《国家博物馆新入藏的两周青铜器管见》，《中国国家博物馆馆刊》5 期）。张振谦对郾王喜矛、郾王喜戈、鹰节、七年剑等四件战国时期燕赵青铜器进一步考证，对其中的“权、桀、倈、段”等字进行了重新考释，并对其铭文作了重新释读（《燕赵铭文考释四则》，《文物春秋》6 期）。甲骨刻辞中有一个表示宗庙类建筑名称的字，字形作“□、□”，旧多释为“祼”。何景成以为该字和“祼”字在同一条卜辞和同类组卜辞中均有出现，其用法不同，意义有别，在字形上亦各有其发展脉络。因此，应该将之与“祼”区别开来。而□、□隶作㾺，则是“祼”的异体。该□与春秋、战国时期一个以“少”或“毛”为声符的字“□、□、□、□、□”有关，在字形上存在演变关系，当系一字。由此可知这个□、□、□读音应与“少、毛”相同或相近，结合其在甲骨刻辞中的用法，可将之读为“宗庙”之“庙”（《试释甲骨文中读为“庙”的“勺”字》，《文史》1 辑）。此说不合理之处甚多。陈健将卜辞中“鬼日”读为“归日”，训为“返日、藏日”，是不利于出行或征伐的天气。𤸫公盨中的“无䫀心”即“无违心”，也就是文献中的“没有贰心”（《卜辞“鬼日”及相关问题考辨》，《文史》1 辑）。黄国辉将花东卜辞中的“□”字当隶作“𡚬”，而不是“帚”，从王表示其王妇的身份。花东卜辞所见妇称者都应当是指妇好，“子”很可能是妇好的亲子（《试论花东卜辞中的“妇”及其相关问题》，《华夏考古》4 期）。李春桃认为夔膚簠一器应定名为夓膚瑚，铭文中被误释为“夔”的字，实为“夓”字，读为“鄾”，指被楚所灭的鄾国（《夓膚瑚铭文新释》，《古代文明》4 期）。王子杨将《合补》10640 中“丙衣”读为“两衣”，“丿衣”为一件衣物。这是一条罕见的以衣物作为祭祀用品的史料。《合集》36775 中“作𦢊十六”重新释作“作𦢊十终”，即奏𦢊乐十节。《村中南》319 号拟定辞中的集合庙主所指为：享祭二十的五主为上甲、大乙、大丁、大甲、祖乙；享祭七的四主为大庚、大戊、中丁、祖丁（或祖辛）；享祭六的二主为祖辛（或祖丁）、父乙（或许还有父庚、父辛）；享祭五的二主为主壬、主癸；享祭三的三主为匚乙、匚丙、匚丁；享祭二的四主为小甲、□甲、羌甲、阳甲（《甲骨文中值得重视的几条史料》，《文献》3 期）。韩江苏将□释为朵，认为朵宗即主庙的配殿，庭朵是门堂前外塾（《甲骨文“朵”字考》，《中原文物》2 期）。

甲骨学研究方面，还有赵敏俐以甲骨卜辞、铜器铭文、《尚书·盘庚》和《诗经·商颂》为代表的殷商文学，是中国历史上第一批由文字记录下来的文学作品，而且是第一批可以通过出土文献与传世文献互相证明的可靠的文学作品。这一时代的散文，在以实用为主的基础上不断发展，具有了记言与记事散文的初步形态，奠定了周代以后中国散文的创作传统与抒写模式。殷商文学的产生，标志着中国文学史从此脱离了远古的传说时代而走向了文字书写的新时代（《殷商文学史的书写及其意义》，《中国社会科学》10 期）。方者以为对甲骨刻辞的文学性的认定应该更慎重一些。陈明远《甲骨文的原初读音》从甲金文观察原初语言文字的发展印迹，参照共源异流的玛雅文，破译甲骨文的原初读音。认为商周时代甲骨文金文的各地读音尚未能统一。原初甲骨文的“形、音、义”尚在早期萌芽、形成的状态之中（《社会科学论坛》8 期）。刘艳娟从造字方法角度分析了对贞卜辞中的省形字例，包括象形字省形例、会意字省形例、形声字省形例和会意兼形声字省形例进行分析（《对贞卜辞中的“省形”现象研究》，《唐山师范学院学报》6 期）。赵鹏对何组牛肩胛骨上兆序排列进行了考察（《南方文物》4 期）。柏雪、杨怀源从《殷墟花园庄东地甲骨》相关校勘、补遗、缀合、文字释读、H3 刻辞的语言学研究、占卜主体“子”的身份地位、“丁”的身份及 H3 卜辞的时代、祭祀等角度对学界近十年对殷墟花园庄东地甲骨文的研究情况作一整理（《成都师范学院学报》6 期）。刘源讨论了一则卜辞“刮削重刻例”及一组历宾同文卜辞（《南方文物》3 期）。林沄检讨了无名组卜辞分成“左支卜系”与“右支卜系”是不正确的，应该按“吉”字分为“戈头吉系”与“钺头吉系”两类（《无名组卜辞分类名称纠误》，《出土文献与古文字研究》六辑）。

甲骨主语言学研究方面，黄天树认为甲骨文频率副词主要有五个：复、畐、寻、或、亦。认为频率副词如果出现在命辞和占辞中，表示未然；如果出现在验辞中，则表示已然。甲骨文频率副词多数是单音虚词，也有少量副词连用的情况。例如“亦寻”“亦不”等（《甲骨文中的频率副词》，《首都师范大学学报》1 期）。齐航福讨论了五例殷墟甲骨文疑难辞例（《考古与文物》5 期）。张玉金讨论了甲骨文中位事介词“于”，认为位事介词“于”源于动词“于”。这种介词“于”前后的动词，具有位移、存在、放置的语义特征，绝大多数都是“到”的意思（《古汉语研究》1 期）。

作为甲骨学研究的基础性工作，甲骨缀合每年都有收获。孙亚冰缀合了合 36798 + 合 36612、合 36941 + 合 36960、村中南 245 + 合 33098、《拾掇》三 241 + 《拾掇》三 244、合 18821 + 合补 2736（《甲骨缀合五则》，《南方文物》3 期）；吴丽婉缀合了《上博》2426. 1399 + 合 18612、合 186 + 合补 6 + 《上博》20889. 46、合 10716 + 《上》21691. 302 + 合补 1651、合 7464 + 合补 1658 + 合 6134、《英藏》685 + 合补 1880（《殷墟战争类卜辞新缀五则》，《兰台世界》30 期）；李延彦缀合了《上博》2426. 880 + 《上博》2426. 398、合补 351 正 + 合补 4046、《辑佚》81 + 《辑佚》268、《东文库》19 正 + 《东文库》65（合 3896）、《运台》拓 1. 1100 + 《运台》摹 1. 2622、《合集》22724 + 《运台》拓 1. 1072（《殷墟龟腹甲右前甲新缀六例》，《中国文字研究》1 期）；莫伯峰、刘影缀合了《合集》5400 + 《合集》16112、《合集》6166 + 《合集》7405 正、《合集》19693 + 《合集》6176 + 《合集》7219、《合补》2051 + 《合集》14262、《合补》759 反 + 《合集》17276 反（《宾组甲骨新缀五则及考释》，《华夏考古》4 期）。以上共缀合 21 例。

青铜器铭文的研究中还有重要的一项内容就是铭文的铸造方法的研究与复原。李峰的《西周青铜器铭文制作方法释疑》（《考古》9 期）认为商周时期青铜器铭文铸造方法主要为“嵌入法”，铸造带方格的长篇铭文的其方法是要使用一组假范，在假内范上刻方格后翻制假外范。在假外范上刻字后翻制真内范，内范上就会有阴线的方格和阳线的铭文，而浇铸后得到的青铜器上也就形成了阳线的方格和阴线的铭文。不带方格的长篇铭文也用这种方法制成。阴文铭中有阳文字体是补刻所致。

第二篇

考古文物新发现

2015 年度十大考古新发现

1. 云南江川甘棠箐旧石器遗址
2. 江苏兴化、东台蒋庄遗址
3. 浙江余杭良渚古城外围大型水利工程的调查与发掘
4. 海南东南部沿海地区新石器时代遗存
5. 陕西宝鸡周原遗址
6. 湖北大冶铜绿山四方塘遗址墓葬区
7. 江西南昌西汉海昏侯刘贺墓
8. 河南洛阳汉魏洛阳城太极殿遗址
9. 内蒙古多伦辽代贵妃家族墓葬
10. 辽宁“丹东一号”清代沉船（致远舰）水下考古调查

北 京 市

【大兴区三合庄汉至元代遗址】

发掘时间：2014 年 10 月 ~2015 年 6 月

工作单位：北京市文物研究所

三合庄遗址位于大兴区黄村镇三合庄村。为了配合基本建设，经国家文物局批准，北京市文物研究所进行考古发掘。发掘总面积 6283 平方米，共清理古代墓葬 205 座，其中东汉 9 座、北朝 4 座、唐代 78 座、辽金 60 座、元代 45 座、明代 3 座、清代 6 座、东汉烧窑 2 座及大量炭化植物遗存。出土陶、瓷、石、铁等各类文物 600 余件（套）。

遗址所在区域为典型的河湖相堆积，受永定河泛滥影响，埋藏较深。第①层，现当代层，包含大量现当代建筑基础和垃圾。第②层，近代层，包含近代瓷片、砖瓦等。第③层，元—清代地层，此层下有元—清代墓葬。第④层，东汉—金代地层，此层下有东汉—金代墓葬。

三合庄遗址自东汉以来一直作为公共墓地使用，其延续使用时间之长、时代跨度之大，在北京地区极为少见，为研究历史上北京地区不同时代、不同特点的墓葬，为建立文化谱系，追溯北京地区古代丧葬文化的发展序列提供了极为重要的依据，也为今后研究和复原北京地区不同时期的社会状态、丧葬习俗、文化交流、商品贸易、民族迁徙融合等方面提供了珍贵的资料。

东汉墓：全部为小型砖室墓，南北向墓室四壁用青砖错缝修砌，逐渐叠涩起顶，顶部为平砖或立砖斜置交叉封顶，墓葬均为单人葬。墓葬形制是用砖做成棺的形制，均为梯形，南侧宽，北侧窄，南侧高，北侧低，这种墓葬形制有典型的北方鲜卑族特点。

东魏墓：形制与东汉墓类似，只是在葬具上使用了木质葬具。一座墓葬中出土的一块铭文砖上刻有“元象二年四月十七日乐良郡朝鲜县人韩显度铭记”，可知墓主人韩显度的祖籍是乐浪郡朝鲜县，下葬于东魏孝静帝元善见的第二个年号：元象二年（539）。

唐墓：唐代墓葬数量最多，墓葬形制多样。根据形制分为如下几类：甲类墓，墓葬平面呈甲字形。乙类墓，墓葬形制和甲类墓相似，墓室形状近似圆形。丙类墓，形制与东魏墓葬类似，墓主人头向一律向南。丁类墓，船形墓，墓室呈现一头尖一头平的船形。其中甲类墓有两座纪年墓，分别为武则天长寿二年（693）易州易县令黄雄及其夫人王氏的合葬墓和唐德宗李适贞元十五年（799）叶海澄及夫人鲜于氏合葬墓。

辽金墓：辽金墓葬数量众多、形制多样、墓葬结构保存较完好。形制有甲字形穹隆顶砖室墓、小型砖砌火葬墓和瓮棺墓三种。甲字形墓墓道前多修建有砖砌的祭台，墓葬的形制与唐代墓葬近似，为台阶墓道，墓门均为门楼式，上面为砖仿木结构装饰并绘制有简单的红、黑色彩绘。墓室形状为圆形，穹隆顶，室内有独立或位居北部的棺床，棺床表面施彩，棺床之上放置木棺，部分木棺保存较好，受到辽代崇尚佛教的影响，墓主人全部火化，并用棺盛放骨灰。与中晚唐墓葬一脉相承的是墓室内四壁也有砖仿木的建筑构件以及门窗、桌椅、灯台等家具样式，砖仿木的建筑构件一般涂有红或黑色的彩绘。

M75壁画主要集中在墓室内四壁，四壁底色为淡黄色，上面用红、黑线条绘制出家居生活的图案，墓室东壁砖仿破子棂窗下绘制一张桌子，桌子上放着执壶、高足碗和茶斗，碗内放数个寓意为祝福后代“多子多孙”的石榴。桌子旁放置一把椅子，椅子上铺有云纹坐垫，椅子旁为五斗橱；墓室的北壁绘制一扇大门，门已关闭，并上锁；西壁上绘制有高脚柜子，柜门也用锁锁上，柜子上放置一竹编的圆形筐，柜子旁绘制一个竹编有盖的箱子，箱子旁是灯台，一共有三个灯盘，中间的灯盘为砖制，两侧的灯盘和灯杆、灯脚为黑彩绘制，四壁与墓顶之间施加砖仿木把头绞项造斗拱，全部为柱头铺作，柱子为红彩绘制。

小型砖砌火葬墓没有墓道，仅在土圹周围用砖修砌成殓骨灰的墓室，个别墓室前还有砖砌的祭台。瓮棺墓普遍用陶罐、陶盆等中、大型陶器皿盛放骨灰，口部或用砖封口，或用瓷碗封盖，或用更大的陶器覆盖。这两类墓葬不会单独出现，而是出现在甲字形穹隆顶砖室墓的周围，呈现出家族式墓葬的分布规律，这种排布在北京地区的辽金考古中较为少见。

元墓：分为两类，甲类墓为石板墓，系在土圹内用砖修砌方形墓室，墓室顶部用一整块石板覆盖，石板之上再堆砖，墓室内中部放置盛有骨灰的木质盒子，四角和木盒上放置极具道教文化色彩的小石子——镇墓石，随葬品为瓷器或陶制明器。这类墓成组出现，中部修建有明堂。

乙类墓的形制与佛塔类似，称为塔形墓。与一般墓葬不同的是，这类墓葬修建在当时的地面上。据形制不同，可分为A、B两型。A型墓的基础为束腰须弥座形，是为塔基，其前有砖铺的祭台。中部的塔身为矩形，门在南面，塔身之中修建棺床，由于盗扰，塔身之内仅存镇墓石。塔身之上为砖砌叠涩塔刹，檐体部分用修整后的沟纹砖表示。部分塔形墓的外立面上还残存有墨线绘制的直棂窗。B 型墓没有“塔基”，而是用平砖和立砖修建出“院子”的“地面”和“围墙”，其上直接修建方形的墓室，亦开南门，门用两块立砖封堵，砖表面或素面或线刻房屋纹样，墓室内用两块砖修建棺床，在部分没有盗扰的墓葬中，棺床上或用木盒放置骨灰，或用陶罐放置，亦放置镇墓石、瓷器等随葬品。塔刹为砖砌叠涩顶造型，没有装饰。与 A 型墓单一分布不同的是，这类墓或两个为一座，或三个为一组成组出现。

炭化植物遗存：炭化植物遗存区涵盖了整个辽金墓葬区，总面积约 3200 平方米，辽金时代墓葬在穹顶火葬墓的前方（南侧），常发现树根和小型的祭台。祭台南侧区域发现大面积经过火烧的炭化种子。火葬墓、树根、祭台、炭化植物遗存形成了一个组合形式。

炭化植物遗存区域内一共发现砖铺地面遗迹 2 处，出土遗物包括：陶瓷类，包括各类陶片、瓷片；金属类，包括铁钩、铁钉、铁刀、铜钱、双鱼纹铜镜；遗骸类，包括各类动物骨骼、人骨烧骨、鸭蛋蛋壳；植物类，包括粮食、水果、坚果、树叶、树干（根系）、杂草（苍耳、芦苇草），其中粮食作物主要有高粱、稗子、水稻、小麦、大麦、大豆、豌豆、绿豆、粟、黍、芝麻，水果主要为甜瓜、枣、桃子，坚果为核桃。炭化种子^{14}C 测年结果在公元 1145～1209 年，约为金代早中期。

东汉墓葬呈现出较为明显的“胡俗”，这与历史上北京地区长期处于汉、胡杂居的社会现实分不开。同时也是鲜卑族在北京地区建立前燕、北燕等政权留下的证据。由于目前北京发现的具有鲜卑文化特点的墓葬较少，因此此次发掘具有重要的学术价值。

北朝时社会动荡，人口锐减，加上各王朝国祚短暂，难以与汉魏墓葬区分。此次发掘的北朝纪年墓具有重要意义，为北京地区北朝墓的形制特点树立了标尺。同时也为研究古代移民路线问题提供了线索。

北京地区的唐墓属于环渤海地区唐墓（山东、河北北部、北京、天津、辽宁朝阳）中的典型形制，它们的发现，极大地丰富了环渤海地区唐墓的文化内涵。

三合庄发现如此大量的辽金时期墓葬，并呈现着特殊的组合方式，在北京地区极为罕见。三合庄辽金墓葬的火葬葬俗，与东北地区同时期的土坑竖穴墓葬俗完全不同，这对了解辽金时期北京地区的埋葬制度、祭祀制度提供了新的证据。北京地区地处北方草原民族与中原农业民族的交错地带，三合庄的辽金墓葬为民族迁徙、民族融合提供了有力的证据。完整的辽代壁画墓也较少见。

元代“塔形墓”在北京地区发现较少，不仅丰富了元代墓葬的类型，也为研究当时社会的佛、道教信仰及两者关系提供了新的材料。

炭化植物遗存区和墓葬区的完整揭露在辽金考古史上占有重要地位。遗址区位于墓葬区的偏南部地区，两者构成了一个完整的有机整体，为研究辽金时期的丧葬文化提供了新材料。

遗址区内发现大量炭化农作物，其种类之多、数量之大、分布面积之广，在北京地区考古史上从未出现过，在全国范围内也属首例。发现的植物种子包括高粱、栽培稗、水稻、小麦、大麦、大豆、豌豆、绿豆、粟、黍、甜瓜、芝麻等。

高粱的发现具有重要意义，高粱大约是辽、金时传入我国，但目前尚未有更多的考古实物。此次发现了数量大、面积广的炭化高粱遗存，为解释高粱传入中国的时间、途径、在农业中的角色等问题提供了强有力的证据。其时代可以说是我国乃至东亚地区发现的最早的高粱遗存。

稗子在东北的金代控制区曾有零星出现，有文献记载金代人有栽培、食用稗子的习惯，此次在金代最南控制区发现了大量的栽培稗，证明了金代少数民族生活方式南传、北京当地汉民族接受少数民族的饮食习惯和农业技术，为胡汉在生活方式、饮食结构上的全面融合提供了生业经济和农业依据。

墓群所处的连续地层为研究永定河汉代以降的人地关系提供了良好的剖面。既有自然形成的淤积层，又有人类活动形成的文化层，为了解2000年以来古代永定河的变迁和当时的生态环境提供了重要材料。

（尚 珩 金和天）

【大兴区魏善庄东汉至清代遗址】

发掘时间：2015年10月21日～12月7日

工作单位：北京市文物研究所

为配合2016年世界月季洲际大会周边配套（国家新媒体产业基地AB组团）项目建设的顺利进行，北京市文物研究所在前期勘探的基础上对项目占地范围内的古代墓葬进行考古发掘工作。

发掘区位于北京市大兴区魏善庄镇北侧，西邻南中轴路，南邻魏永路。发掘面积共计2150平方米，共发掘清理东汉窑址1座，明清墓葬100座，其中明代墓葬64座，清代墓葬36座。墓葬属平民墓葬，形制全部为竖穴土坑墓，有单人葬、双人合葬、多人合葬，出土文物主要有陶罐、釉陶罐、铜钱、金属饰品等。

（尚 珩）

【平谷区夏各庄镇辽至清代遗址】

发掘时间：2015年4月25日～7月5日

工作单位：北京市文物研究所

为配合平谷区夏各庄新城3号、4号地块土地一级开发项目，北京市文物研究所在前期勘探的基础上，对工地占地范围内的古代墓葬和烧窑进行考古发掘工作。

3号、4号地发掘区位于夏各庄镇东南部。3号地发掘区北邻夏各庄南二路，西邻夏各庄南一路，夏各庄内环路在勘探区的西北部穿过。4号地发掘区东、南部邻夏各庄环山路，北邻夏各庄内环路。

此次共发掘辽金时期烧窑辽金窑址3座。明代墓葬29座，清代墓葬45座，墓葬全部是平民墓葬，形制全部为竖穴土坑墓，有单人葬、双人合葬、多人合葬等不同类型，出土文物主要为陶罐、釉陶罐、金属头饰等。

（尚 珩）

【延庆县水峪村明清时期墓葬】

发掘时间：2015年7～9月

工作单位：中国人民大学考古文博系、北京市文物研究所

遗址位于延庆县张山营镇水峪村村西，是一处明清时期的文化遗存，分为遗址区和墓葬区。遗址区共开10米×10米探方38个，发掘面积近4000平方米，文化层较浅，出土瓷片等遗物；墓葬区共清理明清时期墓葬135座，皆为明清时期平民墓葬，出土镇墓瓦、釉陶小罐、铜鎏金饰品、玉镯、铜（铁）钱等文物1200余件。

墓葬区沿用时间较长，最早至明代万历年间，最迟至清代道光年间，整体分布自北向南时代趋晚，叠压打破关系复杂。葬式为仰身直肢葬，头向北或略偏东、西。墓葬形制为头大足小的梯形竖穴土坑墓，有单棺葬或双棺、三棺合葬，长190厘米～270厘米，宽40厘米～70厘米，墓口距墓底深150厘米～250厘米。部分墓葬骨骼保存完整。出土遗物较多，在填土中或棺盖上方出土镇墓瓦，瓦上有红或黑色墨书，内容包括“雷令斩杀鬼”“乾元亨利贞，镇墓永安宁”“斩（首或）令定”等。在棺内头部上方出土高10厘米左右的

小罐，一般为酱色釉陶，个别时代较晚的是青瓷罐或青花瓷罐。人骨胸部、腹部、足部下方常出土铜钱或铁钱，数量从一枚到几十枚不等。部分女性墓葬陪葬铜饰品，个别较丰富，比如M31，出土龙凤鎏金簪一对，鎏金发钗4件，另有耳环、戒指、护甲套等。瓮棺葬一座，即W1，位于墓葬区内的西北部，北邻M17，西邻M2，南邻M12，东邻M6，内有人骨一具，性别年龄不明，没有随葬品。

（刘　翀）

【故宫博物院慈宁宫花园东院遗址】

发掘时间：2015年5～10月

工作单位：故宫博物院考古研究所

北京故宫博物院慈宁宫花园东院遗址南北长132米，东西宽22米，南为南天门，北为长信门，再北与慈宁门、慈宁宫构成中轴线，西经揽胜门与慈宁宫花园相通。据文献记载，该区域元代属大内（皇宫）范围，明代初年为大善殿分布区。明代嘉靖时期改变原有宫殿格局建成皇太后居住的慈宁宫。清代继续沿用，康熙、乾隆时期这里是万寿庆典的重要活动场所。

2014年8月，故宫博物院组织有关单位在慈宁宫花园东院西侧进行高压线铺设工程开挖一条南北向施工沟，在沟内发现砖砌建筑基础，报请国家文物局批准，故宫博物院考古研究所于2014年9～11月、2015年4～10月对该遗址进行抢救性考古发掘。2014年共开探方、探沟7个，布方面积112平方米，发掘面积88平方米；2015年共开探方18个，布方面积450平方米，发掘面积288平方米。发掘总面积376平方米，除T1501探方依靠原施工沟开挖一个1.2米×1.7米探坑发掘至生土外，各探方均按照“见面即停”的理念，发现重要遗迹暂停，最大程度保护文化遗迹。目前已发现清中期砖铺地面1处、清中期建筑材料施工坑1个，清早期柱洞8个，明代后期砖石混建排水沟2条，明后期砖铺地面1处、明中期白灰硬面1处、明早期大型建筑基址1处等遗迹。明代早期大型建筑基址由地钉、桩承台、磉墩、夯土层、夯砖层等遗迹构成。其中T1501、T1502、T1503、T1504探方发现东西向4个2.44米见方的砖砌建筑磉墩，两磉墩间距2.34米；T1501探方以南、慈宁宫花园东墙外施工沟内也发现南北向、分两组的4个建筑磉墩，也为2.44米见方，间距2.34米，两组建筑磉墩的间距为10.1米。按建筑模数推算，在揽胜门以北、以南区域，分别各有一组东西4个、南北2列共16个建筑磉墩。这座明早期建筑基址保存较好、规模宏大、工艺考究，为故宫考古的首次发现，为研究紫禁城历史和中国古代建筑技术提供了新资料。目前学术界对于元代大内（皇宫）与明清紫禁城中轴线是否发生变化存在不同观点，慈宁宫花园东院发现的明早期建筑基址为研究相关问题提供了重要的考古学依据。

2015年10月，配合故宫西区开放，该考古遗址实行边发掘边开放，探索公众考古与文化遗产保护相结合的道路。2016年工地将建设考古发掘保护棚，待整个发掘项目结束后，这里将建成一处反映紫禁城建筑历史的博物展示区。

（徐华烽）

【故宫南大库明清时期建筑遗址及器物埋藏坑】

发掘时间：2015年4月

工作单位：故宫博物院考古研究所

南大库即清代武器库、灯库、木库、鞍鞊库俗称，位于紫禁城西南角。为配合南大库管理用房工程，对施工开挖基槽内暴露的磉墩、柱顶石、排水沟、砖铺地面及碎砖、黄土交互夯筑的地基进行了抢救性清理，同时对基槽内西南部发现的四座灰坑实施了重点发掘。

在施工开挖的基槽西部现地面暴露三列三行共七个柱顶石，直径0.4米，南北间距3.8米~5.6米、东西间距4.2~4.8米，基槽内也发现有移位的柱顶石。在基槽内西端、中部及沟槽南壁皆发现有磉墩，保存完整的均为两层素面青砖席纹状错缝砌筑成，边长1.22米、厚0.18米；从平面布局观察，磉墩、柱顶石系一组东西向建筑的基础。磉墩下为黄土与碎砖交互夯层。在基槽中部偏西处还发现一道东西向排水沟、砖铺地面、散水及一段长15米的残垣，通过此次勘探和发掘，对此区域的地下遗存有了较为清晰的认识。此处原应有一排东西向廊房建筑，初步推断属明代。

在基槽内西南部共发现灰坑四个，皆开口于表土层下，打破黄土与碎砖交互夯层。其中三个出土物以废弃的琉璃瓦等建筑残件等为主，应为建筑垃圾埋藏坑。

器物埋藏坑，坑口平面略呈长椭圆形，由北向南略倾斜，南北长3.6米、东西宽1.22米~1.74米；坑体略呈袋形，北部袋状明显，壁修筑规整，局部有修整工具的印痕；南部壁较直，底部不平，南部高于北部，深1.2米~1.4米；坑体打破夯土地基。填土分为二层：上层为灰褐土，疏松，厚0.5米，出土大量青砖块、琉璃瓦、筒瓦、板瓦等建筑构件；下层为黑灰土，松软，含较多草木灰及少量白灰颗粒，厚0.75米，出土大量陶、瓷、铁、玉石器残件、骨蚌器残件及法螺等，以日用瓷器为主，包括青花、白釉、黑釉、酱釉碗、盘、瓶等，纹饰多为花卉、鱼藻纹等，其中三个碗底分别有“宣德年制”“大明年造”和“天下太平”款识，从器物造型、纹饰看皆为明代中后期民窑产品，说明宫廷内除御用器外，也大量使用民窑产品，对于这些生活垃圾，也非随意处置，而是破碎或废弃后皆挖坑集中掩埋，是紫禁城生活垃圾处理方式的一个见证。而清理的三座建筑垃圾埋藏坑，从其层位关系及出土物看，属清代，且是人工有意挖掘而集中填埋建筑垃圾的，这说明不唯瓷器、玉石器等御用品，宫内建筑垃圾也采取同样的处理方式。

（徐海峰）

【故宫大高玄殿清代东西值房遗址】

发掘时间：2015年5~10月

工作单位：故宫博物院考古研究所

遗址位于故宫大高玄殿第二进院内、大高玄门两翼。大高玄殿位于紫禁城外西北角，始建于明嘉靖二十一年（1542），是明、清两代皇家的御用道观。为了配合大高玄殿的修缮工作，2015年度对东、西值房遗址范围进行了勘察、发掘工作。通过发掘，揭露出东西值房、值房院落、院墙、甬路等遗迹情况，发掘面积约400平方米。

东值房遗址格局比较完整。遗址地表以上墙体部分已被破坏，根据台基及柱础可知，东值房坐东朝西，为面阔七间的硬山小式抬梁式房屋，其通面阔17.7米，通进深4.6米，每间面阔2.4米。前檐台基边缘留有阶条石和散水，房址内地面铺有方砖地面，有两道隔墙基础将值房分为三大间，每大间房屋前面开一门并设如意踏跺。

东值房前发现有一道南北向院墙，距东值房宽仅为2.15米，形成一个南北狭长的院落。院内为较为密实的土质地面，院墙正中对应东值房明间门口的位置开设一院门，保存有石质门础。门东侧连接一砖铺甬路通往东值房。院落内有两道晚期打破值房与院墙散水的隔墙。

在东值房基址北侧1.7米处发掘出一条东西向墙体遗迹。这道墙体正对大高玄门东山墙中心位置，对应的院墙上存有明显的墙体宽度痕迹。该墙体宽约

0. 97 米，现已清理墙基长度为 6. 8 米，推测是原来连接大高玄门与东院墙的东院墙遗址。

西值房遗址与东值房遗址相对，经发掘清理后发现破坏严重，但遗迹现象基本与东值房一致。通过所用的建筑构件及地层关系来看，以及与样式雷图档及新中国成立初期的测绘图纸对比，东、西值房应是清代建造的，要晚于大高玄殿的始建年代，并使用一直延续到清末及新中国成立初期，晚期有改建的情况。

天津市

【蓟县旧石器考古调查】

调查时间：2015 年 4 ~ 5 月

工作单位：天津市文化遗产保护中心、吉林大学边疆考古研究中心、蓟县文物保护管理所

以开展国家社科基金项目“天津地区旧、新石器时代过渡遗存综合研究”为契机，联合考古调查队，在 2005 年调查基础上，再度对蓟县北部山区开展了有针对性的旧石器考古调查。

调查以蓟县 1∶10000 地形图为基础，筛选适于古人类生存并具备第四纪埋藏条件的河流阶地、山谷；结合详细的行政区划图和以往哺乳动物、旧石器考古线索，确定了以蓟县北部和中东部地区为重点考察区域。考察队分两个阶段进行调查。第一阶段，采取地质勘探的“之”字形线路策略，重点考察地形平缓、第四纪沉积物分布集中、河流发育的地段。对出露较好的第四纪剖面进行观察；发现文化遗物后，分析沉积性质、寻找文化遗物的原生层位；对新发现的地点用全球定位系统（GPS）定位，记录地点的地理位置、地貌特征、地层情况、遗址分布范围、开展工作的潜力以及标本发现情况等。第二阶段，对发现的地点进行复查、评估，确定未来工作重点，以及对重要剖面进行测绘并采集考古标本和测年样本。

通过此次调查，又发现 14 处旧石器地点（遗址），分布于蓟县下营、罗庄子、孙各庄、穿芳峪和渔阳 5 个镇乡，采集石制品千余件，石制品原料以角岩、石英岩、燧石为主；剥片以锤击法为主，也存在一定比例的间接剥片法，砸击法在少量地点被广泛使用；石制品类型较为丰富，包括石核、石片、断块及工具等，工具种类包括刮削器、尖状器、砍砸器等；修理多采用锤击法，且以正向加工为主。此次调查新发现旧石器地点与 2005 年调查相比，差异明显：发现的旧石器地点的高度大多提升到第Ⅳ、Ⅲ级阶地；石制品的质料多以角岩、石英岩为主；石制品均以中、大型为主，小型居次。

2015 年 11 月，针对此次调查召开了专家咨询论证会，专家认为，调查新发现 14 处旧石器地点，文化遗存分布的地貌部位清楚，石制品技术与类型特征明确，文化内涵丰富，学术研究价值重大，从地貌部位与文化特征推测，此次调查新发现的旧石器地点的年代已经进入到旧石器时代早、中期，即地质年代的晚更新世早期或更早，不晚于距今 10 万年。专家指出，此次调查在第Ⅳ、Ⅲ级阶地上新发现的下营南岭、杨庄西山等地点，以大型砾石为原料，生产大石片工具为特色，在华北旧石器文化体系中鲜见；以东井峪骆驼岭为代表的第Ⅱ阶地地点，石片石器的小型化趋势明显，与第Ⅳ、Ⅲ级阶地的石制品形成鲜明对照。上述地点与东营坊遗址以燧石为主的小石器工业呈现出三种不同的文化面貌，代表蓟县旧石器文化发展的不同阶段，为建立区域旧石器文化序列奠定了基础。另外，此次调查发现的杏花山朝阳洞

系天津地区首次发现的旧石器时代洞穴遗址，具有独特的考古价值。

（盛立双　王春雪　甘才超　刘福宁）

【大沽口海域水下考古调查】

调查时间：2015年11～12月

工作单位：天津市文化遗产保护中心、国家文物局水下文化遗产保护中心

2015年3月，依据前期文献资料整理及实地调查资料，编制完成了《2015天津海域水下考古调查方案》以及《突发事件应急预案》等上报国家文物局审批，成功获得了批准立项。

今年的调查工作任务主要是大沽口海域大沽沙古航道近岸区域及其南侧的独流减河河口重点区域扫测调查工作，利用了旁侧声呐、浅地层、多波束声呐及磁力仪等多种水下物探方法进行了综合性的探测调查并配合重要疑点的人工探摸调查。通过半个多月的调查工作，完成了对上述重点区域的扫测工作，初步掌握了该区域的水下文化遗产分布状况，发现疑似沉船点遗址五处，分别为疑点C、D1、D2、E、F，其中疑点E为通过陆地调查线索扫测出的新发现沉船点，初步命名为“大港一号”沉船遗址，这一遗址位置与陆地走访调查获得的渔民口碑线索高度一致，通过此次物探扫测调查，其平面轮廓已经能够较为明显地呈现出船形，浅地层剖面和磁力数据也明显支持这一结论。由于气温及水温接近0摄氏度冰点，加之能见度也几乎为零，对潜水探摸工作来说是个极大的挑战，但是为了能确认这一重要发现，水下考古队员在做足了充分准备之后进行了潜水探摸调查，初步确认了铁质船体的存在。另外四处疑点均位于大沽沙古航道东部区域，其中C点根据侧扫平面图所呈现的船形结构基本可以推测为近当代运沙船；D1、D2点完全覆没于表层泥沙之下，无法判断其形态及质地，需更新设备进一步调查并探摸确认；F点由于沉态特异无法判断其形态，根据磁力数据初步判断疑似为木质沉船。

此次天津水下考古调查工作正值寒冬季节，克服了气候寒冷、环境艰苦、水文情况恶劣等多重困难，顺利完成了调查目标和任务，并取得了重要发现，为天津下一阶段的水下考古工作奠定了重要的基础。

（甘才超　梁国庆　张　瑞　戴　滨）

河北省

【阳原县泥河湾盆地旧石器专题调查】

调查时间：2015 年 4 月 29 日 ~12 月 10 日

工作单位：河北省文物研究所、阳原县文物保护管理所

为实施河北省科技厅重点科技支撑计划“东方人类探源工程——泥河湾人类起源、地质及环境背景研究”项目，在泥河湾盆地寻找更早、更丰富的古人类活动遗存，探寻泥河湾盆地古人类起源的源头，进一步完善泥河湾盆地旧石器文化序列。河北省文物研究所联合阳原县文物保护管理所在泥河湾盆地开展调查工作。

2015 年度调查区域为泥河湾盆地东缘的大田洼台地及周围地区，共发现旧石器时代遗址 33 处，时代自早更新世至晚更新世之末。早更新世的有：马圈沟 4 号地点、马圈沟 5 号地点、东谷坨北地点、奶奶庙沟遗址、板凳沟遗址等，时代最早可达 150 余万年。中更新世的以山兑遗址群为代表，该遗址群位于大田洼台地南侧、山兑村南约 6 平方千米的范围内，由近 20 处分布密集的地点组成，包括上、中、下三个文化层，分布于泥河湾层顶部及覆盖于其上的黄土中；下文化层包含 10 余处地点，距泥河湾层顶部约 5 米，根据该区域已有的泥河湾层的绝对年代数据，该文化层的时代为中更新世中晚期，距今 40 万年左右。晚更新世的遗址多分布于油房遗址周围，以周家山岩厦遗址最为典型，时代为旧石器时代晚期的晚段。

此次调查进一步丰富了泥河湾盆地的旧石器时代文化遗存，完善了泥河湾盆地旧石器时代文化的文化序列，为研究泥河湾盆地古人类演化扩散提供了新的材料，也进一步证明泥河湾盆地东端埋藏有丰富的古人类文化遗存，是盆地内文化序列最完整的区域，也是研究早期人类扩散、现代人类起源的理想区域，具有很大的潜力。

（王法岗　成胜泉）

【阳原县后沟 5 号旧石器地点】

发掘时间：2015 年 5 月 24 日 ~6 月 20 日

工作单位：河北省文物研究所、阳原县文物保护管理所

后沟 5 号地点位于泥河湾盆地东缘，大田湾台地北坡，大田洼乡东谷坨村北约 500 米处，后沟的西岸、马梁的东坡。该遗址在 5 月初的旧石器专题调查中发现，在坡上及坡底散落有大量的石制品，为确定其文化层的位置，试掘 12 平方米，发现石制品、动物化石 1000 余件，以石制品为主，少量动物化石，石制品、动物化石分布非常密集，分布于上下约 20 厘米的范围内。发掘以 5 厘米为一个水平层发掘，在中间的一个发掘平面上即发现石制品、动物化石 800 余件，皆为原地埋藏，可能为当时古人类的一个活动面。文化层高出马梁遗址约 1 米，依据该剖面上的古地磁测年结果，该层位为 B ~ M 分界线，时代为距今 78 万年。该地点与西侧、南侧的马梁 2 号、4 号地点层位相同、时代一致，都发现有比较丰富的石制品、动物化石，表明该区域在该阶段存在频繁或者大规模的古

人类活动。

（王法岗　成胜泉）

【阳原县周家山岩厦旧石器时代遗址】

发掘时间：2015 年 8 月 15 日 ~11 月 11 日

工作单位：河北省文物研究所、阳原县文物保护管理所

周家山岩厦遗址位于大田洼乡油房村南约 700 米处，周家山东坡一处坍塌后呈岩厦的洞穴里。发掘近 6 平方米，文化层厚近 3 米，发现丰富的用火遗迹，包括灰烬层及火塘。发现石制品、动物化石 8851 件，石制品类型以石片石器工业技术制品为主，体现出强烈的小石器工业的技术传统；发现有极少量细石器工业技术制品，主要为几件楔形石核，体现出细石器工业技术的存在。该遗址为一处洞穴居住址，填补了泥河湾盆地洞穴类型遗址的空白；依据地层堆积及文化面貌，该遗址的时代为晚更新世之末，旧石器时代晚期的晚段；该遗址的发现丰富了泥河湾盆地遗址的类型，对研究小石器工业与细石器工业的关系也具有重要的价值。

（王法岗　成胜泉）

【保定市满城要庄西周至汉代遗址】

发掘时间：2015 年 5 月 ~2016 年 1 月

工作单位：河北省文物研究所、保定市文物管理所、吉林大学边疆考古研究中心

遗址位于保定市满城区要庄乡要庄村西北，在一处高出地表约 3 米的台地上。2015 年度发掘面积 800 平方米，发掘墓葬 18 座、灰坑 167 个、灰沟 10 条、房址 5 座、建筑台基 1 座、水井 3 个、灶 7 个。出土可复原陶器 16 件，各类小件（包括铜器、铁器和骨器等）190 余件。遗存大体可分为三期：

第一期遗存以发掘区的第 7 层及 H172、M110 等单位为代表，为西周时期遗存。陶器主要有泥质灰陶、夹砂红陶、夹砂灰褐陶等，陶器纹饰以绳纹、弦纹为主。器类有鬲、簋、豆、罐等。此外还发现有骨笄、骨锥、陶纺轮、石刀、铜镞、铜削刀等遗物。

第二期遗存以发掘区的第 4、5、6 层及 H140、H154、M103、M104 等单位为代表，为东周时期遗存。陶器主要有泥质灰陶、夹砂灰陶、夹砂红陶等，纹饰包括绳纹、弦纹、附加堆纹等，器类包括鬲、盆、豆、罐和少量的壶、钵等。此外还发现有骨笄、骨锥、陶纺轮、石刀、铜镞等遗物。

第三期遗存以发掘区的第 3 层及 F101 等单位为代表，为汉代时期遗存。陶器主要有夹砂灰陶和夹砂红褐陶，器表多素面或施有弦纹等，器类有罐、盆等。此外还发现有铁质农具、铜钱、陶纺轮等遗物。

2015 年度发掘对要庄遗址汉代遗存状况有了更进一步的认识，确认本遗址在汉代时期仍在沿用。要庄遗址所位于的满城区在周代属于燕国的疆域，此次发掘出土了大量东周至西周时期的各类遗物，为研究周代燕文化提供了丰富的实物资料。

（贾金标　林　森）

【尚义县早期长城资源调查】

发掘时间：2015 年 9 ~10 月

工作单位：河北省文物研究所

2014 年 10 ~11 月，尚义县早期长城资源调查至小蒜沟乡乌良台村境内。2015 年度自乌良台村向东，调查至大柳沟村。调查长度 30 千米，发现墙体 15 段，烽火台 20 座，障城 2 座，商周至汉代遗址 1 处。

长城自乌良台村向东，经下纳岭村、南营盘村、新庙村，在小蒜沟村南再次越过瑟尔基河，拐到河北岸，在小土台村南出现墙体，向东蜿蜒 1000 余米后消失。在甲石河烽 2 的北侧出现墙体，向东北延伸

200余米后消失。在大柳沟村东北山体上出现墙体，向东北延伸至鱼儿山的西坡，至顶峰后转向西坡，继而消失。从地形和长城走向分析，大柳沟长城最初应向北进至坝头，再向东折，与张北县坝头早期长城相连，只是如今多数段落已经消失。

墙体多数修筑于山体顶部边缘和山体两侧峡谷的山坡上，均为土石混筑，两侧为石块垒砌，中间添加碎石泥土。保存情况多为较差或差，宽1.2米~1.5米，高0.2米~0.8米。多数地段已坍塌为垄状，或仅见1层墙基。各个村段的长城，均不连续。各个段落长短不一，有的1000米，有的仅100余米。据当地群众讲，20世纪60~90年代的农田整治和水利治理对长城墙体造成了较大破坏，很多地段因此消失。

烽火台均修筑在较高的山体顶部，墙体内外均有，视野开阔。各个烽火台间距1000米~2000米，彼此可望。烽火台为石块垒砌或土筑，多数为圆形，高1.5米~5米。“上和梁”烽火台顶部修筑有石房，保存较好，可能是哨所所在，附近地表分布陶片，均为泥质灰陶，可辨器形有釜、盆、罐、甑、板瓦等，年代为战国晚期至汉。

障城发现于南营盘村南的大梁和小蒜沟村南的三草垛山上。面积不等，小者100多平方米，大者500余平方米。墙体保存差，断断续续相连。内部地表发现有陶片。有的距长城较远，有的北墙直接利用了长城墙体。

在下纳岭村南的“大梁”上，地表发现较为丰富的陶片，可能为一处商周至汉代的遗址。

通过两个年度的调查，搞清了尚义县早期长城的分布、走向、保存情况、附属设施等，建立了完整的长城资源记录。这是首次对这段长城进行的调查，为河北西部早期长城的年代判定提供了重要参考，为今后早期长城的保护和研究提供了科学资料。

（韩金秋）

【灵寿县故城遗址】

发掘时间：2014年9月~2015年9月

工作单位：河北省文物研究所

故城遗址位于灵寿县牛城乡西北故城村，西距中山古城遗址约2000米。通常认为是中山古城遗址的附属小城，所以也称为“东城”。根据《中山古城遗址文物保护规划》，2013年年底，河北省文物研究所和灵寿县文管所组成了故城遗址考古队，开始了故城遗址考古工作。2013年12月，对遗址进行测绘。2014年9月，对遗址进行调查和勘探。经调查，遗址位于一低矮的山冈上，修筑有城墙。东西1300米，南北1000米。目前除了东、南城墙已经被民居建设破坏消失外，西墙、北墙大部保存，西墙北部和北墙西部墙体高于地表6米。城址西部有一夯土高台，俗称“赵王台”，高约5米，直径10米。勘探面积100万平方米，区域包括故城城址内（除民房占压部分）以及城墙外侧。采用全面勘探和重点勘探结合的方式。探明了遗址内文物的分布特点和地层堆积情况，以及城门的位置和护城壕的位置、宽度等。发现了夯土建筑基址、灰坑、陶窑址、墓葬、道路等多种遗存。初步认定遗址以汉代遗存为主，有少量战国晚期遗存。

在全面勘探的基础上，2015年度开始对故城遗址进行发掘。发掘区位于遗址中北部，故城小学东北。发掘面积525平方米。地层可分为2层。发现3个时代遗存。

最早为战国晚期遗存，有灰坑3个，房址1座。灰坑被汉代灰坑破坏严重，仅存底部。房址保存差，残存坍塌的夯土块和部分瓦片。遗物主要为陶器，均为泥质灰陶，饰有绳纹，器形有豆、筒瓦、云纹乳钉瓦当等，与中山古城遗址同时期遗物相同。

汉代遗存数量最多，开口于2层下。遗迹有灰坑24座，陶窑6座。灰坑有圆形、长方形、不规则形等，无加工痕迹。陶窑均由工作坑、窑室、烟道三部分组成，有双烟道、三烟道、直筒烟道等3种类型。发现较多制陶器具和烧陶残次品。遗物有陶器、铜器、铁器等。陶器有泥质灰陶和夹云母红陶，素面为主，绳纹和篮纹次之。器形有炉、钵、盆、瓮、板瓦、筒瓦、瓦当。铜器主要为五铢钱、货泉。铁器有钩、铲、斧等。

宋金遗存有墓葬2座，开口于耕土层下，均为长方形竖穴土坑墓。M1无葬具和随葬品。M2墓底有两列象征葬具的条砖，骨骼残缺严重，可能是二次葬。出土有陶罐、瓷碗、瓷铃和铜镜残片。

通过2015年度的发掘，确认了前期勘探的结果，证实故城遗址以西汉至东汉初年遗存为主，最早的遗存为战国晚期，这也可能是故城城址的始建年代。战国晚期可能为中山古城遗址的军事防御城堡，汉代可能为灵寿县城。遗址的勘探和发掘为研究中山国的防卫制度、战国晚期到汉代文化的演变以及中山古城遗址文物保护提供了重要资料。

（韩金秋）

【黄骅市大马闸口东汉墓】

发掘时间：2015年7～10月

工作单位：河北省文物研究所、黄骅市博物馆

2014年3月，黄骅市博物馆接到群众举报，在大马闸口村发现被盗掘墓葬。受河北省文物局委托，两家单位联合对该墓地进行了抢救性发掘，发掘东汉时期花纹砖墓2座，出土器物25件、五铢铜钱300余枚。

大马闸口墓葬位于黄骅市旧城镇大马闸口村南约400米，地理坐标为北纬38°10′16.51″，东经117°17′52.40″，海拔10米。西邻205国道，东侧为一条南北向的村间水泥路。地势平坦，现为耕地。

两座墓东西并列，形制相近，均为带彩绘花纹砖多室墓，均受到不同程度的破坏。M1方向180°，总长约16.5米。由墓道、甬道、前室、中室和后室等部分组成。仅甬道和前室残存部分墓砖。后室残存一具人骨架。M2方向180°，总长约15.5米。由墓道、甬道、前室、东西耳室、中室和后室等部分组成。除后室被破坏外，基本保存完好。墓内发现三具人骨架，其中两具发现于填土中，推测不是该墓墓主。两座墓墓壁主体为菱形纹，间加车马纹和钱纹带，墓室四角用侧立龙纹砖连接，穹隆顶下部为菱形乳钉纹，上部用勾云纹。

两座墓共出土陶器25件和铜钱300余枚。陶器除个别为实用器外，大部分为模型明器。铜钱均为五铢铜钱。

通过墓葬形制、花纹砖和出土遗物等方面推断，两座墓葬的年代为东汉时期。

两座墓葬不仅出土了一定数量的遗物，最重要的发现是烧制精美的彩绘花纹砖。采用彩绘花纹砖是黄骅地区东汉墓葬的一种传统，在河北其他地区极少见到，这应与黄骅靠近山东地区，受其文化影响有一定的关系。两座墓的发掘对研究该地区汉代生活、丧葬习俗、文化艺术等均有重要意义。

（雷建红　马小飞　程金辉）

【临漳县邺城遗址曹村窑址】

发掘时间：2014年10～12月；2015年4～6月

工作单位：中国社会科学院考古研究所、河北省文物研究所邺城考古队

邺城遗址位于临漳县西南约20千米处，由南北毗连的邺北城、邺南城和外郭区三部分组成，是曹魏至北齐六朝故都。1988年，邺城遗址被公布为第三批全国重

点文物保护单位。中国社会科学院考古研究所和河北省文物研究所于1983年联合组建考古队，开始进行持续考古工作。近年来伴随对邺城遗址平面布局总体认识的逐步建立，邺城考古队在“大邺城遗址考古”工作理念的指导下，一方面继续深化对邺城遗址平面布局的课题研究，另一方面也不断开拓新的课题研究，如手工业方面的陶瓷生产等。

曹村窑址位于习文乡曹村北约1600米的漳河河道内，西距邺南城东城墙约1500米，北距邺南城北城墙东延长线约100米。邺城考古队对其进行了抢救性勘探和试掘，发掘面积约170平方米，发现遗迹主要包括窑址3座、大型操作坑1条、灰坑20个和灰沟3条等。

发现的3座窑址平面均呈马蹄形，由窑门、火膛、窑床、窑壁和烟道五部分组成。Y1和Y2为半地穴式，Y3为土洞式。以Y1和Y3为例，Y1总长约3.4米，方向182°。窑门两壁和顶部用土坯垒砌而成，封门墙紧贴窑门，用残砖和土坯两种材料封堵，分内外两重。窑床平面呈弧边梯形，进深188厘米、宽130厘米～220厘米。窑床底面北高南低，呈缓坡状，坡度约6°。窑室两壁较为陡直，残高约95厘米～128厘米。窑室后壁设有3个烟道，中烟道较为陡直，两侧烟道呈向中烟道靠拢弧状。Y3总长约4.5米，方向190°。根据解剖情况，我们发现Y3存在早晚两期，晚期在早期基础上对窑床表面和火膛等处进行处理后，并再次利用进行了烧造。Y3晚期窑门破坏较严重，封门墙用残破小砖砌筑，窑床宽260厘米～275厘米、进深250厘米，窑室直壁弧顶，高180厘米～190厘米。窑室后壁设有3个烟道，均口窄内宽。Y3早期窑门与晚期一致，只是底面和火膛底面均较晚期更深。从解剖了解到，早期窑室底面平整，与烟道底面基本处于同一平面。晚期在窑室底面两次垫土，垫土由火膛向烟道方向逐渐加厚，并且形成两层烧造面，至晚期窑床底面形成南低北高的斜坡状。从分布趋势结合勘探情况分析，3座窑炉共用一条操作坑H12，在使用过程中操作坑存在改动和填埋迹象。操作坑宽3米～3.7米，深约1.4米，在坑底西侧发现用碎砖瓦和陶片垒砌的矮墙等。此外发掘区内还发现各类灰坑20个和灰沟3条，其中多数为现代盗坑，个别早期灰坑为窑炉附近的废弃垃圾坑，出土有生产形成的废料和窑具等。发掘出土遗物数量较多，种类繁杂，既有火候较高的青瓷器皿残片，也有大量低温釉陶类器物，同时也发现有泥质瓦坯、陶俑及陶模型明器等，另外还有较多的支钉、“L”形支架等窑具，反映了这一作坊区在功能上的多样性。

北朝晚期至隋唐初期是中原北方地区陶瓷烧造经历由陶向瓷转变、从产生青瓷到发展成白瓷的重要转变时期，对于这一时期出土遗物属于釉陶、青瓷还是白瓷的属性分辨是目前学术界的一大难题。邺城地区以往发现窑址无论是烧制陶器和釉陶器的陶窑，还是烧制砖瓦的陶窑，均属于低温陶窑，但是在遗址和墓葬中却发现了不少可以认为是严格意义上的青瓷器，那么对于瓷窑的探寻便成为邺城考古的一大重要课题。曹村窑址发现的遗迹和遗物时代均为东魏北齐时期，其中出土的白胎青釉器、白胎黄绿彩残片的发现，为探讨北方青瓷器以及三彩器的起源等都提供了重要的实物资料。

（沈丽华　何利群）

【隆尧县唐祖陵及光业寺遗址】

发掘时间：2015年9～10月

工作单位：河北省文物研究所、隆尧县文物保管所

隆尧唐祖陵位于隆尧县魏家庄镇王尹村村北，是第六批全国重点文物保护单位，

全国大遗址保护项目之一。为详细了解陵园的建筑结构，经国家文物局批准，从2013年开始进行相关考古工作。

2015年发掘工作的目的是进一步对以往勘探、发掘的地层关系进行确认。共开探方7处，发掘面积200平方米。勘探和发掘表明，唐祖陵的唐代地面一般在今地面5米以下，而主陵区由于取土形成土坑地貌，该层则在1米～4米以下。按照2015LTLT4西壁，主陵区的地层堆积共分15层，其中第⑦层距地表深1.8米，厚0.2米～0.25米，土质较硬，包含少量红烧土颗粒、瓷片碎渣，该层为宋代地面。第⑮层距地表深4.2米，厚0.1米～0.15米，包含砖粒、砖块、碎陶片，该层为唐代地面。其余地层均较为纯净，基本没有或极少包含物。经解剖，现在地表上可见到的石像生，均坐落在宋代地面以上，应为宋代以后重修时从唐代地面提升所致。

光业寺位于唐祖陵外垣东侧，赵孟村西北，为陵园附属建筑，取土坑地貌。地层堆积共分12层，第⑩层下发现一座窑炉，距地表深2.5米。在土中掏建，顶部已毁。自东向西由工作坑、窑室构成。窑室由窑门、火膛、窑床、烟道、烟囱组成。窑室平面呈马蹄形，东西4.9米，南北最宽2.5米，窑壁残高0.92米，窑床进深2.5米，烟道3个一组，共2组。火膛内存留草木灰。窑室内出土有唐代白瓷片及沟纹砖的残块，为唐代早期的砖瓦窑，推测和兴建唐祖陵有关。

（郭济桥　樊书海　李　楠）

【黄骅市郑家口唐墓】

发掘时间：2015年8月

工作单位：河北省文物研究所、黄骅市博物馆

2015年7月，黄骅市博物馆接到吕桥镇郑口村报告，该村东侧开挖的水渠中发现两座古墓，两家单位联合对该墓葬进行了抢救性发掘，发掘唐墓2座，出土随葬品5件。

墓葬位于黄骅市吕桥镇郑家口村东，地理坐标为北纬38°29′48.28″，东经117°14′5.39″，海拔5米。西邻村东侧的一条南北向村间水泥路，路西为村内清真寺，东侧为耕地。

M1为带斜坡墓道的圆形砖墓，由墓道、甬道和墓室等部分组成。总长约6.25米，墓向160°。墓室东壁有砖砌灯台，墓底中部有东西向的砖砌棺床。墓内未见葬具痕迹，棺床上残存一具人骨架。墓砖为青灰色沟纹砖。出土泥质红陶盖罐1件，泥质夹砂红陶盆1件。

M2为长方形土坑竖穴砖棺墓，土圹南北长2.18米，东西宽0.96米，残深0.8米，墓向190°。墓内残存一具人骨架，头向南，骨骼腐烂严重。墓砖为红色沟纹砖。出土酱釉瓷罐1件，黄釉瓷碗1件，“开元通宝”铜钱1枚。

郑家口唐墓的发掘是黄骅地区首次对唐代墓葬进行的科学考古发掘。两座墓葬形制结构完全不同，是两类典型墓葬的代表，两座墓葬还出土了一定数量的随葬品，对了解当地唐代的墓葬结构、丧葬习俗和经济生活等都具有重要意义。

（马小飞　雷建红　程金辉）

【定州市塔宣村金代僧人合葬墓】

发掘时间：2015年12月

工作单位：河北省文物研究所、定州市文物保管所

墓葬位于定州市长安区街道办事处塔宣村中一条南北向街道上，因定州市建设南水北调水厂输水管道工程而进行的抢救性发掘。

墓葬口距地表深1米，为单墓道单室砖墓，平面呈球拍形，由墓道、甬道、墓室组成，墓向185°，含墓道南北全长6.8米。墓道略呈井状，口呈六边形用一块砂

石板覆盖，东西壁对应位置各有一个方形脚窝，底部有四级台阶，第一级为砖筑，其余三级为生土。单券顶短甬道。墓坑平面为圆形，口径4.4米、深3.3米。砖室平面呈八边形，穹隆顶，墓道占据一边。砖壁的中、下部由上下5层，排列有序的长方形壁龛组成，每层27个，其中29个壁龛内安放有烧骨和骨灰，有的分散放置，并不集中。有烧骨和骨灰的龛中，14个残存有木渣或木灰，7个内并有铁钉。在墓室的中心有一个土芯包砖方柱，顶面略高于墓室券顶，高3.05米，顶宽1.2米×1.22米，底宽1.3米×1.3米。在砖柱南面底部迎墓门砖砌一券顶式壁龛，出土的1件陶罐，原应放置于其中。壁龛前有一砖砌祭台，横长0.7米、宽0.33米、高0.2米。墓底无铺地砖。

由上而下，第四排、第五排10号壁龛之间一块平卧砖的窄面，阴刻有“宗问定廿五年南朗村”9字，楷书。

塔宣村原来曾有七座古塔，推测该墓属于七塔之一的地宫，是为金代中期的僧人合葬墓。

这种特殊形制的僧人合葬墓，在河北地区是首次发现，对于研究金代僧人的葬俗葬制等具有重要价值。

（樊书海　王鑫淞　王亚楠　刘　梅　郭济桥）

【黄骅市海丰镇金代遗址】

发掘时间：2015年5～12月

工作单位：河北省文物研究所、黄骅市博物馆

海丰镇遗址位于黄骅市东30千米处，海丰镇村至杨庄村之间，是一处金代沿海码头遗址。为配合国家海丝申遗和编制海丰镇遗址保护规划工作，河北省文物研究所和黄骅市博物馆共同对海丰镇遗址开展了考古调查、勘探和试掘。

据《盐山县志》记载，海丰镇历史可上溯至汉代，为柳侯国故地。南北朝时期叫漂榆邑，唐宋时曰通商镇，又称角飞城，金代始名海丰镇。最初是因盐业而兴起，到宋金时期成为以瓷器为主的贸易集散地。2006年被国务院公布为第六批全国重点文物保护单位。2015年主要做了四方面工作：

一是对与遗址密切相关的柳河古河道系统调查。通过比对各时期的卫星图片及实地踏查、走访群众等工作，初步掌握了柳河古河道的大致走向和流经区域。调查涉及3个县市、8个乡镇，近100个村庄，总长约140千米。古河道沿线调查发现古代遗址点40余处。其中包括丱兮城、古柳县、章武城、黄骅旧城、沧州旧城等遗址，大多数遗址的年代集中于唐—元时期。

二是对遗址东侧区域与河道连接处进行重点勘探。勘探面积约10平方米，发现踩踏面7处，道路3条，窑址5座，灰坑2座，井1眼，其中3号和7号踩踏面疑似码头遗迹。

三是对遗址东侧古河道沿岸区域进行试掘。布设50米×2米和8米×2米的探沟各一条，实际试掘面积114平方米。通过试掘确认了勘探发现的L1和L2的存在，并发现河堤护坡硬面，找到古河道的准确位置。

四是对遗址进行遥感分析和RTK测绘。采用固定翼无人机航拍加地面RTK测绘控制的方法，取得了大地测绘的控制点，并布设了理论探方。同时取得了遗址本身及其周边地区的高分辨率正摄影像和数字高程模型。

2015年度的工作很好地完成了最初的预想。首先，搞清了遗址本身的范围，明确了遗址的边界。同时初步厘清遗址内部的功能分区，尤其是和水运相关的区域，其中古河道西岸大面积的踩踏面分布，为我们进一步寻找与水运货区相关的遗迹提供了可能，另外3号和7号踩踏面极有可

能是与航运相关的码头遗址。其次，明确了古河道的位置及流向，为探讨遗址水运交通线和河北各大瓷窑瓷器外运提供了可能。最后，遥感考古和基础测绘的开展，为该遗址长期开展工作提供了便利条件。

（雷建红　马小飞　程金辉）

【正定县古城遗址】

发掘时间：2015 年 6～9 月

工作单位：河北省文物研究所

正定古城南城墙瓮城城台、月城城台遗存位于石家庄市正定县城燕赵南大街南端，处于正定古城南北中轴线最南端。此次共揭露面积 660 平方米，清理发现瓮城城墙，瓮城城台，Ⅰ期、Ⅱ期月城城台 4 处基址，出土瓷、石、陶等各类器物残片 300 余件，可辨器物种类有：瓷盆、瓷碗、瓷碟、瓷瓶、瓷罐、石夯、陶盆、陶罐等。初步分析基址年代大致为元明清时期。

瓮城城墙构建方式为：首先对干涸河道内淤泥略加平整，个别处楔打木桩，加强地基平面承受压力，其后平地起向上层层夯筑而成，在堆筑过程中南北两侧堆筑倾斜护坡，加强保护城墙。瓮城城台位于瓮城城墙南侧，北侧与瓮城城墙相连。城台平面呈长方形，东西 33.2 米，南北 12 米，其构建方式：瓮城城台基槽开于瓮城城墙南侧护坡之上，平面呈"冂"字形，环绕于城墙基址南护坡的东、南、西三面。月城城台位于瓮城城台南侧 12.5 米处，东、西连接月城城墙，城台由Ⅰ、Ⅱ期城台构筑形成。目前残存的城台即为向外扩筑的Ⅱ期月城城台地下基础，平面大致呈长方形，东西 23.4 米，南北 11.6 米，其东北部、西北部与Ⅱ期月城城墙相连。Ⅰ期月城城台叠压于Ⅱ期月城台之下，其构建方式与瓮城城墙基本一致，基槽个别处铺设网状木杆，以加强地基平面承受压力，

此次考古试掘工作基本廓清正定南城墙瓮城城台、月城城台遗址各个基址的平面布局、内部构筑方式、早晚关系；其年代为：瓮城城墙（元代）、瓮城城台（元末明初）、Ⅰ期月城城台（明中期）、Ⅱ期月城城台（明末或清初）。发掘完整地展现了正定（真定府）元明清时期城池的防御体系逐步扩建的过程，保留了正定府城元明清各个时期城池城墙形制演变的考古实证。通过瓮城城墙、月城城台修建，反映当时修建城池城墙摆脱受地形、地貌局限，因地制宜综合改造，合理修建城墙，对地基处理方式，体现出当时建筑技术的水平。

（张晓峥）

山西省

【襄汾县丁村旧石器遗址群】

发掘时间：2015 年

工作单位：山西省考古研究所

2015 年度在丁村遗址群东北部黄土台塬区以沙女沟为中心约 20 平方千米的考古调查中，发现旧石器时代遗址或地点 50 余处，并对老虎坡、过水洞和九龙洞遗址进行了 8 个多月系统科学的发掘，发现多个原地埋藏人类活动遗迹和大量文化遗物。这是丁村遗址群 60 年来在黄土台塬区最大规模的系统性考古调查与发掘考古工作。

3～4 月春季调查，以老虎坡遗址为起点，沿上庄沟、红土寨沟、沙女沟上溯至大崮堆山脚下的北涧沟，发现旧石器时代遗址和化石地点 46 处，11～12 月秋冬调查中，又在北涧沟两侧沟谷梁峁的土状堆积（S0～L3）中发现旧石器时代遗址 10 余处。4～11 月对位于北涧沟的九龙洞和沙女沟的过水洞两处较为重要的遗址进行了发掘。同时对老虎坡遗址进行第二年度发掘。三处遗址的发掘均取得了较大的成果。

九龙洞遗址，位于沙女沟村东南侧北涧沟沟口北侧一个凸出的小土包上。其地层堆积属于沟谷冲洪积砾石侵蚀沟边土状堆积形成的叠层累加埋藏环境。其前端（南部）为冲洪积砾石与土状堆积互成的堆积，北部为原生土状堆积，剖面可见清晰的侵蚀接触。该遗址发掘分 A、B 两区进行，发掘面积 35 平方米。石制品自上而下在各个砾石堆积和土状堆积中均有发现，出土石制品 2000 余件。目前 A 区发掘的深度约为 4.5 米，发掘过程中每一水平层（5 厘米）均发现有石制品；在北部黄土堆积中，至少存在 3 层原地埋藏的石制品密集分布水平层。这充分表明该区域内曾连续有人类活动。更为重要的是 B 区土状堆积中的同一层位中，在不到 9 平方米的面积内，发现两处原始人类打制石器的现场，数以百件的石片、石核以及大量碎屑的集中分布，甚为震撼。据此分析，这里很可能属于两个工匠同时打制石器的活动场所。

过水洞遗址，位于沙女沟村西南 500 米的沙女沟南岸，发掘面积 30 平方米。遗址文化层位于 15 米高的悬崖底部，崖壁可见相当于 S1～L3 阶段地层堆积。地层自上至下呈东南—西北向倾斜。发掘过程中出土丰富的炭屑、动物化石、石制品等，红烧土块亦有少量发现。石制品类型包括石核、石片、刮削器等。动物化石以食草类为主，包括头骨、肢骨、椎骨等，均较为破碎。观察发现它们并非自然破损，可能为敲骨吸髓等所致。它们与石制品、炭堆、炭屑、红烧土块同时出现在黄土地层中，表明这是一处与人类活动密切相关的临时营地——有可能是古人“野炊烧烤、分享食物”的场所。鉴于其重要性，为进一步深入研究和今后展示的需要，我们对其中炭粒密集的炭堆和动物化石、石制品共生的遗迹现象进行套箱提取。

老虎坡遗址是丁村遗址群发现的第一个原地埋藏的黄土堆积性旧石器时代遗址，位于上庄沟森林派出所北侧，发掘面积 50

平方米，出土石制品400余件。石制品分布于马兰黄土中下部至其下的古土壤条带（S1）中上部。石制品原料以角页岩为主，砂岩、闪长岩等次之。类型包括石核、石片、断块、刮削器等。发掘过程中在S1顶部之下1.9米左右的同一水平面上密集分布着大量的角页岩砾石、石核和少量经过风化的花岗片麻岩砾石。这些砾石和石核直径多在20厘米~50厘米，重量均在人类个体能够搬运范围之内（15公斤~30公斤），平面分布上既有排列较为紧密整齐的中心区域，也有外围较为散乱的部分，显示了一定的结构。适宜剥片的角页岩砾石上多具有较大的石片疤，应作为石核进行过剥片；与其伴出的石片、断片等也说明这里曾经有人类打制石片的活动。结合去年秋冬老虎坡发掘情况，我们认为：其一可能为原料储备，较多的砾石上带有石片疤似乎证明了这一点。其二，可能为具有人工性质的建筑遗迹，或石铺地面等。目前来看以上推论均需更多证据，但其人工性质则较为确切。

以上三处遗址的发掘拓展了丁村遗址群的时空范围，丰富了丁村文化的面貌和内涵，为深入研究丁村人的生存范围、活动规律、生存模式、行为链条等提供了宝贵资料。

（王益人　袁文明）

【古交市李家社旧石器时代遗址】

调查时间：2015年7~8月

工作单位：山西省考古研究所

李家社遗址位于太原市古交市桃园街道李家社村东约600米，海拔1085米。配合山西省文物局第五批重点文物保护单位申报工作，山西省考古研究所再次对李家社遗址进行了复查，考察了遗址遗物埋藏状况、遗址分布范围及保护情况等，同时在地表采集到少量人工痕迹清楚的石制品。

经过多次反复勘察，现已确知李家社遗址是古交石器制造场分布的最南端。遗址地处古交市大川河西岸。石制品的确切层位为，覆盖在石炭系、二叠系砂页岩基岩顶部的砾石层上的黄土堆积中。由于水土流失严重，风化作用较强，大多数石制品暴露在水土侵蚀及风化作用后的基岩上。石制品磨圆度低，应未经过远距离搬运，应是直接取料于砾石层角页岩砾石，直接打制成石片或砍斫器等。

李家社遗址位于汾河上游，与地处汾河下游的丁村遗址在器物组合、石制品加工技术、埋藏环境等既有相似又有不同之处。李家社遗址有与丁村遗址相似的斧状器，却少见丁村遗址中最具代表性的三棱大尖状器；李家社遗址中常可见到将砾石石片直接加工成的砍斫器，丁村遗址则较少；李家社遗址石料直接取自河滩砾石层，丁村遗址石料来源应与大崮堆山密不可分，遗址石料来源均较为丰富。汾河流域早中晚期旧石器文化应属于一个大的文化体系。

（任海云）

【垣曲县大腰旧石器时代遗址】

调查时间：2015年7~8月

工作单位：山西省考古研究所

大腰遗址位于垣曲县历山乡东北，历山主峰——舜王坪东面大腰坡地，距垣曲县城86千米，分布范围东西宽500米，南北长600米，总面积30万平方米。

2015年夏，为配合山西省第五批省级文物保护单位的申报核查工作，山西省考古研究所对大腰遗址进行了复查，采集燧石细石器制品27件。这批标本总体特征可概括如下：燧石作为主要石料，偶见石灰岩或别的石料；锤击法是主要的打片及石器修理技术，压制法亦用在细石叶生产及石器的修整中；普通石核、细石核、石片、细石叶、刮削器等构成了器物组合。而根据以往的调查资料，大腰遗址还有锥形细石核、圆头刮削器、尖状器等。器物个体小；石器的毛坯以石片居多，且正向加工方式最普遍。

大腰遗址尚未进行系统的野外发掘，也未获取样本测定遗址绝对年代。大腰遗址东、北部分别是阳城县和沁水县，位于垣曲、阳城与沁水三县交界位置。大腰遗址与下川遗址的距离非常近，其地质地貌环境与下川盆地颇为相似，而其器物组合及特征也与下川遗址相似。显然，历山大腰遗址也应划入“下川文化”，属于旧石器时代晚期文化，年代应与下川遗址上文化层相近，是一处重要的细石器文化遗址。

（王晓毅）

【广灵县洗马庄旧石器时代遗址】

调查时间：2015 年 4 月

工作单位：山西省考古研究所

洗马庄遗址位于广灵县蕉山乡洗马庄村东北和加斗乡上恩庄村北，地处大沙沟西岸的台地上，俗称花石头沟，是晋冀两省分界线。目前该遗址范围东西长约 872 米，南北宽约 679 米，分布面积约 59.2 万平方米。大沙沟西岸台地为黄土状堆积，下覆一套灰绿色似湖相地层。地表散落着大量白、红褐色相间的硅质酸性火山岩石制品、少量陶片等。

2015 年度为配合山西省第五批省级文物保护单位的申报核查工作，山西省考古研究所对洗马庄遗址进行了复查，采集石制品若干。这批石制品石料除了一件为灰白色燧石外，其余全部为红褐色与白色相间的火山酸性硅质岩，器类有石核、石片、尖状器、刮削器、断片、断块及碎屑等。经初步观察与分析，再结合以往洗马庄遗址采集到的标本，可以简略概括洗马庄石制品有如下特征：石料主要是硅质酸性火山岩，少量燧石或石英岩。这与泥河湾盆地遗址的石料一致。其来源应来自遗址附近；器物组合较为多样，石核、石片、刮削器、尖状器、断片、断块、碎屑等，根据以往的资料，还有两面加工的石镞、石锥等。刮削器的数量和类型最多，此外，石镞类型也较为多样；楔形石核在预制时，先修理核身，然后确定台面，这与泥河湾虎头梁遗址楔形石核的预制相同，而与下川、柿子滩遗址相反；主要采用锤击法修理石核、打片、修理石器，可能用压制法剥制石叶。未见砸击制品；石器毛坯多选择石片，也会直接对断片修理；器物个体整体偏小，个别标本体积较大。

由于遗物属于地表采集，并未进行采样和测年，又有陶片与石制品混杂在一起，为判断遗址时代带来一定困难。陈哲英先生认为该遗址的下限不晚于新石器时代晚期，不过根据器物组合、打制技术、特征等，与虎头梁颇为一致，其时代应与虎头梁相当，因此将洗马庄遗址归入旧石器时代晚期之末。

（马　昇）

【襄汾县陶寺新石器时代遗址】

发掘时间：2015 年 3～12 月

工作单位：中国社会科学院考古研究所、山西省考古研究所

陶寺遗址有着明确的功能分区，其中宫殿区作为一处大型都邑类遗址最为核心的功能区一直是学界关注的区域，也是陶寺遗址都城性质最重要、最直接的物化要素之一。然而陶寺宫殿区的考古以往只有钻探资料和零星的发掘和试掘，宫殿区的确切范围与边界并没有经过考古发掘判定。2012 年对宫殿区一带的钻探情况表明其周边存在有围垣遗迹，若为宫城城墙，其重大学术意义不言而喻。在“中国社会科学院创新工程”和“中华文明探源工程”项目支持下，自 2013 年 3 月 31 日始，中国社会科学院考古所与山西省考古研究所联合持续对疑似宫城城墙进行发掘。2015 年度继续揭露并解剖宫城城垣相关遗迹，发掘取得重大收获和突破，基本廓清了宫城

城墙堆积、结构、年代、发展演变等问题。

陶寺宫城位于陶寺遗址东北部，原来认为的宫殿区的外围。陶寺宫城呈长方形，东西长约470米，南北宽约270米，面积近13万平方米。方向大体北偏西45°，即315°，与陶寺大城方向基本一致。其中北墙编号Q15，东墙为原来的Q10，南墙编号Q16，西墙编号Q11。南墙西段及西南拐角被大南沟破坏掉。城垣墙体部分多已无存，仅余基槽部分。年代始建于陶寺文化早期，在陶寺文化晚期时废弃，期间有重建现象，具体有待进一步发掘确认。

2015年度重点对东南拐角以及东南门两处门址进行了部分发掘，平面布局结构初步揭露，局部有待补充发掘以最终确认。

对东南拐角的揭露表明，宫城城墙Q10与Q16之间存在缺口，应该是一处出入宫城的侧门，缺口宽10余米。更为重要的是，缺口处靠Q10内侧接出一夯土基址，长约10米，宽11米，很有可能是侧门Q10上"内墩台"基础。而Q16在此拐角处又继续向外延伸出一段夯土，情况不明，有待进一步发掘。

宫城东南门址位于宫城南墙Q16东南段，正对宫城内最大宫殿基址ⅠFJT3。门址接在Q16之上，面向东南，东、西两侧各延伸出两道短墙，仅余夯土基槽部分，延伸出西侧短墙已发掘长约10米，墙基槽宽4米~5米。类似后世都城南门外接之"短墙"与"阙楼"基址，目前还有待发掘确认。东西短墙之间有一生土缺口，可能是城门所在，被晚期灰坑破坏严重，推测原缺口在4米以上。该东南门址形制结构特殊，具有较强的防御色彩，史前罕见。

2015年度陶寺遗址有关宫城尤其东南门址的发掘取得重要成果，意义重大。一是，陶寺宫城基本封闭完整，自成体系，且规模宏大，形制规整，结构严谨，并具有突出的防御性质，是我国目前发现的最早的宫城。二是，陶寺宫城的发现，使得陶寺"城郭之制"完备，陶寺很可能是作为中国古代重要都城制度内涵的城郭之制的源头或最初形态。三是，陶寺宫城及相关遗迹的发现是陶寺聚落考古的突破性成果，使得陶寺作为一处都邑性聚落更加完备，性质更加明确。此外，对于史前其他具有都邑性质的聚落形态考古研究具有重要借鉴作用。四是，陶寺宫城的发现，对于探索我国古代国家与文明的起源问题有着重要的促进意义。

（高江涛　何　努　田建文）

【绛县周家庄龙山文化遗址】

发掘时间：2015年3~5月

工作单位：中国国家博物馆田野考古研究中心、山西省考古研究所、运城市文物保护研究所

在以往工作的基础上，联合考古队继续在周家庄遗址开展考古发掘工作。根据以前钻探提供的线索，此次选择在遗址西北部一片被壕沟环绕的区域布方，旨在了解这一带的堆积概况和遗迹分布情况。2015年度发掘面积达1000余平方米，发现一批龙山晚期至二里头初期遗迹；出土大量陶、石、骨器。

龙山时期遗迹包括房址、灰坑、陶窑等。所见两座房址皆为小型地穴式房子，门道朝北，不见以往常见的白灰面，其中一座房址在西北角有向里掏挖的室内小窖穴。灰坑包括袋形、圆形直壁、不规则形等。袋形坑可能为窖穴，其中几座葬有人骨；个别大型不规则形坑位于窑址近侧，当是与之相关的取土坑和活动场所。出土陶器多见鬲、敛口斝、甗、小口折肩罐、圈足罐、大口折沿罐、扁壶、盆、杯等。按照我们对周家庄龙山期遗存分期的认识，此次揭露出的遗存主要属于晚期阶段；其中数个灰坑中虽有大量陶寺晚期特征的陶片，但同时还伴出极少量的二里头早期的圆腹罐等器物，说明本地龙山文化至少延

续到了二里头初期。

通过发掘，我们初步了解到这一区域属居住区，但另有制陶等手工业遗存，为全面认识周家庄遗址不同区域的功能概况提供了资料。其中龙山晚期遗迹含有少量二里头早期文化因素的发现为认识本区域龙山期遗存的年代及其与二里头文化的关系提供了重要资料。

（戴向明　田　伟）

【兴县碧村龙山时代遗址】

发掘时间：2015 年 4 ~ 12 月

发掘单位：山西省考古研究所

碧村遗址位于吕梁市兴县高家村镇碧村村北，地处黄河与蔚汾河交汇处，东距兴县县城约 20 千米，西离陕西省神木县石峁遗址 51 千米，属典型的黄土高原地貌。该遗址北依猫儿沟，南达蔚汾河，西抵黄河，东至城墙圪垛上的东城墙，形成了一个相对封闭的区域。遗址面积 75 万平方米，以龙山时代遗存为主。

2015 年上半年，在前期系统调查的基础上，山西省考古研究所对地处碧村遗址中心位置的小玉梁进行了一次小规模的发掘，发掘区位于小玉梁偏东部，清理了龙山时期石砌房址 2 座及其东侧的护坡墙 1 段，还发现灰坑十余座。此外，在遗址东部的城墙圪垛这一地点清理了宽约 3 米的一组石砌墙体。

石砌排房，此次发掘揭露的两座石砌房址，属于一组排房的一部分，位于遗址中心小玉梁最高处的平台上，该处视野开阔，三面环河。

F1 平面呈长方形，室内进深 7 米，间宽 3.6 米。现存门道位于 F1 东南角，宽约 0.9 米。火塘位于房址中央偏东位置，圆形，直径约 1.6 米，周壁涂抹有白灰，中间放置一块有“S”形裂纹的圆形石块，石块外围垫土，并涂抹一层硬面，使其与地面平齐，石块及硬面均被烧结成青灰色，其上还附着一层薄薄的灰烬。地面涂抹一层厚约 0.4 厘米的白灰，平整而光滑。紧贴东墙内侧设有一熟土二层台，残长 3 米、宽 0.5 米、高 0.21 米，二层台上部与侧面抹有白灰，其可能与搁放物品有关。

F2 平面为方形，由室内外两部分组成。室内进深 6 米，间宽 5 米。原门道位于西侧，已被毁。火塘位于中部偏东位置，圆形，直径约 2 米，与 F1 内的火塘处于同一直线上，建造方式基本相同。F2 地面较 F1 低约 0.5 米，涂抹一层厚约 1.2 厘米的白灰，白灰面下有厚约 0.1 厘米的草拌泥。室内部分除西墙被毁外，其余各面墙体保存较好，残现存最大高度约 1.1 米，内外墙面齐整。室外院落位于西墙外，仅存局部片石平铺的地面，残宽约 4.4 米，残长约 2.2 米，四周不见围墙，整体较室内白灰面低约 0.2 米。

护坡墙与墩台，Q1 位于石砌房址东侧的缓坡上，走向为西北至东南向，其方向与 F1、F2 加宽的东墙一致，属于维护小玉梁东侧缓坡的一道护坡墙，这也更加凸显了小玉梁地点重要性。该护坡墙距离 F1 和 F2 以东约 5 米处，长 15.2 米，宽约 0.6 米。建筑方式是在缓坡上下切生土，再紧贴生土边上垒砌石块，护坡墙墙体较粗糙，仅局部有规整立面，局部立面参差不齐，个别地方在立面之外再立置条石。护坡墙北端发现有“回”字形石包墩台。墩台残长约 4.8 米，宽约 4.3 米。墩台四周用片石包砌，里面填塞黄土，在与石包墙基本等高的中心黄土之上，为片石垒砌的方形站台，可能与伫立、瞭望有关。

城墙及相关遗迹，城墙圪垛地点距离碧村小玉梁近 1 千米，在城墙圪垛的东端发现大量散落的石块，绵延近 200 米，据当地村民回忆，这是平田整地时将原城墙推倒后形成的堆积。为此，2015 年在其附近进行了发掘，清理了一段长约 11.5 米的主墙，宽约 3 米，方向 20°；在主墙东西两侧还发现有与之垂直的墙体，宽度约2.5米；此类规模的石墙应是遗址东城墙及其附属设施。墙体为大小不一的石块堆筑而成，两侧立面较明确。

遗物，碧村遗址此次发掘出土遗物较为单纯，以陶器为主，多见于灰坑中，以夹砂灰陶居多，泥质灰陶和褐胎黑皮陶次之；常见器形有鬲、腰隔甗、敛口斝、管流盉、蛋形瓮、高领罐、圈足盘、大口尊等；纹饰以粗深绳纹、篮纹为主，篮纹有两类，一类深且乱，另一类宽且浅，还出现了零星细绳纹。此外，也有少量黑色或褐色的细石叶。在小玉梁地层中还发现有个别绿松石和玉环残片。

碧村遗址地处蔚汾河下游的黄河入口，不仅是进出黄河的一个重要关口，也是南流黄河的重要驿站，先天的地理优势使其与生俱来地拥有了勾连东西南北的重要战略地位，这一发现对于研究龙山时期黄河沿岸地区石城聚落的社会网络关系有着重要意义。

小玉梁是该遗址龙山时期聚落的一处重要地点，该台地东部的石砌房址、护坡墙及墩台是经过精心规划的一套设施。根据打破护坡墙及房址的灰坑出土物判断，小玉梁揭露的这组设施时代主要为龙山时代，在龙山时代末期已被毁。而在小玉梁发掘中出土的玉器残片不仅在一定程度上证实了调查发现玉器的出处，也为其年代判定提供了可靠依据。

（张光辉 白 勇 海金乐 王晓毅）

【大同市万泉庄新石器时代遗址】

调查时间：2015年7～8月

工作单位：山西省考古研究所

为配合山西省第五批省级文物保护单位的申报核查工作，山西省考古研究所对万泉庄遗址进行了复查。遗址位于西寺梁山山麓东侧，万泉河西岸，距大同市新荣区花园屯乡万泉庄村西南约300米。遗址分布范围东西约440米，南北约660米，分布面积约29万平方米。

该遗址地面暴露遗物分别具有新石器时代、汉代两种文化遗存特征，遗物极为丰富。调查发现新石器时代墓葬一处，新石器时代文化层两处，灰坑多处。采集遗物有新石器时代夹砂红陶、夹砂灰陶、泥质灰陶，纹饰有篮纹、绳纹、交错绳纹等，可辨器形有罐、豆、甑等。汉代泥质灰陶，纹饰有瓦纹、绳纹等，可辨器形有折沿盆、罐等。

该遗址是晋北地区发现的为数不多的新石器时代遗址之一，在本地区同类遗址中面积较大，对厘清晋北地区新石器时代文化面貌具有重要意义。

（高振华）

【襄汾县陶寺北两周墓地】

发掘时间：2014年9～12月、2015年3～10月

工作单位：山西省考古研究所

陶寺北墓地位于襄汾县城东北约7000米处的陶寺村北，东距塔儿山约20千米。因近年盗掘被发现，经钻探，墓地总面积约24万平方米。2014年9～12月进行了第一次抢救性发掘，2015年3～10月进行了第二次抢救性发掘。共计发掘面积约800平方米，清理墓葬12座。

2014年9～12月在Ⅰ区选取两座中型墓葬进行抢救性发掘。根据墓葬位置布10米×10米探方2个。共揭露墓葬7座，编号ⅠM1～ⅠM7，均为长方形竖穴土坑。除ⅠM2头南向外，均北向，方向在5°～355°。ⅠM1、ⅠM4、ⅠM5、ⅠM7均为仰身，下肢伸直，双手交握于腹部；ⅠM6仰身，下肢弯曲。可分为中型、中小型、小型三类。

中型墓2座：ⅠM3、ⅠM7。

ⅠM3被盗，墓口长3.68米，宽2.5米；墓底长3.52米，宽2.28米，深7.5

米。仅存椁板残迹，棺板被扰乱，情况不明。盗洞内出陶鬲1件、铜铃1件，铜鱼碎片、陶珠、陶贝币。底部有腰坑，内空无一物。

Ⅰ M7 墓口长3.86米、宽2.56米～2.76米，墓底长4.3米、宽3米～3.1米，深9.55米。一椁二棺。随葬品有铜礼器、玉器、陶器、蚌器等。铜礼器分布在棺椁间东南部，发现列鼎3件，簋4件、壶2件、盘1件、匜1件。玉器大部分在棺内墓主人身上或身体左近，面部缀玉覆面，胸部有项饰，腰部有玉钺、玉璧等；盆骨上及两侧有玉鱼、玉蝉、玉璜、玉璧等饰件；棺椁间北部有1件玉戈。棺椁间东西两侧散布大量铜鱼、蚌币、陶珠、薄铜皮饰品，应是棺饰。此外棺椁间东部还有1件陶鬲。值得注意的是，在Ⅰ M7墓口北部0.2米处发现长12米、宽6米的玉石器祭祀掩埋层，多为碎石圭，也有少量玉圭、玉璧、玉环、玉玦等玉器，此外还有两件小陶罐。玉石器中残碎者，多故意为之。这些玉石器高低不平，不在同一平面，没有明显祭祀坑，仅是盖土掩埋。祭祀掩埋层现存厚度为0.2米～0.3米，被近代扰土层叠压或打破，推测原本应有一定高度。

中小型墓2座：Ⅰ M1、Ⅰ M5。

Ⅰ M1 东北角填土中有殉马一匹。有斜坡形生土二层台。一椁二棺。墓底中部偏南有不规则腰坑一处，坑内殉狗。Ⅰ M1随葬6件小玉器，有玉玦、玉管、石管等，分别见于耳、手腕处，棺椁之间的北部有陶鬲1件、泥鼎1件，另1件泥质器物不辨器形。

Ⅰ M5 一椁一棺。随葬铜戈1件，马衔1对，陶鬲1件，均在棺椁间北部。

小型墓3座：Ⅰ M2、Ⅰ M4、Ⅰ M6。

Ⅰ M2 口略大于底，西侧生土二层台，无葬具及随葬品。Ⅰ M4 口略小于底，无葬具，胸腹部有蚌壳2件。Ⅰ M6 口略小于底，有高0.75米、宽1米的生土二层台。二层台上有12块盖板痕迹，东西横放。单棺。头、肩部各出1小件玉片，腹部亦见玉器残件。棺外东南侧有陶鬲1件。

2015年3～10月进行第二次抢救性发掘，发掘面积550平方米，共发现大中小型墓葬5座，编号Ⅱ M1～Ⅱ M5。

大型墓Ⅱ M1 方向18°，口大底小。口长6.3米、宽5.2米，底长5.8米、宽4.7米，深11米。填土经夯打，填土内发现有零散石圭残片。一椁一棺，四周"积石二层台"。椁壁外及椁盖板之上均涂抹有厚约3厘米的青膏泥。棺板朽蚀殆尽。人骨已腐朽。随葬器物有铜礼器、车马器、陶器、玉石器、骨器、金器等。铜礼器有铜鼎7件、方壶2件、铜鉴2件、铜敦2件、铜舟2件、铜盘1件、铜匜1件、铜簠1件、铜鬲1件、铜甗1件。乐器有编钟一套9件，编磬一套10件。陶器有陶鬲、陶豆等；车马器有车軎、车辖、马衔、马镳等；兵器有戈头、戈樽、矛、戟、铜箭镞等；棺椁间东部发现有大量铜贝、骨贝；棺椁间东北角发现金饼2件；棺内头颈部发现有串饰，由玛瑙珠、玛瑙环、玉牌饰、玉璜、玛瑙管、玉环等组成。棺内中部发现有玉牌饰，脚端发现有玉残片2件及铜环首刀1件。此外，M1墓口北部发现有散乱石圭祭祀现象。

中型墓Ⅱ M2 方向33°，为南北长方形竖穴土坑墓，开口长3.6米、宽2米，底部长3.7米、宽2米，深8.9米。葬具一椁一棺。椁室东西两侧帮板紧贴墓壁搭建，南北熟土二层台。棺盖板之上发现有"棺束"痕迹。人骨已腐朽。随葬品有铜器、陶器、玉石器、骨器等，共计67件（组）。北部棺椁间发现铜器有铜鼎3件、铜三足盘1件、铜匜1件、铜甗1件、铜敦1件，小陶鬲1件。东部棺椁间发现石磬1组，其周围发现数件铜饰件，还发现有铜箭镞1组（14枚）、铜戈1件、马衔1对、马镳1件。西部棺椁间发现铜戈1件、铜箭镞1组（10枚）、铜甲泡16件。棺内中北部发现较多石圭及残玉片，棺内中部发现石圭一组、铜环首刀1件、玉饰件一组（2件），脚端发现残玉片2件。

小型墓ⅡM3～M5，墓口长2.2米～2.6米、宽1米～1.14米、深3.6米～4米。均为仰身直肢。ⅡM3一棺一椁。东北角二层台上发现陶鬲1件，棺盖板上发现残石圭1件，棺内发现残石圭9件，棺椁间东北角发现有兽骨。ⅡM4、ⅡM5均单棺，M4口琀为石圭碎片，盆骨附近发现骨笄1件，在棺外北部发现有兽骨。ⅡM5棺盖板之上发现残石圭2件，墓室西北角发现陶罐1件，棺外东部发现有兽骨。

从出土器物来看，2014年7座墓葬时代为两周之际或春秋早期，2015年5座墓葬时代为春秋中晚期。两次发掘，均在大中型墓葬北部发现有玉石器祭祀的特殊现象，随着时代的变迁，祭祀物品有所变化，但祭祀形式一脉相承，而祭祀规模到春秋晚期已经大大缩小。综合来看，陶寺北两周墓地应是晋国一处宗族墓地，大墓的主人抑或是晋国大夫一级的世袭贵族。

（王京燕　崔俊俊）

【翼城县大河口西周墓地】

发掘时间：2015年1～12月

工作单位：山西省考古研究所、临汾市文物局、翼城县文物旅游局

大河口西周墓地位于山西省翼城县城以东6000米处大河口村北的高台地上，墓地北望为二峰山，西邻浍河主干道，南邻浍河支流，两河交汇的三角洲正是墓地所在的高台地。墓地现存面积4万余平方米，分布着超过2000座墓葬和数以百计的灰坑。墓地发掘分为二期，第一期发掘清理了包括大中型墓葬在内的近600座墓葬和部分灰坑，第二期发掘从2014年7月开始并持续至今，2014年发掘清理了小型墓葬238座，灰坑45个。

2015年度发掘面积为6000余平方米，共布方69个，发掘清理了墓葬351座，灰坑56个，出土器物1056件。此次发掘的墓葬同先前发掘的墓葬相比，分布同样无明显规律性，全部为竖穴土坑墓，墓口形状为圆角长方形。墓葬之间无打破关系，部分墓葬的填土经过夯打。墓壁多呈口小底大状，同时出现部分直壁墓，墓葬深度多在3米以下，个别墓葬深度达到了5米以上。墓主人头向以西向为主，部分为东向，个别为北向。大多数为单棺，个别为一棺一椁（或双棺）。部分墓葬中发现有木质葬具痕迹，一般可以辨别形制和结构。绝大多数为熟土二层台，个别为生土二层台。葬式以仰身直肢葬为主，存在少量侧身直肢葬和仰身屈肢葬，出现一例俯身葬。少数人骨上发现有衣物或编织物殓尸的痕迹。部分墓葬有腰坑和垫木，有的腰坑内发现有动物遗骨，个别能辨明为狗。随葬器物以陶鬲和陶罐为主，有的墓葬出土铜戈、铜泡、蚌饰、海贝、骨器、三石器等，个别墓葬出土青铜容器、锡器和漆器，容器一般置于二层台之上，其他器物一般在棺内墓主人附近。发现和清理的灰坑大部分呈袋状，坑壁规整，坑底平整，填土松软，有的包含少量陶片，陶片多属东周时期遗物，也有的灰坑出土一些布币。坑的深浅不一，大小不等，部分打破墓葬。

大河口墓地是西周时期非姬姓封国的霸国墓地，此次发掘以先前发掘资料为基础，为进一步研究晋南地区两周时期的考古学文化增添了实物资料。

（谢尧亭）

【绛县睢村西周墓地】

发掘时间：2015年7～12月

发掘单位：山西省考古研究所

绛县睢村墓地位于绛县卫庄镇睢村北台塬地上，西距绛县县城约5000米，距横水墓地约20千米。墓地地势平坦，南望中

条山，西北倚紫金山，西面为季节性河流，属浍河水系。

绛县雎村墓地于2011年6月被盗而首次发现。经对被盗墓葬的初步调查和追缴文物的鉴定，判定雎村墓地为一处西周时期墓地。2013年5月，墓地再次被盗后，由山西省考古研究所牵头，对墓地进行全面考古调查和勘探。勘探面积7万平方米。墓地面积约4万平方米，勘探出遗迹现象420余处，其中灰坑20余座，车马坑3座，墓葬380座。2014年7月4日，雎村墓地联合考古队进驻绛县卫庄镇雎村，开始考古发掘。

截至2015年12月31日，墓地发掘面积1800余平方米，在发掘区内发现相关遗迹现象130处，其中墓葬86座，盗洞29处，灰坑12座，沟3条。其中，大中型墓葬6座，马坑2座。发掘完成小型墓葬23座，出土器物87件，其中，陶器23件，海贝52枚，蚌泡12枚。

墓葬绝大部分为东西向，多头向西，均为东西向的长方形土坑竖穴墓，口小底大。葬具为单棺，葬式有仰身直肢、俯身直肢两种，以仰身直肢为主。出土器物多为陶器，随葬陶器组合为鬲、鬲罐、鬲簋罐三种，另有海贝、蚌泡。发现有类似绛县横水墓地的柱洞、斜洞等遗迹现象。

从现有的材料看，该处墓地人群单纯，其与绛县横水墓地相距仅15千米，且在墓葬特征方面，如墓葬形制、头向、葬式、随葬品及墓葬附近的柱洞、斜洞等方面都有很大的相似度，应是与天马—曲村相区别的，属于以横水、大河口墓地为代表的文化。

（王金平）

【长子县西南呈西周墓地】

发掘时间：2015年4～11月

发掘单位：山西省考古研究所

西南呈西周墓地位于山西省长治市长子县东南，行政隶属于长子县南漳镇西南呈村。墓地在村内西南部的台地上，现呈日学校内。2012年8月，为配合长子县中心学校建设，山西省考古研究所对呈日学校内的1万平方米进行初步勘探及部分小型墓葬的调查和试掘工作，初步判断其时代为西周。探明西周时期墓葬73座，宋元墓葬3座。包括大型墓葬4座，车马坑一座。当年发掘小型墓葬14座，绝大多数未盗，出土大量的青铜器、玉器和陶器等西周时期的文物。2013年11月～2014年5月，进行第二次发掘，发现大型墓葬1座（M15）。2015年4月至11月，发掘大型墓葬4座，马坑2座，中小型墓葬96座。三次考古发掘共揭露面积1万平方米，发掘墓葬117座，包括5座带斜坡墓道的大型墓葬，15座中型墓葬，95座小型墓葬及2座马坑。至此，呈日学校内所有墓葬全部发掘结束。

三次发掘共发现2组5座大型墓葬，均为带斜坡墓道的“甲”字形土坑竖穴墓，墓葬方向均为南北向，南偏西20°左右。其中最大的M15墓道宽3.82米～4.2米，墓道南北长约24.5米。墓室南北长6.2米、东西宽4.6米，墓室底部距现地表10.8米。有两座大型墓葬墓道中发现随葬车辆，其中M18随葬4辆，M15随葬14辆。

大中型墓由于盗扰严重，出土器物较少，位置也因扰动而散乱。小型墓保存较好，随葬品放置情况清晰。出土的青铜器有青铜鼎、青铜戈、铜泡、铜带扣、铜鱼、铜铃、马镳等，陶器以陶鬲和陶罐居多。此外还有散落的玉戈，玉圭、玉玦、石磬残块、玛瑙串饰、钟乳石管珠、钟乳石珠、海贝、海蚌、骨角器等。其中较高级别的墓葬设有墓道，男性墓葬墓道内葬车，二层台上殉狗，随葬编磬等。墓葬出土的陶器形制、纹饰及组合，以及残存青铜器形制纹饰与晋侯墓地墓葬基本相同，时代从西周中期偏晚阶段延续到西周晚期。另外墓葬在埋葬习俗上与晋侯墓地墓葬也有很多相似之处，如墓葬中墓道方向多集中在190°左右；墓地中夫妇异穴并列而葬；二层台上殉狗；随葬石磬等。最大的一座墓葬 M15，墓道中葬车 14 辆，是西周墓葬墓道葬车数量较多的，与张家坡井叔墓 M157、M170 墓内葬车数量接近，亦可说明 M15 等级与井叔墓葬相类。按照墓道南向、夫妇异穴并列合葬、二层台殉狗、随葬石磬、墓道中随葬大量车辆等现象推断，该墓地与西周时期姬姓贵族墓地相同，这是一个大型的西周高规格姬姓贵族聚集埋葬区。最大的墓葬 M15 墓主人的级别接近晋侯和井叔等西周时期高等级贵族。

规模这么大的西周墓地在晋东南地区很罕见，尽管大中型墓葬被扰乱，但是小型墓葬保存完好，也有十分重要的价值。该墓地的发掘为我们研究晋东南地区西周时期的墓葬制度、埋葬习俗、社会结构、经济生活、居民体质特征等提供了新的研究材料。

（韩炳华）

【长子县赵庄电厂西周北朝及清代墓地】

发掘时间：2015 年 5 ~8 月

工作单位：山西省考古研究所

墓地位于长治市长子县慈林镇南鄗村西北约 200 米北高南低的坡地上，东为长治县界，西为沁水县界，南为高平市界，发掘区位于四县交界地，行政区划属长子县。此次发掘为配合基本建设项目。

此次发掘共清理墓葬 42 座，其中西周墓 3 座，北朝墓 17 座，清代墓 22 座。出土有铜钱、铁刀、陶罐、陶鬲、铜手镯、铜指环、铜泡钉等各类器物共计 120 余件（套）。

西周墓共清理 3 座，全为小型长方形土坑竖穴墓，随葬陶鬲、贝饰等。M4 是一座竖穴土坑墓，口大底小、南北向，呈长方形竖井式。上口长 2.5 米、宽 0.7 米，墓底长 2.3 米、宽 0.6 米，距地表 1.2 米。清理骨架一具，未发现棺痕。骨架保存较差，头向南、仰身直肢葬。头骨南侧随葬陶鬲一个。

北朝墓共清理 17 座，分为带长斜坡墓道的土洞墓和砖室墓两种形制。

M17 为单室土洞墓，南北向，墓道位于墓室南部。斜坡墓道，长 9.16 米、宽 1.3 米。墓室顶部坍塌。墓室和墓道之间用砂石垒砌封门，墓室底部平面呈不规则形。墓内清理棺木一具，棺内葬人骨两具，人骨零乱。在墓室东壁有耳室，耳室为葬人骨一具，无葬具，用草木灰、炭灰铺底，人骨保存较完整，头向南、面向北，仰身直肢葬，根据人骨推测应为一具未成年骨架。墓道近墓门处的东西两壁刻有图案，在粗略平整的墓道壁上刻出龙、鹿、人物、骆驼图案，做法较为罕见。随葬品较少，清理铜手镯两个，“五铢”铜钱一枚，墓志砖一块，铁棺环两个。墓志砖未纪年，阴刻“田林”二字。

M25 是一座砖构单室墓。由墓道、墓门、甬道和墓室组成。方向 54°。所用条砖长 29 厘米、宽 15 厘米、厚 5 厘米。墓顶已毁坏。墓道位于墓室南部，平面长方形，底部斜坡。条砖错缝封门，封门砖共 29 层。甬道长 1.14 米、宽 0.86 米、高 1.24 米，砖铺地。墓室底面呈弧边方形，长 2.36 米，砖铺底。墓壁为三顺一丁砌筑。墓室内积满淤泥及乱砖，棺木已朽，人骨凌乱。出土器物有铁棺环 2 个，铜手环 1 件，墓志砖 2 块。墓志砖有“正光三年”（522）纪年。

此次发掘的墓葬时代跨度较大，其中以北朝时候的家族合葬墓最为重要，特别是“正光三年”（522）的明确纪年，为该地区墓葬的断代研究提供了重要的标尺。

（三普军）

【曲村—天马遗址三张古城遗存】

勘探时间：2015 年 1 月 ~2016 年 1 月

工作单位：山西省考古研究所

曲村—天马遗址位于临汾市曲沃县、翼城县交界处，分布在曲村、天马、北赵、三张四个自然村之下及之间的一大片广阔地带，东西长 3800 米，南北宽 2800 米，总面积近 11 平方千米。该遗址数十年的考古工作，发现了晋侯墓地、晋国贵族及平民墓地、普通民居遗迹等，是西周考古的重大收获。

三张古城位于遗址内南部、三张村的西南，地面现存城墙西南角，高达 5 米，南墙残存 25 米，西墙残存 75 米，夯层清晰，夯层厚度 10 厘米 ~15 厘米，夯土平整、结构细密、纯净，墙体上能看到分段版筑的痕迹。从地面裸露遗物看，这是一座战国至汉代的城址。2014 年冬至 2015 年春的勘探工作表明，古城现存情况，除耸立于地面的西南角外，其余均在地下，其中南墙中、东段正好压在东西向的田间小路下；北墙东段与南墙北端破坏严重，东北角压在村子民房下。总体看，古城平面比较规整，呈长方形，东西 456 米，南北 578 米。由墙体、基槽、护城河组成，基槽宽 11 米，地面墙体宽度小于 11 米，护城河与城墙之间 5 米左右，深度 2 米 ~4 米不等。

同时在滏河北岸的三张村东、北一带新发现了一座夯土城址，目前仅确认其东墙和北墙位置。东墙位于三张村东约 50 米处，南起于滏河北岸、三张村南的养鳖厂断崖处，北端在三张村东北角的民房外，南北长 600 余米，西墙宽 7 米 ~8 米，厚约 1.5 米，城墙东约 10 米外有连续的壕沟。北墙位于三张村北约 100 米处，目前已确认约 30 米，宽度 8 米左右。城墙北侧有壕沟，已确认有 300 米左右，宽 5 米 ~6 米，部分段落可能被破坏过。

2015 年 11 月下旬至 2016 年 1 月上旬，我们在新发现的夯土城址的东墙中部选择适当位置进行了布方试掘，试掘面积 450 平方米。出土遗迹有夯土城墙 1 段（编号 Q1）、墓葬 1 座（编号 M1）、灰坑 13 座（H1 ~13）、路面 1 段（编号 L1）、坑 5 座（K1 ~5）等，出土大量陶片、瓦片、砖块等遗物。其中南北向夯土城墙，宽 7.8 米，位于北排探方 T1010、T1011、T1012 和中排探方 T1004、T1005、T1006 中，南部三个探方因晚期堆积破坏，城墙无存。城墙夯打较为致密，夯层厚在 7 厘米 ~8 厘米，中部靠西位置留有一道生土梁，作用不详，夯层中出土有流行于春秋晚期至战国早期阶段的平盘细柄豆等遗物。城墙叠压在第②a 层下，打破第③层、第④层和生土，且打破出土有西周晚期遗物的 K4。在 T1006 和 T1018 探方，可见汉代遗迹打破夯土城墙的相互关系。综合现有资料判断，我们初步认为该城墙的年代可能不早于春秋晚期，不晚于汉代。M1 为竖穴土圹墓，一椁一棺，放置一具尸骨，仰身直肢，头向北，出土铜带钩 1 件、陶鬲 1 件、陶罐 1 件、陶盖豆 2 件等，为战国早期墓葬。灰坑多为不规则形，最早者可以到西周晚期。路面踩踏痕迹明显，可见明显的车辙印痕，打破夯土城墙。坑均为不规则形，包含物比较复杂，多为原生地层凹陷等形成。

（吉琨璋　武俊华）

【侯马市虒祁遗址】

发掘时间：2014 年 9 月 ~2015 年 7 月

发掘单位：山西省考古研究所

为配合侯马市冶炼厂新月小区建设，山西省考古研究所侯马考古工作站对建设区域内的祭祀坑和墓葬进行了科学发掘，并对其中部分重要遗存进行了搬迁保护。此次发掘系虒祁遗址第九次发掘。

此次发掘面积达 13200 平方米，分南北两区进行发掘。共清理祭祀坑822座，墓葬37座，其中西汉墓6座，东汉墓2座，北魏墓4座，金元明墓25座。

822座祭祀坑皆为长方形竖穴土坑，绝大多数为长方形圆角或长方形方角，个别为小方坑或椭圆形坑。方向多为南北向或稍偏东西，也有个别东西向者。坑口长在0.7米~1米，宽在0.4米~0.6米，深0.3米~6米。祭祀坑有口大底小、口底相等两种，在部分坑壁的南北两壁发现有脚窝，以及工具休整的痕迹。在南区祭祀坑中多发现有壁龛，一般开口于祭祀坑的北壁底部中央，在壁龛内多置有玉石器1件~2件。坑内填土较疏松，未经夯打。祭祀坑底部多数不平整，部分发现有二层台。

埋牲种类有牛（89例）、羊（275例），另有无牲坑458座，未发现马。葬式有侧卧、仰卧、俯卧、蹲坐几种，多呈四蹄捆绑状。

在该祭祀地点发掘的祭祀坑中发现了大量的玉石器、少量陶器，未发现铜器。玉器共发现400余件，种类有玉片、玉块、玉环、玉璧、玉龙、石片、玉璜、玉饼、玉琮、玉圭、玉琥。在这些玉器上面多数有切割痕迹。其中3件玉片上发现有墨书的字迹。

南北两区祭祀坑特征明显，北区多长方形圆角形坑，少见或不见壁龛，出土器物成形者较多；南区则多长方形方角形坑，多见壁龛，出土器物薄如纸片，且多数不成形。

此次820余座祭祀坑的科学发掘，为进一步确定祭祀坑的年代、性质，揭示和研究晋都的规制和宗教礼仪制度提供了新的资料。

此次发掘北魏时期墓葬4座。M1006为带斜坡墓道、过洞、天井、甬道的梯形土洞墓。葬具为双棺，木棺呈大头小尾状。墓主人头向南，面向上，仰身直肢。M1007、M1008、M1024为直边方形四角攒尖顶单室砖室墓，均为长斜坡墓道，其中M1007带有天井及过洞各2个。墓门处有封门墙。M1008墓门门楣用砖砌成仿木结构的斗拱。甬道为券顶。墓室四壁单砖错缝平砌，在四壁中下部左右各对称留有间隔，以砖尖填充其中。墓室从四边起券成四角攒尖顶。四隅砌出转角立柱，其间有砖横置将其分两部分或三部分。墓葬由于在洞内券顶难度大，故而在墓室顶部挖一竖井，明券与暗券相结合。随葬品组合完整、制作精美，有墓铭砖、细颈陶壶、瓷碗、鸡首壶、四系盘口壶、铜镳斗、铜钵、漆盘、铁剑等，共计30余件。M1007内出土裴经墓铭砖一块，上另置一砖为盖。志文共6行，满行21字，共110字。内容主要讲述裴经一生的为官经历、死亡年月，末尾说明其妻家族渊源。另在M1006、M1007墓内发现有殉牲，M1006在外棺南部有漆盘，内置祭骨，M1007东部有漆盘，内置祭骨。

这四座北魏墓是继曲沃秦村首次发现北魏太和二十三年（499）李诜墓后在晋南地区又一次发现的北魏墓葬，但墓葬形制与前者不同且保存完整，有较高的研究价值。其中M1007内出土裴经墓铭砖一块，该墓是山西发现的为数不多的北魏洛阳时代有明确纪年的墓葬。这四座墓葬排列有序、形制相同、出土器物风格相似，应属于同一家族。

汉墓有带斜坡墓道的砖室墓2座、带竖井式墓道的券顶砖室墓4座、拱顶土洞墓2座，随葬品有陶器、釉陶器、铜器、漆器等共计260余件。

金元明墓有带竖井式墓道的土洞墓24座，砖室墓1座。随葬品以黑釉瓷器为主，少量白瓷碗，另有陶器、铜器等，共计70余件。土洞墓从分布、墓向、形制到随葬品均特征明显，类型多样，应为不同家族的族葬。

（麦双龙）

【垣曲县上亳战国至汉代城址】

调查时间：2015 年 7 ~ 8 月

工作单位：山西省考古研究所

上亳城址位于运城市垣曲县王茅镇上亳村村东 50 米，时代为战国早期—汉代，面积约 120 万平方米。

城址所处的地形东北高、西南低，城址东城沿地形与山势走向建在山坡和山岭之上。城址西城沿两旁的自然冲沟（当地居民称汤王沟和狼刨沟）直至亳清河床。西城的西墙和南墙的西段已无存，据亳清河的走向与河床宽度分析，应为河水冲毁。东西城合用的中墙现已被西北东南向的横济（横水至济源）公路损毁。

城址分东西二城，北墙总长 1530 米，南墙 880 米，东墙 890 米，中墙为二城合用，长 600 米。西城墙西段有部分残留，残长 26 米，残高 1.5 米。城基宽近 15 米，夯土层厚 0.04 米 ~ 0.15 米。夯窝直径为 0.07 米，内含杂物有夹砂灰陶绳纹、泥质灰陶陶片、麻点绳纹瓦片，红烧土、铜镞等。

（梁　孝）

【武乡县石勒寨西晋遗址】

调查时间：2015 年 7 ~ 8 月

工作单位：山西省考古研究所

石勒寨遗址位于长治市武乡县故县乡故县村北原山上。遗址占地面积约为 25000 平方米，依地势所建，呈梯田状分布。

遗址现存城门、城墙以及大型夯土建筑基址等。其中城门（龙门）开口向南，可见明显的夯土遗迹，夯土多夹杂陶片等其他杂质，夯层厚 7 厘米 ~ 10 厘米。城墙分为多段，多为条石包砌夯土所筑，部分城墙保存完好，最高处距地表约 6 米，断面砖石结构清晰可见，文物遗存比较丰富，现采集有板瓦、筒瓦等建筑构件。在故县村粮站南墙另有城门一处，为条石砌筑，时代不明。据清《武乡新县志》载石勒寨修于西晋永嘉六年（312），十六国后赵王石勒曾屯兵于此。

该遗址现为现为武乡县文物保护单位。

（陈　鑫）

【山西省左云右玉北魏金陵调查】

调查时间：2015 年 4 月

工作单位：中国人民大学考古文博系

此次田野调查考察了左云、右玉地区的 24 座墓葬，时间从汉代、北魏延续至辽代。左云县马头山山顶有两座大墓，大致呈西南—东北向分布，相距约 140 米。大墓封土由黄土与石块混合而成，其中西南侧大墓的封土高约 11 米，其下有土垫筑的圆形平台，周长约 122 米，其外侧为石块层层垒砌的石质护坡，总规模比东北部的墓葬大。西南部大墓封土的东侧有用石块垒砌的制作白灰的方形水池，水池东侧的地面上有明显的白灰痕迹，当是在修建墓葬时的遗留。两座大墓的边缘均有明显的盗洞。陵墓东面两边成两条线延伸，堆垒有 12 个砾石堆，呈对称状，每边 6 个，形似蒙古草原上的敖包。左云县小京庄乡前坪村西约 2 千米的西坡，共发现 19 座墓葬，大多被盗或被冲毁。19 座墓葬大致呈两条相互平行的东北—西南走向的直线分布。墓室分圆形、六边形、八边形几种。墓穴多是用石块砌成，石块的表面有折线纹，也有用天然的石块垒砌的。墓穴呈向上渐收的口袋形，墓室的东或东南侧有墓道。墓葬顶部多有圆形的石板封顶，由于水土流失严重，封顶石板多已裸露在外。石板外露的一侧为素面，朝下的一面多刻有圆形的莲花图案，莲花图案的样式各不相同。其中一座圆形石券墓直径约为 1.8 米，口径约 0.6 米，墓内采集有一头盖骨和一股骨，在其附近地表处采集到一个残破的白瓷青釉小碗。依据墓葬形制和采集到的瓷碗判断，这 19 座墓葬的年代当属辽代。左云县云新镇南约 8000 米处的红圪堵儿大墓，墓上有高大的封土，封土周长约 60 米，高约 3 米。该墓同样被盗。此规模墓葬在左云县还有 100 多座。右玉县李达窑乡乔家窑村的东团山大墓保存较为完整，封土外堆砌有石块，周长约 30 米。

在与左云县接壤的内蒙古凉城县境内，考察了青石墩大墓，大墓位于一座西北—东南走向的山梁上，海拔 1900 多米，在山梁顶部的偏北处有一覆斗形的封土大墓，边长 20 米，外围有方形石墙，边长 34 米。大墓边缘有三个盗洞。该墓的形制与前面考察的几座大墓有所不同，或许属于汉代。

（常　璐）

【永济市蒲州故城遗址】

发掘时间：2015 年 3 ~ 12 月

工作单位：山西省考古研究所、永济市蒲州故城文物保护管理处

蒲州故城 2015 年度工作包括发掘和勘探两项。发掘总面积 2457 平方米。

生态园Ⅳ A 区

生态园Ⅳ A 区考古发掘面积 2210 平方米，最重要的发现是大型夯土基址。已经揭露的夯土基址北部东西横跨 5 个探方，宽度超过 50 米，南北长度超过 50 米。夯土基址可能不是一次夯筑而成。中心部位夯筑质量较高，夯层明显，厚度 8 厘米 ~ 10 厘米，夯窝清晰，夯窝为圆形，直径约 6 厘米。夯土基址厚度也不尽相同，夯土最厚处达 6 米，土质较纯净，其下部为生土。根据层位关系和出土遗物，初步推断其为宋金时期的大型夯土建筑基址。

其他遗迹有房址 14 座，灶 39 座，灰坑 202 座，砖铺道路 5 条，排水渠 14 条，砖砌围墙 4 条，水井 4 眼。

出土的遗物主要是瓷片和陶片，以瓷片为大宗。器形有碗、盘、盏、罐、瓶、壶等，其中以碗、罐为主。出土的陶片以泥质灰陶为主，多为素面，器形以盆、罐为主。此外，还有一些铜钱、铜构件、铁构件以及几枚铜弹壳等。

西城北城墙内侧马道

发掘面积 83.2 平方米。从马道与城墙东西两侧相接部位自上而下清理至马道包砖底部与之同时的活动面。

西城东城墙南段

发掘面积 164 平方米，发掘深度 6 米 ~ 11 米。

西城东城墙南段内侧发掘面积 60 平方米，发掘深度 6 米。经过解剖初步了解了最晚期城墙夯土在夯筑过程中采用垫一层土、再垫一层砖瓦片交替夯打的方法，夯层平均厚度 15 厘米 ~ 20 厘米。最晚期夯土叠压着时代较早的夯土，土质、土色与晚期夯土差别明显。早期夯层较薄，厚 8 厘米 ~ 10 厘米。

城墙外侧布南北宽 8 米、东西 10 米的探方 1 个，发掘面积 104 平方米，发掘深度 11 米。基槽底部采用水平夯法，底部水平夯层厚度不一，最厚处超过 50 厘米。基槽斜坡采用分层填土、水平面与斜面均夯打的夯筑方法，形成斜向夯面依次叠压的堆积，夯层厚度不一。基槽开口地层内出土的遗物与基槽内的基本相同。据此推测城墙始建年代不早于宋金时期。

勘探方法分为两步，勘探采用孔距 5 米、排距 50 米的布孔方法，从东城东北角开始，自东向西逐排推进至东西城交界处，共计 30 排，每排探孔约 40 个，勘探面积约 25 万平方米。

东城北城墙外的勘探是 2015 年工作的重点，最重要的是发现了早于现存城墙的夯土墙遗迹，为厘清东城北墙夯筑年代、修补情况以及探寻早于宋金时期的唐城提供了线索。护城河及其与东西城墙的关系

是另一重要发现，为厘清东西城墙的时代关系提供了线索。

（刘　岩　赵　辉）

【潞城市垂阳唐代砖室墓】

发掘时间：2015 年 11 月

发掘单位：山西省考古研究所、长治外事侨务和文物旅游局、潞城市文物旅游局

2015 年 11 月，山西长治至河北邯郸高速公路潞城段，因拓宽施工时，发现古代砖室墓一座。随后由山西省考古研究所对该墓葬进行了抢救性发掘。墓葬位于潞城市史回乡垂阳村东南约 1500 米处。当时因公路施工方用机械施工，墓葬遭到了破坏，墓室面积仅剩余三分之一。

经过发掘清理，该墓葬分别由墓室、甬道、墓道三部分组成。墓室平面呈“凹”字形状，接近正方形，略带弧边，边长约 4.28 米。墓室底部，均用条砖竖排错缝铺地。墓壁下部用条砖砌为“一丁三卧”，共计五层。其上部用条砖平卧错缝砌起，逐层收内为穹隆顶。甬道开辟墓室南侧正中用条砖砌圈，长约 1.5 米，宽 0.82 米，高 1.72 米。墓道与甬道相连接，呈斜坡状，无天井。宽约 1.3 米，长约 9.4 米。墓底地表深约 4.96 米。墓葬坐北向南，方向 355°。此次发掘清理出土的器物有：陶骆驼、陶马、将军俑、镇墓兽、牛车、墓志（青石）等计 48 件。

根据墓志文字记载，其时代为唐代大周神功元年（697）。出土的将军俑、陶骆驼、陶马、镇墓兽等体态硕大，威猛传神，堪称这一地区的历史杰作。此外，墓志文字记载对于我们研究唐代潞城的历史、文化官职、民俗、葬俗等提供了不可多得的宝贵资料。

（杨林中　畅红霞）

【长治县镇里村金代石棺墓】

发掘时间：2015 年 3 月

工作单位：山西省考古研究所、长治县文物博物馆

2015 年 3 月下旬，山西省考古研究所与长治县文物博物馆在长治县贾掌镇镇里村抢救性发掘了一座古墓葬。经过清理发现该被盗古墓葬为一砖室墓，墓葬平面呈“甲”字形，由墓室和墓道两部分组成。墓向 185°。墓室位于墓道北部，平面为横长方形。墓道位于墓室南部。墓葬盗扰严重，青石质的石棺棺盖已经被盗墓分子打碎、破坏丢弃于地表。石棺内未发现葬具的痕迹，只残留一块下颌骨及一节指骨。墓葬清理过程中在填土内发现破碎的白釉瓷碗 1 件、夹砂罐 1 件、黑釉灯盏 1 件。

石棺是此次发掘最大的收获。石棺为青石质，整体由棺盖、棺身和基座三部分组成，棺身和基座为一体，长 2.2 米、宽 0.88 米～1.24 米、高 1.2 米～1.4 米。棺盖由四块拼合而成，整体像一柄倒置的如意。石棺外表面通体打磨光滑并雕刻有图案。前挡正面浅浮雕门窗；两侧板线刻人物及云纹，画面内容相同；后挡浅细线刻直棂窗、板门。底座束腰部分细线刻二十四孝人物故事。

正面 4 幅，左侧 9 幅，右侧 9 幅，背面 2 幅。

根据墓葬形制、填土内出土器物及石棺的形制、线刻图案内容等，并与山西省永济市博物馆馆藏“金代贞元元年（1153）”石棺、永和县出土“金大安三年（1211）”石棺比较，综合判断这座古墓葬的时代为金代。

（赵　辉　刘　岩　程书平）

【汾西县郝家沟金代壁画墓】

发掘时间：2015 年 8 月 9～26 日

工作单位：山西省考古研究所

2015 年 7 月底，山西其亚铝业有限公

司在汾西县永安镇郝家沟村施工过程中发现一批墓葬，随后由山西省考古研究所对其中一座砖室壁画墓进行了抢救性发掘。该墓位于汾西县城西北约10千米处的郝家沟村西北山梁上，墓葬东隔山沟与204省道（汾西—交口段）相望。发掘前墓顶北侧已遭施工破坏，墓室内已被扰乱。

该墓是一座仿木构八角形单室砖墓，叠涩八角攒尖，顶部砌藻井。墓道与墓室有墓门、甬道相连。大致呈正南北向。墓道为长方形竖穴式，直壁，两侧掏挖脚窝，位于墓室南部。砖券过洞式甬道，石板封门，石板已倒向墓室内。墓室平面呈八边形，方砖铺地。棺床设在墓室中北部。墓壁分八壁，条砖错缝平砌，壁面抹灰。墓门开在南壁。底座略高于棺床，其上画壁用条砖顺缝错砌。画壁以上依次置一周阑额、普柏枋、斗拱、撩檐枋。阑额略内凹。斗拱背靠柱头枋，转角铺作、补间铺作各8朵，皆四铺作单抄计心造，蚂蚱头耍头。撩檐枋以上，叠涩内收呈八角攒尖式。正顶部砖砌藻井，方砖盖顶。

墓室内满饰彩绘，壁画保存基本完整，是此次发掘的最重要收获。北壁砖雕彩绘格扇门，东北壁、西北壁分别彩绘男、女主人宴享图，东、西壁砖雕彩绘妇人启门图。东南、西南壁砖雕外框彩绘“十”字纹窗。南壁中部开甬道，两侧甬道边墨绘卷草忍冬。

因墓已被扰，葬具、葬式不详。出土铜簪、瓷盘各1件，当地文物部门收集方砖买地券一块，朱砂书写，字体潦草，券文有“大定廿二年后十一月”（1182）字样，由此确定墓葬年代。

该墓葬年代明确，保存相对完整，是晋南地区临汾以北、吕梁山东南麓山区首次发现的金代纪年壁画墓，为金代墓葬断代研究提供了又一个准确的年代标尺。壁画装饰笔法流畅，形态逼真，色彩鲜丽，艺术性强，并有许多绘画技法方面的新发现，具有较高的艺术研究价值。壁画的内容与布局也较为特殊，无论夫妇对坐宴饮，还是妇人启门，都为当前宋金元时期墓葬内涵的进一步深入研究提供了新的线索。

（武俊华）

【沁县上庄村金墓】

发掘时间：2015年4～6月

工作单位：山西省考古研究所、沁县文物馆

2015年4月，沁县漳源镇上庄村村民在建房挖地基时发现一座古代砖室墓，山西省考古研究所闻讯后派员实地考察，并于6月中旬协同沁县文物馆对该墓进行了抢救性清理发掘。

此墓为一座仿木构建筑的砖室墓，叠涩攒尖顶。墓葬坐北朝南，中心坐标为北纬36°46′25″，东经112°41′10″，方向为353°，由墓道、墓门、甬道、墓室及耳室组成。墓室平面呈八边形，五个耳室分别在墓室正北、东北、东南、西南及西北方向，整体平面形状为龟形。墓室八壁均为雕仿木构建筑砖雕形式，转角处设犄角立柱，下有方形柱础，上托斗拱，斗栱上逐层设檐椽、瓦垄、当头，再以21层条砖叠涩收顶。正北壁两柱间雕卷帘，帘下正中有一耳室，耳室入口呈如意连弧忍冬纹门，门外左右两侧各雕一侍女，分别手持托盘、茶盏和茶壶。其余七壁共雕刻21幅“孝行图”，东、西两壁孝行砖雕下还雕刻假窗棂、花瓶、插花。

墓室底部有11具成年人骸骨，五个耳室各有1具，共16具，耳室内骸骨保存状况较差，基本呈粉末状，主墓室骨骼保存较好。所有骨骼杂乱堆放，应为二次迁葬墓。

出土器物共18件，其中瓷碗4件、瓷钵5件、瓷罐2件、瓷灯盏3件、陶罐1件、铜簪1件、棋盘方砖2件。其中一件红绿彩瓷钵，是典型的金代时期八义窑生产器物，为墓葬的断代提供了依据。

这座金墓形制特殊，五个耳室规律地分布在墓室的不同方向，比较罕见；仿木构建筑砖雕对我国古代木构建筑、社会风俗均有较重要的价值；出土的瓷器为瓷窑研究提供重要实物依据。

（白曙璋）

【武乡县上广志村金代墓葬】

发掘时间：2015 年 12 月

发掘单位：山西省考古研究所

2015 年 12 月初，武乡县洪水镇上广志村村民在农田基本建设施工取土时，发现古代砖室墓并上报省文物部门。山西省考古研究所立即组织人员对发现的墓葬进行了抢救性的发掘。

共发掘墓葬 6 座，其中金代砖室斗拱彩绘墓 2 座；明代土洞墓 1 座；清代土洞墓 3 座。出土瓷碗、瓷罐、铜钱等随葬品共 9 件。2 座斗拱彩绘墓（编号分别为 M1、M5），其中 M1 保存较为完整，M5 破坏严重。两座墓葬结构基本相同，以 M1 为例，墓室平面呈长方形，长约 2.9 米，宽约 2.4 米。墓室内砖砌“凹”字形棺床，正壁及左、右壁正中均砌板门，板门两侧绘直棂窗。普柏枋下方正壁及左、右壁均砌半浮雕二十四孝故事。普柏枋之上饰斗拱、飞椽、板瓦滴水。屋檐之上四面叠涩回收，约九层处用砖圈顶封口，这种制法有待研究。根据墓葬形制、斗拱结构等综合分析判断，这两座砖室墓葬的时间应为金代。

（杨林中　畅红霞）

【汾阳市北关园村金至清代墓地】

发掘时间：2015 年 4～5 月

工作单位：山西省考古研究所

墓地位于汾阳市北关园村西北约 200 米，发掘区域地势平坦。此次发掘为配合山西医科大学汾阳学院改扩建二期工程建设而进行的田野考古发掘。

此次发掘共清理墓葬 22 座，其中宋金墓 4 座，明清墓 18 座。出土各类器物共计 62 件（组）：瓷碗 8 个、瓷罐 19 个、瓷盏 6 个、双耳瓷瓶 1 个、瓷杯 1 个、瓷碟 1 个、铁盆 1 个、铜钱 18 枚、铜镜 2 方、铜发饰 1 件、铜烟袋 3 根、兽角 1 个。

4 座宋金墓全为仿木结构砖构单室墓，大小相近，形制相同，全为合葬墓。墓葬由墓道，封门和墓室组成，墓道位于墓室南部，为长方形竖井式；封门为条砖“人”字形垒砌；墓室平面八边形，墓角装饰砖雕立柱，立柱上装饰砖雕斗拱，墓顶为叠涩顶。随葬品有瓷碗、瓷碟、铜镜等。

18 座明清墓中有 4 座为砖构单室墓，4 座为土坑竖穴墓，10 座为土洞墓。明清墓随葬器物较少，以黑釉瓷罐为主。

此次发掘的墓葬时代跨度较大，墓葬形制多样，为研究当地丧葬习俗的发展演变提供了重要的实物资料。

（王普军）

【晋中市榆次区鸣谦清代墓地】

发掘时间：2015 年 8 月

发掘单位：山西省考古研究所、晋中市考古研究所

榆次鸣谦墓位于晋中市榆次区乌金山镇鸣谦村东南约 1000 米处，为配合山西伊甸城文化娱乐公园建设，山西省考古研究所与晋中市考古研究所工程建设范围内联合开展了为期近 20 天的考古发掘。发掘面积共 260 平方米，发现金元墓葬 1 座、清代墓葬 8 座，分布零散，无排列规律。

9 座墓葬的墓道多开口于第②层下，开口距地表 0.3 米～0.5 米不等，墓道填土为黄褐色花土，含炭屑。墓葬皆为洞室

墓，由墓道、封门和墓室组成，其中 M8 为砖室墓，其余为土洞墓。除 M6 墓葬方向偏东西向外，其余皆为南北向。M2 墓道位于墓室北侧，其余墓道位于墓室南侧。墓道多为长方形或长梯形，有斜坡墓道和平底墓道两种类型，墓道壁较平整，部分墓道壁上或墓道斜坡处有脚窝痕迹。封门处多用土坯砖封门，少数用条形砖或石板封门。墓室多为方形或长方形，顶部呈拱形，部分有坍塌，皆为单室，墓室四壁及底部较平整，均为顺墓道方向向内掩挖形成，未见明显的工具痕迹。

9 座墓葬中，M3、M8 为双棺双人夫妇合葬墓，M2、M5、M9 为单棺单人女性墓，M6、M7 单棺无人骨，M1、M4 无棺无人骨。墓主人葬式皆为仰身直肢，根据骨骼观察，墓主死亡年龄在 22 岁至 60 岁以上不等，个别存在生前牙齿脱落、腰椎骶化、脚趾骨变形等现象。

9 座墓葬共出土黑釉瓷罐、符文瓦（砖）、墓志、泥俑、铜扣、铜钱、骨刷、漆皮、棺钉等各类文物标本 130 余件。其中随葬品基本组合主要为黑釉瓷罐、符文瓦（砖）、铜钱等，个别随葬有泥俑，另外墓葬内还出土了一些纽扣、铁质棺钉、棺木漆皮、砖等与墓葬墓主关联的其他遗物。此次发掘为了解清代时期榆次当地的民风葬俗提供了一批实物资料。

（郑　媛　崔晓东　武卓卓　郝丽君）

【晋中市榆次区近城村清代墓地】

发掘时间：2015 年 4 月

工作单位：山西省考古研究所

墓地位于晋中市榆次区郭家堡乡近城村东南部的晋中市第一人民医院迁建项目工程占地范围内，地势平坦。发掘区域位于建设工地的东北部，近城路以东，渠道以北，近城村南路以南，汇通南路以西。发掘面积 160 平方米，清理清代中晚期墓葬 4 座，其中 3 座砖构墓，1 座土洞墓。出土铜、瓷、陶、石质器物共 97 件，包括铜钱 74 件、铜饰 3 件、黑釉瓷罐 9 件、符瓦 9 件、石碑 1 通、屋脊兽 1 个。

发掘的墓葬编号为 2015YJYM1 ~ M4，皆为南北向，墓道位于墓室南部。其中 M1 ~ M3 为砖室墓，M4 为土洞墓。3 座砖室墓为李氏家族墓地，M2 出土残碑纪年“道光七年”（1827）。M1、M3 两墓年代相近，并排于 M2 南侧，应为 M2 子嗣墓葬。3 座砖室墓形制基本相同，由墓道、墓门、墓室组成，墓道为竖井式。3 座砖墓全为夫妇合葬墓，其中 M1、M3 内双棺，M2 内三棺。M4 为竖井式墓道土洞墓，也为夫妇合葬墓，双棺，其中西棺盖板上出土符瓦有干支纪年“庚戌”。依出土器物等分析，M4 西棺下葬年代当在乾隆五十五年（1790）或道光三十年（1850）。

此次发掘的墓葬以家族合葬墓为主，其中 M2 地表残存焚炉、供台、碑座碑亭、八字翼墙等，这为清代墓葬习俗的区域性研究提供了新的实物资料。

（王普军）

【晋中市榆次区郝家沟清代墓地】

发掘时间：2015 年 8 ~ 9 月

发掘单位：山西省考古研究所、晋中市考古研究所

榆次郝家沟墓位于晋中市榆次区郭家堡乡郝家沟村东南，为配合泰悦御庭住宅小区建设，山西省考古研究所与晋中市考古研究所工程建设范围内联合开展了为期一个多月的考古发掘。发掘面积共 600 平方米，清理墓葬 22 座，皆为清代墓。

根据墓葬分布情况，分Ⅰ、Ⅱ、Ⅲ区发掘。Ⅰ区共 14 座墓葬，南北向，自北向南可大致分五排，墓葬排列较为整齐，相互间少有打破关系，其中 M1 居于最北端并出土文字砖上有“清先考崔翁”字样，因此该区应为清代崔氏家族墓地。Ⅱ区共

4座墓葬，东西向，自东向西三排排列；Ⅲ区共3座墓葬，也为东西向，两排。

22座墓葬皆为土洞墓，墓道均开口于第②层下，开口距地表0.3米~0.5米不等，墓道填土为黄褐色花土，含炭屑。墓葬形制基本相同，由墓道、封门和墓室组成，墓道平面多呈长方形或长梯形，有斜坡墓道和平底墓道两种类型，墓道壁较平整，部分墓道壁上有脚窝痕迹。封门处多用土坯砖封门，少数用条形青砖封门。墓室平面也多长方形，顶部呈拱形，部分有坍塌，皆为单室，墓室四壁及底部较平整，均为顺墓道方向向内掏挖形成。葬具有单棺、双棺、三棺、四棺等多种情况，葬式多为仰身直肢葬。共出土瓷罐、瓷碗、符文瓦（砖）、买地券、泥俑、铜钱、泥钱、铜烟袋嘴等各类文物标本441件。此次发掘为了解清代时期榆次当地的民风葬俗提供了一批实物资料。

（郑　媛　崔晓东　周　翔　武卓卓）

【新绛县绛州衙署遗址】

发掘时间：2013年5~7月；2014年7月~2015年

工作单位：山西省考古研究所

遗址位于今新绛县城西北高地之上，发掘前为新绛中学校址所在，遗址区中心现存元代大堂遗构，为全国重点文物保护单位，其北面存有清代二堂建筑，最北端为始建于隋开皇十六年（596）的绛守居园池。遗址总面积约30000平方米，总的发掘面积达6300平方米。考古发掘的区域范围包括两处，Ⅰ区位于现存大堂建筑前（南）的一片区域（2013年3月至2014年6月之前所发掘），发掘面积为4800平方米；Ⅱ区位于现存二堂后边（北）的另一片区域（2014年7月至2015年），发掘面积为1500平方米。

通过发掘可知，整个Ⅱ区的文化面貌可分五层：第①层明清文化堆积层、第②层元代文化层、第③层金代文化层、第④层宋代文化层、第⑤层唐代文化层。Ⅱ区内的建筑分布也呈现出中轴对称的布局模式，轴线与Ⅰ区的轴线位置相同。

第①层遗迹保存较多，发现有房址、道路、地面、排水、灰坑等。中轴线中部区域清理出一座清代的房屋基址，在两次间内还清理出两座位置对称的灶台。中轴线北端清理出一座明代的“思理池”遗址，可与文献相互印证。第②层元代文化层中发现的遗迹主要有地面、墙基、排水、房屋等。第③层金代文化层发现的遗迹位于中轴线南侧区域，该区域为夯土砖包建筑，基础台体外有砖砌的散水，遗迹南面对称分布两个砖砌踏跺，在遗迹的东西两侧也发现了两处坡道。第④层宋代及以前文化层揭露出的遗迹也为夯土砖包建筑，位置与金代发现的大致相同，唯范围较金代略小，其他的遗迹包括地面和排水设施等。在宋代夯土建筑基址下发现了两片杂乱无章的铺砖，其时代要早于夯土遗迹，推测或为唐代遗存。中轴线以外的东西两侧区域内仅揭露清理出不同时期零星的建筑基址、排水、灶台等遗存，以灰坑为主。西侧区域发现了较大面积的明清时期灰坑，文化堆积层内夹杂着大量的煤灰及陶瓷碎片。

Ⅱ区发现的遗物主要以不同时期的陶、瓷质生活用器及砖、瓦类建筑构件为主，另有金属、石质品等遗物出土。陶器所见皆为泥质灰陶，烧结程度较高，偶尔夹杂白砂，器形以盆、罐、瓮常见。第①层出土的瓷器以江西景德镇窑青花瓷为主，其他文化层所出以山西晋南地区窑场产品为大宗，陕西铜川耀州窑、浙江龙泉窑产品也有。所见器物均为碗、盘、瓶等日常生活用器。石质遗物出土了几通残碑及莲花底座、碑座等。金属制品出土较少，见有铜镜、铜簪、铜饰、铜钱、铁钱、铁铃铛、金饰等。其中，钱币发现有隋五铢、唐开元通宝、乾元重宝及宋、金、清、民国不同时期的各类品种，铁钱较之Ⅰ区要少很多。另外也零星出土了骨器、玉石器、玻璃器等物。

经过2015年度的发掘，使我们对该遗址的建筑布局和文化面貌有了更深入的认识。作为保存较完整的一处古代官式建筑，自唐代在此营建，后历代州署皆在原址沿袭使用，其结构布局在各时期基本沿袭了古代传统建筑群中“前堂后室”的建筑形式，遗址的区划因使用性质的不同区分明显，具有非常典型的代表性。

（杨及耘　王金平　曹　俊）

内蒙古自治区

【化德县裕民新石器时代遗址】

发掘时间：2015年7～11月

工作单位：内蒙古自治区文物考古研究所、乌兰察布市博物馆、商都县文物管理所

裕民遗址位于乌兰察布市化德县德包图乡裕民村东北1250米处。2010年至2015年11月，该遗址经过三次试掘和发掘，发掘面积1475平方米，发现有房址9座，灰沟1条。房屋为圆形半地穴式，房址中部有一凸起的地面圆形灶，未发现门道，柱洞痕迹不明显，房址墙壁为黄砂土，损毁较严重，保存较差，部分房屋只保存有居住面。居住面为灰褐色砂土，地面粗糙，未见任何加工痕迹。房屋依坡势分布，大小不一，直径2.8米～4米。灰沟位于发掘区的西南部，东南至西北走向。沟的南沿坡面为自然坡面，略显慢坡状，沟的北沿坡面较为陡直，可能经过粗糙的修理。沟口宽3.5米～4米、沟底宽1.5米～2米、沟深2.4米。出土遗物数量相对较少，主要出土在第④层的下部和房址内的填土中。共出土器物1500余件，其中大部分为石器，有较少量的陶器、骨器。此外，还出土了大量的残碎兽骨。

从裕民遗址的遗迹现象以及石器、陶器组合的初步综合分析，该遗存的新石器时代文化特征还没有完全体现，是内蒙古中南部目前发现的最早的新石器时代文化，可能为旧石器时代晚期向新石器时代早期过渡的遗存，应为一种新的考古学文化，为研究中国北方及草原地带的新石器时代初期文化面貌提供了极为重要的资料。

（胡晓农　包青川　曹　荻）

【通辽市腰伯吐哈民文化遗址】

发掘时间：2015年8～10月末

工作单位：内蒙古自治区文物考古研究所

遗址位于通辽市辽河镇东腰伯吐村东1千米处，地理坐标为北纬43°75′49.1″，东经122°18′75.49″。遗址现存范围东西长约300米，南北约200米，平面呈不规则椭圆形，总面积约6000平方米，揭露面积为600平方米。清理房址12座，灰坑3座，出土各类遗物50余件，包括陶、石、骨、角器等。此次发掘的房址平面呈“凸”字形，为圆角长方形或圆角方形。房址布局成排且分布密集，个别房址保存有较好的居住面。灰坑散布于房址周围，坑口多为圆形或椭圆形，多为平底，出土遗物较少，仅见少量陶片和动物骨骼。

出土陶器是以砂质陶为主，有少量泥质陶。以筒形罐为主，有少量的钵、杯、纺轮等。陶器纹饰多见素面纹、麻点纹，也有相当数量的“Z”字纹，还有少量的彩陶、红陶等；石器有磨盘、磨棒、锛、镞、石球等；骨器主要有锥、针、镞、鱼镖、牙饰等，此外还有一些角器、蚌器等。

从腰伯吐遗址的房屋结构、出土遗物以及麻点纹陶器来推断，该遗址应属于“哈民文化”遗存，时代亦为同一时期。此次发掘为我们确定哈民文化分布范围以

及与邻近地区其他考古学文化的联系提供了新的重要资料。

（吉　平　长　海）

【准格尔旗石口子新石器时代遗址】

调查时间：2015 年 10 月

工作单位：中山大学南中国海考古研究中心

石口子遗址位于黄河西岸二级台地的沙梁上，北纬 40°11′21″，东经 111°34′28″，海拔 1100 米，相对河面高度为 45 米 ~50 米。石口子遗址东北紧邻黄河，东侧为巨大的冲沟，隔沟与头道沟遗址相对。南 200 米为沿黄高速公路，西北 1000 米处为呼准黄河铁路大桥。

石口子遗址最早于 1962 年由内蒙古历史研究所的斯琴照日图、杨中强、崔璿和吉发习等人调查记录。1981 年发表了较为详细的遗址调查简报，公布了部分陶器标本，确认是一处延续时间从仰韶时代到龙山时代的史前遗址。遗址地势高敞，地表为褐黄色细沙土，杂草丛生，有近年栽种的灌木（柠条）。地表可见大量不同时期的陶片和石器石料。此次考古调查，探得遗址文化堆积深度为 0.3 米 ~1.3 米，地表没有明显遗迹，采集陶器标本 34 件、石器标本 33 件，对遗址性质有了更进一步的认识。

器标本均为残片，以夹砂褐陶为多，个别泥质褐陶、泥质红陶、泥质白陶和彩陶。陶器表面主要饰浅细绳纹和附加堆纹，部分饰印压纹。可辨器形有鬲、甗、瓮、罐、盆、碗、钵。石器主要分为两类：一类是有打制痕迹的石器，其中一部分可能为旧石器时代人们使用的生产工具，另外一部分可能是新石器时代的石器半成品和加工使用过的石材。另一类为磨制石器，主要是残断的工具、饰品，如石刀、石环等。

通过此次调查，对石口子遗址的文化面貌有了更进一步的了解。根据陶器中所出现的彩陶钵、红陶钵、袋足鬲、双鋬鬲可推断石口子遗址应属于仰韶时代晚期海生不浪文化及龙山时代朱开沟文化类型遗存，与一河之隔的托克托县海生不浪遗址年代和文化内涵十分接近。而遗址中的打制石器则说明该遗址的年代可能早到旧石器时代。

（谭玉华）

【集宁路古城周边新石器时代至元代墓葬】

发掘时间：2015 年 5 ~11 月

工作单位：内蒙古自治区文物考古研究所、乌兰察布市博物馆、察哈尔右翼前旗文物管理所

为配合呼和浩特市至张家口高速铁路建设，三家单位组成的联合考古队对集宁路古城遗址东南旗杆山墓地（第Ⅱ区，位于 2014 年发掘区北部）内工程建设地带进行了考古勘探和发掘，并对古城外东北部破坏较为严重的大荒滩墓地（第Ⅰ区）进行了勘探和抢救性清理。勘探面积约 1 万平方米，发掘面积约 2300 平方米，清理古代墓葬 50 座，灰坑 3 座，灰沟 1 条。出土了一批陶、瓷、银、铜、铁、石、骨、木等不同质地的遗物，时代跨度从新石器时代至元代。

新石器时代遗存位于旗杆山墓地（第Ⅱ区）内，在地表或耕土层内采集到一些石器和陶器残片。石器有砍砸器、石铲、石磨棒、砺石等；陶器有红陶钵、宽带黑彩纹钵、夹砂罐、筒形罐等。东汉遗存位于旗杆山墓地（第Ⅱ区）内，发现墓葬 3 座，呈西北东南向排列。均为土坑竖穴墓，平面呈梯形，近直壁，平底。均为单人葬，1 座无葬具，2 座有木棺葬具。随葬有陶罐、铜带饰、铁器、骨器、料珠、羊骨等。根据墓葬形制和出土遗物推测，为东汉时期的鲜卑墓葬。辽代遗存位于旗杆山墓地（第Ⅱ区）内，瓮棺葬 1 座，土坑竖穴，方向 315°。平面呈椭圆形，直壁，平底。

据葬具的器形特征与纹饰特点，初步认定为辽代遗存。元代遗存主要有墓葬46座，瓮棺葬5座，灰坑2个，灰沟1条。

此次考古发掘发现了一批新石器时代、东汉以及辽代与元代的遗存，这些不同时代的遗存共处同一区域，在该地区尚属首次。特别是新石器时代遗存和辽代遗存的首次发现，为进一步研究集宁路古城所在地区的历史沿革、族群以及丧葬制度等提供了全新的实物资料。鲜卑墓葬的结构和出土遗物与内蒙古陈巴尔虎旗完工古墓、扎赉诺尔墓群、额尔古纳右旗拉布达林鲜卑墓群、科右中旗北玛尼吐鲜卑墓群有较多的相似之处，这对研究东汉时期的鲜卑族的迁徙路线，以及在该地区的经济状况、丧葬习俗变化等具有较高的学术价值。另外，元代墓葬的发掘为集宁路古城的综合研究特别是体质人类学研究提供了新材料。

（陈永志　张红星　海日汗）

【敖汉旗乃林皋夏家店下层文化遗址】

发掘时间：2015年7～10月

工作单位：内蒙古自治区文物考古研究所、黑龙江大学

遗址位于赤峰市敖汉旗新惠镇乃林皋村八组西南部，北距旗政府所在地新惠镇约3000米。该遗址的总面积约1.5万平方米，2015年度发掘面积约550平方米。

遗址发现有房址、灰坑（窖穴）以及壕沟。房址共发现15座，有地面式和半地穴式，以平面呈圆形为主；灰坑有17座，其坑口平面大多呈圆形、椭圆形或不规则形，也有直壁坑、锅底坑和袋形坑；壕沟仅发现于遗址的北侧，自西向东（从高到低）逐渐变宽，最宽处可达13米。该遗址出土遗物较为丰富，在房址和地层中均有发现。出土小件数量180余件，种类包括石器、骨器、陶器、玉器和青铜器等。其中石器数量最多，达85件，有铲、凿、斧、刀、锛、饼形器、杵、人像、磨棒和磨盘等；骨器的数量为53件，有锥、针、笄、匕、铲以及只钻不灼的卜骨等；陶器共计发现42件，有罐、鬲、甗、瓮、豆、碗、盆、钵、杯、尊、鼎、盘和纺轮等；玉器有圆形权杖首1件和1件残配饰；青铜器仅发现1件青铜小刀。

从遗迹和遗物初步分析来看，该遗址文化属性较单一，均为夏家店下层文化的遗存。根据其地面式房屋建筑及其他相关遗物的特点，初步认为该遗址的年代应与夏家店下层文化的晚期相当。该遗址的发掘为研究夏家店下层文化的整体面貌，尤其是聚落布局以及房屋建筑方式等课题，乃至为中国北方青铜时代考古的区域性特点都提供了较为重要的实物资料。

（包曙光　吉　平　王乐文）

【敖汉旗热水汤夏家店上层文化遗址】

发掘时间：2015年6～8月

工作单位：内蒙古自治区文物考古研究所、敖汉旗博物馆

遗址位于敖汉旗林家地乡热水汤村西的坡地上，北距敖汉旗新惠镇40千米，南距林家地乡4.5千米。遗址的中心坐标为东经119°98′21″、北纬41°93′45″，海拔712米。遗址南北长约150米、东西宽约100米，总面积约15000平方米。内蒙古自治区文物考古研究所与敖汉旗博物馆对其进行了抢救性发掘，累计发掘面积1400余平方米，清理房址9座、灰坑64座、墓葬3座，出土陶器、石器、骨器、玉器等各类器物200余件。

房址多为圆形袋状地穴式，斜壁、平底，部分坑壁上残存工具加工痕迹。多数房内堆积可达3～5层，出土有大量陶片、兽骨及草木灰。灰坑分布在房址周围，从平面形状来看，有圆形、圆角方形、长方形、不规则形四种，以直壁平底和袋状平底坑为主。灰坑出土有陶片、残石器、骨角器及大量兽骨，其中犬科动物的颌骨数

量较多。墓葬共发现3座，均为长方形土坑竖穴墓，均为仰身直肢葬。随葬品仅见M3出土的1件残陶杯。出土遗物多为陶器残片，大部分为素面夹砂红褐陶，还有少量夹砂灰褐陶，部分陶器器表施红陶衣或局部抹光。器形有罐、壶、豆、鼎、甗、盘、钵。发现的陶器纹饰有附加泥条、绳纹等，多为素面。石器发现有刀、斧、钺。骨器数量较多，有锥、管等。通过清理的遗迹及出土陶器的器形、纹饰、陶质等各方面分析，初步断定该遗址为夏家店上层文化遗址。

（吉 平 格日乐图）

【乌兰察布岩画调查】

调查时间：2015年4月

工作单位：中国人民大学考古文博系、乌兰察布市博物馆、包头市文物处、达茂旗文物所、达茂旗博物馆、四子王旗文物所

此次田野调查主要在内蒙古乌兰察布市的察右后旗、四子王旗和包头市的达茂旗等地区进行，先后调查了察右后旗的井沟岩画、达茂旗推喇嘛庙岩画、道头东、西区岩画和满都拉镇敖伦敖包岩画共五处岩画地点。

乌兰察布岩画分布于阴山以北的乌兰察布草原地带，东起乌兰察布市察右后旗的土牧尔台镇，经四子王旗，西至达茂旗北部中蒙边境的满都拉镇。据调查，达尔罕苏木的推喇嘛庙岩画多见山羊、马等内容，从岩画内容的绘画风格来看，年代应不属于同一时期。推喇嘛庙东南方向约6000米的道头岩画区域，东、西侧为两处岩画聚集点，在此发现了虎、鹿图形，大德、至正年款以及高约1.8米的文官像等图形的岩画。在达茂旗最北端接近中蒙边境的满都拉镇敖伦敖包，发现了第3次文物普查中新发现的大幅岩画，刻于平坦较坚硬的岩石表面，内容丰富，有各种动物、车、成排舞蹈人物、房屋、道路等，绘画手法存在差异，图形风格不一，打破关系可辨，表明并非同一时期刻划。该处岩画周围岩石上有零星分布的狼、犬、羊等动物图案岩画，初步判断年代上至商周，下至东汉。

（常 璐）

【准格尔旗城壕村头道沟战国遗址】

发掘时间：2015年8～11月

工作单位：内蒙古自治区文物考古研究所、中山大学社会学与人类学学院、准格尔旗文物管理所

头道沟遗址位于准格尔旗城壕村壕赖圪蛇社北部，地处黄河西岸二级阶地，海拔1100米。遗址总面积约3000平方米，发掘总面积600平方米，揭露房址、墓葬、灰坑、垫土台等各类遗迹49处，出土大量陶、石、青铜、铁、骨、蚌器等遗物。根据典型陶器类型与风格、地层叠压关系，头道沟遗址遗存可分为两期三段。遗址早期遗存可分为战国晚期早段遗存以及战国晚期晚段遗存。属于战国晚期的出土物十分丰富，包括陶、石、青铜、铁、骨、蚌器等百余件。其中以陶器为大宗，泥质陶居多，间有夹砂陶，器形主要有罐形釜、甑、罐、盆、碗、豆、奁等容器，通常饰绳纹、弦断绳纹、附加堆纹及压光暗弦纹等。此外，战国晚期遗址还出土灯、瓦、纺轮、圆陶片、陀螺等日常器具。货币有“安阳”布。铜器多箭镞、铜锥。铁器出土数量众多，器类有铁锛、刀、镰、镬、锥、镞、车軎、带钩等。石器有斧、锛、砍砸器、刮削器、磨棒、石杵、石环、网坠等。遗址晚期遗存可能属北朝时期，包括H4、H21、H24三个典型单位。灰坑深大，填红色土，典型器物为平沿凸唇的盆、长弧腹小平底的罐或壶，纹饰为方格纹、叶脉纹，部分纹饰不清。其中H21出西魏大统五铢一枚，显示晚期遗存的年代当在

北朝时期。

头道沟遗址的主体部分为战国晚期赵文化遗存，该遗址的发掘为认识内蒙古中南部地区战国晚期的文化面貌、研究战国晚期赵文化北向扩张、与当地土著文化的互动，以及赵、秦文化的彼此影响提供了重要的资料。而以 H4 为代表的一批晚期遗迹单位的揭露，则丰富了该地区的北朝遗存。

（谭玉华　包桂红）

【长城资源调查】

调查时间：2015 年

工作单位：内蒙古自治区文物考古研究所

2015 年夏，设在内蒙古自治区文物考古研究所的自治区长城资源调查项目组对包头市五当沟进行了系统调查，初步认定石门障位于五当沟。五当沟之中有一条叫石门沟的支沟，石门沟北端为高耸的山崖，在山崖当中有人工开凿的一道底宽 2 米～2.5 米的石门，石门两侧山体高耸，应该就是《水经注》记载的石门山。石门障得名自石门，显然该道石门最晚在汉代已经开凿而成。五当沟沟内及其两侧山上，调查汉代当路塞长城墙体 2 段、烽燧 6 座、障城 2 座、遗址 1 处，它们以石门障为中心，共同构成了石门塞，兼具塞防和通道作用。对于出石门障五城，有人认为分布于今明安川之中，也有人认为是指五原塞外列城。从目前的调查来看，明安川之中虽然分布有部分汉代的城障遗址，但难以和五城的位置一一对应。五原塞外列城环卫于查石太山—狼山一线秦汉长城外围，均为边长 130 米的城障，目前发现的数量已近 30 座，也难以与五城相对应。因此，对于北出石门障五城的研究，只能期待新的考古资料的发现，只要能够认定其中一城，便可解决五城问题。初步推断，五城一线应是出石门障通往漠北的一条重要驿道。

2015 年秋，自治区长城资源调查项目组对达巴图障城进行调查，发现所谓的北、南二城早、晚说是不成立的。“北城”是障城的主体，所谓“南城”实际上是障城南侧的坞院，达巴图沟口也不是战国赵北长城的终点，即使蒙恬所筑阳山长城也仅止于乌拉特中旗摩棱河河口。此外，自治区长城资源调查项目组还对位于阿拉善左旗敖伦布拉格镇镇政府所在地西北约 11 千米处的乌兰布拉格障城做了调查与测绘，初步将其认定为眩雷塞候官治所，以乌兰布拉格障城为中心的哈鲁乃山南麓列燧，应是眩雷塞的管辖范围。

（张文平）

【和林格尔盛乐古城】

发掘时间：2015 年 4～12 月

工作单位：内蒙古自治区文物考古研究所、和林格尔县文物保护管理所

发掘区位于古城的南城和北城，发掘面积为 835 平方米，清理的遗迹有灰坑 109 个，水井 4 眼、灰沟 7 条、房址 7 座、墓葬 9 座、窑址 2 座、窖藏 4 个、瓮棺葬 58 个、道路 1 条，获得了陶器、瓷器、骨器、铁器、石器、铜钱以及建筑构件等一批重要的实物资料。

北城（唐城）发掘面积为 210 平方米，清理房址 6 处，灰坑（窖穴）37 个，水井 1 眼，窖藏 3 个，灰沟 3 条，窑址 1 处，瓮棺葬 3 座。第一阶段遗存时代为汉代，主要有瓮棺葬、灰坑、灰沟等。瓮棺葬平面呈长方形或椭圆形，竖穴土坑，葬具为陶釜等。灰坑平面呈不规则形，斜壁或直壁，底不平。灰沟清理部分呈南北向，平面呈梯形，直壁，平底。出土遗物有陶釜、陶盆、板瓦等。第二阶段遗存时代为唐代，遗迹有房址、灰坑、水井、壕沟、窖藏、窑址等。出土遗物较为丰富，陶器有壶、罐、钵等；瓷器有碗、盘、钵等；铁器有刀、锛等；骨器有骨锥、骨簪、骨

钗等；建筑构件有方砖、长砖、筒瓦、板瓦、瓦当等。钱币以唐代钱币居多，尤以开元通宝居多。此外，还出土了较多的动物骨骼。

南城（汉城）发掘面积为625平方米，清理灰坑72个，灰沟4条，水井3眼，墓葬9座，瓮棺葬55座，房址1座，窖藏1个，窑址1处，道路1条。出土有陶器、铁器、石器、骨器等。第一阶段遗存时代为汉代，遗迹有灰坑、灰沟、水井、墓葬、瓮棺葬、房址、窖藏、窑址、道路等。以灰坑居多，瓮棺葬次之。出土遗物较为丰富，大体可分为陶器、铜器、铁器、石器等。第二阶段遗存时代为魏晋时期，仅见灰坑（窖穴）一种，坑口平面有圆形、长方形和不规则形几种；坑壁分直壁和斜壁；皆平底，形体较小。该类遗存的遗物亦发现甚少，器类有陶器、铁器。第三阶段遗存时代为唐代，仅见灰坑，坑口平面有圆形、长方形和不规则形几种；坑壁分直壁和斜壁；皆平底，形体较小。出土物较少，有联珠纹瓦当、开元通宝钱、白瓷片等。

此次考古发掘在南城（汉城）首次发现了唐代的遗存，同时在北城发现的汉代瓮棺葬也扩大了瓮棺葬的分布范围。发掘出土的器物种类多、数量大，时代连续性较强，为研究盛乐古城的历史沿革、文化分期等内容提供了直接实物资料。

（陈永志　李　强　包桂红）

【额济纳旗红庙西汉代墓葬群】

发掘时间：2015年9~11月

工作单位：内蒙古自治区文物考古研究所、额济纳旗文物局

墓葬群位于西夏时期的红庙废墟遗址西2720米处，发掘面积约3600平方米，共清理墓葬24座，出土各类遗物50余件。墓葬分布较为密集，均为长方形单室墓，多为单人葬，少量为双人合葬。多数墓葬早期被盗，未被盗墓葬出土遗物较丰富。随葬品按质地分，有陶器、铜器、木器和铁器等。陶器包括实用器、明器两大类。实用器共46件，以泥制灰陶为主，均系轮制，常见纹饰有素面磨光、弦纹、绳纹等，器形有矮领罐、盘口壶、盆、碗、豆、器盖等。明器为陶灶，共3件。铜器有日光镜、盆、带钩、镳斗各1件，小泡钉59枚（残），“五铢”钱26枚。木器在M18出土有漆器残片，惜已不辨器形。铁器仅在M2出土一柄铁剑。

依据墓葬形制，可分为砖室墓、竖穴石壁墓和竖穴石壁铺砖墓三类。砖室墓9座，墓壁、墓底均以长方形砖作“人”字形垒砌、平铺。竖穴石壁墓11座，墓壁以自然砂石板垒砌而筑，墓底为原生土。竖穴石壁铺砖墓4座，墓壁用砂石板垒砌，墓底铺砖，呈“人”字形铺法。

汉代的居延地区行政建制为张掖郡居延县，军事建制为张掖郡居延都尉府，居延都尉府下辖殄北、甲渠、卅井等候官。此次发掘的墓葬群，距离居延都尉府治所温都格城较近，在温都格城东南6.1千米处，初步推断其为居延都尉府下属的一处西汉晚期汉族平民墓地，亦可能与戍边士兵有关。

（张文平　丹达尔　包桂红）

【杭锦旗达布素汉墓】

发掘时间：2014年12月~2015年1月

工作单位：内蒙古自治区文物考古研究所、杭锦旗文物管理所

达布素村位于锡尼镇东南约30千米，墓葬处于该村的北侧，编号M1。墓葬所在地地表现被沙丘覆盖。经现场清理发掘发现，M1为长方形竖穴土坑木椁墓，墓室平面呈长方形。墓室长3.6米、宽2.1米，残高约1.5米。封土堆顶部距墓室底部约10米。墓室与墓道部分被破坏，斜坡式墓道处于墓室的南侧。墓室内木椁与棺木腐

朽严重，残存棺边和棺底均发现彩绘痕迹。墓室中未发现人骨。墓葬由于多次被盗，仅出土少量遗物。

清理发掘出土遗物主要有铜盆1件，可复原；漆器2件，腐朽严重，器表彩绘纹饰已不清晰。另外还发现残骨片等。经公安机关追缴的文物有铜器20余件。其中主要有圆形铜壶3件，腹部均有铜环，器表有彩绘痕迹；带盖三兽形足铜鼎1件；铜扁壶2件，盖顶及两肩饰有铜环；铜钫2件，器表彩绘痕清晰；铜甑1件，器表施彩绘；三足青铜盉1件，盖顶有一圆环，三兽形足；鸭形熏炉1件，局部残缺；铜灯1件，圆形浅盘，柱状柄；四神温酒炉1件，上部耳杯为椭圆形口，四足，带长柄。

从M1墓葬形制、清理发掘出土物及追缴的器物推测，该墓葬的年代为西汉晚期。M1周围尚分布有10余座同时期墓葬，此处应是一处家族墓地。在M1东南约10千米处的阿鲁柴登曾出土有匈奴金冠，M1距西汉时期的西河郡郡治霍洛柴登古城也较近。这次清理发现的M1墓葬形制、清理发掘出土物及追缴的文物对研究该地区汉代的历史及汉匈关系等内容有一定的价值。

（连吉林　包桂红）

【准格尔旗脑包湾唐代陈氏家族墓地】

发掘时间：2015年8～11月

工作单位：内蒙古自治区文物考古研究所、鄂尔多斯市文物考古研究院、准格尔旗文物管理所

墓群地处库布其沙漠东北缘、黄河南岸，西北距准格尔旗十二连城乡脑包湾村约2000米，北距十二连城古城约1.3千米。发掘面积约2000平方米，共发掘唐代砖室墓7座，出土遗物38件（组）。7座墓葬均为带斜坡墓道和甬道的单砖室墓，坐北朝南。墓室形制可分为方形、船形两类。所有墓室顶部全部坍塌，墓室地面铺以青砖，方形墓的墓室北部皆有高出地面的砖砌尸床。出土遗物主要有陶壶、陶碗、铁剪、铜带铐、铜钱、骨簪、墓志、蚌壳及漆器残片等。方形墓葬的墓室内均出土有墓志，墓志或放于墓室入口处，或置于尸床南侧，基本保持原位。根据墓志可知，这批墓葬为唐代胜州榆林陈氏家族墓，入葬时间为唐开元年间，且位置靠南的墓葬年代早于靠北的墓葬，位置靠西的墓葬年代又早于靠东的墓葬。M7墓主为“故右金吾卫、昭武校尉、前银州龙川府别将、上柱国陈崇顺”，M5墓主为“大唐故昭武校尉、前检校定襄军果毅，颍川陈君（行斌）”。而陈行斌墓志提到嗣子为（陈）崇祚，据此可知陈崇顺可能为陈行斌的子侄辈。陈行斌墓志还提道“君讳行斌，字行斌，幽都榆林也……与故夫人河东蒋氏追锵凤之庆，祔葬于州之南原，侍先茔也”，由此可知，墓群附近的十二连城古城即是唐代的胜州榆林城，而此墓是葬入“先茔”，进一步印证了该墓群即是陈氏家族的家族墓地。此次发掘的陈氏家族墓地出土墓志包含了丰富的信息，为研究颍川陈氏的流布、唐代胜州榆林县的历史沿革和周边区域的民族构成及葬俗葬制提供了重要的资料。

（陈永志　宋国栋　曹　鹏　李春雷）

【巴林左旗辽上京遗址】

发掘时间：2015年7～10月

工作单位：中国社会科学院考古研究所内蒙古第二工作队、内蒙古文物考古研究所

2015年度对辽上京皇城东门、宫城东门遗址开展考古工作，取得重要收获。

根据地面调查和考古钻探可知，辽上京皇城东门遗址由瓮城和城门组成。根据试掘资料可以了解到，皇城东城门为木构过洞式建筑，呈一门三道格局。其中，中门道破坏严重，南、北两个门道保存较好。

门道内残存石地栿、木地栿承排叉柱的建筑结构基础，倒塌堆积中包含大量烧毁的砖、木构件等。

辽上京宫城东门是今年工作重点。发掘面积约 1000 平方米。根据发掘资料可知，宫城东门为殿堂式建筑。门址由夯土基槽、台基、磉墩、坡道和南、北两侧的附属设施遗迹等组成。基槽平面略呈长方形，由夯土筑成，南北宽约 32 米，东西进深 13 米。台基曾遭到严重破坏，仅存基部。经过仔细清理，我们确认打破夯土的磉墩 22 个，由此确定建筑的柱网平面为面阔 5 间，进深 2 间。根据门址两侧的坡道及道路残迹可知，宫城东门可能有三门道。出土遗物有少量建筑构件。晚期灰坑中多为陶瓷器、铜铁器和兽骨等。

宫城东门内的一号殿院落坐西朝东，平面呈长方形。院落四面均以廊庑围合，东面中央可能设门，西面正中为一座大型建筑基址（即一号殿址）。通过局部揭露可知，一号殿址夯土台基平面呈长方形，南北长约 48 米，东西宽约 27 米。台基四壁包砖，南北两端与院落的西侧廊庑相连。一号殿址出土遗物以瓦当、滴水、筒瓦、板瓦等建筑构件为主。

根据考古勘探和踏查，在皇城东门内发现一条道路遗址，一直向西延伸至宫城之内。上述皇城东门、宫城东门和宫城内的一号殿院落，均以这条道路遗址为轴线，呈东向对称分布。

2015 年度的考古发掘成果十分重要。根据地面踏查和考古勘探的线索，结合考古发掘，初步确认了院落主体建筑的规模和形制结构，填补辽上京宫城内东向宫殿建筑在考古发现中的空白。首次发现并确认从皇城东门、宫城东门到宫城内东向大型院落的轴线布局及相关遗存。辽上京的皇城东门和宫城东门，与已发掘的皇城、宫城西门相比，规模更大，等级更高。结合文献记载，辽上京城在营建、使用过程中可能一度朝东。这是从考古学上首次证明辽上京城曾存在东向轴线的现象，极大地推进了对辽上京城址布局的认识。

（董新林　汪　盈）

【锡盟多伦县辽代贵族墓葬】

发掘时间：2015 年 6～12 月

工作单位：内蒙古自治区文物考古研究所

2015 年度，内蒙古自治区文物考古研究所会同锡林郭勒盟文物站、多伦文物局等单位，在多伦县蔡木山乡铁公泡子村小王力沟清理发掘辽代墓葬两座，编号为 M1、M2，其中 M2 即为辽代贵妃墓葬。

其中一号墓葬位于一个东西北簸箕形山洼中，墓道为长方形斜坡阶梯状，为五拱彩绘仿木结构木门，墓室平面为圆形砖砌，穹隆顶，椁室为方木搭建的八角形结构。墓室底部可见方形铺地砖，铺砌平整，且上面有红白两种彩绘制的壁形花纹，在地面上装饰花纹彩绘，为以往仅见。木椁位于墓室内壁一侧，可见残存的木椁，大致为长方形，内存一较完整的殉牲。

该墓葬虽经多次盗扰，但仍出土了为数众多的随葬品，有鎏金铜渣斗、三节莲花形铜灯、手持柄式莲花香炉、包铜花式腿木供桌、包铜如意纹木箱、铜镜、琥珀珠、鎏金银双龙纹饰件、铁斧、凿、锁等；其中，鎏金铜渣斗、三节莲花形铜灯、手持柄式莲花香炉铸造成型，造型精美，为不可多得的辽代文物精品；还出土了大量的随葬瓷器，以影青瓷为主，瓷器纹饰华丽，造型精美，但多不可复原，还出土有定窑产白瓷，皆胎质细腻，从出土遗物及墓葬形制分析，该墓应属于辽代中晚期的大型贵族墓葬。

二号墓位于一号墓的西南约 200 米，属于另一簸箕形山洼，该墓面朝东南。坐标北纬 42°18′13.422″，东经 116°41′53.033″，方向 159°。

该墓葬由墓道、前庭、仿木结构墓门、

过洞、甬道、主墓室组成。墓道呈斜坡式，墓门为砖券拱形，上承斗拱等仿木结构，并用红、褐、蓝、白等彩勾勒轮廓图案，唐风浓郁。主室平面呈圆形，直径4.1米，青砖砌制，穹隆顶。墓葬全长40余米，最深处11米。

墓葬近期被盗，但仍出土了金、银、铜、铁、玉、玻璃、琥珀的大量文物。其中金花银高翅镂花冠，金花银凤纹镂花高鞠靴、包金龙纹玉带铐皆华丽精美。墓葬出土瓷器为大宗，以定窑白、越窑青瓷为主，间有影青瓷，所出土瓷器最大的特点是口、足多包金饰，且加有金、银盖，反映出一派辽代宫廷用瓷气派。其中仰覆莲纹白釉定瓷罐、鹦鹉纹影青执壶、金扣口白瓷盏、玻璃瓶等皆为辽代文物的精品之作。还出土了四件玻璃器，玻璃器呈绿、墨、褐等色，据质地分析应为伊斯兰玻璃，为草原丝绸之路的研究提供了不可多得的实物资料。特别是墓葬中还出土墓志一盒，志盖阴刻篆书“故贵妃萧氏玄堂志铭”几字，志石阴刻楷书，首行撰“大契丹故贵妃兰陵萧氏玄堂志铭并序”其上还详细记载了墓主人的生平、身世等情况。据墓志及结合相关史料，该贵妃为圣宗妃，统和四年（986）嫁于圣宗，初为圣宗皇后，后由于宫廷斗争被贬为贵妃，贵妃育有两女一男，出自辽代后族最为显赫的阿古只一系。

辽代贵妃墓的发掘在我国尚属首次，意义重大，它的发现为我们研究辽代历史特别是辽代后族萧氏家族及辽代奚族的研究提供了不可多得的实物资料。

（盖志勇　李　权　冯吉祥）

【商都县北大村辽墓】

发掘时间：2015年5月

工作单位：内蒙古自治区文物考古研究所、乌兰察布市博物馆、商都县文物管所

北大村辽墓位于商都县七台镇北大村村中，坐落于阴山东段余脉的浅丘陵地带，地势平缓略有起伏。墓葬形制为土坑六角木椁室墓，由墓道、墓室、木椁壁、墓门组成。斜坡式墓道长3.2米、宽0.9米，墓道深0.4米~2.8米，墓室为方形，边长3.5米、深3.4米，椁室为长六角形，用长方木叠涩、内缩、平顶。墓门由长方木封门，墓门高0.8米、宽0.86米。墓椁室顶横木大部分散失，被早期盗掘，扰乱。墓椁室内人骨散落异处，葬俗不详。墓内随葬品被盗，残存有陶壶1件、白瓷碗（残）1件、骨柄饰1件、玛瑙珠2枚、玛瑙珠饰2枚、琥珀耳坠1件、琥珀坠饰1件。此外，在墓椁室外围填埋有大量的陶器残片，器形种类繁多，基本涵盖当时生活的实用器，陶质为泥质灰陶，有盆、罐、壶、瓮等，多为素面和篦点纹，火候较高。从填埋的大量陶器残片看，还有部分的烧制的变形残器，说明有意利用陶窑的废弃陶器残片来填埋。从墓葬的形制与随葬品种类推断该墓应为辽代中晚期，为研究内蒙古中南部辽代的文化习俗及陶器群的组合及形制，提供了较为重要的实物资料。

（包青川　胡晓农　海日汗）

【奈曼旗大代村辽代砖室墓】

发掘时间：2015年11月

工作单位：内蒙古自治区文物考古研究所

遗址位于奈曼旗东南部平坦草甸上，东南距旗政府所在地大沁他拉镇60千米。墓葬为砖砌单室墓，由墓道、甬道、墓室组成。全长16.4米。墓道长12米，由甬道与墓道组成。其中墓道后端较平，长约7米，墓道前端呈斜坡状，长5米，截面均为上宽下窄，倒呈梯形，上宽2米、下宽1.2米。甬道长1.4米、宽1.4米、高约1米。甬道两壁砖砌，墓室南约0.6米的甬道面铺青砖。墓室内用柏木围成六边形木椁，各边长1.6米~2米不等，高约0.84米，厚约0.06米。墓室内地面铺青

砖。墓室北部设长方形尸床。由于墓葬曾遭水侵蚀且早期被盗，尸床腐朽且已移位。尸床为柏木板制作，长约2米、宽约1米。其上放置两具尸骨，为男女合葬。男内女外，尸体均为仰身直肢，头向朝东。墓主人骨骸保存差，仅存肢骨和颈椎骨。墓主人骨架周围见有丝织品残片。在清理女尸过程中颈部发现一组琉璃项饰，包括1件鸳鸯纹琉璃挂件、水晶珠4件、玻璃珠18件、玛瑙1件。女尸右手部还发现1件交颈鸳鸯石配饰。男性尸体左、右手部各发现一件石雕狮子小佩件。此外，还出土有辽白瓷盘、碗、陶罐等器物残片。

该墓规模不大、结构简单，属辽代时期的中小型墓葬。该墓被盗，随葬品较少，出土遗物具有辽代晚期风格。应为一座辽代晚期身份地位不高的墓葬。

（吉　平　长　海　海日汗）

【苏尼特左旗苏仁浑迪辽代墓葬】

发掘时间：2015年6～8月

工作单位：内蒙古自治区文物考古研究所、锡林郭勒盟文物工作站、苏尼特左旗文物管理所

遗址位于苏尼特左旗巴彦淖尔镇额勒苏图宝拉格嘎查东8000米，属草原丘陵区。墓葬地处较为开阔，呈簸箕形的低洼地带，北、南、西面高，东面低。地理坐标为北纬43°30′22″、东经114°34′52″、海拔高1150米。为辽代中晚期墓葬。墓葬为斜坡式直壁墓道六边形木椁墓，方向135°。墓道平面呈梯形，长16.3米，宽1.1米～1.7米，深6.3米。木圹为长方形，长5.3米，宽4.6米，深6.3米。木椁为六边形，因严重破坏仅剩西北、西、东三边底部三层。椁木木质为落叶松和柏木，方木两端有榫卯，保存差，腐朽严重。椁室内沿木椁底部平铺一圈木板宽0.15米，其余全为青砖铺地。在底部椁室门口处有两块大石头摆放不规则，判断可能为当初的封门石。通过清理没有发现任何随葬品，只是在发掘的扰土中清理到少量的丝织品和一些瓷片，瓷片经初步拼接，为两件可复原的器物，一件是粗白瓷碗，另一件是黑釉牛腿瓶。通过这次抢救性清理发掘和周边的钻探工作，对草原腹地辽金时期墓葬有了进一步的认识，并为今后草原地带辽金时期墓葬研究提供了资料。

（王仁旺）

辽宁省

【朝阳市半拉山红山文化墓地】

发掘时间：2015 年 4 ~ 10 月

发掘单位：辽宁省文物考古研究所、朝阳市龙城区博物馆

墓地位于朝阳市龙城区召都巴镇尹杖子村大杖子组东北约 600 米处半拉山的顶部。南距朝阳市约 13 千米，北距召都巴镇约 1000 米。地理坐标：北纬 41°40′21″，东经 120°23′13″，海拔 280 米。

2015 年度对半拉山墓地进行了抢救性考古发掘工作，主要清理墓地南部的墓葬和北部的祭祀遗迹。共布 5 米 ×5 米探方 57 个，再加局部扩方，发掘面积共计 1450 余平方米。清理各类型墓葬 54 座、祭祀坑 7 座、祭坛一座。出土遗物有陶器、石器和玉器三类，共计 200 余件。

遗迹　其包含两部分，一部分是构成墓地的物质载体部分即积石冢的冢体本身。冢体是由内部黄土堆积的冢芯、外部石砌的冢界墙及冢上的积石堆积三部分组成。另一部分是墓地本身具有两项功能。第一项功能是埋葬逝者的墓葬功能，墓葬有三种类型，均出土较丰富的随葬品；第二项功能是进行祭祀神灵和祖先的祭祀功能。祭祀遗迹是由冢上的坛祭遗迹和冢外的坑祭遗迹组成。

墓葬　墓向在 70° ~ 100°。人骨共 59 具，可辨一次葬 22 具，均为仰身直肢；二次葬 27 具。可辨性别者 39 具，男性 22 具，女性 17 具。根据墓葬形制和结构上的具体差异，可分为土坑墓、石棺墓和积石墓三型。

遗物主要有陶器、石器和玉器三大类。陶器出土数量多，主要是以泥质红陶筒形器为主，有少量的夹砂红褐陶和夹砂灰褐陶片，纹饰以素面为主，少量刻划之字纹、网格纹、附加堆纹等，器形有罐、钵等。石器以打制为主，器形有斧、锛、锄、铲、耜、锤、刀、剑、镞等。玉器多为墓葬内随葬品，器形较丰富，有龙、鸟、斧、钺、镯、环、方璧、双联璧、三联璧、三耳璧、珠、玉芯、玉料、饰件、绿松石耳坠等。

此外，出土了数件的石人头像和一件近真人大小比例的陶塑人像左手臂和躯干部残块。

该墓地是近年来发掘的一处重要的红山文化积石冢，为研究红山文化分布、墓葬特点以及积石冢的营建等提供了重要资料。根据 M4 出土人骨的 ^{14}C 测年数据，其距今约 5000 年，表面该墓地年代属于红山文化晚期。

（樊圣英　熊增珑）

【西丰县河边青铜时代遗址】

发掘时间：2015 年 8 ~ 10 月

工作单位：辽宁省文物考古研究所、辽宁大学考古学系

遗址位于铁岭市西丰县房木镇河边村河边屯西约 300 米的崔家坟西岗梁上。岗梁顶部地势较为平坦，四坡倾斜较大，向南约 500 米是碾盘河的一条支流，南坡下有村村通公路绕过。遗址主要分布在岗梁的东坡及北坡，南北长约 250 米，东西宽

约40米，面积约10000平方米。此次发掘区位于遗址东南部自然冲沟两侧，共布探方20个，发掘面积500平方米。

此次发掘共清理灰沟2条及大量遗物。出土遗物以陶器为主，还见有少量石器和铁器。陶器以夹砂红褐、黄褐和黑灰陶为主，多数烧制火候不高，泥片套接而成。可辨器形有高柄豆、矮柄豆、环耳壶、叠唇鋬耳罐等，且以豆、罐、壶为基本陶器组合。陶器多素面抹光，纹饰见有戳印窝点纹和刻划线纹等。此外，还发现一定数量的陶纺轮、陶网坠和石刀、石杵、石棍棒头、石饼等陶、石质工具。

从初步整理情况来看，遗址各层清理遗存的文化面貌基本一致，陶器以高柄豆、矮柄豆、环耳壶以及叠唇罐为主，当属"凉泉类型"遗存，年代约为战国晚期至汉初。值得注意的是，此次发掘中发现一件袋足残片及三件其上饰按压窝纹的附加堆纹口沿残片，表明遗址应还包含时代可至商周之际的更早遗存。

（郑钧夫 华玉冰）

【喀左县土城子遗址】

发掘时间：2014～2015年

工作单位：中国人民大学历史学院、辽宁省文物考古研究所、喀左县博物馆

土城子遗址位于朝阳市喀左县山嘴子镇黄家店村土城子屯西南，遗址南北长约450米，东西宽约400米，总面积约18万平方米。遗址处于渗津河与大凌河的交汇处，与出土青铜器窖藏的海岛营子镇马厂沟遗址隔河相对，是周围地区规模最大的一处古遗址。遗址位于渗津河南岸、大阳山北坡台地上，其地势南高北低，较为平缓、开阔。文化层堆积较厚，遗存较丰富，是一处保存较为完整的古代聚落遗址。

2015年度发掘总面积1600平方米。发掘区位于遗址的西北部，地势稍低，大部分区域的地层堆积较简单。遗迹多开口于第①层和第②层下，叠压打破现象较常见。发现了房址、陶窑、祭祀坑、墓葬、灰坑、壕沟等遗迹。房址多为圆形半地穴式，直壁平底，直径3米左右，深在1.2米以上，不见门道。另外发现了一座土坯垒砌的房子，破坏较严重，但可以看出是圆形地面建筑。发现陶窑一座，保存较完整，是这一地区首次发现。平面呈圆形，保留窑箅和火膛部分。窑箅中部有一个圆形透火孔，周围有六个近似梯形透火孔。窑箅正下方是火膛，还保留一层灰烬。发现祭祀坑两个，坑中填埋肢解的人骨和有意毁坏的陶瓮、陶甗等大型器物，并以纯净的黄土掩埋。发现墓葬一座，为长方形竖穴土坑墓。内葬一人，男性，仰身直肢。头部两侧随葬陶罐、陶钵各一，墓底部填土中筛出小铜环一枚。出土遗物较丰富，包括陶器、石器、骨器、铜器等。可复原陶器50余件，有鬲、甗、罐、尊、钵、豆、盆、盘、鼎等。石器以磨制为主，少量打制，石斧、石铲最常见。骨器有锥、刀、镞、针等，还发现了少量卜骨。铜器发现的数量不多，有锥、环等。

出土遗物中的夏家店下层文化因素十分突出，如尊、尊形鬲、深腹罐、大陶瓮等陶器和鸡冠耳、旋断绳纹、圆形小泥饼装饰等，显示出土城子遗址与夏家店下层文化有密切关系。与此同时，遗物中也包含一些新的文化现象，如内折口钵、花边装饰、压印很深的交叉绳纹、器底装饰绳纹、外叠唇等。上述陶器特征具有魏营子文化风格，且与围坊三期文化也有密切关系。通过对出土遗物的初步整理、分析，我们发现夏家店下层文化因素与魏营子文化因素共存，可能属于前者向后者发展演变的阶段，为探索夏家店下层文化的流向和魏营子文化的源头提供了重要资料，同时也为讨论大凌河上游流域与滦河下游流域的古代文化交流提供了契机。另外，还

发现了少量红山文化的陶片，以及战国汉代的遗存，说明这个遗址的内涵应该更丰富。

（吕学明）

【辽阳市苗圃汉魏墓地】

发掘时间：2015 年 4 月 15 日 ~11 月 15 日

工作单位：辽宁省文物考古研究所

墓地位于辽阳市太子河区曙光镇南光委原辽阳市林业科学研究院院内，因院内作为苗圃而得名。继 2008 年至 2012 年、2014 年两次大规模发掘后，再次对墓地进行了抢救性发掘。

2015 年度发掘区位于苗圃墓地的西侧，发掘墓葬总计 141 座。墓地早期历经多次盗掘，保存状况较好的墓葬数量较少。

墓地主体为汉魏时期墓葬，依据形制可分为土坑竖穴墓、石椁墓、石室墓和砖室墓 4 类，部分石室墓墓室内还残留有彩绘壁画图案及刻划图案，出土遗物有陶器、铜器、铁器、玉器、金银器和钱币等约 1500 件。汉魏时期墓葬有典型的土著特征，如石室墓的砌筑方式、彩绘壁画以及随葬器物中独特的长颈瓶、壶、钵等。但襄平自秦至东晋初，绝大部分时间归中原政权统治，只有公元 190 ~238 年公孙家族短暂割据，因此受广泛到中原文化影响，随葬器物中的尖唇罐、案、耳杯、灶、铜镜等，与中原地区同时期也较为相似。

墓地还有少量辽金时期墓葬，依据形制可分为石椁墓、砖室墓和砖石混筑墓 3 类，出土遗物有陶器、瓷器、铜器、玉器、铁器和钱币等约 50 件。出土瓷器的烧制工艺与江官屯窑址出土瓷器风格相近，且墓地与江官屯窑址距离较近，推测该批墓葬出土瓷器由江官屯窑址烧造。

大面积的墓葬发掘，对于研究辽阳地区两汉魏晋时期、辽金时期居民的族属、社会经济、生产生活方式、葬式葬俗具有重大意义。

【盖州市高丽城山城】

发掘时间：2015 年 4 ~12 月

工作单位：中国社会科学院考古研究所、辽宁省文物考古研究所、盖州市文物局

高丽城山城位于盖州市青石岭镇，山城依山而建，平面形状大体为“凸”字形，周长约 6000 米。2015 年 4 月由三家单位组成的高丽城山城考古队，开始对高丽城山城进行先期五年的调查和发掘。高丽城山城四面城墙保存较好，城墙采用人工修筑和利用山脊相结合，其中人工修筑城墙包括夯土城墙、石筑城墙，除南城墙外，东、西、北三面城墙均存在夯土城墙，尤以西城墙中段夯土墙保存较好，长度 180 余米、高度接近 20 米，石筑城墙局部高度超过 2 米。外城城墙上发现城门址 6 处，西城墙外发现汉魏时期墓葬，附近朱甸水库东南侧发现汉魏及高句丽遗址。

2015 年度高丽城山城考古队除了调查和发掘盖州市高丽城山城，还对盖州市及高丽城山城周围地区进行了区域调查。按照国家文物局相关要求，在城内发掘面积 800 平方米，发掘地点分别为金殿山遗址（局部）、金殿山东南侧大型建筑址（局部）和 4 号门遗址（局部）。金殿山遗址应是当时高丽城山城的重要建筑之一，沿用时间较长，使用了大量筒瓦和板瓦，发现了连接瓦当的筒瓦残片。金殿山东南侧发现大型建筑址，目前发掘的建筑址为东西向、坐南朝北，可能为一组建筑，长约 28 米、宽约 9 米。根据钻探结果，此处建筑址长度接近 100 米。如此规模宏大的建筑遗址为国内外其他高句丽城址所未见。建筑址台基为含炉渣、小铁块、木炭等的灰土铺垫形成。4 号门的瓮城设置在城内，瓮城形状为曲尺形，瓮城城墙夯打痕迹不明显。距离 4 号门不远的西墙内侧采集到

高句丽莲花纹瓦当残片（约四分之一）。遗址附近采集到高句丽莲花纹瓦当残片（约六分之一）。城内采集到大量高句丽石臼，为其他高句丽城址所不见，可能与山城的性质或人口数量有一定关系。

高丽城山城是辽南地区一座重要的高句丽山城，根据其周长和面积来看属于高句丽大型山城，使用年代可能从5世纪初（404或稍晚）一直到高句丽灭亡（668）。周围可能存在与之相对应的平地城。山城内不但发现大量瓦片、陶片、铁器、石器等高句丽时期的遗物，而且还发现有建筑址、蓄水池、门址和墓葬等高句丽时期的遗迹，为进一步发掘和研究高丽城山城提供了丰富的实物资料。

【阜新蒙古族自治县高林台城址】

发掘时间：2015年4～11月

工作单位：辽宁省文物考古研究所

高林台城址位于阜新市阜新蒙古族自治县阜新镇西扣莫村高林台屯西约50米，城址西南距阜新市区约5000米。位于战国至秦汉时期的燕北内长城（汉长城）南侧。城址东侧为一季节性河流，当地称为高林台河，西北侧为八家子山。城址现存平面近梯形，东侧被河流冲毁；北侧、东侧城墙无存，西侧城墙遭到村民取土破坏，南侧城墙保存长度约40米，高2米～3米，宽8米～15米。城址现存范围东西175米、南北165米。发掘分为三个区域进行，布5米×5米探方50个，5米×7米探方1个，3米×12米探沟1条，总发掘面积1321平方米。

城址地层堆积较厚，可分为五层，遗迹现象比较丰富，遗迹之间的叠压打破关系复杂。根据土质土色及包含物可将城内堆积分为战国、汉、唐三个时期。战国遗存遗迹只见有灰坑，遗物有陶器、兽面纹瓦当、铜镞、刀币、布币等；汉代遗存发现较丰富，遗迹有房址、灰坑、灰沟、土墙、城墙、城南侧护城河等，遗物有陶器、铁器、卷云纹瓦当、绳纹板瓦、筒瓦、铜镞、铜钱等；唐代遗存遗迹见有灰坑、灰沟、石圈等，遗物有莲花纹瓦当、布纹板瓦、筒瓦、铁器、开元通宝等。

通过此次发掘，认识到高林台城址内包含有战国、汉、唐三个时期的遗存，但其城防体系始成于汉代。根据其所处位置，推测应是汉代在燕北内长城（汉长城）南侧修建的一座堡城。城内唐代遗存的发现，扩大了此类遗存在辽宁地区的分布范围，为研究唐代的历史和文化提供了重要的考古学资料。

（褚金刚）

【北镇市新立辽代建筑遗址】

发掘时间：2015年5～12月

工作单位：辽宁省文物考古研究所、锦州市文物考古研究所、北镇市文物处

新立辽代建筑遗址位于北镇市富屯街道新立村樱桃沟村民小组西北约100米的二级台地上。按照《医巫闾山辽代遗址考古工作计划（2014～2018年）》，辽宁省文物考古研究所在2014年度对该遗址进行考古钻探后，2015年对遗址北半部进行了主动性考古发掘。

从考古勘探情况来看，建筑基址是一个经过精心规划、面积庞大、结构复杂的建筑群落，可以分为多组单体建筑。现未完全揭露，详细布局有待于进一步考古发掘。

目前，仅于遗址东北部揭露出一组相对完整的单体建筑，编号为TJ1。建筑主殿面向东南，正对北镇市内辽崇兴寺双塔。依发掘情况判断，TJ1似为一个由主殿和朵殿、廊庑组成的复合式建筑，院内有方砖铺地。现揭露出主殿和东朵殿、西朵殿、西廊庑局部。

主殿，台基四周包砖，可以分为大殿和月台两个部分。大殿平面呈长方形，东

西面阔29米，南北进深24米，台基上部有成排分布的磉墩，南北5排，东西6列，由此来看，大殿面阔5间，进深4间。磉墩平面呈圆形，直径约2米，其做法为在夯土台基上挖圆形坑，内填砖瓦碎块，夯实后再上放柱础，从而增加柱础承重力度。台基中部有减柱现象。台基东北部有残段砖墙一段，推测北部有供台。紧依台基东北部边缘有廊道一段，廊道地面铺有青砖和人工打磨的铺地石。

西朵殿，紧依主殿西侧中部，坐北朝南，平面呈长方形，现未揭露完整。台基高度矮于主殿，南北两侧包砖，南北进深11米。台基上南北近边缘分别残存两段砖墙，西部保留有铺地砖及方形柱础。

东朵殿，紧依主殿东侧中部，坐北朝南，目前仅揭露出西北角小部分。台基高度矮于主殿，其上保存有柱础、砖墙。

西廊庑，接西朵殿，台基高度与西朵殿相同，坐西朝东，平面呈长方形，南北面阔约25米，东西进深12米，台基上北部地面保存有白灰，推测应有方砖铺地。

遗物多为建筑构件，不见生活器具。主要有筒瓦、板瓦、瓦当、滴水、青砖、铁钉等，建筑构件几乎全为绿色琉璃件，偶有极个别灰瓦。各类琉璃构件胎体细腻，烧造温度高，坚硬结实，装饰风格统一。

（万雄飞　苏军强　司伟伟）

【辽阳市江官屯辽代窑址】

发掘时间：2015年4～10月

工作单位：辽宁省文物考古研究所

江官屯窑址是辽代东京附属瓷窑的代表性的窑场之一，于20世纪30～40年代考古调查时被发现，位于辽宁省辽阳市文圣区小屯镇江官屯村。第一地点位于江官屯村东北部太子河南岸的台地上。

2013年5月，该遗址被国务院核定公布为第七批全国重点文物保护单位。为了进一步了解该窑址的文化内涵，为下一步保护提供理论依据，2013年7月～2014年11月，辽宁省文物考古研究所对江官屯窑址第一地点进行了两次发掘。2013年在一区发掘面积300余平方米。2014年在二区发掘面积400余平方米，发掘窑址1座、灰坑70多个、房址2座、作坊址3座，发掘出土大量窑具、日常生活用具、铁、石、瓷生产工具、玩具、建筑构件等遗物，选择出标本2700余件。

2015年度进行了第三次发掘。共发掘800平方米，清理灰坑141个，沟5个，房址5座，作坊2座，高台建筑基址1座。整理修复瓷器等标本数千件。产品有碗、盘、盆、罐、盏、坛、匜、炉等生活用具及一些生产工具。

产品釉色类别：除高温的白瓷外还有低温铅釉器物。同时，在白瓷、黑瓷中都有一部分精品，可见该窑场的产品不全是粗瓷，说明该窑场不仅烧民用瓷，也烧官用精品瓷，此项新发现或许要改写辽金瓷器史或东北地区的瓷器生产史。

窑炉：第一地点已发现的十余座窑炉均为馒头形窑或称马蹄形窑炉，属北方传统。

生产技术上：从发掘出土的石碾轮、碾槽、作坊1来看，作为粉碎工具、原料加工装置，和以往在磁州窑、耀州窑、邢窑发现的遗迹相似或相同。而作坊3、作坊4、作坊5的原料加工、装卸、烘干装置，可以看出前期生产的部分过程。从高温瓷器产品看，除了定窑、磁州窑、耀州窑的源头外，还可看到建窑的因素。说明东北地区辽金时期瓷器生产技术来源的多源性。

Z5遗迹比2014年要完整，Z4也相对要好。房址增加了，特别是排灶的发现，这是窑工生活的场景。高台建筑基址的发现，仅露出一边，可能是一处重要建筑。此外，带人名和诗词的文字瓷器也有发现。

（梁振晶　肖新琦）

【锦州市北镇洪家街辽代墓地】

发掘时间：2015 年 4～11 月

工作单位：辽宁省文物考古研究所

洪家街墓地位于锦州市北镇市富屯街道办事处富屯村洪家街屯西北。该墓地所在地为医巫闾山中段的东南麓，当地俗称“三道沟”沟口附近，地势势北高南低。其西北最高山峰海拔 300 米，当地称“黑石砬子”，该山峰向东南和西南各延伸一小山梁，墓地即位于该山南侧的山坡地。

2015 年度发掘墓葬两座（M1、M2），均为砖室墓，墓向 155°，由墓道、天井、墓门、甬道及墓室构成。M1 墓道为斜坡状，两壁抹泥，天井呈斗状，额墙为砖雕仿木结构，门洞为拱形券顶，墓门用砖封堵。甬道平面呈长方形，两壁抹泥。墓室呈八角形，穹隆顶，用长条形砖砌筑四壁、铺底。墓室北部砌筑长方形棺床。周壁用长条形柏木方榫卯套接做护壁。由于多次被盗，人骨及随葬品破坏较严重。M2 墓道为斜坡状，两壁抹泥；天井呈斗状；门前为歇山式砖雕仿木结构，五铺作。门洞为圆拱形，长条形砖封堵，封门砖外立有柏木方。门洞左右两侧各有两根立柱，上承额枋，其上为平板枋。枋上承五铺作，其上为拔檐砖、檐椽、飞椽、撩檐砖、板瓦、筒瓦及滴水、瓦当等。出土随葬品有铜器、铁器、金银器、漆木器、玻璃器、琥珀、水晶及墓志等。据出土墓志，墓主人为耶律弘礼，本为辽景宗曾孙，后过继给耶律隆运（即韩德让）并附其葬，下葬时间为寿昌二年（1096）。

根据所在位置，结合墓葬形制、随葬品和墓志分析，洪家街墓地应为一处辽代中晚期墓地，属医巫闾山辽代帝陵的陪葬墓地之一。

（司伟伟　苏军强　万雄飞）

【“丹东一号”清代沉船（致远舰）水下考古调查】

调查时间：2013～2015 年

工作单位：国家文物局水下文化遗产保护中心、辽宁省文物考古研究所

辽宁“丹东一号”沉船位于丹东市西南 50 多千米黄海北部海域，为配合丹东港的海洋红港建设，两家单位对基建海域的水下文化遗产展开调查工作，通过物探勘察、潜水探摸、抽沙清理等工作，最终在 24 米深的海底找到并确认清北洋水师的致远舰。

舰体情况，沉船埋于粉砂质的淤泥下，海床面只零星出露一些钢材，覆盖着层层渔网。通过抽沙清淤，沿两侧舷边将舰体上部分边廓大体清理出来，舰体残骸达 60 多米长（长度还未到艏端），9 米～10 米宽。舷侧钢板受泥土挤压略有弯曲，材质炒钢锻打，钢板间使用铆钉连接。右舷前部发现数道横向钢板，为水密隔舱。穹甲在右舷前部、舯后部均有发现，舯后部穹甲以三层钢板铆接，厚达 10 厘米，穹甲倾斜度较大，明显还未到舱室顶部。该处紧临一个破损锅炉，呈圆桶状倒卧，锅炉一端有密集的过水管孔洞。锅炉内堆积的全是煤炭，清理深度近 2 米，仍未见底。艉部的左侧保存较好，弧形，当前仅清理近 1 米深，其外侧钢板上结满死去的海蛎壳，揭示泥沙将舰体逐渐淤埋的过程，鱼雷引信即发现于此。右后侧近艉部保存较差，残损较大。

沉舰整体受损较重，舱内淤满泥沙，从残存的锅炉高度与舯部穹甲看，泥中舰体残存高度已位于水线以下，按舱室结构已是底舱，即动力机舱的位置，高度已不到完整底舱室的顶部。舰体周边散落着钢板、锅炉配件、炮弹等物品，原位于水线上的物品，如舷窗、加特林机枪也有发现，应为爆炸时向四周抛撒所致。

舰体绝大部分区域均发现有火烧痕迹，过火面积较大，从艏部、右舷到艉部均有烧焦的痕迹，这些区域只能保存下不易燃烧的金属类构件。

出水文物，历次调查提取水下文物计180余件，另有65枚清代铜钱。按质地有银、铜、铁、木、瓷、玻璃、皮革等类，用途涉及船体构件、舰载武器、搭载的官兵生活物品等。

船体构件及内饰物，包括锅炉阀门、舷窗、铜质标牌、铜锁、电灯罩、衣帽钩、木滑轮等。其中，方形舷窗共发现4扇，尺寸约50厘米，在正中安装圆形舷窗玻璃，上端配有微弧状的窗檐，近底端有两枚元宝形固定螺栓。

致远舰的多种舰载武器在“丹东一号”沉船遗址中均有发现，包括8英寸主炮管残片、鱼雷引信、152毫米炮弹、57毫米炮弹、47毫米炮弹、37毫米炮弹、加特林机枪及子弹、毛瑟枪子弹等。此外还发现数枚马蒂尼·亨利步枪子弹、左轮手枪子弹等。其中，加特林机枪全长116厘米，保存较完好，并附带可旋转托架，前端见呈圆形排列的十根枪管。机枪铭牌尚存，铸有武器名称（GATLING GUN）、公司名称（SIR W. G ARMSTRONG MITCHELL & Co. LIMITED）、口径（0.45）、型号（1886）、产地（NEW CASTLE ON TYNE）等信息。鱼雷引信全长58厘米，前端呈圆锥形，翅钢枪已为凝结块，后端药筒呈细长管状，内装药棉。鱼雷引信发现于艉部，供艉部配备的一具鱼雷管使用。

搭载人员的生活物品包括茶杯、瓷盘、鞋底、皮带、木梳、鼻烟壶、印章及一些钱币等。其中，白瓷餐盘为宽平沿浅盘形制，盘心饰篆书“致远”二字，外圈为字母，上半圈为“CHIH YüAN”（致远威妥码拼音），下半圈为英文“THE IMPERIAL CHINESE NAVY”，组合成一个圆形徽标。另发现一件盘心下凹的白瓷小托盘及一把与瓷盘配套使用的银勺，盘心与勺柄上均带同样的“致远”圆形徽标。

1894年9月17日，中日爆发甲午海战，在交战的黄海北部先后沉灭扬威、超勇、致远、经远四艘军舰。通过比对沉船遗址残存的1600吨铁质体量（磁力物探结果）、水下发现的穹甲钢板、独特的方形舷窗（仅安装于致远舰、靖远舰艉楼各舱室）、主要武器配备，以及带“致远舰”文字款识的餐具等考古实物资料，并结合甲午海战档案、北洋海军档案和海域当地的口述史料综合判定，“丹东一号”沉船为致远舰。

辽宁“丹东一号”清代沉船（致远舰）水下考古调查为中国近代史、甲午海战史和世界舰船技术史的研究提供了十分珍贵的实物资料，也为多种物探设备、三维摄影拼接技术在水下考古中的综合运用积累丰富经验，并有助于推进我国领海范围内近代钢铁沉舰的文物保护工作。

（周春水）

吉林省

【农安县左家山新石器时代至辽金时期遗址】

发掘时间：2015 年 8～10 月

工作单位：吉林省文物考古研究所、吉林大学边疆考古研究中心

左家山遗址位于农安县农安镇亮家屯村南，地处松花江支流伊通河中游北岸，西南距农安县城 4000 米，是松花江流域的一处重要遗址。1985 年曾对该遗址进行过发掘，发现了左家山上、中、下层文化遗存。

2015 年度，吉林省文物考古研究所、吉林大学边疆考古研究中心、长春市文物保护研究所和农安县文管所联合对农安左家山遗址进行了发掘。在探明遗址范围的基础上，选择遗存丰富、保存状况较好的区域进行发掘。发掘区位于 1985 年发掘区以北 5 米处，布 5 米×5 米探方 20 个，发掘面积 500 平方米。

此次发掘发现了新石器时代的左家山下层文化、左家山上层文化和辽金时期三个阶段的遗存，和一定数量的陶、石、骨、青铜、铁器等人工制品及人骨和猪、牛、马等遗存。左家山下层文化遗存以 H4、G3 以及第④层为代表，可辨器形有筒形罐、钵、杯、尖底器、陶支脚等。其中，一件人形半身陶塑和两件鸟形陶塑颇引人注目。左家山上层文化以 H5、Z1 和第③层为代表，可辨器形有筒形罐、钵等。辽金时期遗存包括 4 座灰坑（H1、H2、H3、H6）、2 座墓葬（M1、M2）、2 条灰沟（G1、G2）以及第②层等单位。陶器主要有盆、壶、罐、甑、器盖、瓦等，还发现极少量的瓷碗。

左家山遗址发掘首次在左家山遗址发现了辽金时期遗存，表明左家山遗址自新石器时代早期至辽金时期均有人类活动，为研究史前至历史时期伊通河流域先民的生产、生活情况提供了重要剖面。此次发掘揭示出的左家山下层文化时期壕沟遗迹，为确定该时期聚落址的边缘提供了线索。2015 年度的发掘还在考古勘探工作的基础上，制作完成了左家山遗址 1∶500 比例尺数字化地图。另外，在发掘过程中，全面使用了无人机航拍摄影和数码相机 3D 建模技术，最大限度地保存了田野考古发掘图形图像等各方面的信息；开发使用了“田野考古信息处理云平台（2015）”系统，将“互联网＋”的理念引入到田野考古工作中，实现了“智慧考古”。

（段天璟）

【大安市后套木嘎新石器时代至辽金时期遗址】

发掘时间：2015 年 7～11 月

工作单位：吉林省文物考古研究所、吉林大学边疆考古研究中心

后套木嘎遗址位于大安市红岗子乡永合村西北的漫岗中段。2011～2014 年持续对该遗址进行发掘。

2015 年度发掘区主要位于后套木嘎遗址 A 区第Ⅰ象限的北部，共布 5 米×5 米探方 44 个，加上扩方部分，并包括部分

2011 年和 2014 年已发掘区，2015 年度总发掘面积 1556.5 平方米。

总计发掘灰坑 85 个（其中有 3 个与去年发掘区中已发掘部分相连，4 个位于第Ⅲ象限），灰沟 10 条（其中仅 3 条为今年新发现灰沟，其余灰沟均可与去年已发掘部分相连，2 条位于第Ⅲ象限），房址 11 座（其中 1 座为去年发掘区中发现小部分但未完全明确为房址处，1 座为去年发掘区中发现但并未进行发掘的房址处），墓葬 10 座（其中 4 座被严重扰乱，1 座扰乱较轻，1 座保存较好。4 座位于第Ⅲ象限）。其中一些灰坑和灰沟中有明显的祭祀现象。遗存分属三个时期。出土完整和可复原陶器 10 余件、数量较多的细石器、骨器，以及少量玉器等。搜集到大量的蚌壳、鱼骨、兽骨，为研究各时期的经济形态及环境提供了重要的资料。

2014 年发掘结束后，我们曾根据初步的整理将前 4 个年度发掘所获遗存划分为 7 个时期。其中包括 4 种新石器时代遗存、2 种青铜时代遗存和 1 种铁器时代遗存（辽金时期）。

2015 年的发掘所获遗存分属于两个时期。分别相当于上述七期中的第三期、第四期及第七期。未见其他四期遗存的单位。

第四期遗存，是此次发掘的主要收获。开口于表土层下，打破第②层或生土。灰坑与灰沟中常见连续堆积的野生动物骨骼。陶器主要为砂质或夹蚌的红褐陶和灰褐陶，胎较薄，火候较高。泥圈套接法成型。器表多素面，极少量饰麻点纹或之字纹。器形见有双耳罐、筒形罐等。该期遗存与近年发掘的白城双塔二期遗存属于同一种考古学文化，与内蒙古科左中旗哈民忙哈遗存也有类似之处。结合^{14}C测定数据，可将此期遗存年代推定在距今 5500～5000 年前后，与辽西地区红山文化晚期的年代大体相当。

第七期遗存，属辽金时期，仅见灰沟一条。结合钻探可知，此沟与 2014 年发掘区西南部的一条灰沟是相连的。未出土完整器物，仅见少量兽骨和极少量泥质灰陶陶片。

后套木嘎遗址的发掘，对于构建和完善嫩江流域汉以前考古学文化的编年序列，开展区域内汉以前考古学文化的谱系、生业、人群及环境的综合研究，乃至探索松嫩平原西部极易遭受自然和人为破坏的沙坨型遗址的保护问题具有十分重要的理论和现实意义。

通过发掘并结合钻探，2015 年度已初步了解到遗址 A 区房址、灰沟等大型遗迹的分布与走向，尤其是对后套木嘎第三、四期遗存的聚落布局有了进一步的掌握。为深入进行系统研究积累了丰富的资料。

（方　启）

【吉林市龙潭山城】

发掘时间：2015 年 6～11 月

工作单位：吉林省文物考古研究所

龙潭山城位于吉林市龙潭区东南部的龙潭山上。2015 年度对城内中部的大型台地进行了发掘，发掘面积 1000 平方米。共发掘城门址 1 座、夯土台基建筑 3 座、房址 11 座。

东门址平面呈“凸”字形，门址历经多次毁坏、重修、封堵。现存门道为高句丽晚期，门道边石和门垛的外向砌石均为楔形石，但内侧为碎石填充，朝向门道一侧用草拌泥做黏合剂用小型块石砌筑墙体，并以草拌泥涂出墙面。门道南侧为瓮城部分，是由两侧夯土城墙和门垛围成的开放式结构。

夯土台基共发现 3 座，编号为 TJ5～TJ7，均发现于第①层下。

TJ5 位于 1 号台地南部，方形。四角有夯筑的墩台，用于安放柱础。台基上部的建筑开间位于 2014 年发现的寺庙建筑群中轴线上，因此这处台基可能是寺庙建筑群的“山门”部分。TJ6、TJ7 分别位于 1 号台地的西部（2 号）和西南部（3 号），表面破坏较为严重，残留少量础石、柱洞及柱下基础等迹象，建筑格局不明，应是寺庙建筑的附属设施。

房址共发现 12 座，编号为 F5 ~ F16。其中 F5 ~ F14 为金代晚期房址，发现于第①层下，部分出露于地表，保存状况较差。均为长方形，残存有石砌折尺形火炕烟道、烟囱底座和部分石砌墙基。F15、F16 为金代早期房址。F15 仅保留石砌烟道、灶址和部分墙基。F16 房屋设施保存完好，房址为长方形，四周墙体为土筑，内侧用泥抹光；门向南，门道面略高于房内居住面；火炕为石砌，折尺形，烟道盖石之上覆泥作为炕面，烟道两端有两处灶址，烟囱位于烟道转折处的房屋外侧；居住面极为平整，表面出土有“元祐通宝”。

出土遗物依材质可分为陶器、瓷器、铁器、铜器等。陶器包括建筑构件和日用器皿，建筑构件主要有板瓦、筒瓦、脊兽残块等。日用陶器有罐、甑等。瓷器按釉色分为白瓷、青瓷、黑釉瓷、酱釉瓷等。白瓷、青瓷、黑釉瓷器形有碗、盏；酱釉瓷器均较为厚重，多为瓷瓮。铁器有铁钉、铁镞、铁釭、铁镰、铁锅等。铜器有铜钱、铜镜等，铜钱以北宋时期及金代年号钱为主。铜镜纹饰均为金代常见的双鱼纹、人物故事纹、龙虎纹等。

通过对东、西两座门址的形制、结构和城墙的构筑方式，以及出土遗物的特征进行比较分析，我们倾向于认为龙潭山城的始建年代当为高句丽晚期。

根据城内地层堆积状况、遗迹的形制、相互关系和出土器物的特征判断城内已发现的遗存分别属于西团山文化时期、高句丽晚期、辽金时期、明清时期等几个不同时期。

（徐 坤）

【集安市洞沟古墓群山城下墓区】

发掘时间：2016 年 7 ~ 10 月

工作单位：吉林省文物考古研究所、集安市文物局、集安市博物馆

山城下墓区位于集安市市区西北约 2.5 千米，隶属于全国重点文物保护单位洞沟古墓群。墓区北侧紧邻丸都山城南墙东段，距 1 号门址仅 100 米左右。东、南、西三面有通沟河环绕而过。中心地理坐标为：北纬 41°08′48.7″，东经 126°09′48.5″，海拔 220 米。现存墓葬数量 1289 座。

此次考古清理工作为配合集安洞沟古墓群墓葬本体保护工程的实施，根据保护需求对墓葬的形制、边界、材料予以认定，为墓葬保护维修的设计和施工提供考古学依据。2015 年度共清理墓葬 114 座，其中积石墓 40 座，类型包括基坛积石墓和阶坛积石墓两类，其中包括一定数量的串墓。积石墓的清理是此次工作的重点，对每一座积石墓进行航拍和三维建模，并挑选其中具有代表性的 4 座墓（串墓）清理了扩室。积石墓呈方形或长方形，边长可达二十余米，四边由经修整的花岗岩、石灰岩石块错缝砌筑，中间填碎石。部分墓葬可见基槽和墓域，其中一座墓葬的阶坛南北两侧各有一处平面呈长方形的附属设施，在以往高句丽墓葬发掘中未发现类似遗迹。封土墓共清理 74 座，通过在两侧开探沟的方式揭露原封土范围，部分封土墓经盗掘导致墓室洞开，所以对其中 3 座墓的墓室进行清理，墓室四壁由石块错缝砌筑，部分可见抹角叠涩，顶部有盖顶石，墓底铺一层小河卵石，墓道方向为西或南。

在多数墓葬曾遭盗掘的情况下，此次工作仍出土较多珍贵遗物，包括鎏金冠饰、铁甲片、箭镞、鱼钩、铁刀、釉陶器、陶器等，其中鎏金冠饰造型精美，铁箭镞类型丰富，铁甲片数量众多，釉陶器纹饰具有代表性等，为墓葬的年代和性质的判断提供依据。

在考古清理过程中，新技术的应用取得巨大收获，通过航拍为墓葬进行三维建模，可以获得更为精准的数据。

从墓葬规格、石材的加工程度、墓域和附属设施的出现以及出土器物等方面，可以判断山城下墓区积石墓的年代为公元3~4世纪。因多数封土墓未清理墓室且几乎未出土遗物，其年代不易判断，结合与其毗邻的东大坡墓地封土墓的年代，推测山城下墓区封土墓年代可能为公元5~7世纪。

（安文荣　李睿哲）

【集安市霸王朝高句丽山城】

发掘时间：2015年9~11月

工作单位：吉林省文物考古研究所

霸王朝山城位于集安市财源镇霸王村东北约4.3千米的山上，雄踞老岭干脉“亮红顶子”西端，凭借山脊而建，地理坐标北纬41°23′53.3″，东经125°43′40.6″，山城最高点海拔857.22米。山城北高南低，形若簸箕，平面略呈梯形，东壁长299米，南壁长238.7米，西壁长422.8米，北壁长269.5米，全长1230米，面积69438平方米。

山城四面均发现有保存较好的城墙，城墙石筑，城垣高矮宽窄颇不一致，最高处可见垒砌石条20多层，高度达5米以上。2015年度吉林省文物考古研究所对霸王朝山城开展主动性考古发掘，并对山城进行了测绘与系统调查。2015年度选择北门址、南城墙西段豁口、北城墙东段和西城墙南段四个地点进行发掘清理，通过发掘对霸王朝山城城墙体系有了明确了解。

山城是一处中小型的簸箕形城址，筑城材料为花岗岩，原料就地取材于山城内外，采用较为成熟的楔形石技术。城墙基础多位于基岩之上，或者将基岩之上薄土层去除垒砌，存在阶梯内收式的下部墙体。城墙筑造方式主要是楔形石和梭形石拉结咬合，中间填充碎石的“干插石”方式。两面砌法与单面砌法都可见，外墙砌筑要好于内墙。确认城墙存在马面、角台、女墙、柱洞和排水涵洞等附属设施。其中马面位于南城墙和东城墙；角台位于东南角和西南角；四面城墙均存在女墙，一般女墙内侧墙根会有规律分布的方形柱洞；城墙地势较低处建有排水涵洞。

北门址揭露出门道、门道东西两侧门垛和北侧瓮墙。门址两侧城墙修筑在基岩之上，门道两侧门垛和门道底部基础均为黄白色土夹碎石的生土。门道呈西北—东南走向，两侧门垛底部砌长方形条石，条石上部内收被楔形石叠压，条石顶面可见木炭痕迹，疑似地栿。门道宽2.5米~2.8米，两侧发现方形门枢础石，础石上可见方孔两个。门道内出土各类遗物60余件，以铁甲片、铁钉为主。瓮门为东侧城墙向外转折以曲尺状形成的封闭空间，瓮门宽约2.8米。

此次发掘出土遗物具有典型的高句丽时期特征，从波浪纹和弦纹为主的陶器纹饰和鼓腹罐的形制来看，应属于高句丽晚期。北门址门道内疑似地栿木炭的^{14}C测年数据为6世纪末7世纪初，初步判断霸王朝山城的使用年代不晚于高句丽中晚期，延续使用到高句丽灭亡，但始建年代并不明确。

（安文荣　徐　廷）

【临江市东甸子高句丽墓群】

发掘时间：2015年6~9月

工作单位：吉林省文物考古研究所、白山市文物保护管理办公室、临江市文物管理所

东甸子古墓群位于临江市六道沟镇六道沟村东甸子屯，地理坐标为北纬41°35′57.21″，东经127°07′50.11″。该墓群东距六道沟镇4000米，鸭绿江自东向西经过东甸子南端，在屯西折而向西北流去，历经

江水多年冲刷、淤积，在江右岸形成了一块狭长的冲积台地，东西长约 2.5 千米，南北宽约 1000 米。墓群即坐落于村西二级台地及屯北山坡上，临江通往长白县的公路在此穿过。整个墓群分为东、西两个墓区，西侧为Ⅰ墓区，分布于沿江公路南侧东甸子屯东西两侧的耕地内；东侧为Ⅱ墓区，位于沿江公路北侧六道沟镇福利院后面的山坡之上。

为配合白山市鸭绿江上游积石墓群一期保护规划和方案的编制，对东甸子墓群进行了调查和发掘。通过为期近两个月的调查，初步确认东甸子墓群墓葬总数为 77 座，其中Ⅰ墓区 45 座，Ⅱ墓区 32 座，在原有记载 58 座的基础上增加了 19 座。在调查的同时，我们在两个墓区共清理墓葬 11 座，其中Ⅰ墓区 6 座，编号分别为 15LDIM10B、M11、M12、M14、M19、M22；Ⅱ墓区 5 座，编号分别为 15LDIIM43、M44、M45、M47、M53。通过调查和发掘工作，我们发现Ⅰ墓区墓葬形制以阶坛积石墓和方坛积石墓为主，Ⅱ墓区以阶墙积石墓为主。此次发掘共出土陶、铁、石器标本 50 余件。这些遗迹和遗物不仅进一步丰富了高句丽积石墓的资料，还为一期保护规划和方案的编制提供了第一手翔实的资料。

无论是从墓葬选址、结构，还是从出土器物来看，Ⅰ、Ⅱ墓区存在着显著的差别，可以认定这种差异是由两个墓区整体时代早晚造成的，Ⅱ墓区的整体年代应早于Ⅰ墓区。我们对墓内出土人骨进行了采样，并进行了 ^{14}C 测年，然而遗憾的是Ⅱ墓区的样本未能测出年代，Ⅰ墓区 8 个样本的年代大致为公元 5 世纪至 6 世纪初。此次发掘，我们在东甸子墓群Ⅰ墓区清理的一些墓葬与以往清理高句丽积石墓存在一些差异，例如 M10B、M11、M12、M19 等，这些带有附属墓葬的积石墓的集中出现是以往所未见的，其主体部分与集安地区发现的积石墓基本一致，然其外附小墓的现象又颇富地方特色。

（刘晓溪　谷　芃　张福生）

【吉林市东团山遗址】

发掘时间：2015 年 7～11 月

工作单位：吉林省文物考古研究所

东团山遗址位于吉林市松花江右岸现隶属于吉林市丰满区，西侧紧邻松花江，东北距龙潭山城 2.5 千米，南距北华大学东校区 2000 米，西侧紧邻滨江东路。遗址由山城和平地城（南城子城址）两部分构成。山城位于遗址西北部的椭圆形山丘上，海拔高度 252 米。山城上可见三道城墙，城墙为土石混筑，间距 20 米～30 米不等。外城墙残长 493 米，中墙残长 443 米，内墙残长 78 米。平地城位于山城东侧台地上，紧邻山城。平地城平面近椭圆形，周长 1050 米。城墙仅残存南部一段，外高 2 米～3 米，内高 0.5 米～1 米，其上有一豁口，疑似城门。城内近南城墙处可见一高台，南北长约 150 米，东西宽约 75 米，高出城内地表约 0.5 米。

2015 年度的主要工作为对平地城内高台处的发掘及对南城墙的解剖，发掘面积近 800 平方米，揭露地层 3 层，发现灰坑 55 个，灰沟 8 条，建筑基址 2 处，解剖城墙 1 处。由于受时间限制，2015 年度的发掘工作未全部完成。主要收获为确认了城内存在 2 处汉魏时期的夯土建筑，对城墙的结构有了初步的认识。

通过解剖，确定城墙为夯土叠筑，存在 2 个墙芯，因此推测城墙可分为早晚 2 期，晚期城墙是在早期城墙的基础上改扩建而成的。其中晚期城墙的建筑年代不早于辽代早期，由于未发掘到底，早期城墙的年代尚难判断。

在城内高台的南部发现 2 处建筑基址。其中 1 号基址南侧被晚期遗迹打破，北侧呈斜坡状，残长约 14 米，东西延伴到发掘区以外。台基上发现若干坑状及沟槽状遗迹，由于揭露面积较小，分布规律尚不明确，性质有待判断，另外在台基上发现少量础石，础石多有位移。通过叠压于其上的遗迹判断，基址的年代为汉魏时期。

2号基址位于1号基址南侧，距1号基址约15米。基址北部被晚期遗迹打破，东西南三面延伸出发掘区以外。从目前的揭露的情况看，2号台基至少存在四个使用面，在第三个使用面上发现两排柱洞。柱洞直径约70厘米，柱心直径约20厘米，中心间距约2.2米。通过TJ2第②出土的遗物判断，台基的第三、四个使用面的年代不晚于汉魏时期。

（王 聪 张 迪 王晓明）

【图们市渤海国时期微波站关遗址】

发掘时间：2015年6～11月

工作单位：吉林省文物考古研究所、延边州文物保护中心

微波站关位于图们市月晴镇榆基村西北山脉顶峰处，地理坐标为北纬42°56′53.00″，东经129°44′22.92″，海拔487米，其西南3000米为图们微波站。作为延边边墙重要的附属设施，微波站关于2010年6月在延边边墙田野调查工作中首次被发现。2015年经国家文物局同意，对微波站关开展主动性考古发掘，发掘面积300平方米。

关平面呈正方形，有毛石块垒砌的关墙，东南墙正中有宽约3米的门址。2015年度对关内进行了全面揭露，布5米×5米探方10个；关外选取东南墙外侧、西北墙外侧和西角外侧进行清理，发掘总面积近500平方米。关墙体依山势修建，外侧略高于内侧，每边长20米～21米，现存高0.35米～1米，宽2.3米～3.5米。墙体两壁均有柱槽，柱槽内外对应，间距大致相等，个别柱槽底部保存有炭化木柱。与柱槽相对应的柱坑直径约0.5米，均压在墙体之下，据此推断墙体的修筑方式应为先挖坑立柱，再根据木柱的排列修建墙体。关西角外侧有石砌护角，平面长方形，与关墙相连。关内揭去表土即为黄黏土铺垫的活动面，东北侧有三座带石砌烟道的半地穴房址，呈一列分布。F1平面近正方形，长4.3米、宽3.9米、深0.4米，房内烟道为曲尺形，用毛石块垒砌，顶部无盖石，其两端分别为灶址和烟囱；门道位于西南壁正中，保存有炭化的门槛和门板；柱洞沿穴壁及烟道壁分布，共10个；居住面较平坦，其上仅遗有一件器盖，房内堆积中出土遗物较多。

关内房址及地层中出土遗物以陶器为主，铁器较少。陶器多为手制轮修，以夹砂黄褐陶为主，泥质灰陶较少，器形包括三耳瓮、双耳盆、多孔甑、短颈壶、重唇深腹罐、圆唇深腹罐、敛口罐、带流三系罐、浅腹盘、盘口瓶、器盖、鼓风管、纺轮等，部分陶器施有刻划的弦纹、波浪纹及篦点纹与垂幛纹组成的复合纹饰。铁器有铁镞和小铁刀。

从出土遗物判断，微波站关应为渤海早期修建，且未被后世沿用。微波站关的形制及出土遗物均与2013～2014年发掘的图们水南关相近，二者同为延边边墙的重要附属设施，水南关已被证明是渤海早期修建，微波站关的发掘再次为延边边墙始建于渤海提供了有力佐证。

（张恒斌 满世金）

【桦甸市苏密城址】

发掘时间：2015年5～11月

工作单位：吉林省文物考古研究所

苏密城位于桦甸市桦甸镇永吉街道大城子村，北濒辉发河故道，南约1000米为辉发河现河道。城址由内外双重城垣组成，平面呈“回”字形。城垣土筑，基本保存完好，只有外城东北角因辉发河水毁缺失。继2013年和2014年，2015年吉林省文物考古研究所继续对该城址进行主动性考古

发掘。

2015年接续2014年的发掘区向西延伸，并对2014年发掘区的南部进行细部清理。通过发掘明确2014年发现的以黄黏土和黑黄花土夯筑的夯土台基，范围较大，布满整个发掘区，但因后期取土筑内城南城垣或是他用，致使夯土台基损毁严重，现存台基上沟坑纵横，2015年度共清理灰坑29个，灰沟4条，部分灰沟和灰坑取土到夯土台基下的黄沙层。导致2014年发现渤海寺庙基址仅能见到东部和南部各残留的2排磉堆，磉堆直径1米~1.5米，中心间距约3.3米，且磉堆上的础石完全缺失，寺庙址的具体布局及形态已无法认定。

在发掘区西部发现一条与2014年清理的河卵石带近垂直的河卵石带，其构筑方式相同，可确定为同期所建。经后期解剖，发现其下为一条东西向的灰沟，在沟内填土上挖槽然后堆砌细小河卵石构筑，由于灰沟打破夯土台基，进而确定河卵石条带为晚于建筑基址并晚于灰沟和灰坑的后期遗迹。

除上述工作外，2015年度还对内城东门北侧的一段城墙进行了解剖并清理了内城东南角。进一步确认了内城东城墙亦是底部平整后直接地表起建，无基槽，墙体基础垫土宽11.5米，墙体底宽7.5米，墙体现高2.4米。东南角亦没有发现角楼迹象，但在东南转角处的城墙下叠压1座带有三条烟道的房址，为内城断代提供了进一步的学术依据，内城外东城壕壕口宽10米，因地下水渗出，现清理深度1.65米。

出土遗物多为渤海时期，包括瓦、瓦当、鸱尾、兽眼等建筑构件300余件；陶罐、陶盆、陶钵、陶碗和陶碟等日用陶器；以及少量铁镞、铁甲片、铁刀、铁钉、铜刀、铜镯、铜镊和铜簪等金属器；另出土400余件的贴塑佛像残块，为渤海佛教考古研究提供了非常重要的考古资料。

对苏密城持续三年的工作，可以确认内、外城址不仅年代不一，而且内城城壕对外城的渤海寺庙址有直接的打破关系，为内城的断代提供了层位学依据；内城城垣内出土的渤海时期的佛像、瓦件和瓦当等遗物，以及内城垣上发现的辽代建筑瓦件，对内、外城的断代提供了遗物依据。故我们倾向认为苏密城外城为渤海始建，内城则可能是辽灭渤海后，在东北旧地建制东丹国时期构建，不过这一结论还有待2016年在内城进一步考古发掘证实。

（王志刚 张 哲 王吉峰）

【白城市城四家子辽金城址】

发掘时间：2015年6~11月

工作单位：吉林省文物考古研究所

城四家子城址位于松嫩平原西部、洮儿河左岸，有诸多学者对城址进行过实地踏查和研究，并取得了一定成果。现城内已经辟为耕地，城墙西部被洮儿河水侵蚀，现已不存。目前，白城市文物保护管理所已着手实施保护工程，有效地阻止了洮儿河水对城址的进一步侵蚀。2013~2014年，吉林省文物考古研究所对城址开展了主动性考古发掘。2015年吉林省文物考古研究所继续对该城址进行了主动性考古发掘工作。

2015年度对城址及周边进行了细致的地表踏查，确认了城内十余处大型建筑址群，确认了一批手工业遗存，大体摸清了城内的主体功能区划。在城外确认了同时期的遗址一处，墓葬区一处，砖瓦窑一处，完善了对城址的社会经济功能区的认识。

2015年度的发掘是在历年调查发掘的基础上，对城址中部偏西的制陶手工业遗存进行清理。通过发掘，清理出陶窑址两座，房址四座，烧窑废弃堆积若干处，并清理了灰坑和灰沟若干。

2015年度的发掘出土遗物主要有瓷器、陶器、铁器等生活用具，其中辽代灰坑出土的刻划水草、鱼纹的大盆，刻划双塔纹的大盆尤为精美；金代房址内出土的白瓷盘上写有“风花雪月”四字，显得别具一格。另外还出土了砖、瓦、瓦当、陶建筑饰件等建筑构件。还可见围棋子、象棋子、琉璃簪等文化生活用品。其反映了辽金时期社会生活面貌。

经过三个年度的工作，对城四家子城址内的大型夯土建筑群址和手工业遗存的数量、规模和分布，有了一定认识，通过对陶窑址的发掘，出土了大量辽金时期陶器，基本明晰了部分器形从辽晚期到金代的演化规律，对于辽金时期陶器的分期有了基本的认识。从城内的大型夯土建筑遗址遗迹数量和规模来看，城四家子城址应该是辽金时期东北西部极为重要的城址。

（梁会丽　孟庆旭）

【大安市尹家窝堡辽金遗址】

发掘时间：2015 年 7 ~ 10 月

工作单位：吉林省文物考古研究所、吉林大学边疆考古研究中心、大安市博物馆

尹家窝堡遗址位于吉林省大安市安广镇永丰村尹家窝堡屯西北约 2.5 千米处，新荒泡西南岸，遗址分布的范围现已辟为耕地，其北侧为水面，西侧为面积广阔的盐碱地，遗址恰好位于耕地与盐碱地相接处。地理坐标为北纬 45°38′41.07″，东经 123°42′16.68″，海拔 129 米。

2012 年后套木嘎考古队首次对新荒泡和月亮泡周边区域做区域性系统调查时，对该遗址进行了系统采集、记录，根据采集区的分布情况基本确认了遗址大致范围，面积约为 15 万平方米。共发现辽金和明清两个时期的遗存。在遗址北部边缘发现有沿水边分布的 10 个土包，经过钻探确认为人工遗迹。

2014 年 6 ~ 8 月对该遗址进行了试掘，发掘对象选择保存较好的Ⅵ号土堆，发掘面积近 300 平方米。发现辽金时期淋卤坑 5 座，灶址 2 个，灰坑 7 个，墓葬 1 座，另有烧火遗迹和堆土遗迹。其中打破堆土遗迹的墓葬为金代，故此堆土遗迹形成年代应不晚于金代。其中淋卤坑的发现在东北地区尚属首次，观察其结构，可以发现此类遗迹与明代的《天工开物》中记载的部分内容和元代的《熬波图》中记载的“淋灰取滷”中的“灰淋”和“滷井”结构颇有相似之处。翻阅《金史·食货志》不乏关于“肇州盐”的记载，金代此地隶属于肇州，可以推知肇州之盐很有可能为土盐。

2015 年度再次对尹家窝堡遗址进行了主动性发掘，发掘对象选择靠近遗址中部的椭圆形高台地，发掘面积逾 600 平方米。发掘辽金时期各类遗迹 100 余个，有房址 2 座、灶址 4 座、灰坑 93 个、沟 2 条。此次发掘出土有大量辽金时期遗物，按质地分有陶器、瓷器、铁器、铜钱、石器、琉璃器、骨器、蚌器等，共 800 余件。

通过两年发掘确认了遗址北部制盐区域与南侧聚落的共存关系，北侧主要为土盐制作环节“淋灰取卤”的场所，遗址南侧区域应为当时人们的聚居区。对遗址现存盐包体量估算，可以推知土盐生产在当时人们的生产生活活动中占有很重要的比重。综合两年的工作，我们初步推断尹家窝堡遗址年代为辽代晚期至金代，主要年代为金代早中期（12 世纪）。

［史宝琳（Pauline Sebillaud）　刘晓溪］

【乾安县辽金春捺钵遗址群后鸣字区遗址】

发掘时间：2015 年 5 ~ 9 月

工作单位：吉林省文物考古研究所、吉林大学边疆考古研究中心

为配合春捺钵遗址群保护规划的制定、搞清楚春捺钵遗址文化内涵，对后鸣字区遗址进行考古调查、勘探与考古发掘。调查了遗址中 195 个土台，勘探 6 万平方米，发掘面积 815 平方米。

后鸣字区遗址位于乾安县赞字乡后鸣字村西的花敖泡湖的东南岸。遗址内有九百余座土台遗迹，土台主体东西绵延3000米，宽1.6千米，总面积约4.7平方千米。根据土台的分布疏密，把遗址土台密集带分为东、中、西、南四区。土台大致呈扇形分布，中区为核心区，东西两区似两翼拱卫中区。中区北部有一小城，周长426米，小城内有三座建筑和两个圆圈遗迹。土台形状多样，以椭圆形、长条形居多，土台一般长10米~50米，宽10米~20米，高0.5米~3米。

考古调查中，绘制了遗物在土台上的分布图，并采集了大量辽金时期灰陶片、白瓷片和少许定窑白瓷、耀州窑瓷片、宋辽铜钱，为分析土台是否人工土台，遗物在土台的分布规律，以及遗址内部功能分区提供了基础资料；勘探主要在土台B054~B056区域，新发现2条道路通向B054~B056土台，为探讨遗址内部格局提供了思路；发掘区位于小城的2号建筑址和东北角城墙，遗迹中区的B080、B089群组、B092群组，揭露建筑台基1座，灰坑12个，灶11个，灶面遗迹6个。2号建筑址经发掘证实为金代建筑，各土台的结构以及出土遗存各有差异，说明土台群内土台的分工不同。出土大量辽金时期建筑构件、陶瓷器、铁器、铜钱、石磨等遗物410件。在3座土台的早期地层中发现辽代篦点纹陶片，明确了遗址年代始于辽代，金代沿用。此外还发现了较多的马、羊、蚌壳、雉类、鱼类等动物骨骼，为确定遗址是辽金时期渔猎遗址提供了重要证据。

（冯恩学 武 松）

【梨树县偏脸城城址】

发掘时间：2015年8~10月

工作单位：吉林省文物考古研究所

2014年，国家文物局做出了《关于偏脸城城址抢险加固工程立项的批复》。为配合城内抢险加固工程，2015年度吉林省文物考古研究所对偏脸城金沟北侧进行抢救性考古发掘工作。

该城址位于梨树县白山乡岫岩村白山咀子山冈南坡。全城地势西北高而东南低，方向南偏西23°，依山势修筑，城址平面呈平行四边形，周长约4318米。城墙由夯土版筑，基宽约12米，顶宽约1米。四门皆有瓮城。东、南瓮城地表已消失，西、北瓮城尚存，城址西、北两墙外有宽约20米的护城河遗迹。

通过此次试掘，共计清理11个灰坑、3座房址、2座灶址、2个磉堆；发现两期文化堆积，首先即第②层下的作坊遗迹及其同层出土的大量金代遗物，将该层文化堆积基本定格到金代；其次在F3房址下叠压的磉堆确定了该处存在早于上层文化堆积的建筑遗迹。

出土大量遗物，主要包括陶、瓷器、骨器、铁器、建筑构件、铜钱等。陶器主要分两类即生活用具和建筑构件，其中建筑构件以素面布纹板瓦为主，鲜见瓦当、当条、筒瓦、滴水等器物。瓷器以定窑白瓷为大宗，另包含有钧、磁、耀、景德镇、龙泉、江官屯、高丽青瓷等。铁器中以铁钉为大宗，并存铁甲片、铁镞、铁刀及少量生产工具，如铁锤、铁斧等。骨器种类较多，骨簪、骨刷、骨勺、骨梳、骰子等，除此之外还清理出大量骨器残料，多为制作骨器的剩余料。出土大量铜钱，以宋钱为主，另出土有金代钱币正隆元宝。从出土大量骨料、钱模、生产工具等遗物判断该区域为作坊遗迹，同时在周边调查时也采集到大量铁渣等遗物，可能存在炼铁遗迹，因此判断发掘区最晚期文化堆积为偏脸城的作坊区；以磉堆所属夯土台基建筑，可以确定该区域存有高等级建筑，瓦当、滴水等建筑构件可能来源于该建筑。因此在晚期堆积形成之前，该区域不是作坊区而是大型建筑址。

金朝王寂《辽东行部志》："韩州城在辽水之侧，常苦风沙，移于白塔寨，后为辽水所侵，移于今柳河县，又以州非冲途，即徙于旧九百奚营，即今所治是也。"通过此次发掘确认了偏脸城即为金代韩州城，同时发掘面积小、深度浅却出土大量精美遗物反映了韩州城在金代是经济繁荣的城市。这与韩州城处在金上京和金中都主要交通线的重要节点上有密不可分的联系。目前的发掘尚未发现辽代遗存，因此偏脸城是否辽代百奚营还有待今后发掘工作。

（顾聆博　王晓明）

【图们市磨盘村山城】

发掘时间：2015 年 6～10 月

工作单位：吉林省文物考古研究所、延边州文物保护中心

城址位于图们市与延吉市交界处，属图们市行政管辖的长安镇磨盘村南面的城子山上。其西距延吉市 10 千米，东距图们市 20 千米，地理坐标为北纬 42°54′、东经 129°35′～129°37′。城子山是一相对独立的山体，它由五座连绵起伏呈环形的山峰构成。山南面有经延吉市区流淌而来的布尔哈通河，河水于山的东北角汇入海兰江，奔腾向西。该山城为金代末期"东夏国"的"南京"治所。2015 年对磨盘村山城的 2、3 号建筑址及 1、2 号院落进行了发掘，发掘总面积 800 平方米。另在城内进行了近 6 万平方米的钻探工作。

两年度考古钻探结果显示，在城内中心区域自北向南，由低渐高分布有 21 处人工修整的台地，其范围南北长 280 米，东西宽 110 米。目前在此区域已发现一组建筑群，11 处建筑基址。在 2014 年发掘了 2014J1 后，2015 年继续发掘了两处房址 2015J2 和 2015J3。

2014J1 坐落于建筑群纵轴线上近南端的第 15 台地上。坐南朝北，方向北偏东 22°。东西长 28.1 米，南北宽 10.5 米。础石共五排，第一、五排两排为 21 块，间距 1.2 米，第二、四排两排为 16 块，中间第三排为 5 块，间距为 4.4 米，第一、二、四、五排础石行距为 2.6 米。础石经人工修整，边长 40 厘米～60 厘米。

2015J2 位于 2014J1 北侧纵轴线上低一级台地上，2015J3 位于 J2 西侧再底一级的台地上。两处建筑址础石布局与 2014J1 雷同，只是规模略小。2015J2 东西长 25.1 米。2015J3 东西长 24.5 米。建筑基址上散存大量建筑瓦件，出土遗物有铁锁、铁矛、铁镞、铁钉等，未见生活器皿。这种排列密集的柱网结构遗迹十分特殊，为东北地区罕见，应是东夏国独有的建筑形式。

山城内分布有 4 处用土围筑的院落，以往称其为小方城。2015 年发掘了其中的 2 处。

1 号院落位于建筑群东南 100 余米，修筑于坡地上，呈方形，方向 147°。院落内偏南侧修筑 1 座房屋（2015Y1F3）房址坐南朝北，面阔三间，平面呈长方形。东西长 13.4 米，南北宽 7 米，东、西次间各有一曲尺形火炕。明间内可见两曲尺形烟道相对形成的"凹"形火炕。门道辟于何处不明。房址东、西、南有宽 30 厘米～40 厘米，深 35 厘米左右的排水明沟。出土文物有铁镰、铁铲、铁杈、铁门环，石臼、石杵，陶甑残片等。发掘表明 1 号院落应是一处寝居之所。

2 号院落位于东门址东 200 余米。院落内有一大型建筑基址（2015Y2J1）坐南朝北，方向北偏西 12°。建筑台基满堂以卵石和砂土铺筑，东西长 25.5 米，南北宽 10.1 米，北侧高 0.45 米。台基东、西、北三面以青砖包砌，以资固济。根据台基上柱网排列，该建筑为面阔 5 间，进深 3 间，屋内以青砖墁地。建筑南部有月台，月台东南角有东向和南向踏道，西南角有西向和南向踏道。出土文物以鸱吻、兽面

瓦当，檐头板瓦等建筑构件为主，不仅未见与佛教相关的遗存，也没有出土生活器皿，因此，2 号院落内的大型建筑不是佛寺宗教建筑，可能是东夏国南京城内的祭祀或纪念性建筑。

此次发掘出土了大量文物，不仅有建筑构件，还有陶质生活器皿，铁制生产工具，兵器，金朝、宋朝的钱币以及石刻人像等。值得关注的是在建筑群内的地层中出土了渤海早期凤鸟纹瓦当和绳纹、网格纹板瓦。

磨盘村山城考古发掘，是我国首次对“东夏国”这一仅存 19 年的地方政权进行的主动性考古发掘项目。此次发掘初步探明了城内建筑群的布局，明晰了建筑址规模和柱网格局，确认了两座院落内遗存的性质，并出土了大量的东夏国时期遗物，为鲜见于文献记载的金东夏国研究增添了不可多得的实物资料。城中发现的渤海早期遗存，更为今后探寻和研究渤海“东牟山”早期都城提供了极为重要的线索。

（潘晶琳）

【安图县宝马城金代遗址】

发掘时间：2015 年 7 ~ 10 月

工作单位：吉林省文物考古研究所、吉林大学边疆考古研究中心

宝马城位于安图县二道白河镇西北 4000 米处的丘陵南坡上，城中心区地理坐标为北纬 42°27′07.2″，东经 128°05′08.5″，发掘面积 998 平方米。

此次发掘确认一座大型夯土台基（编号为 JZ2），JZ2 由建筑台基和月台南北两部分组成，平面呈“凸”字形，方向北偏东 7°。建筑台基东西宽 21 米，南北长约 14 米，月台东西长 17 米，南北宽 8.65 米。台基、月台四周砌有包砖，包砖外侧紧接散水，散水外侧为河卵石地面，台基与月台高出河卵石地面约 1 米。台基上建筑面阔 3 间，进深 2 间，明间面阔略大于次间，中部立柱后移使得明间进深进一步扩大。建筑墙体破坏严重，仅西墙中段最底部保存较好，厚约 1.3 米，将西墙中部山柱的磉堆包围其中，门砧与门槽形制清楚，门砧内尚有木材残留。建筑墙外的外廊铺砖方式清晰，台基边缘每隔一定间距排列有压阑石，台基中部为“凹”字形，转角处为带曲尺凹槽的方形。月台台明略低于建筑台基，满铺方砖。月台东西两侧和台基的交接处各有一条铺砖露道，连接月台和东、西廊庑。露道以三排方砖铺面，两侧用两排立砖锁边，立砖外侧紧接庭院的河卵石地面，宽约 1.4 米，高出河卵石地面 5 厘米 ~10 厘米。基址东西南三侧墁铺大块河卵石，河卵石之间填充黄土与料礓石，较为平整，与散水和露道的锁边立砖相接。庭院东西两侧各发现排水沟一条，均为明沟，贯穿发掘区南北，排水沟开口宽 0.4 米 ~0.5 米，底部宽约 0.2 米，深约 0.4 米。排水沟在下穿露道时明显变窄，与露道结合处仍可见其结构：沟两侧分别为立砖砌边，立砖之上为横铺的 3 排条砖，用来承托路面。

出土遗物种类繁多，以建筑构件为大宗。瓦当均为兽面，形制基本相同；滴水种类较多，纹样不一；脊饰主要有凤鸟与人面鸟身的迦陵频迦；鸱吻虽已破损，但体量较大，纹样复杂，刻划细腻。铁器以铁钉为主，铜器以鎏金铜环较有代表性，瓷器均为施化妆土的白瓷，还有少量的泥质灰陶的陶片，同时发现一破损的砖质棋盘。

宝马城位于长白山主峰以北约 50 千米处，城内建筑中轴线南向正对天池瀑布豁口，地望与《金史》《大金集礼》中金王朝在长白山以北建庙祭祀的记载较为符合，2015 年发掘的建筑基址规模大，结构严整，构筑规范，其中庭院以大块河卵石墁铺的做法极为壮观，为金代建筑中所罕见，是研究金代官式建筑结构与布局、

祭祀礼仪制度以及当时手工业水平的重要材料。

（石玉兵　赵俊杰　张梦纳）

【蛟河市前进金代城址】

发掘时间：2015 年 8 ~ 11 月

工作单位：吉林省文物考古研究所

前进古城位于蛟河市前进乡三河村东约 6000 米的张广才岭上，此区域所属的长白山山脉中列东支为松花江、牡丹江两大水系的分水岭。由于山势相对平缓，长期以来，张广才岭是松花江流域、牡丹江流域之间的交通要道。

古城为平面不规则形的“守备城”，城西侧为南北向延伸的防御墙。2015 年度工作，首先采取徒步踏查方式，对前进古城所处位置南北约 1.5 千米、东西约 2.5 千米的区域进行调查，调查面积近 4 平方千米，排除前进古城周边遗迹为同时期遗存的可能，了解了古城周边水源状况，同时发现，防御墙为两道，平行等距分布。

钻探区域为防御墙沿线、守备城内部，钻探面积 5 万平方米。钻探收获探明了前进古城城墙分布、走向，并探明城门、马面、角楼等遗迹的分布。探明了城内地层堆积，搞清了房址、灰坑等遗迹现象分布及城内外道路系统。钻探发现，守备城周长近 600 米，可分为东、西两城，其间有城墙相隔，并有城门、道路将二者连通。东、西两城各有城门两个，其中西城南门为瓮门。城墙上共建有 5 个马面，东北角建有角楼。东、西两城内共发现房址 61 处、大型夯土平台 2 处、灰坑 4 处，并发现多处道路遗迹。防御墙通长约 1200 米，共两道，等距平行分布，墙体上建有 10 个马面，中部建有瓮门，南、北两端均位于山顶。

2015 年度共设置 5 个发掘地点，第Ⅰ地点位于守备城城墙与防御墙最接近处，通过布设探沟，对守备城城墙、防御墙城墙进行解剖；第Ⅱ地点位于西城东南部，此处揭露到房址 F1、F3；第Ⅲ地点位于东城西南侧，此处揭露到房址 F2；第Ⅳ地点位于守备城南侧，对守备城瓮城南、北门道及瓮城内原始地面进行了揭露；第Ⅴ地点位于守备城东南，该发掘地点对 5 号马面进行了局部揭露。

发掘表明，第Ⅰ地点中守备城城墙与 1 号防御墙、2 号防御墙具有统一的底夯，因此确定三者为同时期构筑。在瓮城原始地面、房址中发现的瓷碗、陶片等遗物均带有金代特征。因此推测前进古城为金代遗存。

从地理位置看，前进古城地处张广才岭上，其南侧不远处即为连通松花江、牡丹江两大流域的清代驿道，前进古城防御墙瓮城、守备城南门（瓮城）以及守备城北门之间的道路均通向清代驿道方向，推测张广才岭上的岭道在辽金时期即已存在，前进古城应为扼守牡丹江、松花江两大流域要道的军事要塞。

（解　峰　程英秀　于永斌）

【磐石市八面佛金代遗址】

发掘时间：2015 年 4 ~ 7 月

工作单位：吉林省文物考古研究所

八面佛遗址位于磐石市烟筒山镇振兴村东约 1000 米的八面佛山上，东北—西南向延伸的山脊为遗址中心区。遗址地表均已辟为耕地。2014 年，吉林省文物考古研究所对该遗址南部进行了抢救性考古发掘，发现台基、石幢等遗迹。为搞清遗址中建筑遗迹的整体布局，2015 年吉林省文物考古研究所对该遗址进行了主动性考古发掘。

2015 年度勘探区域位于遗址中、北部，勘探面积约 5000 平方米，探明了该区域地层堆积、遗迹分布。发掘区位于 2014 年度发掘区东、北部，发掘面积约 300 平方米。共揭露灰坑 4 个，窑址 1 处。根据层位关系、出土遗物判断，窑址 Y1 与遗址中的建筑遗迹为同时期遗存，灰坑则均晚于建筑使用年代。

2015 年度重要收获是在 TJ2 西北发现的窑址 Y1，该窑址由窑室、火门、操作坑组成，其中窑室近圆形，操作坑平面呈不规则形，均为下挖形成的坑状遗迹，二者间挖通形成火门。

窑室内出土大量板瓦残片、少量檐头板瓦残片，并出土大量用于固定瓦坯的陶质构件。其中，板瓦、檐头板瓦的形制、规格与建筑台基倒塌堆积中出土的同类遗物相同。通过层位关系、出土遗物判断，该窑址建于 TJ1、TJ2 使用时期，应用于烧制瓦件修补台基建筑屋顶。

通过两个年度的田野工作，确定遗址中包括早晚两组遗存：第一组遗存主要为处在同一轴线上的台基建筑 TJ1、TJ2 及遗址南部地表的石幢，另包括窑址 Y1，推测该组遗存的性质为寺庙遗迹，年代为金代；第二组遗存包括房址 F1、灰坑、露炊遗迹，性质应为普通居住址，年代亦为金代。

（解　峰　李秋虹　郭阁文　于　洋）

黑龙江省

【饶河县小南山新石器时代遗址】

发掘时间：2015 年 7～11 月

工作单位：黑龙江省文物考古研究所

为了深入研究黑龙江流域旧新石器时代文化遗存，构建黑龙江下游和乌苏里江地区的考古学文化框架，经国家文物局批准，对饶河小南山遗址进行考古发掘。此次发掘位于小南山东坡的中部，发掘面积300 平方米。2015 年度获得的文化遗存可初步分为早晚两期。早期遗存以第③层及开口该层下的墓葬为代表，其中 3 座墓葬的^{14}C测年分别是 8020±30、8150±30 和 7880±30 年，经树轮校正后为距今 9135～8595 年。早期遗存出土了大量的玉器、石器和陶器。玉器有匕形玉佩、觿形玉佩（弯条形器）、玉管、玉珠、玉璧、玉环、玉锛和玉斧等。石器有筒形器、双面尖状器（矛）、端刮器、石叶及其制成的长镞、磨制的镞等。陶器主要为罐和小杯类，夹砂黄褐色，内芯多为黑色，质地非常疏松，外表面上部饰由斜向压印梳齿纹构成的条带，个别唇部也饰压印梳齿纹。墓葬为竖穴墓，在山体基岩上开凿墓坑，有燎尸习俗。晚期遗存出自第 2 层，包括陶器和石器。陶器仅见罐类，纹饰以篦点之字纹为基底，再饰曲线、圆圈等划纹和压纹，部分表面涂有红彩。石器主要为压制的短的三角形石镞。

小南山遗址早期遗存在文化面貌上与黑龙江下游发现的马林斯克文化接近，二者在文化面貌和年代上具有很多的可比性。早期遗存中发现的玉器比以往认识的兴隆洼文化中的玉器年代略早。这对我国乃至整个东亚玉器文化的起源、传播意义重大。小南山遗址晚期遗存与黑龙江下游的沃兹涅谢诺夫卡文化有接近之处，是该文化遗存在我国境内首次发现，其年代为新石器时代末期。

（李有骞）

【齐齐哈尔市洪河新石器及青铜时代遗址】

发掘时间：2015 年 7～11 月

工作单位：黑龙江省文物考古研究所

洪河遗址位于齐齐哈尔市富拉尔基区杜尔门沁达斡尔族乡洪河村南 1000 米的嫩江右岸。为配合课题研究，在 2013 年和 2014 年两个年度对该遗址进行了二次正式的考古发掘后，又于 2015 年度对该遗址进行了第三次发掘。此次发掘加扩方总计发掘面积为 750 平方米。清理新石器及青铜时代灰坑 28 个；新石器时代房址 2 座，青铜时代房址 5 座。出土不同时期、不同质地遗物 1400 余件。

经过此次发掘，进一步掌握了洪河遗址地层堆积的情况。该遗址地层堆积较厚，平均在 3.6 米左右。文化层可分为 8 层，第 1～3 层为辽金以后的层位，第 4～6 层为青铜时代层位，第 7～8 层为新石器时代层位。新石器时代房址全为半地穴式建筑，平面呈圆角长方形，附带有斜坡阶梯状门道，面积在 42 平方米～66 平方米。内有凹坑式圆角长方形灶址 2～3 个，其上设有保留火种功能的圆形凹窝。室内附设有规格不等的窖穴多个。柱洞成排分布，数量不等，一般直径为20厘米，深15厘米～50厘米。居住面不见人为特意加工痕迹，直接以生土为地面，在其上基本不保留遗物，房址中所出遗物大多来自废弃堆积之中。灰坑规格小而且浅，平面为圆形或椭圆形，直壁，平底。

出土遗物中完整及可复原的陶器有10余件，器形有罐、钵、碗、杯等。纹饰以素面为主，另见少量的附加堆纹、麻点纹、刻划纹等。石器数量最多，尤以玛瑙和燧石为主要原料，石片工具为绝大宗，包括石核、石片、拇指盖形圆头刮削器、尖状器、石镞、石钻、有肩石锛等，基本不见石叶类工具。其他器类还有骨锥、骨镞、骨鱼镖、蚌饰等。

青铜时代房址也全为半地穴式建筑，平面呈圆角近方形，不见门道，面积在29平方米～45平方米。内有规模小且浅的瓢形灶址1～2个，室内不见窖穴。柱洞零星分布在房址的外屋地面上，数量极少，一般直径为20厘米，深25厘米～35厘米。居住面不见人为特意加工痕迹，在部分区域可见到起层的人为踩踏面，其上基本不保留遗物，房址中所出遗物大多来自废弃堆积之中。灰坑规格小而且浅，平面为圆形或椭圆形，直壁，平底。

出土遗物极少，完整及可复原的陶器仅有5件，器形有罐、杯、勺等，纹饰以素面为主。石器数量少，可见有石核、石片、刮削器、石镞等，其他器类器物还有骨锥、骨簪、铜针等。

此次发掘获得的新石器时代遗存为建立嫩江流域新石器时代的文化序列和为进一步探究昂昂溪文化更深层次的相关问题提供了重要资料，也为研究东北地区渔猎定居聚落型生活模式提供了重要依据。

从属于青铜时代的地层及房址中出土的遗物来看，与以往熟知的白金宝文化有着相当大的近似性，这类遗存的发现对研究白金宝文化的地域类型将起到相当重要的作用。

（田　禾　张　伟　刘　伟）

【绥滨县东胜村魏晋至明清时期遗址】

发掘时间：2015年9～12月

工作单位：黑龙江省文物考古研究所

东胜遗址位于绥滨县绥东镇东胜村南部松花江左岸的台地上，南临松花江河套内的“牛轭湖”，正北距中兴古城址22千米，西南距奥里米古城址43千米，地理坐标约为北纬47°27′17.53″，东经132°13′12.59″，南北宽约230米、东西长度超过1000米。1991年黑龙江省文物考古研究所曾对遗址中的一处墓葬区进行过清理，推断墓葬属于明代兀的哈人。

2015年，为配合黑龙江省“三江干流治理工程”的实施，黑龙江省文物考古研究所对工程所涉区域内的文化遗存进行了清理，发掘依据遗存埋藏情况分为七个区域，实际发掘面积1616平方米。共清理辽、金、元时期房址11座、民国时期房址2座，元、明时期墓葬22座，魏晋—明清各时期灰坑261个，灶址9个。

通过考古调查材料可知，东胜遗址的年代跨度至少可从新石器时代延续至今。此次发掘获取资料大致可分为四个时期：

第一期遗存是以夹砂有领罐和夹砂红衣陶为代表的文化遗存，年代约为魏晋—隋唐，大致与同仁一期遗存相当或略早。出土有篦纹、方格纹、弦纹、附加堆纹夹砂红陶片和大量鱼骨、兽骨、石块。此期遗存未发现明确的文化层，主要存在于第Ⅰ、Ⅱ发掘区的一些灰坑遗迹中，有些遗物散落在文化层之下的生土上。

第二期是以轮制泥质灰陶为代表的文化遗存，有些遗迹中共出有少量金元时期的磁州窑系白底黑花瓷片、仿钧釉瓷片。年代约为辽金—元。出土有较多的泥质灰陶片，大量兽骨，鱼骨，少量金元时期的磁州窑系白底黑花瓷片、仿钧釉白瓷片、酱釉瓷片等，有些陶片带有拍印小方格纹、锯齿纹。器物主要有陶渔网坠，骨器，小铁刀、密布钻孔的动物肩胛骨等。另外还出土了数量较多的北宋铜钱和一枚金代的“正隆通宝”。在这一期的堆积中发现了铁矿石、铁矿渣和疑似坩埚的物品，说明当时或有小规模的冶铁活动。此时期的文化遗存在七个发掘区均有分布，或可说明这一时期人口密度较大，人类活动较为频繁。

第三期遗存以墓葬为主，皆为土坑竖穴墓，多数发现有葬具的痕迹。多数葬具可判定为树皮所制，多未发现盖板和底板，初步判定葬具并非木棺，可能是用树皮围合而成。随葬品有铁镞、铁刀、小铁刀、铁削、铁环、铁钩、铁弓形器、圆形铁泡钉、鱼形铁泡钉、铁带钩、铜牌饰、铜鱼形饰、铜马形饰、铜钱（元丰通宝、淳化通宝、皇宋通宝、熙宁元宝、开元通宝、正隆通宝各 1 枚）；另有 3 枚钻圆孔铜钱，有元丰通宝，嘉祐通宝，天圣元宝；银耳坠、骨制鸣镝、骨质嘎拉哈、骨器、木化石砺石、玛瑙原石、料珠、石珠等。从随葬品上观察，此次发掘的随葬品与 1991 年发掘推定的明代兀的哈人墓葬极为相似，年代亦应相去不远，大致在明清时期，上限或可推至元代。此期遗存主要分布在第Ⅳ发掘区的墓葬中，第Ⅲ发掘区的遗址中也有少量分布。

第四期遗存主要为分布在第Ⅲ发掘区的两座房址。一座为两灶三面炕的大型房址，一座为单灶炕小房址，堆积中出土大量青花瓷片和两枚子弹壳。据遗物推断此期遗存为清末至民国时期遗存。

东胜遗址的发掘对松花江下游地区古代文化遗存的研究具有重要的促进意义。1991 年考古发掘后，东胜遗址是明代墓葬分布区一直是学术界的基本认识。此次发掘，证实了“东胜古墓群”所在地东西长 1000 余米，南北宽 230 余米范围内实为多时代连续的人类活动区，人类居住区域与墓葬区域交错分布，应称为“东胜遗址”，是一处具有较高历史价值和科学价值的古代文化遗址。通过此次发掘，对绥滨县东胜遗址有了更多的了解和更深入的认识，其灰坑数量在遗迹中的占比为同类型、同时期文化遗存的研究提供了重要的线索，房址和墓葬的形制丰富了各时期各类遗存的类型，墓葬的埋葬习俗是研究古代民俗不可多得的材料，数量较多的出土遗物为相关区域和时期的古代文化研究提供了重要的科研资料。

（刘晓东）

【宁安市渤海上京城寺庙遗址】

发掘时间：2014 年 11 月 ~2015 年 11 月

工作单位：黑龙江省文物考古研究所

渤海上京城是唐代渤海国（698 ~926）中后期的都城，其遗址位于宁安市渤海镇。在渤海上京城宫城东侧原土台子村内，发现有多座大型建筑基址，其中 4 座台基址坐落于村的四角。此次发掘的寺庙址位于土台子村西北角。西距宫城御花园东墙址约 90 米，台基址南约 100 米处，原有一高出地表的建筑址，可能为寺庙院落址的南门址，门址东、西两侧原为一东西向的石墙，现均已平整为东西向的村路，此墙址与御花园南墙隔第八号街东西相对，并向东延伸至村内中心南北路附近。

为搞清寺庙遗址的建筑规模和寺院格局，对该寺庙址及周边附属遗迹进行发掘。共布 10 米 ×10 米探方 41 个，发掘面积 3800 平方米；布探沟 11 条，发掘面积 228 平方米。发掘总面积 4028 平方米。

主殿台基由黄土与砾石分层堆筑而成，周围砌有土衬石、包壁石，平面呈长方形，东西长 44.05 米，南北宽 29.85 米，高 1.55 米，面积 1314.8925 平方米。台基础石排列为南北 5 排、东西 8 列，面阔 7 间，进深 4 间。

台基中部，南北向第二排与第四排础石之间，东西向第二列与第七列础石之间为佛堂，佛堂为一封闭型单体建筑，平面长方形东西 24.1 米，南北 10.75 米。佛堂中部为佛坛，佛堂及佛坛地面均为白灰地面。佛坛为黄黏土堆筑而成，立面为白灰面，平面呈“凹”字形，南侧中部凹入，佛坛南部凹入部分东西长 15.3 米，南北宽 0.85 米～0.95 米，凹入部分可能为礼拜处。

佛坛上有 9 尊塑像基础，南北向三排，基础内有木立柱洞遗迹，柱洞直径 0.22 米～0.25 米，多数柱洞较深不见底。

佛坛周围为一周宽 0.9 米～1.1 米的过道。佛堂东、西、北三面为抹白灰墙皮的土墙，内侧白灰面多彩绘遗迹，外侧墙根部有移位的陶佛像，发现的众多陶佛像可能放于墙外侧。

佛殿南面共设 5 门，位于东西向第二排础石之间，即佛堂南面开 3 门，佛堂南面东、西两侧各开 1 门。佛殿北面正中设 1 门。

台基南面东、西两侧各设一踏道，北侧中部设一踏道，三处踏道形制相同均南北长 3 米，东西宽约 4 米。

台基东、西两侧连接附属建筑部位，破坏严重，仅台基东侧的附属建筑可辨痕迹，包括廊和配殿址。廊可分为东西向廊和南北向廊两部分，东西向单廊西接主殿台基边缘，东接配房西面中部，南北向单廊北接配房南面西端，南端向发掘区外延伸。

配殿保存不好，破坏严重，东侧被现代房基础打破。发掘部分平面长方形仅残存部分台基，南北宽 11.8 米，东西向发掘 11 米，高 0.35 米，残存少部分白灰地面。

发掘中出土了数量较大的佛教遗物，其中大量为小型佛像，亦可见中型和大型佛像的残块。出土的建筑构件亦有相当数量，多数为瓦和瓦当。

发掘确定了寺庙院落围墙的范围与结构，发掘了南院墙上门址 2 座，推测此处院落址应为此处寺庙建筑多重院落中的一处。根据周围台基址分布情况推测，此处寺庙建筑群至少应包括 4 座院落。结合出土遗物并据相关记载确定此次发掘基址为渤海国时期寺庙基址。

（赵哲夫　李陈奇　朱春雨）

【绥滨县奥里米辽金时期城址】

发掘时间：2015 年 10～11 月

工作单位：黑龙江省文物考古研究所

奥里米城址是地处松花江下游的一处重要的古城址。城址位于绥滨县北岗乡永泰村东南 500 米，东南距绥滨县城所在地绥滨镇 9000 米，故又俗称“西古城”。城址南濒松花江支流敖来河畔，南距松花江主航道约 1000 米。长期以来，学界对该城址的研究，多从文献和地理学方位的考证入手，论证其为辽代生女真五国部之一的“奥里米”部所在地。金代沿用，直至元明时期，是通往黑龙江下游重要的水路交通城站。

为配合国家启动的三江治理之松花江干流治理工程建设，黑龙江省文物考古研究所对奥里米城址开展了相关的考古勘探和发掘工作。此次考古主要进行了两方面工作，一是对现有堤坝和护坡位置展开钻探，寻找城址南墙走向并确认其与东墙、西墙的连接情况，了解城内南部的地层堆积情况；二是在勘探的基础上，对堤坝南侧临河区域发现的遗迹进行试掘，进一步认识城墙的形制、结构以及城内遗存的分布和特征。

此次勘探面积 60000 平方米，通过此次考古勘探，大致搞清了城址南墙和东西城墙的连接部位及其基本特征，取得了重要的学术认识。城址大致呈长方形，东西向狭长，城墙夯土版筑，墙外有壕。北墙保存最为完整，长 933 米，存高 3 米～5 米，有马面 18 个，马面的间隔 20 米；城墙外有深 1 米～2 米的护城壕，护城壕宽为 10 米。东北两角已遭损毁，原应有角楼设施。东墙长 612 米，有马面 12 个；中段偏北处有一豁口，当为门址所在，外有瓮城，呈半圆形，南北长 34 米、东西宽 21 米，瓮城墙西北有一个 10 米左右宽的出口。西墙北段尚存 300 余米，有马面 4 个，其南段已被敖来河水冲毁。南墙东段尚存 225 米，可辨马面有 2 个，其余全被敖来河水侵吞无存。城内南部文化堆积厚，遗存分布密集。

此次发掘面积 581.5 平方米，确认城址西南角城墙走向及外壕的形制，城内大坝南侧，西部区域，由于河水冲刷及常年修筑坝址，对地下遗存破坏严重。城内东南部文化层堆积，厚 1 米～1.3 米。城内南部清理发现灰坑 26 个，房址 1 座。多数灰坑内出土较多的陶片、动物骨骼等包含物。动物骨骼数量多，初步可辨识动物有狍子、牛、羊、犬类、鱼类等，种类丰富。此次出土遗物以陶器为主，多泥质灰陶，有丰富的纹饰组合，有罐、瓮、盆、器盖、网坠、球、半圆台形陶制品等；少量的布纹瓦、砖等建筑构件。瓷器类发现有少量瓷片，有白釉、蓝釉，应为定窑、钧窑产品。铁器类包括镞、钩、环、勺、钉、犁铧等，多为生活生产用具或兵器。少量骨器，有簪、匕等。发现一定数量的铜钱，多为北宋钱币，有“景德元宝”“天圣元宝”“皇宋通宝”“治平元宝”“熙宁元宝”“元祐通宝”等，个别还见有唐“开元通宝”、十国之一前蜀时期的“光天元宝”、南宋“皇宋元宝”等，较为少见。

通过此次发掘，初步掌握了该城址局部区域文化层的堆积情况。根据出土的一批具有明确地层关系的陶器等遗物，基本可确定城址内包含了辽、金两个时期遗存，为该区域辽金考古陶器分期研究提供了重要参考依据。

（刘　阳　赵永军）

【阿城区金上京皇城西建筑遗址】

发掘时间：2015 年 5～10 月

工作单位：黑龙江省文物考古研究所

金上京城，即上京会宁府遗址，位于黑龙江省哈尔滨市阿城区南 2000 米，阿什河的左岸。金上京城由毗连的南、北二城组成，平面略呈曲尺形，总面积约 6 平方千米。皇城位于南城的偏西部。迄今，皇城城墙的四至范围及布局尚不明晰。地表仅可见皇城内中部宫殿区有数座宫殿基址等大型遗迹，对宫殿区周围建筑布局和特征缺乏比较充分的认识。

2015 年 5 月至 10 月，黑龙江省文物考古研究所对金上京皇城进行了局部勘探，涉及皇城城墙及四至范围，并对第四殿址西侧的建筑址进行考古发掘，揭露面积 3100 余平方米。皇城西部建筑址，为皇城内西区中部的一处建筑遗存。除建筑址本体外，四周还有围墙、相关的附属设施，构成一处院落式（庭院）建筑格局。中心建筑址台基（编号 TJ1）为黄褐色土夯筑，呈十字形，大致南北向，台基东西最长约 41 米、南北最长约 33 米。台基较为平整，中部略高，向四周逐渐呈漫坡状，高 0.5 米～1.2 米；台基边缘以砖包筑，宽 0.35 米。台基上分布有 36 个磉墩，磉墩排列有序，中部东西向有 4 排，南北外端两侧每排最多有 8 个；其中台基的东、西、北部中间均有减柱现象。磉墩平面略呈方形，长度为 2 米～2.4 米。在台基中央部分，为一周圆形浅凹槽构成的遗迹，南侧中间有一豁口，为入口。其北部，东西向有 4 个稍小的磉墩分布；凹槽构成的圆形区域内明显高于周围台基面，其内铺砌有方砖，现仅保存有少量的残砖。圆形区域直径东西长约 12 米，南北宽约 11.5 米。依空间分布看，台基上形成五个组成部分的区域。中央主体部分，即主殿，呈圆形，南部为露台，东、西两侧为挟屋，北部为后阁。南部中央露台前面有一漫坡状踏道与前院路面相连。台基南部，露台东、西两侧各有一夯土筑成的角台，呈方形，边缘以砖包筑。台基四周的包砖外侧，地面部分为砖砌的散水。台基上分布有 4 个灶址。灶的形制相同，在台基上掘土筑成，周边以砖围砌，灶室为圆形，火塘部分为长方形。灶总长度约 3.5 米，宽约 1.5 米。台基上还有 3 处排水槽，呈长条形，长约 1.5 米，宽 0.3 米 ~0.5 米。中心台基的南部，为青砖铺砌的路面，大部分为方砖对接铺成，少部分为长方形砖铺砌。在台基的东、北、西三侧，有围墙。围墙与中心台基平行砌筑，构成一方形或长方形庭院。仅北墙揭露完整，东、西两墙分别向南继续延伸。从地面墙基看，中部为墙体，两侧为散水。墙基部分保存多为地面的基础部分，墙基宽 0.9 米，两侧散水各宽约 0.7 米。北墙全长 63.7 米，东墙北部发掘长度为 48.4 米，西墙北部发掘长度为 22.5 米。台基的东、西两侧中部，各有一段东西向隔墙，将庭院分为南、北两部分，形成前、后院。隔墙的宽度和结构均与院墙相同。

在中心建筑台基址（TJ1）的西北，即庭院的西北角，有一方形小型台基址，编号 TJ2。TJ2 东西长 9.2 米，南北宽 8.2 米，高 0.15 米 ~0.3 米。台基边缘以单砖错缝顺向平砌包筑。包砖外侧地面为砖砌散水。台基上有 9 个柱础石，东西、南北各呈三列，大致等距分布。根据其规模和形制结构分析，推测 TJ2 为庭院中的亭台类建筑。

在中心建筑台基址（TJ1）的西南，即庭院的西南角，还有一方形台基址，编号 TJ3，2015 年度没有对其进行完整揭露，仅揭露其东北部一角。按其形制和位置，推测 TJ3 为中心建筑址西侧的配殿类建筑。

在中心建筑台基址（TJ1）的东南，即庭院砖铺路面的东端，有一段砖筑的矮墙，呈曲尺形。以长方形砖砌筑，向南一侧的砖面，自下而上错位砌筑，表面有一些壶门图案的纹饰砖。推测该砖墙为庭院内的装饰墙。

在中心建筑址台基西侧，有三条不同宽度的青砖铺成的道路。路中间多采用方砖铺砌，两侧为长方砖横向立砌。

出土遗物以灰瓦、青砖等建筑构件为大宗。灰瓦有板瓦和筒瓦、滴水及瓦当。瓦当纹饰主要为龙纹，个别为兽面纹和花卉纹；滴水纹饰均为龙纹；其他还有套兽头、螭首、鸱吻、人物塑像等；有少量的施釉瓦和带纹饰的砖。铁器中以各式钉的数量最多，其他为车马具、兵器、生产工具；少量的瓷器、石器、铜器等；发现的铜钱多为北宋钱币。

此次揭露的皇城西部建筑址，为上京皇城西区中部的一组建筑遗存，属于中心宫殿区西侧的一处重要的附属建筑，也是金上京城首次揭示的一处完整的带院落的建筑址。从其建筑规模、格局及出土龙纹瓦当等构件和其他遗物来看，该建筑址或为金代上京城内一处重要的礼制性质的遗存。此次发掘揭示的皇城内带院落的遗存组合和建筑格局，为了解金代都城布局与建筑特征提供了重要的基础材料。

（赵永军　刘　阳）

【侵华日军第七三一部队遗址】

发掘时间：2015 年 4 ~11 月

工作单位：黑龙江省文物考古研究所、侵华日军第七三一部队罪证陈列馆

2015 年度共对七三一部队旧址三处地点进行考古发掘工作，分别为锅炉房遗址地点、地下回水池遗址地点和动物焚烧炉遗址地点。

锅炉房遗址位于侵华日军第七三一部

队旧址本部大楼东北，专用铁路线东部，瓦斯发生室北部。地理坐标为北纬45°36′30.8258″，东经126°37′54.1211″，始建于1936年，是七三一部队供电、供暖和供热水的设施。地下回水池遗址位于锅炉房遗址东南50米处，为地下砖混结构建筑，是发电锅炉冷却回水设施。地理坐标为北纬45°36′29.4465″，东经126°37′57.7969″。动物焚烧炉遗址位于细菌实验室及特设监狱遗址西北400余米，东北轻合金有限责任公司厂区内。地理坐标为北纬45°36′31.7166″，东经126°37′23.9311″，以焚化动物尸体为主，偶尔用来焚化用作试验的人的尸体，是七三一部队三座焚尸炉中的一座。日军败退前（1945年8月）将锅炉房炸毁，动物焚烧炉和地下回水池在抗战胜利后有一定利用，之后被废弃。

2015年度考古发掘对三处地点进行了整体性发掘。明确了锅炉房遗址分为东、西两部分。东部为发电机组及配电间，两台发电机组基础位于遗址东部中间并排排列，呈东西向。东部北侧为配电间。西部为锅炉房及烟囱部分，西部空间设有三组锅炉设施，由煤斗、减速机、鼓风机、水箱等设备基础组成。锅炉房遗址南侧为锅炉用水水处理车间。地下回水池池体部分呈长方体，池体内有东西向防水墙体断开，将池体分为南、北两部分，且南部和北部均被7段南北向短墙隔开；池体上方有5处通道检查口、40个通风口，在池体中间东侧设有一处工作房。动物焚烧炉平面分为南、中、北三部分，南部为斜顶隔间，中部为尖顶锅炉间，北部为斜向烟道和烟囱。

（魏明江　李陈奇）

上海市

【松江区广富林新石器时代遗址】

发掘时间：2014 年 9 月 ~2015 年 8 月

工作单位：上海博物馆考古研究部

合作发掘单位：复旦大学、上海大学、南京大学、中国人民大学、浙江大学、洛阳市文物考古研究院

此次发掘区域位于广富林遗址建设控制地带的南部，发掘面积 6200 平方米，发掘取得了重大收获。

发掘共发现不同时期的灰坑 307 个、灰沟 48 条、水井 71 口、墓葬 88 座、特殊遗迹 2 处，同时出土了大量陶器、石器、骨器等各类遗物。

其中，发现一处面积约 500 平方米的崧泽文化墓地。该墓地位于发掘区中部，位于 2010 年发现的墓地东部。墓地一处高地之上，包含 85 座崧泽文化墓葬，近半数墓葬被晚期堆积破坏。墓葬头向皆向南，大体呈东西向排列，葬式以仰身直肢葬为主。墓地经过事先规划，北侧墓葬皆为儿童墓，大多无随葬品；南侧为成人墓，墓葬间的打破关系较少。

此次发掘最重要的发现是一处良渚文化土台。该土台位于发掘区西部，发掘揭露的部分为土台的东北部，揭露面积约 1200 平方米。土台揭露部分东西长约 50 米，南北约 45 米，高约 3.8 米，方向北偏东 30°，土台的东北角呈 90°。土台建于一处洼地之上，由人工堆筑草裹泥而成。从土台的堆积情况看，土台主体由草裹泥堆砌而成，土台外围采用草铺泥的结构进行加护。土台由西南部开始堆筑，渐次向东、向北扩展。在土台堆积中，我们还发现了两层由红烧土组成的斜坡状堆积，以此我们将土台的堆筑过程分为三个阶段，第一阶段为土台中心至内圈红烧土堆积；第二阶段为内圈红烧土至外圈红烧土堆积；第三阶段为外圈红烧土堆积至土台外围的草铺泥。在清理土台堆积时我们在土台的东侧、北侧发现了一些与土台方向一致的长条形凹槽，部分凹槽中发现有竹篱笆的痕迹，同时，大多数凹槽都能找到与之相对应的土台堆积，因此，这些凹槽也应与土台的堆筑有关。土台的表面接近现代地表，破坏较严重，未发现有人类相关活动的遗迹，因此关于土台的性质无法确定。

此外，在土台以外的东北部，我们还发现了一组由石块堆砌成的圆形结构，呈南北向排列、相交，北圈直径约 3.5 米，南圈稍大，直径约 4.5 米。从层位上判断当属良渚文化无疑，但石圈的性质尚不能确定。

此次发掘区域紧邻广富林遗址的核心区域，所发现的良渚文化土台在广富林遗址的发掘中尚属首次，而单纯的崧泽文化墓地及以往在周边区域所发现的崧泽文化至良渚文化墓地的布局也为我们深入探讨广富林遗址的聚落结构、不同时期的聚落布局提供了宝贵的资料。

江苏省

【沭阳县万北新石器时代至商周时期遗址】

发掘时间：2015 年 3 ~ 11 月

工作单位：南京博物院、沭阳县文广新局、沭阳县博物馆

万北遗址位于宿迁市沭阳县万匹乡万北村，南距沭阳县城 15 千米。2015 年度，南京博物院与沭阳县文广新局、沭阳县博物馆组成联合考古队进行了第四次考古勘探与发掘。

此次发掘共布方 360 平方米，除 T1 清理至生土外，其余探方仅清理至新石器文化层层面。遗址上层堆积被近现代人类活动大面积扰动，现代坑、沟密布。

发掘显示，遗址文化堆积涵盖北辛文化、大汶口文化、岳石文化、商、西周、汉及唐宋等不同时期。遗存十分丰富，此次发掘共清理新石器及商周不同时期灰坑 70 余座、晚商及西周早期墓葬 5 座（编号 M1 ~ M5）、西周早期车马器坑 1 座（编号 MK1）。

发掘所获新石器时代遗存以北辛文化时期最为丰富。所见遗迹均为灰坑，时代为北辛文化中晚期，出土遗物较为丰富陶器器类主要有鼎、釜、钵、罐、盆、纺轮、网坠等。石器数量不多，主要有锛、砺石等。骨器有镖、镞及锥等，多通体打磨光滑。动物遗存种类以鹿科为主，其次为猪、狗及水生的鱼、龟鳖、蚌类，地层及遗迹中见大量动物粪便。植物遗存亦十分丰富。

大汶口文化遗存见少量灰坑。陶器类主要有鼎、豆、壶罐、钵、网坠及纺轮等。发掘所获大汶口文化时期石器及骨器种类及数量均较少，石器见有锛、斧等；骨器有镞、镖及锥等。

岳石文化地层较薄且不连贯，遗物仅见少量陶片，面貌不甚清晰。

商周时期遗存遗迹主要有墓葬、车马器坑及灰坑等。车马器坑（MK1）时代为西周早期。坑内随葬马车构件及饰品，未见马骨及车舆，均为拆散放置。器类有铜銮铃、车辖、当卢、镳、节约、泡、镞、锛、戈及玉鱼等。

万北遗址所在区域为淮沭沂冲积平原，历史上深受黄泛影响，对该区域的自然地貌、水系及生态均造成了较大改变。对该遗址的发掘有助于我们重新认识该区域古环境、古地貌。遗址所在区域是海岱历史文化区的重要组成部分，遗址北辛、大汶口、岳石文化遗存的发现为更进一步认识该区域史前及夏时期文化面貌，探讨南北文化交流与融合提供了重要依据。西周早期车马器坑 MK1 及先前商代晚期墓地的发现表明，商晚期至西周早期时，遗址所在区域可能为一处重要的、未被认知的方国或区域性中心聚落。

（甘恢元　花纯强）

【兴化及东台市蒋庄新石器时代遗址】

发掘时间：2011 年 10 月 ~2015 年 12 月

工作单位：南京博物院

蒋庄遗址位于兴化、东台两市交界处，分属兴化市张郭镇蒋庄村及东台市时堰镇

五星村、双溪村。泰东河将遗址分为东西两区，东区以唐宋时期堆积为主，并见明清时期遗存，面积达45万平方米；西区涵盖良渚文化、汉代及唐宋时期遗存，以良渚文化遗存为主，堆积厚度普遍达到2米，面积近2万平方米。遗址所在区域为江淮之间东部的里下河平原地区东南部，里下河平原地区地势低洼，海拔低，区域内水网密布、河荡相连。

因泰东河水利拓宽、疏浚工程施工，需将遗址东区西侧及西区东侧沿河部分开挖掉，2010年夏开始对泰东河沿线进行文物调查与勘探，2011年10月至2015年12月，南京博物院先后对其进行了两次抢救性考古发掘及以学术导向为目的的后续主动性发掘。总共发掘面积3500平方米，发掘工作主要集中于西区。

蒋庄遗址的考古发掘工作对西区良渚文化聚落进行了较大面积揭露。目前已清理该时期墓葬284座，房址8座、灰坑100余座以及水井、灰沟等其他一批重要遗迹。出土玉、石、陶、骨器等不同材质遗物近1200件。

良渚文化墓地位于遗址西区东北部，整体呈南北走向，其东、南、西界已明确，北侧未完全揭露。墓葬分布十分密集，叠压打破关系复杂，其中一组打破关系涉及墓葬达80余座。这样的墓葬密集程度与层位关系，显示出其作为一处公共墓地，有着持续而稳定的使用过程。墓葬间等级分化严重，随葬玉璧、玉琮的较高等级墓葬主要集中于墓地南部，且排列有序，而“平民墓”主要位于墓地中北部，但二者之间并无严格分界线，在南区随葬玉琮、璧的较高等级墓葬之间也见无玉器随葬墓葬分布。不同等级墓葬间随葬品的差异，体现了对应的社会分层现象。

绝大部分墓葬头向东，少量二次葬呈南北向，个别头向西。葬具使用较为普遍，可辨别的均为弧底独木棺，盖板则分平板与弧形两种，个别墓葬还发现有“脚箱”。墓葬形制均为长方形竖穴土坑，葬式多样，一次葬与二次葬并行，二次葬十分普遍。大多数墓葬人骨保存较好，不仅可以鉴定出性别、年龄，还可见个体特殊的骨骼损伤和埋葬特征。

墓葬共出土玉、石、陶、骨器等随葬品700余件。随葬玉器种类有琮、璧、锥形器、镯、环、管、珠、坠饰等；石器有钺、璧、锛、凿、刀、纺轮等；陶器有鼎、双鼻壶、罐、豆、钵、圈足盘、鬶、大口尊、贯耳壶、器盖、纺轮等；骨器有锥及鱼钩等。玉、石器多出于头部及腹部以上位置，部分压于身下。陶器多见于脚端，部分置于棺外。鼎、双鼻壶、罐或豆为常见器物组合。石钺、锛、凿与陶纺轮不同出，随葬前者多为男性，后者为女性，体现出性别与社会分工之间的对应关系。随葬品中所有陶鼎足部均残缺，相当大比例陶豆的柄及圈足、双鼻壶的口或圈足缺失，可能为毁器习俗。

除墓地外，遗址良渚文化聚落其他要素也得到初步揭示。所发现的8座良渚时期房址，均为挖基埋柱的平地起建式，平面形状有圆形及长方形两种，并见多间联排式房址。通过对地层堆积的分析发现，房址在修建之前常见有大范围的浅黄色人工垫土，垫土多取自遗址附近，局部呈明显的团块状。灰坑、水井多发现于墓地之外区域，坑内多被大量草木灰烬填充，动物骨骼及植物种子均较为丰富。

蒋庄遗址是长江以北地区首次发现并经大规模发掘的良渚文化聚落，突破了以往学术界认为良渚文化分布范围北不过长江的传统观点。对全面、深入研究良渚文明与良渚社会提供了新资料。良渚文化墓地墓葬葬式葬俗丰富多样，部分人骨及葬具保存情况较好，是良渚文化迄今为止发现保存骨骸最为完整和丰富的墓地资料，对研究良渚文化的埋葬习俗、社会组织关系与人种属性提供了实物资料。

蒋庄良渚文化遗存具有明显的自身地域文化特征，是北上的良渚文化与本地文化因素融合后的产物。该遗址的发掘对于构建江淮东部史前考古学文化谱系、研究良渚文化与本地土著文化的关系具有重要意义。

（林留根　甘恢元　闫　龙）

【苏州市木渎东周古城】

发掘时间：2014 年 6 月 ~2015 年 6 月

工作单位：中国社会科学院考古研究所、苏州市考古研究所

苏州木渎古城 2014 ~2015 年的考古工作围绕着合丰小城及周边地区展开。通过对小城东墙所在的 D152、D154，及城周边的 D153 和 D173 等土墩及附近进行的工作，对合丰小城城墙（及城壕）的时代、走向，城址的延续使用，土墩的形成过程等有了更为深入的认识。

在以往对小城北侧城墙 D137 的发掘中，发现城墙基槽内为一层夹杂白石子的黑褐色堆积。相同的堆积在 D152 和 D154 处亦有发现，表明城墙一直延伸过来。城墙呈条状分布，西侧起自 D152 西侧，向东延伸到 D152，呈西北—东南走向，在 D152 中部拐向东南方向，与东南侧约 30 米的 D154 段城墙相望。此段城墙总长约 95 米，宽约 15 米。东侧城墙顺 D154 向南延伸，南北长约 130 米，宽约 15 米。此层堆积质地较硬，略纯净，经解剖未见有夯窝等痕迹，判断为堆筑形成。在 D152 段城墙外侧发现有平行分布的城壕。城壕呈沟状，宽 8 米 ~14 米，平均宽度约 10 米。城壕深约 1 米。城壕与城墙相距 2 米 ~6 米，宽度不甚一致。在 D154 外侧也发现有城壕，残宽在 16 米左右。城壕与城墙间距约有 1.8 米。在城壕被废弃后，此处又先后出现两条较小的沟状堆积，表明城壕废弃后，此处仍有一定时期的使用。

在 D152 西北侧平地上的城墙堆积一直延续，未有中断。同时外侧的城壕也没有发现明显中断，或者宽度上的变化。因此，原先推测的进出小城的通道予以排除。

工作中，发现 M80、M81、M97、M52 等多座东周时期墓葬打破城墙堆积，其中 M80 的时代约在春秋早期。结合以往的发掘收获，推断合丰小城的始建年代约在西周晚期—春秋早期。

M80 和 M81 开口在第⑥层黄色花土堆积下。这层堆积主要分布在 D152 东南侧，质地坚硬，呈条状分布，总体走向与下方城墙走向一致，仅南侧稍有偏离。该层堆积是否与城墙相关，是否为后期增益及其时代等还须进一步工作确认。

在东周—汉代，D152 东南侧又经过加高（第④、⑤层堆积），形成一个椭圆形土墩，作为墓地使用，发现汉墓 41 座。在 D154 上清理汉墓 16 座。这些墓葬的时代从西汉早期延续到西汉晚期。墓葬有成对并穴合葬。墓葬方向有南北向和东西向等，多为东西向墓葬打破南北向墓葬，或是反映了时代的差别。墓内陶器基本组合为“壶、罐”，多成对放置，并有在棺内单独随葬小陶壶的独特现象。汉墓的发掘为推断城址的延续使用和最终废弃的时代提供了资料。

在 D173 西北侧的发掘，未发现明确的水道遗迹，由此认为合丰小城与外界相通的水系并未经过此处。

通过 2014 ~2015 年的工作，结合木渎古城内各处地点的发掘，增进了对木渎古城的总体认识，认识到城址有着复杂的发展演变过程：在春秋晚期木渎古城出现前，此处已有相当等级的人群存在，是木渎古城在此出现的物质基础。此后，春秋晚期出现一座大型城址。在战国时期，对城址有所补充沿用，如新出现了千年寺小城。在小城城墙发现的大批汉墓，表明城墙的

最终废弃时代约在西汉时期，同时大量汉代遗存的出现表明此处在西汉时期人口密集，仍较为繁荣。

在进行考古工作的同时，积极展开多学科合作，与苏州科技大学合作，对工地展开无人机拍摄、测绘，对重要遗迹现象采用激光三维扫描提取数据，同时开展可移动文物逆向工程的尝试，并取得积极效果。

（唐锦琼　张铁军　赵东升　牛煜龙）

【徐州市卧牛山4号墓】

发掘时间：2015年4～7月

工作单位：徐州博物馆（徐州市文物考古研究所）

卧牛山4号墓位于徐州市区西部卧牛山西山头北麓，西距西卧牛山汉墓（M1、M2）150米，东距卧牛山汉墓（M3）约300米，墓葬地理坐标为北纬34°25′48″、东经117°12′90″。该墓为横穴式岩洞墓，墓葬坐南朝北，墓向8°，墓葬地表封土已不存，现由墓道及墓室两部分组成。

墓道依山势走向露天开凿，其北段部分因村民建房被破坏，墓道总长19.8米，呈长方形，平底，宽3米～3.2米。现残存部分长7.4米，北端深3.4米、南端深4.6米。填土较杂，夹杂大量石块，偶见马骨、残碎瓦片等，质地较为疏松，不见夯层、夯窝等痕迹现象。清理发现，该墓在古代就被完整盗挖，后历多次盗掘。由近底部东西两壁残存的原始填土来看，墓道原以红褐色填土夹杂大量石块经夯打封填。墓道底部残存有大量漆皮痕迹，漆皮层层叠压，以漆色、形状初步判断应为棺木、车厢、封门板等朽痕。另见数量丰富的车马器及兵器，均为明器，种类有衔镳、车軎、泡钉、弩机、箭镞、铁剑、铁戟等。漆木朽痕及车马器、兵器等遗物均为盗墓者自墓室盗扰后弃置此处。

墓室为狭长形长方形洞室，墓室长11.6米，北端宽3.2米，高2.26米，南端宽1.9米，高1.4米。墓室开凿不甚规整，北端顶部近平顶，墓室中部以南顶部呈弧形，墓室愈往里端愈向内斜收，且底部愈高隆，顶部愈低矮。墓室底部及壁面多突兀不平，在部分低凹、裂隙处均以红褐色纯土或夹杂红烧土块抹平。墓室北端顶部、两壁及地面凿有三道封门石槽，由墓室口残存的褐色漆木朽痕推测，墓室原为木质门板封堵。在墓室中部残存棺漆痕迹及少量墓主骨骼，骨骼仅见少许盆骨、肢骨，可基本断定棺椁位置之所在。该墓因盗扰严重，随葬器物多已无存，孑遗者其原始位置已不明确。随葬器物多为车马器、兵器类，以明器为主。车马器有盖弓帽、衔镳、车辖等，兵器主要有弩机、箭镞、铁戟等。

卧牛山四号墓为典型的横穴式岩洞墓，较以往发掘的岩洞墓规格较小，三开凿粗糙，形制不规整，墓道与墓室连为一体，中间未设甬道，墓室前部用木质封门，种种迹象表明墓葬开凿并未最终完成，即墓主人应是在仓促死亡的情况下埋葬的。徐州地区的岩洞墓墓主均为楚王或王后，列侯以下均为竖穴墓，故卧牛山4号墓墓主亦为王或后级别，另对出土盆骨确认，其墓主应为女性，因其距西卧牛山楚王墓仅150米，推测4号墓墓主很有可能为西卧牛山墓主的早薨王后。该墓的发掘充实了徐州西汉楚王陵墓考古工作成果，为西汉楚王陵墓墓主、陵墓制度等综合性研究等方面提供了重要的参考资料。

（刘　超　耿建军）

【徐州市东王庄汉墓群】

发掘时间：2015年5～7月

工作单位：徐州博物馆（徐州市文物考古研究所）

东王庄汉墓群位于徐州市驮篮山东部的小山丘南麓，在金山桥开发区原二十五中学院内。截至2015年已发掘墓葬2座，分别编号为东王庄M1、M2。M2位于M1西侧，两墓东西相距20余米。

M1为竖穴洞室墓，方向90°。竖穴东西长3米，南北宽2.3米，深4.9米。竖穴内填红黏土，夯层清晰，夯层厚20厘米~30厘米。洞室位于竖穴南侧，进深0.8米，高1.4米。竖穴和南侧洞室内并排方置两棺，棺痕清晰。两棺长2.1米，宽0.7米，棺外髹黑褐漆，内髹红漆。棺内各葬一人。头东向。尸骨腐朽严重。仅存头骨、股骨等，南侧棺头骨保存较好。南侧棺头部出土3件玉蝉，北侧棺头部出土口琀1件（残玉片）。随葬陶器放置在南侧洞室西部。主要器形有鼎、盒、壶、钫、茧形壶、盘、井、仓、猪圈、匜、灶等23件（组）。在陶器北部有鸡骨遗存。

M2为竖穴洞室墓，方向270°。竖穴东西长3.3米，南北宽2.3米，深4.8米。竖穴内填黄色沙土，夯层清晰，夯层厚20厘米~30厘米。并且置三层块石层封堵。洞室位于竖穴北侧，进深1.7米，高1.4米。洞室用4块方石封堵。在竖穴东壁有个侧室，南北长2.2米，东西宽1.8米，高1.9米~2米。侧室封门为两扇石门，宽0.9米，高1.48米。洞室内置一棺，棺痕清晰。棺长2.4米，宽0.82米，棺外髹黑褐漆，内髹红漆。棺内葬一人，头西向，尸骨盗扰严重，仅存头骨、股骨等，头骨保存较好。在棺内西北出土一方形玉片，中部有一穿孔。在棺西侧置一件圆形漆盒，内放置一面铜镜，一枚铜印和一件银鞢。在棺北侧出土一件错金铜镎和一件铁锸。随葬器物多放置在东侧室。陶器主要器形有鼎、盒、壶、钫、茧形壶、镳盉、井、仓、猪圈、匜、勺、灶等37件（组）。铜器有铜带钩、铜铃等。出土大量的牛肋骨、狗骨、鸡骨等家禽家畜骨骼遗存。M2出土陶器铜器玉器等合计53件（组）。

东王庄M1、M2均为石坑竖穴结构，为徐州地区西汉中小型墓葬的通用结构形式。鼎、盒、壶、钫、茧形壶是本地西汉早中期墓葬的典型陶礼器组合。因此东王庄M1、M2的时代应为西汉早中期。

M1竖穴和洞室内埋葬的两人东西并列，身份大致相当，应为夫妻合葬墓。南侧墓主人随葬三件玉蝉，结合尸骨特征判断应为男性。北侧墓主人随葬一件玉片口琀，结合尸骨特征判断应为女性。M2洞室内埋葬一人，随葬器物组合结合尸骨特征判断应为男性。

东王庄M1、M2封堵严密，随葬品十分丰富。除许多陶器、铜器、漆器外，墓主还有玉口琀、铜镜、铜印等随葬，墓主人的身份是比较高的，可能为当时级别较高的官吏。两墓结构基本相同，相距较近，应为同一家族。

（吴公勤）

【徐州市睢宁窦山汉代墓地】

发掘时间：2015年10月~2016年1月

工作单位：徐州博物馆（徐州市文物考古研究所）、睢宁博物馆

窦山墓地位于睢宁县官山镇张山村窦山西南麓坡地上。墓地中心坐标为北纬33°78′36″、东经117°85′69″。发掘面积2500平方米，共发掘两汉时期墓葬51座，出土各类器物160余件（组）。

发掘的这批墓葬，包括竖穴土坑墓10座、石椁墓39座、砖椁墓1座、砖室墓1座。竖穴土坑墓均为长方形，长2.2米~3米，宽1.2米~2.2米，深1米~2.8米，以南北向为主。绝大多数为单人葬，个别墓葬底部以碎石板铺底，所见葬具均为单棺，且均未髹漆。随葬器物多置于墓主棺外一侧，少部分置于墓主足部一端。置于一侧者，多以石板或石块依墓壁或木棺垒砌成椁箱，内置器物。

石椁墓为此次发掘的主体，多数已被盗掘。墓葬以东西向为主。可分为单石椁、

双石椁及三石椁墓，椁内均置木棺，个别残存漆皮痕迹。双石椁及三石椁墓墓圹多为二次扩挖而成，墓圹平面因扩挖错位而呈曲尺状，即原为单石椁墓，后在其一侧扩挖墓圹，依原石椁侧板砌筑椁室，形成夫妻合葬墓，两（三）石椁中间均共用一块侧板。墓葬多设有足箱或边箱，内置陶器，铜镜、钱币等器物多置于棺内。

砖椁墓仅见一例，即M45，为夫妻合葬墓，墓葬东西长2.55米，宽1.25米，残深0.9米，墓向105°。在墓圹内以单砖依墓壁以三顺一丁式砌筑椁室，椁室顶部以四块石板铺盖。墓底以单砖铺地。因盗掘仅在南侧墓主头部一侧出土铜镜一枚。

砖室墓亦仅一座，即M47，为带斜坡墓道券顶砖室墓。墓葬南北长5.2米，宽1.96米，残深1.2米，墓向345°。由墓道、封门、墓室等组成。墓道位于北端，宽1.2米，长2.3米。墓门与墓道等宽，以条砖及楔形砖平砌封堵。墓壁以单砖三顺一丁式砌筑，顶部已不存，底部以单砖人字形漫铺。

这批墓葬出土陶、铜、铁、原始瓷、滑石等不同质地器物，其中以陶器为大宗，器型有鼎、盒、壶、钫、仓、灶、井、磨、圈等；铜器有卮、印、镜、眉刷、钱币等；滑石器多为琀、塞之属。由陶器组合规律及铜镜特点、钱文特征等分析，墓葬的时代为西汉早期至东汉早期，以西汉中晚期墓葬为主。这批墓葬排列规律、分布密集，部分墓葬存在叠压打破关系，为一处沿用时间较长的家族墓地。

（耿建军　刘　超　郑宇鹏）

【徐州市万寨汉墓群28号及29号墓】

发掘时间：2015年3～4月

工作单位：徐州博物馆（徐州市文物考古研究所）

万寨汉墓群M28、M29位于徐州鼓楼区万寨村北的小山西北坡上，在徐州市三环北路高架快速路建设中发现并发掘。因20世纪70年代和90年代在该区域发掘过27座汉代墓葬，故将这两座墓葬续编为M28、M29。两墓皆为石坑竖穴洞室墓，东西并列，M28位于M29的东侧，相距30米。M28地理坐标为北纬34°19′38″、东经117°12′13″；M29地理坐标为北纬34°19′38″、东经117°12′12″。

M28为石坑竖穴洞室墓，墓向175°。竖穴南北长3.3米，东西宽1.6米，现深2.8米。可能由于石质不好，竖穴壁凿制不太规整。洞室位于竖穴西壁下，顶部为平顶，但被破坏严重。洞室长3.3米，宽1.6米，高1.2米。该墓基本被挖掘机挖到底，扰乱严重，仅墓底四角残余少量填土。填土为红黏土杂以碎石。经清理，洞室内有棺木朽痕，墓主骨骼腐朽殆尽。偏北部发现2枚铜环和1件骨器。陶器有鼎、壶、钫、罐、仓、灶等8件，多残碎。在竖穴内仅有一小堆较乱的朽骨，不像有完整的棺木，可能是迁葬而来。竖穴内仅出土2枚铜钱。从出土器物来看，该墓时代应为西汉中晚期。

M29亦为石坑竖穴洞室墓，墓向193°。竖穴南北长3米，东西宽1.6米，现深5.5米。竖穴填土比较乱，填土中还出现大量的石块。由于石质不好，竖穴壁凿制粗糙，凹凸不平。底部北壁上凿有一石台，较粗糙。洞室位于竖穴西壁下，顶部外高内低，顶面参差不齐，上面留有30余个楔窝，但最里面两个墙角比较规整。洞室南北长3.36米，宽1.7米，外口最高2.2米，内里高1.3米。洞室门口有4块长方形封门石板，其中南边3块落于竖穴和洞室之间的地面上，最北面1块斜立在竖穴的填土中。石板表面平整，凿痕清晰。

M29洞室内几乎被土充满，土中夹杂石块，土质较硬。洞室内葬2人，靠墙葬1人，棺木已朽不存，但痕迹明显，有红、黑色漆痕。在西侧棺木范围内，发现已朽的头骨残片和两段腿骨及“五铢”钱4枚。在棺外发现少许狗骨和一枚狗牙及1件锈蚀的铁锸。陶器置于棺外南端，有鼎、仓、灶、井、磨、圈、小圆球等8件，多残碎。洞室外侧亦葬一人，未见棺木痕迹，存有头部和胯部以下尸骨。附近出土有“大泉五十”90余枚，铁削1件。在洞室门外，发现1件原始瓷器的碎片。

M29应为夫妻合葬墓，且属于二次葬，内侧墓主人入葬的时间在前，时代最晚至王莽时期。该墓竖穴内填土南部软北部硬，且土质不同；填土内石块不像封石，更像填石；洞室内的土亦不像淤土，似为填土。再加上墓主人的两具尸骨都有缺失和被移位的现象，说明该墓被早年盗扰过。

（李　祥）

【徐州市土山二号东汉彭城王墓】

发掘时间：2015年8月~2016年1月

工作单位：徐州博物馆（徐州市文物考古研究所）

徐州土山汉墓位于徐州市南部，云龙山北麓，现徐州博物馆范围内，西南为采石场遗址。土山及附近共发现大型东汉墓三座，墓葬现存有高大的封土堆，高度约18米，周长200米。

2003年，国家文物局批准发掘土山二号汉墓，二号墓与一号墓共用一封土，其中二号墓为主墓，位于主封土下，规模宏大。封土夯筑而成，夯层清晰，每层厚度在20厘米左右。夯土较杂，从断面上看，大致为黄土、瓦渣相间叠压，但往往是每一层夯土中既有黄土层，又有瓦渣层，且黄土层、瓦渣层厚薄不一，断断续续。黄土层较为纯净，包含物很少；瓦渣层为灰土，内含大量汉代的筒瓦、板瓦碎片，另外还有汉代的陶器、云纹瓦当碎片，半两、五铢钱币，并有少量的龙山文化及春秋、战国时期的几何印纹陶残片，特别是在封土中还发现许多汉代的封泥。现将2015年的发掘成果简介如下：

二号墓的形制以砖结构为主：墓道南向，南北长20米，东西宽约4米（深度暂不详），方向195°；在深约3米的墓道壁两侧，有东西对称分布的浅龛，现清理约3层，壁龛内壁面和底面残留有木板挤压的痕迹，高30厘米~60厘米，宽15厘米~26厘米，进深3厘米~8厘米；在其西壁中部偏北位置，发现一道砖墙，长约10米，向北延伸至砖封门（东侧尚叠压于外侧填土内未发现）；墓室口部有砖砌和石砌封门各一道，封门高约6米，宽1.7米，砖封门被扰动过，残高不详。封门后为用途各异的多个墓室（甬道均坍塌），除耳室外，有坍塌的侧室、前后室等。在东耳室北部发现了东西对称的用光滑的封门石砌筑的石墙，具体深度尚不清晰，需进一步发掘。

此次清理的遗迹主要集中在黄肠石部分，在墓室上部平铺有四层黄肠石，面积约320平方米，南北成排（共16排），东西错列（每一列16块~21块），周围未见黄肠石墙；许多黄肠石上都有铭文（部分用白石灰书写）。黄肠石之间垫土（垫土厚4厘米~8厘米，垫土内发现有瓦片）或者1~2块垫木的朽痕（垫木长40厘米~60厘米，宽8厘米~10厘米）。

此次发掘的封土部分出土20余方封泥（包含部分无字封泥），盗洞内发掘有散存的玉衣片、钱币、盖弓帽、陶器、云纹瓦当等20余件。

通过此次发掘，墓道部分的壁龛和砖墙的发现，确定了该王陵东侧并无黄肠石墙（石坑代替了黄肠石墙的支撑功能，其余三侧尚不清晰），东侧室的后墙叠压于黄肠石下。通过发掘，该墓葬为砖砌墓，其上封盖四层黄肠石，为东汉诸侯王陵的墓葬形制，而东汉时徐州为四代彭城王的封地，初步确认该墓为东汉某一代彭城王陵墓。

（郑洪全　耿建军）

【扬州市蜀岗古代城址南宋遗存】

发掘时间：2015 年 3～12 月

工作单位：中国社会科学院考古研究所、南京博物院、扬州市文物考古研究所

宋宝祐城西城门外南宋瓮城墙、瓮城壕

发掘地点位于扬州市蜀岗—瘦西湖风景名胜区管理委员会平山乡西华门社区，发掘面积约 300 平方米，清理出了南宋晚期修建开挖的瓮城墙和瓮城壕。

发掘结果表明，瓮城墙可分为三期，从早至晚分别厚约 15.65 米，16.25 米，19.75 米（不能确定其即为同期的瓮城墙厚度），底部海拔约 20 米，残存顶部海拔约 22.6 米；瓮城墙和主城墙或互不连接，瓮城墙外边缘距离瓮城壕内边线约 26.8 米。瓮城壕宽约 23 米，口部海拔 15.25 米；底部南高北低，海拔高度分别为东南 15.1 米，东北 14 米；瓮城壕底部高于宋代以前主城壕口部岸际海拔 13.68 米，与主城壕不连通。

通过发掘，基本明确了扬州蜀岗古代城址西城门外瓮城墙和瓮城壕的时代及其宽度、深度等数据，获知了瓮城墙和瓮城壕之间的距离、高差等关系，进一步完善了该城址在主要历史时期的水位线资料。瓮城壕当与南部高地西侧直至平山堂城西北（今大明寺月湖、日湖）属于一个水系，这与《嘉靖惟扬志》“宋三城图”中描绘的情况基本一致。

城内西南隅道路

发掘地点位于扬州市蜀岗—瘦西湖风景名胜区管理委员会瘦西湖街道办事处堡城村，发掘面积仅 30 余平方米，揭露出了南北向、东西向的道路各一条，这两条道路至迟在南宋时期形成了一个十字路口。

东西向道路（EL6），为 3 条道路叠压，顶层路面为灰黄花土夹小石子，分层明显，有细小薄层；中层路土呈灰色，较为纯净，质地坚硬，其上残存 1 道方向 96°、宽 0.16 米～0.26 米、深 0.09 米的车辙；下层砖铺道路，方向 87°，路面西高东低倾斜约 5°，南北宽 2.65 米，东西出探沟，路面用边长 33 厘米、厚 7.5 厘米的素面方砖平铺，路牙用长 35 厘米、宽 18 厘米、厚 6 厘米的条砖侧立铺成。这条道路的本身特点及其所处位置，对于研判隋唐时期城内轴线和建筑的角度具有重要价值，推测该道路附近或有较大型建筑，或为探寻江都宫成象殿的线索。

南北向道路（EL7）揭露至宋代道路，即因水位较高而停止。宋代道路，方向 5°，存厚 0.3 米～0.45 米，路面上有多道明显车辙印。揭露出了东侧路边，西侧路边尚需后续发掘解明，揭露出来的部分宽 6.7 米。该道路与北城墙西段东部豁门六朝时期道路的南北向连线为 357°，与宝祐城东城墙南端外侧包装墙和东门北侧夯土墙体的方向较为接近。

（汪　勃　王　睿　王小迎）

浙江省

【义乌市桥头上山文化遗址】

发掘时间：2015年3～12月

工作单位：浙江省文物考古研究所

桥头遗址发现金衢地区上山文化时期的环壕遗迹。确定环壕分布与走向是今年工作的主要任务。经过2015年度的考古工作，环壕的分布基本得到确认，并进一步明确了三面人工环壕、一面连接（古）河道的判断。

经过发掘揭露，遗址的东、南、北三面为人工的环壕，环壕的内沿基本完整，外沿破坏严重，但在南部和西北角还是得到了局部的保存。南部环壕的上部受到后期洪水的冲击，在考古迹象上表现为商周层下堆积一层砂砾层，在砂砾层下，环壕的底部得到局部的保存；北部环壕被近现代动土破坏严重，仅在西北角保留一部分。总的来看，桥头环壕遗址的完整性基本确立。环壕的宽度为10米～15米，深度为1.5米～2米。以环壕的外沿为界线，则环壕聚落的南北长度约80米，东西宽度约50米。

桥头遗址显示的古河道与人工环壕相结合的遗迹现象十分重要，是浙江新石器时代早期聚落考古的新发现和新突破。

（蒋乐平）

【宁波市镇海区鱼山新石器时代至唐宋时期遗址】

发掘时间：2014年9月～2015年2月

工作单位：宁波市文物考古研究所、镇海区文物保护管理所

鱼山遗址位于宁波市镇海区九龙湖镇河头村。为配合九龙湖御水龙都二期工程建设，在Ⅰ期1500平方米发掘的基础上，又对鱼山遗址开展了Ⅱ期发掘。发掘面积3800平方米，共清理不同时期遗迹现象270余处，出土陶、瓷、铜、石、玉、骨、角、木质遗物（小件）400余件（组）。

发掘情况表明，鱼山遗址地层堆积深度1米～2.5米，可分为九个大层，时代可大体划分为河姆渡文化、良渚文化、商周时期、唐宋时期等四大阶段。其中第④、⑤a、⑧层属自然堆积形成的间隔层，余皆为文化堆积层。

河姆渡文化遗存可分为早、晚两期：早期以⑨层为代表，年代相当于河姆渡文化二期。遗迹仅发现1条灰沟和9个灰坑。出土遗物主要见有夹炭灰黑陶釜、钵、豆、盘、罐、支座和石斧、锛，骨锥、管，木锥，建筑构件等；晚期以第⑦层为代表，年代相当于河姆渡文化三期。遗迹发现有28个灰坑。出土遗物主要见有泥质红陶和夹砂红褐陶豆、罐、釜、灶、支座等，另见有少量的石斧、锛、凿、镞、磨石和玉玦、木筒、藤箍形器等。

良渚文化遗存以第⑤b和第⑥层为代表，年代相当于良渚文化晚期。其中第⑤b层含砂量大，推测可能是受水流影响而形成的二次堆积。环山脚下发现一处砂石铺垫的“活动面”。出土遗物主要为陶、石器。陶器多夹砂红褐陶，见有鱼鳍形、扁平状和“T”形鼎足、双鼻壶、圈足盘等；石器见有斧、锛、凿、犁、刀、镞、

镰、磨石等。

商周时期遗存以第③层为代表，可细分为商晚、西周和东周三个连续的发展阶段。发掘时局部揭露出一处保存较好、布局清晰、功能明确的居住生活区，遗迹现象见有排桩、柱洞、灰坑、灰沟、栈桥、砂土台等260余处。出土遗物丰富，陶器见有鼎、釜、罐、钵、豆、盆、盘等；印纹硬陶见有坛、瓮、罐、钵、尊、提梁壶、刻槽盆等；原始青瓷见有豆、碗、钵、尊、盂、杯、器盖等；铜器见有斧、锛、锸、凿、镦、匕、镞等；石器见有斧、锛、凿、刀、镰、戈、矛、镞、玦、砺石等。另有零星的鹿角器和木耙、木陀螺等遗物。

唐宋时期遗存以第②层为代表。遗迹仅发现石砌道路1条。出土遗物主要见有越窑青瓷碗、钵、盏、盘、盒、盂、器盖等，另有少量的板瓦、瓦当、方砖、碾轮、韩瓶等遗物。

鱼山遗址是截至2015年已知距离海岸线最近的河姆渡文化遗址之一，也是近年来宁绍地区古代文化遗存的重要发现之一。其发掘虽为配合工程建设项目，但学术目标明确，多学科、多角度、多方位地提取了遗址蕴藏的历史信息。两期发掘结果表明，该遗址文化堆积深厚、遗迹遗物丰富、延续时间较长、文化发展连贯，其发现或将改写镇海地方史，同时为宁绍地区考古学文化序列研究提供了新材料。遗址不同时期文化层间隔自然层的堆积特点十分特殊，为深入探讨不同时期的人地关系，特别是滨海地区早期人类活动与环境变迁的关系提供了新的案例。

（王结华　雷　少　张华琴）

【杭州市余杭良渚古城遗址】

发掘时间：2015年1～12月

工作单位：浙江省文物考古研究所

2006年以来，经过八九年的考古工作，证明良渚古城的核心区可分三重。最中心为面积约30万平方米的莫角山宫殿区，其外分别为面积约300万平方米城墙和面积约800万平方米的外郭所环绕，堆筑高度也由内而外逐次降低，显示出明显的等级差异，形成类似后世都城的宫城、皇城、外郭的三重结构体系。古城外围还分布着规模宏大的水利系统及范围广阔的郊区，整个城市系统占地面积达100平方千米。

2015年度，为配合良渚古城申遗及国家考古遗址公园建设，浙江省文物考古研究所良渚遗址考古与保护中心对城内的莫角山遗址、姜家山遗址、钟家港南段进行了考古发掘工作，同时对以老虎岭为代表的高坝系统、以鲤鱼山为代表的低坝系统进行试掘和大规模勘探工作，启动安溪路以东进行大规模的勘探工作。

2014年在大莫角山西部的发掘中发现两排4座土台房基遗迹。为了解大莫角山上建筑遗迹的分布情况，2015年，我们又在大莫角山东部进行探沟发掘工作，发掘面积900平方米。至2015年年底，新发现和确认3座土台房基遗迹，至此，在大莫角山上共发现了7个面积300平方米～900平方米的土台式建筑基址，呈南北两排分布。其中建筑基址2柱洞保存较好，格局较为清楚，土台东西长约25.5米、东西宽约11.5米，可知土台上的房址可分东西两个分间，每个分间规格相当，约7.5米×7.5米，面积各约56平方米；土台北坡外、东坡以及西南转角发现较大型的柱洞，似为房屋的檐廊，檐廊范围东西长约24米、南部宽约13米；在建筑基址的西南侧还分布有一处“沟槽状遗迹”，由南北向和东西向的浅沟槽组成，填土多为红烧土颗粒夹杂炭屑，部分为灰白色填土，推测是一处木构建筑，以东西向和南北向木头交错搭建，其上再铺设木板，构成房址的户外活动面，分布范围南北长约15米，东西宽约11.5米。

2015年下半年，我们开始对小莫角山遗址进行发掘，布方面积900平方米。发掘仅揭除表土，寻找小莫角山顶部的建筑遗迹。通过发掘，在小莫角山上发现4座房屋建筑遗迹，其中1座年代较早，规模较大，可分为东西两个隔间，发现有大型基槽和柱洞；另外3座房址叠压于早期阶段房址上，年代较晚，东西成排分布，其中一处晚期阶段的房址保存较好，发现有基槽和15个柱洞，可分为东西两个隔间。

姜家山遗址位于莫角山遗址的西部，原先被认为是莫角山遗址的一部分，经过勘探和试掘确认姜家山与莫角山之间隔着一条良渚时期河沟，因此将之从莫角山遗址中区分出来。2015年11月，在姜家山西部进行探沟试掘时发现良渚文化墓葬一座。随即扩方清理，编号姜家山M1，开口宋元地层下，打破生土，棺椁俱备。随葬文物编号65件组，以单件计175件，其中玉器165件，包括玉琮1件、玉璧9件、石钺9把、成组锥形器1组7件、冠状饰1件、三叉形器1件以及大量管珠等，为良渚文化贵族大墓。为了解姜家山贵族墓地的范围，我们以姜家山M1为中心布方，布方面积900平方米。经过发掘，又发现13座良渚文化墓葬，墓葬大致呈三排分布。墓葬中共出土文物420件组，包括玉器、石器、陶器、骨器等，以玉器为主。从出土陶器、玉器的形制判断，其年代与反山墓地相当。与反山墓地的男性墓相比，姜家山最高等级的男性墓M1，介于反山M17和M15之间，仅高于反山M18，大致相当于反山墓地的第三等级。从目前揭露的情况来看，姜家山墓地为一处贵族墓地，还达不到王陵级别。

2015年11月，为配合良渚古城遗址公园规划，以及城内防洪航运的需要，需对莫角山东部南北向的钟家港河道进行疏浚工作。在疏浚过程中，工程范围内发现良渚文化层分布，遂布方发掘，目前布方面积为300平方米。通过发掘，在河道西岸发现一段良渚文化晚期的以木桩及竹片构成的护岸遗迹，这是城内的首次发现。

2015年度的考古勘探工作位于安溪路以东，已发现台地21处，该区应为良渚古城外围的一处重要的郊区聚落群。

（陈明辉）

【良渚古城外围大型水利工程遗存】

发掘时间：2015年

工作单位：浙江省文物考古研究所

水利系统位于杭州市余杭区瓶窑镇境内，良渚古城的北面和西面，共由11条堤坝组成。根据形态和位置的不同，可分为山前长堤和谷口高坝、平原低坝3类。其中山前长堤原称塘山或土垣遗址（图二1），位于良渚古城北侧2000米，北靠天目山脉，距离山脚100米～200米，全长约5000米，呈东北西南走向，是水利系统中最大的单体。从西到东可将其分成三段。西段为矩尺形单层坝结构。中段为南北双层坝体结构，北坝和南坝间距20米～30米，并保持同步转折，形成渠道结构。西侧为谷口高坝，位于西北侧较高的丘陵的谷口位置，包括岗公岭、老虎岭、周家畈、秋坞、石坞、蜜蜂弄等6条坝体。可分为东、西两组，各自封堵一个山谷，形成水库。高坝体海拔为30米～35米。因谷口一般较狭窄，故坝体长度在50米～200米间，大多为100米左右。坝体厚度近100米。平原低坝建于高坝南侧约5.5千米的平原内，由梧桐弄、官山、鲤鱼山、狮子山4条坝将平原上的孤丘连接而成，坝体海拔在10米左右。坝长视孤丘的间距而定，在35米～360米不等。高坝与低坝之间的库区略呈三角形，面积约8.5平方千米。库区东端与塘山长堤相接，共同组成统一的水利体系。

水利系统11条堤坝中，塘山长堤曾经过多次发掘，有确凿的地层学依据证实其为良渚时期遗迹。其他10条水坝都未进行过正式发掘。对坝体的测年研究中，其中6条坝体获得了12个^{14}C测年数据，全部落在良渚文化早中期。为了获得准确的地层依据，确认整个水利系统的年代，了解坝体结构和堆筑工艺，2015年度由浙江省文物考古研究所主持，联合杭州良渚遗址管委会、山东大学、南京大学对其中的狮子山、老虎岭、鲤鱼山坝体进行了发掘和调查。发掘面积共490平方米。发掘获得了明确的良渚灰坑打破坝体的地层关系，了解了坝体结构和堆筑工艺，取得了重要收获。

狮子山：共发掘290平方米，证实狮子山人工堆筑体宽约123米，深度逾10米未尽。由黄土、黄斑土、青胶泥、青粉土、黄粉土等多种土分段分层堆筑，堆积层高低不平，未见草裹泥和明确的夯筑迹象。坝体内出土良渚文化夹砂陶片1块。

鲤鱼山：对坝体的北侧和南侧进行探沟发掘，面积共129平方米，并沿探沟向南北两侧延伸钻探。该坝的堆筑方式为：先在筑坝处地面下挖一个纵向凹槽，宽度约25米，深度达3米。坑内堆填青淤泥和草裹淤泥为基础，之上覆盖一层黄色散土，在北侧迎水面的位置，草裹黄土和散黄土间杂堆筑形成斜坡，其后部则又用黄色散土覆盖坝体的表面。坝内填土中发现数片崧泽文化时期的粗泥陶片和1片良渚文化中期鼎或甗的腹片。第③层下发现战国墓葬一座，打破坝体堆土。

老虎岭：在坝体西侧与山体交接处和北侧分别布置探沟2条，分别为4米×10米和10米×3米，发掘面积70平方米，获得了重要的地层叠压关系。在西侧的T1发现沟3（G3）打破坝体的最西端，属于良渚晚期，沟内出土了“T”形鼎足、侧扁形鼎足、盉足等典型良渚文化时期陶片，而其自身又被马桥时期的沟G2打破。对坝体北侧早年取土形成的断坎进行了整体刮面，进行了贯穿坝体的铲探，获得了坝体的内部结构及堆筑工艺的重要资料。该坝的堆筑过程如下：首先统一在谷底地面上铺筑青膏泥混杂草裹淤泥做基础，其上堆筑青粉土。然后在北侧迎水面附近堆筑草裹黄土的斜坡，内部间杂使用黄色散土。其上覆盖黄褐散土为护坡，顶部覆盖褐色土。

断面显示草裹泥具有明显的分区现象，这种不同的分区应该是由同一地点运输来的一个周次的运量，同时表明铺筑时草裹泥由不同的地点运送过来，一到即铺筑，没有统一堆料的过程，所以每个区块的草裹泥都能保持材质的统一不相混杂，从而形成明确的区块。

根据地层学和^{14}C测年可证实该水利系统属于良渚时期。

地层学依据，塘山长堤：塘山顶部曾发现两座良渚贵族墓葬，一处玉器加工场，证实其年代不晚于良渚时期。2015年对高坝老虎岭的发掘，获得了良渚晚期地层单位G3打破坝体的证据。低坝鲤鱼山被战国墓葬打破。鲤鱼山和狮子山坝体内出土良渚文化陶片。各坝堆土内皆未见晚于良渚文化的遗物，对其筑坝年代的推定也有参考意义。

碳素测年（^{14}C）数据，^{14}C测年也可证实坝体的年代。11条坝体中，共获得12个测年数据，涉及岗公岭、鲤鱼山、狮子山、老虎岭、周家畈、秋坞六个地点。结果显示，上述各地点系列样品的树轮校正值全都落距今5100～4700年，属于良渚文化早中期。

推测该系统可能具有防洪、运输、用水、灌溉等诸方面综合功能，与良渚遗址群及良渚古城的生产与生活关系密切。

良渚古城水利系统的发现与确认，具有重要的学术价值。

良渚的水利系统是中国现存最早的大型水利工程。中国水利史通常始于距今

4000年前的大禹治水传说，现存的水利工程遗迹如都江堰、灵渠、白渠等均早不过战国时期。距今5000年左右的良渚水利系统的确认，为中国古代水利史研究的重大突破。它也是世界上最早的拦洪水坝系统，与埃及和两河流域旱作农业文明以渠道、水窖等以引水为主要目的的水利系统形成鲜明对照，体现了湿地稻作文明的鲜明特征。

水利系统的确认证实良渚古城具有完整的都城结构，由内而外依次为宫城、王城、外郭城和外围水利系统，成为中国后来都城结构的滥觞。

世界各地早期文明的出现，都与治水活动密切相关。良渚古城是中国境内最早进入国家形态的地点，而良渚古城外围的水利系统和古城在空间和时间上具有不可分割的密切关系，对研究中国文明的起源具有标志意义，在世界文明史研究上亦占有重要一席。

（王宁远）

【杭州市余杭玉架山良渚文化遗址】

发掘时间：2015年3～12月

工作单位：浙江省文物考古研究所

遗址位于杭州市余杭区东部，总面积近15万平方米，西距良渚遗址群约20千米。2008年10月下旬开始发掘，发现了由六个相邻的环壕组成的良渚文化的完整聚落。

2015年度发掘始于3月，目前仍进行中。发掘主要分两个区域，其一，玉架山遗址南部的“古河道”，了解其形状、走向、年代、形成原因等；其二、玉架山遗址环壕Ⅰ西北部，发掘目的主要有两点：第一，深入、全面地了解环壕Ⅰ，为之后的学术研究做好基础资料；第二，为拟实施的保护规划（遗址公园）提供复原依据。

“古河道”发掘区位于环壕Ⅰ之南300余米，发掘面积600平方米，布方以10米×10米为主，局部依地形及河道的走向布列。发掘区内“古河道”宽10米～14米，深0.5米。通过发掘我们推断“古河道”应为自然形成的。出土少量陶片、果核、骨器等遗物。

环壕Ⅰ的发掘区域位于环壕Ⅰ西北部，发掘面积1700平方米，其中新开挖面积1000平方米，原未完成的探方继续发掘700平方米，布方皆10米×10米。主要收获为清理良渚文化墓葬8座，出土各类遗物约100件（组）。陶器组合为鼎、豆、罐，其他还出土纺轮、盘、盆和双鼻壶等；石器主要为石钺；玉器主要有管珠和锥形器等。环壕Ⅰ的西北部（TE2N9）地层中出土了一些可修复的陶器残片，M379叠压其上。

截至2015年，玉架山遗址共清理墓葬460座、房址11座、灰坑24座，出土各类遗物5000余件。

（楼　航）

【杭州市余杭迎乡塘良渚文化遗址】

发掘时间：2015年3～7月

工作单位：浙江省文物考古研究所、良渚遗址管理所

迎乡塘遗址位于杭州市余杭区瓶窑镇瓶窑社区桥东组西部，北距良渚古城南城墙约400米，南部紧邻新104国道。为了支持良渚遗址申遗、配合新104国道的改建工程，浙江省文物考古研究所与良渚遗址管理所共同对迎乡塘遗址因施工所涉及的区域进行了抢救性发掘。因民房、道路复杂，我们根据地形地貌进行布方，规格不一，共布3个探方，总发掘面积200余平方米。

经发掘，进一步证实该点属于良渚文化晚期的台地型遗址，发现台地3个、房址1个、灰坑5个、沟1条、墓葬4座，并出土各类小件标本200余件。

土台发现3座，分别编号为台Ⅰ、台Ⅱ、台Ⅲ，后二者大致同时，台Ⅰ偏晚，是后期在台Ⅱ、台Ⅲ的基础上加高扩建而成。台Ⅰ，分布于T1、T2、T3，并延伸出探方外，开口于第④层下，被近现代沟、坑部分扰乱。现揭露东西26米，南北8米，堆积主要由6层黄褐土堆积而成，最厚约1.15米。土台表面分布有H4、G1等遗迹。台Ⅱ，分布于T1大部，并向南、北、西面延伸，开口第⑤层下。揭露部分南北7、东西2.3米~3.35米，堆积共分为4层，以黄褐斑土和粉土为主，厚度1.2米。由于发掘面积小，土台表面未发现明显的遗迹现象。台Ⅲ，分布于T3中部，开口第⑤层下，叠压在台Ⅰ下面。整体呈规则四边形，揭露部分东西4米，南北3.65米，堆积由灰褐斑土、红褐山体土组成，厚度约0.85米。在其东西两侧坡缘发现两座墓葬，M2、M4；最上层堆土中发现有夹砂红褐陶鼎。

房址编号F1，位于T3南部，开口第⑤C层下。东西向分布，基槽式房址，南部有一宽1.3米的豁口，可能是门道位置。整体东西7.1米，南北2.6米。基槽宽0.1米~0.15米，深0.15米~0.2米；近直壁，圜底；浅灰褐填土，少量烧土粒和炭粒，无遗物出土。房址西北角因起初未发现稍有破坏。目前周边未发现相关附属遗迹。

墓葬发现4座，编号M1、M2、M3、M4。长方形竖穴土坑墓为主，单人葬，葬具仅见一具（棺），方向东北—西南向为多。骨殖基本不存。随葬器物有玉器、石器、陶器等，其中M4出土器物最多，随葬31件，包括8件石器（石镞1件、石钺7件），3件陶器（尊、罐、豆），20件玉器（冠状器、镯、锥形器、坠饰、管等）。

从发掘情况看，遗址总共可以分为10个小层，第①层为现代层，第②层为近现代垫土层，第③层为汉六朝时期地层，第④~⑨层为良渚文化堆积层。从层位关系、遗迹的分布来看，我们大致可以推测良渚文化时期遗址的形成过程：最初，这里是一片水域（第⑨层），堆积中有大量的人类生活遗物。之后，人类堆高形成生活面（第⑧层），在此生活，H1、H2、H3、H5都是在这一阶段形成的。之后，居址废弃，形成第⑦层，在原址进行堆高（第⑥层），在东西两侧堆筑台Ⅲ、台Ⅱ，土台边缘发现有墓葬埋入（M2、M4）。此阶段之后又有一次加高扩建的过程，形成规模更大的台Ⅰ，G1、H4、M1、M3即在此层面形成。最后整个遗址遭到废弃，形成了较厚的第④层堆积。

综上，经过3个多月的发掘工作，我们获取了比较丰富的迎乡塘遗址良渚文化晚期的资料，为了解遗址形状、与古城“外郭城”的关系以及良渚文化晚期文化面貌等问题提供了线索，具有重要的学术意义。

（闫凯凯）

【宁波市北仑区大榭良渚文化遗址】

发掘时间：2015年9~12月

工作单位：宁波市文物考古研究所

大榭遗址位于宁波市北仑区大榭街道下厂村钱家和万家墩自然村之间。2008年6月，第三次全国文物普查期间首次确认该遗址的存在，当时定名为“东岳宫遗址”（现改名“大榭遗址”）。为配合宁波大榭开发区东华能源英力士百万吨级乙烷资源综合利用一期项目地块建设，宁波市文物考古研究所对大榭遗址开展了3万平方米的勘探和24平方米的试掘工作。

勘探和试掘结果表明，大榭遗址分布面积约20000平方米，文化堆积较单纯，文化层可分为两层，平均厚度约50厘米，主体文化遗存所处时代应在良渚文化早、中期。在海岛上能发现这样分布范围较大、保存基本完好、文化堆积较为丰富的史前文化遗址十分难得。同时，遗址地理位置独特，可以说是史前时期宁绍平原与舟山群岛之间文化交流、传播和人群迁徙的桥梁，对于研究该时期的环境变迁、人地关系和对外交往，以及海岛文化、海洋文化等都具有重要价值。

（雷 少 梅术文）

【长兴县张家湾两周及汉代土墩墓】

发掘时间：2015 年 4 月 ~2016 年 1 月

工作单位：浙江省文物考古研究所、长兴县博物馆

此次发掘是配合长兴太湖高级中学新建工程而进行的。在工程范围内，共发现 26 座土墩，至 2015 年年底已发掘 15 座。共清理西周春秋时期的土墩墓 8 座，战国时期的土坑墓 4 座，两汉时期的土坑墓、砖室墓 100 多座，明清时期的砖室墓 1 座，及 2 座窑炉遗迹。出土随葬器物 300 多件，以陶器为多，大量的釉陶、硬陶，泥质灰陶、红陶，及少量的青瓷。器形以壶、罐、罍、瓿、盒、灶等为主，也有少量鼎、钫。其他质地，以铁器为多，大多数墓葬都会出土一两件铁剑、铁刀等。青铜镜、玉、琉璃壁的出土数量极少。

从已发掘的 15 座土墩看，其土墩堆筑、墓葬营造的过程，大致可以分为两类。

第一类，在两周时期建有土墩墓。到两汉时期再在上面挖坑堆土建墓，形成一更大的土墩。有 D1、D2、D3、D4、D6、D10、D11 七座。如 D4，共有 11 座墓葬，其中 M11，埋葬年代最早，是战国时期的，其在当时的地表直接挖浅坑堆土建墓，形成一土墩。后两汉时期，有十座墓葬在该土墩上再挖坑建墓，形成一更大的土墩。

第二类，两汉时期，在当时的地表上直接挖坑堆土建墓，形成土墩。有 D5、D7、D8、D9、D12、D13、D14、D15 八座。

从墓葬的营造，出土的随葬器物中，可发现至少在西汉早期，已有中原楚文化的因素，渗入到当地的埋葬习俗中。此次发掘，对我们认知长兴地区西周至两汉时期的丧葬文化，对本地区商周时期的土墩墓的发展演变，以及两汉时期外来文化因素对当地丧葬习俗的影响，具有极为重要的资料价值。

（孟国平）

【杭州市萧山区水漾坞春秋土墩墓】

发掘时间：2015 年 7 月 25 日 ~8 月 25 日

工作单位：杭州市文物考古研究所、萧山博物馆

水漾坞土墩墓 D39 位于杭州市萧山区西部，南为湘湖风景名胜区水漾坞，北为湖头陈村。D39M1 为一座大型石室土墩墓，出土文物 7 件，时代为春秋中晚期。D36M1 所在土墩平面略呈长圆形，长径 24.5 米，短径 13.3 米，高约 3.2 米，石室由封门石、墓道、墓室、挡土墙、护坡和盖顶石组成，整体呈长方形覆斗状，长 14.5 米，顶部宽 7.24 米，底部宽 7.8 米，高 2.5 米。

D39M1 发掘收获主要体现在如下三个方面：

首先，土墩的营建方式十分特别。该土墩的营建方式为：在山坡上部平整地表，并清理至山体基岩，下坡处由于地势较低，故而墩底中东部专门用石块修建一个高 0.2 米 ~0.7 米、长 9.84 米、宽 9.1 米的平台，形成墩底垫层，从而使墩底整体处于同一水平面上。然后用大小相似的石块垒砌墓壁，石块多呈长条形，两侧壁横铺叠砌，石块较光滑一端向内，三侧封堵，一侧留门，石壁的下部石块一般较大，起到稳定基础的作用。石室外侧用土、石材料加固形成护坡，最外围用石块垒砌石挡墙，石块较光滑一端向外，最后用长条形大石块封顶形成盖顶石，最后封土成墩。此次发掘中发现的土墩基础的处理方式十

分少见，垒砌考究，以往发掘所见的墩底垫层多为熟土，或者有少量石块铺垫，而像水漾坞土墩墓 D39M1 这样使用大量石块垒砌大型平台的做法尚十分少见。

其次，发现新的石室土墩墓类型。以往发掘的石室土墩墓内平面多为长方形和刀把形，少见中字形，此次发掘的 D39M1 墩内石室的内平面呈“凸”字形，为杭州地区石室土墩墓的新类型，在整个土墩墓体系中属于极为少见的墓例。

再次，墓道口及其外侧用大量石块封堵形成封门，封门呈长条状，长约 4 米，宽约 1 米，中部高两侧低，此种做法十分罕见。

水漾坞土墩墓 D39M1 是继柴岭山土墩墓群发掘之后杭州地区发现的又一处重要的土墩墓，它形制特殊，营建考究，其发掘对于研究商周时期的丧葬习俗具有十分重要的意义。

（杨金东　崔太金）

【安吉春秋至汉代城址】

发掘时间：2015 年 3 ~ 12 月

工作单位：浙江省文物考古研究所、安吉县文保所

根据《安吉古城考古研究》课题计划，2015 年安吉古城的考古发掘分为三个部分，其中古城本体的发掘分为东西两个区块，发掘的目的是在城址普探的基础上根据有限的线索寻找城门迹象。2015 年下半年，在上半年钻探的基础上，我们还对古城外围窑山遗址的西城墙进行了解剖发掘。三个地点的总发掘面积 780 平方米。

古城发掘东区位于东城墙北段县级公路马南线北侧，钻探表明这里有一条东西向水道穿过城墙与护城河连通。此处共布探方 9 个，发掘面积 450 平方米，发现东西向古河道一条，在河道北岸发现了厚 2.5 米的文化堆积，共分为 13 层，其中第①~⑤层为叠压古河道的晚期堆积，第⑥~⑬层为被河道叠压的河道北侧堆积，发现的其他遗迹还有灰坑 13 个、沟 7 条、水井 2 个，出土的遗物有绳纹瓦片、砖块、青瓷碗、钵、罐、灯、砚等，出土小件编号器物 74 件。从出土遗物判断，该部分堆积的时代为三国两晋时期，未见更早的地层堆积，也未见可明确与城门有关的遗迹。

古城发掘西区为马南线北侧，西城墙中偏北段缺口，布探方 4 个，发掘面积 180 平方米，地层可分为 12 层，其中第⑩层为城墙夯土，第⑧、⑨、⑪、⑫层均为战国时期堆积，据此判断，该部分城墙为战国时期夯筑而成。发现叠压在第⑦、⑨层下的两个块石遗迹，其他遗迹还有灰坑 4 个、沟 1 条。出土遗物以灰色、红色绳纹瓦片、兽面、卷云纹瓦当为主，兼有少量战国时期的印纹陶和原始瓷片，未见青瓷片。

窑山遗址的发掘选择在西城墙上开探沟一条，长 30 米，宽 5 米，发掘面积 150 平方米。表土层下即暴露硬质夯土，平面可见与城墙截面顺向的条带状夯土，为两侧夹板逐条夯筑而成，夯土厚度 4 米 ~ 5 米，土色有黄、灰、红、褐等，极为纯净，未见任何包含物。城内发现叠压城墙的春秋晚期陶片堆积，还发现一座打破城墙的西汉早中期之交的竖穴土坑墓，据此判断，城墙堆筑不晚于春秋晚期，其废弃年代当不晚于西汉中期。

（田正标）

【绍兴市越国王陵及贵族墓】

发掘时间：2011 ~ 2015 年

工作单位：浙江省文物考古研究所、绍兴市柯桥区文化发展中心

越国地处中国东南，领有浙江，是浙江地区有文献记载历史的开端。据文献，越国始于无余，允常拓土始大，称王。勾践时国力达到强盛，灭吴称霸，与诸侯争雄，在历史上占有重要地位。

绍兴位于浙江北部，钱塘江南岸，会稽山为境内的主要山脉。春秋战国时期，绍兴作为越国国都之一，是越国的政治、经济、文化中心。其周边分布有不少具有一定规模的越国王侯贵族墓葬，对研究越国王陵及贵族墓葬制度具有重要价值。

越国贵族墓葬的研究肇始于20世纪80年代绍兴坡塘狮子山306号墓的发掘。20世纪90年代，又发掘了绍兴印山大墓，经考证，此墓为越王允常之陵，从而揭开了越国王陵的神秘面纱，推动了越文化研究的深入。此后，在绍兴地区，针对越国王陵及贵族墓葬的系统考古工作鲜有开展，这制约了越文化研究的深入开展。

为了改变越文化研究相对滞后的局面，2011年，浙江省文物考古研究所制定了《绍兴越国王陵及贵族墓考古工作规划》（2011～2015），获国家文物局批准立项，得到国家文物局重点文物保护专项经费的资助。五年来，工作取得重要收获。

第一，基本厘清了绍兴高等级墓葬的主要分布区。五年中对绍兴县平水、漓渚等乡镇的越国王陵及贵族墓葬进行了系统、详细的调查，对发现的王陵及贵族墓葬进行详细记录，获取了墓葬分布、选址、封土形制、墓向、陵园结构、保存状况及墓葬周边景观等方面的基础资料。从调查结果来看，越国特大型和大型高等级贵族墓葬主要分布于平水、兰亭、东湖、漓渚、皋埠等乡镇，其中，平水盆地是越国特大型越国贵族墓葬最主要的分布区域。

第二，初步确认了战国时期越国王陵区。在前期调查的基础上，我们对位于平水、漓渚等乡镇的越国贵族墓地进行重点勘探。发现“中”字形墓6座，“甲”字形墓13座，刀把形墓5座。“中”字形墓葬规模比江苏无锡鸿山邱承墩越国贵族墓葬大，甚至毫不逊色于绍兴印山越国王陵。而且，除一座“中”字形墓葬位于漓渚镇外，其余的五座“中”字形墓葬均位于平水盆地。对比中原地区同时期诸侯王墓墓葬形制和规模，平水盆地的这些特大型高等级贵族墓葬应为越国王陵，平水盆地可能为战国时期越国王陵区。

第三，对平水盆地越国王陵区的布局有了初步认识。从调查勘探结果来看，位于平水盆地的每座特大型“中”字形高等级墓葬均与1～5座相对较小的大型“甲”字形墓葬分布在一起，形成地理位置相对独立的墓地。墓地周边还有古水系、沟状遗迹或自然沟壑环绕，把每个墓地围合成一个相对独立的地理单元，构成一种大的“公墓”区内分隔成若干个小的陵墓区的分布格局，这对越国陵园制度的研究具有重要意义。

第四，基本明确了越国贵族墓地周边古水系及沟状遗迹的分布状况。通过对墓地周边区域的勘探，在平水盆地越国王陵及贵族墓地周边均发现有古水系、沟状遗迹或自然沟壑的存在。这些水系与若耶溪或下灶河相连，经过平水盆地北部狭小的出口后，再通过若耶溪下游（西边支流）与古越国都城相连。说明绍兴地区越国王陵及贵族墓葬的选址、营建与水系密切相关。

第五，获取了建立地理信息系统的基础数据资料。在前期调查的基础上，利用RTK测绘仪及无人机航拍等先进测绘手段，对印山越王陵及位于绍兴平水、漓渚镇的越国贵族墓分布区域及墓葬本体进行了测量，分别获取了1:2000及1:500的矢量化地图。对平水盆地、漓渚镇已发现墓葬区域及印山越王陵进行了航空测绘，获取高分辨率正射影像、三维地表模型、DSM高程晕染图像。

总之，越国王陵及贵族墓葬的调查与勘探成果是越文化考古研究的重要收获。平水盆地越国王陵区的发现，是越国王陵考古研究的重大突破。上述成果的获得，必将极大地推动越国王陵及贵族墓葬制、葬俗、陵园结构、布局及墓葬营建的研究，并为涵盖绍兴地区都城、王陵及贵族墓群为一体的大遗址的综合研究及全面保护和利用规划的制定打下坚实的基础。

（黄昊德）

【慈溪市乌玉桥东周及宋明墓葬】

发掘时间：2015 年 1 ~5 月

工作单位：宁波市文物考古研究所

乌玉桥古墓位于宁波市慈溪市横河镇乌玉桥村西北。共发掘清理了 6 座古墓，包括春秋—战国墓 3 座（M1、M2、M3）；宋墓 1 座（M4）；明墓 2 座（M5、M6）。其中 M1 和 M5 规模较大，规格较高，分别作一简要介绍：

M1 为土墩石室墓，墩体现已不存。平面长方形，由墓道、墓门、墓室、挡土墙等组成，方向 38°。墓道位于墓室西侧，底部较平；墓门截面长方形，顶以长方形石条封盖；墓室保存较完整，长 5.8 米，宽 1.1 米 ~2 米，深 1.86 米，上窄下宽，顶部用大小不等的八块石板封砌，以小石块、黄泥填缝，墓壁用大小不等的条石叠砌而成，内侧平整，墓室底部为黄色沙石土平整而成，做工考究；墓室周围发现有由大小不一的石块构成的挡土墙三道。出土有陶罐、陶鼎、陶钵、陶盘、陶纺轮、陶币形器、陶羊角器和印纹硬陶片，原始青瓷杯、碗、盏等遗物 80 余件。

M5 为明代弘治年间都察院右都御史史琳墓，发现时已遭严重损坏，仅存部分墓园、墓室和地坪。其中，墓园仅西、北两面残存部分由石块堆积而成的墙基；墓室长 3.3 米，宽 2.8 米，深 1.6 米，方向 324°，仅残留三合土浇筑的长方形外廓；地坪残存面积约 70 平方米，可分成南北两部分：北部呈斜坡状，以碎石块铺地；南部为平地，以石板铺地。该墓在 20 世纪中期已被打开破坏并回填，此次发掘仅在填土内清理出及墓葬周边采集到石门、铁门环、仿木石构件、石兽残件、雕花石条等遗物若干。

总体来看，M1 和 M5 虽均遭严重破坏，但墓葬基本形制结构仍存。其发现与发掘，对于考证商周时期的土墩石室墓和明代高等级贵族墓葬形制及丧葬制度，仍有一定的参考价值。

（王结华　王光远）

【杭州市萧山区水漾坞战国至明代墓群】

发掘时间：2015 年 7 月 26 日 ~11 月 5 日

工作单位：杭州市文物考古研究所、萧山博物馆

水漾坞墓群位于杭州市萧山区闻堰街道水漾坞，坐落于城山西北部和天鹅孵蛋山西南部之间的一处山谷处，地块沿水漾湖分布，东南临近下孙文化村。此次发掘共清理战国至明代的墓葬 34 座，共出土文物 231 件，包括印纹硬陶器、原始瓷器、陶器、瓷器、铜器、铁器、金银器和料器等。

汉代土坑墓多分布于山坡下部，汉代砖室墓、砖椁墓和六朝唐宋时期的砖室墓多分布于山坡上部，明代墓分布较为散乱。宋代砖室墓 M29 打破汉代土坑墓 M30，其余墓葬未见打破现象。

此次发掘的汉墓收获巨大：M27 为长方形竖穴土坑墓，残长 2.1 米，宽 2.84 米，出土 3 件青铜钱母范，其中两件范上刻写缪篆“厲”字，这是浙江地区汉墓中首次发现青铜母范，而且范上刻写缪篆“厲”字极为罕见，为研究汉代的钱制提供了全新的资料。M3 为长方形砖椁墓，前端设置墓门，墓葬形制上属于砖椁墓向砖室墓转变的过渡形态，为研究汉代墓葬制度提供了新资料。M32 出土了一件低温釉陶盘口壶，它通体施绿褐釉，器形规整，釉层均匀，器形少见，为研究汉代南北文化交流提供了新线索。

M16 为长方形砖室墓，发现铭文砖，

铭文为“元嘉九年……”，出土一件青瓷盘口壶。该墓前端设置的排水沟与M17前端所设的排水沟呈心形相连，为杭州地区首次发现。该墓不仅年代明确，结构独特，为研究浙江六朝时期的葬制提供了全新的资料。

宋墓中M10发现墓上石砌茔园设施，M6东室内发现一圈厚约8厘米的石灰墙，M5内出土一枚“正隆元宝”，这些发现为研究宋代的丧葬习俗和南北文化交流提供了新线索。

7座明代墓包含双室石室墓、长方形双室砖室墓、方形单室砖室墓和方形三室砖室墓等多种类型，包含一次葬、二次葬、捡骨葬等。其中M15出土一合墓志，志文信息量大，M23出土大量金银首饰。它们的发现为研究明代的丧葬习俗提供了新资料。

（崔太金　杨金东）

【湖州市后村战国及宋元时期遗址】

发掘时间：2014年10月~2015年1月

工作单位：浙江省文物考古研究所

为配合太嘉河工程及环湖河道工程，对和孚镇双福桥村后村遗址进行考古发掘工作。共发掘两个区域，发掘面积850平方米，遗存堆积主要包含宋元时期与战国中晚期两个阶段。

宋元时期遗迹主要为大型灰沟，地层内出土大量宋元时期的陶瓷器，器形以盘、碗、瓶、罐等为主，窑口以龙泉窑、吉州窑为主，另有一定长沙窑、铁店窑、景德镇窑的产品；战国时期遗迹主要为遗址边缘、临水区域连续分布的灰坑遗迹，灰坑间有明显的关联性，应是具有相近功能的遗迹分布区，推测为村落边缘的农业生产区，产品不详，出土遗物丰富，包含陶瓷器200余件，以完整器为主，器形以原始瓷盅、碗、盘以及几何印纹硬陶罐、瓿等为主，青铜工具10件，器形包括削刀、斧、凿、锸、鱼叉、镊子、镞等。

后村遗址的发掘为了解太湖南岸地区战国时期的社会面貌以及宋元时期的历史变迁，提供了较为丰富的聚落考古新资料，尤其是战国时期生产功能区的发现，对古越人社会生产、生活研究具有较为重要的学术价值。

（罗汝鹏）

【杭州市余杭区学军中学汉至明代墓葬群】

发掘时间：2015年7~11月

工作单位：杭州市文物考古研究所、余杭博物馆

为配合杭州学军中学海创园分校项目（位于杭州市余杭区余杭镇华坞村）的开发建设，杭州市文物考古研究所联合余杭博物馆对其进行了发掘，共发掘汉、六朝、唐、宋、明代墓葬204座，出土文物380余件（组）。

此次发掘的墓葬均位于开发区块内的三座山丘上，根据自然地形及相对位置将其分为北区、中区和南区三个发掘地点。墓葬分布密集，排列有序，个别墓葬互有打破关系。其中南区发掘6座，中区144座，北区54座。绝大部分为砖室墓，个别为土坑墓。

汉墓21座，分竖穴土坑墓和砖室墓两种，以砖室墓为主。竖穴土坑墓共5座，其中2座带有墓道，随葬品有陶罐、壶、罍、瓿、熏炉、双耳盆、纺轮、麟趾金、冥币等。砖室墓16座，平面呈长方形，大多为拱券顶，个别为砖椁墓，有的两两并列。墓砖侧面多模印几何纹。其中M34保存较好，随葬品有陶罐、壶、罍、井、灶及铜镜、铁剑等。

六朝墓发现最多，共145座，均为砖室墓，往往三四座并列分布。平面形制分“凸”字形、刀形和长方形三种，以“凸”字形墓为主。规模分大、中、小型，大、

中型墓墓前多铺设悠长的砖砌排水道，甬道前有青砖垒砌的封门，墓室内多建造有砖砌棺床，棺床上层平铺一层砖，下层多以砖顺长立砌成带有孔隙的镂空状，以利排水，保持干燥，比较有特点。墓壁多朝外弧凸，壁面中部留设小龛或直棂窗，小龛内放置有青瓷小碗。随葬品有青瓷盘口壶、鸡首壶、唾壶、小碗、黑釉熏炉，石质猪握、金饰品及金戒指等。其中 M90 规模较大，墓壁砌合平整严密，墓砖模印有“隆安二年晋故巴东郡汉丰县令施氏”文字，明确记载该墓墓主曾任东晋巴东郡汉丰县（今重庆市开县）的县令。

唐墓 25 座，均为砖室墓，以单室墓为主，还有少量的双室合葬墓和带有两个耳室的多室墓，平面基本呈长方形，有的略呈梯形。墓壁外面丁砖层以半砖或多半砖并列立砌，参差不齐，内面齐平。墓壁留设多个小龛。随葬品种类有青瓷壶、罐、碗等。其中 M40 出土青瓷盘口壶、小碗和砖质墓志一方，志文可见“唐故刘府君墓志铭”。

宋墓 5 座，基本为双室合葬砖券墓，以 M111 和 M113 保存较为完整。M111 叠压于 M113 之上，墓室后壁开设小龛，两室之间有方形孔相通，随葬品有青瓷碗、盖罐、三足炉、铜钱币等，其时代大致在南宋。M113 也是双室并列合葬墓，二室之间的墓壁上开直棂窗相通，两侧壁和后壁各有一小龛，龛内放瓷碗。随葬品有韩瓶、瓷碗及铜钱币等。其时代大约在北宋。

明清墓 8 座，分砖室和土坑两种，规模较小，随葬品有瓷罐、青花瓷碗、铜钱等。

此次考古调查和发掘结果显示，该区域古墓葬数量众多，种类丰富，分布密集，时代延续长，属于古墓葬和文物分布的重点区域。大批量六朝墓的发现，为区域文化历史和考古研究提供了丰富的实物资料，尤其是 M90“隆安二年晋故巴东郡汉丰县令施氏”墓，明确记载该墓墓主曾任东晋巴东郡汉丰县的县令，为确定同类规格墓葬主人的身份提供了重要的实物资料。唐代 M40“刘府君”墓志的发现，为本地点甚至是杭州地区所见类似墓葬的时代提供了明确可靠的断代依据，具有重要的研究价值。

（刘卫鹏）

【安吉县五福西汉土墩墓】

发掘时间：2014 年 12 月 ~ 2015 年 1 月；
2015 年 3 ~ 5 月

工作单位：浙江省文物考古研究所

为配合天子湖工业园区建设工程，对天子湖镇原五福村五福墓地进行考古发掘工作。共清理土墩遗存 3 座，其中，D14 的土墩内发现了汉墓 6 座、南北朝时期窑址 2 座、明墓 1 座，D15、D16 位于民居集中区域，破坏较严重，土墩形制不明，仅发现明清墓葬 3 座、南北朝时期窑址 1 座；出土遗物主要包含汉代陶瓷器、铜器、铁器、料器、石器，南北朝陶砖，明清陶瓷器等。

此次发掘工作的主要收获集中于编号为 D14 的土墩遗存，该土墩形制为椭圆形，南北残长约 34 米，东西残宽约 26 米，残高约 2 米。6 座汉代墓葬皆为竖穴土坑木构墓，墓向南北向或近南北向，墓坑长方形，葬制较为统一，汉墓分布可分为三排四组，其中土墩中心的 D14M7 为带墓道甲字形墓，另墓道西侧附加随葬器物坑，墓葬南北最大长约 16 米，墓室南北长约 5.2 米，东西宽约 4.9 米；该墓应有两条墓道，是先后两次入葬形成，墓道方向基本一致，有打破关系，随葬器物坑为第二次入葬的陪葬坑；墓坑椁室分箱，北侧头箱放置第一次入葬的随葬品，南侧主室并列放置两具棺木。其余汉墓有序分布于 D14M7 南侧，皆不带墓道，椁室东西分箱，东侧摆放器物，西侧为棺室。

汉墓中出土随葬品组合基本一致，陶器以釉陶或硬陶的鼎、盒、壶、罐、瓿、罍、熏等为主，另有少量软陶器，器形以罐、灶、陶币为主，铜器以铜镜为主，另有铜币、铜釜等，其他器类还包括料器的璧、口琀、耳塞、石砚子、铁釜等。

南北朝时期的两处窑炉并列分布，位于土墩南侧，皆为马蹄形窑，产品应为方形砖；明墓位于土墩西侧，为并列异室的砖室墓，随葬品仅青花碗、韩瓶等。

五福汉墓 D14 是截至 2015 年已发掘的安吉地区西汉早期规模最大的土墩墓，它的发掘为研究汉代土墩遗存的埋藏方式、西汉早中期家族墓地的墓葬制度以及安吉地区汉代历史与社会面貌等问题皆提供了较为重要的新资料。

（罗汝鹏）

【安吉县上马山西汉墓地】

发掘时间：2015 年 3 ~9 月

工作单位：浙江省文物考古研究所、安吉县文保所

上马山墓地位于安吉县城北偏西约 18 千米的天子湖镇良朋村，原良朋镇政府所在地的东侧，因天子湖工业园区开发建设，自 2007 年起连续进行抢救性发掘，2015 年度共发掘土墩 3 座，清理墓葬 12 座，出土陶、瓷、铜、铁等各类随葬器物 183 件。

所发掘的 12 座墓葬仅 1 座为楚式墓，其余均为西汉竖穴土坑墓，根据墓葬形制的不同，11 座西汉墓可分为“凸”字形、“甲”字形、方形、长方形及长条形等，其中“凸”字形墓 2 座，“甲”字形、方形、长条形墓各 1 座，其余 6 座为长方形墓。从葬具痕迹看，1 座长条形墓为单棺无椁，其余各墓均可见棺椁朽痕。两座“凸”字形墓和一座方形墓为椁内双棺并列的同穴合葬墓，其余均为单人葬。

D163 的发掘表明，该墩内共有墓葬 13 座。从墓葬开口层位、墓向及平面分布看，M1 ~ M9 墓坑均为南北向，墓葬规模较大，开口在同一层面上，且分布有规律，墓葬的时代为西汉晚期或新莽前后，表现为经过统一规划的家族墓地形态。M10 ~ M13 墓坑为东西向，且墓葬规模较小，时代偏早。M11、M13 靠近土墩北侧边缘，两墓平行并列，为一对异穴合葬墓，且都为仅随葬 1 件泥质陶罐的小型墓，墓上封土自成一体。M10、M12 位于土墩南侧边缘，二者也大体并列，其中 M10 为楚式墓，M12 为西汉早期墓。由此看来，整个土墩应由三座土墩构成，靠近土墩边缘的 4 座墓葬分属于两座早期小型土墩，西汉晚期，在两座小型土墩的基础上统一营建一座体量较大的大型土墩，经统一规划成为一个贵族家族墓地。

D160M1 为一座平面“凸”字形的大型同穴合葬墓，由前、后两部分组成，棺椁位于后室，而随葬品则集中放置在前室，墓葬的时代为西汉中期偏晚阶段。除了“凸”字形的墓坑外，该墓的特别之处还在于，在墓坑的后端正中有一条平面弯钩形的窄长排水沟，沟底均铺垫碎石，水沟一端通向土墩边缘，另一端则伸入墓室，直至前、后室交接处分成三叉形。

（田正标）

【宁波市鄞州区裴岙村汉代墓葬】

发掘时间：2015 年 7 月 14 日 ~8 月 5 日

工作单位：宁波市文物考古研究所

墓葬位于宁波市鄞州区洞桥镇裴岙村。距宁波市区约 18 千米，东连石碶镇，西临鄞江镇，北靠古林镇，南接奉化市江口镇。裴岙位于洞桥西南，四面环山，仅北侧有一出口与外界相通，其余封闭。此次考古发掘区域主要是对前期勘探的三座古墓进行考古发掘，三座古墓位于原先裴岙村南的山包上。发掘面积约 400 平方米。清理汉代古墓 1 座，清代古墓 2 座，古墓被盗扰严重，无人骨，仅剩器物残片。

汉墓1座，墓葬已被盗掘，破坏严重。平面呈“凸”字形，券顶砖室墓。券顶已被破坏。墓总长6.2米，方向165°。由甬道和墓室两部分组成。其中甬道长1.7米，宽14.5米，残高0.26米~0.7米。墓室长4.5米，宽2.12米~2.52米，残高1.2米~1.5米。甬道封门双层砌法，外层双砖错缝顺砌，内层“之”字形斜砌。甬道铺地砖为一层平砖对缝平铺。墓室墓底平整，铺一层“人”字形砖。墓壁错缝平砌，至1.2米高处起券。墓砖顺面上有“斜向交叉纹和平行线纹组合”两种纹饰。墓砖规格：36厘米×16厘米×6厘米。未发现人骨及葬具。随葬品被盗，仅在扰土中发现器形为硬陶罍、罐、盒等器物剩残片。清代墓葬2座，均为长方形砖室墓，均被盗严重，无人骨及随葬品出土。

M1从墓葬形制、规模、墓砖纹饰等都与2005年宁波洞桥镇宣裴村南侧蜈蚣岭发现的吴晋纪年墓相似，区别是该墓墓壁为错缝平砌，而非“顺丁”砌；墓底铺砖为一层铺砖，而两晋以后至南朝墓底铺砖一般两层，有的有棺床；墓内出土遗物残件以印纹硬陶罍、盒、罐、钵等为主，未见原始瓷，其年代较六朝时期可能更早。该墓与2006年奉化白杜南岙石菊花墓地东汉砖室墓M2形制、出土器物相似。该墓的发现为研究宁波市洞桥地区东汉时期古墓葬提供了一批新的研究资料。

（罗　鹏）

【宁波市北仑郑家湾山三国及两晋墓葬】

发掘时间：2015年8~12月

工作单位：宁波市文物考古研究所、中国港口博物馆

墓葬位于宁波市北仑区小港街道鲍家洋村郑家湾山上，鄞州永基塑料五金厂建设厂房时发现有古墓被盗。宁波市文物考古研究所组织力量对其进行了抢救性考古发掘，此次发掘共清理出墓葬4座，其中三国时期墓葬1座，编号M1，两晋时期墓葬3座，分别编号为M2、M3、M4。

M1砖室券顶墓，甬道顶部、券顶、甬道壁、墓门及排水沟部分缺失。平面“凸”字形，由墓室、甬道和排水沟三部分组成，墓向125°。墓室平面略为长方形，内长4.15米，内宽1.72米~1.84米，内高2.4米；甬道平面长方形，内长1.64米，内宽1米，残高0.44米~1.26米；排水沟残长6.12米，宽0.45米，高0.21米，砌法是封门外侧盖砖为单砖顺置，封门内侧盖砖为单砖横置。墓砖有长方形、斧形两种。长方形砖纹饰组合有：①正反面模印三组以大钱币纹为中心，两侧延伸半个菱格填线纹为组合的纹饰，大钱币纹内以方孔为中心围绕“大钱五百”四字；两侧面模印间隔的三组横线纹。②正反面模印三组以小钱币纹为中心，四面均延伸半个菱格填线纹为组合的纹饰；两侧面模印间隔的三组横线纹。③正反面模印三组以大钱币纹为中心，四面均延伸半个菱格填线纹为组合的纹饰；两侧面模印间隔的三组横线纹。斧形砖纹饰为：正反面模印三组以大钱币纹为中心，四面均延伸半个菱格填线纹为组合的纹饰；内端面模印兽面纹。

M2砖室券顶墓，封门、甬道、券顶大部分不存，平面呈“凸”字形，由墓室、甬道两部分部分组成，墓向124°。墓室平面为长字形，内长3.66米，宽1.3米，高1.41米；甬道平面为方形，内长0.74米，宽0.9米，残高0.62米。墓砖有长方形、斧形砖两种。长方形砖正反面模印三组以小钱币纹为中心，四面均延伸半个菱格填线纹为组合的纹饰，侧面或模印网格纹组合纹饰或模印阳文“十”或“方”阳刻铭文。斧形砖与长方形砖纹饰类似，侧面模印“绪”阳刻铭文或无字。

M3砖室券顶墓，券顶不存，平面呈“凸”字形，由墓室、甬道两部分部分组

成，墓向125°。墓室平面呈长方形，内长3.86米，宽2.1米，残高5.06米。墓砖有长方形和斧形两种，纹饰相近，均为正反面钱币纹和放射线纹组合纹饰。

M4砖室墓，墓顶、铺地砖、封门及排水沟部分不存，平面呈“凸”字形，由墓室、甬道、排水沟三部分组成，墓向124°。墓室平面为长方形，内长4.18米，宽1.8米，残高1.54米；甬道平面呈正方形，内长1.38米，宽0.92米，残高1.18米。排水沟残长2.45米，宽0.44米，高0.2米。墓砖有长方形和斧形两种，纹饰相同。

此次4座墓葬共出土各类器物及标本26件，其中完整青瓷器5件，完整金饰1件，可修复瓷器3件，瓷片3件、残铁钉6件、残铜镜1件、残铜钱骨钱4件、陶片2件以及1件筒瓦。

结合本地区以往两晋纪年墓的发掘及研究成果，通过墓葬形制、出土器物等方面的对比，可以初步判断M1的年代应为东吴晚期，M2应为西晋早期，M3、M4年代应为西晋晚期或东晋时期。郑家湾山这批墓葬的发现，为研究宁波乃至浙江地区三国及两晋时期的墓葬形制、丧葬风俗等问题提供了新的实物材料。

（林国聪　梅术文）

【上虞区凤凰山三国至西晋窑址】

发掘时间：2015年10～12月

工作单位：浙江省文物考古研究所

凤凰山早期越窑遗址位于绍兴市上虞区上浦镇大善村北的凤凰山东南麓，北边距禁山窑址直线距离不足800米。这里是北部宁绍平原向南部会稽、四明山脉过渡的低山缓丘地带，曹娥江纵贯南北。凤凰山窑址周边的上虞曹娥江中下游地区，不仅是成熟青瓷的起源地，同时也是汉六朝成熟青瓷窑址最重要的分布区，凤凰山窑址群是三国—西晋时期的典型代表，规模大、产量高、质量优是成熟青瓷发展上的第一个高峰。凤凰山窑址是凤凰山窑址群中的典型窑址。

该项目是浙江省文物考古研究所“瓷之源”课题的重要组成部分，主要探索成熟青瓷的起源与早期发展过程。同时配合当地早期越窑考古遗址公园的建设与浙江青瓷世界文化遗产的申报工作，对窑址进行主动性发掘。

发掘面积300平方米，揭露窑炉一处，并出土了大量高质量的成熟青瓷器。窑炉为长条形斜坡状龙窑，保存较为完整。包括了火膛、窑床、窑尾等完整的结构。

与以往以发掘的汉六朝时期窑炉相比，本窑址最大的区别或改进在于窑尾部分：以往发现的窑炉其窑尾与窑床之间有一道极高的断坎，这一结构与窑头的火膛和窑床之间的结构相似，并有与水膛大小相近的贮烟室；本窑炉断坎消失，呈弧形向窑尾过渡，断坎之上平坦的贮烟室消失，窑床铺砂一直延续到排烟孔位置。排烟孔位于低部，砖坯砌成竖长方形，排烟孔上为挡烟墙，排烟孔后为横向狭窄的排烟室。这种结构与后期唐宋时期越窑的龙窑更为接近，不仅节约了窑内的空间、提高了装烧量，而且在建造上亦更加简便易行，代表了龙窑技术的不断提高。对于探索汉以来窑炉结构向唐宋时期更加成熟的龙窑的演变具有重要的承上启下作用。

器物种类相当丰富，以碗、罐、盆、洗、盘口壶等为主，亦包括双唇罐、鸡首壶、唾壶、盂、钵、镳斗与火盆、砚台、罍、器盖、狮形烛插、蛙形烛插、灯、虎子、簋、盘、俑、樽、纺轮、堆塑等近三十种器物，每种器类又有很多种器形，如碗有直口碗与弧敛口碗，罐有虎头罐、鸡头罐、盘口罐、方唇直口罐、圆唇直口罐等。每种器形又大小、装饰不一。许多器物器形巨大、造型复杂、装饰华丽，代表了这一时期最高的制作水平。除碗类日用器物外，部分器物应该属于礼器，如簋、樽、盆、虎头罐、盘口壶等，这些器物不仅器形普遍较大、装饰复杂华丽、纹饰清晰流畅、胎釉质量更高，而且许多器物呈大小不一的序列化，如三足洗，口径最小的20多厘米，最大的近60厘米，组成大小不一的系列，通常器腹、宽沿、内底满饰纹饰，三足作精致的虎头形，外腹通常带有铺首，器形越大，铺首越精致。并且带有大型的器盖，盖面系满饰纹饰。器形越大，胎釉质量越高。

从目前的考古材料来看，凤凰山窑址产品质量精、档次高、种类丰富、器形复杂、胎质细腻、青釉莹润、装饰华丽、装烧成熟，以之为代表的凤凰山窑址群反映了三国—西晋时期窑业发展的最高水平，再次证明了曹娥江中下游地区是汉六朝时期窑业的生产中心。发现的窑炉处于早期的三段式龙窑向唐宋时期龙窑的过渡阶段，对于探索龙窑的技术演进具有承上启下重要意义。

（郑建明）

【宁波市海曙月湖西区唐宋至明清遗址】

发掘时间：2015年7～2016年1月

工作单位：宁波市文物考古研究所

位于宁波市海曙区，发掘范围北起马衙街，南至柳汀街。东起偃月街，西至长春路。此次发掘在选定的四个考古地块考古发掘工作，发掘面积约1140平方米。地层主要分为四层：表土层、浅黄色黏土层、青灰色黏土层和青色黏土层。

文化内涵主要是唐宋到明清时期的遗迹遗物，共清理清代房址1座、元明时期水沟4条、明代灰坑1座、明代水池1个、宋代墓葬1座、元代抛石遗迹1处和南宋桩基遗迹1处。出土器物以明清时期瓷器为主，并有少量的宋元时期瓷器，出土了完整及可复原器物500余件。

墓葬1座，长方形砖室。长310厘米，宽212厘米，残高25厘米。四周用长条形砖作椁室，用方砖铺地。

该地块发现宋代的木桩和石基础均采用两层石块基础，间隔瓦砾土。另外，大面积的抛石遗迹也在该地块首次发现，抛石以本地小溪石为主，间有少量太湖石。遗物中发现铭文砖一块，上阴刻“金锁宅泰山石敢当”八字，用朱砂描红。抛石是在软基区域建筑防地基下沉的一种地基加固方式，两层石块柱础更好地解决了屋面及梁架的承重。

月湖，位于今宁波市城区的西南。相传开凿于唐贞观十年（636），唐宋以来，因文人墨客憩息荟萃湖畔，月湖也逐渐成为浙东的学术中心。月湖湖畔的则水碑遗迹、高丽使馆遗址等文物古迹，也是宁波历史的见证。月湖西区二期2号地块的考古发掘，证实了该区域在唐代还是月湖的范围，宋元以后，人们填湖而居，月湖逐渐缩小。考古材料见证了宁波城市的发展与变迁。

（李永宁　丁友甫）

【慈溪市上林湖越窑荷花芯窑址】

发掘时间：2014年9月～2015年10月

工作单位：浙江省文物考古研究所、慈溪市文物管理委员会

上林湖越窑遗址作为唐宋时期越窑的中心遗址，在中国陶瓷史上占有重要地位，代表了公元9～10世纪中国青瓷烧造技艺的最高成就，推动了公元9～11世纪中西方文化经“陶瓷之路”而实现的交流与融合。

作为浙江省文物考古研究所越窑考古研究课题的重要一环，同时为配合考古遗址公园建设与世界文化遗产的申报，对荷花芯窑址进行了主动性的考古发掘。荷花芯窑址位于慈溪市桥头镇上林湖的西南岸边，是上林湖地区较具代表性的唐宋时期越窑窑址。

此次发掘面积近1200平方米，清理了唐、五代、北宋诸时期丰富的地层堆积，揭露了包括房址、贮泥池、辘轳坑、釉料缸、道路和匣钵挡墙等在内的丰富遗迹现象。

唐代地层堆积丰厚，出土产品十分丰富，产品质量较高，胎质细腻，釉色青翠，釉面匀润。器物装饰以素面为主，仅少数盏、盘类器物内腹刻划四叶对称的荷叶纹。施满釉、匣钵装烧为主，常见有多件叠烧现象，叠烧的器物之间使用泥点间隔，泥点密集，形状一般呈松子形。匣钵粗陶质。

五代地层包含大量瓷质匣钵及瓷器残片。匣钵胎质细腻，胎色灰白，与瓷器的胎十分接近。瓷器产品主要有玉环底碗、盘、执壶等。器物装饰基本为素面。少量器物胎釉质量极佳，胎质极细腻，釉色天青，釉面莹润，属于秘色瓷类型。

北宋时期器物组合较为简单，质量普遍较差，胎质较粗，胎色较深，釉面干枯，釉层薄而不甚均匀，凝釉明显。从地层清理来看，匣钵数量很少，故推测绝大多数产品应为明火裸烧。

丰富的遗迹现象主要集中在两条窑炉之间的平坦开阔地带，包括盛放原料的贮泥池、成型的辘轳坑、上釉的釉料缸以及烧造的窑炉等完整的窑业过程，窑场内的废品堆积砌筑匣钵墙而进行有规划的堆放，布局科学合理。

这是对唐宋时期越窑制作作坊进行的首次大规模考古发掘，揭露了丰富的作坊遗迹现象，揭示了唐宋时期越窑的窑场布局、制作工艺流程以及窑业生产与管理等重要信息，为恢复唐宋时期越窑的制瓷工艺、窑场格局，以及推动考古遗址公园建设等浙江青瓷的申遗工作提供了大量翔实的野外材料。

通过揭露的晚唐、五代、北宋时期丰富的地层堆积，可以建立唐宋时期越窑发展较为完整的年代序列，为越窑瓷器的更详细分期提供了地层学证据。大量唐宋诸时期精美越窑标本的出土，大大拓宽了我们在造型、装饰、成型、烧造等方面对于越窑的认识，使越窑的内涵更加丰富多彩。

（谢西营　郑建明）

【乐清县龟山晚唐至五代窑址】

发掘时间：2014年10月29日～2015年1月27日

工作单位：浙江省文物考古研究所

龟山窑址位于永嘉县乌牛街道水对头村的龟山，窑址主要分布于龟山的东侧部分，以东南坡为密集分布区，地表有大量废品堆积。

乐东村处于永嘉、乐清两县交界区域的乌牛溪流域，西侧的永嘉地界分布有同类型的窑址，同属青瓷类型的窑址。因近年当地村民建墓破坏，同时为了厘清窑址的分布范围和年代并获取研究标本，对窑址进行了抢救性考古发掘，发掘清理了龙窑窑炉3座（编号为Y1～3）和探沟3条（编号为T1～3），获得大量瓷器和窑具标本。

T1探沟位于Y1前段东侧，地层堆积共分4层。T2位于Y1上方，与T1上下相距约23米。探沟内发现了水平分布的3座龙窑，从西向东依次为Y1、Y2、Y3，且相互之间存在叠压打破关系：Y2打破Y1东边且稍低于Y1，Y3叠压于Y2东半边之上。从时间上看Y1最早、Y2次之、Y3最晚，可见当时是自西向东，依次水平建设龙窑。

因地面分布有较多的现代墓，3座窑炉均未做完全的清理，Y2、Y3因只清理T2内部分。Y1清理窑室前段和后段，未及火膛（火膛部分被现代建筑叠压）和窑尾，因前端已遭人为损毁，据断面剖面观察火膛已毁。窑炉为龙窑类型，头南尾北，方向 190°。依山顺势而上。前段斜长约 16 米，后段斜长约 4.5 米，中间相距约 23 米，据估算总长约 50 米。坡度为 10°~15°。窑顶都已坍塌，窑内保存部分坍塌后形成的砖块堆积。窑壁由土坯砖错缝平砌而成，残存部分窑壁，1~6 层不等，残高 0.38 米。窑底由砂土铺成，并已烧结。窑室宽度 1.94 米。窑底残存有较多束腰状支具和匣钵。

窑址出产的青瓷制品，形式多样，胎质致密。釉色大致分为青绿和青黄两种。主要产品有碗、盘、罐、壶、执壶、钵、洗、盏、盏托、炉、粉盒、器盖、擂钵、甑具、茶碾和碾轮等，以碗、盘、罐为主，器物以素面为主，少量器物饰有莲瓣、弦纹、花草纹等。

窑具有支具（低束腰支具、高束腰支具）、垫圈、匣钵（钵形匣钵、“M”形匣钵、筒形匣钵）、匣钵盖等。

从大量出土的产品和窑具分析，其烧造年代集中在 10 世纪吴越国晚期（约吴越国末代国王钱俶当政时期），但大量器物依然保留着晚唐的特征，从其与越窑中心产区上林湖窑址的比较看，其生产工艺发展明显滞后，晚唐的传统工艺（松子泥点、明火叠烧）和吴越国末期出现的新工艺（垫圈支垫一匣一器、泥条叠烧）并存，具有鲜明的地方特色和时代共性。

龟山窑址的发掘，揭露水平分布的龙窑遗迹，其分布与上林湖越窑不同（越窑的窑炉多为叠压分布，而龟山窑址的窑炉为水平分布），地层堆积的形态也不同；龟山窑址中晚唐工艺与五代末期新工艺的并存，为研究青瓷手工业生产地区发展不平衡问题提供了重要线索，对研究唐宋越窑的生产、发展具有重要的学术价值。

（郑嘉励　楼泽鸣）

【杭州市南宋临安城址东城墙遗迹】

发掘时间：2015 年 4~7 月

工作单位：杭州市文物考古研究所

虽然南宋临安城东城墙遗迹在以往的勘探发掘中已有发现，但是大多为其基础遗迹，因受场地限制，揭露面积较小，主体结构及宽度不详，且保存较差。2015 年度的发掘，是该遗址发掘面积最大、揭露最充分、遗迹保存最好的一次。

发掘揭露的东城墙遗迹整体呈南北向，揭露长 36.3 米。城墙主体部分宽 10.5 米，其东壁包砖宽约 1.5 米，残高 1.35 米，西壁包砖仅残存少量底砖，宽约 1.3 米，残高 0.15 米，两壁露明面均有收分。墙芯由质细且纯净的灰青色粉沙土夯筑而成。两侧包壁砖墙之下做有基础，东侧基础宽 1.7 米，厚 0.37 米，西侧基础宽 1.75 米，厚 0.45 米。基础做法为上面用一层规格不一的石块平铺，下面用小石块夹杂沙石颗粒夯筑。城墙砖规格多为长 36 厘米，宽 18 厘米，厚 8 厘米。其中，在大部分砖块的一端印有阳文“五千”“十一万”“万四千”等文字。城墙两侧有护坡，东侧护坡揭露宽 6.25 米~12.3 米，西侧护坡揭露宽 0.2 米~6.3 米，主要由石块和沙石颗粒筑成，结构紧密且坚固。由于整个城墙遗迹建筑于一个西高东低的大斜坡上，因此东侧护坡与城墙东壁砖墙之间有一个高差，故而以两列与东城墙主体基本平行的石坎包边。第一列石坎包边距东壁砖墙 1.5 米~2.15 米，顶部与包壁砖墙底基本持平，高约 1.3 米。第二列石坎包边距第一列石坎约 0.8 米，其顶部与第一列石坎包边的底部基本持平，外侧为护坡。

此次临安城东城墙遗迹的发掘，具有重要意义。揭露的该段城墙遗迹，是截至 2015 年已发掘的南宋临安城城墙遗迹中保存最好的，为复原城墙结构提供了重要实物依据，也为复原南宋临安城东城墙线性分布提供了重要且准确的坐标。

（王征宇 郎旭峰）

【杭州市上城区南宋引水供水设施遗存】

发掘时间：2015 年 4 ~9 月

工作单位：杭州市文物考古研究所

临安城的城市供水系统，包括地面的河道和地下引水设施等。其中，引西湖水入城，解决居民用水问题，是城市供水系统中的重要组成部分。2015 年度我们在对位于今浙江杭州上城区涌金街道紫城巷地块的发掘中，首次揭露了与引西湖水入城有关的地下设施，意义重大。

该地块处于南宋都城临安城内西部，南邻涌金门（又称丰豫门）。南宋时，西湖自涌金门向北有涌金池、镊子井、李相国井等水口引西湖水入城。因此，我们的发掘工作以寻找与之相关遗迹为重点。

通过发掘，发现宋元明清时期房址、水井、水池、水沟、道路等遗迹多处，类型丰富。其中，于 T3 内发现的木管水沟 G1 及与其沟通的水井 J5 和 J9 等遗迹，应与《咸淳临安志》所记的引西湖水以供城内居民取汲的诸井有关。尤其是 G1 的用材，与诸井曾"以木为管"相符，具有重要意义。

G1 位于 T3 中东部，开口于第⑥层下，打破第⑦层。沟平面呈 L 形，沟底部埋设木质中空排水管道，首尾相接。G1 南与 J5 连通，J5 位于 T3 西部略偏南，平面长方形，井口内长 0.6 米，宽 0.5 米，井深 1.44 米。直壁，上用砖块错缝平铺垒砌，下以木板侧立而成。底平铺一层三块木板。G1 北与 J9 通，J9 位于 T3 西北部，平面近方形，井口内长 0.8 米，宽 0.76 米，深 0.92 米，井壁做法与 J5 同，平底，共 3 层。

C3 位于 T3 中部，开口于第⑤层下。平面长方形，长 3.15 米，宽 1.75 米，残深 0.13 米。直壁，由长方砖砌成。平底，底平铺两层方砖，池底埋设两口缸。缸内径 0.8 米，深 0.8 米，周壁饰菱形纹。

由于南宋时此地为诸井中镊子井及其水口所在处，因此 G1、J5、J9 等遗迹应与镊子井有关。此类遗迹是杭州首次发现，在一定程度上以实物形式反映了南宋临安城城市居民的用水情况。而且，发现的各时期房址、水池、水井等遗迹虽然保存状况多较差，但仍为南宋临安城遗址和元明清杭州城址的考古和研究提供了重要的实物资料。

（王征宇 唐俊杰）

【龙游县寺底袁宋代墓】

发掘时间：2014 年 10 月 ~2015 年 12 月

工作单位：浙江省文物考古研究所、龙游县博物馆

为配合龙游县金属贸易物流城建设，自 2014 年 10 月至 2015 年 12 月，对建设区域内古墓葬进行勘探和发掘。近日，新发现墓园保存相对较好的宋墓 1 座，编号 M56。

M56 位于寺底袁村马报桥自然村西部山坡南麓，背倚山坡，面向西南，东南侧有一处水塘，背山面水，位置颇佳。M56 由地表墓园和地下墓室两部分组成。墓园平面近圆形，由外向内依次为围墙、环道、环墉、地坪，南部有排水沟，左、右、后三方以围墙封闭，正面设有出入口。围墙平面近圆形，由砖砌筑，仅北部残存少许。环墉设于围墙内，平面近圆形，直径 9.52 米，北高南低，以砖墙包面。围墙与环墉之间，形成一道宽约 1.1 米的环道，北部残存砖铺痕迹。地坪位于环墉内，平面近圆形，直径 9.36 米，东西两侧以条砖侧砌，南北两侧为长方形砖平铺。地坪底部北高南低，紧贴环墉南端地栿处，以砖砌筑长条形排水沟，是为地表墓园的散水。

地下墓室位于墓园北端的中心，由墓室、排水沟组成。墓室以砖砌筑，平面呈

长方形，内长3.7米，内宽1.72米，墓室底部距地坪深0.82米~0.98米，东壁北部残存三层起券。墓底平砖铺满，四周稍低，为墓室内排水沟，中部砌高一层为棺床。墓底南端正中向南通出一道排水暗沟，位于地表茔园排水沟正下方，上部覆盖板瓦，下部为半弧形土沟，横截面呈合瓦形。

墓室早期曾遭盗扰，出土随葬品较少，墓底及填土发现堆塑罐2件，瓷碗3件，铜钱若干。

龙游县位于金衢盆地中部，自古以来就是连通金华和衢州的交通要道，古文化遗存丰富。寺底袁村位于龙游县城东部，衢江南岸，东邻金华，发现较为密集的汉、六朝、唐、宋时期的墓葬。M56附近发现有汉—六朝时期的砖室墓和土坑墓，其茔园排水沟上铺盖的砖块为汉墓墓砖，可能是营建墓园的时候打破先前埋葬在此地的汉墓，并利用了汉墓的墓砖。

（游晓蕾）

【长兴县南宋韩枎及东平郡主合葬墓】

发掘时间：2014年5月~2015年9月

工作单位：浙江省文物考古研究所

为配合杭长高速公路延伸段（泗安至宜兴）的建设，对长兴县泗安镇云峰村一处古墓地进行了抢救性的发掘。发现南宋中期墓葬一座及其墓园，出土墓志铭证实此墓为韩枎及东平郡主的夫妻合葬墓。

墓葬为方形石板椁砖室双穴合葬墓。墓葬已被多次盗扰，出土墓志石碑1件，镇墓铁牛4件，铜钱若干，以及从扰土中清理出的随葬品石砚1件，漆木器铜包边残件1枚，目前通过拼对的白瓷器有9件，其中有印花碗、刻花碗、盘、杯、盏等，墓底铺地砖下出土龙泉青瓷三足炉1件，银碟1件。

韩枎为韩世忠之孙，韩彦直之仲子，官至中奉大夫、赐三品服，韩枎生于绍兴二十三年（1153），卒于嘉定三年（1210）东平郡主为宋孝宗时期永王赵居广之女，生年不详，卒于嘉泰三年（1203）。

该墓墓园占地面积有2000余平方米。发现有拜台、墓祠、神道、泮池和石像生。拜台由人工堆筑的土台以石条和青砖包边建成，主体呈覆斗形，南北长31.5米，东西宽30.5米，高约6米，分二阶。其上以砖铺地，占地面积600多平方米。残留迹象有砖铺墁地、阙楼、围墙、散水、排水沟。墓祠主体建筑已毁，残留墓祠前后的天井、围墙、西侧山脚下的斜坡长廊和5开间的厢房基址，天井中有树池。神道已毁，残存泮池北侧神道边砖一段，厢房和神道间有砖铺走道。泮池呈长方形，东西长2米，南北宽14.6米。墓园内发掘出土石像生残件若干，已不在原来位置，计有翁仲2、羊2、马2、虎2。发掘出土大量南宋时期的砖模建筑构件，主要有各种样式的砖、瓦、瓦当、斗、栱、昂、格子门、阑干、狻猊、走兽、龙头板瓦等。

韩枎和东平郡主合葬墓墓园的发掘，为研究浙江北部南宋墓葬形制提供了十分重要的材料，也为研究南宋时期古代建筑及建筑构件提供了十分重要的实物资料。

（徐　军）

【杭州市植物园桃源岭南宋墓】

发掘时间：2015年11~12月

工作单位：杭州市文物考古研究所

墓葬位于杭州植物园内桃源岭南部，为券顶砖室墓，未发现墓上建筑，共三室，出土有墓志、铁券、砚台、石人像、铜镜、铜钱和瓷器等随葬品。

根据墓葬的朝向分为左、中、右三室，东西向平行分布，方向270°，墓室形制及尺寸一致，为纵向双层券顶。墓室平面呈长方形，长2.9米，宽1.4米。墓壁以单砖平铺叠砌，三墓室均在西壁正中位置设一壁龛，其中左右两壁龛为直边“人”字形，中室为连弧边“人”字形，墓室之间以小窗相通。墓底平铺砖，左室为横向排列，中、右室为横纵相间排列。

墓室随葬器物右室最多，中室次之，左室最少。均发现有铁券和墓志，其中铁券锈蚀严重，墓志的材质均为砖。左室随葬墓志刻有“范氏之莀”四字；中室墓志辨识不清，于中室壁龛中发现一石人像，高30厘米，人物形象较为写真，于墓室内发现有一抄手砚，材质细腻，背面有石眼，应为端砚，另发现有铜镜、“政和通宝”铜钱等随葬品，推测中室墓主为男性。右室墓志详细记载了墓主陈氏的有关信息，据墓志可知右室墓主为陈氏，祖籍南京，其丈夫为王洌，官至武翼大夫，墓主逝于南宋嘉定三年，即公元1210年，终年79岁，另发现有粉盒、灯盏、碗、铜镜等随葬品，其中灯盏为天目窑产品，储油处设有注水冷却的夹层，工艺十分精湛。

根据三个墓室的形制特点以及墓志记载情况等推测桃源岭南宋墓应为夫妻并穴合葬墓。中室位置突出于左右两室，显示出地位的特殊，因南方宋墓中妾一般不与夫合葬，故右室的陈氏应是续弦的继室。此次发掘出土的石人像及铁券等随葬品在杭州地区较为少见，是研究杭州地区南宋墓葬的重要材料。

（李　坤）

【湖州市寺前宋元遗址】

发掘时间：2015年1月

工作单位：浙江省文物考古研究所、湖州市文物保护管理所

寺前遗址位于湖州市南浔区旧馆镇寺桥村。遗址东临村间河道罗汉塘，北临寺桥头村，早年考古调查时曾在遗址地表采集到春秋、南宋时期陶瓷片。此次考古发掘的主要收获是发现了一处宋元时期的池塘，池塘呈不规则形，东西最宽处14米，南北残长15.5米，中心最深处1.1米。池塘内东南边缘处出土大量宋元时期陶瓷器，据初步整理统计，可复原器物200余件，瓷器器形有碗、盏、双鱼洗、盘、香炉、壶、器盖、鸟食罐等；陶器器形有执壶、瓶、罐、碗、盆、灯、青砖、板瓦、瓦当等。

寺前遗址位于地势较低平的农田内，所发现的宋元时期池塘开口于耕土层下，池塘内陶瓷器多为日常生活用器及建筑构件。按理，池塘周边应有相关生活类遗迹，但发掘、勘探后并未发现，推测早年平整土地时遗址遭到严重破坏。出土器物位于池塘一隅，多已残破，品质参差不齐，以饮食器为主，故推测为当时当地人的生活废弃品。特别值得注意的是，这些瓷器分别来自浙江龙泉窑、福建建窑、江西吉州窑等，这表明当地宋元时期商品贸易相当繁荣。

（刘建安）

【宁波市鄞州区它山堰1号地块宋元时期遗址】

发掘时间：2015年1～7月

工作单位：宁波市文物考古研究所

它山堰1号地块位于宁波市鄞州区鄞江镇镇区东侧，距宁波城区约25千米。遗址三面环水，一侧倚山，上游距唐代著名水利工程它山堰约1000米。2014年度，宁波市文物考古研究所对该遗址进行了抢救性考古勘探和发掘，2015年度的工作承袭上一年度工作，在遗址西北部和中部共完成发掘面积283平方米，发掘揭露了房址、灶、灰坑等遗迹各1处，出土各类遗物30件。考古发掘期间，宁波市文物考古研究所还联合中国国家博物馆遥感考古研究中心、中国科学院遥感与数字地球研究所对它山堰1号地块开展了地球物理探测工作。

通过历年的考古发掘，结合对文献资料的分析，我们认为它山堰1号地块遗址是一处宋元时期的水利设施遗存。历年来

发掘揭露的古河道、石砌堤岸与道路等遗迹，以及出土的各类遗物，为研究宋元时期鄞江水利建设史和经济发展史提供了新的实物佐证，具有重要的意义。

（许　超）

【杭州市萧山区北海塘柴塘遗存】

发掘时间：2015 年 8 ~ 9 月

工作单位：杭州市文物考古研究所、萧山博物馆

此次发现的柴塘结构的海塘遗存位于杭州市萧山区北干街道育才北路与老塘路交叉口东侧。为配合萧山区北干街道塘湾城中村改造安置房地块项目建设，对该处古海塘遗存进行了局部发掘，发现保存基本完整的柴塘结构的北海塘遗存。

柴塘遗存分布于老塘路之下，基本呈东西走向，与老塘路走向基本一致。长 10.8 米，宽 16.9 米，高 10.3 米。堆积共分 12 层，第① ~ ③层包括老塘路面、路基及其两侧的建筑垃圾等，为近现代扰乱层。第④层位于发掘区北部，由灰色至深灰色的 5 层淤沙组成；第⑤ ~ ⑦层位于南部，为浅灰色至灰黄色的沙质黏土。第⑧层开始为海塘本体，浅灰褐色沙黏土，夯过，内含部分青灰色黏土块。第⑧层以下南部为 4 层黏土或沙黏土，北部为 16 层柴条间以厚 10 厘米 ~ 20 厘米的土层铺筑而成，柴条北端有长 6.2 米的木桩插入，使柴塘更加牢固。

柴塘又称草塘、柴工，是用柴条、土层叠筑而成的一种海塘，在地基特别软弱，而潮流又很强劲的地段，是一种极有价值的海岸防护工程。据文献记载，柴塘为北宋大中祥符五年（1012）杭州知府戚纶与转运使陈尧佐所创建，古代一直沿用。在南侧叠压于海塘之上的石墙基缝隙内发现明代“万历通宝”铜钱 1 枚，可见该处海塘的年代不晚于明代。

此次发现的柴塘结构的海塘在杭州地区属首次发现，为研究萧山北海塘和杭州古代海塘及古代水利技术史提供了一份非常重要的实物资料。同时，也为当下的钱塘江古海塘申遗工作提供了新的基础材料支撑。

（周学斌）

【杭州市上城区元明清杭州城东城墙遗址】

发掘时间：2015 年 10 ~ 12 月

工作单位：杭州市文物考古研究所

2015 年度发现的元明清杭州城东城墙遗迹位于上城区南星街道彩霞岭社区平安里。该段城墙遗迹为元末杭州城市东扩时始建，明清两代一直沿用，至民国及新中国成立初期渐遭毁弃。

此次发掘共布探沟两条，编号为 T1 和 T2。元代城墙遗迹基本位于发掘区东半部的 T1 的正中，近南北走向。揭露的城墙遗迹包括城墙主体和马面两部分，总长 48 米。城墙主体纵贯探沟南北，马面位于探沟北部，城墙主体东侧。探沟中北部被现代房屋建筑地基打断，其南侧城墙残长 32 米，残高 1.8 米，宽 14 米。城墙两侧壁露明面由规整的石块砌筑而成，内包夯土芯。从残余结构看，石块包壁从下往上共存 8 层：第①层以平铺石块作为土衬；第②层仍为平铺；第③至⑤层均为一顺一丁，上下错缝；第⑥层侧砌；第⑦层平铺；第⑧层复为一顺一丁砌筑。马面自城墙主体向东凸出，南北长 7 米，东西宽 5.5 米，残高 1.1 米。残余结构从下往上共有 7 层：底层为土衬，向上至第⑦层均为平铺，上下错缝，第⑦层石块以顺砌为主，仅见几处丁砌。所用石块长 80 厘米 ~ 150 厘米不等，高 20 厘米。

该地块地理位置重要，其西邻南宋临安城东城墙，且地块内西部地下有五代捍海塘、东部有元代杭州东城墙遗迹分布。而且，此次发掘的该段城墙遗迹是历年来

元代城墙调查、发掘中保存最好、结构最清晰的一处，和上仓桥路临安城东城墙一起，成为宋元时期江南城市城墙营造的重要例证，见证了南宋以来杭州城市的变迁。

（王征宇）

【永嘉县殿岭山窑址明清遗存】

发掘时间：2015 年 8～12 月

工作单位：浙江省文物考古研究所、永嘉县博物馆

永嘉殿岭山窑址，位于温州市永嘉县三江街道芦田村村北殿岭山山坡上。根据过去调查发现地表有高温釉陶陶片、瓷片和垫具，年代大致为东汉时期的窑址，并公布为永嘉县文物保护单位。因为甬台温天然气管道工程经过殿岭山窑址保护范围，为配合工程建设，进行考古勘探和发掘。在建设区域内共发现并清理墓葬 5 座，灰坑 7 个，灰沟 1 条，年代均为明清至近代，均无完整器物，也未见到龙窑遗迹。

在建设区域内，发现有大量东汉时期的印纹陶罍、弦纹罐、亚腰形窑具等器物残片，可见附近确实有东汉窑址的分布。未能发现与古窑址相关的遗迹现象，可能是因为建设区域已位于窑址分布范围之外。但是此次考古发掘，为认识永嘉窑址的早期烧造历史提供了有价值的线索。

（游晓蕾）

安徽省

【东至县华龙洞旧石器时代遗址】

发掘时间：2014 年、2015 年

工作单位：安徽省文物考古研究所、中国科学院古脊椎动物与古人类研究所、华东至县文物管理所

华龙洞是继周口店、蓝田、和县、南京之后，在中国发现的又一处重要的包含有头骨的直立人（猿人）化石地点。华龙洞古人类头骨化石的发现标志着近年中国古人类学研究取得的一项重大进展。华龙洞也是在安徽省境内发现的第三处古人类化石地点（前两处分别为 1980～1981 年发现的和县直立人、1982～1983 年发现的巢县早期智人）。

华龙洞遗址位于池州市东至县尧渡镇汪村庞汪组，梅源山南麓，地理坐标为北纬 30°06′32.8″，东经 116°56′52.5″，海拔 44.4 米。

2006 年，韩立刚主持对华龙洞遗址进行第一次考古发掘，出土了 1 枚古人类牙齿化石和 1 件古人类头骨碎片，另有 100 余件石制品及大量动物碎骨化石。

2015 发掘严格按照国际旧石器考古发掘的惯例，布设 1 米×1 米的探方，详细记录标本的三维坐标，并使用全站仪对遗址周边基岩、遗址范围及发掘区布方情况进行测绘，对堆积进行现场干筛以及水洗的方法，力求发现堆积中包含小哺乳动物化石在内的所有细小标本。

2014 年、2015 年，联合考古队分别对华龙洞遗址进行第二、第三次发掘，两次发掘均有重要的发现。其中 2014 年发掘出土 3 枚古人类牙齿，1 件颞骨化石，1 件额骨化石残片，以及 4 件头骨碎片；2015 年发掘出土 1 件保存有眼眶和部分面部的头骨，1 件保存有眼眶上缘（眉脊部分）的头骨残片，3 件下颌骨残段（附带 4 枚牙齿），1 件上颌骨残段（附带 1 枚牙齿），3 枚单个牙齿，以及若干头骨碎片。根据对发现的古人类化石形态的初步观察并结合对动物群组成的分析，可以确定在华龙洞遗址发现的古人类化石属于直立人（俗称“猿人”），其生存时代在中更新世，具体测年样本已送实验室检测，等待最终数据结果。

此外，在 2014 年、2015 年的发掘工作中，还发现 30 余种动物化石，包括东方剑齿象、巴氏大熊猫、谷氏大额牛、中国犀、中国鬣狗、貘、熊以及鸟类和陆龟化石等共计 6000 余件，部分动物化石表面保存有古人生存活动的证据，即切割和砍砸痕迹，另有若干件石制品发现。通过两年的发掘工作，对华龙洞遗址的地质构造有了初步判断，推测华龙洞是一个古老洞穴（或岩厦）坍塌形成的。

华龙洞古人类化石的发现进一步证实安徽省是我国古人类演化、扩散的重要地区，对于探讨中国直立人的分布、演化、变异有重要价值。

【芜湖市凤凰嘴新石器时代至春秋时期遗址】

发掘时间：2014 年 10 月～2015 年 7 月

工作单位：安徽省文物考古研究所

凤凰嘴遗址位于芜湖市弋江区白马社

区新义村吕老自然村南约50米，东南距漳河故道约200米，北距芜铜铁路约100米，南与葫芦山相望（北纬31°11′32.2″，东经118°20′00.6″，海拔3米），东、南、西三面有古河道环绕。遗址为不规则长条形台地，为较典型的台墩型遗址，高出周边农田1米~3米，遗址南部前期被施工取土破坏，现存面积约2600平方米。

为配合青弋江分洪道工程建设，2014年10月下旬开始重点对遗址剩余主体部分也是遗址核心区域进行抢救性考古发掘，发掘面积2000平方米。发掘工作持续到2015年7月下旬。考古发掘和初步研究表明，该遗址包括新石器时代末期（钱山漾文化、广富林文化）、春秋中晚期—战国早期、宋代三个阶段的文化遗存。新石器时代末期遗迹包括地层、灰坑、灰沟等，出土大量陶器、石器等遗物，包括陶鼎、豆、壶、罐及石锛等；春秋中晚期—战国早期遗迹主要有地层、灰坑等，出土遗物有陶器、石器、原始瓷器、青铜器等，包括陶鬲、鼎、罐、豆，原始瓷碗，石锛、镞，铜镰等；宋代遗存有水井等，出土遗物有大量瓷碗、高足杯、盏等。

凤凰嘴遗址地处宁镇历史文化区和安徽皖江先秦历史文化区的核心地带，是漳河流域和古芜湖地区新石器时代和周代遗址群中保存状况较好的地点之一。其发掘的意义主要体现在以下几个方面：

宁镇历史文化区和安徽皖江先秦历史文化区是中华文明探源研究的重要地区之一，该遗址新石器时代末期遗存距今4400~4300年，一批重要遗迹、遗物的发现，为该地区文明探源研究提供了极其重要的第一手资料，同时对该地区新石器时代末期与宁镇核心区、环太湖地区以及江淮地区文化交流研究意义重要。

春秋时期吴文化遗存和战国楚文化遗存的发现，极大地丰富了该地区吴文化、楚文化研究的实物资料。

新石器时代末期、春秋时期各类遗物、土样、动植物遗存的发现，对于研究认识该地区新石器时代和周代聚落形成、演化及构造特征，同时对该地区周代社会与经济形态、科技与文化艺术、稻作农业与渔业、动植物、气候与生态环境及其变迁以及吴文化和相关课题研究均具有重要价值。

（叶润清）

【宿州市小张庄汉代遗址及宋代墓葬】

发掘时间：2015年4~5月

发掘单位：安徽省文物考古研究所、宿州市文物局

小张庄遗址位于宿州市埇桥区大店镇小张庄村北部，根据勘探资料，发掘区选择在遗迹现象比较丰富的地段，发掘面积近200平方米。整个遗址由于受到道路施工的影响，地表耕土层均遭到了不同程度的破坏，发掘开始直接进入文化层，文化层厚度0.6米~1.8米。遗址内遗迹现象较为丰富，主要有建筑砖瓦、不同时期器物残片、宋代水井、排水沟、灰坑、墓葬等。

水井：位于整个遗址的最北部，用砖砌筑，井口直径为1.2米，残深2.3米，用来砌筑该井的砖多为汉代墓砖，带有多种纹饰。根据初步对该水井及其中出土文物的整理，可以大致判断该水井的建造年代为宋代，一直使用到明代甚至更晚。井中出土遗物较多，主要有陶器残片、瓷器残片、石磨、石臼等，其中有一件基本完整的青花碗，为判断该井的使用年代下限提供了重要参考资料。灰坑：3个，深度25厘米~45厘米，均为不规则圆形，包含物较少，仅有少量陶片、瓷片及动物骨骼。水沟：1条，正南北方向，宽度为4米~5米，残深0.6米，包含物多为陶片，根据出土的陶片推测为汉代的一处人工开挖的水沟。墓葬：1座，为砖室墓，北偏西30°，头南足北，发掘时南壁及墓顶已遭破

坏。人骨架保存较完整，葬式为仰身直肢葬，随葬品数量较少，头部东侧有一小陶瓶，铜簪一枚（锈蚀严重），还有一些碎陶片，器形难辨。另有少量棺钉散落在墓室四周。推测为一宋代长方形砖室墓。

出土的文物种类较多，可分为生活用具和明器两大类。生活用具主要有陶器、瓷器、铁器、铜器、料器等，陶器有常见的罐、杯、盆、豆等生活用具残片，以泥质灰陶为主，泥质红陶、夹砂红陶、夹砂灰陶少量，器表纹饰有绳纹、弦纹、隔段绳纹及少量附加堆纹等；瓷器有罐、碗、盘等，以民窑烧制的产品为主，胎质较为纯净，釉色匀称，反映出宋代时期制瓷业的成熟；铁器大部分锈蚀严重，可辨器形的仅有铁锸一件；铜器主要是钱币，钱文有“五铢”“熙宁通宝”“万历通宝”“天启通宝”“崇祯通宝”等，另发现有一支铜簪、两支铜钗。另有料珠四串。明器均为陶制，有陶灶、陶磨、陶井、汲水陶罐，造型朴素大方，从一个侧面反映了当时人们的物质文化面貌。

（任一龙　赵彦志）

【萧县欧盘窑址】

发掘时间：2015 年 5 ~ 10 月

工作单位：安徽省文物考古研究所、萧县博物馆

为配合 301 省道萧县段拓宽项目的建设，对欧盘遗址进行了抢救性考古发掘。该遗址位于白土镇欧盘村南侧，301 省道从遗址的中南部东西向穿过，其南距著名的“白土寨窑址（萧窑）”仅约 4000 米。从地形来看，遗址所在区域是典型的山间盆地，大体属于倒流河的下游地区，东北距徐州约 15 千米。发掘区主体在省道南侧，自西向东布 5 米 × 10 米探方 13 个，在发掘过程中根据遗迹暴露情况进行了适时扩方并在道路北侧及探方间隔较大区域布探沟 4 条，实际发掘面积约 1100 平方米。

此次发掘收获颇丰，共清理出瓷窑址 6 座、料池 4 座、房址 15 座、灰坑 50 个，墓葬 1 座、灰沟 7 条、柱洞类遗迹 2 个、灶类遗迹 1 处和路基 1 条，另有特殊遗迹 3 处。出土文物近万件，与窑址烧造相关的遗物主要有制料工具类，包括石兑、擂钵和碾轮；窑具类包括窑柱、支柱、支托、垫板和数量众多的支钉等，生活用具类有陶罐、陶盆等；瓷器以青瓷为主，釉色有青绿和青黄两种，白瓷也有少量发现，器类以碗、豆（高足盘）为主，杯、盏、盆、钵和壶也有相当数量，另有少量碟、多足砚等。

遗址的地层堆积大体可分为 5 层，第①层为耕土层，部分遭后期扰动为倒装地层；第②层为宋代文化层，出土较多白瓷残片和宋代钱币；第③层为唐代中期文化层，该层下开口遗迹较多；第④层为唐代早期文化层；第⑤层为汉代文化层，汉代遗存发现较少；以下为生土。

所发现的窑址均为馒头形窑，多数只剩下窑床和少许窑壁，形制以倒梯形和椭圆形为主，其结构包括窑床、火膛和操作间，烟道保存较差，其中 Y1 形制较小，火膛底部亦未发现明显烧结面，Y2 还残存有一侧挡火墙，Y3 火膛烧结面保存较好，但操作间被现代沟破坏，Y4 窑床底部由砖块平铺而成，Y5 窑壁由砂砾质土块顺砌而成，Y6 叠压在 Y2 之下，二者应存在窑址废弃、再利用的关系。根据窑址的分布情况，推知其可能分为东（以 T12 为代表）、西（以 T6 为代表）两区，两区窑址各有相应的作坊区和料池。料池可分两类，一为圆形或方形土坑，坑壁和坑底以石板或垫板等铺砌；二为椭圆形土坑，坑壁以废料加工修缮，其具体功用或有不同。由北部探沟所发现的房址可知，其建筑形式为平地起建，墙基以石块和陶瓷碎片砌成，形制较为简陋。房址内活动面保存较好的

为F8、F9两座，其中F8的西墙与南墙均以残次的瓷碗侧装垒砌而成，房内以瓷碗倒扣平铺，中部空缺处为一圆形坑；F9的活动面由灰黄色料土铺垫而成，其墙基仅剩西墙的一部分，由石块垒砌而成，其活动面被特殊遗迹TS1、TS2分别打破和叠压，TS1由一方形土坑和一条曲尺状土槽组成，坑内和槽内成排倒扣放置瓷豆（高足盘）和瓷碗，TS2可能为作坊废弃堆积。与窑址大体同期的路面遗迹L1发现于T6向西扩方部分，东西向呈条带状，由碎石块儿和陶瓷器残片铺垫而成。M1位于T7中北部，长方形石椁墓，墓底和墓壁均以石块和石板堆砌，墓顶亦为石板覆盖，小腿处遭后期破坏，为单人葬，葬式仰身直肢，随葬瓷杯和瓷罐各1件。

此次发掘是对学界探索已久的萧窑第一次大规模科学考古发掘，尽管仅在遗址的南部开东西向长探沟一条，却在有限而狭窄的区域内清理出与窑业生产相关的众多遗迹和遗物。此次掘意义重要，所获丰富资料将极大地促进萧窑相关课题的研究，并将有力推动中国瓷窑址考古研究中南北交界地带窑业生产等问题的认识与探索进程。

（蔡波涛）

【萧县人民村汉代墓群】

发掘时间：2015年9～11月

工作单位：安徽省文物考古研究所、萧县博物馆

人民村墓群位于萧县龙城镇人民村西约200米。为配合郑州—徐州高铁淮萧联络线的建设，对墓地进行了发掘，共清理汉墓10座，出土器物30余件（套）。

10座汉墓都受到不同程度的盗掘和破坏。现以M6和M10为例简介如下：

M6砖室墓，墓向30°。墓葬早年被破坏，从实际发掘情况看，墓葬平面呈“凸”字形，由墓道、墓门、墓室组成。墓道平面大致呈长方形，位于墓室的北部，底坡长3.04米，宽1.72米，残深0.51米～0.63米，坡度30°。墓门已遭破坏，仅存门槛石和门楣。墓室平面大致呈长方形，内空长3.2米，宽2.6米～2.76米，残深1.08米，四壁以两顺一丁方式向上垒砌，铺地砖为呈“人”字形。该墓用砖以青灰色为主。未发现陪葬品。

M10竖穴土坑墓，墓向为200°。墓葬平面大致呈长方形，长3米，宽1米，深3.2米，直壁略光整，平底。填土为红褐色花土，土质较硬，结构疏松，包含有较多的碎石块。葬具为木棺，已朽，据朽痕推断棺长2.2米，宽0.6米，残高0.5米。人骨保存较差，葬式为仰身直肢葬。随葬器物有铜镜、铜钱、陶罐、陶磨、陶鼎、陶甑、陶钵、陶仓、陶圈、陶井、铁剑、剑尖套、蚌器等。

（张义中）

【萧县郭楼汉代墓群】

发掘时间：2015年5～8月

工作单位：安徽省文物考古研究所、萧县博物馆

郭楼墓群位于萧县龙城镇人民村西山脚下。为配合郑州—徐州高铁淮萧联络线的建设，对墓地进行了发掘，实际发掘汉墓9座，出土各种质地的随葬器物累计41件（套）。

9座汉代墓葬都经受了不同程度的盗掘破坏。现以M1、M2和M5为例简介如下：

M2竖穴土坑墓，墓向20°。开口于耕土层下，距地表深0.3米。墓葬平面呈长方形，长3米，宽1.86米，坑壁微斜略光整。人骨已朽，葬式不辨。葬具亦朽，从朽痕来看葬具为木棺，棺长2.9米，宽1.32米～1.38米，残高4.8米。随葬器物有铁箭、陶甑、陶灶、铜弩机、铜钱、铜印章和铜饰件等。

M5砖室墓，墓向20°。开口于耕土层下，距地表深0.35米，墓葬早年遭破坏，顶部不存。墓葬平面呈“十”字形，由墓道、墓门、前室、中室、后室和东西侧室组成。墓道遭施工破坏。墓道与墓室结合处有墓门，墓门为青石质，由门楣、门框、左右门扉和门限组成。门楣已经不存。前室平面呈长方形，中室位于前室南侧，平面呈正方形，内空长为2.3米，席纹铺地砖单层平铺，中室四周设有门道，分别通向前后室和东西侧室，门道仅存门楣、门框和门槛。后室位于中室南侧，长3.37米，宽2.2米，四壁遭破坏，铺地砖为单层错缝平铺。西侧室平面呈长方形，内空长1.62米，宽1.39米，四壁和铺地砖已遭破坏，仅存墙基石条。东侧室平面亦呈长方形，内空长1.42米，宽1.36米，也仅存墙基石条。葬具、人骨皆腐朽不存，葬式不详。随葬器物铜钱、铜镜和铜泡钉等。

（张义中）

【泗县于城汉代墓地】

发掘时间：2015年4～5月

发掘单位：安徽省文物考古研究所、宿州市文物局

于城村墓地位于泗县草沟镇于城村北，发掘面积450平方米，共发掘墓葬16座，可分为砖室墓、砖石混筑墓和土坑竖穴墓三种。砖室墓10座，均为长方形，墓向基本一致，墓室长度大多在2.8米～4米，仅M3残长1米，宽度在0.9米～2米，残深0.3～1米。由于受到施工的破坏，墓顶大都残损，残存墓壁均为“三顺一丁”砌筑，墓底保存较好的为平铺错缝法铺地，随葬品数量较少，主要有钱币、料器、陶质明器等，未发现葬具痕迹，人骨保存状况较差，葬式、性别等难以辨别。根据出土遗物及墓砖等资料，推测这10座墓均为汉代墓葬。砖石混筑墓1座，平面形制为长方形，长4米，宽1.5米，残深0.34米，东侧带有耳室，墓门处有条石1块，该墓墓底铺砖遭到破坏，仅存东西两壁，为错缝砌筑，不见随葬品及人骨架痕迹。根据墓砖可判定该墓为一座汉代墓葬。土坑竖穴墓4座，M8中发现人骨架3具，均头北足南，其中西侧为一女性，葬式为仰身直肢，有棺，东侧人骨架两具，为二次迁葬，左侧为一男性，右侧为一女性，在男性头的西侧有一平口陶瓶，推测为一清代墓葬；M9中葬有一人，头北足南，仰身直肢，发现有棺木痕迹，随葬品较少，仅发现钱币9枚、铜簪1支，判断该墓葬的年代为明代；另有3座墓，仅零星发现人骨痕迹，根据墓葬形制判断，一为汉代墓葬，一为宋代墓葬，一为近代墓。

此外，在M7东侧还发现有一处灰坑遗迹，平面形制为不规则椭圆形，长4米，宽0.7米～2.1米，坑壁呈斜坡状，内含汉代墓砖及建筑板瓦等碎片，推测为汉代的一座废弃的垃圾坑，与墓葬关系不详。M8附近发现两处柱洞遗迹，内含近圆形柱础石，大小形状基本相同，其中东侧柱洞被M8打破，判断为一处汉代建筑基址遗迹。

（任一龙）

【繁昌县繁昌窑遗址】

发掘时间：2015年3～12月

工作单位：安徽省文物考古研究所、繁昌县文物局

为进一步弄清繁昌窑遗址作坊布局以及配合龙窑保护大棚建设工程设计，安徽省文物考古研究所和繁昌县文物局联合对繁昌窑遗址进行了第二次学术性考古发掘，发掘面积约475平方米，发现了作坊基址1处，重要遗迹有房址1处、淘洗池1个、陶车基座2处、水井1个、排水沟1条、车辙1处、南宋早期墓葬1座，出土青白瓷碗、盏、盘、碟等各类可复原瓷器200

余件。此外，还发现了荡箍、碾轮、擂钵等制瓷工具。

F2 为作坊基址。位于 Y2 以东约 10 米处，地势平坦。平面大体呈方形，东西长约 7.5 米，南北宽约 7.1 米。现存北、东、南、西四道墙基，多用废弃的窑砖错缝平铺砌筑而成，砖缝之间用匣钵残片、碎砖填充，南墙直接用匣钵和残窑砖平铺砌筑。F2 墙基外围发现四个柱洞，分别围绕北墙、东墙和南墙分布，与北墙基和东墙基的距离为 0.2 米～1 米。墙基和柱洞周围发掘时发现有大量青灰色绳纹瓦片。室内地面系用掺杂碎石块、残匣钵片和砖瓦片的黄褐黏土铺垫而成，由于窑工常年活动和踩踏，地面平坦、坚硬。房址东南部发现有一处陶车基座和一个水井。从房址内各遗迹分布情况、柱洞与墙基的分布位置及残存绳纹瓦片推测，F2 应是一处上覆瓦顶，外围出挑檐的作坊房址，可能是制作瓷器的成型区。

陶车基座位于 F2 东南部，东南与水井（J1）相邻。平面为圆形，口径约 0.6 米，深约 0.34 米。周围用窑砖围砌，保存有 1 层～3 层，底部中央有插陶车轴遗留的小洞，直径约 0.2 米，深 4 厘米～7 厘米。

水井（J1）位于 F2 东南部，西北与 1 号陶车基座相邻。平面为圆形，口径 0.8 米，底径 0.75 米，深 2.08 米～2.3 米。井壁上部用窑砖平铺错缝砌筑，现存 13 层，深约 0.92 米，结构呈口小、鼓腹、下部内收的腰鼓状；砖壁以下为土壁，深 1.16 米～1.38 米。

车辙痕迹：西距 F2 约 8.75 米，位于坚硬的活动面上。现存两条车辙痕迹，长 0.12 米～0.18 米，宽约 4 厘米，内填黄细砂和碎土。车辙通向一座淘洗池。从车辙的宽度和间距和所处位置综合判断，可能是独轮车往返运输制瓷原料留下的痕迹。

此次发掘面积虽然不大，但首次较完整地揭露了青白瓷成型作坊，与 2002 年发掘揭露的制瓷原料加工区相结合，基本廓清了繁昌窑遗址作坊区的布局与结构，为了解和研究南方陶瓷遗址作坊布局与结构提供了重要参考资料。陈腐池、陶车基座位于房址内，排列有序，是研究青白瓷原料加工、成型工艺等课题的珍贵资料。房址外围发现有多个柱洞和大量散落的灰陶绳纹瓦，证明该作坊房址原来是有瓦顶的棚类建筑，是复原繁昌窑青白瓷加工作坊，并对遗址后期展示和利用的重要资料。车辙遗迹属于首次发现，推测应为独轮车车辙，为探索青白瓷加工作坊内的运输工具及作坊布局提供了重要线索。

（罗　虎　叶润清　徐　繁　汪发志）

福建省

【武夷山市城村汉城北城门遗址】

发掘时间：2015年9～11月

工作单位：福建博物院福建闽越王城博物馆

城村汉城遗址位于南平市武夷山市兴田镇城村，北城门位于汉城遗址的东城墙北段东北水门北侧。为配合城村汉城遗址北城门遗迹保护展示工程，经国家文物局批准对北城门进行考古发掘和调查勘探。

北城门基础结构保存基本完整，包括城墙、门道、门卫房、散水等。整体结构呈东西对称，由于地形原因，东、西门卫房大小略有差别。

城墙：门道两侧为城墙，东城墙长11.5米，顶部宽6.6米，高2.2米，与水门北边城墙相连。由于未全部揭露，仅发现5个柱洞，均位于城墙墙体边缘。东城墙往南与水门北侧城墙相连，顶宽5.2米，上部的红褐色夯土墙残高1.3米～1.5米。夯土墙底部外侧为黄褐色生土台，比夯土墙宽1.5米～2米。东城墙内侧与门卫房之间有一土墩，宽3.4米，高度与城墙相同。由于土墩东部未全部揭露，只在土墩北侧靠城墙处发现有3个柱洞。西城墙长28.5米，顶部宽6.2米，高2米。未全部揭露，已揭露部分共发现9个柱洞。北城门只有一个门道，保存较好，朝向西北，方向340°。门道宽5.8米～6米，长13.8米，门道北侧入口处有一道排水沟，沟的北侧为鹅卵石铺砌的散水。沟的南面东西两侧各有一块门臼石，形状不太规整，表面平坦，每个臼石上面都有两个圆形臼洞。在门臼石南面1.6米～1.9米处为夯打过的路面，呈灰褐色，路面较平，坚实致密。往南有一道坎。东、北、西三面均有一层木炭的痕迹，应该是木板烧毁所致。

门道东西两侧城内均有门卫房。东门卫房东西长4.5米，南北宽2.5米。北壁有二个柱洞，西、南侧均有走廊。西北角有三个台阶通往北侧土墩。西门卫房未全部揭露出来。

通过此次调查、勘探，基本了解了北城门的形制、结构以及与城内、外各遗迹之间的关系等。

（羊泽林　廖富魁）

【闽清县下窑岗元明窑址】

发掘时间：2015年1～4月

工作单位：福建博物院、闽清县博物馆

下窑岗窑址位于闽清县东桥镇义由村东南面直线距离约500米的一座山冈上。这里群山延绵，林木繁茂，再加上丰富的瓷土资源，为古代闽清县东桥镇一带窑业的兴旺发展创造了必备条件。由于窑址面临人们生产活动及自然因素破坏，福建博物馆与闽清县博物馆组织对其进行抢救性考古发掘，发掘面积约500平方米，发现保存较好的窑炉遗迹，此外还有窑炉旁边的储泥池、沉淀池等相关作坊遗迹。

窑炉为长条形斜坡式龙窑，分火膛、窑室。方向350°，窑室斜长74.2米，水平长68.6米，最宽2.55米，高差28.2米。火膛保存完整，平面近半圆形，进深

0.35 米，高 0.5 米。火膛门位于火膛正前方，近三角形，火膛顶部有一近似三角形投柴孔。火膛底部还保存两排侧放的砖块作为窑箅。窑室前段较低、窄，保存部分完整的窑顶，中、后段较宽，窑室内部保存大量排列整齐的匣钵柱，最高达 1.6 米。可确认的窑门共有 7 个，其中两个保存完好，门宽 0.45 米，高 0.75 米 ~ 0.82 米。投柴孔共有 35 处，大部分位于两侧窑壁上部，部分投柴孔保存较完整，有圆形、方形、长方形几种，宽 10 厘米 ~ 16 厘米。窑壁两侧还保存 10 个进气孔。窑尾未见独立出烟室，后壁直接挖凿基岩而成，推测窑烟直接通过匣钵柱从窑尾排出。窑炉两侧均砌有护窑墙，在窑炉旁边还可见道路遗迹通往窑门，路面由于长期踩踏均有一层厚约 0.05 厘米的路土，较致密。部分路面用匣钵残片铺就。在一些坡度较大的地段还用石块砌成台阶。道路一般宽 0.45 米 ~0.85 米，台阶高差 0.1 米 ~0.2 米。在窑炉两侧还可见成对的柱顶石，在窑炉两侧及窑内倒塌堆积中均清理出大量的瓦片堆积，证明在窑炉顶部曾建有窑棚。

作坊遗迹主要清理了窑炉中部西侧平台的一处储泥池以及窑炉前部平台的沉淀池等相关遗迹。

储泥池位于窑炉中部西侧平台上，平面略呈圆角方形，池壁略斜，其中东北壁贴有窑砖，长约 4.5 米，深约 1 米。池的西、南部有面积约 200 平方米的平台，应为制作瓷器、晾坯的场所。沉淀池位于窑炉前部平台上，由于地表种植竹林，未全部清理，仅进行局部解剖。池壁下部及池底用砖，上部用口径 25 厘米的匣钵倒扣垒成。在沉淀池的西南面，有一方池遗迹，长 1.3 米，深 0.2 ~ 0.35 米，东北角与沉淀池之间通过一条宽约 0.2 米的小沟相连。东、北、西池壁用石块和匣钵砌成。南面无壁，外侧有一直径约 0.4 米，深约 0.2 米的小坑。除西北角外，其余三个角均有竖立的条石，推测为过滤池。

出土遗物有青白瓷和窑具，青白瓷器形以碗为主，此外还有少量盘、碟、洗、研磨器等。胎为灰白或浅灰色，釉为青白偏灰，釉面多有冰裂纹，内施满釉，外壁施釉至腹中、下部。由于大部分器物修坯不精，腹部均可见明显的旋坯痕。圈足挖足较草率，足墙厚薄不匀，足内可见割坯痕。窑具，主要为凸底的漏斗形匣钵，均为一匣一器，单件装烧。

下窑岗窑址的产品胎体厚重，印花装饰盛行，具有典型的元代至明代早期风格，因此其年代应为元代至明代早期。下窑岗窑址结构基本完整，是我国保存较好的元明时期窑炉，尤其是部分保存完整的窑顶、投柴孔、窑门、护窑墙、道路、作坊等遗迹为研究我国南方古代龙窑窑业技术系统提供了重要的实物资料。下窑岗窑址的产品通过附近的古驿道到达闽江码头，装船后顺流至福州，从福州港出发，沿传统海上丝绸之路运销日本、东南亚等地区。我国水下考古及海内外遗址均发现有下窑岗窑址的产品，以下窑岗窑址为核心的义窑是福建省重要的外销瓷窑址之一。

（羊泽林　廖富魁）

【南靖县封门坑明清窑址】

发掘时间：2015 年 1 ~6 月

工作单位：福建博物院、南靖县文物保护中心

封门坑窑址位于南靖县东溪窑的核心区域下东溪头，由于长期山洪冲刷，村民生产活动等对窑址破坏严重。经国家文物局批准，福建博物院组织考古队伍对封门坑窑址开展抢救性考古发掘。共发掘面积 1020 平方米，揭露有相互叠压打破关系的窑炉遗迹 4 座、作坊遗迹 1 处，居住遗迹 1 处。并出土一批瓷器、窑具及制瓷工具等标本。

此次发掘揭露的 4 座有叠压打破关系

的窑炉遗迹，其中Y4叠压Y1，Y1是将Y3窑炉缩短后进行再使用，Y3打破Y2。Y1～Y3均为横室阶级窑，Y4为龙窑。

Y1保存最好，方向327°，斜长22.3米，水平长20.9米，高差8.3米，窑底坡度22°。分火膛、窑室及出烟室。火膛内宽6.5米，进深1.2米，分四间。每间火膛前方正中间有一火膛口。火膛后壁共有16个通火孔与第1间窑室相连。窑室有5间，内宽6.3米～6.5米，进深2.8米～3.1米，两侧均有斜坡式火道，残存7排～9排匣钵。每间窑室前端两侧均有窑门与外面的工作平台相通，一般宽0.45米～0.6米。窑室与火膛两侧均有护窑墙，多用残砖平铺叠砌，中间填土和砖块等，平面呈长方形，宽0.5米～1.8米。出烟室进深0.28米，残存两间，残宽3.5米。

作坊遗迹位于窑炉西部约20米的平台上。揭露遗迹共有鹅卵石砌的池11个、沟4条、灰坑2个、道路1条、挡土墙3道、平台3个。这些遗迹既有瓷土的淘洗池、练泥池、贮泥池等，也有作为拉坯制瓷的平台。

居住遗迹由于西南部被机耕道覆盖，未全部揭露。已揭露遗迹包括房基4组，天井3个、排水沟1条以及道路2条。房基4组，F1～F3为主体建筑，一正两厢布局，中间为大天井，东南、西南角各有1个小天井。F4为西厢房附属建筑。墙基均用小石块或小石块与条石混合砌成，从建筑结构、布局、规模以及建筑材料、出土遗物来看，该居住遗迹早期应该是具有一定经济实力和社会地位的窑场经营者所修建居住。后期可能随着人口增多，或房屋破败，屋主、房屋用途改变等原因，出现维修、改建的现象。甚至部分房屋可能作为窑业生产者放置或者制作制瓷工具、模具的场所。

封门坑窑址产品以青花、白瓷、青瓷为主，亦有部分米黄釉、酱釉产品。器形以碗、盘、盒、碟、杯、汤匙、罐、水注、勺、灯、茶盏、香插、炉等日用生活器为主。纹饰有洞石花卉、缠枝菊花、山水、寒江独钓等。窑具有平底、M形匣钵以及少量垫饼等。

封门坑窑址第三期窑炉的产品与印度尼西亚泰兴号沉船出水的部分瓷器相同，根据泰兴号沉船出水“道光二年”的纪年器物，人们一般认为其年代在道光初期。因此封门坑窑址第三、四期窑炉年代应在清代中晚期，而第一、二期年代则在明代晚期至清代中期。

封门坑窑址产品种类丰富，延续时间长，窑业技术发展序列清楚，对研究福建省窑业技术、制瓷手工业发展有着重要意义。

（羊泽林　廖富魁）

江 西 省

【抚河流域先秦时期遗址考古调查】

调查时间：2015 年 11 月 ~2016 年 1 月

工作单位：江西省文物考古研究所、西北大学文化遗产学院

此次调查工作是国家文物局文物保护重点项目“江西抚河流域先秦遗址考古调查”的年度项目（2015 年）。2015 年度主要对抚河流域的金溪、资溪、东乡、临川区（县）所辖区域进行考古调查。2015 年度将实地踏查与考古钻探相结合，利用 RTK、小型航拍器对遗址进行精确测绘和三维模型建构。

通过三个多月的野外工作，调查先秦时期遗址 180 余处，大部分遗址为首次发现。此次调查采集到大量的陶器、石器标本，亦有灰坑、墓葬、窑址、房址等多类遗迹发现。通过初步观察，此次发现的遗址大体上可划分为两种类型：第一类为坡岗类聚落，调查所见此类遗址多沿河连续分布，地形呈坡岗状，遗址面积一般较小；第二类为环壕类聚落，此类聚落平面多为方形，亦有圆形及不规则形，一般高出地面，营建方式或为平底起建，或为山坡掏挖而成，聚落面积大小不一，应存在等级差异。调查所获遗址年代可分为新石器时代晚期、夏商、西周、春秋及战国等多个阶段。

通过 2015 年的考古工作，极大丰富了区域内先秦时期遗址数量，为了解抚河流域诸遗址的分布特征、聚落形态提供了重要条件，为建立抚河流域先秦时期考古学文化序列、社会结构演进模式等提供了难得的实物资料。

（豆海锋　习通源　严振洪）

【丰城市寨上新石器时代遗址】

发掘时间：2015 年 5 ~9 月

工作单位：江西省文物考古研究所、丰城市博物馆

遗址位于丰城市桥东镇更新村委会老詹自然村秀水河西岸约 200 米处，是一处典型的台地型遗址，处于赣江二级支流秀水河小盆地的中部，秀水河从遗址东侧由南往北流过。遗址平面呈长方形，周围是水田，比周边高出 3 米 ~4 米，四周环绕一圈壕沟，包括壕沟在内，遗址东西长约 130 米，南北宽约 110 米。为配合东乡至樟树昌傅高速公路建设，对遗址进行了抢救性发掘，共布 10 米 ×10 米探方 20 个，揭露面积 2000 平方米。

寨上遗址为保存较好的典型环壕聚落，地层堆积较厚，深度在 0.4 米 ~2.3 米，共分为 7 层。遗址遗迹丰富，共发掘房址 10 处，以地面建筑与半地穴房址为主，用夯打过的红烧土作为地面，部分房屋保留有木骨泥墙；墓葬 6 座、灰坑 60 个，灰坑形状多样，多为圆形锅底状，也有椭圆形、长方形、不规则形等。遗址外围有夯土围墙和壕沟。围墙宽约 9 米，目前主要剩下墙基，厚度在 0.5 米 ~0.9 米，墙基夯层较为明显，夯层厚 15 厘米 ~20 厘米，含有较多石块。夯土围墙建筑属于第三期。围绕遗址为一圈壕沟，宽度在 8 米 ~15

米，目前已大部分淤塞。分别解剖了部分西段和南段壕沟，距现地表1.6米处见生土，由于只在其上层堆积出土少量近现代瓷片和瓦片，壕沟具体年代尚不能确定。

发掘出土了大量的遗物，主要是陶器和石器。陶器主要是夹砂陶和泥质陶，外面多有一层红色或黑色陶衣，陶色主要有红陶、黑陶、灰陶等。器表装饰以刻划为主，其次为拍印、戳印纹样。陶器烧制火候较低，陶质疏松，器形有鼎、豆、壶、罐、釜、纺轮等。石器多以砂页岩磨制而成，磨制较为精细，多数有使用痕迹，器形有锛、石斧、石镞、石凿、石刀等。

根据层位关系及出土遗物特征，可将遗址堆积分为早、中、晚三期。寨上遗址文化面貌与樟树筑卫城遗址和新余拾年山遗址文化因素类似，是一处史前聚落，但年代似乎略早，距今5500～5000年，其夯筑围墙可能是江西地区截至2015年发现最早的墙体建筑。江西省文物考古研究所近年在遗址附近的抚河流域的考古调查发现数十处与之类似的环壕且有围墙的史前聚落，大大突破以前对江西新石器时期文化面貌的认识，对研究江西史前文化来源及演变和城市出现与发展等具有重要的价值。

（王意乐）

【瑞昌市铜岭铜矿商周时期遗址】

发掘时间：2015年10～12月

发掘单位：江西省文物考古研究所、瑞昌市铜岭铜矿遗址管理处

发掘区位于瑞昌市夏畈镇铜矿钢铁厂附属焦炭厂内，临近铜岭下自然村。遗址地貌原为合连山北部的一处缓坡，现在地表有厚约40厘米的水泥硬化面，其下尚有1米～2米的现代垫土层，对勘探、发掘工作造成一定的困难。此次发掘共计布5米×5米探方21个，共计发掘面积525平方米。

此次发掘采用大面积揭露法，即所有探方统一先揭取表土，先暴露出文化层，然后根据文化层的性质再制订具体的发掘方案。在发掘区内已发现有东周时期的冶炼堆积和商代的房屋基址、灰坑等遗迹现象，但堆积较薄、较为分散。

（崔　涛）

【新干县大洋洲牛头城址商代陶窑遗存】

发掘时间：2015年3～10月

工作单位：江西省文物考古研究所、江西新干县博物馆

牛头城址位于吉安市新干县大洋洲镇刘堎村，2015年度田野工作主要集中在天花会山老包庙制陶作坊区，发掘了两座保存较完整的商代大型半倒焰陶窑，编号：2015XGNC（B）Y1、2015XGNC（B）Y2。

Y1由窑室、窑门、燃烧室（火膛）、火道、烟囱（排烟口、排烟道）组成。窑室椭圆形，东西径250厘米，南北径270厘米，存深30厘米～113厘米。窑底自北至南向下倾斜至排烟口，倾斜度为10°，底面烧结呈灰黑色，平滑坚硬。底部最低处设一高宽均12厘米的方形排烟口，排烟口两侧、上方用土坯块垒架，直通排烟道。窑室东北面设立一窑门，即窑口。窑口内宽40厘米，方向北偏东45°。窑门西侧，即窑室北面，设一燃烧室（火膛），椭圆形，锅底弧壁（箕箕形），东西径65厘米，南北径70厘米，存深30厘米。燃烧室（火膛）北面为投柴口，燃烧室（火膛）南面，设一宽20厘米的火道与窑室连通。窑室南壁外近处，设一烟囱，椭圆形，敞口。排烟道向南倾斜28°，形成斜立烟道。燃烧室（火膛）、火道、窑室、烟囱、排烟口、排烟道呈北南一线，与窑室底倾斜同线同向。窑室残存最高处应是该窑起券处。根据窑内倒塌堆积中含大量烧土坯以及窑壁工具痕迹推测，该窑炉为直接生土面挖穴，起建于生土层中，地面起券，土坯垒顶，半地穴式。窑内堆积4

层，出土大量陶片和大量烧土坯。

Y2位于Y1东南，形制结构与Y1大类，只是较Y1稍小。

陶窑的发现，丰富了牛头城址考古遗存内涵，是截至2015年我国发现最早的大型半倒焰窑炉，解决了牛头城址商代陶器、原始瓷为本地烧造的学术问题，为研究中国窑业技术发展史提供了新的重要资料。

（周广明　朱福生）

【莲花县桐鼓堆东周木椁墓】

发掘时间：2012年10月~2015年7月

工作单位：江西省文物考古研究所、莲花县文物办

桐鼓堆东周木椁墓位于萍乡市莲花县琴亭镇六模村东北部的桐鼓堆山包上。莲花桐鼓堆东周木椁墓封土分布范围约600平方米。

2011年，村民在铜鼓堆挖建宅基过程中发现该墓葬。经国家文物局批准，2012年10月，启动了对该墓葬的整体发掘和周边情况的勘察工作。至2015年度经过三个阶段的工作完成了对桐鼓堆东周木椁墓的全面清理；同时对墓葬周边的空隙地带进行考古勘探，表明墓葬地表无陵表建筑和其他墓葬发现。

桐鼓堆东周木椁墓葬分布范围东西长约40米，南北宽约20米，墓葬西部封土堆残高4米。墓穴平面呈“甲”字形，为土坑竖穴木椁墓，坐西向东。墓道呈长方形，位于墓室东端靠南侧。东西长19米，上宽6米，下底宽4米，坡度19°。在墓道底部铺有一层青膏泥，再在其上铺一层树皮，可能用于防滑。墓室呈长方形。墓室开口东西长16.5米，南北宽16米，深8.3米。墓室上部两侧壁呈斜坡状，下部则呈竖直状。木椁东西长10.1米，南北宽5.4米，高3.4米。木椁部用料70根。

墓室出土遗物主要有漆器与木器，少量陶器残片。漆器残件可辨器形有棺盖、棺身、编钟架构件、樽、盒盖、铮、箱底板、箱盖、漆器构件等。从功能看，分为葬具、乐器、食器、纺织工具等。多整木制作，手法有刨、剜、削、凿等。漆器纹饰采用雕刻、漆绘、点绘等手法。漆器纹样有云雷纹、几何纹、叶脉纹、植物纹等。少部分漆木器还有雕花，以浮雕为主，阴刻为辅，雕刻工艺精湛，是反映当时漆木器工艺成就的珍贵实物资料。木器有门板、夹杆形器、环形器座、方形器座、条形木板、铲形器、钫板、钫锤、构件等。皆整木制成，无纹。发现少量陶器残片，可辨器形有罐底、腹、口沿，壶口沿等。拍印纹饰有方框米字纹、大方框填线纹、细方格纹、方格纹、篮纹等。

墓葬为战国时期标准的土坑竖穴木椁墓，墓室结构居室化，属典型的战国中晚期墓葬形制。从椁室规格及出土漆木器残件看，可以证明该墓葬规格非常高，墓主人身份应为战国时期楚国封君或高级贵族，这是江西地区截至2015年发现最早、规格最大的木椁墓葬。该墓葬规模宏大、形制特殊、用料讲究，十分罕见，为江西战国时期高等级贵族墓葬研究提供重要资料。

（李育远　王上海）

【樟树市国字山遗址战国墓】

发掘时间：2014年11月~2015年12月

工作单位：江西省文物考古研究所、樟树市博物馆

M3位于樟树市大桥街道办彭泽村委会洪光塘自然村东南，筑卫城遗址以西约350米，国字山遗址M1西侧约80米处。其西部已在修筑樟树市盐化大道时遭到破坏，整个墓室西部暴露在道路旁的断崖上，墓室上部被破坏，封土不存，发掘前叠压在修路时堆积的建筑垃圾下。为了防止对M3造成进一步的破坏，对其进行抢救性的发掘，发掘面积400平方米，其中墓葬

约 100 平方米。

M3 为东西向短墓道竖穴土坑墓，方向 92°。M3 东部残存一条墓道，墓道长 1.8 米，东侧南北残宽 3.3 米，西侧靠近墓室处宽 3.8 米；西部已被破坏，是否有墓道不清楚。

墓室东西向，东西长 10 米，南北宽 9.7 米，墓底距地表深 330 厘米。墓边不是很规整。墓室内均用膏泥填塞，较为致密，经过夯打，但夯层不是很清晰，填土内含少量碎陶片。M3 被两个盗洞打破，一个位于墓室中央，另一个位于墓室北侧。

墓葬内部为两棺两椁。造墓过程为先在墓底垫 10 厘米厚的膏泥再在上面铺 10 厘米厚的木炭，在木炭上铺一层薄竹片然后在墓室中部用五根枕木东西向平铺，在枕木上南北向铺底板。在底板上再构建椁室。棺椁均已朽只剩底部痕迹。外椁分为 9 个厢，内椁内有两重棺。椁室外用木炭和黄色土填塞夯打形成二层台，二层台宽约 1.1 米，高约 0.8 米。墓葬底部只见少量残存漆皮和陶罐残片。

虽然 M3 被盗，但从墓葬形制和残存少量陶片判断，其时代为战国晚期。M3 与 M1 距离较近，形制相似，应该是 M1 的陪葬墓；且 M3 在筑卫城附近，可能与筑卫城有很大的关系。

（王意乐）

【南昌市西汉海昏侯刘贺墓】

发掘时间：2011 年 4 月 ~2015 年 12 月

发掘单位：江西省文物考古研究所、南昌市博物馆、新建区博物馆

2011 年 4 月 ~2015 年 12 月，江西省文物考古研究所会同南昌市博物馆、新建区博物馆，在南昌市新建区大塘坪乡观西村老裘村民小组东北约 500 米的墎墩山上，发掘了距今 2000 多年的西汉海昏侯刘贺墓园。

海昏侯刘贺墓园以海昏侯刘贺墓和侯夫人墓为中心建成，共占地 4.6 万平方米，由园墙、门、门阙、两座主墓和七座祔葬墓、寝、祠堂及园寺吏舍等建筑构成，内有完善的道路系统和排水设施。刘贺墓和侯夫人两座主墓位于面积达 4000 平方米的长方形土台之上，分别建有高大的覆斗形封土，同茔异穴，占据了墓园最高亢、中心的位置，两墓前分别建有各自的寝，共用一座祠堂。其东、北两侧为七座祔葬的家族成员墓，考古发掘证实，每座祔葬墓前均有寝。

海昏侯刘贺墓由墓葬本体及其西侧的一个车马坑组成。车马坑为真车马陪葬坑，出土实用高等级安车 5 辆，马匹 20 匹，出土青铜车马器 3000 余件。侯墓本体规模宏大，上有高达 7 米的覆斗形封土，下有“甲”字形墓穴，墓穴内建有面积达 400 平方米的方形木结构椁室。

椁室设计严密、建筑科学。椁室承重的椁侧板均榫卯结构，椁室内并有木桩支护。椁侧板与墓壁之间的熟土二层台宽约 1.2 米，采用砂、木炭、黏土分层夯筑而成。椁顶板上面用木炭、砂、白胶泥封护，厚约 0.7 米。椁板上刻有工匠的姓氏、编号等文字和记号。墓道南部与椁室相连区域用竹编护壁。椁底板上一般都铺有一层竹席或草席。墓穴由主椁室、过道、回廊形藏椁和甬道构成。主椁室位于中央，周围环绕以回廊形藏椁，在主椁室与藏椁之间辟有过道，将主椁室与藏椁分隔开。甬道位于椁室南部中央，其南、北两端用门与主椁室和墓道相通。主椁室高约 3.4 米，高出其周围回廊形藏椁 0.4 米 ~0.5 米，面积约 50 平方米，由东、西室两部分构成，被隔墙分开，中间为门道。其中东室宽约 3.7 米，南部东、西两侧为窗，中间为门；西室宽约 2.9 米，南部西侧为窗，东侧为门，门宽约 1.4 米。初步分析，东、西室南部数量众多的豪华随葬品大部分与日常起居用具有关。藏椁按功能区分，北

藏椁自西向东分为衣笥库、钱库、粮库、乐器库、酒具库。西藏椁从北往南分为武库、文书档案库、娱乐用器库。东藏椁主要为厨具库（“食官”库）。甬道主要为乐车库。甬道东、西两侧的南藏椁为车马库。

棺柩位于主椁室的东室东北部，其侧出有帷帐帐钩，使用内、外两重棺，与主椁室、过道、回廊形藏椁共同构成五重棺椁形式，和周代以来“天子棺椁七重，诸侯五重，大夫三重，士再重”的棺椁制度相符合。其中外棺南北长约3.71米，东西宽约1.44米，残高0.46米~0.96米，根据倒塌前颌板，后挡板的高度，推测棺柩原高度约为1.36米。棺床高约0.26米，下安4个木轮。外棺盖上有漆画痕迹，并放置三把玉具剑。内棺盖上彩绘漆画，并有纺织品痕迹。内、外棺之间的南部随葬大量金器、精美玉器和漆器。内棺实验室考古分析，内棺里面最南侧有数个贴金漆盒，贴金漆盒的北侧为头南足北的墓主人遗骸。残存墓主人牙齿和腹部的食物残留。其中，遗骸头部有镶玉璧的漆面罩，头部及其以下依次可见玉枕和数块大小不等的玉璧；腰部有玉具剑、书刀各一把以及带钩、佩玉等；同时发现写有“刘贺”名字的玉印一枚；遗骸下有包金的丝缕琉璃席，琉璃席下等距离按五枚一排的规律约20组放置金饼。

通过对海昏侯刘贺墓园周边5平方千米区域的考古调查和勘探，发现了以紫金城城址、历代海昏侯墓园、贵族和平民墓地等为核心的海昏侯国一系列重要遗存。结合文献记载，基本确认面积达3.6平方千米的紫金城城址即为汉代海昏侯都城，紫金城城址西面和南面为几代海昏侯的墓葬区、贵族和平民墓地。

从2011年至2015年的考古工作，取得了重大的阶段性成果。共勘探面积约400万平方米，发掘面积1万平方米。出土了金器、青铜器、铁器、玉器、漆木器、纺织品、陶瓷器、竹简、木牍等珍贵文物1万余件。

约5000枚竹简和近百版木牍的出土，使多种古代文献2000年后重见天日，是我国简牍发现史上的又一次重大发现，也是江西考古史上的首次发现。初步清理情况，其内容大约包括《悼亡赋》《论语》《易经》《礼记》《医书》《五色食胜》等部分。其中《悼亡赋》中出现描写冢墓的文字等；《易经》的经文首先解释卦名的含义，然后自《彖》传以下的内容与选择类《日书》类似，它虽然在排序上与传世《易经》相同，但又在内容上和传世《易经》差别较大；医书的内容与养生和房中术有关，它在马王堆帛书《天下至道谈》中记述的“八道”之上，增加“虚”“实”二者而成为“十道”；《五色食胜》记述是以五种颜色代表相应食物，类比于“五行”相生相克的方术类内容。木牍大约包括属遣策类的签牌和奏牍。签牌是系在竹木笥或漆箱上的标签，上面写有盛器的编号及所盛物品的名称和数量等；奏牍是墓主人上奏皇帝、皇太后的奏章副本。

出土的整套乐器，包括两架编钟、一架编磬、琴、瑟、排箫、笙和众多的伎乐俑，形象再现了西汉列侯的用乐制度；出土的偶车马特别是两辆偶乐车与实用安车，对西汉列侯的车舆、出行制度做了全新的诠释；出土的大量青铜、漆皮陶酒器和厨具，特别是带有“昌邑食官”“籍田”等文字的青铜鼎、灯，反映了西汉时期的“食官”系统和“重农”的祭祀制度。出土的10余吨、约200万枚五铢钱，反映了西汉王朝的“赙赠”制度。主椁室和主棺柩出土的马蹄金和麟趾金、金板等，共478枚，这批金器的出土是我国汉墓考古史上保存最完整、数量最集中的一次发现。大量工艺精湛的错金银、包金、鎏金铜器，如车马器、乐器、博山炉、连枝灯、雁鱼灯、鼎、染炉、火锅、蒸馏器、铜镜、铜镇等；玉器，如透雕龙、虎、凤纹饰的韘形佩、玉璧、玉环、玉剑具、成组玉佩、玉耳杯、玉印等；图案精美的漆器，如绘制孔子及其弟子画像和记载他们生平的漆屏风、围棋盘、耳杯、扣银边的漆盘、贴金片的漆奁、漆樽、镶玉石和玛瑙的几案等；均显示出西汉时期手工业高超的工艺水平，再现了西汉时期高等级贵族的奢华生活，是西汉列侯“事死如事生”的典型标本。特别是带有器物制造者名字、机构、器物大小、重量、用工、原料用量、制造时间等文字的漆器、铜器和椁板，反映了春秋战国以来手工业生产的“物勒工名”制度。另外在一件青铜豆形灯座上，清晰刻有“南昌”二字，这是关于“南昌”城的最早、最珍贵实物资料。

在海昏侯刘贺墓园的发掘和保护过程中，中国社会科学院考古研究所、中国国家博物馆、北京大学、荆州文物保护中心等参与了实验室考古、植物考古、动物考古、纺织品、金属器、漆木器、简牍、漆皮陶等文物保护方案设计与实施。地理信息系统（GIS 系统）、航空拍摄、三维扫描、延时摄影、数据库建设等数字化采集和记录工作，在整个考古和保护过程中得到广泛运用。

考古发掘和研究表明南昌西汉海昏侯刘贺墓园是我国迄今发现的保存最好、结构最完整、功能布局最清晰、拥有最完备祭祀体系的西汉列侯墓园，对于研究西汉列侯的园寝制度价值巨大；南昌西汉海昏侯刘贺墓园是我国长江以南地区发现的唯一一座带有真车马陪葬坑的墓葬。南昌西汉海昏侯刘贺墓本体规模宏大，椁室设计严密、结构复杂、功能清晰明确，是西汉中晚期列侯等级墓室的典型标本，对于研究、认识西汉列侯等级葬制具有重大价值；迄今已出土的 1 万余件文物，形象再现了西汉时期高等级贵族的生活，具有极高的历史价值、艺术价值和科学价值；以紫金城城址、历代海昏侯墓园、贵族和平民墓地等为核心的海昏侯国一系列重要遗存，共同构成了一个完整的大遗址单元，这是我国目前发现的面积最大、保存最好、内涵最丰富的汉代侯国聚落遗址，是重要的国家级历史文化遗产，具有重大研究和展示利用价值。

根据文献记载，南昌西汉海昏侯墓地处文献记载西汉昌邑王（海昏侯）刘贺的封地，历史背景清楚。发现的实用车马陪葬坑出土了雕刻精美纹饰鎏金、错银青铜车马器，与《后汉书·舆服志》所载“龙首衔轭”的“王青盖车”相似。墓园内还发现了多处等级很高的礼制性建筑基址。出土了大量带有“食官”“脯爵”“籍田”“海”“南昌”“昌邑二年造”“昌邑九年造”“昌邑十一年造”“元康三年十月”“元康四年六月”等文字的漆器、青铜器、印章和“海昏侯贺”“海昏侯夫人”的木牍，尤其是在内棺发现了刘贺的玉质私印，证明墓主就是西汉第一代海昏侯刘贺。

（徐长青　王上海）

【赣州市七里镇五代至宋元时期窑址】

发掘时间：2015 年 2～12 月

工作单位：江西省文物考古研究所、赣州市博物馆

七里镇窑址位于赣州市章贡区水东镇七里村，窑址分布在贡江与赣雩公路之间的沿江地带，现有窑包堆积 16 处，遗址总面积 2 平方千米。七里镇窑自晚唐创烧以来，宋元曾鼎盛一时，到明中期停烧。所烧产品主要有晚唐五代时期的青瓷与白瓷，宋元时期的青白瓷与酱釉瓷以及黑釉瓷，是江西宋元四大名窑之一。1959 年被列为第二批江西省文物保护单位，2013 年 3 月又被国务院公布为第七批全国重点文物保护单位。

为配合国保单位保护规划的编制，经国家文物局批准，联合对七里镇窑址的周

屋坞与赖屋岭两座窑包山进行了主动性考古发掘。在赖屋岭窑包山上发现了两座龙窑并进行了局部清理。

2座龙窑均坐北朝南，几乎平行，中间相隔12米。其中Y1开口于第③层下，为斜坡长条形龙窑，位于窑包山的最高处，残存长度为29.32米，窑头部分保存较好，保存了壁高2.5米的窑门，窑门前工作室、窑门、火膛都清晰可见。窑尾已破坏。窑床中部最宽处达3.9米，窑壁残高有1.05米，这是一条因窑顶塌陷而废弃的龙窑，可以看到塌陷下来的窑顶楔形砖以及窑床上排列整齐的匣钵柱遗迹。中部较宽处每行放置了16列匣钵，装烧的主要是一种素面的青白瓷碗，在窑尾则混合装烧青白瓷与酱釉瓷碗，产品的时代特征为南宋前期。

另外一条龙窑Y2开口于第④层下，也是斜坡长条形龙窑，位于Y1的东侧，属于窑包山地势较低矮的部位。残存的长度为35米，窑床中部宽2.23米，尾部宽2.15米。窑壁残存最高处有1.2米，明显看出有一次加高改建的痕迹。窑壁除了用砖，还使用了喇叭形支座等窑具来砌筑。这条龙窑窑头部位保存了券拱形的窑顶。由于窑头部位深达5米多，窑头尚无法完全揭露。窑床上的残留瓷器主要是带泥团支钉支烧痕的青瓷，窑具是喇叭形支座，判断这是一条五代时期烧造青瓷的龙窑。

此外，在两座龙窑之间的空白地带，从南往北还发现了青砖砌筑的淘洗池、堆放进窑瓷坯与出窑成瓷的高低不同的两层晒坪以及窑工工棚等作坊遗迹。

出土遗物以瓷器和匣钵、垫饼、喇叭形支座等装烧工具为主，属于窑业垃圾。瓷器主要有五代时期的青瓷、北宋早期的乳白瓷、北宋至南宋时期的青白瓷与酱釉瓷、南宋至元代的黑釉瓷等五个品种。

2015年度在赖屋岭窑包上发掘揭露的两座龙窑，一座较好地保存了窑顶，另一座较好地保存了窑头。联系原先在周屋坞窑包上发掘的一座保存有完整窑尾的龙窑，可以完整再现五代至宋代时期南方大型龙窑的建筑构造技术的演变。这对了解唐宋龙窑的建筑技术十分重要，对窑业技术发展史的研究也具有较重要的价值。

（肖发标）

【鹰潭市龙虎山大上清宫遗址】

发掘时间：2015年8～12月

工作单位：江西省文物考古研究所、鹰潭市博物馆

龙虎山大上清宫遗址2015年度是第二次发掘，在原基础上向西布探方10个，共计发掘面积1000平方米。此次发掘将整个大上清宫遗址的东部厢房已完全揭露出来，遗址的主殿玉皇殿、后土殿、三清阁东墙基均已揭露。

目前可以判断大上清宫遗址是一个完整封闭式的道院建筑，从龙虎门而入，两边以厢房、配殿相连环绕着主殿构成一个整体，龙虎门往东厢房四间，折北、厢房二间与配殿三官殿相连，东西向、三开间，殿前通道通往中轴主道，三官殿北、厢房六间与五岳殿相连，东西向、三开间，殿前通道通往中轴主道，往北厢房五间，再北、斜坡而上厢房三间，折西、厢房一间与配殿天皇殿相连，南北向、三开间，殿前台阶而下、通道与五岳殿相交，天皇殿往西、文昌殿一间，与主殿三清阁紧密相连，探方西部玉皇殿、后土殿、三清阁东墙基均已揭露在外。

（胡　胜）

【景德镇市御窑遗址】

发掘时间：2015年11月～2016年1月

工作单位：故宫博物院考古研究所、北京大学考古文博学院、江西省文物考古研究所、景德镇市陶瓷考古研究所

为了进一步弄清釉上彩瓷作坊的建筑

布局及内部结构，2015 年度再次对该遗址进行了主动性考古发掘。发掘区域位于中部偏西，西围墙内，龙珠阁南侧，西侧紧邻御窑厂的西围墙，2014 年发掘区域的西北部，布 5 米×5 米探方 12 个，共计发掘面积 300 平方米。

截至 2015 年，已揭露出的主要遗迹有制瓷作坊 1 座、墙基 4 个、房址 2 座、路面 2 条、辘轳坑 2 个等，出土了一批清代至民国时期的御窑瓷器、窑具、颜料、建筑构件等。出土的瓷器以生活用器为主，按釉色主要以青花、粉彩为大宗，另有少量的黄釉、红釉、釉里红等，器形主要有碗、盘、杯、碟、壶、罐等。窑具主要有匣钵、匣钵盖、垫饼、火照、试料等，建筑构件主要有卷草纹砖、板瓦等。

发掘西侧紧靠西围墙，西侧遗迹已延伸至围墙以外，无法进一步了解更多的该作坊的布局状况和窑业生产情况，但仍然取得了一些重要成果。此次发掘的遗迹和遗物的时代主要集中在清至民国时期。从遗迹和遗物的出土情况，晚清至民国这一时期，御窑厂的窑业生产从未停止，尤其是出土了一批民国粉彩的标本，为研究御窑厂民国时期的瓷器生产和窑业状况提供了重要的实物资料和历史信息，更为重要的是此次发掘揭露的一座清代到民国时期的晒架塘，为研究清至民国时期御窑厂作坊内部空间布局、制瓷工艺阶段的分工等问题提供了重要的资料。

（江小民　江建新）

【景德镇市银坑坞古瓷窑址调查】

调查时间：2015 年 10～12 月

工作单位：中国人民大学考古文博系、江西省文物考古研究所、景德镇市民窑博物馆

此次调查主要对景德镇银坑坞内的瓷窑遗址进行全面的调查。银坑坞在景德镇市南约 2000 米处，北临南河、昌江，东距湖田古窑址约 3000 米，东南临著名的三宝蓬瓷矿，制瓷条件优越。20 世纪 50 年代起，陈万里、刘新园等先生开始了对景德镇个别窑址的调查。几十年之中，景德镇窑业遗存从零星的几个点逐渐扩大。20 世纪 80 年代起，学者江建新在景德镇银坑坞做了许多工作，提到了包括小坞里、蓝家井、郑家坞、草坦上、八角湾、白庙下、红庙下、石边坞、碓家坞等 9 个自然村的 16 处窑业堆积。经其判断，该窑址兴烧于宋代早期，终烧于南宋以前。2000 年前后，江西省考古所在铜锣山、道塘里两处窑址进行了发掘，采集到大量北宋早期遗物。

此次调查以红庙下、白庙下等几个自然村落为起点，聘请向导，并充分走访当地群众，目的在于揭露银坑坞内所有的瓷窑遗址，并以最小的遗址单位采集器物，发现了 49 处窑业堆积以及一处龙窑遗迹。这些窑址保存状况较差，露出地表的部分已遭到很大破坏。所采集的瓷器以碗、盘、碟类为大宗，其次有酒台、酒杯等酒具，亦有部分盖罐类。这批瓷器大多为影青瓷，在个别窑址发现了少量的酱油瓷器，具有典型的吉州窑特色。根据窑具观察，大部分窑址使用匣钵和环形、圆形垫饼，属于一匣一钵的仰烧装烧方法。部分窑址的间隔具同时采用支钉与垫圈、垫饼。个别窑址出现覆烧工具与芒口器物。此次发现的龙窑遗迹窑床宽 260 厘米，窑底厚 40 厘米。清理后可见窑底多次堆积的痕迹。从器物特征和窑具分析，景德镇银坑坞窑址兴烧于五代至宋早期，盛于北宋中晚期，终烧于南宋，在元代又有小面积复烧。此次调查获取了丰富的实物资料，为研究景德镇瓷业历史提供了新的线索。此次调查未对窑址进行发掘，还有进一步发现研究的空间。

（李　雪）

【宜黄县棠阴手工业遗产考古调查与试掘】

调查时间：2015 年 4～12 月

工作单位：江西省文物考古研究所、宜黄县文物管理所等

宜黄棠阴古村落及手工业遗产考古调查是国家文物局批复的《抚州手工业遗产 2014～2016 年考古调查》（文物保函〔2014〕1406 号）的部分工作，整个工作在考古调查领导小组的指导下，分历史文化调查组、古建筑调查研究组、空间测绘组、考古调查试掘研究组有序进行。业已完成棠阴古镇民主、建设、解放村 3 个村落，同时扩展流域上下游渣浦（堡）、雷湾村、车上村、君山村等村落相关碑刻、族谱、方志等文献资料的收集、整理、解读以及历史人文的调查、分析。通过无人机航拍获取了古村空间地理信息，完成了古镇 3 个村落古建筑、手工业遗迹遗物以及周边区域古建筑的实地勘察工作，完成了部分古建筑三维扫描测绘和精细测量任务。

在全面调查棠阴古镇地形地貌、古建筑、街巷格局、历史环境要素以及相邻村落的基础上，考古调查组对瑶下码头（130 平方米）、迎恩塔单孔桥（60 平方米）、迎恩塔杉木路面（15 平方米）、民主村暗巷万寿宫沿河（300 平方米）、车上村古道路（50 平方米）进行了清理，清理总面积 555 平方米。分别在农业银行（6 平方米）、八府君祠北面（140 平方米）、迎恩塔（30 平方米）、港下 17 号民居等（232 平方米）不同地点针对不同性质的遗存进行了试掘，发掘面积 408 平方米，出土一批陶器、青花瓷器标本，新发现了清代罗俊川公祠、康熙五十年纪年建筑和经幢 1 通，通过对塔、码头、桥、宫观、建筑遗存的清理发掘，得以了解棠阴古镇不同时期不同建筑的特征，以及这些建筑处理和加工方式等珍贵的历史信息，为棠阴古镇的研究提供了新的资料。

（张文江　李兆云）

【南昌市西湖区万寿宫遗址】

发掘时间：2015 年 7～10 月

工作单位：江西省文物考古研究所、南昌市博物馆、南昌市民俗博物馆

遗址位于南昌市西湖区，发掘面积约 4920 平方米。揭露出的重要遗迹有门址以及庑房、墙基、八角锁蛟井、生活用水井、焚香炉、钟鼓楼、正殿、后殿、配殿、排水设施等。出土遗物主要可以分为两大类，第一类是与万寿宫建筑相关的遗物，即建筑构件，如建筑石材、瓦、瓦当、铭文瓦、砖、石雕、瓷贴饰、檐饰等。第二类是与万寿宫的宗教祭祀活动相关的遗物，如香炉、神像等残件。

万寿宫山门分大门和二门，此次发掘仅清理了二门，从保留的二门迹象观察，二门有正门和侧门组成。

八角锁蛟井位于二门内的东侧，分为上下两个井口，均为正八边形。两井口之间为正方形直筒井壁。正殿建筑基址中的重要遗迹有：正殿前通道、月台、回廊、墙基、柱础奠基、神台。正殿前通道共有三条，通道北接香炉基座，向南延伸至二门的侧门；在两侧通道的两侧均有地下排水沟；中间的通道北接月台南侧台阶，南通二门的正门，铺石已毁。月台位于主殿与香炉基座之间，在其的东、西、南三面各有台阶与主殿正门台阶供出入，主殿正门台阶两侧还保留有放置石狮的基座。回廊西、北面保存较完整，内侧保留有规律的石柱奠基；南面回廊保存轮廓，东面回廊基本不存。主殿的墙基西、北面的保存较完整，南面的墙基基本完整，东面的墙基基本不存。神台位于主殿正中位置，坐北朝南，红砂岩石板砌成，平面呈方形。后殿建筑基址中揭露的重要遗迹有：正殿与后殿的通道、后殿西侧的台阶。正殿与

后殿的通道残存两步台阶。后殿西侧的台阶为砖砌结构，残存三步。排水设施由地下排水沟和窨井组成，排水方向为南北向，其中有两口窨井位于二门两道侧门稍北位置，沿万寿宫中轴线对称。

通过南昌万寿宫遗址考古发掘，揭露了各个时期的建筑基址，基本可以复原晚清至民国时期万寿宫的平面布局，为了解万寿宫的兴衰演变提供了科学依据；同时收集的建筑构件，既可为我们了解万寿宫的建筑用材提供参数依据，也为今后的民俗陈列展览提供了难得的实物材料。

（严　振　王上海　李荣华）

山东省

【广饶县西大张新石器商代及唐宋时期遗址】

发掘时间：2015 年 10 ~ 11 月

工作单位：山东省文物考古研究所、东营市历史博物馆

西大张遗址位于东营市广饶县李鹊镇西大张村南 50 米处的台地上，经调查发现，地表散落有唐宋、商代陶片，勘探发现有后李文化陶片存在。为配合 S323 省道改建，此次保护性发掘面积 600 平方米，发现并清理唐宋时期、商代遗迹有沟、窖穴、灰坑等，出土器物主要有唐宋时期的碗、罐，商代绳纹鬲、盆等。

遗址现存面积约为 20000 平方米，经调查发现，此遗址与西大张村北侧的后大战遗址应为同一处遗址，二者从文化层位及陶片等是一致的。通过发掘了解到：遗址年代主要为唐宋、商、后李文化时期。其中，唐代文化层被近现代文化层扰乱破坏严重，主要遗迹有沟、井等，墓葬只发现一座，仅存墓底铺砖。商代文化层被唐宋时期遗迹打破扰乱，主要遗迹有圆形袋装窖穴、大型灰坑、井等。本遗址确实有后李文化层存在，但是并未发现有灰坑、房址等相关遗迹，只在地层中发现有少量陶片。

通过出土的瓷碗底部的演变可以看出此遗址在唐宋时期延续时间较长，因其有一个明显的从饼足到圈足的演变过程。商代遗迹主要为窖穴及灰坑，窖穴中出土器物很少，但是大型灰坑中出土的绳纹鬲、罐、盆碎片等很多，并有骨匕、蚌刀及箭镞等。从出土陶鬲、罐等器物的形制分析，西大张遗址商代具体年代应到殷墟二期。后李文化层出土的陶片主要为圜底釜口沿，数量较少，也并未发现完整器物。

通过此次发掘，可以确定西大张遗址确有后李文化存在，将广饶县有人类活动居住的历史大大提前，对研究后李文化遗址的分布也有重要的意义。但是由于此次发掘是为配合道路建设，发掘区域又位于整个遗址的边缘地带，因此并未发现有后李文化的相关遗迹，还需要进一步再做工作。

（王春云　赵　金）

【泰安市大汶口新石器时代遗址】

发掘时间：2015 年 10 ~ 12 月

工作单位：山东省文物考古研究所

遗址位于泰安市岱岳区与宁阳县交界处，2015 年度发掘区分为南北两部分，南部发掘区南北 10 米，东西 10 米，北部发掘区南北 40 米，东西 15 米，合计面积 700 余平方米。

2015 年度的北部发掘区紧靠 2012 ~ 2013 年度发掘区西侧，清理至第④层或生土表面上，发现排列有序、布局清晰的大汶口时期房基 3 座。南部发掘区紧靠 1974 年和 1978 年发掘区的北侧，发现有龙山时期的房基 1 座。另外发现有大汶口时期灰坑 10 余座、龙山时期灰坑 20 余座，另有元明时期的墓葬 1 座、道路 1 条及清至近

代的水沟多条。

大汶口时期房基为此次工作的重要发现，出于保护目的，因天气严寒，上部覆盖的倒塌红烧土堆积未完全清理，故每座房基详细的结构尚不清晰，诸如门道位置、柱洞的排列、房内布局等，虽然遭晚期遗迹不同程度破坏，但其基本形制、规模和发掘区内的布局已一览无余。房址距地表较浅，在20厘米～50厘米。3座房屋面积均较大，由南向北单列分布，间隔6米～7米。单体建筑占地面积最大超100平方米，小者也逾50平方米。除中间一座外，南北两座房屋的烧土堆积下、活动面上均发现有陶器、石器，部分可能为原始遗存，但更多房基内部信息的明了有待进一步清理。

这次对大汶口遗址居住区的发掘，延续了2012年以来的工作，进一步丰富和深化了对大汶口遗址及大汶口文化的认识。目前已发现大汶口文化早期房址面积一般在10平方米～20平方米，而面积近百平方米的大房址则罕见。此次发现的房基面积普遍较大、成排分布，这对研究大汶口文化早期阶段聚落内的微形态及社会组织、结构状况具有重要价值。

（杨小博　曹　军　梅圆圆　高明奎）

【曲阜市果庄大汶口文化遗址】

发掘时间：2015年3月

工作单位：山东省文物考古研究所

为了配合曲阜第三污水处理厂管网建设工程，山东省文物考古研究所对曲阜市陵城镇果庄村北的果庄遗址进行了考古发掘。遗址地处平原，北部为大沂河。面积约4万平方米，北部一部分被村庄占压。这次发掘沿管道占地布方5米×5米探方14个，实际发掘面积280平方米。位于遗址的北部。发掘收获以大汶口文化遗存为主，另外有少量龙山文化、西周等不同时期的文化遗存。从聚落布局看，西部为居住区，东北部为一处大型水塘遗迹。窖穴多分布于房址附近。

地层堆积较为简单。第⑤、⑥层为大汶口文化堆积层，距地表约1.2米。

大汶口遗存发现房址1座，灰坑65个，沟2条。房址平面呈长方形，仅存房基底部。东西长5米，南北残宽2.2米，发掘面积约10平方米。东、北、西部由条状基槽围起。基槽宽0.2米～0.3米，深0.1米～0.26米不等。东部及北部两角布置有圆形柱坑、柱洞，径长0.2米～0.6米，深0.12米～0.3米。灰坑多数规整，平面多圆形和椭圆形剖面以直壁或袋状为主，似为窖穴。发掘有2座葬人灰坑和猪坑一个。

出土遗物有陶鼎、盆、罐、瓮、杯、钵、壶、甑、器盖、大口尊等。陶色以褐陶和灰陶为主，纹饰主要是篮纹和绳纹。生产工具出土石斧、石锤、纺轮等，数量较少。另发现大量陶环形泥塑等。

根据出土陶器陶质陶色、器物组合等，果庄遗址与兖州六里井、曲阜南兴埠等遗址文化性质基本相似，时代为大汶口文化中期，一直延续至晚期阶段。周边大汶口遗址分布众多，为其时重要中心区域之一。

曲阜果庄遗址的发掘，为该地区大汶口文化的面貌特征提供了实物资料，因此，具有重要的学术价值。

（韩　辉）

【鲁东南沿海区域系统调查】

调查时间：2015年10月26日～11月17日

工作单位：山东大学历史文化学院、山东大学文化遗产研究院、美国芝加哥菲尔德博物馆

2015年度联合考古队继续在鲁东南沿海地区开展区域系统考古调查工作，此次调查取得了较为丰硕的成果。

2015年度调查在2014年调查区域的

基础上继续向北推进，主要在黄岛区王台镇、胶州市里岔镇、张应镇以及洋河镇进行，涉及胶河、洋河等流域的上游地区。共调查并系统记录了百余处遗址。时代跨度从大汶口晚期至汉代，其中大汶口晚期遗址1处、龙山文化遗址20处、岳石文化遗址2处、西周遗址8处、东周遗址18处、汉代遗址130余处。

主要遗址有新石器时代的逄家沟遗址、辛庄遗址、河西李遗址、良乡遗址、肖家村遗址、韩家庄遗址、西皇姑庵遗址和汉代的牧马城遗址。其中逄家沟遗址、韩家庄遗址及西皇姑庵遗址已为早年的调查所发现，此次调查又重新确定其遗址面积；其余遗址均为此次调查所新发现。

逄家沟遗址位于胶州市铺集镇逄家沟村东，面积约15万平方米。遗址包含有大汶口晚期至汉代的遗存，其中以西周、东周时期的遗存为主，新石器时代遗存主要分布在遗址北部。可辨陶器器形有鼎、鬲、豆、罐、钵、盆，石器有斧、刀、网坠等。

辛庄遗址位于胶州市里岔镇辛庄村，由两部分组成，分别位于辛庄村北（XZ－4）和辛庄村东（XZ－6），二者隔河相望。XZ－4遗址面积约9万平方米，XZ－6面积约8万平方米。遗址两部分均包含有龙山至汉代的文化遗存，以龙山时期遗存为主，采集陶片中可辨陶器器形有鼎、罐、盆等，并采集有石刀等石器。

河西李遗址位于胶州市洋河镇河西李村西，遗址面积约15万平方米，以龙山时期遗存为主。在遗址边缘的断崖处发现有灰坑遗迹，其中出土有陶罍等器形。可辨陶器器形有鼎、罐、匜、盆、罍、豆、甗、鬶，石器有石斧、石刀以及研磨器等。

良乡遗址位于胶州市里岔镇良乡村西南的一处河流二级台地上，面积约8万平方米。地表陶片分布较丰富，在村民挖的窖藏坑内发现有文化层并出土大量龙山时期陶片，其中可辨陶器器形有鼎、罐、盆等。

肖家村遗址位于胶州市里岔镇肖家村北的河边台地上，面积约2万平方米，地表陶片集中散布在遗址中部，可辨器形有鼎、罐、盆、匜等。

韩家庄遗址位于胶州市里岔镇韩家庄村南，西皇姑庵遗址位于胶州市张家屯镇，二者面积大致相当，约为4万平方米，均以龙山时期遗存为主。其中西皇姑庵遗址曾经过发掘过，并出土有西周时期的车马坑等，然而此次调查发现的西周时期遗存并不多，而位于其南不远处的逄家沟遗址发现有大量西周时期的遗存。

2015年度发现的汉代遗址也较多，其中最为重要的便是牧马城遗址。牧马城遗址位于胶州市里岔镇西北角，四面城墙均保存完好。城址南北长约550米，东西570米。城址内地表中间稍高，四周稍低。陶片分布十分丰富，主要集中在北部区域。西城墙向西400米，北城墙向北150米范围内均有陶片分布，而东城墙与南城墙外侧均已被厂房所占压，陶片分布区域不详。据文献记载，该城址为汉代祓国都城所在。城址在明代时重修，并在此豢养军马，故而称为牧马城。

此次调查发现百余处时间跨大汶口文化晚期至汉代的遗址，对于研究鲁东南古代社会的聚落形态具有重要意义。尤其值得关注的是西周遗址的选址问题。此次发现的西周遗址往往位于河边台地之上，而以往在日照地区的调查表明，当地西周遗址多建在山顶或山腰等地势较高的地方。这种选址策略体现的鲁东南地区西周时期聚落形态的南北差异，一定程度上有助于我们理解鲁东南地区的政治格局演变。

（龙　啸　方　辉）

【五莲县丹土新石器时代遗址】

勘探时间：2015 年 1 ~5 月

工作单位：山东省文物考古研究所、日照市文物考古研究所、五莲县博物馆

丹土遗址位于五莲县潮河镇丹土村及周围，遗址南邻丘陵，西、北靠河流，中南部被村子占压，西北距县城约 42 千米，东南距两城镇遗址约 4.5 千米。

该遗址发现于清末，1934 年正式确认，1989 年潍坊市文物管理委员会做了试掘，1995 年、1996 年、2000 年山东省文物考古研究所对遗址进行了勘探和发掘，发现了由里及外的大汶口文化城、龙山文化早期城和龙山文化中期城，发现有城壕、城墙、城门通道、蓄水池、排水池、房基、墓葬等，出土了大批大汶口、龙山时代的遗物，丹土遗址自此成为学界关注的热点，1996 年被公布为全国重点文物保护单位。

为更好地了解丹土遗址的布局和文化内涵，为遗址总体保护规划的编制提供科学依据，受日照市文物局委托，组成联合考古队对遗址进行了勘探。

此次勘探以设定的永久基点为原点坐标，按象限进行布区勘探和遗迹测量，除重新探出并测绘已发现的三座城外，对于遗址面积和布局也有新的收获：初步判明遗址东西长约 1000 米，南北宽约 400 米，面积约 40 万平方米；大汶口文化晚期城东西长约 410 米，南北宽约 220 米，城内面积约 9 万平方米；龙山文化早期城东西长约 520 米，南北宽约 270 米，城内面积约 14 万平方米；龙山文化中期城东西长约 540 米，南北宽约 500 米，城内面积约 27 万平方米。在原龙山文化早期城西南角新探出一段城墙和壕沟，新探出西南、北偏东两个城门通道。

勘探发现龙山文化中期城的排水池形状不甚规则，主体部分近三角形，东西最长约 270 米，南北最宽约 166 米，东北部又斜出一近三角形区域，东西最长约 78 米，南北最宽约 87 米。排水池北与 G10 相接，西南与 G3（龙山文化中期壕沟）相连，主体最深约 2.8 米，边缘深 1 米 ~1.4 米。

在遗址的西东两侧分别新发现了与 G3 同时或略晚的 G9、G10 两段壕沟。G9 南端封闭，北行转而东折与 G3 相接，个别处形状不甚规则，宽 19 米 ~45 米，深 1.8 米 ~3.2 米；G10 分为东西两段，西段为封闭的长椭圆形，长约 105 米，宽约 18 米，距地表最深约 3.3 米，东段壕沟与 G3 相对，东行转而南折汇入排水池，宽 18 米 ~26 米，深 2 米 ~3 米。G10 在壕沟相对处探出缺口两处，宽 8 米 ~20 米，深 0.8 米 ~1.5 米，可能为进出通道。

遗址西北角城址外侧探出有周代文化遗存分布区，打破三圈城壕，发现有墓葬、沙沟。

河北岸探出有一片东西向分布的古洼地，基本上由北向南逐渐变深，洼地中部最深约 2.3 米。

此次勘探利用 RTK 等科技手段对以往探掘发现的诸多遗迹重新测绘，同时厘清了遗址的范围，修正了以往的部分认识；新发现的 G9、G10 为研究龙山时期的丹土遗址聚落演变和遗址的水系变迁提供了重要线索。

丹土遗址面积之大、内涵之丰富、延续时间之长，名列山东沿海地区诸遗址之首。此次勘探对于深入探索海岱地区城市发展、聚落变迁等都具有重要意义。

（李宝军　刘延常　李　玉　郭公仕）

【淄博市黄土崖新石器时代至商周遗址】

发掘时间：2015 年 8 ~12 月

工作单位：山东省文物考古研究所、山东大学考古学系、淄博市文物局

淄博市孝妇河黄土崖段湿地公园建设，是孝妇河流域综合整治项目的核心内容，

其位于张店区西南部，东临孝妇河，西临范阳河，南至昌国路，北至范阳河与孝妇河交界处，治理长度为4.31千米，行政区域涉及三镇八村。现地形较为平坦，地势北高南低，地表遍布果树和杂草，且有人为的堆土等。

为配合该项目的顺利进行，山东省文物考古研究所组织人力，进行了细致的考古勘探和发掘工作。遗址文化内涵主要为龙山和商周时期遗存。从南向北对遗址规划了4个发掘区。

Ⅰ区布设6个5米×5米的探方，目前已清理完毕。见有灰坑、沟、墓葬、垫土面等遗迹单位共50余处，出土有陶鬲、陶簋、陶盆、陶豆、陶纺轮、陶垫、骨笄、石斧等各类遗物，从器物年代分析，该发掘区文化堆积年代应为商代晚期和龙山时期；Ⅱ区布设有两条探沟，已清理到底，沟内堆积以冲积层和淤土为主，遗迹种类有沟、柱础、灰坑、烧土堆积、墓葬等，出土有少量陶片和黑陶豆、陶杯、蚌镰等器物，其中陶片多混杂在一起，年代界为岳石、龙山、大汶口文化时期；Ⅲ区开挖有1650平方米，目前尚未发掘到底，从现有情况来看，Ⅲ区为整个遗址文化堆积最为丰富的区域，遗迹种类有灰坑、沟、陶窑、墓葬、灶、房址、垫土面等，出土遗物种类有陶器、骨器、蚌器、石器及动物骨骼等，从出土陶器分析，该发掘区文化堆积时代跨度较长，发现东周、商代、岳石、龙山文化等几个时期遗存；Ⅳ区开挖有225平方米，目前已发掘到底，可辨遗迹仅见灰坑、墓葬和路土，出土器物中见有豆、盂、罐、盆等陶器，以及骨锥、骨笄、蚌镰等器物，该发掘区时代约为两周时期。

为更全面了解古代社会的多方位信息，除传统人工遗物的收集外，此次考古工作自始至终坚持将浮选土样、植硅体、^{14}C测年标本的系统采集、动物骨骼等其他标本的全面收集贯穿整个发掘过程之中，采集了大量标本。

此次针对黄土崖遗址的考古工作，全覆盖式勘探佐以重点区域发掘，在收获各个时期不同种类遗物的同时，我们对遗址整体空间布局、聚落时空的位移，甚至地貌变迁背后的人地互动关系都有了初步的了解。地处两河相汇区域的黄土崖遗址，从五千年前的大汶口文化开始，一直到龙山、岳石、商、西周、东周时期，人类即在此不间断地繁衍生息，依循人口多寡，借以地利，选择不同区域居住、渔猎和耕种，留下了房址、垫土面、陶窑、灰坑、沟等生活、生产遗迹，呈现了不同时期的聚落变迁场景。

黄土崖遗址的勘探、发掘给淄博当地增添了新的文物点，丰富了当地的历史文化内涵。目前所获遗迹、遗物对研究淄博地区新石器时代至东周时期的历史文化和社会变迁具有重要的史料价值，尤其是为探讨商文化东渐、齐国近畿地区周文化演进提供了新的材料。

（王子孟　李宝军　郝导华　王　龙）

【章丘市城子崖龙山文化及岳石文化遗址】

发掘时间：2015年10月～2016年1月

工作单位：山东省文物考古研究所

遗址位于章丘市龙山街道龙山四村东北500米处，与村庄隔武源河而望。2015年度发掘区位于遗址台地南缘中部，面积约200平方米。对发现的龙山文化城墙、岳石文化城墙，岳石文化夯土基址南端边缘及东周道路等遗迹进行了揭露，另对台地南部断崖剖面进行了清理。

龙山文化城墙位于台地外缘底部，可分两期，上下叠压，较晚一期从剖面观察可能存在基槽，南北残宽3.98米，残深0.62米。夯层土质较硬，为浅黄色粉沙质土，层次清晰可辨。较早一期无明显基槽迹象，应为平地起夯。夯层为深褐色黏土夹杂黄褐粉质土夯筑而成，层次较清晰。南北残宽5.2米，残高0.54米。因距地表很浅，整体较松软。

岳石文化晚期城墙亦可分两期，其中较晚一期为修补部分。叠压于主体城墙之上偏北处，南北残宽3.62米~4.64米，残深0.68米~1米。夯土呈浅黄褐色，土质较纯净。主体城墙存在基槽，基槽依台地边缘地势挖掘而成，南陡北缓。南北残宽10.9米~11.16米，残深2.36米~2.7米。基槽底部普遍存在一层厚约0.5厘米的白色灰层。

岳石文化夯土基址根据上年发掘结果结合此次断崖剖面清理情况基本弄清了东西宽度应在20米左右。另于断崖上发现东周时期道路遗迹，根据清理结果可以确定与遗址中部南北干道为同一条道路。

由于村庄扩建造成的破坏致使岳石文化晚期城址南门现已无存，但通过对城门西侧岳石文化晚期城墙遗迹的发掘基本可以确定城门位于该段城墙末端东侧。遗址南部龙山文化城墙的发现并结合先前遗址北、西两处的发现可以勾勒出龙山文化城址的大体范围，即大致与现存台地范围相当。东周道路的发现间接反映了该时期城址南门也应位于该区域。

（朱　超　孙　波）

【定陶县十里铺北岳石文化及商代遗址】

发掘时间：2015年3~5月

工作单位：山东省文物考古研究所、菏泽市历史与考古研究所、定陶县文物局

十里铺北遗址位于定陶县仿山镇十里铺村北约80米处，东南距县城约5000米，菏商公路及菏曹运河斜穿占压遗址的东北角。2014年的发掘已基本了解了该遗址的文化面貌及内涵，但在某些重要问题上仍旧模糊不清，尤其堌堆边缘夯土遗迹的问题，故2015年的春季，进行局部重点勘探和探沟解剖。通过勘探，确认该遗址为一座小型城址。

城址平面近圆形，直径180米~190米，面积约3万平方米。夯土墙沿高地边缘修筑一周，南部有一缺口，墙体顶部距现地表0.30米~1.8米不等，宽7米~8米，底部宽11米~13米，残高2米~3米。为进一步确认其年代和结构，在南墙中部布设4米×21米的南北向探沟一条，横剖夯土墙。通过夯土剖面显示，该墙体建造使用可分三期。第Ⅰ期主体部分建于岳石文化时期的灰黑色堆积上，底部的基础略隆起，夯土系利用文化堆积，夯层厚度一般不超10厘米，夯打软硬程度不一，有的层垫筑后略加工，有的夯打致密，可辨认出直径3厘米~5厘米不等的圆形单棍夯窝，较多夯层间撒薄层草木灰间隔，夯层中包含较多陶片，绝大部分为龙山文化时期，岳石文化的较少。外坡斜度较大，底部夯打成近水平层，上部为坡状堆积，部分堆筑，遭严重破坏，出土陶片最晚为岳石文化时期。第Ⅱ期是在前期内、外坡基础上增筑形成，外侧利用黄褐色粉沙土夯筑，内侧多用灰褐色的文化堆积，夯层较薄，5厘米~7厘米，夯窝难辨，局部可识3厘米左右的小棍夯窝，包含物较少，主要为龙山文化陶片，岳石文化陶片少量。外护坡略经夯打，为多层斜坡状堆积，包含陶片最晚为晚商时期，内坡堆积略平，亦为晚商时期。第Ⅲ期，主要是大规模加高墙体，同时加固外坡。主体部分夯土均呈水平状，采用分块版筑技术，夯层变厚，厚12厘米~15厘米，夯窝略变大，圆形圜底棍夯，直径6厘米~7厘米，包含陶片主要为晚商时期，不见晚于商代遗物。外坡利用掺杂料礓石颗粒或粉末的黄褐色沙土夯打成坡状堆积，较致密，出土陶片较少，可辨明的最晚为晚商时期，内侧夯土被东周时期遗迹破坏。综合各期出土遗

物及内外护坡的叠压关系，推断第Ⅰ期墙体为岳石文化时期，主体部分曾遭严重破坏，第Ⅱ、Ⅲ期系商代晚期修补加固而成，东周时期可能仍在使用。在夯土层和部分灰坑中发现有陶范残块，推测城内当有铸铜遗迹，但尚未发现。

据调查，以该遗址为中心，半径1.2千米范围内，周围绕以官堌堆、仿山、何楼、程庄、十里铺、高河等6处堌堆遗址，形成了北辛文化晚期至夏商周时期连续发展的堌堆遗址群，这当是一个区域性政治实体，而十里铺北遗址则是该政治实体的中心。

该遗址是在东夷文化边缘地带发现的第一座夷商城址，是东夷西进、先商南下、晚商东渐路线上的重要城邑，是鲁、豫、皖交界区夏商考古的重要突破。对深入探讨以岳石文化为代表的东方势力在夏商文明形成期所扮演的角色、所起的作用，以及研究夏商时期东西方势力的互动、融合过程具有重要价值。

（高明奎　王　龙　王世宾　刘伯威）

【临淄区齐故城大城东墙遗存】

发掘时间：2015年4~6月

工作单位：山东省文物考古研究所

发掘地点位于齐都镇河崖头村南，属大城东墙北段。此次发掘主要为解决城墙结构和早期城墙的营建年代，共发掘探沟1条，长40米，宽2米，方向107°。此次发掘共清理城墙夯土9段（夯Ⅰ~夯Ⅸ），灰坑48个、墓葬13座、水井2眼。

城墙结构比较明确，其主体可分为四期，第一期为夯Ⅷ、夯Ⅸ，其中夯Ⅷ为护坡，夯Ⅸ为主体，而外侧夯Ⅶ系对城墙的修补，而被夯Ⅵ叠压的G3应该是该期夯土的护城壕沟。第二期为夯Ⅴ、夯Ⅵ，应为城墙第一次大规模扩展，而夯Ⅳ系对该期城墙的修补。第三期为夯Ⅲ，系城墙第二次扩展。第四期为夯Ⅰ、夯Ⅱ，系城墙的第三次扩展。从层位关系可以对城墙年代进行初步推断，西周晚期的M11打破夯Ⅷ，可以推断第一期城墙年代不会晚于西周晚期，可早到西周中期；第二期城墙打破M11，其中出土春秋时期陶片，其年代应为春秋时期；第三、四期城墙应为战国时期的扩展。

城内堆积丰富，遗迹现象复杂，时代跨度较大，自西周至汉代延续性较强，战国、汉代的遗迹对早期堆积造成严重破坏。城内西周时期的遗迹较丰富，且有西周早中期的遗物，说明西周早期城内已有人类活动。西周早中期灰坑H11内有一完整牛骨架（后期被M4破坏），离第一期城墙不远（不足8米），或与城墙建筑有关。出土遗物多为陶器碎片，基本无法复原，且有少量残骨器、骨料、石料等。

此次发掘基本解决了该处城墙的结构，基本了解城墙的建筑年代，但由于第一期城墙主体保存太少，作为证据缺乏足够说服力；而且城内堆积中的西周遗存与城墙缺乏直接的相对年代关系的证据，要解决城墙的始建年代问题需要做更多的工作。

（赵益超　魏成敏）

【邹城市邾国故城遗址】

发掘时间：2015年3~7月

工作单位：山东大学文化遗产研究院、邹城市文物局

邾国故城遗址位于邹城市峄山镇纪王城村周围，是山东先秦时期重要的都城和秦汉时期重要的县城遗址，历年来出土了大量珍贵文物。经国家文物局批准，结合本科生田野考古实习，山东大学考古队对邾国故城开展了首次大规模主动性考古发掘。

2015年度工作的重点首先是依靠出土材料初步建立邾国故城遗址的文化编年标尺，其次是搞清遗址宫殿区“皇台”周围区域各种遗迹的空间结构特征，为邾国故

城遗址的保护、开发和利用提供信息。

2015年发掘区域位于“皇台”西南约400米处，发掘面积930平方米，共发掘遗迹单位757个，其中灰坑715座、水井11口、沟24条、墓葬4座、房子1座、窑炉2座，年代从春秋延续到明清时期，出土遗物以东周和秦汉时期的陶容器、砖、瓦、陶文、半两钱、五铢钱，以及陶量、陶范、石范、坩埚、炼渣、骨器、动物骨骼等为主。尤为重要的是出土了大量陶文和多件带有陶文、规格等差的陶量，为研究当时的量制提供了实物资料。

2015年度工作过程中自始至终坚持将浮选土样、植硅体、^{14}C测年标本的系统采集、动物骨骼等其他标本的全面收集贯穿整个发掘过程之中，采集了大量标本。

从初步整理情况来看：根据此次考古发掘出土资料已经初步建立起比较细密的邾国故城遗址春秋中期至西汉时期的考古学文化编年体系，为下一步工作奠定了基础；遗址范围、布局、性质的新认识：遗址中心区域“皇台”周围以秦汉时期大型建筑基址和官府手工业遗迹为主，地表遍布砖、瓦，秦汉时期的遗迹对东周遗迹破坏较为严重；邾国故城遗址调查中罕见新石器时代和春秋以前的遗迹遗物，当时的聚落中心可能在遗址西北6千米外的野店遗址；峄山之北的斗鸡台遗址和上山遗址调查发现有同时期的遗迹遗物，它们可能与邾国故城遗址存在附属关系。

（路国权）

【昌邑市火道—廒里东周遗址】

发掘时间：2014年10月~2015年2月

发掘单位：山东省文物考古研究所、昌邑市博物馆

火道—廒里遗址，原称“唐央遗址”，位于昌邑市下营镇火道村东南约1600米。遗址地处莱州湾南岸沿海滩涂，地势平坦。山东省文物考古研究所与昌邑市博物馆联合对遗址进行了发掘，地点位于遗址西南部，发掘面积500余平方米。清理的遗迹主要有灰坑、灶、井、沟等。出土遗物基本为陶器，器形有盔形器、鼎、绳纹鬲、素面鬲、盆、甑、罐、盂、豆、陶垫、陶拍、纺轮、支座等，其中尤以煮盐用具盔形器的出土数量最多。生活用具如绳纹鬲、盆、甑、罐、盂、豆等，为东周时期常见，时代自春秋中晚期至战国晚期。此次发掘，是鲁北沿海地区东周时期盐业遗存的首次科学发掘，为这一时期的盐业工艺流程研究如制盐所需原料、取卤、制卤、成盐等过程，提供了重要的丰富翔实的实物资料，对东周时期齐国的盐业生产研究具有重要意义。

（党　浩　曹　军　刘乃贤　王君卫）

【青岛市黄岛区安子沟汉代墓葬】

发掘时间：2015年7~9月

工作单位：山东省文物考古研究所、黄岛区博物馆

安子沟汉代墓地位于青岛市黄岛区珠海街道办事处安子沟村西300米处的低丘上，地表现存多处封土堆。此次对其中一处封土进行发掘，发现并清理封土汉代墓葬9座，出土陶器、铜器等随葬品74件（组）。

封土现存高约3米，平面呈椭圆形，直径35米~40米。此次发掘采用探方法，平剖面结合，以期全面把握封土结构及墓葬与封土的对应关系。通过发掘了解到：封土主要分为三期，第一期封土位于西北部最高处，第二期、第三期封土分别位于第一期的东南部和南部，依附于第一期封土。每一期封土下对应一座墓葬（第一期、第二期、第三期封土分别对应（M1、M2、M3），另外有1座墓葬（M4）打破第一期封土且被第三期封土叠压，5座墓葬（M5、M6、M7、M8、M9）打破第二、三期封土。

9座墓葬均为岩坑竖穴砖椁墓，椁内均有木棺。其中M4东椁室有保存较好的木椁。多数墓葬椁顶铺砖，M8填土含大量碎瓦片。随葬品中的陶壶、陶罐放置于头箱及边箱中，铜镜、铜钱等多放置于棺内。随葬陶器中泥质灰陶器与施釉硬陶器数量大致相当；铜镜见昭明镜、四乳四螭镜和四乳四兽镜等，铜钱均为五铢钱，M2及M4出土有龟钮铜印。墓葬中人骨均已完全腐朽。

通过层位关系，几座主要的墓葬相对年代较为清晰。由随葬品基本可以判定这批墓葬年代为西汉中晚期。根据墓葬分布及随葬品情况推测墓主属同一家族。这批墓葬的发掘为鲁东南地区西汉墓葬葬式、葬俗及家族墓地的研究提供了较重要的材料。

（吕　凯　王春云　翁建红　李祖敏）

【平度市即墨故城汉代文化遗址】

发掘时间：2015年12月～2016年1月

工作单位：山东省文物考古研究所、平度市博物馆

遗址位于平度市东南约30千米的古岘镇大朱毛村一带，地跨古岘镇和仁兆镇，现占有大朱毛、前朱毛、纸房、北城子、南城子、东葛家庄、门戈庄、大城西、小城西、西王戈庄、东王戈庄等自然村庄的土地。城址分为内、外城，均有城壕。外城平面呈不规则的长方形，南北长约4.5千米，东西宽约3.2千米，面积约14.4平方千米。内城位于外城东南部，平面近长方形，南北长约1.37千米，北部宽约1.3千米，南部宽约0.98千米，面积约1.6平方千米。内城东城墙与外城的东城墙、东南城墙重合。

此次发掘位于外城东南城墙地上墙体的南端，开宽2.4米的探沟一条，发掘面积132平方米，共发现城墙夯土3期，沟7条。总体上看，城墙分为地上城墙和地下基槽两部分。地上部分夯土质量较好，局部夯窝清晰可见，为平底夯，但被现在姜窖破坏严重。地下基槽部分，夯土质量较差，土质较软。城墙夯土之间存在叠压打破关系，有的还存在修补痕迹。4条沟分布在城墙的外围（东侧），其中，G1位于上部，其堆积应为壕沟废弃后淤积所致，另3条沟相互打破，应是城墙外的壕沟，并与三期夯土相对应。在城墙内侧（西侧）亦发现3条沟。其中，G2较窄，应与城墙没有关系。其他2条存在打破关系，是否为城墙的壕沟，待进一步的发掘证实。

城墙夯土较纯净，出土陶片极少，沟内出土陶片稍多，但多为碎片，仅在西侧的文化层中出土陶片较多，可复原陶瓮1件。从陶片观察，城墙与沟的年代均为汉代。

（郝导华　曲　涛）

【泗水县李家庙汉墓】

发掘时间：2015年11～12月

发掘单位：山东省文物考古研究所、济宁市文物考古研究室、泗水县文物管理所

2015年11月10日，泗水泉林镇李家庙村东一座墓葬被盗，随后组成考古队对李家庙汉墓进行抢救性发掘。

该墓为砖石结构，坐东南向西北，方向295°，墓体规模宏大，东西长14.9米～15.1米，长15米，南北宽7.2米～7.5米，占地面积约160平方米；结构复杂，由封土、墓道、墓门、前室、中室、后室以及南北耳室七部分组成。

封土因早年取土，已夷为平地，平面呈纵长的椭圆形，纵长约22米，横宽约19米。在南耳室上部封土上，发现晚清墓葬一座。出土铜质纽扣、铜钱等。

墓道开口于地表下0.9米处，形制较为罕见，平面呈拐尺形，南北段长13.8米，宽2.4米，东西段长4.2米，宽4.4

米，最深距地表3.5米，倾向度5°。墓道内填黄土和红黏土混合形成的花土，土质较硬，经过夯打，夯呈厚约20厘米。

墓门，由石质门楣、门扇、门槛和门框组成。门楣石，长2.9米，宽0.48米，厚0.44米，两面刻有几何纹饰。石质门扇，长1.62米，宽0.74米，厚0.24米，两扇大小相同，两面均浅浮雕有三角形纹饰。门框，宽1.48米，高1.63米，厚0.44米。

前室，呈横长方形，长3.68米，宽3.8米，高2.12米。室顶坍塌，从落砖的情况看，顶部可能是藻井结构。室底部全部铺设青砖。

耳室位于前室南北两侧，皆有门洞与前室相通。两耳室平面均为近方形，青砖砌筑，单券顶，形制基本相同。南耳室，长2.64米，宽1.72米，高3.02米。北耳室与南耳室相对，长2.63米，宽1.70米，高2.52米。两耳室门洞皆由石质门楣、门框、门槛组成，底部皆铺砖，高于前室地面0.2厘米。

中室与前室和后室相连，横长方形，长4.18米，宽6米，高3.7米，青砖垒砌，南北向单券顶。由于早年被破坏，现仅保留东西两券角。前室和中室有门洞向连，门楣长4.9米，宽0.48米，高2.1米，两面刻有连弧、阴线平行条带等几何纹饰。门洞长2.8米，宽0.48米，高1.58米，中间立石柱，把门洞一分为二。

后室位于中室之后，青砖筑砌，东西向券顶，砖缝间填抹或厚或薄的石灰。平面为长方形，纵长3.46米，横宽3.9米，通高3.34米。南部发现盗洞，券顶部分坍塌。墓葬多次被盗，仅见少量散乱人骨。石块铺就棺床，棺外有椁的痕迹，南部有木棺残痕并底部涂抹白灰，不能确定是否为双人合葬墓。

李家庙汉墓墓室在挖好墓圹之后，先铺底砖（前室）、石（中后室），之上再砌砖墙，立石柱，再在其上砌筑墓墙，用两顺一丁法砌成，墓墙缝隙间均使用石灰抹缝。砖有方形、长方形及楔形砖三种。

墓葬出土陶、铜、铁等各种质地随葬品100余件，其中陶器占多数，种类有案、盘、壶、鼎、罐、耳杯等，此外在耳室出土陶楼、圈厕、家禽等模型明器画像石比较简单，有几何纹饰，菱形纹、垂幔纹，中部一格留白未刻。

李家庙汉墓墓葬结构自墓道、墓门、前室、门洞立柱、中室和后室，构成南北的中轴线，东西基本对称，甚为规整。时代属东汉晚期。

（韩 辉 赵国靖 闫 新）

【泗水县五里庙村宋代墓地】

发掘时间：2015年3～4月

工作单位：山东省文物考古研究所、济宁市文物局文物考古研究室、泗水县文物管理所

墓地位于泗水县济河街道五里庙村北，村水泥路西侧、村委会院后与一处民房之间的空地内，北纬35°38′10.57″，东经117°17′5.6″。共清理墓葬7座，均开口于耕土层下。根据墓葬形制可分为石椁墓和土坑墓两种：其中M1、M2、M3、M4为石椁墓，M6为长方形土坑竖穴墓，M7仅有石盖板，所有墓葬均有棺木痕迹，均清理出土铁质棺钉若干。

M1为带斜坡墓道的“凸”字形单室合葬石椁墓，早期塌陷后被盗，室内仅存杂乱人骨两具，清理后出土“熙宁元宝”铜钱1枚，铁环1件，破碎青瓷壶口沿3片。

M2明显晚于M3修建，其西椁壁借用M3部分东椁壁，且M2南侧石盖板压于M3南侧盖板之上。M2早期被盗扰，人骨杂乱不堪，清理后仅出土断裂骨簪1枚，以及少量铁质棺钉。M3人骨较为完整，仰身直肢，清理出土年号铜钱9枚，

可辨清年号有“开元通宝”“熙宁元宝”“治平元宝”“至道元宝”“元丰元宝”“元祐通宝”“皇宋通宝”，另出土若干铁质棺钉。

M4 和 M5 间距约 30 厘米，均为长方形土坑竖穴石椁墓，墓向一致，头像一致，M4 墓室内淤土严重，人骨较乱，仰身直肢，清理出土铁质犁铧一件，铁质棺钉若干，可见明显棺木痕迹。M5 为砖石混筑结构，人骨集中于墓室中部，明显为二次葬，头骨南侧出土青瓷碗 1 件，制作较粗陋，另有若干棺钉及明显棺木痕迹。根据两墓的形制、大小、位置、墓向以及头向等，推测两墓属于异穴合葬墓，M5 有明显迁葬行为。

M6 为土坑墓，无砖石构建，人骨较为完整，仰身直肢，墓坑较小，长 184 厘米、宽 40 厘米，棺木痕迹明显，清理出土铜钱 4 枚，棺钉若干。M7 亦为长方形土坑墓，但有石盖板，墓坑长 188 厘米，宽 50 厘米，人骨保存一般，侧身直肢，清理出土铜钱 2 枚，泥质钱币 2 枚，棺钉若干。M6、M7 间距仅 15 厘米，墓向、头向等基本一致，关系密切，应为异穴合葬墓。

总体看来，泗水五里庙墓群各墓葬均遭不同程度破坏，盗扰较为严重，清理出土随葬品极少，仅根据部分年号铜钱，可判断该墓群属于北宋时期。

（曹　军　李广芳　阎　辛）

【曲阜市寿丘大遗址勘探】

勘探时间：2015 年 1 月 ~2016 年 1 月

工作单位：山东省文物考古研究所

寿丘大遗址位于曲阜鲁故城东部，为山东省大遗址保护规划项目。范围为北至日照铁路，南达 327 国道，西临鲁故城东城墙，东到京福高速公路。总面积 466 万平方米。地势东北高，西南低。为高阜地和平原地貌。

勘探工作采用探区法，普探及重点勘探相结合。发现少昊陵大汶口文化等遗址区 5 处，景灵宫遗址区 1 处，仙源县城城壕及局部城墙，墓地 10 处，窑址 3 处，古河道 5 条、古道路 4 条等。墓葬的时代跨度较大，自汉代、宋元到明清时期。

其中最重要的发现为景灵宫遗址。位于勘探区的东北部，仙源县城遗址北部。勘探发现建筑基址 39 座（组），长 800 米，宽 200 米，总面积约 16 万平方米。夯土基址均保存较好，现存夯土基槽、夯土台、砖墙及散水等，结构完整，为国内少见的规模大、保存好的宋代宗庙宫殿建筑遗址。以陵道为中轴线，大型建筑为中心，绕以回廊，构成院落数进。最大的景灵宫宫殿面积达 3000 平方米。

仙源县城东西约 620 米，南北约 700 米，城墙周长 2700 米，城内基本被占压，城墙平地起建，基本不存。城壕较清楚，围绕城墙一周，宽约 20 米，最深 4.7 米。

此次勘探基本搞清了寿丘大遗址内自史前文化、周鲁文化、汉、宋等各时期文化遗存面貌及历史变迁，掌握了鲁故城东部和宋仙源县城周边遗存分布，为保护规划和考古研究提供了重要考古资料。

（孙启锐　韩　辉）

【东平湖水域及其淹没区水下考古调查】

调查时间：2015 年 7 ~ 8 月

工作单位：山东省水下考古研究中心、国家文物局水下文化遗产保护中心、东平县博物馆、泰安市文物考古研究所

泰安市东平湖内淹没有须昌故城和清水石桥遗址，该城址为县级文物保护单位。据文献记载，须昌城为商周至宋时故城。唐代，曾一度为天平节度使使治、东平郡郡治、郓州州治、须昌县县治四级政府所在地。

城西三里有清水石桥，俗称“清河

桥”。唐代宰相李吉甫所著《元和郡县志》中最早记载：“东平清水石桥，在县（须昌县）西三里，隋仁寿元年造，石作华巧，与赵州石桥相埒，长四百五十尺。”此桥建成后，“可前临官道，乃南北通衢，车马辐辏，万里风烟直达京畿”。宋咸平三年（1000），黄河决口于郓州王陵埽，须昌城连同清水石桥一同淹没。

2015 年 7 月，山东省水下考古研究中心联合国家文物局水下文化遗产保护中心组建队伍，首次对东平湖淹没区进行了水下考古调查，这也是我国首次对内水早期黄河淹没遗址的水下考古调查。此次调查方法以物探扫测为主，在做好前期走访及文献搜集整理工作的基础上，综合运用了多波束、旁侧声呐、浅地层剖面仪和磁力仪等多种设备和手段，扫测区域南北长 3712 米，北部东西 999 米，南部东西宽 2791 米，总扫测面积达到了 7034240 平方米。

此次调查虽然没有确认须昌故城和清水石桥所在位置，但是初步获取了东平湖水下三维地形数据，并经过解读，发现南北向疑似河道迹象，推测与须昌故城和清水石桥有密切相关的古济水河道有关。

另外，还发现了水下疑点 7 处，经过潜水探摸，在湖心区域水下发现并采集了唐宋时期建筑砖块和瓷器残片，这些遗物虽然不是原生堆积（推测是抽沙从湖底淤泥内抽出），但是也一定程度上说明调查区域内湖底淤积有唐宋时期遗存，为 2016 年继续开展东平湖淹没区水下文物调查工作总结了经验并探索了道路。

（梁国庆　王泽冰　杨　浩　孙兆锋）

【烟台市庙岛群岛水下考古陆地调查】

调查时间：2015 年 10 月 30 日 ~12 月 5 日

工作单位：山东省水下考古研究中心、烟台博物馆、长岛县博物馆、国家文物局水下文化遗产保护中心

庙岛群岛又称长岛，隶属于烟台市长岛县，位于胶东和辽东半岛之间，在黄海、渤海交汇处。以北砣矶水道、长山水道为界，分为北、中、南 3 岛群，共 32 个岛屿。

据岛群分布情况和冬季风向影响，将调查工作由北往南依次开展。调查内容以复查三普资料筛选出的海洋性遗址为基础，重点收集群岛周边水下沉船资料，同时兼顾明清海防遗址调查登记。

经过一个月的调查走访，在 32 处岛屿中，重点登岛走访有人居住岛屿 10 个，普通调查岛屿 22 个。攀登山峰 14 座，走访 70 岁以上老渔民 14 人。重点收集水下沉船疑点 55 处，新发现遗址 23 处，其中烽台遗址 9 处，庙宇遗址 8 处，其他遗址 6 处。

通过这次水下考古陆地调查工作，我们总结了如下几条经验和收获：庙岛群岛原始地层堆积保存较好，发现的文化层堆积多在黄土或基岩之上，地表堆积土层一般较薄，如珍珠门遗址文化层多处暴露地表，文化层堆积直接叠压在山体基岩之上，其他多数遗址所见文化层都叠压于黄土层之上。

对海防遗址进行了重点调查，特别是烽台或烟墩遗址，多分布于有人居住的岛屿，一般在各岛屿最高峰顶部。从发现的各类烟墩和烽火台遗迹分布来看，相互之间保持着一定间距，周边视野开阔，信息传递通畅，相邻之间无阻挡物。

渤海湾及周边海域受天气的影响，一般 10 月之后已不再适合海上作业。受冬季季风影响，海面风力 7 级以上天数占据时间较长，这对工作影响甚大。

走访调查过程中，此次在渔民家中发现了大量出水文物，对其详细位置的咨询，多给出一个相对模糊的 GPS 坐标；结合既往的水下考古工作，此次发现并未寻找到一艘确切位置的沉船遗迹，这应该引起我

们对今后转换工作思路的思考。

总之，通过这次较为详细的陆地调查工作，除了收集到一批重要的水下疑点外，对非物质文化信息的搜集也获得了丰富的成果，其中长岛渔民号子以影像资料的方式得以采集保存，了解到传统渔民的海洋文化习俗。收集到的50余处水下疑点，为山东省未来开展庙岛群岛海域水下考古调查储备了一批重要的资料。

（王泽冰　孟　杰　孙兆锋　周　强）

河南省

【许昌市灵井旧石器时代遗址】

发掘时间：2015 年

工作单位：河南省文物考古研究院

灵井许昌人遗址位于许昌市西北约 15 千米的灵井镇西侧，坐标为北纬 34°04′，东经 113°41′，海拔 117 米，遗址面积 3 万平方米以上。灵井许昌人遗址从 2005 年开始发掘，2015 年是第 11 个考古发掘年份，已发掘面积 500 多平方米。

该遗址地层厚达 9 米，自上而下共分 11 层。以第⑪层和第⑤层收获最大。第⑪层已发现两颗基本完整的古人类头骨化石、肢骨化石，石器和动物化石 3 万多件，时代距今 10 万年左右。许昌人的发现对于研究东亚古人类的演化和中国现代人的起源具有重要意义。

第⑤层出土大量的细石器、小鸟雕像和早期陶器、石磨盘、鸵鸟蛋壳、钻孔的鸵鸟蛋壳饰物、赭石染料等，时代距今 1.35 万年。

2014 年，灵井许昌人遗址新出土了 27 块古人类头骨化石断块。化石断块有完整的枕骨、部分顶骨、眉脊、面骨和颅底骨等。其中，面骨和颅底骨属首次发现。骨骼多数可拼接复原。这批新发现的古人类头骨化石，分布在 9 号探方西部约 3 平方米的范围内，和原发现的头骨化石相距较近，属同一地层，地层年代经测定距今 10 万年左右。

2014 年出土的古人类化石，是遗址中第三次古人类头骨化石的集中出现，根据化石断块在人体解剖部位上重复出现的情况，推定化石来自另外一个个体，故命名为“许昌人 2 号头骨”（青年个体），以区别于 2007 年、2008 年发现的“许昌人 1 号头骨”（中年男性）。

2 号头骨不仅为遗址增加了新的人科成员，而且在研究中二者可以互相印证和参照，最大限度地修正以往已取得的认识。

在出土 2 颗基本完整的古人类头骨之后，于 2015 年 5 月首次发现 2 块古人类肢骨化石。一件为左侧股骨远端后面残片，另一件为左侧股骨近端残段，股骨头的骨松质已部分缺失，上面有齿痕。这两件古人类化石均属未成年个体。由于化石同出于 13 号探方，相距较近，可能属同一个体。肢骨化石是自 2005 年发掘以来的首次发现，也是第一次在 9 号探方以外发现的古人类化石。这次发掘还出土一件顶骨化石断块，其性状和 2014 年发现的“许昌人 2 号头骨”接近。新发现的肢骨化石属第⑪层，地层年代经测定为距今 10 万年左右。

除古人类化石以外，2015 年在第⑪层还出土了 1000 多件哺乳动物化石和加工精美的石器。石器中钻器制作精致，左右对称，可代表本遗址石器制作的最高水平。

早期陶器共出土 72 件，类型以腹片为主，口沿较少，可辨器形仅有钵一类。纹饰以素面为主，偶见绳纹、刻划纹等，一般在腹部。烧造温度普遍偏低，制作方法为泥条盘筑、泥片贴筑，部分标本的内外壁残留有炭化物痕迹，一些陶片还有烟炱痕迹，应是烧造或使用时留下的。另外，通过对许昌人遗址第⑤层出土的石磨盘（残块）和陶片进行的淀粉粒分析，发现了40多粒小麦族、山药、粟属等的淀粉粒。

许昌人遗址是目前华北地区出土早期陶片数量最多，年代最早的遗址，对研究华北地区陶器起源、新旧石器时代过渡具有重要意义。

（李占扬）

【栾川县龙泉洞旧石器时代遗址】

发掘时间：2014年3月~2015年12月

工作单位：洛阳市文物考古研究院、栾川县文化广电新闻出版局

龙泉洞遗址位于洛阳市栾川县龙泉山公园内的山坡南麓坡根，距伊河北岸约有1千米，地理坐标为北纬33°47′24″，东经111°36′28″。2011年曾在该遗址进行过考古发掘，2014年和2015年在2011年发掘区域以南10米处继续进行考古发掘，至今该项目仍在持续进行中。此次发掘区域洞顶坍塌，破坏严重，仅存西部靠近山体的剖面和北部部分堆积，中部被破坏区域，清理完扰土后已见基岩，南部沿山体走势堆积逐渐消失至洞外区域。西部和北部堆积上又压有坍塌的巨大山石，推测北部区域的巨大山石应该是洞顶整个塌落导致，但是巨石北部边缘情况尚不清楚，至北与龙泉洞2011年发掘区域相连。

此次发掘面积约20平方米，目前堆积最厚约3.85米。发现有3处疑似用火遗迹，包括1个灰烬层和2个火塘。发掘出土的标本共8500多件，包括石制品、动物化石和疑似骨器等，另外还有大量淘洗出的标本尚未统计。石制品的原料以脉石英为主，打片以锤击法为主，砸击法很少使用，修理则全为锤击法。石制品类型包括石核、石片、工具、断块、碎片和搬入石材等，其中工具以刮削器为主，也有少量的尖状器、锯齿刃器、凹缺器等。该遗址的文化性质属于简单石核石片技术传统。动物化石多为破碎的牙齿和骨骼化石，个体较小，初步鉴定的主要种类有鹿、牛、羊、犀以及食肉类动物等。

目前，对此次发掘中采集到的木炭样品进行了^{14}C测年，再通过与2011年发掘区域的地层相对比，龙泉洞遗址属于旧石器时代晚期。

龙泉洞遗址的科学发掘有助于遗址周边区域古环境的分析与重建，可以揭示当时人类对肉食资源的获取倾向、方式以及人与环境的耦合关系，为研究古人类生存模式、栖居形态以及群体组织形式等提供具有较高科研价值的资料。

（李　璇　顾雪军）

【郑州市龙翔花园项目仰韶文化与龙山文化遗址】

发掘时间：2015年5月17日~8月30日

工作单位：郑州市文物考古研究院

郑州市文物考古研究院配合龙翔花园经济适用房项目开展考古工作，地点位于郑州市爱民路东侧，长椿路西侧，郑上路北侧。发掘面积2800平方米，发现仰韶文化时期至龙山文化时期遗址一处。

发掘清理各类灰坑及窖穴94个。仰韶时期44个，多为圆形或椭圆形，少量不规则形，形制可分为直壁竖穴坑、斜壁内收坑及袋状坑三类，大多较为规整，填土内包含物丰富，多数应为当时的窖穴。龙山时期灰坑50个，以圆形及长方形为主，多为斜壁内收，口大底小。坑内填土可分为多层，含较多草木灰，并多见螺、蚌、贝等水产物。在H64底部发现有完整的人骨一具，应为灰坑葬。

清理房址3座，均为仰韶时期。房址为地面式建筑，平面呈长方形。残留墙基仅存8厘米~12厘米，经抹平火烧，内有树枝、苇秆等痕迹，属典型的木骨泥墙。圆形柱洞依墙而埋，有大小之分。室内活

动面经抹平火烧，并以料礓石粉平铺多层，坚硬平整。门道位于房子南侧，两边各有1个柱洞。另发现有零星分布的柱洞痕迹，或有更多房址被破坏。

清理瓮棺葬6个，均为仰韶时期的遗迹。单一葬具4个，主要为陶鼎、陶罐、陶小口缸、陶大口缸为一棺；复合葬具2组，由陶鼎、陶缸等扣合而成一棺。东周时期水井1眼；近代墓葬12座，沟1条。瓮棺内有婴孩骨殖。

仰韶文化时期遗物主要为陶器，以泥质灰陶为多，部分红陶和少量彩陶。纹饰有绳纹、弦纹、划纹、附加堆纹等。彩陶有施白衣者，有黑彩、红彩等，纹样多为几何纹，有直线纹、弧线纹、圆点纹、睫毛纹等。可辨器形有罐、罐形鼎、盆、瓮、大口尖底缸、小口平底缸、钵、豆、尖底瓶等。另有陶环、陶纺轮、骨锥、石球、石铲等出土。

龙山文化时期遗物也以陶器为主，以泥质灰陶为大宗，少量黑陶和黑皮陶。纹饰以篮纹为多，方格纹和绳纹较少。可辨器形有罐、高足鼎、矮足鼎、甑、折腹盆、刻槽盆、长颈壶、鬶、斝、杯、觚形器、豆、圈足盘、碗、器盖等，另有石凿、石斧、蚌刀、陶环及骨角器等出土。

龙翔花园经济适用房项目工程发现的遗址为一处多时代的文化聚落，该遗址地处须河与贾鲁河中间，仰韶文化遗存为大河村三、四期，属仰韶中晚期。发现的龙山文化遗存器物特征较为明显，以灰陶为主，纹饰多为篮纹，器形上罐少鼎多，时代上属龙山文化中晚期，文化性质上为中原龙山文化的煤山类型。龙山时代处于大变革时期，文化间的交流和碰撞尤为激烈，遗址出土了大量源于周边地区的文化因素，如陶鬶、长颈壶与山东地区大汶口晚期文化、龙山文化内的同类器形制相近；而陶杯、喇叭形擂钵等器物应该与江汉平原地区屈家岭文化和石家河文化有关，这为研究中原地区与周边地区的文化交流和融合提供了重要的素材。此外，同为龙山文化煤山类型的禹州瓦店遗址曾出土过一套“列觚”，在该遗址中也有类似的大小觚、瓶存在，错落有致，制作精良，亦可组成一套“列觚”，为探讨龙山时代礼制的形成提供了新的资料。

（姜　楠　刘青彬）

【郑州市常西湖新区市民大道项目仰韶文化与龙山文化遗址】

发掘时间：2015年1月18日~4月30日

工作单位：郑州市文物考古研究院

郑州中原常西湖新区管理委员会市民大道项目工程位于郑州市长椿路东侧，富民路以西，建设路以南。遗址位于项目区内孙庄村东部，发掘面积2300平方米，发现仰韶时期至龙山时期遗址一处。

遗址以仰韶文化时期遗存发现最多，发掘灰坑及窖穴112处，灰沟1条；龙山文化时期灰坑3个，仰韶时期至龙山时期灰沟1条。

灰沟形状均为倒梯形，G1上口宽2.2米~8.5米，底宽0.6米~2.4米，深1.3米~1.8米，发掘长度31.8米。沟内堆积分三层，第①层为龙山文化时期，第②、③层为仰韶文化时期。G2发掘宽度7.8米~13.5米，沟内出土物均为仰韶文化时期。二者环绕方向基本一致，距离接近，在仰韶文化时期呈现出双重环壕的特征，且G1的使用一直延续到龙山时期。

仰韶文化时期遗址的布局特征为西部生活区，东部墓葬区，其间发现有数个较规整的间隔长方形坑，方向为东北—西南，将住宅区与墓葬区分隔开。生活区内未见房址，但在有些坑内填有大量草拌泥烧土块及墙体等建筑构件，推测与当时的地面建筑有关。

仰韶文化时期遗物主要为陶器，可辨器形有罐、罐形鼎、盆形鼎、盆、瓮、大口缸、钵、豆、尖底瓶等，以泥质灰陶为主，少量红陶和彩陶。纹饰有绳纹、弦纹、划纹、附加堆纹等。彩陶有施白衣者，有黑彩、红彩等，纹饰多为几何纹，有直线纹、弧线纹、圆点纹、睫毛纹等。另有陶环、陶纺轮、骨锥、石球、弹丸、石铲等出土。龙山文化时期遗物也主要为陶器，器形有深腹罐、平底碗、钵、双腹盆等，纹饰有篮纹、方格纹、绳纹等。

共发掘墓葬55座。其中仰韶时期墓葬52座、宋代墓葬3座。仰韶时期墓葬形制均为长方形竖穴土圹，排列较为规整，大致可分四排。方向均为东西向，较为一致。墓内人骨大多保存较好，均为仰身直肢葬，头向西者占较大比例。多数墓葬内未见随葬品，有随葬品的也多将器物打碎之后随葬，或是仅有随身携带的小件物品随葬。宋代墓葬均为长方形洞室墓，墓道竖直，略深于墓室，墓室为掏制而成。宋代墓葬内出土有铜钱、陶砚台等物，铜钱有“元丰通宝”“皇宋通宝”“圣宋元宝”等，陶砚台底部阴刻“三堂”款识。

此次发掘，以仰韶文化遗存的发现最为重要，其文化内涵主要为大河村三、四期，即仰韶文化晚期。发掘揭示出遗址的双环壕结构及生活区与墓葬区明显分隔的布局，对于中原仰韶文化的聚落形态及仰韶向龙山文化的演变过程研究等有重要的学术价值。

（刘青彬）

【孟津县班沟新石器时代及东周时期遗址】

发掘时间：2014年6月~2015年6月

工作单位：洛阳市文物考古研究院

班沟遗址位于洛阳市孟津县小浪底镇班沟村东南，地处瀍河南岸二级台地上。其地理坐标为北纬34°49′57.92″，东经112°23′14.07″，海拔307米。遗址平面形状近似梯形，东西最长约280米，最窄处约70米，南北宽200米，总面积约3.5万平方米。

此次发掘共清理灰坑79个，墓葬8座，灰坑葬3个，灶3个，沟3条，收集陶、石、骨、铜等各类小件共计107件。从发掘情况来看，遗址以龙山文化遗存和东周文化遗存为主，有少量仰韶文化、汉代文化遗存。

79个灰坑中，其中7个为仰韶文化遗存，多为不规则圆形，如H6，开口于第T1⑥层下，平面形状不规则，填土为深灰土，包含有炭屑和烧土颗粒。出土文物遗物多为陶器残片，多为夹砂褐陶，少量红陶和灰陶，纹饰多为素面，也见有弦纹、附加堆纹，另发现有彩陶残片，为白衣黑彩。可辨认的器形有罐、盆、鼎、碗等。70个战国时期文化灰坑，以圆形、不规则形多见，多直壁平底，填土多为灰土，包含炭屑等，灰坑中常见有细绳纹陶鬲残片和豆柄、豆盘等。8座墓葬均为东周墓，为长方形竖穴土坑墓。除一座为迁葬墓外，其余7座墓葬均为屈肢葬，填土为灰土夹杂褐色土颗粒，直壁平底，个别墓葬带脚窝。如M1，开口于第③层下，长方形竖穴土坑墓，方向220°。填土为灰土夹杂褐色土颗粒，直壁平底，仰身屈肢葬，头朝北，面朝上，骨骼保存较差。未见棺椁痕迹。随葬品仅见有铜带钩。

此次考古发掘为研究本地区新石器时代晚期文化遗存的分布区域、类型及特征等有着重要的意义。同时这批东周灰坑、墓葬的发现也为我们研究东周时期文化面貌、生活习俗、埋葬制度等提供了重要的实物资料。

（王富国）

【信阳市孙寨新石器时代及西周时期遗址】

发掘时间：2015年2~4月

工作单位：河南省文物考古研究院

孙寨遗址位于信阳市平桥区甘岸办

事处孔庄村孙寨村民组。遗址地处淮河北岸，坐落在一处四面环水的台地上，东西长285米，南北宽220米，中部分布数个大小不等的鱼塘。该遗址于1959年和1960年曾进行过考古发掘，“基本上包含着西周和新石器时代两个不同时期的文化层，其中以西周文化层堆积最厚”。2008年公布为第五批省级文物保护单位。

拟建出山店水库大坝从遗址保护范围和控制地带西北部、西南部穿过。为配合该工程建设，河南省文物考古研究院分别在2009年和2014年对孙寨遗址进行过考古调查。2015年度，河南省文物考古研究院对孙寨遗址及水库坝体占压区域进行了较为详细的考古勘探，搞清了遗址区与坝址区遗存分布状况。在原孙寨遗址西北部100米新发现一处遗存分布区，面积约5000平方米，堆积厚0.5米左右。该区域外围四面临水，其间有乡间土路与原孙寨遗址主分布区相通。2015年度发掘主要集中在这处新发现的遗存区，发掘面积2900平方米。

发掘区四周近水塘处发现一周夯土寨墙，与现地表高度基本一致，出土白瓷、青花瓷等，或为近代所筑。发掘区原被现代民房占压，破坏严重，遗存发现较少。中部发现的主要遗存为数条南北向排列的灰沟，以及分布稀疏的灰坑。西部及西南部发现分布略显集中的灰坑、柱洞等。出土遗物以陶器为主，有少量的石器。陶器多为夹砂灰陶、灰褐陶，流行篮纹、弦纹和素面。可辨器形有罐、豆、碗等。石器皆磨制，有柳叶形镞、半月形刀等。这批遗存的年代以仰韶晚期为主，灰沟等延续时间较长，可从二里头时期至西周时期。

（武志江　王　豪）

【荥阳市鑫苑名家一期项目龙山文化及汉代遗存】

发掘时间：2015年6~7月

工作单位：郑州市文物考古研究院

为配合郑西·鑫苑名家一期项目工程开展考古发掘工作，地点位于荥阳市郑上路以南，广武路以西。共发掘面积200平方米，清理龙山时期灰坑10个，汉代时期陶窑2座，遗迹间存在叠压打破关系。

龙山时期灰坑形状可分为圆形和不规则形，其中圆形袋状较多，不规则形和圆形竖井较少。灰坑的形制多比较规整，一般袋状者多呈口小底大，平底，少数竖井状为直壁，平底，个别为圜底。不规则形灰坑多为斜直壁或弧壁，底多圜底。个别灰坑坑壁上有明显工具加工痕迹，灰坑大小不一，深浅不等。填土多为一次堆积，个别分二次堆积，包含遗物较一致，填土多为深灰色土或浅灰色土，灰黑色土较少，质地较松，包含物较丰富，含有大量的红烧土块、红烧土颗粒、炭屑及草木灰、残陶片等。其性质可能是窖穴、水井或半地穴房基等。

汉代时期陶窑，方向一座为坐北向南，另一座坐西向东。均由操作室、火膛、窑室、烟道等相连组成，窑室和操作室均为长方形，火膛呈近三角形。保存状况较为完整。出土有少量残陶器及筒板瓦等。

龙山时期遗存出土遗物主要为陶器、石器、骨器、蚌器等。陶质以夹砂褐陶、夹砂灰陶为主，另亦有较多泥质灰陶。器形主要有罐形鼎、盆形鼎、罐、器盖、瓮、甑、盆等，纹饰多以素面为主，部分饰绳纹、方格纹、弦纹、附加堆纹等。石器有石刀、石铲、石球等。骨器有骨锥，蚌器有蚌镰等，另出土有大量动物兽骨等。汉代时期出土遗物大多为筒板瓦，同时亦有少量陶罐和陶盆的残片等。

此次发掘发现了龙山时期的灰坑窖穴和汉代陶窑等遗迹，出土部分重要文物标本，确认了该批遗存的文化性质与时代。这些对研究郑州地区龙山文化和汉代时期的社会结构、文化延续等有着重要的意义。

（丁兰坡　魏青利）

【新乡市王门夏商时期文化遗址】

发掘时间：2015 年 5 ~ 8 月

工作单位：新乡市文物考古研究所、河南大学历史文化学院文博系

王门遗址位于新乡市凤泉区潞王坟乡王门村西侧，其西偏北约 4.5 千米是著名的辉县孟庄城址，其东偏北约 4 千米是辉卫型文化的典型遗址潞王坟遗址。新乡市文物考古研究所于 2011 ~ 2012 年对王门遗址进行过调查和发掘，初步确认遗址面积十余万平方米，已发掘 600 平方米，发现辉卫型文化和二里岗文化灰坑 87 座，出土了丰富的陶片、石器和动物骨骼。

2015 年年初，经过对王门遗址的复探与调查，进一步确认了这是一处夏商文化遗存较为丰富的遗址。自 2015 年 5 月起展开联合发掘，至 8 月底共发掘 500 平方米。通过发掘，发现壕沟、房基、墓葬、窖穴、祭祀坑等重要遗迹，初步了解了遗址的范围和功能区划。

王门遗址夏商时期的文化面貌总体上有一个演变趋势，即最初是比较典型的辉卫型文化，夏商之际融入了少量岳石文化因素，早商时期逐渐形成二里岗文化琉璃阁类型的本地风格。王门遗址的发掘资料对建立新乡地区夏商时期详细的考古学编年具有重要价值，但目前的材料仍不足以解决该问题，尚缺乏必要的测年标本。王门遗址是研究本地基层聚落形态和布局的重要案例，对探索辉卫型文化基层聚落的内部结构和组织方式具有重要意义。王门遗址与孟庄城址、潞王坟遗址的距离如此之近，以王门遗址为中心开展区域考古调查和发掘，是探索和研究孟庄城址周围聚落分布态势及其社会结构的有效途径。

（申　文　张自强　明永华）

【郑州商城遗址】

发掘时间：2015 年 6 ~ 12 月

工作单位：河南省文物考古研究院

为配合郑州供电公司项目建设，河南省文物考古研究院对紫荆山与东里路西北部进行了抢救性考古发掘。此次考古发掘工作共布探方 14 个，发掘面积共计 1100 平方米，清理出商代至明清时期的夯土基址 2 处、灰坑 157 个、墓葬 2 座、沟 9 条、水井 15 眼、灶 1 处、路 1 条、柱洞 6 个等各类遗迹。其中以商代两处夯土基址最为重要。

两处基址均残存底部，探方内暴露面积不大，经过扩方，大体了解其轮廓。夯Ⅰ厚度在 0.45 米 ~ 0.75 米，夯Ⅱ部分厚度保留在 2 米左右，夯窝明显，但未发现有明显的柱础等迹象。夯土Ⅰ位于 T495 西南部，T496 西北部，方向 8°。夯Ⅰ硬面位于 T495 第⑤层下，硬面距地表深 4.98 米，夯土基槽部分打破第⑨层、第⑩层及生土，夯Ⅰ并被 H57、H156 打破。夯Ⅰ硬面平面形状近长方形，西部延伸到发掘区域外，延伸长度不详。发掘区域内夯Ⅰ东西残长 5.75、南北宽 6.3 米，深 0.45 米 ~ 0.75 米。夯Ⅰ上下共分 8 层，每层夯面都比较平整，夯层之间分界较为清楚，夯层较为坚硬。夯层最厚 0.1 米 ~ 0.15 米，最薄 0.05 米 ~ 0.08 米。夯Ⅰ夯窝为圆形，多数夯窝不太明显，少数夯窝较明显，夯窝直径 0.07 米 ~ 0.08 米，深 0.02 米 ~ 0.03 米。从打破夯Ⅰ硬面的晚期灰坑以及被夯Ⅰ基坑打破的第⑨、⑩层出土物初步判断，夯Ⅰ年代应在二里岗下层时期。因夯层内出土物碎小，夯Ⅰ自身的年代延续不甚清晰。

夯Ⅱ位于 T500 北部及北隔梁下，

T495 东、北隔梁下。方向 98°。夯Ⅱ硬面距地表深 4.9 米，硬面打破第⑦层、第⑧层及生土。夯Ⅱ硬面平面形状呈不规则形，由于被晚期遗迹破坏，形状和结构不完整。夯Ⅱ西、南基槽边线清楚，东、北边线延伸到发掘区域外，未能清理到底。夯Ⅱ夯层较为明显，分为 27 层，未能发掘到底。夯面土色呈黄褐色，土质较纯，结构坚硬，夯层东西向较为平整，南北向东低南高，呈斜坡状。夯层最厚 0.12 米 ~0.16 米，最薄 0.05 米 ~0.08 米。夯窝呈圆形，大多数不太明显，只有少数较为明显。直径 0.05 米 ~0.06 米，深 0.02 米 ~0.03 米。

此次发掘清理出的商代不同类型遗迹（夯土基址、水井、灰坑等）的分布信息为郑州商城宫殿区的布局研究提供新的资料，这对于探讨郑州商城的城市结构布局、规划思想以及建筑技术等具有较为重要的学术意义。

（杨树刚）

【郑州市二七时代广场商代及汉代遗址】

发掘时间：2015 年 1 ~11 月

工作单位：郑州市文物考古研究院

配合二七时代广场项目，在位于郑州市二七区解放路以南，福寿街以东，王兴街以北区域开展考古工作。

共发掘面积 5800 平方米，清理遗迹 78 处，其中灰坑 47 个，窑址 1 处，墓葬 27 个，河道 1 条。

汉代墓葬 20 座。墓葬形制主要为“日”字形，由墓道、封门、墓室三部分组成，个别有耳室或侧室，该形制墓葬多 4 ~5 个墓葬一组，方向大多为坐南向北或坐北向南，少数坐东向西。具体墓道、墓壁、墓砖的情况和本书郑州荥阳地区该类墓相同，可参看，不赘述。

清代墓葬 7 座。长方形竖穴土坑墓，平面为长方形，口略大于底，壁规整，平底，内置人骨一具，仰身直肢。填土为黄褐色五花土，质疏松。

商代灰坑 3 个，平面均为长方形，直壁平底，坑较深，填土灰黑色，质地较为疏松，包含较多的烧土颗粒及炭屑。

宋代灰坑 4 个，平面有长方形及不规则形，直壁平底，填土灰褐色，质地较为疏松，含少量烧土颗粒及炭屑。

清代灰坑 40 个，平面形制较多，有长方形、圆形、椭圆形、扇形及不规则形，坑多直壁平底，少量斜壁内收，填土灰褐色，质地疏松，含少量烧土颗粒及炭屑。

汉代陶窑 1 座，平面为椭圆形，近椭圆形。窑室内多为黄灰色土，包含大量红烧土块。出土有泥质灰陶片、布纹瓦等。

河道 1 条，平面呈长条状，东南至西北走向，斜壁底部近平。同时清理出河道北部护河堤部分、南部护河桩部分，另清理出桥墩一段。

汉代墓葬内出土大批随葬物品，因墓葬坍塌或盗扰致随葬物品完整的少，残碎的多。出土器物陶器有陶罐、陶瓮、陶仓、陶灶、陶井、陶壶等；铜器有铜洗、铜钱等。另汉代墓葬内出土的空心砖形制较为多样，纹饰清晰富有时代特色。清代墓葬出土有瓷碟、瓷罐、铜簪等。

商代灰坑内出土为多为陶片，主要有泥质灰陶、夹砂灰陶、少量夹砂褐陶，可辨器形有陶捏口罐、深腹罐、鬲、大口尊、豆等。纹饰以素面和绳纹为主，亦有少量附加堆纹。

宋代和清代灰坑内出土为多为陶瓷片，有白瓷、青瓷、白底黑花瓷、酱釉瓷、黑瓷等，可辨器形有碗、罐等。少数器物的内外饰有花纹。

清代河道内出土有较多的陶瓷片及各种石制品、木桩等。

通过此次考古发掘，发现少量商代遗迹，较多的汉代墓葬及清代灰坑和清代河道，这些文化遗存的发现，为研究商、汉、宋、清代各时期此地人类的生产、生活和社会状况提供了实物资料。清代河道的清理，为研究清代郑州城市水系的规划提供了线索。

（魏青利　丁兰坡　任广岭）

【伊川县徐阳东周墓地】

发掘时间：2015 年 6 ~ 12 月

工作单位：洛阳市文物考古研究院、伊川县文物管理委员会

徐阳墓地位于洛阳市西南伊川县鸣皋镇徐阳村。中心地理坐标为北纬 34°21′51.69″，东经 112° 13′ 09.51″，海拔 283.3 米 ~ 291.5 米。墓葬主要分布在以徐阳村为中心的顺阳河及其支流两岸台地上。2013 年 6 月该地盗墓活动十分猖獗，经现场勘察确认为一处新发现的东周时期墓地。

2015 年度发掘面积 500 平方米，清理墓葬 2 座，陪葬车马坑 1 座。墓葬均为长方形竖穴土坑墓，东西向。15LYXM1 口部长 6 米，宽 4.5 米，墓底距墓口深 2.81 米。口小底大，墓壁较为规整。墓底长 6.36 米，宽 4.8 米。该墓在 2009 年曾被盗扰。出土遗物有骨贝等，盗洞口采集少量饰夔龙纹、蟠螭纹铜鼎口、耳残片等。15LYXM2 口部东西长 6.3 米，南北宽 5.4 米 ~ 5.15 米，深 8.5 米。中部被汉代灰坑打破。墓壁向内倾斜。外椁已腐朽，内棺用厚 0.5 米青膏泥封护。墓室西侧棺椁之间发现饰夔龙、蟠螭纹铜鼎、铜壶、铜豆、铜盘、铜匜、铜舟。墓室东侧棺椁之间发现龙形纽夔龙、蟠螭纹铜镈钟、纽钟、石磬等，棺痕南北两侧发现车軎、车辖等。棺已朽，仅见棺外漆皮纹饰，棺内发现人骨 1 具，头东脚西，因顶部坍塌和木椁底板腐朽，人骨破碎，掉入腐朽的椁底缝隙之中，仅头骨略为完整，葬式不明。在头骨附近和胸部发现有玛瑙环、水晶、绿松石串珠、玉覆面、玛瑙吊坠等。其中一件铜器上还发现有铭文“宗之□”。

车马坑为长方形竖穴土坑，东西向，编号 15LYXK1。开口第②层下，东南距 15LYXM1 约 20 米。东西长 9.3 米，南北宽 8.8 米。清理发现车 7 辆，车前马 3 ~ 4 匹，大量马镳、马銮铃、骨贝串饰等车马饰件。北部发现大量马、牛、羊头蹄，排列规整。马头 5 排 15 个，牛头 6 排，因盗扰，总数不明，存 18 个。羊头 6 排 37 个。羊头之后散乱放置牛头 3 个、羊头 6 个。

经考古勘探徐阳墓地还发现长方形竖穴土坑墓 200 余座，车马坑 14 座，灰坑 300 余座、烧窑 10 余座。

研究表明徐阳墓地随葬习俗虽然受到周文化的强烈影响，但其总体文化面貌、文化特征与春秋时期“秦晋迁陆浑之戎”于伊川的历史事件相吻合，推测该墓地应为陆浑戎国君及其贵族墓地。徐阳墓地的发现为春秋时期文献记载的诸戎内迁、民族融合提供了重要的考古实物资料和考古线索，对探索中华文明形成过程中的民族融合与发展具有十分重要的考古学价值。

（吴业恒　马占山）

【洛阳市汉宫路东周汉代墓葬】

发掘时间：2015 年 12 月 ~ 2016 年 1 月

工作单位：洛阳市文物考古研究院

项目位于洛阳市史家屯村南，王城大道与石油路交叉口东。

发掘清理古墓葬 300 余座，多为东周墓，另有少量汉墓。

东周墓均为长方形竖穴土坑墓，南北向居多，多数盗扰严重。墓葬多直壁、平底。随葬品多置于壁龛内，主要有陶鼎、陶豆、陶敦、陶壶、陶盘、陶匜、石圭、铜带钩等。编号 C8M2971，长方形竖穴土坑墓，方向 2°。长 2.2 米，宽 1.1 米，深 1.8 米，墓内填土为花土。出土随葬品有陶鼎、陶敦、陶壶、陶盘、陶碗、石圭、铜带钩等。编号 C8M2988，为长方形竖穴土坑墓，方向 105°。长 2.5 米，宽 1.4 米，深 4.2 米，墓内填土为花土。出土随葬品

有盖陶鼎、盖陶豆、盖陶壶、陶盘、陶匜等。

汉墓以土洞墓居多，盗扰严重。多由墓道、墓室两部分组成。墓葬多东西走向。出土器物主要有陶鼎、陶敦、陶壶、陶罐、陶俑头、陶发髻等。根据墓葬的形制和出土器物特征，此次发掘的汉墓时代多为西汉。编号 C8M2980，方向 184°。墓道长 2.0 米，宽 1.16 米，深 2.2 米，墓室长 2.6 米，宽 1.16 米，高约 1.5 米，随葬器物有盖陶鼎、盖陶敦、盖彩陶壶、陶俑头等。编号 C8M2991，方向 175°。墓道长 2.2 米，宽 0.9 米，深 2.6 米，墓室长 2.4 米，宽 1.4 米，高约 1.4 米，随葬器物有陶壶、陶俑头、陶发髻等。

（贺　兰）

【洛阳市伊滨区潘寨村东周至宋代墓葬】

发掘时间：2015 年 10 月 5 日～2016 年 1 月 3 日

工作单位：洛阳市文物考古研究院

配合洛阳生态投资开发有限公司伊洛联通工程开展考古工作，地点位于洛阳市伊滨区伊河北侧李楼镇潘寨村，西临西司马庄村，东临东司马庄村。

经过考古发掘，共清理古墓葬 428 座，盗扰严重，时代包括东周、汉代和唐宋时期，以汉墓为主。

东周墓 39 座，南北向居多，东西向较少。墓葬形制主要是长方形竖穴土坑墓，直壁、平底。随葬品主要有陶鼎、豆、壶、敦、盘、碗、匜等，铜带钩、铁带钩，石圭等。

汉墓 333 座，多为南北向。墓葬分为砖室墓和土洞墓两种，土洞墓居多。随葬品主要有陶鼎、陶敦、陶壶、陶罐、陶案、陶盘、陶仓、陶鸡、陶狗、铜镜、铜钱等。

唐墓 5 座，除 1 座位东西向外，其余均为南北走向。多数墓葬由墓道、墓室两部分组成，少数见甬道。随葬品有盖白瓷罐、塔式罐、陶罐、铁刀、陶俑、陶片、铜钱、铜簪等。

宋墓 51 座，多为南北向。墓葬由墓道、墓室两部分组成。随葬品主要有塔式罐、瓷罐、铁犁铧、陶俑等。

根据墓葬形制和出土器物特征，此次发掘的墓葬可分为东周、汉、唐宋等时期，以汉代墓葬最为密集。发掘出土了大量的随葬器物，具有很强的时代特征，对于我们研究中原地区东周、汉、唐宋时期的埋葬制度、社会风俗等有一定意义。

（司马爽红）

【洛阳市中原大道项目东周墓葬】

发掘时间：2015 年 10 月 26 日～11 月 15 日

工作单位：洛阳市文物考古研究院

该项目位于洛阳市伊滨区李村镇东，北临上村侧，东临大王村。南至袁沟村。

经过考古发掘，清理古墓葬 36 座，以东周墓为主。墓葬形制以长方形竖穴土坑墓为主，多数盗扰严重，不见随葬品。墓葬南北向居多，东西向较少，大部分为直壁、平底。出土随葬品 50 余件，主要有陶鼎、陶豆、陶壶、陶敦、陶盘、陶碗、陶匜、陶鬲、铜铃、蚌片、玉器等。

C18M72 方向 0°，为长方形竖穴土坑墓。南北长 2.3 米，东西宽 1 米，深 3.6 米，填土为五花土。盗扰严重，仅见陶豆、石圭各 1 件，均残。

C18M73 方向 5°，为长方形竖穴土坑墓。南北长 2.3 米，东西宽 1.2 米，深 2.6 米，填土为五花土。盗扰严重，随葬品有石璧、陶盆、陶豆以及陶片等。

此次发掘为研究洛阳地区东周时期的丧葬习俗和当时的社会生状况提供了新的考古资料。

（袁龙丹）

【信阳市战国城阳城址八号墓】

发掘时间：2015 年 8～12 月

工作单位：河南省文物考古研究院

城阳城址八号墓位于信阳市平桥区城阳城址保护区，北距信阳市 25 千米。从 20 世纪 50 年代起，该地区陆续发掘了 8 座大型楚墓，包括著名的长台关一号墓、二号墓以及七号墓。八号墓位于七号墓南部 20 米。

从 2015 年 8 月起，河南省文物考古研究院开始发掘墓葬，截至 2015 年年底，已完成除主棺之外的墓葬清理工作，取得了重要收获。

八号墓平面呈“甲”字形，坐西向东，方向 95°，由墓道、墓室两部分组成。墓葬全长 18.5 米左右，面积 127 平方米左右。残存上口长 10.1 米～10.9 米，宽 9 米～9.4 米。墓道东部被现代坑打破，大致呈长方形，长 6 米～6.4 米，宽 3.2 米左右。

墓室平面大致呈方形，自上而下呈阶梯状逐层内收。墓室填土中，上部 1.2 米～1.5 米为结构致密的黄灰色填土，之下即为青膏泥。从地表至椁板表面 4.5 米～5.1 米。

椁室平面呈长方形，由主室、前室、南侧室、北侧室以及北后室、中后室、南后室组成，总长 6.2 米～6.3 米，宽 4.8 米～4.9 米。前室中部有过梁，南北两部分形成相通。前室和南、北侧室被盗严重，主室和后室保存完好。

前室虽然被盗严重，但是发现不少陶器和彩绘漆木器。陶器主要是陶鼎、方座簋，漆木器数量较多，有案、耳杯、豆、盒等，以耳杯最为多见。

南侧室发现有床榻、竹席、木桶、木几、投壶箭以及铜镜、铜剑等，其中，竹席髹红、黑漆几何纹，篾宽 0.25 厘米，长度 2 米左右。

北侧室发现有木质车舆、弓、箭、箭囊、瑟，以及铜矛、铜戈、铜车軎、铜车辖等。矛为彩色髹漆长木柄，伞盖破坏严重，散落在椁室中。

南后室保存完好，发现有陶方壶、圆壶、鉴等仿铜陶礼器，表面多施彩绘。中后室发现 40 余个荷叶包裹，以及雕刻木案、陶鬲、陶罐等。初步观察荷叶包裹内有水稻、小米等粮食。

主室保存完好，双棺双椁，其中外棺盖板为弧形，内侧髹红漆，内棺盖板平，表面有红色彩绘，内侧髹红漆。墓主人头向东，头部及全身被织物敷裹，织物纹样依然可辨。目前主棺暂未清理。

我们将此次考古工作细分为以田野考古发掘为中心的六部分，包括田野考古发掘、测绘数据采集与处理、影像数据采集与处理、现场文物保护、安全保卫与防护、公众考古宣传等。

按《田野考古工作规程》要求，首先建立了基于城阳城址坐标系的墓葬测绘控制系统，在发掘区及周围布设若干测量控制点。采用无人机拍摄墓葬周围高清地貌正摄影像，生成数字地表模型（DSM）。发掘过程中，多次采集不同堆积单位的信息，生成正摄和三维影像，并用电脑绘制墓葬平、剖面图，不仅提高了工作效率，也提高了工作精度。

为了很好地采集测绘与影像数据，还在墓葬上部布设航驾天车和摄影灯阵，并架设相机及三维激光扫描仪等设备。固定多角度架设相机拍摄延时影像，则完整地记录了墓葬发掘过程和现场文物保护过程。

南后室陶壶和陶鬲可确定为战国中期楚文化遗存，与 7 号墓的年代相当。其他诸如彩色髹漆竹席、长柄矛、耳杯、案、几等漆木器十分精美。特别是墓主人全身敷裹的织物，是豫南地区战国时期楚墓的首次发现。在全国楚文化墓葬中，这样完成织物的发现也十分少见。

（武志江）

【项城市丁庄战国至东汉墓葬群】

发掘时间：2014 年 12 月 ~2015 年 1 月

工作单位：河南省文物考古研究院、周口市文物考古管理所

墓群位于项城市城南新区丁庄村南，地理坐标为北纬 33°25′39.87″，东经 114°51′57.44″，海拔 43 米。清理战国至东汉晚期墓 21 座，出土文物 125 件。

21 座墓葬中 19 座为竖穴土坑墓，均为长方形竖穴墓，个别带斜坡墓道。以南北向为主，个别东西向，2 座为砖室墓，盗扰较为严重。清理发掘时发现，该墓地在历史时期已经被严重盗扰，仅有 3 座土坑墓保存完好，墓群时代年限应为战国至东汉晚期。

M8 为竖穴土坑墓，开口平面呈长方形，南北长 3.2 米，东西宽 1.4 米，深 3.6 米。出土青铜矛 2 件，一件表面素面无纹饰，一件带兽首纹饰，青铜戈 1 件，青铜剑 1 件，共计 4 件。陶器组合一组。其中以兽首纹饰的青铜矛和通体乌黑的青铜戈保存较为完好。

M12 为竖穴土坑墓，开口平面呈长方形，东西长 3.1 米，南北宽 1.7 米，深 3.6 米，墓室填有青膏泥，为该地区典型战国中晚期楚墓。出土青铜矛 2 件，表面均无纹饰，青铜戈 1 件，青铜剑 1 件，黑白卵石 6 枚。陶器组合一组。其中以胸前出土的青铜剑最为珍贵，该剑保存完好，剑刃存有微缺，应为墓主人生前使用，死后随葬。

M18 为竖穴土坑墓，开口平面呈长方形，南北长 2.6 米，东西宽 1.7 米，深 1.7 米。出土长柱形水晶 1 枚，推测应为墓主人口琀，铜镜 1 面，整体绿锈，五铢钱数枚，陶器组合一组。

此次清理发掘出土大量战国至东汉时期随葬陶器，数量大，种类多，基本涵盖这一时期所有的陶器组合，比较常见的有辅首衔环壶、钫、釜、豆、匜、罐、汤匙、彩绘鼎、盘、碗、圜底罐、盆、素面瓦当和绳纹板瓦等。

该古墓群的清理发掘，出土较为丰富且完整的随葬器物组合，为研究项城战国至东汉时期墓葬形制、风俗习惯，提供了典型的实物依据，同时为我们寻找古顿国提供了线索。

（聍严振）

【荥阳市樊河战国汉代墓地】

发掘时间：2015 年 5 ~11 月

工作单位：郑州市文物考古研究院

位于墓地荥阳市广武镇樊河村北，天伦旅游大道西侧。在桃花源社区樊河安置区项目工程中发现。

共清理各时期墓葬 71 座，其中战国墓葬 10 座，汉代墓葬 55 座，宋代墓葬 6 座。

战国墓葬均为长方形竖穴土坑墓，墓壁斜直内收呈口大底小状，平底，多在墓壁北侧设有壁龛，东北角处设有方便上下的脚窝。葬具均为单棺，内置人骨一具，多仰身直肢，骨架保存状况较差。随葬器物放置于壁龛内，均为陶器。

汉代墓葬形制可分为两种，一种为砖室多室墓，墓葬规模较大，多由墓道、封门、甬道、前室、后室、侧室、耳室等几部分组成，墓室多少数量不等，多者达 6 室，少则 2 室。墓道多为长方形斜坡状，另有个别为拐弯斜坡墓道和长方形竖穴墓道，封门及墓室用砖均为小砖错缝平铺，墓室顶多坍塌。M15 保存完好，双墓室，顶为暗券。另一种为“日”字形，由墓道、封门、墓室三部分组成，个别有耳室或侧室，该形制墓葬多 4 ~5 个墓葬一组，方向大多为坐南向北或坐北向南，少数坐东向西。墓道均为长方形竖井状，壁规整，两壁多设置有可供上下的脚窝，墓室底呈

纵长方形，个别单室墓形制相同，多两座墓为一组，相邻者多共用一个耳室（过洞）。从平面排列情况看，应为夫妻合葬墓，与其他地区的“过桥仙”类似，俗称“隔山葬”。另墓葬形制也有个别为“甲”字形、刀把形及一个墓道两侧为墓室的“目”字形。

宋代墓葬均为单室土洞墓，由墓道和墓室两部分组成，墓道呈长方形竖井状，直壁平底，墓室为土洞，底平面呈纵长方形，平底，个别置有人骨一具，棺木已朽。

汉代灰坑形制较为单一，平面呈圆形，直壁平底或斜直壁内收平底，填土均为灰褐色，质地疏松，包含较多的红烧颗粒，出土有陶片、筒瓦、板瓦等。

汉代灰沟平面呈长方形，壁规整，修整痕迹明显，平底，出土有少量陶片。

这批不同时期的墓葬除战国墓葬未被盗扰外，汉代和宋代墓葬多被盗扰或破坏，但仍出土一批较为可观的随葬品。战国墓葬出土器形有陶鼎、陶豆、陶壶等。汉代器形有陶罐、陶瓮、陶仓、陶灶、陶井、陶壶、陶羊尊、铜镜、铜洗、铜钱、铁器等。宋代墓葬出土有瓷壶、瓷碗等。

此次发掘的墓葬按时代分区，各区分布集中且有规律，时代特征典型，排列较为有序，应是经过规划的公共墓葬区。墓葬上起战国，下讫宋代，为研究战国、汉代中小型墓葬的演变提供了丰富的实物资料。多时期共存的墓葬对于研究郑州地区战国、汉代、宋代社会文化的发展与延续及葬俗、葬制等有着重要的意义。

（魏青利　丁兰坡）

【郑州市泰宏建业国际城 19 号院战国墓】

发掘时间：2015 年 12 ~2016 年 1 月

工作单位：郑州市文物考古研究院

泰宏建业国际城 19 号院项目工程位于郑州市二七区双铁路以南，四季路以东。

共清理战国墓葬 71 座。墓葬形制主要为长方形竖穴土坑墓，墓壁斜直内收，较为光滑，平底，个别墓葬底部有枕木。深的墓葬多在墓角设置有供上下的脚窝，墓室北壁多设有放置随葬器物的壁龛。葬具多为木棺，已朽，从残存痕迹来看，多为单棺葬，少数为一棺一椁。人骨架多头向北，个别头向西，仰身直肢，另有少数侧身屈肢，骨架保存多不完整，随葬品多放置人骨头部或北部壁龛内。墓葬内填土均为黄褐花土，质较疏松，个别似经夯打，质地坚硬。墓葬内出土随葬品多为陶器，较为完整。

墓葬中出土的遗物均以陶器为主，同时也出土有少量铜器、铁器、骨器等，战国墓葬出土陶器主要器形有陶鼎、陶豆、陶壶、陶盒、陶盘、陶匜、陶釜；出土铜器器形有铜铃、铜洗、铜带钩、铜簧等，另有少量玉饰件、铁带钩等。器物多以生活用品和模型明器为主。陶器多为素面、另有少量弦纹等。

这批战国墓葬分布集中，时代特征典型，排列较为有序，应是经过规划的公共墓葬区。发掘清理出土较多重要文物标本，墓葬为研究郑州地区战国中小型墓葬的演变、葬俗、葬制提供了丰富的实物资料，同时墓葬和随葬品所蕴含的文化信息，为研究当时的自然环境、社会生产、生活状况等提供了重要的实物资料。

（魏青利　丁兰坡）

【固始县吕岗战国遗址】

发掘时间：2015 年 4 ~5 月

工作单位：河南省文物考古研究院、固始县文物管理委员会

吕岗遗址位于固始县草庙集镇的吕岗村东北。灵州—绍兴特高压直流输电线路工程设计线路 N2474 塔位于遗址范围内，且工程施工时将遗址西部破坏，从开挖的塔基剖面可见有厚约 50 厘米的文化层堆积，出土有陶片、红烧土颗粒等遗物，还

见有少量灰坑。河南省文物考古研究院与固始县文物管理委员会对吕岗遗址进行了抢救性考古发掘。

根据考古勘探情况，此次在塔基南部、东部布设探方 3 个，分别编号为 T0911、T1012、T1112，实际发掘 185 平方米。

以 T0911 为例，文化层为深灰色，土质较为疏松。包含物有较多的陶片、草木灰及少量的红烧土颗粒等。此次考古发掘发现遗迹较少，共发现 6 个灰坑、2 条灰沟、1 座房子。其中房子仅剩基槽及柱洞。清理出的面积为 48.6 平方米，双间地面式建筑，平面形状近长方形。南北长 820 厘米，宽 40 厘米 ~54 厘米。中间隔墙基槽西部长 90 厘米，宽 20 厘米，深 20 厘米。基槽内填土为深灰色黏土，土质疏松。含有少量的烧土颗粒及陶片、草木灰等。依据层位关系及基槽内出土的陶片器形特征推定为战国时期。

（武志江）

【洛阳市金谷园北路汉晋时期墓葬】

发掘时间：2015 年 5 月 16 日 ~11 月 3 日

工作单位：洛阳市文物考古研究院

墓葬位于洛阳市老城区，西临中铁隧道局，南临道北三路，北临道北五路。共发掘墓葬 127 座，除晋墓 1 座外，其余多为汉墓。

汉墓以土洞墓为主，少量砖室墓，盗扰较为严重，包括西汉、东汉两个时期。多数墓葬由墓道、耳室和墓室三部分组成，单耳室墓居多，部分墓葬有甬道。出土器物主要有陶鼎、陶敦、陶壶、陶盘、陶罐、陶俑、陶鼓、陶俑头、陶奁、陶仓、陶案、陶井、陶杯、陶勺，铁刀、铁环、铁盏，铜镜、铜带钩、铜洗、铜钱、铜饰，铅饰、骨器等。C8M2819，方向为 185°，由墓道、耳室和墓室三部分组成。墓道长 2 米，宽 0.8 米，深 3.8 米，墓室长 3.6 米，宽 0.92 米，高 1.4 米，耳室位于墓室东侧，宽 1 米，进深 0.94 米。出土随葬品有陶鼎、陶敦、陶壶、陶俑头、铜镜和铅饰等，共计 11 件。C8M2821，方向为 184°，由墓道、甬道、耳室和墓室四部分组成。墓道长 3.2 米，宽 0.8 米，深 7.4 米，墓室分前、后室，前室长 2.2 米，宽 2.4 米，高 2.2 米，东西各有耳室 1 个，宽 0.8 米，进深 1.8 米，后室长 2.6 米，宽 1.8 米，高 1.8 米。出土随葬品有陶鼎、陶敦、陶壶、釉陶壶、陶奁、陶瓮、陶俑、陶鼓、陶仓、陶灶、陶狗、陶鸡、陶猪圈、陶井、陶方盒、陶案、陶杯、陶俑头，铜钱、铜器以及铁器等，共计 96 件。

晋墓 1 座，编号 C8M2805，为长方形砖室墓，方向 275°，由墓道、甬道、耳室和墓室四部分组成。墓道长 2.8 米、宽 0.72 米、深 2.4 米，墓室长 2.38 米、宽 1.34 米、高 1.8 米，耳室位于墓室北侧，宽 0.98 米、进深约 2.44 米。出土随葬品有铜镜、铜钱、铁器、帐座、陶碗、双系罐、四系罐等，共计 16 件。

（张龙丹　司马俊堂）

【商水县傅楼汉至明清墓葬】

发掘时间：2015 年 4 ~6 月

工作单位：周口市文物考古管理所

为配合河南隆达电厂扩建工程一期，周口市文物考古管理所对工程涉及区域进行了抢救性考古发掘。

此工程厂址位于河南周口市商水县汤庄乡傅楼村南侧约 450 米，小吕庄村北约 300 米处，东南距商水县县城中心约 6.5 千米，厂址东偏北约 3000 米为漯阜铁路商水站，南侧 650 米为乡村道路，西侧紧邻拟选的灰场，北约 4.8 千米为沙河。一期占地 520 亩。

经工过发掘清理，共揭露各类墓葬 63 座，其中有汉墓 1 座、北朝墓 1 座、宋墓 1 座、明墓 1 座、清墓 50 多座。另外还有灰坑 5 座，古井 2 眼，灰沟 1 条。

砖室墓以汉墓和南北朝墓和宋墓为主，汉墓为东西向，墓道在西，由南北两室构成，从倒塌的封门来看为拱形顶。南北朝墓表面呈梯形，南宽北窄，墓道应在南部，涩砌顶，内葬一人。宋墓为方形抹角，南部有甬道、封门、墓道、祭祀台等，穹隆顶已塌。

明清墓以土坑墓为主，明墓为南北向竖穴土坑墓，墓葬为夫妻合葬墓，葬具为棺，出土有宋代铜钱。清代墓主要为清早期至清中晚期，清顺治至咸丰时期，全为土坑竖穴墓，大部为夫妻合葬，只有3座妻妾合葬墓和少量的单棺墓，墓之间存在着叠压打破关系。

清理的灰坑中唐宋时期灰坑4座，汉代瓦坑1座，其中H11呈椭圆形，开口于第3层，灰坑内有少量唐宋时期的陶片、瓷片、瓦片，主要出土大量的动物骨骼，如此多的动物骨骼在一个灰坑内同时出土在周口市为首次，主要有牙齿、椎骨、肋骨、趾骨、肱骨等，文物工作者初步认为是水牛骨骼。

此次考古工作历时三个月左右，共出土陶罐、骨梳、蜀国钱币、宋代铜钱、银耳钉、银耳坠、银簪、铜簪、方形砖、铁灯、清代铜钱等各类文物60余件。其中蜀国钱币和唐代骨梳的价值较高。这次的水牛骨骼的出土在周口为首次，它的出土为研究水牛在周口地区繁衍发展等问题提供了重要线索。

（焦华中）

【原阳县文艺中心人防工程西汉墓地】

发掘时间：2015年3~4月

工作单位：新乡市文物考古研究所

新乡市原阳县文化艺术中心人防工程项目立项施工，其建设用地位于原阳县民主路与人和街交叉口西南角。2015年2月原阳县文物钻探队对待建设区域进行文物钻探，在探区中部发现一处古墓群。根据相关规定，新乡市文物考古研究所对之进行了抢救性发掘。此次发掘面积600多平方米，发掘古代墓葬28座，出土器物百余件。

墓葬区大体可分为三组，中部13座东西向墓葬为一组，西北部7座南北向墓葬为一组，东南部8座南北向墓葬为一组。第一组将第二组和第三组隔开。墓葬都整齐排列，规划有序，多两两并列分布，怀疑为祔葬。

此次发现的墓葬均为空心砖墓，较规整。随葬品多为仿铜陶器，典型器物组合为鼎、盒、壶、钫，为中原地区西汉早期墓葬的典型陶器组合。个别墓葬出土有陶马头、铁剑、铜镜和半两钱。

这是一处古代黄河南岸的汉代家族墓地，相关发现和出土文物进一步丰富了新乡地区西汉考古的实物资料，对研究本地区汉墓发展规律及汉代丧葬习俗具有重要的作用。

（申　文）

【陕县崤函古道遗址考古调查与试掘】

发掘时间：2014年12月~2015年1月

工作单位：洛阳市文物考古研究院、陕县崤函古道文物保护管理所

烽火台遗址，此次共调查确认两处四个，其中三个保存较好，一个破坏较严重。车壕村东烽火台一个和半坡村烽火台三个。

对早先认定的观音堂村南的烽火台遗址，此次也做了调查并走访了当地民众。我们最后认定这两座烽火台遗址应是过去的炮台。

古代道路遗址，通过调查、钻探、试掘，最终确认了歇车坪石质道路和土质道路遗址及乱石爬石质道路遗址。歇车坪石质道路，长约140米。石质道路上遗留有很深的车辙痕迹，其轮距约1.2米，部分路段保留有并排两组车辙痕迹。歇车坪土质道路，经钻探保存较好的一段长度约120米，位于石质道路之西并与石质道路

相连。土质道路经过试掘发现路面上有车辙痕迹。根据道路内出土的遗物我们基本上可以把道路分为唐、宋两期。

建筑基址遗迹，我们在周文王避风雨台上、下两个二层台上都发现有建筑基址的残存。经初步发掘发现有南、北两组建筑基址，其时代应在清代。

总之，通过这次实地踏查和发掘，我们确认了烽火台遗址两处四个；道路遗址两处及周文王避风雨台建筑遗址一处。上述遗址发现的遗物最早可以追溯至汉代，而唐、宋、元、明、清等时期的遗物也都有发现，调查表明这些遗址延续使用时间很长。

（潘付生）

【荥阳市春秋院子小区汉代墓地】

发掘时间：2015 年 6 ~ 9 月

工作单位：郑州市文物考古研究院

墓地是荥阳市春秋院子住宅小区项目工程中发现，位于荥阳市 310 国道以南，楚楼水库以西，滨湖花园住宅小区南。

共清理汉代墓葬 81 座。这批墓葬均开口于第②层下，砖室墓较多，土洞墓较少，多南北方向，南北布局，东西排列，较为有序。

墓葬形制主要分为三类：第一，“日”字形，由墓道、封门、墓室三部分组成，个别有耳室，该类型墓葬多 8 ~ 10 个墓葬一组，方向大多为坐南向北或坐北向南，少数坐东向西。与相邻的另外一排墓葬墓道与墓道或墓室与墓室相向面对。墓道均为长方形竖井状，壁规整，两壁多设置有可供上下的脚窝，墓道底平。封门由小砖错缝平砌、空心砖竖砌及外由小砖封砌内由空心砖砌成三种。墓室多由空心砖砌成纵长方形，底部由空心砖平铺，少量由小兰砖券砌而成，并有小砖和空心砖混用情况。墓顶有小砖券顶和空心砖平砌两种，单室墓形制相同，多两座墓为一组，相邻者多共用一个耳室（过洞）。从平面排列情况看，应为夫妻合葬墓，与其他地区的“过桥仙”类似，俗称“隔山葬”。第二，“目”字形，这类墓葬较为少见，即长方形竖穴墓道在中间，墓道南北或东西两侧各有一个墓室，墓室与墓道连接处均有封门，两个墓室与一个墓道在一条直线上，墓室结构与封门结构均类同于“日”字形墓葬，推测应为夫妇合葬墓的另一种形制。第三，小砖墓，由长方形斜坡墓道或拐弯斜坡墓道、封门、甬道、前室、后室、若干侧室组成。甬道、墓室四壁均用小砖错缝平铺砌成，甬道顶为暗券顶，墓室及侧室因顶部坍塌结构不得知，墓室及侧室底部均为小砖平铺而成。此外墓葬形制个别尚有“甲”字形和刀把形。

这批汉墓虽然多被盗扰或破坏，但仍有部分墓葬保存完整，出土有大批随葬物品，随葬物品种类较多，按质地可分以下几种：第一，釉陶类，绿釉陶壶、绿釉陶罐、黄绿釉陶仓、黄绿釉陶奁等；第二，陶器类，陶罐、陶瓮、陶仓、陶灶、陶井、陶壶、陶奁、陶量、陶案、陶耳杯、陶勺、陶厕、陶鸡、陶狗、陶鸭、陶猪、陶羊等；第三，铁器类，铁剑、铁削、铁刀、铁犁铧等；第四，铜器类，铜镜、铜洗、铜钱、铜熏炉等。

此次发掘墓葬分布集中且有规律，时代特征典型，排列有序，应是经过规划的大型公共墓葬区。这些墓葬上起西汉中晚期，下讫东汉晚期，为研究汉代中小型墓葬的演变序列提供了丰富的实物资料。对于研究郑州地区汉代社会文化的发展与延续及葬俗、葬制等有着重要的意义。

（魏青利　丁兰坡）

【荥阳市大溪地 15 号院汉代墓地】

发掘时间：2015 年 9 ~ 12 月

工作单位：郑州市文物考古研究院

墓地位于荥阳市中原西路和桃贾路交

叉口东北角。共清理汉代墓葬133座。这批墓葬均开口第②层下，砖室墓与土洞墓交替排列，多为单室墓，墓葬方向多南北方向，东西向较少，仅有12座。整个墓地排列较为有序，南北布局，东西排列。

墓葬主要有砖室和土洞两类，第一类：土洞墓，形制简单，由墓道、墓室两部分组成，墓道均为竖穴长方形，直壁平底，壁较规整，墓室为掏洞形成，弧顶，底平面为纵长方形，底平。第二类：砖室墓，又可分为两种："日"字形，由墓道、封门、墓室三部分组成，个别有耳室。"目"字形。砖室墓地这两个类型和春秋小院此类型墓葬相同，具体参见本书该条目。

这批汉代墓葬虽然多被盗扰或破坏，但仍有部分墓葬保存完整，出土一大批随葬物品，随葬物品种类亦较多，出土物和春秋小院墓地几乎相同。墓葬的年代也和春秋小院同时即西汉中晚期到东汉中晚期。两个墓地除了少量墓葬形制不同，其余均几乎相同，墓地的发掘为郑州地区汉墓研究提供了翔实材料。

（丁兰坡　魏青利）

【孟津县朱仓M722东汉陵园遗址】

发掘时间：2015年3～12月

工作单位：洛阳市文物考古研究院

墓葬位于洛阳市孟津县朱仓村西部，地处邙山陵墓群东汉帝陵核心区内。勘探陵园平面略呈方形，边长420米，四面有垣墙（基槽）。帝陵墓冢位于陵园的中西部，原始封土呈圆形，直径约136米。墓葬平面呈"甲"字形，墓道长50米，宽8.8米～10.4米，墓室东西长28.8米，南北宽25米。陵园建筑主要分布于封土东、南部。

2009～2010年连霍高速改扩建工程中发掘面积累计4700平方米，2014年发掘面积近3500平方米。发掘遗迹主要有帝陵原始封土、东部建筑遗址、东西垣墙等。初步确定朱仓M722陵主为顺帝宪陵、东邻M707陵主为冲帝怀陵。

2015年度发掘面积2475平方米，区域紧邻帝陵封土的东侧，发现遗迹主要有：1号台基（"石殿"）南半部、1号台基与2号台基（"寝殿"）两大建筑单元连接处通道、1号台基外围东侧垣墙基槽、2号台基南部廊道，以及陵园东垣墙外区域等。

出土器物有绳纹筒、板瓦，卷云纹瓦当，空心砖、方砖、条形砖，铁钉、钩等建筑材料，铁戈、剑、镞、蒺藜、杈等，以及玉衣片、铜钱五铢等。

主要认识有：

1号台基（"石殿"）建筑单元的布局与形制。建筑单元整体布局略呈方形，南部为夯土台基，台基东北侧外围一周为廊道，中间区域为天井。建筑单元东西隔墙间距60.9米，北隔墙至台基南缘散水约59.9米。夯土台基平面呈长方形，含回廊和散水东西长约54.5米，南北宽31.7米（复原）。台基中心西南角保存较好，残留有大型柱础石。发现台基南缘东、西有两处通道，西侧漫道、东侧阶道。台基西缘偏南有1处通道，为阶道，空心砖踏步。北部廊道整体呈东西向，有隔墙与北侧另一组建筑单元隔开，西端向南折接于夯土台基。东廊道有门址与2号台基建筑单元相通。排水设施位于台基北侧、东侧廊道外沿。砖筑，暗券。水势由东沟向北沟，进而穿过北廊道向北。

两重陵园。在1号台基（"石殿"）建筑单元东部，发现残留有南北向夯土基槽，初步确定属于内陵园的边界。内部主要包括封土东侧的1号台基（"石殿"）建筑单元与封土南侧的建筑单元（"钟虡"）。

陵园东部"壕沟"。靠近M707封土处并不存在，原发掘"壕沟"可能仅是修筑M707帝陵（冲帝怀陵）时的取土坑，其邻近封土向南、北延伸，可能兼有排水功能。

2015 年度发掘主要确定了 1 号台基（“石殿”）建筑单元的布局与形制，并对陵园整体布局方面的垣墙、壕沟等有了进一步了解。

（张鸿亮）

【孟津县新庄汉代烧窑遗址】

发掘时间：2014 年 7 月 ~2015 年 7 月

工作单位：洛阳市文物考古研究院

位于洛阳市孟津县平乐镇新庄村东北部，地处邙山东汉陵区核心区，南距刘家井东汉帝陵约 2.5 千米，东南距朱仓东汉陵园遗址约 3.5 千米。洛阳市文物考古研究院于 2012 年末在对编号 802 号的夷平墓冢进行调查勘探时发现，勘探面积 9.82 万平方米，发现烧窑 127 座。

经国家文物局批准，洛阳市文物考古研究院于 2014 年 7 月至 2015 年 7 月对遗址进行了试掘，发掘面积 600 平方米，发现遗迹包括完整烧窑 3 座、水井 1 处、沟 3 条、灰坑 29 个。同时，对遗址的分布范围开展了进一步的调查勘探。

烧窑于第②层明清层下即见，建筑方式皆是就地面生土向下掏挖而成。三座烧窑均由通道、操作坑、窑门、窑室和排烟系统组成，窑室顶部为砖券穹隆顶。烧窑规模较大，单个窑室的面积均在 9 平方米左右，窑床至券顶的高度在 3 米以上。烧窑的使用时间较长，窑壁两侧皆有一层厚约 15 厘米的坚硬烧结层，且发现有多次修补的现象。此次发掘，在 Y2、Y4 两座烧窑的火膛内均发现了用煤做燃料的迹象。在发掘区的东部和南部，发现 4 处形状规整的长方形坑，可能与存放炉灰、澄泥、过滤等功能有关。

遗物以建筑材料为大宗，仅出土少量制陶工具和日用陶器。建筑材料包括砖、瓦、五边形水管等。其中，砖可分为几何纹方砖、扇形砖、楔形砖、空心砖、方砖等，砖的规格普遍较大，方砖和扇形砖多单面饰席纹；卷云纹瓦当出土 3 件，均出在第②层；筒瓦、板瓦多内饰布纹外饰绳纹。在部分砖、瓦的局部发现戳印，显示人名、年号及其他符号。制陶工具出土有支垫和陶拍等。陶器的器形包括盆、罐、釜、甑、臼等。

根据遗址出土的“建武二十四年”纪年陶臼，以及空心砖“大泉五十”钱纹，推测遗址早在东汉初年就已投入使用；而戳印“建宁”年号的带字铭文砖，则将遗址的使用年代延续到灵帝时期。

烧窑遗址地处邙山东汉陵区，规模宏大，保存较好，使用时间较长，遗址出土的砖瓦等建筑材料制作精良，规格较高，体量巨大，与朱仓东汉陵园遗址出土遗物基本可以对应，应是营建东汉帝陵所需建材的重要产地。

新庄汉代烧窑遗址，是邙山东汉陵区内新发现的一处非常重要的手工业遗存，丰富了东汉帝陵的文化内涵，为研究东汉陵寝制度及相关问题提供了有益的探索方向，为制定邙山陵墓群保护规划补充了重要的基础资料。

（李继鹏）

【项城市韩老家汉墓】

发掘时间：2014 年 12 月 ~2015 年 1 月

工作单位：河南省文物考古研究院、周口市文物考古管理所

汉墓位于项城市莲花办事处韩老家村南，地理坐标为北纬 33°25′00.98″，东经 114°55′40.92″，海拔 42 米。

墓葬坐北朝南，开口平面呈长方形，为多墓室砖券墓。墓葬土圹南北长 8 米，东西宽 5.5 米，墓葬结构分为东西两个墓室，东墓室为左，分左前室、甬道、左后室和左耳室，西墓室为右，分右前室、甬道、右后室和右耳室。左后室与右后室有通道相连，左、右墓室甬道有通道相连。

墓室底部砖为“人”字平铺而成。两墓室中部甬道和右耳室券顶塌陷。

出土彩绘红陶盘、绿釉尊、绿釉耳杯、青铜弩机构件、铅锡车马饰件、兽首汤勺、乌龟壳、箱体青铜构件、绿釉壶1对、五铢多枚等。绿釉铺首衔环壶通体饰绿釉，从形体上区分为大、小盘口，一个为大盘口长直径鼓腹假圈足，一个为小盘口长直径鼓腹假圈足。在盘口、颈部、上腹部饰多重凹弦纹，鼓腹处为一对铺首衔环。通过整理出土器物及人骨辨别，左墓室墓主为男性，右墓室墓主为女性，符合男左女右这种传统的丧葬习俗。

根据墓葬形制及出土器物初步推断该墓年代为东汉晚期。近年发现此类墓较少，墓室结构保存完好程度更是鲜见。该汉墓的发掘清理，为我们研究周口地区东汉晚期丧葬习俗提供了翔实的资料。

（韩严振）

【洛阳市金燕物流工程汉代墓葬】

发掘时间：2015年12月～2016年1月

工作单位：洛阳市文物考古研究院

项目位于洛阳市老城区邙山镇土桥村东侧的金燕物流中心园区内，东临王城大道。地势南低北高，地表经过垫土、平整，呈缓坡状。

此次发掘，共清理墓葬16座，均开口于第①层下，其中汉墓6座，唐墓1座，宋墓1座。

汉墓6座。以土洞墓居多，砖室墓较少，盗扰严重。土洞墓多由墓道、甬道、墓室三部分组成，部分有耳室。墓葬东西向1座，其余均为南北向。出土器物主要有陶壶、陶瓮、陶罐、陶碗、陶仓、陶灶、陶猪圈、陶鸡、陶狗、五铢钱等。编号C8M2964，为长方形台阶式墓道，方向188°。墓道长8米，宽0.6米，深6.7米，墓室长4.9米，宽1.8米，高1.8米，填土为淤土。墓葬被盗严重，出土器物有陶壶、陶仓、陶灶、陶鸡、五铢钱等，根据墓葬形制和出土物特征，该墓年代应为东汉。

唐墓1座，编号C8M2965。刀形土洞墓，方向180°。墓道位于墓室南侧，长2.5米，宽1米，深4米，墓室长2.1米，宽1.4米，残高1.6米，填土为淤土。盗扰严重，出土镇墓兽1件。

宋墓1座，编号C8M2963，为靴形土洞墓，方向188°。墓道长10米，宽1米，深4.2米，甬道位于墓道与墓室之间，长、宽均为0.8米，墓室长2.8米，宽1.8米，残高1.8米，填土为淤土。盗扰严重，出有铜镯2件。

（张龙丹）

【洛阳市老城区营庄村汉代墓葬】

发掘时间：2015年12月～2016年1月

工作单位：洛阳市文物考古研究院

为配合洛阳申诚置业有限公司老城区营庄村棚户区安置房（一期）项目工程建设，洛阳市文物考古研究院对项目范围内发现的墓葬进行发掘。

发掘区域地处洛阳城区北部的邙山丘陵地带，北临道北五路，西临经六路。此次发掘，共清理汉墓2座。

C8M2967方向180°。由长斜坡墓道、甬道和墓室三部分组成。墓道长10米，宽0.8米，深7.5米，甬道长1.3米，宽1.3米，墓室长3.2米，宽3米，残高1.2米，填土为淤土。盗扰严重，未见随葬器物。墓室底部以“人”字形砖铺底，仅余14块。根据墓葬形制，该墓时代应为汉代。

C8M298方向3°。由墓道、甬道和墓室三部分组成。墓道长3米，宽1米，深6.5米，甬道长1米，宽1.1米，墓室分前、后两室，前室南北长2.2米，东西宽3米，残高1.6米，后室长2.4米，宽1.3米，残高1.4米，填土为土。出土器物有陶鼎、陶罐、陶壶、陶瓮、陶奁、陶仓、陶盆、陶灶、陶井、陶杯、陶猪圈、五铢钱等，根据墓葬形制和出土器物特征，该墓时代应为东汉。

此次发掘的汉墓，为研究汉代的墓葬形制和丧葬习俗提供了新的实物资料。

（扈晓霞）

【洛阳市汉魏故城太极殿遗址】

发掘时间：2012 年 3 月 ~2015 年 12 月

工作单位：中国社会科学院考古研究所洛阳汉魏城队

太极殿遗址的考古发掘是在对汉魏洛阳城北魏宫城考古研究的学术背景下进行的。此前宫城阊阖门、二号宫门、三号宫门、宫城西南角及西墙的发掘，为探明魏晋至北魏宫城的形制布局奠定了坚实的学术基础；而太极殿遗址的发掘，则是研究链条上最关键的一个节点。

从 2012 年到 2015 年，洛阳汉魏城队对太极殿遗址进行了全面勘察与发掘，勘探面积约 30000 平方米，发掘面积 10000 余平方米。发掘基本确认了太极殿遗址是一组规模庞大、时代复杂的宫殿建筑群。其主要由居于宫城核心的主殿建筑和周围的宫院、廊庑、宫门等附属建筑组成，形成一个大型宫院；而太极殿的主殿则位于该宫院北部中间，由东西向排列的三座大型宫殿建筑组成，主殿居中、东西堂分居左右两侧。

遗址的地层堆积和地下遗迹较为复杂。耕土层下 0.1 米 ~0.2 米可见殿基夯土；殿基夯土厚达 7 米，周边的地层堆积则厚 2 米 ~3 米。除局部残存有后代扰土层外，主要为北朝时期的废弃建筑堆积层，包含物以大量碎白灰墙皮和表面磨光的瓦片等建筑瓦件残片为主。

依据发掘以及局部解剖确定，现存表面遗迹为北朝时期的太极殿遗址。但其建筑格局的形成主要包含三个时期的遗迹：始建于三国曹魏至西晋时期；迨至北魏时期又进行了局部扩改建；随后北周时期再次改建，但工程未完成即停止。

发掘主要揭露了太极殿主殿台基的东半部和东堂台基的全部，以及围绕着殿基周围的附属建筑遗迹，包括散水、道路、院落、门址、廊庑和给排水渠等。残存的主殿台基，北边宽 102.3 米，南边宽 98.4 米，南北进深 59 米 ~61.5 米。台基表面夯土可以分为 6 块，其中居中的夯土年代最早，分布面积最大；其他夯土均为后期围绕着中间主体夯土增筑而成。在南侧增筑夯土之上，发现有两排共 17 个大型的础石破坏坑。

台基南侧有两条南北向踏道，东侧踏道宽 5.2 米。台基北侧中间有一向北的夯土凸台，凸台东西两端各为一条东西向踏道。在主殿台基与东堂台基之间，有一座南北向门址，门道宽约 4 米；两侧东西向隔墙南北各设置一排 4 块础石，形成面阔 3 间的建筑柱网。文献记载，太极殿与东、西堂之间各有阁门，此处应为东阁门遗址。

东堂台基位于太极殿台基东侧 14 米处，东西约 48 米，南北为 21.3 米 ~23 米。台基南侧也有两条南北向踏道。东堂台基北侧有多组院落，院落之间均以大型廊房隔墙相隔，院内有房舍、天井、院门、道路、砖砌水渠等遗迹。

通过多处地点解剖，在晚期（北周）和中期（北魏）太极殿遗址的下面，还发现较多早期（曹魏西晋）太极殿的建筑遗迹。太极殿主殿台基中间的大面积夯土是早期始筑夯土，其夯土逐层平铺整体夯筑而成，未见断层，残存厚度 6.4 米 ~7 米，体量巨大。其夯土基槽底部铺垫有一层碎瓦片，其中包括魏晋篮纹面板瓦、素面筒瓦片，以及三角缘云纹瓦当残块等瓦件。据地层叠压关系、包含物等遗迹综合判断，其夯土筑造时代为三国曹魏时期。

在太极殿台基北侧、东北侧晚期的素土地面之下，还多处发现中期的台基北壁白灰墙皮和早期的铺砖地面、勒边石条等遗迹。铺砖地面局部保存较好，铺砖边界以宽约 0.1 米的石条勒边为限。在东堂台基北面中期的廊房遗迹之下，早期铺砖地面分布范围较广，且两端均向北折转，而且循勒石分布一线，还发现不少于 11 个柱础石或础坑遗迹，应与早期的大型廊房建筑相关。

太极殿遗址发掘的意义重大，基本上从考古学层面确立了以太极殿为核心的都城单一宫城制度的内涵，展现了以太极殿为大朝、太极东西堂左右分立的东西堂制度，中心正殿前设置三道宫门涉及的“五门三朝”制度等，开启了中国古代都城布局和宫室制度的新时代。

作为中国历史上第一座太极殿，汉魏洛阳城曹魏始建的太极殿集中体现了“建中立极”“君权神授”的统治理念，是中国古代都城由多宫形制向居中对称的单一宫城形制发展的重要转折点。

（钱国祥　刘　涛　郭晓涛）

【洛阳市汉魏故城宫城八号遗址】

发掘时间：2015 年 1 月 ~2016 年 5 月

工作单位：中国社会科学院考古研究所洛阳汉魏城队

继 2014 年度在太极殿宫院西南角对八号遗址的发掘之后，2015 年度继续对该遗址进行进一步的发掘解剖，获得了新的发现与收获。

2014 年度的发掘，主要是了解了太极殿宫院西南角各种不同时期建筑遗迹的平面分布状况和基本内涵。最主要的发现，是在毗邻太极殿宫院西南角以西发现一组大型院落遗迹。该院落四面由夯土墙围合，院落平面呈东西向长方形（编号院落 1），东西长 36.5 米，南北宽 17.1 米，东、西、南、北四面围墙残存高度 0.3 米 ~0.5 米。院落的东南角和西北角，均发现可能是门址的出入口。

2015 年度，为解决院落 1 的具体性质，根据此前对院落内晚期地面下的解剖情况，对其晚期堆积进行了较全面的发掘清理，在院落中央发现了两座半地下砖砌遗迹（分别编号为池 1、池 2），具体发掘情况如下。

池 1 和池 2 基本占据了院落 1 的大部，池 1 与池 2 毗邻而居，池 1 位于池 2 西侧。

池 1 规模较大，为长方形砖砌，四周墙壁和底部残留有大量的砌砖和铺砖遗迹。其内填埋有大量的北朝废弃堆积。池 1 的口部叠压于北周地面之下。池壁口部东西长 24.1 米 ~24.5 米，南北宽 12.6 米 ~12.8 米，池壁口部四边分别距离各自外侧的夯土墙 2.6 米 ~3.2 米。自池 1 口部外侧地面至池底铺砖地面最大深度为 2.6 米左右。池 1 用砖尺寸不一，周壁砌砖以大型条砖为主，砌筑整齐；底部铺砖多以残断的小型条砖为主，铺砌甚不规则。在池 1 四周砌砖砖壁内侧，分布有两周大小规格不同的柱洞，分布有距，间隔有致。但是在池 1 的中央位置，却未发现与柱网相关的遗迹。

池 2 呈南北向长方形，口部被破坏严重，打破北魏时期地面，被北周地面叠压。池 2 口部南北长 8.2 米，东西宽 3.4 米 ~3.5 米，其周壁和底部均有砌砖，现在仅存南壁和底部部分铺砖。池 2 内的堆积分为两期，上层晚期堆积为废弃堆积，包含有大量北朝时期的磨光瓦片以及残砖、白灰渣等；下层应该为池 2 内的原生堆积，为灰绿色水浸土，内含大量陶器碎片，在陶器碎片之间发现有大量变形的木板痕迹。推测池 2 的功能可能与储藏相关。

综合池 1 和池 2 的发掘来看，其所处的院落系一座具有特殊功能的院落，但两处半地下砖砌遗迹的用途与性质，目前还无法确定。

《洛阳伽蓝记》中记载，在太极殿前方左右两侧分别有洗烦池和流化池。此次发现的遗迹是否与“洗烦池”有关，考虑到遗迹的复杂性，尚有待于进一步的考察与研究确认。

（郭晓涛 钱国祥 刘 涛）

【洛阳市瀍河区东花坛西晋墓】

发掘时间：2014 年 12 月 ~2015 年 2 月

工作单位：洛阳市文物考古研究院

墓葬位于洛阳市瀍河区启明东路与启明南路交叉口东南部，原旭升宾馆院内。

三座墓葬墓道朝东，南北排列成一组，自北向南编号 C3M1640、C3M1641、C3M1642，北面两座墓葬墓道延伸至探区外未完整发掘。墓葬形制相同，均为长斜坡墓道单室砖室墓，由墓道、甬道、墓室、南侧室、北侧室五部分组成，暗券。

以完整发掘的 C3M1642 为例，墓道南北两侧内收五级生土台阶，西端甬道上方内收三级生土台阶。台阶上有放置条形砖现象，墓道前端平底，小砖铺地。

封门：封门外构筑两重封门砖，均为大砖错缝垒砌，外侧封门砖平面微弧。封门砖内为石门，仅残存地栿石。

甬道：平面长方形，砖券，直壁，弧形顶。两壁大砖错缝垒砌，底部横铺小砖。长 2 米，宽 1.54 米，高 2.57 米。

墓室：砖室，平面长方形，顶坍塌。壁砖大砖错缝垒砌，底部小砖错缝横铺，土圹壁向上呈弧形内收。东西长 4.46 米，南北宽 3.2 米。大砖长 49 厘米，宽 24 厘米，厚 10 厘米；小砖长 28 厘米，宽 14 厘米，厚 5 厘米。

北侧室：砖室，平面长方形，顶坍塌。壁砖大砖错缝垒砌，底部小砖错缝横铺。侧室与墓室间设有通道。长 3.72 米，宽 1.74 米，南侧室形制与北侧室相同，长 3.68 米，宽 1.75 米 ~1.8 米。

三座墓葬共出土陶器、金器、铜器、铁器、石器、钱币等 100 余件。M1642 出土一件蝉纹金珰，为汉晋时期侍中的帽饰，与墓主人的身份关系密切。M1642 出土的圭形石碑，曾见于西晋峻阳陵陪葬墓新庄 M4。

M1642 出土的一块漆皮，上面保存了可能是“十年九月”的朱书文字。自曹魏至西晋，存在“十年”年号的仅齐王曹芳“正始十年”，晋武帝司马炎“泰始十年”“太康十年”。其中，“正始十年”只延续至四月即改元“嘉平”，能与“十年九月”完全对应的就只剩晋武帝的两个年号。由此推断，东花坛三座墓葬的年代应为西晋早期。

东花坛三座大墓形制相同，排列整齐，具有明显的家族墓地性质。墓道全长 30 米以上，宽约 6 米，两壁构筑 5 级台阶，是西晋墓中等级比较高的墓葬。墓室为长顺室，南北两侧带有宽大的侧室，在西晋大型墓葬中并不多见。墓道两侧和墓门上方三面设置台阶的现象之前仅见于峻阳陵陪葬墓新庄 M4。

三座大墓与正始八年墓相比，相似处包括墓道朝东、设五级台阶，墓室南北均设置侧室；不同处在于前者为暗券单室墓，后者为明券双室墓。同时比对大汉冢南 DM1、DM4、曹休墓形制，东花坛三座大墓反映的可能是高等级墓葬由东汉、曹魏时期多室墓向西晋时期单室墓的过渡阶段。

（李继鹏）

【洛阳市大唐古镇西晋唐宋墓葬】

发掘时间：2015 年 11 月 ~2016 年 1 月

工作单位：洛阳市文物考古研究院

遗址毗邻龙门石窟，在其正北方伊河以西，与龙门石窟潜溪寺直线距离约 1000 米。此次发掘遗址面积 709 平方米。共清理沟 2 条、路土 2 条、灰坑 26 个及墓葬 14 座。最重要的是，在唐代层之下发现了属于新石器时代的仰韶文化晚期地层，但受基建工期所限，探方只做到该层表面即停，未到生土层。

该区域地层情况：第①～③层为唐代层，出土有外素面内布纹的板筒瓦残片、莲花纹瓦当、白釉黑花瓷器残片、绿釉陶器残片、灰陶罐口沿、白瓷盏底等；第④层为黄褐色土，土质硬且净，仅包含零星烧土和炭粒，时代不明；第⑤层为新石器时代层，发掘厚度0.2米，出土有泥质素面红陶片、夹砂粗绳纹红陶片、红陶鼎足、石磨棒、磨制刮削器（残）、石片。

沟分别发现于T2、T3内，均开口于地表，大体走向一致，东北—西南向，宽度5.3米～7.6米，深度3.2米～3.5米，斜壁平底，包含物少，出土有外素面内布纹和内外均素面的板筒瓦残片、灰陶缸口沿。时代为唐代。

路土分别发现于T1、T3内，T1内路土开口于第③层下，西北—东南向；T3内路土开口于第①层下，位于沟东壁边上，和沟平行，堆积厚分三层，中间夹淤土，三层不重叠，故该路土平面范围大，未见车辙，土质硬，夹杂大量小石子和碎瓦片，还出有两枚铜箭镞。时代为唐代。

灰坑多数开口于第②层、第③层下，圆形或椭圆形，填土灰褐色，土质松含炭粒，出土有灰陶盆口沿、灰陶罐底、布纹板筒瓦残片、食草动物下颌骨、肢骨等。时代为唐代。

墓葬西晋墓1座，宋墓2座，其余均为唐墓。西晋墓为中型砖铺地单室土洞墓，长斜坡墓道向北，砖封门，甬道壁和底均砌砖，单人葬，头向北，人骨下铺石灰，周身撒铜钱，头侧放铜镜，随葬品还有马、镇墓兽、狗、鸡、男女俑、武士俑、牛车、猪圈、磨盘、奁、勺、耳杯、灶、四系罐、多子槅、空柱盘、铜弩机。宋墓为靴形墓，唐墓为小型刀把墓，墓道均向南，被盗，出土有花瓣口白瓷碟、青瓷盏、黄釉绞胎瓷枕、绿釉罐、白瓷盖罐、铁剪等。

（张　瑾）

【洛阳市隋代回洛仓遗址】

发掘时间：2015年5月～2016年1月

工作单位：洛阳市文物考古研究院

为准确了解回洛仓西部仓储区钻探出的仓窖与已发掘的东部仓储区的仓窖形制、规模是否相同，仓窖保存状况如何，是否保存有与地面仓房建筑有关的遗迹，所存储的粮食品种是否与东部仓储区的粮食品种一致等问题。经国家文物局批准，对回洛仓对已钻探出的西部仓储区钻探编号为205号、206号仓窖进行了发掘。

发掘的两座仓窖口周围由于长期受到雨水的冲刷导致原窖口的夯土塌落损毁严重，仅残存有一周宽0.8米～1.9米的夯土带，夯土带外直径16.5米～17.3米，底径7.05米，深6.1米～7.4米。仓窖底部的窖壁还保存完好，壁面呈红褐色，表面坚硬，系经大火长时间烧烤后形成。仓窖底平坦，经过夯打。窖壁、窖底木板，均已腐朽。

通过发掘初步了解了回洛仓东、西部两个仓区的地层堆积状况；西部仓储区仓窖在形制、规模、使用时间等方面与东部仓储区的仓窖基本相同。此次发掘为全面了解回洛仓的总体保存情况等，提供了可贵的实物资料。

（王　炬　吕劲松　赵晓军）

【洛阳市瀍河西岸古河道与唐宋时期砖瓦窑遗址】

发掘时间：2015年9～12月

工作单位：洛阳市文物考古研究院

遗址位于洛阳市新街东侧，西距瀍河约200米，属于隋唐洛阳城河道与夯土遗迹1处、砖瓦窑址32座及与窑址相关的作坊遗迹等。

古河道为东西走向，平面呈喇叭口状。西南部红褐色生土为河道边缘，地势较高，河道内填土为黄褐色淤土夹杂红褐色淤泥。夯土遗迹位于河道内西北部，西部、北部均出发掘区。为黄褐色淤土夹杂红褐色淤泥及红褐色生土夯筑而成，夯土质地坚硬，夯土层厚0.09厘米~0.2厘米，偶见圆形夯窝。包含物较少，有细绳纹陶片、外绳纹内布纹板瓦残片等，经钻探夯土厚约7米。

32座砖瓦窑址的窑室顶均已坍塌。其中位于探方北部的21座窑址均在河道内夯土上掏挖而成。由于开挖时期不同使夯土遗存形成两级台地。根据窑址位置、形制以及包含物的不同可分为两期。

隋唐时期：窑址共17座，基本呈"一"字形排列，形制大小基本相同。单个窑址平面呈"马蹄"形，窑室均由窑门、火膛、窑床、烟道、烟囱构成。其中北部8座窑址位于河道内夯土的二级台地上，宋代窑址操作通道的下部。窑室破坏严重，应该是宋代修建窑址的操作通道时进行过平整。

宋代时期：窑址共15座，其中2座位于探方南部，仅存火膛部分。探方西北部有13座，窑址形制大小基本相同。整个窑址平面呈曲尺形，南北向10座，位于河道内夯土的遗存的一级台地上；东西向3座，开挖于河道边缘生土。单个窑址平面形状均呈圆形，窑室由窑门、火膛、窑床、烟道、烟室、烟囱构成。窑门外侧为长方形操作通道。

在发掘区中部偏东，残存一层码放整齐的长方形砖垛，砖垛底部平面有大范围踩踏痕迹及少量砖铺地；在砖垛南侧约7.5米处，有一处长方形铺砖遗迹，南、北及西面用立置的方砖围成，东侧被破坏，内底部平铺有三排长方形砖。应是与宋代时期窑址相关的作坊遗存。

结合以往的考古发现及文献记载分析，此次发现的古河道应为古谷水，此位置应为瀍水古道与古谷水的交汇处。河道内大面积夯土遗迹很可能为水利设施遗存，应该与千金堨或九龙池等水利设施有一定关系。此次发掘的隋唐及宋代时期窑址，规模宏大，排列整齐。尤其是发掘区东南侧首次发现了与窑址相关的作坊遗迹。遗址内出土部分砖上有戳印有"官"字。该处烧窑遗址应为隋唐及宋代瀍河流域营建和修缮东都洛阳城大型官营窑厂的一部分。对研究隋唐及宋代洛阳城营建和修缮有着重要意义。

（薛　方　潘海民）

【隋唐洛阳城宫城东城墙遗址】

发掘时间：2015年6月13日~7月26日

工作单位：洛阳市文物考古研究院

遗址位于洛阳市老城区中州东路356号院内，西临育才街，东临城隍庙，南临中州东路，是在配合洛阳市第六中学新建教学楼项目建设的过程中发现的，属隋唐洛阳城遗址范围内。

通过发掘，我们发现夯土城墙1处，开口第①层下，南北走向。城墙东西总宽15.15米，南北揭露的长度为11.2米。夯土城墙可分为三期。一期夯土城墙位于城墙东部，夯土基槽底宽9.64米，夯土厚约2.45米，内含铜钱、瓦片等遗物，夯质较好，夯层厚6厘米~10厘米，发现有夯窝，直径约4厘米。夯土东侧有包边砖，规格为长36厘米，宽18厘米，厚7厘米。包砖残存19层，高1.4米，外侧用斜面砖顺向平砌，每3块或4块砖再砌筑一块横向砖。底部横向平铺两层长方形砖作为基础，上下错缝，平砌而成，其东以砖渣填充。二期夯土城墙位于一期夯土墙西侧，夯筑质量较差。包砖建于夯土之上，残存9层，高约0.7米，外侧包砖自下而上逐层内收1厘米~2厘米，其内用莲花砖、绳纹砖、素面砖残块填砌。三期夯土城墙位于二期夯土以西，夯筑质量较差，夯层厚5厘米~10厘米。包砖残存4层，高0.42米。

结合文献记载以及以往的发掘情况，此处夯土城墙应是隋唐洛阳城宫城东城墙（东城西城墙）的一部分，墙体经过两次修补、加宽。

为更好地保护、利用与展示该处夯土城墙，我们计划对其进行原址保护，并筹建展示宣传基地。在保护第一的前提下，对洛阳市第六中学新建教学楼项目的整体设计思路进行调整，拟修建展厅，将夯土城墙展示出来，推进考古成果惠及民众。目前，相关的保护立项申请和规划设计方案正在编制之中。

（张龙丹）

【隋唐洛阳城宁人坊遗址】

工作单位：洛阳市文物考古研究院

遗址位于洛阳市洛龙区聂泰路东、古城路北、赵村西、董庄村园区路南。此次发掘，发现了宁人坊东坊门及坊内部分建筑遗址。

宁人坊东坊门位于东坊墙正中。坊门以东为定鼎门大街，以西属宁人坊坊内区域。坊门由门道和墩台构成，门道为东西走向，南北宽 3.35 米，东西进深 6 米，门道路土有明显的踩踏和车辙痕迹。墩台分为南北两部分，位于门道南北两侧，分别连接东坊墙南、北两段，夯土筑成，平面均呈长方形，东、西两端被晚期沟打破。北墩台东西残长 5.8 米 ~6.4 米，南北宽 3.55 米，从剖面看仅剩 3 层夯土，土质纯净；南墩台东西残长 6 米 ~6.8 米，南北宽 3.55 米，从剖面看仅剩 3 ~4 层夯土，土质纯净。

东坊墙仅剩基槽部分，南北走向，宽 1.35 米 ~1.5 米，夯筑而成，土质纯净，但硬度较差，连接坊门墩台。坊墙以东为排水沟 G1，南北走向，南北出探方。此排水沟时代较坊墙略晚，沟西壁打破坊门墩台夯土东缘，东西宽 2.7 米 ~3 米。沟内填土为淤土，出土有少量布纹板瓦片。坊墙以西为一晚期排水沟 G2，南北走向，向北出探方，南端到南墩台南垣截止。G2 东西宽 1.85 米 ~2.85 米，深 1.7 米左右，打破坊内东西十字街路土和坊门墩台西缘。坊门南墩台南侧有一砖砌水沟，东西走向，向东打破东坊墙和 G1，向西出探方。沟宽 0.4 米，深 0.4 米 ~0.5 米，底部和四周为长砖砌成，上半部由板瓦垒砌。

20 世纪 50 年代以来，对隋唐洛阳城里坊区曾进行过多次调查和发掘，基本了解了坊内有十字街，坊墙四面开有四门。但对于定鼎门大街一侧的坊门形制一直不明。从此次发掘情况来看，宁人坊东坊门门道较之 2013 年发掘的南、西坊门有所扩宽，而墩台的规模更是扩大了一倍，由此推测定鼎门大街两侧的坊门更大，与定鼎门恢宏的气势融为一体。

通过勘察，在坊内东南区域内还发现了小型磉墩共 71 个。这组磉墩在南北 90 米，东西 20 余米的范围内分布，南北 4 列、东西 21 排。通过发掘，单个磉墩平面近方形，边长 0.9 米 ~0.95 米，均为夯筑，夯土质量较差，土质稍硬，土色为黄褐色，不见包含物。在磉墩西侧发现了一南北向条状夯土，该夯土宽 1.5 米，土质、形状类似坊墙基槽，南北出探方。同时在该区域地层中出土有一小型铜鎏金佛像。

另外，对钻探发现的位于磉墩东北部、一边长 12 米的夯土台基进行了发掘。经发掘，该台基平面呈正方形，夯土边长 10.4 米，外围有 1.7 米的包边砖和散水痕迹。在夯土台基散水北侧有两条向北伸出的宽 1 米、长 1.7 米的砖沟痕迹，同时在该区域北隔梁下还有部分东西走向的夯土，向北扩方后发现该夯土南北宽 7.8 米，东西出探方（至少 20 米），该夯土性质不明，但在其北侧一灰坑内出土有一小型铜鎏金造像，还出土较多的青石，部分青石为佛教造像、石刻、经幢等，经幢上刻有文字，可辨识其为《大方便佛报恩经》。该夯土可能与方形夯土台基有关。据文献记载，宁人坊内有龙兴寺，这些夯土和出土文物或许与其有关。

（赵晓军　屈昆杰）

【隋唐洛阳城定鼎门大街遗址】

发掘时间：2014 年 11 月 ~2016 年 1 月

工作单位：洛阳市文物考古研究院

隋唐洛阳城定鼎门大街遗址位于今龙门大道西，古城路北。北起端门，经天津桥，南至定鼎门，是隋唐洛阳城的城市轴线，也是唐宋西京城城内的交通要道。此次共发掘遗址面积 900 平方米。清理出定鼎门大街路土及两侧排水沟遗迹、明教坊西墙及明教坊西门遗迹。

定鼎门大街：共清理出隋至明清时期五期路土。第一期为隋至初唐时期。形成于生土之上，路土宽约 136 米，厚约 0.2 米。两侧有同期排水沟，东侧排水沟宽 2.25 米，西侧排水沟宽 2.3 米。第二期为盛唐时期。叠压于第一期之上，宽约 131 米，厚约 0.2 米。东侧排水沟口部宽 7.5 米，底宽 5.6 米。西侧排水沟口部宽 3.9 米，底宽 3.6 米。第三期为晚唐时期。路面宽度明显收窄，宽约 102 米，夹杂黄褐色淤土，厚 0.1 米。两侧排水沟叠压在第四期排水沟下，东侧 1.6 米，西侧宽 2 米。第四期为宋代。路土宽约 102.5 米，红褐色淤土，厚 0.2 米 ~0.48 米。西侧排水沟口宽 2.9 米，底宽 1.3 米。东侧排水沟口宽 1.6 米，底宽 0.7 米。第五期为明清时期路土，位于中间御道位置，宽 15 米，夹杂大量卵石，厚约 0.5 米。

明教坊西坊门及坊墙：开口于第⑤层下，仅存门址墩台基础部分，为红褐色土夯筑而成。两侧墩台平面呈“U”形，中间夹有坊墙。南侧墩台保存较好，东西长 7.1 米，南北宽 3.6 米。北侧墩台被晚期破坏较为严重，西半部仅于一层夯土，东半部分仅存东南角。坊墙为红褐色夯土筑成，宽 1.3 米，南侧发掘长约 6.6 米，向南出发掘区，向北夹于明教坊西门南侧墩台之间。北侧坊墙与南侧相同，宽约 1.3 米，发掘长约 6.9 米。与该坊门对应的宁人坊东门形制与之相同。

此次是首次将定鼎门大街及两侧的里坊坊门遗址进行的较为完整的发掘，对于搞清楚各时期定鼎门大街以及两侧排水沟遗存状况以及定鼎门大街与两侧里坊之间的关系有着重要意义。为后期的保护展示利用提供了重要考古资料。

（薛　芳）

【隋唐洛阳城西苑遗址水利设施遗存】

发掘时间：2015 年 10 ~ 12 月

工作单位：洛阳市文物考古研究院

2015 年 10 月，洛宁顾县水库至洛阳引水工程在施工中挖出大量方形石块及木棍。洛阳市文物考古研究院随即对该遗迹进行了抢救性发掘，清理出数量较多的大型石块、密集排列的木桩和东西对称的石堤岸。

该水利设施位于宜阳县城东北部寻村乡锁营村西南的洛河河道上，处于原隋唐西苑遗址区西部，距隋唐洛阳城西南角约 19 千米。

石堤岸底部距地表深 4 米，呈南北方向，将洛河水拦截。根据钻探和村民反映，石堤横跨洛河南北两岸，总长约 500 米。残存的东西两侧堤石间距 12 米，均呈 45°角向内倾斜，两堤石间密集排列有直立的木桩，在西侧堤石内平铺有 8 厘米厚的木板。两堤石间木桩密集排列，直径 7 厘米 ~13 厘米，间距 10 厘米 ~30 厘米。东西两侧堤石外各有宽 3.5 米的护堤木桩。木桩东西间距共宽 19 米。两堤石外侧各有木桩密集排列狭持堤石，使其稳固。

该堤的筑造方式可能与隋唐时期治河的一种方法——“木岸狭河”有关。该方法是用木料做成木岸，使河床束窄，水深加大。该处堤岸的位置正处于西苑遗址区外，目的可能是为向西苑内引水而建，其作用可能与四川的都江堰水利设施相似。

（王　炬　吕劲松　赵晓军）

【荥阳市天悦湾5号院唐墓】

发掘时间：2015年10月

工作单位：郑州市文物考古研究院

天悦湾5号院14号楼住宅楼项目工程位于荥阳市郑上路以南，兴华路以西，索河以东。此次发掘清理唐墓1座。

M1为单室土洞墓，由墓道、甬道、墓室三部分组成。方向185°。

墓道位于墓室南部，平面呈长方形，长2.46米，宽0.64米~1米，南高北低，南部稍呈坡状，北部平底，深0.35米~0.65米。甬道位于墓道之北，宽0.8米，长0.54米，墓室平面呈长方形，长2.4米，宽1米~1.05米，残高。墓室内葬具为单棺，已朽，棺痕长2.06米，宽0.5米~0.65米，残高0.4米。人骨朽蚀严重，仅存头骨及脊椎骨部分，头向北，其余不详。陶瓷器部分出于棺外，银器及蚌器等出土于棺内。

该墓葬保存完整，未被盗扰，出土有一大批随葬物品，种类较多，有铜器、银器、瓷器、骨器、贝器、漆器、铁器等，器形丰富有瓷罐、瓷碗、瓷碟、铜镜、铜簪、银簪、银镯、银耳坠、银眉夹、骨梳、贝粉盒、漆盒、铁熨斗、骨骰子等。

M1为长方形竖穴土洞墓，底平面为直背刀形，据形制应属中唐时期流行的墓葬形制。参照出土器物，该墓出土的"乾元重宝"中唐以后出现；铜镜的纹饰也是中唐时期才出现的纹样。综合分析，我们认为此墓的年代定在公元9世纪中晚期的晚唐时期较为合适。

M1虽然规模小，形制简单，未出土明确纪年遗物，但出土物较为丰富，墓主人应有一定经济实力，且随葬器物偏重女性日常用品，种类较多，有银钗、银簪、银手镯、银眉夹、胭脂粉等，展现了唐代盛装女子的装束。该墓的发掘为研究唐代妇女装饰及唐代的物质文化、社会生活、丧葬制度提供了丰富的实物资料。

（魏青利　丁兰坡）

【西平县同心寨宋元明时期遗址】

发掘时间：2015年8~10月

工作单位：河南省文物考古研究院　西平县文物管理所

同心寨遗址位于驻马店市西平县芦庙乡同心寨村东南，遗址东距大刘庄约200米，棠溪河从遗址西北面流过。遗址上有一条东西向的生产便道，将遗址分成了南北两个部分。遗址中心区略高于周围地表。经钻探，遗址规模较小，平面呈近椭圆形，东西约120米，南北约80米，总面积约1万平方米。

此次发掘主要位于高压线塔基范围内，另外在靠近遗址中心区内也开了两个探方，共开5米×5米探方4个，外加局部扩方，发掘面积约200平方米。此次发掘共发现1座墓葬、8座灰坑和一座水井，还有几条长条浅沟状遗迹，出土了数量较多的瓷器和陶器。

遗址地层堆积比较简单，共分为3层，第①层为现代耕作层，第②层为晚期扰乱堆积，第③层属于宋元时期的堆积。

墓葬呈近长方形，一端呈"凸"字形，砖室墓，底部铺砖，由于遭到了严重盗扰，未发现有人骨，出土了一件绿釉的三彩小杯，从其墓葬形制来看，可能属于明代。

灰坑大多出土物极少，仅有少量瓷片、陶片和砖瓦残块。其时代应为元明时期。

水井位于T4北部，开口于第②层下，

平面呈近圆形，直径2.3米~2.45米，上部井壁较斜，由于坍塌略显不规则，下部井壁较直，略微内收，发掘至深度5米多时，出水停止发掘。坑内堆积可分为5层。出土物较为丰富，以瓷器和陶器为大宗，还有少量板瓦、筒瓦残块，另外兽骨也有较多出土，多见肢骨。瓷器可见器形有碗、罐、碟、盘、瓮等，中以碗的数量最多。釉色可分黑釉、青釉、白釉、白底黑花等几类，中以白底黑花数量较多。题材多为几何纹，也有部分暗纹装饰。胎质可分为白胎和褐色胎质，胎质多较粗糙。碗多见敞口圆唇，直矮圈足，一般较常见施半釉，不到底，底部多见矮圈足，罐一般施釉到底，装饰白底黑花图案。装饰题材多为几何纹，还有部分暗纹装饰。陶器以生活用具为主，有盆、罐等，大小不一，都是实用生活用具。

从出土的瓷器来看，这个遗址可能沿用时间较长，从元代一直延续到了明代。

同心寨遗址的发掘，虽然遗迹数量较少，遗物也不是十分丰富，但是这些日用瓷器、日用陶器的出土为了解当时社会基层的经济生活状况提供了新资料。

（张小虎　聂　凡　陈卫东）

【嵩县明代云岩寺遗址】

发掘时间：2015年8~11月

工作单位：洛阳市文物考古研究院

云岩寺位于洛阳市嵩县白河镇东北上、下寺村附近，传说云岩寺1200多年前由唐代高僧“自在禅师”开创，其由上、下云岩寺和千年银杏林三部分组成。云岩寺始建于唐，历经五代、宋、元、明、清，曾于明中叶发展至鼎盛，曾长期是伏牛山佛教的中心地。

2015年度洛阳市文物考古研究院对上塔林遗址和中塔林遗址进行了考古试掘。此次发掘共布探方6个，布方面积600平方米。共清理塔基12个，其中10座砖塔，2座石塔。塔平面均为六边形，据当地人代代口头相传，这些塔的名字有：丫鬟塔、皇姑塔、将军塔、元宝塔、千佛塔，其中云岩寺的创始人“自在禅师”塔基位于中塔林。

这次试掘出土了大量的与佛教有关的建筑材料、佛像等遗物；另外，我们还发现了青花瓷碗、白瓷盏、铜钱等生活遗物。通过出土遗物及塔的形制判断，我们认为这批塔基的时代应该在明代。

（潘付生）

湖北省

【石首市走马岭新石器时代城址】

发掘时间：2015 年 7 ~ 12 月

工作单位：武汉大学历史学院考古系

遗址位于石首市东升镇（原焦山河乡）走马岭村与屯子山村的交界处。地处低山丘陵向平原的过渡地带，紧邻石首市最大的湖泊上津湖的北部边缘，水路交通便利。基点坐标为北纬 29°40′13″，东经 112°31′07″，海拔 30.1 米。

为了对走马岭遗址进行大遗址保护规划，经国家文物局批准，武汉大学考古系联合石首市博物馆对走马岭遗址进行了一系列考古工作。此次考古工作开展之初，荆州博物馆文保中心采用 RTK 对走马岭城址及周边地区进行了精细测绘，形成 1:500（局部 1:200）平面图。在此基础上，我们对走马岭遗址及周边的屯子山、蛇子岭、江王台、狗赶张等土墩、土岗进行了反复踏查。为了解走马岭城墙结构和建筑方式，分析城址的结构及走马岭与屯子山、蛇子岭等周边堆积的关系，选取了 12 处断面进行清理，包括走马岭城墙东南部被空心砖厂取土破坏形成的城墙断面和屯子山、蛇子岭、江王台、狗赶张等多处断面。对走马岭城内和屯子山土墩范围内进行了全面勘探。在走马岭城内东部城墙、北部城墙、靠近西水门的西南部及城外东部护城河部分做了小面积的发掘，布方规格 5 米 ×5 米，共布方 23 个。大多数探方因揭露出房址等重要遗迹停留在耕土层下或房址等遗迹开口的层位下，仅 4 个探方清理到生土面或城墙面。

勘探表明走马岭堆积丰富，屯子山仅有一些地势较低的局部地区有少量文化堆积，且有些是晚期堆积。两边的堆积情况差别很大。

调查与若干断面清理的结果显示屯子山的西部、北部和东部均有较为连贯的人工堆筑的城垣堆积，但是在屯子山南部无城垣堆积。狗赶张、蛇子岭等土墩、土岗均为人工堆筑而成。这些人工土墩、土岗与屯子山的城垣包围在走马岭城外围一周，构成了走马岭城的外城体系。

此次发掘采用聚落考古的方法，共揭露出房屋 7 处、红烧土堆积 4 处，清理了灰坑 100 余个、灰沟 6 条、瓮棺 1 座、墓葬 2 座。出土了大量陶器、石器、少量骨器等，文化内涵涉及屈家岭文化、石家河文化、煤山文化石板巷子类型，另有零星东周、宋代遗存。

在东南角城墙上进行的发掘表明，这里耕土层下即分布有保存较好的相当于夏代早期的石板巷子类型的房屋建筑基址及相关遗迹，出有少量遗物，以陶器为主，器类有侧装足的鼎、罐等。在城墙北部的勘探和发掘表明，这里在屈家岭文化时期存在长期的居住现象，形成了非常丰富的文化层堆积。遗迹有房址、红烧土堆积、灶坑、灰坑、灰沟等。其中房址有晚期的长方形双间房和早期的圆形单间房等，均为地面式建筑。出土陶器有鼎、釜、豆、高领罐、大口罐、盆、碗、圈足杯、甑、缸、器座、纺轮等，石器有斧、杵、箭镞、磨石等。在城墙北部偏南的地方存在零星的石家河文化遗存，出有少量遗物，有陶鬶、盆、杯、缸等。

总之，走马岭城平面形状近不规则圆形，由内、外双城组成，内城外有一周完整的城壕，外城外目前只在局部发现明显的城壕迹象。内城近10万平方米，加上外城总面积达36余万平方米。其始建年代应该为屈家岭早期文化，历经屈家岭晚期文化、石家河文化，废弃年代大致为夏代早期。是国内发现的较早的城之一，也是目前发现的最早的具有内外城结构的史前城址。

（余西云　单思伟）

【荆门市屈家岭新石器时代遗址】

发掘时间：2015年5月~2016年1月

工作单位：湖北省文物考古研究所、荆门市博物馆、屈家岭遗址管理处

联合考古队组建后，随即进驻屈家岭遗址，展开相关考古工作。首先确立了屈家岭遗址考古工作总基点。建立5个永久控制点，用于考古测绘及RTK布点与放样。使用RTK将整个遗址按象限分布成5米×5米的探方网，以用于考古发掘，并以10米孔距的规格对整个遗址进行勘探。根据已有资料，对大壕沟、小壕沟所在区域进行重点勘探，孔距规格为5米、2米和1米。

根据勘探成果，在小壕沟西北拐角处布设南北向探沟一条，编号TG1，规格为25米×3米。G1（即小壕沟）开口于TG1第⑥层下，叠压在TG1第⑦层上。G1开口距地表深1.2米~1.4米，沟底距地表深2.6米，沟内堆积厚1.1米，沟口宽11.2米。根据G1各层堆积中所出土的陶片，我们推测小壕沟的年代为石家河文化早期。

在屈家岭遗址点的北部区域布设5米×5米探方9个。

在大壕沟北端布设探沟一条，编号TG3，规格为25米×3米。因地下水位高，发掘工作被迫结束。G3（即大壕沟）开口于TG3第⑤层下，打破G4直至生土，沟口距地表深1.85米~2.15米。G4开口于TG3第⑦层下，叠压于TG3第⑧层上。G4开口距地表深2.3米~2.4米，沟内堆积厚1.15米，残宽8.4米，沟底距地表3.8米，北部被G3打破。因未出土任何遗物，G3、G4的年代暂时无法判定。

在大壕沟东段北部布设东西向探沟一条，编号TG4，规格为20米×1.5米。在大壕沟东段南部布设东西向探沟一条，编号TG5，规格为15米×1.5米。TG4、TG5的地层堆积皆是表土下即为生土，未发现文化层和淤泥。通过TG4、TG5的发掘，基本上否定了大壕沟东段的存在。

在大壕沟西部偏北位置布设探沟一条，编号为TG6，规格为5米×2米。TG6发掘区域，勘探已知大壕沟宽度约25米，沟底为锅底状，最深处达6.8米且未到底。G5（即大壕沟）开口于TG6第⑤层下，距地表深1.05米~1.25米，沟内堆积厚0.25米~1.05米，可分为三层，出土有大量陶片，我们据此初步推测大壕沟的年代为屈家岭文化时期。

此次发掘共清理房址1座，瓮棺葬2座，灰坑9个。出土大量石器和陶器，石器主要有石斧、石锛和石球；陶器以泥质黑陶、泥质灰陶为主，夹砂红陶次之，纹饰主要为素面，可见少量篮纹、弦纹和附加堆纹，器形可辨者主要为陶纺轮、陶杯、陶鼎、陶簋、陶豆和陶罐。

2015年度工作对屈家岭遗址环壕的结构布局和年代有了崭新认识：确认了小壕沟的年代属于石家河文化时期；确认了大壕沟的年代属于屈家岭文化时期；系统勘探和重点解剖表明大环壕并未连通屈家岭遗址点之外的钟家岭和冢子坝两个遗址点。通过系统勘探及局部解剖和发掘，我们对

屈家岭遗址群相关遗址点的共时性和历时性变化有了更为深刻的理解，为深入探索长江中游地区史前环壕聚落的形态特征提供了丰富的实物证据。

（罗运兵　陶　洋　周　伟　罗祖俊）

【天门市石家河新石器时代遗址】

发掘时间：2015 年 3 ~ 12 月

工作单位：湖北省文物考古研究所

遗址位于天门市石河镇，地处大洪山南麓、江汉平原北部，是长江中游面积最大、延续时间最长、等级最高、附属聚落最多的史前城址聚落。2015 年度主要对遗址群核心区域的印信台、谭家岭进行了发掘，主要收获如下。

印信台遗址发现长江中游规模最大的史前祭祀场所。遗址位于石家河古城的西边，与石家河西城垣隔护城河相望，总计发掘面积 1225 平方米，发掘揭露出 4 个人工黄土台基、6 组套缸遗迹等祭祀遗存。其中黄土台基均为长方形，最大的台基东西长 30 米、南北宽 13 米左右，全部由较为纯净的黄土夯筑而成。沿台基边沿还发现有瓮棺葬、扣碗、立缸、土坑墓等遗迹。台基 2 与台基 3 之间的低洼地还发现有两组由数十个红陶缸首尾套接而成的套缸遗迹，大部保存较好，气势宏伟，尽管局部遭到破坏，仍可清晰看出其排列的基本规律。根据出土遗物分析，其时代属于石家河文化晚期，是石家河遗址鼎盛时期的遗存。印信台遗址宏大的祭祀台基、奇特的祭祀用品为我们生动再现了史前人类特有的祭祀场景。

谭家岭遗址东部发掘区发现后石家河文化玉器。遗址位于石家河古城的核心，2015 年发掘区位于谭家岭遗址东部地势高亢处，发掘面积 900 平方米。除揭露屈家岭文化晚期土坑墓和石家河文化早期大型房基外，此次发掘最重要的发现后石家河文化时期的出土玉器的瓮棺葬 5 座，编号 W3、W4、W7、W8、W9。新发现有双人连体头像玉玦、虎座双鹰玉饰、玉牌饰、虎形玉冠饰、玉虎、玉鹰、玉钺等，以玉蝉、玉管、玉珠、玉虎的数量最多。瓮棺中还发现有将剩余的玉料与玉器同葬的现象。这些玉器类型丰富、形态优美、造型生动，具有浓郁的生活气息和极高的艺术观赏价值。多数玉器表面都有精美的线刻、勾连图案和复杂的透雕和细如针尖的钻孔，其普遍使用的圆雕、透雕、减地阳刻工艺、浅浮雕线刻工艺代表了史前中国乃至东亚地区玉器加工工艺的最高峰。

谭家岭遗址北部发掘区发现城垣与环壕。谭家岭北部与邓家湾的结合部发掘 100 平方米，发掘显示在谭家岭遗址周围有环壕和城垣遗存。壕沟宽 30 米左右，通过地质钻探，测得壕沟底部深达 9 米。其内从上往下堆积有后石家河文化、石家河文化、屈家岭文化时期的遗存。壕沟的南侧为内侧，发现有较纯净黄土堆积而成的城垣，城垣顶宽 10 米，厚约 1.5 米。城垣上叠压有后石家河文化至屈家岭文化时期的文化层，并发现有屈家岭文化时期的墓葬打破城垣。据此，大致可以确定谭家岭城垣与环壕应不晚于屈家岭文化时期，是同时期我国规模最大的史前城址。谭家岭古城的发现，将石家河城址的城建历史至少提前了 500 年，为了解石家河遗址 2000 多年的聚落形态的扩张与演变提供了至关重要的依据，为研究长江流域文明化进程提供了非常重要的材料。

（刘　辉）

【宜城市方家岗新石器东周及汉代遗址】

发掘时间：2015 年 3 ~ 6 月

工作单位：湖北省文物考古研究所、宜城博物馆

遗址位于宜城市区东南近郊，隶属经济开发区（原鄢城办事处）周岗村。时代为新石器时代晚期、东周时期和汉代，分

为东西两区，西区都为东周和西汉时期，只有墓葬共发掘400平方米。东区为新石器时代晚期、东周时期的遗址，面积约3000平方米，遗迹类型有房址、灰坑、灰沟和墓葬等，遗存以后石家河文化阶段为主，墓葬基本为东周时期。共发掘新石器晚期灰坑2个，灰沟1条，房址1处。东周和汉代墓葬117座，西区共计发掘25座，东区发掘92座，均为竖穴土坑墓。

东周墓葬94座。墓坑普遍偏深，绝大多数深度在2米以上，少量墓葬深度在5米左右。按葬具数量，可分为单棺墓和单椁单棺墓两类：单棺墓：随葬品置于头部或置头龛，器物组合多为盂、罐、豆，少见鬲类。单棺单椁：随葬品置于椁内棺外。随葬品基本组合为鼎、壶、豆，另有罐、盒等，敦较多。

汉代墓葬23座。墓坑普遍偏浅，少量遭到严重破坏，绝大多数墓葬形制保持完整。均为南北向，多成组出现，一棺一椁，随葬品置于椁内棺外长侧。随葬品常见组合多鼎、壶、盒、罐、灶、仓，极少量有井。

此遗址保存一般，出土文物较丰富，出土数量较丰富的铜器、石器和陶器，铜器有匕首、矛等；石器有斧、锛和镞等；陶器有纺轮、陶罐、陶鼎、陶鬲、陶盂等。多为泥质陶，陶色有黑陶、灰陶，以及红陶等，还有少量夹砂陶；以素面为主，纹饰以绳纹较多。

（赵　军）

【武汉市黄陂区盘龙城商代遗址】

发掘时间：2015年1～7月

工作单位：武汉大学历史学院

盘龙城遗址位于武汉市黄陂区盘龙城经济开发区叶店村。中心地理坐标为北纬30°41′40″，东经114°15′57″，海拔20米～40米，遗址总面积约3.5平方千米。

为配合国家考古遗址公园建设，深入研究盘龙城遗址布局形态，武汉大学历史学院在遗址区内开展了全覆盖式勘探工作，并对勘探资料进行数字化处理，逐步构建起盘龙城遗址考古地理信息系统。同时，在盘龙城遗址杨家湾、小王家嘴等地开展了考古发掘工作。

勘探面积为61万平方米，探孔共计3223个，其中518个探孔发现有商代文化层分布。通过本项勘探工作，基本廓清了杨家湾岗地的遗存分布范围，并准确记录了遗存的三维坐标信息。同时明确了该区域不同土壤类型的分布情况，为研究盘龙城遗址古代环境和遗址形成过程提供了翔实的资料。

为便于探孔资料的记录和管理，及对钻探所获得的遗存空间分布形态进行考古学研究，还开发了“盘龙城遗址田野考古钻探系统”。待将盘龙城遗址区域全部钻探完毕后，将借助该系统生成盘龙城遗址古代地貌模型，分析遗址环境及景观变迁。

在解杨家湾北坡布设100米×2米探沟一条，经解剖在探沟中部偏北位置发现有南北宽约22米的黄色黏土带，黄土中包含较少的细碎陶片，在黄土带南北两侧有人工垒砌的东西向石块遗迹。从较为纯净的黄土带及人工垒砌的石块遗迹推测，该区域疑似存在盘龙城遗址外城垣遗迹。这一发现为探究盘龙城遗址外城垣的有无提供了十分重要的线索，在后续的考古工作中，还将在杨家湾岗地及其他可能出现外城垣的地点开展进一步的考古发掘，以确定该黄土带遗迹的年代、结构、范围和性质。

对小王家嘴勘探发现的一批墓葬进行了发掘。此次发掘面积为600平方米，发现商代遗迹单位共29座，其中墓葬21座、灰坑8座。发掘出土觚、爵、斝、鼎等青铜器及玉器、陶器等随葬品，初步判断小王家嘴为盘龙城遗址的一处墓地，年代为二里岗文化时期。

发掘区地层堆积情况较为简单，耕土层下为清代文化层，该文化层在发掘范围内分布较广，几乎遍布整个发掘区域，已发现的商代遗存均开口于该文化层下。从出土遗物来看，已发现的商代遗存年代较为单纯，均为二里岗文化上层。所发现的21座商代墓葬是此次发掘的主要收获，这批墓葬在墓向、随葬品种类等方面与盘龙城遗址以往发现的商代墓葬形态基本一致。但有所不同的是，此次发掘21座墓葬中，除M17、M24、M25、M26外，墓葬长度多在90厘米～120厘米、宽度为40厘米～60厘米，墓葬空间似难以容纳正常成人，故有关这批墓葬墓主身份的判定还有待进一步的研究。此外，从墓葬随葬品出土形态来看，各类随葬品多为人为打碎后放置于墓葬中，应为“碎器葬”葬俗所导致的现象，这一发现为研究早商时期葬俗提供了重要资料。就整体布局而言，墓葬多集中在发掘区南部较高区域，北部遗迹稀少。墓葬均为西北—东南向，墓葬虽较为密集，但未发现较为明显的布局形式，相关问题有待进一步发掘工作及后续整理研究。

（邹秋实）

【大冶市铜绿山四方塘两周墓地】

发掘时间：2014年11月～2015年11月

工作单位：湖北省文物考古研究所

四方塘遗址位于铜绿山Ⅶ号矿体的北麓，南边与铜绿山古铜矿遗址博物馆北围墙连接，遗址面积15000多平方米，中心坐标为北纬30°05′11.3″，东经114°56′2″，海拔31.15米。墓葬区坐落在遗址东部一条西南至东北走向的马鞍形山冈上（当地称对面梁），其南北长约150米，东西宽20米～50米，面积约4500平方米。

此次分两次连续对墓葬区进行了发掘，共揭露面积2275平方米，发现墓葬135座，除因高压电线杆占压的3座墓葬未发掘外，实际清理墓葬132座。其中，西周晚期墓葬3座、春秋时期墓葬118座、近代墓葬11座，共出土两周时期铜、陶、玉、铜铁矿石、石等质地文物170余件（套）。两周墓葬皆为长方形岩（土）坑竖穴墓，大小基本相近，均排列有序，极少打破关系，多数呈西北至东南或东西向，仅数座墓西南至东北向。91座墓葬有葬具，但皆已腐朽。人骨腐朽无存，仅有3座墓葬在棺室西部发现人牙，也由此推定墓主人头向可能与墓葬方向一致。121座墓葬中M34规模最大但为空墓，其余根据葬具分为两类，一类为有一椁一棺墓，规模稍大，共5座；一类为无椁单棺或无椁无棺的小型墓，共116座。

一椁一棺墓一般位于墓葬区地势较高阔地带，6座墓分别为M1、M34、M73、M76、M78、M88。M1是该类墓葬中规模最大的一座，墓坑北半部开凿于较硬的岩石层，南半部开凿于强分化岩土层。墓口略呈长方形，墓向302°。墓口长3.82米，宽2.32米，墓底长3.38米，宽1.86米，墓深2.42米。墓坑南壁中部凿挖一拱形壁龛，内部正置一件陶鬲。墓室可见一椁一棺朽痕，木椁盖上的四角各有1枚青铜抓钉，墓底发现两条垫木槽痕迹。人骨完全朽蚀无存，棺内西部发现玉玦2件（1件残）、玉璜1件。时代为春秋早期晚段。

无椁单棺或无椁无棺墓，规模明显小于一椁一棺墓，为小型墓。按墓口大小又可细分为宽边长方形小型墓和窄边长方形小型墓两种。经统计，宽边长方形小型墓45座，其墓口长宽之比多为1∶2，多数有单棺，墓内有随葬品。窄边长方形小型墓较多，达70座，主要分布于墓葬区东、西两边稍低的坡地上，墓口长宽之比为1∶2.5至1∶3.2。

春秋中晚期墓葬等级不高，规格较为接近，排列有序，方向基本一致，几无打破关系，与铜绿山Ⅶ号矿体5处采矿遗址的主要年代接近。随葬品的种类有别，功能特征明显，出土的斧、凿类青铜工具和石砧等石质工具，以往在铜绿山矿冶遗址中有过发现，但一些日用陶器、玉器，特别是鼎、戈、铍、镞、刮刀、削刀和带钩等青铜器都为遗址区首次出土，尤其特别的是一些墓葬随葬铜铁矿石和孔雀石，这些都直指该墓葬区与铜绿山矿冶生产密不可分，而其地理位置进一步表明它与Ⅶ号矿体古代采冶关系最为密切。从墓葬规模、葬俗、随葬品特征分析，墓地以当地流行的扬越文化为主，共存楚文化因素。窄边长方形小型墓的形制是典型的扬越文化特征，而一椁一棺墓、宽边长方形小型墓形制规模、葬俗多近同于楚墓中的一般小型墓。随葬品中以日用陶器鬲、盂、豆组合稍多，这是春秋中晚期楚墓典型的陶器组合，但陶器上本地文化特征明显，如陶鬲以本地商周时期流行的刻槽足鬲为主。另外，墓葬位置和规格、随葬品种类和特征较明显反映了墓主生前不同的身份地位和分工。一椁一棺墓、随葬青铜器的宽边长方形小型墓都在墓葬区较中心位置，随葬品除陶器外还有青铜器和玉器，说明这些墓葬规格明显高于其他墓葬，墓主身份可能为矿区较低层次的生产组织和管理者，而且存在分工的不同，比如随葬青铜兵器的可能与矿区安全保卫有关，随葬铜削刀的可能与矿区生产记录相关，等等。随葬陶器或无随葬品的宽边长方形小型墓和窄边长方形小型墓主的级别均较低，铜铁矿石、孔雀石、加工矿石的石质工具等主要出于这些墓葬中，推测其墓主可能是矿冶生产底层技工或工人。

四方塘遗址及墓葬区发掘、研究和保护进行了多学科的合作。北京科技大学冶金与材料史研究所对遗址出土炉渣进行抽样检测分析。北京大学考古文博学院对墓葬出土的铜器采样，进行了铅同位素示踪分析。本所体质人类学专家对3座墓葬遗存的人牙进行了年龄鉴定及DNA实验。此外，环境学、地质学专家分别对墓葬区岩性、发掘区地层和墓坑采样进行检测鉴定和古环境分析，文保专家对发掘现场进行了保护处理。

四方塘遗址墓葬区是铜绿山近年来矿冶考古中最重要的发现，对其进行全面揭露所取得的重要收获结合铜绿山其他考古成果，其重要价值和意义主要表现在以下几个方面。第一，这是铜绿山41年来考古及中国矿冶考古中首次发现的古代矿冶生产者的墓地。墓地文化属性与时代特征之明确、墓葬保存之完整、出土文物的矿冶生产特性之显著，皆为中国矿冶考古的第一次。第二，墓葬区与近几年在同地段发现的洗矿尾矿堆积场、选矿场、35个矿工脚印、冶铜场以及20世纪七八十年代Ⅶ号矿体5处采矿遗址等，形成一个同时代的较为完整的铜矿采冶产业链，这为研究东周时期铜矿采冶技术流程和分布空间、生产规模等拓宽了新视野，也为推进铜绿山国家考古遗址公园建设和新馆展示设计及“申遗”工作等，提供了极为珍贵的新实例。第三，墓葬的位置规模、葬具和随葬品的差异性显现出墓主生前不同的身份地位和分工。这批材料为研究春秋时期铜绿山乃至中国古代铜矿采冶生产中的人力分工和技术种类等问题提供了弥足珍贵的实物资料。第四，墓葬区文化属性以本地扬越文化为主，但楚文化对其影响较明显，而且是随着时间的推移逐渐凸显，这为研究铜绿山古代铜矿采冶管理与生产者的族属以及楚国势力对该地区的扩张提供了新信息。第五，采用现代科学技术对四方塘遗址及墓葬区中出土的铜炉渣、青铜器分别进行成分检测和铅同位素示踪分析，所获成果为研究春秋时期铜绿山地区和楚国的青铜冶炼技术提供了新依据。

【宜昌市万福垴周代遗址】
发掘时间：2015 年 5 ~9 月
工作单位：湖北省文物考古研究所、武汉大学考古系、宜昌博物馆

遗址位于宜昌市白洋工业园区，原隶属于枝江市白洋镇万福垴村六组。地处长江左岸的一级台地上，南与宜都市隔江相望，西北距宜昌市区约 35 千米，地理坐标为北纬 30°25′24.5″，东经 111°26′50.9″，海拔 58 米。2012 年 6 月，宜昌市政公司在施工时挖出铜鼎 1 件、甬钟 12 件，其中一件甬钟上刻有“楚季宝钟厥孙乃献于公公其万年受厥福”17 字铭文。经专家论证，这批铜鼎、甬钟和其他遗迹遗物均属西周中晚期楚文化遗存。

经国家文物局批准，此次联合考古队对遗址进行了发掘，共布 5 米 ×5 米探方 24 个，发掘面积 600 平方米。遗址地层堆积共分五层：第①层为耕土层，第②层为近现代淤积层，第③、④、⑤层为周代文化层。共清理遗迹 33 处，其中陶窑 1 座，灰坑 30 个，灰沟 2 条及若干洞坑遗迹。

出土遗物主要为陶器，还有少量的石器和铜器。出土小件 32 件，其中陶器 5 件，石器 15 件，铜器 12 件。陶器以夹砂陶为主，少量泥质陶，陶色以褐色、橙黄色、褐胎黑皮陶为主，红陶、灰陶和黑陶较少，还有极少量的白陶。器形有鬲、盂、罐、豆、簋、釜、瓮、带把盉、敛口罐、杯、器盖等。器物表面以饰粗绳纹、细绳纹、间断绳纹、方格纹、网格纹、凹弦纹最为常见，镂孔、乳钉纹、暗纹次之，还有少量凸弦纹、划纹、雷纹等。石器有研磨器、斧、刀、砺石等。铜器有柳叶剑及鼎片、镞、削刀、刮刀等残片。

通过此次发掘，对万福垴遗址的文化面貌有了进一步的了解，根据地层关系和出土陶器的特征分析，遗址的年代为西周晚期至春秋中期。出土的陶器较多地保留了西周时期的特点，陶器以鬲、盂、折肩罐、豆、簋、瓮为组合，还有少量甗、杯等，新出现有印纹硬陶四系罐、滤盉等器物。总体上看，万福垴遗存与周文化保持有很大的亲缘性，同时不同程度上又受到峡江地区、鄂东地区文化的影响，与长江上游文化亦有一定的联系。其次，出土的陶滤盉在鄂西南地区较为少见，在鄂东北地区商周时期有较长时间的发展，在盘龙城、放鹰台、金罗家、大路铺、吊尖等遗址都有发现，应是鄂东北土著文化的因素。

万福垴遗址是两周之际楚国的一处重要的中心聚落遗址，反映了长江中上游及沮漳河流域以西地区春秋时期的楚文化面貌，为我们研究早期楚文化的起源和发展增添了一批新的实物资料，对研究早期楚文化与中原周文化、楚文化与峡江及鄂东北地区的地方文化的融合具有重要的学术价值。

（黄文新　瞿　磊）

【枣阳市郭家庙东周墓地】
发掘时间：2015 年 9 月 ~2016 年 1 月
工作单位：湖北省文物考古研究所、荆州文物保护中心、襄阳市文物考古研究所、枣阳市博物馆

墓地隶属于枣阳市吴店镇东赵湖村一、二组，坐落在汉水支流滚河北岸。2008 年被批准为第五批湖北省重点文物保护单位。墓地所在位置是随枣走廊的入口处，为古代南北文化的碰撞之地。墓地中心位置为东经 112°50′53.70″，北纬 31°58′20.18″，海拔 110 米。墓地分布在两个相对独立的山冈上，北冈为郭家庙墓区，南冈为曹门湾墓区，总面积达 120 万平方米以上。文化堆积以东周时期墓葬为主，也有战国晚期、明清时期墓葬。其东距周台遗址、忠义寨城址 1000 米，西距九连墩战国楚墓葬群 1.5 千米。

2015 年度对郭家庙、曹门湾两片墓区

墓葬相对集中的三个区域进行了发掘，共清理墓葬88座、车马坑1座，揭露面积约1278平方米，初步统计，出土各类质地文物1607件，其中青铜器873件（套）、玉器510件、陶器192件、漆木器25件，其他各类文物十余件。其中出土铜礼器26件，器类有鼎、壶、簠、盘、匜，大型编钟1套10件。

曹门湾二号墓为曹门湾一号墓夫人墓葬。形制为竖穴土坑土椁墓。墓口长22米，宽6.5米，深8米，长斜坡墓道，带平台，红烧土筑成椁室，长6米，宽4米，墙面光滑，有竹席痕迹。椁室内大量红烧土颗粒，厚达1.8米。椁室底部出土大量玉器及陶罐、铜片、动物骨骼等，共两百余件。其椁室埋葬形制与曹门湾四十号墓形制较为一致，我们认为这种丧葬习俗为《礼记・檀弓上》所记载的“堲周”，即棺椁四周用红烧土做成葬具。

郭家庙五十二号墓为郭家庙二十一号曾伯陭墓的夫人墓葬。墓口长7.2米，宽6米，深5.8米，椁室长4.6米，宽2.2米。一椁重棺。内棺髹漆三层。椁室东部铜礼器被盗走，漆木器仍在，其中俎7件、瓒2件。棺饰有铜翣6件、铜铃铛6件。棺内出土龙形玉玦、玉璜、玉圭、玛瑙长管等精美器物。

郭家庙六十号墓与郭家庙五十号墓为一对夫妇墓葬，一北一南相距20米，均被盗十分严重。形制为岩坑。六十号墓长14米，宽11米，深8.5米，西面有二层台，但未发现墓道。椁室北部盗洞内发现两件铁器，从形制看，其年代大致在战国晚期，这说明郭家庙墓地盗挖从战国晚期就开始了。

此次发现的中型墓葬多被盗扰。墓口长5米~7.6米、宽3.5米~6米，一椁单棺或重棺，个别有附葬车坑或马坑。GM56出土两壶、一盘一匜，壶铭显示是与曾国通婚的黄国嬴姓子女所做之器。GM30所出一套纽钟一共10件，均无铃舌，这说明纽钟是从铃铛演变而来，编铃是这两者之间的过渡形态。

此次发现的小型墓葬有85座，其中10座出土铜礼器，组合关系为1鼎、1鼎1盆、1鼎2簠1盘1匜，其中鼎、盆组合还常见于淮河流域黄国、息国春秋墓葬中，这说明曾国与淮河流域其他国家在文化面貌上有相似之处。小型陶器墓组合为罐、鼎盆罐豆、鬲罐豆盆，其中罐十分常见，这同以往发现的曾国墓葬情况十分相似，是曾国墓葬习俗的一个特点。

此外，在郭家庙墓区发现三座战国晚期小型墓，形制为单棺单椁，随葬品以双耳罐为主，棺内置一漆盒，内放铜带扣、玛瑙、铜印章等。

此次发掘的主要收获有：

考古发掘了曹门湾二号墓及郭家庙五十号、五十二号、六十号墓，揭露了三代曾国国君与夫人墓葬，对其他中小型墓葬的发掘也证实该墓地应是埋葬曾国国君及家族的公墓地，此次发掘的重要意义就在于进一步搞清了郭家庙墓地的埋葬制度、分布规律以及与周边城址、聚落的相互关系。

从年代序列上，填补了西周早期叶家山曾侯墓地和春秋中晚期的文峰塔曾侯墓地之间的缺环，对于曾国的历史研究以及考古学文化序列的建立，至关重要。墓地发现的多件盆、壶为黄国铜器，墓主均为女性，表明当时曾黄两国是通婚关系，因此，这批器物也是研究周代汉淮地区国家关系珍贵的实物资料。

揭露了一座完整的车马坑，为三车八马配置，其中一辆车配以四匹马，符合天子六架、诸侯四架的礼制，其埋葬制度同于中原北方地区，毫无疑问为楚国车马制度找到源流。

此次发现的一套编钟保存完整，位置关系明确，是目前所知春秋早期出土数量最多的一套纽钟，刷新和深化了我们对先秦纽钟的认识。

此次出土两百多件陶器，其中陶罐是出土数量最多、最具代表性的一类，是曾国考古学文化的特征之一，所见瘪裆鬲将进一步增进我们对楚式鬲与周式瘪裆鬲的认识。

（方　勤　胡　刚）

【荆州市楚纪南城遗址】

发掘时间：2015 年 3 月 ~2016 年 1 月

工作单位：湖北省文物考古研究所

2015 年度湖北省文物考古研究所除对宫城区外围做了一些勘探外，还对宫城区内的相关位置做了解剖。

对宫城区外围的一些台基进行了重点勘探，涉及南部的松 40 ~ 43、松 46、松 52、松 59 ~ 61，西北部的松 2 ~ 4 以及东北部的松 33、34，基本搞清了它们的堆积状况和性质。第一，宫城区南部的 9 个台基，其中松 41 ~ 43 被现代水泥路和民房占压，松 60 被挖成水塘，均无法证实其真实性。此外，通过对松 40、46、52、59、61 的勘探土样进行分析，结合其周边地形可以否定它们作为东周夯土台基的可能性，应均是明清时期堆筑起来的建筑台基。第二，对西北和东北部的松 2、3、4、5、33、34 进行勘探得知：松 4、5 是明清时期的台基，松 2、3、33、34 是东周时期夯土台基，均只有第二期夯土。但需要指出的是，松 2、3 和松 33、34 应是一座台基，后来由于挖沟、取土等人为将其分为了两个台基并分别编号。

在水田地下水位较低及无农作物种植时，我们还对宫城区南部及北部的广大区域进行了一系列的普探工作，多是晚期堆积，基本没有发现东周时期的遗存。

为详细了解宫墙及环形界沟的堆积状况，对西宫墙中段、环形界沟南边西缺口及松 24 号台基做了解剖发掘。西宫墙中段布 20 米 ×2 米探沟 1 条，编号 2015・H・TG5，发掘面积 40 平方米。确认西宫墙宽度约 14 米，残存厚度仅 5 厘米 ~25 厘米。环形界沟南边西缺口布 15 米 ×2 米探沟 1 条，编号 2015・H・TG2，发掘面积 30 平方米。环形界沟缺口处并未发现相互连通的暗道涵管，但在第②层下发现叠压的两层南北向残排水管道，残长仅 50 厘米 ~60 厘米。据此，我们怀疑宫城区内的排水是不是由北向南顺着地势排出区外的。松 24 号台基布 20 米 ×10 米探沟 1 条，编号 2015・I・TG1，发掘面积 200 平方米。确认了两期夯土的存在，二者之间有意识地铺垫一层灰烬层，并夹杂大量碎瓦片，推测其功用是增大夯土间的摩擦力，稳固基础。

通过勘探及发掘，基本完成了纪南城考古遗址公园建设第一个五年计划所设定的目标，基本厘清了整个宫城区的宏观布局，并对宫城区周边的堆积状况有了个初步了解，为下一步工作的开展和遗址公园建设提供了依据。

（闻　磊）

【荆州市八岭山冯家冢战国墓地】

发掘时间：2015 年 9 月 ~2016 年 1 月

工作单位：荆州博物馆

冯家冢墓地位于荆州市区西北部的八岭山林场，东距楚纪南故城西垣约 7000 米，是一处战国中期的楚国高等级贵族陵园。2011 ~2013 年，发掘了墓地北侧的 7 座殉葬墓和 9 座祭祀坑。

此次又对墓地南侧的 5 座殉葬墓进行了考古发掘，编号为 JBFNXM1、JBFNXM5、JBFNXM9、JBFNXM13、JBFNXM17。墓葬呈南北向有序排列，方向一致，墓坑尺寸接近，形制均为口大底小的土坑竖穴式。坑口上方残存有灰黄色封土，土质纯净，每座墓的封土之间有明显的分界线。坑内填土中夹杂多寡不一、大小不均的砂岩碎块，还有少量陶豆、罐的残片。葬具可辨长方形单棺痕，棺痕内底有零星红色漆痕。人骨腐化，仅存少量牙齿。NXM9 与 NXM17 未见随葬品，其余 3 座的随葬品均置于棺痕内。NXM1 出土铜剑 1 件、铜削刀 1 件、玉璧 4 件、滑石璧 1 件、玉珩 2 件、料珠 1 颗，NXM5 出土铜带钩 1 件、铜剑 1 件、水晶环 1 件、陶罐 1 件、漆觯 1 件（胎已朽，仅存铜附件），NNM13 出土铜盘 1 件、铜活纽管状器 1 件、竹筒 1 件。此外，在 NXM5 坑外东南角也埋藏有陶罐 1 件。

出土文物数量不多，虽有玉璧、铜盘等贵重物品，但缺乏相对完整的容器组合关系。在礼制上与当时的贵族及平民均不相同，由此可窥见殉人的特殊身份。

NXM13 出土的铜盘，具有春秋晚期的特点，当是前代遗器。对这批墓葬的具体年代判断，更主要的还是依靠随葬陶罐以及填土中陶豆、罐残片的型式分析，初步判断为战国中期。

（赵晓斌）

【大冶市鄂王城战国至汉代遗址】

发掘时间：2015 年 10 月 ~2016 年 3 月

工作单位：湖北省文物考古研究所、大冶市文物局

鄂王城址位于大冶市金牛镇胡彦贵村，是梁子湖东南畔的一座古城址。城址北距陈经户湾 400 米，东距高河港约 300 米，西侧为九龙水库，西南、南分布着细屋下邹、坑下董、下邹等自然村。城址坐落在丘岗上，高出周围地表 8 米 ~15 米。城址大体呈长方形，东西长约 420 米，南北宽约 360 米，面积 15 万平方米 ~16 万平方米。中心点地理坐标为：东经 114°32′58.4″，北纬 29°59′20.1″，海拔 40 米。城垣依地势而修筑，因受晚期破坏仅保存城址的西垣、南垣、东垣和北垣局部。此次对城垣东垣北部疑是城门的缺口处进行发掘，该缺口东西长约 22 米，南北宽约 18 米，地表为已经废弃不种的阶梯状水田。在城墙缺口处布 5 米 ×5 米的探方 12 个，实际发掘面积 300 平方米，以弄清城门的宽度、结构、路面堆积等状况，另外在南部城墙断面上铲切剖面以弄清城墙的地层堆积状况，构筑方式和结构等情况。

此次发掘的面积较小，主要目的是了解鄂王城城墙内外堆积情况、城门结构、时代等内容，因此发掘的遗迹不甚丰富，截至 2015 年仅发现了 2 条灰沟、4 座灰坑，1 处城门，其中 G1、G2 的年代较晚，从出土遗物来看应为明清，G2 的发掘工作尚未完成。H1、H2、H3、H4 内均发现有明清时期的瓷片，均应为晚期的扰坑。因发掘工作尚未完成，不排除还会发现新的重要遗迹。整理工作目前尚未进行，对于已经发现和发掘的遗迹的具体数据、性质等详细情况目前尚不清楚。

发掘出土遗物较多，但是器类较为单一，绝大部分是早、晚期地层中分别出土的战国晚期和汉代的板瓦筒瓦，均为夹砂灰陶，火候不高，陶质疏松，面饰粗绳纹，背为素面。出土的生活用具等遗物非常少，且多碎小，大多器形难辨，发现一件陶壶，能够复原，年代应为战国晚期。此外，还发现有宋、明、清时期的遗物有陶瓷片、瓦片、砖块等。残瓷器见有壶、碗、罐、碟等；残瓦为泥质青灰陶，胎较厚，火候高，外为素面、背饰布纹。在发掘过程中了解到当地村民曾采集到有一块残的箭镞石范。

此次发掘是对鄂王城城址的第二次考古发掘，尽管目前工作尚未结束，仍然取得了不少收获：第一，可以确定东垣北段缺口为鄂王城的东城门。第二，城垣上层及护坡堆积层内包含了较多的东周时期的瓦片，而主墙体土质纯净包含物较少，大体可以判断城垣的建筑时代应分成两期，第一期应为战国中晚期，第二期可能晚到汉代，在第一期城垣基础进行了加高加宽

建设。第三，从目前发掘已经暴露的迹象看城门中间残留有东周至汉代的路面遗迹，但因明清时期的扰动和近现代以来城门处的改田和平整土地等活动对路面破坏较大，仅残存有部分，尚难观察出整体的形状及走向。第四，城墙角下战国时期文化层中发现有一陶壶，可供复原，为判断城墙的使用年代提供了重要的物证。

（陈树祥　席奇峰）

【荆州市延庆寺战国至秦汉建筑遗存与西汉至宋代墓葬】

发掘时间：2015 年 3～12 月

工作单位：荆州博物馆

墓地位于荆州市荆州区郢城镇荆北北村六组，东北距郢城遗址约 1.8 千米，西南距荆州城约 1.2 千米，墓地中心地理坐标为北纬 30°36′25″，东经 112°21′58″，海拔 31 米。勘探情况表明战国至秦汉时期遗址东西长 344 米，宽约 77 米，南北长约 304 米，宽约 131 米，平面呈曲尺状分布，面积约 5.66 万平方米。

此次发掘揭露战国至秦汉时期建筑台基 5 处，清理西汉至宋代古墓葬 62 座，其中西汉墓 18 座，东汉墓 2 座、宋墓 42 座。发掘面积 1845 平方米，出土文物 322 件（套）。

战国至秦汉时期建筑台基编号为 TJ1、TJ2、TJ3、TJ4、TJ5，这些台基高于周边活动面 0.2 米～0.5 米。其中 TJ1 与 TJ5 平面呈长条形，TJ2 平面呈方形，TJ3 与 TJ4 平面呈曲尺形。另外，通过勘探发现 2 处建筑台基，分别编号为 TJ6 与 TJ7，台基平面呈方形。

TJ1 长 14.7 米，南部宽 5.5 米，北部宽 6.2 米；TJ2 南北长 7.2 米，东西宽 6.2 米，南侧与西侧各有 3 块柱础石；TJ3 东西长约 262 米，南北长约 232 米，宽 4.07 米，发掘揭露 28.2 米，北侧有 4 块柱础石，南侧有 1 块柱础石；TJ4 长 245 米，宽 4 米，发掘揭露 26.2 米，南侧有 5 块柱础石；TJ5 南北长 11.5 米，东西宽 8.67 米；TJ6 南北长 7.25 米，东西宽 6.6 米；TJ7 南北长 7 米，东西宽 6.9 米。部分台基被西汉墓、东汉墓或宋墓打破。

墓葬出土随葬器物 257 件（套），建筑遗址出土遗物 65 件。随葬器物有陶器 188 件，主要器形有罐、壶、盂、仓、灶、井、鼎、地券砖、枕瓦等；铜器 34 件（套），主要器形有鍪、钫、博山炉、镜、带钩以及铜钱等；瓷器 27 件，主要器形有碗、盏、盒、粉盒等；银钗 3 件；漆木器 2 件；玉饰 1 件；锡铝耳杯 1 件（套）；石器 1 件，为单孔石刀。

建筑遗址内遗物 65 件，其中瓦片标本 42 件，柱础石 16 件，蚁鼻钱 5 枚，秦“半两钱”1 枚，铜箭镞 1 件。瓦片分为筒瓦、板瓦与云纹瓦当等，其中有少许板瓦形制较大，且可复原。柱础石均呈方形，长 0.65 米～1.02 米，宽 0.44 米～0.8 米，厚 0.16 米～0.27 米。

此次考古发掘，不仅抢救性发掘了大量西汉至宋代的古墓葬，出土了大量珍贵文物，而且还发现了战国—秦汉时期的建筑群，通过考古发掘，使我们对当时的建筑规划、建筑布局以及营造技术有了一定认识，为战国至秦汉时期社会等级制度以及工程营造技术等方面研究提供了珍贵的实物资料，同时为郢城周边的遗存分布、初建年代以及功能性质的断定提供了较为重要的研究依据。

通过发掘，我们对延庆寺墓地的认识如下：第一，目前发掘了西汉、东汉、宋代三个时期的古墓葬，说明在这些历史时期延庆寺墓地一直作为墓地使用，因此该墓地具有较强的时代延续性，这为研究郢城周边的社会形态的变化以及社会文化融合过程提供了重要资料。第二，战国至秦汉时期建筑遗存是湖北省首次发现的、大规模的战国—秦汉时期建筑群，它的发现为研究战国至秦汉时期的社会史、军事史、建筑史以及经济史等方面提供了弥足珍贵的实物资料。第三，建筑台基数量较多，形制巨大，布局规整、建筑材料较为贵重，说明该建筑群是集合了大量社会资源而建成的，极有可能是战国—秦汉时期的官署。第四，TJ3 与 TJ4 形制特殊，不同于一般房屋；TJ2、TJ5、TJ6 与 TJ7 形制较小，应为单间建筑，推断其居住者身份应高于 TJ3 与 TJ4 的居住者。西汉墓打破了战国—秦汉时期建筑台基，同时建筑遗存活动面出土楚蚁鼻钱与秦“半两钱”，为研究该建筑群的建造、使用与废弃过程提供了年代判断依据。第五，公元前 278 年，白起拔郢后，秦国便在楚地设置南郡，对楚地进行管理，南郡的治所位于何处一直没有定论，而这次发掘为寻找南郡治所提供了新的研究线索。

（田　勇　田亚洲）

【鹤峰县容美土司南府遗址】

调查时间：2015 年 11 月 ~2016 年 1 月

工作单位：湖北省文物考古研究所、鹤峰县博物馆

容美土司南府遗址位于恩施土家苗族自治州鹤峰县五里坪乡南村，地处四面环山的一处小型盆地内，遗址面积约 4 万平方米，中心地理坐标为北纬 29°54′16″，东经 110°17′58″，海拔 960 米。这次调查、勘探工作主要目的为确定南府遗址的相关信息，遗存的位置、数量及保存状况。

通过查阅相关文献资料发现，南府由麻寮土司唐涌初创于元至正二十四年（1364），后被容美土司侵占，并成为容美土司的一个重要的行宫和中转驿站。清雍正十三年（1735）改土归流后，南府逐渐衰落至一个普通小村落。

调查面积约 40000 平方米，勘探面积约 12000 平方米。经调查、勘探发现，遗址整体保存较好，遗迹单位多暴露在地表，少数浅埋于地下 0.2 米 ~0.8 米处。桥梁、道路等部分遗迹单位至今仍在使用；目前共发现 19 处遗迹单位，其中桥梁有 6 座，建筑群 1 处（行署区），寺庙遗迹 1 座（张桓侯庙），洞穴 1 处（燕喜洞），道路 6 条，墓地 2 处（1 处非土司时期）。尚有环壕和九峰读书台两处遗迹未进行清理。此次南府遗址调查与勘探，发现的文物数量较少。出土器物多为石制，少量为陶制和瓷制。石制器物主要为采集和清理发现的碑刻、建筑构件；陶制器物主要为采集的灰砖、罐等明清建筑、生活器物；瓷制器物主要为采集的杯、碗等明清生活器物。

通过此次调查与勘探，基本上了解了南府遗址的分布范围、建筑布局。遗址内发现的各类遗存所携带的综合信息对研究容美土司的文化、历史沿革、建筑风格具有极高的学术价值，同时也为容美土司大遗址保护，建设考古遗址公园打下良好的基础。

（康予虎）

湖南省

【攸县枫水塘古墓群考古调查】

调查时间：2015 年 9～12 月

工作单位：株洲市文物局、株洲市博物馆、攸县文物局

为配合攸县网岭镇政府修建街道工程，联合考古队对株洲市攸县网岭镇洞井社区枫水塘古墓群进行调查勘探。墓地所在山丘占地约 70 亩，位于全国重点文物保护单位网岭杨家洲汉墓群建设控制地带之外。

山丘原貌已破坏。调查发现 6 处古墓的封土堆，主要分布在山顶，其中 5 处发现盗洞。在一处盗洞口边采集到碎硬陶片，有方格纹、弦纹等，可辨器形有陶罐、陶壶等。勘探主要采取探铲和探沟结合的方式，现共发现墓群 237 座。墓葬形式主要有竖穴土坑墓和砖室墓，土坑墓分布较广，多不见封土堆；砖室墓主要位于山坡靠下低缓之地。结合采集到的陶片、砖以及以往对网岭古墓发掘推断，枫水塘古墓群的埋藏年代大致为东周至两汉时期。该墓群是株洲地区近年发现规模最大的墓群，对揭示醴攸盆地古代文化面貌将起到重要作用，以往发掘表明这一地区东周时期有越人风格古墓葬，此次发现的墓群为进一步研究楚越文化的分布范围和文化交流提供了线索。

（文国勋）

【临澧县马鞍岭一号战国墓】

发掘时间：2015 年 3～4 月

工作单位：湖南省文物考古研究所、临澧县文物局

九里楚墓群主要分布在临澧县的九里乡、官亭乡境内，为湖南目前已发现的规模最大的楚墓群之一。马鞍岭墓地一号墓位于九里楚墓群的核心保护区内，北距大封包约 200 米，南距 20 世纪 80 年代初发掘的黄家包约 2000 米，行政区划隶属临澧县九里乡双峰村。

此墓为一座中型的长方形竖穴土坑墓，墓道及封土的情况因遭取土破坏而不清楚。墓口残长 6.8 米，残宽 4.8 米，墓底长 6.5 米，宽 4.5 米，残深 1.4 米～1.9 米，墓向 110°或 290°，东壁中部凸出一个长约 40 厘米、宽约 30 厘米的生土台。该墓的椁盖板、隔板以及棺木均已腐朽，但四壁的墙板、底板及底板下的两条枕木都保存较好。椁室长 5.4 米，宽 3 米，残高 0.9 米，四周及顶部、底部应当都覆有白膏泥。因早期被盗，随葬品仅残存一些破碎的陶器、原始瓷器、漆木器、竹器及小件的铜器等，且呈杂乱分布的状态，部分器物的碎片或同类型的构件甚至在墓室的多个角落都有发现。陶器仅发现三件残豆柄，原始瓷器有内壁呈瓦楞状的深直腹盒、腹部饰细密弦纹的敛口深腹碗、饰“S”形云纹的环耳罐等。漆木器有镇墓兽、瑟柱等。竹器有弓、编织物等。铜器数量较多，但主要为一些车马器、漆木器或铜容器上的小构件，如马衔、节约、盖弓帽、环、纽、

铺首等。此外还有少量的铜兵器，如剑、矛、镞等。从随葬品的特点来看，该墓所出车马器、铜矛、铜环等与此前发掘的九里双峰包南包的同类器物比较接近。

总体上看，此墓特征与江陵及澧、沅水下游地区所发掘的楚墓基本相同，时代大体可推定在战国中期。随葬品除表现出典型的楚文化特点外，同时也具有一些外来的因素，比如出土的原始瓷盒、碗、罐等过去在楚文化分布区绝少出土，但在浙江德清亭桥战国原始瓷窑址、江苏无锡鸿山越墓等地点有大量发现，且出现的时代也相对要早，因此可以肯定这类器物应当是与江浙一带战国时期的越文化相关。

（盛 伟）

【岳阳市古罗城战国至六朝城址】

发掘时间：2015年10月~2016年1月

工作单位：湖南省文物考古研究所、岳阳市考古所、汨罗市文物管理所、屈原行政区文物管理所

遗址位于汨罗市城关镇西北约3000米，现属岳阳市屈原管理区河市镇古罗城村。遗址主要分布在汨罗江下游南岸自翁家港至马头槽之间的台地上，中心地理坐标为北纬28°50′24.6″，东经113°03′29″，海拔31米。

经调查、钻探发现，古罗城遗址存在大小两座，大城的平面形状为东西向的长方形，长约620米，宽约320米，面积约20万平方米。大城四面的城墙上应有城门七处，其中东、北、南面的城墙各有城门两处，西面城墙上有城门一处。南北城门之间有两条水系连通，因此可能都是水门，东、西城门可能为陆门。小城位于大城的东南部，由东西并列的两个接近方形的城圈组合而成，其东、南城墙主要利用原来大城的城墙，而北、西面的城墙为后来修筑的。

经对城墙进行解剖，发现小城城墙以黄褐色土版筑而成，包含比较丰富的战国至六朝时期的陶、瓷片，因此可以确定其年代应不早于六朝时期。大城城墙以黄土夯筑，由中间的主墙和两侧的护坡组成，主墙体的填土非常纯净，基本未见包含物，但是在西侧护坡的填土中发现鬲、盆、豆、罐、鼎等陶片，时代大体属春秋晚期前后，因此判断大城城墙的年代应不早于春秋晚期。此外，我们还在小城城内进行了发掘，发掘面积约100平方米，发现东周和六朝两个时期的文化层，以及灰坑、沟、井、房址、路面等遗迹。

通过此次工作，可知古罗城遗址的年代可早至春秋，但建城的时间则要晚至战国，因此它并非春秋时期迁来的罗国遗民所兴建的都城。考虑到当时楚国正着力经营南方的背景，我们认为古罗城应当是战国时期的楚国在大规模开发南方的过程中所建设的一座县城。此外，古罗城遗址内在六朝时期建有小城，因此该遗址具备城址功能的时间亦当延续至六朝时期，这与过去对外围墓葬区的发掘所揭示的墓葬区延续时代相吻合。结合里耶秦简、《汉书·地理志》《水经注》《通典》《元和郡县志》等文献中关于“罗县”的记载，我们认为古罗城遗址也应当就是秦至隋代以前的罗县县城。

（盛 伟）

【桃源县杨家山战国至西汉墓地】

发掘时间：2015年12月

工作单位：湖南省文物考古研究所、桃源县文物局

墓地位于桃源县青林乡采菱城村（原珠明村二组），东北距常德市约20千米，南距桃源县约6000米。墓群坐落在一处岗地上，相对高度约6米，东临沅水，北近白洋河，墓地面积约12000平方米。

杨家山墓地发现于2013年，桃源县文

物局先后于2013年、2014年清理5座被破坏的墓葬。2015年再次对杨家山墓地开展抢救性考古发掘工作。

此次抢救性发掘共清理15座墓葬，均为长方形土坑竖穴墓，可分为大、中、小三型。大型墓，墓室覆斗形，带斜坡墓道。中型墓，墓室覆斗形，无斜坡墓道。小型墓，墓壁较直，或呈口小底大状，无墓道。墓葬方向均为近南北向或东西向。葬具多为一棺一椁，部分墓葬葬具腐朽严重，M1棺椁保存状况较好，棺盖上保存有较好的竹帘和棺束，与《礼记·檀弓上》记载的“棺束，缩二，衡三”相符合，有很重要的研究价值。随葬品放于椁室边厢或头厢内，多为陶器，少量铜器、漆木器等。陶器多为泥质灰陶或黑陶，少量彩绘陶，器型有鼎、豆、壶、敦、盒、勺、匕等。出土铜器均为兵器，器形有剑、矛和戈三种。从墓葬形制和随葬品特征初步判断墓地年代从战国延续至西汉早期。

杨家山墓地西邻印家岗、陈家岗墓地，南近狮子山墓地，再往南即为战国古城采菱城遗址，从墓地所在位置和年代判断，它与采菱城关系密切，应是当时采菱城内居民的埋葬区。

（王良智）

【中方县职业教育城战国至西汉墓葬】

发掘时间：2015年1~6月

工作单位：湖南省文物考古研究所、怀化市文物处、中方县文物管理所

墓葬位于怀化市中方县中方镇荆坪村、岩头园村、茶园坡村、顺福村的职业教育城内。此次为配合教育城内紫荆西路和芷江师范学校等项目的建设，共发掘战国至西汉早期的墓葬111座。

这批墓葬均为土坑或岩坑竖穴墓，按其平面形状大体分为“凸”字形宽坑墓、长方形宽坑墓及窄坑墓三大类。“凸”字形宽坑墓即带有斜坡墓道的宽坑墓，一般无壁龛，墓室宽度大多在2.6米~3.2米，葬具多为一棺一椁或一棺两椁，墓底一般设有两条枕木沟。长方形宽坑墓的墓室宽度大多在1.6米~2.5米，少量设有头龛或生土二层台，葬具大多为一棺一椁或单棺，部分墓葬的墓底设两条枕木沟。窄坑墓的墓室宽度在1米左右，大多数都设有头龛及生土二层台，头龛的位置有高有低，形状也有半圆形、方形之分，此类墓葬墓底均无枕木沟，少量墓葬的墓底铺有炭灰，葬具多为单棺或无棺。

从随葬品来看，墓葬多见鼎、敦、壶、盒、豆、盘、匜、勺等仿铜陶器或盂、罐、豆等日用陶器的组合，部分墓葬另见楚式的剑、戈、矛等青铜兵器以及铜鼎、盆等容器。这类墓葬应当都是比较典型的楚墓。此外，有少量的战国墓葬均出青铜兵器，且形制与一般的楚式兵器明显不同，随葬陶器的形制或组合也大多与楚墓中的陶器存在差异。若按照随葬兵器的差异，这类墓葬又大体可分为三类。第一类为随葬宽格扁茎短剑的墓葬，共发现2座。第二类为随葬无格扁茎铜剑的墓葬，共发现3座。第三类为随葬虎纹铜戈等巴蜀式青铜兵器的墓葬，仅发现1座。西汉早期的墓葬则流行鼎、盒、壶、钫等仿铜陶器及陶罐、滑石器等，其中M107随葬的四件滑石钣，每件之上都刻有“千金”二字，较为少见。

这批墓葬的总体年代应集中于战国晚期至西汉早期，以楚墓为主。据《汉书·地理志》中载西汉武陵郡所辖十三县中有“无阳”的县名，大体在㵲水沿线一带。里耶秦简中亦有“无阳”的县名。此外，仰天湖楚简中记有“鄦昜公”。因此，“无阳”县名有可能是由楚、秦、汉三代沿袭而来。中方荆坪东临㵲水，这一区域楚汉墓葬十分密集，其中不乏一些等级较高的墓葬。因此，此次发掘为我们探讨无阳县邑的地望以及设置时代等问题提供了重要

的线索。

（盛 伟）

【茶陵县大兴村及沂江村汉墓】

发掘时间：2015 年 10 ~ 12 月

工作单位：株洲市文物局、茶陵县文物局

为配合中国铁塔股份有限公司株洲分公司修建通信信号基站工程，株洲市文物局组建考古队对茶陵县思聪街道办事处大兴村花子坳挖掘时发现一座砖室墓进行抢救性发掘。同时，对沂江村锅底塘冲头所暴露出的砖室墓进行抢救性发掘。

大兴村 M1 封土残高约 2 米，通过揭露发现墓室弧顶有盗洞两个，为早年时期被盗。M1 平面呈“甲”字形，由墓室、甬道、门洞和墓道组成，墓室长 3.6 米，宽 2.7 米；甬道长 2.2 米，宽 1.5 米；砖土混合封门，墓门洞宽 0.8 米，高 0.6 米；墓道残长 3.75 米，宽 1.3 米，深 1.9 米。墓室内未发现文物，铺地砖已被盗扰。甬道由于券顶坍塌，清理出土了陶器、瓷器、铜器和铁器文物 16 件，器形有陶罐、陶盏、陶灶、瓷壶、铁刀和铜镜等。

沂江村 M1，上部农田土层厚约 50 厘米。M1 平面呈“甲”字形，由墓室、甬道、门洞和墓道组成，墓室东西走向，西部被锅底塘破坏，墓室后部已垮，铺地砖保存完整，长 6 米，宽 2.75 米；甬道长 1.8 米，宽 2.3 米；墓门洞宽 1.35 米，高 1.2 米；斜坡墓道残长 4.9 米，宽 1.6 米，深 0.87 米 ~ 1.6 米。墓葬内未发现随葬品，零星出土红陶方格纹陶片和灰陶片，墓砖火候较高，保存较好，可辨纹饰有：半圆纹、铜钱纹、乳钉纹、鱼骨纹等。

大兴村和沂江村出土的两座墓葬形制基本完整，出土器物从器形、质地和器物组合等都与湘江流域东汉时期典型墓葬墓出土随葬品基本一致，墓砖上模印的圆圈纹、铜钱纹等也是本地区东汉中晚期墓葬常见的纹饰图案，综上可知两座墓葬年代应为东汉中晚期。

（王金桥）

【衡阳县凤凰山东汉墓群】

发掘时间：2015 年 6 ~ 7 月

工作单位：湖南省文物考古研究所、衡阳市文物局、衡阳县文物局

墓群位于衡阳县库宗乡凤凰村，分布面积约 2 万平方米。为配合怀邵衡铁路工程建设，我们对该墓群进行了勘探和发掘，在凤凰山的坡顶和山脚处清理了 3 座东汉时期的砖室墓。现举例介绍。

M1，长方形单室墓，由墓道、长方形墓室组成。墓道仅存一小段，墓室内长 4.1 米，宽 2.02 米，砖墙残高 0.3 米，方向 145°，填土为红褐色花土。墓室上部已破坏，壁砖为平砖错缝平砌，底砖平铺，但大部残缺。墓砖青灰色，长 33 厘米，宽 20 厘米，厚 6 厘米，砖面模印绳纹，砖侧模印对角三角形花纹。墓内器物分布较散乱，出有陶纺轮、麻布纹硬陶罐残片、铜铃、铁带钩等。

M3，长方形前后室墓，由墓道、长方形墓室组成。墓道残存一部分，墓室内长 6 米，宽 2.5 米，砖墙残高 0.4 米 ~ 1.8 米，方向 150°，填土为红褐色花土。墓室基本完整，唯券顶已坍塌。壁砖为平砖错缝平砌，墓底铺有两层地砖，地面不平，墓室中部略下凹。墓砖青灰色，有楔形砖和平砖两种。楔形砖长 29 厘米，宽 17.5 厘米，厚 3.5 厘米 ~ 4.5 厘米；平砖长 30 厘米，宽 17 厘米，厚 5 厘米，砖面模印绳纹，砖侧模印米字纹和斜交叉线纹。墓内器物多见于墓室前部，出有铁剑、铁刀、环首刀、带钩、棺钉、硬陶罐、陶坛、陶器残片、白陶釜等。

此次发掘的凤凰山东汉墓分布较集中，墓葬形制可分为长方形单室墓（M1 为代表）和长方形前后室墓（M3 为代表）两

种，所出陶器形态相近，时代约在东汉中晚期。其 M1 出有陶纺轮、铜铃等器物，M3 出有铁剑、铁刀、环首刀、带钩、陶罐、陶坛等器物，为研究东汉时期的社会历史提供了实物资料。

（袁　伟）

【蓝山县五里坪汉魏墓群】

发掘时间：2015 年 5 月 4 日 ~2016 年 1 月 24 日

工作单位：湖南省文物考古研究所、永州市文物管理处

墓群位于永州市蓝山县城东北 1.5 千米处的一低平山岗中，方圆近 6 平方千米，是一处规模较大的古墓群，地表仍可见较多的封土堆。2012 年在墓群北部发掘墓葬 51 座。

2015 年度发掘是配合蓝山县工业园建设进行的抢救性发掘，发掘面积近 10 万平方米。共清理汉至魏晋时期的墓葬 188 座，其中土坑墓 160 座，砖室墓 28 座，出土器物 1000 余件（套）。此次发掘与 2012 年发掘墓葬的文化内涵基本相同，以汉墓为主，魏晋墓葬较少。土坑墓以长方形竖穴土坑墓为多，砖室墓均为单室墓，由斜坡墓道、甬道和墓室三部分组成。

出土器物以陶器为主，另有少量的原始瓷器、铜器、铁器等。陶器以硬陶为主，另有较少的原始瓷器，多泥质灰陶。纹饰以方格纹为主，有少量的叶脉纹、水波纹等。器类以鼎、壶、罐、釜为主，还有少量的钫、钵、豆、陶鸡、陶仓等，基本为实用器，少模型明器。铜器有铜镜、铜鼎、铜剑、铜铃等，铁器有铁刀、铁销、铁锸、铁矛等。砖墓中发现有“永康元年”“延光三年”“永兴四年”“光和四年”等纪年铭文砖。

此次发掘为研究湘南地区汉至魏晋时期的丧葬习俗和文化传承提供了重要资料。

（陈　斌）

【桑植县官田汉晋矿冶遗址】

发掘时间：2015 年 8 ~9 月

工作单位：湖南省文物考古研究所、张家界市文物局、桑植县文物局

遗址位于张家界市桑植县澧源镇朱家坪村，地理坐标为北纬 29°25′26.7″，东经 110°12′56.9″。遗址位于郁水河的二级台地，当地人称为官田的一处开阔田地，台地总面积约 15 万平方米。遗址东侧郁水河和甘溪河在此汇流并自东北向西南形成一个大转弯围绕遗址。勘探遗址面积为南北长约 300 米，东西宽约 80 米，推测遗址面积约 2.4 万平方米。

为配合桑植县光明路建设对遗址进行抢救性发掘。发掘共布探方 22 个，实际发掘面积 500 平方米，发掘深度为 1.1 米 ~1.5 米。通过此次发掘，发现一批重要的汉晋时期遗存。发现的遗迹有道路、灰坑、灰沟、房址等。在此次发掘范围内，灰沟是主要的遗迹现象，共发现灰沟 19 条。灰沟之间纵横交错，有垂直相交和并排分布两种，并排分布的可见两条并排和三条并排。如 G5、G6、G7 都位于 T9 内，呈水平并排分布，方向为 44°。3 条灰沟宽度为 0.6 米 ~0.8 米，深度 0.28 米 ~0.36 米，剖面呈斜坡状内收，底为弧形。在发掘区内长度3.1 米 ~4 米，间隔 0.5 米左右，其中 G5 与 G6 有一宽度为 0.5 米的豁口相连接。

发现多个灰坑，其中 H5 平面呈梯形，长 1.2 米，宽 0.55 米 ~0.8 米，残深 0.6 米，四壁烧结。坑下部堆砌了大小不一的石块，坑底有一层厚度为 3 厘米 ~10 厘米的炭屑层。H5 是人工有意修筑，经过长时间的燃烧使用，坑内的填石与其当初的使用功能有关。初步推测 H5 可能是一座炼炉的底部。

遗物有陶器、石器、铁器、铜器等类型。陶器器形有陶罐、陶盆、陶钵、陶碗

等，部分陶罐火候较高，上釉，其中一件上釉陶罐上有“铜钱纹”，另有筒瓦、板瓦、网坠、纺轮等。铁器有铁锸、铁刀、铁剑、铁刀等。出土铜钱二十余枚，钱文有“半两钱”“五铢钱”和“货泉”三种。出土少量石范、铁矿石和炼渣。

官田遗址应是一处汉晋时期的矿冶遗址，推测该遗址与5千米之外的朱家台铸铁场址存在一定联系。目前，对于相关遗存的认识还有待进一步提高。

（莫林恒）

【邵东县竹山及对门园汉晋墓群】

发掘时间：2015年4~5月

工作单位：湖南省文物考古研究所、邵阳市文物局、邵东县文物管理所

竹山墓群位于邵东县水东江镇石泉村，为矮山丘陵地貌。为配合怀邵衡铁路工程建设，我们在此发掘了两座东汉砖室墓，平面均为“凸”字形。M2，通长5.1米，宽2.38米，深0.7米~1米，方向80°，填土为黄色花土。墓葬由甬道、长方形墓室组成，甬道内长1.3米，宽1米；墓室内长3.4米，宽1.98米；墓室砖墙残高0.6米~0.7米。墓内壁砖为平砖错缝平砌，底砖未铺满。墓砖青灰色，长29厘米，宽20厘米，厚6厘米，砖面模印绳纹，砖侧模印叶脉纹、斜线纹。该墓券顶和墓壁墙砖发掘前已垮塌，墓内器物多残破，仅出有麻布纹陶罐残片。

对门园墓群位于邵东县杨桥镇两顺村，墓葬分布在一座南北走向山体的东面。经重点勘探和发掘，共在东面山坡的山腰处清理了五座汉晋时期的砖室墓。此次清理的五座砖室墓依形制分为两类：一类平面呈长方形，有M3、M6、M7；另一类平面呈“凸”字形，有M4、M5。现举例介绍。

M6，长方形单室墓，长4.06米，宽1.8米，深1.5米，方向120°，填土为浅黄色花土。墓室券顶已垮塌，壁砖为平砖错缝平砌，底砖平铺。墓砖青灰色，长38厘米，宽22厘米，厚6厘米，砖侧模印有菱形叶脉纹。经清理，器物主要见于墓室前部，出有“五铢”铜钱一串、麻布纹硬陶罐两个、陶罐残片若干。依陶罐形态来看，时代约在东汉中期。

M4，“凸”字形，通长5.8米，宽2.42米，深2.2米，方向155°，填土为浅黄色花土。墓葬由甬道、长方形墓室组成，甬道内长1.7米，宽1.28米；墓室内长3.5米，宽1.68米；墓室砖墙残高1.85米。墓内壁砖为平砖错缝平砌，上部起券处开始使用楔形砖，底砖仅铺甬道前部。墓砖青灰色，规格有两种：一种为楔形斜砖，长37厘米，宽23厘米，厚4厘米~7厘米；另一种为平砖，长37厘米，宽22厘米，厚7厘米，砖侧模印有鱼纹和叶脉纹。墓内出土器物主要见于甬道口部和墓室前部，有陶罐、碗、盘、石黛板、铁棺钉等。从器类组合及形态来看，时间约为吴晋时期。

据史料记载，西汉初年邵阳置有昭陵县，治所在今邵阳市西区。其后境内置侯国多个，治所不断变迁。王莽始建国元年（9）废侯国。东汉初年改昭阳侯国为昭阳县。东吴宝鼎元年（266），昭阳县改属昭陵郡（治同西汉昭陵县）。西晋武帝太康元年（280），避司马昭讳，改为邵阳县。此次发掘的两处汉晋墓群，正处于西汉昭阳侯国和东汉昭阳县境内。

（袁　伟）

【长沙铜官窑遗址】

发掘时间：2015年7~12月

工作单位：湖南省文物考古研究所、中山大学社会学与人类学学院

根据国家文物局批准通过的《长沙铜官窑国家考古遗址公园建设考古工作规划》，为深入了解和认识长沙铜官窑遗址

文化内涵和时空格局，为长沙铜官窑国家考古遗址公园建设提供考古实物和信息支持，湖南省文物考古研究所对长沙铜官窑遗址开展主动性考古发掘项目，并与中山大学社会学与人类学学院进行联合发掘，现已完成部分区域的发掘工作。

此次发掘沿用此前勘探时所设立的永久性测绘总基点，以探区和探方为单位进行发掘，2015 年度发掘工作分两个探区进行，分别为 QN03E05 和 QN01E02，属于依据调查所划定的生活区和市场区，均位于现彩唐溪大道以南、石渚湖垸以北的遗址保护范围之内。

在 QN03E05 的发掘工作已于 2015 年 10 月中旬结束，此次发掘在该区域部分揭露了一处制瓷作坊，有处理原料的坑体，建筑遗存柱洞，火烧面、排水沟等历史遗存，出土了大量碗、壶、罐、瓷塑等，彩绘、诗文、贴花等典型长沙铜官窑装饰技法一应俱全，此外还出土一件刻划有“张元（誉）”的窑具和不少刻划或印有“张”字的产品，证明此处作坊是以张姓为主的制瓷作坊区。长沙铜官窑“张”姓产品在窑址和海内外传世品中也时常出现，是石渚窑场中极具代表性的制瓷作坊。

在 QN01E02 区域的发掘尚未结束，但已经有重大发现，在 TN03E02 等探方内已出露十分密集的圆形或方形坑体，现已出露的有 17 处，其中包括一口水井，应与处理泥料、釉料等制瓷工艺流程有密切关联。此次发掘改变了此前的认识，让我们重新认识了整个遗址的布局，目前的发掘证明该遗址可能不存在功能单一的市场区和生活区，窑业居民在这里环湖而居、依山建窑、临水易市，因而石渚湖沿岸一带的历史遗存异常丰富，对深入揭示遗址价值具有重要作用。

（张兴国）

【怀化市溪边村宋元至明清墓群】

发掘时间：2015 年 3 ~ 4 月

工作单位：湖南省文物考古研究所、怀化市文物处、洪江市文物管理所

墓群位于在建的怀邵衡铁路安江车站附近，行政隶属于洪江市硖州乡溪边村。墓群所在为沅水右岸山间盆地中的台地地貌，西距沅水 500 米，西南距安江农校 150 米。此次发掘共布 5 米 ×5 米探方 19 个，实际发掘面积约 500 平方米，共清理宋元至明清墓葬 51 座。

此次首先对该区域进行了重点勘探，以确定墓群的分布范围。此次发掘的墓葬分布较有规律，地势上从台地的边缘向中心（由低到高）逐渐集中，布局上（由北向南）亦至少可分出四级排列，每级之间时代差别明显，越接近中心处年代越偏晚。现对典型墓葬举例介绍。

M23，砖室墓，券顶已毁，长 2.5 米，宽 0.9 米，深 0.6 米，方向 194°，黄灰色填土。墓室壁砖为平砖错缝平砌，墓砖青灰，长 21 厘米，宽 11 厘米，厚 4 厘米。墓底砖未铺满，可视为棺床。墓室南端设一头龛，出釉陶罐一、瓷碗一（碗倒扣罐上）。该墓制作规整，墓葬形制及所用青砖均为湖南宋墓所常见。青白瓷碗为大敞口、浅腹、矮圈足，与 1999 年发掘的洪江烟口窑址 T1 第④层所出 A 型碗相近，烟口 T1 第④层时间约在北宋元祐四年（1089）。

M37，土坑墓，被 M28 打破，长 2.5 米，宽 1.15 米，深 1.4 米，方向 190°，填土为黄灰土夹少量烧土粒。出有铜钱（开元通宝和北宋早中期钱币）六枚，玉簪（墓主头部位置）一支。

M32，砖室券顶墓，长 2.4 米，宽 1.15 米，深 0.9 米，方向 205°，黄灰色填土。券顶弧形，较低矮。所用券砖为楔形，火候较高，青灰偏红色。墓室壁砖为平砖错缝平砌，墓底未铺砖。墓主头部位置铺

有青瓦，棺钉分布较整齐。其时代约为元明时期。

M20，土坑墓，长 2.2 米，宽 0.6 米～0.65 米，深 0.62 米，方向 175°，填土为灰褐土夹杂少量石灰。墓内出有银杯 5 只、棺钉 8 枚。银杯较小，盏形，色略发黑，器身錾刻有简单花草纹饰。该墓的器类组合与其他墓葬有别，墓主可能属于苗瑶等少数民族。

（袁　伟）

【醴陵市沩山钟鼓堂元代窑址】

发掘时间：2015 年 10～12 月

工作单位：湖南省文物考古研究所、株洲市博物馆、醴陵窑研究所

遗址位于醴陵市东堡乡沩山村、望仙桥村及枫林市乡、黄獭嘴镇等。现存自宋以来的各类窑址约 90 座，与窑址相关的瓷泥矿井、瓷器运输故道、生活设施、古塔庙宇等其他文物古迹 49 处，是一处保存较为完好的窑址群。此次对位于醴陵市沩山村钟鼓堂的宋元窑址 Y15 进行了考古发掘。共布设探方 5 米×5 米探方 10 个，发掘面积 250 平方米。

通过此次发掘，明确了 Y15 的烧造年代、窑炉结构及装烧工艺等。窑炉的形制为龙窑，而非阶梯窑。Y15 的窑渣堆积中出土的器物均采用涩圈叠烧法烧成，虽然发现极少量支圈，但芒口器几乎不见。结合益阳羊舞岭窑以及江西景德镇窑的发掘及研究成果，支圈覆烧法南宋晚期才传入湖南。另外从产品的形态特征来看，器物多厚重，釉层肥厚，这些都具有元代瓷器的特征，因此 Y15 的年代当在元代。

窑炉前部已经被破坏，但从近现代扰乱坑及保留的窑渣堆积层中还是清理出了大量的遗物，分为瓷器、窑具。瓷器种类有碗、盏、高足杯、笔舔、折沿盘、执壶等，以碗为大宗，其次是盏、高足杯、折沿盘，执壶、钵等较为少见。釉色以青白釉、青釉居多，另有一定数量的酱釉。青白釉层虽厚，但釉色莹润透亮，玻璃质感强。瓷器极少数有刻花纹样。碗、盘等器物多胎体厚重，器形大气，但也不乏小巧玲珑的盏、杯等器物。窑具较为简单，主要是垫钵和火照，垫钵的大小根据垫烧的器物尺寸而略有差异，火照发现数量较多，其中一定数量的火照上面有“乙”等刻划符号，似乎是用以区分不同窑位的标识。

从这批瓷器从形制特征等方面来看，其时代应为元代，整体风格模仿龙泉窑青瓷，但釉色尤其是青白釉与龙泉青瓷差异极大，更像景德镇青白瓷。结合之前对益阳羊舞岭窑的发掘情况，我们认为比次发掘的 Y15，其工艺技术是南宋晚期醴陵窑青白瓷技术的延伸，入元以后，根据市场的需求对产品风格、装烧技法都做了改进，尤其是放弃了南宋晚期的覆烧法，而是采用了涩圈叠烧的方法。从技术难度来讲，覆烧法的工艺要求极高，支圈的制作需要非常规整，而涩圈叠烧法则相对来说要简单一些，所需要的窑具也只有置于窑床上的垫钵。

（杨宁波）

【常德市七里桥荣王府明代墓群】

发掘时间：2015 年 3～5 月

工作单位：常德博物馆

墓群位于常德市区穿紫河东岸、七里桥北部、丹阳路西侧的原常德科技学校内。因施工被发现，遂对墓群进行了抢救性发掘。此次共发掘明代墓葬 10 座（M1～M10），均为三合土浇筑的长方形竖穴墓。

这批墓葬中，宋贵墓（M1）规模最大，但已被破坏。从残存的情况判断，墓圹整体长 580 厘米，宽 420 厘米，深 300 厘米。墓底为黄土垫基，夯实找平并石灰抹面，其上浇筑三合土一层，厚 14 厘米，其上再铺汉白玉雕花方形石块，棺椁置于石块之上，而后椁室外使用三合土密封，

三合土厚度为150厘米，为分层夯筑形成，断面清晰可见密集的圆形夯窝。葬具为一棺一椁，由于墓室已被扰动，葬式不明。宋贵墓（M1）出土有一枚金挖耳勺、三枚圆形方孔金箔、一枚银铤、一对青花带盖瓷梅瓶、买地券、墓志、铜钱等。买地券与墓志均已残，仅可辨认出墓主名为宋贵，于嘉靖四十四年（1565）下葬。宋贵据《清嘉庆常德府志校注》为明代荣王府内承奉司右承奉。

M2～M10形制相同，均为三合土浇筑的长方形竖穴墓，墓圹一般长320厘米～380厘米，宽170厘米～230厘米，三合土厚40厘米～46厘米。且朝向一致。除M6外，其余的墓棺木、人骨均已朽，仅存少量棺底板及侧板，出土有硬陶罐、瓷器、铜镜及砖烧墓志等随葬品，其中M3出土有一对孔雀绿釉缠枝牡丹纹梅瓶，M7出土一对钧釉梅瓶。M6长350厘米，宽220厘米～228厘米，三合土厚40厘米～46厘米，墓室长264厘米，宽132厘米～140厘米，墓底距墓口120厘米，墓坑内亦浇筑致密的三合土，故棺木保存完好，棺内骨架完整，为仰身直肢，木质梳子等随葬品保存较好，棺外出土一对硬陶罐。

M2～M10与M1构筑风格相同，均为三合土浇筑墓，其时代应大体一致，而形制、材质上的不同，则与墓主身份地位的差别有关。《清嘉庆常德府志校注》（卷六）之《山川考·园墓》记载："……荣藩义官墓，府北七里桥东里许，郡人陈洪谟、蒋信作墓碑……"我们认为，这批墓葬就是府志中所载的"荣藩义官墓"，墓主均为明代常德荣王府内的侍从人员。因此，这批墓葬的发现，为研究明代荣王家族历史、明代常德古城提供了一批新的材料。

（佘　涛）

【茶陵县金盆岭明清家族墓地】

发掘时间：2015年9月

工作单位：株洲市文物局

为配合茶陵县人民医院住院大楼改扩建项目，株洲市文物局组建考古队对茶陵县城关镇金盆岭施工现场发现古墓葬进行调查勘探和抢救性清理发掘。

此次发掘出明清时期竖穴土坑墓17座，墓葬一般宽0.65米～0.8米，长1.8米～2.3米，深0.35米～1.15米，除M1外均为单人仰身直肢葬，头下枕青瓦，其中6个墓中出土铜发簪。总计出土石质墓志铭1方、铜簪21件，银耳环1对，陶罐9个和瓷器405件。其中2015CJM1为双人合葬土坑墓，墓室上部为石灰覆盖，石灰中整齐排列三层青花瓷碗，共计402件，南北两侧被晚期建筑基址破坏，残长2米，宽3.2米。墓底可见棺痕，东侧人骨保存较完整，棺内无随葬品。据茶陵郭氏族谱记载：明代宣德年间以后郭氏家族墓地在金盆塘（即今金盆岭）。由此可以推断已发掘的17座土坑墓应为明代以后的郭氏家族墓。从而为研究明清时期茶陵家族墓的葬俗提供了科学资料。

（王金桥）

广东省

【龙门县庙山新石器时代遗址】

发掘时间：2015 年 3 ~7 月

工作单位：广东省文物考古研究所

庙山遗址位于龙门县龙城街道办江厦村，西距龙门县城约 4.4 千米，为龙门河东岸的山前侵蚀台地，海拔约 97 米。2015 年度，广东省文物考古研究所对该遗址进行了抢救性发掘，布设 10 米 ×10 米的探方 17 个，发掘面积共 1700 平方米。此次工作在发掘范围内，发现了自新石器时代晚期至明代 5 个时期的文化遗存，出土了较为丰富的陶器、石器、瓷器和铁器等遗物。

第一期，新石器时代晚期遗存是此次发掘的主要发现，共清理墓葬 1 座、灰坑 6 座、柱洞 1 组。庙山一期遗存中陶器以泥质硬陶为主，夹砂硬陶为次，泥质软陶、夹砂软陶相对较少；单一纹饰以梯格纹、长方格纹、叶脉纹为大宗，曲折纹次之，条纹、交错条纹，间断条纹、重圈凸点纹、云雷凸点纹、复线菱格凸点纹等也占一定比例，组合纹饰则来源于单一纹饰之间的结合或以附加堆纹的方式实现；器类单调，以各型矮圈足罐为主，球腹罐、垂腹罐亦较常见。从陶器的形制、质地、纹饰等诸方面判断，其与粤东地区虎头埔文化特征相近，应属文化性质相同、时代相近的同类遗存。同时，相对于虎头埔文化诸遗址，庙山一期遗物也具有鲜明的自身特点。其一，庙山一期的石器器类丰富，包括锛、凿、斧、镞、矛、环、刀、刮刀、研子、砺石、球、饼等，虎头埔各遗址中出土石器总体上数量不多，仅见石锛、石镞和石环等；其二，相同器类，二者也存在较大差异，庙山一期石锛以有肩锛为主，占出土石锛总量的 88%，在虎头埔文化遗址中则几乎不见有肩石锛；庙山一期中见有部分双面刃石斧，此类遗物在虎头埔文化遗址中则未发现；庙山一期陶罐流行在颈部以下压印一周规整短斜行条纹，虎头埔、龟山等遗址中极少见到。

综合观察，庙山遗址陶器的总体特征与虎头埔文化相近，而石器的整体面貌则与环珠江三角洲同时期诸遗址相似。遗址位于西林河畔，经增江直下东江可直接与珠江三角洲地区相连，由于地缘关系极近，庙山一期遗存极易受到来自珠江三角洲地区考古学文化的影响。但从出土遗物来看，庙山一期遗存对于此种影响并未全盘接受，在陶器方面仍保持着鲜明的虎头埔文化特征，只是选择性地接受了虎头埔文化较为薄弱的石器以为己用。从庙山一期遗存受珠三角地区考古学文化的影响程度来看，其所处位置已近虎头埔文化分布范围的西缘，从其文化性质来分析，庙山一期遗存应属虎头埔文化的地方变体。

（刘　长）

【连平县八字山春秋战国遗址】

发掘时间：2015 年 11 月 ~2016 年 1 月

工作单位：广东省文物考古研究所

遗址位于河源市连平县油溪镇油东村，为配合汕昆高速公路建设工程，对遗址进行抢救发掘，发掘面积1000平方米，清理出春秋至战国时期灰坑、活动面等遗迹，出土陶器、原始瓷器、石器及青铜器等各类文物110余件。

遗址地处东江流域上游，南面东江支流忠信河，北倚九连山，相对高度近70米。发掘区位于八字山西端，又分Ⅰ、Ⅱ两区，Ⅰ区位于顶部，大部分探方分布于该区，Ⅱ区则位于东北坡。此次考古发掘出土文物主要集中发现于Ⅰ区，出土陶器多为泥质印纹硬陶，部分夹砂软陶，纹饰有方格纹、菱格纹、勾连雷纹、棱格凸块纹、重棱格对角线纹及绳纹等，硬陶器表流行施红褐色陶衣，内壁则多见圆形或三角形麻点垫痕，器形有瓮、罐、盂、钵、碗及杯等，石器多为磨制石器，以石锛为主，另有部分石凿、石环、砺石、纺轮及石饼等，青铜器仅见残片。Ⅰ区最为重要的发现是清理出较大面积的活动面，该活动面密集分布有大量陶器、磨制石器、砾石原料及打制石片等，其间散布数处灰烬堆积。Ⅱ区出土少量印纹硬陶器及原始瓷器，陶器纹饰有米字纹、方格纹、水波纹及弦纹等，器形仅见罐，原始瓷器有碗与杯等。

Ⅰ、Ⅱ两区所见文化遗存表现出明显的时代差异，前者年代应在春秋晚期至战国早期，介乎“夔纹陶类型遗存”与“米字纹陶类型遗存”之间，后者器物特征则常见于岭南战国晚期至南越国时期遗存。八字山遗址的考古发现对于深入研究本地区先秦考古学文化谱系有重要意义，尤其Ⅰ区的文物资料揭示出岭南地区“夔纹陶类型遗存”衰退之后、“米字纹陶类型遗存”兴起之前这一时期的文化特征，有助于进一步认识春秋战国时期本地区考古学文化的嬗变及其所反映的社会历史进程。

（刘锁强）

【广州市榄园岭春秋墓葬群】

发掘时间：2015年8～11月

工作单位：广州市文物考古研究院

榄园岭遗址位于广州市黄埔区九龙镇棠下村，西距九龙大道约800米，山冈东部有平岗河流过。此次考古发掘共揭露遗址面积近2000平方米，发现春秋时期墓葬51座，汉墓1座，沟1条，出土陶、瓷、玉石、铜等遗物共计82件。

西汉早期长方形竖穴土坑墓1座，位于发掘区北部，墓口长2.9米，宽1.3米～1.5米，残深1.35米，墓底长2.6米，宽0.5米～1米。随葬陶罐、五联盂及小碗等随葬品9件。

春秋时期墓葬51座，集中分布在发掘区南部。墓葬均为长方形土坑竖穴墓，墓坑打破生土。墓葬排列有序，互相间无叠压打破关系。墓葬沿山势排列，多数较为狭小。墓葬开口距现今地表35厘米～55厘米，墓口长2.1米～2.8米，宽1.2米～1.4米，残深0.3米～1.55米。墓葬以红褐色山冈土回填，其中47座墓葬填土被灰坑打破，可能与祭祀行为有关。葬具与人骨均已不存。墓葬随葬器物较少，多为陶豆和原始青瓷豆等，个别墓葬随葬小件青铜斧和青铜箭镞，保存状况较差，锈蚀严重。一般为陶器或青铜器1～3件，靠近山顶墓葬的规模更大，随葬品数量更多，种类更丰富。其中M49随葬陶、玉石器共7件，是此次发掘随葬器物数量最多、种类最丰富的墓葬。个别墓葬存在腰坑、二层台等现象。叠压在墓口之上的文化层当中出土大量曲折纹、夔纹、云雷纹、方格纹等几何印纹陶片，器形多为印纹硬陶罐、瓮等。

榄园岭先秦墓地与广州地区的增城浮扶岭、萝岗大公山等遗址的文化内涵相近，此次考古发现对珠江三角洲地区先秦文化序列和文明进程、越人葬俗，尤其是南越文明源头的研究起到重要的推动作用。

（王　慧）

【广州市海珠区广州造纸厂两汉清代墓葬】

发掘时间：2015 年 8～9 月

工作单位：广州市文物考古研究院

广州造纸厂地块属广州市地下文物埋藏区。地块内有大量建筑物，原山冈地貌被破坏。此次配合国有土地出让进行的考古勘探发掘，清理两汉墓 5 座，清墓 45 座。两汉墓葬受晚期人类活动破坏严重。

西汉竖穴木椁墓 3 座。M1 墓坑边残缺，结构不明，墓内填黄褐色土。墓内残存陶盂和温酒樽、罐残片。M2 为“凸”字形竖穴分室分层木椁墓，墓向 102°。墓内填灰褐色砂质土。墓道不存。墓坑宽 1.0 米～1.76 米，残长 2.68 米～3.38 米，深 0.28 米。墓室分上下两层。墓底无枕沟。墓内随葬陶、铜器 49 件套，器形有罐、灶、碗、三足釜、井、壶、五联罐、簋、瓮、囷等。M3 为长方形竖穴单室木椁墓，墓向 92°，墓道不存。墓内填红褐色山冈土。墓坑宽 2.8 米，长 5.5 米，深 0.2 米～0.5 米。墓底无枕沟。墓内残存陶、铜等质地器物共 17 件套，器形有屋、灶、罐、砚、仓、井和铜钱等。

东汉砖室墓 2 座。M4 为“中”字形砖室墓，墓向 115°，墓道不存。墓内填黄褐土。墓壁单隅。封门无存。墓室分甬道、前室和后室。甬道内宽 1.14 米，长 1 米，底部为横向平铺砖。前室内残宽 1.24、长 2.16 米，底与甬道底持平，横向平铺砖。后室内宽 1.54 米，长 3.6 米，比前室略高 5 厘米，底为纵向平铺砖。墓砖多用青灰和黄灰色素面长方形砖。墓内残存陶器 10 件套，器形有细颈瓶、卮、纺轮、屋、盂、簋等。M5 为“中”字形带侧室砖室墓，墓向 34°。墓内填灰褐土。墓道坡度 25°，宽 1.1 米，平长 0.9 米。封门无存。墓壁单隅。墓室分甬道、前室、东侧室和后室。甬道内宽 1.38 米，长 1.42 米，底砖不存。前室内宽 2.9 米，长 2.8 米，底与甬道底平，横向平铺底砖。前室西侧距底高 5 厘米有一龛，宽 60 厘米，长 70 厘米，高 30 厘米。东侧室比前室高出 5 厘米，内宽 1.26 米，长 2.9 米，无铺底砖。后室内宽 1.54 米，长 3.4 米，比前室高 5 厘米，铺底砖不存。墓砖多用青灰素面长方形砖，规格 33 厘米 ×19 厘米 ×4 厘米。墓内残存陶灶、器盖和魁各 1 件。

清墓 45 座，灰砂墓和砖室墓各 1 座，其余为土坑墓，规模小，结构简单，除个别墓葬随葬酱釉小陶罐外，绝大多数墓内无随葬器物。

（易西兵）

【广州市中山四路五代南汉建筑基址】

发掘时间：2015 年 4～11 月

工作单位：广州市文物考古研究院

遗址位于广州市中山四路以南、德政中路以东，属于广州古城区范围。此次考古发掘面积 1000 平方米，清理东汉木构基址 1 处、五代南汉建筑基址 1 处、东汉至明清时期水井 23 眼、明清时期水池 3 处、灰沟 2 条、灰坑 34 个，出土各类文物标本 634 件（套）。以五代南汉时期大型建筑基址最为重要。

该建筑基址位于发掘区北部，开口于第⑤层（宋代文化层）下，距地表深 3.3 米～4.3 米，向下打破第⑥层（隋唐时期文化层）。清理南北向磉墩 4 排、东西向磉墩 9 个，其中最北部磉墩仍向北侧延伸。磉墩南北间距 2.4 米，东西间距 3.2 米，磉墩之间残留南北向的方形枕木，枕木因烧灼而炭化，痕迹可辨。磉墩平面为方形，规格较一致，边长 1.45 米～1.65 米，填土分 7 层，厚薄均匀，每层 0.15 米～0.25 米，一层胶质泥土覆盖一层碎瓦片、碎陶片混合物，层层夯实筑砌。个别磉墩上部残留有木质柱础。

基址活动面以红色山冈土堆填，土质结构密实，板结，较平整。厚 0.15 米 ~ 0.2 米。活动面局部残留未烧灼尽的木板，木板均已炭化，厚 0.02 米 ~ 0.05 米。建筑基址活动面上还残留废弃堆积，厚 0.15 米 ~ 0.3 米，由西向东呈倾斜状，西薄东厚，以红烧土、炭灰及白色灰烬土为主，并含有少量白色石灰块。倒塌堆积下仅存建筑磉墩和居住面上烧灼未尽的木结构。

此次发现的南汉建筑基址规模大，规格高，可能属于南汉时期广州城东一处大型官府或寺庙建筑。

（张　希）

【英德市石岭坪宋代建筑遗址】

发掘时间：2015 年 1 ~ 4 月

工作单位：广东省文物考古研究所

遗址位于英德市沙口镇园山村石岭坪，西距北江约 2000 米，西南距英德市区约 35 千米，遗址总面积约 1 万平方米。此次发掘是为配合“神华国华广东清远电厂”工程建设而进行的抢救性考古发掘，发掘面积 1200 平方米。

发掘发现有砖、石砌筑的古建筑遗迹，可分为有叠压关系的前后两期。一期建筑（早期建筑）埋藏较深，保存相对较好，目前判断有一组规模巨大的建筑群，因发掘面积所限，未能将建筑基址全面揭露，但根据中国古建筑中轴线布局规律判断东西宽度超过 50 米，南北进深超过 70 米，保留大面积青灰色方形或条形铺地砖，数量较多的柱础石，砖石砌筑的台阶步道及地下排水系统等，局部建筑废墟堆积厚度近 2 米。二期建筑（晚期建筑）遗迹局部暴露在地表，受农林耕作破坏严重，目前保留大面积青灰色方形铺地砖，部分青砖及石灰岩块砌筑的墙基。二期建筑叠压在一期建筑废墟之上，据现存遗迹判断其规模不及一期建筑。

建筑废墟层中出土有大量青砖、板瓦、筒瓦、莲瓣纹瓦当、檐滴、脊饰、鸱吻及柱础石等建筑物材料，大量宋代陶瓷器残片。此外还出土数十枚铜钱、一枚铜簪、少量铜器残片、大量铜钉和铁钉、少量铁铃、铁锁、铁剪刀、石砚、砺石等。

此次考古发掘除了铜钱及少量陶瓷器上的文字之外，未见碑刻及其他有关纪年的文字材料。经过大量相关文献资料的收集和查阅，也未发现与该建筑遗存相关的记载。因此，只能通过铜钱年号及出土文物的年代特征来推测建筑遗存的年代。从铜钱钱文来看，出土数十枚铜钱基本都是年号钱，绝大部分铜钱年号为北宋，仅有少量唐代“开元通宝”及 1 枚南宋初期金朝于公元 1157 ~ 1158 年铸造的“正隆元宝”不属于北宋时期年号钱。从出土文物来看，无论是建筑材料还是瓷器等日常用品，基本都属于宋代遗物。综上所述，可初步判断该处两期建筑遗迹的年代应为唐代晚期至南宋初期，属于北宋时期的可能性最大。

从建筑规模的巨大、建筑材料使用较多外地运来的红砂岩石质巨大柱础石、较多莲瓣纹瓦当、山坡上开凿石灰岩山体依山而建的建筑群、整个建筑群按照中轴线布局、设置有统一的排水系统等方面来看，该处建筑是有统一规划的建筑群，规模大，规格高；另外，建筑废墟中出土较多碗、盏、碟、香炉、佛像手指等宗教场所使用的青瓷器残片，少见生产工具和手工工具，因此初步推测为宗教建筑群遗迹。

英德沙口石岭坪遗址宋代建筑遗存是截至 2015 年广东发现的最大的旷野型古建筑群遗存，是目前广东发现的唯一一处布局较为清晰、保存相对完好的宋代古建筑遗存，对于岭南地区宋代建筑、宗教历史等方面都具有重要的研究价值。

（石俊会）

【广州市番禺区沙边宋代窑址】

发掘时间：2015 年 5 ~6 月

工作单位：广州市文物考古研究院

沙边窑遗址位于广州市番禺区南村镇沙边村，地处珠江沥滘水道南岸，是广州地区发现的一处重要的宋代窑址。1990 ~1994 年，考古部门先后两次对沙边窑遗址进行发掘，揭露宋代龙窑 3 座，其中 2 号窑址保存较好，除烟囱已毁无存外，窑头的引火门、炉膛、窑尾尚存，全长 45.97 米。窑址及废弃堆积分布于鉴贤岗、后底岗和陈岗等三座山冈。

近年来后底岗周边土地开发，致使其残存的窑址废弃堆积遭受大面积破坏。广州市文物考古研究院遂对后底岗进行了抢救性考古发掘，发掘面积 200 平方米。此次发掘进一步确认了后底岗现有遗存为宋代窑址废弃物品堆积，性质单纯，未发现窑址及相关遗迹。其堆积范围覆盖整个山冈，面积接近 1000 平方米。宋代窑址废弃物以岗顶为中心向南、西和北三个方向坡积，堆积最高达到 2 米，遗物丰富。除发现大量匣钵、垫饼、垫圈等窑具外，还出土很多瓷器残次品和一些施釉的陶器等。器形以碗为大宗，还有少量的盘、盏、罐等，以青瓷器为主，灰白胎，釉色青中泛蓝，有些接近青白瓷，还有少量青釉褐彩瓷，另有一些釉陶盆和罐的碎片。

此次发掘为沙边窑遗址的保护和广州宋代窑业的研究积累了更为丰富的实物材料。

（邝桂荣）

【广州市泰康路明清水渠遗址】

发掘时间：2015 年 8 ~10 月

工作单位：广州市文物考古研究院

遗址位于广州市越秀区泰康路以南、北京南路以东，南距珠江北岸 200 余米。明清以前，这里是珠江河道边缘的一处沙洲地，名为“太平沙”。2015 年在遗址南面工地考古发现清代沉船 3 艘。根据文献和历史地图据，今泰康路一线是明清广州城新城南城墙所在。

此次考古发掘面积 1200 平方米。主要收获是发现了三期水渠的局部渠壁，三期水渠的走向与城墙基本一致。发掘区东区发现水渠的南墙护壁，中、西区发现水渠的北墙护壁。南、北护壁的砌筑方式及墙基的处理方法相近，均以红砂岩和灰砂岩结砌。

渠内及建筑垫土中出土了大量明清时期的遗物，主要以生活的器物为多，以青花瓷为主，也有相当数量的青瓷、少量的白瓷、褐釉瓷和粉彩。器形以碗为最多，也有一定量的盘、碟、壶、瓶、杯、罐、勺等。尤其是出土了相当数量的来自粤东地区仿龙泉窑的青瓷，极具特征，青中泛出各种色釉，釉层肥厚温润。在碗的内底模印有多种吉祥语，有福、寿、吉、青字款及一些难辨的单、双字款，是不可多得的实物资料。根据层位关系及出土遗物判断，第一期渠涌的建筑使用时间大致在明中晚期，第三期可能晚到清晚期或民国初年。

此次发现的水渠遗存属广州城外的重要排水设施，为研究广州明清城市布局及排水系统提供了考古新资料。

（张金国）

广 西 壮 族 自 治 区

【隆安县娅怀洞石器时代遗址】

发掘时间：2015 年 5～12 月

工作单位：广西文物保护与考古研究所、隆安县文物管理所

遗址位于隆安县乔建镇博浪村博浪屯的一座孤山上，2014 年发现，由前洞厅和内洞两部分组成，总面积 100 多平方米。为了配合广西壮族自治区“那文化”（稻作文化）研究课题，2015 年开始发掘，发掘面积近 15 平方米、下挖深度达 7 米。发现了用火遗迹，出土石器、陶器、骨器、蚌器等文化遗物 10000 多件。

用火遗迹一处，位于洞厅后部，范围约 6 米 ×3 米，厚达 0.4 米，遗迹内有成层的灰烬，并发现不少被火烧过的兽骨和石制品。

出土的石制品达 10000 多件，包括打制石器和磨制石器。打制石制品占绝大多数，种类包括石锤、石核、石片、断块、石器等。石制品的原料多种多样，除常见的砂岩、石英岩、石英外，还有很少见到的燧石、玻璃陨石、水晶等。石器多用石片加工而成，还有许多锋利的石片直接就拿来当作工具使用；石器类型以刮削器为主，像砍砸器等大型工具很少。石器的整体面貌独特，和中国南方常见的砾石石器不同，属于石片石器工业系统。磨制石器很少，而且只发现于地层堆积的上部，器类有石锛、石铲和穿孔石器，其中穿孔石器数量最多。此外，还出土若干夹砂绳纹陶片、较多的蚌器和少量的骨器。

此次发掘出土大量的水陆生动物遗存。在地层堆积的上部发现大量的螺壳和蚌壳，很多螺壳的尾巴被敲掉；不同地层还出土了众多兽骨和牙齿。

从此次的发掘情况看，娅怀洞遗址堆积深厚，文化内涵十分丰富，遗物众多，延续时间长，包含了新、旧石器时代不同时期的文化遗存。此次出土的石制品数量巨大，文化面貌独特，对于研究广西地区史前文化具有重要意义；所出土的大量的动植物遗存，为研究这一地区史前人类的生业经济、复原古代环境提供了珍贵的实物资料。

（谢光茂　余名辉　卢杰英）

【龙州县大湾新石器时代贝丘遗址】

发掘时间：2015 年 11～12 月

工作单位：广西文物保护与考古研究所、龙州县文物管理所

遗址位于龙州县龙州镇岭南村大湾屯东北约 1000 米处，2008 年发现，处于左江上游（丽江段）右岸一处台地上，分布面积约 400 平方米。为配合花山岩画文化景观申报世界文化遗产工作，2015 年 11 月开始发掘，实际发掘面积为 32 平方米。从遗址试掘状况来看，保存状况较好。发现了少量新石器时代的文化遗迹，包括红烧土遗迹、灰坑和墓葬。出土新石器时代遗物共计 700 多件，以石器为主，少量蚌器。另外还获取了大量的水陆生动物遗骸。

红烧土遗迹共 4 处，多集中分布，范围不大但堆积较厚，厚 5 厘米～8 厘米。

往往夹杂少量炭屑，为人类用火遗迹。灰坑平面形状多呈圆形或椭圆状，多为弧壁圜底。填土多杂乱，多为较为坚硬的胶结灰白土层和大量敲砸过的螺蚌壳，出土个别石器。发现墓葬 2 座，均未见墓圹，人骨保存状况较差，均屈肢葬。

出土遗物 700 多件，包括大量打制（磨制）石器和少量蚌器。石器中打制石器占绝大多数，种类包括砍砸器、刮削器、石锤、石砧、石片、石核、断块等。石器原料主要为辉绿岩、石英、灰岩、砂岩。打制石器以砍砸器、刮削器为主，制作简单。磨制石器较少，主要为磨制比较精细的斧、锛。

水陆生动物遗骸种类较为丰富，初步判断有猪、鹿、鼠、鱼等。遗址地表和发掘发现大量螺壳和蚌壳，80% 左右螺壳尾端被敲破，地层中少量螺壳有烧烤痕迹。不同地层出土了大量动物骨头和牙齿，多零碎散乱。

从地层堆积、遗迹和出土器物综合来看，大湾贝丘遗址与左江流域其他贝丘遗址文化面貌差别不大，应同属一个地方类型。根据试掘所见的遗迹和遗物初步判断该遗址年代当在距今 6000 年左右，属于新石器时代中晚期。

（杨清平　刘　芸）

【田东县利老坡新石器时代遗址】

发掘时间：2015 年 9 ~ 12 月

工作单位：广西文物保护与考古研究所、田东县博物馆

遗址位于田东县作登乡大板村大勤屯南面的利老坡上，西面为延绵的石山，东面为开阔的山间盆地，周围石山环绕，地理位置较为优越。利老坡为一椭圆形土坡，其南北长约 240 米，东西宽约 230 米，一条宽约 50 米的沟壑自土坡西南至东北环绕土坡，并在遗址东北部与龙须河相通。

遗址于 2010 年文物调查时发现，2015 年度为配合广西壮族自治区“那文化”研究课题，对遗址进行发掘。此次发掘分别在遗址南部和中部及北部布方，共布 5 米 ×5 米探方 24 个，发掘面积 600 平方米。发现以遗迹为主，共发现新石器时代灰坑 10 个，沟 1 条，墓葬 3 座，并获取了大量石器、陶器标本。

灰坑大部呈椭圆形，也有个别近方形的。坑内填土以灰褐色沙土为主，夹杂橄榄核等炭粒，大部分坑内发现有大量石铲残片、碎屑及陶片、红烧土等。从坑内出土较多石铲残片来看，这些坑是有意识地用来集中填埋石铲残片的，这是广西大石铲类遗存中一个较为普遍而独特的现象，也是这类遗存的一个显著特征。沟仅发现一条，呈环形分布，北部基本被破坏。沟内堆积为灰褐色沙黏土，包含大量炭屑、红烧土等。沟内出土遗物较为丰富，主要有石铲残片、碎屑及陶片等。局部石铲碎屑较为集中，应为加工制作石铲的地点。出土陶片均较碎，从个别可见器形陶片判断，主要器形有釜、杯等。墓葬均为长方形竖穴土坑墓，分布相对集中，其中两座平行并列，存在异穴合葬的可能。随葬品多寡不一，存在分层摆放的情况。随葬陶器较为独特，特别是墓葬出土的陶壶及陶杯，其不仅器形别致，而且装饰的勾连云纹布局规整，构图清晰。无论是器形还是纹饰均为广西此前所未见。除陶器外，墓葬中还发现石铲和砾石随葬的现象。虽然石铲加工较为粗糙，但足以证明墓葬和大石铲存在关联。而墓葬中发现用大块砾石随葬的现象则更清楚地表明，墓葬的主人应和古越人有关。

遗物主要有石器和陶器两大类。以石器居多，类别主要有石铲残片、断块、石锤、砺石及少量石斧、石锛、砍砸器等。石铲完整器形仅发现一件，其制作精美，造型独特，礼器特征明显，为广西此前所未见。陶器器形主要有釜、杯、壶等，胎

质均较薄，火候较低，除墓葬见有个别相对完整器形外，大多较残破，无法提取复原。纹饰以绳纹、勾连云纹为主。此外遗址还出土大量陶片，但大多较碎，陶片以夹炭陶为主，部分陶片胎质较厚，火候较低，纹饰以绳纹为主。

利老坡遗址是目前百色盆地范围内发现的唯一一处较为明确的石铲类遗存。从发现情况看，遗址文化面貌较为独特，是一种新发现的考古学文化类型。遗址出土的石铲不仅磨制精美，而且造型独特，具有强烈的礼器特征，是广西目前发现的一种新型石铲形态。另外出土的陶杯、陶壶等器形，特别是筒形陶杯，为广西史前考古中首次发现。在陶壶、陶杯上装饰的成组勾连云纹，不仅造型独特、构图清晰，而且结构布局对称，一改广西史前陶器纹饰单一、布局杂乱的情况，表明遗址所属群体在审美艺术方面有了长足的进步。

（谢广维　陈虞添　谢广学）

【马山县永州镇洞穴考古调查】

调查时间：2015 年 10 ~ 12 月

工作单位：广西文物保护与考古研究所

因广西“三区人才”支持计划工作需要，广西文物保护与考古研究所对马山县永州镇的平山、造加、德育、龙角、永久、亲爱 6 个行政村开展田野调查，以洞穴为主要对象，共调查洞穴 79 个。调查区域可分为东、西两部分，东部以高低错落的联座石山为主，还有少量相对独立的低小石山，山间为面积狭窄且相对封闭的小盆地，其间多有弯曲的小河穿过；西部以土山为主，山体不高，多在 100 米以内；东西接合部为大致呈西北—东南走向的平山—造加走廊。

此次调查共发现文物点 36 处，其中先秦洞穴遗存 15 处，宋至明清洞穴遗存 21 处。以感布山 A 洞、枫树山洞、龙板独山洞、局补后山洞、局补感黄洞、伏邑山 A 洞等为代表的先秦洞穴遗存，尽管保存状况很差，且遗物较少，但个别遗存发现比较特别的器物组合。采集的标本主要包括陶器、石制品、动物牙齿等。陶器仅见 1 件较完整器，其余均为陶片；均为夹砂陶，不见泥制陶；陶色以红陶、黑陶、红褐陶为主；陶器纹饰以细绳纹占绝大多数，少量为多线刻划纹、中绳纹，部分器物颈部纹饰被刮抹，但仍有绳纹痕迹；可辨器类有圜底器和三足器，器形主要为罐或釜。石制品仅数件，包括大石铲半成品、双肩石锛、切割器、石饰品及石器残件。动物牙齿较多，部分为动物化石。龙板独山洞、局补感黄洞出现陶器和大石铲共存的现象。

调查所见洞穴遗存密集分布于东部面积狭小且相对封闭的小盆地，不见于较宽广的走廊地带；邻近河流；隐蔽性好，或人畜难以攀登，或遗物放置于比较隐蔽的位置；洞口方向不一。新发现的 15 处先秦洞穴遗址在文化内涵和特点方面应多属岩洞葬遗存，年代处于新石器时代晚期末段至春秋战国时期，为我们进一步认识和研究广西先秦文化增添了新的考古资料。

（梁　优　何安益）

【合浦县英罗唐代窑址及宋代遗址】

发掘时间：2015 年 4 ~ 6 月

工作单位：广西文物保护与考古研究所、合浦县文物管理局

为落实国家“一带一路”建设，探求海上丝绸之路的实物资料和展示原址，广西文物保护与考古研究所会同合浦县文物管理局择英罗窑址进行考古调查及试掘，发现唐代及宋代遗存。

窑址位于北海市合浦县山口镇英罗村委东面约 300 米塘尾水库东西两岸的斜坡上。1993 年列为合浦县文物保护单位，据传原有 72 座窑，或多已毁于水库建设。塘

尾水库1973年建成，爆破取土筑坝，泥土取自堤坝以北的库内东西两岸，土中含有大量的瓷窑废弃品。残存的窑址主要位于堤坝以南敞开的东西两段斜坡上，东段约长50米，西段残长150米。试掘区在西段，面积111平方米，文化堆积可分三层：第①层为表土层；第②层为宋代文化层；第③层为唐代文化层。唐代遗迹有龙窑1座、练泥坑1组，龙窑两侧为废品堆。遗物有陶瓷器、泥范、烧土等。宋代遗迹有灰沟、灰坑，遗物有陶瓷器、铁器、砖瓦构件等。

龙窑依斜坡而建，坐西朝东，残存前段约16米，后段毁于水库溢洪道建设；火膛、窑床仍存，顶部坍塌；火膛平面呈漏斗状，前部狭长且低于窑床底端，后部渐宽并与窑床相连；窑床平面略呈长方形，宽约3米，前端弧收与火膛相连，底部层层垫土，窑壁砌砖为基础，再用烧土与黏土垒糊而成。龙窑两侧的废品堆积，最厚处约2米，包含大量的瓷器残件、垫饼、泥范、烧土及少量的紫皮陶釜、瓮、罐、盆、钵；瓷器有瓮、罐、壶、碗、碟、盆、盘、钵、纺轮、筒形器、动物模型等器形，产品制作稍显粗糙，里外施青釉但不及外底，釉面有冰裂纹，素面，仅个别器物划文字或符号，胎质疏松，胎体厚重，釉面粗涩，多有聚釉和黏结颗粒，碗、碟内壁多留有支钉痕，部分器物生烧。练泥坑位于龙窑南侧废品堆之下，是一组连环坑，顺斜坡上下连通一体如沟状，两坑之间有低矮的挡土。

英罗窑址的唐代文化堆积较为深厚，出土和散落的遗物大多属于这一时期，器物风格相近，而且基本与窑口生产有关。宋代文化层较为浅薄，遗物较少但又多样，除陶瓷器外还有铁器、砖瓦石构件等。较之唐代瓷器，宋代瓷器器形袖小、胎质致密、胎体薄轻、模印纹样、釉色青白，二者风格迥异，不是自然过渡的产品。初步推断，英罗窑址应是一处唐代的窑口、宋代的聚落遗址。目前在北部湾沿岸的防城港、越南等地发现有类似于英罗窑址出土的唐代瓷器。

（蒙长旺）

【上林县智城唐代城址】

试掘时间：2015年10～11月

工作单位：广西文物保护与考古研究所、上林县文物管理所

为配合上林县智城城址的保护规划，广西文物保护与考古研究所会同上林县文物管理所对智城外墙遗址进行了试掘及调查。城址于2006年升级为全国重点文物保护单位，包括东西相距4.5千米的两处唐代遗存：东为“智城垌古城垌遗址”（简称智城遗址），位于南宁市上林县白圩镇爱长村智城垌；西为“六合坚固大宅颂碑”（简称“大宅颂”碑）。城址由内城、外城、护城河等部分组成，内外城原为一处弯转的山谷，周围环山，唯一的缺口在东南端；内城筑墙与外城相隔，是为内墙；外城也筑墙拦住山谷缺口，则为外墙，墙内东北角有摩崖石刻《智城碑》，墙外为护城河。

外墙东西两端连接溶岩山崖，两山相距约100米，即是外墙的跨度。墙址两端地势较高，中间较低。墙体为西南—东北走向，由土墙和石墙构成，土墙先筑，石墙砌在土墙的靠外部位上，石墙中间设水门、西端置城门。土墙坡状，分为东、西两段，底宽12米～18米，高2米～3米，中间为排水沟；堆土与生土相近，黄褐色，碾压致实，应是短期内在同一处地方取土堆成；排水沟略呈斗形，内接流水，宽约10米，外抵石墙（水门居中），宽7米。石墙损毁殆尽，仅余部分基础石块和西部门墩、砌石阶础；底宽2.4米～3.4米，东端从高1.8米的堆土起砌，由东往西减低，至排水沟则顺势低起，设水门（宽

0.4米），过排水沟后往南弯弧，从城门东北约10米处偏离土墙开始爬坡，至城门处转为平整，置城门，过城门后变陡，拾阶而上（共6级阶础），最后连接西端悬崖。两面山顶有数堆石块，应是为防御而备。

石墙略弯弧，墙体由下往上收分，从水面到墙顶高约5.5米。城门长方形，两侧用方石砌筑，顶部用横石铺砌。门枕石在门洞里端，门的规格近似鲁班尺官式，约高2.15米，宽1.53米，上下及左右有对应的圆洞、圆窝。根据西部门墩形制推知，这两处对应的圆洞圆窝可能是两道木质趟栊门的框架结构，上下升降的一道在前，左右推拉的一道在后。

根据土墙堆筑、城内堆积情况及《大宅颂》《智城碑》内容推知，智城建成时间应是武周万岁通天二年（697）或之前不久，城主为检校廖州（澄州改名或析置）刺史韦敬辨，韦氏世袭官职，雄长一方。又据《管府君（元惠）神道碑并序》《杨公（思勖）墓志铭并序》及《资治通鉴》，唐开元年间澄州刺史韦守盈受诬，开元十六年（728），澄州刺史已非韦氏。故智城废弃可能是在韦守盈受诬韦氏子弟被牵连之时，从创建到废弃，前后约续30年，外墙却保存了一千多年。

（蒙长旺）

【防城港市庙万口海域水下文化遗产调查】

调查时间：2015年7～8月

工作单位：国家文物局水下文化遗产保护中心、广西文物保护与考古研究所

为落实国家“一带一路”建设，探究北部湾水下文化遗产，此次调查调集了北京、福建、江西、海南、广西等地水下考古及物探专业人员，围绕水下遗存线索点，对防城港市防城区江山乡白龙村怪石滩（江山半岛西南端）附近海域的4个区域进行物探扫测，总扫测面积约2329155平方米。在怪石滩海域搜索发现了唐代至清代的陶瓷器。

怪石滩原为石质山丘的余脉谷地，自东北向西南倾斜延伸，两侧岩石嶙峋，随潮起潮落而若隐若现，中部淤沙为沟。潜水搜索区位于中部沟谷，面积约12560平方米，水深5米～12米，在海床表面采集到陶瓷器标本87件，器物多数残缺，初步划分为唐五代、宋元、明清三个时期。唐五代器物有瓷碗、盆、罐，为灰胎、青釉。宋元器物有瓷碗、碟及陶罐，瓷碗为灰胎、青白釉，分为斗笠碗和敞口碗，斗笠碗内壁底模印卷云纹，敞口碗釉层易脱落。明清器物占多数，陶瓷器约半，瓷器有盘、碗、盆，陶器有瓮、罐、盆、钵、镭钵等器形；瓷器胎色有灰、灰白、白，釉色有青、青白、青灰、白等，少数为素面或印花瓷，多数为印制或手绘的青花瓷，青花呈色多样，纹样有人物、折枝花、缠枝花、花草、云龙、飞凤、变体“寿”字等，部分器形产地特征明显，为龙泉窑、景德镇窑、闽南民窑产品，并有类似器物多数发现，是常见的海外贸易遗物；陶器胎质坚硬，施釉不及底，部分器形的时代特征和区域特点突出，为闽南或北部湾沿岸常见器物。

怪石滩出水的陶瓷器，在防城港其他沿海区域也有类似的发现，尤其是横穿江山半岛的潭蓬运河附近，发现了不少完好如新的瓷器。据《旧唐书》及《北梦琐言》载，唐代潭蓬运河的疏通，为的是避开怪石滩的暗礁，反映出怪石滩海域行船危险的一面。在宋代安南独立之后，潭蓬运河的航运功能逐渐减弱，至明清时期已然成为名胜古迹。怪石滩海域出水及采集的遗物中，唐宋器物较少，明清器物居多，这种状况可能与潭蓬运河的兴衰有关。综合遗物、古迹、史籍判断，防城港海域是为古代北部湾海路的经由之地，是古代官商往来、军旅海防、物资转运的一个重要节点。

（蒙长旺）

【桂平市弩滩明代巡检司城址】

发掘时间：2015 年 10 月 ~2016 年 1 月

工作单位：广西文物保护与考古研究所、四川大学历史文化学院

城址位于桂平市南木镇弩滩村一队，黔江东北岸的二级台地上，东南距市区约 25 千米，基点坐标为北纬 23°28′19.8″，东经 110°01′24.0″，海拔 40 米。该城址于 1975 年发现，二、三普时复查，曾出土碎花银、陶罐等。为加快大藤峡水利枢纽考古工作进程，联合考古队对该城址进行发掘工作。此次发掘面积约 5100 平方米，基本廓清城址的结构、布局、周围附属设施等情况。

城址平面呈长方形，方向 332°，面积约 19400 平方米。城内地面较平坦，南高北低。城圈基本保存完整，北城墙长 110 米，东城墙残长 154 米，南城墙残长 126 米，西城墙长 180 米，外周长 569 米。城墙宽约 5 米，用石块砌筑，外侧包砖，以三合土黏结。城门发现一处，位于北墙中部。门道长 9.3 米，宽 2.2 米，残高 1.3 米，根据门枢和门臼推测门宽约 1.6 米。城墙西北角发现角楼一处，残长 6.1 米，宽约 6 米。城壕主要发现于北城墙、西城墙北段外，北城墙外清理部分口宽 3.8 米 ~4.4 米，底宽 2.1 米，深 1.2 米 ~1.8 米。沟内发现一段长 4.2 米、宽 1.1 米、高 0.5 米的拦水坝。

城内发现道路 2 条、房址 30 座、作坊 1 处、沟 62 条、水井 2 口、灰坑 106 个、地面 13 处。道路 L1 和 L2 相邻而筑，均与城门相连，东南—西北向。L1 残宽 1.8 米 ~2.1 米，L2 残宽 2.3 米 ~2.6 米，L2 部分叠压于 L1 之上。建筑方法为先挖基槽，后铺垫路土和石块，局部用砖平砌成路面，边缘用石块或砖石堆积。城址西北角发现一处铁器锻冶作坊，发现锻冶炉（Z1 ~Z5）五座，炉口均朝向一处石堆；锻冶炉西北发现水井两口及与之相连的水沟一条；锻冶炉及其周围出土少量铁块及铁砂。房址主要发现于城址南部及东部，多数仅见柱洞，少数残存砖石墙基。F15 残存部分墙基，平面呈长方形，长约 8.5 米，宽约 8 米；房内垫土厚 5 厘米 ~10 厘米。F25 房址西南部叠压在城墙下，平面呈长方形，东南—西北向，清理部分长 7 米，宽 4 米。G19 和 G20 位于城址南部，二者平行，平面均呈曲尺形，都叠压于城墙垫土下。G19 残长 75.7 米，口部宽 2.2 米 ~4.1 米，深 1.4 米 ~2 米；G20 残长 59.85 米，口部宽 1.85 米 ~2.43 米，深 1.1 米 ~1.3 米。

陶瓷器以青花瓷为大宗，占全部出土陶瓷器的 70% 以上。另有少量白瓷、蓝釉、仿龙泉青釉、酱釉、仿哥釉、五彩瓷器等。器形主要有碗、盘、杯、炉、罐、壶、瓶、高足碗、高足杯、器盖等日常生活用品。胎质多洁白细致，亦有胎质粗疏者。纹饰有花卉、鸟兽、人物、山水、几何图案、八宝、杂宝、梵文等。陶器有壶、缸、罐、盏等。另发现少量钱币、铜镜、砚台、黛砚、铁器等。

城内遗迹以城墙的修建为界可分为前后两期：第一期包括 G19、G20、F25 和作坊等，叠压于城墙下，年代约在元末明初；第二期包括城墙及城内道路、房址等，主体年代在明中晚期至清早中期。据《读史方舆纪要》记载，城址修筑与“嘉靖十五年藤峡以北瑶酋侯胜海居弩滩为乱”有关，故修建年代可能在嘉靖十六年（1537）左右，而从第一期遗迹来看，修建之前应已作为军事要塞存在。

弩滩村巡检司城址是全国首次对明代巡检司遗址进行的正式考古发掘，具有重要的学术价值和意义，有助于深化对明朝中央政府在边疆民族地区基层军政机构设置情况的认识，有助于认识明代广西地区的民族关系及社会发展，也为历史时期考古学研究增添了新的资料。

（韦莉果　赵其旺）

海南省

【海南东南部沿海地区新石器时代遗存】

发掘时间：2012 年 12 月 ~2016 年 1 月

工作单位：中国社会科学院考古研究所、海南省博物馆（海南省文物考古研究所）

海南东南部沿海地区主要包括海南省万宁市、陵水黎族自治县、三亚市东部海岸地带。当地为砂质海岸地貌，常年受风浪、潮汐的影响，形成多个潟湖、海湾等相对独立又相互交通的地理小单元，其内海、陆生生物资源丰富，颇适于古人繁衍生息。

2012 年 3 月，中国社会科学院考古研究所与海南省博物馆（海南省文物考古研究所）联合在海南岛开展考古调查，发现陵水桥山、莲子湾等重要遗址。2012 年 12 月 ~2016 年 1 月先后发掘了陵水桥山、莲子湾以及三亚英墩三处遗址，并在周边开展调查，发现了 30 余处史前遗址。

根据英墩、莲子湾、桥山等遗址的地层叠压关系及出土遗物特征，可初步建立起海南东南部沿海地区史前文化发展的基本框架。

英墩遗址

位于三亚市海棠区江林村东约 1500 米，地处海棠湾沿岸沙堤南部，东距海岸线约 280 米，西濒铁炉港。沙堤以西有大片低地，原应系潟湖，后干涸成陆。因疏通河道及修路，遗址略受破坏。遗址现存南北长约 300 米，东西宽约 50 米，面积约 15000 平方米。遗址存在丰厚的贝壳堆积，且出土遗物丰富，罕见于海南岛乃至华南地区。

英墩遗址的文化遗存根据文化内涵及堆积关系可分为早、晚两期。

早期遗存所出陶器主要有夹粗砂陶、夹细砂陶两系。夹粗砂陶陶色多红褐，亦见灰褐，陶胎一般较厚，夹砂甚多，砂粒粗大，陶质疏松，器表有灼烧、烟熏痕迹，器形为平底盘形釜。夹细砂陶陶色以褐、黄褐为主，陶胎较薄，夹砂量较少，砂粒较细，陶质较硬，常施绳纹，偶见复合篦划纹，器形见罐、钵、杯等。石器以有肩石器为主，另出土石锤、砺石等。出有大量的贝壳、鱼骨、兽骨等水陆生动物遗存。早期遗存是英墩遗址的主要遗存，具有明确、独特的文化内涵，即为“英墩文化遗存”。

晚期遗存出土遗物以陶片为主，均泥质，陶胎较薄，黄或灰黑色，陶质较硬，火候较高，施红、红褐色陶衣，并磨光，可辨器形有卷沿罐等。卷沿罐的唇部多见锯齿纹；腹部施一带细绳纹。英墩晚期遗存与莲子湾遗存、桥山早期遗存相当。

莲子湾遗址

位于陵水黎族自治县黎安镇大墩村西南约 3500 米，地处南湾岭和尖岭相夹的沙堤，内有低地，原系潟湖。遗址以东有淡水河流经。

莲子湾遗址出土的陶器分夹粗砂陶与泥质陶两系。夹粗砂陶多褐色，陶胎较厚，夹大量粗砂，器表有灼烧、烟熏痕迹，器形均为釜。泥质陶陶色有红、橙黄、红褐、褐、白等，陶胎较薄，陶质较硬，施陶衣，并磨光，制作精致，多见细绳纹，部分器物的口部饰锯齿纹，器形有折沿罐、卷沿罐、钵、碗、圈足盘、尊、杯等。莲子湾遗址出土大量有肩石器。出土少量人类骨骼残片。出土大量贝壳、鱼骨、兽骨等水陆生动物遗存。

莲子湾遗存与英墩晚期遗存、桥山早期遗存相当。

桥山遗址

位于陵水黎族自治县新村镇桐海村北约2000米的沙丘之上，遗址地处桐栖港的西北岸，淡水河经遗址之北入港。遗址所在沙丘被田间小路及冲沟分为东、西两部分（Ⅰ、Ⅱ两区），面积约50000平方米，为海南地区迄今发现最大的史前遗址之一。遗址堆积之丰厚、遗物之丰富、保存之完好在整个华南地区都极为罕见。

遗址堆积可分为4层。其中，第①层为现代耕土层；第②层为黄色沙土层，出土少量瓷片、陶片；第③层层面为“活动面”，其上大面积密集分布陶器、石器等遗物；第④层系文化层，黄褐色沙土，结构稍紧，出土陶器和石器，其下为生土。

桥山遗址第③层出土陶片分为夹粗砂陶与泥质陶两系：夹粗砂陶均褐色，陶胎较厚，夹大量粗砂，陶质疏松；泥质陶陶色以红、褐为主，陶胎较薄，陶质较硬，施陶衣并磨光，多见细绳纹，部分器物口部饰锯齿纹，可辨器形有卷沿罐、圈足盘、尊等。石器以有肩石器为主。桥山遗址早期遗存与英墩晚期遗存、莲子湾遗存相当。

桥山遗址第③层层面是一种独立的特殊堆积单位或埋藏情景，与第③层可明确区分。层面上遗物大面积紧密分布，最厚处达20厘米～30厘米，彼此相互层压，几无空隙。推测遗物系古人因某种目的露天放置于此，可能系某种特殊活动所遗留。这种现象鲜见于其他地区，对探讨海南古代人类的行为模式具有重要意义。

在遗址Ⅰ区发现墓葬1座。开口于第②层下。平面略呈圆角长方形，长约130厘米，宽约50厘米。出土头骨残片和部分胫骨，保存状况较差。头朝西南，面向不详，直肢葬。未见随葬品。填土出夹砂红陶片，与第③层层面所出相同。墓葬四周环绕着八个柱洞，推测柱洞与墓葬共生，墓葬之上原似应有建筑。

第③层层面所出陶器均夹砂，陶色以红褐、黄褐为主，陶质较为疏松，大多素面，器形有钵形釜、盘口罐、凹沿罐、簋、杯等。出土算珠形陶纺轮。另发现一件婴儿左陶脚模。石器以梯形的石斧/锛为主。晚期遗存是桥山遗址的主要遗存，具有明确、独特的文化内涵，即为“桥山文化遗存”。

以往，海南史前考古的基础相对薄弱，学界对其认识甚少。目前经考古调查和发掘，发现了英墩、莲子湾、桥山三种全新的、内涵有异的新石器时代文化遗存，获得了丰富的文化及自然遗存，为全面地认识其文化面貌与性质，提供了重要的实物资料，填补了诸多空白。

分析英墩、莲子湾、桥山三遗址的层位关系及文化内涵，可初步构建起海南东南部沿海地区的编年序列。在英墩遗址我们发现了英墩遗存早于莲子湾遗存（即英墩晚期遗存）的地层叠压关系。而在桥山遗址则存在莲子湾遗存（即桥山早期）早于桥山遗存的明确的地层证据。如此就首次建立起“英墩文化遗存”→“莲子湾文化遗存”→“桥山文化遗存”的年代框架，为构建海南史前考古学文化谱系提供了重要的、关键的证据。

同时，桥山遗址出土了海南首座史前墓葬，并出土人类遗骸，将为研究海南先民的体质特征、DNA信息等提供支持。莲子湾、英墩遗址出土了丰富的海、陆生动物遗存，为了解当时的自然环境及人类生计方式提供了重要资料。

（刘业沣　傅宪国）

【海南古窑址调查】

调查时间：2015 年 5～10 月

工作单位：海南省文物考古研究所

2015 年度开展海南古窑址调查项目工作，重点调查了儋州市碗窑村窑址和澄迈县深涌岭窑址。

碗窑村窑址现场发现五座窑，均为砖砌馒头形窑。采集遗物器形主要有碗、盘、杯、枕、杈、罐及窑具等，釉色主要有素胎、单色釉和青花等。根据采集遗物初步认为，窑址年代早至清代，并沿用至近现代。同时，窑址周边还分布较多窑口，是否有年代更早的其他类型窑口存在，需要进一步的考古调查和发掘工作。

深涌岭窑址现场发现一座窑，窑口类型不清。采集遗物有青花的碗、盘、碟等，有成摞黏结的残废品。采集遗物类型和特征与已发掘的澄迈县福安窑址相似，应属于清代的同一时期。

（王明忠）

【海南古代寺庙调查】

调查时间：2015 年 5～12 月

工作单位：海南省文物考古研究所

2015 年度开展海南古代寺庙调查项目工作，重点调查了东部各县市的相关遗迹。主要有妈祖庙、天后宫等东南沿海地区特色庙宇；兄弟庙（一百零八兄弟庙）、龙王庙（龙王七爷庙）等海南某一地区特有庙宇；三昧寺、华严寺等大型佛教庙宇；城隍庙、关帝庙等道教庙宇；伏波庙等专门纪念和供奉某位历史人物的庙宇。调查中，进行初步测绘、照相，结合相关历史文献和走访座谈，对各类寺庙的建筑风格、布局、年代、分布、流传等特征有了初步掌握，并对供奉对象、祭祀方法、信众构成、文化影响等人文内涵有了初步认识。

（何国俊）

【海南古代石刻造像调查】

调查时间：2015 年 4～11 月

工作单位：海南省文物考古研究所

海南省文物考古研究所开展海南古代石刻造像调查项目工作，重点调查了东部沿海各县市的相关遗迹，主要有文昌市的明代石牌坊和碑刻；儋州市及洋浦开发区村落中常见的以石狗为主的石造像；琼海市一座已破坏的古墓前的石狗、石马、石猪等各类石像生；三亚市崖城孔庙内存放的明清时期多块碑刻等。同时，对各市县文博单位馆藏的各类碑刻、造像及拓片等资料和各类寺庙中的碑刻、石质构件等进行了测绘、照相和进一步调查工作。通过 2015 年度调查工作，对海南古代特别是明清时期的石刻造像的基本特征、制作工艺、分布流传和文化内涵等有了一个较清晰的认识。

（王育龙　何国俊）

【西沙群岛水下考古工作】

调查时间：2015 年 4～5 月

工作单位：国家文物局水下文化遗产保护中心、海南省文物局、海南省博物馆

西沙群岛 2015 年度水下考古工作包括珊瑚岛一号沉船遗址水下考古发掘、金银岛一号沉船遗址水下考古调查。

珊瑚岛一号沉船遗址位于珊瑚岛东北方向 500 米～1000 米的海域内，遗址海底为板结较硬的珊瑚和珊瑚沙，有少量礁石。遗址靠近珊瑚岛的礁盘处水深 1 米～2 米，礁盘外侧有东北—西南向的冲沟多条，最深处约 5 米，沟底较平坦。珊瑚岛一号沉船遗址没有发现船体，以石质建筑构件为主要堆积，另发现有少量青花和白釉瓷器

碎片。石质建筑构件包括石像、石柱、石板、石条等。此次珊瑚岛沉船发掘工作共计打捞建筑石构件三十余件，并对该遗址进行了水下测绘和摄影工作。

金银岛一号沉船遗址表面散落有大量的白釉、青花瓷器残片和石质建筑构件。白釉瓷器以小杯、碗、盘为主，釉面磨蚀，多为白胎；青花器形主要以碗、盘为主，釉面腐蚀，有灰白胎、白胎；石雕形体较大、形式多样。由于天气原因，此次只对金银岛沉船遗址进行物探工作。

西沙群岛 2015 年度水下考古工作以考古学的方法确认遗址性质和内涵，为下一步遗址的保护和全面规划打好基础，为海上丝绸之路等综合性学术研究做准备。

（贾　宾　邓启江）

重庆市

【开县姚家坝商周至明清时期遗址】

发掘时间：2015 年 5 ~9 月

工作单位：重庆市文化遗产研究院

遗址位于开县赵家镇姚家村一社，地处浦里河右岸一级台地，台地面积分布约 8 万平方米。该遗址于 1994 年调查发现，2008 年作为三峡文物保护开县防护区项目，由山东大学对该遗址实施了近 1000 平方米的发掘工作，所见遗存时代主要为汉至明清时期。

2015 年 5 月，在重庆市文化遗产研究院与开县文物管理所联合开展的消落区文物巡查工作中，发现该遗址因江水冲刷、滑坡、崩岸导致大量文化遗存暴露于地表，急需开展进一步保护工作。在报请上级部门批准后，重庆市文化遗产研究院随即对该遗址实施了抢救性发掘，发掘工作历时 4 个月，共完成考古勘探 20000 平方米，考古发掘 1400 平方米，发现了商周、汉、宋、明清等多个时期的文化遗存。

商周遗存是姚家坝遗址的文化主体，分布面积广、文化内涵丰富，可见有灰坑、柱洞、灶、窑等遗迹，其中陶窑结构保存基本完整，由火膛、火道、窑室组成，底部可见有大量的草木灰，是开县地区早期制陶遗存的首次发现。该时期的陶器种类多样，数量丰富，可辨器形有釜、罐、尖底杯、尖底盏、钵、壶、器盖、网坠、纺轮等。宋代遗存叠压在汉代文化层之上，文化堆积普遍在 1 米以上，遗迹以房址为主，并出土有筒瓦、瓦当以及建筑构件等，从其规模来看，可能为宋代区域内人类活动的小型集镇。

（李大地　杨爱民）

【彭水县张家嘴商周至唐宋时期遗址】

发掘时间：2015 年 10 ~11 月

工作单位：重庆市文化遗产研究院、彭水县文物管理所

遗址位于彭水县郁山镇中古村一组，地处郁江左岸的台地上。发掘面积 300 平方米，时代从商周延续至唐宋时期，共清理商周时期的灰坑 3 座、石块堆积遗迹 1 处以及东汉墓葬 1 座，出土文物标本 100 余件。

商周时期出土遗物以陶器、石器为主，并发现较多的动物骨骼。陶器有夹砂陶和泥质陶，纹饰以绳纹居多，可辨器形有尖底杯、尖底盏、尖底罐、高领罐、绳纹罐等。石器多为石片、石核，另有少量的石原料。东汉墓葬为“中”字形砖室墓，由甬道、前室和后室组成，随葬品有陶井圈、铜钱等，另出土有少量的文字砖，上书“作大门，君欲之，告门下，具车马”。唐宋时期遗物以瓷器为主，可辨器形有瓷盏、瓷碗、瓷罐等，另外还出土有较多的陶网坠。该遗址的发掘对研究郁江流域商周至唐宋时期的文化面貌具有重要意义，有助于认识郁江流域围绕盐业资源开发而形成的聚落发展模式。

（牛英彬　白九江）

【江北区汪家院子汉代墓地】

发掘时间：2015 年 11～12 月

工作单位：重庆市文化遗产研究院

墓地位于江北区五里店黄泥村喜乐溪小学建设征地区南坡施工便道中部。2015 年 11 月初，施工便道拓宽过程中，暴露出汉砖。重庆文化遗产研究院随即对该墓地实施了考古勘探和发掘工作，共发现西汉晚期至东汉中晚期墓葬 4 座，砖室墓 3 座，编号为 M1～M3，平面均呈“凸”字形，时代为东汉中晚期，其中 M1 甬道保存情况较好，出土了陶罐、案、耳杯、狗、猪、鸡、人物侍俑、铜耳杯、钱币以及铁釜等 40 余件随葬品；土坑墓 1 座，编号为 M4，上部被 M1、M2 打破，平面呈长方形，时代为西汉晚期，由于被多次盗扰，仅出土陶罐、钵、器盖等少量随葬品。

汪家院子墓地的发现是近年来重庆主城区汉代墓葬考古的重要收获，为研究汉代墓地选择的堪舆观念、家族墓地的形态与布局、丧葬制度等方面提供了重要的实物资料；同时，汪家院子墓地的发现对于探讨巴郡北府城的形制与分布、功能分区等方面具有重要作用。

（代玉彪　白九江）

【云阳县大凼子汉至明代墓群】

发掘时间：2015 年 7～8 月

工作单位：重庆市文化遗产研究院

墓群位于云阳县青龙街道复兴居委 4 组（原双江镇兴隆村），地处长江北岸一处东西长约 200 米、南北宽约 70 米的山坡之上。此次发掘面积共计 600 平方米，清理汉代土坑墓 1 座、汉至六朝砖室墓 6 座、隋代砖室墓 1 座、明代石室墓 3 座。共出土陶、铜、铁等质地器物标本近百件。出土器物以陶、釉陶质为主，器形有罐、盆、钵、壶、鼎、楼、案、俑、仓、豆、熏炉、器盖等；瓷质仅见多系罐；铜质有镜、鼎、钱币等；铁质见有铁削等。

汉代墓葬的分布较为密集，应为一处小型家族墓地，这批墓葬的发掘为探讨这一地区汉至六朝以来墓地选择、墓葬排列及在此基础上开展的人口规模、社会政治、经济发展状况等方面提供了重要实物资料。

（黄　伟　白九江）

【奉节县谢家包汉至明清墓群】

发掘时间：2015 年 6～8 月

工作单位：重庆市文化遗产研究院、中国人民大学

墓群位于奉节县朱衣镇口前村，地处长江北岸的坡地，可分为东西两区。西区地势较为平缓，地表淤积有泥沙并散布有大片乱石，受江水冲刷影响，部分表土层已无存，土坑墓直接暴露在地表；东区地势较为陡峭，山体岩石裸露，可见崖墓墓道开口于沿江陡崖上。该墓群是三峡消落区新发现的文物点，因抢救文物的需要，重庆市文化遗产研究院与中国人民大学联合对其实施了抢救性发掘，共清理墓葬 10 座，其中崖墓 5 座（M1、M6、M7、M8、M9），土坑竖穴墓 4 座（M2、M3、M4、M10），砖室墓 1 座（M5）。

崖墓集中在东区的沿江陡坡上，平面呈刀把形或“凸”字形，带有斜坡墓道（M7 墓道呈阶梯状），由墓道、甬道、墓室组成，墓顶多为拱顶。有的在墓道底端有门槽，可能有墓门的存在。其中 M1 保存完整，基本未被扰动，墓室平面呈长方形，拱顶，墓底较为平整。随葬品主要位于墓室前部，包括铜耳杯 3 件、铜碗 1 件、铜勺 2 件、陶俑 6 件、陶楼 3 件、陶壶 4 件，以及陶鼎、陶罐、陶钵、陶碟、陶杯、陶勺、陶灶、陶釜、陶甑、陶猪、陶狗、陶鸡、陶灯、带钩、铁釜、铁剪、铁刀等。

土坑竖穴墓与砖室墓位于西区，保存情况较差，砖室墓仅余墓室一角。根据墓葬形制及随葬品，除 M10 为明清外，其余

均应在汉至六朝时期。

（乔　峡　李梅田）

【渝中区太平门汉至明清遗址】

发掘、调查时间：2014 年 10 月～2015 年 11 月

工作单位：重庆市文化遗产研究院、渝中区文物管理所

太平门遗址位于重庆市渝中区望龙门街道，地处渝中半岛长江左岸的一级阶地之上，北部紧邻老鼓楼衙署遗址。考古调查表明，遗址由内城和瓮城两部分组成，现存面积约 3000 平方米，核心区面积约 1500 平方米。

该遗址于 2013 年 7 月在城市开发项目施工过程中出露显现。为廓清遗址布局结构、探明遗址历史沿革等问题，2014 年 10 月～2015 年 7 月，对该遗址内城门区域开展了主动性考古发掘，发掘面积 800 平方米，发现城门、城墙、道路、水沟、水池、井等各类遗迹 33 处，出土器物标本 100 余件，涵盖了汉至六朝、宋元、明清各个时期。

城门由城门楼和门洞组成。门楼仅存台基和附属台阶。台基仅揭露出门洞顶部及其以西部分，为夯土包石结构，包石墙体用条石错缝丁砌。基址揭露部分长 13.65 米，宽 6.3 米。附属台阶为垂带式，现存 2 级，长 3.6 米，宽 1.8 米，残高 0.62 米。门洞为一券一伏式，立面呈拱形，外低内高双重券顶，条石砌筑，白灰勾缝。门洞内平面呈“亞”字形，底部发现有三层路面。门洞中部两侧壁均发现有对称分布的门额槽孔，门额槽下方路面上各凿有一个长方形门限槽，与两侧门洞壁上的门额槽孔相对。门洞宽 4.4 米～4.6 米，高 5.7 米，进深 6.3 米。结合文献记载及发掘情况来看，该城门始建于明代洪武初年（1373～1375），清代曾经过修葺。

城墙呈东北—西南走向，夯土包石结构。根据城墙夯土和包石砌筑工艺之差异可知，该段城墙历经了三次修筑和多次的修补。

鉴于太平门遗址考古发掘取得的重要收获，同时为了摸清重庆古城的城垣范围和保存状况，重庆市文化遗产研究院于 2015 年 10～11 月对重庆古城开展了专项调查工作。此次调查以朝天门为起点，按顺时针方向采用密集拉网式考古调查的方式进行，调查对象以城门、城墙为主，兼顾沿途的民居和摩崖题刻等，对发现的城门和城墙进行了分段编号，详细的文字记录、测绘记录和影像记录。共发现南宋至清代城墙 57 段约 4560 米，包括露明城墙 33 段约 3350 米，掩埋城墙 24 段约 1210 米。此外，在千厮门、储奇门、南纪门新发现有疑似城门和瓮城遗址的迹象。据乾隆《巴县志》记载，明洪武初重庆卫指挥使戴鼎因旧址砌石为城，设有九开八闭 17 座城门，城墙周长 2666 丈 7 尺约 8720 米，因城市建设的快速发展，保存至今的仅余通远门、东水门及近几年新近确认的人和门、太平门及长约 4560 米的城墙，城墙残长占明清城墙的 1/2，基本能复原重庆明清古城的格局，同时也从实物资料上印证了《巴县志》《重庆府志》等史书对重庆城墙的记载。

综合太平门遗址的考古发掘及重庆古城专项调查工作，使我们对重庆古城的布局特征、历史沿革、营造工艺等有了新的认识，取得了一些重要收获。

（邹后曦　孙治刚）

【巫山县早阳新城西汉至唐代墓群】

发掘时间：2015 年 8～12 月

工作单位：重庆市文化遗产研究院

墓群位于大宁河东岸二级台地上，与巫山新县城隔水相望，此次共计重点勘探 5000 平方米、考古发掘 2000 余平方米，

清理墓葬22座，可分为土（岩）坑墓和砖室墓两类。

土（岩）坑墓共19座，除1座墓葬为清代外，其余均在西汉时期。可分为长方形和带斜坡墓道的“凸”字形两种，长方形土坑墓以宽坑墓居多，个别墓葬有头龛或生土二层台，出土遗物以灰陶罐、灶、钵、釜、甑等陶器为主，另有少量铜鼎、铜鍪、铜釜、铜镜、铜泡钉、半两钱、铜带钩、铁带钩、铁剑、铁锸等金属器。以黄膏泥7号墓为例，平面呈长方形，墓壁斜直，墓向185°，西部被M4打破。开口长230厘米，残宽90厘米~100厘米，墓底长210厘米，残宽90厘米，深120厘米~130厘米。出土灰陶罐、壶、钵、甑、杯、灶、熏炉等陶明器，铜镜、泡钉等金属器。“凸”字形土坑墓普遍规模较大，被盗严重，出土少量灰陶甑、罐、灶、板瓦等陶明器，半两钱、铁锸等金属器。以黄膏泥5号墓为例，该墓墓向20°，由墓道和墓室两部分组成，墓道残长6米，宽1.2米，墓室平面开口长5米，宽3.8米，墓室底长4.1米，宽2.8米，深7.2米，出土有灰陶甑、灶、罐等遗物。

砖室墓共3座，出土少量青瓷碗、青瓷壶、铜釜、银钗、银手镯等遗物。以大坟园10号墓为例，该墓为竖穴土圹砖室墓，墓室残长4.06米，宽2.4米，残高1.5米，墓室用菱形纹砖和少量铭文砖错缝平砌，底部以条砖平铺呈“人”字形，残存有少量青瓷碗、银钗、银手镯、铜釜等遗物。该墓出土有银钗、银手镯等女性饰物，推断墓主人为一女性，同时出土有“宜子孙”及“皇建平巫□□□”铭文砖，东吴、东晋时期巫山为建平郡巫县，结合出土遗物，该墓的时代应为蜀汉至东晋时期。

唐墓发现一座，为土圹砖室墓，平面呈狭长方形，方向90°。墓葬土圹长500厘米，宽250厘米，残深120厘米，墓室长464厘米，宽188厘米，残深104厘米。重菱形花纹墓砖长38厘米，宽16厘米，厚8厘米。出土素面青瓷执壶、青瓷钵以及一件比较典型的长沙窑对鸟椰枣纹贴花青瓷执壶。

（周　勇　邹后曦）

【江津区白坪村东汉墓群】

发掘时间：2015年11~12月

工作单位：重庆市文化遗产研究院

墓群位于江津区石门镇白坪村7组，距离石门镇城区直线距离约1000米。墓群地处长江北岸，一条无名小溪环绕而过，所在区域为渝西地区常见的丘陵地貌，共包含崖墓20余座，围绕山体呈一列分布，坐北朝南。该墓群由江津区文物管理所调查发现，因墓葬暴露而存在被盗掘的风险。在获得国家文物局的批准后，重庆市文化遗产研究院于2015年度11月启动了对该墓群的抢救性发掘工作，共清理已暴露的崖墓3座，出土有画像石棺、陶棺等葬具，以及随葬品近百件/套。

三座崖墓均为渝西地区常见的长墓道、多重门框的单室崖墓，由墓道、墓门、甬道、墓室4部分组成。1号墓方向180°，墓室平面呈长方形，后部及右侧部可见有连通的小龛，或为二次开凿；后半部右侧可见有石棺一具，棺盖已被打开，侧立于棺身左侧；棺身方向与墓向相同，内部淤土已满，未见人骨。石棺可见丰富的画像，其中，棺盖为四叶柿蒂纹；棺身前端为双阙，后端为凤鸟，左侧为车马出行，右侧为伏羲女娲。墓室左侧壁残留有棺床1座，应为崖棺的残迹。3号墓墓室结构相对复杂，除长方形墓室外，还可见有侧龛、壁龛、灶、排水沟等。墓室被盗扰严重，陶棺残片及随葬品四处散落，在墓室后部正中可见有陶棺1具。

渝西地区的汉代墓葬以崖墓最为普遍，多数分布于长江、嘉陵江及其支流沿岸，并发现有较多的石棺、崖棺以及少量陶棺等葬具，成为区域内汉代墓葬的一大特色。长江江津段是连接重庆、泸州两大文化中心的重要廊道，伴随着近年来考古工作的逐渐增多，该区域先后清理了多处汉代墓群，此次发掘的白坪村墓群崖墓数量多、排列有序，应是一处经过布局的家族墓地，石棺与崖棺同处一墓也是同室合葬的例证，对认识与研究东汉家族制度具有重要的参考价值。通过此次工作，发现了江津区境内的第二例画像石棺，画像以升天为主题，是这一时期民间信仰在丧葬行为中的具体反映。

（范　鹏　白九江）

【涪陵区古坟堡东汉至蜀汉时期墓地】

发掘时间：2015 年 7 ~9 月

工作单位：重庆市文化遗产研究院、涪陵区博物馆

墓地位于涪陵区南沱镇睦和村一组，地处长江右岸的二级台地上。此次考古工作发掘面积 200 平方米，清理墓葬 2 座，M2 为砖石混筑，同冢异穴双室，由封土和墓穴组成。两墓室平面均为“刀”形，甬道间以通道连接。墓葬由墓道、墓门、甬道、墓室等部分构成。右室墓门浅浮雕单阙图案。该墓经多次盗掘，随葬品有“军假侯印”铜印章、釉陶釜、灰陶钵、盆及陶俑等。根据随葬器物组合以及墓葬形制判断该墓时代应在东汉中晚期至蜀汉时期。

该墓规模较大、结构完整，有助于丰富三峡地区汉至六朝时期墓葬形制、墓地选择及汉代职官制度等问题的认识。

（肖碧瑞　白九江）

【奉节县赵家湾东汉至六朝墓群】

发掘时间：2015 年 6 ~8 月

工作单位：重庆市文化遗产研究院、中国人民大学

墓群位于奉节县朱衣镇口前村，地处朱衣河与长江交汇处的长江北岸的坡地，所在区域地势陡峭，岩石裸露于地表。在三峡文物保护期间，武汉大学考古学系曾先后于 2001 年、2004 年该墓群开展发掘工作，共清理墓葬 28 座，时代主要为东汉至六朝时期。

对作为三峡后续消落区考古项目，重庆市文化遗产研究院与中国人民大学联合对该墓地实施了抢救性发掘，共清理东汉至六朝时期墓葬 14 座，除 M1 为砖室墓外，其余均为崖墓。崖墓均面江开凿于沿江坡度较大的山坡上，呈线状分布，均为“刀”形单室，由墓道、甬道和墓室三部分构成。以 M12 为例，平面呈“刀”形，墓道呈斜坡状，坡度较缓；甬道底部呈平缓的坡状，顶部呈拱形，前高后低；墓室平面为长方形，拱顶，顶部不甚平整，不见葬具及人骨，仅出有一枚棺钉。随葬品主要分布于墓室两侧，甬道内和墓室后部也有少量随葬品分布，包括青瓷碗、青瓷虎子、铜弩机、铜镜、陶俑、陶罐、陶钵、陶盘、陶灯、陶仓、陶猪等，时代应在六朝时期。

赵家湾墓群在分布上呈现出一定的规律性。尤其是 M5、M7、M8、M9、M10，基本呈直线排列，且处于同一水平高度上，在这 5 座墓之前还有一狭长的小平台，应当是对于陡峭的山体进行初步修整后形成，由此推测赵家湾墓葬开凿之前可能进行了一定的规划。此次发掘为研究峡江地区东汉至六朝墓葬形制、器物组合、墓室空间布局与丧葬习俗等问题提供了重要的实物材料。

（李梅田　乔　峡）

【丰都县二仙堡东汉至六朝墓群】

发掘时间：2015 年 5 ~7 月

工作单位：重庆市文化遗产研究院、重庆师范大学历史与社会学院

二仙堡墓群位于重庆市丰都县原镇江

镇杜家坝一社及二社，地理坐标为北纬29°55′10″，东经107°44′33″，主要分布在东北—西南向的冉正丙梁子、李文秀梁子、深田坝子及二仙堡梁子上，面积约5万平方米。2003年、2005年长沙市文物考古研究所对冉正丙梁子、李文秀梁子、深田坝子和二仙堡主梁东侧较平缓的地带进行了发掘，两次发掘面积共计5000平方米。此次对二仙堡主梁进行了考古勘探与发掘，发掘面积1020平方米。此次发掘墓葬共计9座，其中二仙堡主梁上有墓葬6座，二仙堡主梁东侧平缓地带有墓葬3座。

2015年度发掘的9座墓葬均为砖室墓，均遭到后期严重的盗扰、破坏。墓葬均开口于耕土层下，相互无叠压打破关系。其中M1、M5、M6、M7、M8、M9均为刀把形，M2、M3为“凸”字形，M4为“中”字形。M8墓葬形制保存最为完好，仅墓室券顶上有一盗洞，其他地方保存完好。M3保存最差，仅存三块墓砖。部分墓葬铺地砖下面铺有一层黄沙，各墓厚薄不一。墓砖一侧均有纹饰，主要纹饰有不同组合形式的几何菱形纹和“千、萬”字铭文加菱形纹。其中M6铺地砖一侧还有压印朱雀纹。M6部分墓砖上留有动物脚印痕迹。

9座墓葬均遭到后期严重破坏，共出土完整的和可复原的器物72件，其中陶器34件，瓷器31件，金器2件，铁器3件，石器2件。器类有瓷四系罐、瓷盘口壶、瓷盏、瓷钵、釉陶钵、釉陶井、陶釜、陶鸡、陶猪、陶俑、陶唾壶、陶房子、陶塘、铁锸、铁剪刀、金手镯、料珠、铜钱等。

从分布来看，M1、M2、M3、M4、M5相距较近，具有较为明显的家族墓地形态。从出土器物来看，M7时代为两晋时期，M1、M2、M4、M5、M6年代为南朝时期，其中M4规模较大，器物特征十分典型。M6铺地砖侧面压印朱雀纹属于首次发现。总之，此次对二仙堡墓群的发掘对于充实三峡地区两晋南朝时期的墓葬材料，了解三峡地区两晋南朝时期家族组织、埋葬习俗、宗教信仰、艺术审美、经济交往等诸多方面都具有重要的学术意义。

（蒋 刚 张慧妮）

【巫山县老屋场东晋墓群】

发掘时间：2015年5～7月

工作单位：重庆市文化遗产研究院、巫山县文物管理所、中山大学社会学与人类学学院

老屋场墓群位于巫山县曲尺乡武柏村9组的塔坪，地处长江北岸的斜缓坡地上，地理坐标为北纬31°02′06″，东经109°45′00″，海拔153米～167米。2014年5月，巫山县文物管理所在三峡库区消落带文物巡查中发现，2015年列为后续三峡文物保护项目。发掘面积835平方米，清理砖石墓9座。

老屋场墓群的9座墓葬中，东晋至南朝初年墓葬7座，唐代早期墓葬1座，东晋至北宋时代群葬墓1座（墓葬初始年代为东晋，唐后期至北宋借用墓室作埋葬）。取得了比较重要的收获。M7出土了一批精品器物，有桃形金叶子、金饰品、玛瑙、瓷碗、滑石猪等，其中桃形金叶有18片之多，可能为金步摇冠饰的构件。M8为一处家族或宗族墓地，发现埋葬30余人，随葬数量不等的多套随葬品，由于M8处于低洼处，常年积水，致使骨骼保存较差，仅剩部分躯干骨和头骨。根据该墓葬出土器物推断，M8为2个时代埋葬，第①层为唐宋时代，第②层为东晋时代。在M8第①层出土了一批重要的随葬品，有陶屋、陶杯、釉瓷壶、瓷碗、瓷盘以及铜钱多枚等器物，在M8第②层出土的器物有瓷碗、磁盘、瓷罐、釉陶壶、陶碟等。陶屋为歇山顶，其中有人体肢

骨，应为葬具。

老屋场墓群的新发现表现在两方面，一是 M7 桃形金叶的发现，和北方地区、长江下游地区同时期出土的金步摇冠饰相同，是长江上游的首次发现；二是 M8 采用借室埋葬的方式、大量二次葬和歇山顶陶屋葬具的发现。这些丧葬习俗具有重要的研究价值。

（王　宏）

【大渡口区钓鱼嘴六朝墓葬】

发掘时间：2015 年 5 ~7 月

工作单位：重庆市文化遗产研究院

墓地位于大渡口区建胜镇建路村十社，地处钓鱼嘴半岛南端长江左岸缓坡地带一级台地，隔江与巴南鱼洞相望。地理坐标为北纬 29°23′50.6″，东经 106°31′05.7″，海拔 187 米。

墓地发现清理砖室墓 1 座，顶部已不存。墓室平面呈长方形，长 4.6 米，宽 3 米，残深 0.34 米 ~0.76 米。墓室以长方形模印花纹砖竖向错缝砌筑墓室，于第⑧层用楔形砖开始横向起券，现残留券顶砖于第④层。墓底为长方形砖块错缝平铺，中部墓底铺地砖下用青砖砌筑排水沟与墓室南端排水沟相接。

出土随葬品 19 件。以青瓷器为主，包括鸡首壶、盘口壶、四系罐、碗、钵等，其中鸡首壶近年来在主城地区的首次发现。青瓷钵大多保存较完好，罐、壶类器物均存在不同程度损毁，可能与丧葬习俗有关。从随葬品形制特征判断，该墓时代为南朝早期。墓室内的人骨保存较好，包括成年骨骼 5 具，幼儿骨骼 1 具；其中 4 具骨骼头向朝东南，另外 2 具头向朝西北。根据出土迹象，以上 6 具人骨应至少分两次入葬。

六朝时期墓葬在主城区域范围内发现较少，该墓随葬器物保存较完整，为主城区域六朝墓葬的分期断代提供了重要资料。多具人体骨骼的发现，是研究族属、亲缘关系及死亡原因的重要依据，结合体质人类学分析检测，将为这一时期丧葬制度的研究提供独特的视角。

（朱寒冰）

【奉节县白帝城宋代遗址】

发掘时间：2015 年 3 ~6 月、8 ~9 月

工作单位：重庆市文化遗产研究院、中山大学、白帝城文管所

遗址发掘区位于奉节县夔门街道瞿塘峡社区 3 社、5 社，中心地理坐标为北纬 31°03′06.5″，东经 109°34′01.7″，海拔 260.23 米。发掘区域分别位于白帝城小北门遗址附近和大北门遗址，共发掘 2100 平方米。

2015 年度发掘清理了小北门遗址西边的一段城墙，及部分建筑基址和一个水池。清理的城墙大致呈东西向，依山势而建，沿着山脊的断坎砌筑，内高外低。城墙是在断坎外侧包石砌筑，其间用土和较大的石块填充，外侧包石为形状较为规则的长条状，石块之间用石灰填缝。3 座建筑基址位于城墙内侧，且因发掘区域限制，部分区域未能完全揭露。建筑基址有外墙基、内墙基、门道、排水沟等，且填土中堆积有大量的残瓦片。水池遗迹位于建筑基址南侧的台地下方，其中出土有南宋嘉定五年的残碑。共出土有陶、瓷、铁、铜等不同质地的器物百余件，以及大量的残瓦片和残瓷片，部分可修复。瓷器主要包括青瓷和黑釉瓷，器形主要有碗、盏、盘等；铁器出土也较多，锈蚀严重，有箭镞、刀、矛、钉、工具等；陶器数量较少，可辨器形有钵；铜器出土很少，有铜钱和铜器残件；瓦片数量很多，均为青灰色，大部分为板瓦残片。

大北门遗址清理出了残存的门道和道路遗迹，门道宽 2.6 米，残高 1.5 米左右，用石块砌筑，白灰抹缝，表面残留有白灰面。道路面是用不规则形的石板和鹅卵石铺设，两侧边用较规整的石块铺设。门道

和道路遗迹被乱石、积土填埋，为明清至民国时期的堆积。

此次发掘的遗址，是白帝城遗址的重要组成部分。小北门遗址是白帝城遗址目前保存最好的一处城门遗址，此次发掘的区域紧靠小北门，建筑基址应属于城门的附属建筑，与城墙、小北门属于一个整体。大北门遗址的发掘为白帝城北门的研究提供了重要的资料。白帝城是西南地区抗蒙山城体系的重要一环，此次发掘不仅为研究宋代白帝城遗址的整体布局和局部营造提供了重要的资料，也为其余抗蒙山城的发掘、研究提供了借鉴，具有重要的价值和意义。

（杨鹏强　邹后曦）

【江津区白沙中学宋代墓葬】

发掘时间：2015 年 7 ~ 8 月

工作单位：重庆市文化遗产研究院、江津区文物管理所

墓葬位于江津区白沙镇白沙中学新校区。发掘面积 400 平方米，清理宋代墓葬 1 座。整个墓葬由封土和墓穴组成，封土平面呈椭圆形，局部残存有石围；墓穴位于封土中部，为长方形双石室墓，由墓道、挡墙、墓门、墓室以及棺床、壁龛等组成。墓室内有大量精美的雕刻，种类有武士、仙人、童子、瑞兽、花卉以及仿木结构建筑等，部分雕刻上还残存有红色、黑色颜料。由于墓葬被盗掘，未发现随葬品，根据墓葬形制判断为宋代。

该墓规模较大、墓室结构复杂、雕刻精美，在重庆地区的宋代墓葬中较为少见，具有较高的历史、科学和艺术价值。该墓的发现对于研究川渝地区宋墓的形制特点、空间装饰风格、葬俗葬制等具有重要参考价值，为研究宋代的雕刻艺术、石质建筑技术等提供了珍贵的实物资料。

（牛英彬　白九江）

【九龙坡区沙岚垭宋代窑址】

发掘时间：2015 年 4 月

工作单位：重庆市文化遗产研究院、九龙坡区文物管理所

窑址位于九龙坡区走马镇慈云村六社，地处缙云山余脉低山丘陵过渡区域的垭口处，东距走马镇约 1000 米。中心地理坐标为北纬 29°27′42.13″，东经 106°16′7.82″，海拔 405 米 ~ 412 米，分布面积约 1500 平方米。4 月初，因在走马镇金银山公墓施工过程中暴露出窑炉等遗存，随即对该窑址实施了抢救性考古发掘。发掘面积 80 平方米，共清理窑炉 1 座，形制为“马蹄”形馒头窑，方向 250°，由堆煤坑、排水沟、操作坑、窑门、火膛、窑床和烟囱等七部分组成。出土了匣钵、垫托、垫圈、垫饼、测温锥、陶拍类窑具及碗、盏、瓮、碟、罐、器盖等类型丰富的瓷器。

结合考古发掘，对遗址及其周边区域开展了进一步的调查工作，初步确认该区域应是一处规模较大的窑业遗址，现存埋藏面积约 1500 平方米，部分区域文化堆积厚达 1.5 米；在遗址以南还分布有窑公堡明清窑址群、鱼背沟明清炼铁炉及成渝古驿道等相关遗存。通过此次工作，确认了沙岚垭窑址为一处宋代涂山窑系窑场，为认识与研究重庆市涂山窑系遗存的地理分布、烧造工艺、产品结构及特征等提供了最新的实物参考。

（孙治刚　邹后曦）

【渝中区朝天门宋至明清时期遗址】

发掘时间：2015 年 5 月 ~2016 年 1 月

工作单位：重庆市文化遗产研究院

遗址位于渝中区朝天门与西水门之间，下临嘉陵江。2015 年度 5 ~ 7 月，配合基本建设进行了调查勘探及 100 平方米的试掘。2015 年 8 月至 2016 年 1 月，对遗址开展正式考古发掘，已清理面积 2300 平方米，发现清理蜀汉至民国时期的各类遗迹

36处，出土陶、瓷、铜、铁、琉璃及石质器物标本1200余件。

建设项目用地范围内城墙总长282.63米，呈西南—东北走向，依山傍水而建，夯土甃石结构，目前揭露长度约210米。时代以宋、明、清三个时期为主，现存形制有单独明代城墙、宋明城墙叠压、宋明清城墙叠压、明清城墙叠压几种。遗址兴废较为频繁，城墙内侧及顶部发现蜀汉、宋、元、明清及民国至近代以来的石墙、房址、阶梯道路、排水沟、水池及防空洞等建筑遗存叠压分布。

朝天门城墙是重庆古城垣的重要组成部分，遗址背山面水、城堤一体的筑城理念具有浓厚的山地城市特色。宋代城墙为重庆主城首次发现，将有物可考的重庆筑城史向前推进了130余年，对重庆地方史、宋蒙战争史、中国城市史均有重要研究价值。

（蔡亚林　邹后曦）

【合川区钓鱼城范家堰宋至明清时期遗址】

发掘时间：2015年3月～2016年1月

工作单位：重庆市文化遗产研究院

遗址位于钓鱼城北部的二级阶地上，背倚钓鱼山顶，面朝嘉陵江，南靠薄刀岭，北邻马鞍山，处于钓鱼山西部弧形山凹地带，与牟山、虎头寨隔江相望。中心地理坐标为北纬30°00′25.9″，东经106°18′24.7″，海拔293米。2015年度对范家堰遗址继续进行第三期考古发掘，新发现宋元至明清时期房址、道路、灰坑、水沟、墙、门、壁龛、碾盘等各类遗迹117处，其中房址36座、道路23条、灰坑11个、水沟22条、墙12段、门1座、壁龛1个、碾盘1个。出土器物标本300余件，可分为陶、瓷、铁、铜、石器五大类，以陶瓷器为主，陶瓷器可辨器形有碗、盘、盏、灯、盆、瓶、壶、钵、罐、缸、砖、板瓦、筒瓦、瓦当、滴水、脊饰等；铁器有镞、钉、斧、钱币等；铜器有釜、簪、钱币等；石器有礌石、臼、雕像、狮、盆等。

通过2015年度的发掘，基本廓清了遗址的性质内涵。范家堰遗址发现台基建筑的建筑规模、形制及夯土、石作等建筑技术与《营造法式》比较吻合。在东北部发现清理具防御色彩的成组大型院落建筑、高台建筑基址群等重要遗迹，同时在遗址北部大天池之东南调查发现成组高规格建筑遗存及《钓鱼城志》记载的“银子田”“黑房子”。根据目前发掘情况，可基本确定遗址的官式建筑性质，具体功能推断有二：一是与《宋史》所载“淳祐三年，徙州治于钓鱼山”有关；二是与戎司驻所有关。据目前发掘及调查成果显示，其性质用途与州治衙署、戎司驻所皆密切相关，很可能州治衙署与戎司驻所分署办公，北部为州治衙署，东北部为戎司驻所。通过范家堰遗址三期考古发掘工作，遗址东北部衙署布局结构基本廓清，整个衙署主要由东部的前、中、后三进院落及西部水池亭榭等景观建筑构成，坐北朝南，依山构筑，建筑间路网发达，排水导流明暗相间，纵横交错，布局科学合理，是目前保存较为完整的宋元衙署遗址，对山城衙署研究具有重要价值。

（袁东山）

【彭水县郁山近现代盐厂遗存】

发掘时间：2015年9～12月

工作单位：重庆市文化遗产研究院、彭水县文物管理所

遗址位于彭水县南京社区一组，地处后灶河与中井河交汇处的台地上。该厂始建于民国时期，1982年盐厂部分设施遭特大洪水冲毁，于1984年停产后逐渐荒废。考古发掘面积共计2900平方米，共清理各类盐业相关遗迹18座，其中有盐灶8座、卤水池4座、木质输卤管道1条、排水沟

1条、黄泥坑1座、灰坑2座以及盐井1口。

盐灶均为单塔双火道型，每座盐灶由缩卤塔、塔池、火道、火膛及下洞等组成，整个盐灶用石块垒砌，部分火道尾部还残留有吸卤土砖。卤水池可分为两类，一类为圆形，用黄黏土筑成圆形卤水池，其内壁和底部有木板箍痕。另一类呈长方形或不规则形，用石块垒砌成。盐井为小口深井，平面呈圆形。输卤管道用树干制作而成，其表面包裹有石灰等混合物。

此次发掘完整揭露出郁山盐厂的生产空间，厘清了郁山近现代制盐工艺的流程，反映了传统的淋土法走向真空制盐的技术发展脉络，对完善四川盆地制盐技术的发展史具有重要意义。该遗址保存较好、规模较大，并且周围厂房、办公区及其他相关附属建筑保存也相对较好，它们共同组成了一处具有较高的历史、科技价值的工业遗产。此次发掘为进一步开展郁山盐业遗址的保护、研究和利用奠定了基础，同时也为重庆工业遗产的保护与利用提供了参考。

（白九江　牛英彬）

四川省

【大邑县高山古城新石器时代遗址】

发掘时间：2015 年 6～12 月

工作单位：成都文物考古研究所、大邑县文物管理所

高山古城遗址位于成都市大邑县三岔镇高山社区 3 组古城埂村，地处成都平原的西南边缘，地理坐标为北纬 30°27′09.5″，东经 103°34′46.3″，海拔 494.5 米。大邑县地处川西北高原向成都平原过渡的前沿地带，与邛崃山脉接壤，背靠龙门山，面向成都平原。该地带属于青藏高原东缘地带川西北高原与川西平原的过渡区域，特殊的地理位置使得该地区先秦时期的文化遗存具有鲜明的时代特征和文化面貌，对于研究该地区先秦时期聚落发展和族群互动具有特殊意义。

高山古城平面形状大致呈梯形，东西平均长 500 米，南北平均长 640 米，面积约 31 万平方米；通过东城墙的解剖，初步确认该城墙修筑时代属于宝墩时期；壕沟始于宝墩，废弃于汉代。2003 年春成都市文物考古工作队调查发现该遗址，但自此以后该遗址一直未进行过正式的考古发掘工作，对其文化面貌和内涵与时代特征等诸多信息一直缺乏基本认识。

2012 年，围绕成都平原大遗址保护工作，成都文物考古研究所启动了大邑县盐店古城遗址和高山古城遗址的考古调查勘探及发掘工作。目前以高山古城遗址为中心区域系统考古勘探面积近达 280 万平方米。钻探结果显示该遗址广泛分布着宝墩、商周、汉代时期的聚落，宝墩时期的聚落主要分布于城内，主要集中于城内的西北、中及东北部，遗迹现象丰富。在东、西城墙外侧古河道外台地上亦有少量宝墩文化的聚落分布；城内聚落面积大于城外聚落的面积，城外的聚落分布相对零散，规模较小。东、西墙外古河道西侧的台地边缘发现商周时期的遗存，此类遗存不见于古城内。商周时期遗存仅分布于城外台地边缘，特点是聚落规模较小，时代为十二桥文化早期阶段，遗迹现象相对单一，这是截至 2015 年成都平原西南山前地带唯一商周时期遗存的线索，为探讨十二桥文化在成都平原西南山地的分布与特征提供了重要资料。汉代遗存遍布整个调查区域，在城内也有少量分布，主要是灰沟，不见墓葬或其他遗存。高山古城遗址调查区域内宝墩、商周、汉代时期聚落在城址内外的发现，对于讨论高山古城遗址的聚落结构体系和性质以及聚落的历时性演变等有着重要的意义，这些考古信息在成都平原已发现的 8 座史前城址中是极其少见的。

为了进一步深入认识高山古城的文化内涵、时代特征以及聚落形态等信息，在国家文物局的批准下，2015 年对高山城址中部偏南的位置进行了考古发掘，发掘面积 800 平方米。截至 2015 年发掘区内发现了丰富的遗迹现象，如墓葬、人祭坑、奠基坑、灰坑、灰沟、水井、建筑遗存等，其中墓葬 62 座、人祭坑 1 座、奠基坑 1 座、灰坑 43 个、灰沟 5 条、水井 1 个。

2015 年度发掘主要的收获之一是发现

了一处保存较好的宝墩文化墓地，丰富的葬式与葬俗以及良好的骨骸标本凸显其地位。目前已清理墓葬和人祭坑、奠基坑达64座，平面形状呈圆角长方形，竖穴土坑墓，头向有南北和东西向。墓室内均未发现随葬品和葬具；葬式多样，有仰身直肢葬、侧身屈肢葬，以仰身直肢葬最多见，其中一只手置于胯部之上，另一只手沿身躯放置较具特色；墓主成人和未成年人均有，以未成年人居多；多数未见随葬品，仅个别墓葬人骨的手腕上发现象牙穿孔镯形器。这些墓葬大致可分两个时期的遗存，早期墓葬方向以东西向为主，人骨架保存状况较好；晚期墓葬方向主要是南北向，人骨普遍保存情况较差。人祭坑平面形状呈圆形，仅见主要肢骨叠放，推测为二次葬；奠基坑于城墙西南角夯土层中发现，头骨受外力挤压严重变形，肢骨亦扭曲变形，呈绑缚状。该墓地是目前成都平原已发现的年代最早和最完整的史前墓地，其分布范围大，延续时间长，分布密集，人骨架保存较好，而且葬式多样，这在以往的成都平原新石器时代考古实践中是极为少见的。这为探讨宝墩文化的丧葬习俗及成都平原的史前埋葬制度提供了难得的实物资料，同时为开展体质人类学测量研究和DNA测试分析等分子生物学研究提供了理想的考古资料，有助于认识成都平原史前先民的体质结构特征。

其次是此次发掘出土了大量的遗物，不仅数量众多，种类亦非常丰富，遗物主要有陶器、石器和少量玉器，其中石器分为打制和磨制两类，磨制石器的器形包括斧、锛、凿、刀、砺石、半成品等，以穿孔石刀、有肩石斧、打制的燧石器（包括石核、石片及燧石原料等）较有特色；玉器数量较少，磨制规整，边缘多遗留有切割痕迹，有锛、穿孔凿等。陶器质地有夹砂和泥质两种，以泥质陶居多，烧制火候较高，陶器上的纹饰较为丰富且精美，装饰手法以压印、刻划最为常见，其次是戳印，这些装饰手法往往在同一件器物上组合使用，最常见的纹饰有绳纹、附加堆纹、水波纹、瓦棱纹、细线纹等。陶器器形有花边口沿罐、喇叭口高领罐、壶、尊、豆、盆、钵等，其中盘口罐、敞口尊、喇叭口高领罐、直口壶等较具特色，发现了一些属于宝墩文化的新器形，如宽大耳器、窄沿盘口罐、直口壶形器等。此次发掘出土的陶器形态不仅多样，且完整器较多，改变了过去通过残件认识宝墩文化陶器面貌及其组合的状态，丰富了宝墩文化的考古学文化面貌和内涵，为进一步探讨宝墩文化的渊源提供了契机。结合层位关系和类型学分析，宝墩文化的遗存初分为两个时期，第④、⑤层及其开口于其下遗迹为晚期遗存，该期遗存同宝墩文化第一期文化面貌一致，二者时代相近；第⑥、⑦层及其开口于其下遗迹为早期遗存，该期遗存较之以往认识的宝墩一期遗存较早，文化面貌也有所差异，但由于目前出土陶片较少，文化特征不甚明朗，其认识上仍需做进一步的整理与分析工作。高山遗址早、晚两期遗存时代特征鲜明，层位关系清楚，为认识宝墩文化的内涵与外延以及文化渊源等提供了重要的个案与线索，它是目前宝墩文化遗址中唯一有明显的早、晚层位关系的地点，为其后的研究奠定了讨论的基石。

此次发掘还开展了多项科技考古，如植物考古、环境考古、多视角三维重建、陶石器成分测试分析等多项科技考古工作。如墓葬的三维建模工作；采集了大量土样标本进行浮选，初步鉴定出水稻、粟等植物种属；采集了土样进行植硅石测试分析；并以高山古城的DEM数据为基础，利用ArcGIS10.1的水文分析功能，对高山古城区域进行了河网提取，并与考古资料结合，探讨了河网和古河道与文化层分布的关系。

高山遗址的发掘为推进成都平原史前聚落考古提供了一个范例和反思的空间，该遗址周边不同时期聚落的发现，有助于分析成都平原文化演进与环境变迁的互动关系。高山遗址早期遗存的发现与确认将极大地拓展对宝墩文化的内涵与外延的认识，但由于目前早期遗存文化面貌陶片残碎，给我们的认识造成不少的缺憾；同时亦发现过去我们钻探工作往往只注重于城址内部，而忽略城外区域的工作，高山的钻探实践表明，城外区域是以城址为中心的聚落一个重要组成部分，它们同城址共同构成一个完整的聚落群。

（周志清　陈　剑　刘祥宇　向　导）

【新津县宝墩新石器时代遗址】

发掘时间：2015 年 10 ~ 12 月

工作单位：成都文物考古研究所、四川大学历史文化学院考古系、新津县文物管理所

2015 年对新津宝墩遗址的勘探和发掘是“中华文明探源工程”第四阶段的重要子课题之一，同时，也配合了四川大学考古系的田野考古实习教学。共发掘面积约 1200 平方米。通过此次田野考古工作，对宝墩遗址内城特别是田角林的聚落空间分布有了更加清晰的认识，取得了较大收获和突破。

此次发掘区域主要位于宝墩城址内城田角林西南，与 1996 年、2013 年的发掘区相接。发现了新石器时代、汉代、唐宋至明清等时期的文化遗存，其中宝墩文化时期的遗存十分丰富，主要有灰坑、房址、墓葬等。发掘区地势较高处在宝墩文化一期时有大量房屋基址，当时主要为居住区，周围分布有同时期的墓葬十余座；至宝墩文化二期时发现有土坑墓数座打破一期的房址，可能演变为简单的小型墓地，墓葬均无随葬品。此次发掘出土了大量陶器、石器等遗物，器类基本与近年发掘的一致。陶器制作方法以泥条盘筑加慢轮修整为主，陶器分泥质陶和夹砂陶两大类，泥质陶数量多于夹砂陶。泥质陶以泥质灰白陶和灰黄陶为主，另有灰陶和个别橙黄陶；夹砂陶以夹砂灰陶为主，另有褐陶和外褐内灰陶。陶器纹饰发达，泥质陶中以画纹（多水波纹和平行线纹）、戳印纹、附加堆纹为主，有少量细线纹、瓦棱纹、弦纹等；夹砂陶的器表多饰绳纹。器形均为平底器和圈足器，不见圜底器和三足器。主要器类有折沿罐、绳纹花边罐、敞口圈足尊、喇叭口高领罐、宽沿平底尊、宽沿盆和壶等，另有少量宽沿高领器、腰沿器、豆和敛口罐等。石器有打制和磨制两种，打制石器多石片和切割器等，磨制石器多通体磨光，制作精致，以斧、锛和凿为主，主要作为生产工具使用。

此次发掘在总结以往积累的成功经验基础上，进一步扩大多学科协作的规模，如最新尝试应用 Photoscan 对发掘区主要文化遗存及地貌进行三维建模，运用物探设备对预备发掘区进行地球物理勘探，以便与今后的发掘成果对照，积累经验。另外，发掘区一如既往地运用小型航模对发掘区做了全景记录；全面应用全站仪、RTK 等多种高精度测手段记录空间信息，建立田野考古数据库系统；开展了系统性环境采样和大规模浮选等。基于 2015 年度的发掘收获，并结合 1996 年、2013 年、2014 年的勘探、发掘资料，我们基本清楚了宝墩内城中部田角林区域的聚落空间布局，以聚落中心的高地为中心，大型公共建筑列于其上，方向与城墙走向一致。民居则集中分布于该聚落区的东南部，方向分两组，一组为西北—东南走向，一组近东西向。墓葬则比较集中于民居的附近，没有出现大型集中的公共墓地，但可清晰观察到墓葬就分布在房子周围。墓葬方向主要也有两组，一组为西

北—东南走向，一组近东西向，与房子的两组方向一致，部分墓葬人骨保存较好，但均无随葬品。通过近几年的钻探、发掘可以确认宝墩内城主要分布有五处相对独立的聚落，分别是田角林、杨机坊、鼓墩子、余林盘、李林盘。其中田角林、杨机坊、鼓墩子三处聚落的空间布局大体一致，均以大型建筑基址为中心，周围分布有小型房子、灰坑、墓葬等遗迹。环境考古、植物考古均取得了较大进展，宝墩遗址城墙在宝墩文化二期后、四期前被冲毁，可能发生了大规模的人群迁徙转移；植物考古成果显示宝墩先民以种植水稻为主，种植旱作小米为辅，兼有采集业等。2015 年发现了少量动物骨骼，主要为家猪。由于 2015 年度成都市特别是新津县秋冬季雨水较多，2015 年度的发掘工作尚未结束，调查和钻探工作也尚未开展，预计田野工作时间将会有所延长。

总之，此次发掘工作完成 2015 年度的目标，也完成了四川大学田野考古实习的教学任务。发掘所获信息对于研究宝墩遗址的空间结构、聚落形态具有重要价值，有助于成都平原龙山时代的社会复杂化程度以及文明进程的研究，使其在“中华文明探源工程”课题中发挥更大的作用，同时也为《宝墩遗址保护规划》的编制打下了坚实牢靠的基础。

（何锟宇）

【米易县庙门前新石器时代遗址】

发掘时间：2015 年 1 ~ 8 月

工作单位：四川省文物考古研究院、攀枝花市文物局、米易县文物管理所

遗址位于攀枝花市米易县丙谷镇沙沟村一处斜坡地上，紧邻安宁河支流小河。遗址呈缓丘状，东高西低，分布面积逾 2 万平方米。

为配合成昆铁路（米攀段）扩能改造工程建设，对施工范围进行了考古发掘，发掘面积 3125 平方米。遗址堆积层位多，堆积厚度最深处达 2.3 米深。第⑤ ~ ⑧层出土大量陶片和石器，遗迹均在早期层位开口。发现房址、灰坑、灰沟、灶、窑址等各类遗迹 149 个，其中房址 7 座、灰坑 124 座、灰沟 7 条、灶 6 座、窑址 4 座，以及红烧土面遗迹 1 个。出土遗物以陶器、石器居多，另有 4 件疑似金属矿渣，纳入编号的小件有 700 余件，陶器有陶罐、高领罐、陶盆、陶钵、平底器和陶塑等，石器如刮削器、石斧、石锛、石凿、网坠、磨石、磨盘、磨棒、纺轮、箭镞等。另有数百袋陶片标本。此外，采集了百余个（袋）炭样和土样标本。

遗址内发现的房址形制不尽相同，主要有基槽式、柱洞式和半地穴式房址，尤以半地穴式房址为重要发现。该半地穴式房为弧角方形，长约 3 米，深度为 0.4 米 ~0.6 米，门向朝西，门道宽约 0.6 米，房屋底部中间偏东有直径约 0.46 米的大柱洞，四个角及门道两侧分布有数个直径约 0.2 米的柱洞。灰坑多为不规则圆形，但有十余座为形制规范、直径 2 米多的圆形灰坑，当有特殊用途。4 座陶窑均为地面式露天烧制的形制，仅余底部红烧土层及周围散落的红烧土块。

遗址内出土陶片以夹砂灰陶或夹砂褐陶为主，掺和物以石英砂粒居多，泥质陶数量十分稀少；绝大部分陶片都为素面，仅有少量陶片可见斜向绳纹，部分侈口或敞口，罐口沿外侧有压印泥条堆纹。

截至 2015 年仅有的两个 ^{14}C 测年数据显示遗址年代属于新石器时代晚期，距今 4500 ~ 4300 年。攀西地区鲜有大面积系统发掘的早期遗址，庙门前遗址的考古发掘，为推动该区域早期考古学文化研究提供了十分重要的实物资料。

（陈 苇 张鸿春）

【松潘县阿基新石器时代遗址】

发掘时间：2015 年 9 ~ 11 月

工作单位：四川省文物考古研究院、松潘县文物管理所

阿基遗址位于松潘县毛儿盖区的阿俄村阿基组，毛儿盖河右岸的二级台地上，遗址处于新建剑科水电站淹没区内。遗址地处高原地区，海拔约 3180 米，面积约 2 万平方米。

为配合剑科水电站建设，对该遗址进行了考古发掘，发掘面积 600 平方米。

发现有新石器、明清时期文化层堆积。共清理各类遗迹 9 个，出土石器、陶片等各类遗物。

新石器时期文化层可分 2 层，为遗址的第④层和第⑤层。第④层土呈深褐色黏土结构较紧密，含红烧土、炭粒，厚 10 厘米 ~ 50 厘米，该层下开口有灰坑 4 个。第⑤层土为深灰褐色黏沙土，结构松散、含沙量大，含红烧土颗粒，厚 10 厘米 ~ 30 厘米，该层下开口有房址 1 座。

出土陶片以夹砂黑褐陶、灰褐陶为主，火候较低，纹饰以素面为主，少量弦纹和划纹。石器以打制石器为主，器类有石臼、尖状器、刮削器、石矛等。

共清理各类早期遗迹 5 个，其中灰坑 4 个、房址 1 个。

灰坑均开口于第④层下，圆形、斜壁、平底。H2 和 H5 出土有夹砂黑褐陶、灰褐陶陶片，H5 伴出少量石器。

房址开口于第⑤层下，为近椭圆形的杆栏式建筑。整座房子坐西朝东，由大小不一的 11 个柱洞构成。

阿基遗址的文化堆积层明显，但发现的遗物和遗迹均较少，从器物特征判断应为新石器时代晚期遗存。该遗址为岷江上游支流毛儿盖河流域首次发现的早期遗址，该流域两岸分布有不少发育良好的台地，但因交通不便，以往对该区域所做的工作较少。阿基遗址的发现和发掘为研究岷江上游地区早期文化的分布提供了重要资料；为黄河上游与岷江上游地区早期文化互动与交流的探索提供了有价值的线索。

（刘化石　李江涛）

【成都市万年村新石器时代至商周遗址】

发掘时间：2014 年 11 月 ~2015 年 7 月

工作单位：成都文物考古研究所、青白江区文物管理所

万年村遗址位于成都市青白江区祥福镇万年村 2 组、10 组，北距货运大道 1000 米，东距成金青快速通道 1.9 千米，南距新工大道 1.1 千米，毗河支流羊叉河流经遗址北部 0.5 千米。遗址分布面积约 12000 平方米，遗址中部被古河道破坏，遗存分布较零散。2014 年 11 月下旬至 2015 年 7 月对该遗址进行了两次考古发掘，共布 10 米 ×10 米探方 23 个及 2 米 × 30 米探沟 1 条，发掘面积为 2360 平方米，出土一大批丰富遗迹及陶、石器等遗存。

遗址地层堆积丰富，可分为 7 层，此次发掘清理遗迹 150 个，其中灰坑 142 座、灶址 1 座、窑址 1 座、灰沟 2 条、墓葬 2 座、房址 2 座。灰坑依据平面形制可分为圆形、长方形、方形及不规则形，其中部分方形、圆形灰坑底部出土有大量石料，甚至有烧烤硬面。灶平面为圆形，残存灶膛部分。墓葬为竖穴土坑墓，葬式为仰身直肢葬。房址为基槽式地面建筑。根据出土陶器组合及特征，可以将万年村出土遗存初步分为早、中、晚三个时期。

早期遗存出土陶器有绳纹花边罐、素缘罐（敛口罐、微沿溜肩罐、喇叭口高领罐）、尊（平沿尊、盘口尊）、高柄豆（器表多作瓦楞纹，可分为两型，A 型为折壁豆盘，B 型为深腹碗状豆盘）、高圈足豆、壶、器盖等，面貌特征与鱼凫村 H73、金沙遗址干道黄忠 A 线、三星村等遗址出土遗存相近。其中，窄沿近直腹绳纹花边罐与三星堆遗址 80 Ⅲ CaT1③:55 等同类器相

似，矮领罐与鱼凫村 H73②:150 等相近，矮圈足盘与三星堆遗址月亮湾地点 T108②:8、三星村遗址 H6: 34 等相近，高圈足豆与金沙遗址置信金沙园一期地点 H636:2、三星堆遗址月亮湾地点 M1:2 等相近。

中期遗存出土陶器有耸肩或圆折肩小平底罐、敛口绳纹罐、花边口罐、折领瓮、盉、鸟头把勺等。陶器组合及特征与中海国际社区 H25、H26，柳岸村 H3，褚家村 H4 等相近。出土石器有璋、斧、锛等，以及少量玉石器加工余料。

晚期遗存夹砂陶占绝大多数，陶色以灰色陶系为主，有灰、灰黄、灰红、浅灰褐等，绝大多数为素面陶，纹饰可见重菱纹。可辨器形有矮领罐、簋形器、尖底杯、尖底盏、豆、器盖等。可对比的材料可见青白江区大夫村、彭州青龙村、成都新一村等遗存。

万年村遗址的揭露，特别是共时性强且遗物丰富的灰坑单位的揭露，有助于我们进一步认识宝墩文化四期遗存、"三星堆文化""十二桥文化"之间的关系，为进一步构建与完善川西平原先秦考古学文化序列提供了不可多得的材料。

（左志强　王天佑）

【成都市三星堆商代遗址】

发掘时间：2015 年 3 ~ 12 月

工作单位：四川省文物考古研究院

2015 年度，四川省文物考古研究院对三星堆遗址再次进行了勘探和发掘，新发现了一批重要文化遗存。

青关山台地位于三星堆遗址西北部的高台地上，土台呈二级台地状，最高一级高出周围地面 4 米 ~ 5 米，这里也是整个三星堆城址的最高处。2005 年，通过勘探发现青关山二级台地系人工夯筑而成，同年，通过试掘在第二级台地南部初步揭露出一座大型红烧土建筑基址（编号 F1）。2012 ~ 2013 年，通过进一步勘探，发现整个青关山台地均系人工夯筑而成，与此同时，将 2005 年回填保护的青关山 F1 揭开并持续进行了追踪发掘，截至 2015 年年底，一座长逾 65 米、宽近 16 米，建筑面积逾 1000 平方米的长方形红烧土建筑基址已基本暴露出来。F1 的使用年代大约为商代（三星堆三期），这是三星堆遗址迄今为止所发现的建筑面积最大的单体建筑。2013 年秋冬，在 F1 以北约 3 米处又揭露出一座与其走向相同、面积略小、尚存大面积红烧土倒塌堆积的长方形建筑遗存，编号 F2，经局部解剖得知，F2 倒塌的红烧土直接叠压于 F1 基址所在的夯土台基下，时代应早于 F1，或为 F1 的前身。

2015 年度，在 F1 的东南部又初步揭露出另一座长方形红烧土建筑基址 F3，其开口层位和走向与 F1 相同，长逾 20 米，宽度已近 10 米，北墙与西墙内侧有类似于 F1 的锯齿状红烧土"檐柱"，室内夯土地面中也有掩埋象牙的现象，推测是与 F1 同时存在的另一座大型建筑。

勘探显示，在 F1、F2、F3 等大型建筑以下，青关山土台还普遍存在着 3 ~ 4 层厚薄大致相同的红烧土堆积，各红烧土层又分别与夯土或文化层交相叠压，总厚度超过 4 米，表明青关山土台存在着三星堆城址各个时期的最高等级建筑，这里很有可能在相当长的一个时期内都是三星堆王国的"宫殿区"所在地，甚至一直都是。

2015 年度，对青关山二级土台在 2013 ~ 2014 年度发掘的基础上分别向北、向下进行了揭露和清理，在土台中部发现一宽约 20 米、底部与一级土台地表齐平的大沟状凹地，将现在人们所看到的青关山二级土台一分为二，以南为原始的青关山二级土台，大型建筑群位于其上，以北则为一西北—东南走向的夯土埂，大约三星堆四期偏晚（西周时期）开始直至汉代才将这个大凹地逐渐填平，土台与土埂连成了一体，演变成了现在的模样，这个发现修正了2013年关于大沟状凹地南北两部分同属青关山二级土台的认识，同时也促使我们意识到大沟状凹地以北的土埂极有可能是一段掩埋于地表下的夯土城墙。经探沟试掘，最终确认了其“城墙”属性（暂命名为“青关山城墙”），这道残长140米、顶部残宽10米~15米、残高近3米的夯土墙体，始筑于三星堆遗址第二期，其由外至内、分块斜向堆筑的筑墙方法与真武宫城墙、月亮湾城墙和西城墙北段基本一致，而与我们所了解的青关山人工土台的水平夯筑方法区别较大。青关山城墙与2013年度发掘确认的真武宫城墙（外廓城北城墙中段）位于一条直线上，应同为外廓城北城墙的组成部分——北城墙西段。

此外，在青关山城墙墙体下还发现了三星堆一期文化的夯土台，台面上清理了一批三星堆一期的土坑墓、陶器坑和形制较大的建筑，丰富了三星堆遗址新石器时代文化的内涵。

李家院子城墙位于三星堆遗址东北部仓包包台地西缘地表下，呈东北—西南走向，2015年度经勘探发现，后经试掘确认为始筑于三星堆遗址第三期的城墙，其南端与仓包包城墙西端近直角相连，现存长度约150米，宽20米~25米，外（西）侧壕沟与月亮湾城墙共用，筑墙方法与仓包包城墙和外廓城南城墙基本相同。

马屁股城墙拐角位于三星堆遗址东北部仓包包台地东北角，大部位于地表以下，呈拐角状，勘探显示该拐角南接东城墙北段地下延伸部分，西延约20米长并可直线对接真武宫城墙（北城墙中段），东侧和北侧分别有壕沟相通。2015年，经勘探和试掘，确认该拐角由外廓城“东城墙北端”和“北城墙东端”残留构成，始筑于三星堆遗址第三期，筑墙方法与东城墙南段比较一致，应为外廓城的东北角。

青关山城墙、李家院子城墙和马屁股城墙拐角的确认，进一步深化和完善了对青关山土台、仓包包台地和外廓城东北角的认识，加之“十二五”期间新发现并确认的真武宫城墙和仓包包城墙，解决了困扰学界多年的北城墙问题（由西至东分别由“青关山城墙”“真武宫城墙”“马屁股城墙拐角北城墙段”构成），从而基本合围出比较完整的三星堆外廓城，并在外廓城的东北部率先闭合出一座小城（这个小内城由“东城墙北段”“仓包包城墙”“李家院子城墙”和“马屁股城墙拐角北城墙段”合围而成，暂命名“仓包包小城”），现有资料表明，仓包包小城各道城墙均始筑于三星堆遗址第三期，夯筑方法也与始筑于三星堆遗址第二期的青关山城墙、真武宫城墙、月亮湾城墙和西城墙北段的区别较大，仓包包小城的确定，使得三星堆城址尤其是城址北部的布局和营建过程开始逐渐变得清晰起来。

（雷　雨）

【攀枝花市大丙别商周及明清时期遗址】

发掘时间：2015年1~4月

工作单位：四川省文物考古研究院、攀枝花市文物局、仁和区文物管理所

大丙别遗址位于攀枝花市仁和区啊喇彝族乡旺牛村大丙别组，遗址南面依山，北临大竹河。东西向300余米，南北向约120米，总面积约3.6万平方米。为配合成昆铁路（米攀段）建设工程的实施，几家单位对大丙别遗址进行了考古发掘，发掘面积2000平方米。共发现房址、灰坑、水沟等各类遗迹38处，出土铜、铁、陶、瓷、骨等各类小件119件，其中以瓷器为大宗，器形主要有碗、碟、盘、杯等，共86件。

明清时期堆积中发现房址2座，基槽部分保存较好，底部为石块平铺；室内部分保存较差，仅在局部发现有草木灰、白

灰和红烧土残存。发现灰坑30个，保存状况一般，多数为垃圾坑，出土陶瓷片，个别分布在房址附近，可能与房屋建筑有一定关系；发现水沟6条，保存状况较差。

与明清瓷片共存的有一批夹细砂黑陶片，个别为夹砂红陶，以素面为主，多细绳纹，直口或敛口较多，平底较常见，器形以罐为主，个别器形为直口外有一周凸棱。由于其陶质较好，火候较高，多数内部施红色陶衣，与当地早期陶片有较为明显的区别，且这种共存现象在多个探方都有出现，但可以确定的是这类遗存与瓷器、釉陶器类遗存属于不同文化性质遗物，初步推测为明清时期当地土著居民的原始生活用具。

商周时期地层出土遗物较少，仅发现有少量夹砂陶片，缺少可判断年代的典型标本。

大丙别遗址应该是一处以明清时期堆积主体，同时有早期遗存分布的聚落遗址；发现的各类遗迹现象对我们认识当地少数民族地区的建筑形式、聚落形态有一定的帮助；出土的丰富瓷器标本为我们认识地方窑口（永胜窑、会理窑）的特点提供了新的资料；其特殊的时间节点使我们对该地区改土归流的历史有了新的认识。

（郑万泉）

【西昌市沙坪站西周遗址】

发掘时间：2015年10～11月

工作单位：成都文物考古研究所、凉山彝族自治州博物馆、西昌市文物管理所

西昌沙坪站遗址隶属凉山彝族自治州西昌市佑君镇站沟村六组。遗址位于安宁河西岸二级阶地，东距安宁河约5000米，西接二半山，遗址南北两侧为冲沟。遗址东北部有大石墓1座。遗址面积近8万平方米，中、东部文化堆积保存较好。此次发掘区位于遗址东部，发掘面积500平方米，2015年度发掘共计揭露房址8座，灰沟5条，灰坑8个，柱洞若干。地层堆积较为简单，文化堆积保存厚度0.2米～0.5米。依据层位关系及出土物可将遗址划分早晚两期。

早期遗存遗迹现象主要为8处房址、1条灰沟、2个灰坑。房址平面为圆角方形，半地穴式建筑，地穴较浅，居住面较平且硬，中部有一大柱洞，地穴转角及外缘有数个柱洞。出土遗物以陶器为主，夹砂灰褐陶居多，泥质黑陶次之，纹饰有叶脉纹、乳钉纹、戳印纹、刻划纹、弦纹、镂孔等，器形有折沿罐、卷沿罐、圈足杯、带流壶、钵、纺轮、网坠等，其中以饰乳钉的夹砂卷沿罐、施纹繁缛精美的泥质黑陶杯等最具特征，石器种类为刀、锛、斧、杵等。该期出土的植物遗存主要有水稻、粟、野大豆等，不见动物遗存。陶器组合及特征与西昌市麻柳村H1、西昌棲木沟遗址早期遗存非常接近，施乳钉纹卷沿罐风格及特征与高坡遗存同类器具有明显演变关系，具有明显的过渡性特征。依据质谱加速器^{14}C测年，该期遗存年代，约当西周时期。

晚期遗存遗迹现象主要为4条灰沟、6座灰坑。灰坑平面为规整圆形，填土为黑灰色砂土，结构疏松，直壁平底，坑边有明显加工痕迹。出土陶器单一，主要为垂腹罐，夹砂褐陶，颈部施抹绳纹，其下通体施交错绳纹，仰折沿，垂腹，底部为圜平底，同类遗存可见西昌北山、云南大理大丰乐等火葬墓等，时代为南宋时期，属于大理国时期遗存。同时该期遗存还发现大量动植物遗存，植物遗存有大豆、小麦、稻、黍、粟等，动物遗存有牛牙齿、猪股骨等。

西昌沙坪站遗址早期遗存具有鲜明的时代特征和文化特质，填补了安宁河流域西周时期的考古学文化空白，丰富了安宁河流域青铜时代的内涵与外延，该遗址丰富建筑遗存的发现为研究安宁河流域青铜

时代的聚落分布与社会结构以及聚落发展演变等提供了重要考古材料。晚期遗存为了解凉山地区火葬墓的分布情况与形制特点以及丧葬习俗等信息提供了重要的考古资料，对于研究凉山地区大理国时期的葬俗、宗教观念以及文化内涵等方面有着重要意义。

（左志强　孙　策　刘祥宇　刘灵鹤　黄云松　唐　淼）

【渠县城坝东周及汉代遗址】

发掘时间：2015 年 10 月 ~2016 年 1 月

工作单位：四川省文物考古研究院、渠县文物管理所

城坝遗址又名宕渠城遗址，位于达州市渠县土溪镇渠江东岸，距县城 26 千米，北、西、南三面被渠江环绕，东接佛尔岩，呈依山傍水之势。遗址范围包括土溪镇的城坝村、天府村及流溪乡的新华村、洪溪村局部，总面积约 500 万平方米。全国重点文物保护单位。

依据《城坝遗址 2014 ~2018 年度考古工作计划》的要求，2015 年度的考古工作主要是了解遗址早期遗存的保存状况及文化内涵，结合今年考古勘探的成果，四川省文物考古研究院对遗址二区和三区进行考古发掘工作，发掘总面积 550 平方米。清理各类遗迹 79 处，其中墓葬 18 座，灰坑 46 个、沟 15 条；出土铜、银、铁、石、陶器等 150 余件，铜器器形有钫、鍪、锥斗等；铁器有釜；陶器有罐、仓、灶、盆等。

通过 2015 年对城坝遗址的考古发掘，对城坝遗址的功能分区有了新的认识，二区主要为东周和汉代遗址区，三区主要为西汉墓葬区；此次发掘发现的灰坑以及出土的花边口沿罐、夹砂红陶片等遗物都表明二区确有早期遗存分布，由于堆积浅薄，并受到晚期严重破坏，残存数量较少，但为我们认识城坝遗址东周时期的考古学文化指明了方向，为下一步的发掘工作提供了线索。

（陈卫东）

【德阳市绵竹城汉代遗址】

发掘时间：2015 年 8 ~9 月

工作单位：四川省文物考古研究院

绵竹城遗址位于德阳市旌阳区黄许镇双江村和龙安村，地处绵远河西岸一级台地，东北隔绵远河为白马关（即绵竹关），黄略公路在遗址西部南北向穿过，南距黄许镇 3000 米、德阳市区 15 千米。省级文物保护单位。

为配合中石油兰成渝输油管道绵远河穿越应急抢险改造工程的实施，四川省文物考古研究院在先期考古调查、勘探基础上对建设项目涉及区域进行考古发掘，发掘面积 500 平方米。

发掘工作表明，该区域内遗址堆积较薄，地层厚 0.6 米 ~0.8 米，时代为汉代，发现有各类遗迹现象 97 处，其中房基 2 座，灰坑 90 个，水沟 4 条，陶灶 1 个；出土各类铜、铁、陶器小件 130 件。房基保存状况较差，均由青砖砌成，F1 被破坏严重，仅残存一层青砖；F2 由四个长方形基础坑构成，坑内最上层由墙砖平铺，其下分别由瓦片、鹅卵石、黏土等分层铺垫。灰坑数量较多，多为圆形或长方形，个别灰坑规模较大，出土遗物较多。

此次对绵竹城遗址的发掘，虽然发掘面积较小，但是遗迹较多、遗物丰富，为解决绵竹城的使用年代等问题提供了资料，同时也为认识绵竹城的布局等问题提供了新的线索。

（郑万泉）

【成都天府国际机场考古勘探调查】

调查时间：2015 年 8 ~10 月

工作单位：四川省文物考古研究院、资阳市文物管理所、简阳市文物管理所

成都天府国际机场项目位于简阳市芦

葭镇、草池镇、石板凳镇，占地范围约20平方千米，定位为中国第四个国家级国际航空枢纽。为配合该项目建设，开展了专项考古调查和勘探工作。

调查发现文物点共计117处，包括古墓葬105处，古遗址3处，古建筑5处，石窟寺及石刻4处。其中，105处古墓葬包括22处崖墓，83处宋、明、清墓地。5处古建筑包括1座清代龙桥及4处古代院落。这些墓葬年代跨度从汉代至清代，墓葬类型十分丰富，包括崖墓、石室墓、立碑土丘墓等。

汪家山石刻在第二次全国文物普查后定为简阳县文物保护单位，该石刻开凿于清道光三年（1823）。民国《简阳县志》（1927年版）中有相关记载。石刻有5龛8尊造像，其中利用垮塌山岩凿刻的狮子体积之大，堪称“中国狮王”，高6.5米（含底座），石狮本身高约4.7米，宽3.37米，重六七十吨。石狮颈戴一铃，胸前还蹲着一只活泼可爱的小狮子。整座狮像，采用了圆雕、浮雕、线刻等多种雕刻技法，石狮也一反庄重、威严的模式化形象，极具民间风格。

在调查的同时，针对重点区域进行了考古勘探工作，勘探面积约70万平方米，勘探发现2处寺庙遗址和近10处墓地。

这些文物点的发现极大地丰富了简阳市的相关文物考古资料，对研究川中地区汉代至近代两千多年的历史文化和社会面貌具有重要的史料价值。

（陈　苇）

【长宁县鸭龙滩东汉崖墓群】

发掘时间：2015年4～6月

工作单位：四川省文物考古研究院、宜宾市博物院、长宁县文物管理所

鸭龙滩崖墓群位于宜宾市长宁县古河镇星伍村5组，小地名为鸭龙滩，开凿于淯江河右岸崖壁之上。在进行古河镇—七洞沟景区道路扩宽工程中发现该墓群，遂对该墓群进行考古发掘。此次共清理7座崖墓，出土文物130余件，其中画像石棺3具。

7座崖墓均为单室墓，主要结构包括墓道、墓门、墓室，部分墓葬有后龛或侧龛。其中M2未被盗掘，出土器物亦较丰富，墓道及墓门已被破坏，现存甬道、墓室，墓室内有后龛。墓室残长5.6米，宽1.96米，高1.6米～1.88米。墓室内放置两具石棺，石棺内各有1骨骸。此外石棺旁侧的墓室底部放置2骨骸，后龛横置1骨骸，均为仰身直肢。随葬器物较多，有铜灯、铁釜、铁剑、铁戟、铁刀、陶罐、陶甑、陶壶、银镯、石龟座、五铢钱等，共83件。2具石棺均有浅浮雕画像，题材内容有双阙、伏羲女娲、杂耍、六博、柿蒂纹等。从出土器物及墓葬形制来看，年代当为东汉中晚期。

四川境内崖墓虽多，但多被盗掘或破坏，有“十墓九空”之说。此次发现的M2保存较好，未遭盗掘，随葬器物较为丰富，且有3具画像石棺出土，为川南崖墓的研究提供了非常重要的考古学资料。

（金国林）

【荔枝道考古学调查】

调查时间：2015年1～4月、10月

工作单位：四川省文物考古研究院、万源市文物管理所、宣汉县文物管理所

荔枝道，是四川地区古蜀道之一，是联系川东北地区和关中地区的重要通道。《新唐书》记载“妃嗜荔枝，必欲生致之，乃置驿传送，走数千里，味未变已至京师”。

调查邀请了考古、历史、文学、古建等方面的十余位专家，对万源和宣汉以及周边区域的荔枝道沿线文化遗产进行了全面系统的考察，共考察文物点84处，包括

摩崖造像、墓葬、碑刻、古桥、古道路、驿站、关隘、古村落、古民居、古遗址等。

从遗迹分布情况看，万源和宣汉的西部区域保留了古墓葬、摩崖造像、石刻等较多唐宋时期的文化遗存，结合相关文献资料，推测这一区域是唐宋以来荔枝道的主要道路，其中宣汉的马渡乡浪洋寺摩崖造像当是这一路线上的重要节点。

荔枝道在四川蜀道的几条道路中调查较少，研究也比较薄弱，此次调查对万源、宣汉境内的荔枝道的线路走向、历史上的使用情况有了一定的了解，将推进荔枝道的研究。

（李　飞）

【成都通锦路唐及五代园林遗址】

发掘时间：2015 年 3 ~7 月

工作单位：成都文物考古研究所

2015 年度，成都文物考古研究所对位于成都市金牛区通锦路 3 号的“中铁·通锦坊”项目工地开展了考古发掘工作，发掘总面积约 2500 平方米，共清理汉代至明代墓葬 18 座、水井 1 口、灰坑 8 个、沟渠 3 条、池塘 1 座，同时还出土数量众多、类型丰富的生活日用陶瓷器，另有少量与佛教有关的石刻造像及建筑构件。

由砖砌沟渠（G2）、人工池塘（C1）、亭台基址（F1）和水井（J1）组成的唐、五代园林建筑群是此次发掘的重要收获之一。G2 位于整个发掘区西部，已揭露部分全长约有 90 米，形状蜿蜒曲折，最宽处有近 6 米，最窄处不足 1 米，深 1.6 米。砌砖以唐砖为主，间杂有南北朝时期的花纹砖。从现场发掘推测，西侧为水流入方向，分叉后一支向南回旋呈“山”字形，另一支流向东北，被后来修建的水池（C1）所破坏。沟内出土了大量的唐、五代时期生活用瓷器以及瓦当、板瓦、青砖等建筑构件，推测其大约修建于盛唐，五代末至北宋初废弃回填。

C1 位于发掘区北部，为一座砖砌水池，平面近圆形，直径 19 米，深 1.7 米。水池西北段现存为土壁，北段、东段借用 G2 外壁，局部内收后增修三段砖壁，形成近圆形外廓。西南段有一条砖砌挡水堤，有暗沟（G1）穿过水堤与水池相连，水堤及暗沟修葺考究。池内回填堆积较厚，分层明显，包含大量中晚唐至五代时期的建筑构件和生活用瓷，推测其修建和废弃回填的时间与 G2 大致相同。

根据地理位置，此次发现的园林建筑群毗邻成都著名的古代寺院——万佛寺。自清末光绪以来，万佛寺遗址陆续出土大量南朝至唐宋时期的石刻佛教造像。万佛寺在南北朝时期称“安浦寺”，唐代称“净众寺”，唐末毁于“会昌灭佛”运动中，至宣宗年间恢复，宋代更名为“净因寺”，南宋孝宗隆兴年间曾一度为印刷纸币的交子务所在地，明代又有“净因寺”“竹林寺”“万佛寺”“万福寺”等多个名称，至明末清初毁于战火。由于石刻造像大多较为笨重，废弃地点不会距离原来的寺院存放地很远，因此可以推测，该园林建筑群的修建或与唐代净众寺的历史存在一定关联。它的发现，对于研究隋唐五代成都的城市发展史和园林建筑艺术都具有重要的学术参考价值。

（易　立　张雪芬　江　滔）

【攀枝花市仁和区凹子坡宋代遗址】

发掘时间：2015 年 1 ~4 月

工作单位：四川省文物考古研究院、攀枝花市文物局、仁和区文物管理所

凹子坡遗址位于攀枝花市仁和区总发乡总发村一组，小地名为凹子坡。遗址东西长约 150 米，南北宽约 60 米，分布面积 9000 平方米。为配合成昆铁路（米攀段）的建设，几家单位对凹子坡遗址进行了抢救性发掘。

经过前期勘探，决定在遗址西侧进行发掘，该遗址的堆积共分为6层，以宋代为主。共清理灰坑17个，灰沟2条，房址1座，灶1个，水井5口，田地1块。出土器物主要为青瓷碗及青瓷盏，还有板瓦和筒瓦等建筑材料。发掘面积1000平方米。

凹子坡遗址是攀枝花地区首次正式发掘的宋代遗址，发掘出土的遗迹包括水井、房址、田地、灰坑和灰沟等，对复原该地区宋代人类的生产生活具有重要意义，同时对研究该地区宋代的经济状况也具有实证价值。

（刘志岩）

【广元市马家坝宋墓群】

发掘时间：2015年6～7月

工作单位：四川省文物考古研究院、广元市博物馆

墓群位于广元市利州区古堰社区，小地名马家坝。此次发掘共清理宋代砖室墓3座，均为双室墓，几座墓葬均在施工过程中遭到不同程度的破坏。

M1破坏殆尽，仅留存少量铺地砖。

M2由墓门、甬道、墓室、侧龛、后龛组成。东墓室东壁有侧龛，后部有后龛。西墓室从残存情况看，其形制当与东墓室一致。两墓室之间的隔墙后部有通道沟通两墓室。腰坑内出土铁钱、陶罐、瓷碗等随葬品。

M3墓道底部有“丫”字形排水沟，墓室均由墓门、甬道、墓室、后龛组成。两墓室侧壁及后壁均镶嵌武士、鹿、花卉等画像砖。在墓室及腰坑内出土铁钱、陶罐、铜镜等随葬品。

2014年，四川省文物考古研究院也在此处发掘了4座宋代砖室墓，从位置、墓葬形制、墓向等判断，应当是一处家族墓地。广元地区在过去发现了多处石室墓，砖室墓较少，从这些装饰墓的形制及画像看，融合了来自北方地区及成都地区各个区域的文化因素，对于该地区的宋代葬俗文化、南北文化的交流有一定的价值。

（李 飞）

【丹棱县大雅杨氏宋代家族墓地】

发掘时间：2015年6～7月

工作单位：四川省文物考古研究院、丹棱县文物管理所

墓地位于丹棱县双桥镇天宫村一组，东北距县治丹棱镇约4.8千米。因当地村民在自家院内修建住宅时发现，此次对涉及的范围进行了抢救性发掘，发掘面积共计102平方米。

墓地整体坐西向东，共发现3座墓葬，依次编号为M1～M3。M1位于西侧，M2、M3位于东侧。M1～M3均为竖穴土圹砖室墓。M1为三室墓，M2、M3为双室墓，墓室顶部均已亡佚。墓圹系土圹，平面呈长方形或近方形，直壁，平底。墓室以条砖紧贴墓圹砌筑，为左、右并列的双室或左、中、右并列的三室，平面呈横长方形或纵长方形，直壁，相邻两室共用一侧壁，后壁砌筑盝顶长方形或叠涩“凸”字形后龛，平底。条砖均为青砖，有些在一侧面戳印“大雅杨氏墓砖”铭文。M3出土铜印盒盖、印章各1件。印章为双面穿带印，正背面各二字，朱文篆体。

M1～M3的时代为北宋晚期至南宋初期。墓砖铭文出现的大雅杨氏指宋代丹棱县以“大雅”为堂号的杨氏家族。杨氏家族是唐末入蜀的关中士族。大雅即大雅堂，为杨氏家族杨素约于元符元年至三年所建，用以收藏黄庭坚手书的杜甫两川夔峡诗碑。M3出土的铜印其形制尚属首见，蟠条篆印式是唐代同类官私印的继承发展。

此次发掘的3座墓葬与丹陵县唐末入蜀的世家大族有关，形制具有较多地域性

特点，对于探讨两宋时期该地区的社会经济发展、丧葬习俗变迁以及开展川渝黔地区的宋代墓葬考古学的研究都有着较为重要的参考价值。

（任　江）

【邻水县麻子坟南宋石室墓】

发掘时间：2015 年 3 ~ 5 月

工作单位：四川省文物考古研究院、邻水县文物管理所

邻水县经济开发区建筑工地施工过程中发现宋代石室墓。四川省文物考古研究院随即对该墓地进行了抢救性发掘工作，共清理南宋石室墓两座。

两座墓均为长方形石室墓，墓葬均由墓冢、墓道、墓门、棺室、左右壁龛和后龛室、墓顶等部分组成，墓葬形制完整。墓室用石材砌筑而成，墓室内空间基本可分割为墓门、棺室、后龛三个子空间。墓室两侧及后龛的顶上过梁、横梁等部位常见精美石刻。石刻内容包括武士、四神、十二生肖、八卦纹、花卉植物等题材。

墓葬早期被盗，仅在墓室内发现有铁质棺钉和炭化棺木，但两墓棺床下均发现有腰坑，出土有铜镜、陶龙、铜钱等器物。

两座墓葬墓内石刻雕刻精美、主题形象鲜明，主要采用剔地起突的高浮雕和压地隐起的浅浮雕方法来表现主题，是四川地区南宋时期较为典型的石室墓特征。但该墓葬对于研究四川南宋石室墓具有独特的价值意义，主要体现在以下几个方面：

两墓后龛龛面分别雕刻以“寿堂”“南阡”为题的墓志铭文，这种表现方法在以往发现的墓葬中较为少见。同时墓志中可见墓葬构建的确切纪年为淳熙丁未年（1187），为研究南宋石室墓的分期及演变提供了珍贵的材料。

在墓室内雕刻十二生肖图案的表现方法，在四川宋代石室墓内发现很少。此次两座墓侧壁上部均以平钑圆框内填压地隐起的生肖图案，是该墓的重要特征之一。

两墓墓室内左右壁基与前后壁基下部均装饰有八卦卦形图案。这种后天八卦图案作为墓室主体装饰的表现方法在四川南宋墓中也较为罕见。

麻子坟南宋墓墓室雕刻不仅具有四川地区南宋石室墓的普遍特征，而且因其雕刻题材所具有的多种独特性，丰富了四川地区宋代石室墓的资料，对于南宋石室墓研究、道教研究都有重要价值。

（刘化石）

【宜宾市偏朝门宋至清代墓地】

发掘时间：2015 年 10 月 ~2016 年 1 月

工作单位：四川省文物考古研究院、宜宾市博物院、翠屏区文物管理所

偏朝门宋至清代墓地位于宜宾市翠屏区菜坝镇 6 组，小地名偏朝门，地处一坡状山脊上，经调查和发掘证实为一处宋至清代墓地。2009 年进行第三次文物普查时发现该墓群，并被登记为文物点。2015 年度 9 月该墓地遭盗墓破坏，追缴回一批彩釉陶俑及石刻。10 月开始对该墓地北部进行抢救性发掘，共清理墓葬 16 座，其中宋代墓葬 2 座，明至清代墓葬 14 座。

2 座宋代墓葬均遭破坏，其中 M2 保存稍好，余墓室底部、墓道及排水沟，为双室石室墓，墓圹全长 7.5 米，宽 5.2 米，直接在基岩上凿挖而成。两墓室结构相同，包括墓室、甬道、墓道及排水沟。墓室侧壁及棺床底板已毁，东室甬道内残留有陶俑及石质墓志一块。墓志刻字清晰，墓主人为王师蕴，卒于庆元三年（1197）。条石封门，斜坡墓道，墓道底部凿有排水沟由墓门下延伸至墓道外，排水沟残长 6.3 米。

14 座明至清代墓葬中有 7 座岩坑墓、3 座石室墓、3 座砖室墓、1 座土冢墓。

石室墓及砖室墓保存情况差，岩坑墓直接在基岩上凿挖墓坑，平面呈长方形，多有头龛，头骨下垫青瓦，出土有龙纹罐、瓷碗等。其中 M10 长 2.2 米，宽 1.8 米，残存有棺木痕迹，棺长 2.06 米，宽 0.78 米。棺内骨架已腐朽，棺内随葬圆柱状木炭，棺外随葬 3 个陶罐，其上各反扣一个瓷碗。清代土冢墓 1 座，土冢上部已遭破坏，棺木上部暴露在地表之上。棺侧随葬两带盖青花瓷罐及两瓷碗。棺长 2 米，宽 0.52 米，高 0.51 米，棺内有骨骸一具，尚存衣袍轮廓，衣袍缀镏金铜扣，头有镏金饰花。

宜宾偏朝门宋至清代墓地墓葬分布密集，为研究宜宾地区宋至清代的丧葬习俗提供了重要实物资料。

（金国林）

【长宁县罗赶庙元至清代遗址】

发掘时间：2015 年 10 ~ 12 月

工作单位：四川省文物考古研究院、宜宾市博物院、长宁县文物管理所

罗赶庙遗址位于宜宾市长宁县老翁镇松林村五队，遗址东西长约 200 米，南北长约 100 米，分布面积约 2 万平方米，时代为元至清代。调查发现了大量的建筑基址，地表发现了大量的记事碑刻及少量明清时期佛像、瓷片等。

为配合成贵铁路建设，四川省文物考古研究院等单位对罗赶庙遗址进行考古发掘。此次共发掘面积 3300 平方米，发现有房址、灰坑、灰沟、道路等各类遗迹 60 余个。出土瓷器、铁器、铜器等各类生活用具及建筑构件小件 600 多件。瓷器可辨器形有碗、碟、盏、杯、灯、钵、罐、俑等，纹饰可见云纹、弦纹、花草、山水人物等；铜器主要为铜钱，可见乾隆通宝等钱文；建筑构件主要碑座、瓦当、滴水及大量脊或兽的部分，瓦当纹饰可见牡丹、兽面、莲花纹等。

罗赶庙为有明确文字记载的元代寺庙，保存现状较好，在四川地区少见，其从元代始建，一直延续至清末，现在部分建筑仍在使用，历史悠久；元代开始，规模宏大，明清时期扩建。据《长宁县志》记载，“罗赶庙”时称“川南第二鬼城”，计有房屋 102 间，耗时十多年修成，花费白银十多万两。同时罗赶庙遗址发现的大量记录事件、修缮及功德等的石碑，时代从明代崇祯年间一直延续至民国时期，历朝历代均有石碑保留下来。

通过此次发掘，罗赶庙西、北、东部的范围已经基本确定，出土相当多的有关宗教的遗迹和遗物；对研究川南地区宗教文化之间的交流及当时社会的政治、历史、文化等有着重要意义。

（李万涛）

【成都市金像寺明代太监墓群】

发掘时间：2014 年 3 月 ~2016 年 1 月

工作单位：成都文物考古研究所

墓群位于成都市锦江区成龙社区金像寺 4 组，为配合成都地铁七号线川师车辆段的施工，成都文物考古研究所对墓群进行了抢救性发掘。共清理明代墓葬 39 座，绝大部分被盗并破坏。墓葬皆由墓道和墓室两部分构成，全长 6 米 ~18 米，宽 2 米 ~5 米。墓道呈斜坡状。墓室由青石、红砂石等砌成，顶部为楔形砖筑成的券顶；墓室多为前后双室或前中后三室，少数规格较高者为四室。墓葬从外到内多以石质雕刻的仿木结构来分别表现各室的不同功能，营造出富有层次的地下空间。影壁上多刻浅浮雕的龙和麒麟等动物形象。部分规格较高的墓葬内室以彩绘壁画勾勒人物生活场景、藻井等图像，规格较低的墓葬则无彩绘装饰。墓葬共出土金器、银器、玉器、铜器、瓷器、陶器、石器等器物 230 余件，器形有金簪、银杯、玉簪、铜炉、铜烛台、瓷碗、瓷罐、瓷俑、陶灯、

陶瓶、陶罐、石俑等，以 AM9 出土的 34 件石俑以及多座墓葬出土的大量瓷俑最具特色。大部分墓葬出土墓志。从墓葬形制、随葬品及墓志等方面推断这批墓葬的年代集中在正德至万历年间，即明代中晚期，墓主均为蜀王府内的宦官，大多为“典服”“典正”“典宝”等五、六品级，这些宦官死后大多享有谥号，如“镇江侯”“通江伯”等。

从墓葬形制、墓内装饰及随葬品来看，这批墓葬的等级普遍较高，但由于宦官生前的地位不同、所处的时代不同，墓葬之间也表现出较大的等级差别。一般而言，稍早如正德年间的墓葬装饰较为华丽，石料多为较远处运来的青石，壁画精美、浮雕精致；较晚的如万历年间的墓葬则以本地的红砂石修筑，无壁画或浮雕浅。这些对比暗示宦官群体地位逐渐下降。

金像寺太监墓群东部紧邻已发掘的“明蜀端王陵”“明蜀怀王陵”和众多太监墓群，说明成都市区东部是蜀王及王府太监较为集中的埋葬区域，也说明太监墓群的选址及埋葬均经过较为细致的规划。总之，该墓群的发掘为研究明代蜀王府太监墓葬的布局与选址、明代石刻艺术和历史文化等都提供了新的契机。

（谢　涛　田剑波）

【川黔盐道考古学调查】

调查时间：2015 年 12 月

工作单位：四川省文物考古研究院、贵州省文物考古研究所、自贡市文化广电新闻出版局

川黔古盐道是一条以盐运文化为特色的文化线路，但长期以来缺乏对川黔古盐道历史的梳理和现实的考察。12 月由考古、历史、语言学、古建、心理学等方面的十余位专家组成的联合调查团对川黔盐道沿线文化遗产进行了全面系统的考察。

贵州素不产盐，历史上贵州人民所食之盐主要由川盐、淮盐、粤盐和滇盐运入，川盐占据最大比重，经济社会及文化层面的影响尤为深远。清乾隆元年（1736），川盐入黔的运输路线已初步定为永岸、仁岸、綦岸、涪岸四大盐岸，形成了较固定的运输路线。此次考察涉及仁岸盐道、永岸盐道两条路线。

考察期间共调查文物点 30 余处，包括古盐道、盐号、驿站、碑刻、古镇、古桥、会馆，除此之外还对非物质文化遗产船工号子等进行了考察。

通过考察基本摸清了川黔古盐道的线路走向、沿线文化、历史作用等，为保护盐运线路文化遗产及发掘川黔盐道的价值等提供了学术支撑。

（李　飞）

贵州省

【赤水河流域考古调查】

调查时间：2015 年 3 ~4 月

工作单位：贵州省文物考古研究所、遵义市文物局、仁怀市文物管理所、习水县文物管理所、赤水市文物管理所

赤水河为长江上游右岸支流，是贵州省和西南地区颇有名望的一条大河。它发源于云南省镇雄县，主要流经滇、黔、川三省交界地区，于四川合江县注入长江，干流全长 436.5 千米。为配合基本建设工程及推动该流域考古学文化的研究，2015 年度 3 ~4 月，文物考古工作者对赤水河流域（茅台至仁怀段）进行了系统考古调查，新发现新石器时代至汉晋时期阶地古遗址 26 处。

此次调查发现的 26 处古遗址，均位于仁怀、习水、赤水三县（市）境内的赤水河沿岸，多分布在赤水河两岸的平缓台地处，尤以两河交汇处为多。其中仁怀市 11 处，分别为茅台镇太平场遗址、大园子遗址、鲤鱼滩遗址、德庄遗址，二合镇关寨遗址、杨家岩遗址、罗锅扁遗址、金台坝遗址，合马镇蔡家湾遗址、下沙坪遗址、平坝遗址；习水县 13 处，分别为隆兴镇黄果岩遗址、庙坝（河嘴）遗址、福禄台遗址、庙子坝遗址、瓦厂头遗址、瓢儿滩遗址、大沙坝遗址，醒民镇千江寺遗址、新滩遗址、河坝遗址，土城镇新田湾遗址、宝寨遗址、渔溪遗址；赤水市 2 处，分别为复兴镇打鱼坝遗址、大同镇坝中间遗址。加之早年调查发现的仁怀市合马镇卢缸嘴，习水县土城镇黄金湾、官仓坝、方家坝，赤水市元厚镇板桥 5 处遗址，目前已在赤水河流域发现新石器时代至汉晋时期的阶地遗址 31 处。

赤水河流域已发现的阶地古遗址规模大小不一，遗存时代早晚有别，文化面貌亦不尽一致。遗址规模方面，受河谷地形限制，一般以中小型为主，面积从数千至数万不等，以 1 万平方米以下者为多，最小者如习水瓢儿滩遗址仅约 1000 平方米，最大者如习水黄金湾遗址约 10 万平方米。遗存时代方面，包含有新石器时代、商周、汉、魏晋南北朝等不同时期，其中商周时期和汉代遗存分布最为广泛。文化面貌方面，新石器时代遗存中流行细绳（线）纹和细绳（线）纹交错构成的菱格纹，整体与峡江地区和川南地区的新石器时代中、晚期遗存具有较多的共性；商周时期遗存中常见尖底杯、高柄豆等器物，含有较多十二桥文化的因素；汉代遗存含有较多川渝地区汉文化的因素，魏晋南北朝时期遗存亦与川南、黔北地区的同期遗存具有较多相似的特点。

赤水河自古为连接今川渝地区和黔北地区的重要通道之一，亦是两汉时期中央王朝开发西南夷地区的通道之一，这批遗址的发现，极大地扩展和丰富了赤水河流域新石器时代至汉晋时期遗址的分布范围和文化内涵，充分显示出赤水河作为一条政治、经济、文化通道的重要作用，对于

相关历史、考古问题的研究具有重要的意义。

（张改课　韦　玮　王小芳　王德维）

【安顺市宁谷遗址群衙门坡汉及明清城址】

发掘时间：2015 年 9 月 ~2016 年 1 月

工作单位：贵州省文物考古研究所、西秀区文物管理所

宁谷遗址位于安顺市西秀区宁谷镇，宁谷河两侧的坡地上，包括 15 处遗址点，由居址、城址、墓葬群和窑址四部分构成。自 20 世纪 70 年代始，贵州省博物馆和考古所先后对其进行了六次考古工作，在龙滩墓葬群、龙泉寺居址和瓦窑堡窑址分别进行了局部发掘，出土较多文物，特别是“长乐未央”瓦当和木牍的出土在贵州考古中具有重要意义，初步判定其为西南地区较大的一处汉代遗址，为更充分地判定其性质，2015 年度向国家文物局申请主动性考古发掘，对衙门坡城址进行试掘。

衙门坡城址位于安顺市西秀区宁谷镇上苑村下苑组，西距宁谷镇政府 1.1 千米，省道 209 以北 10 米，龙泉寺居址东南约 250 米。其北侧有东西向流经的宁谷河，城址位于高出河面约 24 米的衙门坡小山丘顶部，地理坐标北纬 26°12′64.6″，东经 105°59′20.5″，海拔 1348 米，发掘面积约 350 平方米。经过初步试掘，发现衙门坡城址分两个时期堆积：明清时期和汉代，两者皆有城墙遗迹。

衙门坡为一座山城，它依山势的自然形态用黄色泥土夯筑而成，其南、西侧地势较为峻峭，北侧较为平缓，山顶东西向 87 米，南北向 56 米，面积约 4800 平方米，从目前发掘情况知，其北、东、南侧皆有土夯城墙，部分墙段被晚期石砌城墙破坏，夯土墙残高 0.8 米 ~1.5 米，厚 2 米 ~2.5 米，墙内侧较直，外侧墙体向外稍倾斜，形似护坡，城外无护城壕发现，城内可见数量极多的瓦片，含绳纹筒瓦和板瓦，从目前发掘情况知，绳纹瓦片形式多样，至少含三种的形制及少量的方格纹陶片。

明清时期城墙为石砌城墙，宽 0.6 米 ~1 米，同时发现与之配套的台阶踏步、门及排水设施。石砌城墙与汉代夯土墙的走向大体一致，夯土墙部分被石墙打破。

从已发掘的城内情况知，夯土城墙的年代为汉代，依据文献记载和考古资料推测其与牂牁郡址或其下的且兰县治有关，而石砌城墙则极有可能与宁谷寨长官司或其所领二十九寨之一的治所有关。

（杨　洪　胡昌国　曾　芳）

【遵义市新蒲播州杨氏土司宋至明代墓地】

发掘时间：2013 年 4 月 ~2015 年 12 月

工作单位：贵州省文物考古研究所、中国社会科学院考古研究所、遵义市文物局

墓地位于遵义市东北 20 千米的新蒲新区新蒲村官堰组，地处乌江支流湘江上游的仁江（亦称洪江）西岸，其中杨烈墓（第 29 世）发现较早，1982 年即被公布为贵州省文物保护单位。由于正在建设中的中桥水库蓄水将淹没该墓地，2012 年 8 月，贵州省文物考古研究所会同遵义市文物局，对水库淹没区进行了文物调查、勘探工作，在杨烈墓东南侧约 200 米处新发现一大型石室墓（杨铿墓）和其他相关遗迹。

为了保护这些文化遗产，经国家文物局批准，2013 年 4 月至 2014 年 11 月，在中国社会科学院考古研究所的指导下，贵州省文物考古研究所联合遵义市文物局，对遵义新蒲杨氏土司墓地进行了近两年的大规模发掘，清理播州杨氏土司墓葬 3 座，除 M1（杨烈墓）外，M2（杨铿墓）和

M3（杨价墓）均系新发现，尤其M3系未遭盗掘的双室并列之土坑木椁墓，属形制特殊且保存完整的大型高等级大墓，墓内出土大量造型精美的金银器及相关随葬品，是贵州土司考古继海龙屯遗址之后的重大突破。

墓地选址在仁江河西岸的坡地上，背山面水。三座墓葬分别营建于营盘山两道伸向河边低矮的土梁上。M1和M3位于西北一侧的土梁上，相距仅约10米，两墓外围均建有墓园，平面前方后圆，周长约400米。园门及墙垣多处相互叠压，出土有较多瓦当、滴水等建筑构件。M2位于东南一侧的土梁前端地势较低处，墓葬周围未发现墓园，但在墓葬西北的土梁边缘发现一窑址，用于烧制杨铿墓室前方的封土墙砖。

杨价夫妇墓是一座带墓道、双室并列的大型土坑木椁墓。两墓室大小相同，单个墓室平面呈“甲”字形，中间有生土隔梁。椁室位于墓室正中，素面，由枕木、椁底板、南北侧板、东西端板和盖板7部分构成，平面呈长方形。棺椁之间目前已经出土随葬器物80余件。女室头箱出土金银器7件，男室头箱出土31件金银器和1件玉器（单耳杯）。目前杨价墓女棺和男椁室正在中国社会科学院考古研究所进行实验室考古，清理工作正有序推进。

新蒲杨氏墓地是目前唯一已全面发掘的播州杨氏土司家族墓地，墓地布局清楚，墓主关系明确，包括播州杨氏第14世杨价墓（南宋末）、第21世杨铿墓（明初）和第29世杨烈墓（明末）三代。这些墓葬的年代、墓主、等级身份都很清楚，年代跨越宋末至明末，为宋元明考古提供了重要的新资料。

这次发掘的三座杨氏土司墓葬，使经过考古发掘确认的杨氏“土司”墓葬增至9座，丰富和完善了播州杨氏土司的谱系，且墓主跨越了杨氏统领播州、受封播州土司和即将覆灭的主要时期，一定程度上反映了杨氏从宋代封建领主到元明土司的演变过程，对贵州乃至整个西南地区土司的研究有着重要意义。

（周必素　彭　万）

【遵义市高坪黄秧嘴元代墓葬】

发掘时间：2015年6～8月

工作单位：贵州省文物考古研究所

2015年度在遵义市高坪镇鸣庄城市棚户区改造工程的工地发现4座石室墓，其中2座墓的墓室在工程施工时被夷平。贵州省文物考古研究所组队实施抢救性发掘，并对周边进行了调查和钻探，发现一座石室墓的底板。除被夷平无存的1座石室墓，考古队共发掘清理出4座墓葬或墓葬附属建筑，按发掘先后顺序分别编号为2015ZGHM1、2015ZGHM2、2015ZGHM3、2015ZGHM4。其中，M1在吴家坟坝苗子坟，为1座五室石室墓，M2、M3、M4在高坪镇中学西南侧黄秧嘴处，M2为1座三室石室墓，M3、M4为单室石室墓。

墓葬破坏严重，出土物极少。M1墓向40°，发掘前顶板石被铲掉，于地表处暴露出墓室四壁顶部，清理后残存墓室主体和墓室前石堆。M2和M3墓向27.5°，20世纪50年代附近修仓库时取走大量石构件，封土不存，墓室破坏严重。M2发掘前东室前部暴露于地表田坎处。发掘后清理出东室主体和中室底板石、西室底板石及腰坑，还有八字墙、墓前拜台和阶条石、碑座、石碑等附属设施。其中东室无腰坑有盗洞、中室腰坑被盗，西室腰坑出土带盖银盆和四神。由出土的两座石碑知，此墓墓主为两位女性，一位是“淑人田氏”，一位是“恭从楊氏”，“淑人田氏”碑残存两截，“恭从楊氏”碑较完整，由落款知其为杨爱女儿。M3无出土物，M4被夷平。仅残留碑座等附属建筑构件和疑似墓圹痕迹。另一座因被夷平而未给编号的墓残存有一买地券，从镇墓券照片知其为元墓，另收集到镇墓券的石盒。

（杨 磊 贺军虎 胡 霖）

【岑巩县中木召古遗址调查】

调查时间：2015 年 11 月

工作单位：中国人民大学考古文博系

此次调查的主要对象为岑巩县大有镇中木召古遗址核心区域及周边地区、思旸镇思州古城遗址、水尾镇马家寨吴氏家族墓地和注溪镇衙院遗址等。

中木召遗址位于岑巩县城西北 23 千米，该遗址南靠大竹山，北面军田坝，为省文物保护单位。整个村寨东西长约 300 米，有南北向 7 条约 3 米宽小巷贯通，现存较完整的院落 12 座，每座院落之间也均有石巷道相连。基址均以石灰岩石条垒砌。整个村寨以石质的房基，道路，台阶以及各种器具为特色。据现场考察，保存较完整的院落均有砖砌的影壁，房屋建筑均为曲尺形，正房四间，厢房一般在正房的左侧，为 3 间或者 2 间。院内均以整块石条铺砌，某些院落的石条中刻有圆形的圜钱纹，院子北墙下常见有用四块大型石板围砌的石槽，其上刻有蝙蝠等刻划图案，应是灭火用的储水池。有的房屋地面内铺有打磨规整的石块和六边形砖，保存状况较好。中木召遗址外围的药院、古花园及金鱼池遗址仍保存有山门处的石砌墙基、石条铺砌的道路与内部建筑的石墙。中木召周边几处遗址之间有六条石块铺就的古驿道与中木召遗址相连。水尾镇马家寨吴氏家族墓地保存状况较好。该墓地背靠“狮子山”，分为两部分，即为男女分葬。两片墓地均为坐西北朝东南。该处女性墓地出土有两方墓碑，经过释读认为墓碑上的文字为“故先妣吴门聂氏之墓”和“受皇恩颐养一次八十五岁吴公号硕甫墓”。墓主身份有待于进一步的考察论证。思州古城坐落于该县思旸镇龙江河与小河两水交汇处，现今仅残存有数十米古城墙石基以及禹王宫等几处古建筑遗址。注溪衙院为田氏土司的后人世居地，现今仍然保留了几座相对完整的三合院民居和衙院的围墙。衙院前遗留一座刻有“道光甲午孟冬月谷旦”的旗座。民居院内的地面均以石条铺砌，房屋围墙以青砖垒砌，院落布局简洁规整，房屋木制门窗上均有精美的镂刻图案。

（冯 宝）

云南省

【江川县甘棠箐旧石器时代遗址】

发掘时间：2014 年 10 月 ~2015 年 2 月

工作单位：云南省文物考古研究所、玉溪市文物管理所、江川县文物管理所

遗址位于江川县路居镇上龙潭村西南约 1.5 千米，抚仙湖南岸，地层为古湖滨沼泽相沉积。发掘面积 50 平方米，发掘平均深度 6 米左右，地层堆积连续且清晰，共划分了 20 层，其中第 14 ~ 19 层为文化层，厚度近 3 米。

发现一处用火遗存，其木柴向心堆积，木柴近中心部位炭化严重，火塘中心积炭。此种类型的用火遗存，在我国旧石器早期遗址中为首次发现。

出土石制品共有 25153 件，其中石核 658 件、石片 564 件、初级砸击断块 102 件、石器 192 件、废品（含断块、断片和碎屑等）23637 件。石制品以小型为主。石制品岩性多为硅质岩和石英岩。砸击法是生产石器毛坯的主要方法，而绝大多数石器则用锤击法加工制作。石器的类型包括刮削器、凹缺器、尖状器、雕刻器等，其中以刮削器占绝对主体。石制品特征与周口店第一地点、以泥河湾早期旧石器遗址为代表的华北小型石器早期文化传统有相似之处，与华南其他地区以大型砾石石器为主要工具组合的技术和文化传统存在较大差异。

遗址出土了 20 多件骨、角制品和数十件木制品，其加工形态多为尖、铲状。骨器用锤击法加工，木器用刮削法加工。由于木制品是有机材质，易腐难存，在国外旧石器早期遗址中内仅有零星发现，在国内是首次发现。

遗址动、植物化石保存较好，种类丰富。动物化石有大哺乳动物、小哺乳动物、鸟类、爬行类和软体动物化石。部分化石上保存有动物咬痕和人类切割和敲砸痕迹。植物化石有腐木、炭化木和植物种子化石。种子化石初步鉴定有 25 科，31 属，其中包含有松子、葡萄等人类可食用的果实化石。

哺乳动物组合与元谋动物群极为相似，其地质时代可能为早更新世。遗址原始的石器工业面貌也符合这一时代特征。

甘棠箐遗址为古人类生产、生活的综合性原地埋藏遗址，是云南省继元谋人遗址之后发现的又一个旧石器时代早期文化遗址。遗址地层清楚且有多个文化层位，文化遗存和伴生动、植物遗存丰富，文化面貌原始而独特，埋藏与保存状况极佳，对研究早期人类生存模式、人类起源与演化历史、古环境背景具有独特的价值与意义。

（刘建辉）

【晋宁县石寨山古墓群金砂山墓地】

发掘时间：2015 年 4 ~ 5 月

工作单位：云南省文物考古研究所、晋宁县文物管理所

晋宁金砂山墓地位于昆明市晋宁县上

蒜镇金砂村委会东面。距发现滇王金印的石寨山墓地直线距离仅2000米左右，处于石寨山文化的核心分布区。2001年7月，石寨山古墓群被国务院公布为第五批全国重点文物保护单位。2014年6月，云南省列入“十二五”时期大遗址保护项目库的石寨山古墓群的考古工作计划获得国家文物局批准。

2015年度完成了包括考古勘探、考古发掘、相关资料的编辑出版和石寨山大遗址数字平台的完善等工作。具体发掘工作选择在金砂山顶和东坡进行，发掘面积500平方米。

共清理墓葬31座。墓葬大多数为长方形土坑竖穴墓，部分墓葬之间有叠压打破关系，墓葬的规模比较大，长一般在3米，宽0.5米~1米，深2米~3米，墓坑加工很规整，直接挖凿在基岩上（东坡土层较厚的地方，墓坑直接挖在土壤中除外）。

绝大部分墓葬没有葬具，清理中除一座墓葬保留有木棺外，其余均没有发现葬具的痕迹。该棺为用长条形的木条榫卯而成。绝大多数墓葬没有人骨保存，仅有一两座墓葬保留有人骨，但都因太朽而难以起取。在部分规模较大的墓坑前面，发现有一斜坡状的类似墓道的遗迹，深的一端与墓坑相连但并不与墓坑相通，在坑内发现有较多的灰烬，坑内没有发现其他遗物。

墓葬中出土的器物很少，相当部分的墓葬没有随葬品（从墓葬的填土堆积情况看，排除了被盗的可能性）。即便有随葬品，也仅有几件。这些随葬品主要包括青铜器、玉器（玛瑙）、木器等，陶器极少见。青铜器主要为带（双）翼戈、铜镦、铜斧、铜刻刀等。玉器颜色不纯，有玉镯（也有人称为凸唇玉环）、玉玦，玉玦在玉器中所占比重比较大，木器主要指木镯，有的在镯面还嵌有细小的珠子。

在东坡中也发现典型的石寨山文化时期的墓葬，出土器物主要为铜矛、戈、剑等。在山顶的中部偏南，发现一带环壕的带墓道的长方形竖穴土坑墓。该墓出土器物比较丰富，包括铜鼎、铜奁、铜鐎斗、铜盆等，陶器有罐、壶、灶、井、房屋模型和门阙等。

概括起来，这次发掘的新收获主要有如下两点：

第一，首次在滇池盆地发现了石寨山文化早期（或者早于）石寨山文化的遗存。这类遗存的代表性器物为：带翼戈、镦、刻刀和铜斧等，部分还有匕首等器物，不见或者少见青铜短剑、矛等石寨山文化的典型器物；出土的玉器主要为玉环（镯）、耳玦，色彩斑驳，与典型的石寨山文化时期的同类玉器有明显的区别。出土陶器十分少见。该时期的墓葬的墓坑规模普遍较大、建造也很规整，但墓内随葬的器物却很少。基本不见陶器。在部分墓坑规模较大的墓葬，在头前有一个墓道状的长条形坑，但并不与墓坑相通，这是在云南滇池区域第一次见到类似的遗迹，我们推测可能与祭祀有关。

第二，首次在石寨山文化的核心分布区内发现西汉中晚期的遗存，在金砂山山顶的中部偏南，发现有环壕的带墓道的土坑竖穴墓，从出土器物来看，明显属于西汉中晚期（可能处于汉武帝在滇池置益州郡之后）。该墓的发现，对于研究汉文化与石寨山文化的融合具有重要意义。

金砂山墓地分布面积大、延续使用时间长，是地处石寨山文化核心分布区内的又一个重要墓地，我们的发掘，仅是其中极小的部分。从这些遗存来看，金砂山墓地对研究滇池盆地的石寨山文化乃至石寨山文化的源流以及与汉文化的融合都是十分重要的。

（蒋志龙）

【景洪市哈衣景哈遗址】

发掘时间：2015 年 7 ~ 10 月

工作单位：云南省文物考古研究所、西双版纳州文物管理所、景洪市文化馆

为配合橄榄坝至景哈乡澜沧江大桥建设，对橄榄坝至景哈乡澜沧江大桥建设影响范围区域进行考古发掘。哈衣景哈遗址位于西双版纳傣族自治州景洪市景哈乡景哈村民委员会景哈村，澜沧江南岸二级阶地上的澜沧江支流纳木塞河入河口左岸及局部右岸三角洲区域的内迭冲积扇沉积中，总面积大于 4 平方千米。

此次发掘面积为 500 平方米，开方 10 米 ×10 米 5 个，地层划分为四层，清理深度约 2 米。文化遗迹有房址 2 座、沟 7 条、灰坑 5 个、石堆 2 个、灶 1 个。该遗址体现出居住遗址和手工作坊的特征。

初步统计出土的标本编号 334 个，出土器物分为石制品（断块、石片、石核、锐棱砸击石片、锐棱砸击石核、砍砸器、陡刃砍砸器、薄刃斧、尖状器、刮削器、石钻、石网坠、石砧、石锤、锐棱砸击石锤），其中磨制石器有石锛、石环、砺石、磨石、磨棒；特殊形制石制品有天然形成的石拍、磨砺成鸡蛋形状的“蛋型石球”、小石球、烘石；现代机制缅（傣）瓦、红褐厚胎型缅（傣）瓦和薄胎型缅（傣）瓦；釉陶、夹砂陶和泥质陶，器形有陶烟斗、弦纹陶纺轮、陶网坠、侈口器、折沿器、敞口器、带柄（陶）器、陶器口沿、硬陶口沿、篮纹陶片、绳纹陶片、网格纹陶片、方格纹夹砂陶片、素面夹粗砂陶片、夹砂红陶片、泥质灰黑陶片、带釉硬陶片等。此处还见有瓷器（青花瓷）、锡器（锡质网坠）、铜器（铜镯）、铁器（刀、剑）、铁炼渣和金器（黄金瓜菱形穿孔珠子）、动物牙齿（牛下颊齿）等。植物遗存有待孢粉、浮选分析结果。

器物有鲜明的百越文化内涵，为中缅边境区域的西双版纳傣族自治州历史研究提供了实物证据。

（高　峰）

【师宗县大园子战国秦汉时期墓地】

发掘时间：2015 年 9 ~ 12 月

工作单位：中国社会科学院考古研究所云南工作队、云南省文物考古研究所

大园子墓地位于师宗县漾月街道新村社区，是滇东高原一处重要的青铜文化遗存。墓地外形呈近东西向的椭圆形土堆状，由人工熟土不断堆筑而成，面积约 4000 平方米，现最高处距生土面近 5 米。中国社会科学院考古研究所与云南省文物考古研究所等单位合作，对大园子墓地进行首次发掘，目的是以此推进战国秦汉时期滇东高原的“西南夷”考古及研究，同时为墓地保护提供科学依据与学术支持。

发掘位于墓地东部，共揭露面积 135 平方米，发掘深度 4.5 米，清理竖穴土坑墓 160 余座。土堆内上下均埋有墓葬，其中最底层多开口于生土面上。墓葬大多为东南—西北向，上层墓葬较为稀疏，底层墓葬密集且打破关系复杂。墓葬平面多呈长方形，未见封土痕迹。墓坑长多在 2 米左右，宽不到 1 米。部分墓葬中有板灰痕迹，推测与木质葬具有关。人骨保存较差。从随葬品摆放位置看，被葬者一般头朝东南。出土随葬品 260 余件（组），以铜器为主，另有玉石器以及少量木器和陶器，器类多见兵器、工具和装饰品。各墓所出随葬品的数量多寡不一，多的十余件，少的仅一两件，另有少部分墓葬未出随葬品。铜器均属青铜制品，有剑、戈、矛、锛、锄、削刀、镯、扣饰、铃、发簪、泡饰、珠子等。玉石器主要是透闪石玉和玛瑙等制成的装饰品，有玦、镯、扣、坠、管饰、珠子等。木器较少，有镯和珠子等。陶器仅见个别纺轮。

大园子墓地在文化面貌上具有鲜明的战国秦汉时期“西南夷”的风格，应是西南夷中某一古国或部族的公共墓地。由于未发现铁器、五铢钱等汉式器物，初步推测所清理墓葬的年代主要在战国时期，下限为西汉前期。作为师宗盆地有史以来的第一次科学考古发掘，大园子墓地的发掘填补了西南夷考古的一个地域空白，对研究战国秦汉时期西南夷地区特别是滇东黔西一带土著青铜文化的谱系及族群构成和分布等，具有重要学术意义。

（杨　勇）

【嵩明县上矣铎魏晋时期梁堆墓】

发掘时间：2014 年 11 月 ~2015 年 2 月

工作单位：云南省文物考古研究所、嵩明县文物管理所

上矣铎梁堆墓位于嵩明县嵩阳镇上矣铎村，发掘墓葬两座。“梁堆”墓，是云南老一辈考古工作者对有高大封土堆墓的一个泛称。此类墓葬广泛分布于滇中、滇东地区，属魏晋南北朝的居多，另有部分属东汉时期，墓葬形制与中原地区同时代的墓葬相似。

发掘的两座墓葬为石结构券顶，均被盗。

1 号墓位于 2 号墓东南侧十余米处，方向 77°。墓葬封土高约 1.5 米，封土呈圆形，直径约 10 米。墓葬内部平面近“凸”字形，由纵长方形的主墓室、墓道和墓门外的两面墙组成。主墓室长约 4.6 米，宽约 2.2 米，高约 2.1 米。墓道宽约 1.3 米，径深约 1.5 米，高约 1.4 米。墓室的墙体和券顶用大小不等的石块建构，面朝内部的一面加工精细。主墓室的地面平铺有石板。石板之下有一层垫土，垫土层之下发现若干排列规则的柱洞。墓门用一块大石和若干石块封堵。墓为地表起建，封土和墓室的建造可能同时进行，即砌好一层墓室后，再在外圈堆土，第二层石块有的一端放在下层石块上，另一端放置在外圈封土上。当墓室完成时，封土也已基本完成，唯墓门外可能暂时留出一块空间，以供安葬墓主时进出之用。1 号墓与 2 号墓比较，稍显粗糙。出土器物有陶甑、陶罐、陶钵、陶盆、陶耳杯、陶俑头、铜耳杯、鎏金铜器残件等。

2 号墓为前堂横列型制，方向 78°。地表可见封土高约 3 米，直径约 15 米。墓室有一半在地下，另一半高出当时的地表。墓室由后室、甬道、前堂、墓道、正墓门、侧墓门几部分组成。后室长约 3 米，宽约 2.1 米，高约 2.1 米。甬道宽约 1 米，径深约 0.6 米，高约 0.8 米。前堂宽约 4.7 米，径深约 1.8 米，高约 1.9 米。墓道宽约 1.1 米，径深约 1.3 米，高约 1.4 米。墓室底部均铺满石板，铺地石板之下有两条纵横相交的排水沟。后室的排水沟与前堂的排水沟在甬道前方交汇，最后由前堂北端侧门处流出墓室。前堂排水沟石质沟壁和土沟壁之间的缝隙用石块和炭块填充，以起到过滤淤土作用。墓门为两扇内开的长方形石门。出土器物有铜跪俑、铜刁斗、铜刀、铜泡钉、五铢钱、陶俑、瓷碗、人形金箔等。

两座墓葬的年代初步断定为魏晋南北朝时期。

（万　杨）

【大理市太和城遗址考古调查】

调查时间：2014 年 12 月 ~2015 年 5 月

工作单位：云南省文物考古研究所、大理州文物管理所、大理市文物管理所

太和城遗址位于大理市下关镇太和村，是唐代西南地方政权南诏统一洱海周边后建立的第一座都城（739 ~ 779 年作为都城），也是南诏统一全云南的历史见证。1961 年被公布为第一批全国重点文物保护单位。2014 年 6 月，云南省列入“十二

五”时期大遗址保护项目库的太和城遗址的考古工作计划获得国家文物局批准。

根据《太和城遗址考古工作计划》，2014 年 12 月至 2015 年 5 月，完成的考古调查工作主要分为测绘、调查、钻探、探沟勘探四个方面。

测绘、调查

通过航拍测绘，完成了太和城全域 1:2000地形图测绘；完成正摄影像图；建成了数字高程模型；建立了太和城遗址测绘控制网；完成了太和城的全域实地踏查。

钻探

主要在太和城山顶部分的金刚城开展。金刚城位于佛顶峰余脉核桃山山顶，为太和城地势最高处，面积约 6 万平方米。总体地势西高东低，略呈四级台阶状。共探明大小不一的建筑基础 10 处、砖瓦堆积范围 7 处、石块堆积范围 5 处、较大的灰坑及灰沟 9 处。

探沟勘探

在太和城西部区域清理探沟 53 条，对遗址地层堆积及时代跨度、遗迹类型及分布、城址结构布局等有了初步了解。遗址文化层堆积厚度不均匀，主要可以分为春秋战国时期、南诏大理国时期、明清以来三个时期的文化堆积。发现有以红衣陶为代表的春秋战国时期文化遗存，同时发现该时期的石砌房屋及柱坑等遗迹，这说明太和城在春秋战国时期即具备了一定的聚落基础。南诏时期的遗迹主要有建筑基址、柱坑、夯土基址、石墙、散水、石砌道路、铺石遗迹、灰坑、柱洞等遗迹，遗物出土了大量有字瓦、釉陶砖、釉陶片、陶片、瓦当、开元通宝等遗物。

通过调查及探沟勘探，太和城城墙的结构日益明显。位于山顶及山坡上的城墙，多采用土质较为纯净的黄土和红土水平夯筑；位于平坝上的东段城墙，多采用倾斜堆夯的方式修筑。城墙两侧发现有柱坑，城墙内侧大多有较宽的铺石遗迹。

在太和城西部区域，发现有相当数量大小不一的建筑基址。

发现的南诏时期道路大多采用石块铺垫而成，垒砌规整，部分道路一侧还设置有排水沟。

遗址内揭露出部分石墙遗迹，有的石墙应为建筑基础，而部分石墙较为宽大，有可能是反映城内功能区划的隔墙或防御墙。

勘探中发现有部分铺石遗迹。在太和城西部、德化碑以西约 120 米处发现的 2 号铺石遗迹，石块铺垫规整，略有倾斜，石缝中填充有较小的石块。

除建筑基址、道路、石墙、铺石遗迹等以外，还发现有部分活动面及夯土遗迹。在德化碑北侧，分布有部分明清时期的道路、沟渠及夯土等遗迹，该区域应是明清时期的聚居点。

勘探发现有字瓦、瓦当、纺轮、陶罐、铜钱等标本器物 200 余件。遗址出土有较多的陶片及釉陶片，釉陶碗大多为璧形足。瓦当种类丰富，有云纹、兽面纹、莲花纹、法轮纹等，也有少量滴水发现。

（朱忠华）

【姚安县姚州都督府遗址考古调查】

调查时间：2015 年 9 ~ 10 月

工作单位：云南省文物考古研究所、楚雄州博物馆、姚安县博物馆

遗址位于楚雄州姚安县栋川镇清河行政村黄连箐自然村西北约 500 米的山梁上，这里是唐王朝与南诏两次“天宝战争”的起源地，是唐王朝与南诏从友转敌关系拐点的见证。

遗址内地表均有零星南诏有字瓦散落。

为了解城墙的结构，并为寻找其他已基本被夷平地段的城墙提供参照，在山梁北部平顶山包（当地人称此平顶山包为“犁石地墚子”）中段东西向残存城墙（北城墙）的墙基处布设探沟，发现城墙平地

起夯于咖啡色砂岩上，未见基槽；墙基底层用灰色胶泥夯平，再于其上用黄色生土或咖啡色风化碎砂岩粒交替逐层夯筑；夯层厚8厘米～14厘米不等，夯面上有少量口径、深均为5厘米的圆形夯窝；墙基厚约5.8米。

在北城墙西端向外尖出的三角形平地处布设探沟，发现表土下的堆积结构与北城墙大致相同，应为人工夯筑的城墙及马面，在整个东北西南向山梁平地（当地人称“城埂子”）西侧边缘共有此类马面遗迹5处。

以北城墙的结构为参照，发现城埂子西侧边缘断断续续的土埂断面夯层明显，与北城墙大致相同，应为西城墙，此段城墙残高20厘米～50厘米、内外残厚20厘米～30厘米不等。

在城埂子北部山丫口处的土埂未相连而是相错成两埂，两埂间距约3米，在附近地表有较为集中的残瓦分布，两埂均有稍为明显的与北城墙相同的夯层，应为残存的错墙城门，因门道被村民挖水渠经过门道而遭破坏，门道结构已无法了解。

此遗址只有一道未封闭的“厂”字形城墙，分为北、西两段，两段城墙全长约1450米，其中北城墙长约310米，西城墙长约1140米。

整个犁石地埂子平顶山包及城埂子平地的总面积约3.1万平方米。

此次调勘发现两处建筑遗存：一处位于北部平顶山包区域的中部，表土下残余有东西长约10米、南北宽约3米、面积约30平方米、厚3厘米～5厘米的残瓦堆积，残瓦堆积之下即为咖啡色砂岩：另一处位于北部平顶山包西端“厂”字形城墙拐角处区域内侧，在距表土深约2米处有南北长约30米、东西宽约10米、面积约300平方米的长方形残瓦堆积分布。

从遗址现存城墙剖面观察，其用生土及风化砂石粒相间夯筑、平夯、夯窝较少、错墙城门、城址位于山坡上等特征均与大理坝子南诏诸城址相同，并且地表散落有零星南诏有字瓦，因而该遗址的时代为南诏时期无疑。

姚州都督府遗址的调勘为研究天宝战争、唐王朝与南诏的关系等提供了新的考古资料。

（何金龙）

【澜沧县仙人坟元代墓地】

发掘时间：2015年4～6月

工作单位：云南省文物考古研究所、普洱市博物馆、澜沧县文物管理所

仙人坟墓地位于澜沧县惠民镇景迈、芒景两个行政村所在的景迈山腹地的山墚上茶园内，海拔约1600米，西南距中缅边境直线距离仅约17千米。

墓地地表现存大小墓向不一的长条形坟堆约26处，另有一些已被村民开垦茶园夷平，最大者长9米，宽3米，高出地表约0.5米，小者仅约略可辨，均散布于茶园内，墓地面积约17000平方米。傣语称这些坟堆为“坝轨结爹”，意为七庹长的坟。

发掘的400平方米范围内共清理墓葬3座，但均未发现葬具及人骨遗骸而只有随葬品，出土陶、铁质器物19件（陶罐12、铁器7），陶器分火候较高的泥质灰色硬陶罐及火候较低的夹砂红陶罐两组，每墓均有这两组陶器。铁器则各墓不一，器形有斧、锸、砍刀、小刀及棍等五种。

每座墓葬左右两侧及下端（地势稍低端）各有边沟1条，上端各有边坑1～2个，其中M1有2个圆形边坑，M2有2个方形边坑，M3只有1个方形边坑。

各墓的埋葬过程为：空地上清理出一块没有表土的生土面区域→挖出一个刚好能放下数件随葬品的不规则圆形墓坑→将随葬品放入墓坑→将挖坑时挖出之生土回填并压实→以墓坑为中心用纯红生土堆成

一个长10米以上、宽7米以上、高2米以上的长条形坟堆→在长条形坟堆两侧及下端的边缘各挖一条互不相连的沟→在长条形坟堆的上端另挖1～2个或方或圆的坑。边沟、边坑的性质应为坟界，边坑或许还兼有其他用途，但由于坑内未发现任何遗物而难以定论。

仙人坟墓地出土的泥质灰色硬陶罐为元代之物，方格纹夹砂红陶罐则是当地傣族自古以来的典型器物，这两组风格迥异的陶器共存于同一墓中，反映了内地民族与边疆少数民族的融合。

这种长条形坟堆及坟堆外缘有沟、坑围绕的墓葬在云南省尚属首次发现，为中缅边境地区的考古研究提供了新的资料。

（何金龙）

【嵩明县桃园元明时期墓地】

发掘时间：2015年5～6月

工作单位：云南省文物考古研究所、嵩明县文物管理所

墓地位于嵩明县杨林经济技术开发区银翔云南汽车产业园项目建设用地范围的一处缓坡上。墓葬分布密集，分为火葬和土葬两种丧葬形式。火葬墓集中分布在坡顶，位置较高。土葬墓集中分布在半坡处，位置较低。此次发掘面积3000平方米，共发掘墓葬1566座，其中火葬墓1348座、土葬墓218座，出土随葬器物1000余件。

火葬墓分布密集，多为平面呈圆形或椭圆形的墓坑，直壁，平底，其内放置骨灰罐。有单人葬、二人合葬及三人合葬之分。另有一方形火葬墓，六面用砂石板拼砌，较为特殊。某些墓葬底部或侧面放置有石块或青砖。较早的墓其墓坑填土夹杂大量的炭屑，较晚则均为挖墓坑时翻出的土，但某些墓坑的底部故意放置木炭。

作为葬具的骨灰罐形式多样。质地有灰陶、绿釉陶、黄釉陶、青釉陶、青瓷、青花瓷等，器形有罐、壶、瓶等，并有内外罐相套和带底座的情况。较早的火葬墓其葬具均是专门生产的明器，表面多装饰莲瓣纹、附加堆纹、十二生肖等，少数有彩绘人物图案。到后期开始出现各种生活实用器，比如用瓷罐盛放骨灰，用瓷碗作盖。多数葬具表面有朱书梵文。葬具内盛放骨灰和随葬器物，某些还将稻谷或糠灰放入其中。大块的骨头上有朱书梵文和贴金的现象。随葬器物主要有海贝、铜片以及墓主随身佩戴的料珠、戒指等器物。

土葬墓均为小型长方形竖穴土坑墓，墓葬宽度在80厘米左右，长度在200厘米左右，部分墓葬带长方形小头龛。另发现一带头龛的墓葬，其四壁和葬具之间的缝隙用石灰填充。土葬墓人骨保存较差，从残留人骨来看，多为单人仰身直肢葬，另有个别墓葬为两人合葬。集中分布区的墓葬方向多为南北向，过渡地带的墓葬方向差别较大。墓葬均有葬具，但大多已腐朽殆尽，仅剩铁棺钉。墓坑底部或棺内底部发现有铺垫木炭的现象。棺内大多有头枕，其材质多样，有方形泥坯、青砖、筒瓦、板瓦、陶罐口沿、木炭等。随葬器物较少且简单，多位于头端墓底、头端填土中以及头龛内。器形最多的是瓷碗，另有铜镜、料珠、铁剪刀、钱币等器物。另出土有“阿弥陀佛”和“西方接引”的风水钱、“弘治通宝”以及“太平通宝”“太官通宝”“水官通宝”“开元通宝”。

根据发掘出土的器物推断，桃园古墓群的时代在元明时期，其中明代的墓葬占绝大多数，某些墓葬可能晚至清代早期。火葬墓与土葬墓的时代大体相当，但火葬墓出现较早，可至元代，土葬墓进入明代之后开始出现。两种葬俗的墓葬在一段时间内共存。

（万　杨）

【普洱市景迈山古茶林考古调查】

调查时间：2014 年 12 月 ~2015 年 1 月

工作单位：云南省文物考古研究所、普洱市博物馆、澜沧县文物管理所

景迈山位于澜沧县惠民镇景迈、芒景两个行政村所在地，面积约 125 平方千米，西南距中缅边境直线距离仅约 17 千米。为配合景迈山古茶林申遗工作的需要而进行考古调查勘探工作。

景迈山区域有古道、“元”遗存、仙人坟墓地三类古代遗存。

古道，景迈山四面山环水围，在 20 世纪 80 年代以前的对外交通自古以来只有一条古道，此道在景迈大寨内及其出村的东西两侧段均铺有石块，其他地段则多为土路，只在局部地段如陡坡处铺有石块以利通行，古道平面长度约 14 千米，宽约 2 米，可容两牛并行，在古道东西两端的河上各建有一座石墩木桥。

在 20 世纪 80 年代中期景迈公路建成后，古道或因长期废弃而树木杂草丛生，或被辟为耕地茶园，铺石古道现仅存景迈村西侧段，古桥也仅存东端南郎河上的笼干桥残石墩。

“元”遗存，在景迈山有两处位于山坡上直径约 20 米的环壕土包遗存，当地人称为“元”。经钻探，土包的上半部分为向前下方略为倾斜、厚约 4 米、分 3 层的人工堆积层，之下为风化砂岩生土。

“仙人坟”墓地，墓地位于景迈村西南约 2.8 千米的山梁上茶园内，面积约 17000 平方米，地表现存用红色生土堆成大小墓向不一的长条形坟堆约 26 处，最大者长 9 米，宽 3 米，高出地表约 0.5 米，小者仅约略可辨。

调勘中对墓地中部的 M1（暂编号）进行了钻探及探沟验证，封土堆顶至墓底深约 2.2 米，在探沟底部西侧出土一件表面有高温烧结灰色陶衣的完整双口陶罐，证实确为古代墓葬。

澜沧县境内澜沧江畔有元代摩崖记载元军南征八百媳妇国的史实（明清时期又称八百媳妇国为景迈国，现代史家则称为兰那国，其大致范围在泰国北部至缅甸东北部一带）景迈山傣族传说“元”是元朝军队路过此地时的遗存，仙人坟 M1 内双口陶罐高温烧结陶衣的技术从元代起方才由外地移民带入云南及景迈，山南距八百媳妇国的北部重地景栋直线距离仅 100 千米，从以上几点来看，不排除景迈山之景迈名与景迈国之名二者之间有某种关系的可能。

（何金龙）

西藏自治区

【山南地区琼结河谷调查及试掘】

调查时间：2015 年 7 月 15 日～8 月 20 日

工作单位：西藏自治区文物保护研究所、四川大学考古系

四川大学考古系与西藏自治区文物保护研究所开展科研合作项目“吐蕃文明探源：西藏山南雅砻河流域考古综合调查”，此次属于第一年度的田野工作。西藏自治区文物保护研究所陈祖军、四川大学吕红亮任现场领队，考古系宋吉香副教授、杨锋博士及 4 名研究生参加工作。2015 年度的重点是开展琼结河谷的地表调查和邦嘎遗址的小型试掘。调查工作通过研判地图，分组开展地表踏查，在琼结河谷新发现早期岩画、石丘墓以及多处吐蕃墓地。在邦嘎遗址发掘共揭露出 12 个文化层，2 处房屋遗迹，遗址堆积深度达 2.5 米，发掘工作侧重于通过精细浮选采集动植物标本，重点解决遗址基本生业面貌和各层位年代的问题，后续的动植物实验室工作和报告整理正在进行。发掘中运用了 RTK 测绘、航模拍摄和 3D 复原技术对地层堆积和遗迹做了详细记录。目前可确认邦嘎遗址是雅鲁藏布江中游地区一处年代在 3000～2500BP 的早期聚落遗址，这将对建立雅鲁藏布江中游地区新石器时代晚期至青铜时代的文化序列具有重要学术意义。

（吕红亮）

【阿里地区琼隆遗址考古调查】

调查时间：2015 年 7～9 月

工作单位：陕西省考古研究院

琼隆遗址位于阿里地区札达县达巴乡曲龙村，遗迹分布在村西约 3000 米的象泉河两岸土林或温泉地貌的山丘及河岸台地上。

根据遗迹分布状况与小环境特点，将整个遗址分为五区，共计发现洞室 742 座、院落 105 座、房址 45 座、护墙 29 道、墙体 25 道、碉楼 1 座、玛尼墙 13 道、塔 20 座、其他遗迹 2 座，发现陶、铁、铜、石、骨角、木、玻璃、毛织物、擦擦、经书残页、唐卡残片、塑像残块等遗物以及木炭、谷物样品等 400 余件（组）。该遗址目前可以确认的年代上限为公元 11 世纪，而参考洞窟之间的打破关系，遗址区内应存在早于 11 世纪的遗存。此次对遗址及周边地区的测量共计设立控制点 5 个，实测带遗迹的 1∶2000 地形图 2.2 平方千米、1∶500 地形图 1 平方千米。此外，还对曲龙村境内的 3 处相关遗址进行了调查。曲米色布岩画确认 37 组画面，主体部分的时代应为象雄时期。琼隆卡尔恩遗址包括洞室、建筑、佛寺、佛塔等遗迹，时代不晚于 11 世纪。觉姆拉康石窟共计确认 25 座洞窟和 4 座佛塔，其中 1 座带壁画和塑像的礼佛窟，24 座禅修窟或生活窟，功能布局完整，时代为 11 世纪前后，部分被打破的早期生活洞窟时代可能早至吐蕃至象雄时期。

（张建林　席　琳　胡春勃）

陕西省

【南郑县龙岗寺旧石器时代遗存】

发掘时间：2015 年 3～12 月

工作单位：陕西省考古研究院、中国科学院古脊椎动物与古人类研究所、南京大学、汉中市文物旅游局、南郑县龙岗寺文管所

为配合龙岗寺国家考古遗址公园建设，5 部门联合组队对汉中盆地梁山龙岗寺旧石器遗址第三级阶地地点进行了系统的考古发掘。

2015 年度发掘的第三级阶地，是以前所认识的属于龙岗寺旧石器遗址的主体部分。20 世纪 80 年代，旧石器调查获取大量石制品和进行遗址地层描述的地点即位于第三级阶地的后部（西部），当时砖厂取土对该区域遗址造成了严重破坏，该部位的旧石器遗址地层堆积残存较少，取土后垮塌的部分已经被村民植树。

2015 年度，发掘区域选择在 20 世纪 80 年代新石器遗址发掘过的阶地前部（东部），发掘面积 247 平方米。截至 2015 年，发掘地层深度约 10 米，新石器遗址以下地层普遍出土旧石器制品，已出土各类旧石器 4000 余件。石制品类型包括石核、石片、石器工具以及断块和碎屑等，石器工具类型包含砍砸器、刮削器和尖状器等。另外，还发现旧石器时代古人用火遗迹。从 2015 年度发掘所获得的材料看，龙岗寺旧石器遗址的石制品以中、小型为主，大型砍砸器等重型工具比较少见，这与 20 世纪 80 年代学者们根据地表采集石制品得出的龙岗寺遗址以大型石制品为主、属南方砾石工业的结论有较大出入。从最近几年遗址地层测年结果看，龙岗寺遗址是我国目前所见为数不多的年代超过 100 万年的旧石器遗址之一。该遗址时代跨度大，从人类文化的黄土堆积地层一直延续到距今七八万年间，对研究我国旧石器文化发展演化、南北旧石器文化交流以及东西方旧石器文化之间的关系具有十分重要的价值。

（王社江）

【南郑县龙岗寺新石器时代文化及西周遗存】

发掘时间：2015 年 1～11 月

工作单位：陕西省考古研究院

龙岗寺遗址位于汉中市南郑县梁山镇爱国村，面积约 8 万平方米。1983～1984 年，陕西省考古研究院曾对该遗址半坡文化成人墓地进行发掘，使得该遗址享誉学界。

2012 年，龙岗寺遗址入围“‘十二五’国家大遗址保护项目”。2014 年 4 月以来，陕西省考古研究院对龙岗寺遗址的西北角和北部区域进行了发掘，发掘面积总计 1200 平方米。

2015 年度的发掘表明，遗址中部为自然冲刷形成的南北向马鞍形凹槽，东西两端为高岗，所有文化层堆积均向中心地带倾斜。文化堆积由上而下的时代序列依次为近现代、唐宋、汉代、东周、西周、夏、龙山时代初期、庙底沟文化和半坡文化。考虑到聚落考古发掘进度的一致性和该遗

址的长期保护与展示等因素，截至2015年尚未对保存较好的半坡文化堆积展开大面积发掘。

由于发掘层位均停留在半坡文化层位之上，因此发掘的遗迹单位主要为叠压半坡文化遗存以上的龙山时代初期及夏时期以黑皮陶为代表的遗存。龙山时代初期的黑皮陶器以H26、G7等单位为代表，这一阶段的泥质陶多为红胎黑皮，砂质陶多为斑驳的灰褐色或红褐色。最常见的纹饰为绳纹、锥刺纹、压印点状几何纹等，器类组合主要有折肩曲沿盆、喇叭口折肩瓶、小平底罐、敛口钵、小平底盏、腰鼓形绳纹罐等。夏时期黑皮陶遗存以H13、H50等单位为代表，陶质特征与龙山时代初期者较接近，但出现了大量夹砂篮纹罐、高圈足器、带耳器、矮领圆肩罐等，不见龙山时代初期代表性的喇叭口折肩瓶、折肩曲沿盆等。从文化特征分析，这两批黑皮陶遗存与峡江及巴山东部地区新石器晚期至夏商时期的多类遗存均有不同程度的联系。这一新发现丰富了汉水上游龙山初期至青铜时代早期的文化内涵，有助于这一阶段文化序列的完善。

此外，还有一批西周中晚期连裆和瘪裆陶鬲为代表的遗存，填补了当地西周时期的考古学文化空白。通过发掘，我们对遗址各时期聚落空间布局有了进一步的认识。龙山时代初期及夏时期的遗存，其屈肢葬墓地位于遗址东、西两端，陶窑和制陶作坊区位于遗址北部边缘，居住区尚未揭露。庙底沟文化的聚落布局尚不明晰，目前仅了解到遗址中部发现这一时期的房址残迹，尚未发现墓地线索。半坡文化的制陶作坊区位于遗址西北部，遗址中部的遗迹类型主要是房址和灰坑。半坡文化的房址可分为两大类：第一类为粗夯形成的高台建筑基址，房屋建在高台之上，这类建筑方式均体现了仰韶文化居民应对南方潮湿环境的调节行为；第二类为半地穴式房址，为关中地区半坡文化常见的传统房屋形制。

以龙岗寺国家大遗址保护项目为平台的考古工作，标志着汉水上游史前至先秦时期考古工作的重新起程，将成为黄河流域与长江流域先秦时期考古研究的新契机。

（马明志）

【西安市高陵区杨官寨庙底沟文化墓地及明代墓地】

发掘时间：2015年1～12月

工作单位：陕西省考古研究院

为探索杨官寨遗址环壕聚落东侧的聚落布局，陕西省考古研究院对征地范围内，长庆集团泾欣园三期工程的拟建区域进行了考古发掘。此次发掘采用探方法，发掘面积3179平方米，共发现墓葬164座。根据墓葬形制、方向可分为现代洞室墓、甲字形墓、土坑（偏洞室）墓三类。

发掘的25座“甲”字形墓由墓室、墓道组成，南北向。墓道朝南，多为阶梯墓道，少数为竖穴墓道；墓室为长方形土圹，有的系砖室券顶，并用瓦当、雕花砖块修砌门楼；多为双人、三人合葬墓，部分墓葬为空墓，可能为迁葬所致。葬式均仰身直肢，头朝北，也有部分人骨为二次葬。葬具为木棺，有的有石椁。随葬品有瓷碗、铜钱、铅锌合金的饰品等。根据墓葬形制、墓志铭、随葬品等推断此处为一处明代家族墓地。

土坑（偏洞室）墓共发现92座，已清理14座，东西向。墓葬形制以偏洞室墓为主，有少量竖穴土坑，均为单人葬，暂未发现葬具，随葬品较少，仅少数墓葬随葬有夹砂罐、彩陶壶、杯等。根据墓葬内出土随葬品等相关资料，我们推断该批墓葬为与杨官寨遗址环壕聚落同时期的庙底沟文化墓地，它的发现为杨官寨遗址的聚落形态、庙底沟文化的聚落布局、埋葬习俗、人类学研究、人群的血缘组成以及社会组织结构等重大课题的研究提供了依据。

（王炜林）

【户县兆伦村新石器时代遗址及唐代墓葬】

发掘时间：2014 年 11 月 ~2015 年 4 月

工作单位：陕西省考古研究院

为配合西咸北环线高速公路建设，陕西省考古研究院联合户县文管所对户县大王镇建设区域进行了考古发掘，发掘地点位于大王镇兆伦村西。此次共清理古墓葬 55 座，灰坑 60 座，陶窑 2 座，出土各类器物 220 余件。此次发掘的墓葬以中、小型唐墓为主，另有少量明、清时期墓葬。灰坑形状以圆形筒状为主，并有部分袋状坑，根据出土器物判断，年代为仰韶文化庙底沟时期。

2015 年度发掘中较为重要的发现是位于发掘区北部的一座唐代砖室墓，编号 M55，墓葬由斜坡墓道、2 个天井、2 个过洞、甬道和墓室组成。墓室砖砌而成，穹隆顶，平面近正方形，墓室底部铺砖，墓室东、西、南三壁在砖上绘有人物题材壁画。墓葬内发现有墓志，分为志盖和志石两部分。志盖为方形，盝顶，上刻篆书，四行十二字，“大唐故洛州密县令冯君墓志”；志石为方形，上刻楷书，满行三十八字。志文分为墓志和墓志铭两部分，记载了墓主祖上情况、个人生平及夫人姜氏生平。

根据墓志显示，墓主姓冯讳孝约，字叔俭。贞观十三年（639），起家太子千牛备身，贞观十八年（644），出为光州司户、寻除简州司户、洛州密县令。以显庆四年（659）终于官舍，春秋四十有七，于龙朔三年（663）归葬于户县长乐乡之旧茔。其夫人姜氏以永隆元年（680）终于私第，春秋五十四，永隆二年（681）同合葬于旧坟。由此可知，该墓葬年代应为唐高宗李治时期，而所葬之地为唐代的户县长乐乡。

通过对墓志的研究发现，墓主冯孝约最初为太子千牛备身，即太子（指唐太宗李世民太子李承乾）的高级侍卫，于贞观十八年，出为光州司户，而这次被贬黜的原因很可能与太子李承乾于贞观十七年预谋发动的宫廷政变有关。李承乾因逼宫谋反事情败落而被废为庶人，流放黔州，墓主作为他的侍卫，很可能受到了一定程度的牵连，而出为光州司户。墓志中记载“主辱于前，臣黜于后”，可能暗指这一事件。因此，墓志内容从一个侧面反映了唐代这场宫廷政变对相关官吏命运的影响。此外，墓志中涉及人物生平可与历史文献相互印证，部分内容弥补了史料记载的缺失，墓志涉及的郡、县地名，为研究历代行政区划变迁提供一定依据，墓志内容展示出了时代背景下相关官吏个人命运变迁，为相关史实研究提供了更加充实的材料。

（田亚岐）

【西安市高陵区米家崖新石器时代遗址及汉代墓葬】

发掘时间：2015 年 1 ~5 月

工作单位：陕西省考古研究院

高陵米家崖遗址位于西安市高陵区泾河工业园区米家崖社区南面的土原之上，南紧邻渭河，北为米家崖村。为配合相关工程建设，陕西省考古研究院对工程涉及区域进行了考古发掘，发现新石器时代灰坑 7 个、汉墓 3 座。此次发掘的灰坑，多为圆形或椭圆形袋状。以 H3 为例，该坑坑口平面为椭圆形，口小底大呈袋状，坑壁光洁，坑底平缓。口部南北长约 3.4 米，东西宽约 3.16 米，底部南北长约 3.9 米，东西宽约 3.5 米，深约 1.7 米。坑内堆积依土质土色不同可分为两层，内含少量陶片及动物骨。可辨器形有鬲、罐、灶等。

该遗址出土的新石器文化遗存，器物组合与特征以单把鬲、斝（盉）、盆等为主，此类遗存在西安客省庄、米家崖等遗址均有发现，年代为客省庄二期。此外，H5出土的喇叭口瓶、宽沿盆、钵等，与蓝田新街、高陵杨官寨南区出土器物特征和组合基本相同，时代为半坡四期。

此次发掘的3座墓葬均为斜坡墓道砖室墓，以M1为例，墓道位于墓室东北，残存开口平面呈长方形，底部为斜坡状。墓道与墓室相接处有砖封门。墓室由主墓室、西耳室构成。主墓室平面呈长方形，砖券顶，东西长3.8米，南北宽1.84米，洞室高1.56米。底部以条砖错缝平铺。因遭盗掘，铺地砖大多被揭取扰乱。西耳室位于主墓室的西侧偏北，拱顶土洞式，高0.67米，宽0.7米，进深1.4米。主墓室底部发现有少量残碎的骨渣和散乱的铁棺钉，出土有酱釉陶灶、甑、盆、陶器盖等。根据墓葬形制与出土器物判断，墓葬的时代应为西汉末年至东汉初年。

此次考古发掘为研究关中新石器文化和汉代丧葬习俗等提供了一批新的实物资料。

（马永嬴）

【榆林市寨峁梁新石器时代遗址】

发掘时间：2015年4～8月

工作单位：陕西省考古研究院、榆林市文物考古勘探工作队、榆阳区文管办

寨峁梁遗址位于榆林市榆阳区安崖镇房崖村，与村庄隔开光川相望，西南相距约800米。开光川又名“开荒川”，相传北周开光县城在此，故名，为秃尾河一级支流，西北—东南流向，于神木县乔岔滩镇凉水井村附近汇入秃尾河。开光川两侧均为梁峁，寨峁梁遗址即处在开光川下游西南侧的一座椭圆形山峁上，面积逾3万平方米。该山峁底部露出沙质基岩，其上黄土堆积丰厚，南北狭长，除东南侧马鞍部与其他山峁相连外，东、西、北三侧均临深沟，山坡陡直。

为配合神（木）佳（县）米（脂）高速公路建设，于2014年开始对该遗址进行考古发掘。2015年度继续对该遗址进行了清理，经过连续两年的考古发掘，揭示出一座保存较好、遗存丰富的龙山时代小型石城聚落。寨峁梁遗址发掘的遗迹主要包括：南城墙1段、房址109座（组）和灰坑（窖穴）14个。

城墙由砂岩石块垒砌而成，主要发现于遗址南侧山体马鞍部和西侧山坡处，现存断续长度约200米。2014年，清理了南侧山体马鞍部长约40米的一段，基本呈东西向，位于整个山峁较高处，南侧山坡下即为寨峁梁遗址连通其他山峁的唯一道路，防御性质突出。发掘表明，该段城墙残高0.8米，宽约1米，以石块平砌而成。值得一提的是，这段城墙外侧还用石块砌筑了一道护坡墙，与城墙基本平行。

数量丰富、保存较好、排列有序的房址是寨峁梁遗址两个年度发掘的最主要收获，共计清理房址109座（组），除未见门道南向者（即门道开向南侧山体马鞍部）外，其余门道方向的房址均有发现，分布极为规律，基本沿等高线绕寨峁梁山体东、北、西三侧呈圆弧状排列，高低错落，大致可分为上下四至五排，门道均开向山坡低处，呈现出“凝聚而不向心”的平面布局。

灰坑发现的数量较少，共14座，多见圆形筒状或袋状坑，均位于房址内，打破地面，当为屋内的储藏窖穴。还发现2座长方形坑，都在房址外围附近，特别是位于F20、F21南部的K1，出土了非常丰富的陶片和碎骨，为寨峁梁遗址单个遗迹出土标本之最多者，其中有数块陶片可与F20、F21内出土陶片相拼合，当是与房址关系密切的屋外储藏窖穴。

遗物方面，寨峁梁遗址修复陶器及陶、

骨、石等小件器物数量逾300件。结合上述遗存，我们认为寨峁梁遗址的主体内涵应为距今4500～4300年的河套地区龙山时期考古遗存。寨峁梁遗址为迄今发现北方地区保存较好、揭露较为完整的史前石城聚落，各类遗迹间层位关系明确、内在关系密切，为探讨龙山早期的聚落布局、规模、社会结构等提供了重要的实物资料。

寨峁梁遗址的清理是在石峁遗址发掘研究的整体框架下开展的，两者同属秃尾河流域，直线距离约20千米，从秃尾河流域史前石城调查材料来看，寨峁梁遗址应系石峁遗址下属的一般聚落，或为村落级别，此次发掘更加明确了该认识。若以石峁城址作为黄土高原北部早期国家出现的重要标志，则寨峁梁遗址和石峁遗址的对比研究将在很大程度上加深对该区域社会复杂化进程的理解。

（孙周勇）

【神木县石峁新石器时代遗址】

发掘时间：2015年5～12月

工作单位：陕西省考古研究院

2015年度重点开展了樊家庄子“祭坛”遗址发掘、东门址局部清理以及遗址内部功能区划的复查和前期资料整理等工作。

“祭坛”位于整个石峁城外东南方向约300米，与外城南侧一处城门隔沟相望，四周开阔，系在土峁顶部垫土找平后再构筑长方形石砌建筑，分为内、外两重。内围呈东西向长方形，墙体用砂岩石块或石片砌成。除西墙外，其余三面墙体保存比较完整。石墙内侧对称分布着“壁柱槽”。外围为一道弧形石墙，构筑于内围东侧山坡上，系用较为散乱的砂岩石块平铺而成。从目前发现来看，除2013年调查采集的一件玉铲之外，基本不见与“祭祀”相关的其他遗物或现象，但“内方外圆”的两重石围结构颇值深思。根据方形石围内侧均匀分布的壁柱槽推测，不排除其与登高望远、观敌瞭哨的设施有关。

结合东门址的资料整理工作，对外城东门南墩台进行了局部清理，发现一座大型院落。该院落的主体建筑为一座具有石砌墙体的地面式房屋，平面近方形，四角外圆内方，屋墙保存较好，灶址圆形位于室内正中。东依南墩台台体，北临内瓮城南墙，门口铺设石板，正对门道的地坪处还特意用绿色弧边砂岩石板拼成近圆形图案，精致考究。

考古复查表明，“皇城台”为石峁遗址高等级建筑的核心区域，台顶分布有成组的宫殿建筑基址，北侧有池苑遗址，周边以堑山砌筑的护坡石墙包裹，多达九级。通向皇城台的门道位于台体东北部，面向内外城墙。20世纪70年代仍可见自台底通往台顶的石砌踏步，至今尚可分辨出其两侧对称分布的“墩台”等石构建筑。

皇城台北侧墙体表面发现了菱形眼纹装饰图案，共两组。眼纹嵌入石墙，与石墙表面平齐，都是制作规整的横置菱形砂岩石块，减地中央，眼眶凸出。两组菱形石雕眼纹应是在修砌皇城台北墙时嵌入的，远望外城东门。此外，还在外城东门址南侧五号和六号马面之间的表层坍塌乱石中，发现了一件保存完好的石雕人面。人面位于石料一面上，浅浮雕，刻出眼、鼻、嘴，特别是对于鼻子的雕刻尤为精细，将鼻翼两侧斜向下减地以突出鼻梁。从其出土位置和石料加工形状来看，极有可能同石雕眼纹一样，应原嵌于外城东门南侧一处马面墙体表面。

（孙周勇）

【周至县西峪遗址调查】

调查时间：2015年10～12月

工作单位：陕西省考古研究院、西安市文物保护考古研究院、周至县西峪遗址文管所

2015年度，陕西省考古研究院与西安

市文物保护考古研究院、周至县西峪遗址文管所联合组队，对西峪遗址进行了调查。遗址位于周至县竹峪乡西峪村东，坐落在秦岭北麓的黄土台塬，塬面开阔，地势高亢。秦汉遗址核心区分布范围南北长约900米，东西宽约500米，文化层堆积厚度1.5米～3米。暴露出的遗迹、遗物有夯土墙、鹅卵石铺设的散水、柱础石、五角形陶水管道等。夯土墙位于遗址东部靠近竹峪沟断崖处，残长约100米，高2米～3米。遗址内分布有大量的秦汉时期瓦当、板瓦、筒瓦及空心砖残块等遗物。遗址东西两侧靠近竹峪沟、苍峪沟边部地带分布有丰富的新石器时代遗存。依据调查结果，今后将逐步开展考古勘探与发掘工作。

（杨武站）

【清涧辛庄商代遗址】

发掘时间：2015年4～12月

工作单位：陕西省考古研究院

为进一步细化和探讨城址内部的功能区划和聚落演变，陕西省考古研究院在辛庄遗址前老爷盖山峁发掘了多组商代小型房屋建筑、灰坑、龙山窑洞等遗迹。

发掘区位于前老爷盖山峁顶北侧较低处，南为小型墓地，北望后老爷盖大型建筑，西邻断崖，与枣湾畔中型建筑隔沟相望，东为山脊。出土有陶、骨、石等遗物，首次发现了铸造青铜容器的陶范、陶模、范芯等遗物。

发现的小型房屋组建筑为下沉式结构，即先从地面向下挖一长方形院落，再于院落内修建房屋，其建筑方法与辛庄已发现的大、中、小房屋一样。院落南北长70米，东西残宽4米～7米，东为生土边，西为断坎，深约2米。房屋主要见于院落的中北部。最为核心的一组建筑位于院落中部，由石砌斜坡主通道、主室、独立院落、方坑、侧室等组成，主室与院落、侧室等通过窄长通道连接。其余建筑多为长方形单间，夯土墙围成，地面整齐，且多发现有火烧面和灶坑，墙壁多有方形对称壁柱。出土器物有陶、石、骨等材质，以陶器为多，可见器形有鬲、甗、三足瓮、小口罐等，纹饰为绳纹、三角划纹、指窝纹、附加堆纹、云雷纹等，无论器物类型还是纹饰特征都与辛庄遗址以往发现近似，年代为晚商时期。石器主要为石斧，骨器有骨笄、骨锥、骨匕等，同时出土的还有铸铜陶范、模、芯等，器类有容器、车马器、铜铃以及其他不明器形范芯等。陶范的发现，不仅证明陕北以往发现的大量晚商青铜器部分为本地制作，而且证明部分和殷墟一样的铜礼器也是本地铸造的。辛庄铸铜遗存的发现，也丰富了李家崖文化的内涵，从另一个角度揭示了这种文化已发展到相当高的文明水准。随着更多铸铜遗物的出土与研究，必将深化对这一文化青铜器、铸铜业以及由此而反映出的社会组织结构等问题的研究。

中型建筑位于枣湾畔山峁上。为先夯筑平均厚约1.4米的夯土基础，再于其上起建夯土屋墙。建筑坐西朝东，南北长10.6米，东西宽8.6米，夯墙宽1.3米，保存高度1米～1.5米，室内面积48平方米。东墙偏南有一门道，靠近南墙中部地面发现一不规则的巨大石块，应与该建筑的用途和性质有关。根据地层及出土文物如陶、石、骨、铜器、卜骨以及兽骨等判断，辛庄遗址的年代应为商代晚期。遗址建筑群层级结构清楚，种类多样齐全，所有建筑皆为下沉式结构，建筑于生土之下，这在已发现的夏商周三代遗址中未曾发现。同时，辛庄遗址是进一步认识陕晋高原地区商代考古学文化面貌特征、生活习俗、经济形态的重要资料。不同形式建筑设施的揭露和以石刀、石斧等与农业相关的生产工具的较多发现，清楚地反映了辛庄遗址为代表的李家崖文化先民应该是以山地农业经济为主，并经营少量畜牧业的生业形态，此发现将改变过去普遍认为我国北方早期青铜文化属于所谓草原牧业文明的观念。

经过几年的发掘工作，对辛庄遗址的聚落形态和布局的认识逐渐清晰，其发现对认识黄土丘陵地带晚商时期的文化内涵、聚落结构、生业形态等具有重要意义，同时也为深入开展北方地区的青铜文化研究奠定了基础。

（种建荣）

【周原遗址】

发掘时间：2015 年 3 ~ 12 月

工作单位：陕西省考古研究院、中国社会科学院考古研究所、北京大学

基于对周原都邑性聚落的理解，由三家单位组成的周原考古队，从 2014 年 9 月启动了周原遗址新一轮考古工作。

在 2015 年工作的基础上，2015 年度对周原水系有关的池渠遗迹进行了重点勘探和发掘，同时还继续对贺家以北区域进行了发掘。针对水系共完成重点勘探面积约 67 万平方米，抽样勘探面积 108 万平方米，共发现并确认淤土遗迹 4 处、人工沟渠 14 条。为了解这些遗迹的形制与走向、使用和废弃年代，以及内部堆积性状等基本信息，我们对其中一处淤土遗迹和 4 条人工沟渠遗迹进行了解剖发掘。

淤土遗迹位于遗址核心区的西北部，地处山前坡地的前缘。长约 2200、最宽处逾 500 米，平均宽度约 300 米，总面积约 66 万平方米。中央淤土最深，约 8.5 米，四周较浅，为 2 米 ~ 3 米。在淤土底部发现有西周时期夹砂联裆鬲口沿残片，说明淤土遗迹的年代上限不早于西周。还发现了汉代灰坑叠压且打破淤土的现象，因此淤土的年代下限应早于西汉。另外，周原遗址西周遗存的北界恰好位于大型淤土以南，而其北侧为山前坡地，基本不见西周遗存。初步推断该淤土遗迹的年代极有可能为西周时期。

G6 位于水网系统的最北边，西端可能与大型淤土遗迹的东缘北部相连，目前发现其向东延伸约 1900 米。勘探显示沟口宽 6 米 ~ 10 米，沟底深 3.8 米 ~ 5 米，地势为东高西低，初步推测其流向应为自东向西。解剖发掘显示，该沟打破西周中期地层，沟壁斜直、沟底近平。沟内堆积明显可分为两大层。上层为红褐色细胶泥层和黄色粉砂层交替分布，在该层堆积的底部和间歇层中都出土典型西周晚期陶片。下层堆积为混杂大量砾石的冲积层，其内出有较多的西周晚期陶片。据此，可以初步判断该沟的年代为西周晚期。

结合 2009 年、2011 年、2013 年周原遗址内池渠遗存的考古成果，可以初步认为周原遗址内存在着自然水系与人工水系、蓄水池与引水渠、干渠与支渠等不同层次的水系遗存，它们共同构成了周原遗址的水网系统。该水网系统的发现与确认，进一步强化了以往所发现的诸多重要遗迹之间的有机联系，加深了以往对周原遗址聚落扩张过程与水源关系的认识，为了解周原遗址内部的不同功能区的分布提供了新的视角，也有助于我们从整体布局上对一些重要遗迹的性质进行新的思考，与丰镐遗址的“昆明池”等池渠一起填补了周代都邑性遗址给水（池苑）系统的空白。

另外，在 2014 年铜轮牙车马发掘点南边 50 米处的“居址—墓葬区”，又发掘揭露了 4 座西周晚期墓葬，墓葬均被严重盗扰。其中 M30 为东西向，二层台处墓室长 4.3 米，宽 3 米，距地表深 6.6 米。墓室内发现有 3 个盗洞，其中西侧盗洞口部为不规整圆形，最大径约 2 米，在墓室底部呈近长方形，南北长 2.5 米，宽 1.1 米，在盗洞中散见有兽面铜泡、节约、蚌鱼、玉圭残片、菱形石坠、方形玉饰件及贝等

随葬品。在紧邻盗洞的西边二层台面上发现了未经扰动、摆放整齐的随葬品。包括青铜器、陶器和漆器，共计 14 件。其中陶器有豆 2 件、簋 2 件、鬲 1 件、罐 2 件；1 件漆器保存较差，器形难辨；青铜器有鼎 4 件、盨 2 件，其中编号为 1、2 的 2 件立耳鼎大小虽别，但形制、纹饰一致。2 号鼎铭文为“姬生母作尊鼎，其万年，子子孙孙永保用”。1 号鼎铭文因锈蚀影响尚未完全辨识，但可辨文字及其布局与 2 号鼎相同，因此二者可能同铭。2 件附耳鼎与 2 件铜盨形制、大小、纹饰均一致，应各自成套。1、2、4 号铜鼎内均有幼猪前腿或后腿骨，3 号鼎内为鱼骨；2 件铜盨内发现有谷物，颗粒状明显。铭文显示，该墓主可能是一位字为“生母”的姬姓女子。4 座墓年代基本一致，规模接近的墓葬集中分布，表明该区域应为西周晚期一处中低级贵族墓地。

（王占奎）

【丰镐遗址】

发掘时间：2015 年 1～12 月

工作单位：陕西省考古研究院

2015 年度在白家庄村一带开展考古勘探，面积 30 万平方米，发现灰坑、水井、陶窑、墓葬等遗迹，明确了镐京遗址东南部壕沟北段的走向及延伸范围。发掘工作主要集中在白家庄村东侧以及花园村东部区域。

根据前期勘探资料，选定白家庄村东侧地点解剖之前发现的壕沟（G1），布 2 米×15.5 米探沟一条。G1 在探方中暴露长度 1.65 米～2.1 米，最宽处 12.85 米，深 2.1 米，沟底至地表 4.15 米。沟壁较为规整，斜壁渐内收，沟底略呈圜底状。G1 堆积共分 6 层，其中第①～⑤层为淤土，第⑥层为沙土，未见文化遗物，偶见螺壳、蚌壳等。G1 内虽未见陶片，但叠压在 G1 之上的探方第⑦层中发现有西周陶罐残片，为确定 G1 的时代提供了依据。

在花园村东部区域发掘面积 400 平方米，清理灰坑 75 座、墓葬 4 座、房址 1 座。出土遗物较丰富。灰坑中常见器形为鬲、罐、豆、盂等，多为西周晚期器物，少数器物年代可早至西周中期。小件器物出土 130 余件，其中以骨笄、骨镞数量最多，其次有陶球、陶网坠、鹿角器、骨料、蚌刀、石斧、砺石等。铜器有铜镞、锥、刻刀等，其中多件与铸铜相关的青铜工具的出土，是此次发掘最重要的收获之一。灰坑以形制较大者居多，形状有圆形及不规则形等，包含物丰富。M6 为一座西周中期竖穴土圹墓，保存完整，长 2.43 米～2.57 米，宽 1 米～1.28 米，深 1.95 米；有生土二层台，葬具一棺，头向东，仰身直肢葬。二层台之上有头龛，其中随葬陶器 8 件，分别为鬲 1 件、豆 2 件、罐 3 件、簋 2 件。F1 为半地穴式房屋，平面呈“吕”字形，南北两间有通道相连，地面经火烤处理，坚硬密实。

通过 2015 年度的考古勘探与发掘，发现了一批较为重要的西周文化遗存，进一步丰富了对镐京遗址文化内涵的认识，特别是铸铜遗物的发现，为探寻镐京遗址的铸铜作坊遗存提供了重要线索。

（岳连建）

【洛南县河口遗址】

发掘时间：2015 年 8～10 月

工作单位：陕西省考古研究院、北京科技大学冶金学院、洛南县博物馆

河口遗址位于洛南县柏峪寺乡河口村，是一处洞穴遗址。洞口朝北，由 3 个小洞口组成，洞口呈东西向排列。1980 年发现，由于洞内地表散落亚腰形石锤及大量石制品，当时被初步认定为旧石器时代遗存。2010～2012 年，陕西省考古研究院与北京科技大学冶金学院联合对遗址进行了数次调查，洞内采集到不晚于东周时代的

陶片，并且在该矿洞周边发现了近10处类似遗存，基本认定此处为古代绿松石采矿遗址。

2015年度，陕西省考古研究院联合北京科技大学冶金学院、洛南县博物馆对遗址洞口的平台进行发掘清理，并对所有堆积进行了分级过筛，并按级称重，累计称重1.57吨。对石渣中有确定敲击、砸击痕迹的标本进行取样、拍照，对0.4厘米～0.7厘米、小于0.4厘米的所有石渣进行水选以挑选残留矿石，对部分探方逐层进行浮选取样，对遗址发现的疑似烧火面进行土壤微结构取样。此次发掘出土大量石锤、石球等采矿工具及陶片、瓷片、铜钱、木屑、兽骨等各类遗物数百件。

河口遗址是目前我国首次发现的古代绿松石采矿遗址，该遗址属性的认定突破了多年来我国未能发现绿松石开采遗迹的困境，为研究绿松石的早期利用及与之相关的问题提供了新的定位点，为解决一直以来困扰学界的矿物来源问题提供了重要线索。

（杨亚长）

【西安市雅荷中央广场战国及汉代墓群】

发掘时间：2014年12月～2015年6月

工作单位：西安市文物保护考古研究院

该墓群位于未央路与风城五路十字西北。共发掘墓葬65座，其中战国墓葬2座，汉墓63座。

战国墓2座，均为竖穴土坑墓，盗扰较为严重，葬式不清，出土有缶、罐等器物，其时代为战国晚期。

汉墓63座，墓葬形制主要有长斜坡墓道砖室墓、斜坡墓道土洞墓、竖穴墓道土圹墓三种。出土器物以陶器为主，主要器形有鼎、盒、壶、罐、仓、灶等，还出土有彩绘陶仓、彩绘陶鼎等彩绘器物，另外还出土有铜镜、铜带钩、铜弩机及铜钱等铜器，铁器主要为剑，还出土了鼻塞、印章、玉猪等玉器。根据墓葬形制及出土器物推断，这批汉墓的年代为西汉早、中期。

该墓群位于西安北郊汉墓分布密集区，近年来在该区域发掘了数目巨大的中小型汉墓，该墓群的发掘，不仅丰富了该区域汉墓的资料，还对研究汉代墓地的分布等有一定意义。

（王艳朋　柴怡）

【丹凤县商邑战国及明代遗址】

发掘时间：2015年3～12月

工作单位：陕西省考古研究院

商邑遗址位于丹凤县城以西2.5千米龙驹寨镇古城村，为战国时著名改革家商鞅封地，1979年考古调查首次发现，1992被年公布为陕西省第三批重点文物保护单位，1996年、2000年、2014年历经3次发掘。2015年度，为配合312国道改扩建工程，在古城村以东的古城岭上发掘战国时期城壕、沟、坑、城墙基址各1处，小型墓葬10座，清理明代寺院建筑基址1处，实际发掘面积约2300平方米。

城墙仅存约12平方米的基址，局部可见直径10厘米～15厘米的夯窝。城壕西距城墙12米，宽约23米，最深处3.2米，剖面近“U”形，沟内堆积形成于两个大的时期。沟内出土有大量东周时期带有灰、红绳纹的板瓦、筒瓦残片及少量铜镞与卵石等。位于城墙与城壕之间的中心部位发现一南北向（长3.5米，宽0.9米，深1.8米）长方形竖穴土坑，坑底北端有踩踏面；坑底部有许多小卵石和筒瓦残片，其间散布大量铜镞及铤部残段，似为城壕与城墙之间的防御设施。清理10座小型竖穴土坑墓葬，均位于城壕以东，南北向8座，东西向2座，多为仰身直肢葬，有棺，墓葬底部有青膏泥，随葬品有铜剑、戈、环、削、锯，陶豆、敦、壶、鼎、匜等。出土的兵器、陶器为东周时期楚墓常见的器物。

在发掘区西部东西长 40 米，南北宽 20 米的范围内清理出明代建筑基址 4 组，F1、F2、F3 三组房址，东西并列形成一排，坐北面南；F4 位于 3 组房址的西南部，二者形成“L”形布局。房屋建筑为土木结构，四面主墙用石头和青砖结合垒砌作为主墙墙基，然后夯筑土墙；屋顶铺瓦，出土有陶质龙纹、兽面纹圆瓦当、花草纹壁砖、脊兽以及三彩壁砖、脊兽、天王俑头像等；房间内有火炕、储藏坑等设施，屋内地面出土大量的瓷器碎片以及石砚、陶盘、陶烛座、铁铧、铁铡刀等。房址前用砖、卵石、瓦片铺砌，构筑形成鹤、大象、莲花及几何形等精美图案的相连道路，布局规整，排列有序，是一处经过规划的建筑院落。

房址内出土有“大明成化年造”题款的瓷器和“天启通宝”“崇祯通宝”铜钱，表明该建筑应为明代或以前的建筑，它的废弃年代不早于明代晚期。从房屋内部布局与地面出土物看，显示此处房址为日常生活场所，而建筑规模、布局、建筑材料等显示该处建筑不同于一般的民居建筑。当地普遍传说此处有一庙址，20 世纪七八十年代平整土地时，在发掘区以南还出土有规模巨大的石柱础。结合以上迹象与出土物判断，此次发掘区域应该是该处庙宇后部僧人生活区域，发掘区以南为寺庙的主殿、前殿、侧殿，或与丹凤县流传的“火化莲花寺”传说有关。

此次考古发掘丰富了商邑遗址的考古资料，城壕、城墙以及二者之间长方形土坑的发现，对于战国时期秦国“城商邑”的情况有了比较清楚的了解，对于商邑城防设施、布局有了更清晰的认识；发现的较大规模明代寺院建筑基址，为明代寺院建筑考古研究提供了新资料。

（王志友）

【凤翔县秦雍城遗址】

发掘时间：2015 年 8 ~ 12 月

工作单位：陕西省考古研究院、北京大学考古文博学院

近年对雍城遗址的全面调查勘探，进一步证明了文献对雍城记载的可信性，考古工作成果为研究雍城城市布局、各功能区的分布、宫殿区的位置、平民聚落区、城市给排水系统、道路、街道及不同时期的城市变迁等提供了重要的信息，达到全面了解雍城城市架构的目标。为进一步研究雍城城址区文化与时代沿革，2015 年度，陕西省考古研究院与北京大学考古文博学院联合组队，对雍城马家庄三号建筑西侧附属建筑遗址进行了局部发掘。

据发掘区域资料显示，马家庄宫殿区为两条东西向自然河流与两条南北向人工壕沟包围而成，而在其外围又形成另外一重环壕，形成以河沟为闭合特征的内城和外城。马家庄一号建筑作为宗庙建筑，位于内城之内；而马家庄三号建筑当时被认为是朝寝建筑却在内城之外，这与朝寝建筑应处位置不太相符。因此，对于马家庄三号建筑的属性需要重新认识。此次发掘的大型建筑位于马家庄三号建筑西侧，发掘区域主要位于该大型建筑的东南部，共布 5 米 ×5 米探方 60 个，发掘面积 1500 平方米。地层堆积可分为 4 层，第①层为耕土层，第②层为明清层，第③层为汉代地层，该层发现有大量的建筑瓦片堆积和数量较多的灰坑遗迹，第④层为春秋战国层，该层发现有春秋时期的建筑基址。截至目前，已发现灰坑 90 个，出土小件文物 800 余件（组）。

发掘的建筑遗址紧邻马家庄三号建筑，发掘有利于我们进一步了解马家庄三号建筑的年代、属性等问题，对认识雍城马家庄宫区分布与沿革都具有重要意义。此外，马家庄宫区作为雍城城址区的核心区域，发掘所揭露的大型建筑基址，为今后雍城遗址的保护、展示及未来遗址公园的建设

提供了重要资料。

（田亚岐　杨哲峰）

【咸阳市秦咸阳城遗址】

发掘时间：2015 年 1 ~ 12 月

工作单位：陕西省考古研究院

2015 年度，咸阳城考古勘探包括胡家沟遗址建筑区、南北条带、刘家沟西侧三部分，完成面积逾 61 万平方米。围绕咸阳城宫殿核心区展开 8 条南北条带勘探。初步判断五陵路以南，海拔 410 米 ~ 450 米不存在与咸阳城遗址有关的东西向夯土墙，咸阳城宫殿核心区以北，海拔420 米 ~ 430 米有一条东高西低冲积沟，沟宽 6 米左右，深 1.5 米 ~ 2.5 米。胡家沟区域发现聚组分布的竖穴墓葬 48 座。除 2 座平面为梯形外，45 座为长方形，1 座为正方形。41 座墓深在 5 米 ~ 13.5 米，较大的墓室长 7 米，宽 4.5 米，深 9 米，时代应不晚于战国晚期，这是目前所知夹杂于秦咸阳城宫殿区内的墓葬。刘家沟西侧勘探面积约 2.5 万平方米，发现带斜坡墓道竖穴墓葬 1 座，东西向冲积沟多条。

野外调查主要在咸阳城西部鸭沟区域、北部肖河故道（芋子沟）流域展开。北部调查目前暂未发现与秦咸阳城有关的遗存。此外，在对聂家沟道路建设工地进行的跟踪调查中，采集到残石磬、刻字陶片等遗物。结合历年勘探材料初步推测，聂家沟、胡家沟区域的建筑遗存或与咸阳城府库遗存有关。

2015 年度还展开了对历年发现的冶铸、制骨等资料的整理。

（许卫红）

【西安市临潼区秦东陵遗址】

发掘时间：2015 年 1 ~ 9 月

工作单位：陕西省考古研究院、西安市临潼区文化局、临潼区秦东陵文管所

2015 年度，陕西省考古研究院联合西安市临潼区文化局、临潼区秦东陵文管所继续对四号陵园建筑遗址与附葬坑进行考古发掘，对 2014 年发掘的建筑遗址进行全面揭露，对附葬坑进行细部清理。

清理后的建筑遗址东西长 55 米，南北宽 40.5 米，夯筑墙体宽 4.8 米，总面积达 2230 平方米；形制为三面夯土墙围就的“凹”字形，夯土墙开口于地表下 1 米处，夯土基础宽 5.7 米，东墙残存部分墙体高 0.16 米，夯层厚 0.08 米 ~ 0.12 米，东墙墙体两侧发现有宽 1 米 ~ 1.5 米的瓦片堆积与瓦当遗存，西墙、南墙仅存夯土基础。三面墙体围就的建筑遗址内部有三排等间距分布的 21 个坑洞，每排 7 个坑洞。瓦片可见外绳纹、内麻点纹的板瓦、筒瓦等秦国、秦文化遗存，又有少量外绳纹、内布纹筒瓦具三晋地区文化因素的遗存，瓦当有四面分割的鹿纹、四叶纹、云纹等。

长方形附藏坑距地表深约 0.6 米，长 15.9 米，宽 5.4 米，深 4.42 米。坑内为三辆面向东的木质车辆，每辆车为 2 匹马。

内部有排列整齐坑洞的建筑遗址是近年来秦汉陵墓建筑遗址的重要发现，坑洞可能为祭祀坑遗存，这一建筑当为“中”字形墓葬的礼制建筑，可能是与“中”字形墓葬祭祀有关的遗存，时代与墓葬同期，为战国晚期，是战国秦贵族墓葬礼制建筑遗存的重要发现，为研究秦公帝王陵园礼制建筑的发展演变提供了极其重要的资料。车马坑是战国车马随葬的重要发现，是研究战国时期车马随葬制度的新材料。

（孙伟刚）

【西安市北郊渭桥遗址】

发掘时间：2015 年 1 ~ 12 月

工作单位：中国社会科学院考古研究所、陕西省考古研究院、西安市文物保护考古研究院

渭桥遗址位于汉长安城北城墙遗址以北的渭河故道，处于今西安市北三环路西

段南、北两侧及未央区草滩镇王家堡小学以北一带。2012 年 4 月以来，共发现 3 组 7 座桥梁遗址。2015 年度，三家单位继续联合在汉长安城厨城门桥群区域，对北三环以南、绕城高速南北横门与厨城门之间进行考古勘探。

对相小堡村至唐家村之间、汉长安城横门与厨城门以北的渭河故道的可探处进行考古勘探，以寻找两座城门外与出城道路对应的渭河古桥梁，勘探面积约 15000 平方米，在正对横门外的古渭河河道内未发现桥梁遗存，为进一步确定厨城门桥群为文献所载的中渭桥提供了新的资料。

对厨城门一号桥北端高铁动车运用所基建区域继续清理，取得重大收获。在渭桥北端埽岸的南侧，清理出一艘断为两截、经拼合后长 9.71 米的汉代木船，为目前我国发现最早的木板船，该船用大量木榫板、木钉并联船板的技术在国内同时期为首次发现，而这却是罗马时期地中海区域广泛使用的造船技术，是长安—罗马“丝绸之路”间文化交流的新资料。勘探发现，在 2014 年度判断的最西侧桥桩的西侧，距地表 5 米多的地下尚有桥桩分布，确定了渭河在渭桥北端的改道位置和方向。在多处发现了与 2014 年度发现不同的新型埽，丰富了对渭河流域埽岸设施的认识，是古代水利工程研究的新资料。

2015 年度，继续在绕城高速以南、唐家村一组以北挖沙坑北缘以北区域进行发掘，发掘面积约 770 平方米。在发掘区东侧清理出厨城门一号桥桥桩、浮木共 95 根，桥桩密集分布区内未发现如厨城门一号桥北部密布的卵石、石构件。在一号桥的桥桩西侧清理出一条东西向淤泥带。另外，继续对厨城门四号桥、五号桥进行了局部发掘。在厨城门四号桥继续向下清理，发现大量桥桩向东倾斜，在底部一个平躺桥桩的顶端发现的保存近乎完整的榫，是渭桥遗址自发掘以来木梁柱桥结构的重要发现。厨城门五号桥为东西长约 35 米，南北宽约 12.6 米的 3 层卵石堆积遗存，内有圆木、木板等木构件构成的木质架构。

另外，2015 年度开展了渭桥遗址多学科综合研究，继续对木质桥桩、构件进行 ^{14}C 测年与树木年轮、种属测定，同时进行树木年轮氧同位素研究，对渭桥遗址所在的咸阳至西安段古渭河沉积与渭桥石构件、卵石来源进行研究，对西安段古渭河进行水动力学研究，开展历史水文模拟工作。相关成果从不同方面对渭桥、古渭河内涵进行了阐释。

（刘　瑞）

【汉长安城长乐宫内东西向干道遗址】

发掘时间：2015 年 4 ~6 月

工作单位：中国社会科学院考古研究所汉长安城工作队

长乐宫东西向干道位于汉长安城长乐宫遗址中部，自东向西横穿长乐宫。2015 年度中国社会科学院考古研究所汉长安城工作队对其做了抢救性发掘。发掘地点位于西安市未央区汉城街道办事处樊寨村东丰景路南侧，发掘面积 132 平方米。

经过试掘，共发现道路 5 条，路沟 4 条，结合相互之间的打破、叠压关系以及出土遗物的形制分析，可以归纳出这条道路在不同历史时期的形制及性质演变。

西汉时期，这条道路建筑在生土层上面，南高北低，宽 17.7 米左右。路层最厚处达 45 厘米，其上车辙层层分布，互相叠压，南侧发现有路沟。其性质应是宫内的东西干道。

十六国或北朝时期，道路南北宽 60 多米，路沟位于北侧。其中南北两侧各 16 米左右路面使用较多，踩踏层较厚，车辙明显；中间的 30 多米，路层变薄，并且越往中间越薄，以至于无。这样就形成了三段道的形制：大街由三股道组成，两侧使用较多，为一般官民使用，中间的部分则使用很少，这可能就是文献记载中的供皇帝专用的驰道。该期稍晚，又进行了整修，将南部的路基垫高并稍向南加宽，使得整个大街的坡度一致，便于北侧的路沟内排水。

综上所述，在西汉时期，这条路的性质是宫内道路，因此路面较窄，只有一股道，与三股道的大街形制差异明显。到了十六国、北朝时期，长乐宫已经废弃，这条东西向道路变成当时长安城内的一条东西向大街，因此路面大大加宽，并形成了三股道的格局。

（张建锋　刘振东　徐龙国）

【汉长安城长乐宫北宫墙遗址】

发掘时间：2015 年 5 ~ 6 月

工作单位：中国社会科学院考古研究所汉长安城工作队

2015 年度，中国社会科学院考古研究所汉长安城工作队对汉长安城长乐宫闸室墙遗址进行了试掘，试掘地点位于西安市未央区汉城街道办事处原罗家寨村的西北侧地内，发掘面积 20 平方米。参加工作的有刘振东、张建锋和技师林玉学、吴新年和董慧杰等。

宫墙建筑于生土层之上，夯土筑成。南北宽 5.23 米，现存最大高度 0.96 米。土质为黄生土和黑卤土混合的五花土，致密坚硬。夯窝分布密集，相互叠压，完整的夯窝直径 7 厘米左右，最大的达 8 厘米。夯层较薄，多为 5 厘米左右，最薄的 2.5 厘米，最厚的 9.5 厘米，表面平整，并有一层灰土分布。夯土下部有基坑，系在生土上挖出，南、北壁均为直壁，平底，北壁高 0.35 米，南壁高 0.79 米。夯层较薄，多在 5 厘米左右，夯窝直径在 7.5 厘米左右，分布密集且相互叠压，表面有一层薄薄的灰层。夯土十分纯净，包含物极少，为板瓦、筒瓦碎块。

夯土包含的遗物中瓦片均为较小的碎片，多为表面细绳纹、内面麻点纹的筒瓦片和外面绳纹、内面残留少量麻点纹的板瓦，未见布纹瓦。依据现有的考古资料，秦代与西汉时期的筒瓦内面已经出现了布纹，宫墙的时代应该早于这一时期。根据文献，汉长乐宫是在战国晚期秦兴乐宫的基础上改建而成，此段宫墙有可能属于战国晚期秦兴乐宫的遗存。

宫墙上面叠压的文化层中出土遗物中有部分北朝时期的素面布纹瓦，因此应该属于北朝时期。该层破坏了宫墙的上部，显示这一时期宫墙已经废弃。

另外，宫墙南北两侧的堆积中，出土有不少秦汉时期的砖瓦残块，说明当时的宫墙顶部可能存在木构瓦顶的建筑结构。

（刘振东　徐龙国　张建锋）

【汉长安城建章宫太液池遗址】

发掘时间：2014 年 12 月 ~2015 年 1 月

工作单位：中国社会科学院考古研究所汉长安城工作队

汉长安城建章宫太液池遗址位于汉长安城以西建章宫前殿遗址的西北侧。遗址位于今陕西省南区六村堡街道办事处太液池苗圃一带。2014 年 12 月 ~2015 年 1 月中国社会科学院考古研究所汉长安城工作队该遗址进行了考古钻探，勘探面积约 290000 平方米。钻探表明，太液池遗址平面呈曲尺形，东西最大长度约 570 米，南北最大宽度约 440 米。池内普遍发现淤土等湖相堆积，还发现岛屿 11 处，其中大型岛屿 4 处，分别位于池内北部、西北部及南部，小型岛屿 7 处，位于大型岛屿附近。有的岛上还有夯土建筑。东南部和东北部池边还发现了太液池的进、出水道遗迹。

岛屿面积占了池内面积的大部分，显示这一人工湖遗址的主要功能不是蓄水，而是园林景观；另外，池岸及岛屿的岸边普遍发现用砂岩质石板铺砌的现象，岛上还发现形制复杂的夯土建筑遗迹。此池布局复杂，做工考究，反映了西汉时期人工湖的建筑及园林工艺。

建章宫太液池是中国历史上第一座以“太液”命名的皇家池苑，其建设理念及形制布局对整个中国古代皇家园林产生了极其深远的影响，对于研究中国古代宫廷池苑的发展历史有重要价值。

（徐龙国　张建锋　刘振东）

【西安市雅荷四季城北区汉墓】

发掘时间：2015 年 3 月 2 日 ~4 月 10 日

工作单位：西安市文物保护考古研究院

雅荷四季城北区项目位于西安市未央区凤城四路与贞观路十字西南角。此次共发掘古墓葬 17 座，有竖穴土坑墓、竖穴墓道土洞墓和斜坡墓道砖室墓三种，出土陶缶、陶鼎、陶盒、陶钫、釉陶罐、釉陶仓、铜镜、铜钱等文物 60 余件（组），墓葬时代为西汉早期和新莽时期。

竖穴土坑墓共有 3 座，墓向东，平面均为长方形，口大底小，单棺，随葬器物多置于棺外头端和侧面，出土陶器有房形仓、缶、盒、鼎、壶、钫、灶等，铜器有铜镜、铜带钩、铜钱（半两）、车马器等。竖穴墓道土洞墓 8 座，墓向东，平面呈长方形，墓道与墓室等宽或稍宽于墓室，木板封门，葬具为一棺一椁或单棺，部分墓葬在墓道一侧带有一个龛或耳室，有龛或耳室的随葬品多置于龛或耳室内，无龛者置于墓室内木门内侧，出土陶器有壶、蒜头壶、灶、钫、盆、釜甑、房形仓、镳斗、鼎、盒等，铜器有铜镜、带钩、半两钱，铁器有削等。斜坡墓道土洞墓或砖室墓 4 座，南向或北向，墓道呈长方形，墓室宽于墓道，砖封门，多被盗扰严重，出土有绿釉陶仓、釉陶灯、陶罐、陶灶、铜钱（五铢）等。

（张小丽　朱连华）

【西安市汉杜陵陪葬墓前建筑遗址】

发掘时间：2013 年 11 月 ~2015 年 1 月

工作单位：西安市文物保护考古研究院

遗址位于西安市曲江新区南三环以南，绕城高速以北，公园南路以东，杜陵 75 号、76 号陪葬北部。为配合植物园迁扩建项目建设，对区域内所涉及的古遗迹进行了初步发掘，发掘面积 8100 平方米。

遗址整体夯筑，然后在夯土台基上起墙。整个遗址由一道曲尺形墙和“T”形巷道分隔成三部分，其中东南部为一号建筑基址，西南部为二号建筑基址，整个北部为三号建筑基址。因后期人类活动，整个遗址的堆积并不统一，其中二号与三号建筑基址堆积较厚，一号建筑基址去掉现在的耕土即露出基址夯土，部分区域夯土也已经被完全破坏。

一号基址地势最高，为高台建筑，破坏较为严重，仅剩墙与夯土台基。夯土台基距墙 1.5 米 ~2 米，夯土台基残长 32 米，宽 12 米。墙西部开有一门，门道两侧各有一道东西向夯土墙，一号基址未全面发掘，向东和南继续延伸，南部做了 3 条探沟。西南部为二号建筑基址，南北向连的东西向院落，北部院 10，南部院 11，院 11 未全部发掘，西墙墙基被破坏，仅能分辨出分界线。整个北部为三号建筑基址。

整个遗址以一道宽约 2.2 米的大墙为界进行区域分割。大墙（Q1）呈曲尺状，墙体夯筑，可见较为清晰的夯窝，墙体外侧呈坡状，堆积有大量瓦片。大墙西部开有一门，地面铺素面方砖。门道南侧门墩已被破坏，北侧门墩保存较好。

二号建筑基址位于一号建筑基址西侧，中间由巷道相隔。该建筑基址为南北相连的两组东西向院落。东部和北部分布有础石，可能有回廊。两组院落由一道东西向的夯土墙相隔。墙基对称分布有壁柱，壁柱为长方形或方形。东墙尚存留部分。北侧院落内部对称分布 11 个磉墩或柱础，东墙中部偏南处有一缺口，似为门道。

三号建筑基址位于一号、二号建筑基址北部，由东西相连的南北向的九组院落组成，西部破坏较为严重，东部保存较好。九间院落的布局基本相近，均为进深4间，面阔2间，由前院、房屋、后院组成。院落大门开在南部西侧，中间有一圆形础石，或为挡门石，因此院落大门可能为双开。前院平面呈长方形，正中有一圆形柱础，中间偏东处为排水管道，管道四壁砌砖，排水管道穿过南墙，注入巷道中。前院东北角均有灶，类型有单眼灶、双眼灶和三眼灶。院落房屋为一堂二内形式。堂与前院之间以横向平铺长条砖和横向平铺筒瓦为界。堂东侧有一过道通向后院，过道与后院之间开有一门。主房为两开间，平面为长方形，均为单门。

在建筑基址东部还发掘陶窑2座。

遗址出土云纹瓦当及文字瓦当百余件，其文字内容有"长乐未央""永奉无疆""长生无极"等，此外，还出土有铁铲、钱范、陶罐等遗物二十余件。

该遗址位于杜陵北部，距杜陵约4000米，为近年来在杜陵范围内发掘的规模较大的一处建筑基址，其规模较为宏大、布局规范，保存较为完整，从其布局及出土器物来看，该处建筑的年代相当于宣帝时期，应为一处等级较高的建筑基址。

（王艳朋　翟霖林　柴　怡）

【淳化县甘泉宫遗址】

发掘时间：2015年9～12月

工作单位：陕西省考古研究院、咸阳市考古研究所、淳化县文物旅游局、甘泉宫遗址文管所

2015年度，几家单位联合完成了甘泉宫遗址8平方千米范围的无人机拍摄及2平方千米1:2000地形图测量，完成普探面积40万平方米、重点勘探面积10万平方米。发现了围绕一号、二号墩台（通天台）分布的5处大型建筑遗址以及多处遗迹现象，包含夯土基址150处、柱础石177个、石砌基址6处、踩踏面4处、鹅卵石散水3处等。

F1，位于2号墩台南部约250米处，长方形，方向89°，东西长约110米，南北残宽36米。南侧发现疑似墙址与道路。根据建筑基址平面形制、分布位置，初步判断为一处坐北朝南、带围墙、等级较高的宫殿建筑。F2、F3、F4位于2号墩台东侧，竖长方形，形制复杂。F2，方向2°，南北长195米，东西宽58米，发现多处柱础石。F3，方向1°，南北长158米，东西宽61米。

通过重点勘探，首次明确了二号墩台为高约15米的三层夯土台基结构。底部平面长方形，南北长74、东西残宽57米，高2米～4米；中部近似方形，南北长40米，东西残宽36米，高4米～6米；顶部近似方形，南北长21米，东西残宽20米，高4米～5米。顶部台基中央有最长11.5米，最短10米，深2.5米～3米的近似圆形红烧硬结块范围。三层台基上共发现柱础石18处，东侧、北侧发现曲尺形的石砌基址。顶部、周围红烧土深厚，推测二号墩台毁于大火。史料载武帝元封二年（前109）"起甘泉宫通天台"，根据位置、形制推测一号、二号墩台为通天台遗址。

探明西城城址平面近方形，方向2°，东西残长637米，南北宽639米，墙体宽5米～7米，三面城墙上发现马面11处。西城墙地表残高1.2米～2米，方向北偏西2°，南北长约639米，东西宽6.5米～7米，夯土厚1米～2米，发现马面5处。中部有一缺口，南北长约15米，疑为门址。马面12位于北城墙东段，凸出墙体，与城墙相接。平面长方形，东西长8米，南北宽6米，残高3.6米，为首次在西城发现的马面。调查中在西城内曾发现长生未央、未字、云纹残瓦当，外细绳纹、内

布纹、中麻点纹板瓦，筒瓦、回字纹铺地砖残片，推测西城为西汉时期。外围调查采集陶鼎、釜、茧形壶、喇叭口罐、缶等30余件，时代为春秋晚期至战国晚期。采集地点皆位于小池村夯墙遗址的西北、西南、正南，直线距离不超过10千米。十余件陶器戳印“云市”“云亭”文字，进一步确证了秦汉云阳县城位于甘泉宫遗址附近。

（肖健一）

【汉阳陵陪葬墓园外藏坑遗存】

发掘时间：2014年4月～2015年12月

工作单位：陕西省考古研究院、汉阳陵博物馆

2015年度，陕西省考古研究院与汉阳陵博物馆联合对汉阳陵东区陪葬墓园中的一座外藏坑进行了发掘。外藏坑位于一座陪葬墓的墓道内，方向与墓道方向一致，平面为东西向长方形，长30.4米，东端宽5米，西端宽5.8米，深6米。

坑内有大型木椁两具。东椁长13.92米，宽3.4米，残高0.57米～0.76米。椁内出土器物有骑马俑13件、木马遗迹11处、木车遗迹6处、男女着衣式陶俑15件、木俑遗迹5处。盗洞内出土石磬20余件、乐器构件8件、着衣式陶俑及大量车马器、兵器等；西椁长11.22米，宽2.9米，残高0.8米～1.54米。椁内出土罐、仓、茧形壶等陶器近20件及耳杯、盘等漆器遗迹，部分陶器中残留有动物骨骼。外藏坑出土器物多数与汉阳陵帝陵外藏坑中的出土器物一致，属于皇帝特赐之物，由此可见外藏坑所属墓葬墓主人地位之显赫。

这座外藏坑的发掘，对于西汉帝陵的陪葬制度研究及高等级墓葬研究具有重要意义。

（侯宁彬　杨武站）

【咸阳市西汉帝陵】

发掘时间：2015年1～4月

工作单位：陕西省考古研究院

2015年度，西汉帝陵项目主要是对汉渭陵陵园围沟与园墙进行考古发掘。西汉渭陵位于咸阳市渭城区周陵镇新庄村东南，是汉元帝刘奭的陵园。2015年度，陕西省考古研究院对陵园北围墙及围沟进行了小区域发掘，面积约400平方米。

园墙与围沟均开口于扰土层下，距现地表0.38米～0.7米。园墙由于后期平整土地破坏，现仅存基础部分，其构筑方法是先开挖宽3.4米，深1.4米基槽，用圆形夯器夯筑，夯窝直径约0.07米，夯层厚0.04米～0.12米；夯筑到与地面平齐以后，向墙基两侧各外放1米，用以加宽墙基，然后开始筑墙。围沟位于园墙北侧，二者相距32米。围沟分东西两段，中部以宽5.35米生土梁相隔。由于后期破坏及常年雨水冲刷，上半部壁面多呈斜坡状，致使壕沟平面呈东西向不规则长条形、口大底小。其中，东段围沟发掘长度9.5米，口径5.7米～5.9米，底呈西高东低状，宽1.65米，距地表2.2米～2.8米。西段围沟发掘长度14米，口径3.8米～7.9米，底呈东高西低状，宽2.1米，距现地表2.33米～2.9米。根据发掘情况来看，围沟底部凹凸不平，推测可能当时沟内大量积水，因清理沟内淤泥所致。沟内堆积可分为三层：第一层为围沟废弃后堆积，二至三层为围沟使用期间堆积；沟内出土遗物多为汉代板瓦、筒瓦、铺地砖残块以及部分器物残片，时代大体为西汉中晚期，与渭陵时代相当。

此次发掘，验证了考古勘探发现的西汉帝陵外园墙的存在，明确了外陵园围沟并非完全连续，而是以生土隔梁相隔，起到类似通道的作用。

（马永嬴）

【咸阳市周陵大石头村汉唐墓葬】

发掘时间：2015 年 3～12 月

工作单位：陕西省考古研究院

为配合相关工程建设，根据前期勘探成果，陕西省考古研究院联合咸阳区文物部门对咸阳市渭城区周陵镇大石头村北项目占地范围内进行了考古发掘，共清理古墓葬 20 座、马坑 11 座。出土各类文物 85 件（组），铜钱 275 枚。

此次发掘的 20 座墓葬中，汉代墓葬 15 座、唐代墓葬 4 座、宋代墓葬 1 座。汉墓 8 座为斜坡墓道洞室墓、7 座为竖穴墓道洞室墓，墓地持续时间较长，以西汉中晚期为主。4 座唐墓均为斜坡墓道刀把形土洞墓，其中 3 座带有一个天井。马坑 11 座，均为竖穴土坑，东西向，南北两排，各埋有一马。

此次发掘有以下收获，一是 M15、M22 两座汉墓的发掘。两座墓葬规模都较大，通长 30 米，均为带一个天井的长斜坡墓道洞室墓，两墓南北并列，墓道在东，间距 2 米。在两座墓葬外围有长方形的围沟，南北长 48 米，东西宽 40 米，在西北角处有近三米的缺口，用于出入。围沟剖面为梯形，上口宽 2.6 米～3 米，下口宽 0.7 米，深 3 米。两座墓葬均盗掘严重，仅 M22 出土陶盒、奁等，时代为西汉中期偏早阶段，这两座墓葬同处一封闭区域内，应为家族墓葬；二是 11 座马坑的发掘，马坑均为长方形竖穴土坑，东西向，长 2.6 米～2.7 米，宽 1.3 米～1.4 米，深 4 米～5 米。从形制来看，应为战国中晚期。

（王志友）

【咸阳市龙枣村汉唐墓葬】

发掘时间：2015 年 8～12 月

工作单位：陕西省考古研究院

龙枣村古墓葬位于咸阳市渭城区底张镇龙枣村西，区域内遗迹包括 40 座古墓葬、4 座陶窑。至 2015 年 12 月已发掘古墓葬 30 座，其中汉代墓葬 7 座，唐墓 9 座，宋墓 4 座，明清墓 10 座；汉代陶窑 3 座，出土各类文物 150 余件。

汉代墓葬形制分为竖穴墓道和斜坡墓道洞室墓两、壶、甑、耳杯、案及陶塑动物等。其中 M7 形制特殊，无墓道，直接在竖穴土圹内用砖构建墓室，拱顶，出土陶罐、砚台、铜镜和五铢钱等。

唐代墓葬均为刀把形，其中 M18 规模较大，五个天井，但天井较小，墓室为大开挖，砖券顶，盗扰严重，未见墓志，仅发现志盖残块，初步推断墓主姓贺，时代为唐代中期。墓室内出土了白瓷香炉和碟，器壁较厚，体形较大，应为实用器，在同期墓葬中较少见。

宋墓形制均为竖穴墓道洞室墓，随葬品很少，多为 1～2 件瓷器，均为民窑，分别为梅瓶和碗，施酱黄或褐色釉。

通过此次发掘，为该地区小型墓葬及区域历史文化研究提供了重要的实物资料。

（王　东）

【咸阳市石羊庙村汉唐墓葬及汉代遗址】

发掘时间：2014 年 12 月～2015 年 5 月

工作单位：陕西省考古研究院

为配合相关工程建设，根据前期勘探成果，陕西省考古研究院联合咸阳市、区文物单位对咸阳市渭城区周陵镇石羊庙村南占地区域内的古代文化遗迹进行了考古发掘，共清理古墓葬 13 座、遗址 600 平方米，出土各类器物 59 件（组）。13 座墓葬中 2 座为唐墓、11 座为汉墓，均被盗严重，出土器物较少。汉墓 1 座为斜坡墓道洞室墓、1 座为竖穴砖室墓，其余均为竖穴墓道洞室墓，年代为西汉晚期或王莽时期。遗址的年代为汉代，共清理汉代灰坑 12 座、沟 3 条、柱坑 5 个。

此次发掘的收获主要有三个方面：一是竖穴砖椁墓 M7 的发掘，该墓为竖穴土圹，砖椁，椁室上部西壁有耳室，出土有陶壶等；二是汉代封土墓 M13 的发掘，该墓为长斜坡墓道封土墓，有封土迹象，结合勘探资料，基本搞清了封土的范围，对研究西汉中小型汉墓相关问题研究提供了基础材料和研究视角；三是发现年代明确的汉代遗址一处，根据地层关系，M13 封土下压汉代沟、柱坑等遗迹，确认了汉代遗址的年代上限。同时，汉代居址和墓葬的发现为研究汉代小型聚落结构提供了新的资料。

（徐雍初）

【引汉济渭库区诸遗址】

发掘时间：2014 年 4 月 ~2015 年 12 月

工作单位：陕西省考古研究院

2014 ~2015 年，陕西省考古研究院与汉中市、县文物单位合作，对引汉济渭工程涉及的三河口和黄金峡库区进行了系统调查，发现多类古文化遗址，并发现多处旧石器旷野地点。目前已经重点发掘的有蒲林湾、大觉寺、关岭和金陵寺等地点。

蒲林湾墓地位于佛坪县石墩河镇蒲林湾村，墓地坐落在子午河上游支流蒲河西岸。此次发掘两宋时期墓葬 5 座。宋代墓葬的排列井然有序，沿着阶地上下成列，左右成排。从层位关系观察，墓葬之间由下而上逐次打破。左右成排的墓葬之间基本不存在打破关系。初步判断，这是一处经过严格规划的家族墓地。蒲林湾墓地的发掘，是佛坪县迄今唯一的考古发掘工作，首次揭示了汉中地区宋代家族墓地的基本内涵。

大觉寺遗址位于洋县黄安镇黄安村，遗址面积约为 2 万平方米，发掘面积 1200 平方米。耕土层以下的淤积地层厚度达到 1.6 米左右，其下叠压着建筑倒塌堆积，再下为两宋时期的建筑基址，遗迹内发掘出土的器物有日用陶器、瓷器、釉陶、铜钱、排水管道和建筑构件等，主要为两宋时期的遗物，特别是釉陶净瓶等佛教法器的出土，表明该建筑基址属于宋代寺庙遗址。建筑基址保留有成排分布的大型柱础磉坑，坑内填以鹅卵石，其顶部正中放置柱础石。建筑地面之下预埋了复杂而相互连通的排水管道系统，管道由遗址中心通往遗址边缘低地。根据勘探资料，此次发掘的建筑基址为该寺庙遗址的西侧厢房。对应县志的记载，我们认为这组宋代寺庙建筑应该是唐代大觉禅寺的延续遗存。

关岭遗址位于黄金峡库区的洋县金水镇关岭村，金水与汉水在此交汇。这里四面环山，中部为较平缓的盆地。盆地内分布着多处墓地和建筑遗迹，此外，环绕盆地的关岭山梁顶部诸驼峰部，点状分布着多处大型汉代建筑遗址。重点对关岭山梁东南段的大梁顶汉代建筑遗址进行了清理，发掘面积 1200 平方米。发掘证实，大梁顶遗址是一组西汉末期至东汉时期的大型建筑群。截至 2015 年，发掘部分已发现 3 座房址，均为长方形地面式框架结构建筑，面积 70 平方米 ~200 平方米不等。由于山顶地势呈驼峰状，建筑房屋之前对山顶地势进行了修整取平，有的房址地面、基槽和柱洞也开凿在岩石上，房址内开凿的岩石地面凹凸不平，且基本未见灶坑、火塘、灰烬等生活遗迹，与常见的建筑地面形成显著反差。房址倒塌堆积内出土的遗物以绳纹板瓦、筒瓦、瓦当为主，并有少量箭头、铜釜、陶器、五铢钱、新莽时期铸币等器类。其中，文字瓦当主要有两种内容，一类为“王常高迁”，另一类为“宜王”。这两类文字瓦当的内容表明，这些汉代建筑的性质属于汉代中央政府直属设施，而非普通民居。

关岭遗址汉代建筑群位于子午道西行段，是一处重要的垭口关隘遗存，历代子午道通往汉中前去成都平原必经此地。史载子午道作为中央政府官方驿道，凿空于西汉平帝元始五年（5）至孺子婴居摄元年（6），即王莽专权时期，这与此次发掘遗存的年代相吻合。

此次发掘，是子午道乃至秦蜀诸古驿道的第一次考古勘探和发掘工作，为秦蜀古道研究提供了翔实可靠的资料支撑，也将有利于秦蜀古道申报“世界文化遗产”。

（马明志）

【咸阳市张闫东汉及北周墓葬】

发掘时间：2015 年 11 ~ 12 月

工作单位：陕西省考古研究院

咸阳张闫村古墓葬位于咸阳市渭城区正阳镇张闫村，北临机场专用高速。项目区域发现 3 座古墓葬。其中东汉晚期墓葬 1 座，另外 2 座均为北周时期，出土各类文物 200 余件/组。

东汉晚期墓形制为长斜坡墓道砖室墓，坐北面南，前室为券顶，左右两侧各有 1 龛，龛为土洞结构，随葬器物大多放置在前室和东侧的龛内，随葬器物为陶壶、罐、仓、奁、盘、耳杯、朱书瓶、豆、灯及陶塑动物等，器表基本都有彩绘。后室为穹隆顶，内有木棺一具，木棺清晰可见红漆涂抹痕迹，木棺底部铺有大量铜钱，数量达 3000 多枚，品种涵盖半两、五铢、减轮五铢、大泉五十以及东汉末年董卓铸造的小五铢钱等，在该地区同类墓葬中比较少见。

两座北周墓相邻较近，均为长斜坡墓道土洞墓，带一过洞、一天井。出土器物基本可分为三类。一类是镇墓类俑，一类是铠甲俑、仪仗俑、侍从俑及牛车；还有一类为模拟家居生活的陶塑动物及灶井等明器。两座墓均出土墓志，根据志文记载，北周墓墓主许诞，出身将门世家，担任车骑大将军、仪同三司、大都督，因军功赐鲜卑姓氏去今氏；另一座墓葬墓主为许诞母亲，河南洛阳人，86 岁卒于长安，志文记载葬于渭之北中乡。墓志记载的内容为研究鲜卑姓氏、郡县历史沿革以及北魏乡里制度等提供了重要资料。

（王　东）

【咸阳市张闫汉魏时期遗址】

发掘时间：2015 年 1 ~ 6 月

工作单位：陕西省考古研究院

张闫遗址位于咸阳市渭城区东北正阳镇白庙张闫、南舍、小闫、兴隆、岳家庄等村组，西北为肖河故道，南与汉惠帝安陵邑毗邻，地势高亢，属于渭河北岸三级台塬地。继 2014 年完成发掘面积逾 2000 平方米后，2015 年度，共清理墓葬 13 座、灰坑 39 处、灰沟 4 条、房址 5 座、夯土基址 12 处、古井 6 眼、道路 4 条、金属冶铸作坊 1 处等遗迹，出土遗物 186 件（组），包括青瓷碗、玉料以及陶质博具棋盘、瓦当、水管道等。补充勘探 16 万平方米，发现环壕居址一组，环壕东西长约 115 米，南北宽约 105 米，开口宽 6 米 ~ 12 米，深 2.8 米 ~ 3.5 米。遗存时代包含汉魏、明代等不同时期。

金属冶铸作坊遗存主要由地面房址、多功能下沉式操作间等部分组成；操作间操作间由斜坡土洞通道、壁龛、烘范炉、熔炼（炒钢脱碳）炉、鼓风间等部分组成，全部修建在长方形地下土圹中。东部是主要生产活动区域，总长 6.3 米 ~ 7.3 米，宽 5.4 米 ~ 6 米，深 3.6 米。根据东西壁中部设木柱、柱石以及南壁口部凹槽情况推测，此区域顶部的结构应为立柱上搭东、西横梁，南、北向铺设檩条，顶部全封闭或半封闭结构。西部鼓风间长 2.7 米 ~ 2.84 米，宽 2.1 米，深 3.6 米。东北角有土洞通道与生产区相通，东壁中部生土中掏龛、设生土台，再挖两穴与熔炉风孔相通。此组遗存出土遗物包括耐火砖、鼓风管、铁板、钱范、坩埚及 150 余公斤铁渣块。根据遗物特征初步判断，这是一处非常少见的大型金属冶铸生产遗存，时代下限不晚于北魏。

（许卫红）

【靖边县杨桥畔渠树壕东汉壁画墓】

发掘时间：2015 年 5～6 月

工作单位：陕西省考古研究院

墓葬位于靖边县东部杨桥畔镇杨二村西南方向约 2000 米处的芦河南岸沙滩梁峁区。2015 年 5 月，靖边县文管办在墓群保护区内发现已经被盗扰的该墓葬，壁画色彩艳丽，但无白灰层，加之地仗为沙土，厚度较薄，未加入麦草、稻草之类的“筋”，强度较低，地仗极易脱落，为了保护这些珍贵的壁画遗存，陕西省考古研究院与靖边文管办组成联合考古队，对该墓葬进行了抢救性发掘。

该墓为长斜坡墓道砖券拱顶前后室结构，东西向，水平总长 26.5 米，墓底距现地表深约 9.3 米。整个墓室除主墓室南、北、西三面直壁未施绘壁画外，其余均有壁画分布，总面积 20 余平方米。壁画的主要内容有星象图、持戟门吏、车马出行、侍女、宴乐等。特别是位于墓室拱顶部分的星象图，是首次发现的星形、星数、图像、题名四要素俱全的天文图，首次将星官的形数、神像、题名相结合，为准确研究二十八宿尤其是中外星官提供了科学依据。此外壁画星图表示了三垣、中外星官以及黄道和日月位置，经初步研究认定整个天文图星图中描绘了一半“黄道规（圈）”，这只有在东汉“黄道铜仪”被建造，并且普及黄道知识以后才有可能，因此该墓的年代上限不早于永元十五年（103），为东汉中晚期。

（段　毅）

【西安市长安区南留汉代至清代墓葬群】

发掘时间：2015 年 3～12 月

工作单位：陕西省考古研究院

长安南留古墓葬位于西安市长安区引镇街道南留村南约 200 米。为配合陕西西安监狱迁建工程建设，陕西省考古研究院在该区域共发掘古墓葬 26 座，其中汉代墓葬 3 座、十六国墓葬 4 座、唐代墓葬 4 座、宋金墓葬 4 座、元代墓葬 1 座、清代墓葬 4 座、近代墓葬 4 座、年代不详墓葬 2 座，出土各类文物 200 余件（组）。

十六国墓形制基本相同，并排排列，应为家族墓葬。M3 由带台阶的斜坡墓道、甬道、墓室及墓室内壁龛等组成。随葬品较少，仅有陶灶、甑、碗等。

M22 系大型唐代壁画墓，形制为长斜坡墓道多天井和壁龛的单室土洞墓，坐北面南，由斜坡墓道、5 个过洞、5 个天井、4 个壁龛、甬道、墓室等部分组成。天井底部两壁皆绘有壁画，内容为男女侍从；墓室四壁以朱红色绘影做木构，柱间绘侍女，保存状况较差。墓室内盗扰严重，出土有陶俑、陶靴、陶莲花帐座及铜饰残件等。根据墓葬形制及出土器物判断，该墓时代为唐代早期。

宋金墓葬皆为小型单室土洞墓，出土有瓷器、铜币等。此次发掘的墓葬，时代从汉代延续到近代，但分布稀疏，出土文物数量较少，反映了该地区并非汉唐长安城南的主要墓葬分布区。此次发掘为了解少陵原南缘区域的墓葬分布提供了新材料。

（李　晔）

【靖边县统万城遗址】

发掘时间：2015 年 4～11 月

工作单位：陕西省考古研究院

2015 年度主要对统万城遗址无定河南岸的西梁和西城西北方外郭城内查干乞台发现的两处大型夯土台遗址进行了调查、勘探与发掘。

西梁夯土台遗址位于统万城遗址东南，隔无定河与城址相望，地处圪坨河与干沟之间的台地上，距统万城直线距离约 2000 米。主要由围墙及围墙内的南墩台、中墩台和北墩台等部分组成。2015 年度，对围墙的东北角和西南角进行了发掘。围墙南北长约 350 米，东西宽 185 米～217 米，周长 1102 米，面积约 7 万平方米，墙体底宽 1.3 米～1.9 米，顶宽 2 米～2.2 米，厚 1.1 米～1.6 米。其构筑方式是先在选址上开挖“回”形基槽，基槽截面呈上大下小的梯形，然后再在基槽内分段夯筑墙体，转角为整体夯筑；在围墙内，南北向分布有南、中、北 3 座白色夯土墩台。南墩台平面近方形，南北长 37 米，东西宽 36 米，中心距底部深约 8.8 米。其构筑方式是先在地表下挖出口小底大的“斗”形方坑，再在坑底逐层夯筑，夯土基础部分深约 4.8 米。地表部分夯土残高约 4 米，顶部略呈圆弧形。墩台四周均有斜坡漫道。中墩台平面近方形，东西长约 36 米，南北宽 35 米，中心距底部深 1.1 米。墩台边缘夯土较薄、中部较厚，整体呈边缘平缓、中部隆起的龟背状。其建筑方式与南部墩台相同。墩台东、北两侧均发现有斜坡漫道，另外在东、北两侧还发现有数个夯土柱础。北墩台平面近方形，东西长 38 米，南北宽 35 米～36 米，中心距底部深 3.5 米。其建筑方式与南部墩台建筑方式相同，基础部分夯土深 1.5 米。地面以上部分夯土呈覆斗形，高约 2 米，顶中部较平坦，其东、南、西三侧有斜坡漫道。

查干圪台位于统万城遗址西城西北、外郭城内，东南距西城约 2.3 千米。查干圪台共发现 3 座夯土台，此次对 1 号和 2 号夯土墩台进行了发掘，发掘面积约 1000 平方米。1 号夯土墩台主要由西、南、东三条夯土带、中部平台基础和外围覆土等部分组成。其构筑方法是先夯筑呈矩尺形的西、南两条夯土道路，然后夯筑东夯土道路，三条夯土路相交呈“T”形，之后以三条夯土路为中心夯筑方形平台，最后于方形平台基础外缘再夯筑斜坡状覆土。墩台平面整体呈南北长、东西短的圆弧形，且西、南两侧坡度较缓，东、北两侧坡度较陡，墩台主体部分南北残长 27 米，东西残宽 20.5 米，厚 2 米。三条夯土路和中心平台部分夯层清楚，夯筑精细。护坡为青白色夯土，粗夯，夯层不甚明显。墩台被近代房址打破。2 号夯土墩台平面近方形，方向 35°，墩台长 6.8 米～6.9 米，中部高出现地表约 0.3 米。同样是在“斗”形方坑内起夯。2 号墩台东南角被 2 座唐代墓葬打破。

西梁和查干圪台两处夯土遗址均被隋唐时期墓葬打破，因此其时代应当早于隋唐时期，结合统万城历史沿革，推测其建造年应与统万城同期，这两处夯土遗址分别位于统万城遗址东南郊与西北，从其建筑位置与统万城之间的空间布局关系看，应为两组礼制性建筑，可能与大夏国时期统万城的祭祀活动有关。

（邢福来）

【咸阳市北杜北朝及明清墓葬群】

发掘时间：2015 年 9～12 月

工作单位：陕西省考古研究院

北杜墓葬群位于咸阳市渭城区北杜镇北杜村南。勘探共发现墓葬 31 座，包括古墓葬 23 座，近代墓葬 8 座。目前，已发掘墓葬 10 座。除两座为长斜坡带天井洞室墓外，其余均为竖穴墓道洞室墓。

其中 M5 为一竖穴墓道的洞室墓。墓室呈长方形，底部铺砖，封门以青砖砌筑，北壁有一方形头龛。出土灰陶文物 6 件，有仕女俑、陶马、仓、灶等，为典型的元代遗物。M7 为带 3 个天井的长斜坡墓道洞室墓，平面呈“甲”字形。全长 50 余米，单个天井长 6 米，墓室深 11 米。墓室由前后室组成，前室大致呈方形，后室为长方形。在墓道两壁及洞室、天井的下方、墓道四壁均有彩绘，系直接绘于土壁上，无地仗层，保存较差，除墓室东壁保存有两道线条外，其余部分仅保留白色、红色的彩绘痕迹。在墓道过洞及盗洞内发现陶俑、陶马等数件，另在墓室内发现动物骨骼、牙齿等。陶俑戴风帽，较扁平，红色彩绘，初步判断其年代在北朝至隋朝时期。

除上述两座墓外，其余墓葬年代较晚，为明清时期。出土有黑釉瓷碗、酱釉瓷罐、陶罐、钱币、铜簪、镇墓瓦等遗物十余件。

（田有前）

【西安市长安区大兆郭庄西魏北周墓】

发掘时间：2014 年 10 月 ~2015 年 10 月

工作单位：陕西省考古研究院

西安市长安区大兆郭庄墓葬区内共有 3 座古墓葬，编号 M1、M2、M3。2014 年 10 月结束 M1（唐韩休夫妇合葬墓）田野发掘工作后，陆续开展了 M2、M3 的发掘工作。

M2 位于 M1 北约 20 米，西南邻 M3 约 25 米。为长斜坡墓道多天井双室土洞墓，平面呈“中”字形，坐北面南，方向 175°。南北水平总长 42.2 米，墓底距现地表 9.55 米。由斜坡墓道、4 个过洞、4 个天井、甬道、砖封门、前室、后室、壁龛组成。前室置随葬品，共 166 件（组），有镇墓兽、武士俑、骑马俑、仓灶、铜药具、墓志等。在其东、西两壁以红彩绘壁画，由于垮塌严重，仅辨西壁一鸟禽图像；顶部星象图较为清楚，可见日月、银河、北斗七星等。后室发现木棺痕迹，属同棺合葬。人骨两具，较为凌乱，葬式不清。据墓志可知，墓主夫妇为茹茹骠骑大将军乞伏孝达和吐谷浑晖华公主，公主葬于西魏大统七年（541）。

M3 东距 M2 约 20 米，东南邻 M1 约 20 米。该墓为带天井单室土洞墓，平面呈“甲”字形，坐北面南，方向 174°，南北长 23.2 米。由墓道、1 个过洞、1 个天井、甬道、墓室构成。墓室东侧置随葬品，共 101 件（组），有武士俑、镇墓兽、陶碓、仓灶、牛车、砖墓志等。棺木紧贴西壁放置，墓主为仰身直肢葬，骨骼多朽成渣。据墓志记载，墓主为金城乞伏永寿夫人临洮郡君。

根据墓葬信息比对，推测 M2 的时代下限为西魏末年至北周初年，M3 的时代应在北周建德年间。这 2 座墓葬的发现，为西魏至北周时期墓葬形制、随葬品特征的对比分析提供了新的材料，特别是为北朝时期西魏、吐谷浑、茹茹的民族历史研究提供了重要的实物资料，补充了金城乞伏氏的家族历史。

（刘呆运）

【唐代帝陵】

发掘时间：2015 年 1 ~12 月

工作单位：陕西省考古研究院

2015 年度，陕西省考古研究院对唐靖陵、简陵、章陵三座陵园遗址进行了全面考古勘探，对唐昭陵 190 座陪葬墓中的 90 座进行了全面考古调查和勘探；对唐永康陵、定陵陵园的部分建筑遗址进行了小面积发掘，对陵园石刻进行了全面清理。全年共完成考古勘探面积 300 万平方米，发掘面积 900 万平方米，出土文物 50 余件。对永康陵南门门址以及内外围沟局部，定陵南门西侧列戟廊局部、蕃酋殿局部、无字碑碑亭局部进行了发掘。同时，对 2 座陵园的石刻进行了清理。发掘显示，2 座陵园的建筑遗址地上部分已经完全损毁，只保留地下的夯土基础。定陵无字碑碑亭遗址现保存有平面形状呈正方形的夯土台基，边长约 18 米，在遗址四周发现了大量的石刻残块，部分石刻表面有人工平整迹象，应为无字碑残块。西侧蕃酋殿遗址平面呈曲尺形，受自然因素影响，建筑的主体部分损毁严重，遗址四周出土了少量的砖瓦堆积和蕃酋像残块。西侧列戟廊平面形状呈曲尺形，边长约 14 米，遗址东侧清理出台基包砖和散水遗迹。两座陵园石刻因人为和自然因素也遭到一定程度的损毁，但仍清理出少量重要石刻，如永康陵的一对华表，在柱身上发现了清晰的篆刻文字，东侧为“唐太祖景皇”，西侧为“帝永康之陵”，定陵南神道清理出 2 件完整的石人。

通过对靖陵、简陵、章陵三座陵园的考古勘探，全面了解了这几座陵园的基本布局以及陵园石刻和相关遗迹的分布及保存现状。并且全面完成了唐代帝陵大遗址保护项目——全部 21 座唐陵的陵园勘探工作，较为系统地掌握了关中唐代帝陵陵园形制及发展演变的大体方向，彻底摸清了不同时期帝陵的形制特征。

2015 年度勘探工作的重点为昭陵 190 余座陪葬墓中的 90 座。昭陵陪葬墓因其数量多和占地范围大，过去未进行过细致调查和勘探工作。此次，将整个陪葬墓区作为整体，进行了全面考古勘探。勘探发现，这些陪葬墓基本由围沟、墓葬、封土构成。其中可以确认身份的有 32 座，新发现 4 座。墓葬形制包括 7 个天井的 1 座，6 个天井的 2 座、5 个天井的 44 座。勘探还发现了双墓道同茔异穴墓葬、“三连冢”等异形墓葬结构，部分陵园还发现了门阙遗迹，还有 5 座陪葬墓发现了埋于地下的石刻，这些石刻多数位于墓园外神道两侧，有可能是神道石刻的遗迹。这些新的发现，真实地反映了初唐时期的帝陵陪葬制度，丰富了对昭陵陪葬墓的认识，为唐代帝陵陪葬制度的研究提供了新材料，也为唐代政治、经济、文化研究提供了新资料。

（张建林）

【富平县桑园唐代窑址】

发掘时间：2015 年 1 ~ 12 月

工作单位：陕西省考古研究院

2015 年度，继续对该窑址进行了详细的调查、勘探，并选点进行发掘，发掘面积 500 平方米，揭露窑炉 13 座，出土遗物提取标本 43 件；勘探面积 50000 平方米，新发现窑炉两组，共 48 座。在遗址区，新发现三组窑炉，其中两组窑呈东西向分布，与其他窑组呈垂直关系，处于窑场中部。目前，桑园窑址发现窑炉总数达 544 座。

勘探发掘结果显示，不同组窑分别用于生产某一类特定产品。根据不同的产品种类及窑炉位置分布，该窑场可分为四个功能区：第 1 区为砖窑区，产品以绳纹条砖为主，其中包含少量的手印砖；第 2 区为瓦窑区，产品以瓦为主。第 3 区也为砖窑区，产品以砖为主，包含少量的方砖，另含有极少量的手印砖；第 4 区为特种窑区，产品为兽面砖、鸱尾等特种建材。

该窑场出土遗物以砖瓦为主，烧造砖的窑区有第 1 区与第 3 区。两区的区别在于出土手印砖的比例不同：第 1 区砖窑区遗物，以Ⅱ T0857 为例，出土手印砖占所有砖的 0.91%，这些手印砖以分布在支通道为主，窑室内出土最少，在支通道出土手印砖占该遗迹单位出土砖的 2.7%，而在窑室（Y487）出土手印砖只占该遗迹单位出土砖的 0.31%；第 3 区砖窑区遗物，以Ⅳ T0329 为例，包含遗迹 Y228、Y229 全部出土遗物未见手印砖。但在Ⅳ T0324 中有极少量的手印砖出土，数量及所占比例明显少于第 1 区出土的手印砖。

在第十二组和第十一组窑的北端均发现了窑场废弃前夕仍在使用的痕迹，Y492、Y486 揭露出装好但未烧的砖坯。这一现象说明第 1 区的窑炉是整个窑场第一次生产功能完成后又进行的第二次生产，该窑场的第二次生产应该是为维修定陵提供建材的。Y486 窑门外侧的积灰堵住北侧的 Y487 窑门，也是明显属于第二次生产的迹象；根据第 1 区地层叠压关系与出土手印砖数量判断，第 1 区晚于第 3 区使用。

参考史籍记载，定陵遭到较大规模的损毁有三次，分别是“开元五年（717）十一月乙卯，定陵寝殿火”“永泰元年（765）二月戊寅，党项羌寇富平，焚定陵寝殿”“大和八年（834）七月辛酉，定陵台大风雨，震，东之下地裂一百三十尺，其深五尺。诏宗正卿李仍叔启告修之”。如果第1区是为定陵的维修提供建材这个推断不误的话，根据出土手印砖的比例看，估计其时代属于较早时期，当属开元五年或六年的可能性比较大。

（王小蒙）

【隋唐长安城遗址调查】

调查时间：2015年7～12月

工作单位：西安市文物保护考古研究院

此次调查采用考古勘探和现场踏勘相结合的手段，一方面配合城市管道、基建工程的建设展开，同时有计划地对隋唐长安城的里坊、大街以及郭城城墙、城门等进行重点调查，以查找隋唐长安城遗迹，启动隋唐长安城遗址考古地理信息系统的建立。2015年度西安市文物保护考古研究院已对十余个地块或项目开展了考古调查工作，发现了一些重要遗迹。

西安博物院二期拟选用地项目位于朱雀大街以东，荐福寺路以南。隋唐朱雀大街宽150米～155米，院内保存有东西宽约112米的隋唐朱雀大街，向西应继续延伸至现代朱雀大街下。路土保存状况较差，局部5厘米～10厘米厚。发现隋唐朱雀大街东侧水沟遗存，破坏严重，保存宽度超过1.8米，深仅0.25米。朱雀大街东水沟之东发现厚约0.55米的南北墙基，东西宽度超过2.8米，南北长度超过30米，应为安仁坊的西墙墙基遗存。

在西安市花木公司院内发现一条东西残长约120米、南北残宽约8米的东西向街道遗迹，推测应是安仁坊内的东西向横街。在陕西安装公司朱雀佳苑院内，发现东西残长约97米、南北残宽约10米的东西向街道，有明显的东西向车辙痕迹，推测应是通化坊内的东西向横街。在陕西省地震局翠华路家属院，发现了保存状况较好、厚达0.6米的隋唐启夏门大街，此街原宽134米，此次发现东西宽约70米，南北长约35米的遗迹，呈南北走向，并发现有南北向车辙。在翠华路南的陕西宇航科技工业家属院内，勘探出深达4米的现代回填坑，启夏门遗址应已遭到破坏。

（张全民　郭永淇）

【西安市高陵区朝李唐宋遗址】

发掘时间：2015年8月27日～2016年1月28日

工作单位：西安市文物保护考古研究院

遗址位于高陵区姬家乡朝李村八组以西260米的农田中。发掘面积7100平方米，发现灰坑127座、沟6条、房址6座、道路2条、井1眼、墓葬3座，除道路、墓葬为明清时期外，其余遗迹均为唐宋时期。

灰坑主要分布于工地南部，平面形状主要有圆形、长方形、圆角长方形、椭圆形和不规则形5种，结构主要有筒形平底、袋形平底、弧形圜底3种。房址主要分布在工地中部偏北，结构均为长方形地面式建筑，发现夯土墙基的有4座，其余2座根据踩踏面、柱洞以及瓦砾分布的范围确定。房屋内部为人工处理过的踩踏面，厚5厘米～10厘米，在房屋中间及四周分布有经过火烤的柱洞。沟主要分布在工地西部，5条南北向，1条东西向，平面基本呈长条状分布，剖面弧形圜底。其中G1、G4、G6在其沟边均有1道宽30厘米～50厘米的硬土梁。

出土器物共138件（除铜钱），按质地分为瓷器、陶器、铜器、石器、铁器、骨器等。其中瓷器49件，器形主要有碗、壶、盒、罐、瓶，年代集中于唐宋之间。陶器30件（大量板瓦、筒瓦未整理），器形主要为板瓦、筒瓦、瓦当（莲花纹、兽面纹）、瓮、罐、纺轮、陶球、砖雕器等。

铜器（除铜钱）30件，器类主要为铜钗、铜条、带扣、造像等，铜钱类型有五铢、货泉、开元通宝、乾元重宝、元祐通宝等，其中开元通宝发现最多。另有少量石器、铁器、骨器等。

截至2015年，遗址整体揭露至唐代文化层，发现一些已经被破坏比较严重的夯土墙、柱洞等；宋元时期未发现房址，东南部发现较多灰坑、小烧火坑分布，地层中也出有铁犁等农具；明清时期遗址西部的沟已经被淤土填满而废弃，在G1中发现1条小沟和数十座明清墓葬将其打破。该处遗迹可能与唐代修筑的南白渠或偶南渠有关，为了解唐代水利设施分布、丰富唐宋时期物质文化遗存提供了新材料。

（张翔宇　郭　昕）

【澄城县尧头元明清时期窑址】

调查时间：2015年5～10月

工作单位：陕西省考古研究院

2015年度继续对尧头窑遗址进行了考古调查与勘探工作。调查以遗物调查为主，调查采集遗物33组120件，目的是了解该窑址遗物的特征与分布。通过调查，发现尧头窑产品“黑珍珠”的典型特征——施釉厚达0.5毫米，釉色黑中泛蓝，有珍珠般光泽，并且对于不同釉色产品的釉料配制与烧成情况及不同时代的产品特征有了更深的了解，尤其以瓮的时代特征最为明显。另外调查中还发现了明代嘉靖年间的窑神庙碑（残），确认尧头窑最迟至元代已经颇具规模。

根据整体工作计划，在南沟和西坡区域开展了考古勘探，勘探面积20万平方米，探明了该区域地下遗迹分布情况，共发现各类遗迹60处。在南沟区域，发现窑址26座、瓷片堆积区3处、砖瓦堆积范围2处、活土坑1个、石块范围1处、墓葬1座；在西沟区域发现窑址22座、瓷片堆积范围4处。

通过勘探，确认了以前调查的空白地带遗迹的分布情况，对尧头窑沿用状况有了更加全面的了解。

（王小蒙）

【高陵区姬家村明墓】

发掘时间：2015年6～9月

工作单位：陕西省考古研究院

高陵姬家村明墓位于高陵区泾河工业园泾渭新城泾渭路西侧。陕西省考古研究院对该项目区域发现的5座明墓进行了发掘。这5座墓葬分布较为密集，根据对出土的墓志和墓门题额识读，其中3座可知墓主均姓王，有可能为明代中晚期王氏家族墓地。其中，M1、M5为砖室合葬墓，其余为石室合葬墓。

M1有东西两个墓室，破坏严重，两个墓室内各有石椁一具，石椁内各有一髹漆木棺。M5有东西两个墓室，其中东侧墓室用砖券顶，西侧墓室为土洞墓。墓室正面用砖砌墙，在墙正面中间镶嵌砌有一排方砖，砖面打磨光滑，其上刻有“明显考芳伯王公夫人亢母安母韩母李母合葬墓”。东侧砖券顶墓室内有木棺三具，中间葬具为一棺一椁，两侧为单棺葬；西侧土洞墓室有石棺一具，木棺一具。在东侧墓室出土有墓志一盒，石质。根据志文，墓主为明末通奉大夫山西左布政使王翼明及其夫人。

M2共有三个墓室，西侧墓室顶部及正面部分被破坏，墓室正面题额仅有最右侧残存，上刻“明孺人赵”。西侧墓室未见棺木，其余两墓室各有一具木棺；M3为单墓室，墓室顶部用拱形石条砌成，保存完好，正面为石砌仿木结构牌楼，在墓门两侧有砖砌的框形墙面，墙面中部平面抹有白灰面，上绘有壁画，保存较差。东侧墙面下部保存较好，可辨识为竹子、山石等图案。墓室正面题额由东向西分别刻有“明处士□”“王公配史氏”“□氏合葬墓”。墓室内三具棺木腐朽严重，遗骨散乱；M4 墓室顶部用石条砌成，墓室正面为石砌仿牌楼结构，前厅两侧有翼墙，翼墙一端内收平面呈“八”字形。正面由基石、抱鼓石、立柱、额梁、题额、斗拱、屋檐多个结构组合而成。在抱鼓石鼓面两侧、立柱及立柱之间挡板、额梁上均刻有缠枝牡丹、菊花、人物、麒麟、鹿、鹤、灵芝、祥云等图案。墓室内有棺木三具，腐朽较为严重。在墓室出土墓志及题额各一，题额上阴刻“明诰封奉政大夫工部管缮善司郎中伊菴王公暨配赠宜人李氏田氏合葬墓”，志文所书墓主姓名与之相同。

此次发掘的 5 座墓葬中，M1、M2 墓室局部被破坏，棺木大多腐朽散乱，仅在个别棺木内出土有“万历通宝”铜钱，以及耳环、戒指、耳挖、瓷碗等少量遗物。其中金质耳坠在明末墓葬中较为常见，之前发掘的高陵院张明墓中也有类似耳坠出土。此次发掘所获资料，可与高陵院张村以及姬家安置区 2014 年度发掘的明代墓葬进行综合比较研究，有望对该地区明末生活风貌、社会经济文化以及张氏、王氏等当地名门望族关系等进行更为深入的研究。

（曹　龙）

【周至县清代佛坪厅故城遗址】

发掘时间：2015 年 7 ~ 11 月

工作单位：西安市文物保护考古研究院、周至县佛坪厅旧城文物管理所

故城位于秦岭南麓太白山东岭下古傥骆道的一侧，距今西安市约 185 千米。故城建于清道光五年（1825），民国二年（1913）改为县治，民国十五年（1926）县治迁至袁家庄（今佛坪县政府所在地），之后故城渐废。

2015 年度在继续上年调查的基础上，重点试掘了新文庙和河坎上院落两处遗迹。通过调查及试掘明确文庙及河坎上院落的结构：

文庙结构基本由照壁、泮池、状元桥、德配天地坊、道冠古今坊、棂星门、大成门、更衣处、礼乐器库、大成殿、东西庑殿、崇圣祠组成。

照壁位于泮池南侧，青砖垒砌，两坡顶，除墙体有裂缝外保存较为完整，东西长 16 米，南北宽 1.4 米。

泮池位于棂星门南 5.6 米处，为凸出的半圆形，池壁卵石垒砌，深 1.3 米，东西最大长度 17 米，南北最大宽度 3.45 米；泮池上原有状元桥连通南北，现桥已失仅存桥墩，两段桥墩各与泮池边缘连接，北侧桥墩东西宽 0.8 米，南北长 3.75 米，南侧桥墩宽 0.8 米，南北长 3.85 米，两桥墩之间距离 0.8 米。

泮池东西两侧为德配天地坊与道冠古今坊基址，条石围砌基址范围。德配天地坊南北长 5.65 米，东西宽 2.75 米。道冠古今坊南北长 6.2 米，东西宽 2.5 米。条石上有倾斜方形浅槽。

棂星门位于大成门南 8 米处，基址为四条东西向排列的卵石条带，每条卵石带南北长 4.4 米，东西宽 0.8 米 ~ 0.85 米，依据基址推断棂星门为四柱三间式结构，中门面阔 2.6 米，东西两侧门面阔 1.8 米。

大成门面阔三间，东西长 10.9 米，南北进深 6.7 米，每间面阔 3.4 米。大成门东西两侧各有两间耳房，前后出檐；东侧耳房面阔 6.25 米，进深 4.15 米，北面墙仅见门道，宽 0.8 米；房间内有东西向排列 5 个灶台，室内见红烧土地面；西侧耳房面阔 6.4 米，进深 4.15 米，大成门基址东南角、西南角、西北角均可见汉白玉条石垒砌，基址高出院落平面 0.5 米。

大成门内院落正北为大成殿，地面建筑已不存在，基址保存完好，现为当地学校基础，平面呈横长方形，基址长 19 米，宽 8.7 米。基址四周边沿铺条石。

大成前院落卵石铺就。东西长 12.4

米，南北宽 8.15 米，台面高出院落地面 0.36 米。平台为卵石铺就地面，平台正前方向大块卵石铺就一条道路直达大成门中门，长 17.1 米，宽 2.1 米，卵石道路中部两侧为条石铺就的方形渗井。整个院落除中间通道外地面亦为卵石铺就，所用卵石较路面卵石较小且排列有序。

大成殿前东西两侧为庑殿，庑殿基址保存较差，西墙基仅见卵石面东西宽 0.6 米，南北山墙各厚 0.6 米，其余仅存厢房基址面。

大成殿后为崇圣祠，位于大成殿北侧 7.6 米，平面呈横长方形，基址长 11.05 米，宽 5.9 米，面阔三间，进深一间。条砖砌墙，周墙宽度不详，屋内未见南北向砖隔墙。屋前和屋后有廊，前廊较宽，方砖或条砖横向铺地。基址前侧有东西向条石台阶三层，台阶前地面铺少量条砖，再前侧为小卵石。基址之下铺两到三层大卵石。前檐下发现大量倒塌瓦片。

新文庙的结构和《重建文庙文昌宫碑记》的记载完全相符。通过碑刻记载可知：原文庙建于城东南角，后因地势低下，泉水溢出，而致朽坏坍塌，因而后迁至城东北角地势较高处。

在周边山沟内发现许多院落遗址，为搞清院落的建筑方式与结构，选取塔耳河河畔一座院落遗址进行发掘。院落位于草场坪塔尔河西岸，坐西朝东，方向 200°。平面呈“凸”字形，自南向北向东依次为 F1 ~ F4，东西面阔 20.4 米，南北进深 13.75 米。F1 门道位于东南角，门道宽 2.5 米，西北角有一圆形窖穴。F3 门道位于南部偏东处，门道宽 1.1 米，F2 四周均有卵石垒砌的石墙，未见门道痕迹。

（张小丽　王艳朋）

甘肃省

【张家川石峡口旧石器时代遗址】

发掘时间：2015 年 9～10 月

工作单位：甘肃省文物考古研究所、中国科学院古脊椎动物与古人类研究所、张家川回族自治县文物局

遗址行政隶属于张家川回族自治县川王乡石峡口村，地理坐标北纬 35°08′01.5″，东经 106°10′34.7″，海拔约 1790 米。遗址 2009 年被发现，分为两个地点，位于石峡口村进村道路的两侧。2015 年度发掘地点为第 1 地点，其埋藏于清水河一级阶地的前缘，顶面距现今河面约 10 米。此次发掘面积约 8 平方米，其中文化堆积发掘面积约 3 平方米，遗址堆积共分为 7 层，其中文化遗物主要出土自第①～⑦层，共出土野外编号标本 600 余件，其中石制品 370 余件，动物化石 200 余件，以及较多的碎骨和石质碎屑等。发掘中还发现火塘 1 处、灰堆 1 处，其周围分布较多的烧骨及石制品。

经初步观察，石制品类型主要有石锤、普通石核、细石核、石片、细石叶、石器、断块、碎屑以及较多经人工搬运的砾石。石制品原料多选自河滩砾石，石制品原料总体以石英为主，燧石次之，另有少量的石英岩、凝灰岩、砂岩、页岩、玛瑙、白云岩及粗面岩；简单石核剥片主要采用硬锤锤击法，多用砾石的砾面和打击面为台面进行剥片，也有少量修理台面者；加工石器主要采用硬锤锤击修理，石器类型以边刮器、端刮器为主。细石核类型主要有楔形、锥形、柱形及不规则细石核，其整体尺寸细小，开发利用程度较高；多数细石叶形态规范，部分细石叶台面背缘存在琢磨痕迹，体现出相对娴熟的技术工艺。经初步鉴定，遗址动物种类以普氏羚羊、马科等为主，还发现少量鸵鸟蛋片化石。

遗址主文化层内大、小型石制品与动物化石相间分布、无明显的定向、分选迹象；发现较为集中的用火迹象；出土较多小于 1 厘米的石质碎屑、碎骨等，这些线索表明遗址埋藏后未经受明显的自然营力改造。

遗址以往的 ^{14}C（AMS）年代测定显示，其距今 1.8 万～1.7 万年，处于寒冷的末次冰盛期（LGM）末期。中国北方 LGM 内发现的遗址较少，且经过系统发掘者更少。通常情况下学者们认为 LGM 极端寒冷环境下人类在北方的生存区域急剧向南退缩，石峡口第 1 地点发掘的新材料对讨论极端环境下古人类的生存范围、适应生存方式等重要学术问题具有关键意义。石峡口遗址第 1 地点拥有数量丰富、类型多样的典型细石叶工业产品，结合其特殊的地理位置与时代背景，为进一步探讨我国乃至东北亚地区细石叶工业的分布、扩散及人群交流等问题提供珍贵的资料；同时其中的楔形细石核包含预制毛坯、剥片等多个阶段的产品，可在一定程度上了解本地区楔形石核的制备预制工艺及流程；两面尖状器的发现极具特色，将为我们解读两面器的制作工艺、适用的生态环境背

景及其起源、分布、传播等问题提供研究材料。

（周 静 李 锋）

【通渭县李家坪新石器时代遗址】

发掘时间：2015 年 10～12 月

工作单位：甘肃省文物考古研究所

遗址位于通渭县碧玉乡李家坪村东北侧的山腰台地上，西、南邻牛谷河，东为李家坪村、北依山坡。遗址东西长约 1000 米，南北宽约 500 米，面积约 50 万平方米。文化层距地表 0.5 米～1 米。根据地表采集的标本判断有庙底沟、石岭下、齐家三个文化的遗存。此次发掘面积 1000 平方米，共清理灰坑 65 个，墓葬 1 座。灰坑大多为不规则形、深度较浅，应是利用自然地形的结果。少量灰坑形状较为规整，多为筒状或袋装坑。墓葬 1 座，为竖穴土圹墓，平面呈椭圆形，无随葬品、葬具，人骨散乱，从头骨数量可知埋葬有 2 具人骨，初步判断一为成年女性、一为未成年人，推断应为母子合葬。清理出土器物以骨笄、陶笄、纺轮等小型生活用具为主，并有较少数量的石盘状器，而石斧等大型生产工具则极少。清理出土了一定数量的动物骨骼，其中小型动物骨骼所占比例较大，可辨识的有狗、鼠等。

此次发掘区域应当属于遗址的西南部边缘。从清理的遗迹和出土的器物初步判断，发掘的遗址区年代属于仰韶文化晚期。此次发掘清理的遗迹类型较为单一，均为灰坑，且大部分灰坑是在自然地貌的基础上改造而成的，形状多不规整，主要作为倾倒生活垃圾之用。李家坪遗址是陇东地区重要的史前文化遗址，通过此次发掘，为研究该地区仰韶文化晚期人类生产、生活方式以及人与环境的关系等提供了一批重要的资料。

（王 山 俄钦淇）

【临洮县马家窑新石器时代遗址】

发掘时间：2015 年 5～10 月

工作单位：中国社会科学院考古研究所、甘肃省文物考古研究所、临洮县文化广播影视局

马家窑遗址位于定西市临洮县马家窑村，东临洮河，东北距县城约 10 千米。1924 年，瑞典学者安特生此开展考古工作。2014 年 9～12 月，中国社会科学院考古研究所联合甘肃省文物考古研究所在该遗址进行首次科学考古发掘，取得重要收获。2015 年度，双方继续在马家窑遗址开展钻探与发掘工作。共布设探方 20 个，揭露面积 500 余平方米，清理出不同时期灰坑 29 个，房址 3 处，沟 3 条，墓葬 1 座，窄沟状遗迹 2 条，收集了大量陶、石、骨等人工遗物和自然检测样本。

2015 年度发掘区分布在两处不同台地，其地层堆积基本一致，又不完全相同。第Ⅰ发掘区上部堆积完全相同，可分为 3 层，自上而下分别为现代耕种层、近代平田整地层和历史时期文化层，其下为早期文化层，其中南半部文化层堆积较薄，相对简单，第③层下发现一系列遗迹（主要为灰坑），多打破第④层（堆积较薄，局部分布）及其下的次生土和生土。北半部文化层堆积较厚，相对复杂。从清理至生土的探方看，堆积厚处达 4 米以上，可分为 17 层。第Ⅱ发掘区揭露面积较小，地层相对统一，可分为 4 层，其中大部分遗迹发现于第③层下，打破第④层（次生土），其下为生土。

2015 年度清理出各种不同类型遗迹 38 处，较为重要的有 3 处，以下分别介绍：

F2：位于第Ⅰ发掘区东北部，发现于第③、④层下，打破第⑨、⑬层及其他未知地层。房址破坏严重，大部损毁。从残存房基看，房址略呈西北—东南走向，形状大致为方形，边长 8 米～9 米，明确可辨部分主要有柱础、房基铺垫层和隔墙。

柱础相对明确的有9个，疑似柱础1个。它们大致排列有序，竖向可分为四列，南、北边缘处两列，中部两列。横向排列不甚对应，仅东部边缘略可对应。柱础形状基本为圆形，个别不甚规整。规模大小不一，直径30厘米～70厘米不等。根据柱洞有无可大致分为两类：一类不见柱洞，仅见基础部分；另一类在柱础中部见有柱洞。经解剖可知，有些柱坑底部经多次夯打，并铺垫有陶片、石块等。房基铺垫层主要指建造房屋前平整、铺垫房基时形成的土层。这些土层遍布房基范围，厚20厘米～50厘米不等，大部一致，局部略有不同。从H1解剖坑可见其土色不均匀，黄、灰色呈层状相间杂，局部褐色，致密较硬，包含大量炭屑、较多红烧土颗粒及少量料礓。隔墙相对明确者为中北部竖向隔墙，墙体部分已破坏殆尽，仅残存部分墙基。其中，西部保存稍好，宽80厘米～100厘米，高20厘米～30厘米。东部保存稍差，宽30厘米～40厘米，高10厘米～15厘米。从保存较好部分观察，墙基主要由黄、灰两种土相间杂构成，黄土致密坚硬，较为纯净，呈规整块状分布，横成行、纵成列，疑为土坯。灰土相对松软，颗粒较细，包含较多炭屑、红烧土颗粒和零星料礓。

H13：位于第Ⅰ发掘区中西部，发现于第③层下，打破第④层及次生土。口部近圆形，袋状，平底。口径156厘米，底径210厘米，深约102厘米。坑壁及底部未见加工痕迹。坑内堆积可分为4层，2层下发现人骨，最小个体数为4人，未见墓圹、葬具、随葬品等，人骨情况如下：R1，位于灰坑西侧，俯身直肢，一次葬，局部有扰乱。头向北偏西，面向下；R2，位于灰坑东部近壁处，人骨扰动和缺失严重。头向西，面向南，下肢骨保存稍好，具有一次葬特征；R3，位于灰坑近西壁处R1西侧，主要为头骨，头向西，面向下；R4，位于灰坑西部，压在R1之下，仅发现少量骨骼，未见头骨，葬式不详。

M1：位于第Ⅱ发掘区西北部，发现于第③层下，打破G1、H26、第④层及生土，被H17、H19打破。墓葬为长方形竖穴土坑墓，上部被破坏，现存口部长315厘米、宽140厘米。墓壁大部较直，南壁略呈袋状。墓底平，深约110厘米。墓主1人，位于墓坑中部，头向东、面向南。人骨似被扰动，头骨、颈椎、左肩胛骨、左臂及部分肋骨保持一次葬特征，腰椎及以下骨骼不见。未见葬具。除人骨外，墓坑内还见有4具动物骨骼，分层埋葬，分别为：猪骨1，位于墓坑北端，与人骨同处一层位，基本完整，头向东南，侧卧，骨骼保存较差；猪骨2：位于墓坑中部、人骨之下，基本完整，头向南，侧卧，骨骼保存较好；猪骨3：位于墓坑西南近壁处底部，仅存头骨及前肢，骨骼凌乱；狗骨1：位于墓坑中段底部，猪骨2之下，基本完整，头向北，大致蜷卧状，骨骼保存稍好。

此次发掘进一步丰富了学术界对马家窑遗址不同时期文化堆积及各类遗存的认识，为马家窑遗址的保护、开发及相关学术问题的研究提供了重要资料。

（郭志委　肖　静）

【礼县大堡子山秦文化遗址群】

发掘时间：2015年4～11月

工作单位：甘肃省文物考古研究所

遗址位于礼县县城以东13千米处的西汉水北岸，西汉水与永坪河交汇的黄土峁梁地带。2015年度早期秦文化联合考古队对大堡子山遗址被盗墓葬进行抢救性发掘，并在此基础上合理地对秦公大墓周边进行小范围试掘。此次发掘一方面是对中小型墓葬资料的补充，另一方面也是全面了解大堡子山遗址中小型墓葬的布局、了解整个大堡子山遗址秦文化的文化序列的契机。

礼县大堡子山遗址群—圆顶山遗址

（赵坪遗址）位于礼县永兴乡赵坪村以西，龙槐沟以东，漾水河以西、以南的台地上。2015年度先期开展勘探工作，截至2015年龙槐村部分已经勘探完毕，共勘探面积近18万平方米。发现各类遗迹182处，墓葬116座，十墓九空。在礼县大堡子山遗址部分：共发掘探方16座，墓葬4座，发掘面积近500平方米。发现有厚达40厘米~70厘米的踩踏面、柱洞、殉葬马坑、建筑基址等遗迹。墓葬共发掘4座，均为竖穴土坑墓，除1座南北向墓葬（M33）外，其余3座为东西向。文化属性上看：M30为齐家文化（西山三期类型）、其余3座为秦文化墓葬。年代为西周—春秋时期。墓葬随葬有铜器、陶器、玉石器、金器、骨角器等随葬品。圆顶山部分：经梳理上半年的勘探资料，对龙槐村东墓葬进行试掘M10为东西向长方形竖穴土坑墓。已被盗掘。随葬器物放置于椁室内西端棺椁之间，大部分已经被盗掘，仅剩陶鼎、陶甗各一件。年代为春秋晚期。

此次考古勘探工作全面了解了赵坪遗址的文化内涵，目前工作还在进行中，大堡子山遗址群的发掘为了解秦公墓地的性质、秦人公族埋葬、秦人宗族车马埋藏规律，以及祭祀和附葬现象的认识提供了线索。

（侯红伟）

【张掖市西城驿遗址】

发掘时间：2015年4~9月

工作单位：甘肃省文物考古研究所、中国社会科学院考古研究所、西北大学、北京科技大学

为了进一步弄清房屋建筑的结构、揭示每一时期的聚落形态，2015年度继续开展张掖西城驿遗址的考古发掘工作。

发掘面积1275平方米，发现各类遗迹单位48处，其中沟14条，灰坑14个，房址16座，独立墙体1段，墓葬1座，烧面2处，可分为西城驿文化时期、四坝文化时期、四坝文化后三个时期的遗存。四坝文化之后形成的遗迹单位共16处，其中冲沟14条，柱洞房屋2座，遗迹单位年代尚难以确定。四坝文化时期遗迹单位10处，其中房址6座，灰坑4个。房址以地面立柱建筑为主，共5间，其中单间结构4间，三间结构1间；土坯房屋1间。西城驿文化时期遗迹单位22处，其中灰坑10个，房址8座，独立墙体1段，火烧面2处，墓葬1座。房屋主要有地面立柱式建筑和土坯建筑两类，立柱式建筑3座，均为单间方形，土坯建筑5座，仅F103为双间，余为单间，平面以方形为主，仅F102为圆形。

出土器物主要包括陶器、骨器、石器、铜器和玉器等。陶器有双耳罐、小罐、器盖、球、纺轮、陶珠、管状饰等。骨器有针、锥、珠、管状饰等。石器有砍砸器、刮削器、刀、铲、镞、珠、管、片状饰等，有部分细石器。铜器发现相对较少，有锥、刀、铜片等铜。玉器主要有斧、刀、权杖头等，另有少量玉料发现。还出土有炭化小麦及一些与冶炼相关的遗物。

2015年度大规模的发掘，有效地揭示了各阶段的聚落形态，尤其对于呈现三期的聚落演变具有重要意义。新获取的一批遗物，进一步丰富了中西文化交流的研究内容，其中2015年度出土的两件铜刀，为进一步探讨我国铜刀的起源与发展提供了新的材料。

（陈国科）

【漳县墩坪东周墓地】

发掘时间：2015年5~12月

工作单位：甘肃省文物考古研究所

墓地位于漳县三岔镇三岔村北200米的台地之上，东距县城约15千米，漳河自西向东流经台地南部。该墓地面积约15万平方米。因被严重盗掘，对该墓地进行了

抢救性勘探与发掘。2014 年，对墓地进行全面勘探，发掘墓葬 27 座。2015 年 5 ~ 12 月，发掘东周时期墓葬 43 座，汉代墓葬 1 座。

东周墓葬形制以土坑竖穴墓与竖穴偏室墓为主，还有 1 座“甲”字形墓和 1 座洞室墓。前两者墓中近半数墓葬有二层台，数量 1 ~ 4 不等。墓向全部为东西向，“甲”字形墓的斜坡墓道朝向西。除洞室墓的葬式为屈肢葬外，余者多为仰身直肢葬，头东脚西，少数为二次扰乱葬。多数墓葬有木质葬具，有单棺、双棺和一棺一椁三种类型。

除洞室墓外，皆有殉牲。殉牲采用马、牛、羊的头骨和蹄骨，以羊骨最为普遍。殉牲数量 1 ~ 193 头不等，差异悬殊。多数墓葬的殉牲分层放置于竖穴墓道和墓室之中，大部分为随意丢置。少数有意放置的殉牲全部为马骨，置于墓葬东端，头骨正置，前额向上，吻部朝东，头骨两侧分别放置蹄骨一具，蹄尖向东。少数墓葬仅墓室中随葬殉牲。

墓葬随葬品主要放置于竖穴填土和墓室内。竖穴填土中随葬品以铜质车饰件为主，其次为马饰件，还有少量兵器如铜、铁矛等。一些中等级墓葬填土中随葬解体的车构件，如车辕、车舆、车轮等，高等级墓葬填土中随葬完整马车，皆为髹漆彩车。墓室内随葬品多置于墓主人周身，以项饰、服饰、兵器和工具为主；少量发现于棺盖顶或棺椁之间的空隙，以棺饰、马饰件为主。

汉墓 1 座，M53 为带斜坡墓道砖室墓，墓道朝向东南。墓道西侧北壁上发现一半圆形壁龛，内有殉人两具，头东脚西，随葬泥质灰陶罐 1 件。墓室内南、北两壁和地面砌砖，顶部塌陷。墓室中发现两具人骨，放置散乱，早期可能遭到破坏，无随葬品。

墩坪墓地的主体年代为春秋晚期至战国中期，殉牲与随葬品反映了甘宁地区北方系青铜文化的特点，推测该墓地人群主体为西戎族群的一支——獂戎。部分墓葬的年代可至战国晚期，中原文化的影响显著增强，除本地土著之外，还发现少量秦人。此次发掘不仅丰富了甘肃境内以戎人为代表的北方文化遗存，而且为研究战国晚期秦与西戎关系提供了极好的材料。

（毛瑞林　杨月光）

【张家川马家塬战国墓地】

发掘时间：2015 年 5 月 ~2016 年 1 月

工作单位：早期秦文化联合考古队

墓地位于张家川回族自治县县域西北 17 千米的木河乡桃园村村北 200 米的马家塬上。2 万余平方米面积内分布有战国晚期西戎墓葬 68 座。2015 年度发掘区涉及 B、C 两个区域的两处地点，揭露面积 2500 平方米，清理出土墓葬 7 座，分别为 M28、M49 ~ M53、M68。

1 号发掘区为位于墓地北边缘中部的 M28，2 号发掘区位于墓地晚期冲沟西侧最南端的第一级台地。2 号发掘区原地貌呈北高南低斜坡状，南部倾斜较甚，北部地貌破坏较大，现代耕土层下暴露墓葬开口，南部的墓葬开口层距现地表最深处达 3.1 米。地层揭露 3 层，其中第①层为现代耕土层，第②层为 20 世纪六七十年代平田整地时形成的垫土层，第③层为夹杂少量黑垆土的黄褐色土层，出土墓葬开口于第③层下。

7 座墓葬中，有 2 座中型墓、5 座小型墓，方向皆为东西向。形制可分为 2 类。第一类为土坑竖穴墓道直洞室墓，分别为 M50、M52 共 2 座，布局方式为墓道位于墓室西侧，两者处于同一中轴线上。第二类为土坑竖穴墓道偏洞室墓，分别为 M28、M49、M51、M53、M68 共 5 座。此类墓葬的墓室皆位于墓道中轴线的北侧，墓室的位置及方向有别，有开于墓道东北角向东布局的（M28、M51），也有开于墓道北壁东端向北（M49）布局的，还有开于墓道北壁中部与墓道方向平行布局的（M53、M68）。各墓皆有殉牲现象，以马、牛、羊的头骨和蹄骨为主，个别有羊肋骨和前肢。2 座中型墓的墓主有棺木殓葬，小型墓墓主无棺木类葬具，皆为单人仰身直肢葬。M28、M50 中各随葬一辆拆分放置的马车。出土遗物与历年发掘收获相似，以马车饰件、构件、车器、马具、人身体装饰为主，质地有金、银、铜、铁、锡、陶、骨、料珠、肉红石髓等一百余组件。

对墓葬填土的清理中采取了保留垂直剖面的发掘方式，发现墓葬在填埋过程中存在整体一次性填埋和分层平整回填两种方式。从墓葬及遗物看，这 7 座墓葬与此前已发掘墓葬的年代及性质接近，仍属战国晚期西戎墓葬。各墓规模和随葬品数量、优劣有很大差别，显示墓主间存在比较悬殊的等级和财富差别，或者说该墓地除以贵族墓葬为主外还有少量平民墓葬。直洞室墓葬出土数量有所增加，说明其更加受到秦文化的影响。M50 墓葬内出土的两件射箭俑形银箔饰，人物装束造型与斯基泰人极为相似，显示马家塬墓地的人们与欧亚草原地区的往来交流十分密切。

（谢　焱　刘兵兵）

【肃北马鬃山玉矿遗址群】

发掘时间：2015 年 9～12 月

工作单位：甘肃省文物考古研究所

为了进一步揭示径保尔草场玉矿遗址各时期聚落形态，探讨玉矿开开采年代等问题，甘肃省文物考古研究所继续开展了 2015 年度的发掘工作。发掘的同时，在周边地区开展了调查工作，新发现了敦煌旱峡玉矿遗址。

旱峡玉矿遗址位于敦煌市东三危山后山的东南部，距敦煌市约 6.8 千米，面积 300 万平方米。此次调查确认成玉矿脉三条，基本顺山体走向呈东西向分布，各类遗迹沿矿脉分布于山体的南北两侧。发现矿坑、矿沟、岗哨、房址、选料区等地表遗迹 145 处。地表遗物主要为玉料、石器和陶器、铁器碎块等。陶器均为夹砂红陶片，手制，多素面，部分器耳饰“×”形纹，口沿饰戳印纹呈花边状，为骟马文化类型陶片。

继续发掘径保尔草场玉矿遗址，2015 年度发掘面积约 1500 平方米，共清理遗迹单位 42 处，其中房屋 16 座、灰坑 8 个、柱洞 1 个、石料堆积 15 个。16 座房屋中 13 座分布在发掘区的东南部，3 座分布在发掘区西部。东南部 16 座房屋与前几年已清理房屋在空间上表现出延续性，由北至南整体呈扇面形分布。此次清理出的房屋均为半地穴式，基本由门道、灶、储藏坑、储藏台、操作台、柱洞等组成，且大多有两次使用的现象。房屋形制主要有两类，一类为方形单室，共 15 间，一类为双室，仅 1 间。

出土遗物主要有陶器、铜器、铁器、石器、玉料、朽木、骨器、兽骨等，出土器物 300 余件（组）。玉料以透闪石为主，多青玉、糖色玉，少量为白色，部分局部磨光，部分有火烧痕迹，有少量戈壁料。石器主要有锤、斧、砍砸器、砺石等。铜器以箭镞为主。铁器有铁镞、铁矛头及铁剑、铁工具残块等，并发现铜铁复合器残块。

2015 年度的调查发掘工作，让我们进一步了解了河西走廊地区玉矿遗址的空间分布及径保尔草场玉矿的聚落形态，为进一步探讨“玉石之路”和认识河西走廊西部地区的古代人群等提供了重要资料。

（陈国科）

【敦煌市佛爷庙湾魏晋及隋唐墓群】

发掘时间：2015 年 12 月 ~2016 年 2 月

工作单位：甘肃省文物考古研究所、陕西龙腾钻探有限责任公司、银川惠晟博钻探有限公司、敦煌市博物馆

佛爷庙—新店台墓群属省级文物保护单位。位于敦煌市五墩乡新店台村南 1000 米处、杨家桥乡鸣山村佛爷庙东 1.5 千米戈壁上。

为配合敦煌飞机场扩建，几家单位联合开展考古勘探、发掘，此次发掘分 8 个自然区，4 家单位各负责相应区域，共发掘墓葬 172 座。

墓葬形制上分两类：竖穴土坑墓与带“甲”字形墓道洞室墓。其中洞室墓结构上多由封土、墓道、墓门、甬道、照墙及墓室等几部分构成。葬具多发现先以草木灰、白灰等堆砌的长方形或梯形棺床、上置草席以盛尸，以棺罩来殓尸。头端部分有“覆面”痕迹，多枕有灰枕、白灰枕、黄泥枕，脚端有脚踏。

合葬墓成为主流，或三具，或两具。尸骨未扰乱者多为仰身直肢葬。尸身周围多撒有有意打碎的灰陶片、云母片，其中陶片经复原多为盆、钵、罐一类陶器。

随葬品按质地可分为泥、陶、铜、铁、丝织品等。其中陶器以泥质素面灰陶为主，纹饰常见波浪纹、弦纹组合，少量发现绳纹、垂幛纹。陶器常见罐、樽、灯、盘（槅）、釜、甑等组合。铜器除铜钱外，另发现少量铜镜、弩机等。随葬品摆放有一定规律。陶釜、陶甑、陶罐、陶樽多置于角龛内；陶灯、陶盘（槅）多置于尸体一侧；斗瓶往往成对出现，置于尸身头、脚两端；铜钱多撒在尸身周围或以下。

此次发掘，墓群时代特征上大致可分三期：

第一期：曹魏时期。确定纪年墓有 1 座（年号为正元二年、甘露二年）。

第二期：西晋五凉时期。此次发掘的墓葬主要集中在这一时期，其中又以西晋、前凉时期的墓葬居多。

第三期：隋唐时期。其中纪年隋墓发现 1 座，出土有墓志铭。唐墓目前确认的有 7 座。

（王永安　马洪连　陈国科）

【泾川县城关镇佛教遗址】

发掘时间：2015 年 5 ~8 月，9 ~12 月

工作单位：甘肃省文物考古研究所

2015 年度泾川佛教遗址考古发掘，在 2013 年、2014 年发掘区基础上进行。2015 年度发掘工作在 2014 年发掘区域的东侧、南侧布探方 10 米 ×10 米探方 21 个，发掘面积约 2100 平方米。其中Ⅲ区布探方 15 个，Ⅱ区布探方 4 个，Ⅳ区布探方 2 个。

此次发掘新发现房址 19 座，排水渠 7 条，灶址 2 座，路基 2 段，灰坑 5 个，明清时期墓葬 2 座，水井 1 口，散水设施 1 段等。19 座房址按平面形状可分长方形与近方形两类，其中近方形房址为 F1、F16，其余皆为近长方形的。排水渠 7 条（段）。以材质而言，石渠 1 条，砖砌水渠 6 条（段）；以走向而论，南北向 1 条，东西向 6 条（段）。路基 2 段，皆是砖砌而成。就其宽度可分为小径与主干道。散水设施 1 段，外围以横砌立砖围构，中以鹅卵石填充。水井 1 口，圆形筒状，井口砌砖加固。灶址 2 座，皆位于房址 F17 北侧。呈东西向排列，平面形状为圆形和半圆形，灶口北侧砌砖加固。

遗物丰富，按其材质可分陶、瓷、石、砖、瓦、骨、铜、铁等，共计 371 件。其中，陶瓷器种类丰富，可辨器形有灰陶罐、灰陶瓮、灰陶甑、灰陶钵、灰陶盆、灰陶豆、绿釉蝶恋花陶碟、耀州窑青瓷斗笠碗、碟、白瓷葵形碟、碗、酱釉瓷壶、碟、深腹碗等。瓦的出土为大宗，可分为板瓦、

筒瓦、瓦当、水滴等。瓦当共65件，按纹饰分为莲花纹与兽面纹两大类。石质文物主要为残破的造像，共计16件。铜器中较为重要的有铜箸18双，勺18个。

龙兴寺院部分格局的初步判定：第一，从北边已暴露的墙基的叠压关系判断，建筑有早晚之分，晚期的墙基利用了早期的基础，具体情况有待今后的发掘。第二，建筑基址内部功能划分，从部分遗迹的性质，如水井、灶等判断，相关区域应为生活区，相同区域出土的大量碗、盏、箸、勺等也证明了此点。

此次发掘对出土的佛教造像进行三维激光扫描，建立起一个完整的数据库，利于后期整理、出版、资料管理及展示。同时对遗址周边地貌及发掘区航拍发掘预定航拍。

（吴　莛　王永安　马洪连）

青海省

【玉树州及果洛州考古调查】

调查时间：2015 年 7 ~ 8 月

工作单位：青海省文物考古研究所、四川大学考古学系等

此次调查是“三江源地区古墓群考古与文物保护项目”第四个年度的工作。调查区域涉及玉树州治多县，果洛州玛沁、武德、达日三县。

治多县工作集中在登额曲下游进行。考古队在参雄尕朔遗址 2013 年发掘区北部发掘了 1 米 ×1 米探方一个。这次发掘在 2013 年发掘第④层与第⑤层间新增一个文化层，说明参雄尕朔遗址人类活动较为频繁的两个阶段的时间间隔可能比较大。在此次工作中还新发现岩画地点一处。

果洛州的调查工作主要以黄河一级支流曲什温河、东柯曲、柯曲贡麻以及玛沁县城（大武镇）为核心区域。在这次调查中，共发现细石器地点 16 处（其中 4 处有烧灰、火塘类遗存），岩画点 1 处，石丘墓群 6 处，石棺墓 2 座、古遗址 1 处，古寺院遗址 1 处，以及多处性质不明的土石遗迹，获取石核、细石核、细石叶、兽骨等遗物 600 余件。岩画地点的发现在果洛州尚属首次。这次调查的最大收获在于细石器遗存。采集到的细石器与玉树州登额曲流域类似，技术特征类同，但石制品种类更为丰富，有一定数量的小型工具，在石料选择等方面也有明显的区域性特点。这些新发现为青藏高原东北部地区细石器工业的特点、年代以及区域谱系等方面问题的研究提供了新的资料。

（蔡林海　何元洪）

【兴海县南坎沿新石器时代遗址】

发掘时间：2015 年 9 ~ 11 月

工作单位：青海省文物考古研究所

黄河羊曲水电站位于海南藏族自治州兴海县与贵南县交界，坝址位于尕玛羊曲峡谷内。经调查与勘探，该区域遗址数量多。南坎沿遗址位于羊曲盆地黄河北岸的一级台地上，是羊曲盆地内面积最大、地下文物内涵最为丰富的遗址，也是共和盆地东部重要的马家窑文化与宗日文化时期遗址。为配合黄河羊曲水电站的工程建设，青海省文物考古研究所计划在 2015 年开始对该遗址进行全面发掘。因来年发掘时间短、任务重，为保证大规模发掘工作的顺利开展，于 2015 年度对南坎沿遗址进行试掘。探方规格 5 米 ×5 米，发掘面积 25 平方米，发掘深度约 2.6 米。

探方内的堆积主要分为 3 层，第①层为耕土层。第②层为文化层。在第②层下为一灰沟 G1。G1 以下为生土。G1 位于探方中部，因未全面揭露，其平面形状不明，剖面呈弧形圜底。深 2.3 米。沟内堆积可根据土质土色的不同分为 9 层。

虽然此次发掘面积小，但是出土了较为丰富的文物。出土的文物主要有陶器、石器和骨器。陶器，少见完整器多为陶片。陶片以夹砂乳白陶为主，另有夹砂红褐陶、夹砂灰陶、泥质橙黄陶和泥质灰陶。陶片中除少量素面外，大多数饰有单向绳纹，

少量交错绳纹、附加堆纹或有随意的泥条装饰。部分陶器施彩，夹砂陶主要施紫红色彩，色彩不稳定，深浅不一。绘有折尖变体鸟纹、竖条纹、圆点纹、折线纹、人形纹和“N”形符号等。泥质陶施黑彩，绘有横条纹、波折纹、竖条纹、锯齿状横条纹等。夹砂陶中可辨器形有罐、壶、盆、碗。泥质陶中可辨器形主要为盆。石器中打制石器有盘状器、刮削器、石核、石片和废料。磨制石器有石斧、钻孔石刀、石球、石磨棒。还出有大量的细石叶、少量细石核。骨器出有骨梗刀柄、骨锥、骨针。

通过出土陶器可知该遗址的内涵主要为宗日文化，还见有马家窑文化半山类型因素。此次发掘进一步确认了南坎沿遗址的文化属性，了解了地层堆积情况，为下一步大规模发掘提供了重要参考。大量宗日式陶器和细石器的出土也为研究宗日文化及这一时期当地先民的生业模式提供了重要的实物资料。

（李冀源）

【民和县喇家新石器时代及汉晋时期遗址】

发掘时间：2015 年 7～11 月

工作单位：青海省文物考古研究所、四川大学考古系、喇家遗址博物馆

遗址位于民和县官亭镇喇家村，地处黄河上游的官亭盆地，坐落于黄河北岸的二级阶地上。遗址分布范围东西长约 880 米，南北宽约 750 米，占地面积约 67.7 万平方米。2015 年度主要对喇家国家考古遗址公园即将动工的样板房、化粪池、排污管道、地下消防水池等区域进行了考古发掘，并取得了一些较为重要的成果。

此次共发现遗迹计 128 处，其中房址 4 座，灰坑 114 个，灰沟 4 条，壕沟 1 条，墓葬 5 座。另外，还发现古地震留下的多处裂缝及当时地表剧烈形变迹象。遗物种类繁多，出土陶器、铁器、铜器、石器、玉器、骨器、角器等诸类标本达数百件。据初步整理分析，2015 年度发现有齐家文化、辛店文化和汉晋遗存。其中，齐家文化遗存最为丰富。

汉晋文化遗迹主要为灰坑，其次灰沟。灰坑形制多样，深浅不一。出土遗物除了大量陶片外，还发现有铁器、骨器、玉石器、铜钱等。此外，汉代遗迹的填土多为灰黑土，其内夹杂有大量动物骨骼，并浮选出较多植物种子，具体种属还有待鉴定，这无疑为进一步了解当时的生活环境及生业方式提供了重要的信息。

辛店文化遗存发现不多。集中发现有 11 个辛店文化灰坑，灰坑形制多较为规整，平面形状为圆形或椭圆形，剖面形状为筒状平底或袋状平底。出土少量的施细绳纹的夹砂陶片及彩陶片，陶片较为破碎。据陶片观察，其应属辛店文化山家头期。

齐家文化遗迹现象较为丰富，有房址、灰坑、灰沟、墓葬等，另发现多处反映古地震所导致的上下错位的地表形变迹象。遗物有陶器、石器、玉器、骨器、角器、漆器等。其中漆器保存较差，具体器形已难以辨认。往年对壕沟的发掘极为有限，此次通过对壕沟的再次发掘，对于壕沟的宽度及环壕内的各层堆积状况、成因及废弃过程有了进一步的深入了解。在 2015 年的发掘中，又新发现了一些齐家文化时期的灾变迹象，不但有地震所导致的剧烈地表形变，而且也发现了较厚的洪水堆积。同时最新揭露的层位关系表明，地震与洪水的发生状况可能比已有的认识更为复杂，这为进一步深入研究喇家遗址齐家文化聚落的最终废弃过程提供了特别重要的新线索。

此次考古发掘不仅对喇家遗址的聚落布局有了更新的认识，而且不同时期文化遗存的发现，进一步丰富了喇家遗址的文化内涵。

（杜站伟　杜　玮　马　骞）

宁夏回族自治区

【银川市水洞沟旧石器时代遗址】

发掘时间：2015 年 6～7 月

工作单位：宁夏回族自治区文物考古研究所、中国科学院古脊椎动物与古人类研究所、灵武市文物管理所

水洞沟遗址位银川市东南 28 千米处，西距黄河 18 千米，该遗址由 12 个地点组成，地质时代从距今约 4 万年的晚更新世末期直至全新世早期，涵盖了旧石器时代晚期之初至新石器时代早期的不同文化堆积。文化类型多样，包括石叶、石片、细石叶工业、有意识的用火、象征行为等。

水洞沟遗址自 1923 年发现以来，已经经历了 5 次正式发掘。2014～2018 年是该遗址的第 6 次发掘计划。2015 年 6～7 月，宁夏回族自治区文物考古研究所和中国科学院古脊椎动物与古人类研究所在 2014 年发掘的基础上对水洞沟遗址的第 2 地点，继续向下发掘。

2015 年度发掘共出土石制品（＞2 厘米）3415 件，哺乳动物化石 953 件，鸵鸟蛋皮碎片 995 件（其中有少量装饰品成品及半成品），采集炭屑样 339 份。另发现疑似火塘 30 个，分别位于第①、②、③、⑤文化层，主要集中于第③文化层，这与此前发掘火塘大量集中于第②文化层的情况不同。此次发掘成果显著，弥补了原有发掘的一些缺憾，并且增添了一些新的收获。

原有发掘虽然获得了大量年代数据，并划分了 7 个文化层。但主要的数据都集中于第②文化层，其余层位年代数据不足。此次发掘获得了大量的测年样品，可望为水洞沟第 2 地点建立更为完整可靠的年代序列。相关部分样品已经送往德国马普进化人类学研究所进行前处理工作，另有一些样品将送往美国 Beta 实验室进行年代测定。

水洞沟第 2 地点此前发掘出的鸵鸟蛋皮装饰品均位于第②文化层，且均为装饰品成品或半成品。而此次在 T3 的发掘在第①、②、③文化层均发现大量鸵鸟蛋皮毛坯，有的表面残存钻孔痕迹，此外，有的鸵鸟蛋皮表面还有染色或火灼痕迹，这对了解水洞沟古人类制作装饰品的工艺流程和遗址不同功能区的空间分布也提供了重要材料。

（郭家龙　彭　菲　王惠民）

【青铜峡市鸽子山旧石器时代遗址】

发掘时间：2015 年 9～10 月

工作单位：宁夏回族自治区文物考古研究所、中国科学院古脊椎动物与古人类研究所、青铜峡市文物管理所

鸽子山遗址位于青铜峡市西部贺兰山台地中段鸽子山盆地周边，自 20 世纪 90 年代起，15 平方千米范围内目前共发现 15 个地点，绝大多数遗址地点位于常年流水的天然泉眼（泉墩）或休眠泉墩。

2015 年度宁夏回族自治区文物考古研究所和中国科学院古脊椎动物与古人类研究所对该遗址的第 10 地点、第 15 地点进

行了考古发掘。

第 10 地点共计出土遗物 3700 余件，并有较多的灰烬、火塘、灶等遗迹现象。其中石制品以红色砂岩、石英岩为主。其类型主要有石锤、石核、石叶以及有磨制痕迹的石制品，其中石锤、石核、石叶主要材料为石英岩，而磨制痕迹的石制品为红色砂岩。此层中也包含较多的烧石。

在 T1 第④层火塘附近出土一件尖状器，明确了该类器型的文化层位。在 T4 第④层中也筛选出鸵鸟蛋皮、串珠等。另外，在遗址附近也曾采集到管状装饰品以及钻孔的鸵鸟串珠等。

第 15 地点共计出土土石制品及炭样标本 250 多件，其中比较重要的为在第②层与第③层之间出土的一件经打制且磨光的石斧毛坯，证明该遗址此类器型的出土文化层位。

鸽子山遗址的年代，正处于旧石器向新石器人类文化的过渡期。在扰土层出土大量磨盘、磨棒等磨制石器，打制石器以及烧石等文化遗物（应该主要是下文化层的再堆积），在未扰动的地层（第④层）发掘中也出土了磨盘，同时也出土有成熟的打制石器（如石核、石叶、石片等）和细石器。这表明该地区先民们能够使用多种类生产工具并熟练掌握制作技术，显示了在一万年前左右的冰后期，鸽子山先民对环境变化的快速适应与行为能力的大幅提高。此次发掘材料为古人类狩猎、采集经济向原始农业的技术储备与转型提供了重要证据。

（郭家龙　彭　菲　王惠民）

【隆德县沙塘北塬新石器时代遗址】

发掘时间：2014 年 6～10 月，2015 年 7～11 月

工作单位：宁夏回族自治区文物考古研究所、吉林大学边疆考古研究中心

隆德县隶属于固原市，东临六盘山，与甘肃东部接壤。沙塘北塬遗址位于隆德县沙塘镇北侧，渝河北岸的二阶台地之上，南距渝河约 600 米。2013 年曾对该遗址进行发掘，2014 年宁夏回族自治区文物考古研究对该遗址进行了第二次发掘，发掘面积约 800 平方米，共清理新石器时期房址 11 座、灰坑 151 个、窑址 2 个、墓葬 1 座。

11 座房址中窑洞式房址较少，多为半地穴式房址。半地穴式房屋多为圆角方形，房址中间有一圆形灶，底部和壁面铺抹白灰皮。门道向南稍偏西。灰坑多为圆形袋状灰坑。部分坑壁上发现有工具痕迹。也有长条形、不规则圆形等灰坑。有一部分在灰坑中发现有人骨，可能为灰坑葬。窑址均遭破坏，较为简陋。可以分为窑室和操作间两个部分，窑室较为简陋，操作间为一圆形灰坑。墓葬为仰伸直肢葬，无随葬品。在墓葬填土中出土 1 枚骨针。

2014 年度发掘出土遗物较为丰富。可复原器物 50 余件，另有陶、石、骨器等小件近 300 件。陶器类型主要有陶罐、陶盆、陶尊、陶斝、陶豆、器盖、陶刀等，陶片多为夹砂陶，泥质陶次之；陶色以红陶为主，其次为灰陶，还有极少量的磨光黑陶；纹饰以麻点纹为主，其次为绳纹，另外还有刻划纹、附加堆纹、弦纹等；石器主要为石刀、石斧、石凿、石镞等；骨器主要为骨锥、骨匕、骨针、骨镞、骨钏等；还发现有穿孔蚌壳等，可能是用于装饰。另外还出土有数具鹿角和数枚玉器残料。

通过对整个遗址遗迹现象和出土遗物的分析，以及与页河子龙山文化遗存和师赵村七期的对比，小口罐、双耳罐、单耳罐、盆、器盖等均有相似之处，沙塘北塬遗址、页河子龙山文化遗存、师赵村七期遗存三者整体文化面貌基本上类同，文化内涵也比较接近，作者王晓阳、杨剑认为其都属于齐家文化早期遗存。

2015 年度，依托国家文物局关于“以

宁夏隆德沙塘北塬遗址为中心的渝河流域考古工作计划”的批复文件，共同承担吉林大学考古专业本科生田野考古实践教学与宁夏相关文博单位非考古专业毕业从业人员的业务培训工作，吉林大学边疆考古研究中心与宁夏回族自治区文物考古研究所组成联合考古队，再次对沙塘北塬遗址进行正式考古发掘，取得了重要收获。

此次发掘面积约 950 平方米，发现灰坑 121 个、房址 10 座、陶窑 3 座、灰沟 1 条、墓葬 1 座，这些遗迹开口层位清楚，彼此存在较多的叠压打破关系。灰坑数量较多，可分袋状坑、圜底状、筒状坑及不规则坑等几种，其中个别的袋状坑底部带有一个小袋状坑，二者可能配套使用，形成子母坑。房址有半地穴式和窑洞式两种，其中半地穴式房址的残存墙面和居住面多涂抹白灰皮。陶窑均为横穴式，由窑室、火膛及操作间三部分组成，窑顶、窑箅大都坍塌。出土遗物也比较丰富，包括陶器、石器、骨器、蚌器等各类人工遗物 320 余件。其中可复原陶器 30 余件，器类包括侈口罐、单耳罐、双耳罐、双耳杯、盆、瓮、器盖、豆、陶拍、纺轮等，均为实用器，大多器表有烟熏痕迹。石器主要有石刀、石斧、石镞、石凿等，均为生产和生活工具。骨器有骨针、骨锥、骨镞等，制作较精细。据初步统计，此次发掘出土的大量陶片以夹砂陶为主，泥质陶次之，陶色以红陶为主，颜色多不纯正，偏褐色，灰陶较少，还有少量的磨光黑陶。纹饰主要为绳纹、麻点纹、篮纹，还有少量的附加堆纹、刻划纹、弦纹等。彩陶极少，多为红底，饰红黑双彩。

井中伟认为沙塘北塬遗址出土文化遗物与海原菜园遗址出土的新石器文化遗物较为接近，也与齐家文化及客省庄文化存在着一定关系。这对于探讨宁南地区新石器时代文化属性，认识和了解与陇东、关中地区的文化渊源，具有重要的学术意义。另据调查，沙塘北塬遗址所处的渝河流域分布有大量的新石器时代文化遗存。此次发掘对遗址的范围、地层堆积情况以及文化面貌有了进一步的了解，为今后的发掘与研究工作奠定了基础。

（王晓阳　杨　剑　井中伟）

新疆维吾尔自治区

【塔城市阿布都拉水库墓地】

发掘时间：2015 年 6 月

工作单位：新疆维吾尔自治区文物考古研究所

墓地位于塔城市阿布都拉乡水磨村北侧 8 千米，西南距塔城市直线距离 30 千米。共发掘墓葬 10 座，房址 5 座。

墓葬数量不多，但类型丰富，可分为竖穴石棺墓、竖穴偏室墓、竖穴土坑墓、石板墓、无墓室墓五种类型。出土有陶罐、料珠、骨扣、桦树皮箭箙残片、铁箭镞、弓弭、弓弣等遗物。墓葬分属早期铁器时代至历史时期不同时段。

房址保存相对完整，推测可能为游牧人的居住遗址，为半穴居房屋向帐篷式建筑过渡的一种建筑形式，类似于鄂伦春族“仙人柱”。

另外在墓地地表还采集有一批遗物，质地主要是陶片和石器，陶片多为夹砂灰陶，外壁饰刻划纹、戳刺纹、杉针纹、指甲纹、弦纹、珍珠纹等；石器器形有石斧、石锤、石球等。通过和周边文化对比，推测这批地表采集遗物属于青铜时代遗存，年代距今 4000 年左右。

这批考古资料的发现和研究，将对构建塔额盆地早期历史以及认识准噶尔盆地西缘及欧亚草原考古学文化的面貌、内涵等，具有重要意义。

（胡兴军）

【尼勒克县吉仁台沟口青铜时代遗址和墓地】

发掘时间：2015 年 6 ~ 9 月

工作单位：新疆维吾尔自治区文物考古研究所

吉仁台沟口遗址和墓地位于尼勒克县科克浩特浩尔蒙古民族乡恰勒根村东 1.5 千米处。地处喀什河出山口处北岸二级和三级台地上。共计发掘墓葬 76 座、遗址 1000 余平方米，出土器物 300 余件（套）。

遗址区分布于沟口北岸三级台地上，地表无迹象。2015 年度布大小不一探方 8 个，发掘面积近 1000 平方米，共计房址 5 座、灶址 8 处，灰坑 50 余个。

房址按建筑规模可分为大小两种。小型房址 3 座，2 座平面呈方形，1 座平面呈圆形，20 平方米 ~ 30 平方米，内部发现有柱洞、灶、灰坑、硬面等。值得注意的是 F1 内的一组打破关系：F1 被一座青铜时代墓葬（M49）打破，这组打破关系为判断遗址的年代提供了直接证据。大型房址在 100 平方米以上，平面大致呈长方形，依山体坡度掏挖出簸箕状半地穴式建筑。大型房址中见成排规整柱洞，由此推测房屋主体结构是用原木等构筑的。从功能区分看小型房址应该属于人群日常居住使用，而大型房址则属于生产加工作坊。大型房址内遗迹现象丰富，有灰坑、灶址、居住面、踩踏面、灼烧面、卵石坑等，火塘位于中部。在房址堆积层和灰坑等单个遗迹内均发现了大量的煤块及燃烧过的煤渣和煤灰。房址内出土遗物主要是陶片、兽骨、石器，另有铜刀、铜颗粒等。出土了5件陶质青铜铸范。

墓地共计墓葬76座，出土遗物80余件。墓葬主要分布在喀什河的二、三级台地上，呈大片分布、小片集中的态势。依据墓葬地表封堆、墓室结构、葬式葬俗和随葬品等特征分析，这批墓葬年代跨度较大，早至青铜时代，晚到宋元时期。时代较早的墓葬一般分布在河谷三级台地上，时代较晚的墓葬分布在二级台地上，不同时期墓葬有着鲜明的特征。

2015年度尼勒克县吉仁台沟口遗址和墓地的发掘收获巨大，特别是青铜时代遗址和墓葬的发现，极大地丰富了伊犁河谷青铜时代考古学文化内涵，对于构建喀什河乃至伊犁河谷考古学文化框架有着极大的促进作用。

吉仁台沟口遗址F2建筑面积170余平方米，是目前新疆境内发现的最大的青铜时代房址。遗址内发现了使用煤炭的遗迹，或将用煤历史提前上千年。F2内部出土陶范5件，有铜镜和铜锥等的合用范，有单独用于铸造铜锥的锥范。从用煤的痕迹和出土陶范可以推论F2很有可能存在铸铜活动。通过遗址内出土陶、铜等器物的对比，以及墓葬的佐证，发现遗址与墓葬考古学文化特征与安德罗诺沃文化遗存联系密切。目前为止，伊犁河谷尚未发现较安德罗诺沃文化更早的青铜时代遗存。吉仁台沟口遗址相对完善的房址构筑方式和技术、较为成熟的对煤的利用等，表明其文化进程已发展到一定阶段，这为探索伊犁河谷文明源头提供了新的材料。

（王永强　阮秋荣）

【富蕴县吐尔洪沟和哈德布特墓群】

发掘时间：2015年6~7月

工作单位：新疆维吾尔自治区文物考古研究所

吐尔洪沟墓群位于铁买克乡牧业三队，地处可可苏里（野鸭湖）以西约5000米的吐尔洪沟深处，周围地形复杂，墓葬零散分布于台地与山坡上，多位于北岸，共有墓葬二十多座，主要集中于卡拉加力克一带地势稍显宽阔的北岸山坡上，分布无明显规律，封堆大小不一，从墓葬地面遗迹现象来看，包括石堆墓、石堆石棺墓、石堆石圈墓、方石围墓等多种类型。哈德布特墓群位于克孜勒西力克乡阔协力塞村，额尔齐斯河东岸缓坡草地中，西临额尔齐斯河，东北距吐尔洪沟墓群约11千米，共有墓葬十多座，分布较为零散，均为石堆墓。

为配合富蕴县S226线（富蕴—可可托海公路）的建设，对受工程影响的吐尔洪沟和哈德布特墓群进行了抢救性发掘，原计划共涉及墓葬19座，其中吐尔洪沟墓群14座，哈德布特墓群5座。根据现场实际情况共发掘墓葬24座，其中吐尔洪沟墓群发掘15座，哈德布特墓群发掘9座。从发掘情况来看，墓室有地面石棺墓、半地面石棺墓、竖穴土坑墓、竖穴木棺墓和无墓室墓等类型。出土器物较少，共有陶罐、铜刀、铜管饰件、骨带扣等十余件（套）。

对比周边材料，推测地面石棺墓和半地面石棺墓为青铜时代墓葬，竖穴木棺墓的年代在早期铁器时代，竖穴土坑墓的年代当在宋元或稍晚时期。

从发掘结果来看，一些墓葬地表封堆明显，但封堆下未发现人骨及墓室，其中尤以哈德布特墓群的墓葬最为明显，在这9座墓葬中有6座属于这种情况，除可能是古代的祭祀遗迹而非墓葬外，这些墓葬可能涉及“招魂葬”“衣冠葬”“隔季葬”这样一些较特殊的葬俗。

（艾涛哈里买买提）

【巴里坤县石人子沟和红山口遗址群】

发掘时间：2015 年 6 ~ 8 月

工作单位：西北大学文化遗产学院、哈密地区文物局、巴里坤县文物局

2015 年度发掘了石人子沟和红山口两处遗址的墓地。石人子沟遗址发掘中小型墓葬 6 座。墓葬分布于遗址西部山梁上，自南而北呈链状排列。地表均有河卵石与砂土堆筑的圆形封堆，封堆周缘围砌圆形石圈。其中，两座为竖穴偏室，其余 4 座为竖穴土坑，葬具为原木盖板的石椁或木椁。除两座墓葬内未发现人骨外，其余均为原地埋藏的二次扰乱葬，可辨原始埋葬姿势主要为头西脚东的仰身直肢，侧身屈肢仅见一例。随葬品中陶器主要为夹砂红陶的单耳带流罐、单耳陶钵、鸡冠鋬陶鍑，均为手制；另有少量青铜、铁制箭镞。这些特征均与以往发掘的战国至西汉时期墓葬接近，墓葬骨骼或木炭测试的 ^{14}C 年代数据也与之相符。

红山口遗址发掘小型墓葬 8 座，墓葬分布于遗址西部泉儿沟上部。地表墓口外设东西向椭圆形石圈（长径 1.5 米 ~ 3 米），石圈东侧设有侧龛，放置陶器。墓坑均为竖穴土坑，坑底以云杉、圆柏原木搭建长方形椁室，椁内埋葬侧身屈肢西首葬人骨一具，人骨以一次葬居多。随葬品以单耳红陶杯、腹耳壶、木盘、砷铜耳环、手链、滑石管串饰居多，不见铁器。这批墓葬的埋葬习俗、随葬品均与奎苏南湾墓地一致，也与天山南麓的柳树沟墓地、哈密市天山北路墓地存在诸多共性特征。^{14}C 测年结果表明这批墓葬的绝对年代在公元前 1200 ~ 前 900 年。这批墓葬分布密集、成排成列，据地表迹象分析未经发掘的墓葬数量超过百座。发掘墓葬西距红山口遗址同时期人群集中活动、聚居的区域约 1000 米，应属于红山口遗址青铜时代晚期聚落成员集中埋葬的公墓区域。这一发现填补了石人子沟遗址群考古学文化谱系的空白，为探索红山口遗址聚落形态与功能布局及其与天山南麓同时期人群交流等问题提供了重要线索。

（马 健）

【察布查尔县坎村战国至西汉墓群】

发掘时间：2015 年 5 月下旬

工作单位：新疆维吾尔自治区文物考古研究所

为配合察布查尔县安居富民工程建设，新疆维吾尔自治区文物考古研究所对该县坎村墓群进行了抢救性发掘，共发掘墓葬 13 座。

墓群位于伊犁河南侧平原地带，坎乡苏阿苏村以北，墓葬大致呈南北向链状排列，圆形土石封堆，直径 6 米 ~ 37 米不等，可辨高度最高为 4.5 米。

根据墓室形制，墓葬可分为竖穴二层台墓（6 座）和竖穴偏室墓（7 座）两种。前者位于墓群东部，呈明显的一列。地表下有内外双层土堆，每层土堆外缘铺一层卵石形成双层石围。墓室为东西向竖穴土坑，四壁有生土二层台，其上铺有一层原木，并在原木上平铺白桦树皮，再压以卵石。墓室被盗严重，出土随葬品很少，仅有陶片、铁器、动物纹金饰等少量器物，陶片中的波棱纹陶片属陶罐所有，此外，在出土金饰墓室中还发现了漆皮，部分墓室内可见羊距骨。

竖穴偏室墓封堆均被夷平，竖穴大致呈东西向，偏室开口于竖穴北壁下，与之相对的南壁底部有生土二层台。墓主位于竖穴底部及偏室内，从未被扰动的人骨部分判断，葬式为单人仰身直肢，头西脚东。随葬品也很少，可辨器形的仅有残陶罐、陶钵、陶盆各一件，部分墓室内可见羊荐椎。

竖穴二层台墓广泛分布于西伯利亚、中亚及伊犁河流域，出土的波棱纹陶罐更与铁木里克墓地中同类器物肖似。漆皮则

表明了与中原汉朝的物质或文化交流。结合言之，此次发掘的竖穴二层台墓年代在西汉早期，应属早期乌孙墓葬。

竖穴偏室墓是新疆地区比较常见的一种墓葬形制，北壁开口是伊犁河流域偏室墓的典型特征，墓中出土的陶器是战国晚期至西汉时期伊犁地区的典型器物。因此，此次发掘的竖穴偏室墓年代应为战国晚期至西汉。

（阮秋荣　侯知军）

【沙湾县大鹿角湾战国至汉代墓群】

发掘时间：2014年9～10月，2015年6～7月

工作单位：新疆维吾尔自治区文物考古研究所、沙湾县文管所

大鹿角湾墓群位于沙湾县博尔通古乡的大鹿角湾草场，其西侧为小鹿角湾草场。全国第三次文物普查统计墓葬数量二百余座。

2014年9月对该墓群进行首次发掘，发掘墓葬数量36座。2015年度再次发掘，发掘数量33座。两次共清理战国至汉代墓葬69座，墓葬分布于东北—西南向的4座山前褶皱地带的山梁及梁下平地上。墓葬大多排列有序且较为紧密，近者封堆相连。地表均见明显圆丘形封堆标识，其规格大小与地势的高低走向基本一致。

依据墓室结构的不同，此次发掘的墓葬可分为竖穴二层台墓、竖穴偏室墓、竖穴土坑墓三类。不同形制的墓葬有交替分布的现象。竖穴土坑墓、竖穴偏室墓在沙湾县周边县、市发掘数量较多，相对常见。竖穴二层台墓在此次考古发掘中数量最多，墓穴在南北两壁构筑生土二层台、墓底西北角横向掏挖陪葬龛并在龛内放置木盘羊肉、陶器等生活用品的文化特征在新疆地区尚属首次发现。竖穴木棺墓的木棺均为原木修整而成，原木保留粗大的干枝部分，中心掏挖槽形穴，开口平整、弧形底、穴内放置墓主。这类竖穴木棺墓在沙湾县近邻地区有零星发现。

这批墓葬地表流行内、外双重土堆铺石的封堆结构，个别墓葬为石堆结构，墓底普遍铺一层小石子。墓葬以单人葬为主，同茔同穴、同茔异穴的合葬墓相对较少。墓主多流行头北足南的仰身直肢葬。墓穴内所见马、牛、羊的头骨、肢骨等反映了墓主人从事牧业活动的生业方式。

发掘的墓葬出土各类遗物150余件。按质地，可分为陶、铜、铁、金、石器、木、骨、角器及皮制品。在器类及其功能上，随葬刀、镞、锥、砺石等工具及武器；放置罐、壶、杯、镜、针、扣、磨盘等生活用品；佩戴簪、项链、手链、耳环等装饰品。

此次发掘的69座墓葬绝大多数被盗扰，出土器物较少，但墓葬形制多样、文化现象丰富，地域特征鲜明。诸如写实性动物纹彩陶器、附陪葬龛的竖穴二层台墓、羊首形角觿均体现了浓厚的区域性文化特征，这些文化因素在新疆地区尚属首次发现。

以土堆铺石或石堆为墓葬地表标识的现象、竖穴偏室墓、单耳陶器、三角网状纹彩陶、带柄铜镜、折沿铜镜、不同类型的骨、铜木镞等文化因素在沙湾以东、以西的天山山间盆地或河谷、山前地带均有发现，其时代多为春秋至汉代。此次考古发掘表明，地处天山北麓草原地带的沙湾，不仅存在浓厚的区域性文化，更是不同族群及其文化在此交流、发展、融合的交汇地。从出土器物及^{14}C测年数据综合判断，此次发掘的墓葬年代应为战国至汉代。

目前，沙湾及其周邻地区史前考古学文化序列尚不明朗，研究空间较大。此次较大规模的考古发掘不仅为考古学文化序列及谱系研究积累了较丰富的原始材料，还为科技考古及当地博物馆建设等方面提

供难得的实物资料。

（张　杰）

【和硕县红山战国至汉晋墓群及遗址】

发掘时间：2015 年 7～8 月、10～11 月

工作单位：新疆维吾尔自治区文物考古研究所、和硕县文广局

红山墓群位于和硕县红山谷地的西北部，该谷地为天山南麓山间小盆地，四面环山，地理环境相对封闭。该墓群由红山沟墓地、红山墓地、乌兰托里盖墓地共 3 处墓地组成。3 处墓地西南—东北向线状排列于谷地地势相对较高的碱土台地上，台地周围牧草茂盛，适宜放牧。3 处墓地据第三次全国文物普查统计 400 余座墓葬。

2015 年度 7 月对该墓群进行首次发掘，墓葬发掘过程中，意外发现了居址、石堆及石围遗迹，因施工所迫，对涉及的墓葬一并进行了抢救性发掘。其中，红山沟墓地发掘房址 1 处、古墓葬 5 座、石围石堆遗迹 14 处；红山墓地发掘古墓葬 15 座；乌兰托里盖墓地发掘古墓葬 18 座。3 处墓地及遗址出土遗物近 500 件（组），发掘面积共计 3000 余平方米。

3 处墓地的墓葬少部分被严重盗扰外，其余保存相对较好。依据墓室结构的不同，将此次发掘的墓葬可分为竖穴石室墓和竖穴土坑墓。又根据地表标识的差异，我们将竖穴石室墓可为石围石室墓和石堆石室墓。石围作为地表标识，易受到不同外力的破坏而导致原貌残缺甚至不存。从一些地表石围保存较好的墓葬来看，我们依其石围平面形状不同，大致可分为马镫形、熨斗形、椭圆形石围石室墓，石围内的墓口棚石上普遍填厚度与石围高度相当的沙土，部分墓葬还在沙土上堆积石块。石堆石室墓的地表标识为近圆形石堆。竖穴土坑墓仅 1 座，位于红山墓地，从其埋葬位置、地表现象、葬式特征来看，应为年代相对较晚的墓葬。

此次发掘房址 1 处，为地面式建筑，面积较大，层位堆积简单，结构清晰可辨。基底保存相对完整，为石构建筑。房址平面为一长方形，共设 5 间房屋。外墙宽约 1.5 米，墙体两侧以大块卵石垒砌，其内填小块卵石构筑而成。遗址内有较薄的灰烬层、并不十分明显的踩踏面、少量碎陶片及石器。

红山沟墓地发掘中发现了石堆、石围遗迹，数量相对较多，均为人为构筑而成，石围遗迹依其平面结构不同可分为方形石围和圆形石围两类。石围均由大块片石栽立围砌而成。这些遗迹中未发现任何遗物。

墓地、居址共出土器物近 500 件。按质地可分为陶、铁、铜、骨、金、木、石、玻璃等，其中以陶器，尤其是彩陶最具特色。

陶器在数量上占据整个出土遗物的1/5左右，彩陶器的比重占有明显优势；器类上主要有罐、壶、杯、钵等；器形上带耳器非常发达，以宽带翻耳、环形耳为主，除此之外还见横耳以及明显具有装饰功能的系耳、乳钉等。另外，豆形器、仿皮囊壶等器物也别具一格。

铜器出土数量较多，但是均为小件器，主要有刀、锥、针、镞、扣、节约、耳环及饰件；铁器数量较少且保存较差，铁刀较常见。木器有弓、箭杆、钻木取火器、碗、桶、盘；骨器有纺轮、角觿；石器有砺石、纺轮、眉笔、料珠等。

红山古墓群位于天山南麓山间小盆地中，地理环境独特。墓地、居址遗存现象丰富，时代、文化属性特征鲜明。墓地、居址周围分布的石堆、石围等遗迹未能出土任何用于判断或测年的遗物，但其分布数量较多，蕴含寓意深邃，学术研究空间较大。

3 处墓地中的墓葬根据墓葬形制、葬式风格以及随葬品特征，红山古墓群此次发掘的 3 座墓地是时代上先后延续，文化

属性上同根共源的文化遗存。石围及祭祀性遗迹浑然一体的地表标识、竖穴石室及其带墓道的墓穴结构、室内分层的多人多次葬，以动物头、肋骨、肢骨为牺牲的埋葬习俗，随葬品以单耳带流彩陶器为主流的器类器形特征及器表以几何纹为主题的图案风格无不传承着察吾呼文化的文化传统。从墓地整体特征看，当属察吾呼文化中晚期遗存。除此之外，墓葬内出土的豆形器、乳丁器、宽带翻耳器、变体涡纹、仿皮囊壶等应属吐哈盆地、伊犁河谷等周边地区典型文化因素融入其中的见证。这或许表明该区域的相对封闭性保证了地域性文化传统得以顺利继承、发展繁荣，同时封闭性的地理特征并没有成为这批人群与周邻地区的人们在文化上广泛而深入交流的屏障。

居址中各房间内地面上出土的陶片与墓葬中出土的陶器在器形、纹饰、制法等诸多因素上基本一致，其年代、属性大致相当。察吾呼文化不同时期的墓葬发掘数量尤为可观，但遗址的发掘相对有限，此次红山沟居址的发掘，尤其与墓地时代特征相近、空间范围共存、文化属性一致的关系，无疑在更为宏观、系统的层面上为我们提供了重要的研究价值。

墓地中发掘的石堆、石围遗迹未能出土任何能用以判定年代的遗物，何人？何时？何因？何用？为我们带来了较多疑惑和不解，但它们与墓地、居址在空间上共存的客观事实以及往后的相关发现或许能为我们解答这些问题带来希望。

（张　杰）

【乌苏市四棵树西汉墓群】

发掘时间：2015 年 10 月

工作单位：新疆维吾尔自治区文物考古研究所

乌苏四棵树墓群位于乌苏市四棵树镇查干苏木村西南 2000 米，地处天山北麓依连哈比尔尕山的山前冲积扇边缘，由东至西相对集中分布于 5 处，被第三次全国文物普查人员分别编为一至五号墓地。2015 年度在二号墓地发掘墓葬 3 座，三号墓地发掘墓葬 3 座。

墓葬地表均有平面略呈圆形的土石封堆，其中二号墓地所发掘的 3 座墓葬规模较大，封堆直径在 20 米 ~31 米，高度在 2 米 ~4 米。三号墓地封堆较小，直径在 2 米 ~9 米，高度在 30 厘米 ~50 厘米。墓葬墓向较为统一，除三号墓地 M1 为南北向外，其他墓葬均为近似正东西向。大型墓葬一般在墓口有棚盖一层南北向木板，在墓主身下一般铺有一层木板作为简单葬具。由于多数墓葬已被打扰，葬式、葬俗凌乱，从现存迹象判断，墓主均为仰身直肢，头西脚东（三号墓地 M1 为头北脚南），有单人葬也有双人合葬，以单人葬为主。随葬品一般位于墓底北部，西北角随葬牛和羊骨殖，东北角放置陶器。

此次发掘共出土器物 44 件（组），主要有陶器、铜器、铁器、金箔、骨器、漆器。陶器主要有陶钵、陶罐、陶壶；铁器主要有铁刀、铁簪；骨器主要有骨珠、骨镞、骨饰件；铜器主要有铜棒、铜镜、铜饰件。

在天山北麓的山前地带分布着众多成片的古代墓葬，总体来看墓地的规模、墓葬的体量都较小，但在乌苏市以西的四棵树镇至古尔图一带则较为明显集中分布着以三五成群以巨冢为主的墓地，大者封堆直径 50 米 ~60 米，中者 20 米 ~30 米，小者约 10 米。从墓地布局看，墓葬均呈南北链状排列，从发掘情况看，大中型墓葬，圆形封堆以黄土构成，周缘不铺卵石，墓室平面为东西向长方形，竖穴土坑，墓口棚盖木板，墓主仰身直肢，头西脚东，墓室内一般均殉葬羊、牛等动物骨骼。出土的陶器以素面、圜底器为主，普遍残留有金饰件。这些墓葬特征与正邻的伊犁河谷发掘的极为相近，年代属于西汉时期。

（阮秋荣）

【库车县苏巴什魏晋至隋唐佛教遗址】

发掘时间：2014 年 12 月、2015 年 8 月

工作单位：西北大学文化遗产学院、新疆维吾尔自治区文物保护中心、库车县文物局

苏巴什佛寺遗址位于库车县城东北约 23 千米处，地处却勒塔格山南麓库车河东西两岸的冲积台地上，地理坐标：北纬 41°51′20″～41°51′40″，东经 83°02′～83°03′，海拔高度 1150 米。该遗址主要由佛塔、庙宇、洞窟、殿堂、僧房等建筑组成，是天山南麓古龟兹地区重要的佛教建筑群，也是西域地区迄今保存最完整、历史最悠久（公元 3～10 世纪）、规模最大的佛教建筑群遗址，集中展现了丝绸之路上古龟兹地区长期作为西域佛教传播中心的历史地位。1996 年苏巴什佛寺遗址获准为第四批全国重点文物保护单位。2013 年苏巴什佛寺遗址成为丝绸之路起始段和天山廊道世界文化遗产。2010 年受新疆维吾尔自治区文物局委托，西北大学文化遗产学院对该遗址进行了地面踏查和测绘工作，完成了调查报告。

2014 年 12 月和 2015 年 8 月，基于本体加固工程项目的需要，在新疆维吾尔自治区文物局的支持下，对僧房和佛殿两类遗址展开发掘，发掘面积约 300 平方米，清理僧房和小型佛殿遗址 12 座，并对苏巴什佛寺遗址西寺遗址北部的洞窟壁画进行了测绘。此次发掘共计出土各类铜器、陶器、玉石器、佛像残块等数十件，可以辨认和修复的器形主要有钱币、钵、灯盏等。另外，还采集了一些铜器、玻璃碎片等。根据出土及采集物，初步将其分为三期：第一期为晋至南北朝时期（公元 3～4 世纪）；第二期为南北朝时期至隋代（公元5～6 世纪）；第三期的年代在唐代（公元7～10 世纪）。

（冉万里）

【塔什库尔干县唐代石头城遗址】

发掘时间：2015 年 9～11 月

工作单位：新疆维吾尔自治区文物考古研究所

石头城遗址位于喀什地区塔什库尔干塔吉克自治县县城北侧，地处被称为“世界屋脊”的帕米尔高原。作为塔什库尔干县石头城遗址综合研究项目的一部分，新疆维吾尔自治区文物考古研究所在塔什库尔干县文管所的配合下对石头城遗址进行了考古发掘，重点是遗址北部部分城墙及相邻区域，共发掘清理长约 20 米的城墙、马面 1 座、房屋 3 间、地窖 1 个，总发掘面积约 200 平方米。

通过发掘，对石头城遗址北部的地层结构，城墙、马面、房屋等建筑遗迹有了认识和了解。从发掘情况来看，房屋、城墙和马面的墙体建筑方法基本相同，均为石包墙结构，外墙底部的石块体积较大，上部的石块变小，石块均未经加工，垒筑的时候比较注意石块平整面向外，石块间用泥土黏合，内外石墙之间填充土石，其中城墙和马面内部的土石采用一层土一层碎石分层填埋的方法。城墙内表面和房屋共用，局部可见用泥抹平，有的为草拌泥。城墙和马面的建筑结构比较复杂，有明显的后期增补现象，其中城墙在后期向外进行过加宽，而原来的方形马面上外侧也有二次增建，先增加了前端平面为半圆形的结构，后在此结构和原始马面形成的“L”形转角间又修建了墙体。从房屋、城墙和马面等的建筑构造和打破关系来看，其年代的相对关系较为明确：城墙和马面建于生土层上，年代较早，其中城墙年代最早，平面为方形的马面年代晚于城墙，而马面上增建的两个部分年代更晚。城内紧靠城

墙的房屋建于文化层上，年代也明显晚于城墙。

出土遗物包括陶器、石器、织物以及少量铜器，残碎严重，其中有“开元通宝”一枚、双半月形耳陶罐一个、马鞍形石磨盘一个保存较好。此次发掘基本上是清理城墙坍塌下的堆积物，其中的石块间空隙较多，发现有许多小型动物的巢穴，这些动物在筑巢及生活中带入的杂物对遗迹遗物的绝对年代判定带来困难。由于发掘不涉及城墙、马面的原始部分，如何准确测定其修建年代也很困难。从此次出土的“开元通宝”等遗物来看，遗址主体的年代可暂定为唐代。

（艾　涛）

【吐鲁番通古斯巴什古城址】

发掘时间：2014～2015 年

工作单位：北京大学考古文博学院、新疆维吾尔自治区文物考古研究所、新和县龟兹文化博物馆

贞观十四年（640）唐平高昌，置安西都护府于西州交河城（今新疆吐鲁番西交河古城址），管理西域地区军政事务。贞观二十二年（648），唐平龟兹，将安西都护府移至龟兹国都城，并在龟兹、焉耆、于阗、疏勒四城修筑城堡，建置军镇，由安西都护兼统，称“安西四镇”。安西四镇的设立，对于保护中西陆路交通，巩固西北边防，均起了十分重要的作用。

2013 年，国家文物局批准北京大学考古文博学院等三家单位联合申报《安西大都护府考古工作计划》。该项目旨在对新疆境内以安西大都护府为中心的一系列古代行政、军事设施等进行调查、发掘、研究。2014 年，该考古项目正式启动。2015 年夏季，北京大学考古文博学院师生在通古斯巴什古城开始了第二年度工作。

2014～2015 年调查工作重点为通古斯巴什古城、乌什喀特古城、克孜勒协尔古城、夏合吐尔遗址等处，掌握总体分布情况、各具体遗址的范围、结构、基本现状等。

通古斯巴什古城考古发掘北瓮城，面积约 800 平方米。通过局部钻探，发现通古斯巴什古城地层堆积超过 5 米。这说明该城文化堆积深厚，延续使用时间长。对北瓮城的发掘显示，该部分遗址进行过多次改造利用。从遗迹现象判断，先后有多层房址堆积。出土的涂朱墙皮、涂青金石墙皮、贴金塑像残块等现象表明，这里房址的等级可能比较高。由于经过多次改建和后代破坏，遗址残损严重。但在部分墙皮上还是发现了残存的古代墨书题记。出土的古代钱币，除唐代“建中通宝”外，还有不少五铢钱。此外，还发现了釉陶和玻璃器皿残片，我们推测可能与波斯有关。其他出土的一些遗物反映出该城的世俗化程度较高，可能并非单纯的屯兵、屯田城址。另外，从出土的遗物推测，该城的始建年代应早于唐代，可能建成于 4 世纪前后。

（陈　凌）

【哈密地区清代烽燧遗址】

调查时间：2015 年 5～6 月

工作单位：新疆维吾尔自治区文物考古研究所、哈密地区文物局、巴里坤县文物局

此次考古保护性清理的烽燧分布于哈密地区的哈密盆地和巴里坤盆地，分属哈密市（2 座）和巴里坤哈萨克自治县（10 座）。哈密市 1 座烽燧位于农田中，另外一座营建于戈壁滩的台地上。巴里坤县的 10 座烽燧中 2 座位于农田中，其余则分布在较荒凉的草原上。为了达到快速、准确、有效传达信息的目的，我们明显能够发现烽燧的选址均处在通视条件较好的平地或者山梁上。

依据烽燧构筑材料及方法不同，我们

可以将此次考古清理的12座烽燧分为夯筑体、垒砌与夯筑混合体两类，其中，前者11座，后者仅1座。烽燧保护性清理中共采集、出土遗物近50件，其中清代瓷片所占比重较大，另外还有石器、陶器残片及构件、铜币、铁器及纸质遗物。烽燧整体保存状况较差。相对而言，草原及戈壁荒漠地带的烽燧保存状况明显好于农田中的烽燧。此次保护性清理的12座烽燧，根据其保存现状、建筑形制、与其他烽燧的关系、出土遗物以及相关文献记载，我们初步确定其年代为清代。

此外，我们在清理烽燧的同时，也对烽燧周边地区进行了考古调查，在巴里坤草原烽燧遗址的邻近地带，我们发现了数十处大小不等的墙基遗迹，其平面呈方形或圆形，遗迹内采集的瓷片也多为清代遗物。据此，我们推测这些墙基遗迹可能和烽燧遗址同为军事防御系统的重要组成部分，应为当时官兵安营扎寨的驻所。这些发现将为研究哈密地区清代军事体系提供更加全面、翔实的实物资料。

（张　杰）

第三篇

学术会议

【“南方丝绸之路学术研讨会”在四川省雅安市召开】

2015年3月10~12日，由教育部人文社会科学重点研究基地四川师范大学巴蜀文化研究中心、南方丝绸之路研究所，成都文物考古研究所、雅安市博物馆共同主办的“南方丝绸之路学术研讨会”在雅安隆重召开。来自中国社会科学院、四川大学、华东师范大学、西北师范大学、四川省社会科学院等20余个单位的专家学者共60余人出席了研讨会。著名学者李学勤先生特意为大会发来贺词。此次研讨会的主要议题是：南方丝绸之路与中外交流史、南方丝绸之路考古与文物、南方丝绸之路城镇文化研究、南方丝绸之路民族与民俗文化、南方丝绸之路经济带研究等。成都文物考古研究所谢涛介绍了2013年在成都市老官山发现的西汉织锦提花机的情况，四川省纺织科学情报中心王君平高级工程师对汉代蜀锦的情况做了介绍。此次研讨会还集中发布了一批近年来的考古新发现及其科研成果。

（陈　剑）

【“河北省文物考古学会第四届会员代表大会”在河北省石家庄市召开】

2015年3月12日，“河北省文物考古学会第四届会员代表大会”在河北省石家庄市京州国际酒店召开。河北省文物考古学会常务理事、理事、部分会员代表等共81人参加了会议。此次会议讨论了理事会的换届选举工作，并就近年来河北省考古工作的简要情况和今后学会的工作进行部署安排。

【中国考古学研究中日论坛在北京举行】

由中国考古学会和日本中国考古学会主办，北京大学考古文博学院和北京大学中国考古学研究中心承办的中国考古学研究中日论坛于2015年3月28~29日在北京大学召开。来自北京大学考古文博学院、中国社会科学院考古研究所、中国国家博物馆、陕西省考古研究院、日本东京大学等多家学术机构的代表，及在京各学术机构的近200位学者参加了此次论坛。此次论坛共收到学术论文20多篇，所展开的讨论几乎涵盖了中国考古学目前的所有学术热点问题，大体包含如下几个方面：中国历代都邑性遗址的发现与研究、以区域为中心的长时段研究、对某一专门问题或门类的专题研究，还有对多学科综合研究。

【“西北五省区一校考古协作会暨黄河羊曲水电站考古发掘咨询会”在青海省西宁市召开】

2015年4月1~3日，“西北五省区一校考古协作会暨黄河羊曲水电站考古发掘咨询会”在青海省西宁市召开，会议由青海省文物考古研究所主办，青海省文化新闻出版厅、青海省文物管理局、陕西省考古研究院、新疆维吾尔自治区文物考古研究所、宁夏回族自治区文物考古研究所、甘肃省文物考古研究所、西北大学文化遗产学院、青海省各文博单位的领导和专家，以及青海省文物考古研究所业务人员出席了会议，与会代表共计80余人。来自五省区一校的18位专家学者分别将2014年度本地的考古发掘情况进行了汇报与交流，部分专家学者参观了海西州都兰县出土的唐蕃时期丝织品，此外还组织相关专家召开了黄河羊曲水电站考古发掘咨询会。

（乔　虹）

【“山东地区周代考古工作座谈会”在山东省新泰市召开】

2015年4月2日，“山东地区周代考古工作座谈会”暨《新泰周家庄东周墓地》（上下）、《山东新泰陶文》首发仪式在山东省新泰市召开，来自国内40家单位的60余名学者参会。北京大学文博学院李伯谦、刘绪、朱凤瀚教授，中国社会科学院考古所徐良高研究员，山东大学文化遗产研究院方辉教授，山东省文物考古研究所郑同修所长等专家参加会议。与会的济宁、烟台、枣庄、莒县等地的会议代表对于当地近年的周代重要发现进行重点介绍，例如薛故城墓地、小邾国墓地、邾国陶文等。《新泰周家庄东周墓地》（上下）、《山东新泰陶文》两本书的编写人员分别简要介绍书的内容与成果。与会学者听取汇报，并对相关发现及两本书的内容进行深入讨论。李伯谦、刘绪、朱凤瀚等先生对两本书给予高度评价，同时也对今后山东的两周段考古工作提出希望和要求。

（徐倩倩）

【“早期文明的对话：世界主要文明起源中心的比较”国际学术研讨会在北京大学召开】

2015年4月5～8日，由文化遗产与中国考古学研究国际中心（ICCHA）、北京大学考古文博学院、北京大学中国考古学研究中心、伦敦大学考古学院联合主办的“早期文明的对话：世界主要文明起源中心的比较”国际学术研讨会在北京大学召开。来自北京大学考古文博学院、中国社会科学院考古研究所、英国伦敦大学学院考古学院、美国密歇根大学凯尔西考古博物馆、日本东京大学等机构的代表及中国各高校、各省市考古机构的近300位代表参加了此次会议。

此次会议以两河流域、古埃及、印度河流域、中国、玛雅5个早期文明的起源与早期发展为主题，围绕“中国考古学界对于早期文明的探索与认识（1985—2015）”“早期国家的起源与形态”“文字起源及其作用”“景观、农业、手工业生产与贸易”“全球视野下的早期文明比较研究”等专题讨论。

【“中华文明探源工程”山西陶寺、周家庄遗址现场讨论会在山西省运城市召开】

“中华文明探源工程”山西陶寺、周家庄遗址现场讨论会，于2015年5月8日在山西省运城市召开。会议由中国社会科学院考古研究所和中国国家博物馆共同主办，与会的代表来自中国社会科学院考古研究所、中国国家博物馆考古部、湖南省文物考古研究所等国内考古科研机构。

会议汇报了2013～2014年陶寺遗址的考古发现及2002年以来绛县周家庄遗址的考古工作情况及主要的发现、收获和意义，认为周家庄遗址的文化面貌与陶寺遗址相似，属于龙山文化陶寺类型，由此修正了以前“陶寺文化仅限于临汾盆地”的认识。其他学者从晋南地区全新世中期环境背景与人地关系出发，论述了晋南地区龙山文化时期的地形、地貌、气候、降水等条件，从资源、技术与生业角度就陶寺遗址的旱作农业、家畜饲养、冶金技术进行了论述，并与石峁遗址、周家庄遗址进行了初步比较。

【“2015文物信息提取与分析技术学术研讨会”在西北大学举行】

2015年5月15日，西北大学文化遗产学院主办的“2015文物信息提取与分析技术学术研讨会”在西北大学太白校区举行。中国科学院上海硅酸盐研究所、中国科学院上海应用物理研究所、故宫博物院、北京大学、陕西省文物考古研究院、陕西省历史博物馆、陕西省文物保护研究院、陕西师范大学以及西北大学的专家学者40余人参加了此次研讨会，部分研究生和本科生亦聆听了报告。研讨会期间，与会专家学者就文物表面形貌与内部信息提取、文物信息综合研究、大型仪器在文物分析中的应用为主题开展学术交流讨论，重点探讨了XRF、XAFS、XRD、SEM等分析技术在科技考古中的研究与应用以及文物表面污染物的清洗与三维信息提取等问题，使大家对文物信息提取与分析的研究方法及应用有了更全面和深入的了解。

（温　睿）

【“文物、文献与文化——历史考古青年论坛（第一届）”在四川大学召开】

2015年5月16～18日，由四川大学历史文化学院主办的“文物、文献与文化——历史考古青年论坛（第一届）”在四川省成都市举行。来自中国社会科学院、北京大学、吉林大学、首都师范大学、四川省文物考古研究院等单位的知名考古学家、青年学者共50余人参加了此次论坛。会议中17名正式代表和来自四川大学历史文化学院的2名学生代表进行了学术报告。此次论坛旨在为历史时期考古研究领域中的优秀青年学者（原则上为“80后”）提供一个相互交流、共同促进的高端平台。论坛初定为两年召开一次，第二届将于2017年在中国人民大学召开。

【“古代中国与美洲：文明的比较研究”学术研讨会在北京举行】

2015年5月17日，由首都师范大学历史学院、中国和拉丁美洲古代文明比较研究所主办的“古代中国与美洲：文明的比较研究”学术研讨会在北京紫玉饭店举行。来自中国社会科学院拉丁美洲研究所、中国社会科学院考古研究所、北京大学、中央民族大学、中国文物报、加拿大英属哥伦比亚大学、美国阿拉斯加大学及首都师范大学等多家单位的20余名专家学者围绕古代中国与美洲多领域，从石器、玉器、植物、动物、人骨、岩画等微观角度进行了深入探讨，取得丰硕成果。

【“长江流域矿冶考古联盟”成立大会在湖北省大冶市召开】

2015年5月29～31日，“长江流域矿冶考古联盟”成立大会在中国矿冶名城大冶市召开。为了配合长江经济带的建设，从而推进长江流域矿冶考古新进程，探讨中国矿冶文明肇始与进程及在中国古代社会发展中的地位，谋求矿冶遗产在当今社会经济文化等发展中的作用，该联盟由湖北省文物考古研究所发起，赣皖湘等省考古所共20多人参加了成立大会。

【“奇和洞遗址国际学术研讨会”在福建省漳平市召开】

2015年6月15～16日，“奇和洞遗址国际学术研讨会”在福建省漳平市召开。来自美国、澳大利亚、加拿大等国的学者，以及来自中国社会科学院考古研究所、中国科学院古脊椎动物与古人类研究所等国内考古科研机构、高等院校和台湾地区的80余位专家学者相聚一堂，探讨奇和洞史前遗址及其相关文化遗存、中国东南和华南史前考古新发现，以及闽台史前文化渊源和南岛语族起源与扩散等学术问题。关注的重点是奇和洞遗址的学术价值，讨论的热点围绕遗址近几年的研究进展。会议期间代表们还考察了奇和洞遗址。

【“紫禁城宫殿考古座谈会”在故宫博物院召开】

2015年6月23日，“紫禁城宫殿考古座谈会”在故宫博物院召开。此次座谈会由故宫博物院考古研究所主办，故宫博物院单霁翔院长和全体院领导班子成员、德国考古研究院建筑所所长及研究人员，以及来自国内各地有关研究方向的考古专家与故宫博物院考古研究所全体成员参加了此次会议。

6月23日上午，举行故宫博物院与

德国考古研究院合作意向书签约仪式，与会专家观看了故宫与腾讯团队合作的慈宁花园东遗址的3D模拟影像模型，并现场参观了慈宁花园东遗址考古工地。下午国内外各位专家结合自己的研究与经验，分别阐述了自身对于故宫考古以及宫殿、城市考古的想法，并为故宫考古未来的发展提出了诸多宝贵的建议。此次会议确立了故宫博物院与德国考古研究院的合作关系。

【“环三峡地区历史时期文明演进及其历史地位学术研讨会”在重庆师范大学举行】

2015年6月26～27日，“环三峡地区历史时期文明演进及其历史地位学术研讨会”在重庆师范大学沙坪坝校区举行。此次会议由重庆师范大学历史与社会学院、《文物》杂志社、重庆市文化遗产研究院联合主办。参加会议者共36人。此次会议收到学术论文20余篇，会议内容涵盖三峡库区近年考古新发现、巴蜀文化、楚文化、古代文化交流、古城寨调查与研究等。

【“纪念郑州商城遗址发现60周年研讨会”在郑州市举办】

2015年7月18日，在150余名国内一流考古专家、学者的注视下，夏商周考古的主要开创者韩维周、安金槐、邹衡3位考古学家的铜像在郑州商城遗址揭幕，拉开了纪念郑州商城遗址发现60周年学术活动的序幕。与会专家认为，以韩维周、安金槐和邹衡为代表的几代学者对郑州商代遗址的发掘和研究，让商文明的文化发展链条得以基本完整，成为中国考古学界的一座里程碑。由北京大学考古文博学院、河南省文物局和郑州中华之源与嵩山文明研究会联合主办的学术研讨会上，与会专家、学者分别以《郑州商城的发现与研究》《郑州近年来夏商周考古新发现》《深入开展夏商周文化探讨的几点设想》进行了重点发言。专家们还对“一环一带八点五区”的郑州商城遗址公园提出了合理化建议。

（刘　洋）

【“第22届国际历史科学大会章丘分会——比较视野下的龙山文化与早期文明国际学术研讨会”在山东省章丘市举办】

2015年8月24～25日，由国际历史学会主办，中国史学会、山东大学、济南市人民政府承办，章丘市人民政府、中国殷商文化学会、山东省史学会协办的“第22届国际历史科学大会章丘分会——比较视野下的龙山文化与早期文明国际学术研讨会”在山东省章丘市举办。此次研讨会的主题包括：城子崖城址考古研究的新进展、岳石文化与夏商文化、聚落考古与社会复杂化研究、龙山文化的发现、研究与价值评估、龙山文化遗产的保护与利用等。来自国内外60多位学者在会上分享了他们的研究成果。具体内容涉及龙山时代早期中国的宏观新思考、海岱及周边地区考古学新发现与新解析、文化格局和聚落研究、史前遗址保护和展示、成果缤纷的多学科研究、国际视野下的对比研究、考古材料与文献阐释等方面。上述议题结合第22届国际历史科学大会日程中的“史前叙事”“文化遗产与民族认同”等议题，以“比较视野下的龙山文化与早期文明”为题，从世界早期文明的比较视野探讨龙山文化及相关课题，具有极其重要的历史和现实意义。

（陈淑卿）

【“湖南出土商、西周青铜器国际学术研讨会”在湖南省长沙市举行】

为配合由湖南省博物馆、湖南广播电视台、上海博物馆等14家机构联合主办的

"三湘四水集萃：湖南出土商、西周青铜器展"展览，湖南省博物馆于2015年8月27～29日召开了"湖南出土商、西周青铜器国际学术研讨会"。研讨会收到各类论文40余篇，有来自美国旧金山亚洲艺术博物馆、加州大学、北京大学、中国社会科学院考古研究所等30余家国内外机构的80余位专家、学者、同行参会，其中27人做了主旨发言。

研讨会内容既有从宏观层面，将湖南商周青铜器放到一个更大的文化背景中去探讨，也不乏就某一类器物进行专门的分析研究，内容涵盖了青铜礼仪、祭祀、纹饰、铭文、地域特征、族属、来源、演变、风格、工艺、断代以及收藏等各方面内容。

【"首届中国国际象雄文化学术研讨会"在北京举办】

2015年9月19～21日，"首届中国国际象雄文化学术研讨会"在北京举办。此次研讨会由中央民族大学、西藏自治区民族宗教事务委员会联合主办，来自中国、美国、法国、意大利、荷兰、捷克等国的60多位专家学者，围绕象雄的历史与宗教、考古与艺术、语言与文化、自然科学、象雄与亚洲文明的交流五个方面进行了发言和讨论，提交论文58篇。该研讨会还展示了与象雄文化有关的罕见文物。其中，带有汉隶"王侯"字样的丝绸在西藏阿里"象雄都城穹窿银城"出土，距今已有1800年，这是迄今为止青藏高原发现的最早的丝绸。另外首次展出的隋唐时期"招慰羊同及吐蕃使印"，显示了中原与西藏联系的更早记录。

【"河济地区文明起源与早期国家"学术研讨会在北京举行】

2015年9月21日，由首都师范大学历史学院、首都师范大学中国古代文明研究中心主办。来自日本金泽大学、中国社会科学院考古研究所、北京大学、中国科学院大学、中国文物报社、西北大学、河南省博物院、河北师范大学、江西省文物考古研究所、山东省菏泽市历史与考古研究所等多家单位的30余名专家学者齐聚一堂，从聚落考古、文献考证、历史地理、中外对比、科技考古等视角对古河济地区文明起源等问题进行综合探讨，取得了丰硕的成果。

【"东北亚古代社会与文化"国际学术研讨会在吉林大学召开】

2015年9月23～26日，由吉林大学边疆考古研究中心、吉林大学边疆考古与中国文化认同协同创新中心、吉林大学高句丽·渤海研究中心联合主办的"东北亚古代社会与文化"国际学术研讨会于在吉林大学成功举行，来自俄罗斯、韩国、日本以及国内科研机构、高等院校以及学术媒体等的60余名代表参加了此次学术会议。吉林大学边疆考古研究中心、文学院历史学系以及其他兄弟院校师生约80人列席会议。此次会议紧紧围绕"汉唐宋元时期的考古发现、文献解读以及东北亚古代文化交流"这一学术课题，汇报新发现、交流新认识、探讨新观点、研究新课题。按照主办方的设计，会议分"学术讲演""学术汇报"以及"学术沙龙"三部分组成。

【第六届"中国北方及蒙古、贝加尔、西伯利亚地区古代文化"国际学术研讨会在呼和浩特市召开】

由内蒙古博物院及内蒙古自治区文物考古研究所共同主办的第六届"中国北方及蒙古、贝加尔、西伯利亚地区古代文化"国际学术研讨会于2015年10月12～16日在呼和浩特市内蒙古饭店隆重举行，来自俄罗斯、蒙古国、日本等十余个国家的专家学者约170人参加了此次学术会议。

会议根据不同主题分成石器时代、青铜与早期铁器时代、历史时期、文化遗产的保护与研究、理论方法与综合研究等分会场进行小组发言，围绕“中国北方及蒙古、贝加尔、西伯利亚地区古代文化”这一主题展开。会后与会代表们参观考察了大窑旧石器遗址、白塔遗址及内蒙古博物院。15日、16日与会代表前往鄂尔多斯、包头，实地考察了鄂尔多斯博物馆、鄂尔多斯青铜器博物馆等地。

【“扬州城考古学术研讨会”在江苏省扬州市举行】

2015年10月23～24日，由扬州市人民政府、中国考古学会、中国社会科学院考古研究所、南京博物院联合主办的“扬州城考古学术研讨会”在扬州会议中心召开。来自中国社会科学院考古研究所、故宫博物院、中国国家博物馆和北京、重庆、西藏等省、自治区、直辖市的考古文博机构以及北京大学、清华大学、中国人民大学等高校的专家、学者应邀参加会议。会上有40多名代表发言，主要议题为扬州城遗址相关考古发掘与研究，与扬州城相关的历史文化、政治经济等方面的相关研究。同时还包括隋唐宋时期中原城址的发掘与研究，宋辽金元明时期城址、墓葬的相关发掘与研究，城市建设与规划历史的相关研究。会后代表们参观了扬州城南门遗址、隋炀帝墓和扬州博物馆。

【“第三届中国公共考古·首师论坛”在北京举行】

2015年10月25～26日，由中国社会科学院考古研究所、首都师范大学主办，中国社会科学院考古研究所公共考古研究中心、首都师范大学历史学院、中国考古网、首都师范大学公众考古学中心联合承办的“第三届中国公共考古·首师论坛”在首都师范大学国际文化大厦举行。来自中国社会科学院、北京大学、首都师范大学、陕西省考古研究院、四川省文物考古研究院、浙江省文物考古研究所、湖北省博物馆等全国50余家考古文博机构、高校，以及新华社、人民日报、光明日报等新闻媒体的150余位代表和首都师范大学校师生参与了论坛。

【“第五届黄淮七省考古论坛学术交流会”在河北省石家庄市召开】

2015年10月30日～11月1日，“第五届黄淮七省考古论坛学术交流会”在河北省石家庄市京州国际酒店召开，来自陕西、山西、山东、河南、江苏、安徽、河北七省和中国社会科学院考古研究所、中国国家博物馆、部分高等院校的考古学专家、学者近90人，提交论文34篇。会议议题为文物考古与科技创新。同时围绕各省2014～2015年的重要考古成果及在田野考古、公众考古、大遗址保护与展示、科技保护、科学管理等各方面的经验做法进行交流。

【“中韩古代冶铁文化与农业发展学术研讨会”在河南省郑州市召开】

2015年11月4日，由河南省文物考古研究院主办的“中韩古代冶铁文化与农业发展学术研讨会”在河南省郑州市召开。会议邀请了韩国国立中原文化财研究所、北京大学考古文博学院、北京科技大学冶金与材料史研究所、郑州大学历史学院考古系、郑州市古荥汉代冶铁遗址博物馆、西平县文物管理所等科研院校和管理单位的专家学者与会。

与会学者从不同角度探讨韩国和中国中原冶铁文化的发展状况。此外，与会学者还共同研究了“中原考古博物院古代冶金主题馆”展陈方案。会后，韩国学者参观了正在发掘的郑州古荥汉代冶铁遗址、洛阳汉魏故城等考古发掘现场。

【“科技人　考古梦——中国社会科学院考古研究所科技考古中心成立二十周年大会”在北京举行】

2015年11月5日，“科技人　考古梦——中国社会科学院考古研究所科技考古中心成立二十周年大会”学术报告会在考古所八楼报告厅举行。中国社会科学院考古研究所历任所领导、中国科学院古脊椎动物与古人类研究所与北京大学等京内相关科研机构及高校科技考古学术带头人与科技考古中心研究人员欢聚一堂，回顾过去、展望未来，为科技考古学科建设与未来发展规划建言献策。此次会议还对科技考古中心近些年来取得的科研成就进行了检阅，相关人员向大会就年代学研究、考古信息工程、环境考古、土壤微环境、人骨考古、动物考古、植物考古、木材分析、古食谱分析、古DNA研究、成分分析、冶金考古、陶器研究、玉石器研究等14个研究方向近几年来的研究成果和最新进展进行了汇报。

【“湘鄂豫皖楚文化研究会第十四次年会”在河南省信阳市召开】

2015年11月7～9日，“湘鄂豫皖楚文化研究会第十四次年会”在河南省信阳市召开。此次年会由湘鄂豫皖楚文化研究会主办，河南省文物考古研究院、河南博物院承办，信阳市文物管理局、信阳市博物馆、城阳城址博物馆协办。来自北京、湖北、安徽、湖南等11个省市地区70多家机构的180多位代表参加了此次年会。此次会议的主题有5项：楚文化考古新发现；楚文化的起源与发展；楚系墓葬研究新进展；楚文化聚落形态与社会组织研究；楚文化与其他文化关系研究。会议收到论文78篇，编辑成了《湘鄂豫皖楚文化研究会第十四次年会论文集》。

此次年会共举行9场楚文化考古新发现学术报告，涉及湖北枣阳郭家庙墓地、湖南株洲茶陵晓塘古城及周边墓地、河南方城楚长城遗址、湖北荆州纪南城遗址、湖北大冶铜绿山四方塘墓地、河南信阳城阳城址八号墓以及湖南蓝山五里坪墓地等。年会就楚文化考古新发现、楚文化综合研究、文献与古文字研究等方面分三组开展专题学术讨论。

【“国家起源研究的理论与方法国际学术研讨会”在上海召开】

由上海大学古代文明研究中心、《学术月刊》编辑部等协办的“国家起源研究的理论与方法国际学术研讨会”于2015年11月14～15日在上海召开。此次会议是2012年度国家社会科学基金重大项目“中国国家起源研究的理论与方法”在子课题“国家起源研究的理论问题”及“世界古代史和人类学、考古学研究中国家形成和早期国家个案研究综述”研究方向上组织的重要学术活动。来自中国社会科学院、北京大学、首都师范大学以及《学术月刊》《中原文化研究》等国内高校、科研院所和杂志社，以及美国哈佛大学、俄罗斯科学院等国外高校和科研机构的共30多位学者参加了此次研讨会，会议共收到论文29篇。

会议话题涉及：国家的本质、定义、内涵及判定标准；前国家复杂政治组织及其演进与国家起源的关系；国家起源的动力机制；国家演进的样式；包括中国在内的世界不同地区国家起源及演进个案研究等。

【“苏秉琦学术思想座谈会暨《我的父亲苏秉琦》首发式”在故宫博物院举行】

2015年11月24日，由故宫博物院考

古研究所与生活·读书·新知三联书店共同主办的“苏秉琦学术思想座谈会暨《我的父亲苏秉琦》首发式”在故宫博物院举行。会议为期一天。上午举行《我的父亲苏秉琦》新书首发式，故宫博物院院长单霁翔、张忠培先生、三联书店总编辑翟德芳先生、《我的父亲苏秉琦》作者苏恺之先生以及北京大学刘绪教授分别做了发言。下午举行中国文明起源问题及考古学理论与方法座谈会。诸位专家学者的发言主要围绕缅怀、思考与展望三个方面开展，此次会议围绕苏恺之先生的新书展开，事实上更是对苏秉琦先生学术思想与治学道路的回顾与探讨。

（唐雪梅　赵　瑾）

【“2011—2015 年辽西地区东晋十六国时期都城文化研究学术讨论会”在辽宁省沈阳市召开】

2015 年 11 月 25 日，辽宁省文物考古研究所与日本奈良文化财研究所合作主办的“2011—2015 年辽西地区东晋十六国时期都城文化研究学术讨论会”在辽宁省沈阳市召开。来自日本奈良文化财研究所、中国社会科学院考古研究所、辽宁省博物馆、辽宁省文物考古研究所及辽宁省各市县文博单位的 60 余位的专家学者参加了此次会议。

会上共有 10 位学者发言。演讲内容专题涉及了辽西地区东晋十六国时期重要遗址的发掘介绍与研究、出土器物的研究以及部分出土器物复原的研究。

【“纪南城考古发掘四十周年学术研讨会”在湖北省荆州市召开】

2015 年 11 月 27 ~ 29 日，由湖北省文物考古研究所、湖北省历史研究会、荆州博物馆联合主办的“纪南城考古发掘四十周年学术研讨会”在湖北省荆州市召开。与会代表近百人，收到论文 30 多篇。湖北省文物考古研究所和纪南城考古队合作编辑了《纪南城考古发现》一书，湖北省文物考古研究所和知网合作编辑了《纪南城考古研究论文汇编》。

【“第二届青年考古学者论坛”在首都师范大学召开】

2015 年 11 月 28 日，由首都师范大学历史学院主办的“第二届青年考古学者论坛”在北京召开。此次论坛共有来自北京大学、吉林大学、西北大学、首都师范大学等高校和中国社会科学院考古研究所、北京市文物研究所、山东省文物考古研究所等考古文博事业及管理部门共 42 个单位，55 位青年学者发表了精彩演讲。此次论坛共设有 6 大主题，分别是考古新发现、考古学文化与互动交流、艺术史与艺术考古、手工业技术与生业经济、考古学理论与方法及文化遗产保护、传承与利用等。此次论坛增加了优秀论文评选环节、嘉宾学术点评环节。

【“第六届全国动物考古学研讨会”在重庆师范大学召开】

2015 年 11 月 28 ~ 29 日，“第六届全国动物考古学研讨会”在重庆师范大学召开。此次会议由中国考古学会动物考古专业委员会、动植物考古国家文物局重点科研基地、重庆师范大学主办，重庆师范大学历史与社会学院承办。来自中国社会科学院考古研究所、河南省文物局、中国国家博物馆等国内 20 多家科研院所与高校的 50 余位学者同人参加了此次会议。会议共有 20 位学者作了学术报告，研究时间跨度从更新世至历史时期，研究地域从新疆到辽东、由东北及岭南，内容涵盖动物考古学发展史及理论与方法的探讨、古环境与古气候的重建、动物遗存鉴定等基础工作的建设、史前狩猎行为的复原、家畜起源与饲养策略的研究、奶制品生产与骑马技术等次级产品开发方式出现的追溯、祭祀用牲礼仪的梳理、先秦制骨手工业的分析以及三维制图在动物考古研究中的应用等方面，展示出中国动物考古学近些年来在理论、方法与实践几个方面取得的巨大进步。

【“中国考古学会夏商考古专业指导委员会2015年年会暨考古视野中的早商文化与先商文化论坛”在河南大学召开】

2015年11月29日，“中国考古学会夏商考古专业指导委员会2015年年会暨考古视野中的早商文化与先商文化论坛”在河南大学成功召开。该论坛由中国考古学会夏商考古专业指导委员会、河南大学历史文化学院主办，河南大学考古文博系、黄河文明传承与现代文明建设协同创新中心承办，全国20余所高校和科研机构的40余位学者参加论坛。在开幕式上，王巍理事长表示，此次会议是对以往关于先商、早商考古工作的一个阶段性总结；夏商考古一直是中国考古的重要领域，但近些年来的相关学术研究相比以前稍显沉寂，可能与一些重要遗址进入整理阶段有关，希望以此次会议为契机，促进先商、早商相关问题的研究。

论坛分为主旨发言、考古新发现、专题发言及夏商考古学术问题讨论几个部分。李伯谦先生在论坛上做了《发扬科学求真精神　进一步推进夏商考古研究》的主旨发言，各个学者对焦作李屯、新乡王门、定陶十里铺及焦作安阳城等夏商时期遗址的考古收获做了汇报。

【“文物与博物馆学专业教学体系建设研讨会”在西北大学召开】

2015年11月28~29日，受教育部历史学类专业教学指导委员会委托，“文物与博物馆学专业教学体系建设研讨会”在西北大学举办。教育部历史学类专业教学指导委员会副主任章清、秘书长郑成林，故宫博物院副院长宋纪蓉、中国文化遗产研究院副院长詹长法，以及国内22所高校的文物与博物馆学专业负责人和博物馆负责人共44位代表出席。参会的各高校代表分别介绍了学科体系建设、教学体系设置及目前所面临的问题。故宫博物院副院长宋纪蓉介绍了故宫博物院“文物医院”的发展建设状况，强调了行业对文物与博物馆学专业人才的迫切需求。同时，与会专家针对学科建设存在的问题、教学体系的完善、文博人才的技能和素质培养等问题，展开了深入而热烈的讨论。

（吴铮争）

【“青铜器与山东古国学术研讨会”在山东省莒县召开】

2015年12月9~11日，“青铜器与山东古国学术研讨会”在山东日照市莒县召开。会议由北京大学震旦古代文明研究中心、山东省考古学会主办，山东省文物考古研究所和莒县人民政府承办。来自国内40余家学术机构的百余名学者参加了此次会议。此次会议提交论文60余篇，其中有近40位学者在会议上发言。会议的议题可以概括为以下几个方面：莒地与莒文化的新发现和研究、山东地区青铜器、商周古国的新发现和研究、齐鲁周邻古国青铜文化新研究成果、山东地区青铜器冶金考古研究、相关商周考古学问题的探索。与会学者就以上议题进行深入交流与探讨。此次会议的召开反映近年山东地区商周考古的新动态，推动山东青铜器的研究工作，并对今后相关领域工作的开展大有裨益。

“山东青铜文化研究会成立大会”也在此次会议期间进行，由山东大学方辉教授担任主任，山东省文物考古研究所刘延常研究员担任秘书长。研究会的成立，是今后深入山东青铜器研究工作的新起点。

（徐倩倩）

【“《襄汾陶寺——1978～1985年发掘报告》出版暨陶寺遗址与陶寺文化学术研讨会”在北京召开】

2015年12月12日上午，“《襄汾陶寺——1978～1985年发掘报告》出版暨陶寺遗址与陶寺文化学术研讨会”在中国社会科学院考古研究所举行。此次研讨会由中国社会科学院考古研究所、山西省文物局、山西省临汾市政府主办。国家文物局副局长宋新潮表示陶寺遗址是史前考古圣地之一，报告的出版为探讨中华文明的起源提供了重要的资料。中国社会科学院副院长李培林讲到目前学界已初步厘清了陶寺遗址的性质。王巍谈到，陶寺遗址的考古研究是中国考古乃至中华文明起源研究的里程碑，陶寺遗址为中原地区文明化进程研究提供了一个重要的支点，将国家形成、文明形成的时间提前。此外，中国考古学会理事长、考古研究所所长王巍与山西省临汾市委副书记、市长岳普煜代表双方正式签署合作框架协议。

【“中原古代丝绸之路与大运河学术研讨会（2015）”在河南省郑州市召开】

2015年12月14～16日，由河南省科学技术协会、河南省文物局、郑州大学主办，河南省科学技术史学会、河南省文物考古研究院、郑州大学历史学院、郑州大学科技史研究中心承办的河南省科学技术协会重点会议“中原古代丝绸之路与大运河学术研讨会（2015）”在河南省郑州市召开。来自郑州大学、河南大学、河南省文物局等16个学术机构40多位专家学者，以及郑州大学历史学院30多名博士、硕士研究生参加了此次研讨会。

此次会议是国内首次将丝绸之路与大运河联系起来讨论的学术会议，主题是中原地区古代丝绸之路与大运河相关的科技史问题。会议共举行了14场学术报告，各位专家学者对河南的古丝绸之路、永济渠、通济渠的考古发现与研究进行了广泛的分析和讨论；对古丝绸之路和大运河两大世界文化遗址的文化资源保护与利用等进行了深入剖析和研究；对古丝绸颜色、中国古代炼铁技术、古代丝绸之路上所见河南的特征与历史地位、中原地区隋唐大运河与海上丝绸之路的关系等进行了交流和深入探讨；对中原传统科技史的研究状况做了综述，对其发展趋向做了展望。

（侯彦峰）

【“纪念石家河遗址考古发掘60年学术研讨会”在湖北省天门市召开】

2015年12月19～20日，由中国考古学会、北京大学考古文博学院、湖北省文物考古研究所联合主办，天门市文体新广局、天门市文物局、天门市博物馆承办的“纪念石家河遗址考古发掘60年学术研讨会”在湖北省天门市召开。30多家文物考古研究机构、十多所大学文博考古院系等单位的120多名专家学者参会。会议宣读论文34篇，内容主要涉及石家河遗址的发现与研究过程及其在中华文明化进程中的地位和作用，以石家河为代表的江汉地区与周边考古学文化区的关联与互动，早期城址的空间分布、功能结构及其形成的背景与过程，玉器造型的解读及其反映的文化传承与交流，遗址群周边地区农业生态格局等多个方面。

【“五千年文明见证——红山文化与中华文明学术研讨会”在辽宁省大连市召开】

2015年12月22～23日，由辽宁师范大学主办、辽宁省红山文化与中华文明协同创新中心、辽宁师范大学历史文化旅游学院承办的“五千年文明见证——红山文化与中华文明学术研讨会”在辽宁省大连市召开。会议邀请了中国社会科学院考古研究所、中国社会科学院历史研究所、中国人民大学、吉林大学等国内外高等院校、科研院所、考古文博系统的近百名专家学者及新华通讯社、光明日报社、中国社会科学报社、《文物》编辑部、《北方文物》编辑部等主流媒体出席。会议的主题是红山文化与中华五千年文明。会议收到论文35篇，共有25名学者进行了大会发言，围绕会议主题专家学者进行了热烈而深入的讨论。会议论文集预计2016年年底将结集出版。

（徐昭峰）

【“中华玉文化中心第五届年会暨第七届中国古代玉器与传统文化学术研讨会”在杭州市良渚召开】

由中华玉文化中心主办，浙江省杭州市余杭区人民政府、良渚遗址管理区管理委员会承办的“中华玉文化中心第五届年会暨第七届中国古代玉器与传统文化学术研讨会”于2015年12月24～25日在杭州市良渚举行。来自故宫博物院、中国社会科学院考古研究所等30家考古科研机构、文博单位的近70位专家学者围绕良渚遗址价值对比研究之“春秋战国时期玉器玉文化”这一主题进行深入研究和讨论。

此次研讨会为期两天，31位专家从单件玉器的个性到整个时代玉器的共性，从纵向、横向不同对比角度出发，围绕九连墩出土玉器；东周时期玉器设计理念、艺术风格和使用功能；良渚文化、齐家文化玉器内涵等方面做了主题发言。

第四篇

对外学术交流

【中国社会科学院考古研究所】

出访

2015年1月14~18日，中国社会科学院考古研究所副所长陈星灿研究员与德国海德堡大学在德国就“公元前三千纪到公元前两千纪的东西方文化交流：考古学的证据”开展学术交流活动。

2015年2月20~26日，中国社会科学院考古研究所龚国强研究员与阿曼苏丹国ICOMOS委员会在阿曼就“大明宫国家遗址公园—中国遗址保护的奇迹”开展学术交流活动。

2015年3月19~22日，中国社会科学院考古研究所赵志军研究员与德国考古研究院在德国就小麦东传开展学术交流活动。

2015年4月13~16日，中国社会科学院考古研究所董新林研究员与俄罗斯科学院远东分院历史、考古和民族研究所在俄罗斯就辽上京考古新发现和研究开展学术交流活动。

2015年4月19~24日，中国社会科学院考古研究所何努研究员与美国斯坦福大学的斯坦福考古中心、东亚语言与文化系孔子研究所、弗里曼·斯伯格力国际研究所在美国就“陶寺：史前中国政治中心型城市化的一个考古例证”开展学术交流活动。

2015年4月19日~5月3日，中国社会科学院考古研究所副所长陈星灿研究员与美国斯坦福大学东亚系及斯坦福考古中心在美国就“二里头：华北城市的兴起”开展学术交流活动。

2015年5月8~11日，中国社会科学院考古研究所副所长白云翔研究员与韩国蔚山铁器文化促进委员会在韩国就“中国隋唐时期的铁器文化”开展学术交流活动。

2015年5月17~24日，中国社会科学院考古研究所所长王巍研究员、副所长陈星灿研究员、常怀颖博士与土耳其伊斯坦布尔大学和希腊爱琴大学在土耳其和希腊就“古代地中海及小亚细亚地区文明演进”开展学术交流活动。

2015年5月24~28日，中国社会科学院考古研究所副所长陈星灿研究员与国际科学院联盟在比利时就国际科学院联盟第88次会议开展学术交流活动。

2015年6月23~25日，中国社会科学院考古研究所所长王巍研究员与俄罗斯科学院西伯利亚分院考古与民族学研究所在俄罗斯就“考古学多学科综合研究方法：最新发展及前瞻”开展学术交流活动。

2015年7月5~9日，中国社会科学院考古研究所副所长陈星灿研究员和翟少冬博士与以色列海法大学Zinman考古研究所在以色列就“2015年国际磨制石器协会会议”开展学术交流活动。

2015年8月30日~9月8日，中国社会科学院考古研究所辛爱罡副研究员、张建锋副研究员、罗明助理研究员与韩国汉城百济博物馆在韩国就《中国古代都城展——汉魏晋南北朝》布展工作开展学术交流活动。

2015年9月7~11日，中国社会科学院考古研究所所长王巍研究员和梁中合研究员与韩国汉城百济博物馆在韩国就“中国古代都城展——汉魏晋南北朝”文物展览开幕式开展学术交流活动。

2015年9月7~11日，中国社会科学院考古研究所赵志军研究员和翟少冬博士与采集狩猎协会第11次学术会议筹备委员会在奥地利就“国际采集狩猎协会第11次会议”开展学术交流活动。

2015年9月10~14日，中国社会科学院考古研究所副所长陈星灿研究员、郭物副研究员、仝涛副研究员与瑞典国立世界文化博物馆在瑞典就“丝绸之路上的国际大都市——中国唐代的洛阳”大型展览开幕式及“亚洲与斯堪的纳维亚：早期中世纪丝绸之路的新展望”国际学术研讨会开展学术交流活动。

2015 年 9 月 20 ~ 27 日，中国社会科学院考古研究所白云翔副所长赴美国和洪都拉斯进行学术访问，并到洪都拉斯中洪合作考古发掘工地进行考察和现场指导工作。

2015 年 10 月 1 ~ 5 日，应美国哥伦比亚大学东亚语言与文化系的邀请，中国社会科学院考古研究所副所长陈星灿研究员赴美国进行学术访问并参加了该校唐氏早期中国研究中心的开幕仪式及第一次唐氏早期中国年度考古学讲座。

2015 年 10 月 8 日 ~ 2016 年 3 月 22 日，钱国祥赴日本东北大学院大学进行学术考察与讲学。

2015 年 10 月 19 ~ 23 日，刘政、龚国强、王辉组成的代表团往乌兹别克斯坦考察访问，考察中国社会科学院考古研究所在乌兹别克斯坦明特佩城址考古发掘项目的进展以及加强与乌方的合。

2015 年 11 月 4 ~ 8 日，中国社会科学院副所长陈星灿和李存信、唐际根赴英国参加中国社会科学院与英国学术院在协议下召开的“物质文化遗产：新方法与新途径”学术研讨会。

2015 年 11 月 10 ~ 24 日，刘建国访问美国和洪都拉斯，赴科潘进行考古发掘与研究，开展三维重建和地理信息系统建设工作。

2015 年 11 月 14 ~ 16 日，袁靖赴日本进行学术访问，在会上做了《中国胶东半岛贝丘遗址研究》的报告。

2015 年 12 月 1 ~ 4 日，龚国强赴韩国参加“新罗月城与世界遗产的调查研究”国际学术会议，并发表了《中国大明宫遗址发掘保护的展开》的主题演讲。

2015 年 12 月 6 ~ 10 日，李裕群、朱岩石赴印度参加“南亚及中国佛教寺院国际研讨会”。会议上李裕群做了《太原童子寺遗址考古发掘》的报告，朱岩石做了《邺城地区佛教寺院考古和佛教造像埋藏坑》的主题发言。

2015 年 12 月 6 ~ 13 日，巩文、金英熙、赵明辉赴韩国参加汉城百济博物馆的撤展工作。

2015 年 12 月 23 ~ 27 日，朱岩石赴日本进行学术访问，考察日本国立历史民俗博物馆、东京国立历史博物馆，并与日本学者就东亚都城考古进行了交流。

（中国社会科学院考古研究所科研处）

【故宫博物院考古研究所】

出访

2015 年 4 月 24 日 ~ 6 月 7 日，故宫博物院考古研究所王睿研究员、冀洛源研究员以及故宫博物院文保科技部李合研究员，一行三人受印度喀拉拉邦历史研究委员会邀请，赴喀拉拉邦特里凡特朗、奎隆、科钦、科泽科德及泰米尔纳度邦马杜赖等地，对印度东南沿海的港口及周边城址进行考古调查，收集了多处出土中国文物的港口、城址、寺院遗址资料。同时，工作组对 2007 ~ 2014 年科钦帕特南遗址、奎隆港口遗址出土的中国文物进行了信息采集和初步研究工作，这批中国文物包括唐、宋、金、元时期的约 1700 枚铜钱，以及元、明、清时期产自浙江、江西、广东、福建等地的陶瓷器。

来访

2015 年 12 月 18 ~ 23 日，故宫博物院考古研究所邀请印度喀拉拉邦历史研究委员会负责人 P. J. Cherian 教授来华，王睿和徐海峰两位研究员陪同 Cherian 对广西合浦汉墓群、合浦县博物馆、大浪古城遗址、南越王墓博物馆等地，进行了专题考察。期间，工作组与广西、广东相关学者针对中印两地出土的同类型文物进行了交流、座谈。

【山西省考古研究所】

来访

2015 年 7 月 4～15 日，南非约翰内斯堡金山大学地质考古环境研究与人类演化研究所的凯瑟琳·库曼和约翰·克拉克教授访问山西省考古研究所，其间主要就西侯度遗址年代与石制品研究进行了交流讨论，并前往西侯度遗址实地考察。库曼教授、克拉克教授分别做了精彩的学术报告。

【辽宁省文物考古研究所】

出访

2015 年 5 月 11～15 日，应韩国蔚山文化财研究院邀请，辽宁省文物考古研究所所长吴炎亮、李海波、柏艺萌、徐政、司伟伟、图旭刚一行 6 人赴韩国进行学术演讲和业务交流。出访期间，吴炎亮所长与韩国蔚山文化财研究院院长杨尚弦就双方合作事宜进行了交流。柏艺萌做了《东大杖子战国墓地出土铜器的保护与初步分析》、李海波做了《2014 年辽阳苗圃墓地一座纪年墓的研究》、徐政做了《江沿台堡城址的考古新收获》三个学术演讲，并与韩国方面的专家学者进行了现场研讨和交流。

来访

2015 年 3 月 17～21 日，日本奈良文化财研究所小池伸彦等 6 名学者来辽宁省文物考古研究所，继续开展《辽西地区东晋十六国时期都城研究》的合作项目。在工作期间完成了金铃寺遗址出土的瓦制品以及大板营子遗址出土的金属遗物的测量、摄影等资料的收集和整理工作。

2015 年 10 月 8～12 日，韩国蔚山文化财研究院院长杨尚弦一行 7 名学者来辽宁省文物考古研究所进行学术交流和考察。韩方学者郑铉锡、权龙大分别做了《蔚山校洞里 1 号木棺墓的研究》和《新罗加耶墓制分化与相互关系》的学术演讲。与会的中方学者与韩方学者就演讲相关问题进行了广泛讨论。

【杭州市文物考古研究所】

来访

2015 年 3 月 23 日，日本京都大学人文科学研究所冈村秀典教授一行到杭州市文物考古研究所进行学术访问和交流。期间，冈村秀典教授主要参观了余杭小横山东晋南朝墓出土的画像砖，考古领队刘卫鹏简要介绍了画像砖出土的情况、纹饰题材分类及特色等。

2015 年 10 月 14 日，韩国国立中央博物馆金英美研究员一行到杭州市文物考古研究所进行学术访问和交流。期间，金英美重点观摩了杭州市文物考古研究所近年来出土的一批重要青瓷标本。

2015 年 12 月 25 日，日本冲绳县立艺术大学美术工艺学部森达也教授到访杭州市文物考古研究所，并与所长唐俊杰研究员就临安城遗址考古发掘中出土青瓷相关问题进行了讨论。访问期间，森达也教授还观摩了南宋太庙遗址部分出土文物。

【安徽省文物考古研究所】

来访

2015 年 9 月 4～7 日，英国牛津大学 Jessica Rosen 教授、Mark Pouard 教授、北京大学中国考古学研究中心主任徐天进教授、北京大学考古文博学院文化遗产保护系主任陈建立教授一行，来安徽考察古代铜冶金相关遗存并进行学术交流。

Jessica Rosen 教授一行考察了凤阳卞庄春秋墓、蚌埠双墩春秋墓和阜南台家寺商代遗址出土文物，并现场考察了铜陵金牛洞采矿遗址，参观了安徽博物院、铜陵市博物馆展览的青铜器。就安徽地区丰富的铜冶金遗存与省考古所专家进行了深入探讨和交流。

【洛阳市文物考古研究院】

出访

2015年9月21～25日，洛阳市文物考古研究院书记周立、办公室主任贾中宝、史前研究室副主任任广、商周研究室副主任薛方赴韩国扶余郡进行学术交流访问活动。洛阳市文物考古研究院代表团团长周立研究员做了题为《隋代回洛仓遗址发掘》学术报告，其间参观扶余历史文化遗迹及考古发掘工地等，并与韩方相关专家进行深入交流。

2015年12月7～11日，受日本冈山市市长大森雅夫的邀请，以洛阳市文物考古研究院院长史家珍为团长、洛阳市文物局副调研员刘润丽为副团长的文物考察团一行五人，前往冈山、橿原进行访问。此次访问代表团分别对冈山市的冈山城建筑遗址、冈山市埋藏文化财中心、橿原的今井町古城遗址、橿原博物馆以及奈良东大寺、奈良国立博物馆进行了参观学习和交流。双方就文化遗产保护管理、博物馆运营、博物馆公民教育和展览策划以及文物保护等进行了交流。冈山市表示愿与洛阳市就文物保护、维修等方面的工作做进一步的沟通与探讨。同时与奈良国立博物馆就洛阳和奈良的文物文化相互学习共同办展双方达成一致意向。

【湖北省文物考古研究所】

出访

2015年3月31日～5月4日，受到美国明尼阿波利斯艺术馆邀请，湖北省博物馆、湖北省文物考古研究所王晓钟研究员参与由明尼阿波利斯艺术馆东方部主任柳杨主持的《明尼阿波利斯艺术馆馆藏青铜器》项目，负责该馆馆藏青铜器拓片的相关工作。

2015年8月27～29日，湖北省博物馆、湖北省文物考古研究所李玲研究员于在日本奈良参加了“2015东亚文化遗产保护国际学术研讨会”。李玲以叶家山西周墓地出土青铜文物修复实践为案例，认为考古整理中的文物保护修复与考古等多学科应相互融合。

2015年10月21～23日，应丹麦文化局的邀请，湖北省博物馆、湖北省文物考古研究所周松峦研究员在丹麦国家博物馆参加中丹“在关于中国漆的修复与保护的研讨会”，并会上做了《中国漆器保护与修复》的发言，并对丹麦漆器修复工作进行了指导。

【四川省文物考古研究院】

出访

2015年4月13～21日，应美国考古学会邀请，四川省文物考古研究院雷雨、冉宏林赴美国旧金山参加“美国考古学会第80届年会”。此次会议在旧金山联合广场希尔顿酒店召开，共有来自全世界各国各地区的约1500名学者参会，共设418个讨论小组，议题涵盖各大洲的各方面考古研究课题。其中直接讨论中国相关研究的小组多达6个，还有若干小组涉及中国，雷雨和冉宏林参与的小组名称是“中国西（南）部和东南亚聚落考古和景观考古的最新进展——聚落组织和物品的微观对比”，二人分别做了题为《从聚落到城市：中国西南三星堆遗址第一期遗存相关的两个问题》《三星堆遗址聚落考古研究初步探索》的报告。

【云南省文物考古研究所】

出访

2015年3月19～26日，应柬埔寨文化和美术部文化遗产局的邀请，云南省文物考古研究所古人类部主任吉学平研究员赴柬埔寨金边进行学术访问。访问期间，吉学平在皇家美术大学考古系做了《云南岩画多样性显示独特的人类迁移史——湄公河上游的故事》的学术报告，并应邀参加了柬埔寨法国项目汇报会以及柬法联合考古项目工作室整理。

2015年9月15~17日，云南省文物考古研究所副所长闵锐研究员应邀参加在英国伦敦大学学院举行的“早期水稻耕作制度及其对社会进化与环境的影响”学术研讨会，闵锐在会上做了《剑川海门口和宾川白羊村遗址发掘收获》的报告。

来访

2015年4月24~30日，老挝社会科学院历史研究所所长Chanthaphilith Chiemsisouraj先生、行政处副处长Kiengkham Kanhavong女士等、研究员Amthilo Latthanhot女士和沙湾拿吉省新闻旅游文化管理厅副厅长Somchanh Chouangbaykham先生，以及沙湾拿吉省Sepon矿山管理者Viengkham Khamvene先生一行到云南省文物考古研究所进行访问交流，与所内中层以上干部及四川大学代表就下一步合作事宜进行深入的探讨。会后，老方人员一行参观了云南省文物考古研究所古人类实验室及文物修复实验室，并赴江川青铜文化博物馆、晋宁金砂山墓地考古现场、大理太和城遗址考古现场、大理市博物馆和西双版纳州博物馆交流考察。

2015年9月22日，美国康奈尔大学艺术与科学学院Sturt W. Manning教授和华盛顿州立大学Jade d’ Alpoim Guedes教授到云南省文物考古研究所访问交流，并做了以环境考古和植物考古为主题的学术报告。访问期间，云南省文物考古研究所还联合南京大学与美国学者合作，对云南滇西地区祥云大波那墓地和剑川海门口遗址出土的相关遗存开展环境考古及植物考古方面的深入研究。

【陕西省考古研究院】

出访

2015年4月20~23日，由美国斯坦福大学主办的“早期中国城市化起源和发展”国际学术研讨会在斯坦福大学考古中心举行。陕西省考古研究院孙周勇研究员、邵晶助理研究员分别以《公元前2千纪前后中国北方区域政体格局的形成：以石峁遗址考古新发现为中心》《从村落到都邑——石峁遗址的“生”与“长”》为题发表了学术演讲。

2015年8月31日~9月4日，陕西省考古研究院王小蒙副院长赴丹麦参加在奥胡斯市摩斯盖德博物馆举办的“秦始皇——中国陕西兵马俑”展览的学术交流活动，以《世界历史文化遗产——秦始皇陵遗址的保护与规划》为题发表学术讲演。

来访

2015年3月20日，日本奈良县立橿原考古学研究所副所长石川幸司、企划部长丰冈卓之等一行四人访问陕西省考古研究院。

2015年3月27日，陕西省考古研究院邀请美国加州大学洛杉矶分校叶娃博士、日本奈良县立考古研究所前田文雄先生进行学术讲座，叶娃博士对世界范围内发现的彩陶进行了精彩的讲解、前田文雄先生重点介绍了日本列岛陶棺的分布以及与古坟的关系。

2015年6月15日，日本奈良文化财研究所专家应邀来到陕西省考古研究院进行学术交流。奈良文化财研究所飞鸟资料馆学艺室长石桥茂登先生带来《介绍近几年奈良文化财研究所在飞鸟地区、藤原京遗址、平城京遗址实施的发掘调查》的报告，奈良文化财研究所都城发掘部主任研究员降幡顺子女士做《高松冢古坟壁画、龟虎古坟壁画保护概况》的报告，陕西省考古研究院张建林研究员就唐墓壁画的相关问题做了专题发言。

2015年7月16日，澳大利亚墨尔本大学托尼娅教授、妮可博士、凯若琳博士一行三人，到访陕西省考古研究院开展学术交流，并与王炜林院长洽谈双方合作研究事宜。访问期间，妮可博士做了题为《绘画保护及相关证据提取》的学术报告，凯若琳博士以《壁画保护：超越常规文化遗产保护设备和实践的科学》为题，阐述了在壁画保护修复中关注壁画所在地人群文化属性的重要性。陕西省考古研究院研究人员向澳方学者介绍了陕西壁画考古新发现、壁画揭取、整体搬迁、保护修复和科学研究方面的新进展。

2015 年 8 月 4 日，美国大都会艺术博物馆副馆长罗素珍在该馆孙志新研究员陪同下访问陕西省考古研究院，与王炜林院长、王小蒙副院长等进行了座谈交流。

2015 年 8 月 19 日，日本金沢大学特任准教授秦小丽、松村惠里博士带领来自越南、日本、泰国的考古专业硕士研究生到陕西省考古研究院考察学习，王炜林院长及相关研究人员与对方进行了深入交流。

2015 年 8 月 31 日，联合国教科文组织总干事伊琳娜·博科娃一行专程来到陕西省考古研究院考察。

2015 年 9 月 14 日，韩国庆州文化财研究所崔文祯博士和李仁淑硕士在陕西省考古研究院举办学术讲座，两位韩国学者均从事韩国庆州月城的发掘工作。崔文祯博士以《月城考古调查与发掘工作现状》为题，李仁淑硕士做了题为《月城考古调查与发掘出土遗物》的报告。

2015 年 10 月 28 日，哈萨克斯坦文化代表团来陕西省考古研究院访问。代表团由该国文化体育部文化艺术司司长阿克托特率领博物馆、文物修复、考古和民族学专家一行六人组成。

2015 年 11 月 13 日，法国驻华大使馆文化教育合作处技术合作专员马艾玫（Armelle Guyomarch）女士、西安法语联盟法方校长白桦（Nicolas Peroy）一行二人到访陕西省考古研究院，就法国与陕西省开展考古与文物科技保护合作事宜进行考察，王炜林院长与法方代表进行了深入交流。

【北京大学考古文博学院】

出访

2015 年 1 月，李水城教授参加“International Seminar on Cross Civilisational Interactions in Antiquity China：India：Persia：Greece New Delhi”（跨中国、印度、波斯、希腊新德里古代文明国际研讨会），提交论文 *The Mace-head：An Important Evidence of the Early Cultural Contacts along the Silk Road*。

2015 年 2 月，秦大树教授在伦敦为英国东方陶瓷学会举办题为“定窑烧制历史的新认识”的讲座。

2015 年 3 ~ 7 月，刘彦琪工程师赴美国华盛顿特区的弗利尔 | 赛克勒博物馆（FREER | SACKLER MUSEUM）进行参观访问，主要内容是博物馆展示陈列、青铜器研究及文物保护，并在该馆做了题为 *The Influence of Mold Casting Techniques on the Style of Erlitou and Erligang Jue Vessels* 的讲座。

2015 年 4 月 2 ~21 日，齐东方教授在泰国正大管理学院做题为《艺术品管理》的系列讲座。

2015 年 4 月，李水城教授赴美国旧金山参加“The Society for American Archaeology’s 80th Annual Meeting”（全美第 80 届考古学年会），做题为 *The painting pottery of Siba Culture and Related Issues* 的演讲。

2015 年 4 月，李水城教授在美国圣路易斯华盛顿大学人类学系做题为 *East-West Interaction on the Proto-Silk Road：An Archaeological Perspective* 的讲座。

2015 年 4 月，李水城教授在美国印第安纳大学人类学系做题为 *Early Cultural Exchange Between East and West—The Mace-*

head Example 的讲座。

2015年春季学期，魏正中教授在威尼斯大学做访问学者，讲授“新疆佛教考古”硕士课程。

2015年4月，魏正中教授在意大利帕尔马中国艺术博物馆做题为 *Lavia Della Seta: Via di Monaci, Eserciti, Mercanti* 的讲座。

2015年4月，魏正中教授在意大利那不勒斯东方大学做题为 *Searching for Silence in the Ancient Monasteries of Kuča-Meditating in the Mountain Caves* 的讲座。

2015年5月，魏正中教授在慕尼黑大学做题为 *Ludwig-Maximilians-Universit č t München Chronology of the Rock Monasteries of Kuča* 的讲座。

2015年5月，魏正中教授在柏林亚洲艺术博物馆（Museum für Asiatische Kunst）做题为 *Recent Investigations on the Rock Monasteries of Kuča*、*Wooden Architecture in Xinjiang-Wood in the Monasteries of Ku č a* 的讲座。

2015年6～7月，陈凌研究员赴克什米尔考察古代宗教遗存。

2015年6月，林梅村教授应塔拉斯国立大学校长萨里柏科夫（M. N. Sarybekov）教授邀请，到哈萨克斯坦塔拉兹市出席国际学术讨论会，顺访哈萨克斯坦境内的丝绸之路沿线古城和当地博物馆。

2015年7月，秦大树教授为在法国巴黎举行的，由法国东亚文化研究所—汉学研究所举办的“海上贸易中的瓷罐——近年窑址出土文物”国际学术讨论会，提交论文《储物类瓷罐的古代窑址资料及相关问题初探》。

2015年7月，曲彤丽副教授应邀参加在德国法兰克福举办的“The Role of Culture in Early Expansions of Humans”国际学术会议，在会上做题为 *Developments in Cultural Behavior in the Last ca. 400 Ka -material Evidence, Overview China* 的报告。

2015年8月，李水城教授参加罗马尼亚雅希大学主办的“First International Congress on the Anthropology of Salt”（“盐的人类学”第一届国际会议），提交论文 *Archaeology of Salt Production in the Three Gorges Region: Focus on the Zhongba Site*。

2015年8月，林梅村教授与牛津大学教授杰西卡·罗森（Dame Jessica Rawson）一行十三人赴西伯利亚、贝加尔湖地区考察古代遗址，参观当地研究所和博物馆藏文物。

2015年9月，秦大树教授参加韩国首尔举行的“梨花女子大学博物馆纪念开馆80周年国际学术研讨会——东亚白瓷”，做主旨发言：《定窑白瓷的历史地位与工艺贡献》。

2015年9月28日～10月3日，参加在葡萄牙里斯本举行的国际动物考古学会第十八届鱼骨研究会议（18th Fish Remains Working Group, International Council for Archaeozoology），做题为 *The Rice-fish Economy: Wetland Fishing and Rice Cultivation in the Neolithic of the Lower Yangtze River Region, China* 的演讲。

2015年10月6～7日，齐东方教授参加韩国庆州新罗文化研究所国际会议，做题为《飞马神鹿怪兽与鲜卑》的演讲。

2015年10月11～16日，齐东方教授参加吉尔吉斯斯坦李白国际学术讨论会，做题为《李贤、李静训与李白》的演讲。

2015年10月，秦大树教授在韩国光州博物馆做题为《中国瓷器化妆土工艺的产生与发展》的讲座。

2015年11月20～27日，陈凌研究员赴哈萨克斯坦参加世界遗产组织丝绸之路世界遗产大会，并调查哈萨克斯坦古代遗迹。

（张　敏）

【吉林大学边疆考古研究中心】

出访

2015 年 3 月 5 ~ 8 日，应大阪市立东洋陶瓷美术馆的邀请，吉林大学边疆考古研究中心彭善国教授出席了由该馆及大阪市博物馆协会共同举办的“李秉昌博士纪念公开讲座”。

2015 年 4 月 29 日 ~5 月 6 日，应韩国高丽大学校考古环境研究所所长崔钟泽教授的邀请，吉林大学边疆考古研究中心史前研究室主任，文学院副院长、文化遗产保护研究中心主任赵宾福教授与中心成璟瑭副教授访问韩国。

2015 年 8 月 28 ~29 日，第 4 届欧洲法医考古学大会（EMFA2015）在法国蓬图瓦兹国家宪兵部队犯罪研究中心召开。为了在纪念抗日战争胜利 70 周年之际向国际同行展示中国在“二战”时期遇难者遗骸研究方面的最新进展，吉林大学边疆考古研究中心张全超教授及研究生张群受邀参加了此次大会。

来访

2015 年 6 月 3 ~ 6 日，韩国先史文化研究院理事长李隆助教授一行访问吉林大学边疆考古研究中心，中心主任朱泓教授与韩国客人进行友好交谈，并代表中心与韩国先史文化研究院签署了合作协议，全面推进考古学科特别是在旧石器考古研究等领域的交流与合作。并进行了题为《韩国中原地域旧石器和垂杨介文化》的学术演讲。

2015 年 9 月 4 ~ 9 日，韩国国立全南大学文化人类考古学科林永珍教授来吉林大学边疆考古研究中心访问，双方回顾了十多年来的合作就下一步的交流交换了意见。林永珍举行了题为《先史、古代东北亚交流史检讨》的讲座。

2015 年 10 月 8 日，俄罗斯科学院远东分院远东历史、考古和民族研究所尼古拉·克拉丁教授应邀来吉林大学边疆考古研究中心做短期访问，并在吉林大学边疆考古研究中心会议室做了题为《内陆亚洲游牧帝国的城市化》的学术报告。

2015 年 10 月 10 日，德国波恩大学扬·贝曼教授和尤苏拉·布若舍德教授来中心讲学应邀来吉林大学边疆考古研究中心做短期访问，并在吉林大学边疆考古研究中心会议室分别做了题为《1999 年以来波恩大学在蒙古的研究项目》《蒙古中部的麦汗陶勒盖青铜时代至铁器时代墓地的生物考古学研究：研究现状和前景展望》的两场学术报告。

2015 年 10 月 19 日，韩国高丽大学校崔钟泽教授与蔚山大学校全虎兑教授访问吉林大学边疆考古研究中心，并在中心会议室，做了题为《红莲峰高句丽堡垒发掘成果》与《高句丽与丝绸之路》的讲座。

2015 年 10 月 22 日，美国得克萨斯 A&M 大学贝勒牙医学院王谦教授应邀来吉林大学边疆考古研究中心做短期访问，并在吉林大学边疆考古研究中心会议室做了题为《功能形态学在人类进化研究中的应用：人类面部骨骼研究的生物力学视角》的学术报告。

2015 年 11 月 4 ~ 8 日，应吉林大学边疆考古研究中心的邀请，日本大阪市立东洋陶瓷美术馆主任学艺员小林仁来中心短期访问，并于 6 日下午在中心会议室做了题为《日本的中国古陶瓷研究历史与现状》的学术报告。

【山东大学历史文化学院考古学系】

出访

2014 年 7 月 ~2015 年 7 月，山东大学历史文化学院考古学系教师唐仲明博士赴美国哈佛大学建筑与艺术史系访学一年。2015 年 4 月，应美国宾州大学考古与人类学博物馆邀请，唐仲明为该校师生做了题为《三维扫描技术在南响堂第 2 窟研究中的应用》的报告。

2015 年 2 月 10 ~ 13 日，山东大学历史文化学院考古学系教师路国权博士访问哈佛大学人类学系，应 Rowan Flad（付罗文）教授邀请在 East Asian Seminar of Harward University 做了《东周时期铜匜的谱系研究》（*Phylogenetic Studies of Bronze Yi of Eastern Zhou Period*）的学术报告。

2015 年 3 月 19 ~ 21 日，靳桂云教授赴柏林，参加了德国考古研究院主办的、以“欧亚大陆中部农业的引进与强化：规则的例外还是新的规则?”为题的国际学术讨论会，并做了《中国东部地区新石器时代植物利用》的报告。

2015 年 4 月 15 ~ 19 日，应美国考古学会邀请，山东大学历史文化学院栾丰实教授及王强老师赴美国旧金山参加了第 80 次年会。栾丰实及王强老师组织并全程参与了 17 日上午题为“中国微痕、残留物分析以及实验室考古新进展”的专题讨论会，王强获邀担任专题组联合主席，并做题为《河南博爱西金城遗址石器残留物及微痕分析》的会议发言。

2015 年 4 月 19 ~ 21 日，山东大学历史文化学院、文化遗产研究院院长方辉教授应美国斯坦福大学的斯坦福考古中心、东亚语言与文化系孔子研究所邀请，参加“早期中国城市化的起源与发展：从一个比较视角”的国际学术研讨会。会上，方辉教授宣读了题为《论史前及夏时期的朱砂葬——兼论帝尧与丹朱传说》的学术报告。

2015 年 9 月 18 ~ 23 日，靳桂云教授参加了英国伦敦大学学院主办的“早期水稻栽培系统及其对社会和环境的影响”国际学术会议，并做了《海岱地区史前稻遗存研究》报告。

来访

2015 年 3 月 22 日，美国旧金山亚洲艺术博物馆馆长许杰教授到山东大学历史文化学院做客，并做了题为《山东寿张梁山出土小臣艅铜犀尊和它的收藏者布伦戴奇》的讲座。

2015 年 5 月 18 ~ 29 日，瑞典乌普萨拉大学（Uppsala University）考古系丹尼尔·罗温伯格（Daniel Löwenborg）博士为山东大学历史文化学院及考古系师生讲授了“地理信息技术在考古中的应用”系列课程。

2015 年 5 月 25 日，南澳州历史管理局首席执行官 Margaret Anderson 博士及南澳大学 Bod Hawke 中心执行官 Jacinta Thompson 女士作为“2015 年山东省—南澳州合作发展论坛文化组”对口单位代表，访问山东大学历史文化学院并参观了山东大学博物馆。

2015 年 6 月 11 ~ 15 日，“东北亚古代历史生态学研究”课题组来山东大学历史文化学院访问。来访人员包括课题主持人多伦多大学 Gary Crawford 教授（加拿大皇家科学院院士）、斯坦福大学刘莉教授（澳大利亚科学院院士）、俄勒冈大学 Gyoung-Ah Lee 教授，并进行了学术讲座，题目分别为“Complex Issues Surrounding Agricultural Origins in China”“A Forgotten Crop in Ancient China: Identifying Job's Tears in the Archaeological Record”“Changes in Food Production in Korean Neolithic Period in Historical Ecology Perspective”。

2015 年 6 月 9 ~ 30 日，山东大学文化遗产研究院及历史文化学院特聘流动岗教授王海城（华盛顿大学）带来艺术考古专题系列讲座。主题分别为：中西彩陶对比研究、虚幻动物纹与中国青铜器艺术、冶金方法中失蜡法与决块范法对比研究、文明古国与古文字、杀人祭祀、西周编钟为核心的音乐探究。

2015 年 9 月 18 日 ~ 10 月 16 日，英国雷丁大学（Reading University）Karen Wicks 博士到山东大学考古学系进行学学术访问。访问期间为研究生讲授环境考古研究基本方法，并带领研究生进行考古遗址沉积物的实验室分析，为考古系师生做了题为《追寻、皮筏和绝境逢生：冰期末欧洲西北端的人类归来》的报告。

2015 年 9 月 21 日，日本九州大学副校长宫本一夫教授、熊本大学的小畑弘己教授、弘前大学的上条信彦博士、德岛大学的三阪一德博士一行应邀访问山东大学，在中心校区做了有关东北亚史前农业传播的系列学术讲座。

2015 年 11 月 19～20 日，美国芝加哥菲尔德自然历史博物馆的加里·费曼（Gary Feinman）教授、琳达女士受邀来山东大学历史文化学院进行两场学术讲座，题目分别为《中美联合考古调查项目二十年历程回顾》《中美洲史前时期的黑曜岩贸易——古代经济视角》。

2015 年 12 月 9 日，美国科学院院士、密歇根大学人类学系 Henry Wright 教授为山东大学考古系师生带来一场关于美索不达米亚早期文明的学术讲座。

【西北大学文化遗产学院】

出访

2014 年 8 月 31 日～2015 年 8 月 30 日，西北大学文化遗产学院杨璐副教授赴意大利比萨大学进行学术访问，主要对古代彩绘胶料的分析进行深入研究，包括蛋白质、多糖、脂肪等有无机物质的 GC－MS 分析工作，在访问期间杨璐在比萨大学化学系对兵马俑地下出彩绘文物样品、中国典型的古建油饰彩画样品（如颐和园彩绘胶料等）进行科技分析，同时与比萨大学的专家教授进行科研和技术上的学习和交流。

2015 年 3 月～2016 年 3 月，西北大学文化遗产学院凌雪副教授赴美国伊利诺伊大学厄本娜香槟分校（UIUC）进行学术访问，主要对古人类食谱进行深入研究。在美期间，与美国学术界进行充分交流，掌握了最新的同位素测试和数据处理方法。

2015 年 7 月 9 日～8 月 3 日，西北大学文化遗产学院温睿副教授赴英国诺丁汉大学、伦敦大学学院（UCL）进行短期访问交流。

2015 年 8 月 3～26 日，西北大学文化遗产学院豆海峰副教授赴希腊进行短期交流访问。

2015 年 11 月 19 日～2016 年 1 月 17 日，西北大学文化遗产学院唐丽雅讲师赴波兰华沙大学进行短期交流访问。

2015 年 4 月 10～26 日，西北大学文化遗产学院王建新教授、习通源讲师赴乌兹别克斯坦进行考古调查。

2015 年 5 月，西北大学文化遗产学院王建新教授赴哈萨克斯坦、吉尔吉斯斯坦进行考古调查。

2015 年 9 月 3 日～11 月 23 日，西北大学文化遗产学院王建新教授、习通源讲师、任萌讲师、刘欢博士研究生赴乌兹别克斯坦萨扎干遗址进行考古发掘。

2015 年 3 月 19 日，西北大学文化遗产学院冉万里教授赴日本东北大学参加“冥界的深度与意匠”学术研讨会，并做了《新疆的舍利埋藏与空间》的学术报告。

2015 年 10 月 16 日，西北大学文化遗产学院冉万里教授赴韩国首尔国立古宫博物馆，参加“百济的舍利庄严与东亚佛教文化国际研讨会”，并做了《古代中韩舍利瘗埋的比较研究——以南北朝至隋唐为中心》的学术报告。

2015 年 9 月 17～23 日，西北大学文化遗产学院徐卫民教授赴韩国庆州参加“丝绸之路上的城市”国际学术研讨会，并做了《丝绸之路上的长安》的学术报告。

2015 年 8 月 16～23 日，西北大学文化遗产学院王建新教授、温睿副教授赴巴基斯坦白沙瓦大学参加“巴基斯坦考古与文化遗产”学术讨论会，并做了《月氏、大夏与贵霜》和《新疆巴里坤遗址出土的玻璃珠科技分析》的学术报告。

2015 年 8 月 26 ~ 30 日，西北大学文化遗产学院刘成副教授赴日本奈良参加“东亚文物保护技术”研讨会，并做了《露天铁炮保护理论与实践》的学术报告。

来访

2015 年 1 月 4 日，西北大学文化遗产学院邀请美国伊利诺伊大学（香槟校区）人类学系 Stanley H. Ambrose 教授做了题为《鸵鸟蛋壳的同位素分析：重建非洲史前交换制度与环境》的学术报告。Stanley H. Ambrose 教授的研究领域包括非洲考古学、古人类演化、古环境与古食谱重建、科技考古学、稳定同位素地球化学、地质考古学、语言演化等，尤其在考古人类学中骨化学的稳定同位素研究方面做了大量的工作。

2015 年 1 月 5 日，西北大学文化遗产学院邀请美国惠特曼学院人类学系系主任 Gary O. Rollefson 教授做了题为《艾因·加扎勒：公元前 8400—5500 年约旦新石器时代的早期城镇》的学术报告。Gary O. Rollefson 是亚利桑那大学人类学博士毕业，研究的领域包括人类学和考古学。

2015 年 1 月 5 日，西北大学文化遗产学院邀请美国惠特曼学院人类学系 Charles F. Mckhann 教授做了题为《葛维汉 1912 年至 1948 年在四川的人类学考古学研究》的学术报告。Mckhann 教授是芝加哥大学人类学博士，研究的领域包括人类学、历史学、中国社会、文化、宗教和种族等。

2015 年 4 月 10 日，西北大学文化遗产学院邀请英国伦敦大学考古学系主任 Sue Hamiltion 教授做了题为 *Rapa Nui Landscapes of Construction* 的学术报告。以 Rapa Nui（复活节岛）的建设景观为主题，Sue Hamiltion 教授是英国伦敦大学考古学博士毕业，研究的领域主要为景观考古学（包括太平洋、欧洲大陆、英国）、欧洲史前史以及史前陶器的科技分析。

2015 年 11 月 18 日，西北大学文化遗产学院邀请意大利非洲和东方研究中心研究员 Luca Maria Olivieri 博士做了题为《意大利考古队斯瓦特考古项目的背景和研究现状》的学术报告，主要介绍了意大利考古队斯瓦特考古项目的研究经历和新发现。

2015 年 11 月 18 日，西北大学文化遗产学院邀请意大利博洛尼亚大学文化遗产学院文化遗产保护系教授、罗马中远东研究所委员会成员 Pierfrancesco Callieri 教授，做了题为《公元前 2 至前 1 世纪西北印度的希腊化视觉文化》的学术报告。Callieri 教授自 1977 年以来，在巴基斯坦、土库曼斯坦、伊朗、伊拉克等国主持或参与考古田野发掘，通过手工艺品、陶器、封泥等出土物，研究西北印度和希腊的文化互渗现象。

2015 年 11 月 18 日，意大利阿富汗考古队主管、那不勒斯东方大学研究助理 Anna Filigenzi 博士来西北大学文物遗产学院进行了题为《塞杜沙里夫一号大窣堵波横饰带：通向犍陀罗叙事艺术历史的窗口》的学术报告，探讨塞杜沙里夫一号大窣堵波横饰带与东西方文化交流的关系。其自 1984 年以来，在阿富汗、巴基斯坦、伊朗等国进行过考古田野发掘。她的主要研究方向是阿富汗作为亚洲和欧洲连接地的物质文化交流现象。

2015 年 11 月 19 日，美国怀俄明大学人类学系和考古学系 Kelly Robert L. 教授来西北大学文物遗产学院进行了题为《采集狩猎社会的人口学研究与气候变化》的学术报告。Kelly Robert L. 是采集狩猎社会研究方面的国际著名学者，曾担任美国考古学会主席，现任《美国古物》编辑，主要致力于北美的社会考古学人类行为生态学分析，曾在美国和智利进行过广泛的人类学考古学野外考古研究。

2015年11月19日，美国怀俄明大学人类学系Lin Poyer教授来西北大学文物遗产学院进行了题为《太平洋岛屿酋邦与国家起源》的学术报告。Lin Poyer教授是社会文化人类学研究的学者，致力于土著居民的档案学研究和民族文化属性研究，特别是“二战”背景下结合民族史与民族文化，对太平洋群岛上各民族文化认同与宗教等方面的调研，她有多年田野调查经历，对太平洋地区社会组织文化身份和历史保护等问题的研究做了很大贡献。

2015年12月11～17日，英国诺丁汉大学考古系朱利安·亨德森（Julian Henderson）教授应学院之邀，为西北大学文物遗产学院研究生讲授课程，课程内容包括了9～14世纪丝绸之路沿线古代玻璃的发现、古代玻璃的制作流程与工艺，以及运用科技手段分析玻璃产地等方面问题，重点介绍了通过分析玻璃中微量元素确定其产地的相关成果。

【郑州大学历史学院考古系】

出访

2015年8月3～10日，应柬埔寨吴哥世界遗产管理局（APSARA）局长文那列（N. Bun）先生邀请，中国文化遗产研究院联合郑州大学历史学院对吴哥古迹茶胶寺（Ta Keo）进行考古调查、发掘工作，郑州大学历史学院院长韩国河教授、惠夕平副教授、朱津博士参与此次工作，三方人员就学术交流和合作进行了初步协商。

2015年11月5～16日，应乌兹别克斯坦科学院考古研究所所长A. E. Berdimuradov的邀请，郑州大学历史学院院长韩国河教授赴乌兹别克斯坦，考察了撒马尔罕市郊的有关古代大月氏族的遗址，并进行相关的学术交流。

来访

2015年10月25～28日，应郑州大学历史学院邀请，澳大利亚墨尔本大学文化材料保护中心托尼亚·埃克菲尔德（Tonia Eckfeld）教授、段晓飞［Alex（Xiaofei）Duan］博士、凯若琳·柯宜Caroline Kyi博士赴历史学院访问交流。段晓飞博士、凯若琳·柯宜博士分别做了《文化遗产无损化学分析的比较研究》和《墨尔本壁画：20世纪的材料、技术、保护的回顾》的学术报告。期间还赴荥阳官庄等遗址进行了考察。

【南京大学历史学院考古文物系】

出访

2015年7月5日～8月20日，南京大学历史学院考古文物系教授、南京大学文化与自然遗产研究所所长贺云翱应日本龙谷大学文学部、日本龙谷大学博物馆之邀，前去讲学，主讲“中国东汉至东晋的佛教考古”。讲学期间，并与该校博物馆馆长木田知生教授等考察京都、奈良两地的佛教文化遗存。

2015年7～8月，南京大学水涛和张良仁教授一行访问了伊朗。此次访问的目的在于接触伊朗的文物考古部门，考察伊朗东北诸省，了解考古工作现状，选择遗址作为以后合作发掘的目标。伊朗不仅欢迎双方在考古和文物保护领域合作，而且希望以后在旅游以及历史、文学、语言等学科开展合作。通过考察，选择了北呼罗珊省的一座土丘作为以后合作发掘的对象。

2015年9月29日～10月5日，南京大学历史学院考古文物系教授、南京大学文化与自然遗产研究所所长贺云翱应邀前往瑞典乌普萨拉大学访问和讲学，在该校做《瑞典学者与丝绸之路考古》的演讲。

2015年11月27～29日，南京大学历史学院考古文物系教授、南京大学文化与自然遗产研究所所长贺云翱应韩国国立扶余文化财研究所邀请，前往韩国首尔参加“国际学术大会”，并在大会上做《南朝上定林寺考古发现与韩国百济扶余定林寺考古发现之比较研究》的学术报告。

来访

2015 年 3 月 18 ~ 19 日，南京大学历史学院主办、南京大学文化与自然遗产研究所及《大众考古》杂志社承办的“南京大学考古名家讲坛”举办第 4 期讲座，邀请到日本明治大学文学部的三位教授主讲日本历史时期考古专题，其中明治大学文学部部长石川日出志教授主讲《汉魏晋代驼钮印研究——“汉委奴国王”金印的再探讨》；吉村武彦教授主讲《大和政权与飞鸟时代》；加藤友康教授主讲《日本古代国家的转型——论日本平安时代》。

2015 年 12 月 8 日，韩国瓦学会会长崔仁善教授、韩国国立顺天大学“人文古典人才养成事业团”团长李旭教授等到南京大学文化与自然遗产研究所做学术交流，双方决定建立长期的合作关系，签署了《合作交流协议书》。

2015 年 12 月 8 日，现任佛罗里达大学艺术史系副教授来国龙在浙江大学做访问学者，其到南京大学访问，并做了讲座《马王堆〈丧服图〉续考：兼谈“二重证据法”的正确使用》。

2015 年 12 月 12 日，美国学者康马泰（Matteo Compareti）教授来南京大学访问。他做了《伊朗西部的萨珊时期摩崖石刻》和《北朝胡人石屏上的有翼神兽解读》两个讲座。

2015 年 12 月 19 日，墨西哥考古学家妮莉·罗伯斯·加西亚（Nelly Robles Garcia）博士在参加上海世界考古论坛后，来南京大学历史学院访问。在南京大学加西亚博士做了《阿尔班山考古》的讲座。

【中山大学社会学与人类学学院人类学系】

出访

2015 年 3 月，中山大学社会学与人类学学院人类学系刘文锁教授赴印度新德里参加国际学术会议“马克·奥雷尔·斯坦因与南亚、中亚遗产近期发现与研究”（Marc Aurel Stein with Special Reference to South and Cental Asian Legacy: Recent Discoveries and Research）。报告题目《斯坦因以后尼雅遗址的考古发现与研究》。

【武汉大学历史学院考古系】

出访

2015 年 3 月 19 ~ 26 日，应柬埔寨王国文化遗产管理局的邀请，武汉大学历史学院考古系李英华副教授和 2014 级硕士研究生周玉端一行，赴柬埔寨文化部和金边皇家艺术大学进行了为期 8 天的学术交流和访问。

来访

2015 年 5 月 10 ~ 15 日，美国科学院院士周南（Robert D. Drennan）教授访问武汉大学，并进行了一系列学术活动。期间周南教授做了题为《瓦哈卡峡谷和上马格达莱纳河谷社会复杂化发展轨迹》（*Trajectories of Complex Society Development in Oaxaca and the Alto Magdalena*）的学术报告。

2015 年 6 月 20 日，加拿大英属哥伦比亚大学荆志淳教授访问武汉大学，并做了题为《殷墟青铜器铸造的陶范技术》的学术讲座。

【复旦大学文物与博物馆学系】

出访

2015 年 11 ~ 12 月，本系讲师潘碧华、副研究员刘守柔及学生一行 7 人出访日本爱媛大学，进行为期 8 天的“中日大学关于文化遗产的学习与研究”的学术交流活动。其间，访日团参加了爱媛大学法文学部的“资料学”研究会，潘碧华做题为《汉代钖县地望考》的学术报告。

来访

2015 年 6 月，美国加州大学伯克利分校人类学系 Junko Habu 教授来访，举办讲座《北美研究生教育：培养新一代考古学、人类学与相关领域的学者》《食物多样性与长时段可持续性：史前日本的教训》。

2015 年 9 月，日本东京艺术大学美术学部艺术学科片山まび教授举办讲座《11 世纪至 14 世纪日本出土高丽青瓷的特征及其流通途径——兼与中国出土高丽青瓷的比较研究》。东京艺术大学工艺史研究室与复旦大学文博系开展学术交流会，双方各有两位学生代表进行学术报告。

2015 年 10 月，作为 2015 年度“中日大学关于文化遗产的学习与研究”的学术交流活动之一，日本爱媛大学藤田胜久教授来访，举办讲座《始皇帝与秦帝国》。

2015 年 11 月，加拿大多伦多大学地理与地球科学系 Joseph Desloges 教授应邀举办讲座《河流的形成与变迁：淤积堆积与地形学对理解考古遗址形成条件的作用》

2015 年 12 月，应复旦大学文物与博物馆学系与博物馆联合邀请，佛罗里达大学艺术史系来国龙教授举办讲座《中国近现代文物保护的缘起和早期发展》；全球文化遗产基金会中国项目主任李广涵举办讲座《现代保护运动和理念的形成和演变》。

【中央民族大学民族学与社会学学院文博系】

出访

2015 年 10 月 ~2016 年 10 月，朱萍老师申请国家留学基金委“青年骨干教师出国研修项目”到哈佛大学人类学系进行为期 1 年的访问。

来访

2015 年邀请斯坦福大学坎特艺术博物馆亚洲部主任杨晓能先生作为“海外知名学者民大讲坛”项目邀请人来校进行访问，其间做了题为《考古发现和美术史研究》、《东物西藏：百年回顾》和《海外中国文物的研究和展览》的三场讲座，并参与了“青铜器纹饰、图形文字与图像铭文的解读”“二十世纪中国考古学”的两场座谈。

【首都师范大学历史学院考古学与博物馆学系】

来访

2015 年 9 月 19 日，应首都师范大学历史学院考古与博物馆学系邀请，日本金泽大学副校长、著名考古学家中村慎一教授做了题为《河姆渡与良渚——稻作与文明形成》的学术报告。金泽大学秦晓丽教授做了《日本的博物馆教育》的学术报告。

2015 年 11 月 11 日，应首都师范大学历史学院考古与博物馆学系邀请，美国斯坦福大学东亚语言文化系刘莉教授做了《中国北方农业起源及植物利用研究——以石器微痕和残留物分析为中心》的学术讲座。

【河南大学历史文化学院考古文博系】

出访

2014 年 9 月 ~2015 年 9 月，河南大学历史文化学院考古文博系黄锦前副教授赴美国加州大学洛杉矶分校（UCLA）做访问学者，与罗泰教授合作研究“新出鄂曾楚青铜器”；韩鼎讲师赴美国达特茅斯大学做访问学者，与艾兰教授合作研究“先秦美术考古”。

2015 年 12 月 ~2016 年 12 月，河南大学历史文化学院考古文博系魏继印副教授赴美国圣路易斯华盛顿大学做访问学者，与凯德教授合作研究“河泛区考古的方法与技术”。

来访

2015 年 7 月 23 日 ~8 月 25 日，斯坦福大学刘莉教授在河南大学历史文化学院考古文博系开设“社会复杂化的理论与实践”“食物考古”两门课程，并赴河南大学发掘的遗址现场指导、采集样品进行分析研究。

【重庆师范大学历史与社会学院考古文博系】

出访

2015 年 4 ~ 9 月，重庆师范大学历史文博学院考古系杨华教授和蒋刚教授受邀到日本东北学院大学担当客座教授。

2015 年 6 ~ 8 月，重庆师范大学历史文博学院考古系武仙竹教授带领文物与博物馆专业学生到俄罗斯教育科学院大学进行专业实践实习。

【中国人民大学历史学院考古文博系】

出访

2015 年 7 月 26 日 ~8 月 3 日，仪明洁受邀参加在日本名古屋举行的国际第四纪研究联合会第十九届大会，并做了 *Technology and Economy: A Perspective from the Microblade Technology During the Upper Paleolithic in North China* 的报告。

2015 年 10 月 5 ~ 6 日，魏坚教授受邀参加在乌兰巴托中国文化中心举行的“草原游牧民族与丝绸之路”中蒙联合考古十周年国际学术研讨会，并做了《牛川古城与北魏六镇》的学术报告。

来访

2015 年 5 月 18 日，应中国人民大学历史学院考古文博系和中国人民大学博物馆的邀请，伦敦大学亚非学院艺术史与考古学系倪克鲁教授做了题为《秦汉贵族墓裂瓣纹银盒研究——中西文化的新启示》的学术讲座。

【中国科学技术大学科技史与科技考古系】

出访

2015 年 1 月 8 日，金正耀应邀访问韩国三韩文化财研究院，做《长江流域商代青铜资源的重要发现与考察》的报告。

2015 年 7 月 23 日，金正耀前往韩国国家文化遗产研究所访问，并做《中国十五年来在铅同位素考古领域的发现》（*Discoveries in Lead Isotope Archaeology in China During the Past Fifteen Years*）的报告。

2015 年 12 月初，金正耀教授作为合作伙伴赴英国牛津大学参加“FLAME”计划启动仪式。“FLAME”计划全称为“Flow of Ancient Metal across Eurasia”，是欧盟成立以来支持力度最大的考古项目，该项目由牛津大学 RLAHA 科技考古实验室主持实施，项目首席科学家为科技考古专家牛津大学 Mark Pollard 教授。其目的是建立欧亚大陆冶金技术和金属制品的起源与传播过程，年代学、合金成分与铅同位素数据是此项研究的三大支撑。

来访

2015 年 7 月 13 日，美国圣路易斯华盛顿大学人类学系助理教授刘歆益（早期食物网络分析实验室的实验室主任）来中国科学技术大学科技史与科技考古系，并做《史前的食物全球化》（*Food Globalisation in Prehistory*）的学术报告。

2015 年 6 月 7 ~ 13 日，东京艺术大学美术馆副馆长原田一敏教授到中国科学技术大学科技史与科技考古系访问，并做学术报告《近世工芸の写実表現》和《近代工艺美术的写实表现》。

2015 年 4 月 8 ~ 19 日，希腊爱琴大学的 Ioannis Liritzis 到中国科学技术大学访问，中国科学技术大学与希腊爱琴大学建立合作关系，中国科学技术大学研究生除赴希腊参加考古现场发掘外，还将实地对考古遗存进行科学分析。希腊全境布满各个时代的文化遗产，吸引了世界各国考古学家，但中国考古学者较少参与其中。因此，两校合作具有多方面的重要意义。

第五篇

考古教学

2015 年毕业的本科生人数

北京大学考古文博学院考古学专业	16 人
北京大学考古文博学院文物保护专业	5 人
吉林大学文学院考古学专业	19 人
吉林大学文学院博物馆学专业	20 人
山东大学历史文化学院考古学系	18 人
西北大学文化遗产学院考古学系考古学专业	51 人
西北大学文化遗产学院文物保护学系文物保护专业	30 人
四川大学历史文化学院考古学系考古专业	25 人
四川大学历史文化学院考古学系文物博物馆专业	23 人
郑州大学历史学院考古系考古学及博物学专业	23 人
南京大学历史学院考古学与博物馆学专业	14 人
南京大学历史学院文物鉴定与修复专业	12 人
南京师范大学社会发展学院文物与博物馆学系	19 人
厦门大学人文学院历史系考古专业	10 人
中山大学社会学与人类学学院人类学系考古专业	10 人
武汉大学历史学院考古学系考古学专业	17 人
南开大学历史学院考古与博物馆学系考古学及博物馆学专业	25 人
复旦大学文物与博物馆学系博物馆学专业	27 人

续表

中央民族大学民族学与社会学学院考古学系	28 人
首都师范大学历史学院考古学与博物馆学系	20 人
河南大学历史文化学院考古文博系	27 人
西南民族大学旅游与历史文化学院文物与博物馆学专业	49 人
辽宁师范大学历史文化旅游学院考古文博系	17 人
重庆师范大学历史与社会学院考古文博系	21 人
浙江大学文物与博物馆学系文物与博物馆学专业	13 人

注：广西师范大学历史文化与旅游学院考古学及博物馆学专业、北京联合大学应用文理学院历史文博系、东北师范大学历史文化学院考古系考古文博专业、辽宁大学历史学院考古系、云南大学历史系考古专业、中国人民大学历史学院考古文博系、中国科学技术大学科技史与科技考古系、中国社会科学院研究生院等院系和专业或不招收本科生或已经可以招收本科生，但 2015 年尚无毕业学生，特此说明。

2015 年毕业的硕士研究生

北京大学考古文博学院

专业方向：旧石器时代考古

赵　潮：《登封东施遗址石制品研究》

指导教师：王幼平

专业方向：新石器时代考古

李秋宇：《中国西北地区土洞墓研究》

指导教师：赵　辉

梁佩华：《甘肃地区新石器时代中期至青铜时代早期彩陶西传过程中陶器工艺变化与文化的关系》

指导教师：李水城

专业方向：夏商周考古

龚晓磊：《试论铜豆文化》

何岱晴：《两周之际等腰三角形饰腰带的初步研究》

指导教师：徐天进

张天宇：《文化与族群：商周时期的宝鸡市区》

指导教师：雷兴山

秘　密：《叶家山曾国出土玉器研究》

指导教师：孙庆伟

专业方向：汉唐考古

殷　红：《汉代墓门画像石研究》

指导教师：赵化成

陈春婷：《公元 1 至 3 世纪江东地区铅釉陶及其相关问题研究》

指导教师：杨哲峰

王　音：《北魏洛阳时代至北齐都城地区墓葬中的礼仪制度与文化传统》

金峰槿：《中国境内古代马面研究》

指导教师：韦　正

王　东：《论人首鸟身祭司的图像组合及意义》

指导教师：沈睿文

专业方向：陶瓷考古

李颖翀：《景德镇早期窑业研究——以湘湖地区9—11世纪窑业遗存为中心》

指导教师：秦大树

专业方向：佛教考古

黄雯兰：《明清佛钟研究——以北京为中心》

指导教师：李崇峰

莫嘉靖：《巩县石窟寺的营建》

指导教师：杭　侃

专业方向：博物馆学

韩博雅：《生态博物馆的理论、批评与实践——以中国村落型生态博物馆为例》

指导教师：孙　华

沈　山：《城市文化的有机更新——以上海市虹口区“没有围墙的博物馆”为例》

指导教师：杭　侃

张加莹：《博物馆非物质文化遗产保护原则与实践思辨》

指导教师：宋向光

专业方向：文化遗产保护

张力璠：《文化遗产利益相关者研究——以“兴教寺事件”为例》

指导教师：杭　侃

朱　伟：《播州杨氏家族墓地研究与保护阐释》

指导教师：孙　华

余　洁：《乌鲁木齐市文化遗产保护利用的探讨》

指导教师：徐怡涛

专业方向：科技考古

陈　琛：《河北武安磁山遗址沉积物有机残留物分析》

指导教师：吴小红

专业方向：中国古代建筑

韩　爽：《历史街区演变过程研究——以西四北头条街区为例》

俞莉娜：《宋金时期墓葬仿木构建筑史料研究——以河南中北部、山西南部为例》

张梦遥：《南宋时期江浙地区府州治所建筑规制研究》

指导教师：徐怡涛

专业方向：文物保护

张　吉：《随州文峰塔墓地青铜器工艺与腐蚀研究》

宋　晶：《显微图像分析技术在中国古代书画用绢分析检测中的应用》

指导教师：胡东波

专业方向：中外文化交流考古
　刘　瑞：《斯基泰起源与铁器东传》
　马丽亚·艾海提：《突厥人的兴起及其对丝绸之路的贡献》
指导教师：林梅村

吉林大学文学院考古学及博物馆学

专业方向：旧石器考古
　袁文明：《河南地区旧石器文化遗存及相关问题研究》
指导教师：陈全家

专业方向：史前考古
　卢立群：《查海遗址的废弃过程研究》
指导教师：陈胜前

专业方向：新石器时代考古
　白玉川：《红山文化牛河梁遗址的时代变迁与聚落演变》
　李晓慧：《白音长汗遗址出土遗存再研究》
指导教师：赵宾福
　王晓明：《常山下层文化研究》
　苗　畅：《陕北地区龙山时代晚期双鋬鬲遗存研究》
指导教师：李伊萍

专业方向：夏商周考古
　张　谦：《海河平原北区新石器时代文化遗存研究》
指导教师：朱永刚
　刘　聪：《大甸子墓地彩绘陶器纹饰研究》
　雷长胜：《郑家坡文化研究》
指导教师：王立新
　李轩鹏：《冀中南地区商代墓葬研究》
　潘　静：《中国早期铜镜研究》
指导教师：井中伟

专业方向：中国北方青铜时代考古
　贾坤霖：《燕山南北地区商周时期动物纹装饰短剑研究》
指导教师：邵会秋

专业方向：战国秦汉
　陈代玉：《丹江口库区汉代墓葬研究》
指导教师：潘　玲

崔　盼：《东周齐墓研究》
谭　觅：《运用 GIS 技术探索三峡地区东周至汉代遗址空间分布规律》
指导教师：滕铭予

专业方向：魏晋隋唐考古
涂文婧：《渤海上京城研究史论》
指导教师：王培新

专业方向：宋元考古
高义夫：《南方地区唐宋时期瓦当与滴水研究》
谷　峤：《古学视野下的契丹游牧生活研究》
卢成敢：《中国东北地区辽金瓦当研究》
指导教师：冯恩学
专业方向：西亚考古
邱益嘉：《耶里姆一号丘的聚落形态与社会变迁》
指导教师：杨建华

专业方向：陶瓷考古
李佩凝：《翠蓝釉瓷器及珐华器的考古学研究》
孟霜桥：《辽阳江官屯窑初步研究》
宋雨晗：《东北地区契丹—辽陶器研究初探》
孙　旸：《中国东北地区出土明代瓷器的类型与分期》
指导教师：彭善国

专业方向：东北亚古代文化交流
李洪阳：《朝阳袁台子墓葬出土的战国陶器研究》
指导教师：成璟瑭

专业方向：博物馆学
谢　莉：《广西地区生态博物馆对当地社区的文化建设的影响》
姜丽丽：《松花江的记忆——金源文化展获精品陈列奖原因的初步分析》
李明扬：《青岛 51 号楼的历史发展及其遗产保护的可行性探讨》
李慧颖：《地级市博物馆历史陈列文本设计研究——以杭州博物馆历史陈列文体设计为例》
指导教师：吕　军
孙　田：《高校博物馆观众研究——以吉林大学考古与艺术博物馆古代青铜器展览为例》
佟　馨：《中国博物馆专题片初步研究》
指导教师：史吉祥

专业方向：文物研究
　于小婷：《明代窖藏瓷器初步研究》
　孙嘉璐：《海派玉雕的历史发展和非遗保护》
　徐金翠：《宋辽金瓷粉盒的初步探究》
指导教师：吕　军

专业方向：动物考古
　张　哲：《后套木嘎遗址（2011—2012）新石器时代动物遗存研究》
　左豪瑞：《后套木嘎遗址（2011—2012）出土的战国至辽金时期哺乳动物遗存研究》
指导教师：陈全家

专业方向：体质人类学
　王一如：《沟湾遗址新石器时代人骨研究》
　李志丹：《新疆吐鲁番胜金店墓地人骨研究》
　贺乐天：《新疆吐鲁番加依墓地古代居民生存压力研究》
　郭　林：《翼城大河口墓地出土人骨的初步研究硕士》
　李墨岑：《青海平安大槽子东汉墓地人骨研究》
指导教师：张全超

山东大学历史文化学院考古学系
专业方向：夏商周考古
　赵国靖：《五莲丹土大汶口—龙山文化城址初步研究》
　桂冰冰：《寿光市盐业遗址发掘与旅游开发研究——以双王城盐业遗址为例》
指导教师：王　青
　龙　啸：《晚商早周时期中原王朝经略南方的考古学观察》
指导教师：方　辉

专业方向：环境考古
　刘江涛：《城子崖遗址龙山文化环境与资源初步研究》
指导教师：靳桂云

专业方向：秦汉考古
　陈宗瑞：《甘肃地区汉墓研究》
指导教师：崔大庸

专业方向：博物馆学
　魏　巍：《我国博物馆文物藏品利用研究》
指导教师：方　辉　李慧竹

西北大学文化遗产学院

专业方向：新石器时代考古

翟扶文：《西安鱼化寨遗址仰韶早期制陶工艺的观察和分析》

指导教师：张宏彦

肖　宇：《长江下游史前锛形石器研究》

指导教师：钱耀鹏

范　洁：《磨沟人骨人口结构与埋葬习俗分析》

李小可：《新疆史前时期墓葬葬式试析》

指导教师：陈洪海

胡中亚：《甘肃山那树扎遗址炭化植物遗存研究》

指导教师：赵志军　钱耀鹏

专业方向：秦汉考古

王晨仰：《秦、西汉时期兵俑研究》

徐　帆：《秦咸阳军事遗存的发现与研究》

指导教师：赵丛苍

张启厚：《战国晚期到西汉初期郑洛地区墓葬所见秦文化因素研究》

指导教师：王建新

赵　晨：《明延绥镇长城军事防御方式与防御体系研究——以 GIS 在考古学上的应用为基础》

指导教师：段清波

专业方向：隋唐考古

惠　芳：《新疆地区唐代军事遗存的考古学观察》

指导教师：赵丛苍

陈中慧：《隋唐时期玻璃器的研究》

指导教师：葛承雍　冉万里

王洋洋：《中原地区出土隋唐头饰品研究》

指导教师：冉万里

郭　萌：《15 世纪前后西藏阿里地区佛教寺院壁画中的上师图像研究——以古格故城和托林寺为中心》

指导教师：张建林　冉万里

专业方向：文化遗产管理

黄　琼：《安康地区会馆建筑的保护利用研究》

翟丽薇：《康陵遗址区环境与遗产活化问题研究》

徐晶晶：《基于游客感知的安阳殷墟文化内涵表达研究》

指导教师：刘军民

薛玉彤：《后申遗时期未央宫遗址可持续发展的思路与反思》

指导教师：徐卫民

专业方向：文物保护学

董欣欣：《湿固化聚氨酯的合成及文物加固应用的预研究》

张　彤：《高陵出土明代彩绘漆棺的制作工艺及材质研究》

指导教师：王丽琴

高　燕：《陕西蓝田水陆庵壁塑悬塑保护修复研究》

指导教师：孙满利

赵岳天：《山东博物馆馆藏明义士藏甲骨保护方法研究》

侯鲜婷：《露天石灰岩文物表面防护材料及工艺探索——以唐顺陵露天石刻为例》

指导教师：刘　成

文　娟：《磨沟遗址出土铁器分析及冶铁技术初步研究》

指导教师：凌　雪

专业方向：文物与博物馆学

王远之：《柳树沟遗址研究》

指导教师：王建新

穆琼洁：《甘肃临潭磨沟齐家文化遗址2012年度发掘简报》

指导教师：钱耀鹏

吴　山：《2014年新疆塔城额敏县也木勒遗址的发掘》

指导教师：吴　勇　刘瑞俊

张　朝：《河西汉唐之际交通工具的考古学观察》

指导教师：赵丛苍

段晓彤：《高湿度条件下土遗址水盐迁移模拟实验研究——以汉阳陵第13号外藏坑为例》

指导教师：马　涛　孙满利

周莉莉：《秦陵百戏俑坑土质对盐害影响》

指导教师：夏　寅　孙满利

黄建华：《秦俑彩绘材质分析研究》

惠　娜：《中国明清时期蓝色钴玻璃质颜料的分析研究》

指导教师：夏　寅　王丽琴

周　珺：《薄荷醇在提取秦俑一号坑脆弱遗迹的安全性研究》

指导教师：容　波　刘　成

姚　逊：《互联网视野下的世界遗产保护与推广——以丝绸之路为例》

指导教师：冯　健　刘　成

孔　琳：《秦俑一号坑T23出土陶文俑制作方法研究》

指导教师：周　铁　刘　成

千思佳：《符号学视野下工业遗产的活化利用研究——以西北第一印染厂为例》

指导教师：周　萍　吴铮争

李佩萌：《大西安地区墓葬类考古遗存保护模式研究》
指导教师：周　萍　周剑虹
杨　辉：《古建类文化遗产易地保护研究——以景德镇“明园”为例》
指导教师：周　萍　刘军民
宁振南：《北方地区隋墓出土瓷器研究》
何　倩：《西汉着衣式陶俑初论》
庞子涛：《陕西省文物保护管理所现状及对策探讨》
寇　岩：《明代仿古铜镜研究》
王　欢：《两宋时期仿古铜镜研究》
指导教师：尹夏清　赵丛苍
张　越：《隋唐金银器对瓷器的影响研究》
指导教师：任新来　刘　成
宁　娜：《教育生态学视野下镇江博物馆教育能力研究》
指导教师：王建新
郭　洁：《博物馆临时展览研究——以西安博物院藏精品铜镜展为例》
指导教师：王　梅　徐卫民
厉文静：《从安徒生童话展谈博物馆非物质文化遗产的阐释》
指导教师：王　梅　周剑虹
赵　茜：《浅谈如何充分发挥临时展览的社会教育功能——以陕西历史博物馆为例》
指导教师：马振智　吴铮争
余瀚静：《博物馆临展工作过程中存在的问题及对策研究——以“瑞玉呈祥”展为例》
指导教师：于志勇　周剑虹
屈秋谷：《社区营造模式下传统村落保护与发展研究——以高家河村为例》
指导教师：赵力光　吴铮争

四川大学历史文化学院考古学系
专业方向：汉唐考古
黄　琬：明代品官墓研究
指导教师：白　彬

专业方向：西南考古
王　蔚：《成都平原十二桥文化聚落形态初步研究》
杨建华：战国秦汉时期西南夷陶器研究
指导教师：赵德云

专业方向：宗教考古
张媛媛：《善财童子五十三参图像研究》
指导教师：白　彬　董华锋

专业方向：美术考古
　张　媛：《古代“筌蹄”图像研究》
指导教师：李永宪

专业方向：考古学（专业硕士学位）
　李高怡：《四川博物院藏羊子山出土青铜器初步研究》
　刘南方：《四川盆地出土汉代铅釉陶器的初步研究》
　孙洁玉：《四川盆地出土汉代宅屋类建筑明器的初步研究》
指导教师：赵德云
　黄雨博：《三峡地区唐五代人居环境的考古学观察》
指导教师：白　彬　周必素
　王哲石：《江西明藩王墓陶俑服饰研究》
指导教师：白　彬　李明斌
　周永强：《印度佛教莲花座的象征与图像谱系》
指导教师：白　彬　雷玉华
　马　涛：《四川大剧院隋唐宋元遗存的发掘与初步研究》
指导教师：白　彬　易　立
　姚一帆：《四川古代屋脊装饰初步研究》
指导教师：白　彬　蒋　成

专业方向：文物与博物馆学（专业硕士学位）
　吕　静：《张大千自画像的初步研究》
　周莉娟：《“四川博物院中西方珍宝展”展览策划》
　宿慧敏：《民办博物馆评估初步研究——以成都地区为例》
指导教师：李永宪
　王飞凤：《中国古代书画策展研究——以扬州八怪书画展为例》
　马文娇：《成都地区公馆保护利用调查》
　黄　芮：《作为陈列语言的空间形态研究——以四川博物院民族文物馆为例》
　钟　玲：《探索基于博物馆资源的青少年美术教育方案——以四川博物院汉代艺术典藏为例》
　刘　蕾：《成都博物馆新馆导视系统设计研究》
指导教师：霍　巍　周　静
　刘舜尧：《羊子山土台遗址考古资料的再整理与初步研究》
　田湘平：《金沙国家考古遗址公园园区内的陈列展览》
　殷　红：《四川汉代石质墓门扉初探》
　颜　斌：《大遗址保护视野下宝墩古城的现状分析与思考》
指导教师：李映福
　陈丽琴：《金沙遗址博物馆非洲木雕展展览内容和互动活动设计》
指导教师：于孟洲　王　方

蒋宛羚：《汉代图像中的敬老图研究》
指导教师：罗二虎 王 毅
茅奕婷：《江浙地区两周时期土墩墓形制的初步研究》
指导教师：罗二虎 何琨宇
徐洪锴：《川渝地区汉代长舌镇墓俑兽研究》
指导教师：罗二虎 江章华
原 媛：《陕北晋西汉画像石墓再分期——以画像为中心》
指导教师：罗二虎 魏学峰
宗会娟：《北方地区出土早期白瓷的使用情况初步研究》
指导教师：罗二虎 黄晓枫

专业方向：文物保护与科技考古（专业硕士学位）
姜子犀：《成都金像寺明墓出土腰带分析》
指导教师：李映福
李朝适：《四川盆地六朝墓葬的初步研究》
指导教师：于孟洲 易 立

郑州大学历史学院考古系
专业方向：新石器时代考古
韩佳佳：《双洎河流域史前遗存研究》
指导教师：靳松安

专业方向：夏商周考古
缪小荣：《中国早期城市城门研究》
指导教师：张国硕

专业方向：秦汉考古
史雪飞：《郑国城市研究》
陈 康：《官庄遗址两周时期遗存研究》
指导教师：韩国河
陈 虎：《河南内黄三杨庄遗址出土砖瓦初步研究》
指导教师：赵海洲

专业方向：唐宋考古
李姗姗：《安阳地区北朝墓葬研究》
张 嵩：《中原地区隋墓源流研究》
韩 怡：《从西安地区唐墓壁画看唐代女性服饰》
马 哲：《隋唐两京地区侍女俑研究》
指导教师：李 锋
许世娣：《漳县元代汪世显家族墓研究》

曹凌子：《河北井陉柿庄宋金墓葬研究》
郭　冰：《北宋家族墓地的考古学研究》
指导教师：陈朝云

专业方向：历史文化遗产保护与研究（含文物鉴定）
刘亭亭：《夏响铺墓地出土青铜器金相组织与合金技术研究》
指导教师：姚智辉
张德伟：《伊犁河谷地区伊犁河流域文化研究》
郭荣臻：《蒙元都城防御体系研究》
刘　婕：《陕北地区战国戎人墓葬初步研究》
李春红：《牡丹江中下游地区渤海墓葬研究》
指导教师：孙　危

郑州大学历史学院考古系文物与博物馆（专业硕士学位）
专业方向：不分方向
何　扬：《河南省新郑市一中新校区东周墓地墓葬发掘简报》
刘　聪：《汉水中游地区新石器时代晚期玉石器加工工艺研究》
指导教师：靳松安　樊温泉
丁　亮：《丹江口地区新石器时代晚期石器研究》
指导教师：崔天兴　樊温泉
张　超：《商代玉器雕塑艺术研究》
指导教师：张国硕　田　凯
李高勇：《夏商西周宫殿建筑比较研究》
指导教师：张国硕　杨文胜
郭家昊：《河南洛阳史家沟战国墓地发掘简报》
指导教师：郜向平　史家珍
孙亚平：《河南荥阳市东柏朵遗址 2013 年发掘简报》
指导教师：惠夕平　杨文胜
乔宇谡：《花东子卜辞中所见祭名祭法材料的整理与研究》
指导教师：王建军　贾连敏
刘亚星：《鄂国历史地理研究——以考古材料为中心》
指导教师：田成方　樊温泉
千绍彬：《中岳汉三阙数字化保护与展示研究》
指导教师：韩国河　张　霆
尚元昕：《2014 年度枯河流域先秦时期田野调查简报》
指导教师：赵海洲　贾连敏
孙华强：《登封南洼遗址保护规划研究》
王　林：《传统村落的价值分析及保护探究——以安阳县渔洋村为例》
武胜春：《巩县节孝牌坊研究》
指导教师：赵海洲　任　伟

杨行健：《1990—2013 年国家文物局文化遗产保护科学与技术研究课题立项情况分析》
指导教师：姚智辉 武 玮
金 慧：《郑州博物馆纸质文物保存保护调查研究》
指导教师：姚智辉 马萧林
李 毅：《河流与洛阳古代都城互动关系研究》
刘 闯：《宋代至清末龙首玉带钩研究》
指导教师：王 琳 武 玮
郭一凡：《郑州市区现存近现代工业遗产保护初探》
指导教师：孙 危 武 玮
刘震洋：《2011—2014 年河南博物院观众现状调查与研究》
指导教师：许俊平 丁福利
杨建军：《宋金元磁州窑系陶瓷文字枕研究》
指导教师：许俊平 孙新民
原 野：《论大数据时代的博物馆功能演变》
指导教师：许 俊 杜启明
王书成：《社会学视域下的社区博物馆人文关怀功能研究——以南水北调中线工程移民新村为例》
闫广宇：《博物馆历史类陈列展览的阐释》
指导教师：徐 玲 李 宏
胡成芳：《民办博物馆藏品属性问题探讨》
指导教师：徐 玲 田 凯
郑 文：《中国博物馆出版资料现状调查》
指导教师：徐 玲 武 玮

南京大学历史学院考古学与博物馆学及文物修复

专业方向：考古学
孙剑秋：《楚国天平砝码和金币的考古学研究》
唐来恩：《河南地区宋金时期墓葬壁画初探》
王 婷：《湖州地区汉代土墩墓的初步研究》
指导教师：刘兴林
邬 洁：《广富林遗址出土木桩研究》
杨 萌：《骆驼墩遗址动物骨骼工具痕迹研究》
指导教师：黄建秋
孙 望：《河南地区宋金时期墓葬壁画初探》
杨平平：《南京地区东吴西晋墓葬研究》
指导教师：贺云翱
陈昱文：《汉墓随葬谷物及相关问题的探究》
指导教师：吴桂兵
满泽阳：《多穆壶考略》

　吴　桐：《略论秦汉玉璧》
　张路路：《“两周”陶范的相关问题讨论》
指导教师：周晓陆
　蒋欧悦：《杜堇人物画初探》
　钟　卉：《沈周仿倪山水画考》
指导教师：杨　休

专业方向：文物与博物馆学
　刘　柳：《战国秦汉发饰初探》
指导教师：水涛
　龚依冰：《五代十国时期南方十国墓葬随葬俑研究》
　邢　力：《江苏盱眙东阳军庄 M210 汉墓发掘报告及相关问题研究》
指导教师：张学锋
　赵　斌：《非物质文化遗产保护视角下的兰州太平鼓》
指导教师：徐艺乙

南京师范大学社会发展学院文物与博物馆学系
专业方向：考古学
　刘华军：《镇江地区六朝墓葬的初步研究》
指导教师：汤惠生

专业方向：文物与博物馆学
　张梦醒：《南京明代城墙的保护和利用研究》
　胡　燕：《南师大建博物馆的可行性分析》
指导教师：王根富
　邹惠湲：《南京地区历代影壁保持现状的调查及分析》
指导教师：陈声波
　张如嫣：《关于尽快建立南京六朝墓葬博物馆的调查与研究》
指导教师：陈声波
　戴柳佳：《论音乐（声效）在博物馆中的作用——以南京地区博物馆为重点》
　袁　凯：《古旧类建筑在博物馆展陈中的利用——以南京地区博物馆为例》
指导教师：王志高
　张鹰飞：《中国太湖流域早期水井初论——兼记 2014 年广富林遗址Ⅳ区 NSD 区水井的发掘》
指导教师：汤惠生
　秦　芸：《非物质文化遗产的博物馆化保护研究——以无锡惠山泥人为例》
　韩慧文：《泰州地区博物馆的发展与展望》
　金妍秋：《论中国博物馆界奥斯卡——十大陈列展览精品回顾与展望》
　高汀杨：《论博物馆的教育功能化——从英国博物馆参观者的调查说起》
指导教师：周裕兴

厦门大学人文学院历史系考古专业

专业方向：海洋考古

朱芝兰：《新石器时代海岱先民的渔捞经济》

李兆云：《6—10 世纪赣闽浙窑业技术发展与交流探析》

牛楠楠：《漳州窑分期研究试论》

指导教师：刘　森

马天行：《中国东南沿海宋元伊斯兰墓葬石刻比较研究》

指导教师：王新天

专业方向：东南区考古

火久龙：《闽北夏商时期考古学文化研究》

陈庆海：《赣西北商代文化区系类型研究》

指导教师：王新天

专业方向：商周考古

王艳芳：《晋陕高原北部青铜文化试论》

指导教师：焦天龙

孔亚男：《洛阳地区东周时期青铜礼器研究》

指导教师：张闻捷

专业方向：秦汉考古

黄秋雯：《江苏大云山西汉江都王陵葬制初步研究》

指导教师：张闻捷

专业方向：科技考古

吴梦洋：《昙石山遗址新石器时代晚期人骨的稳定同位素分析》

指导教师：葛　威

专业方向：博物馆学

李　晶：《中国海事类博物馆的比较研究》

指导教师：焦天龙

专业方向：文物与文化遗产

沈丽娟：《出土玉童子形态演变及世俗化探析》

刘璐璐：《漳州水下文化遗产保护对策》

指导教师：蔡保全

中山大学社会学与人类学学院人类学系考古学及博物馆学专业

专业方向：民族考古学

　范梓浩：《长江中下游泥质黑陶的起源与发展》
指导教师：郭立新

专业方向：专门考古
　赵柏熹：《长江中游新石器时代陶支座研究》
指导教师：郭立新

专业方向：不分方向
　段媛媛：《宁夏地区汉代考古学文化结构研究——以汉墓为中心》
　张红艳：《湘江流域西汉中小型墓研究》
　张幸幸：《河北平原西汉遗址出土陶器的类型学研究》
　陈林琳：《西汉闽越国遗存研究》
指导教师：郑君雷
　王璐璐：《澧水中下游地区楚文化研究》
　陈嘉雯：《广西盆地青铜文化研究》
指导教师：王　宏
　李光辉：《三里桥文化研究》
　章荣玲：《广东沿海所城遗址研究》
指导教师：许永杰
　王天然：《澧阳平原新石器时代饮食考古研究》
　詹小赛：《吴城遗址出土陶器的分期研究》
指导教师：郭立新
　李　强：《惠福西路南粤先贤馆遗址出土陶瓷的研究》
指导教师：朱铁权

文物与博物馆硕士（不分方向）
　焦文君：《中国发现萨珊银币的若干问题探讨》
　杨　洋：《对广东民间工艺博物馆志愿者管理与维系的思考》
　段志茹：《洛阳出土北朝墓志研究》
　陈伊功：《楚系墓葬凤鸟图像研究》
指导教师：刘文锁
　陈　曦：《广东省博物馆藏清戴洵〈圣经譬喻图〉研究——兼析基督教艺术本土化》
　鲁小刚：《泾川地区北朝至隋唐时期佛教与佛教艺术研究——以泾川大云寺新出佛教造像为中心》
指导教师：姚崇新
　梁桉健：《文化遗产视野下的大芦村古建筑群探究》
指导教师：郭立新
　吴静华：《奉节白帝城城址调查和试掘》
指导教师：王　宏

郑春林：《广东省公立博物馆非物质文化遗产展陈现状研究》
指导教师：李宁利
冯泽阳：《多种物相分析技术在清代釉上彩瓷呈色机理研究上的应用》
刘雅洁：《邢窑隋代细白瓷相关工艺研究》
陈　成：《明代永乐通宝的外流及对周边国家的影响》
吴　枫：《广东大埔余里窑仿龙泉青瓷工艺初探》
指导教师：朱铁权

武汉大学历史学院考古学系
专业方向：新石器时代考古
梅圆圆：《龙山文化发生、演变的动态进程初步研究》
陆天舒：《试论新石器时代长江下游地区的盉类器与鬶类器》
周　宁：《城头山遗址墓葬研究》
指导教师：陈冰白
郝晓晓：《汉丹地区龙山时代晚期的文化变迁》
指导教师：余西云

专业方向：商周考古
田剑波：《战国时期楚国势力在汉水中游的变化》
指导教师：张昌平
刘　宵：《察吾呼文化研究》
代梦丽：《郧县辽瓦店子遗址“二、三期遗存”出土陶器研究》
朱励博：《郧县辽瓦店子遗址出土东周时期陶器研究》
指导教师：王　然

专业方向：文物与博物馆学
罗　娟：《晚商至西周时期大墓出土肖生玉器——以鹿、蝉为例》
指导教师：李英华
赵春光：《泰国班清文化研究》
梁鹏莉：《巨石阵研究和保护》
指导教师：余西云
张春静：《试论湖北省非物质文化遗产在博物馆中的活态展示》
周　静：《关于博物馆文化产品的研发分析》
指导教师：王　然

复旦大学文物与博物馆学系
专业方向：考古学
崔淑妍：《考古出土早期文具研究》
顾黎敏：《汉代女子发饰研究》
马启辰：《公众考古教育视野下的考古讲座研究》

指导教师：高蒙河
　蒋臻颖：《人为灾难博物馆的类型与价值取向研究》
　张　垠：《上海市博物馆类型体系研究》
指导教师：陆建松
　李　丹：《宋代陶瓷花器研究》
指导教师：刘朝晖
　徐　超：《元青花的技术与文化渊源研究》
　杨雅筑：《论明代官窑瓷器与藏传佛教文化的互动关系》
指导教师：朱顺龙

专业方向：文物学
　甘　菲：《军持在中国的接受和演变》
指导教师：刘朝晖

专业方向：文物与博物馆学
　蔡经纬：《中美大学考古专业课程设置的比较与借鉴》
指导教师：陈　淳
　陈　霄：《兰亭书法博物馆内容设计方案》
　方皓宇：《中国香榧博物馆展览内容设计方案》
指导教师：陆建松
　董千里：《中国出土高丽青瓷研究》
　郑　淼：《明代香薰具考略》
指导教师：朱顺龙
　江　山：《中国武术博物馆藏品管理工作问题研究》
　张静祎：《临安博物馆展览内容策划方案研究》
指导教师：陈红京
　李一凡：《内蒙古巴林右旗地区红山玉器的材质和工艺研究》
　潘坤容：《六安出土西汉漆陶的制作工艺研究》
指导教师：王　荣
　徐斌：《浙江孔庙遗产调查与研究》
指导教师：杨志刚
　裔传臻：《书画裱褙用纸的理化性能研究》
指导教师：陈　刚

中央民族大学民族学与社会学学院考古学系
专业方向：考古学
　付海龙：《试论中原地区商代的水井》
　周羿杨：《试论宝墩文化与中坝文化的“花边口沿”陶器》
　李　容：《论石寨山文化的铜扣饰》
指导教师：杨　楠

丁　哲：《东周玉器纹饰的考古学探索》
指导教师：戴成萍
阿嘎尔：《汉画像砖石龙璧图案类型与功能初探》
赵延亚：《北朝僧尼墓志碑铭探析》
指导教师：刘连香
耿广响：《新疆伊犁河流域墓葬分期研究——公元前17世纪至公元前后》
指导教师：肖小勇
鲁晓红：《左江流域花山岩画断代方法的研究》
指导教师：张亚莎

专业方向：出土文献研究
凌妙丹：《吐鲁番出土随葬衣物疏名物时代初探》
王　钊：《吐鲁番所出随葬衣物疏疏主性别及相关问题研究》
指导教师：张铭心

专业方向：博物馆学
杜若铭：《由南通博物苑论中国中小型博物馆功能发展》
指导教师：张铭心

专业方向：文化遗产保护
郭　领：《传统医药类文化遗产的博物馆展示研究——以北京中医药大学医药博物馆为例》
指导教师：戴成萍

文物与博物馆学（专业硕士学位）
专业方向：考古学
肖玮琪：《邺城遗址赵彭城北朝佛寺遗迹考古遗址公园规划研究》
指导教师：肖小勇　朱岩石
张海龙：《云南祥云大波那墓地发掘及初步研究》
指导教师：肖小勇　闵　锐
王天宇：《纸质文物的修裱——以〈世说笺本〉为例》
指导教师：肖小勇　于志勇
司润晓：《北方地区石窟寺神王形象分析》
方胜强：《河北临漳邺城遗址曹村窑址考古发掘与研究》
指导教师：篠原典生　朱岩石
刘晨霞：《数学技术在考古器物绘图中的应用》
刘敬微：《商周龙窑形制、结构及装烧技术初探》
指导教师：马　赛　徐良高
张久奕：《龙虬庄文化研究的学术史考察》
姜　骋：《崧泽文化属性研究的学术史考察》

指导教师：杨　楠　孙国平

倪禧凤：《河南新砦城址浅穴式大型建筑基址相关研究》

指导教师：张亚莎　赵春青

余卓然：《贵州贞丰红岩岩画分期研究》

汪明水：《河北临漳县邺北城北城墙中段的试掘与研究》

指导教师：张亚莎　朱岩石

专业方向：文物学

程　呈：《明清时期通州城空间布局复原研究》

指导教师：肖小勇　庚　华

康嘉岐：《辽宁凤城满族刺绣荷包》

王庆亮：《信思想和秦印》

指导教师：卡丽娜　们发延

方　玢：《试论博物馆临时展览内容设计的要素》

指导教师：祁春英　冯　好

刘洋河：《博物馆文物藏品分类及分类方法研究——以故宫博物院雕塑组为例》

指导教师：祁春英　胡国强

马小红：《虎崇拜仪式文化内涵的比较研究——以土家族、土族和彝族为例》

指导教师：祁春英　们发延

李珣泽：《民族文化宫博物馆所存藏纸文物研究》

指导教师：戴成萍　们发延

李明月：《清代皇帝敕谕国子监官员匾额考》

指导教师：戴成萍　庚　华

李国松：《北魏洛阳地区墓志所见南方书法的影响》

指导教师：张铭心　胡国强

祁梅香：《德国柏林亚洲艺术博物馆馆藏新疆文物档案卡片整理及相关问题探讨》

指导教师：张铭心　赵　莉

赵海森：《山东出土魏晋北朝墓志区域性初探》

指导教师：张铭心　们发延

专业方向：博物馆学

王化琳：《中国国家博物馆志愿者组织满意度调查研究》

指导教师：潘守永　黄　琛

蓝　蔚：《“极致之物”——卡地亚典藏博物馆巡展研究》

指导教师：潘守永　黄　琛

石　磊：《北朝邺城西南墓区出土墓志探析》

指导教师：刘连香　冯　好

梁　愿：《陕北、晋西彩绘汉画像石初探》

指导教师：刘连香　安来顺

历　巍：《杨柳青年画口述史研究》

指导教师：朱　萍　安来顺

王杉杉：《中国国家博物馆志愿者激励方式研究》

指导教师：朱　萍　黄　琛

专业方向：文物保护

高韵婕：《曲阜孔府古建筑彩画颜料的科学分析》

指导教师：朱　萍　郭　宏

鲁春菲：《哲蚌寺壁画修复中的补绘》

指导教师：朱　萍　郭　宏

首都师范大学历史学院考古学与博物馆学系

专业方向：新石器时代考古

李彦英：《濮阳地区龙山文化遗存初步研究》

赵玉龙：《从任丘哑叭庄遗址龙山文化遗存看后冈二期文化对冀中地区的影响》

刘　敏：《山西芮城清凉寺史前人殉墓葬研究》

指导教师：袁广阔

专业方向：夏商周考古与青铜器研究

李彦平：《中国境内发现的早期铜镜研究》

曾　婧：《偃师商城与郑州商城布局变迁比较研究》

指导教师：袁广阔

邓晨钰：《夏商时期燕山南北地区生计方式研究》

赵伟巍：《西周燕国铜容器综合研究》

杨程斌：《战国楚地出土器物所见巫术研究》

鹿习健：《试论关中地区仿铜陶礼器秦墓》

指导教师：钱益汇

专业方向：汉唐考古

肖增超：《新莽钱币相关问题的考古学研究》

指导教师：后晓荣

专业方向：文物学

孙昀靖：《陶瓷考古文献研究（1949—2014）——以陶瓷书目研究为例》

高连东：《北京地区辽金时期佛教考古发现与初步研究》

王　典：《战国秦汉魏晋时期少数民族印章初探》

卜艳明：《有关名人墓葬考古问题的思考——以二十四史记载人物为中心》

指导教师：后晓荣

专业方向：中国古代玉石器

方　蒙：《徐州地区西汉诸侯王墓出土玉器研究》

指导教师：朱光华

专业方向：文化遗产
　杨雪宁：《历史文化古城保护规划中的非物质文化遗产研究——以太原古城为例》
指导教师：袁广阔
　陈　思：《建筑类文化遗产保护与利用机制研究——以北京恭王府为例》
　黄　珏：《海峡两岸非物质文化遗产保护机制的对比研究——以妈祖信俗为例》
指导教师：钱益汇

专业方向：文物修复与保护
　韩宝宁：《山东汉代铁釜的保护修复研究》
　刘　勇：《江苏大云山汉墓 K7 明器车实验室考古研究》
指导教师：钱益汇

专业方向：博物馆学
　郭敏祯璐：北京市民办博物馆现状调查与研究
　张　笑：《“威尼斯文艺复兴艺术”展览策划方案——兼论艺术展览策划》
　袁梦茜：《比较视野下的中英博物馆策展研究》
指导教师：钱益汇

河南大学历史文化学院考古文博系
专业方向：夏商周考古
　芦　宁：《先秦两汉黄河流域粮食作物构成变化的考古学研究——以粟、麦为例》
指导教师：李玉洁
　王　琢：《曾国历史文化的考古学研究》
　何　柯：《魏国货币研究》
指导教师：袁俊杰

专业方向：博物馆学
　李艳琴：《基于博弈论视角下的博物馆营销》
指导教师：李竞燕

专业方向：文化遗产保护
　袁林君：《河南明清古城重建——以归德府城为例》
　徐　静：《多视角下的古村落适应性利用和可持续性发展——以信阳市光山县东岳村为例》
指导教师：王运良
　王　博：《开封古街巷研究》
指导教师：涂白奎　王运良

东北师范大学历史文化学院考古系

专业方向：文博专业硕士

段秀文：《四川汉阙初论》

杜　晖：《长白山区人参“放山”习俗研究》

曹　月：《金上京历史博物馆展陈研究》

指导教师：张礼艳

刘　芳：《辽“春捺钵”捕鱼仪式中所见的非物质文化因素传承》

高　琦：《鲁中地区传统农业生产工具的情况调查》

王亚军：《山西博物院营销策略研究》

王丽娟：《河南新密火神祝融祭祀研究》

郑泽娟：《吉林省日伪时期死难矿工墓保护现状分析》

崔婷婷：《古代马球与当代达斡尔族曲棍球运动的渊源及比较研究》

指导教师：傅佳欣

焦富宁：《清末吉林城工业遗迹的价值与保护对策研究——以吉林机器局为例》

胡海娇：《柳条边遗址的历史价值与保护策略研究》

康欢琴：《山西省武乡县八路军太行纪念馆情感资源利用的现状调查与建议》

耿文宇：《大连老港区港口工业遗产保护与利用研究》

指导教师：傅佳欣　唐小轩

游玉婷：《晋中地区非物质文化遗产专题博物馆的现状调查及发展对策研究》

王晓洁：《南运河德州段运河文化遗产对德州的影响》

杨生继：《济宁地区牌坊调查研究》

张文静：《辽代春捺钵地考》

祝凯峰：《“黑土沦陷之时”——伪满时期日本对中国东北的经济掠夺》

指导教师：孙力楠

专业方向：考古学及博物馆学硕士

马　敏：《西汉陵邑研究》

指导教师：傅佳欣

叶　帅：《金代窖藏研究》

指导教师：张礼艳

辽宁大学历史学院考古系

专业方向：先秦两汉考古

刘远富：《辽宁地区公元前5000—4500年前后考古学文化陶器分期及相关问题研究》

指导教师：张星德

专业方向：文物与博物馆学

郭　睿：《浅谈辽宁省遗址博物馆现状及未来发展》

指导教师：张星德

专业方向：文化遗产与文物保护
　潘　臻：《大遗址保护视野下的牛河梁遗址展示研究》
指导教师：张星德

辽宁师范大学历史文化旅游学院考古文博系
专业方向：环渤海考古
　曹　蕊：《东周王城手工业遗址研究》
　祝碧莲：《岳石文安邱堌堆类型研究》
　李浩然：《小珠山五期文化研究》
　王旭光：《豫北地区先商文化墓地初探》
　谢迪昕：《辽东半岛新石器时代海事活动研究》
指导教师：徐昭峰

专业方向：东北考古
　陈　磊：《辽海地区辽代墓葬分期研究》
　王威鹏：《三燕壁画墓研究》
　李一鹏：《辽东半岛与胶东半岛贝丘遗址比较研究》
　孟辰鹭：《辽东地区洞穴墓葬研究——以马城子文化洞穴墓葬为中心》
指导教师：刘俊勇

专业方向：中国古代玉器
　周宇杰：《夏代玉器的初步研究》
　周　政：《春秋玉器研究》
指导教师：田广林

专业方向：非物质文化遗产
　于　浩：《清代皇商商业活动之特权研究》
指导教师：王凯旋

广西师范大学历史文化与旅游学院考古学及博物馆学
专业方向：区域考古
　马　明：《广西新石器时代墓葬研究》
指导教师：谢光茂　陈洪波
　梁　优：《顶蛳山文化初论》
指导教师：陈洪波　林　强
　樊博琛：《两广地区汉代货币的发现及其相关问题研究》
　王　星：《南宁地区新石器时代文化初探》

指导教师：廖国一　黄启善

陈紫茹：《广西出土的先秦青铜器及相关问题研究》

指导教师：廖国一　吴伟峰

李世佳：《广西沿江沿海地区汉代考古遗存的初步研究》

指导教师：廖国一　谢日万

专业方向：文化遗产保护

王　然：《桂林甑皮岩国家考古遗址公园建设模式研究》

指导教师：林　强　陈洪波

专业方向：博物馆学

张宝琳：《高校智慧博物馆初探——兼论桂林王城博物馆的建设构想》

指导教师：周长山　谢光茂

西南民族大学旅游与历史文化学院文物与博物馆学专业

专业方向：人口考古

孙旭旺：《黄河上游地区新石器时代晚期墓地人口自然结构及相关问题研究》

鲁大立：《临汾盆地两周时期墓地人口自然结构及相关问题研究——以曲村墓地、上马墓地、乔村墓地为例》

指导教师：王建华

专业方向：汉唐考古

薛玉辉：《西安地区唐代墓葬出土依仗俑研究》

袁　磊：《南阳汉画像石中汉吏研究》

指导教师：乔　栋

重庆师范大学历史与社会学院

专业方向：先秦考古

王　静：《汉水上游巴文化遗存研究》

指导教师：杨　华

陆韵羽：《藏彝走廊地带石棺葬中动物随葬习俗初步研究》

指导教师：蒋　刚

何佩瑶：《楚系青铜礼器的铸造体系研究》

指导教师：袁艳玲

专业方向：区域考古与历史文化

韩　鹏：《重庆三峡地区汉墓出土动物俑初步研究》

粟　慧：《三峡地区西周至两汉时期瓦材研究》

指导教师：杨　华

明　建：《重庆峡江地区两汉墓葬随葬陶灶明器研究》

指导教师：武仙竹

专业方向：文化遗产保护
　孙　林：《夹江竹纸文化研究》
指导教师：邓　晓

文物与博物馆学（专业型硕士）
专业方向：文物研究
　黄　华：《丰都汉晋墓葬考古发现与研究》
　张震宇：《宋代漏泽园相关问题研究》
指导教师：杨　华
　滕明金：《重庆崖墓相关问题的初步调查》
指导教师：武仙竹
　杨　瑞：《东周铸铜遗址初探》
　刘　露：《楚王作器产地探析》
指导教师：袁艳玲
　郜　鹏：《殷商时期青铜雷纹研究》
指导教师：蒋　刚
　杨素英：《两汉时期河南地区铁矿冶铸遗址的发现与初步研究》
指导教师：郑利平
　余雅琼：《甘青地区文明起源研究——以柳湾墓地为主例》
指导教师：刘俊男

专业方向：文化遗产
　邹玉林：《对安徽省合肥市包公祠博物馆的调查研究》
　幸　朵：《重庆市渝中区明代古城门遗址调查研究》
指导教师：邓　晓

专业方向：堰兴剪纸的调查研究
指导教师：郑利平
　丁雪雪：《丰都地区古文化遗址考古发现与研究》
指导教师：杨　华
　黄秒斌：《重庆文化遗产保护策略研究》
指导教师：武仙竹

浙江大学文物与博物馆学系
专业方向：博物馆学
　陈蒙琪：《多感知博物馆初探》
指导教师：严建强
　宣鼎文：《书写生活——民俗展览及展示研究》

指导教师：严建强
邱忆雯：《博物馆文化衍生品的开发与研究》
指导教师：严建强
何毓峰：《博物馆与社交媒体融合发展研究》
指导教师：严建强
吴佳莉：《市场机制在构建博物馆核心产品中的运用》
指导教师：严建强
陈伟峰：《非物质文化遗产的地域性与展示》
指导教师：严建强

专业方向：物质文化遗产
沈方圆：《折边桥与木拱桥的关系研究》
指导教师：项隆元
伍　毅：《从古代文献看明代官办砖窑的制度构建》
指导教师：项隆元
韩梦茜：《浙江古代建筑斗栱研究》
指导教师：项隆元
王　佳：《明代正德时期官窑瓷器装饰研究》
指导教师：周少华

中国科学技术大学科技史与科技考古系

专业方向：考古学与博物馆学
赵　嫚：《舞阳贾湖遗址骨制品制作工艺研究》
尹承龙：《贾湖遗址水稻收获方式、驯化水平及相关问题的植硅体分析》
指导教师：张居中　杨玉璋
李为亚：《更新世末——全新世早中期淮河上游史前人类植物资源利用状况的淀粉粒研究》
指导教师：杨玉璋　张居中

云南大学历史系考古专业

专业方向：中国考古
何元鹏：《郑洛地区文明形成模式研究》
蒋珊珊：《滇文化学术研究历程的回顾与探索》
李二超：《云南地区魏晋南北朝时期墓葬的综合研究》
敖　思：《云南早期青铜文明起源研究》
杨凡惠：《21 世纪中国公众考古学的发展研究》
王钰菁：《出土元青花人物纹饰研究》
谢　芮：《宋代金银器皿研究》
指导教师：陈　果
孔德馨：《云南青铜器主要动物纹饰研究》

指导教师：王　璞

专业方向：文物学

杨鑫：《赵州南山大法藏寺碑研究》

指导教师：韩　杰

唐　翠：《滇池地区“金马碧鸡”景观调查研究》

指导教师：张轲风

何兆阳：《中国南方明代大型贵族墓葬出土玉器研究》

曾楚荃：《湖南地区战国秦汉时期的漆器研究》

王钟彬：《明代建水窑青花瓷研究》

指导教师：赵　美

专业方向：文化遗产保护与文物保护技术

韩　皓：《青岛市近代建筑保护研究》

潘君喜：《构建汉魏洛阳故城特区的探讨》

经鹏飞：《元中都遗址保护利用研究》

李　铮：《河北省涞水县怡贤亲王墓保护研究》

指导教师：刘　强

阚伟男：《文物建筑利用与文化旅游地产双赢模式探讨》

柴亮进：《滇池周边地区近现代不可移动文物的合理利用研究》

指导教师：李安民

中国社会科学院研究生院

专业方向：夏商周考古

邓玲玲：《铃的研究——新石器时代晚期至二里头文化》

指导教师：王　巍

汤毓赟：《殷墟墓葬青铜器的组合与构成》

指导教师：唐际根

专业方向：文化遗产保护

李　说：《西汉诸侯王墓车马埋葬研究》

指导教师：杜金鹏

2015 年毕业的博士研究生

北京大学考古文博学院

专业方向：旧石器时代考古

赵静芳：《嵩山东麓 MIS3 阶段人类象征性行为的出现——新郑赵庄遗址综合研究》

陈宥成：《嵩山东麓 MIS3 阶段人群石器技术与行为模式——郑州老奶奶庙遗址研究》

李意愿：《澧水流域晚更新世石器工业与人类生存适应行为》

指导教师：王幼平

专业方向：新石器及夏商周考古

邓振华：《汉水中下游史前农业研究》

指导教师：张　弛

万　娇：《从三星堆遗址看成都平原文化演进》

指导教师：孙　华

专业方向：汉唐考古

庄蕙芷：《汉唐墓室壁画天象图研究》

指导教师：赵化成

金蕙涵：《宋金仿木构墓葬中祭祀题材之研究》

指导教师：齐东方

专业方向：宋元考古

丁　雨：《肯尼亚曼布鲁伊遗址及马林迪遗址的考古学研究》

指导教师：秦大树

专业方向：陶瓷考古

刘净贤：《元明清龙泉窑生产状况及文化因素研究》

高美京：《定窑研究》

刘　静：《成化御窑瓷器及其文化影响研究》

指导教师：秦大树

梁寿子：《明代景德镇釉上彩绘瓷器研究》

指导教师：杭　侃

专业方向：佛教考古

陈晶鑫：《安岳唐宋石窟的分期与研究》

指导教师：李崇峰

彭明浩：《北魏云冈石窟空间营造》

指导教师：杭　侃

专业方向：文物保护

王　恺：《骨质文物保护用羟基磷灰石——胶原蛋白复合材料研究》

指导教师：胡东波

吉林大学文学院考古学及博物馆学

专业方向：新石器考古

许鹏飞：《宁镇地区及环太湖地区新石器时代考古学文化研究》

张　鑫：《大汶口文化研究》

梅术文：《薛家岗文化研究》

指导教师：陈国庆

何　强：《汉水中游新石器文化编年序列及其与邻近地区的互动关系》

指导教师：赵宾福

专业方向：夏商周考古

王　涛：《成都平原先秦时期的文化发展与人地关系研究》

指导教师：王立新

林　森：《西周基层地域组织研究》

指导教师：林　沄

专业方向：先秦两汉考古

华　阳：《渤海墓葬研究》

指导教师：朱永刚

专业方向：战国秦汉考古

江　楠：《中国早期金银器的考古学研究》

李亚利：《汉代画像中的建筑图像研究》

程嘉芬：《汉代司隶地区聚落体系的考古学研究》

指导教师：滕铭予

专业方向：宋元考古

王春燕：《辽代金银器研究》

指导教师：冯恩学

专业方向：体质人类学

张　旭：《内蒙古和林格尔县大堡山墓地人骨研究》

指导教师：朱　泓

山东大学历史文化学院考古学系

专业方向：文化遗产

李　建：《我国近代文物保护法制化进程研究》

指导教师：方　辉

山东大学历史文化学院考古学系出站博士后

专业方向：文化遗产

王建波：《大运河文化遗产的保护规划研究——以江苏、山东段为例》

赵永生：《海岱地区近年来出土古代人骨材料的研究》

合作导师：方　辉

西北大学文化遗产学院考古学及文物保护学系

专业方向：商周考古

裴书研：《周原出土青铜礼容器研究》

指导教师：赵丛苍

李　悦：《陕西淳化枣树沟脑遗址动物遗存研究》

指导教师：王建新

专业方向：隋唐考古

于　春：《长安北朝佛教造像考古学研究》

指导教师：张建林　王建新

赵　莉：《龟兹石窟壁画与佛教本缘经典对比研究》

指导教师：王建新

马晓玲：《北朝至隋唐时期入华粟特人墓葬研究》

指导教师：徐卫民

专业方向：文化遗产管理

晁　舸：《文化遗产普遍价值思想历程研究》

指导教师：葛承雍　王建新

马建昌：《中国城市区域大遗址管理运营研究》

朱　晗：《工业遗产保护与利用研究——以西安纺织工业遗产为例》

指导教师：王建新

西北大学文化遗产学院考古学及文物保护学系出站博士后

专业方向：史前考古

王丽红：《仰韶彩陶图形的设计意识研究》

合作导师：钱耀鹏

专业方向：商周考古
　周俊玲：《中国古砖研究》
合作导师：赵丛苍

四川大学历史文化学院考古学系出站博士后
专业方向：佛教美术考古
　董晓荣：《阿尔寨石窟壁画研究》
合作导师：霍　巍
专业方向：博物馆学
　李倩倩：《从空间到风格：历史类博物馆展陈设计的调查与研究》
合作导师：霍　巍

郑州大学历史学院考古系
专业方向：夏商周考古
　王　琼：《豫西南鄂西北地区龙山晚期至二里头时代考古学文化研究》
指导教师：张国硕

专业方向：秦汉考古
　朱　津：《三河地区汉墓研究——兼谈汉制的形成与发展》
指导教师：韩国河

专业方向：陶瓷考古
　王　嫚：《岭南地区唐至清代瓷业遗存的考古学研究》
指导教师：孙新民

郑州大学历史学院考古系出站博士后
专业方向：考古学
　田成方：《楚国家族墓葬研究》
　惠夕平：《地理信息系统在聚落考古研究中的应用》
合作导师：韩国河

南京大学历史学院考古学与博物馆学和文物鉴定与修复
专业方向：考古学
　殷　洁：《清广州外销画研究》
指导教师：水　涛

南京大学历史学院考古学与博物馆学专业出站博士后
专业方向：考古学

程　义：《唐宋变革视野下的唐宋壁画墓比较研究》
合作导师：张学锋

南京师范大学社会发展学院文物与博物馆学系

专业方向：考古学
姜永帅：《中国古代绘画中的洞穴》
指导教师：汤惠生

厦门大学人文学院历史系考古专业

专业方向：民族考古
Anand Singh Salam（安南）：《铜鼓的比较研究：西南中国与东南亚的民族考古学调查》
指导教师：邓晓华

中山大学社会学与人类学学院人类学系

专业方向：民族考古学
朱雪菲：《仰韶时代彩陶的考古学研究》
指导教师：许永杰

专业方向：区域考古与出土文献研究
王　彤：《岭南汉墓研究》
富　霞：《合浦汉墓及相关问题研究》
指导教师：郑君雷

专业方向：不分方向
米　夏：《越南北部与岭南地区的手工业生产与产品交易——以公元前500年—公元200年考古学材料为中心的文化统一体和社会复杂化考察》
指导教师：郑君雷

武汉大学历史学院考古学系

专业方向：新石器时代考古
宋海超：《半山文化与马厂文化研究》
指导教师：余西云

武汉大学历史学院考古学系出站博士后

专业方向：文化遗产保护
胡保华：《铜绿山古矿冶遗址的保护与利用》
指导教师：余西云

南开大学历史学院考古与博物馆学系

专业方向：陶瓷考古

张婧文：《中国古代陶瓷质佛教文物研究》

指导教师：刘 毅

专业方向：中国古代陵墓

徐学琳：《元代墓葬的考古学研究》

指导教师：刘 毅

复旦大学文物与博物馆学系

专业方向：考古学及博物馆学

李志勇：《博物馆视角下的非物质文化遗产展示模式研究》

指导教师：陆建松

司红伟：《从江南土墩墓看吴的文明化进程》

指导老师：陈 淳

专业方向：文物学

曹小燕：《明式家具中的文人文化观念研究》

指导教师：朱顺龙

河南大学历史文化学院考古文博系

专业方向：新石器时代考古

鲍颖建：《中原腹地新石器文化区系类型研究》

指导教师：佟伟华

浙江大学文物与博物馆学系

专业方向：文物保护

刘效彬：《中国传统灰浆的化学组成特征及黏结机理研究》

指导教师：张秉坚

中国人民大学历史学院考古文博系

专业方向：北方民族考古

丁利娜：《金中都的考古学研究》

黄小钰：《幽云地区辽代壁画墓研究》

指导教师：魏 坚

中国人民大学历史学院考古文博系出站博士后

专业方向：旧石器时代考古

仪明洁：《旧石器晚期华北古人群石器技术与生存方式研究——细石叶技术的视角》

合作导师：魏　坚

专业方向：专门考古
　张晓玮：《乌兰布通战役古战场研究》
合作导师：魏　坚

中国社会科学院研究生院
专业方向：夏商周考古
　刘国祥：《红山文化研究》
指导教师：王　巍

专业方向：汉唐考古
　徐仙女：《高丽中期青瓷出现中国北方青瓷的元素》
指导教师：安家瑶

专业方向：动物考古
　李　凡：《西藏阿里地区故如甲木墓地和曲踏墓地动物遗存研究》
指导教师：袁　靖

专业方向：植物考古
　尹　达：《河套地区史前农牧交错带的植物考古学研究——以石峁遗址及其相关遗址为中心》
指导教师：赵志军

第六篇

逝世考古学家

王仲殊

2015年9月24日12时40分，中国社会科学院考古研究所的老领导、著名考古学家王仲殊先生与世长辞，享年90岁。

王仲殊先生1925年10月15日出生于浙江省宁波市。他的父亲是一位中学语文老师，兼任报社的文艺副刊编辑，并长期受聘为天一阁文献委员会委员。王先生从少年时代开始，便受父亲的教育和熏陶，在古典文学和历史文献方面打下了良好基础。1946年夏秋之际，他先后考取厦门大学、北京大学、武汉大学、复旦大学和浙江大学等多所国内一流大学，并最终选择浙江大学，攻读历史学专业。新中国成立后，王先生听从浙江大学教授谭其骧的劝导，转学到北京大学继续学业。

1950年7月，王先生从北京大学历史系毕业。经北京大学教授张政烺推荐，于同年8月初进入刚刚成立的中国科学院考古研究所（今中国社会科学院考古研究所），成为考古所成立后第一位大学毕业分配来的青年研究人员。入所后，在副所长夏鼐先生的指导下，他将田野考古与历史文献记载充分结合的汉唐时代考古学作为自己的研究领域，因他在大学期间便掌握了日语，熟悉日本的历史和文化，因而又兼攻日本考古学和古代史方面的研究。

1950年10月初，王先生跟随夏鼐先生到河南辉县参加新中国成立后第一次大规模的考古调查发掘，在辉县琉璃阁发掘汉代墓葬，这是他第一次参加科学的考古发掘。在夏鼐先生的悉心指导下，他熟练掌握了考古发掘的方法，为日后的考古生涯打下了坚实基础。1951年4月至7月间，王先生又跟随夏鼐先生从郑州到渑池，对河南中西部地区各个时代的遗址进行调查发掘，使他进一步增长了关于田野考古学的理论、方法等各方面的知识。

此后，王先生先后参加了湖南长沙的汉代墓葬、陕西西安的汉长安城遗址、河北满城的汉代陵墓、吉林敦化的渤海墓葬、黑龙江宁安的渤海上京龙泉府遗址等的发掘工作。其中，1956~1962年汉长安城遗址由他主持发掘，他也成为考古所汉长安城工作队的第一任队长，所获成果为以后该都城遗址的长期发掘打下坚实的基础。1964年春秋两季，他主持敦化六顶山渤海墓葬和宁安渤海镇渤海上京龙泉府遗址的发掘，这次发掘规模大、效率高、收获丰富，为中国汉唐时代边疆考古学的开展做出了积极贡献。同时，王先生还担任了题为《六顶山与渤海镇——唐代渤海国的贵族墓地与都城遗址》的发掘报告主编，该报告内容充实、叙述清楚，出版后广受好评，并荣膺“国家社会科学基金项目优秀成果奖”和“郭沫若中国历史学奖”等重要奖项。

在考古学研究的常年实践中，王先生勤奋好学，孜孜以求，逐渐形成了具有自身特色的知识结构和治学方式。50多年来，单就中国考古学范围之内而言，他的论著相当丰富。在田野工作方面，有与其他人合著的《辉县发掘报告》《长沙发掘报告》和上述《六顶山与渤海镇——唐代渤海国的贵族墓地与都城遗址》三部发掘报告书，又有独著的《洛阳烧沟附近的战国墓葬》《汉长安城考古工作的初步收获》和《汉长安城考古工作收获续记——宣平城门的发掘》等单篇发掘报告和简报。在综合研究和专题研究方面，则有独著的《汉代文明》（英文）、《汉代考古学概说》（中文，有朝鲜文译本）等著作，又有《沂南石刻划像中的七盘舞》《中国古代墓葬概说》等独著的论文数十篇，其中不少成果受到国内外学术界的重视，获得好评。

王先生最为重要的学术贡献是在古代中日文化交流研究中一系列研究课题的创建。经过长期的努力，他在日本考古学和古代史的研究上取得了很大成绩，不亚于其在中国考古学研究方面取得的成就，尤其对古代中日两国都城制度的比较研究更是得心应手，多有创见。

作为中国考古学界的重大事项之一，《中国大百科全书·考古学》于1986年8月正式出版。王先生不仅作为编辑委员会副主任协助主任夏鼐负责全书的设计、规划和编辑事务，而且亲自承担《中国古代墓葬制度》《秦汉考古》等20多个条目的撰写，字数近20万。特别是卷首最重要的《考古学》序目由夏鼐和王仲殊两位先生合作撰写，高屋建瓴、深入浅出地论述了考古学的定义，研究的范围、目标和方法，学科的分支及其与其他学科的关系等，并阐述了世界考古学的发展简史，内容详细、充实，论述精当，文笔流畅，至今仍是中国考古学界广为遵循的纲领性著述。

在夏鼐先生的殷切关怀和直接指导下，王仲殊先生在各个方面的进步都十分显著。1978～1982年，他升任考古所副所长，进一步成为夏鼐的得力助手。1982～1988年，王先生继夏鼐先生之后，被委任为中国社会科学院考古研究所所长，兼任考古所学术委员会主任、《考古学报》和《考古学集刊》主编。在个人学术职称方面，由于“文化大革命”期间的延误，1979年他被破格由助理研究员直接提升为研究员，1981年被聘为中国社会科学院研究生院教授，并由国务院学位委员会直接评定为博士生导师。从1991年开始，他享受国务院颁发的关于作出突出贡献的政府特殊津贴。1992～1998年，他重新担任考古所学术委员会主任。2006年被授予中国社会科学院荣誉学部委员称号。

王先生在学术研究上的成果亦为国际学术界所称道。早在1973年，他被聘为秘鲁国立库斯科大学名誉教授，1988年被德国考古学研究院授予通讯院士称号，1990年被推举为亚洲史学会评议员（相当于常务理事）。1995年，日本冲绳学研究所又聘请他为客座研究员。1996年，王先生被日本方面授以“福冈亚洲文化奖”大奖，是继巴金、费孝通之后，第三位得到这一荣誉的中国人。

王先生的贡献，还有一点不能不提。“文化大革命”期间，我国许多学术研究机构，包括中国科学院所属的人文社会科学的各研究所在内，几乎都被迫停止工作，唯独考古所因受周恩来总理的关爱，得以继续开展业务。当时，王先生受命主持考古所的工作，他在郭沫若院长的关怀和支持下，尽力保护遭受迫害的老一辈学者，尤其是将下放在外省农村劳动的夏鼐先生调回北京，恢复其在考古所的职务。1971年夏，王先生还与夏鼐先生一同，为郭沫若院长起草致周恩来总理的请示报告，恳请《考古》《考古学报》等期刊复刊以应国内外学术研究的需要，蒙周总理立即批准，乃使考古所的学术研究得以进一步开展，为改革开放后中国考古事业新的光辉历程打下极为重要的基础。更为重要的是，以《考古》和《考古学报》复刊为契机，全国停刊多年的各种学术期刊随后陆续复刊，迎来了科学的春天。

学问与人品往往有着密不可分的关系，这在王先生身上显得格外清晰。众所周知，王先生是夏鼐先生的学生和接班人。与夏鼐先生一样，王先生为人正派、诚实，襟怀坦荡，表里如一。他从不隐瞒自己的观点，更不曲意逢迎，取悦于别人。针对不良倾向，敢于发表自己的意见，无所畏惧。王先生学风严谨，立论扎实、可靠。在他的学术论著中，从不轻易发表没有把握的见解，更不会仅凭臆测而大肆渲染。实事求是，严于律己，理之所在，决不退让，这是王先生的治学之道。

在韩国考古学、古代史方面，王先生在《从中国看古代日本》（日文）的专著中有《友好的百济》《新罗的强盛》等连带性的叙述之作。2002 年冬，他用日文写成以《唐长安城、洛阳城与东亚的都城》为题的讲演稿，在日本京都举行的盛大讲演会上就韩国庆州都城的形制、布局做论述，表明了他的独特见解。特别是 1995 年发表题为《试论鄂城五里墩西晋墓出土的波斯萨珊朝玻璃碗为吴时由海路传入》的论文，对古代中国与波斯的交往途径提出与众不同的新论点，水平甚高。此外，1998 年所做题为《论汉唐时代铜钱在边境及国外的流传》的论文，虽以日本冲绳各遗址出土的“开元通宝”铜钱为主要论述对象，但其取材却广泛包含中国从新疆到黑龙江乃至台湾、澎湖、南沙群岛等各处的发现，在国外则普遍采用东非、西亚、中亚、俄罗斯（西伯利亚）、蒙古国、朝鲜、韩国、日本等许多地区的资料，足见其放眼世界，在学术研究上注重中国与外国的交流关系，这便是王先生一直倡导并身体力行的“中外交流考古学”。他不仅自己努力从事这方面的研究，还鼓励年轻学者开阔视野，关注乃至从事中外交流考古学的研究。

王先生一生严谨务实，潜心治学，心无旁骛，与世无争，低调行事，诚实做人，堪称中国知识分子的典范。虽然他离开了我们，但是他襟怀坦荡、光明磊落的为人处世风格，他严谨务实、一丝不苟的治学精神永远是我们学习的榜样，他贯通中日、勇于创新的学术成就永远被中国和东亚古代史和考古学界所敬仰！

（王　巍）

吕遵谔

北京大学考古文博学院教授、著名考古学家吕遵谔先生，因病于2015年8月20日下午5时30分不幸逝世，享年87岁。

吕遵谔先生1928年2月出生于山东福山县（现为烟台福山区）。1953年毕业于北京大学历史系，并留校任教，主要从事旧石器时代考古和古人类学的教学和研究。讲授课程主要有：旧石器时代考古学、古人类学、人体骨骼鉴定、第四纪哺乳动物、欧洲旧石器等。1984年晋升为教授，1986年为博士生导师。曾任北京大学考古系副系主任，北京大学学术委员会委员等。长期从事旧石器时代考古发掘与研究工作，曾先后主持多项旧石器时代遗址的发掘，获重大考古发现，为中国旧石器时代考古与古人类学研究做出了重要贡献。

吕先生在古人类化石的发现与研究方面的贡献尤为突出。早在20世纪80年代初期，即与山东省博物馆合作，发掘了沂源猿人化石地点，发现直立人牙齿及哺乳动物化石。1984年秋季，指导研究生到辽宁营口金牛山进行田野考古发掘实习，发现包括一个保存完整的头骨在内的50多件金牛山人化石，获得国家教育委员会颁发的自新中国成立以来高校人文社会科学领域的首次重大奖励。

河北涞水北边桥的涞水人与南京汤山葫芦洞的南京人化石是另外两项非常重要的发现。1988年夏天，吕先生在北边桥发掘涞水人遗址，发现人化石及石制品。新发现的涞水人化石距今5万年左右，却保留了相当多的原始特征，成为探讨东亚地区现代人类起源问题非常重要的实证。1993年年底至1994年年初与南京市博物馆合作正式发掘汤山葫芦洞，发现南京人牙齿和第2号头骨化石。

从沂源人、南京人到金牛山人、涞水人以及鸽子洞人等一系列重要的古人类化石的发现，这些都记录着吕先生数十年来在史前考古领域辛勤探索的重要收获，丰富了中国古人类化石宝库与研究的内容，扩展了学术界对于东亚地区远古人类演化的复杂历程的认识。尤其重要的是金牛山人与涞水人的发现与研究，已经和正在改写我们对于中国远古人类直线演化发展的传统认识，使得多元复杂的中国古人类演化图景逐渐清晰。

吕先生在旧石器时代考古发现与研究方面也成果卓著。从20世纪70年代后期到80年代初，吕先生曾先后多次亲临内蒙古呼和浩特东郊的大窑遗址现场指导发掘，并确定该遗址石器制造场的性质，为这处重要旧石器时代遗址的发掘与研究做出重要贡献。1980年到1981年年初吕先生主持鲤鱼桥地点的发掘，特别注重年代学与古环境资料的全面收集，并结合旧石器文化材料开展综合分析与探讨，提出了“鲤鱼桥文化”的命名。到世纪之交，吕先生虽已年过七旬，仍组织编纂《中国考古学跨世纪回顾》（旧石器时代考古卷），对20世纪中国旧石器时代考古发现与研究进行系统回顾总结。

吕先生一直提倡旧石器考古发掘方法的改进，并在金牛山遗址付诸实践，成功地揭露出以火塘为中心的金牛山人的活动遗迹。这一重要发现不仅揭示了金牛山人的活动与行为特点，丰富了中国远古人类文化的内容，更影响到旧石器时代考古发掘操作方法的变革。

吕先生的另一重要贡献是对实验考古学的提倡与实践。早在20世纪80年代之初，随着中国旧石器时代文化编年框架的逐渐完善，吕先生意识到传统石器类型学研究的局限性，力主石器的分类要注重使用功能，并开始指导研究生展开石器制作与使用的实验研究与微痕分析。在当时国家与学校经费条件都还很困难的情况下，吕先生多方奔走，说明建立石器实验室的重要性，争取获得学校的支持，拨出专门外汇，购买了显微镜与配套的照相设备。吕先生还争取到内蒙古自治区博物馆的支持，在呼和浩特东郊的大窑遗址附近建立起实验基地。在吕先生的精心指导下，先后有多名研究生完成了骨器与石器的制作与使用实验，并进行系统的微痕观察，完成了相关的学位论文。吕先生对发现于辽宁海城仙人洞的骨角制品进行实验研究，完成《海城小孤山仙人洞鱼镖头的复制和使用研究》等论文。这些工作对于推动实验考古学与微痕分析在中国旧石器时代考古学研究领域的应用有着重要的影响。

从20世纪50年代开始，吕先生就一直主持北京大学旧石器时代考古的教学。为了更好地培养学生，提高教学质量，吕先生花费大量时间与精力，不断增加和完善教学内容与讲义；并且多方努力收集教学标本，包括石制品、人体骨骼与动物化石标本等。到20世纪80年代以后还同北京动物园签订协议，利用动物园的条件，建立起比较完善的动物标本室。数十年的旧石器考古教学，吕先生为一代又一代北京大学考古专业毕业生的培养做出了重要贡献。

吕遵谔先生将毕生精力贡献给中国旧石器时代考古和北大考古学科，数十年来呕心沥血，筚路蓝缕，积极开拓，为中国考古学和北大考古学科的发展做出了卓越贡献。他既是我们慈祥的导师，也是学科倚重的支柱，道德文章，广为学林称颂。吕先生的离去，是北京大学考古文博学院，也是中国考古学的重大损失。

（北京大学考古文博学院）

第七篇

考古学文献资料目录

考古学书目

壹　总类

一　考古学通论　附：金石学

考古学概论（马克思主义理论研究与建设工程重点教材）　《考古学概论》编写组编著　栾丰实主编　高等教育出版社　2015年2月　458页　插图147幅　16开

考古学：理论、方法与实践（外国考古学研究译丛）　［美］科林·伦福儒（Colin Renfrew）、［英］保罗·巴恩（Paul Bahn）著　陈淳译　上海古籍出版社　2015年5月　648页　插图717幅　16开　译自 *Archaeology: Theories, Methods and Practice*, 6th ed., 2012

20世纪中国知名科学家学术成就概览：考古学卷（第一分册）　王巍主编　科学出版社　2015年1月　630页　16开

20世纪中国知名科学家学术成就概览：考古学卷（第二分册）　王巍主编　科学出版社　2015年1月　707页　16开

追迹：考古学人访谈录（二）　王巍主编　上海古籍出版社　2015年12月　261页　插图65幅　32开

我的父亲苏秉琦：一个考古学家和他的时代　苏恺之著　生活·读书·新知三联书店　2015年10月　392页　插图101幅　16开

江苏考古（2012～2013）　江苏省文物局编　刘谨胜主编　南京出版社　2015年1月　264页　插图568幅　16开

河北考古教程　衣长春、艾虹编著　科学出版社　2015年6月　299页　插图124幅　16开

大同考古（古都大同系列丛书）　张志忠、古顺芳编　北岳文艺出版社　2015年7月　328页　插图619幅　16开

西安文物勘探考古工作编年（2011～2014）　西安市文物保护考古研究院、西安市长安区旅游民族宗教文物局编　三秦出版社　2015年12月　目录27页　文、图334页　彩版22幅　折页地图14幅　16开

怎探古人何所思：精神文化考古理论与实践探索　何驽著　科学出版社　2015年6月　序、前言、目录44页　文498页　插图341幅　插表31幅　16开

雪泥鸿爪：中国古代文化漫谈　赵超著　三晋出版社　2015年9月　255页　插图85幅　16开

冥界的秩序：中国古代墓葬制度概论　刘振东著　文物出版社　2015年11月　文430页　插图247幅　彩版22页　16开

金石学（朱剑心著作集）　朱剑心著　浙江人民美术出版社　2015年4月　序、目录20页　文301页　插图146幅　32开

金石学研究法（朱剑心著作集）　朱剑心著　浙江人民美术出版社　2015年4月　序、目录15页　文196页　插图46幅　32开

金石学稿钞本集成（初编）　吴格主编　上海书画出版社　2015年4月　影印本　全20册　12634页　16开　子目：篆云楼金石目稿（清佚名撰，稿本），金石鉴（清秦鼎彝撰，稿本），江左石刻文编（清韩崇撰，吴县潘氏宝山楼钞校本），山东金石志稿（清孙文楷、高鸿裁撰，稿本），关中

汉唐存碑跋（清王志沂撰，光绪十七年山阴传华钞稿本）

南京大学珍藏金石拓本（一） 张异宾、柯群恒主编 科学出版社 2015 年 4 月 270 页 图版 68 组 8 开

广东金石图志 伍庆禄、陈鸿钧著 线装书局 2015 年 5 月 序、概述、目录 30 页 文 618 页 插图 563 幅 16 开

金石传拓的审美与实践 郭玉海著 故宫出版社 2015 年 3 月 727 页 插图 50 幅 彩版 216 幅 8 开

补 遗

中国现代考古学的思想谱系（四川大学哲学社会科学学术著作出版基金丛书） 查晓英著 四川大学出版社 2014 年 6 月 150 页 16 开

二 考古学方法

考古人员现场文物保护手册（陕西文物保护研究院译著系列） ［美］凯瑟琳·西斯（Catherine Sease）著 陕西省文物保护研究院译 陕西科学技术出版社 2015 年 4 月 197 页 插图 82 幅 16 开 译自 *A Conservation Manual for the Field Archaeology*，1994

水下考古在中国：专题陈列图录 宁波市文物考古研究所、宁波中国港口博物馆、国家文物局水下文化遗产保护中心编著 王结华、王力军主编 宁波出版社 2015 年 10 月 179 页 彩版 123 幅 16 开

新技术·新方法·新思路：首届“水下考古·宁波论坛”文集（宁波文物考古研究所丛书，丁种第四号） 宁波市文物考古研究所、宁波中国港口博物馆、国家文物局水下文化遗产保护中心编著 柴晓明、王结华主编 科学出版社 2015 年 10 月 文 282 页 插图 91 幅 插表 16 幅 彩版 40 页 16 开

闽滨滨海：水下考古物探技术集成 朱滨著 海峡文艺出版社 2015 年 6 月 218 页 插图 258 幅 32 开

三 论文集

首届世界考古论坛会志 *Bulletin of the Shanghai Archaeology Forum*, *Volunce I* 中国社会科学院考古研究所、上海市文物局编著 科学出版社 2015 年 12 月 全 2 册 中文版（344 页 插图 149 幅） 英文版（408 页 插图 149 幅） 16 开

边疆考古研究（第 17 辑） 吉林大学边疆考古研究中心、边疆考古与中国文化认同协同创新中心编 朱泓主编 科学出版社 2015 年 5 月 文 423 页 插图 204 幅 插表 26 幅 彩版 4 页 图版 8 页 16 开

边疆考古研究（第 18 辑） 吉林大学边疆考古研究中心、边疆考古与中国文化认同协同创新中心编 朱泓主编 科学出版社 2015 年 12 月 文 396 页 插图 212 幅 插表 50 幅 彩版 4 页 16 开

Asian Archaeology v. 3 吉林大学边疆考古研究中心编 科学出版社 2015 年 6 月 文 175 页 插图 98 幅 插表 37 幅 图版 10 页 16 开

西部考古（第八辑） 西北大学丝绸之路文化遗产保护与考古学研究中心、边疆考古与中国文化认同协同创新中心、西北大学唐仲英文化遗产研究与保护技术实验室编 科学出版社 2015 年 6 月 264 页 插图 229 幅 插表 18 幅 16 开

西部考古（第九辑） 西北大学丝绸之路文化遗产保护与考古学研究中心、边疆考古与中国文化认同协同创新中心、西北大学唐仲英文化遗产研究与保护技术实验室编 科学出版社 2015 年 12 月 254 页 插图 187 幅 插表 12 幅 16 开

东方考古（第 12 集） 山东大学文化遗产研究院编 科学出版社 2015 年 12 月 511 页 插图 278 幅 插表 44 幅 16 开

文化遗产研究集刊（七） 复旦大学博物馆、复旦大学文物与博物馆学系编 陈淳主编 复旦大学出版

社 2015年8月 文411页 插图134幅 插表21幅 彩版12页 32开

湖南考古辑刊（第十一辑） 湖南省文物考古研究所编 郭伟民主编 岳麓书社 2015年1月 文335页 插图182幅 插表16幅 彩版24页 16开

岭南考古研究（十四） 广东省珠江文化研究会岭南考古研究专业委员会编 中国评论学术出版社 2015年4月 220页 插图114幅 16开

浙江省文物考古研究所学刊（第十辑） 浙江省文物考古研究所编 李小宁主编 文物出版社 2015年7月 文461页 插图499幅 插表18幅 彩版96页 16开

文物研究（第21辑） 安徽省文物考古研究所、安徽省考古学会编 科学出版社 2015年10月 文314页 插图259幅 插表19幅 彩版25页 16开

南方民族考古（第十一辑） 四川大学博物馆、四川大学考古学系、成都文物考古研究所编 白彬、江章华主编 科学出版社 2015年11月 文353页 插图147幅 插表19幅 彩版12页 16开

中华之源与嵩山文明研究（第二辑） 郑州中华之源与嵩山文明研究会、中国社会科学院考古研究所主编 科学出版社 2015年6月 317页 插图107幅 插表11幅 16开

湖南省博物馆馆刊（第十一辑） 湖南省博物馆编 陈建明主编 岳麓书社 2015年7月 文623页 插图755幅 插表22幅 彩版34页 16开

而立集：湖南省津市市文物工作三十周年纪念文集 津市市文物局编 彭佳主编 岳麓书社 2015年6月 文333页 插图154幅 彩版16页 16开

桂林博物馆文集（第二辑） 桂林博物馆编 广西师范大学出版社 2015年7月 474页 插图221幅 16开

陕西历史博物馆馆刊（第二十二辑） 陕西历史博物馆编 成建正主编 三秦出版社 2015年10月 385页 16开

辽宁省博物馆馆刊（2014） 辽宁省博物馆编 马宝杰主编 辽海出版社 2015年12月 416页 插图237幅 16开

江西省博物馆集刊（六） 江西省博物馆编 曾敏主编 文物出版社 2015年12月 文293页 插图130幅 彩版8页 16开

荆楚文物（第二辑） 荆州博物馆编 杨平主编 科学出版社 2015年12月 文384页 插图279幅 彩版4页 16开

丝绸之路文物考古研究（敦煌与丝绸之路学术文丛） 俄军主编 甘肃教育出版社 2015年10月 379页 插图247幅 16开

海洋遗产与考古（第二辑） 厦门大学海洋考古学研究中心编 吴春明主编 科学出版社 2015年12月 文496页 插图488幅 插表36幅 彩版16页 16开

西域考古·史地·语言研究新视野：黄文弼与中瑞西北科学考查团国际学术研讨会论文集（新疆师范大学黄文弼中心丛刊） 荣新江、朱玉麒主编 科学出版社 2015年12月 文653页 插图182幅 插表19幅 照片、书影8页 16开

新世纪的中国考古学（续）：王仲殊先生九十华诞纪念论文集（考古学专刊，甲种第三十九号） 中国社会科学院考古研究所编著 科学出版社 2015年9月 序、传略、著述目、目录33页 文674页 插图192幅 插表26幅 16开

庆贺徐光冀先生八十华诞论文集 《庆贺徐光冀先生八十华诞论文集》编委会编 科学出版社 2015年6月 文702页 插图366幅 插表8幅 照片16页 16开

庆祝魏存成先生七十岁论文集 吉林大学边疆考古研究中心编 科学出版社 2015年9月 文433页 插图206幅 插表9幅 照片24页 16开

回眸·展望：文物报创刊30周年纪念文集 中国文物报社、河南省文物局编 李耀中、陈爱兰主编 文物出版社 2015年8月 291页 16开

古器物中的古代文化制度（中华现代学术名著丛刊） 徐中舒著 徐亮工编 商务印书馆 2015年12

月 454页 32开

西域史地考古论集（中华现代学术名著丛刊） 黄文弼著 黄烈编 商务印书馆 2015年12月 文550页 插图43幅 肖像、书影4页 32开

于豪亮学术论集（于豪亮著作二种） 于豪亮著 上海古籍出版社 2015年12月 381页 插图77幅 16开

石兴邦考古学论文集（陕西省考古研究院学术研究丛书） 石兴邦著 陕西师范大学出版社 2015年1月 584页 插图120幅 插表8幅 16开

江苏社科名家文库：蒋赞初卷 蒋赞初著 江苏人民出版社 2015年6月 300页 插图100幅 16开

中国城市考古学论集（徐苹芳文集） 徐苹芳著 上海古籍出版社 2015年12月 254页 插图111幅 折页图版1幅 16开

潘其风考古人类学文选 潘其风著 科学出版社 2015年9月 文385页 插图65幅 插表92幅 照片4页 16开

岭外求真：朱非素考古论集（广东省文物考古研究所论丛） 朱非素著 科学出版社 2015年9月 235页 插图86幅 16开

金琦文物考古五十年 金琦著 金建宁编 南京大学出版社 2015年5月 文332页 照片、图版18页 16开

古都问道（中国社会科学院学部委员专题文集） 刘庆柱著 中国社会科学出版社 2015年12月 396页 插图116幅 16开

李昆声学术文选：文物考古论（云南文库：学术名家文丛） 李昆声著 云南人民出版社 2015年4月 378页 插图100幅 16开

黄河中上游史前、商周考古论文集（中国社会科学院老年学者文库） 梁星彭著 社会科学文献出版社 2015年6月 402页 插图153幅 插表12幅 16开

江右访古（江西省政协文史研究馆馆员丛书） 许智范著 江西人民出版社 2015年6月 342页 插图76幅 16开

曾骐考古学论文集（广东省人民政府文史研究馆馆员文库） 曾骐著 广东省人民政府文史研究馆编 广东人民出版社 2015年12月 528页 插图152幅 插表11幅 16开

张维华文集（河南博物院学术文库） 张维华著 中州古籍出版社 2015年12月 471页 16开

吉林文物考古论集续集 董学增著 吉林文史出版社 2015年9月 287页 照片、书迹19幅 插图30幅 32开

郝思德文物考古文集：从白山黑水到天涯海角 郝思德著 海南出版社 2015年2月 文389页 插图37幅 彩版20页 16开

古礼足征：礼制文化的考古学研究（北京大学震旦古代文明研究中心学术丛书） 高崇文著 上海古籍出版社 2015年12月 506页 插图176幅 插表12幅 16开

西域考古研究：游牧与定居 肖小勇著 中央民族大学出版社 2015年6月 203页 插图50幅 16开

补 遗

广西博物馆文集（第十一辑） 广西壮族自治区博物馆编 广西人民出版社 2016年12月 文484页 插图301幅 彩版2页 16开

岭南印记：粤港澳考古成果展国际学术研讨会论文集 香港康乐及文化事务署 2014年 269页 16开

方孝廉考古文集（洛阳文物考古研究丛书） 方孝廉著 洛阳市文物考古研究院编 中州古籍出版社 2014年5月 358页 插图135幅 16开

四 历史图谱、博物馆陈列说明和藏品图录

韫玉凝晖：扬州地区博物馆藏文物精粹 扬州市文物局编 冬冰主编 文物出版社 2015年8月 238

页　彩版 196 幅　16 开

屯溪博物馆馆藏珍品集　屯溪博物馆编著　储莉萍主编　文物出版社　2015 年 5 月　189 页　彩版 16 开

生命·超越：中原文化中的动物映像　浙江自然博物馆、河南博物院编　严洪明、田凯主编　西泠印社出版社　2015 年 12 月　167 页　插图 30 幅　彩版 190 幅　8 开

鹤壁长歌：鹤壁古代文明陈列展　李凤敏主编　中国华侨出版社　2015 年 2 月　225 页　彩版 239 幅　16 开

秦楚珍萃：十堰市珍贵文物图录（十堰市第一次全国可移动文物普查成果集萃）　十堰市文物局编　郭崇喜、龚德亮主编　长江出版社　2015 年 11 月　417 页　16 开

悠远的印记：长沙文物精品漫谈　夏建平主编　岳麓书社　2015 年 11 月　全 5 册　942 页　插图 491 幅　16 开

三秦瑰宝：青铜器卷　曹玮主编　三秦出版社　2015 年 2 月　前言、目录 16 页　彩版 117 页　8 开

三秦瑰宝：金银器卷　韩建武、刘芃编著　三秦出版社　2015 年 2 月　前言、目录 11 页　彩版 115 页　8 开

三秦瑰宝：壁画卷　程旭编著　三秦出版社　2015 年 2 月　前言、目录 8 页　图版 107 页　8 开

三秦瑰宝：陶俑卷　谭前学主编　三秦出版社　2015 年 2 月　前言、目录 14 页　彩版 124 页　8 开

三秦瑰宝：碑刻卷　赵力光编著　三秦出版社　2015 年 2 月　前言、目录 9 页　图版 131 页　8 开

三秦瑰宝：瓦当卷　赵力光编著　三秦出版社　2015 年 2 月　前言、目录 8 页　图版 100 页　8 开

漆沮遗珍：铜川市考古研究所藏文物精品　铜川市考古研究所编　张汉文主编　三秦出版社　2015 年 12 月　224 页　彩版 174 幅（组）　16 开

镇原博物馆文物精品图集　镇原县博物馆编　甘肃文化出版社　2015 年 10 月　222 页　16 开

丝绸之路西域文明（丝路文库）　岳峰主编　新疆美术摄影出版社　2015 年 8 月　339 页　彩版 964 幅　16 开

温·婉：中国古代女性文物大展　南京博物院编　龚良主编　译林出版社　2015 年 7 月　421 页　插图 46 幅　彩版 216 幅　16 开

补　遗

彭州文物撷珍　彭州市博物馆编著　毛泽玉、江章华主编　四川人民出版社　2014 年 10 月　196 页　插图 12 幅　彩版 120 幅　16 开

五　科技考古

科技考古（第四辑）：中国社会科学院考古研究所科技考古中心成立 20 周年特辑　中国社会科学院考古研究所科技考古中心编　袁靖主编　科学出版社　2015 年 10 月　文 290 页　插图 195 幅　插表 37 幅　彩版 16 页　16 开

中国动物考古学　袁靖著　文物出版社　2015 年 1 月　311 页　插图 77 幅　16 开

现代核分析技术与中国古陶瓷　程琳、金莹著　科学出版社　2015 年 1 月　150 页　插图 163 幅　插表 29 幅　16 开

^{14}C 测年与中国考古年代学研究（中国社会科学院学部委员专题文集）　仇士华著　中国社会科学出版社　2015 年 6 月　169 页　插图 33 幅　插表 49 幅　16 开

新型交叉学科——核考古（国家十二五规划图书·前沿科技聚焦）　冯向前、闫灵通、李丽著　科学普及出版社　2015 年 9 月　106 页　插图 130 幅　16 开

中国古代金属材料显微组织图谱：总论（科学技术与文明研究丛书）　韩汝玢、孙淑云、李秀辉编著　科学出版社　2015 年 1 月　文 195 页　插图 190 幅　彩版 4 页　16 开

长江流域新石器时代以来环境考古　朱诚、郑朝贵、吴立等著　科学出版社　2015 年 12 月　665 页　插图 363 幅　插表 145 幅　16 开

鲁东南全新世环境演变与古文化发展　高华中著　山东人民出版社　2015 年 12 月　195 页　插图 53

幅 插表 25 幅 附表 4 幅 16 开

荥阳薛村遗址人骨研究报告（南水北调中线工程文物保护项目，河南省考古研究报告） 河南省文物考古研究院编著 孙蕾主编 科学出版社 2015 年 12 月 文 339 页 插图 68 幅 插表 103 幅 附表 52 幅 图版 76 页 16 开

六 工具书

中国考古学年鉴（2014） 中国考古学会编 中国社会科学出版社 2015 年 12 月 目录 25 页 文 854 页 彩版 10 页 16 开

中国文物年鉴（2014） 国家文物局编 文物出版社 2015 年 1 月 文 567 页 彩版 15 页 16 开

中国文物年鉴（2015） 国家文物局编 文物出版社 2015 年 12 月 文 503 页 彩版 8 页 16 开

陕西文物年鉴（2014） 陕西省文物局编 陕西人民出版社 2015 年 12 月 439 页 16 开

浙江文物年鉴（2013） 《浙江文物年鉴》编委会编 浙江古籍出版社 2015 年 12 月 600 页 16 开

上海市文物工作手册 上海市文物局编 胡劲军主编 科学出版社 2015 年 1 月 目录 13 页 文 502 页 32 开

中国文物地图集：黑龙江分册 国家文物局编 干志耿主编 文物出版社 2015 年 12 月 675 页 地图 91 幅 图版 403 幅 16 开

贰 田野考古资料

一 调查发掘报告

延庆胡家营：延怀盆地东周聚落遗址发掘报告（北京文物与考古系列丛书） 北京市文物研究所编著 科学出版社 2015 年 7 月 目录 12 页 文 364 页 插图 263 幅 插表 19 幅 彩版 96 页 16 开

2000 年黄骅市海丰镇遗址发掘报告 黄骅市博物馆、河北省文物研究所、吉林大学边疆考古研究中心编著 冯恩学、王会民、张宝刚主编 文物出版社 2015 年 10 月 目录 14 页 文 294 页 插图 224 幅 彩版 55 页 16 开

浊漳河上游早期文化考古调查报告 中国国家博物馆、山西省考古研究所、长治市文物旅游局编著 科学出版社 2015 年 7 月 目录 14 页 文 362 页 插图 269 幅 彩版 40 页 16 开

襄汾陶寺：1978～1985 年考古发掘报告（中国田野考古报告集，考古学专刊，丁种第五十五号） 中国社会科学院考古研究所、山西省临汾市文物局编著 文物出版社 2015 年 12 月 全 5 册 目录 23 页 文 1351 页 插图 430 幅 插表 92 幅 彩版 55 页 图版 362 页 16 开

新绛孝陵陶窑址 山西省考古研究所编著 上海古籍出版社 2015 年 12 月 文 201 页 插图 193 幅 附表 6 幅 插表 10 幅 彩版 28 页 图版 4 页 16 开

大窑遗址研究：四道沟地点（1980～1984）（大窑遗址研究系列丛书） 内蒙古博物院、中国科学院古脊椎动物与古人类研究所编著 冯兴无、汪英华主编 科学出版社 2015 年 2 月 目录 14 页 文 239 页 插图 46 幅 插表 16 幅 图版 24 页 16 开

凌源小喇嘛沟辽墓 辽宁省文物考古研究所编著 万雄飞主编 文物出版社 2015 年 10 月 目录 12 页 文 144 页 插图 107 幅 彩版 126 页 16 开

羊草庄汉墓 辽宁省文物考古研究所编著 白宝玉、徐政主编 文物出版社 2015 年 11 月 全 2 册 目录 20 页 文 421 页 插图 252 幅 彩版 252 页 16 开

北燕冯素弗墓 辽宁省博物馆编著 徐秉琨主编 文物出版社 2015 年 8 月 目录 10 页 文 356 页 插图 281 幅 彩版 71 页 图版 21 页 16 开

沈阳考古文集（第五集） 沈阳市文物考古研究所编 姜万里主编 科学出版社 2015 年 12 月 文 343 页 插图 269 幅 插表 7 幅 彩版 24 页 16 开

白城永平辽金遗址 2009～2010 年度发掘报告　吉林省文物考古研究所编著　李丹主编　科学出版社　2015 年 12 月　目录 15 页　文 272 页　插图 206 幅　彩版 144 页　16 开

扬州城遗址考古发掘报告（1999～2013 年）（中国田野考古报告集，考古学专刊，丁种第九十号）　中国社会科学院考古研究所、南京博物院、扬州市文物考古研究所编著　汪勃、束家平主编　科学出版社　2015 年 10 月　目录 16 页　文 335 页　插图 177 幅　插表 12 幅　彩版 126 页　16 开

镇江京口闸遗址（印记与重塑：镇江博物馆考古报告集之三）　镇江博物馆编著　杨正宏主编　江苏大学出版社　2015 年 8 月　文 199 页　插图 123 幅　插表 45 幅　彩版 40 页　16 开

镇江台形遗址（印记与重塑：镇江博物馆考古报告集之四）　镇江博物馆编著　杨正宏主编　江苏大学出版社　2015 年 12 月　文 277 页　插图 257 幅　插表 42 幅　彩版 40 页　16 开

小兜里　浙江省文物考古研究所、海宁市博物馆编著　文物出版社　2015 年 11 月　全 2 册　目录 20 页　文 454 页　插图 317 页　插表 18 幅　彩版 295 页　16 开

龙泉大窑枫洞岩窑址（龙泉窑研究系列之一）　浙江省文物考古研究所、北京大学考古文博学院、龙泉青瓷博物馆编著　文物出版社　2015 年 12 月　全 2 册　前言 9 页　目录 9 页　文 732 页　插图 121 幅　附图 21 幅　16 开

衢州汉墓研究　衢州博物馆编著　胡继根、柴福有主编　文物出版社　2015 年 12 月　文 398 页　插图 258 幅　彩版 32 页　16 开

临安洪起畏夫妇合葬墓　杭州市文物考古研究所、临安市文物馆编著　文物出版社　2015 年 12 月　目录 5 页　文 90 页　插图 26 幅　彩版 33 页　16 开

昙石山遗址：福建省昙石山遗址 1954～2004 年发掘报告　福建博物院、福建昙石山遗址博物馆编著　陈兆善、温松全著　海峡书局　2015 年 12 月　目录 18 页　文 369 页　插图 301 幅　彩版 107 页　16 开

江西抚河流域先秦时期遗址考古调查报告（一）：乐安县、宜黄县　江西省文物考古研究所、西北大学文化遗产学院、抚州市文物博物管理所、宜黄县文物管理所、乐安县博物馆编著　文物出版社　2015 年 10 月　373 页　插图 324 幅　彩版 62 幅　16 开

海岱考古（第八辑）　山东省文物考古研究所编　郑同修、何德亮主编　科学出版社　2015 年 12 月　文 523 页　插图 312 幅　插表 21 幅　图版 64 页　16 开

青岛考古（二）（海上丝绸之路与青岛系列丛书之二）　青岛市文物保护考古研究所编著　林玉海主编　科学出版社　2015 年 11 月　目录 9 页　文 327 页　插图 189 幅　插表 11 幅　彩版 76 页　16 开

临朐白龙寺遗址发掘报告　山东省文物考古研究所、苏黎世大学东亚美术史系、山东临朐山旺古生物化石博物馆编著　佟佩华、倪克鲁（Lukas Nickel）、李振光主编　文物出版社　2015 年 12 月　序、目录 14 页　文 142 页　插图 82 幅　彩版 67 页　16 开

舞阳贾湖（二）　河南省文物考古研究院、中国科学技术大学科技史与科技考古系编著　科学出版社　2015 年 3 月　序、前言、目录 30 页　文 747 页　插图 245 幅　插表 160 幅　彩版 48 页　图版 92 页　16 开

安阳殷墟戚家庄东商代墓地发掘报告　安阳市文物考古研究所编著　中州古籍出版社　2015 年 11 月　目录 20 页　文 280 页　插图 236 幅　拓片 14 幅　彩版 84 页　图版 58 页　16 开

淅川新四队墓地（南水北调中线工程文物保护项目，河南省考古发掘报告，第十六号）　河南省文物考古研究院、南开大学考古学与博物馆学系编著　刘毅、刘尊志主编　科学出版社　2015 年 3 月　目录 18 页　文 262 页　插图 180 幅　彩版 12 页　图版 32 页　16 开

淇县黄庄墓地Ⅱ区发掘报告（南水北调中线工程文物保护项目，河南省考古发掘报告，第十七号）　河南省文物考古研究院、鹤壁市文物工作队编著　闫建新、牛合兵主编　科学出版社　2015 年 2 月　前言、目录 13 页　文 178 页　插图 134 幅　彩版 76 页　16 开

淇县西杨庄墓地、黄庄墓地Ⅰ区发掘报告（南水北调中线工程文物保护项目，河南省考古发掘报告，第

十八号） 河南省文物考古研究院、鹤壁市文物工作队编著 闫建新、牛合兵主编 科学出版社 2015年3月 目录15页 文156页 插图156幅 彩版92页 16开

卫辉大司马墓地（南水北调中线工程文物保护项目，河南省考古发掘报告，第十九号） 四川大学考古学系编著 白彬、于孟洲主编 科学出版社 2015年8月 目录15页 文252页 插图188幅 插表4幅 彩版109页 16开

荥阳官庄遗址（南水北调中线工程文物保护项目，河南省考古发掘报告，第二十号） 郑州大学历史学院编著 陈朝云主编 科学出版社 2015年5月 前言、目录21页 文206页 插图175幅 彩版8页 图版42页 16开

济源文物钻探报告集 济源市文物工作队编著 许召东、陈良军主编 中州古籍出版社 2015年7月 339页 插图86幅 16开

三门峡文物考古勘探报告集 三门峡文物考古勘探公司编 王宏民主编 中州古籍出版社 2015年4月 150页 插图44幅 16开

郑州汉墓 河南省文物考古研究院编著 大象出版社 2015年10月 目录15页 文334页 插图214幅 彩版30页 图版142页 16开

南乐汉墓 王国平、张文彦、史国强、李小彬编著 中州古籍出版社 2015年10月 目录6页 文94页 插图27幅 彩版32页 16开

天门龙嘴 湖北省文物考古研究所、天门市博物馆编著 孟华平主编 科学出版社 2015年12月 目录17页 文350页 插图326幅 彩版19页 图版76页 16开

湖北史前城址 湖北省文物考古研究所编 孟华平、向其芳主编 科学出版社 2015年12月 文412页 插图277幅 彩版52页 图版28页 16开

湖北南水北调工程考古报告集（第六卷）（南水北调中线一期工程文物保护项目，湖北省考古发掘报告集，第六号） 湖北省文物局等编 黎朝斌主编 科学出版社 2015年2月 文389页 插图351幅 插表15幅 彩版36页 16开

武当山柳树沟墓群（南水北调中线一期工程文物保护项目，湖北省考古发掘报告，第五号） 山西省考古研究所编著 王晓毅主编 科学出版社 2015年6月 目录16页 文251页 插图231幅 彩版26页 图版26页 16开

湘阴青山：新石器时代遗址发掘报告 湖南省文物考古研究所编著 科学出版社 2015年12月 目录17页 文325页 插图246幅 插表10幅 彩版48页 图版88页 16开

沅陵窑头发掘报告：战国至汉代城址及墓葬 湖南省文物考古研究所编著 文物出版社 2015年1月 全2册 目录44页 文626页 插图571幅 彩版44页 图版146页 16开

宣汉罗家坝 四川省文物考古研究院、达州市文物管理所、宣汉县文物管理所编著 文物出版社 2015年6月 目录18页 文379页 插图312幅 彩版152页 16开

嘉陵江下游考古报告集（重庆文物考古报告系列） 重庆市文化遗产研究院、重庆文化遗产保护中心编著 邹后曦主编 科学出版社 2015年6月 文582页 插图471幅 彩版64页 16开

成都考古发现（2013） 成都文物考古研究所编著 科学出版社 2015年12月 文646页 插图558幅 插表38幅 彩版24页 16开

绵阳崖墓 绵阳市博物馆、成都文物考古研究所编著 王毅、王锡鉴主编 文物出版社 2015年12月 目录13页 文449页 插图395幅 彩版58页 16开

凤翔孙家南头：周秦墓葬与西汉仓储建筑遗址发掘报告（陕西省考古研究院田野考古报告，第七十三号，秦雍城遗址系列考古发掘报告之二） 陕西省考古研究院、宝鸡市考古研究所、凤翔县博物馆编著 科学出版社 2015年6月 目录17页 文389页 插图287幅 插表7幅 彩版100页 16开

青龙寺与西明寺（中国田野考古报告集，考古学专刊，丁种第九十一号） 中国社会科学院考古研究所编著 文物出版社 2015年12月 目录14页 文223页 插图104幅 插表32幅 图版、彩版

99 页　16 开

唐顺陵（陕西省考古研究院田野考古报告，第七十二号）　陕西省考古研究院、顺陵文物管理所编著　文物出版社　2015 年 12 月　目录 16 页　文、彩版 242 页　插图 131 幅　彩版 216 幅　16 开

富平银沟遗址调查与勘探（2012～2013）　陕西省文物勘探有限公司编　文物出版社　2015 年 4 月　文 203 页　插图 16 幅　彩版 105 页　16 开

新疆昌吉回族自治州考古调查与发掘（新疆文物考古研究所丛刊之四）　新疆文物考古研究所编著　文物出版社　2015 年 1 月　目录 4 页　文 218 页　插图 292 幅　表 10 幅　彩版 87 页　16 开

高昌故城及其周边地区的考古工作报告：1902～1903 年冬季（新疆文物考古研究所丛刊之六）　［德］阿尔伯特·格伦威德尔（Albert Grunwedel）著　管平译　新疆文物考古研究所、吐鲁番学研究院编著　文物出版社　2015 年 10 月　文 248 页　插图 224 幅　图版 32 页　16 开　译自 *Bericht ueber Archaeologische Arbeiten in Idikutschari und Umgebung im Winter 1902－1903*，1905

柬埔寨吴哥古迹茶胶寺考古报告　中国文化遗产研究院、中国政府援助吴哥古迹保护工作队、柬埔寨吴哥古迹保护与发展管理局、柬埔寨金边皇家艺术大学编著　文物出版社　2015 年 6 月　目录 18 页　文 439 页　插图 459 幅　16 开

蒙古国后杭爱省浩腾特苏木胡拉哈一号墓园发掘报告（蒙古国境内古代游牧民族文化遗存考古调查、勘探、发掘研究合作项目成果之三）（中文版）　中国内蒙古自治区文物考古研究所、蒙古国游牧文化研究国际学院、蒙古国国家博物馆编　塔拉、陈永志、宋国栋、岳够明、阿·奥其尔、策·奥德巴特尔、勒·额尔敦宝力道、巴·昂哈巴维尔著　文物出版社　2015 年 8 月　目录 15 页　文 151 页　插图 87 幅　彩版 89 页　16 开　附蒙文版 *Хулхийн Амны Дервелжингийн Малтлага Судалгаа*

补　遗

山西朔县秦汉墓发掘简报（马邑文化系列丛书）　平朔考古队（信立祥、雷云贵、屈盛瑞）编著　三晋出版社　2014 年 12 月　126 页　插图 100 幅　32 开

五华狮雄山　广东省文物考古研究所（尚杰）编著　科学出版社　2014 年 8 月　文 227 页　插图 177 幅　彩版 64 页　16 开

政和六蛙隋唐墓　福建博物院编著　海峡书局　2014 年 5 月　文 325 页　图版 48 页　16 开

二　出土文物图录

2014 中国重要考古发现　国家文物局主编　文物出版社　2015 年 4 月　165 页　彩版 283 幅　16 开

中国古代都城文物展　汉城百济博物馆　2015 年 9 月　303 页　插图 15 幅　彩版 151 幅　16 开

上海出土文物精品选（文化上海·典藏）　上海市文化广播影视管理局、上海市文物局编　上海古籍出版社　2015 年 6 月　315 页　彩版 272 幅　8 开

贵州基建考古重要发现（2003～2013）　贵州省文物考古研究所编著　周必素主编　科学出版社　2015 年 11 月　272 页　彩版 464 幅　16 开

新萃——大发展，大发现："十一五"以来安徽建设工程考古成果展　安徽省文物考古研究所编著　文物出版社　2015 年 11 月　206 页　彩版 297 幅　16 开

武夷山古窑址　中国国家博物馆水下考古研究中心、福建博物院文物考古研究所、武夷山市博物馆编著　羊泽林、赵嘉斌主编　科学出版社　2015 年 7 月　目录 10 页　文 288 页　插图 105 幅　插表 27 幅　16 开

考古宜宾五千年：向家坝库区（四川）出土文物选粹　四川省文物考古研究院、宜宾市博物院编著　周科华、罗培红主编　文物出版社　2015 年 8 月　278 页　彩版 422 幅　16 开

东江遗珍：深圳东莞惠州汕尾河源出土文物联展图录　深圳博物馆、东莞市博物馆、惠州市博物馆、海丰县博物馆、河源市博物馆编　文物出版社　2015 年 5 月　167 页　插图 34 幅　彩版 140 幅　16 开

中国国家博物馆水下考古成果（中国国家博物馆展览系列丛书）　吕章申主编　安徽美术出版社　2015

年3月 408页 插图133幅 彩版208幅 图版、照片103幅 16开

渔山遗珠：宁波象山“小白礁一号”出水文物精品图录 宁波市文物考古研究所、象山县文物管理委员会办公室、国家文物局水下文化遗产保护中心编著 王结华、林国聪主编 宁波出版社 2015年10月 175页 彩版89幅 16开

叁 考古学分论

一 人类起源与旧石器时代

探秘远古人类（青少年科学素养文库） 吴新智、徐欣著 外语教学与研究出版社 2015年5月 172页 插图142幅 32开

远古人类：我们是猿人后裔吗（名家科学眼） 陈淳编著 上海科学普及出版社 2015年7月 121页 插图127幅 16开

地球的主人：探寻人类的起源（跨学科社会科学译丛） ［美］伊恩·塔特索尔（Ian Tattersall）著 贾拥民译 浙江大学出版社 2015年9月 303页 插图30幅 16开 译自 *Master of the Planet, the Search for Our Human Origins*, 2012

剑川象鼻洞旧石器遗址研究 大理白族自治州文物管理所、云南省文物考古研究所、剑川县文物管理所编 王峥嵘、刘旭主编 文物出版社 2015年6月 目录8页 文199页 插图30幅 插表17幅 彩版63页 16开

沈阳地区旧石器考古发现与研究 沈阳市文物考古研究所、吉林大学边疆考古研究中心编著 姜万里主编 科学出版社 2015年11月 177页 插图162幅 插表3幅 16开

辽东半岛古人类与文化 陈忠俊编著 沈阳出版社 2015年5月 196页 插图246幅 32开

二 新石器时代

破译史前人类的技术与行为：石制品分析 ［美］乔治·奥德尔（George H. Odell）著 关莹、陈虹译 生活·读书·新知三联书店 2015年3月 327页 插图77幅 插表6幅 32开 译自 *Lithic Analysis*, 2004

走出黑暗：人类史前史探秘（百科通识文库） ［美］克里斯·戈斯登（Chris Gosden）著 陈炳辉、陈星灿译 外语教学与研究出版社 2015年9月 170页 插图19幅 32开 译自 *Prehistory, a very Short Introduction*, 2003

中国古代物质文化史：史前 张星德、戴成萍著 开明出版社 2015年3月 351页 插图88幅 16开

社会权力的起源：中国史前葬仪中的社会与观念 张弛著 文物出版社 2015年1月 文328页 插图91幅 彩版30页 16开

聚落演变与早期文明 北京大学中国考古学研究中心编 文物出版社 2015年5月 631页 插图304幅 插表37幅 16开

史前研究（2013）：纪念半坡遗址发现六十周年暨石兴邦先生九十华诞国际学术研讨会论文集 西安半坡博物馆编 西北大学出版社 2015年6月 文556页 插图113幅 照片4页 16开

小屯、龙山与仰韶（中华现代学术名著丛书） 梁思永著 商务印书馆 2015年12月 270页 插图108幅 插表23幅 32开

巩启明史前考古文集（陕西省考古研究院专家学术研究丛书） 巩启明著 文物出版社 2015年7月 文474页 插图105幅 插表26幅 照片20页 16开

早期中国：中国文化圈的形成和发展 韩建业著 上海古籍出版社 2015年4月 282页 插图72幅 16开

中原与北方之间的文化走廊：太行山东麓地区先秦文化的演进格局 张渭莲、段宏振著 文物出版社 2015年12月 目录14页 文431页 插图167幅 插表37幅 彩版8页 16开

东夷华彩：大汶口文化、龙山文化特展 良渚博物院、山东博物馆编 马东峰、郭思克主编 浙江摄影出版社 2015年5月 125页 插图16幅 彩版187幅 16开

大河上下：黄河流域史前陶器展 山东博物馆编 郭思克主编 文物出版社 2015年12月 208页 彩版207幅 16开

禾兴之源：史前时期的嘉兴 嘉兴博物馆编 葛金根主编 浙江摄影出版社 2015年 162页 彩版 16开

权力与信仰：良渚遗址群考古特展 浙江省文物考古研究所、北京大学考古文博学院、北京大学中国考古学研究中心、良渚博物院、杭州市余杭博物馆编著 秦岭、马东峰、陆文宝、方向明主编 文物出版社 2015年4月 434页 插图98幅 彩版141幅（组） 16开

良渚文化刻划符号 良渚博物院编著 张炳火、蒋卫东、马东峰主编 上海人民出版社 2015年4月 815页 彩版573组 16开

长江中游地区新石器时代的人地关系研究 王红星著 长江文明馆编 长江出版社 2015年9月 263页 插图35幅 插表11幅 彩版24组 16开

神秘的高岗：城头山遗址解读 刘勇、罗宏武主编 湖南人民出版社 2015年3月 180页 插图109幅 16开

红山文化研究（第一辑） 内蒙古红山文化学会、赤峰学院红山文化研究院编 于建设、滕海键主编 吉林出版集团 2015年7月 140页 插图57幅 16开

红山文化研究（第二辑） 内蒙古红山文化学会、赤峰学院红山文化研究院编 于建设、滕海键主编 吉林出版集团 2015年7月 259页 插图99幅 16开

第九届红山文化高峰论坛论文集 赤峰学院红山文化研究院编 于建设、滕海键主编 吉林出版集团 2015年7月 321页 插图227幅 16开

红山文化论著粹编：综合研究卷（红山文化与中华文明研究丛书） 田广林、刘国祥主编 辽宁师范大学出版社 2015年12月 文503页 插图199幅 彩版16页 16开

红山文化论著粹编：玉器研究卷（红山文化与中华文明研究丛书） 田广林、刘国祥主编 辽宁师范大学出版社 2015年12月 文503页 插图416幅 彩版16页 16开

牛河梁红山文化遗址巨型礼仪建筑群综合研究 雷广臻主编 科学出版社 2015年5月 280页 插图94幅 16开

红山文化研究 刘国祥著 科学出版社 2015年12月 全2册 目录25页 文780页 插图513幅 插表42幅 彩版32页 16开

广东先秦考古（岭南文库） 杨式挺、邱立诚、冯孟钦、向安强著 广东人民出版社 2015年3月 847页 插图327幅 16开

岭南新石器时代考古学文化因素观察 何国俊著 长春出版社 2015年6月 224页 插图105幅 16开

西樵山遗址考古研究（西樵历史文化文献丛书） 易西兵主编 广西师范大学出版社 2015年10月 全2册 769页 插图214幅 32开

漳平奇和洞遗址图鉴 福建博物院、福建省龙岩市文化广播电视新闻出版局、福建漳平市文化体育局编著 范雪春主编 科学出版社 2015年4月 196页 彩版242幅 16开

跨喜马拉雅的文化互动：西藏西部史前考古研究（四川大学一流学科建设专项经费资助优秀青年学术著作丛书） 吕红亮著 科学出版社 2015年6月 序、目录14页 文207页 插图46幅 16开

补 遗

第八届红山文化高峰论坛论文集 赤峰学院红山文化研究院编 于建设、滕海键主编 辽宁大学出版社 2014年5月 356页 插图156幅 插表27幅 16开

纪念沈阳新乐遗址发现四十一周年暨沈阳新乐遗址博物馆建馆三十周年学术研讨会论文集　沈阳新乐遗址博物馆编　陆海英主编　东北大学出版社　2014 年 12 月　307 页　插图 116 幅　16 开

三　夏商周时代

夏商周方国文明国际学术研讨会论文集（夏商周文明研究，十一）　王震中、高大伦、肖先进主编　科学出版社　2015 年 9 月　287 页　插图 165 幅　插表 15 幅　16 开

三代考古（六）　中国社会科学院考古研究所夏商周考古研究室编　科学出版社　2015 年 12 月　516 页　插图 202 幅　插表 34 幅　16 开

夏商周文明研究　李学勤著　商务印书馆　2015 年 1 月　450 页　16 开

追迹三代（震旦博雅书系之三）　孙庆伟著　北京大学震旦古代文明研究中心编　上海古籍出版社　2015 年 6 月　577 页　16 开

帝尧之都，中国之源：尧文化暨德廉思想研讨会文集　中共临汾市委宣传部编　中国社会科学出版社　2015 年 12 月　文 313 页　插图 90 幅　彩版 23 页　16 开

偃师二里头文化考古学研究　郭画晓著　中州古籍出版社　2015 年 9 月　183 页　插图 104 幅　32 开

“周边”与“中心”：殷墟时期安阳及安阳以外地区的考古发现与研究（“中央研究院”历史语言研究所会议论文集之十五）　李永迪主编　“中研院”历史语言研究所　2015 年 3 月　352 页　插图 132 幅　16 开

纪念殷墟发掘八十周年学术研讨会论文集（“中央研究院”历史语言研究所会议论文集之十六）　李永迪主编　“中研院”历史语言研究所　2015 年 3 月　439 页　插图 72 幅　16 开

郑州商城遗址考古研究　河南省文物考古研究院编　大象出版社　2015 年 7 月　473 页　插图 55 幅　插表 20 幅　16 开

郑州商城陶器集萃　河南省文物考古研究院编著　杨育彬、贾连敏主编　大象出版社　2015 年 7 月　目录 10 页　文、彩版 451 页　插图 12 幅　彩版 581 幅　16 开

商代盘龙城：武汉城市之根的考古历程　陈贤一著　武汉出版社　2015 年 2 月　259 页　插图 113 幅　16 开

商奄考　齐韶花著　浙江大学出版社　2015 年 5 月　252 页　图版 45 幅　32 开

丰镐地区西周墓葬研究（国家社科基金后期资助项目）　张礼艳著　社会科学文献出版社　2015 年 6 月　414 页　插图 73 幅　插表 46 幅　16 开

琉璃河遗址与燕文化研究论文集：纪念北京建城 3060 年　北京市西周燕都遗址博物馆编　科学出版社　2015 年 6 月　435 页　插图 124 幅　插表 17 幅　16 开

秦晋之好：晋陕出土周代文物精粹　宝鸡青铜器博物院、山西省博物院、山西省考古研究所编　陈亮主编　陕西师范大学出版社　2015 年 4 月　141 页　彩版 127 幅　16 开

霸：迷失千年的古国　成都金沙遗址博物馆、山西博物院、山西省考古研究所编著　王毅、石金鸣、谢尧亭主编　四川人民出版社　2015 年 7 月　205 页　插图 53 幅　彩版 137 幅　16 开

凤舞九天：楚文化特辑（首都博物馆书库，丁种第叁拾壹部）　湖南省博物馆、首都博物馆编　科学出版社　2015 年 1 月　264 页　插图 39 幅　彩版 178 幅　16 开

楚文化研究论集（第十一集）　楚文化研究会编　上海古籍出版社　2015 年 7 月　582 页　插图 165 幅　插表 15 幅　32 开

穆穆曾侯：枣阳郭家庙曾国墓地　长江文明馆、湖北省博物馆、湖北省文物考古研究所、襄阳博物馆编　方勤、吴宏堂主编　文物出版社　2015 年 11 月　214 页　彩版 99 幅　16 开

中山风云：古中山国文物艺术　山西博物院、河北博物院、河北省文物研究所编　山西人民出版社　2015 年 12 月　140 页　彩版 123 幅　16 开

青铜遗韵：无锡阖闾城遗址博物馆文物展示图录　无锡阖闾城遗址博物馆编　南京出版社　2015 年 12 月　211 页　彩版 205 幅　16 开

补 遗

中国光辉的青铜时代（“世界意义的中国发明”丛书） 覃国宁著 贵州民族出版社 2014年7月 288页 插图316幅 16开

三星堆研究（第四辑）：采集卷 三星堆研究院、三星堆博物馆编著 王居中、阙显凤主编 巴蜀书社 2014年12月 文204页 插图173幅 彩版4页 16开

东周王城遗址与东周车马坑研究 洛阳周王城天子驾六博物馆、洛阳市文物考古研究院编 王莉、杜娟主编 中州古籍出版社 2014年12月 全二册 843页 插图970幅 16开

泱泱大国：齐国历史文化展 秦始皇帝陵博物院编 曹玮主编 三秦出版社 2015年7月 181页 彩版135幅 16开

四 秦汉及汉以后各代

秦物质文化通览（陕西省考古研究院研究丛书） 王学理主编 科学出版社 2015年6月 全2册 文845页 插图361幅 彩版16页 16开

秦韵：大堡子山出土文物精粹 国家文物局编 文物出版社 2015年7月 181页 插图42幅 彩版139幅 附图9幅 16开

秦始皇帝陵博物院（第伍辑） 秦始皇帝陵博物院编 侯宁彬主编 陕西师范大学出版社 2015年10月 423页 插图560幅 插表22幅 16开

秦始皇帝陵出土二号青铜车马 秦始皇帝陵博物院编 曹玮主编 文物出版社 2015年3月 447页 彩版、线图543幅 16开

说说秦俑那些事：秦始皇陵兵马俑一号坑第三次发掘记事 许卫红著 三秦出版社 2015年1月 226页 插图189幅 16开

天下一统：大秦帝国文物特展 宝鸡青铜器博物院、嘉兴博物馆编 浙江摄影出版社 2015年2月 159页 彩版158幅 16开

秦汉交通考古 王子今著 中国社会科学出版社 2015年12月 356页 插图96幅 16开

中国汉唐考古学九讲 杨泓著 文物出版社 2015年12月 211页 插图114幅 16开

汉唐中原：河南文物精品展（中华文明系列） 河南博物院编著 田凯主编 科学出版社 2015年6月 229页 插图4幅 彩版172幅 16开

汉代墓葬艺术考述 卜友常著 上海三联书店 2015年6月 288页 插图161幅 插表7幅 32开

西汉长安：丝绸之路起点（丝绸之路中国段文化遗产研究） 肖爱玲著 三秦出版社 2015年12月 312页 插图131幅 16开

考古队长说阳陵（亲历汉陵考古文化丛书） 王学理著 三秦出版社 2015年11月 文241页 插图129幅 彩版10页 16开

汉武盛世：帝国的巩固和对外交流 香港历史博物馆编印 2015年8月 244页 彩版155组 12开

董家庄汉墓 王同海、李晓娟、付万刚著 黄河出版社 2015年7月 182页 插图136幅 32开

大葆台汉墓文物 北京市大葆台西汉墓博物馆编 白岩主编 文物出版社 2015年6月 128页 彩版133幅 照片、示意图10幅 16开

南越国考古学研究（中国社会科学院学部委员专题文集） 黄展岳著 中国社会科学出版社 2015年6月 343页 插图93幅 插表9幅 16开

西汉南越王墓多元文化研究（西汉南越王博物馆研究丛书） 西汉南越王博物馆编 张荣芳、周永卫、吴凌云著 中山大学出版社 2015年11月 167页 插图97幅 16开

闽越王城图集 福建闽越王城博物馆编 丁海祥主编 海峡书局 2015年10月 159页 彩版、图版405幅 16开

古都邺城研究：中世纪东亚都城制度探源（国家社科基金后期资助项目） 牛润珍著 中华书局 2015年5月 467页 插图118幅 16开

安阳北朝陶俑（河南省南水北调工程考古发掘出土文物集萃，三） 河南省文物局编 孔德铭主编 河南大学出版社 2015年10月 彩版259页 16开

汉魏洛阳城：汉魏时代丝绸之路起点（丝绸之路中国段文化遗产研究） 赵振华、孙红飞著 三秦出版社 2015年12月 285页 插图85幅 插表3幅 16开

六朝建康城发掘与研究（随园史学丛书） 王志高著 江苏人民出版社 2015年5月 465页 插图381幅 插表10幅 16开

考古余杭：三国两晋南北朝 中国江南水乡文化博物馆编 陆文宝主编 西泠印社出版社 2015年8月 166页 插图8幅 彩版、摹拓244幅 16开

拼接往昔：贵州魏晋南北朝至明考古（贵州文化遗产丛书之考古系列） 赵小帆著 贵州人民出版社 2015年1月 142页 插图133幅 16开

三峡地区历史时期考古发现与研究（重庆中国三峡博物馆出版书目，甲种第八号） 向渠奎著 重庆出版社 2015年8月 258页 插图173幅 16开

中国古代物质文化史：隋唐五代 沈睿文著 开明出版社 2015年3月 384页 插图398幅 插表24幅 16开

隋唐长安：隋唐时代丝绸之路起点（丝绸之路中国段文化遗产研究） 杜文玉、王丽梅著 三秦出版社 2015年12月 362页 插图110幅 16开

隋唐洛阳：隋唐时代丝绸之路起点（丝绸之路中国段文化遗产研究） 毛阳光著 三秦出版社 2015年12月 214页 插图62幅 16开

皇后的天堂：唐敬陵贞顺皇后石椁研究 陕西历史博物馆编 程旭主编 文物出版社 2015年3月 259页 插图299幅 16开

丝绸之路鼎盛时期的唐代帝陵（丝绸之路中国段文化遗产研究） 刘向阳、王效峰、李阿能著 三秦出版社 2015年12月 427页 插图177幅 16开

信仰·生活：唐宋转换时期的苏州 苏州博物馆编 陈瑞近主编 译林出版社 2015年10月 138页 16开

南方地区宋代墓葬研究（国家社科基金后期资助项目） 吴敬著 社会科学文献出版社 2015年7月 275页 插图87幅 插表37幅 16开

发现契丹：辽代文物精华展（天津博物馆展览系列图集） 天津博物馆编 钱玲、白黎璠主编 故宫出版社 2015年10月 171页 彩版129幅 16开

辽金历史与考古（第六辑） 辽宁省博物馆、辽宁省辽金契丹女真史研究会编 辽宁教育出版社 2015年12月 文400页 插图49幅 彩版8页 16开

志丹苑：上海元代水闸遗址研究文集 上海博物馆编著 宋建主编 科学出版社 2015年1月 197页 插图205幅 16开

洞藏锦绣六百年：河北隆化鸽子洞洞藏元代文物 隆化民族博物馆编著 文物出版社 2015年1月 226页 插图31幅 插表8幅 彩版61组 16开

天骄风采：成吉思汗与蒙古人 良渚博物院、内蒙古博物院编 马东峰、塔拉主编 浙江摄影出版社 2015年9月 161页 彩版163幅 16开

补 遗

耕播集 刘占成著 西北大学出版社 2013年12月 538页 插图190幅 插表21幅 16开

龙卧南阳：南阳汉代文物展 西汉南越王博物馆、南阳市汉画馆、南阳市文物考古研究所编 吴凌云、凌皆兵、刘新主编 岭南美术出版社 2014年11月 189页 插图71幅 彩版112幅 16开

闽越王城文集 福建闽越王城博物馆编 丁海祥主编 海峡书局 2014年8月 350页 插图250幅 彩版14幅 16开

汉魏洛阳故城研究文献目录索引 王莉萍、桑永夫著 中州古籍出版社 2014年9月 284页 16开

肆　考古学专论

一　甲骨卜辞　附：古文字研究

甲骨学通论（修订本）（当代中国学者代表作文库）　王宇信著　中国社会科学出版社　2015年8月　574页　例图117幅　16开

甲骨文与殷商史（新五辑）　宋镇豪主编　上海古籍出版社　2015年12月　329页　插图124幅　插表27幅　16开

殷虚书契五种　罗振玉、罗福颐类次　中华书局　2015年3月　影印本　全3册　1586页　16开　子目：殷虚书契前编、殷虚书契菁华、殷虚书契后编、殷虚书契续编、殷虚书契四编

古代研究的史料问题·五十年甲骨文发现的总结·五十年甲骨论著目·殷墟发掘（复旦百年经典文库）　胡厚宣著　胡振宇编　复旦大学出版社　2015年8月　488页　16开

西方传教士与中国甲骨学（西南大学历史文化学院、民族学院学术丛书）　邹芙都、樊森著　科学出版社　2015年2月　325页　插图53幅　插表28幅　附图6幅　16开

殷墟甲骨拾遗　宋镇豪、焦智勤、孙亚冰编著　中国社会科学出版社　2015年1月　442页　彩版、拓本、摹本647号　16开

卡内基博物馆所藏甲骨研究　周忠兵著　上海人民出版社　2015年8月　全2册　717页　彩版609幅　摹本406幅　16开

商代水利研究（国家社科基金后期资助项目）　张兴照著　中国社会科学出版社　2015年5月　277页　插图142幅　插表6幅　16开

出土文献与古文字研究（第六辑）：复旦大学出土文献与古文字研究中心成立十周年纪念文集　复旦大学出土文献与古文字研究中心编　刘钊三编　上海古籍出版社　2015年2月　全2册　831页　16开

文字与解释：学术交流会论文集　延世大学人文学研究院、复旦大学出土文献与古文字研究中心编　中西书局　2015年1月　204页　插图68幅　16开

唐兰全集　唐兰著　刘雨等整理　上海古籍出版社　2015年11月　全12册　文6077页　照片12页　16开　卷目：一～四、论文集，五、古文字学导论，六、殷虚文字记、天壤阁甲骨文存并考释、中国文字学，七、西周青铜器铭文分代史徵，八、甲骨文自然分类简编稿本，九～一一、遗稿，一二、书信、诗词、附录

裘锡圭卷（中西学术名篇精读）　裘锡圭著　黄天树、沈培、陈剑、郭永秉读解　中西书局　2015年6月　340页　32开

古文字与古代史（第四辑）：纪念董作宾逝世五十周年（“中央研究院”历史语言研究所会议论文集之十四）　李宗焜主编　“中研院”历史语言研究所　2015年2月　585页　插图147幅　16开

古文字论坛（第一辑）：曾宪通教授八十庆寿专号　陈伟武主编　中山大学出版社　2015年1月　文442页　照片8页　16开

中国文字（新四十一期）　《中国文字》编辑委员会编　艺文印书馆　2015年7月　250页　16开

古文字学　黄德宽著　上海古籍出版社　2015年2月　488页　16开

秦文字编　王辉主编　杨宗兵、彭文、蒋文孝编著　中华书局　2015年4月　全4册　2311页　16开

秦汉文字的整理与研究　黄文杰著　社会科学文献出版社　2015年12月　465页　16开

古文字与古文献论集续编（出土文献与古文字研究丛书）　郭永秉著　上海古籍出版社　2015年8月　455页　16开

释古疑今：甲骨文金文陶文简文存疑论丛　朱岐祥著　里仁书局　2015年4月　418页　16开

新出齐陶文图录　徐在国编著　学苑出版社　2015年1月　全8册　1656页　16开

亳州曹操宗族墓字砖图录文释　李灿编著　中华书局　2015年12月　全2册　631页　16开

二 青铜器及铭文

中国古代青铜器整理与研究：青铜豆卷 张翀著 科学出版社 2015年12月 序、目录22页 文189页 插图157幅 16开

中国古代青铜器整理与研究：青铜卣卷 马军霞著 科学出版社 2015年12月 序、目录22页 文245页 插图132幅 插表6幅 附表7幅 16开

中国古代青铜器整理与研究：青铜斝卷 吴伟著 科学出版社 2015年12月 序、目录20页 文275页 插图39幅 16开

中国古代青铜器整理与研究：青铜盘卷 张婷、刘斌著 科学出版社 2015年12月 序、目录12页 文166页 插图202幅 16开

中国古代青铜器整理与研究：戴家湾卷 任雪莉著 科学出版社 2015年12月 序、目录16页 文227页 插图56幅 插表10幅 16开

中国青铜器论著索引 王晓丽、杨远新主编 西北工业大学出版社 2015年12月 467页 16开

赫赫宗周：陕西青铜文明巡礼 曹玮主编 曹玮、张懋镕、张天恩、陈亮、华经纬编著 三秦出版社 2015年11月 全2册 376页 彩版236幅 8开

凤鸣岐山：周原青铜器艺术 山西博物院、宝鸡青铜器博物院编 山西人民出版社 2015年4月 160页 插图19幅 彩版117幅 16开

宝鸡六章：青铜器之乡的考古学叙述（博物新知丛书） 上海博物馆编 北京大学出版社 2015年5月 155页 插图47幅 彩版27幅 32开

宝鸡戴家湾与石鼓山出土商周青铜器 陈昭容主编 “中研院”历史语言研究所、陕西省考古研究院 2015年12月 606页 插图129幅 彩版176组 墨迹22幅 8开

酌彼金罍：皿方罍与湖南出土青铜器精粹 湖南省博物馆、上海博物馆编 陈建明、杨志刚、周亚、马今洪主编 上海书画出版社 2015年11月 147页 插图22幅 彩版11组 16开

吉金耀采：院藏历代铜器 游国庆主编 台北故宫博物院 2015年1月 200页 彩版193幅 16开

白金汉所藏中国铜器图录 ［美］查尔斯·法本斯·凯莱（Charles Fabens Kelley）、陈梦家著 田率译 金城出版社 2015年1月 334页 图版84幅 16开 译自 *Chinese Bronzes from the Buckingham Collection*

泉屋透赏：泉屋博古馆青铜器透射扫描解析 日本泉屋博古馆、日本九州国立博物馆编 黄荣光译 科学出版社 2015年2月 466页 图版122组 彩版24页 16开

容庚青铜器学 陈英杰主编 学苑出版社 2015年10月 784页 插图203幅 16开

夏商西周中原的北方系青铜器研究（国家社科基金后期资助项目） 韩金秋著 上海古籍出版社 2015年5月 190页 插图94幅 16开

透物见人：夏商周青铜器的装饰艺术研究 杨远著 科学出版社 2015年5月 250页 插图71幅 插表6幅 16开

中国北方晚期鍑研究（吉林大学边疆考古研究中心系列学术著作） 潘玲著 科学出版社 2015年6月 文152页 插图74幅 插表5幅 彩版14页 16开

北方草原文化青铜器研究辑要 王晓丽主编 吉林人民出版社 2015年3月 304页 16开

楚国青铜礼器制度研究（“人群·国家·社会研究”书系） 张闻捷著 厦门大学出版社 2015年6月 406页 插图99幅 16开

巴式青铜器的发现与研究（长江三峡工程文物保护项目报告，戊种第十一号） 朱世学著 科学出版社 2015年3月 文517页 插图177幅 彩版4页 16开

齐国故城遗址博物馆馆藏青铜器精品 齐国故城遗址博物馆编 韩伟东主编 文物出版社 2015年11月 207页 彩版147幅 16开

汉代刻纹铜器考古研究（浙江大学艺术史丛书） 吴小平、蒋璐著 浙江大学出版社 2015年7月

135 页　插图 76 幅　插表 14 幅　16 开

青铜长歌（华夏文明之源·历史文化丛书）　刘学堂著　甘肃人民出版社　2015 年 10 月　175 页　插图 81 幅　16 开

古文字与青铜文明论集（学术故宫）　杜廼松著　故宫出版社　2015 年 5 月　670 页　插图 157 幅　16 开

滇国铜魂：云南李家山古滇文物集萃　云南李家山青铜器博物馆编　周瑜、陈玲主编　云南人民出版社　2015 年 6 月　171 页　插图 26 幅　彩版 132 幅（组）　16 开

金文四要素铭文考释与研究（中国语言文字研究辑刊）　叶正渤著　花木兰文化出版社　2015 年 3 月　全 2 册　307 页　16 开

殷周金文族徽研究（北京大学震旦古代文明研究中心学术丛书之三十二）　王长丰著　上海古籍出版社　2015 年 8 月　全 2 册　651 页　插图 28 幅　16 开

三　简牍、帛书、文书写本

出土文献（第六辑）　清华大学出土文献研究与保护中心编　李学勤主编　中西书局　2015 年 4 月　319 页　插图 91 幅　插表 30 幅　16 开

出土文献（第七辑）　清华大学出土文献研究与保护中心编　李学勤主编　中西书局　2015 年 10 月　331 页　插图 27 幅　16 开

出土文献研究（第十四辑）："秦简牍研究国际学术研讨会"特辑　中国文化遗产研究院编　刘绍刚主编　中西书局　2015 年 12 月　文 265 页　图版 6 页　16 开

出土文献综合研究集刊（第二辑）　西南大学出土文献综合研究中心、西南大学汉语言文献研究所编　李发主编　巴蜀书社　2015 年 10 月　398 页　16 开

出土文献与古书成书问题研究："古史史料学研究的新视野研讨会"论文集（中国国家起源研究的理论与方法丛书）　谢维扬、赵争主编　中西书局　2015 年 11 月　384 页　16 开

简帛研究（2015 春夏卷）　中国社会科学院简帛研究中心、中国社会科学院历史所战国秦汉室出土文献与中国古代文明研究协同创新中心主办　杨振红、邬文玲主编　广西师范大学出版社　2015 年 10 月　323 页　插图 15 幅　插表 14 幅　16 开

简帛研究（2015 秋冬卷）　中国社会科学院简帛研究中心、中国社会科学院历史所战国秦汉室主办　杨振红、邬文玲主编　广西师范大学出版社　2015 年 6 月　334 页　插图 43 幅　16 开

简帛（第十辑）　武汉大学简帛研究中心主办　陈伟主编　上海古籍出版社　2015 年 5 月　296 页　插图 18 幅　16 开

简帛（第十一辑）　武汉大学简帛研究中心主办　陈伟主编　上海古籍出版社　2015 年 11 月　281 页　插图 16 幅　16 开

简帛文献与古代史：第二届出土文献青年学者国际论坛论文集　复旦大学历史学系、复旦大学出土文献与古文字研究中心编　中西书局　2015 年 4 月　255 页　插图 4 幅　16 开

中国简牍知识辞典　刘俊坡编著　二十一世纪出版社　2015 年 9 月　目录 36 页　文 378 页　16 开

清华大学藏战国竹简（伍）　清华大学出土文献研究与保护中心编　李学勤主编　中西书局　2015 年 4 月　全 2 册　248 页　6 开

清华简研究（第二辑）："清华简与《诗经》研究"国际学术研讨会论文集　清华大学出土文献研究与保护中心编　李学勤、陈致主编　中西书局　2015 年 8 月　307 页　16 开

古文字与古史考：清华简整理研究（清华简《系年》与古史新探研究书系）　李守奎著　中西书局　2015 年 10 月　381 页　插图 25 幅　32 开

清华简《系年》文字考释与构形研究（清华简《系年》与古史新探研究书系）　李守奎著　中西书局　2015 年 10 月　402 页　32 开

清华简《系年》集释（清华简《系年》与古史新探研究书系）　李松儒著　中西书局　2015 年 10 月

376 页 32 开

清华简《系年》辑证（清华简《系年》与古史新探研究书系） 马楠著 中西书局 2015 年 10 月 482 页 32 开

战国竹书形制及相关问题研究：以清华大学藏战国竹简为中心（清华简《系年》与古史新探研究丛书） 贾连翔著 中西书局 2015 年 10 月 290 页 插图 179 幅 32 开

北京大学藏西汉竹书（壹） 北京大学出土文献研究所编 朱凤瀚编 上海古籍出版社 2015 年 9 月 180 页 8 开

北京大学藏西汉竹书（叁） 北京大学出土文献研究所编 韩巍、阎步克、赵化成、朱凤瀚、陈侃理编撰 上海古籍出版社 2015 年 9 月 全 2 册 302 页 8 开

北京大学藏西汉竹书（肆） 北京大学出土文献研究所编 何晋、邵永海、傅刚编撰 上海古籍出版社 2015 年 10 月 182 页 8 开

肩水金关汉简（肆） 甘肃简牍博物馆、甘肃省文物考古研究所、甘肃省博物馆、中国文化遗产研究院古文献研究室、中国社会科学院简帛研究中心编 中西书局 2015 年 11 月 全 3 册 291 页 149 页 8 开

居延汉简（贰）（“中央研究院”历史语言研究所专刊之一〇九） 简牍整理小组编 “中研院”历史语言研究所 2015 年 12 月 图版、释文、资料表等 294 页 8 开

长沙五一广场东汉简牍选释 长沙市文物考古研究所、清华大学出土文献研究与保护中心、中国文化遗产研究院、湖南大学岳麓书院编 中西书局 2015 年 12 月 337 页 彩版 176 幅 红外图版 176 幅 8 开

长沙走马楼三国吴简·竹简（捌） 长沙简牍博物馆、中国文化遗产研究院、北京大学历史学系、故宫研究院古文献研究室走马楼简牍整理组编著 王素、宋少华、邬文玲主编 文物出版社 2015 年 10 月 全 3 册 909 页 8 开

中国出土简帛文献引得综录：包山楚简卷 刘志基主编 上海人民出版社 2015 年 5 月 目录、前言、凡例 18 页 释文、附录 1249 页 16 开

楚卜筮简文字编蔡丽利编著 学苑出版社 2015 年 10 月 全 6 册 文 2158 页 检字表 43 页 16 开

简帛文献纲要 骈宇骞著 北京大学出版社 2015 年 5 月 472 页 插图 159 幅 16 开

耕耘录：简牍研究丛稿（人民美术名家学术文丛） 李均明著 人民美术出版社 2015 年 8 月 248 页 插图 14 幅 16 开

出土《苍颉篇》研究（武汉大学简帛丛书） 梁静著 科学出版社 2015 年 10 月 102 页 16 开

中国国家图书馆藏西域文书：于阗语卷（一）（梵文贝叶经与佛教文献系列丛书，四） 段晴著 中西书局 2015 年 1 月 170 页 彩版 38 页 16 开

敦煌悬泉置出土文书研究（敦煌与丝绸之路学术文丛） 张俊民著 甘肃教育出版社 2015 年 11 月 508 页 插图 9 幅 插表 8 幅 16 开

武威出土西夏文献研究（西夏文献文物研究丛书） 梁继红著 社会科学文献出版社 2015 年 12 月 353 页 插图 99 幅 16 开

补 遗

北京大学藏西汉竹书（伍） 北京大学出土文献研究所编 陈侃理、陈苏镇、李零编 上海古籍出版社 2014 年 12 月 239 页 8 开

四 古代碑刻、墓志

碑林集刊（第二十辑） 西安碑林博物馆编 赵力光主编 三秦出版社 2015 年 1 月 文 373 页 插图 98 幅 照片 4 页 16 开

碑林集刊（第二十一辑） 西安碑林博物馆编 三秦出版社 2015 年 12 月 文 250 页 插图 96 幅 照片 2 页 16 开

锲而不舍：中国古代石刻研究　赵超著　三晋出版社　2015年8月　364页　16开

秦始皇石刻：早期中国的文本与仪式（早期中国研究丛书）　［美］柯马丁（Martin Kern）著　刘倩译　杨治宜、梅丽校　上海古籍出版社　2015年4月　200页　插图17幅　插表4幅　地图2幅　32开　译自 *Stele Inscriptions of Ch' in Shih-huang: Text and Ritual in Early Chinese Imperial Representation*, 2000

党项西夏碑石整理研究（西夏文献研究丛刊）　杜建录著　上海古籍出版社　2015年12月　347页　插图142幅　16开

《北京石刻艺术博物馆藏石刻拓片编目提要》索引（北京石刻艺术博物馆石刻文化系列丛书之二十一）　北京石刻艺术博物馆编　王丹主编　学苑出版社　2015年1月　250页　图版120幅　16开

燕赵碑刻：先秦秦汉魏晋南北朝卷　詹文宏、李保平、邓子平主编　天津人民出版社　2015年3月　全2册　前言、凡例12页　目录29页　文、拓本975页　拓本428组　16开

山东汉代碑刻研究　刘海宇著　齐鲁书社　2015年1月　479页　插图23幅　32开

菏泽市古石刻调查与研究（菏泽历史文化与中华古代文明研究丛书）　孙明著　科学出版社　2015年7月　474页　插图342幅　16开

连云港石刻调查与研究（江苏省重点文化遗产资源调查报告之一）　连云港市重点文物保护研究所编著　高伟主编　上海古籍出版社　2015年1月　文235页　彩版36页　8开

杭州凤凰寺藏阿拉伯文、波斯文碑铭释读译注（杭州宗教历史文化研究丛书）　莫尔顿（A. H. Morton）释读、英译　周思成校注、中译　乌苏吉（Vosougi）释读校　王一丹（波斯文）校　张帆、吴志坚、党宝海通校　中华书局　2015年5月　文274页　碑拓35幅　图版4页　8开

琬琰流芳：河南博物院藏碑志集粹（河南博物院学术文库）　谭淑琴主编　中州古籍出版社　2015年9月　282页　插图12幅　图版64组　16开

新中国出土墓志：陕西（叁）　故宫博物院、陕西省古籍整理办公室编著　吴敏霞主编　文物出版社　2015年12月　全2册　序、前言12页　目录38页　图版435页　文405页　索引92页　8开

秦晋豫新出墓志蒐佚续编　赵文成、赵君平编　国家图书馆出版社　2015年7月　全5册　1479页　拓本1062幅　8开

洛阳北邙古代家族墓　谢光林编著　中州古籍出版社　2015年8月　全2册　目录33页　文、图版1154页　插图138幅　图版473幅　16开

安阳墓志选编　安阳市文物考古研究所、安阳博物馆编著　孔德铭主编　科学出版社　2015年12月　258页　拓片151幅　8开

昭陵墓志纹饰图案　昭陵博物馆编著　张志攀主编　李浪涛著　文物出版社　2015年12月　318页　插图14幅　拓片78幅　线描76幅　8开

中国佛教石经：山东省（第二卷）　山东省石刻艺术博物馆、德国海德堡科学院编　王永波、温狄娅（Claudia Wenzel）主编　中国美术学院出版社　2015年1月　473页　插图192幅　8开

四川安岳卧佛院石窟刻经研究　邓星亮著　巴蜀书社　2015年6月　347页　32开

《水经注》石刻文献丛考　张鹏飞著　社会科学文献出版社　2015年11月　452页　16开

五　古代玉器

玉成中国：玉石之路与玉兵文化探源　叶舒宪、古方主编　中华书局　2015年4月　317页　16开

汉字与玉石（汉字中国）　张玉金编著　暨南大学出版社　2015年6月　235页　插图165幅　32开

玉泽陇西：齐家文化玉器（中华文明之旅系列）　北京艺术博物馆、甘肃省博物馆、青海省博物馆、宁夏回族自治区博物馆、固原博物馆、中国社会科学院考古研究所、甘肃省文物考古研究所、青海省文物考古研究所、宁夏回族自治区文物考古研究所编著　朱乃诚主编　北京美术摄影出版社　2015年7月　396页　插图392幅　彩版217幅　16开

良渚玉工：良渚玉器工艺源流论集（中国考古艺术研究中心专刊，十七）　浙江省文物考古研究所、香

港中文大学中国考古艺术研究中心编　邓聪、曹锦炎主编　香港中文大学中国考古艺术研究中心　2015 年　223 页　插图 159 幅　彩版 35 幅　16 开

见证文明：红山与中国史前玉文化　塔拉主编　内蒙古人民出版社　2015 年 10 月　287 页　彩版 227 幅　插图 24 幅　8 开

临朐西朱封龙山文化玉器研究（中国古玉研究丛书）　杜金鹏主编　科学出版社　2015 年 6 月　文 254 页　插图 275 幅　插表 13 幅　彩版 20 页　16 开

玉英溯源：安徽历代玉器研究文萃　张宏明、王建军主编　黄山书社　2015 年 5 月　262 页　16 开

楚文化所表现的楚玉特色：以曾侯乙墓玉器为例（古代历史文化研究辑刊，第十三编）　梁兰莒著　花木兰文化出版社　2015 年 3 月　184 页　16 开

玉魂国魄：湖北枣阳九连墩楚墓玉器特展　中华玉文化中心、中华玉文化工作委员会编　万全文、马东峰、唐琳主编　浙江摄影出版社　2015 年 12 月　171 页　彩版、地图、线图 185 幅　16 开

古玉发微　苏州博物馆、苏州文物商店编著　杨震华口述　陈瑞近、张晓颖主编　文物出版社　2015 年 7 月　285 页　插图 44 幅　彩版 100 组　16 开

六　古代货币

钱币学与冶铸史（二）　周卫荣等著　科学出版社　2015 年 6 月　文 383 页　插图 513 幅　插表 24 幅　彩版 8 页　16 开

丝绸之路民族货币研究（敦煌与丝绸之路学术文丛）　俄军主编　甘肃教育出版社　2015 年 10 月　381 页　插图 119 幅　插表 27 幅　16 开

七　玺印、封泥

古玺印探微：战国官玺的文字、历史与构成释例　汪凯著　中国美术学院出版社　2015 年 7 月　175 页　32 开

云南古代官印集释（云南省文物考古研究所学术丛书）　肖明华著　文物出版社　2015 年 3 月　目录 9 页　文 91 页　图版 8 页　附图 173 页　16 开

八　铜镜

鉴影觅韵：铜镜中的文化与故事　张宏明著　绍兴博物馆编　文物出版社　2015 年 4 月　204 页　彩版 90 幅　16 开

九　古代兵器

中国古兵器集成　沈融编著　上海辞书出版社　2015 年 8 月　全 2 册　序、绪言 19 页　词目表 44 页　图版目录 13 页　文、图版、索引 1278 页　彩版 1003 幅　16 开

古兵雕虫：钟少异自选集（六零学人文集）　钟少异著　中西书局　2015 年 6 月　347 页　插图 178 幅　插表 15 幅　16 开

黄河中下游地区商周时期青铜格斗兵器研究（河南博物院学术文库）　石晓霆著　中州古籍出版社　2015 年 9 月　329 页　插图 102 幅　16 开

兵与礼：苏州博物馆新入藏吴王余眛剑研讨会论文集　苏州博物馆编　陈瑞近、程义主编　文物出版社　2015 年 12 月　125 页　插图 25 幅　图版 12 页　16 开

十　瓦当

鲁迅藏拓本全集：瓦当卷　北京鲁迅博物馆编　西泠印社出版社　2015 年 5 月　365 页　8 开

伍　美术考古

一　通论

古代墓葬美术研究（第三辑）　巫鸿、朱青生、郑岩主编　湖南美术出版社　2015年7月　309页　插图327幅　16开

艺术史研究（第十七辑）　中山大学艺术史研究中心编　向群主编　中山大学出版社　2015年12月　文455页　插图269幅　彩版3页　16开

西部美术考古史（西部美术考古丛书）　罗宏才著　上海大学出版社　2015年10月　560页　插图609幅　16开

长安粟特艺术史　单海澜著　三秦出版社　2015年12月　298页　插图113幅　32开

朱鲔石室　山东石刻艺术博物馆编　蒋英炬、杨爱国、蒋群著　文物出版社　2015年1月　136页　插图78幅　图版47幅　16开

图像印记与时代精神：两汉“人虎母题”图像研究　卢昉著　三秦出版社　2015年9月　234页　16开

中国南阳汉画像石大全　凌皆兵、王清建、牛天伟主编　大象出版社　2015年9月　全10册　序、前言、目录92页　拓片2651页　16开

汉画像石与汉代民间丧葬观念（国家社科基金后期资助项目）　黄宛峰著　中国社会科学出版社　2015年8月　288页　插图88幅　16开

汉画像石图像艺术与汉代生死观（浙江省哲学社会科学规划后期资助课题成果文库）　刘茜著　中国社会科学出版社　2015年6月　204页　插图99幅　图版14幅　16开

陕北两汉画像石及墓室保护研究半世纪　李林、李海俏著　陕西人民美术出版社　2015年10月　241页　插图43幅　拓本50幅　16开

行为世范：北魏孝子画像研究（艺术史丛书）　邹清泉著　北京大学出版社　2015年10月　277页　插图83幅　插表15幅　16开

长江三峡汉代图文砖　李应兰、彭川编著　重庆大学出版社　2015年11月　395页　拓图363幅　12开

沂南北寨汉墓画像　山东博物馆编著　郭思克主编　文物出版社　2015年8月　142页　插图25幅　图71幅　8开

佛教艺术经典　阮荣春主编　辽宁美术出版社　2015年5月　全3卷　卷一311页　插图115幅　卷二278页　插图195幅　卷三278页　插图223幅　16开

艺术考古概说　幸晓峰、刘雄峰、沈博主编　电子科技大学出版社　2015年7月　186页　16开

补　遗

石棺密码：合江汉代画像石棺研究　贾雪枫著　四川大学出版社　2014年12月　145页　插图69幅　16开

二　古代雕塑

中国石刻艺术编年史　向以鲜著　东方出版中心　2015年12月　全3册　1331页　16开

故宫雕塑馆　故宫博物院编　胡国强、冯贺军主编　故宫出版社　2015年10月　531页　插图27幅　彩版400幅　16开

中国国家博物馆馆藏文物研究丛书：陶俑卷　中国国家博物馆编　席育英主编　上海古籍出版社　2015年10月　351页　插图62幅　彩版198幅　16开

汉藏瑰宝：杭州飞来峰造像研究（灵隐文丛）　赖天兵著　文物出版社　2015年12月　470页　插图463幅　插表9幅　16开

巴蜀佛教雕刻艺术史　胡文和、胡文成著　巴蜀书社　2015年9月　全3册　文1601页　插图710幅

彩版 264 页　16 开

贞石永固：北京石刻艺术历史文化　王丹主编　北京联合出版公司　2015 年 11 月　206 页　彩版、测绘图、拓片 208 幅　8 开

三　石窟寺

龙门百问　龙门石窟研究院编著　大象出版社　2015 年 4 月　206 页　插图 188 幅　16 开

云冈石窟建筑与佛教雕塑研究（美术理论研究博士文库）　范鸿武著　江苏凤凰美术出版社　2015 年 279 页　16 开

阳泉石窟摩崖造像（盂县三晋文化研究会历史文化丛书）　赵培青编著　三晋出版社　2015 年 10 月 187 页　彩版 194 幅　16 开

药王山摩崖造像考古报告　铜川市考古研究所、西安美术学院中国艺术与考古研究所编　于春、陈晓捷著　三秦出版社　2015 年 11 月　文 161 页　插图 125 幅　彩版 64 页　16 开

沙漠中的美术馆：敦煌莫高窟（华夏文明之源：石窟艺术）　赵晓星著　甘肃人民美术出版社　2015 年 1 月　187 页　插图 200 幅　16 开

飞天花雨下的佛陀微笑（华夏文明之源：敦煌文化）　赵声良著　甘肃教育出版社　2015 年 1 月　183 页　插图 124 幅　16 开

敦煌石窟艺术简史　赵声良著　中国青年出版社　2015 年 8 月　239 页　插图 213 幅　16 开

穿越敦煌：莫高窟旧影　何鸿、何如珍主编　西泠印社出版社　2015 年 5 月　173 页　插图 30 幅　图版 118 幅　8 开

炳灵寺（中国石窟艺术）　甘肃炳灵寺文物保护研究所编　石劲松主编　江苏凤凰美术出版社　2015 年 6 月　191 页　图版、彩版 182 幅　16 开

武山水帘洞木梯寺石窟（丝绸之路石窟艺术丛书）　郑炳林、魏文斌主编　甘肃人民美术出版社　2015 年月　172 页　16 开

龟兹石窟寺　李瑞哲著　中国社会科学出版社　2015 年 12 月　425 页　插图 146 幅　16 开

龟兹石窟保护与研究国际学术研讨会论文集　新疆龟兹研究院编　赵莉主编　科学出版社　2015 年 12 月　文 338 页　插图 264 幅　插表 18 幅　彩版 20 页　16 开

补　遗

莫高窟的守望者（华夏文明之源·历史文化丛书）　赵声良著　甘肃人民出版社　2014 年 12 月　180 页　插图 63 幅　16 开

四　古代建筑

文物建筑（第 8 辑）　河南省文物建筑保护研究院编　科学出版社　2015 年 9 月　175 页　插图 170 幅　插表 14 幅　16 开

长治唐五代建筑新考（长治古建文化系列丛书）　贺大龙著　文物出版社　2015 年 1 月　380 页　插图 141 幅　彩版 60 幅　16 开

长治宋金元墓室建筑艺术研究（长治古建文化系列丛书）　王进先著　文物出版社　2015 年 1 月　234 页　插图 119 幅　彩版 66 幅　16 开

2013 年保国寺大殿建成 1000 周年系列学术研讨会论文合集　浙江省文物考古研究所、宁波市保国寺古建筑博物馆编　科学出版社　2015 年 11 月　文 664 页　插图 524 幅　插表 32 幅　照片 4 页　16 开

大足石刻与古建筑群（中国西南古建筑典例图文史料）　李先逵、郭璇、陈蔚、冷婕编著　重庆大学出版社　2015 年 3 月　275 页　8 开

焦作陶仓楼（焦作文博考古与研究之二）　韩长松著　中州古籍出版社　2015 年 7 月　182 页　插图 44 幅　彩版 92 幅　16 开

补　遗

中国东周木接合技术研究　刘焰、刘松山、吴琳著　长江出版社　2014 年 1 月　230 页　16 开

五　陶瓷与窑址

中国国家博物馆馆藏文物研究丛书：陶器卷　中国国家博物馆编　佟伟华主编　上海古籍出版社　2015 年 12 月　309 页　插图 9 幅　插表 7 幅　彩版 258 幅　16 开

陶瓷手记（三）：陶瓷史的地平线想像　谢明良著　石头出版社　2015 年 12 月　300 页　16 开

东苕溪流域夏商时期原始瓷窑址　浙江省文物考古研究所、湖州市博物馆、德清县博物馆编著　文物出版社　2015 年 11 月　目录 14 页　文 254 页　插图 181 幅　彩版 168 页　16 开

原始瓷起源研究论文集　浙江省文物考古研究所编　沈岳明、郑建明主编　文物出版社　2015 年 4 月　文 254 页　插图 89 幅　插表 49 幅　彩版 17 页　16 开

夏商原始瓷论稿　郑建明著　文物出版社　2015 年 11 月　278 页　插图 237 幅　16 开

故宫博物院藏中国古代窑址标本：浙江　故宫博物院编　冯小琦主编　故宫出版社　2015 年 7 月　全 3 册　1465 页　彩版 1679 组　16 开

官窑瓷器研究（中国古陶瓷研究辑丛）　故宫博物院编　故宫出版社　2015 年 12 月　文 442 页　插图 444 幅　插表 31 幅　彩版 7 页　16 开

青白瓷器研究（中国古陶瓷研究辑丛）　中国古陶瓷学会编　王亚民、王莉英主编　故宫出版社　2015 年 11 月　文 320 页　插图 373 幅　插表 11 幅　彩版 7 页　16 开

扬州出土唐代长沙窑瓷器研究　徐忠文、徐仁雨、周长源著　文物出版社　2015 年 8 月　295 页　插图 21 幅　彩版 296 幅　16 开

景德镇南窑考古发掘与研究：2014 年南窑学术研讨会论文集　江西省文物考古研究所、乐平市博物馆编著　徐长青主编　科学出版社　2015 年 10 月　323 页　插图 636 幅　插表 22 幅　16 开

陶语诉春秋：宝鸡青铜器博物院陶瓷器选粹　宝鸡青铜器博物院编　三秦出版社　2015 年 8 月　199 页　彩版 240 幅　16 开

越洋遗珍：上海博物馆与故宫博物院藏明清贸易瓷珍品集　上海博物馆、故宫博物院编　李仲谋主编　故宫出版社　2015 年 3 月　303 页　插图 60 幅　彩版 109 幅　16 开

故宫博物院、上海博物馆藏明清贸易瓷　上海博物馆编　单霁翔、杨志刚主编　上海书画出版社　2015 年 7 月　386 页　插图 76 幅　彩版 163 幅　8 开

海上瓷路：粤港澳文物大展　浙江省博物馆编　文物出版社　2015 年 7 月　275 页　插图 20 幅　彩版 174 幅　16 开

走向世界的明清陶瓷（文史中国：世界的中国）　袁泉、秦大树著　上海古籍出版社　2015 年 1 月　200 页　插图 170 幅　32 开

中国陶瓷源流及域外传播（丝瓷之路博览）　石云涛著　商务印书馆　2015 年 5 月　188 页　插图 157 幅　32 开

青花瓷的故事：中国瓷的时代　［美］罗伯特·芬雷（Robert Finlay）著　郑明萱译　海南出版社　2015 年 1 月　文 495 页　彩版 24 页　16 开　译自 *The Pilgrim Art: Cultures of Porcelain in World History*

幽蓝神采：2012 上海元青花国际学术研讨会论文集（第一辑）　上海博物馆编　上海古籍出版社　2015 年 11 月　416 页　插图 450 幅　16 开

幽蓝神采：2012 上海元青花国际学术研讨会论文集（第二辑）　上海博物馆编　上海古籍出版社　2015 年 11 月　466 页　插图 578 幅　16 开

明代洪武永乐御窑瓷器：景德镇御窑遗址出土与故宫博物院藏传世瓷器对比　故宫博物院、景德镇市陶瓷考古研究所编　王光尧、江建新主编　故宫出版社　2015 年 5 月　337 页　插图 36 幅　彩版 151 组　12 开

明代宣德御窑瓷器：景德镇御窑遗址出土与故宫博物院藏传世瓷器对比　故宫博物院、景德镇市陶瓷考古研究所编　王光尧、江建新主编　故宫出版社　2015年5月　356页　插图20幅　彩版155组　12开

昆山片玉：中国陶瓷文化巡礼　蔡乃武著　浙江摄影出版社　2015年4月　304页　彩版286幅　16开

中国釉上彩瓷史略　江建新著　文物出版社　2015年9月　88页　插图96幅　16开

影响学视阈下的朝鲜白瓷　金银珍著　同济大学出版社　2015年10月　224页　插图203幅　16开

汝瓷雅集：故宫博物院珍藏及出土汝窑瓷器荟萃　故宫博物院编　吕成龙主编　故宫出版社　2015年9月　309页　插图25幅　彩版118组　12开

中国龙泉窑（中国古瓷窑大系）　北京艺术博物馆编　秦大树主编　中国华侨出版社　2015年9月　467页　插图248幅　彩版257幅　12开

中国潮州窑（中国古瓷窑大系）　北京艺术博物馆编　李炳炎主编　中国华侨出版社　2015年12月　478页　插图65幅　彩版259幅　12开

湖田古窑　景德镇民窑博物馆编著　何俊主编　科学出版社　2015年3月　273页　彩版135幅　16开

明清时期漳州窑（中国海丝文化·漳州篇）　吴其生著　福建人民出版社　2015年2月　157页　插图147幅　16开

补　遗

定州花瓷：院藏定窑系白瓷特展　蔡玫芬撰　（台湾）故宫博物院　2014年1月　303页　16开

六　古代绘画

中国古代物质文化史：绘画·石窟寺壁画（龟兹）　任平山编著　开明出版社　2015年1月　330页　插图276幅　16开

中国古代物质文化史：绘画·寺观壁画（上册）　赵伟著　开明出版社　2015年7月　291页　插图225幅　16开

洛阳两汉彩画　王绣、霍宏伟著　文物出版社　2015年6月　299页　插图400幅　16开

北齐徐显秀墓　武光文著　太原北齐壁画博物馆编　三晋出版社　2015年9月　文209页　插图84幅　彩版16页　16开

山西古代壁画精粹　侯一民、武普敖主编　江苏凤凰美术出版社　2015年4月　299页　彩版218幅　8开

和林格尔汉墓壁画孝子传图摹写图辑录　中国内蒙古自治区文物考古研究所、日本幼学会、中国内蒙古博物院编著　陈永志、黑田彰、傅宁主骗　文物出版社　2015年9月　177页　彩版90幅　8开

肃北岩画　韩积罡主编　甘肃人民美术出版社　2015年12月　267页　彩版307幅　16开

宁夏石嘴山岩画考察报告　宁夏岩画研究中心编　宁夏人民出版社　2015年11月　文225页　图版69页　16开

神化与人格：宁夏人形岩画　杨惠玲著　宁夏人民出版社　2015年12月　215页　插图323幅　16开

补　遗

莱州壁画墓　烟台市博物馆、莱州市博物馆编著　阎勇主编　青岛出版社　2014年10月　203页　插图111幅　彩版118幅　16开

七　古代书法

中国国家博物馆典藏甲骨文金文集粹（全国第11届书法篆刻作品展览·古代书法经典系列）　中国国家博物馆、中国书法家协会编　谢小铨主编　安徽美术出版社　2015年7月　387页　彩版、拓本92组　8开

甲骨文论丛（中国文字博物馆系列丛书）　李学勤、冯克坚主编　中州古籍出版社　2015年10月　336页　16开

中国简帛书法艺术编年与研究　陈松长著　上海书画出版社　2015年7月　文271页　插图214幅　插表99幅　图版339页　16开

战国简帛字迹研究：以上博简为中心（吉林大学中国古文字研究中心、出土文献与中国古代文明研究协同创新中心学术丛刊）　李松儒著　上海古籍出版社　2015年7月　559页　插图77幅　32开

楚简书法探论：清华简《系年》书法与手稿文化（清华简《系年》与古史新探研究丛书）　邢文著　中西书局　2015年10月　270页　插图121幅　32开

古塞奇珍：甘肃古代简牍暨汉简书法　赵莉、王琦主编　甘肃人民美术出版社　2015年8月　258页　8开

中国书法与篆刻：秦封泥研究　西安中国书法艺术博物馆编　庞任隆主编　陕西人民美术出版社　2015年12月　126页　16开

印学研究（第七辑）：印外求印专辑　山东博物馆编　吕金成主编　文物出版社　2015年5月　文270页　彩版12页　32开

西安碑林墓志百种　西安碑林博物馆编　三秦出版社　2015年1月　100页　8开

墨林星凤：旅顺博物馆藏罗振玉藏碑帖选　旅顺博物馆编　王振芬主编　中华书局　2015年9月　167页　图版58组　16开

芝加哥菲尔德博物馆藏秦汉碑拓撷英　张忠炜著　文物出版社　2015年8月　文79页　插图8幅　图版120页　16开

碑帖鉴定要解（寰宇读碑书系）　仲威著　上海书画出版社　2015年8月　582页　插图845幅　16开

山东佛教刻经全集　山东石刻艺术博物馆编　山东美术出版社　2015年5月　全2册　657页　8开

浙南摩崖石刻研究　徐文平著　浙江大学出版社　2015年8月　414页　插图455幅　16开

寻迹石上：甘肃碑刻摩崖文化（华夏文明之源：考古发现）　刘森编著　甘肃人民美术出版社　2015年1月　211页　插图35幅　16开

西域出土晋代墨迹的书法史研究　［日］西川宁著　姚宇亮译　人民美术出版社　2015年3月　344页　插图365幅　附图17幅　32开

八　古代工艺美术

中国北方草原游牧民族工艺美术史（中国北方草原游牧民族艺术史系列丛书）　徐英著　内蒙古人民出版社　2015年6月　492页　插图40幅　16开

中国历代器皿造型　吴山主编　江苏凤凰美术出版社　2015年3月　文、墨线图862页　彩版32页　16开

先秦服饰制度形成研究　吴爱琴著　科学出版社　2015年8月　目录8页　文357页　插图125幅　16开

高句丽服饰研究　郑春颖著　中国社会科学出版社　2015年6月　文461页　插图106幅　附表23幅　彩版5页　16开

新疆古代毛织品研究（国家社科基金后期资助项目）　贾应逸著　上海古籍出版社　2015年6月　目录12页　文322页　插图251幅　16开

仪征出土汉代漆木器　仪征博物馆编著　江苏凤凰美术出版社　2015年11月　215页　16开

补　遗

染缬集　王㐨著　王丹整理　北京燕山出版社　2014年10月　261页　插图54幅　插表12幅　手稿120幅　16开

陆　古代科学技术

多学科交叉视野中的技术史研究：第三届中国技术史论坛论文集　石云里、陈彪主编　中国科学技术大

学出版社 2015年11月 502页 16开

攻金集：孙淑云冶金技术史论文选 孙淑云著 科学出版社 2015年2月 文484页 插图315幅 插表119幅 彩版4页 16开

鼎立三十：看先民铸鼎镕金的科学智慧 屈慧丽、王纪潮主编 （台湾）自然科学博物馆、湖北省博物馆 2015年7月 207页 插图233幅 16开

柒 古代文化生活

中国古代物质文化史：乐器 秦序、李宏锋、曹贞华等编著 开明出版社 2015年1月 398页 插图232幅 插表43幅 16开

考古出土商代乐器研究（东吴博士文库） 王秀萍著 苏州大学出版社 2015年9月 308页 插图49幅 插表45幅 16开

曾侯乙编钟 邹衡、谭维四、冯光生、刘玉堂、黄敬刚主编 金城出版社、西苑出版社 2015年7月 全4册 文703页 插图1390幅 插表52幅 彩版263页 附录107页 8开

东周齐国乐器研究 米永盈著 山东大学出版社 2015年7月 196页 插图71幅 插表43幅 32开

中国古代饮食器具设计考略：10～13世纪（《人民日报》学术文库） 韩荣、张力丽、朱喆著 人民日报出版社 2015年4月 255页 插图193幅 插表25幅 16开

《诗经》中生活习俗的考古学观察 王志芳著 齐鲁书社 2015年9月 379页 插图89幅 32开

梦落华枕：金代瓷枕艺术 西汉南越王墓博物馆、北京辽金城垣博物馆编 王清林、吴凌云主编 北京联合出版公司 2015年9月 全2册 彩版186页 文83页 插图89幅 16开

中国古代体育图录 孙麒麟、毛丽娟、李重申著 甘肃教育出版社 2015年5月 541页 彩版905幅 16开

博·戏：中国古代体育文物展 福建博物院编 译林出版社 2015年10月 211页 彩版215幅 16开

补 遗

金戏砖影：金代山西戏曲砖雕 北京辽金城垣博物馆编 王清林、石金鸣主编 北京燕山出版社 2014年9月 146页 彩版78幅 16开

博·戏：中国古代体育文物 南京博物院、四川博物院、河南博物院、陕西历史博物馆、成都体育学院博物院编 译林出版社 2014年5月 287页 16开

捌 民族考古和边疆地区考古

北方民族考古（第二辑） 中国人民大学北方民族考古研究所、中国人民大学历史学院考古文博系编 魏坚主编 科学出版社 2015年8月 文362页 插图139幅 插表6幅 彩版4页 16开

北方先秦考古研究（吉林大学边疆考古研究中心系列学术文集） 杨建华著 科学出版社 2015年7月 274页 插图106幅 插表21幅 16开

高句丽渤海考古论集（吉林大学边疆考古研究中心系列学术文集） 魏存成著 科学出版社 2015年9月 515页 插图132幅 插表22幅 16开

呼伦贝尔民族文物考古研究（第三辑） 王巍、孟松林主编 科学出版社 2015年1月 455页 插图225幅 插表34幅 16开

呼伦贝尔民族文物考古大系：扎赉诺尔区卷 中国社会科学院考古研究所、中国社会科学院蒙古族源研究中心、内蒙古自治区文物局、内蒙古蒙古族源博物馆、北京大学考古文博学院、呼伦贝尔民族博物馆编 王巍、孟松林主编 文物出版社 2015年2月 255页 彩版286幅 16开

呼伦贝尔民族文物考古大系：新巴尔虎左旗卷 中国社会科学院考古研究所、中国社会科学院蒙古族源

研究中心、内蒙古自治区文物局、内蒙古蒙古族源博物馆、北京大学考古文博学院、呼伦贝尔民族博物馆编　王巍、孟松林主编　文物出版社　2015年2月　275页　彩版306幅　16开

中国北方及蒙古、贝加尔、西伯利亚地区古代文化　内蒙古博物院、内蒙古自治区文物考古研究所编　塔拉、特日根巴彦尔主编　科学出版社　2015年9月　全3册　前言、目录44页　文1397页　插图759幅　插表42幅　彩版12页　16开

吐鲁番学研究：古代钱币与丝绸高峰论坛暨第四届吐鲁番学国际学术研讨会论文集　吐鲁番学研究院、吐鲁番博物馆编　张勇主编　上海古籍出版社　2015年3月　361页　插图192幅　插表33幅　16开

狩猎·游牧·黄金道（中国新疆阿勒泰经典文物系列丛书）　阿勒泰地区文物局、阿勒泰地区博物馆编　乌东军主编　新疆科学技术出版社　2015年1月　382页　插图31幅　彩版496幅　16开

新疆阿勒泰地区考古与历史文集（新疆文物考古研究所丛刊之五）　新疆文物考古研究所编著　文物出版社　2015年12月　文498页　插图469幅　插表23幅　彩版100页　16开

帕米尔文明溯源　巫新华主编　新疆人民出版社　2015年6月　193页　插图159幅　16开

西南酋邦社会与中国早期文明（国家哲学社会科学成果文库）　段渝等著　商务印书馆　2015年4月　319页　插图68幅　插表24幅　16开

一个考古学文化交汇区的发现：凉山考古四十年　凉山彝族自治州博物馆、凉山彝族自治州文物管理所编著　唐亮、刘弘主编　科学出版社　2015年5月　全2册　前言、目录32页　文734页　插图198幅　彩版16页　16开

考古发现与西藏文明史（第一卷）：史前时代（教育部人文社会科学重点研究基地重大项目成果丛书）　霍巍、王煜、吕红亮著　科学出版社　2015年6月　356页　插图99幅　16开

中国西南及东南亚考古译文集　吕红亮编译　四川大学出版社　2015年　192页　16开

中国抚仙湖水下遗址　黄懿陆著　云南人民出版社　2015年7月　文362页　插图117幅　彩版30页　16开

丽江田野考古调查与民族文化研究　和庚源著　云南民族出版社　2015年4月　278页　16开

百越研究（第四辑）：中国百越民族史研究会第十六次年会论文集　中国百越民族史研究会、广东省文物考古研究所、广州市文物考古研究所、中山大学人类学系编　吴春明、蓝达居、何斌主编　厦门大学出版社　2015年12月　600页　插图168幅　插表18幅　16开

考古学视野下的吴文化和越文化　叶文宪著　中国社会科学出版社　2015年4月　487页　插图189幅　插表51幅　16开

寻找消失的基隆：台湾北部和平岛的考古新发现　鲍晓鸥、洪晓纯主编　南天书局　2015年4月　306页　插图139幅　彩版100组　16开

补　遗

穿越横断山脉（2013年）：阿坝藏羌文化走廊考古综合考察（西部考古探险系列）　故宫博物院、四川省文物考古研究院、阿坝藏族羌族自治州文物管理所编著　高大伦、罗文华主编　四川大学出版社　2014年12月　205页　插图40幅　彩版211幅　16开

玖　宗教遗迹与遗物

黑龙江省博物馆藏佛造像　庞学臣主编　文物出版社　2015年1月　239页　彩版256幅　16开

镇江博物馆藏佛教文物　镇江博物馆编著　杨正宏主编　文物出版社　2015年11月　212页　彩版147幅　16开

封灵铃藏：辽代砖石塔研究　谷赟著　辽宁人民出版社　2015年11月　165页　插图45幅　16开

契丹梵韵：朝阳北塔文物精品集　白文煜、刘大志主编　辽宁民族出版社　2015年11月　148页　彩版72幅（组）　16开

灵隐寺两石塔两经幢现状调查与测绘报告　杭州市园林文物局灵隐管理处（杭州花圃）编著　唐宇力主编　文物出版社　2015 年 9 月　294 页　16 开

丝绸之路的宗教文化遗存（丝绸之路中国段文化遗产研究）　陈凌、马健著　三秦出版社　2015 年 12 月　234 页　插图 138 幅　16 开

补　遗

心放俗外：定州静志、静众佛塔地宫文物图录　浙江省博物馆、定州市博物馆编　黎毓馨主编　中国书店　2014 年 11 月　317 页　插图 24 幅　彩版 311 幅　16 开

内蒙古西部地区藏传佛教美术遗迹调查　刘咏梅著　吉林美术出版社　2014 年 12 月　181 页　32 开

拾　历史地理与名胜古迹

悠悠集：考古文物中的战国秦汉史地　后晓荣著　中国书籍出版社　2015 年 3 月　372 页　16 开

昌平考古发现（北京昌平历史文化丛书）　郭京宁、杨广文编著　北京出版社　2015 年　月　219 页　16 开

河北省第三次全国文物普查重要新发现：史前遗址（河北省第三次全国文物普查系列丛书）　毛保中主编　科学出版社　2015 年 12 月　目录 10 页　205 页　彩版 562 幅　16 开

河北省第三次全国文物普查重要新发现：古代遗址及墓葬（河北省第三次全国文物普查系列丛书）　张文瑞主编　科学出版社　2015 年 12 月　304 页　彩版 941 幅　16 开

宁武文物图志　任宁虎、王卓主编　三晋出版社　2015 年 11 月　298 页　16 开

考古济南　钱欢青著　山东文艺出版社　2015 年 1 月　328 页　插图 339 幅　16 开

临淄文物志　临淄市临淄区文物管理局编著　毕国鹏、韩伟东主编　文物出版社　2015 年 7 月　目录 21 页　文 287 页　插图 424 幅　插表 23 幅　16 开

日照文物古迹　日照市文物局编　中国文史出版社　2015 年 8 月　406 页　16 开

华夏文明彩霞：郑州市全国重点文物保护单位掠影（郑州历史文明丛书）　阎铁成主编　科学出版社　2015 年 10 月　263 页　彩版 411 幅　16 开

郑州文庙　郑州市商城遗址保护管理处编　马玉鹏主编　科学出版社　2015 年 1 月　180 页　彩版 171 幅　16 开

黄州文物志　黄州区文化局、黄州区文物局组编　吴仁超主编　华中科技大学出版社　2015 年 4 月　文 140 页　插图 122 幅　彩版 20 页　16 开

安徽省全国重点文物保护单位纵览　安徽省文物局编　何长风主编　安徽美术出版社　2015 年 7 月　493 页　彩版 788 幅　16 开

安徽文物（安徽文化精要丛书）　朱华东主编　安徽文艺出版社　2015 年 8 月　284 页　插图 224 幅　16 开

江苏全国重点文物保护单位　江苏省文物局编　刘谨胜主编　江苏凤凰美术出版社　2015 年 3 月　378 页　插图 1698 幅　16 开

宿城文物　李士禄主编　江苏人民出版社　2015 年 4 月　111 页　16 开

温州古墓葬（温州市第三次全国文物普查成果专题丛书）　温州市第三次全国文物普查领导小组办公室、温州市文物局编　梁岩华主编　浙江古籍出版社　2015 年 8 月　313 页　插图 659 幅　16 开

千年一诺：西安丝绸之路申遗实录　西安市文物局编著　文物出版社　2015 年 12 月　全 2 册　587 页　插图 380 幅　彩版 127 幅　16 开

新疆文化遗产：全国重点文物保护单位　新疆维吾尔自治区文物局编著　梁涛主编　文物出版社　2015 年 9 月　327 页　彩版 586 幅　16 开

吐鲁番的远古记忆（吐鲁番历史丛书）　刘学堂、李文瑛著　新疆人民出版社、新疆科学技术出版社　2015 年 1 月　231 页　16 开

丝绸之路的古城（丝绸之路中国段文化遗产研究，第五卷）　陈凌著　三秦出版社　2015 年 12 月　266 页　插图 120 幅　插表 8 幅　16 开

西藏自治区全国重点文物保护单位简述明镜　西藏自治区文物局编　中国藏学出版社　2015 年 9 月　145 页　插图 93 幅　16 开

文物为成都作证　谭良啸、吴刚主编　成都时代出版社　2015 年 6 月　346 页　插图 162 幅　32 开

涪江遗珠：绵阳可移动文物　绵阳市文物管理局、绵阳博物馆编著　王锡鉴主编　科学出版社　2015 年 7 月　260 页　彩版 195 幅　16 开

酒都瑰宝：宜宾市不可移动文物精粹　宜宾市博物馆编著　罗培红主编　文物出版社　2015 年 5 月　222 页　彩版 283 幅　16 开

元谋人遗址（楚雄名胜丛书）　政协楚雄彝族自治州教科文卫史资料委员会编　文有贤编著　云南人民出版社　2015 年 5 月　文 156 页　彩版 8 页　32 开

陕西省早期长城资源调查报告（陕西省考古研究院田野考古报告，第六十八号）　陕西省考古研究院、西北大学文化遗产学院编著　段清波主编　文物出版社　2015 年 11 月　全 2 册　937 页　插图 993 幅　彩版 339 幅　16 开

陕西省明长城资源调查报告（陕西省考古研究院田野考古报告，第六十五号）　陕西省考古研究院编著　段清波主编　文物出版社　2015 年 12 月　全 4 册　目录 74 页　文、地图、彩版 1546 页　插图 2193 幅　地图 8 幅　彩版 385 幅　16 开

吉林省长城资源调查报告　吉林省文物局编著　文物出版社　2015 年 12 月　目录、序 24 页　文 184 页　插图 184 幅　彩版 98 页　16 开

唐崖土司城址咸　丰县政协文史资料委员会、唐崖土司城遗址管理处编　陈飞主编　湖北人民出版社　2015 年 10 月　195 页　彩版 217 幅　16 开

陕西秦蜀古道遗产　陕西省文物局编著　赵静主编　三秦出版社　2015 年 10 月　全 2 册　文 246 页　线图 114 幅　彩版 243 页　16 开

觅证荔枝道（西部考古探险系列）　四川省文物考古研究院、万源市申遗办编著　四川大学出版社　2015 年 12 月　156 页　插图 213 幅　16 开

南海水下文化遗产（第一辑）　海南省文化广电出版体育厅、三沙市人民政府编　江苏人民出版社　2015 年 3 月　198 页　16 开

补　遗

西辽河上游地区考古地理学研究　孙永刚、崔岩勤、乌兰、李明华著　内蒙古人民出版社　2014 年 12 月　277 页　32 开

拾壹　中外关系与中外文化交流

丝绸之路：起源、传播与交流　赵丰主编　浙江大学出版社　2015 年 9 月　216 页　插图 7 幅　彩版 127 幅　16 开

丝绸之路史前史（新疆文物保护研究丛书，丙种本之二）　［俄］叶莲娜·伊菲莫夫纳·库兹米娜（Elena Efimovna Kuzmina）著　［美］梅维恒（Victor H. Mair）英文编译　李春长译　科学出版社　2015 年 10 月　262 页　插表 10 幅　地图 15 幅　插图 57 幅　16 开　译自 *The Prehistory of the Silk Road*，2008

丝绸之路与古代东西方世界的物质文化交流（丝绸之路中国段文化遗产研究，第三卷）　陈凌、莫阳著　三秦出版社　2015 年 12 月　194 页　插图 134 幅　插表 13 幅　16 开

汉代合浦港考古与海上丝绸之路（广西文物保护与考古研究所学术丛书之八）　熊昭明著　文物出版社　2015 年 12 月　187 页　彩版 146 幅　16 开

海上敦煌：南海Ⅰ号及其他海上文物（海上丝绸之路研究书系）　崔勇、张永强、肖达顺著　广东经济

出版社　2015年9月　文212页　插图228幅　照片4页　16开

拾贰　文物保护、大遗址和文化遗产保护

一　文物修复与保护

中华人民共和国文物保护法（2015最新修正版）　法律出版社　2015年5月　28页　32开

文物保护法律法规汇编　山东省文物局编　山东大学出版社　2015年5月　1136页　16开

馆藏砖石文物病害与图示（GB/T30688—2014）　中国标准出版社　2015年7月　16页　16开

文物保护研究成果集萃：全国第十三届考古与文物保护化学学术研讨会论文集　中国化学会应用化学委员会、考古与文物保护化学科学委员会、中国科学技术大学、安徽博物院编著　安徽科学技术出版社　2015年2月　430页　16开

中国文物保护技术协会第八次学术年会论文集　中国文物保护技术协会、湖北省博物馆编　陆寿麟、李化元主编　科学出版社　2015年8月　379页　插图421幅　插表95幅　16开

文物保存环境基础（西北大学文化遗产研究丛书）　杨璐、黄建华著　科学出版社　2015年5月　204页　插图77幅　插表17幅　16开

预防性文物保护环境监测调控技术　马金香著　科学出版社　2015年9月　305页　插图86幅　插表48幅　16开

文物保护科技专辑Ⅳ：金属、陶瓷、岩土、木器、彩绘（中国文化遗产研究院中央级公益性科研院所基本科研业务费专项成果丛书）　中国文化遗产研究院编　文物出版社　2015年6月　401页　插图214幅　插表177幅　16开

古代青铜器修复技术（河南博物院学术文库）　王琛著　中州古籍出版社　2015年12月　193页　插图74幅　16开

古陶瓷修复　朱伟洁著　中国美术学院出版社　2015年1月　76页　彩版158幅　16开

元代靳德茂墓出土文物科技保护及其相关研究　焦作市博物馆编　郭继宾主编　中州古籍出版社　2015年6月　169页　插图80幅　彩版29组　16开

潼南大佛保护修复工程报告（中国文化遗产研究院·文物保护工程与规划系列）　中国文化遗产研究院编　詹长法主编　文物出版社　2015年6月　文208页　插图298幅　插表47幅　图版24页　16开

大足石刻千手观音造像抢救性保护工程前期研究（大足学研究文库，甲种第二号；中国文化遗产研究院·文物保护工程与规划系列）　大足石刻研究院、中国文化遗产研究院编　刘曙光、黎方银、詹长法主编　文物出版社　2015年6月　全2册　文497页　插图511幅　插表170幅　彩版277页（99组）　折页图60幅　16开

中国古代石灰类材料研究（中国文化遗产研究院·文物保护科技系列）　李黎、赵林毅著　文物出版社　2015年7月　文359页　插图472幅　插表122幅　彩版51页（99幅）　16开

陕西历史博物馆馆藏唐墓壁画病害调查研究　陕西历史博物馆编　杨文宗主编　三秦出版社　2015年5月　290页　16开

南唐二陵濒危彩画抢救修复报告（历史文化遗产保护科学研究系列丛书）　李玉虎编著　科学出版社　2015年9月　160页　插图145幅　插表7幅　16开

西藏罗布林卡壁画保护修复工程报告　李最雄、汪万福、杨韬、马赞峰、陈锦、马宜刚编著　文物出版社　2015年8月　文173页　插图189幅　插表49幅　彩版40页　16开

潮湿环境下考古现场土遗址保护探索性研究　王旭东、郭青林、谌文武、张虎元、孙满利、张明泉、王思敬、周双林、张秉坚著　科学出版社　2015年9月　555页　插图806幅　插表171幅　16开

安岳石窟圆觉洞保护研究　四川省文物局、德国慕尼黑工业大学、成都文物考古研究所编著　王琼主编　科学出版社　2015年2月　234页　插图215幅　插表43幅　附图66幅　16开

广西宁明花山岩画保护研究　王金华、严绍军、李黎著　中国地质大学出版社　2015年8月　216页　插图248幅　插表71幅　16开

山西省艺术博物馆石质文物保护与材料研究　张建华编著　中国建筑工业出版社　2015年12月　239页　插图112幅　附表12幅　附图16幅　16开

苦乐同行：从三峡考古说起（重庆公众考古系列丛书）　张光敏著　重庆市文化遗产研究院编　重庆出版社　2015年5月　212页　插图187幅　16开

补　遗

巧手良医：陕西历史博物馆文物保护修复报告　陕西历史博物馆编　罗文利、成建正主编　世界图书出版公司西安公司　2014年12月　215页　插图511幅　插表25幅　16开

古文化遗址古墓葬科技保护与研究（南京博物院文物保护科技丛书）　南京博物院编　万俐主编　江苏凤凰美术出版社　2014年12月　364页　插图355幅　插表189幅　16开

二　大遗址保护

中国文物古迹保护准则（2015年修订）　国际古迹遗址理事会中国国家委员会制定　中华人民共和国国家文物局推荐　文物出版社　2015年10月　115页　插图37幅　16开

文物工作研究：聚焦2012　刘曙光、柴晓明主编　文物出版社　2015年6月　284页　插图28幅　插表18幅　16开

大遗址保护与区域经济发展：以大明宫为例　朱海霞、权东计等著　科学出版社　2015年1月　267页　插图177幅　插表56幅　16开

大遗址保护与区域发展的协同：基于《汉长安城遗址保护总体规划》的探索（长安大学城乡规划专业创办35周年系列丛书）　陈稳亮著　西北大学出版社　2015年6月　156页　插图39幅　表18幅　16开

大型考古遗址保护（新视野·文化遗产保护论丛，第一辑）　单霁翔著　天津大学出版社　2015年6月　256页　插图65幅　32开

国家考古遗址公园实用手册（中国文化遗产研究院·文物保护工程与规划系列）　中国文化遗产研究院编　安磊编著　文物出版社　2015年6月　311页　16开

考古遗址公园建设与文化民生研究（无锡市文化遗产保护和考古研究所科研成果，三）　刘宝山著　科学出版社　2015年6月　170页　插图26幅　插表5幅　16开

扬州城国家考古遗址公园：唐子城·宋宝城城垣及护城河保护展示总则（国家重要文化遗产地保护规划档案丛书）　王学荣、武廷海、王刃馀著　中国建筑工业出版社　2015年12月　150页　横8开

唐崖土司城遗址复原研究　王炎松、段亚鹏、袁铮著　中国建筑工业出版社　2015年6月　130页　插图16幅　插表18幅　附图30幅　16开

三　文化遗产保护

中国文化遗产研究院（2005～2015）　中国文化遗产研究院编　文物出版社　2015年6月　237页　彩版309幅　插表15幅　16开

中国文化遗产研究院优秀文物保护项目成果集（2010～2013）　中国文化遗产研究院编　文物出版社　2015年6月　489页　插图345幅　插表60幅　16开

世界文化遗产保护（新视野·文化遗产保护论丛，第一辑）　单霁翔著　天津大学出版社　2015年6月　256页　插图51幅　32开

古迹维护原则与实务　［德］米歇尔·佩赛特（Michael Petzet）、［德］歌德·马德尔（Gert Th. Mader）著　孙全文、张采欣译　华中科技大学出版社　2015年7月　504页　插图255幅　16开　译自 *Praktische Denkmalpflege*，1993

文化遗产保护与当代中国社会（第二卷）　杜金鹏主编　科学出版社　2015年5月　序、目录18页

文 272 页 插图 176 幅 插表 9 幅 16 开

南海水下文化遗产（第一辑） 海南省文化广电出版社体育厅、三沙市人民政府编 陈文宝主编 江苏人民出版社 2015 年 3 月 198 页 插图 63 幅 16 开

补 遗

文化遗产保护与当代中国社会（第一卷） 袁广阔、钱益汇主编 科学出版社 2014 年 7 月 序、目录 12 页 文 253 页 插图 27 幅 16 开

拾叁 世界古代文明与考古

人类文明史（第一卷）：史前与文明的开端 ［比］S. J. 德拉埃（S. J. De Laet）主编 王加丰等译 译林出版社 2015 年 3 月 前言、目录 28 页 文 704 页 插图 171 幅 地图 70 幅 插表 18 幅 图版 40 页（140 幅） 16 开 译自 *History of Humanity*, *v. 1*, *Prehistory and the Beginning of Civilization*, UNESCO and Routledge, 1994

人类文明史（第三卷）：公元前 7 世纪至公元 7 世纪 ［德］J. 赫尔曼（J. Hermann）、［荷兰］E. 许理和（E. Zucher）著 于红等译 译林出版社 2015 年 3 月 前言、目录 22 页 文 610 页 插图 58 幅 地图 48 幅 图版 55 页（193 幅） 16 开 译自 *History of Humanity*, *v. 3*, *from the Seventh Century BC to the Seventh Century AD*, UNESCO and Routledge, 1996

平壤一带的乐浪墓葬：2010～2011 年度发掘报告书 郑永振、李东辉、郑京日著 香港亚洲出版社 2014 年 12 月 161 页 插图 58 幅 彩版 178 幅 16 开

游牧考古学：在伊朗和土耳其的田野调查（汉译学术名著） ［澳］罗杰·克里布（Roger Cribb）著 李莎、唐仲明、于澎涛译 郑州大学出版社 2015 年 9 月 199 页 插图 73 幅 插表 17 幅 16 开 译自 *Nomads in Archaeology*, 1991

永恒之城：古罗马的辉煌 成都金沙遗址博物馆、天津博物馆、山东博物馆、云南省博物馆主编 文物出版社 2015 年 12 月 271 页 彩版 198 幅 16 开

犍陀罗艺术探源（亚欧丛书） ［意］卡列宁（Pierfrancesco Callieri）、［意］菲利真齐（Anna Filigenzi）、［意］奥里威利（Luca M. Olivieri）编著 魏正中（Giuseppe Vignato）、王倩编译 上海古籍出版社 2015 年 11 月 文 232 页 插图 142 幅 彩版 20 页（32 幅） 16 开 译自 *At the Origin of Gandharan Art*

（编辑者：张文辉）

考古学论文资料索引

（刊后第一个数字是期号，第二个是页码；2015 年）

壹　总论

一　综述

我们这个时代的考古学　［埃及］费克里·哈桑　庆祝魏存成先生七十岁论文集 186－216
作为科学的考古学　陈胜前、李彬森　东南文化 2：6－12
考古学定位问题的反思　桑栎　东南文化 2：23－29
中国考古学的创新问题　陈胜前　南方文物 2：31－38
考古学的基本理论　［美］普莱斯·道格拉斯、［美］加里·费曼著　方堃杨译　方辉校　南方文物 3：216－224
二元论结构主义考古学理论述评　曲枫　江汉考古 2：121－128
科技新方法助推考古学研究发展的思考　叶茂林　成都文物 4：63－68
关于考古学文化的几点思考　闫凯凯　浙江省文物考古研究所学刊（第 10 辑）358－364
考古年代学四题　张弛　文物 9：66－74
早期中国考古学的两种器物分类和研究模式——以殷墟与斗鸡台为例　黄可佳　殷都学刊 4：44－49
等级—规模法则在考古区域分析研究中的相关问题　段天璟　考古 4：108－120
古代文明的比较考古学研究　［新西兰］查尔斯·海曼　庆祝魏存成先生七十岁论文集 217－261
经济考古学　［美］加里·费曼著　王庆铸译　陈雪香校　东方考古（第 11 集）302－310
土司文化与军事考古学　赵丛苍等　陕西理工学院学报（社科版）3：1－4
1949 年前中国第四纪哺乳动物学的形成与发展　宋姝　北方民族考古（第 2 辑）47－55
西藏高原的早期农业：植物考古学的证据　［美］玳玉等　南方民族考古（第 11 辑）91－114
海洋“诸蕃”融合的历史与考古考察　吴春明、佟珊　海洋遗产与考古（第二辑）298－308
考古而非好古：公共考古的未来——2014 年中国考古、文博蠡见　张经纬　中国图书评论 1：69－72
公众考古活动的分类与传播策略　马启辰　文博 2：48－51
普通考古资料的公众利用问题　黄可佳　中国文物报 8 月 28 日 7 版
考古遗址谁在看——公众考古认知与兴趣的实证调查　燕海鸣　中国文化遗产 5：78－55
公众考古学视域下的大学生考古认知现状调查与研究——以东北三省部分高校学生为调查对象　杨习良　中国文物报 7 月 31 日 7 版
考古工作与考古遗址博物馆展示传播的关系　黄洋　东南文化 2：13－18
生业研究的成果与思考　袁靖　南方文物 3：34－35
再议操作链　彭菲　人类学学报 1：55－67

补　遗

论考古阐释与中国考古学实践　惠夕平　郑州大学学报（哲社版）2014 年 6：141－145
关于考古学人才培养的思考　韩国河　郑州大学学报（哲社版）2014 年 6：136－140

二 考古学史和考古学家传记

中国考古学的发展与《考古》的历程——纪念《考古》创刊60周年笔谈 王巍等 考古12：3－17

“大禹治水”传说及其考古学探索的学术史梳理 许宏 禹会村遗址研究——禹会村遗址与淮河流域文明研讨会论文集223－225

“疑古时代”、“李济时代”与中国考古学的学派问题——以顾颉刚、李济和苏秉琦为中心的讨论 张丽梅、胡鸿保 社会科学论坛5：179－189

临夏地区文物考古历程综述 贺永安 丝绸之路16：31－32

Foreign Travellers to Dunhuang，1920－1960 *Susan Whitfield*（魏泓） 敦煌吐鲁番研究（第14卷）103－111

英国牛津大学藏斯坦因1907年敦煌莫高窟考古日记整理研究报告 王冀青 敦煌吐鲁番研究（第14卷）15－54

伯希和西域探险日记（十一）～（十五） ［法］伯希和著 耿昇译 丝绸之路1：66－73、3：63－70、5：55－62、7：56－62、11：52－59

法兰西学院汉学讲座200周年与伯希和的贡献 耿昇 社会科学战线1：84－94

20世纪初俄国探险家对吐鲁番大、小桃儿沟石窟的考察 陈爱峰、曹洪勇 西域考古·史地·语言研究新视野：黄文弼与中瑞西北科学考查团国际学术研讨会论文集596－604

从斯坦因到黄文弼——新疆早期考古的历程与问题 刘文锁 西域考古·史地·语言研究新视野：黄文弼与中瑞西北科学考查团国际学术研讨会论文集9－18

斯文·赫定与中亚考古学——赫定及其团员贝格曼、黄文弼的考古工作 ［法］汉肯·瓦尔奎斯特著 蒋小莉译 西域考古·史地·语言研究新视野：黄文弼与中瑞西北科学考查团国际学术研讨会论文集113－123

再谈李济之西阴村发掘 张敏 古代文明研究通讯67：37－50

中国敦煌吐鲁番学会成立初期的点滴回忆 刘进宝 中国文化遗产3：94－97

行成于思——科技考古二十年的回顾 袁靖 中国文物报5月22日6版

侯马盟书的发现与整理 张守中 中国文化遗产4：88－91

陕西考古往事拾零——回忆姜寨遗址和史家遗址的发掘 唐博豪、肖宇 中国文物报4月14日3版

沧海遗珠——郑州东赵城发现记 张家强、郝红星 大众考古26：20－27

叶昌炽与甘肃金石学研究 马洪菊 2009丝绸之路国际学术研讨会论文集357－362

天下谁人不识君——唐兰先生生平及学术贡献 黄益飞 大众考古26：49－56

唐兰先生的治学之路 刘雨 故宫博物院院刊5：138－155

张政烺的学术道路与治史风格 张峰 中国史研究2：141－158

李济先生与中国考古学 梁白泉 大众考古27：33－35

李济考古学研究方法浅析 毕德广 文物春秋3：41－46

董作宾先生在甲骨缀合上的贡献 林宏明 古文字与古代史（第四辑）87－123

筚路蓝缕，拓出考古新境界——黄文弼与新疆考古 王炳华 西域考古·史地·语言研究新视野：黄文弼与中瑞西北科学考查团国际学术研讨会论文集1－8

黄文弼与新疆史前考古 郭物 西域考古·史地·语言研究新视野：黄文弼与中瑞西北科学考查团国际学术研讨会论文集19－38

黄文弼与吐鲁番学 孟宪实 西域考古·史地·语言研究新视野：黄文弼与中瑞西北科学考查团国际学术研讨会论文集71－77

黄文弼于新疆吐鲁番考古的历史奉献 王樾 西域考古·史地·语言研究新视野：黄文弼与中瑞西北科学考查团国际学术研讨会论文集78－83

黄文弼在克孜尔石窟续论 霍旭初 西域考古·史地·语言研究新视野：黄文弼与中瑞西北科学考查团

国际学术研讨会论文集 64－70
黄文弼 20 世纪 20 年代内蒙古考古活动述评　刘青瑜等　内蒙古大学学报（哲社版）3：97－102
黄文弼的简牍学成就　陈文豪　西域考古·史地·语言研究新视野：黄文弼与中瑞西北科学考查团国际学术研讨会论文集 59－63
黄文弼高昌文化研究手迹初探　段真子　西域考古·史地·语言研究新视野：黄文弼与中瑞西北科学考查团国际学术研讨会论文集 84－91
黄文弼先生与西安碑林　赵力光、杨洁　西域考古·史地·语言研究新视野：黄文弼与中瑞西北科学考查团国际学术研讨会论文集 220－228
黄文弼先生与中央古物保管委员会西安办事处的古物古迹调查　刘瑞　西域考古·史地·语言研究新视野：黄文弼与中瑞西北科学考查团国际学术研讨会论文集 208－219
黄文弼与胡适——20 世纪上半叶中国西北考察与研究之侧影　刘子凡　西域考古·史地·语言研究新视野：黄文弼与中瑞西北科学考查团国际学术研讨会论文集 177－193
黄文弼先生事辑——朱希祖、夏鼐日记中的黄文弼　许全胜　西域考古·史地·语言研究新视野：黄文弼与中瑞西北科学考查团国际学术研讨会论文集 194－207
伯希和与黄文弼　王楠　西域考古·史地·语言研究新视野：黄文弼与中瑞西北科学考查团国际学术研讨会论文集 157－165
黄文弼和斯文·赫定的书信往来　韩琦　西域考古·史地·语言研究新视野：黄文弼与中瑞西北科学考查团国际学术研讨会论文集 124－127
北京大学时期的黄文弼　朱玉麒　西域考古·史地·语言研究新视野：黄文弼与中瑞西北科学考查团国际学术研讨会论文集 166－176
翁文灏与中国考古学　刘斌　大众考古 21：28－32
夏鼐的学术与他的时代——写在夏鼐先生逝世 30 周年之际　施劲松、王齐　南方文物 4：5－10
凭借读书“碾压”世界的人——谨以此文纪念夏鼐先生诞辰一百〇五周年　胡文怡　南方文物 4：11－17
夏鼐与埃及考古学　令狐若明　大众考古 20：19－21
魂兮归来——纪念和感知夏鼐先生　周广明　南方文物 4：28－30
北大考古专业创始人苏秉琦　蒋廷瑜　古代文明研究通讯 64：41－51
裴文中早期学术之路探析　朱之勇　西部考古（第 9 辑）236－243
以周口店石英制品和丁村尖状器为例——裴文中学术思想初探　王益人、杨跃民　大众考古 29：46－50
著名考古学家王仲殊先生病逝　中国社会科学院考古研究所　中国文物报 9 月 25 日 2 版
深切怀念吕遵谔先生　北京大学考古文博学院　中国文物报 8 月 28 日 2 版
汪宁生与中国民族考古学　孔令远　考古 2：114－120
童恩正先生的学术贡献　罗开玉　南方民族考古（第十辑）1－20
求真悦学　书生本色——悼念伯桢　李水城　南方文物 4：270－272
执著信念　不懈登攀——王巍先生访谈录　王巍等　南方文物 1：12－32
霜叶红于二月花——麦英豪先生访谈录　仝涛、李颖明　广州文博（八）1－35
巩启明先生八十自述——访古寻薇　饮露而歌　巩启明　大众考古 23：19－25
勤思敏行　道德文章——巩启明先生访谈录　巩启明、肖宇　南方文物 4：34－43
崇史尚古　探音释律——李纯一先生曾侯乙钟磬铭文考索学术成就述略　刘永福　中国音乐学 2：140－144
问学之路——赵辉先生访谈录　赵辉、李新伟　南方文物 2：39－61
江苏考古之亲历与展望——邹厚本先生专访　邹厚本、林留根　东南文化 5：6－11
与李家翰老师一起工作的日子　王长启　收藏 2：128－133
我的民族考古之路　宋兆麟　文化学刊 3：38－43

吾将上下而求索　袁靖　中国文物报 7 月 14 日 7 版

斯文·赫定与伦敦皇家地理学会关系研究　王冀青　西域考古·史地·语言研究新视野：黄文弼与中瑞西北科学考查团国际学术研讨会论文集 128－156

中国考古学的国际视角——兼谈北京大学对我学术生涯的影响　罗泰　国际汉学研究通讯（第十期）313－321

三　考古学方法与现代考古学技术

综述

考古学、考古科技和整合的考古学　[以] 史蒂夫·韦纳（Steve Weiner）著　吴双译　陈淳校　南方文物 3：213－215

试论考古现场文物信息提取的选择性问题　路智勇　华夏考古 4：141－147

科技引领未来——科技考古的新领域和新方法——古 DNA 在考古学中的应用　赵欣　中国文物报 3 月 27 日 5 版

文物考古工作中的科学技术　陆寿麟　大众考古 24：19－23

遗址的探查与发掘

考古区域系统调查的理论、实践与反思　赵潮、潘臻　四川文物 4：91－96

关于我国区域系统考古调查的几个问题　王立新、和菲菲　边疆考古研究（第 17 辑）343－350

“全面揭露发掘法”与“探方揭露发掘法”评议　霍东峰、陈醉　考古 11：112－120

地理探测器在史前聚落人地关系研究中的应用与分析　毕硕本等　地理科学进展 1：118－127

区域系统调查方法在成都平原大遗址聚落考古中的实践与收获——以高山古城遗址为例　周志清等　中国文化遗产 6：32－37

高密度电阻率法在晋阳古城考古勘探中的应用　张欣　文物世界 5：73－74

秦始皇帝陵遗址考古重磁力场特征　袁炳强等　地球科学 10：1616－1620

盱眙大云山汉墓填土剖面层的揭取与利用——考古信息展示　余伟　大众考古 27：59－62

安徽颍上县“三普”调查古遗址墓葬及 GIS 数据分析　郭斗　文物研究（第 21 辑）133－145

综合物理探查在上海元代水闸遗址考古中应用　牟建华　志丹苑：上海元代水闸遗址研究文集 4－12

瓜州、敦煌间消失绿洲遥感考古探测新发现　谢晶　丝绸之路 14：75－80

年代测定

放射性碳素测定年代报告（四一）　中国社会科学院考古研究所考古科技实验研究中心 ^{14}C 实验室、中国科学院地球环境研究所西安加速器质谱中心　考古 7：107－109

岭南地区史前年代学及相关问题研究——以牛栏洞遗址为例　陈伟驹　东南文化 6：50－55

张掖市西城驿遗址的 ^{14}C 测年及初步分析　张雪莲等　华夏考古 4：38－45

杭州出土白瓷制作年代与产地的研究　龚玉武等　文物保护与考古科学 3：62－72

成分分析

有机残留物分析研究综述（上）、（下）　宋殷　古代文明研究通讯 64：1－27、66：1－14

科技引领未来——科技考古的新领域和新方法——土壤微形态分析及其在考古学研究中的应用　王辉　中国文物报 3 月 27 日 5 版

成像光谱技术在黄土地区地下遗址勘测中的实践与思考　谢锋等　文博 4：78－83

三种含 Cu、As 绿色颜料的拉曼光谱研究　成小林、杨琴　文物保护与考古科学 3：84－89

洪起畏墓红色颜料分析　李迎　东方博物（第 56 辑）112－115

陕西神木县石峁遗址出土壁画制作材料及工艺研究　邵安定等　考古 6：109－120

高光谱技术无损鉴定壁画颜料之研究——以西藏拉萨大昭寺壁画为例　王乐乐等　敦煌研究 3：122－128

麦积山石窟彩塑、壁画颜料研究　胡军舰、岳永强　丝绸之路 10：71－73

西安东岳庙清代壁画颜料分析及工艺研究　党小娟等　文博 6：103－108
陕西安康紫阳北五省会馆壁画制作工艺研究　胡可佳等　敦煌研究 1：124－132
陕西紫阳北五省会馆壁画技法研究　马琳燕　文物世界 5：75－80
佛光寺东大殿彩画制作材料及工艺研究　符津铭等　文物世界 4：73－77
西安钟楼建筑彩画样品材质分析　张亚旭等　文物保护与考古科学 4：45－49
山西太原纯阳宫所藏明代一尊星宿彩塑颜料分析　马燕莹等　文物保护与考古科学 4：50－60
可溶盐 NaCl 和 $CaCl_2$ 对陶质文物的酥粉作用　赵静等　文物保护与考古科学 4：1－6
基于 XRF 的古陶瓷样品化学组成分析测试标准初探　汪建等　中国陶瓷 5：108－110
双通道离子色谱法测定一件陶罐表面结晶盐以及脱盐溶液中的阴阳离子　荆海燕　文物保护与考古科学 4：70－75
实验考古：夹砂红陶烧成温度下限的探索　王福莲等　南方文物 3：199－203
四川汉源县狮子山、麻家山遗址出土陶器成分分析与研究　郭富等　四川文物 5：88－94
四川博物院藏巫山大溪遗址出土彩陶球制作工艺研究　汤斌、刘红艳　四川文物 6：82－85
瓦店遗址龙山文化白陶的科技研究　鲁晓珂等　华夏考古 4：118－124
河曲坪头遗址龙山时期陶器及其制陶原料的化学成分分析　王小娟等　文物保护与考古科学 4：61－69
小双桥遗址岳石文化风格陶器成分分析　李宏飞等　中原文物 3：116－121
汉代彩绘陶仓楼的取样分析　郭继宾、刘江卫　中原文物 5：110－115
汉阳陵出土着衣式陶俑的科技分析　严小琴等　中国陶瓷 10：115－120
陕西、河南地区出土唐代釉陶器釉层剥离原因分析　赵作勇等　文物保护与考古科学 3：55－61
中国最早的高温釉瓷：商周时期浙江原始瓷成分分析　殷敏等　原始瓷起源研究论文集 47－67
小双桥遗址出土原始瓷器的 IN 分析　朱剑等　华夏考古 3：148－152
东苕溪流域商周时期原始瓷的工艺与材料学研究　周少华等　原始瓷起源研究论文集 140－172
东苕溪流域先秦时期原始瓷标本测试报告　张斌等　原始瓷起源研究论文集 115－133
东苕溪流域先秦时期原始瓷窑址标本测试报告　闫灵通等　原始瓷起源研究论文集 102－114
PIXE 分析德清亭子桥遗址出土的原始瓷　张斌等　原始瓷起源研究论文集 134－139
安徽骆冲窑青白瓷化学组成的 EDXRF 分析研究　崔名芳、朱建华　中国科学技术大学学报 2：132－137
唐五代景德镇蓝田窑青瓷科技研究　吴隽等　文物保护与考古科学 2：1－5
磁州窑观台窑址不同时期绿釉器原料来源的 PIXE 分析　李融武等　北京师范大学学报（自然科学版）1：32－35
"南澳Ⅰ号"沉船出水克拉克瓷产地的科技分析　杜静楠等　光谱学与光谱分析 6：1746－1750
"华光礁Ⅰ号"沉船出水瓷器"保护性损伤"量化评估的 ICP－AES 分析　李文静等　光谱学与光谱分析 3：772－776
便携能谱仪方法对越窑青瓷的无损分析研究　王轶凌等　东方博物（第 56 辑）107－111
氧化铁及分相结构对钧窑蓝色系釉的呈色作用　侯佳钰等　文物保护与考古科学 2：6－12
景德镇釉上彩绘瓷器釉上彩的 Raman 与 EDXRF 分析　吴隽等　光谱学与光谱分析 5：1266－1270
石湾瓷塑脊饰制作工艺初探　郑颖等　文物保护与考古科学 1：77－83
科技引领未来——科技考古的新领域和新方法——出土玉石器的科学研究方法举例　叶晓红　中国文物报 3 月 27 日 5 版
近红外光谱结合化学计量学无损鉴定软玉产地的可行性研究　谷岸等　文物保护与考古科学 3：78－83
应用多种光学分析技术对一批河南出土古代玉器的无损分析　王凯等　光谱学与光谱分析 9：2492－2499
三门峡虢国墓地 M2012 墓玉器材质研究　鲍怡等　中原文物 1：117－121
超声波速分析及首波幅度分析方法在石质文物裂隙检测中的应用　马宏林等　文博 6：90－94
陶寺、殷墟白灰面的红外光谱研究　魏国锋等　光谱学与光谱分析 3：613－616

汉阳陵出土瓦当胎体的科技分析　严小琴等　文物世界1：66－69

西安出土若干玻璃器的pXRF分析及相关问题探讨　赵凤燕等　考古与文物4：111－119

甘肃马家塬战国墓地M4出土硅酸盐珠饰的科学分析研究　黄晓娟等　光谱学与光谱分析10：2895－2900

两件战国时期乳钉纹管形器的化学成分和显微结构研究　王颖竹等　中原文物6：108－115

云南铜质生产工具的技术研究　员雅丽　农业考古6：198－204

云南洱源北山土坑墓出土铜器的初步研究　李晓岑等　江汉考古3：109－115

云南陆良县薛官堡墓地出土铜器的金属学分析及相关研究　崔剑锋等　南方民族考古（第11辑）115－127

城固苏村出土铜器的技术特征及其相关问题　陈坤龙等　考古与文物3：122－128

拉曼光谱分析青铜器本体中锈蚀产物　贾腊江、金普军　光谱学与光谱分析1：128－131

山西博物院藏部分青铜器锈蚀的拉曼检测　王岳　文物世界2：77－80

内蒙古林西县井沟子西区出土青铜器的成分与金相分析　李延祥等　有色金属工程3：105－112

内蒙古林西县井沟子西区出土青铜器的铅同位素分析　李延祥等　有色金属工程4：94－96

湖北及安徽出土东周至秦汉时期热锻青铜容器的科学分析　秦颍等　文物7：89－96

秦始皇帝陵园出土青铜水禽泥芯的初步科学分析　邵安定等　南方文物1：72－80

从古代铜镜制造技术谈铜镜中有争议的问题　尹钊等　中国文物报7月24日7版

陕西临潼新丰秦墓出土铜镜的科学分析　刘亚雄等　中原文物4：111－115

霍洛柴登古城出土的新莽“货泉”合金成分及金相组织分析　刘洋等　中国钱币4：4－16

北周武帝孝陵铜锡焊料的科学发现与研究　王贺等　文物4：76－86

甘肃礼县大堡子山秦公墓出土金属器的科学分析与研究　邵安定等　文物10：86－96

试论汉代关中地区铁器生产原料的来源与流通——郃城铸铁作坊出土铁遗物的冶金分析　林永昌等　考古与文物6：95－109

铁质钱币与兵器的原料——从铁钱成分探讨宋代铁制品的质量　黄维　中国钱币5：12－20

线性回归分析方法在碳、氮稳定同位素食性研究中的应用　舒涛、吴小红　文物世界4：69－72

古骨胶原的氧同位素分析及其在先民迁徙研究中的应用　王宁等　科学通报9：838－846

墓葬所体现社会等级分化的碳氮稳定同位素分析　张国文　南方文物3：161－168

甘肃张掖市西城驿遗址先民食物状况的初步分析　张雪莲等　考古7：110－120

陕西神木木柱柱梁遗址先民的食谱分析　陈相龙等　考古与文物5：112－117

福建昙石山遗址新石器时代晚期人骨C、N稳定同位素分析与海洋性聚落的食物结构　吴梦洋、陈兆善　海洋遗产与考古（第二辑）53－63

内蒙古赤峰市大山前遗址夏家店上层文化“祭祀坑”出土人骨稳定同位素分析　张全超等　考古与文物4：107－110

先秦时期中原地区都城遗址人口迁移的初步研究——以陶寺遗址与二里头遗址为例　赵春燕　中华之源与嵩山文明研究（第2辑）233－239

科技引领未来——科技考古的新领域和新方法——碳、氮稳定同位素分析方法揭秘古代家畜的起源与饲养策略　陈相龙　中国文物报3月27日5版

浙江塔山遗址人和动物骨的C、N稳定同位素分析　张国文等　华夏考古2：138－146

新砦遗址出土部分动物骨的碳氮稳定同位素分析　张雪莲、赵春青　南方文物4：232－240

青龙泉遗址随葬猪牲的C、N稳定同位素分析　陈相龙等　江汉考古5：107－115

青海喇家遗址动物饲养方式初探——以锶同位素比值分析为例　赵春燕等　中国社会科学院古代文明研究中心通讯28：46－53

河北赞皇南马遗址先商文化时期动物骨骼的稳定同位素分析　侯亮亮、徐海峰　边疆考古研究（第17辑）385－397

河南省安阳市殷墟遗址出土马与猪牙釉质的锶同位素比值分析　赵春燕等　南方文物 3：77－80
青海喇家遗址出土 4000 年前面条的成分分析与复制　吕厚远等　科学通报 8：744－756
红外光谱在纤维质文物材料鉴别中的应用研究　罗曦芸等　光谱学与光谱分析 1：60－64
红外光谱在古代丝织品的纤维聚集态结构表征中的应用研究　龚德才等　蚕业科学 4：694－700
古代纺织品色度及染料的非接触无损分析研究　张晓梅等　中国文化遗产 2：38－45
法门寺地宫出土唐代丝绸用金装饰工艺研究　路智勇　考古与文物 6：110－120
清代潞绸肚兜染色工艺研究　李辉芳等　中国国家博物馆馆刊 11：150－158
《持国天王画像》唐卡绘制材料与工艺的科学分析　方小济、宋纪蓉　故宫博物院院刊 3：146－158

补　遗

文化遗址区古土壤特性及古环境研究进展　吴克宁等　土壤学报 2014 年 6：1169－1182
基于高光谱数据的壁画底稿信息提取　侯妙乐等　测绘科学 2014 年 10：89－92

古代动物分析

科技引领未来——科技考古的新领域和新方法——动物考古学与古代家养动物畜力开发的研究　李志鹏　中国文物报 3 月 27 日 5 版
商人利用黄牛资源的动物考古学观察　吕鹏　考古 11：105－111

古代植物分析

普通小麦炭化实验机器在植物考古学中的应用　王祁等　东方考古（第 11 集）431－443
炭化模拟实验在植物考古研究中的意义——以水稻和小麦为例　王祁等　南方文物 3：192－198
东亚地区大豆考古遗存的研究——大小是否重要？　李炅娥等著　杨谦译　东方考古（第 11 集）311－331
中国北方旧石器时代晚期至新石器时代早期粟类植物的驯化起源研究　李国强　南方文物 1：93－108
中国北方朴属植物遗存的发现与研究　孔昭宸等　东方考古（第 11 集）332－342
豫西晋西南地区新石器时代植物遗存的发现与初步研究　魏兴涛　东方考古（第 11 集）341－364
陕西白水河流域两处遗址浮选结果初步分析　王欣等　考古与文物 2：100－104
甘肃出土糟朽木器材质鉴定及特征分析　陈庚龄等　文物保护与考古科学 3：47－54
成都商业街船棺葬出土棺木保存状况的初步分析　肖嶙　文物保护与考古科学 2：27－33

古代人骨分析

试论体质人类学研究解决的若干考古学问题——以性别年龄鉴定、古人种学、古病理学为例　周亚威　江汉考古 6：90－94
通过枕骨大孔测量值对若干化石人类身高的估计　崔娅铭　人类学学报 1：68－74
中国直立人牙齿特征变异及其演化意义　刘武等　人类学学报 4：425－441
关于澎湖人类下颌骨化石意义和年代的讨论　吴新智、同号文　人类学学报 3：281－287
从磨沟组看甘青地区古代居民体质特征的演变　赵永生等　东方考古（第 11 集）284－301
磨沟墓地古代居民的性别和年龄研究　赵永生等　边疆考古研究（第 16 辑）305－314
商族起源的人骨考古学探索　王明辉　华夏考古 4：51－59
汉书二期文化居民的种族类型及相关问题——基于后套木嘎遗址人骨新材料的探索　肖晓鸣、朱泓　边疆考古研究（第 17 辑）373－384
云南永胜堆子遗址战国秦汉时期人骨研究　矣泓等　边疆考古研究（第 16 辑）315－327
郑州地区汉唐宋墓葬人骨种系研究——以荥阳薛村遗址和新郑多处遗址为例　孙蕾等　华夏考古 3：105－115
郑州地区汉唐宋成年居民的身高研究　孙蕾、朱泓　人类学学报 3：377－389
即墨古城西安置区宋金墓出土人骨鉴定报告　赵永生等　青岛考古（二）163－166

计算机技术的应用

三维重建在文物考古工作中的应用　刘建国　中国文化遗产 5：43－47

基于多影像的考古三维模型制作　范畴、王宁远　浙江省文物考古研究所学刊（第10辑）314－338

以郑州东赵遗址为例——三维激光扫描技术在田野考古发掘现场的应用　赵向莉、孙晓飞　大众考古28：66－70

平遥慈相寺大殿三维激光扫描测绘述要　塞尔江·哈力克等　建筑史（第35辑）86－100

邺城佛教造像的三维重建探索　张蕾　南方文物4：241－245

基于三维激光扫描技术的华严寺薄伽窖藏殿合掌露齿菩萨塑像数字化研究探讨　张海啸等　文物世界3：71－74

考古数据库在发掘和整理中的应用实例　王宁远　浙江省文物考古研究所学刊（第10辑）339－351

田野考古资料数据库的理论、方法与实践——以后套木嘎遗址为例　霍东峰、梁建军　边疆考古研究（第17辑）399－406

关系模型数据库在动物考古学中的应用　余翀　考古4：102－107

基于知网的甲骨卜辞释义问题的可拓性研究　高峰等　现代图书情报技术Z1：58－64

中国古桥信息管理系统的架构　郑亚鹏等　中国文化遗产3：40－45

Google Earth 在考古学中的应用潜力与局限性述评　Adrian Myers 著　吴梦洋译　葛威校　南方文物4：266－269

基于GIS、VR技术的考古对象的数据采集、复原和展示　牛世山　南方文物3：189－191

基于GIS的吐鲁番地区古遗址空间分布及其影响因素分析　克力木·买买提等　文物保护与考古科学3：90－95

一凿一磨皆菩提——青州龙兴寺L0139造像记录中的新方法和新发现　李志荣等　敦煌研究4：115－120

浅谈现代信息技术在锁阳城遗址保护中的应用　张硕　丝绸之路14：55－58

基于结构面网络模拟的龙门石窟擂鼓台渗水产生机理研究　王凯等　文物保护与考古科学2：87－93

基于现代信息技术的壁画模拟修复——以内蒙古大昭寺“花变主题佛”壁画为例　徐永明、赵静　中国藏学2：175－177

扫描电子显微镜及能谱仪在彩绘文物分析中的应用　惠娜等　文博1：99－103

使用DEM水文分析方法发现的统万城古河道及其环境意义的初步讨论　胡珂　考古与文物4：120－123

文物修复和复制中的3D打印技术　蒋道银等　中国文物报9月18日7版

补　遗

三维数字重建在青铜器修复中的应用研究　孙修恩等　图学学报2014年6：912－917

其他

微痕分析在考古研究中应注意的问题——以昆山遗址出土犁形石器的微痕分析为例　孙建、刘俊男　四川文物6：86－92

砣具配合解玉砂雕刻玉器纹饰的可能性分析　邓峰等　人类学学报4：537－543

河南省南阳市桐柏县月河一号春秋墓出土玉器阴刻技术的微痕分析　叶晓红等　南方文物4：112－119

使用显微镜鉴别纺织与纸质文物纤维的方法比较　王允丽　中国文物报8月21日7版

现代显微技术在纸质文物鉴定与修复中应用　宋晖　文物保护与考古科学2：52－57

基于显微分析技术的山西陵川南吉祥寺中央殿彩画历史信息解读　刘梦雨　2013年保国寺大殿建成1000周年系列学术研讨会论文合集608－624

后魏太平真君二年鎏金铜佛造像制作工艺科技研究　赵瑞廷　草原文物1：125－130

科技引领未来——科技考古的新领域和新方法——考古遗址的低空拍摄与三维重建　刘建国　中国文物报3月27日5版

考古遗址的超低空拍摄与数据处理　刘建国　考古11：98－104

文物摄影技术概说　秦一　中国文物报4月10日7版

浅谈微距镜头在文物摄影中的运用　赵昕　博物馆研究1：92－96

浅谈文物摄影与文物照片的后期处理　董一晶　天津博物馆论丛（2014）352－354
甲骨类文物影像采集工作流程与技术规范初探——以故宫藏甲骨文影像信息采集为例　宇宁川　北京文博文丛 2：109－113
复杂环境下岩壁低空考古实施策略分析——以广西左江岩画调查为例　李哲等　中国文化遗产 6：52－57
线条中的考古——传统考古绘图漫谈　方向明　浙江省文物考古研究所学刊（第 10 辑）301－313
RTK 与全站仪在考古测量工作中的应用与探讨　邹秋实　南方文物 4：246－248
渤海上京城遗址田野考古测绘　尤洪才　北方文物 3：42－44
卷器咸陈——漫谈金石全形拓　熊长云　收藏 1：76－79
国宝重器的时代容颜——谈院藏毛公鼎全形拓及题记　张莅　故宫文物月刊 383：76－87
上海博物馆藏盂鼎旧拓五种及讨论　唐友波　考古学报 2：253－280
热处理对水洞沟遗址石器原料力学性能的影响　邵亚琪等　人类学学报 3：330－337
让文物鉴定插上科技的双翼——科技检测助力陕西青铜器文物鉴定　山西省文物鉴定研究中心　文物天地 12：59－61

补　遗

摄影测量方法制作数字化线描图在麦积山石窟的应用　孙明霞等　敦煌学辑刊 2014 年 4：127－140

四　文物保护与修复

综述

考古学与文物保护　张忠培　江汉考古 3：Ⅰ－Ⅻ
考古学与文物保护（摘要）　张忠培　中国文物报 7 月 3 日 5 版
考古学与文物保护——在贵州省文物考古研究所召开的学术报告会上的演讲　张忠培　故宫博物院院刊 3：6－21
我国文博领域法治体系建构初探　王运良　东南文化 6：30－36
从"黄文弼提案"到《文物保护法》"四有"（一）～（四）　刘瑞　中国文物报 8 月 14 日 7 版、8 月 28 日 7 版、9 月 11 日 7 版、9 月 25 日 7 版
《文物保护法》有关文物分类解析　郑子良、陈飞　中国文物报 2 月 6 日 3 版
文化遗产概念与价值的表述——兼论我国文物保护法的相关问题　黄明玉　敦煌研究 3：134－140
文物保护良法善治与治理（一）～（三）　李晓东　中国文物报 11 月 17 日 3 版、11 月 24 日 3 版
从平分到"概归国有"——《古物保存法》中地下文物所有权的修改始末　刘斌、张婷　东南文化 6：23－29
国有不可移动文物用益权流转的法律分析　赵冀韬　中国文物报 5 月 22 日 3 版
广州市不可移动文物保护与管理现状分析及初步研究　朱明敏　广州文博（八）269－282
论考古资产保护　杜金鹏　考古 1：58－68
宏观文物保护学初探　江苏省文物保护学学会　中国文物报 6 月 16 日 6 版
论文物保护学的理论模型　龚德才、徐津津　东南文化 1：16－21
文物保护与修复的哲学思辨　杜树志　中国文物报 12 月 25 日 6 版
文物保护和保存中应遵循的原则　赵桂芳　出土文献（第七辑）323－331
文物的科学保护问题　［日］泽田正昭　故宫学术讲谈录（第 2 辑）53－64
对"地下文物埋藏区"制度的研究　刘颂华　东南文化 1：22－28
欧洲文物保护标准探识　何流　中国文化遗产 6：84－89
美国考古资源保护财政制度解析　于冰　东南文化 5：12－19
中国文化遗产中央直接管理的可行性分析　付文军、王元林　东南文化 3：6－10
长城保护维修中的遗产类别定位研究　李大伟　敦煌研究 3：129－133

文物保护规划立项报告编写的常见问题与对策　李长盈　中国文物报3月6日6版
为文物做“健康体检”是预防性保护的基础工作　张雯　中国文物报8月7日7版

金属器的保护

电化学交流阻抗（EIS）在金属文物表面保护涂层性能评价中的应用综述　张英荣　文物保护与考古科学1：103－108
青铜文物保护修复技术的中外比较研究　梁宏刚、王贺　南方文物1：81－88
AMT在青铜器文物表面形成缓蚀膜的计算分析　姜丽艳等　原子与分子物理学报1：26－34
青铜文物修复过程中的除锈及缓蚀　陈颢　中国文物报12月25日
青铜器修复中病变图的绘制　沈立君　丝绸之路沿线博物馆专业委员会论文集（第2辑）98－104
气候因素对青铜文物模拟材料大气腐蚀的影响　方柳静等　华东理工大学学报（自然科学版）4：489－494
试论青铜器修复中的焊接工艺——以山东滕州前掌大青铜觚（M11：72）为例　王琪琳　文物春秋6：59－63
东周墓地铜鼎的修复　冯广丽　中国文物报6月26日7版
安徽潜山彭岭出土一件战国晚期青铜鼎的焊接工艺分析　李世彩等　文物研究（第21辑）262－265
一件战国青铜簋的保护与修复　李瑞亮、靳鹏　文物研究（第21辑）266－269
西汉素面环耳甑釜的保护与修复　秦志芳　文物世界1：70－72
馆藏汉连弧纹铜镜保护与修复　马文婷　博物馆研究3：91－96
晋祠馆藏铜镜的保护与修复　连颖俊　中国文物报2月20日7版
西安南郊隋墓出土青铜壶的保护修复与相关问题探讨　史本恒等　文物保护与考古科学3：26－34
浅谈赤壁市博物馆几件青铜器的修复　郭长江、胡涛　江汉考古5：126－128
深圳铁仔山古墓群出土铜器腐蚀情况研究　李怀诚　文物保护与考古科学1：65－70
广州脆弱青铜器科技保护与研究取得突破——小谷围脆弱青铜器保护记　吕良波　中国文物报10月2日7版
广州出土脆弱青铜器腐蚀矿化表征研究　吕良波　文物春秋6：53－58
微探方内的多学科技术——隋炀帝萧后冠实验室考古与保护一瞥　郭桂香　中国文物报8月21日7版
博物馆环境中典型氧化性气态分子污染物对银器文物腐蚀变色影响的评价研究　周浩　中国文化遗产3：32－39
铁质文物修复用腻子材料的实验对比研究　范陶峰　文物保护与考古科学1：71－76
浅析铁质文物的病害与保护——以山西省艺术博物馆馆藏铁质文物为例　张雪慧　文物世界3：59－60

石质文物的保护

环境因素对石质文物影响研究　金皓　文物世界4：78－80
石质文物表面墨迹的保护作用　马易敏等　文物保护与考古科学2：79－86
石质文物修复操作程序与评估方法　王婷　文物世界5：48－53
露天石灰岩文物溶蚀机理及防治研究　刘逸堃等　西部考古（第9辑）171－176
露天石质文物生物风化研究进展　王翀等　文博2：86－91
激光清洗石质文物工艺　齐扬等　江汉考古1：112－117
蒸汽清洗砂岩类文物效果检验　赵林娟　中国文物报12月25日7版
石佛像减隔震保护研究　张立乾、袁瞩辉　文物保护与考古科学2：73－78
河南浚县大伾山大佛的科技保护　亓艳芝　文物建筑（第8辑）158－163
西安北周凉州萨保史君墓石堂屋顶的保护修复与展示　贾晓燕等　文博6：86－89
残断碑刻原位快速修复法　马学泽　中国文物报7月24日7版
乾陵无字碑裂隙分布情况调查及其稳定性分析　甄刚等　文博1：94－98
涪陵白鹤梁题刻的保护与展示　孙华、陈元棪　四川文物6：72－81

白鹤梁题刻水环境现状与展示提升思考　胡黎明　中国文化遗产 5：71－77
金陵大报恩寺御碑遗址结构性能及保护技术研究　淳庆、潘建伍　文物保护与考古科学 1：1－6
远古秘语　无墨天书——甘肃嘉峪关黑山岩画保护与利用调查　胡雪　中国文物报 12 月 11 日 8 版
广西花山岩画表面污染研究　齐扬等　华夏考古 1：148－152
新沂花厅遗址出土古玉串珠的保护探究　范陶峰　文物保护与考古科学 3：73－77
记刘胜金缕玉衣的第三次修复　梁书台　文物春秋 6：64－67

古建筑的保护

浅析文物保护原则在春秋阁维修中的体现　王丽亚　文物建筑（第 8 辑）164－169
传统古建筑修缮技艺的保护与传承　王西森　中国文物报 2 月 6 日 7 版
基于脱榫状态的古建筑木结构燕尾榫节点试验研究　杨夏等　文物保护与考古科学 1：54－58
古代建筑琉璃构件价值揭示与科技保护研究　苗建民　故宫学术讲谈录（第 2 辑）171－204
湖南文物建筑白蚁危害现状与防治　何春平等　中国文物报 2 月 20 日 7 版
高平北诗镇中坪二仙宫正殿修缮中的记录及研究　郑宇等　2013 年保国寺大殿建成 1000 周年系列学术研讨会论文合集 474－491
故宫太和殿动力特性与常遇地震响应　周乾等　文物保护与考古科学 1：46－53
瓜州王母宫遗迹修复的科学创新探索　王景普　丝绸之路 14：69－72
榆林卫城城墙病害与保护　张飞荣、徐海兵　西部考古（第 9 辑）226－232
嘉峪关关城墙体残损现状及成因分析研究　刘晓萌等　文博 6：99－102
嘉峪关长城夯土墙体保护维修工程夯补加固工艺新探　杨殿刚　丝绸之路 6：69－70
降雨对榆阳区明长城单体建筑模型破坏的定量化研究　姚雪等　敦煌研究 4：127－135
试述独乐寺观音阁微小环境日常监测的流程　赵智慧、杨蕾　天津博物馆论丛（2014）204－214
塔尔寺古建筑的雷电环境分析与防护措施　杨成山等　文物保护与考古科学 3：20－25
甘肃微县栗川白塔勘察及维修加固设计报告　吕军辉、杨华南　文物建筑（第 8 辑）145－150
西安万寿寺塔纠偏保护研究　陈平等　文博 4：84－87
四川新津观音寺泥塑背景墙加固锚杆材料的选择和使用　周萍等　文博 5：92－95

壁画的保护

东西方壁画材料与保护理念的比较　赵林娟　中国文物报 9 月 18 日 7 版
硫酸盐与氯化物对壁画的破坏性对比研究——硫酸钠超强的穿透、迁移及结晶破坏力证据　靳治良等　文物保护与考古科学 1：29－38
假诺卡氏菌属（Pseudonocardia）微生物对壁画和岩画类文物的危害　潘晓轩等　微生物学报 7：813－818
馆藏壁画保护理论探索与实践——以甘肃省博物馆藏武威天梯山石窟壁画的保护修复为例　汪万福等　文物保护与考古科学 4：101－112
天梯山石窟壁画病害及其修复　卢秀善　丝绸之路 18：60－63
浅析麦积山石窟壁画保护现状及其应对策略　孟莹　丝绸之路 16：62－63
莫高窟壁画加筋土地仗干缩变形研究　杜文凤、张虎元　敦煌研究 1：116－123
仿爱夜蛾在敦煌莫高窟模拟壁画表面的附着力研究　吉爱红等　敦煌研究 1：111－115
西安曲江翠竹园西汉壁画墓保护技术研究　曹铭婧　文博 5：96－98
湾漳北朝墓壁画着色、补全修复工艺探析　刘东博　文博 3：98－103
忻州九原岗北朝墓葬壁画的科学揭取与搬迁保护　霍宝强、石美风　中国文物报 5 月 29 日 7 版
怎样复制古代墓葬壁画摹本——以河北博物院《北朝壁画》复制品为例　王文丽　中国文物报 3 月 20 日 7 版
唐太宗民部尚书戴胄墓壁画的揭取保护　赵凤燕等　文博 2：96－101
唐安国相王孺人崔氏墓壁画修复中的拼对环节　武瑛　丝绸之路沿线博物馆专业委员会论文集（第 2

辑）105－111
洛阳崔氏墓壁画地仗层加固修复研究　刘亨发　丝绸之路4：75－78
奉国寺古代壁画彩绘保护初探　王飞　中国文物报2月6日7版
西藏哲蚌寺措钦大殿内转经道空鼓壁画保护修复　胡苏龙等　中国藏学2：171－174
南京堂子街太平天国壁画再保护　严静等　文物保护与考古科学2：94－101
古建彩画保护修复技术与方法　甄刚等　文博4：88－94
佛光寺彩画加固保护材料的选择实验研究　符津铭等　文物保护与考古科学3：14－19

补　遗

南京堂子街太平天国壁画调查研究　严静等　西安文理学院学报（社科版）2014年1：10－15

石窟寺的保护

多场耦合下岩土质文物风化机理试验装置研究　王旭东等　敦煌研究5：103－110
中国石窟寺保护性建筑的设计与实践　陈筱、孙华　四川文物2：73－86
基于文献的敦煌石窟保护研究现状与进展　曾俊琴　西部考古（第9辑）195－210
基于风险管理理论的莫高窟监测预警体系构建与预防性保护探索　王旭东　敦煌研究1：104－110
莫高窟洞窟自然通风测试研究　王江丽等　敦煌研究4：121－126
甘肃镇原玉山寺石窟病害分析与防治对策研究　王博文　丝绸之路10：69－70
大寺沟淤沙对炳灵寺石窟的影响及治理措施　赵雪芬等　敦煌研究4：136－140
鹤壁五岩寺石窟化学保护材料选择试验　周双林等　文物建筑（第8辑）114－122

漆木器的保护

一件出土汉代彩绘云气瑞兽纹漆樽的修复　马如高　文物保护与考古科学3：108－111
两件“张姃（或姬）榜盘”漆盘的科技保护　佘玲珠等　中国文物报6月16日7版
出土饱水木质文物的腐蚀病害类型与保护研究进展　陈家昌等　材料导报11：96－101
甘肃武威磨咀子出土汉代木独角兽的保护修复　陈庚龄　丝绸之路沿线博物馆专业委员会论文集（第2辑）185－192
明代两件加彩木雕坐像的保护处理——以馆藏明代加彩木雕坐像的保护处理为例　卢燕玲　文物保护与考古科学2：19－26
一件紫檀嵌粉彩瓷片椅的修复研究　屈峰　故宫博物院院刊3：126－135
清代硬木亭式龛的修复与研究　李敬源　文物天地7：78－81
旧衣新装——浅谈古籍善本木匣修护　陈澄波　故宫文物月刊382：104－115
泉州湾宋代海船保护40年回顾、现状与分析　费利华、李国清　文物保护与考古科学4：95－100

纸质品的保护

软片书画的保存　舒光强　中国文物报10月2日7版
中国书画传统修复技艺与现代科技的结合　周玉世　中国文物报2月20日7版
不同年代凸版纸脱酸前后耐久性的比较　童丽媛等　文物保护与考古科学2：47－51
铜离子对纸张的腐蚀降解作用综述　赵嫣一、陈刚　文物保护与考古科学1：109－115
古代书画保护修复过程中的霉菌防治　李晓晨　文物世界4：63－65
早期霉变纸币霉菌分离与鉴定研究　姚娜等　中国钱币6：44－48
馆藏纸质书画文物上霉菌的分离与鉴定　唐欢等　文物保护与考古科学2：40－46
书画类文物在变换保存环境时面临的问题　冯雪琦　中国文物报3月20日7版
纸质文物清洗用水的选择及清洗条件初探　孙大东等　文物保护与考古科学1：84－88
馆藏古旧书画皂角去污方法实验　赵莉等　陇右文博2：81－86
琅函有恙——院藏古籍函套修复试议　高宜君　故宫文物月刊382：94－102
唐代《妙法莲华经》卷的修护与研究　甘岚　文物天地3：47－49
安徽省图书馆藏《正德三年进士登科录》的修复　臧春华　文物保护与考古科学2：114－121

符望阁原存贴落的调研及修复——以乾隆御笔《题符望阁》为例　杨泽华　故宫博物院院刊 3：136－145
洒金粉蜡笺条幅修复技法探讨——以清代《铁舟书法》的修复为例　何谋忠　丝绸之路 24：70－71
清代顾嘉衡行书轴的修复　曹晋　中国文物报 3 月 20 日 7 版
清代邹振岳行书轴的修复　曹晋　中原文物 4：116－118

纺织品的保护

试论丝绸文物塑性形变机理与恢复技术　路智勇　文博 3：89－94
故宫"文物保护修复技艺特展"中的服饰修护　王允丽、王春蕾　中国文物报 12 月 11 日 7 版
简述未清理修复的出土纺织品的不当保存状况——以吐鲁番地区出土纺织品为例　李媛　古代钱币与丝绸高峰论坛暨第四届吐鲁番学国际学术研讨会论文集 220－225
且末县扎滚鲁克墓地出土褐衣残片的保护修复　李菁　新疆文物 2：110－115
唐代丝绸布的揭取和整理过程　玛尔亚木·依不拉音木　古代钱币与丝绸高峰论坛暨第四届吐鲁番学国际学术研讨会论文集 187－193
一件大英博物馆藏明代绘画的修复　黄瑛　中国文物报 10 月 2 日 7 版
古旧唐卡修复技术探讨　王磊义　中国文物报 5 月 1 日 7 版

陶瓷器的保护

干冰清洗技术应用于陶瓷文物清洗的探索研究　戴维康　文物保护与考古科学 1：116－120
浅谈 3D 打印技术在陶瓷类文物修复和复制中的应用　杨蕴　文物保护与考古科学 2：110－113
考古型瓷器修复方式的适用情况和质量控制　祝利英、李奇　中国文物报 8 月 7 日 7 版
瓷器补配工艺　惠学军　博物馆研究 4：93－96
越秀区博物馆馆藏七件陶瓷器保护与修复　吕良波　广州文博（八）313－326
馆藏彩陶的保护修复述略——以青海柳湾彩陶博物馆为例　俞长海　丝绸之路 10：66－68
绿釉陶水榭的再修复　秦志芳　文物世界 6：72－74
邢窑唐代大陶缸的出土与修复　马云霄、王会峰　大众考古 30：73－77
一件宋金淄博窑绞胎瓷的研究与修复　崔丽娟　文物世界 3：78－80
保护修复长沙窑瓷器的实践与认识　毛志平　中国文物报 10 月 13 日 7 版
拼接"文明的碎片"——一件清代青花瓷盆的修复　汪洋等　中国文物报 9 月 18 日 7 版
浅谈瓷器修复中作色、仿釉涂料的选择和应用——以修复康熙青花龙凤盘为例　闫文祥、李小波　文物世界 4：47－49
秦俑古代修补粘接材料的分析研究　杨璐等　西部考古（第 9 辑）177－186
一件馆藏唐代天王俑的保护修复　荆海燕　文物世界 1：73－75
元靳德茂墓出土彩绘出行仪仗方阵陶俑的科技修复和保护　郭继宾、刘江卫　中国文物报 3 月 5 日 7 版
大同善化寺辽金彩塑的保护试验　白晶等　文物世界 4：6－10
五台南禅寺彩塑保护与利用　杨宝　文物世界 2：42－45
陕西蓝田水陆庵一尊倾斜站立塑像的修复与复位　吴新等　文博 1：90－93
夹纻胎造像保护修复方法初探　王跃、李永智　文物世界 5：56－58

补　遗

陶瓷器藏品的保存与保管　丁步平　上海文博论丛 2014 年 2：42－47
唐代彩绘陶质文物的酥粉研究　赵静等　中国科学：技术科学 2014 年 9：926－938

遗址的保护

试论盘龙城国家考古遗址公园规划与利用　黄伊　江汉考古 2：116－120
田野考古视角下的成都大遗址保护　陈剑　中国文化遗产 6：4－13
大遗址保护规划区划的划定分析研究——以广东大遗址为例　曹勇　东南文化 2：19－22
大遗址保护与考古遗址公园建设——以山东地区为例　王守功　东方考古（第 11 集）7－31

新型城镇化：洛阳大遗址保护的新机遇　余杰　中国文物报 1 月 2 日 3 版
大遗址保护视角下的金上京考古工作　赵永军、刘阳　北方文物 2：49－53
土遗址修补材料研究进展及其工程应用　吕晶等　文博 1：104－107
夯筑土遗址中基于 PS－（F＋C）浆液的木锚杆锚固性能　张景科等　四川大学学报（工程科学版）4：52－60
夹 φ20mm 钢筋体复合锚杆原位锚固特性分析　张景科等　文物保护与考古科学 1：39－45
硅酸乙酯类加固材料在潮湿环境土遗址加固保护中的应用研究　朱杰等　文物保护与考古科学 4：7－14
不同泥敷剂配比下土遗址泥敷法脱盐效果评价　李凤洁等　敦煌研究 6：107－113
陕西土遗址保护现状及对策研究　孙满利等　西部考古（第七辑）381－388
哈密境内烽燧土遗址破坏类型及成因分析　周鹏等　工程勘察 10：25－28
通古斯巴西古城遗址土体特性及 PS 加固试验　徐桂玲、李春长　文物保护与考古科学 4：15－21
新疆交河故城悬空土质崖体保护加固技术研究　张景科等　西部考古（第 9 辑）211－218
新疆交河故城东北佛寺加固技术中的保护理念　郭青林等　西部考古（第 9 辑）219－225
从夯土实验谈锁阳城遗址的本体保护　王景普　丝绸之路 14：37－41
国内城城墙修筑问题探讨　赵少军　东北史地 2：14－21
桃渚城城墙病害初步调研与保护对策探讨　崔彪等　文物保护与考古科学 3：8－13
嵊县古城墙的保护与修复　冯宝英　浙江省文物考古研究所学刊（第 10 辑）427－436
利用探地雷达技术对河西杨根系影响甘肃高台明长城遗址的研究　徐瑞红等　文物保护与考古科学 1：15－20
大运河（宁波段）遗产监测指标体系探索　杨晓维　中国文化遗产 6：77－83
关于志丹苑元代水闸遗址的发掘与保护——在 2006 年专家论证会上的发言　徐苹芳　志丹苑：上海元代水闸遗址研究文集 91－93
上海志丹苑元代水闸遗址防护工程的实施　欧永康　志丹苑：上海元代水闸遗址研究文集 96－105
上海志丹苑元代水闸遗址文物保护技术思路探讨　周浩等　志丹苑：上海元代水闸遗址研究文集 106－121
圆明园大宫门河道遗址和如园遗址土样初步分析　杨菊、刘乃涛　文博 3：104－109
略论我国古代墓葬的防护措施　吴敬　四川文物 3：83－88
赵卿墓车马坑搬迁及搬迁后的保护修复　王跃、李永智　文物世界 3：75－77
熊家冢车马坑展厅温湿度研究　陈华　江汉考古 1：107－111
汉代石椁墓葬群的保护　任水霞　中国文物报 3 月 20 日 8 版
汉阳陵外藏坑遗址监测系统优化研究　姚雪等　西部考古（第 9 辑）187－194
汉阳陵遗址文物保存风幕隔离及富氮低氧环境数值模拟研究　孟祥兆等　文物保护与考古科学 3：1－7
危险土体复位加固技术在汉阳陵帝陵南阙门遗址保护中的应用　白冬梅等　文博 6：95－98
盱眙大云山 M12 文化层剖面的整体揭取　余伟、许定富　南方文物 3：225－227
内黄白条河汉画像石墓的搬迁保护　张勇　文物建筑（第 8 辑）170－175
山西北齐徐显秀墓葬墓室结构保护技术研究　裴强强等　敦煌研究 3：116－121
金代砖雕墓葬流动展览保护复原方法初探——以稷山化肥厂金墓砖雕的保护复原为例　闫文祥　文物世界 6：75－78
高精度变形监测预警系统在明显陵遗址保护中的应用研究　张健、李应军　文物保护与考古科学 1：21－28
维护文物的历史空间信息——遵义新浦播州杨氏墓群保护对策述略　朱伟　南方文物 1：162－166
播州杨氏“土司”家族墓地保护浅论——兼谈土司治区内部系列遗产的建构　朱伟　中国文化遗产 4：66－71
哈巴河县田野考古发掘现场文物保护及其后续发展　于建军　新疆文物 2：92－98

其他

文物保护技术与现代科技 晓余 中国文物报10月23日10版

文物医院略论 宋纪蓉 故宫学术讲谈录（第2辑）127-148

简析科学仪器在文物保护中的应用 孙宝林 文物世界5：59-62

传统方法加固馆藏浮放文物抗震性能试验 周乾等 文物保护与考古科学2：63-72

基于文物振动安全的地铁与文物空间关系研究 葛佳琪等 文物保护与考古科学1：7-14

文物在展览期间的预防性保护——以河南博物院“丝路遗珍”展为例 韩凯英 丝绸之路沿线博物馆专业委员会论文集（第2辑）69-74

文物保护中化学渗透加固试验研究方法 张金风 中国文物报6月16日7版

两害相权取其轻——化学渗透加固在文物保护中的应用 张金风 中国文物报6月26日7版

改性丙烯酸树脂在文物保护领域中的应用 董欣欣、王丽琴 西部考古（第七辑）389-393

浅析影响馆藏文物保存的环境因素及预防性保护 赵国兴、刘建忠 文物世界2：70-73

文物保存微环境中的氮氧化物集成净化 王大为等 文物保护与考古科学2：58-62

博物馆展陈环境中颗粒物现状评估 徐方圆 中国文化遗产1：53-60

南方典型遗址博物馆文物病害与环境的关联研究 马涛等 文博4：71-77

秦始皇帝陵博物院几类文物保存空间秋季微气候对比分析 李华、李斌 文物世界4：35-33

天津博物馆文物温湿度环境监测分析 张艳红、刘根亮 天津博物馆论丛（2014）191-203

西安碑林博物馆库房降尘的检测分析 牟炜等 文博2：92-95

皮质文物常见病害及形成原因的研究 张晓岚等 文物保护与考古科学3：35-46

唐代皮鞋的修复保护：开启中德合作皮质品修复开端 徐东良等 中国文物报5月1日7版

贰 考古学分论

一 综述

中国与美洲古代文明比较研究的历史与现状 袁广阔、王涛 中国文物报3月13日6版

考古学勾画早期中国历史文化图景 曹兵武 大众考古19：19-22

公元前2000年前后的中原社会——青铜催生“中国”？ 许宏 大众考古29：38-45

三代本土与外来文化考古人类学研究 易华 中华之源与嵩山文明研究（第2辑）240-243

商周时期的鬼方、媿姓族氏及其华夏化 张海 殷都学刊2：1-9

北京夏商周考古回顾与展望 王继红 北京文博文丛2：81-83

北京汉唐考古回顾与展望 胡传耸 北京文博文丛2：84-86

成都平原先秦聚落变迁分析 江章华 考古4：67-78

先秦时期胶东与辽东海上文化交流综论 王富强等 海洋遗产与考古（第二辑）11-24

夏商周缯地曾国探论 周书灿 中原文物5：18-24

从考古新材料看鄂国的历史变迁 黄尚明 华中师范大学学报（人文社科版）1：144-149

试析东莱文化及其特色——以烟台地区夏商周时期遗址为例 步利云 文物世界2：31-32

商周时期大型单体建筑平面布局浅析 郭明 文物8：58-66

先秦时期地面灶址的功能辨析 李小龙 中国文物报10月23日6版

中国古代都城门道研究 徐龙国 考古学报4：425-450

论史前及夏时期的朱砂葬——兼论帝尧与丹朱传说 方辉 文史哲2：56-72

试论商周家族墓地复合族徽铜器墓葬的类型 雒有仓 四川文物6：23-29

商周家族墓地所见复合族徽铜器墓葬的葬制与葬俗 雒有仓 考古与文物2：47-53

土墩墓祭祀遗存考辨 付琳 东南文化3：68-76

陕西帝王陵墓概论 徐卫民 长安大学学报（社科版）1：16-21

辽阳沈阳地区汉魏晋墓葬类型与分期研究　张永珍　庆祝魏存成先生七十岁论文集 146－157
和静县小山口墓地汉晋时期墓葬的考古发现与研究　田小红　新疆文物 2：86－91
环塔里木墓葬文化及对汉唐国家认同的趋势分析　张安福、岳丽霞　烟台大学学报（哲社版）3：67－73

补　遗

广西考古学研究与壮学的建立发展　谢崇安　广西民族研究 2014 年 5：76－82
峡江地区夏商周时期聚落考古初步研究　徐燕　郑州航空工业管理学院学报（社科版）2014 年 6：54－58
川西高原区新石器时代至早期铁器时代生业经济的考古学观察　李映福　西南民族大学学报（人文社科版）2014 年 11：14－20
洛阳盆地新石器——青铜时期的炭化植物遗存　张俊娜等　科学通报 2014 年 34：3388－3397

二　人类起源及旧石器时代

总述

中外旧石器考古差距之思——“囫囵吞枣”与“细嚼慢咽”　王益人　大众考古 22：19－24
中国旧石器时代晚期革命：研究范式的问题　陈胜前　北方民族考古（第 2 辑）29－45
“工业”在史前研究中的内涵探讨　崔天兴　中国文物报 5 月 8 日 6 版
国内磨制石器的研究方法和现状分析　黄可佳　文物春秋 1：7－14
模拟打制实验及其在丁村角页岩石器研究中的应用　杨石霞等　人类学学报 4：492－502
淀粉粒分析在石制品功能研究中的应用与思考　方梦霞、陈虹　草原文物 2：131－137
“两面器技术”源流小考　陈宥成、曲彤丽　华夏考古 1：18－25
中国的勒瓦娄哇技术　董哲　文物研究（第 21 辑）1－9
“勒瓦娄哇技术”源流管窥　陈宥成、曲彤丽　考古 2：71－78

人类起源

中原地区现代人类行为的出现及相关问题　王幼平　中华之源与嵩山文明研究（第 2 辑）19－27
“元谋人”的年龄及相关的年代问题讨论　高星　人类学学报 4：442－450
“栾川人”——中原地区远古人类的一次重要发现　顾雪军　大众考古 23：26－31
中国西南晚更新世—全新世过渡时期古老型人类的发现　［澳］戴·科乐、吉学平　首届世界考古论坛会志 112－117

华北地区

中国华北砾石石器遗存初探　陈宥成、曲彤丽　中原文物 1：16－23
华北地区磨制石器制作工艺考察　翟少冬　中原文物 1：24－29
山西旧石器文化的发现与研究　檀志慧　文物世界 3：41－43
河北阳原侯家窑遗址区古河流与古人类生存环境研究　张聪聪等　第四纪研究 3：731－741
孢粉资料定量重建泥河湾盆地侯家窑遗址时期的古气候　穆会双等　第四纪研究 3：698－711
侯家窑遗址 2007—2012 发掘地层的新认识　王法岗　文物春秋 6：15－22
河北秦皇岛斑鬣狗巢穴（灵仙洞）及斑鬣狗的集群死亡与埋藏　刘金毅等　第四纪研究 3：607－621
泥河湾盆地西白马营旧石器遗址新材料　贾真秀等　人类学学报 3：299－306
旧石器遗址中的遗迹——以泥河湾为例　李君等　文物春秋 6：3－14
陕西洛南盆地夜塬地点发现的石制品　邢路达等　人类学学报 1：1－13
郑州老奶奶庙遗址的考古发现——四万年前中原人类的生活实证　王幼平、郝红星　大众考古 28：21－26
“许昌人”2 号头骨的发现　李雅楠、邢颖　寻根 1：111－117
北京平原地区水牛化石新材料：时代与环境问题　同号文等　第四纪研究 3：561－572

大窑遗址二道沟地点的工具类型与加工技术研究　汪英华等　边疆考古研究（第16辑）277－293
大窑遗址二道沟地点石制品研究的抽样方法设计　徐廷等　人类学学报3：307－317
天津蓟县东营坊遗址出土的石制品　王春雪等　人类学学报1：14－20
鄂尔多斯乌兰木伦遗址石制品拼合研究及其对遗址成因的指示意义　刘扬等　人类学学报1：41－54
鄂尔多斯市乌兰木伦遗址石核剥片技术的阶段类型学研究　刘扬等　考古6：68－79
萨拉乌苏晚更新世以来古生物与环境的研究进展和展望　马玉贞等　第四纪研究3：721－741

东北地区

吴家窝堡东山旧石器地点发现与研究　万晨晨等　文物春秋4：3－11
黑龙江富裕县老虎屯遗址发现的旧石器　李有骞　北方文物1：3－9
沈阳柏家沟西山旧石器地点石器研究　付永平等　文物春秋1：3－6
吉林省东部旧石器时代晚期遗址黑曜岩制品原料来源探索　刘爽等　边疆考古研究（第16辑）261－276

华东地区

山东日照黄泥梁遗址2012年调查与试掘　陈福友等　人类学学报1：21－27
关于青岛大珠山旧石器遗址考古发掘的几点认识　陈宇鹏　青岛考古（二）211－216
南京汤山驼子洞早更新世哺乳动物群的新材料及其古环境探讨　刘文晖等　第四纪研究3：596－606
安徽东至县华龙洞旧石器时代遗址出土石制品研究　董哲、战世佳　东南文化6：63－71
台湾长滨文化及其来源探讨　张崇根　东方考古（第11集）32－42
旧石器破裂面图像学的历史剖析——从八仙洞遗址石器绘图说起　邓聪　南方民族考古（第11辑）1－33

华中地区·华南地区

试析中国长江中游地区大型尖状类石器遗存的区域传统　陈宥成、曲彤丽　人类学学报1：28－40
试论古人对石器工业生产体系的管理模式——以郧县后房旧石器遗址为例　李英华、周玉端　江汉考古4：71－78
湖北省郧县肖家河发现的石制品　杜杰等　华夏考古1：26－33
馆藏瓯骆精品文物　韦江　文物天地7：10－14
肇庆高要泥炭沉积揭示的全新世植被演变及人类活动历史　彭环环等　第四纪研究3：742－754

西南地区·西北地区

田阳百峰遗址发现的含手斧石制品研究　李大伟等　人类学学报3：288－298
贵州兴义猫猫洞出土的人类化石　曹波等　人类学学报4：451－460
甘肃镇原县旧石器时代文化遗存综述　王博文　丝绸之路6：19－21
甘肃徐家城旧石器遗址石制品拼合研究　李锋等　人类学学报2：180－191
甘肃徐家城遗址石制品原料最小单元分析　赵宇超等　人类学学报3：318－329
水洞沟第12地点2007年出土石核研究　仪明洁等　人类学学报2：166－179

补　遗

三峡库区新石器时代文化格局的变迁　蔡靖泉　三峡大学学报（人文社科版）2014年5：22－28

三　中石器时代

中石器时代我国细石器的特征及分布　李爱红　文化学刊6：153－155
试论华北细石器工业的出现　［日］加藤真二　华夏考古2：56－67
细石叶技术在中国北方地区的兴衰　仪明洁、高星　边疆考古研究（第16辑）69－81

四 新石器时代

总述

论中国史前社会文明化进程 赵辉 聚落演变与早期文明 541－559

中国史前社会上层远距离交流网的形成 李新伟 文物 4：51－58

“文明时代”的中原和环太湖地区——不同轨迹和道路的比较 方向明 中华之源与嵩山文明研究（第2辑）168－181

“区域聚落形态”可以休矣 裴安平 东南文化 1：6－15

环壕的发展与城的起源 陈冬仿 中原文物 6：42－45

陕蒙史前石城发现与年代的一点思考 卫雪、邵晶 中国文物报 8 月 14 日 6 版

营建中的颜色——从禹会村祭祀台基漫谈史前祭祀遗迹 方向明 禹会村遗址研究——禹会村遗址与淮河流域文明研讨会论文集 120－134

我国北方地区竖穴偏室墓成因分析 李二超 中国抚仙湖文明的影响和传播：纪念抚仙湖水下考古研究 12 周年学术论文集 427－440

磨盘、磨棒类石器研究的几个问题 王强、杨海燕 文物春秋 2：3－14

中国史前石锛研究述评 肖宇、钱耀鹏 南方文物 2：113－120

中国史前彩绘石钺初步研究 刘文强 文物研究（第 21 辑）10－63

中国史前轮轴机械研究的体会 邓聪 中国文物报 2 月 13 日 6 版

关于东亚地区的陶器起源 王小庆 四川文物 5：40－47

试论轮制陶器技术及其特点 于洁 南方文物 4：128－133

中国古代陶器研究历程回顾 王小娟 中国文物报 12 月 4 日 6 版

史前陶器研究的新思考 李新伟 南方文物 4：120－121

浅谈原始陶器纹饰的功能 鹿习健 中国陶瓷 5：95－98

简论中国新石器时代陶鼎的发展演变 韩建业 考古 1：69－79

略论我国新石器时代彩陶上的玉器图案 袁广阔、杨小燕 中原文物 5：45－50

试析中国早期器物刻划符号的命名问题 马保春、袁广阔 中原文物 6：27－41

小麦传入中国的研究——植物考古资料 赵志军 南方文物 3：44－52

补 遗

长江中游史前毁器葬 邱诗萤 三峡大学学报（人文社科版）2014 年 5：17－21

文明起源研究

中华文明探源工程研究 王巍、赵辉 首届世界考古论坛会志 166－177

早期中国文明形成过程的考古学观察 王巍 首届世界考古论坛会志 298－307

略论文化上“早期中国”的起源、形成和发展 韩建业 江汉考古 3：67－74

论文化交流在中国古代文明起源中的地位与作用 靳松安、张建 中华之源与嵩山文明研究（第 2 辑）182－204

试论中原地区古代文明起源与形成的特点 杨育彬 中华之源与嵩山文明研究（第 2 辑）87－95

中原地区文明起源与形成的五个特性及其意义 窦志力、陈晓 中华之源与嵩山文明研究（第 2 辑）96－107

论中华文明的起源及其初步发展——以郑洛地区古都古城为例 索全星 中原文物 3：14－20

交流与借鉴——早期文明的对话 中国文物报 4 月 24 日 5 版

《禹贡》和最初的“中国梦” 李新伟 禹会村遗址研究——禹会村遗址与淮河流域文明研讨会论文集 259－265

黄河中游地区

中原地区的史前聚落演变与早期文明 魏峻 聚落演变与早期文明 1－106

试论嵩山文明中心的形成　武家璧　中华之源与嵩山文明研究（第2辑）61－81
嵩山文化圈在中国古代文明进程中的地位和作用　张松林等　郑州商都3600年学术研讨会暨中国古都学会2004年年会论文选编167－172
从区域研究到全局认识——在2013年嵩山文明与早期中国学术研讨会上的总结发言　李伯谦　中华之源与嵩山文明研究（第2辑）14－18
河南地区全新世环境考古研究进展及未来趋势　李开封等　地理科学进展7：883－897
南阳盆地新石器文化的地理分布、传播路径及生业模式　李中轩等　地理学报1：69－79
泥河湾盆地籍箕滩剖面记录的6400年以来环境变化与人类活动影响　胡亚楠等　第四纪研究4：946－959
略论渭水流域8～5ka B. P. 环境演变与文化发展的关系　胡松梅　考古与文物6：23－29
淀粉粒分析揭示的河南唐户遗址裴李岗文化古人类植物性食物资源利用　杨玉璋等　第四纪研究1：229－239
河南省舞阳县贾湖遗址出土的鲤科鱼类咽齿研究　［日］中岛经夫等　第四纪研究1：192－198
舞阳贾湖遗址骨制叉形器的制作、使用与传播初探　张居中、赵嫚　南方文物4：139－145
试论贾湖聚落的捕捞业　张居中、程志杰　东方考古（第11集）444－452
大地湾遗址仰韶时代聚落的经济结构与社会分工　彭博　草原文物1：59－68
大地湾等遗址出土特殊彩绘的构图规则及相关问题——彩陶新诠之一　顾万发　中原文物5：51－67
淮河河南息县段发现的陶质镰形器　陈昀　中国文物报7月31日6版
再审半坡文化和庙底沟文化的年代关系——以叠压打破和共存关系为视角　许永杰　考古3：74－89
从郑州地区仰韶文化聚落看中国早期城市起源　靳松安、张建　郑州大学学报（哲社版）2：135－140
再论郑州西山仰韶文化古城的性质　杨肇清　郑州商都3600年学术研讨会暨中国古都学会2004年年会论文选编131－137
中原第一城——五千年前黄帝时代古城　许顺湛　郑州商都3600年学术研讨会暨中国古都学会2004年年会论文选编122－130
姜寨：中国一座新石器中期村落的社会与经济结构　［美］克里斯琴·彼得森（C. E. Peterson）、［以］吉迪恩·谢拉克（G. Shelach）著　任晓莹等译　陈淳校　南方文物4：250－265
正定南杨庄新石器时代遗存再认识　张谦　文物春秋3：3－13
宝鸡石嘴头遗址史前遗存分析　肖宇　文博2：37－42
仰韶文化灰坑葬相关问题探讨　李小龙　文博6：31－37
庙底沟文化与璧的起源　王炜林　考古与文物6：30－34
谈彩陶鹳鱼石斧图的巫画性质　张红樱　中原文物4：64－67
人头形器口彩陶瓶　贾建威　文物天地4：23－24
鲵鱼纹彩陶瓶　李永平　文物天地4：24－25
仰韶文化彩陶艺术浅析：彩陶及装饰花纹　杨霞　文化学刊3：135－136
试论华县太平庄鹰鼎的年代问题　杨亚长　文博2：35－36
大河村遗址秦王寨文化彩陶再研究　朱雪菲　中原文物2：20－31
郑州西山遗址出土人类遗骸研究　魏东等　中原文物2：111－119
陕西省蓝田县新街遗址炭化植物遗存研究　钟华等　南方文物3：36－43
河北省邢台小里遗址出土动物遗存的鉴定与初步研究　李志鹏等　南方文物4：92－96
大地湾遗址第五期遗存浅析　任瑞波　中国国家博物馆馆刊3：32－41
铜石并用时代的豫东　张致政　中华之源与嵩山文明研究（第2辑）143－167
豫西南鄂西北地区龙山晚期聚落初探　王琼　华夏考古1：46－52
豫西南鄂西北地区龙山晚期遗存分析　王琼　中国国家博物馆馆刊1：6－16
中原早期城址与嵩山文明　马世之　中华之源与嵩山文明研究（第2辑）82－86

陶寺文化二题　苏家寅　殷都学刊 4：50－57
略论陶寺遗址在中国古代文明演进中的地位　李伯谦　华夏考古 4：17－20
陶寺与尧都：中国早期国家的典型　王震中　南方文物 3：83－93
从陶寺遗址看“唐伐西夏”　刘铮　四川文物 2：48－53
陶寺遗址石制品复制实验与磨制工艺　翟少冬　人类学学报 2：192－201
河南禹州瓦店遗址及其相关问题　张金凤　中原文物 4：35－39
河南省禹州瓦店遗址的河流地貌演化及相关问题　王辉等　南方文物 4：81－87
濮阳戚城龙山城址的考古勘探、发掘及其重要意义　李一丕等　中国社会科学院古代文明研究中心通讯 27：10－18
新密市古城寨龙山古城始建年代与黄帝轩辕丘的探讨　曹桂岑　郑州商都 3600 年学术研讨会暨中国古都学会 2004 年年会论文选编 146－153
孟庄龙山古城与共工文明　李慧萍　中华之源与嵩山文明研究（第 2 辑）112－119
从登封王城岗考古新发现看古史传说“大禹治水”　方燕明　禹会村遗址研究——禹会村遗址与淮河流域文明研讨会论文集 135－149
石峁遗址：2015 年考古纪事　孙周勇等　中国文物报 10 月 9 日 5 版
陕北神木石峁遗址即“不周山”——对石峁遗址的若干考古文化学探想　胡义成等　西安财经学院学报 4：111－116
石峁：公元前两千纪中国北方石城　孙周勇　首届世界考古论坛会志 94－101
神木县木柱柱梁遗址的分期　郭小宁　考古与文物 5：32－36
陕西神木木柱柱梁新石器遗址人骨研究　陈靓等　考古与文物 5：118－123
试析中国古代中柱盂形器　李丽娜　中原文物 1：55－59
曲沃景明、东许征集的新石器时代陶器　王佩佩　文物世界 5：13

补　遗

临潼零口遗址新石器时代“圆陶片”的功用浅析　赵艺蓬　西安文理学院学报（社科版）2014 年 4：33－37

黄河下游地区

齐地史前文化进程　李欣航　中华文化论坛 9：80－84
海岱地区的史前聚落演变与早期文明　栾丰实　聚落演变与早期文明 107－203
海岱地区史前墓葬空间演变探析　刘允东　中原文物 2：14－19
胶东半岛史前海洋聚落生业经济初步研究——北阡遗址的个案分析　聂政　海洋遗产与考古（第二辑）25－38
青岛丁字湾周边史前聚落遗址资源域分析　聂政　青岛考古（二）221－233
山东五莲县丹土遗址大汶口、龙山文化遗存分析　刘延常、赵国靖　中国社会科学院古代文明研究中心通讯 27：47－55
山东胶州三里河遗址大汶口文化墓葬的时空结构　李长盈　东南文化 5：56－67
尉迟寺遗址大汶口文化聚落陶器使用情况分析　乔玉　南方文物 4：134－138
关于“龙山时代”的概念　王立新　庆祝魏存成先生七十岁论文集 24－27
鲁东南沿海地区龙山文化时期的聚落结构和人口　栾丰实　中国社会科学院古代文明研究中心通讯 27：35－46
山东城子崖遗址环境演变过程的初步分析　夏正楷、刘江涛　中国社会科学院古代文明研究中心通讯 27：56－61
山东沭河上游史前遗址的植硅体分析　齐乌云等　农业考古 6：8－12
禹会村龙山文化遗存之分析　栾丰实　禹会村遗址研究——禹会村遗址与淮河流域文明研讨会论文集 40－54

禹会村遗址概述及对相关问题的思考 辛礼学、王吉怀 禹会村遗址研究——禹会村遗址与淮河流域文明研讨会论文集 11-29
禹会村遗址年代的初步分析 陈杰 禹会村遗址研究——禹会村遗址与淮河流域文明研讨会论文集 65-74
禹会村遗址祭祀礼仪遗存之我见 何驽 禹会村遗址研究——禹会村遗址与淮河流域文明研讨会论文集 75-84
史前"白土"的利用与禹会村土坛的意义 裴安平 禹会村遗址研究——禹会村遗址与淮河流域文明研讨会论文集 92-98
堰南遗址与禹会村遗址祭祀遗迹之比较研究 林留根 禹会村遗址研究——禹会村遗址与淮河流域文明研讨会论文集 85-91
牛头岗遗址早期陶器与禹会村遗址出土陶器之初步比较 王光明 禹会村遗址研究——禹会村遗址与淮河流域文明研讨会论文集 99-105
试论禹会村出土的陶鬶盉 张东 禹会村遗址研究——禹会村遗址与淮河流域文明研讨会论文集 55-64
禹会村遗址发掘缘由与成果分析 徐大立 禹会村遗址研究——禹会村遗址与淮河流域文明研讨会论文集 111-117
涂山大禹文化在淮河文化中的地位探析——面对禹会村遗址发掘成果的思考 曹天生 禹会村遗址研究——禹会村遗址与淮河流域文明研讨会论文集 296-302
禹墟发掘成果的意义 朱光耀 禹会村遗址研究——禹会村遗址与淮河流域文明研讨会论文集 266-272
禹会村遗址及其同"禹"之关系试读 宋建 禹会村遗址研究——禹会村遗址与淮河流域文明研讨会论文集 106-110
安徽蚌埠禹会村遗址与"大禹治水"的历史渊源研究 张广胜等 禹会村遗址研究——禹会村遗址与淮河流域文明研讨会论文集 150-160
禹会村遗址与大禹传说 赵兰会 禹会村遗址研究——禹会村遗址与淮河流域文明研讨会论文集 279-287
禹会随笔 朱乃诚 禹会村遗址研究——禹会村遗址与淮河流域文明研讨会论文集 30-39

长江中游地区

长江中游区的史前聚落演变与早期文明 张弛 聚落演变与早期文明 204-265
长江中游地区史前陶窑及其与陶器生产初探 彭小军、郭长江 南方文物 4：122-127
大溪遗址单人墓葬人口自然结构及相关问题研究 王建华、曹静 东方考古（第 11 集）274-283
湖北枣阳雕龙碑遗址古建材及相关问题 陈春君、刘俊男 四川文物 4：45-49
浅析城头山遗址屈家岭文化时期城墙与护城河的修建 赵亚锋 湖南考古辑刊（第 11 集）192-201
岱子坪遗址新石器时代遗存的文化归属及相关问题浅析 洪猛、王菁 江汉考古 6：38-47

长江下游地区

长江下游地区的史前聚落演变与早期文明 秦岭 聚落演变与早期文明 266-338
江苏泗洪顺山集遗址植物遗存分析的主要收获 张居中等 东方考古（第 11 集）365-372
环太湖流域新石器时代晚期区域政体模式的探讨 方向明 东方博物（第 56 辑）1-11
PEG 稳定河姆渡遗址出土香樟的干燥特性研究 刘东坡 文物保护与考古科学 2：13-18
余杭南湖出土木剑可能为木桨 谭玉华 东方博物（第 56 辑）12-13
江苏昆山姜里遗址马家浜文化水田植硅体分析 邱振威等 东方考古（第 11 集）374-386
从"崧泽风格"到"良渚模式" 赵辉 玉器考古通讯 1：82-94
聚落变迁和统一信仰的形成：从崧泽到良渚 方向明 东南文化 1：102-112
崧泽—良渚转型期的礼制遗存刍议——以小兜里、仙坛庙、邱承墩遗址为例 张小帆 南方文物 4：146-151
长江下游地区崧泽文化圈的形成 仲召兵 东方考古（第 11 集）61-82

崧泽文化三题　张敏　东南文化1：49－55
崧泽文化的形成　陈杰　东南文化1：57－65
崧泽时代皖江两岸的聚落与文化　朔知　东南文化1：66－78
崧泽文化向北方地区的扩散　栾丰实　东南文化1：79－87
关于崧泽文化商品经济的思考　何驽　东南文化1：88－94
崧泽之美：物质表征下的精神实质　蒋卫东　东南文化1：95－101
江苏张家港东山村遗址崧泽文化墓地初步研究　周润垦等　东南文化6：72－84
江苏张家港东山村遗址地层揭示的全新世环境变迁　李兰等　考古与文物6：88－94
张家港东山村出土"钥匙状玉饰"与远古祭祀崇拜——五六千年前长江下游的"祭祀礼"　高新天　大众考古29：51－55
上海崧泽遗址出土陶器和玉器　孙维昌　收藏家3：39－44
浅析宁镇地区北阴阳营文化和薛城文化遗存　陈国庆、许鹏飞　边疆考古研究（第16辑）83－90
薛家岗文化陶球用途探讨　梅术文　边疆考古研究（第16辑）91－98
大酋长之墓——含山凌家滩07M23墓文化内涵试析　李宸　文物天地4：118－122
小议凌家滩文化实用与随葬陶器的异同　刘松林　中国文物报5月22日6版
距今4400～4000年环太湖和周边地区古文化及相关问题　丁品　禹会村遗址研究——禹会村遗址与淮河流域文明研讨会论文集176－194
先秦江苏地区古文化在文明进程中的重要地位　王健　赵光贤先生百年诞辰纪念文集232－248
部族时代：良渚文化与古史体系之建构——纪念赵光贤先生百年诞辰　李学功　赵光贤先生百年诞辰纪念文集145－156
略论良渚文化的宗教　郭明建　东方考古（第11集）83－92
良渚先民的治水实践与上古治水传说　王宁远、闫凯凯　禹会村遗址研究——禹会村遗址与淮河流域文明研讨会论文集195－204
关于"良渚文化晚期后段"的考古学思考　陈明辉、刘斌　禹会村遗址研究——禹会村遗址与淮河流域文明研讨会论文集161－175
试论良渚文化的去向——从良渚文化末期遗存的面貌谈起　许鹏飞　东南文化5：75－85
良渚古城——新发现与探索　刘斌等　玉器考古通讯1：40－58
寻找消失的文明：良渚古城考古新发现　刘斌　首届世界考古论坛会志62－69
浙江良渚古城墙铺底垫石的特征与石源分析　吕青等　华夏考古2：79－88
大雄山丘陵及官井头遗址揭秘——追寻良渚文明的源头　赵晔　大众考古25：19－25
良渚文化墓葬及其反映的社会结构与形态　许鹏飞　中国国家博物馆馆刊3：17－31
良渚符号关系论　张春凤　西北民族大学学报（哲社版）2：136－142
论江苏澄湖遗址出土的良渚刻符　张溯　东南文化5：68－74
破土器、庖厨刀或铡草刀——长江下游新石器时代及早期青铜时代石器分析之二　刘莉等　东南文化2：61－66
钱山漾文化因素初析　曹峻　东南文化5：86－93
"钱山漾文化"的提出与思考　宋建　中国文物报2月13日6版

闽台两广地区

珠江三角洲史前海洋聚落宏观形态的变迁　程玲　南方文物2：94－98
珠江三角洲史前聚落的海洋适应性　程玲　海洋遗产与考古（第二辑）64－77
从史前聚落地理变迁看台湾原住民文化的发展　蔡彦　华夏考古2：68－78
我国东南沿海史前居民的贝类捕食工具　方方　海洋遗产与考古（第二辑）39－52
南海北岸先秦濒海与河岸聚落　肖一亭　海洋遗产与考古（第二辑）78－91
福建漳平奇和洞新石器时代早期人类身体大小　方园等　人类学学报2：202－215

广西革新桥遗址出土的石拍研究　谢莉等　南方文物 2：121－123
香港新石器时代打制石器研究　吕红亮　南方民族考古（第十辑）21－44
珠海宝镜湾出土石锚功能辨证　谭玉华　广州文博（八）248－253
馆藏大石铲选介　沈文杰　文物天地 7：14－18
广东省佛山市三水区银洲贝丘遗址古环境与人地关系的再解读　李梓杰等　南方文物 4：88－91

西南地区

成都平原先秦时期聚落演变与早期文明　孙华　聚落演变与早期文明 339－367
成都平原史前城址考古：回顾与展望　陈剑、邱艳　中国文化遗产 6：14－25
略论成都平原史前城的兴起与聚落变迁　左志强等　成都文物 4：1－10
马尔康哈休遗址史前文化与生业——兼论岷江上游地区马家窑类型的生业方式　何锟宇　考古 5：72－82
试论姜维城遗址史前文化遗存的分期、年代及文化属性　何锟宇、郑漫丽　南方民族考古（第十辑）61－74
宝墩遗址：成都平原史前大型聚落考古新进展　何锟宇　中国文化遗产 6：26－31
四川新津宝墩遗址的植硅体分析　陈涛等　人类学学报 2：225－233
四川什邡市桂园桥遗址浮选结果与分析　四川省文物考古研究院（［美］玳玉、万娇）　四川文物 5：81－87
略论峡江地区新石器时代墓葬的型制、葬式与葬俗　陈果　中国抚仙湖文明的影响和传播：纪念抚仙湖水下考古研究 12 周年学术论文集 441－447
元谋大墩子的特殊葬式及其族属简析　官春燕、李培聪　中国抚仙湖文明的影响和传播：纪念抚仙湖水下考古研究 12 周年学术论文集 381－389
浅析云南永胜县枣子坪遗址出土石斧的制作工艺流程　石晶等　边疆考古研究（第 16 辑）295－304
云南保山昌宁达丙营盘山新石器遗址出土古稻研究　向安强等　华夏考古 1：41－45
青藏高原东南部新石器时代考古学文化观察　罗伊　中原文物 4：15－22
青藏高原东缘的史前人类活动——论多元文化"交汇点"的四川凉山地区　［德］安可·海因著　张正为译　李永宪校　四川文物 2：40－47
西藏史前墓葬葬式及其文化意涵初探　王煜　中国藏学 3：307－316

西北地区

公元前 3 至前 1 千纪中国和中亚地区的尖顶冠形符号　韩建业　西域研究 4：142－146
临夏地区史前文化遗存概说　贺永安　丝绸之路 20：40－41
青海史前文化缺首葬俗研究　王倩倩　青海社会科学 4：176－180
甘青地区马家窑类型文化变迁探索　杨芸芸　陇右文博 3：7－13
青海东北部地区的马家窑类型遗存　肖永明　西部考古（第七辑）55－71
对甘肃彩陶的认识　史兆利　丝绸之路沿线博物馆专业委员会论文集（第 2 辑）176－179
丝绸之路甘青段几种常见彩陶纹饰新解　刘宝山　2009 丝绸之路国际学术研讨会论文集 8－17
甘肃丝绸之路上马家窑文化彩陶常见纹饰及演变　贾建威　2009 丝绸之路国际学术研讨会论文集 [illegible]－7
马家窑白陶发现之特殊意义探析　叶茂林等　丝绸之路 2：19－20
张掖市西城驿遗址的彩陶　张良仁、王辉　北方民族考古（第 2 辑）91－101
阳山墓地彩陶图案分类个案研究——《永昌鸳鸯池墓地彩陶图案的分类研究》研究方法再实践　朱雪菲、许永杰　南方文物 2：124－127
下海石墓地彩陶图案分类研究　朱雪菲　边疆考古研究（第 17 辑）143－155
齐家文化源流初探　杜维　丝绸之路 18：35－38
正本清源说齐家——纪念齐家文化发现 90 周年　易华、唐士乾　丝绸之路 13：32－36
齐家文化研究相关的现实意义——纪念齐家文化发现 90 周年　叶茂林　中国社会科学院古代文明研究

中心通讯 28：8－13
齐家文化对中原地区文化的影响 张天恩 中国社会科学院古代文明研究中心通讯 28：14－25
从考古发现谈武威的史前文化 黎大祥 陇右文博 3：22－26
齐家文化农业发展的生态化适应：原始草作农业初探——以青海喇家遗址为例 叶茂林 农业考古 6：19－26
青海喇家遗址齐家文化时期黍粟农业的植硅体证据 王灿等 第四纪研究 1：209－217
尼勒克县乌吐兰墓地分期研究——兼论伊犁地区史前考古学文化序列的构建 阮秋荣 新疆文物 2：76－85
托克逊县鱼儿沟墓地 M1 出土人骨的生物考古学研究 陈靓、熊建雪 新疆文物 2：99－106
磨沟墓地墓道埋人与殉人问题初步研究 钱耀鹏等 西部考古（第七辑）72－116
陶祖演变及崇拜探析 李焕云 丝绸之路 20：20－22
齐家铜器西承东接 刘学堂 丝绸之路 13：37－44

补 遗

金禅口遗址动植物遗存反映的古环境及生业模式探讨 王倩倩 青海师范大学学报（哲社版）2014 年 6：75－78

东北及内蒙古地区

北方地区的史前聚落演变与早期文明 韩建业 聚落演变与早期文明 368－456
东北南部地区的史前聚落演变与早期文明 郭大顺 聚落演变与早期文明 457－540
下辽河流域新石器文化的区域特征及其相关问题 朱永刚、郑钧夫 辽宁大学学报（哲社版）1：23－28
松嫩流域新石器时代遗址文化类型 王萨原 黑龙江史志 2：24－25
中国北方地区新石器时代窑洞式建筑结构演变研究 李小龙、程鹏飞 草原文物 1：69－76
安图县三道村古城堡遗址石器研究 刘亚林、陈全家 北方民族考古（第 2 辑）325－339
内蒙古林西白音长汗遗址出土兴隆洼文化石铲的功能研究 杨宽等 边疆考古研究（第 17 辑）359－372
辽宁阜新查海遗址生业经济初步分析：来自石器淀粉分析结果的指示 吴文婉 农业考古 3：1－9
红山文化 80 年——评述与展望 田野 辽宁师范大学学报（社科版）3：426－432
深化红山文化研究的几点思考 于建设、滕海键 中国史研究动态 6：47－51
红山文化的经济结构和社会管理 徐昭峰等 辽宁师范大学学报（社科版）5：707－713
红山文化的聚落群聚形态与辽西区文明的发生 徐昭峰等 北方文物 3：18－23
后冈期红山文化再考察 张星德 文物 5：60－65
陶器视角下的多谱系文化角逐与红山文明的形成 张星德 辽宁大学学报（哲社版）1：29－34
红山文化人形坐像研究 田广林等 辽宁师范大学学报（社科版）5：699－706
红山文化人体雕像解析 郭大顺 故宫文物月刊 387：74－87
小珠山下层文化探源——兼论与周边文化关系（以陶器为例） 张翠敏 东方考古（第 11 集）43－60
内蒙古科尔沁史前考古新发现——哈民史前聚落遗址发掘记 吉平 大众考古 20：22－26
内蒙古哈民忙哈遗址新石器时代居民的人种学研究 周亚威、朱泓 内蒙古社会科学 4：68－73
内蒙古哈民忙哈新石器时代遗址出土蚌制品研究 陈全家等 考古 12：98－105
哈民忙哈遗址生业方式研究——以植物考古学为中心 付萍、孙永刚 农业考古 4：1－5
再论小河沿文化的分期与年代 赵宾福、任瑞波 边疆考古研究（第 17 辑）127－142
关于偏堡子文化的几点思考 张翠敏 沈阳考古文集（第 5 集）309－317
石灰厂下层文化的发现与初步认识 胡秀杰、刘晓东 庆祝魏存成先生七十岁论文集 1－23
黑龙江新石器时代墓葬研究 胡秀杰 北方文物 4：21－25
大连王家村遗址炭化植物遗存研究 马永超等 北方文物 2：39－43

吴家村遗址 2010 年度浮选结果及分析　马晓娇等　东方考古（第 11 集）387－393
滕家岗遗址鸟类遗存研究——兼述中国鸟类遗存动物考古学研究的回顾与展望　李凡等　华夏考古 1：34－40
新视野下的中国铜石并用时代　裘士京、郝梅梅　赵光贤先生百年诞辰纪念文集 129－134
朱开沟遗址早期青铜时代房址功能初探　彭博　北方文物 4：26－33
补　遗
辽西地区新石器时代的早期石构遗存研究　田野、于旭涛　辽宁师范大学学报（社科版）2014 年 6：899－904

五　夏文化探索

中原地区古代文明形成特征探讨　郑杰祥　中华之源与嵩山文明研究（第 2 辑）108－111
嵩山文明与早期中国的几点思考　赵春青　中华之源与嵩山文明研究（第 2 辑）48－51
顾颉刚夏史研究与夏文化早期探索　孙庆伟　中国国家博物馆馆刊 5：34－55
目前夏史研究需要深入讨论的几个问题　沈长云　中国社会科学院古代文明研究中心通讯 27：19－26
夏文明研究的困局与突破　刘学堂　中原文物 3：21－24
早期夏文化探索　袁广阔　中华之源与嵩山文明研究（第 2 辑）244－258
从夏商营都河洛看“天地之中”观念肇始　李麦产　殷都学刊 1：1－9
夏都军事防御体系之考古学观察　李昶、张书峰　中原文物 3：25－29
禹、启都阳城阳翟新证　贾俊侠　中国历史地理论丛 1：103－115
秦汉夏阳为禹都阳城论　李宗俊　陕西师范大学学报（哲社版）1：120－126
新砦城址是夏代早期都城　杨建敏　郑州商都 3600 年学术研讨会暨中国古都学会 2004 年年会论文选编 154－160
新砦城址与启都夏邑问题探索　马世之　郑州商都 3600 年学术研讨会暨中国古都学会 2004 年年会论文选编 138－145
二里头文明：最早的“中国”　许宏　社会科学报 7 月 2 日 5 版
二里头文化年代学研究的反思——多元证据的分歧与互校　魏凯　中国国家博物馆馆刊 5：23－32
从二里头文化的分布形势认识夏文化　袁广阔　洛阳考古（总第 7 期）34－39
二里头文化第四期应该仍为夏文化　钱燕　中华之源与嵩山文明研究（第 2 辑）265－287
略论二里头文化研究的几个问题——从南洼二里头聚落的发现谈起　张继华　中华之源与嵩山文明研究（第 2 辑）259－264
学术史视角下的二里头“商都说”与“夏都说”　许宏　中国文物报 11 月 20 日 6 版
“共识”与“假说”——关于二里头遗址为早商都邑的新观点　许宏　中国文物报 11 月 6 日 5 版
关于二里头为早商都邑的假说　许宏　南方文物 3：1－7
大师姑夏代城址的发掘和研究　王文华、丁兰坡　郑州商都 3600 年学术研讨会暨中国古都学会 2004 年年会论文选编 161－166
大禹治水地域范围新论——以出土文献和考古发现为参照　张磊　古代文明 1：41－47
河南偃师市二里头遗址宫殿区 1 号巨型坑出土猪牲的鉴定与初步分析　李志鹏等　考古 12：35－37
补　遗
从齐家到二里头：夏文化探索　易华　学术月刊 2014 年 12：134－144

六　殷商

论商代的斩首祭祀习俗　孙明　殷都学刊 4：9－14
碾子坡商代遗存族属探讨　梁云　中原文物 6：8－14
大辛庄商代聚落社会组织及其变迁初探——以央地关系为视角　魏峭巍　东岳论丛 2：97－103

商文化京当类型的形成背景分析——关于考古学文化空间分布特殊模式的思考　牛世山　考古与文物6：35－41
商文化京当类型：判别、分歧与解析　牛世山　古代文明研究通讯64：28－40
晚商文化在东方地区的分布态势与周初东封　燕生东　古代文明研究通讯66：15－27
试论鲁北地区的珍珠门文化　魏峭巍　中原文物4：23－24
汤居西亳宫邑辨　李德方等　郑州商都3600年学术研讨会暨中国古都学会2004年年会论文选编228－223
郑州商代亳都都城的发现、确立及其意义　阎铁城　郑州商都3600年学术研讨会暨中国古都学会2004年年会论文选编93－98
商都郑州之根源　蔡全法　郑州商都3600年学术研讨会暨中国古都学会2004年年会论文选编78－88
郑州大古都的年代学研究　张新斌　郑州商都3600年学术研讨会暨中国古都学会2004年年会论文选编44－50
郑州商城的建造及其性质谈　徐昭峰　郑州商都3600年学术研讨会暨中国古都学会2004年年会论文选编68－73
郑州商城的重城形态与内部结构分析　吴红岐　郑州商都3600年学术研讨会暨中国古都学会2004年年会论文选编18－36
郑州商城的建筑技术略谈　王星光　郑州商都3600年学术研讨会暨中国古都学会2004年年会论文选编89－92
郑州商城C8T166M6性质初探　庞小霞、高江涛　中原文物6：15－21
郑州商城城门探寻　张立东　江汉考古4：79－85
郑州商城手工业者居葬关系研究　冉宏林　中华之源与嵩山文明研究（第2辑）288－296
郑州商城与偃师商城之比较研究　秦文生　郑州商都3600年学术研讨会暨中国古都学会2004年年会论文选编37－43
偃师商城的筑城次序解析　谷飞　华夏考古4：46－50
洹北商城的“宫城”为军营试说　陆忠发　殷都学刊2：19－23
《洹北商城的“宫城”为军营试说》商榷　赵俊杰　殷都学刊4：39－43
试析洹北商城之城郭布局——兼谈大城城垣的建造　张国硕　考古与文物4：35－39
武丁卜辞与洹北商城一号、二号宗庙基址复原　王恩田　中国国家博物馆馆刊1：37－44
盘龙城遗址商代大型建筑试析　郭明　江汉考古5：45－52
生态环境与成汤以后商代都城迁徙　张强　殷都学刊2：24－29
20世纪80年代以来盘庚迁殷地点研究综述　郭倩　殷都学刊3：26－35
殷墟二期殷都布局变迁研究　胡渊　中原文物4：28－34
对关中地区几个商代遗址分期的再思考　宋江宁　西部考古（第9辑）44－54
鹤壁大赉店遗址群的调查与初步研究　范永禄　中国文物报4月24日6版
荥阳关帝庙遗址发掘记——檀山里3000年前的寂静聚落　郝红星、李素婷　大众考古21：22－27
内蒙古西岔三期遗存性质考察　吕智荣、孙战伟　考古与文物4：40－45
商文化与城墙有关的祭祀遗存浅析　谢肃　考古与文物3：41－43
对商人“腰坑”葬俗来源与形成问题的探讨　贺俊　中国文物报8月14日6版
一墓多族徽与商周分界　张天宇　古代文明研究通讯67：1－18
略论殷墟晚商王陵穴位的昭穆排列规则　胡进驻　北京师范大学学报（社科版）5：77－90
殷墟小屯宫殿区“特型墓M34”的性质探析　苗霞　中原文物1：30－37
论殷墟铜器墓中陶器的使用方式　唐锦琼　考古4：88－95
前掌大墓地性质辨析　曹斌　考古与文物2：40－46
河南省荥阳市小胡村M22、M28相关问题蠡测　陈翔　南方文物4：186－191

盘龙城与荆南寺出土陶鬲比较研究　张科　江汉考古 1：57 – 67
殷墟白陶之兴衰原因探析　徐超　中国陶瓷 7：110 – 112
周原遗址新见京当型铜器墓浅识　齐浩、张天宇　中国国家博物馆馆刊 11：6 – 15
商代考古发现的牛状遗物探析　胡洪琼　殷都学刊 3：15 – 20
江西新干牛城 2006 ~ 2008 年度浮选植物遗存初步分析　陈雪香等　江汉考古 3：100 – 108

七　西周

论赣鄱地区西周时期的文化格局及势力变迁　赵东升　江汉考古 4：86 – 92
论西周外缘区域——建立在考古材料基础上的分析　褚晓波、张童心　东南文化 3：58 – 67
地理学与考古学视野下的昭王南征　尹弘兵　历史研究 1：4 – 21
联裆鬲还是袋足鬲：先周文化探索的困境（上）、（下）　孙庆伟　江汉考古 2：40 – 57、3：49 – 66
有心栽花与无心插柳：先周文化探索的早期阶段　孙庆伟　江汉考古 1：42 – 56
西周时期的殷墟与周边：文化的传承与革新——附论有关殷遗民的若干问题　牛世山　古代文明研究通讯 66：28 – 44
顿国历史与周边国家关系的考识　焦华中　楚文化研究论集（第十一集）206 – 211
两周时期东夷的华夏化探讨　李龙海　中原文物 1：38 – 42
凤雏三号建筑基址与周代的亳社　孙庆伟　古代文明研究通讯 66：45 – 55
凤雏三号基址初步研究　曹大志、陈筱　中国国家博物馆馆刊 7：25 – 38
西周成周城形制规模考辨　蔡运章等　洛阳考古（总第 7 期）40 – 44
琉璃河西周燕都遗址的研究　赵福生等　琉璃河遗址与燕文化研究论文集——纪念北京建城 3060 年 8 – 25
郑州祭城镇古城考古发现及相关问题初步研究　顾万发　华夏考古 3：72 – 83
试析江南周代土墩墓中“一墩多墓”的结构与形式　付琳　南方文物 3：115 – 121
西周都邑人群构成的比较分析——从墓葬材料考察　张礼艳、燕妮　东北史地 6：50 – 54
从墓葬材料看丰镐地区西周时期的人群构成　张礼艳　华夏考古 2：89 – 98
丰镐遗址西周时期盗墓现象的考古学观察——以 2012 年新旺墓葬 M1 和 M2 为例　付仲杨等　南方文物 3：128 – 133
安阳王古道村周代贵族墓四题　井中伟、和菲菲　考古与文物 5：44 – 49
随州叶家山西周早期曾国墓地研究综述　杨勇　中国史研究动态 2：5 – 12
枣阳郭家庙曾国墓地曹门湾墓区考古主要收获　方勤、胡刚　江汉考古 3：3 – 11
曾侯墓的葬车及相关问题　常怀颖　江汉考古 5：53 – 78
北京琉璃河西周燕国墓地初论　田敬东　琉璃河遗址与燕文化研究论文集——纪念北京建城 3060 年 26 – 33
论北京房山琉璃河西周遗址殷遗民墓的腰坑殉狗　印群　琉璃河遗址与燕文化研究论文集——纪念北京建城 3060 年 263 – 271
宝鸡石鼓山 M3 墓主及相关问题　辛怡华　西部考古（第 9 辑）55 – 60
宝鸡石鼓山西周墓地所见“分器”现象研究　林森　边疆考古研究（第 17 辑）225 – 231
天马——曲村铜礼器墓分期断代与埋葬习俗再研究　景耀忠　文物世界 3：10 – 12
万福垴遗址 H1 出土陶器文化因素浅析　何晓琳　楚文化研究论集（第十一集）44 – 48
丰镐遗址的制骨遗存与制骨手工业　付仲杨　考古 9：92 – 100
三门峡李家窑遗址出土骨料研究　马萧林等　文物 6：39 – 48
陕西省淳化县枣树沟脑遗址马坑出土马骨的 DNA 初步研究　赵欣等　南方文物 3：70 – 76
荥阳官庄遗址浮选样品植物大遗存分析　蓝万里、陈朝云　东方考古（第 11 集）401 – 406

补　遗

陈庄西周遗址与齐国西周史的几个问题　王戎　管子学刊 2014 年 3：28－33

八　东周

东周秦代中国北方地区考古学文化格局——兼论戎、狄、胡与华夏之间的互动　单月英　考古学报 3：303－344

从《诗经》和考古发现看周代的同姓不婚　王志芳　广西师范学院学报（哲社版）3：128－130

燕文化分期研究的现状与相关问题　王争　文物春秋 2：22－26

从江南周代考古发现看楚文化对吴越文化的影响　韩严振　楚文化研究论集（第十一集）234－241

钟离国研究的回顾与思考　朱华东　文物研究（第 21 辑）84－93

钟离国相关问题试析　林森　考古与文物 5：58－61

考古所见“费”国及曾子里籍问题　燕生东　东方考古（第 11 集）151－166

论早期秦文化的两类遗存　梁云　西部考古（第七辑）205－217

战国都城防御的考古学观察　徐团辉　中原文物 2：32－42

郑州古城村东周城遗址考古探胜　信应君等　大众考古 24：32－35

沈阳宫后里城址刍议　赵晓刚、姜万里　东北史地 2：26－31

扬州蜀岗古城址的木构及其他遗存——从一个地点的考古发掘认识扬州城的 1700 年历史　汪勃等　中国文物报 1 月 27 日 4 版

探析安徽寿县苍陵城遗址始建年代　王建国　大众考古 19：50－53

内蒙古中南部地区战国秦汉时期陶窑　李婉琪、索秀芬　草原文物 1：93－100

田野考古发掘墓葬头向判定的新视角——壶与墓葬头向的理论与实践　黄凤春　湖南考古辑刊（第 11 集）248－259

晋南地区东周时期铜器墓葬研究　张亮、滕铭予　考古 6：87－100

试论雍城秦公陵园的墓主及葬制　梁云、田亚岐　考古与文物 4：53－58

山东沂水纪王崮春秋墓葬——齐鲁大地诸侯小国大发现　郝导华、尹纪亮　大众考古 27：20－28

江西靖安李洲坳东周墓考古拾遗——“一冢多棺”惊世人　徐长青　大众考古 19：23－31

陕西清涧李家崖东周墓地性质分析　孙战伟　南方文物 3：122－127

试论大冶铜绿山四方塘墓地的性质　陈丽新、陈树祥　江汉考古 5：95－102

黄陵史家河战国墓地相关问题探讨　孙周勇等　考古与文物 3：60－66

中山国墓葬习俗探研　何艳杰　赵光贤先生百年诞辰纪念文集 504－519

内蒙古和林格尔县店里墓地战国时期人骨研究　韩涛等　北方民族考古（第 2 辑）341－349

内蒙古和林格尔县大堡山墓地古代居民的肢骨研究　张旭等　人类学学报 2：216－224

吉林省白城市双塔遗址东周时期人骨研究　张全超等　人类学学报 1：75－86

浙江桐乡董家桥遗址 2011 年度浮选植物遗存分析　宫玮等　浙江省文物考古研究所学刊（第 10 辑）159－164

浙江桐乡董家桥遗址动物遗存初步分析　王华等　浙江省文物考古研究所学刊（第 10 辑）165－169

巫山蓝家寨遗址家畜的动物骨骼　武仙竹等　人类学学报 3：353－366

巫山蓝家寨遗址啮齿目动物研究报告　武仙竹等　边疆考古研究（第 17 辑）351－358

随枣走廊东周时期陶器试析　代梦丽、王然　楚文化研究论集（第十一集）36－43

越国的镇与建鼓座　马启辰　文物天地 12：24－27

山东沂源出土战国皮革文物的材质鉴别　张杨等　文物保护与考古科学 1：59－64

战国时期巴蜀文化罍形符号研究　严志斌、洪梅　中国国家博物馆馆刊 11：67－86

补　遗

早期秦人构成探析　王志友　敦煌学辑刊 2014 年 3：160－168

赵国云中古城遗址的考察与探讨　宋国栋　前沿 2014 年 10：215－217
越墓随葬品文化因素分析　葛琮源　黑龙江史志 2014 年 19：57－58
楚文化
关于探索早期楚文化的思考　陈振裕　楚文化研究论集（第十一集）2－14
楚蒍氏族源考析　田成方　楚文化研究论集（第十一集）362－367
浅谈楚文化研究中的两个问题　魏赜　楚文化研究论集（第十一集）15－18
楚文化考古遗存中的域外文化因素探索　宋亦箫　楚文化研究论集（第十一集）184－205
楚文化与濮文化关系研究　杨权喜　楚文化研究论集（第十一集）219－233
周口市楚都陈时期文化遗存　王少青等　中原文物 4：60－63
再论季家湖古城为春秋时期郢都　郭德维　楚文化研究论集（第十一集）149－154
再论鄂王城——关于鄂为别都的商榷　龚长根　楚文化研究论集（第十一集）155－162
简帛金文所见楚郢都探研　罗运环　赵光贤先生百年诞辰纪念文集 420－426
由岭南腰坑习俗反窥楚文化的南渐　张义中　楚文化研究论集（第十一集）242－252
淅川楚墓与楚国鬭氏　陶亮、于璐　中原文物 4：55－59
淅川下寺乙组高级贵族墓社会性别特征浅析　丁兰　楚文化研究论集（第十一集）173－183
陈楚关系及周口楚墓初探　李全立　楚文化研究论集（第十一集）212－218
固始侯古堆一号墓的年代与墓主　张闻捷　华夏考古 2：99－108
论望山桥一号楚墓的墓主与年代　武家璧、贾汉清　古代文明研究通讯 67：19－36
战国、秦汉之际云梦城郊墓群出土仿铜陶礼器研究　王嫚　中国陶瓷 2：107－109
枣阳九连墩二号楚墓马勒的复原研究　王先福　楚文化研究论集（第十一集）253－260
东周时期青铜方座与楚式“镇墓兽”关系探讨　丁兰、张莹莹　江汉考古 5：79－87
楚墓镇墓兽管窥　艾虹　文物春秋 5：12－18
“木辟邪”应为凭几考　聂菲　楚文化研究论集（第十一集）84－90
楚国贝形器的作用与定名分辨　王从礼　楚文化研究论集（第十一集）103－120
鹿角补证　罗运兵、陈斌　楚文化研究论集（第十一集）121－131
从凤鸟双连杯管窥楚人的婚姻观　吴艳荣　楚文化研究论集（第十一集）511－519
楚文物上的装饰性蓝色　罗敏、赵晓斌　楚文化研究论集（第十一集）538－547

九　夏商周时期周边地区青铜文化

东北及其附近地区
夏家店下层文化聚落研究　刘潼、温科学　北方民族考古（第 2 辑）123－141
大、小凌河流域夏家店下层文化聚落的初步认识　张星德、辛岩　东方考古（第 11 集）93－103
夏家店下层文化消亡后的辽西　付琳、王立新　考古 8：89－102
夏商时期以顺山屯类型为中心的考古学文化间的交流与融合　李树义等　西部考古（第 9 辑）30－43
橐离文化考略　邓树平　东北史地 5：36－42
风水山：东北地区早期青铜时代的“十字路口”　隽成军、聂卓慧　大众考古 21：76－78
吉林省青铜时代考古发现与区系研究　朱永刚、唐淼　边疆考古研究（第 17 辑）197－208
试析吉林省青铜时代的文化多样性　李辉　东北史地 3：24－27
从并立到互动：辽宁青铜时代的文化格局　赵宾福　辽宁大学学报（哲社版）1：35－41
北票康家屯城址及相关问题研究　李维宇　东北史地 4：40－44
从北京昌平张营遗址所含文化因素看大坨头文化与周邻文化的交流　郭京宁　北京文博文丛 4：33－99
探索与突破之路——军都山考古 30 周年回顾　靳枫毅　北京文博文丛 2：1－28
东北东部地区的大石盖墓　唐淼　边疆考古研究（第 17 辑）233－240
大连地区青铜时代石构墓葬初探：以积石墓（冢）和石棺（椁）墓为中心　赵少军　大连干部学刊 4：

48 – 53

太子河上游地区洞穴墓葬的形制与分期研究　唐淼　东方考古（第 11 集）113 – 121

代海墓地性别考古学的初步研究　徐政　东方考古（第 11 集）104 – 112

凉城县小双古城墓地殉牲问题探讨　党郁、孙金松　草原文物 1：86 – 92

内蒙古孤家子遗址高台山文化居民的体质人类学研究　周亚威　华夏考古 4：29 – 37

夏家店上层文化石锤斧的初步研究　韩金秋　草原文物 1：77 – 85

白金宝文化陶器纹饰初步研究　蔡昕欣　北方文物 2：44 – 48

嫩江流域原始经济形态与白金宝陶纹的行纹成因　齐甲子、黄也平　湖北民族学院学报（哲社版）2：59 – 61

补　遗

肇源白金宝陶器绳纹图样的文化特征分析　黄也平、齐甲子　内蒙古社会科学 2014 年 6：82 – 87

东南地区・西南地区

香港马湾岛东湾仔北遗址的分期及相关问题　杨建军　江汉考古 6：48 – 54

东南沿海古代墓葬装饰艺术中的外来因素　马天行　南方文物 2：99 – 106

元江青铜文化的发展历程　李伟生　中国抚仙湖文明的影响和传播：纪念抚仙湖水下考古研究 12 周年学术论文集 456 – 462

洱海区域的青铜时代文化　陈果、徐祖祥　中国抚仙湖文明的影响和传播：纪念抚仙湖水下考古研究 12 周年学术论文集 415 – 426

谈“滇文化八塔台—横大路类型”　李保伦　中国抚仙湖文明的影响和传播：纪念抚仙湖水下考古研究 12 周年学术论文集 410 – 414

对滇文化八塔台类型相关问题的探讨　李保伦　中华文化论坛 3：80 – 86

试析滇西高原青铜文化中的鸡、马信仰——兼论“金马碧鸡”的起源　李帅　考古与文物 4：65 – 69

滇青铜文明中蛇文化的思考　刘西诺　中国抚仙湖文明的影响和传播：纪念抚仙湖水下考古研究 12 周年学术论文集 212 – 219

由造型看到的“观念”——谈滇文化的艺术思维　徐晶、李宗蔚　中国抚仙湖文明的影响和传播：纪念抚仙湖水下考古研究 12 周年学术论文集 299 – 309

怒江之畔的青铜文明——云南泸水石岭岗遗址发掘　康利宏　大众考古 26：28 – 34

关于云南青铜时代的铁青铜问题　黄德荣　中国抚仙湖文明的影响和传播：纪念抚仙湖水下考古研究 12 周年学术论文集 390 – 404

从青铜锄看云南青铜文明的发展历程　祝牧　中国抚仙湖文明的影响和传播：纪念抚仙湖水下考古研究 12 周年学术论文集 199 – 203

试析商代方国都邑与商王朝军事重镇的异同——以三星堆和吴城城址为例　王立新、王涛　江汉考古 2：56 – 63

十二桥遗址与十二桥文化　施劲松　考古 2：79 – 91

盐源青铜文化中“毁兵”习俗刍议　周志清　成都文物 3：1 – 7

金沙江中游青铜时代土坑墓研究　李培聪、官春燕　中国抚仙湖文明的影响和传播：纪念抚仙湖水下考古研究 12 周年学术论文集 368 – 380

四川地区船棺葬的考古学观察　陈云洪　边疆考古研究（第 17 辑）241 – 268

成都金沙遗址船棺葬的分析　陈云洪　南方民族考古（第十辑）45 – 59

川西石棺墓中的铁器　施劲松　南方民族考古（第十辑）221 – 229

西北地区

新疆发现的安德罗诺沃文化遗存研究　阮秋荣　西部考古（第七辑）125 – 154

黄文弼发现罗布泊史前遗存的再认识及其他　李文瑛　西域考古・史地・语言研究新视野：黄文弼与中瑞西北科学考查团国际学术研讨会论文集 39 – 48

4000aBP 以来伊犁河谷文化遗址时空分布及变异性　王芳等　中国沙漠 4：1103 – 1112
新疆加勒克斯卡茵特墓地围沟墓的年代及文化属性　谭玉华　边疆考古研究（第 16 辑）111 – 122
新疆克里雅河北方墓地出土食物遗存的植物微体化石分析　解明思等　东方考古（第 11 集）394 – 401
新疆吐鲁番胜金店墓地小麦遗存加工处理方式初探　李晶静等　第四纪研究 1：218 – 228
新疆吐鲁番洋海墓地出土的木桶　帕丽旦木·沙丁　大众考古 29：65 – 70
甘肃地区青铜时代文化变迁与人种结构的关系探索　王太职　陇右文博 2：13 – 17
三角城遗址文化内涵与社会现象管窥　李维明　考古与文物 5：50 – 57
西喜马拉雅地区早期墓葬研究　吕红亮　考古学报 1：1 – 34

一〇　秦代

从秦始皇陵考古看中西文化交流（一）~（三）　段清波　西北大学学报（哲社版）1：8 – 15、2：8 – 14、3：8 – 13
内蒙古中南部地区秦代城址及相关问题　王晓琨　北方民族考古（第 2 辑）165 – 178
沅水中下游秦代墓葬概论　谭远辉　楚文化研究论集（第十一集）49 – 70
南阳地区仿木构墓葬建筑形制研究　张玉霞　文物建筑（第 8 辑）8 – 15
从秦始皇陵考古看中西文化交流（一）~（三）　段清波　西北大学学报（哲社版）1：8 – 15、2：8 – 14、3：8 – 15
由戈射之矢看秦始皇陵车马坑　冉万里　大众考古 19：41 – 44
秦始皇帝陵青铜水禽坑　武丽娜、付建　大众考古 22：66 – 69
秦汉时期沐浴方式考　张建锋　考古与文物 6：42 – 50

一一　汉代

汉代聚落考古的几个问题　韩国河、张继华　中原文物 6：22 – 26
西汉边远地区汉文化结构中的西域　郑君雷　北方民族考古（第 2 辑）179 – 189
从汉代看罗马　孙机　国博讲堂（2011—2012）175 – 189
从考古材料看东汉时期的云南社会状况　罗胜强　中国抚仙湖文明的影响和传播：纪念抚仙湖水下考古研究 12 周年学术论文集 192 – 198
汉代考古遗存的埋藏学特征及其影响　徐承泰　江汉考古 4：105 – 109
中国境内鸭绿江流域两汉时期遗址的文化性质与年代研究　金旭东　庆祝魏存成先生七十岁论文集 51 – 73
汝阳故城考　谢辰　中原文物 3：30 – 38
汉甘泉宫形制探讨　梁云　考古与文物 3：67 – 75
扬州城的城门考古　汪勃　大众考古 29：20 – 37
鄂尔多斯汉代城址浅析　甄自明、岳够明　草原文物 1：101 – 108
西汉眩雷塞小考　张文平　北方民族考古（笋 2 辑）191 – 197
敦煌悬泉置对丝路考古的贡献　何双全　2009 丝绸之路国际学术研讨会论文集 38 – 41
试论鹯阴城与黄湾汉墓群的关系　杜永强、陈辅泰　丝绸之路 4：21 – 26
汉代聚落分布的变化——以墓葬与县城距离的分析为线索　金秉骏　考古学报 1：35 – 54
关于中小型汉墓研究的思考　韩国河、朱津　文博 3：28 – 32
汉代土墩墓的南北差异与族属的推测　王婷　中国文物报 5 月 8 日 6 版
汉代画像石墓中的异域因素　李晨　南京艺术学院学报（美术与设计版）1：10 – 16
豫北晋南地区汉代墓葬研究　宋蓉　华夏考古 1：91 – 98
南阳地区汉代墓葬研究——兼论南阳地区汉文化的形成　宋蓉　考古学报 2：157 – 186
皖西地区中小型西汉墓的分期与年代　张义中、徐凤芹　文物研究（第 21 辑）103 – 125

生死观视野下的江西汉代墓葬分析　刘慧中　南方文物 3：169 - 188
北方地区汉墓格局演变与汉代边疆政策的关系　蒋璐　华夏考古 3：84 - 87
北方地区汉墓的发展阶段及其特点　蒋璐　社会科学战线 10：137 - 143
汉代冀中南地域文化的考古学研究——以汉墓为中心　宋蓉　文物春秋 1：30 - 39
两汉时期内蒙古中南部地区人口构成研究　王沛、孙危　博物馆研究 4：64 - 73
从墓葬考古看楚汉文化的传承　张闻捷　厦门大学学报（哲社版）2：146 - 156
楚文化的北上与北方思想的南下于西汉王侯陵墓群选址中的反映——以西汉帝陵和长沙王陵为例　王传明　楚文化研究论集（第十一集）548 - 554
试论西汉帝陵的寝与相关建筑　刘尊志　中原文物 5：29 - 39
汉霸陵帝陵的墓葬形制探讨　杨武站、曹龙　考古 8：113 - 120
偃师华润电厂东汉墓相关问题探析——兼谈洛阳东汉高等级墓的特点　张鸿亮、史家珍　洛阳考古（总第 7 期）51 - 59
徐州北洞山西汉楚王墓墓主再考　刘照建　华夏考古 4：85 - 93
凤栖原西汉墓园大墓主人试探　丁岩　西部考古（第 9 辑）65 - 70
也谈马王堆三号墓墓主是谁　黄展岳　中国文物报 10 月 23 日 6 版
汉留侯张良墓冢考察记　王志强等　寻根 2：119 - 128
论云南个旧黑蚂井墓地及其相关问题　杨勇　考古 10：100 - 110
石寨山 12 号墓祭祀贮贝器主祭人性别刍议　刘利　丝绸之路 6：22 - 23
“天门”寻踪　李清泉　古代墓葬美术研究（第 3 辑）27 - 48
许昌地区汉代陶器研究　田鸣　中原文物 3：56 - 59
河套地区汉代陶明器与关中、中原地区的比较研究　丁利娜　考古与文物 2：69 - 81
河套地区汉代陶明器与周边地区的比较研究　丁利娜　华夏考古 1：82 - 90
汉代陶钱树座与陶灯座　苏奎　华夏考古 1：99 - 104
汉代明器连机水碓考辨　付娟　古今农业 4：22 - 30
论汉墓出土陶灶的类型与区域特征　朱津　中原文物 2：43 - 51
洛阳邙山出土西汉陶井栏及相关问题　卢青峰　中国国家博物馆馆刊 4：72 - 81
南阳地区东汉墓出土陶塑镇墓兽　李桂阁　中国国家博物馆馆刊 12：101 - 110
西安北郊郑王村西汉墓出土釉陶礼器与陶礼器之关系初探　肖健一　西部考古（第 9 辑）71 - 83
成都跃进村汉墓出土陶灯的复原研究　苏奎　文物 2：44 - 50
山峡地区汉墓出土九眼陶灶初探　陈杰　四川文物 2：54 - 57
馆藏广西汉代陶制明器赏析　蓝武芳　文物天地 7：19 - 22
广东德庆东汉墓出土陶船补说　谭玉华　中国国家博物馆馆刊 4：82 - 89
浅析榆中马莲山汉墓出土的一组陪葬品　钱斌　丝绸之路 8：31 - 32
汉魏“摇钱树”相关问题的再探讨　张逸枫、秦丽荣　中原文物 6：74 - 81
四川博物院藏汉代摇钱树研究　张琴　文物天地 1：13 - 16
铜奔马发现追述　杜静薇　2009 丝绸之路国际学术研讨会论文集 78 - 86
铜奔马及铜车马仪仗俑队　黎李　文物天地 4：31 - 36
岭南地区汉墓出土铁器问题探研　洪德善、彭年春　中国抚仙湖文明的影响和传播：纪念抚仙湖水下考古研究 12 周年学术论文集 253 - 259
考古材料所见之汉墓动物随葬　邓惠　南方文物 3：58 - 69
汉代诸侯王墓动物植物陪葬内容及相关问题浅析　刘尊志　南方文物 3：134 - 142
山东定陶灵圣湖西汉墓 M2 出土木材分析与研究　王树芝等　东方考古（第 11 集）407 - 418
荆州谢家桥一号汉墓出土古稻研究　向安强等　江汉考古 4：110 - 114
胜金店墓地出土腰机研究　陈新勇　古代钱币与丝绸高峰论坛暨第四届吐鲁番学国际学术研讨会论文集

177－186
屯成人物绢底刺绣图　张东　文物天地 4：38－39
释连云港海州西汉墓名谒中的“西平侯”　凡国栋　中国国家博物馆馆刊 9：133－136
馆藏海上丝绸之路精品文物　吴娱　文物天地 7：44－47
河南地区东汉多枝灯类型分析　顾平、何志国　艺术百家 2：150－155
安徽泗县刘圩遗址 2012 年度植物遗存浮选结果与分析　王育茜、张小雷　文物研究（第 21 辑）288－293
人面纹陶足略考　杨洋　成都文物 1：20－21
补　遗
南阳汉画像石墓出土铺首衔环分析　顾伟　江苏第二师范学院学报·社会科学 2014 年 7：46－48

一二　三国两晋南北朝

黔中地区魏晋南朝考古遗存探究　叶成勇　中国国家博物馆馆刊 8：16－30
蜀汉宫城位置及相关问题初探　易立　南方民族考古（第 11 辑）161－180
首阳山小考——兼谈魏文帝首阳陵位置问题　耿朔　北方民族考古（第 2 辑）205－212
辽阳苗圃汉魏墓地纪年墓葬　李海波等　北方民族考古（第 2 辑）17－27
再谈我国马镫的产生时代　骆晓平　云南师范大学学报（哲社版）4：152－156
饶河县发现的几件石器　杨永才　北方文物 3：12－13
中山大学北校区砖室墓的几点认识　张金国　广州文博（八）95－104
锁阳城遗址近百年重大考古发现综述　李宏伟　丝绸之路 14：25－28
锁阳城遗址概说　李宏伟　丝绸之路 14：14－24
中国古代丧葬中的晋制　齐东方　考古学报 3：345－366
金玉之尊——馆藏西晋刘弘墓出土金器、玉器　袁建平　文物天地 9：37－39
所谓“中世纪都城”——以东晋南朝建康城为中心　张学锋　社会科学战线 8：71－80
葬以殊礼：弩机与世家大族墓葬　沈睿文　故宫博物院院刊 5：75－86
幽州刺史墓墓主身份再考证　孙泓　社会科学战线 1：117－126
三燕墓葬随葬陶器组合的演变及其反映的社会形态转变　吴珍锡　北方文物 3：28－33
对镇江地区六朝土洞墓的源流的一点思考　刘华军　中国文物报 8 月 28 日 6 版
南朝皇陵制度特点分析　刘毅　天津博物馆论丛（2014）13－24
小横山南朝画像砖墓管窥　韦正　古代墓葬美术研究（第 3 辑）85－94
略论三台后底山崖墓的年代及相关问题　易立　南方民族考古（第十辑）99－110
南京狮子冲南朝大墓墓主身份的探讨　许志强、张学锋　东南文化 4：49－58
从“战马”画像砖题字考证邓县墓的年代与墓主　林树中　南京艺术学院学报（美术与设计版）1：1－3
考古调查确认北魏阴山行宫广德殿旧址　张文平、袁永春　草原文物 1：131－134
北魏洛阳外郭城复原研究的初步检讨　郑君雷　庆祝魏存成先生七十岁论文集 182－190
呼和浩特市大青山坝顶圜丘遗址性质初探　袁永春、张文平　内蒙古社会科学 5：76－80
洞房石室与珉床雕户——关于北朝墓葬与佛教窟龛关联的思考　吴桂兵　古代墓葬美术研究（第 3 辑）95－118
北魏平城地区墓葬族属的归类　张峰　文物世界 3：18－21
七郎山墓主人为北魏镇民论　吴松岩　庆祝魏存成先生七十岁论文集 191－202
西魏两座纪年墓葬及相关问题探讨　赵强　考古与文物 4：124－128
北齐墓葬文化格局论　倪润安　故宫博物院院刊 2：49－72
中古时期入华粟特人墓葬的发现与研究　马晓玲　中国史研究动态 3：35－42

大同北魏平城丝路遗珍　古顺芳　收藏家 3：21 – 32
山西北齐时期出土陶质器皿研究　海青　文物世界 3：25 – 27
吉林省高句丽研究综述　华阳　东北史地 3：40 – 43
土司山城与高句丽比城比较分析　崔镐玹　南方文物 1：151 – 155
朱蒙之死与琉璃明王迁都　李新全　庆祝魏存成先生七十岁论文集 78 – 96
望江楼类型主要遗存及文化因素分析　梁志龙　庆祝魏存成先生七十岁论文集 97 – 109
抚松大方顶子积石堆遗迹的初步研究　冯恩学等　庆祝魏存成先生七十岁论文集 173 – 181
高句丽独特葬俗考　孙炜冉　中国边疆学（第 3 辑）：249 – 257
高句丽墓葬建筑与装饰所体现的祖先崇拜　朴雅林　古代墓葬美术研究（第 3 辑）170 – 184
陵寺在高句丽、百济陵寝制度中的性质与特征——以与中国南北朝陵寺的比较为中心　梁银景　古代墓葬美术研究（第 3 辑）141 – 169
集安地区高句丽晚期积石墓的探索——以两座积石壁画墓的时代为中心　赵俊杰　华夏考古 2：127 – 131
集安地区墓葬出土高句丽陶器研究　孙颢　庆祝魏存成先生七十岁论文集 158 – 172
第二松花江中游地区靺鞨、渤海陶器与高句丽陶器比较研究　孙颢　东北师大学报（哲社版）2：220 – 222

一三　隋唐五代

隋唐洛阳含嘉仓城东门考　周源　中国历史地理论丛 1：116 – 121
隋唐通定镇的初步考察　赵晓刚、赵菊梅　庆祝魏存成先生七十岁论文集 346 – 357
隋唐五代北方地区仿木构墓葬建筑形制研究　张玉霞　庆祝魏存成先生七十岁论文集 358 – 374
关中地区隋代墓地分布研究　刘呆运　考古与文物 5：74 – 79
关于隋唐墓葬及塔基地宫中出土的一些器物的使用问题　冉万里　西部考古（第 9 辑）153 – 170
隋唐五代时期的灰陶制品　王小蒙、陈力　文博 1：24 – 31
里坊制及相关问题研究　成一农　中国史研究 3：111 – 128
“怀安军”城的调查与发掘　索德浩　中国文化遗产 6：38 – 43
江苏张家港黄泗浦遗址唐代以来环境考古研究　王坤华等　古生物学报 2：267 – 278
略论宁夏地区唐代中小型墓葬分期　何伟、李卓　华夏考古 3：94 – 104
敦煌佛爷庙湾唐代模印塑像砖墓（一）——墓葬举要与年代　戴春阳　敦煌研究 5：1 – 10
唐与北宋帝陵比较研究　单爱美　丝绸之路 20：27 – 28
也论唐乾陵的营建者及始建时间——兼与杨东晨等先生商榷　李阿能、赵维娜　文博 1：44 – 49
崇冈拥象设　沃野开天庭——唐睿宗桥陵冠绝唐朝帝陵原因初探　刘树友　理论导刊 1：109 – 112
论唐代的“毁墓”——以唐昭容上官氏墓为例　李明　考古与文物 3：97 – 102
唐太宗民部尚书戴胄夫妇墓的新发现　张小丽、朱连华　文物天地 12：110 – 115
试论唐墓壁龛与它的丧葬礼仪的功能　刘昭慧　古代墓葬美术研究（第 3 辑）185 – 195
李倕墓出土遗物杂考　张建林　考古与文物 6：65 – 72
唐永泰懿德两墓“彩绘木仗马”考析　侯晓斌　文博 3：47 – 52
金棺、银椁、铜匣、舍利瓶及石函　程丽君　文物天地 4：46 – 48
太原龙泉寺出土唐代五重棺椁工艺初探　赵凤燕等　文物世界 4：19 – 22
武山博物馆馆藏唐代丝绸之路文物概说　刘晓荣、裴应东　丝绸之路 20：33 – 34
再现东西方古老文化的交融　陕西西安何家村窖藏唐代狮纹器物赏析　田卫丽　收藏家 11：54 – 56
植毛牙刷发明小考——从内蒙古博物院藏植毛牙刷柄谈起　潘素娟、张闯辉　丝绸之路 18：21 – 24
试论南京祖堂山南唐陵园布局及相关问题　王志高　文物 3：48 – 52
渤海考古研究的几点思考　王培新　庆祝魏存成先生七十岁论文集 266 – 273

朝鲜境内的渤海国遗址空间分布研究 金石柱等 延边大学学报（社科版）5：81－92
渤海都城的田野考古研究 宋玉彬 社会科学战线 8：81－89
渤海都城故址的辨识标准与西古城城址的性质认定 宋玉彬 庆祝魏存成先生七十岁论文集 274－281
渤海国南京南海府故址“北青说”再探讨——以青海土城一带的考古发现为中心 韩亚男 边疆考古研究（第 17 辑）305－312
从渤海上京城城墙建筑顺序和营建方式看皇城宫城区域的划分 赵哲夫 庆祝魏存成先生七十岁论文集 298－305
渤海上京城建筑遗物研究 赵虹光、赵越 庆祝魏存成先生七十岁论文集 282－297
“冢上作屋”与“墓前祭祀”——渤海墓祭方式研究 王志刚 庆祝魏存成先生七十岁论文集 317－324
勿吉“冢上作屋”与渤海“墓上建筑”——兼谈高句丽墓上覆瓦 白淼、李强 庆祝魏存成先生七十岁论文集 306－316
中国境内绥芬河流域渤海陶器的类型与分期 王乐乐 东北史地 3：28－30
昆明地区发现的板俑及研究 贾溪涛 中国抚仙湖文明的影响和传播：纪念抚仙湖水下考古研究 12 周年学术论文集 405－409
龟兹地区龙崇拜之初探 陈娟 丝绸之路 18：17－20
龟兹王城古迹考 林梅村 西域研究 1：48－58
古代城市遗址高昌的遗构比定——基于地图史料批判的丝绸之路探险队考察报告整合 ［日］西村阳子等著 刘子凡译 西域文史（第 9 辑）155－202
丝路重镇：唐宋之际的于阗坎城——媲摩绿洲演变并六城问题辨析 殷晴 新疆师范大学学报（哲社版）2：57－67
黄文弼与斯坦因考察的若羌遗址 ［日］伊藤敏雄 西域考古·史地·语言研究新视野：黄文弼与中瑞西北科学考查团国际学术研讨会论文集 49－58
吐鲁番地区的口含币葬俗缘起分析 郭云艳 古代钱币与丝绸高峰论坛暨第四届吐鲁番学国际学术研讨会论文集 63－72
吐蕃王陵的墓室复原研究 夏吾卡先 西藏研究 6：46－53
印度新德里国立博物馆藏敦煌吐鲁番等地文物 王素 敦煌吐鲁番研究（第 14 卷）217－222
西藏西部的早期墓葬及其与周边文化的关系 霍巍 北方民族考古（第 2 辑）103－121

补 遗

论华清宫梨园遗址及有关问题 方建军 交响 2013 年 4：61－64
唐代漳州新城即古厦门岛新城考 李启宇 福建史志 2014 年 6：45－47
交河沟西康氏茔院 20 号墓主人为康姓粟特人辨析 杨发鹏、李伟静 敦煌学辑刊 2014 年 3：169－180

一四 宋至明清

扬州南宋堡城和宝祐城的发掘与研究 汪勃、王小迎 中国国家博物馆馆刊 9：112－131
南宋临安城城垣若干问题研究 郎旭峰 东方博物（第 56 辑）23－31
宋金时期“明堂”浅议 任林平 中国文物报 9 月 11 日 6 版
试析宋金时期砖雕壁画墓的营建工艺——从洛阳关林庙宋墓谈起 邓菲 考古与文物 1：71－80
门窗、桌椅及其他——宋元砖雕壁画墓的模式与传统 刘未 古代墓葬美术研究（第 3 辑）227－252
“恒在”中的葬仪：宋元时期中原墓葬的仪礼时间 洪知希 古代墓葬美术研究（第 3 辑）196－226
宋代西北地区墓葬研究 吴敬 边疆考古研究（第 16 辑）237－246
北宋金石学家的长眠之地——陕西蓝田北宋吕氏家族墓园考古 张蕴 大众考古 20：27－33
试论北宋相州韩氏家族墓地的墓葬位序与丧葬理念 金连玉 故宫博物院院刊 1：102－116
江苏溧阳北宋李彬夫妇墓出土俑像、墓志及葬俗特征研究 彭辉 东南文化 3：81－91
北宋杂剧艺人肖像雕砖的发现 廖奔 中原文物 4：94－98

新发现的四方北宋铭文杂剧砖雕考 康保成 中原文物 4：99－105
南宋北方移民墓葬初探——以墓葬形制为中心 金连玉 四川文物 2：66－72
重庆市北碚区苦塘沟南宋杨元甲夫妇墓的发现与研究 白九江等 四川文物 6：56－67
安徽宣城市溪口镇宋墓出土瓷器与铜器 王爱武 文物研究（第 21 辑）236－240
牛首山兜率殿遗址及部分出土遗物考论 刘文庆、符永利 江苏地方志 1：49－53
重庆老鼓楼衙署遗址四川短尾鼩（Anourosorex squamipes）研究报告 武仙竹等 第四纪研究 1：199－208
重庆老鼓楼衙署遗址鸿雁（Anser cygnoides）骨骼及其表面痕迹研究 武仙竹等 第四纪研究 3：631－641
黄胸鼠（Rattus flavipectus）骨骼在古代城市考古中的发现 武仙竹等 第四纪研究 3：784－786
盂县宋宣和六年铁钟 赵培青 文物世界 5：22－25
瑞象重明——雷峰塔文物陈列精品赏析 黎毓馨 收藏家 3：13－20
中国土司遗产考古 孙华 南方文物 1：125－128
“土豪金”与“生前玩好”——土司墓中的奢华世界 秦大树 中国文物报 8 月 28 日 5 版
北京辽金元考古回顾与展望 孙勐 北京文博文丛 2：87－90
北京西城区辽金元时期考古发现与研究现状 张利芳 北京文博文丛 4：100－105
延边州辽金时期城址及其分布情况概述 刘晓溪、姜铭 东北史地 2：22－25
宋辽文化交流的考古学观察——以宣化辽墓的考古发现为视角 陈朝云、刘亚玲 郑州大学学报（哲社版）1：145－153
辽西夏金陵墓制度的新因素及其影响 刘毅 南方文物 3：143－148
辽朝帝王陵寝组成问题初探 孙伟祥 黑龙江民族丛刊 1：78－83
试论辽代契丹墓葬的棺尸床 林栋 北方民族考古（第 2 辑）277－291
试论辽代墓葬的排水系统 林栋 沈阳考古文集（第 5 集）328－336
试论辽代墓葬的天井 林栋、金愉 北方文物 4：39－44
辽代鐎斗考——从杜杖子辽墓发现的一柄铁金鐎斗说起 马会宇、任爱君 北方文物 4：63－66
青河县加迪尔塔斯墓地出土人颅骨的人种研究 王博 新疆文物 2：107－109
试论辽代真容偶像葬俗 高晶晶 文化遗产 2：112－119
辽代墓饰门神图初探 李鹏 北方文物 4：67－70
吉林东部山区辽金先民对植物的利用——以 2009 年罗通山城浮选结果为例 杨春 东方考古（第 11 集）419－426
金中都城市布局复原的历史回顾 丁利娜 中国文物报 6 月 19 日 6 版
黑龙江省讷河市龙河城址调查 王怡 北方文物 2：17－19
关于宝马城性质的初步研究 赵俊杰 北方文物 3：34－37
前郭塔虎城的考古发现与研究 彭善国 庆祝魏存成先生七十岁论文集 382－390
吉林前郭塔虎城为金代肇州新证 彭善国 社会科学战线 10：122－129
从白山黑水到中都房山——浅谈女真帝王陵的历史始末 丁利娜 黑龙江史志 6：46－48
富平发现金代陶棺 王保东 考古与文物 5：124－128
吉林省揽头窝堡遗址出土的骑士牌研究 张胜超、冯恩学 北方文物 3：38－41
蒙元创建城市的形制与规划 刘未 边疆考古研究（第 17 辑）313－342
阿力麻里城及其兴衰原因探析 李文博 西域研究 2：39－41
北方地区蒙元墓葬初探 董新林 考古 9：114－120
继承与变革：山东地区元代墓葬区域与阶段特征考 袁泉 考古与文物 1：92－107
南方地区元代墓葬形制探析 徐学琳 南方文物 3：149－153
喀喇沁旗西沟元代墓葬 李凤举 草原文物 1：135－137

南京高淳下坝元代窖藏及其相关问题　葛鹏云　中国国家博物馆馆刊 12：119－127
元代‘天字拾二号夜巡牌”的定名　尹建光等　收藏 8：94－95
北京明代考古回顾与展望　李永强　北京文博文丛 2：91－93
平遥古城空间格局演化的再解析　谢璞　南京艺术学院学报（美术与设计版）1：37－44
明代徐州卫卫镇抚司遗址考古发现与相关问题研究　孙爱芹　东南文化 1：44－48
明代辽东海防城堡的调查与考证——以金州卫、复州卫为中心　刘俊勇　东北史地 4：35－39
明代江沿台堡城址考古发掘与营建初考　吴炎亮、徐政　庆祝魏存成先生七十岁论文集 391－401
山西介休张壁古堡地道创建于明代考　王国华　中国文物报 7 月 24 日 6 版
文化生态视域中的马关县依智高遗址　罗彩娟　广西师范大学学报（哲社版）1：82－88
南京大报恩寺遗址塔基时代、性质及相关问题研究　祁海宁、周保华　文物 5：66－73
考古学视域下的土司遗产：以海龙囤为中心　李飞　南方文物 1：129－137
遵义海龙囤遗址初论　孙华　南方文物 1：138－150
江西明墓的类型和分期　袁胜文　南方文物 3：154－160
万历帝后葬式分析　恩子健等　北京文博文丛 1：17－22
贵州遵义播州杨氏土司遗存的发现与研究　周必素、李飞　考古 11：88－97
遵义新浦村杨氏“土司”墓地　周必素、彭万　南方文物 1：156－161
江西省星子县塔园明代壁画墓（M2）墓主身份探析　胡胜　南方文物 3：29
谭纶墓文物价值及墓葬形制浅析　吴向阳　南方文物 3：228－231
广州的“蕃人冢”与“番鬼山”　潘国平　海洋遗产与考古（第二辑）216－242
明代早期职官墓壁龛的象征意义　何文竟　中国文物报 7 月 3 日 6 版
炉瓶香事——浙江长兴明代墓葬出土香事器物略论　林毅、郑建明　文物天地 12：32－35
湖北郧县李泰家族墓群马檀山墓地明清时期人骨研究　周蜜、田桂萍　江汉考古 6：95－105
湖南永顺老司城遗址出土动物牙齿表面植物微遗存研究　姚凌等　农业考古 6：1－7
天津宝坻区文化馆馆藏明代火炮考　张志鹏　丝绸之路 24：17－18
山地上的中国：在永顺老司城阅读多元文明体系　徐坚　中国文化遗产 4：58－65
扎什城历史考　何晓东　中国藏学 1：51－59
圆明园“含经堂”遗址的考古发现　孙勐等　大众考古 22：30－34
试析清代恒亲王家族茔地及园寝主人　丁利娜　文物春秋 2：27－31
黑龙江省尼尔基库区的清代达斡尔人骨　张全超等　人类学学报 3：367－376
关于小白礁一号沉船若干问题的思考　刘恒武、王力军　东南文化 2：103－108
浙江宁波象山“小白礁Ⅰ号”清代沉船树种鉴定和用材分析　金涛　文物保护与考古科学 2：34－39

补　遗

“泸县宋墓”墓主寻踪——从晋到宋：南社会与民族关系的变化　刘复生　四川大学学报（哲社版）2014 年 6：11－22
元上都宗教建筑布局的考古学观察　冯宝、魏坚　内蒙古社会科学 2014 年 6：63－67
王傅德风堂碑与汪古惕王城遗址的发现与研究　孙芬、崔思朋　黑龙江史志 2014 年 19：78－79
凤翔屈家山蒙古纪事砖及相关问题　杨富学、张海娟　青海民族研究 2014 年 4：95－102
元代纺织品中凤鸟鹰嘴造型特征研究　刘珂艳　装饰 2014 年 11：76－77

一五　其他

明器与冥器　王娟　民俗研究 1：96－103
神龙出世六千年　孙机　国博讲堂（2011—2012）231－265
中国北方草原艺术中羊的形象　杨国华、翟禹　文物天地 2：72－79
海丝与福州海神信仰文物史迹述略　戴晖　福建史志 1：25－29

叁 考古学专论

一 甲骨文

新世纪甲骨学的快速发展 刘源 中国史研究动态 4：25－37
甲骨档案编纂沿革考 赵彦昌、杨晨 档案学研究 1：120－128
甲骨文大规模基础数据的语义挖掘研究 熊晶等 现代图书情报技术 2：7－14
试论背面卜辞对胛骨缀合的重要作用 刘影 中国国家博物馆馆刊 1：31－36
《甲骨文摭》的初步复原 郜丽梅 南方文物 3：94－98
“甲骨文断代研究例”在断代研究中仍可发挥作用 林沄、刘金山 古文字与古代史（第四辑）75－86
甲骨文断代研究与《珠》491 ［日］松丸道雄 古文字与古代史（第四辑）65－73
契斋藏甲与北大所藏同文骨片真伪风波补议 曹定云 赵光贤先生百年诞辰纪念文集 249－259
探寻商代第一都的文字新线索——写在郑州出土商代牛肋骨刻辞再发现 10 年际 李维明 中华之源与嵩山文明研究（第 2 辑）297－308
商周复合氏名意蕴新解——从古文字中一类特殊人物称名说起 杨清慧、王进锋 四川文物 6：30－40
甲骨文中值得重视的几条史料 王子杨 文献 3：28－40
商代占卜中命辞的表述方式与人我关系的体现 沈培 古文字与古代史（第二辑）93－116
从选祭到周祭——兼论商代后期王权的合法性建构 李双芬 殷都学刊 2：10－18
沚戛的军事活动与敌友关系 李宗焜 古文字与古代史（第二辑）71－91
殷人重视白马补证——以一则重要缀合为例 王红 首都师范大学学报（社科版）1：36－40
晚商畜牧业的经营——以牧与刍为中心 蔡哲茂 古文字与古代史（第二辑）143－163
“奏丘”卜辞的天象与年代 胡洪琼 殷都学刊 3：6－14
从“雨”与“雷”看卜辞中的自然气象神灵 郭晨晖、景若凡 殷都学刊 1：14－19
殷墟甲骨文中的乐器与音乐歌舞 宋镇豪 古文字与古代史（第二辑）39－70
甲骨文所见方方考 李发 考古学报 3：281－302
“泰山田猎区”与商末东土地理——以田猎卜辞“盂”、“劳”诸地地望考察为中心 陈絜、赵庆淼 历史研究 5：56－75
卜辞之曾地望考 赵庆淼 中原文物 4：40－45
祭祀中杆与甲骨文数字的来源 王毓红、少波 寻根 3：24－29
安阳殷墟大墓出土骨片文字考释 刘钊 古文字与古代史（第二辑）123－142
殷墟甲骨文疑难辞例考释五则 齐航福 考古与文物 5：102－104
谈一则卜辞“刮削重刻例”一组历宾同文卜辞 刘源 南方文物 3：109－112
甲骨文“彗星”异名考辨 雷春辉、蒋媛媛 宁夏大学学报（人文社科版）2：1－4
卜辞“簪某监同”考 吴雪飞 殷都学刊 3：1－5
卜辞“鬼日”及相关问题考辨 陈健 文史 1：271－278
再论殷墟卜辞中的“衆” 朱凤瀚 古文字与古代史（第二辑）1－37
说“婀”（提纲） 裘锡圭 古文字与古代史（第二辑）117－121
宾组甲骨新缀五则及考释 莫伯峰、刘影 华夏考古 4：109－112
甲骨缀合五则 孙亚冰 南方文物 3：107－108
殷契汇津门——馆藏甲骨概述 房晔 文物天地 6：14－16
新乡市博物馆馆藏甲骨 朱旗 华夏考古 3：123－133
甲骨文百白辨 张建华 浙江省文物考古研究所学刊（第 10 辑）352－357
《新甲骨文编》收录“酉”字覆盖度及相关问题 陈健 殷都学刊 4：87－89
由甲骨文看“史”字本义及其早期流变 朱彦民 殷都学刊 4：1－8

"土""地"语义流变及甲骨文中的"土"　雷缙碚　殷都学刊2：102－103
甲骨文"阕"字考——兼论"蟊"（蠡）非"铺首"　韩江苏　殷都学刊4：15－22
甲骨文"朵"字考　韩江苏　中原文物2：52－56
甲骨文"即"、"既"补释　张新俊　故宫博物院院刊1：70－80
试释甲骨文中读为"廟"的"勺"字　何景成　文史1：249－270
商周时代军事行动中的"追"　连劭名　殷都学刊1：10－13
殷墟甲骨文中的"妇"　赵鹏　赵光贤先生百年诞辰纪念文集293－299
殷墟卜辞中的"鶂"与"才（在）皞"　韦心滢　故宫博物院院刊2：73－89
试论花东卜辞中的"妇"及其相关问题　黄国辉　华夏考古4：105－108
释殷墟花东卜辞的"颠"　蒋玉斌　考古与文物3：107－110
对比甲骨文和东巴文中人形的艺术运用和造字功能　王利霞　语文学刊5：34－35
汉字倒写构形与古文字的释读　李守奎　汉学研究2：173－194
据新出竹简考释甲骨文里几个表示"执"的字形和辞例　梁月娥　简帛（第11辑）1－22
关于甲骨文"叀"字构形的再认识　方稚松　故宫博物院院刊2：90－97
甲骨文"彡"字构形再思考　王永昌　殷都学刊4：90－92
甲金文"阜"字及字符"阜"的两个来源　雷缙碚、喻遂生　中国语文3：274－277
殷墟卜辞中"侯"的身分补证——兼论"侯"、"伯"之异同　朱凤瀚　古文字与古代史（第四辑）1－36
甲骨文"巳"、"改"用法补议　沈培　古文字与古代史（第四辑）37－64
甲骨文表女性称谓的"（女司）"字用法缕析　张志强　汉字文化3：31－36
甲骨文中的频率副词　黄天树　首都师范大学学报（社科版）1：85－92
甲骨文中位事介词"于"研究　张玉金　古汉语研究1：2－11
甲骨文的原初读音　陈明远　社会科学论坛8：15－28

补　遗

旅顺博物馆所藏甲骨整理经过及其学术价值　宋镇豪　光明日报2014年10月29日14版
从殷礼论商后期的社会关系——以花东子卜辞为中心的考察　章秀霞　郑州大学学报（哲社版）2014年6：146－151
甲骨文象形字与汉字文化内涵的阐释　种亚丹、牟军荣　语文学刊2014年22：8－9
殷墟甲骨文中焦点问题的初步研究　齐航福　语文研究2014年4：39－45
从金文"妻"的异构看甲骨文"妻"字的构形理据　暴希明　河南社会科学2014年12：103－106
甲骨文"土"、"石"溯源　高新凯　汉字文化2014年6：30－35

二　青铜器与铭文研究

综述

中国早期铜器研究综述　钱诚　中国抚仙湖文明的影响和传播：纪念抚仙湖水下考古研究12周年学术论文集290－298
试论商周青铜器的文化属性与器类演变的关系　张懋镕　西部考古（第七辑）167－185
传播史上的青铜时代：殷周青铜器的文化与政治传播功能考　潘祥辉　新闻与传播研究2：53－70
试论青铜时代透空青铜器的工艺特色——兼谈失蜡铸造问题　周卫荣、黄维　中国国家博物馆馆刊1：147－155
青铜器表面几种常见的特种装饰工艺　胡薇　文物天地2：9－14
论吕大临《考古图》对先秦青铜器的定名　姚草鲜　文物春秋3：36－40
夏商西周时期北方中原融合型青铜器初步研究——以太行山东麓和燕山南北考古发现为例　孙晓鹏、韦姗杉　中原文物5：68－75

商周家族墓地所见复合族徽铜器的种类与组合　雒有仓　中国国家博物馆馆刊5：56－65
宁波鄞州区先秦青铜器考略　涂师平　成都文物2：10－15
重庆峡江地区出土战国至六朝时期鎏金铜器研究　肖碧瑞等　南方民族考古（第11辑）129－159
战国秦汉时期云贵地区青铜炊具的考古学研究　吴小平　考古3：99－114
鼎与鼎文化小史　陶亮　文物天地3：19－24
商周“夷式簋”的传播与族群变动　方辉　华夏考古4：60－72
从南方上古青铜器纹饰看骆越族造物神祭礼的源流　谢崇安　民族艺术3：86－88
从青铜器铭文看两周夷狄华夏的融合　陈昭容　古文字与古代史（第二辑）329－362
商周铭文语言的发展演变　陈桐生　东南大学学报（哲社版）1：124－129
金文字形构件断代法初探　邓凯　殷都学刊1：103－108

夏及殷商

功能与源流：二里头文化镶绿松石铜牌饰研究　黄翠梅　故宫学术季刊33卷1期：97－122
早商文化的北进与北方系青铜器的发展　陈小三　边疆考古研究（第17辑）209－223
陕晋高原商代铜器的属国研究　曹玮　古文字与古代史（第二辑）303－327
从流散海外殷末青铜器见帝辛十五祀征夷方史事　韦心滢　中国国家博物馆馆刊3：43－53
伊犁河谷阿尕尔森类型青铜器　李渊源　边疆考古研究（第16辑）99－110
试谈商周青铜壶发展演变的基本特点　裴书研　考古与文物3：52－59
商代“亚酁其”斝背后的秘密　杨鑫　大众考古21：58－60
青铜觯的分布以及相关问题　曹斌　文博5：29－33
关于青铜觯的定名和器用问题　曹斌　北方民族考古（第2辑）143－152
青铜觯起源探析　曹斌　南方文物4：179－185
尊“性”大“名”——以“尊”为例看考古遗物的命名与定性研究　徐良高　南方文物1：6－11
安徽寿县苍陵城遗址出土商代器物浅论　王建国　文物天地12：18－22
浅析前掌大墓地出土扁足鼎兼谈“史”族　王文轩　西藏民族学院学报（哲社版）3：101－104
司母戊鼎研究历程初览（上）、（中）、（下）　李维明　中国文物报6月19日6版、7月3日6版、7月31日6版
“司母戊鼎”应更名为“后母戊鼎”　陈晓华　中国文物报9月11日6版
商代晚期青铜瑰宝——祖辛卣　张俊儒　文物天地3：25－30
皿方罍的流传追述及其价值　傅聚良　文物天地9：18－20
源于生活高于生活——商周青铜器上的写实性动物纹饰　周向雨、曹斌　大众考古28：38－44
大禾人面方鼎纹饰研究　韩鼎　中原文物2：57－61
青铜觯铭文研究　曹斌　文物春秋3：14－22
释苏埠屯墓地的族氏铭文“亚醜”　董珊　古文字与古代史（第四辑）337－368
殷墟文字中简化字研究三例　孟宪武等　殷都学刊4：23－27
陕西子洲出土商代铜器　榆林市文物保护研究所（乔建军）　文物1：4－12
青铜辉煌耀千古——运城地区出土的青铜器　郭会敏、冯苏鹏　收藏7：136－141
关于商周之际的长梁青铜器　张昌平　南方文物2：170－175
盛放谷物的青铜器探析　刘刚、刘俊仙　农业考古4：130－137
商代青铜盛酒器——尊、卣、觥、彝、壶赏析　刘昱午　寻根4：44－49
爵中单柱——商代单柱铜爵赏析　孙明　收藏家9：26－28
河北大学博物馆收藏的商代铜尊　耿超等　文物3：94－96
吴大澂题鼎彝八轴　仲威　收藏家8：69－74

补　遗

虎食人卣纹饰及文化寓意探析　吴卫、龙楚怡　装饰2014年12：80－81

西周

从夏家店上层文化青铜器看草原金属之路　邵会秋、杨建华　考古10：85－99
浅析周代青铜礼器及其文化内涵　赵晓月　天津博物馆论丛（2014）110
商周时期悬铃青铜礼器研究　孙明　北方民族考古（第2辑）153－164
贾国青铜器及其重要价值探研　王宏、权敏　中原文物1：66－71
嬰士父鬲、蓼子鄝盏与己姓蓼国　田成方　华夏考古3：137－141
柯史簋与柯国、唐国　王正、雷建鸽　中原文物5：25－28
何簋与商周军事制度　李凯　考古与文物4：46－48
新见鄂监簋与西周监国制度　田率　江汉考古1：68－75
关于天亡簋的几个问题——再论“王凡三方，王祀于天室”　井中伟　中华之源与嵩山文明研究（第2辑）309－316
美国斯坦福大学坎特视觉艺术中心藏叔多父簋及相关问题　钱益汇、杨晓能　文物6：34－38
利簋制作年代补考　张秋芳　文物春秋5：8－11
试论“伽叔壶”和作册吴盉　陈小三　中国国家博物馆馆刊3：60－68
牺首鼎的年代及相关问题　张爱冰　考古1：80－91
曾太师奠与鼎小议　吴超　中国文物报7月31日6版
楚公编钟及有关问题　高西省　文物1：43－53
石鼓山户氏青铜器相关问题简论　张天恩　文物1：32－42
青铜簠兴起于宝鸡说　张懋镕、沙忠平　文博1：32－34
宝鸡出土青铜禁及其相关问题　陈昭容　古文字与古代史（第四辑）291－336
论鹿邑太清宫长子口墓的随葬青铜礼器　印群　东方考古（第11集）145－150
平顶山应国墓地新见铜盉与吴越地区西周铜器断代　陈小三　考古5：93－102
西周金文历谱述略（上篇）、（下篇）　刘桓　北方论丛4：7－14、5：6－13
颜色与社会关系——西周金文中之证据与阐释　汪涛　古文字与古代史（第二辑）221－241
西周青铜铭文中的自述型铭文初探　郭倩　殷都学刊2：30－33
西周金文字形书体与铜器断代研究　王帅　学术探索1：73－78
西周青铜器铭文制作方法释疑　李峰　考古9：78－91
以出土文献为据再论召公不是文王之子——兼与张懋镕商榷青铜器上的“日名”与“族徽”问题　景红艳　考古与文物5：37－43
从《士山盘》看西周中期周王室的南方经营　李凯　四川文物4：50－54
世系传递中的爵职继承：对西周微氏铜器铭文的系谱学分析　钱杭　史林3：30－38
颂器铭文与西周册命礼新探——“受令册佩以出”再释　杨明明　中华文化论坛2：87－89
论令鼎与大藉礼　袁俊杰　中原文物6：52－59
论先鼎与丧服礼　袁俊杰、王龙正　考古6：80－86
“塱方鼎”铭与周公东征路线初探　陈絜　古文字与古代史（第四辑）261－290
禹治洪水问题辨析——兼析豳公盨有关禹治水内容　沈长云　禹会村遗址研究——禹会村遗址与淮河流域文明研讨会论文集205－221
西周时期淮夷名称考论　李裕杓　中国历史地理论丛3：141－147
一篇记述土地转让的西周金文论　李学勤　故宫博物院院刊5：29－30
西周金文考释三则　吴红松　江汉考古4：115－118
论秦人早期青铜器与秦系文字的形成　雍际春、周晓聪　西安财经学院学报3：92－95
谈谈青铜酒器中所谓三足爵形器的一种别称　谢明文　出土文献（第七辑）4－12
国家博物馆新入藏的两周青铜器管见　田率　中国国家博物馆馆刊5：135－149
毛公鼎铭文补释　寇占民　华夏考古4：113－117

疾儿鼎铭文补释　牛清波　中原文物3：42－44
试说新出现的胡国方鼎　李学勤　江汉考古6：69－70
旻鼎铭文试释　黄锦前　中国国家博物馆馆刊3：54－59
平顶山应国墓地出土“无”鼎铭文研究　黄益飞　考古4：96－101
谈遣伯盨铭文中的“匄祈”　陈梦兮　考古与文物6：80－81
畯簋铭文析疑　王沛姬　中国文物报10月23日7版
试释攸簋铭文中的“敔乍絸”　亓民帅　殷都学刊4：58－60
琱生三器铭文补释　徐义华　南方文物3：102－106
说西周金文中的“霸”与“格”——兼论两周时期霸国的地望　黄锦前、张新俊　考古与文物5：105－111
金文虎字的变迁及相关问题　王兰　华夏考古3：134－136
西周金文札记二则　宋华强　简帛（第10辑）1－4
释荣仲方鼎“”字　刘孝霞　考古与文物2：97－99
安徽繁昌新出土的三件铜器　谢军　江汉考古6：34－37
馆藏古代青铜器赏析　李君　文物天地6：31－33
北师大文博馆收藏的两件青铜器　宣柳　文物春秋5：67－70
岐山县周原博物馆近年新入藏青铜器选介　温峰峰、张天宇　中国国家博物馆馆刊11：16－21

补　遗

“王若曰”新考　彭裕商　四川大学学报（哲社版）2014年6：5－10
虢文公子段鼎铭文及相关问题考　张红兵　郑州大学学报（哲社版）2014年6：156－158

东周

春秋中期江淮地区青铜文化对江汉地区的影响——从襄阳卸甲山出土青铜器谈起　张昌平　江汉考古3：75－81
吴越地区青铜时代的太阳崇拜——一种青铜杖饰的文化解析　郎剑锋　东南文化4：72－80 论春秋时期鲁东南殉人墓随葬青铜礼器的特点：兼谈莒、薛文化因素之异同　印群　齐鲁学刊3：40－46
贵州省博物馆藏青铜文物的区域性文化特征　宁健荣　文物天地5：19－24
从秦公器看秦人早期的历史文化　高士荣　西安财经学院学报3：96－100
彭器、彭国与楚彭氏考论　徐少华　古文字与古代史（第二辑）279－302
吴越青铜器拾遗　郎剑锋　中国国家博物馆馆刊7：84－91
楚系青铜器发展的社会背景及特征性研究　裴书研、陈昱洁　西北大学学报（哲社版）2：22－25
楚系青铜器的分期与年代　袁艳玲、张闻捷　考古学报4：475－504
由青铜粢盛器论楚国的礼制变革　张闻捷　南方文物4：169－178
楚式鼎的分类、组合及其礼制涵义　袁艳玲　考古8：103－112
国博新征楚王鼎小论　满明辉　收藏家5：69－71
王子午鼎不是“楚灵王好细腰”影响下的产物　张庆、方敏　中原文物2：62－67
说“盏盂”——兼论楚系盏盂的形态与功能　黄锦前　湖南考古辑刊（第11集）260－279
“楚屈子赤角簠”新研　李世佳　考古与文物4：49－52
克黄器与淅川薳氏墓群　冯峰　湖南考古辑刊（第11集）280－291
论应国墓地八号墓与虢国墓地虢季墓的随葬青铜礼器　印群　北京文博文丛4：63－65
新见的一件曾伯宫父鬲　黄旭初、李刚　江汉考古4：126－128
东周青铜瓠壶研究　冀瑞宝　文物世界3：13－15
关于重现的陈侯壶　张昌平、汪涛　文物3：45－47
曲颈壶小考　吴小平、饶华松　华夏考古2：116－118
鹤嘴斧的功能及相关问题探讨　孟琦、彭博　北方文物2：31－38

铜铆研究　毕经纬　考古学报4：451－474
传世有铭铜器辨伪一则　毕经纬　考古与文物3：111－113
人机工程学与河套地区青铜灶造型研究　丁诗瑶、顾平　装饰4：92－93
周口市博物馆几件青铜器的考释　闫萍等　中原文物6：105－107
葫芦岛市博物馆藏东大杖子墓地出土器物研究　成璟瑭等　文物11：85－94
荷竹清华润琼浆——山东临淄商王墓出土铜汲酒器考　王焕文　收藏家9：58－60
礼县博物馆藏战国铜人研究　汪受宽、刁方伟　陇右文博3：34－38
基于滇国多人猎兽图像解析下的族群文化与社会形态研究　刘渝　贵州民族研究1：185－188
忏距末铭文研究　李家浩　古文字与古代史（第二辑）189－211
重论栾盈缶——兼说栾盈本名与栾盈奔楚　王恩田　中国国家博物馆馆刊5：150－155
郑义伯鑘铭文补释　谢明文　中国国家博物馆馆刊7：64－70
陈逆簠铭文补释　苏影　殷都学刊2：104－106
夒膚瑚铭文新释　李春桃　古代文明4：56－58
绍兴塔山甬钟器主考辨　孙伟龙、曲冰　中国国家博物馆馆刊5：66－69
曾侯與编钟铭文所记吴伐楚路线辨析——兼论春秋时期楚郢都地望　高崇文　江汉考古3：82－85
曾侯腆编钟“汭土”试说　陈伟　江汉考古1：121－123
文峰塔M1出土曾侯與钟铭的初步研究　王泽文　江汉考古6：106－111
文峰塔M1出土钟铭补释　李零　江汉考古1：118－120
沈尹钲铭与玉叶公沈诸梁　李元芝　中原文物3：39－41
东周晋系兵器铭辞格式及相关制度研究　秦晓华　华南师范大学学报（社科版）2：164－168
战国三晋兵器铭辞格式特点研究　秦晓华　中山大学学报（社科版）3：67－73
魏国纪年兵器铭文的发轫期　苏辉　齐鲁学刊1：46－51
新见吴王馀眛剑铭考证　董珊　故宫博物院院刊5：31－39
“鱼鼎匕”新释　吴镇烽　考古与文物2：54－60
再谈“十九年相邦瘠”戈的考释　李卓、权敏　文博5：47－52
战国二十七年晋戈铭文考释　李家浩　出土文献（第七辑）13－18
“应侯启”错金铭文戈考释　孙清远　楚文化研究论集（第十一集）368－371
论一件中山国有铭铜戈　李学勤　古文字与古代史（第二辑）213－219
燕赵铭文考释四则　张振谦　文物春秋6：28－31
《燕侯载簋》考释二则　何家兴　考古与文物4：101－102
大事纪年法并非始于楚人　黄尚明　江汉考古6：71－74
曾姬无卹壶铭文再探　刘波　考古与文物4：103－106
新见蔿子曾壶考　田成方　江汉考古3：86－90
寿县朱家集铜器铭文“窒”字补释　石小力　简帛（第11辑）23－28
新见战国兵器地名“郝”、“陷”　吴良宝　简帛（第10辑）5－10
陕西米脂县博物馆藏青铜器介绍　艾剑　西部考古（第9辑）61－64
淮土吉金——河南光山黄君孟夫妇墓出土青铜器鉴赏　唐新　收藏家4：13－17
襄阳欧庙卸甲山出土春秋青铜器　陈千万等　江汉考古3：28－37
春秋早期垂鳞纹秦公铜鼎　史册　文物天地4：25－26
渠首遗珍——河南淅川博物馆藏楚国青铜器鉴赏　唐新　收藏家10：3－8
春秋晚期楚国贵族墓出土青铜神兽赏析　李琴　文物天地3：31－36
蟠龙方壶——春秋晚期　杨式昭　历史文物6：1
雠仲盘鉴赏　王宏　收藏家7：78
古越国的“羽人”图腾——宁波市鄞州区所见先秦青铜器　涂师平　收藏4：92－95

补 遗

试论安徽九里墩龙虎纹鼓座的年代与国别 李筱 宁夏大学学报（人文社科版）2014年6：62-67
楚国升鼎中的纹样研究 张庆 艺术百家2014年4：244-245

秦汉及以后

内蒙古博物院藏羊纹北方系青铜器 张闯辉 文物世界3：7-9
秦"二十二年临汾守戈"考 徐世权 简帛（第11辑）29-37
博山炉的兴起与丝绸之路 孙章峰 华夏考古4：94-99
中国国家博物馆藏西汉上林苑铜器述论 于璐、张默涵 中国国家博物馆馆刊8：101-130
试论"长信宫灯"的最初所有者 杜小钰、孙凯 中原文物1：75-80
伯希和的箱子——伯希和私人收藏之西汉鸟篆文铜壶的发现 王凯梅 文物天地4：86-89
法国伯希和旧藏西汉鸟虫书铜壶 李宝才 文物11：53-56
法国伯希和旧藏西汉鸟虫书铜壶铭文研究 曹锦炎 文物11：57-61
雒阳武库钟铭文辨伪 辛德勇 出土文献（第七辑）19-28
西汉晋阳铜鼎铭文考略 蔡红艳 文物4：87-90
西汉未央令官铜勺及其相关问题 赵晓军 洛阳考古（总第7期）71-75
安徽省铜陵市博物馆藏东汉铜镇 吕予惠 文物研究（第21辑）303-305
北魏平城时期的装饰文化：由国立故宫博物院藏的一件铜壶谈起 林圣智 故宫学术季刊33卷1期：169-210
高句丽太王陵墓主"广开土王"说的反思——出土铭文铜铃再研究 赵俊杰、马健 考古与文物3：86-91
纽约大都会博物馆藏宋元明清铜器撷英 陆鹏亮 文物天地6：72-77
论宋代著录的周公方鼎 李学勤 赵光贤先生百年诞辰纪念文集307-310
溪州铜柱铭文中"间隙"考辨 瞿州莲、瞿宏州 中央民族大学学报（哲社版）3：75-83
西夏青铜铸造艺术精品——鎏金铜牛 刘红英 文物天地9：99
武威校尉乡珍珠台窖藏元代铜器铭文辨析 党菊红 敦煌研究1：77-85
中国古代铜香炉考略 林亚兴 收藏家4：65-69
清代宫廷铜器制造考——以雍乾二朝为例（上）、（下） 张丽 文物天地6：64-70、7：82-88
蒲松龄墓出土宣德炉浅说 田艺景 蒲松龄研究1：134-138
柏林寺铜钟 曹静 收藏家7：51-56

补 遗

政和"牛鼎"形制考 石炯 新美术2014年9：17-23

其他古文字研究

古文字考释两则 马良民 东方考古（第11集）167-172
燕陶文考释九则 张振谦 印学研究（第7辑）221-227
两件有文字的战国器物介绍 李文洁 文物世界6：47-49
汉长安城未央宫骨签释文订补——以人物系联方式为中心 于淼 简帛（第10辑）253-261
广东出土西晋"永嘉"铭文砖考 陈鸿钧 广州文博（八）254-268
谈杭州萧山区南朝墓M1新出墓砖铭文 张传官、杨金东 中国国家博物馆馆刊9：137-141
渤海文字瓦的发现、研究与著录评述 刘晓东、李玲 庆祝魏存成先生七十岁论文集325-334
渤海文字瓦模印文字内容、性质含义的再思考 刘晓东 北方文物1：35-45
河北涞源阁院寺辽代"飞狐大钟"铭文考 梁松涛、王路璐 北方文物1：86-90

补 遗

史前陶符形体研究 张晓明 管子学刊2014年4：83-87

三　简牍、帛书、文书、写本

综论

有关出土文献的“阅读习惯”问题　冯胜君　吉林大学社会科学学报1：139－148

新世纪初我国简牍重要发现概述　蔡万进　简帛研究（2008）330－348

河西简牍学百年发展述论　孙占鳌　丝绸之路4：15－20

墓葬出土律令文献的性质及其他　张忠炜　中国人民大学学报5：41－50

2014年秦汉魏晋简牍研究概述　鲁家亮　简帛（第11辑）243－281

汉晋时期“十二辰配禽”说的方术化——基于出土文献为背景的探讨　姜守诚　四川文物2：58－65

补　遗

楚竹书特见词义疏证　雷黎明　武汉科技大学学报（社科版）2014年6：679－682

战国简

2014年战国出土文献研究概述　何有祖　简帛（第10辑）277－288

楚及相关墓葬出土竹简制作工艺的综合考察　后德俊　楚文化研究论集（第十一集）302－303

古文字所见的早期秦、楚　王辉　古文字与古代史（第二辑）165－187

出土文献与楚族起源研究　黄莹　中原文物4：46－54

系统释字法与古文字考释——以“厂”、“石”构形功能的分析为例　李守奎　吉林大学社会科学学报2：225－241

从失传的楚简新出字看战国时期的“文字异形”　蒋德平　古汉语研究1：69－79

战国竹书文字布局小识　贾连祥　出土文献（第七辑）187－192

说“绥”　白于蓝　中国国家博物馆馆刊1　50－58

从战国楚简中的“尤”字谈到殷代一个消失的氏族　季旭昇　古文字与古代史（第二辑）363－385

略论楚简文字中的常见类化符号“[illegible]”　许可　出土文献（第七辑）159－171

楚简省形符号“＝”及相关字略说　张峰　江汉考古6：112－116

楚简“[illegible]”及相关之字述议　范常喜　简帛（第11辑）53－66

楚简“恆贞吉”解　颜世铉　古文字与古代史（第二辑）413－428

楚简车名选释二则　罗小华　楚文化研究论集（第十一集）402－407

楚简筮数易卦再探　黄尚明　楚文化研究论集（第十一集）408－418

再论包山简“鲁阳公以楚师后城郑之岁”——兼谈楚简大事纪年的性质　郑伊凡　江汉考古2：64－70

包山简155号所见楚国丧葬制度　杨华　简帛研究（2015）61－70

“悼滑救郙”之岁与包山、望山楚墓的年代　武家璧　楚文化研究论集（第十一集）383－401

读简帛本《老子》札记四则　李锐、山翠翠　简帛研究（2015）71－77

郭店〈太一生水〉「補」的语文分析与思想意蕴　范丽梅　汉学研究2：195－226

楚简《礼记·缁衣》“苟有车”章考释　林清源　古文字与古代史（第二辑）387－411

从战国郭店竹简《语丛四》庄子引文论其内外杂篇之性质　黄人二　简帛研究（2008）19－29

简帛《五行》引《诗》小议（大纲）　周凤五　清华简研究（第二辑）——“清华简与《诗经》研究”国际学术研讨会论文集252－259

郭店楚简《忠信之道》补释　王坤鹏　古代文明1：57－62

“民可使由之”新诠：基于郭店楚简　吴劲雄　求索4：90－93

《性自命出》校释（续）　郭沂　管子学刊1：102－112

楚简字词考释三则　石小力　江汉考古3：120－123

清华简与国家精神　邢文　管子学刊1：113－115

汉代伊尹文献的分类与清华简中伊尹诸篇的性质　李守奎　深圳大学学报（人文社科版）3：41－49

谈清华简所见书手字迹和文字修改现象　贾连翔　简帛研究（2015）38－52

清华简收卷研究举例　肖芸晓　出土文献（第七辑）172－186
《诗》之祝诵——三论“思”字的副词作用　［美］夏含夷　清华简研究（第二辑）——“清华简与《诗经》研究”国际学术研讨会论文集 41－51
清华简文字考释二则　林素清　清华简研究（第二辑）——“清华简与《诗经》研究”国际学术研讨会论文集 212－216
《保训》故事与地中之变迁　冯时　考古学报 2：129－156
观念史研究的一个标本——清华简《保训》补释　晁福林　文史哲 3：22－32
清华简《耆夜》再探　李锐清　华简研究（第二辑）——“清华简与《诗经》研究”国际学术研讨会论文集 118－131
再论清华简《书》类文献《郘夜》　吴良宝　扬州大学学报（人文社科版）2：69－74
清华楚简《郘夜（举）》礼仪与商代饮至礼　沈建华　清华简研究（第二辑）——“清华简与《诗经》研究”国际学术研讨会论文集 103－109
《蟋蟀》诗主旨辨——由清华简“不喜不乐”谈起　李均明　清华简研究（第二辑）——“清华简与《诗经》研究”国际学术研讨会论文集 97－102
《耆夜》之“饮至”　朱渊清　清华简研究（第二辑）——“清华简与《诗经》研究”国际学术研讨会论文集 110－117
周公、《金縢》与《鸱鸮》　黄冠云　清华简研究（第二辑）——“清华简与《诗经》研究”国际学术研讨会论文集 231－237
由清华简《金縢》谈武王在位四年说　李锐　学术交流 7：214－218
清华简《皇门》的制作年代及相关史事问题　杜勇　中国史研究 3：29－46
从清华简《楚居》看楚史的若干问题　笪浩波　中国史研究 1：83－93
清华简《楚居》所记楚族起源地的探讨　郑杰祥　中国国家博物馆馆刊 1：45－49
从《楚居》析楚先族南迁的时间与路线　徐少华　楚文化研究论集（第十一集）310－317
清华简《楚居》武王、文王徙郢考　牛鹏涛　楚文化研究论集（第十一集）318－324
试论清华简《楚居》中的“比隹”　罗小华　简帛研究（2015）53－56
论清华简《系年》的性质　黄梓勇　清华简研究（第二辑）——“清华简与《诗经》研究”国际学术研讨会论文集 238－251
清华简《系年》体裁及相关问题新探　罗运环　湖北社会科学 3：193－198
清华简《系年》前四章发微　罗连环　出土文献（第七辑）90－97
一粟居读简记（五）　王辉　清华简研究（第二辑）——“清华简与《诗经》研究”国际学术研讨会论文集 193－200
《系年》“屎伐商邑”与《天问》“载尸集战”　刘信芳、王箐　江汉考古 3：116－119
《系年》第七章与城濮之战史事补证　马楠　简帛研究（2015）25－28
𠫑羌钟与清华简《系年》合证　陈民镇　考古与文物 6：82－87
清华简《系年》“陈淏”即《吕氏春秋》“鸮子”补论　熊贤品　中原文物 1：72－74
清华简《系年》“曾人乃降西戎”新诂　张新俊　中国语文 5：460－464
《清华二·系年》中的“申”及相关问题讨论　苏建洲　古文字与古代史（第四辑）449－490
清华三《诗》、《书》类文献合考　单育辰　清华简研究（第二辑）——“清华简与《诗经》研究”国际学术研讨会论文集 227－230
清华简（三）断读献疑三则　杨鹏桦　简帛研究（2015）29－37
清华简《说命上》发微　蒋鲁敬　楚文化研究论集（第十一集）426－435
读清华简《说命上》小识（二）　单周尧　清华简研究（第二辑）——“清华简与《诗经》研究”国际学术研讨会论文集 201－211
从商王大戊说到商周时代祖宗观念的变化——清华简《说命》补释　晁福林　学术月刊 5：141－149

从清华简《系年》看“千亩之战”及相关问题　谢乃和、付瑞珣　学术交流 7：208 – 213
由清华简《系年》论两周之际的历史变迁　王红亮　史学月刊 2：13 – 21
清华简《系年》所见齐国史事初探　代生　烟台大学学报（哲社版）1：88 – 94
清华简《系年》所见郑国史事初探　代生、张少筠　中南大学学报（社科版）3：242 – 247
清华简《系年》第五章与楚顿关系新证　许可　管子学刊 2：108 – 112
从清华简《说命》看《尚书》学史的一桩公案　晁福林　人文杂志 2：86 – 90
谈谈清华简《傅说之命》和传世文献相互对照的几个“若”字句　沈培　简帛（第 10 辑）51 – 66
清华简《说命》“𡢃弜”考　赵平安　古文字与古代史（第四辑）441 – 448
试论清华简《周公之琴舞》的文本性质　姚小鸥、孟祥笑　清华简研究（第二辑）——“清华简与《诗经》研究”国际学术研讨会论文集 57 – 76
清华简《周公之琴舞》对《诗经》流传与编定的启示　刘丽文、段露航　清华简研究（第二辑）——“清华简与《诗经》研究”国际学术研讨会论文集 77 – 88
《周公之琴舞》与《诗经》异文和经传解释小识　宗静航　清华简研究（第二辑）——“清华简与《诗经》研究”国际学术研讨会论文集 89 – 96
读清华简《周公之琴舞》和《芮良夫毖》零劄　陈伟武　清华简研究（第二辑）——“清华简与《诗经》研究”国际学术研讨会论文集 28 – 32
读《周公之琴舞》小记　李学勤　清华简研究（第二辑）——“清华简与《诗经》研究”国际学术研讨会论文集 1 – 3
读《周公之琴舞》劄记　陈致　清华简研究（第二辑）——“清华简与《诗经》研究”国际学术研讨会论文集 33 – 40
《毛诗·周颂·敬之》与《清华三·周公之琴舞·成王作敬毖》首篇对比研究　季旭升　古文字与古代史（第四辑）369 – 402
试论《周公之琴舞》中“九成”奏乐模式的意义　［美］柯鹤立　清华简研究（第二辑）——“清华简与《诗经》研究”国际学术研讨会论文集 52 – 56
《周公之琴舞》简“乱日”新证　邱德修　清华简研究（第二辑）——“清华简与《诗经》研究”国际学术研讨会论文集 4 – 14
《周公之琴舞》“周公作多士儆毖”小考　季旭昇　清华简研究（第二辑）——“清华简与《诗经》研究”国际学术研讨会论文集 15 – 27
清华简《周公之琴舞》“文非易币”解　石小力　出土文献（第七辑）98 – 102
《芮良夫訟》初读　赵平安　清华简研究（第二辑）——“清华简与《诗经》研究”国际学术研讨会论文集 132 – 136
从清华简《芮良夫毖》看“毖”诗及其体式特点　马芳　江海学刊 4：190 – 195
谈清华简《芮良夫毖》“毖”诗所见之诤谏——与《诗》及两周金文之互证　邓佩玲　清华简研究（第二辑）——“清华简与《诗经》研究”国际学术研讨会论文集 152 – 171
也谈清华简《芮良夫毖》跟“绳准”有关的一段话　刘乐贤　清华简研究（第二辑）——“清华简与《诗经》研究”国际学术研讨会论文集 137 – 142
清华简《芮良夫毖》补释　黄杰　简帛研究（2015）1 – 24
由《吕氏春秋·尊师》论清华简《良臣》中的“世系”　杨栋、刘书惠　四川文物 5：59 – 62
试论清华简《良臣》中的“大同”　罗小华　管子学刊 2：113 – 115
清华简《祝辞》与先秦巫术咒语诗　江林昌　清华简研究（第二辑）——“清华简与《诗经》研究”国际学术研讨会论文集 217 – 226
清华简《赤鹄之集汤之屋》与伊尹间夏　刘国忠　清华简研究（第二辑）——“清华简与《诗经》研究”国际学术研讨会论文集 172 – 177
清华三《赤鹄之集汤之屋》考释两篇　苏建洲　清华简研究（第二辑）——“清华简与《诗经》研究”

国际学术研讨会论文集 178－192
清华简第五册字词考释　苏建洲　出土文献（第七辑）145－158
《清华大学藏战国竹简（伍）》文字训释三则　鹏宇　管子学刊 2：106－107
清华简专题研究：清华简《厚父》与《孟子》引《书》　李学勤　深圳大学学报（人文社科版）3：33－34
论清华简《厚父》应为《夏书》之一篇　郭永秉　出土文献（第七辑）118－132
读清华简《汤处于唐丘》中的“设九事之人”　沈建华　出土文献（第七辑）133－136
清华简《命训》初探　刘国忠　深圳大学学报（人文社科版）3：37－41
释清华简《命训》中的“耕”字　赵平安　深圳大学学报（人文社科版）3：34－37
揆中水衡——清华简《殷高宗问于三寿》之中道观　李均明　出土文献（第七辑）137－144
从清华简《筮法》看早期易学转进　刘光胜　历史研究 5：76－91
释清华简中倒山形的“覆”字　郭永秉　清华简研究（第二辑）——“清华简与《诗经》研究”国际学术研讨会论文集 143－151
清华简《算表》首简简序及收卷形式小议　肖芸晓　简帛（第 10 辑）67－77
新世纪以来的上博简《诗论》研究　刘信芳　中州学刊 5：147－153
上博楚简有关孔子师徒的对话与故事　郭齐勇　简帛（第 10 辑）25－36
《家语》与上博简《诗论》　李学勤　齐鲁学刊 1：44－45
释上博简《容成氏》的“攺终”　［美］史亚当　简帛（第 10 辑）19－24
《彭祖》其文的思想意义与彭祖其人的文化象征——上博楚简《彭祖》论析　蔡靖泉　楚文化研究论集（第十一集）436－449
“交交鸣鸟”第二简上的反印文字　程鹏万　简帛（第 11 辑）39－42
“钱器”小考　王凯博　简帛（第 11 辑）43－47
战国竹书《鲍叔牙与隰朋之谏》释注　林志鹏　简帛研究（2008）1－18
谈上博简《鬼神之明》的学派问题　邓佩玲　古代文明 1：63－73
由《左传》“及”的用法谈上博简《平王问郑寿》的一处断句　袁金平、李伟伟　简帛研究（2015）57－60
上博七《武王践阼》的抄写特征及文本构成　李松儒　江汉考古 2：110－115
上博简《君人者何必安哉》补释　曹方向　出土文献（第七辑）54－62
《上海博物馆藏战国楚竹书（九）》杂识　单育辰　简帛（第 11 辑）49－52
上博九《陈公治兵》综合研究　高佑仁　汉学研究 4：299－336
《上博九·陈公治兵》编联及相关问题　林清源　“中央研究院”历史语言研究所集刊（第八十六本）第三分：513－552
《上博九·陈公治兵》通释　林清源　古文字与古代史（第四辑）403－440
从《史蒥问于夫子》看上博简的文献价值　陈冬仿、常佩雨　郑州航空工业管理学院学报（社科版）2：61－64
《上博九·史蒥问于夫子》释读及相关问题　季旭昇　吉林大学社会科学学报 2：242－247
楚简“大水”祀主考略　李进宁　中华文化论坛 6：19－23
释信阳楚简中的“勺”　王强　江汉考古 5：116－118
信阳楚简“乐人之器”补释四则　范常喜　中山大学学报（社科版）3：62－66
楚人“夜祷”补说　杨华　简帛（第 10 辑）79－84
曾侯乙墓竹简所见马车装备物品综合分析　罗小华　出土文献（第七辑）42－49
曾侯乙墓竹简选释三则　罗小华　华夏考古 3：142－147
谈曾侯乙墓竹简的“虘”　彭浩　简帛（第 10 辑）11－17
谈曾侯乙墓竹简中的“沙”　程燕　江汉考古 2：107－109

楚竹书《参德》考述　连劭名　文物春秋 1：21－29
天星观简中的摄　罗小华　考古与文物 3：114－117
湖北武汉丁家咀 M1、M2 出土战国竹简　武汉市文物考古研究所、武汉大学历史学院简帛研究中心（鲁家亮、李永康）　文物 6：49－51
楚丹阳新解　刘彬徽　楚文化研究论集（第十一集）325－327
从楚王事迹看“为”郢之所在　笪浩波　楚文化研究论集（第十一集）328－334

补　遗

郭店楚简与《荀子》思想关系研究：以心忙论为视角　孙伟　管子学刊 2014 年 4：119－124
《唐虞之道》研读　梁涛　国学学刊 2014 年 2：95－106
《性自命出》校释　郭沂　管子学刊 2014 年 4：98－113
《六德》研读　林素英　国学学刊 2014 年 2：76－94
清华简《系年》所见两周之际史事说　代生　学术界 2014 年 11：107－114
从清华简《系年》看两周之际王权与诸侯霸权之争　王彪　江西社会科学 2014 年 10：137－141
再看《春秋》笔法——以清华简《系年》与《春秋》经传对国君死亡事件的记录为视角　肖锋　西南交通大学学报（社科版）2014 年 6：78－84
清华简《系年》与晋灵公被立史事研究　张少筠、代生　山西师大学报（社科版）2014 年 6：87－90
《恒先》研读　曹峰　国学学刊 2014 年 2：107－118
《上博（九）·成王为城濮之行》释读　张峰　学术交流 2014 年 11：145－150

秦简

秦简札记三题　刘国胜　简帛（第 10 辑）91－96
简牍所见秦代地方禀食标准考论　吴方浪、吴方基　农业考古 1：181－185
秦汉简牍《叶书》刍议　陈伟　简帛（第 10 辑）85－89
睡虎地秦简《为吏之道》用韵现象探析　王相帅　殷都学刊 2：111－115
睡虎地秦简《日书》玄戈篇构成解析　罗见今　自然辩证法通讯 1：65－70
天水放马滩秦简零拾　方勇　简帛（第 11 辑）67－74
放马滩秦简《日书》“行不得择日”篇考释　姜守诚　飞軨广路：中国古代交通史论集 16－41
里耶秦简所见官文书的开启记录　杨芬　四川文物 3：45－53
《里耶秦简》（壹）所见作徒管理问题探讨　沈刚　史学月刊 2：22－29
里耶简牍所见秦即墨考　郑威　江汉考古 5：103－106
出土文献所见秦南郡属县三题　王佳　江汉考古 2：71－77
里耶秦简牍所见巴蜀史地三题　郑威　四川师范大学学报（社科版）2：146－150
里耶秦简所见的洞庭郡：战国秦汉郡县制个案研究之一　游逸飞　中国文化研究所学报 61：29－68
里耶秦简刻齿简研究——兼论岳麓秦简《数》中的未解读简　张春龙等　文物 3：53－69
里耶部分涉楚简牍解析　郑威　楚文化研究论集（第十一集）344－351
迁陵县档案中秦法的证据——初步的研究　［加拿大］叶山著　胡川安译　简帛（第 10 辑）123－143
秦汉简牍所见“走马”、“簪袅”关系考论　袭松长、贺晓朦　中国史研究 4：57－66
里耶简牍所见秦迁陵县乡里考　晏昌贵、郭涛　简帛（第 10 辑）145－154
里耶秦简的交通资料与县社会　［日］藤田胜久　简帛（第 10 辑）155－175
新见里耶秦简牍资料选校（一）、（二）　里耶秦简牍校释小组　简帛（第 10 辑）177－185、187－210
秦县的列曹与诸官——从《洪范五行传》一则佚文说起　孙闻博　简帛（第 11 辑）75－87
略论秦代迁陵县吏员设置　单印飞　简帛（第 11 辑）89－100
读《里耶秦简（一）》医方简札记　刘建民　简帛（第 11 辑）111－115
《里耶秦简（一）》所见禀食记录　黄浩波　简帛（第 11 辑）117－139
里耶简所见秦朝行政文书的制作与传送　胡平生　简帛研究（2008）30－54

里耶秦简所见戍役种类辨析　沈刚　简帛研究（2015）93－103
里耶秦简“出粮券”校读（五则）　赵岩　简帛研究（2015）104－111
《岳麓书院藏秦简（三）》释文注释商补　黄杰　简帛（第10辑）115－122
《岳麓书院藏秦简（肆）》的内容与价值　周海锋　文物9：83－87
岳麓书院秦简《数》“马甲”与战骑装具史的新认识　王子今　考古与文物4：59－64
岳麓秦简《数》中的“耤”字用法试析　谭竞男　简帛（第10辑）109－113
从岳麓秦简42（1470）号简蠡测秦简《梦书》与楚占卜简之间的关系　许道胜　楚文化研究论集（第十一集）419－425
岳麓书院藏秦简《为吏治官及黔首》的几个训释问题　史杰鹏　简帛（第10辑）97－108
岳麓秦简《奏谳书》校读　陈伟　古文字与古代史（第四辑）491－509
岳麓秦简中的两条秦二世时期令文　陈松长　文物9：88－92
岳麓秦简“毋夺田时令”探析　欧扬　湖南大学学报（社科版）3：25－30
岳麓书院藏秦简《田律》研究　周海锋　简帛（第11辑）101－110
岳麓秦简中的几个官名考略　陈松长　湖南大学学报（社科版）3：8－11
北大藏秦水陆里程简册与战国以迄秦末的阳暨阳城问题　辛德勇　北京大学学报（哲社版）2：21－28
北大藏秦简《教女》初识　朱凤瀚　北京大学学报（哲社版）2：5－15
北大藏秦简《酒令》　李零　北京大学学报（哲社版）2：16－20
北大藏秦简《鲁久次问数于陈起》初读　韩巍　北京大学学报（哲社版）2：29－36
北大藏秦简《祠祝之道》初探　田天　北京大学学报（哲社版）2：37－42
北大藏秦简《制衣》简介　刘丽　北京大学学报（哲社版）2：43－48
兔子山遗址出土《秦二世元年文书》与《史记》纪事抵牾释解　孙家洲　湖南大学学报（社科版）3：25－30

汉简

出土文献与《苍颉篇》研究　梁静　简帛（第10辑）263－276
简牍文献所见汉代的县级政区“邑”　郑威　简帛（第11辑）217－241
“合檄”试探　邬文玲　简帛研究（2008）152－173
汉简“折伤兵物楬”试探——兼论汉边塞折伤兵器的管理　乐游　简帛（第11辑）207－216
河西汉塞“河渠卒”为“治渠卒”辨　孙闻博　敦煌研究5：93－95
河西汉简所见“辟”及相关问题　王海　简帛研究（2008）145－151
试探《肩水金关汉简（叁）》中所见典籍简及相关问题　张英梅　敦煌研究4：111－114
《肩水金关汉简（叁）》　程少轩　简帛研究（2015）129－143
肩水金关汉简中的农业相关问题略考　韩华　陇右文博1：68－74
肩水金关汉简“元康二年七月辛未”使者简浅论　马智全　陇右文博1：62－67
肩水金关出土《汉居摄元年历谱》缀合与考释　何茂活　考古与文物2：61－68
西汉《居摄元年历日》缀合复原研究　杨小亮　文物3：70－77
肩水金关汉简中的王莽登基诏书　刘乐贤　文物3：78－80
释金关汉简中与“过大公”有关的两枚封检　刘乐贤　出土文献（第七辑）237－242
肩水金关汉简中的“囚录”及相关问题　伊强　出土文献（第七辑）243－249
肩水金关汉简校读札记　胡永鹏　汉字文化3：27－30
肩水金关第24、31探方所见典籍残简缀联与考释　何茂活　简帛研究（2015）112－128
《肩水金关汉简（贰）》释文补正四则　周艳涛　敦煌研究2：119－124
《肩水金关汉简（叁）》纪年简校考　黄艳萍　敦煌研究2：111－118
《肩水金关汉简（叁）》历简年代考释　罗见今、关守义　敦煌研究4：106－110
汉代《仪礼》简、医药简牍和王仗简　裴之祺　文物天地4：27－29

试论武威汉简《仪礼》的版本问题——从简本、石经本、今本《仪礼》篇题间的关系着眼　陈绪波　敦煌研究 1：86－90
早期丝绸之路上的华彩乐章——武威出土汉简赏析　张立胜　2009 丝绸之路国际学术研讨会论文集 50－54
近二十年来敦煌汉简研究综述　裴永亮　管子学刊 2：121－126
敦煌汉简 2263《永始四年历日》复原试拟　许名玱　出土文献（第七辑）227－236
悬泉汉简新见的两例汉代职官制度　张俊民　敦煌研究 6：96－103
佛教海道传入说、滇缅道传入说辨正——兼论悬泉东汉浮屠简发现的意义　姚崇新　西域考古·史地·语言研究新视野：黄文弼与中瑞西北科学考查团国际学术研讨会论文集 459－496
汉简中的丝绸之路：大宛和康居　张德芳　丝绸之路 1：13－18
马王堆三号汉墓遣策"马竖"杂议　王子今　文博 2：25－31
从长沙五一广场 J1③：264——294 号木牍看东汉的度田　刘国忠　古文字与古代史（第四辑）537－545
秦汉律中的耐刑——以士伍身份的形成机制为中心　［韩］任仲爀　简帛研究（2008）55－68
《奏谳书·淮阳守行县掾新郪狱》涉爵释文补正　王冰　简帛研究（2008）69－75
张家山汉简《二年律令·行书律》译注补　［韩］金庆浩　简帛研究（2008）76－88
江陵张家山二四七号墓出土竹简——特别是关于《二年律令》　［日］冨谷至著　李力译　简帛研究（2008）296－310
读张家山汉简《奏谳书》字词札记　张新俊　简帛（第 10 辑）217－229
北大简《老子》释文指瑕　华建光　西域历史语言研究集刊（第 8 辑）61－68
阜阳汉简《诗经》年代考辨　许志刚　山西大学学报（哲社版）3：59－63
阜阳双古堆汉简《吕氏春秋》　阜阳汉简整理小组（胡平生）　古文字与古代史（第四辑）511－535
荆州松柏汉墓简牍所见"显陵"考　马孟龙　复旦学报（社会科学版）3：9－18
银雀山汉墓简牍研究及保护整理　郭思克　中国文物报 2 月 13 日 6 版
银雀山汉简"阴阳时令、占候之类"丛札　邬可晶　出土文献（第七辑）216－226
银雀山汉简（二）校读六记　白于蓝　简帛（第 10 辑）231－241
银雀山汉简"缴张"新解　冯胜君、张海波　简帛（第 10 辑）243－－245
《银雀山汉墓竹简（二）·定心固气》补释一则　蔡伟　简帛（第 10 辑）247－252
孔家坡《日书》研究二题　王强　简帛研究（2015）155－162
读孔家坡汉简《日书》杂记　李天虹、蔡丹　简帛（第 11 辑）171－174
孔家坡汉简校读拾遗　王强　简帛（第 11 辑）175－184
长沙走马楼西汉简牍所见"都乡七年垦田租簿"及其相关问题分析　朱德贵　中国社会经济史研究 2：1－11
武汉大学简帛研究中心藏衣物数试释　李静　简帛（第 10 辑）211－216
竹简《文子》2465 号简新释　张固也、易吉林　社会科学战线 11：90－96
额济纳汉简"专部士吏典趣辄"册书考论　吴方浪　简帛研究（2015）144－154
西汉的大土地经营和奴婢劳动——以对香港中文大学文物馆所藏简牍《奴婢廪食粟出入簿》的分析为中心　［韩］李成珪　简帛研究（2008）89－144
《李建与精张诤田自相和丛书》中的财产继承与"石"的面积单位　［韩］李明和　简帛研究（2008）174－194
巴楚县文物管理所藏龟兹语木简与据史德语陶罐肩部铭刻　喀什地区巴楚县文物管理所等（［日］荻原裕敏、庆昭蓉著　荣新江等译）　西域历史语言研究集刊（第 8 辑）273－284
西北屯戍汉简中的"窅"和"莗"　聂丹　敦煌研究 2：106－110
阳关博物馆藏记载天水休茵苑汉简及相关问题　周银霞、李永平　敦煌研究 6：104－106
静宁党家源汉墓出土西汉文帝四年木牍考辨　侯立文　陇右文博 2：61－64

长沙五一广场出土东汉王皮木牍考述 刘乐贤 中山大学学报（社科版）3：52－61

补 遗

居延汉简“左部司马”考 贾一平、曾维华 河南大学学报（社科版）2014年6：87－93

《武库永始四年兵车器集簿》研究综述 奚林强 黑龙江史志2014年19：17－18

从出土简牍看汉代河西饮食 孙占鳌、刘生平 甘肃社会科学2014年6：90－94

香港中文大学藏东汉“序宁祷神简”补释 范常喜 文化遗产2014年6：143－146

三国简·晋简

走马楼吴简竹木牍的刊布及相关研究述评 徐畅魏 晋南北朝隋唐史资料（第31辑）25－74

长沙走马楼三国吴简时代特征新论 王素 文物12：60－70

走马楼吴简库钱账簿体系复原整理与研究 凌文超 考古学报2：187－228

对中仓黄龙三年十一月旦簿的复原尝试 邓玮光 简帛研究（2015）182－214

新刊长沙走马楼吴简与许迪割米案司法程序的复原 徐畅 文物12：71－83

三国吴简中的户籍制度 宋少华 大众考古28：52－57

略说走马楼吴简之名籍 于振波 简帛研究（2008）224－250

走马楼吴简所见临湘县流动人口 于振波 简帛研究（2015）163－181

从走马楼竹简论孙吴的户人 韩树峰 魏晋南北朝隋唐史资料（第31辑）1－24

走马楼吴简所见物直与折算比率 黎石生 简帛研究（2015）215－223

走马楼吴简所见“奉鲑钱”试解——兼论走马楼吴简所反映的孙吴官俸制度 庄小霞 简帛研究（2008）268－273

典田掾、劝农掾的职掌与乡——对长沙吴简所见“户品出钱”简的分析 ［日］安部聪一郎著 刘峰译 简帛研究（2015）238－256

长沙走马楼吴简所见“直”“廪”简及相关问题初探 戴卫红 简帛研究（2008）251－267

走马楼吴简“枯兼波簿”初探 孙闻博 简帛研究（2008）274－285

释长沙吴简“君教”文书牍中的“掾某如曹” 徐畅 简帛研究（2015）224－237

走马楼吴简中所见的“宫” 凌文超 出土文献（第七辑）254－266

长沙走马楼孙吴“保质”简考释 凌文超 文物6：52－54

《长沙走马楼三国吴简·嘉禾吏民田家莂》数值释文订补 凌文超 简帛研究（2008）286－295

长沙吴简《录事掾潘琬白为考实吏许迪割用余米事》释文补正 王素、宋少华 文史1：279－282

吐鲁番出土晋唐时期随葬衣物疏之性别研究 王钊 古代钱币与丝绸高峰论坛暨第四届吐鲁番学国际学术研讨会论文集265－275

关于《高台骆驼城前凉墓葬出土衣物疏》的几个问题 李建平 考古与文物4：70－72

《后秦白雀元年九月某人随葬衣物疏》补说 ［日］关尾史郎著 裴成国译 西域考古·史地·语言研究新视野：黄文弼与中瑞西北科学考查团国际学术研讨会论文集288－296

帛书

据考古资料考释古文四则 李春桃 考古与文物1：124－127

马王堆帛书《系辞》“易有大恒”综论 肖从礼 陇右文博2：65－69

说马王堆帛书《五星占》的“地盼动” 王挺斌 简帛（第11辑）185－190

马王堆汉墓帛书《导引图》整理琐记（三题） ［日］广濑熏雄 文字与解释：学术交流会论文集145－157

文书

侯马盟书文字源流析 张苏娥 中国文物报5月19日7版

沮渠北凉“永和”年号之有无及相关问题 郭桂坤 西域文史（第9辑）203－215

馆藏敦煌文献述略 钱玲 文物天地6：11－14

敦煌应用文书启请文研究 王三庆 敦煌吐鲁番研究（第14卷）453－466

敦煌文书“行散”非“行解”浅说——兼与张依等先生商榷　陈魏俊　敦煌研究 2：76－79
敦煌本藏文六十甲子纳音文书研究　刘英华　中国藏学 1：160－174
从“补史”到“重构”——敦煌吐鲁番文书与中古史研究　荣新江　中国高校社会科学 2：75－79
“五胡”时代户籍制度初探——以对敦煌·吐鲁番初探汉文文书的分析为中心　［日］关尾史郎　敦煌吐鲁番研究（第 14 卷）223－231
敦煌本《四分律》残卷缀合研究　张涌泉、胡方方　浙江社会科学 6：108－115
关于敦煌《朋友书仪》的研究回顾与问题展说　吴丽娱　敦煌吐鲁番研究（第 14 卷）331－348
敦煌文献 P. 3016V《某乙致令公状》考述　王使臻　2009 丝绸之路国际学术研讨会论文集 188－193
法藏敦煌 P. 2754 文书为西州都督府长史袁公瑜判集考　刘子凡　敦煌研究 5：72－80
上海图书馆藏敦煌文书 017b《葬事杂抄》研究　赵川　南方民族考古（第 11 辑）181－192
S. P12《上都东市大刀家印具注历日》残页考　赵贞　敦煌研究 3：54－60
日本杏雨书屋藏羽 663R 号敦煌文书的定名　陈丽萍　魏晋南北朝隋唐史资料（第 31 辑）277－291
法藏敦煌文书 P. 2469V 释录研究　王祥伟　敦煌研究 2：39－44
两件甘藏敦煌文书释录　赵晓芳　2009 丝绸之路国际学术研讨会论文集 334－344
《塔里木盆地考古记》、《新疆考古发掘报告》所刊吐火罗语资料　［日］荻原裕敏　西域考古·史地·语言研究新视野：黄文弼与中瑞西北科学考查团国际学术研讨会论文集 267－275
阚氏高昌杂差科帐研究——吐鲁番洋海一号墓所出《阚氏高昌永康年间供物、差役帐》的再考察　黄楼　敦煌学辑刊 2：55－70
中央民族大学藏吐鲁番出土文书整体性研究及出土地初探　张铭心、凌妙丹　古代钱币与丝绸高峰论坛暨第四届吐鲁番学国际学术研讨会论文集 257－264
重读四件河西吐蕃文书：解读吐蕃文献之商榷　林冠群　中央民族大学学报（哲社版）2：55－69
西域出土一份古藏文告身文献补考　王东　敦煌研究 4：73－77
黄文弼先生所获《比丘尼僧愿抄经发愿文》刍议　彭杰　西域考古·史地·语言研究新视野：黄文弼与中瑞西北科学考查团国际学术研讨会论文集 297－302
克孜尔出土德藏佉卢文龟兹王诏谕与契约文书研究　庆昭蓉　西域文史（第 9 辑）51－73
黄文弼西域文书中的回鹘文文献综述　阿不都热西提·亚库甫　西域考古·史地·语言研究新视野：黄文弼与中瑞西北科学考查团国际学术研讨会论文集 276－287
黄文弼所获文书中的回鹘时代高昌地区城郭名目——兼论回鹘高昌“二十二城”名实　付马　西域考古·史地·语言研究新视野：黄文弼与中瑞西北科学考查团国际学术研讨会论文集 303－311
和田新发现汉语、胡语文书所见“筋脚”考　毕波　西域考古·史地·语言研究新视野：黄文弼与中瑞西北科学考查团国际学术研讨会论文集 339－347
楼兰汉文简纸文书字形中的钩画研究　路志英　语文研究 1：45－48
一件新出于阗世俗文书　［日］荻原裕敏　西域历史语言研究集刊（第 8 辑）265－272
《于阗国授记》的成立年代研究　朱丽双　西域文史（第 9 辑）109－119
新疆博物馆藏木板于阗语粮食支出帐考释　文欣　西域文史（第 9 辑）85－108
应县木塔秘藏中的辽代卜筮书刻本　杜成辉　敦煌研究 4：78－82
黑水城金代汉文《西北诸地马步军编册》两个地名的考证　孙继民　敦煌吐鲁番研究（第 14 卷）349－353
瓜州东千佛洞泥寿桃洞西夏文两件印本残页考释　张多勇、于光建　敦煌研究 1：59－65
《俄藏敦煌文献》中的黑水城文献补释　马振颖、郑炳林　敦煌学辑刊 2：129－150
黑水城文献与蒙元史的构建　张海娟　敦煌研究 1：91－101
元代勘合文书探析——以黑水城文献为中心　杜立晖　历史研究 2：156－167
黄文弼先生所获元代汉文文书浅识　党宝海　西域考古·史地·语言研究新视野：黄文弼与中瑞西北科学考查团国际学术研讨会论文集 312－323

黑城所出北元文书及其相关问题　王晓晖　2009 丝绸之路国际学术研讨会论文集 318－326
甘肃灵台县博物馆藏“永乐二十年为钞法事榜”及相关问题　孙杰　丝绸之路沿线博物馆专业委员会论文集（第 2 辑）137－144

补　遗

楼兰出土《张济逞文书》的文本范围及其他问题　周珩帮　南京艺术学院学报（美术与设计版）2014 年 6：5－9
吐鲁番出土《北凉神玺三年（公元三九九年）仓曹贷粮文书》研究　杨荣春　敦煌学辑刊 2014 年 4：69－79
吐鲁番文书《武周赵小是户籍》探析　张新国　文献 2014 年 6：41－49

写本

敦煌写本学与中国古代写本学　郝春文　中国高校社会科学 2：67－74
敦煌遗书中写本的特异性——写本学劄记　方广锠　敦煌吐鲁番研究（第 14 卷）181－192
从 Codicology 的角度来看敦煌汉文文献　［日］石塚晴通、唐炜　敦煌吐鲁番研究（第 14 卷）193－208
英藏敦煌文献基本情况研究综述　宋雪春　2015 敦煌学国际联络委员会通讯 50－58
法藏敦煌文献基本情况研究综述　宋雪春　2015 敦煌学国际联络委员会通讯 59－66
黄文弼发现的一件帕提亚语残片　德金著　胡晓丹译　西域考古・史地・语言研究新视野：黄文弼与中瑞西北科学考查团国际学术研讨会论文集 260－266
英藏敦煌藏文 IOL. Tib. J. 26 号第二部分来源之研究　才让　敦煌吐鲁番研究（第 14 卷）145－163
敦煌《大般涅槃经音》伯 2172 音注略考　李福言　汉字文化 4：27－33
承阳三年《菩萨忏悔文》及其相关问题　王振芬　敦煌吐鲁番研究（第 14 卷）467－477
《十二时普劝四众依教修行》及其代表的敦煌宣传文学　张长彬　敦煌研究 2：45－58
谈敦煌遗书《佛说孝顺子修行成佛经》的研究　王孟　敦煌研究 4：83－88
《大威德炽盛光如来吉祥陀罗尼经》文本研究　廖旸　敦煌研究 4：64－72
敦煌写卷 S. 2702《净名经集解》卷背诸内容之关联性分析　冷江山　敦煌研究 2：59－64
敦煌本唐译“八十华严”残卷缀合研究　张小艳、傅及斯　浙江社会科学 6：116－125
敦煌本《新菩萨经》、《劝善经》、《救诸众生苦难经》残卷缀合研究　张小燕　复旦学报（社会科学版）6：12－20
国图藏敦煌本《佛名经》残卷缀合示例　张磊、刘溪　浙江社会科学 6：126－130
俄藏《金光明经》敦煌残卷缀合研究　张涌泉、朱若溪　复旦学报（社会科学版）6：1－11
俄藏楷书《大智度论》写本残片缀合研究　张磊、郭晓燕　复旦学报（社会科学版）6：21－30
俄藏敦煌文献《大乘无量寿经》缀合研究　张磊、左丽萍　安徽大学学报（哲学社科版）3：98－110
日本杏雨书屋藏唐代敦煌景教写本《志玄安乐经》释考　王兰平　敦煌学辑刊 2：71－85
由敦煌本与岩崎本互校看日本旧钞《尚书》写本之价值　许建平　敦煌吐鲁番研究（第 14 卷）489－498
敦煌通俗字书所呈现之唐五代社会文化研究刍议——以敦煌写本《俗务要名林・饮食部》为例　朱凤玉　敦煌吐鲁番研究（第 14 卷）499－522
敦煌写本《茶酒论》新考　陈静　敦煌研究 6：84－87
唐代敦煌舞谱——敦煌遗书 P. 3501《舞谱》赏析　李燕　陇右文博 2：28－31
敦煌写本“鎶鑑”初探　朱笛　中国国家博物馆馆刊 4：90－98
《秦妇吟》敦煌写本新探——文本概观与分析　田卫卫　敦煌研究 5：81－92
敦煌写本碑铭赞释录勘补　刘瑶瑶、杨晓宇　敦煌研究 1：71－76
敦煌写本碑铭赞词语疏解　刘瑶瑶、杨晓宇　敦煌学辑刊 1：22－30
吐鲁番本《文选》李善注《七命》的再发现　李昀　西域文史（第 9 辑）135－153

吐鲁番、黑水城出土《急就篇》《千字文》残片考辨 张新朋 寻根6：19－25
旅顺博物馆藏两件高昌王麴乾固供养写经残片探析 彭杰 敦煌研究3：67－73
回鹘文（哈密本）《弥勒会见记》新发现的品 迪拉娜·伊斯拉非尔、伊斯拉非尔·王苏甫 西域文史（第9辑）121－133
有关“十二缘起”的回鹘语佛经 ［日］笠井幸代著 沈琛译 庆昭蓉校 西域考古·史地·语言研究新视野：黄文弼与中瑞西北科学考查团国际学术研讨会论文集348－355
敦煌研究院藏回鹘文《圆觉经》注释本残片研究 张铁山、［德］皮特·茨默 敦煌研究2：97－101
于阗语《无垢净光大陀罗尼经》之源与流 段晴 西域考古·史地·语言研究新视野：黄文弼与中瑞西北科学考查团国际学术研讨会论文集329－338
略论柏孜克里克石窟新发现的汉文《金刚经》残卷 彭杰 新疆大学学报（哲学·人文社科版）1：46－49
凤翔唐墓出土陀罗尼经咒研究 郭晓涛 考古1：103－113
中英藏西夏文《圣曜母陀罗尼经》考略 崔红芬 敦煌研究2：87－96
西夏文《能照无明》考释 孙伯君 西域历史语言研究集刊（第8辑）333－348

补 遗

敦煌《书仪镜》写本 S.6111＋S.10595 考释 杜海 文献2014年6：36－40
敦煌本唐代“御制经序”浅议 马德 敦煌学辑刊2014年3：25－42

四 碑刻

综述

金石义例学中的公文碑例和私约碑例 李雪梅 社会科学论坛3：4－16
碑刻古文字释疑五则 马瑞、党怀兴 考古与文物6：51－54
陕西古代碑刻概述 路远 文博2：110－112

补 遗

青海碑刻艺术考略 宋卫哲 青海师范大学学报（哲社版）2014年5：96－99
柳州古代石刻文献价值述论 刘汉忠 广西地方志2014年6：52－56

秦、汉

秦刻石杂考 陈梦家 文史1：5－21
郑州纪公庙及其碑刻浅析 于皓洋 中原文物6：99－104
“西汉居摄二年（公元7年）刻石”的功用及艺术价值 温兆金 中国文物报6月30日5版
东汉刘平国刻石研究资料汇编 陶喻之 西域考古·史地·语言研究新视野：黄文弼与中瑞西北科学考查团国际学术研讨会论文集400－458
东汉山川碑铭地理观念考论 王允亮 理论月刊8：62－68
汉石经《春秋》残字合证与碑图之复原 郜积意 文史4：5－65
汉石经《仪礼》碑图重缀 马涛 史林2：48－53
《曹娥碑》题记中有关孟简的几个问题 王元军 文献2：36－40
成都东御街出土汉碑续考——碑石的埋藏层位与“党锢” 张勋燎 南方民族考古（第十辑）75－98
四川芦山县姜城遗址新出土《故府张君之碑》初探 郭凤武、吴伟 四川文物6：47－50
芦山出土《赵仪碑》考释 郭凤武 中华文化论坛8：93－97
试论四川渠县石阙的年代和风格 孙华 中国国家博物馆馆刊8：6－15
“鸿都石经”辨误 潘竹 河北师范大学学报（哲社版）2：11－15
晋城拴驴泉石门铭的勘查与研究 赵杰、赵瑞民 文物2：65－70

魏、晋、南北朝

魏晋六朝石刻文献研究的回顾与前瞻 崔富雅、罗建新 燕山大学学报（哲社版）3：67－71

四、五世纪之交带方故地汉人集团的动向新证——好太王碑碑文“十四年甲辰”条纪事考释　赵俊杰　庆祝魏存成先生七十岁论文集 122－129
四川剑阁老君庙石窟及题记时代考辩　蒋晓春等　考古与文物 3：92－96
再论《司马芳残碑》刊刻的年代及其背景　王庆卫　文博 6：66－70
平城魏碑与云冈石窟北魏造像题记　耿波　中国文物报 10 月 9 日 4 版
湘西凤凰高峰村摩崖石刻考　龙仕平、周胜平　江汉考古 2：78－81

唐、五代

石刻文献中新见的唐人著述辑考　霍志军　唐史论丛（第十九辑）178－182
中日关于旅顺唐鸿胪井刻石研究综述　王禹浪、王俊铮　黑龙江民族丛刊 3：69－77
光业寺碑题记与唐代村落史研究　孙继民、宋坤　光明日报 2 月 25 日 14 版
唐《等慈寺碑》研究　张叶露　中原文物 3：104－108
平山万寿禅寺塔林塔铭考释　董旭　文物春秋 2：71－75
河北正定广惠寺唐代玉石佛座铭文考释——兼议唐代国忌行香和佛教官寺制度　聂顺新　陕西师范大学学报（哲社版）2：72－78
《台州隋故智者大师修禅道场碑铭》事实考证与价值论衡　胡可先　浙江社会科学 7：121－130
鹤壁大赉店唐代平真客碑考释　王国宇　中国国家博物馆馆刊 8：51－62
历代药师岩摩崖造像题记简述　刘红彬　成都文物 2：51－55
新乡临清驿长孙氏造像碑　王丽娟、郭云生　中原文物 5：116－117
《王忠嗣碑》校正　徐伟、吴景山　敦煌学辑刊 2：151－165
吐蕃琼结桥碑的考古复查与研究　夏吾卡先　考古 6：101－108
雪碑最初立碑位置考　江琼·索朗次仁　西藏研究 3：37－42
扬州新发现唐代波斯人墓碑意义初探　郑阳、陈德勇　中国穆斯林 3：58－60
吴越国“善事中国”之策实质考——从吴越国马氏墓出土铭文石刻谈起　李蜀蕾　庆祝魏存成先生七十岁论文集 375－381
武安禅果寺五代“透影碑”考　任乃宏　中原文物 3：84－91
《金溪场银坑记》摩岩石刻考辨　吴泉辉　南方文物 4：273－276

补　遗

成都杜甫草堂古代碑刻续考　李霞锋　杜甫研究学刊 2014 年 3：79－84
唐《魏公先庙碑》的流传及相关问题　游自勇　文献 2014 年 6：50－60

宋、辽、金、元

四川泸县宋墓三通碑志石刻略考　李伟、任江　四川文物 3：76－82
河北临城北宋顶尊陀罗经幢考　王晓薇、张春芳　文物春秋 1：74－76
庙前山摩崖石刻漫谈　杨连锁　文物世界 3：46－47
安徽浮山杨杰撰《隐贤岩记》摩崖石刻赏介　王乐群　文物世界 3：35－36
《成都市二仙桥南宋墓发掘简报》释录校补　章红梅　考古与文物 3：103－106
南宋赋役碑刻《两县二八分科后记》释考　蔡副全　农业考古 3：29－33
石刻文字所见辽代寺院考　张国庆　东北史地 4：21－29
辽博馆藏两方石刻考释——兼谈辽代佛教“显密圆通”思想之研究　齐伟　北方民族考古（第 2 辑）303－312
辽代碑志铭记中的纪时法研究　姜维公、姜维东　史学集刊 2：48－59
辽《南赡部州大契丹国兴中府东北甘草埚建塔葬定光佛舍利记》考释　姜洪军、李宇峰　北方民族考古（第 2 辑）293－301
《通法寺地产碑》为辽碑说辨误　苗润博　北方文物 1：91－92
《大金国燕京宛平县阳台山清水院长老和尚塔记》考述　宣立品　北京文博文丛 3：29－38

论元代北京地区道教的发展——从北京地区现存元代道教碑刻谈起　陈晓敏　北京文博文丛 1：9－16
元代石刻刻工补正——以方志文献为据　王超、王福利　江苏地方志 2：125－135
元代《集宁文宣王庙碑》考释　赵立波　北方民族考古（第 2 辑）313－324
元《雍古氏家庙碑》释考　蔡副全、李怡　元史及民族与边疆研究集刊（第二十八辑）154－167
大元敕赐雍古氏家庙碑考述　赵建牛　陇右文博 3：53－59
大元肃州路也可达鲁花赤世袭之碑刍议　王海宇　陇右文博 3：66－70
同知哈石公遗爱碑相关问题研究　彭小峰　陇右文博 3：60－65
元代临济寺“寓庵坚公禅师寿塔”铭考　张国清等　文物春秋 4：68－69
泉州元代基督教墓碑的时代特点与宗教派别　马天行　西部考古（第 9 辑）200－215
泉州元代基督教碑刻“混搭”设计风格研究　占炜　装饰 7：72－75

明、清

明显陵《加上皇考尊谥记》碑文考　胡家全　殷都学刊 3：114－118
建文帝亡滇不再是传说——梨花村马氏“祖灵碑”引出关键证据　高发元　思想战线 2：81－84
明益宣王第七女刻石考证　周莎　中国文物报 3 月 6 日 6 版
浅说倒马关《明代杨业父子忠节庙碑记》　吕兴娟　文物春秋 2：76－80
安丘出土的《安丘县范家社》碑　刘冠军　中国文物报 2 月 10 日 8 版
明代永顺土司的婚姻习俗及其特点——以湖南永顺老司城碑刻为中心的历史人类学考察　瞿州莲、瞿宏州　广西民族研究 1：116－123
明代临洮宝塔寺及其法王史实考述——明代《宝塔寺报恩传流碑》笺释　杜常顺　青海师范大学学报（哲社版）3：50－56
郑和《布施锡兰山佛寺碑》碑文新考　沈鸣　东南文化 2：89－95
《易州重修养济院碑记》述考　杜志勇　河北师范大学学报（哲社版）4：40－42
《重修赤山龙潭寺造佛安禅碑记》考　张福有　北方文物 4：80－82
《重修赤山龙潭寺造佛安禅碑记》考　张福有　庆祝魏存成先生七十岁论文集 402－412
《崇正闸记》碑考略　王晶等　洛阳考古（总第 7 期）76－79
明代北京国子监《古文孝经》刻石考　张云燕　故宫博物院院刊 4：149－158
浮山王守仁摩崖题诗石刻　王乐群　中国文物报 6 月 30 日 5 版
明崇祯肃府蟾姆山令旨碑探析　崔莉等　陇右文博 4：59－62
浅谈傅山与《天泽润公碑》　刘超　文物世界 3：68－70
清中晚期以来北京孔庙国子监石刻文物变迁述略　王琳琳　北京文博文丛 1：35－43
四川东、北地区清代墓碑建筑考察报告　罗晓欢　古代墓葬美术研究（第 3 辑）273－309
沈阳汪家河沙济富察氏祖茔碑文考释　陈军、王广瑞　东北史地 3：75－78
毕县发现清代道教“玄天上帝”造像碑初探　刘合心　文博 1：62－64
御制四体合璧《重修正定隆兴大佛寺记》碑——章嘉国师、文本及多语体翻译　孙鹏浩等　西域历史语言研究集刊（第 8 辑）523－534
岷江上游黑水色尔古发现清嘉庆石刻立业碑题及其考释　赵曦等　西藏民族学院学报（哲社版）3：95－100
天水伏羲庙清嘉庆十二年立重修伏羲庙碑考析　许凤　丝绸之路 16：22－24
《朱仙镇新河记碑》再研究——水利碑刻与中原水环境变迁研究之二　陈隆文、代玄烨　中原文物 2：96－103
“使君活我碑”及“重浚溇港善后规约碑”考述　莫璟辉　东方博物（第 54 辑）107－111
清代东山《渔网碑》与金门《严禁渔网陋规碑记》考　黄辉全　福建史志 1：30－33
江苏仪征《遵守圣制牌记》考证　郭成美等　西北民族研究 1：210－220
拉萨《磨盘山新建关帝庙碑》及铜钟铭文重录与相关问题略考　陈祖军等　西藏研究 2：71－80

广东南澳海防石刻的调查 高健斌、张敏 西部考古（第9辑）480－495
馆藏中越陆界广西段界碑研究 唐剑玲 文物天地7：35－39
补 遗
从清代山西碑刻看地方社会信仰性规约 郭春梅 中国地方志2014年12：53－58
安丘市出土清代《铭德记功碑》考释 裴一璞 文献2014年6：69－73

墓志与地券

汉、魏、晋、南北朝
河西镇墓文丛考（三）：敦煌墓葬文献研究系列之五 吴浩军 敦煌学辑刊1：31－49
魏晋十六国敦煌“薄命早终”镇墓文研究 贾小军 社会科学战线3：141－147
荀岳墓志铭考——兼论西晋时期颍川荀氏家族 王莉娜 中原文物3：74－78
甘肃高台前秦“建元廿年”棺板题记辨正 刘卫鹏 敦煌研究1：66－70
从南京出土的东晋南朝墓志推论侨旧之别 胡宝国 魏晋南北朝隋唐史资料（第31辑）75－87
南京出土南齐王珪之墓志考释 骆鹏 东南文化3：77－80
陈朝名将黄法氍墓志辨析 邵磊 东南文化2：76－81
三方元魏宗室墓志透露的历史真相 刘军 博物馆研究2：73－77
试述元魏宗室墓志中的江南元素 刘军 江苏社会科学2：245－251
论北魏元珍墓志的史料价值 刘军 阅江学刊1：73－80
元渊之死与北魏末年政局——以新出元渊墓志为线索 徐冲 历史研究1：38－53
寇猛墓志初探 阎秋凤 中原文物5：95－99
北齐赵信墓志考略 刘辉等 文物12：84－87
北周武德皇后墓志考释研究 朱振宏 唐史论丛（第二十辑）296－327
新出土北周《三水贞公墓志》补正韩褒传 宋婷 文献2：29－35
安阳古野马岗考 孔德铭 殷都学刊2：34－39
补 遗
东晋南朝出土墓志所见地名例释 朱智武 南京理工大学学报（社科版）2014年6：43－47
河西镇墓文丛考（二）——敦煌墓葬文献研究系列之五 吴浩军 敦煌学辑刊2014年3：88－103
隋、唐、五代
隋代宫人墓志初探 邢鹏 文物春秋2：62－70
邙洛墓志确立洛邑、长陵与回洛仓遗址地望 宫万琳 中原文物4：87－89
杨坚诛五王史实补考——从《大周故滕国间公墓志》说起 牛敬飞 中国中古史集刊（第一辑）354－376
隋《杨通墓志》辨伪 梁春胜 文献4：62－67
《豆卢实墓志》与北朝隋唐豆卢氏家族 高铁泰、高然 齐鲁学刊3：52－56
隋代秦州刺史《韦协墓志》考释 赵晶 文博3：59－63
新见隋仁寿元年《柳机墓志》考释——兼为梳理西眷柳氏主支世系及其初入关中跻身“郡姓”之情形 王其祎 唐史论丛（第十九辑）221－242
西安南郊隋李裕墓志考释 周能俊 阅江学刊1：81－87
山东青州新出土隋张崇训墓志 刘华国、姜建成 文物2：71－73
隋《沙弥墓志铭》 安嬿 中国文物报8月25日8版
唐墓志文献校释示例 罗顺 中北大学学报（社科版）1：69－73
新见唐昭靖太子墓志浅识 王金文 中原文物3：79－83
《大唐故寿光公主墓志铭并序》考释 郭海文等 唐史论丛（第二十辑）49－63
唐内学士宋若昭墓志铭考释 王丽梅 唐史论丛（第二十辑）31－40

秦琼嫡孙秦晙墓志与唐代高僧湛然　何一昊等　中原文物 6：92－97
唐琅耶县君诸葛芬墓志考释　辛龙　文博 2：57－61
大唐故洛州密县令冯君墓志考释　陈爱东　文博 5：82－86
唐宰相崔彦昭之母《郑太素墓志》研究　李建华　史学史研究 1：118－122
唐卢得一及其妻李氏墓志考　冯春艳等　中原文物 2：89－95
洛阳出土《薛府君夫人张氏墓志》、《薛文休墓志》考释　赵水静　唐史论丛（第二十辑）329－340
唐许王李素节之子李琬、李琎墓志合考　丁辉　文博 1：56－61
《武士彟碑》的摹勒者——新见唐《崔知之墓志》与关联史事　王菁、周晓薇　华夏考古 1：117－123
唐墓志杰作——颜惟贞撰《萧思亮墓志》　陈根远　收藏 3：105－107
唐《杨守澹墓志》考释　贺华　文博 6：75－79
新见唐《唐逊墓志》考释　马志祥、张安兴　文博 1：50－55
唐代徐孝墓志及其所涉徐史考　贾志斌、胡慧鑫　文物世界 6：28－30
唐代徐孝墓志纹饰考　李晨、崔晓东　文物世界 6：31－33
唐代陇州别驾赵自交墓志　邹林等　收藏 1：80－81
唐张难墓志研究　盛会莲　文物春秋 4：63－67
成都出土唐王怀珍墓志考　陈玮　四川文物 1：53－60
唐师府君墓志考释　赵强　中原文物 4：90－93
剥落华饰——从新出王宰墓志看墓志书写的虚美与隐恶　唐雯　中国中古史集刊（第一辑）495－513
从墓志看唐中后期士族的门第婚姻观念：以山东五姓婚姻为视角　张葳　郑州大学学报（哲社版）4：132－139
孟珏墓志考释——兼论唐末科举家族的仕宦与婚姻　王怡然　山东师范大学学报（人文社科版）3：121－128
唐代洛阳粟特人研究——以出土墓志等石刻史料为中心　毛阳光　郑州大学学报（哲社版）4：124－131
唐代高丽移民高乙德墓志及相关问题研究　王连龙　吉林师范大学学报（人文社科版）4：32－35
平壤城南氏：入唐高句丽移民新史料——西安碑林新藏唐大历十一年《南单德墓志》　王菁、王其祎　北方文物 1：80－85
阿史那忠镇墓石的术数学解读　刘银昌　唐史论丛（第十九辑）260－274
新出唐吐谷浑王族慕容环墓志研究　陈玮　中国边疆史地研究 2014 年 4：62－71
大唐西市博物馆藏《回鹘米副侯墓志》考释　杨富学　民族研究 2：78－86
高昌平灭后的麴氏王姓——从麴建泰墓志说起　龚静　社会科学战线 5：122－126
《大周沙州刺史李无亏墓志》所记唐朝与吐蕃、突厥战事研究　陆离　西藏研究 4：38－46
辽宁朝阳县发现辽代后晋李太后、安太妃墓志　杜晓红、李宇峰　边疆考古研究（第 16 辑）61－68
后唐定难军节度押衙白全周墓志考释　杜建录等　宁夏社会科学 2：129－135

补　遗

中国古代夫妻合志首题书写的演变　杨向奎、唐奥林　新疆大学学报（哲学·人文社科版）2014 年 6：91－95
药元福墓志考——兼论药氏的源流与沙陀化　仇鹿鸣　敦煌学辑刊 2014 年 3：152－159
《唐韦知艺墓志》考释　王双怀、王昊斐　兰州大学学报（社科版）2014 年 6：14－18

宋、辽、金、元

北宋窦俨墓志疏证　张骁飞　宁波大学学报（人文社科版）4：50－54
三海岩的开创者——北宋陶弼墓志铭考释　刘瑞　广西师范学院学报（哲社版）1：42－47
北宋李从生墓志探微　陈朝云、赵俊杰　中原文物 3：92－97
北宋苏颂撰王田墓志考疏　淮建利　中州学刊 12：114－123

陕西出土蒙元墓志中的宋蒙泸州之战　樊波　四川文物 6：68－71
方回撰《吕师孟墓志铭》考释　向珊　中国国家博物馆馆刊 6：147－157
辽代《萧绍宗墓志铭》和《耶律燕哥墓志铭》考释　郭宝存、祁彦春　文史 3：177－190
《金赠光禄大夫张行愿墓志》补释　李智裕　北方文物 3：96－100
西安南郊新出土《刘黑马墓志》考述　李举纲　考古与文物 4：81－84
苏公式墓志铭考与平阳路输送岁赐的驿站交通　沈𫓩　考古与文物 4：92－100
元刘天与墓志及相关问题探析　李举纲　文博 2：62－66
《元代唐兀人李爱鲁墓志考释》补正　赵生泉　宁夏社会科学 4：137－139
浅析崞州元代买地券　祝庆　文物世界 3：37－40

补　遗

元代《宣差大名路达鲁花赤小李钤部公墓志》考释　朱建路　民族研究 2014 年 6：94－100
元《郝天泽墓志铭》考释　王素强　西北师大学报（社科版）2014 年 6：96－101

明、清

明代武定侯家族墓志解析　李巍　北京文博文丛 4：73－82
明通城王朱英㷿家族墓地出土墓志铭文校补　罗恰、杜洁　江汉考古 4：119－121
北京出土明代明威将军徐通及夫人董氏墓志考释　张智勇　北方文物 4：83－87
明代锦衣卫百户汪宪夫妇墓志考释　陈南南　洛阳考古（总第 7 期）80－86
榆林市出土明陈愚闻夫妇墓志考释　代锋　西部考古（第七辑）341－345
明妙崑及其长女墓志校补　王科社、马玲　陇右文博 3：71－75
明魏谦吉墓志考释　张国勇　文物春秋 4：70－77
明《戈氏墓志》考　张红军　中原文物 3：98－103
明衡恭王朱祐楎地券　刘桂华　中国文物报 7 月 24 日 6 版
贵州遵义杨粲墓出土地券的年代与性质　周比素、白彬　江汉考古 2：82－92
《皇清待赠明威将军广生王公墓志铭》考　曹金萍、王三营　华夏考古 4：100－104
王铎撰《孙养素夫妇合葬墓志铭》探析　黄林纳　中原文物 5：105－109
新获清英和墓志及相关问题探讨　冯双元　北京文博文丛 1：44－55
道光朝内阁中书徐松妻陈安人墓志铭　李军　历史档案 3：45－47
清代马克教墓志铭考释　张红军　文物世界 2：23－25

补　遗

新见明代勋贵及其家族成员墓志考释　邵磊　文献 2014 年 6：61－68

五　玉器

综述

石与玉：中国社会早期玉文化的形成　刘成纪　江苏行政学院学报 3：40－48
中国玉器的古代修复工艺研究——以出土玉器为例　王荣、吴在君　东南文化 3：11－23
史前至先秦长江中下游地区玉虎　崔智博　收藏家 4：85－90
陕西历史博物馆藏玉器　杭志宏　文物天地 2：15－20
自古国人皆爱玉　锵锵傲骨玉中寻——馆藏玉器综述　邵雯　文物天地 6：38－42
羊脂玉与燕脂表玉　杨森　寻根 1：91－94

补　遗

东亚玉文化的发生与玉器时代分期　叶舒宪　河南社会科学 2014 年 9：74－82

新石器时代

巫玉、史玉与德玉——中国早期玉器传统的损益　孙庆伟　玉器考古通讯 1：95－102
琢玉成器——长江下游地区新石器时代制玉遗存的发现与研究　方向明　中国文物报 9 月 25 日 5 版

环玦类石制品扩孔工艺的实验考古研究　李永强　东南文化 6：56－62
山西出土先秦绿松石制品初步研究　张登毅、李延祥　华夏考古 4：21－28
中原地区距今 4000 年前后两批王室玉器及有关问题　朱乃诚　中国社会科学院古代文明研究中心通讯 27：62－74
中原地区两批距今 4000 年前后的王室玉器及有关问题　朱乃诚　中华之源与嵩山文明研究（第 2 辑）205－220
黄河中游典型仰韶文化出土玉器研究　翟超　辽宁师范大学学报（社科版）：571－576
浅论神木石峁龙山文化玉器　夏一博　文物天地 8：66－67
玉石之路与中原文明形成的资源依赖——石峁玉器新发现的历史重建意义　叶舒宪　中华之源与嵩山文明研究（第 2 辑）221－232
太湖地区出土的史前玉玦　刘晓婧　文物世界 1：10－14
凌家滩遗址出土玉璜分类研究　徐凤芹　文物研究（第 21 辑）74－83
凌家滩玉龙和玉虎首璜的创作原型初探　黄华强、黄华明　文物研究（第 21 辑）64－73
琮·璧——良渚玉文明因子的接力与传承　方向明　大众考古 26：41－48
权力与信仰——解读良渚玉器与社会　秦岭　玉器考古通讯 1：1－39
良渚用玉的等级和身份　方向明　大众考古 23：58－64
良渚文化玉器用料探秘　方向明　大众考古 21：53－57
良渚文化玉器的琢制工艺　方向明　大众考古 22：60－65
控制中的高端手工业——良渚文化琢玉工艺　方向明　玉器考古通讯 1：59－81
良渚文化玉器探微（上）、（下）　刘燕萍　收藏家 3：45－53、4：70－74
良渚玉器神人兽面像的真相　方向明　大众考古 24：55－59
上海福泉山出土良渚文化玉器　孙维昌　收藏家 12：41－46
常州出土良渚文化玉器赏析　王偈人　文物天地 11：14－17
齐家文化玉器所反映的中原与陇西两地玉文化的交流及其历史背景的初步探索　朱乃诚　中国社会科学院古代文明研究中心通讯 28：26－45
齐家文化玉器与其他文化玉器的比较　王裕昌　收藏家 1：25－30
齐家文化玉器特征略论　王裕昌　陇右文博 3：14－21
齐家文化与龙山文化考古出土玉器的对比研究　王裕昌　陇右文博 1：42－51
庄浪出土齐家文化玉器研究与探讨　李晓斌　陇右文博 4：42－48
宁夏彭阳出土玉器　杨宁国　丝绸之路 15：33－44
有齿出牙环状玉器：后红山文化时代环渤海地区的文化互动　任妮娜　辽宁师范大学学报（社科版）5：714－720
吉林省博物院藏史前玉器　樊越欧　收藏家 2：57－60
台湾卑南玉器工艺技术可能来源探讨　蔡佳雯　玉器考古通讯 1：103－109
从黄道、太一到四灵　邓淑苹　故宫文物月刊 390：42－61

补　遗

牙璋起源刍议——兼谈陕北玉器之谜　郭静云　三峡大学学报（人文社科版）2014 年 5：10－16
史前至夏时期玉器文化的新认知　邓淑苹　玉器考古通讯 2014 年 2：8－46
崧泽文化的玉器　方向明　玉器考古通讯 2014 年 2：47－59

夏、商、周

二里头文化非镶嵌类绿松石制品的功能分析　辛爱罡　中原文物 6：46－51
论商周时期的玉石容器　田小娟　中国国家博物馆馆刊 7：71－83
商周玉礼器与青铜礼器对比研究　杜娟　丝绸之路 2：21－22
玉柄形器与玉璋关系研究　李喜娥　四川文物 1：41－45

二里头牙璋（VM3：4）在南中国的波及——中国早期国家政治制度起源和扩散　邓聪、王方　中国国家博物馆馆刊 5：6－22
试析以大甸子墓地玉器为代表的夏家店下层文化玉器　黄可佳　草原文物 2：61－71
殷墟玉戈类器研究　丁思聪　殷都学刊 4：28－38
小臣𤰈玉柄形器诠释　严志斌　江汉考古 4：93－104
神秘瑰丽——商代人形玉器浅析　刘煜　天津博物馆论丛（2014）93－102
两周组玉佩形制的嬗变及相关问题　张睿祥等　中原文物 5：76－84
周代组玉佩形制嬗变的初步研究　张睿祥等　四川文物 5：63－73
西周朝觐礼中的用玉制度初探　寇占民、韩会芳　理论观察 7：87－89
西周玉器的斜刀技法实验考古研究　刘凌　云南方文物 4：192－196
西周早期曾国墓出土玉器撷英　院文清、余乔　收藏家 8：23－29
应国墓地西周早中期玉器研究　黄可佳　华夏考古 4：73－84
虢国墓地出土的动物造型玉佩　杨海青　收藏 10：84－91
虢国墓地出土的玉韘与玉觿赏析　杨海青、王军震　收藏家 11：39－42
虢国墓地 M2001 出土的人形玉器　雷建鸽　中原文物 2：124－125
芮虢两国出土的小臣玉器　宋笑飞　收藏家 5：72－74
西周玉器赏析　蔡庆良　故宫学术讲谈录（第 2 辑）205－212
河南出土春秋虎形玉雕装饰工艺研究　王蔚波　楚文化研究论集（第十一集）290－301
春秋时期玉器所见制度史研究　张晶雨　西北民族大学学报（哲社版）1：152－157
荆州楚墓出土玉器略论　顾久幸　楚文化研究论集（第十一集）71－83
院墙湾秦家山楚墓出土玉器研究　张绪球　江汉考古 1：80－90
荆山有玉——记熊家冢墓地出土玉器　陈馨　收藏 3：94－101
战国中山国出土的玉石　刘卫华　收藏家 12：17－21
独具特色的中山古玉　李立华　中国文物报 1 月 27 日 5 版
战国白玉镂空雕龙凤纹玉璜浅析　吕庆江等　重庆科技学院学报（社科版）3：81－83
烟台市博物馆藏玉撷英　周霞　中国文物报 1 月 27 日 5 版

补　遗

小臣𤰈玉柄形器诠释　严志斌　玉器考古通讯 2014 年 2：60－71

秦、汉

试论汉代玉器的改制现象　耿庆刚　文博 6：38－43
再论四重证据法的证据间性——从巢湖汉墓玉环天熊图像看楚族熊图腾　叶舒宪　社会科学战线 6：151－163
20 世纪 50 年代西安郊区出土的汉代玉器　韩建武　收藏家 1：86－90
河南永城西汉梁王墓出土玉器　武玮　文物天地 3：37－40
再论甘肃礼县鸾亭山等地出土玉人的功用　许卫红　中国国家博物馆馆刊 4：61－71
夫余王葬用玉匣考　张芳、刘洪峰　学习与探索 7：154－160

宋及以后

陕西历史博物馆藏宋元明清玉器　韩建武　收藏家 7：41－47
13—17 世纪中国玉器与伊斯兰玉雕艺术的相互影响　许晓东　故宫博物院院刊 1：55－69
两件具国际争议性玉杯的研究　邓淑苹　故宫学术季刊 33 卷 1 期：211－242
金代春水秋山玉赏析　黄小钰　收藏家 2：75－77
元代云龙纹玉提携赏析　赵晓峰　收藏 12：106－108
龙虎西域——帖木儿帝国玉雕探索　邓淑苹　故宫文物月刊 393：50－65
如玉君子——旅顺博物馆藏玉制文房用具赏析　徐媛媛　收藏家 4：33－36

乾隆宫廷玛纳斯碧玉研究　郭福祥　故宫博物院院刊 2：6－31
清中期仿古玉鉴定一得　董立平　收藏家 5：40－44
吉林省博物院藏清代陈设玉器　樊越欧　收藏家 11：75－78
吉林省博物院藏玉器选介　高雪　收藏 10：93－99

六　货币

综述

先秦货币纪数字初探　朱安祥　中原文物 6：60－64
和田马钱（汉佉二体钱）的文化谱系及新发现　戴建兵　丝绸之路 24：5－11

两周

铜鱼非币考　魏镇　中国钱币 6：25－30
东周钱币起源"契券"考　段颖龙　中国社会经济史研究 1：1－13
楚国货币制度探微　陈绍辉　楚文化研究论集（第十一集）452－464
燕系方足布产生年代及流通情况考辨　冯括　中国钱币 5：3－11
秦惠文王半两钱及版式　王泰初　收藏 1：66－67
成都蒲江县战国船棺墓出土"战国半两"钱　曾咏霞、夏辉　中国钱币 4：40－45
解析一枚珍稀环钱——出土文献、传世文献、古币文字互证之一例　黄锡全　收藏 8：84－87

汉、三国、晋

西汉五铢钱范与铸钱工艺　王泰初　收藏 5：96－97
扶风吕宅村汉墓出土的五铢钱　罗西章　大众考古 20：36－38
一件珍贵的"五铢铜钱范"　崔松林　中国钱币 3：49
北京市东城区出土西汉半两钱残范　冯双元　中国钱币 1：30
四铢半两传形钱　董良义、王小梅　收藏 5：98－99
王莽"大泉五十"铜钱范　周曼　收藏 4：56
荥阳娘娘寨遗址"大泉五十"钱范初探　鲍颖建、刘丁辉　中原文物 2：79－81
河南荥阳娘娘寨遗址"大泉五十"钱范初探　鲍颖建、张家强　中国钱币 3：46－48
图说富貴吉祥——一枚压胜钱的考察　公柏青　中国钱币 6：39－43
蜀汉"亘一"钱小议　柴黎亚　收藏 6：87
丝路遗珍"龟兹铜钱"与"摇钱树"　储怀贞等　收藏 8：88－89

唐、宋及以后

汝州出土的窖藏唐开元刻花钱　闫学民　收藏 5：100
河南博物院藏杨国忠进奉银铤　黄林纳　文物天地 3：50－53
唐代西域地方铸币——"大历元宝"钱　吴昆　收藏 3：76－77
关于"高昌吉利"钱的几个问题　王素　古代钱币与丝绸高峰论坛暨第四届吐鲁番学国际学术研讨会论文集 18－24
"高昌吉利"钱币考——兼论隋唐之际高昌地区的文化融合　王永生　古代钱币与丝绸高峰论坛暨第四届吐鲁番学国际学术研讨会论文集 25－38
关于"高昌吉利"钱币的几点猜想　康柳硕、曹源　古代钱币与丝绸高峰论坛暨第四届吐鲁番学国际学术研讨会论文集 39－47
关于新疆博物馆馆藏两种古钱币　伊斯拉非尔·玉苏甫、安尼瓦尔·哈斯木　2009 丝绸之路国际学术研讨会论文集 216－224
涿州唐墓出土阿拉伯帝国倭马亚王朝金币　三雪农、杨卫东　中国钱币 1：31－32
四川博物院藏压胜钱　李钢　文物春秋 5：71－76
"应感通宝"钱述略　戎畋松　收藏 12：91－93

题南宋宝庆元宝背汉月小平铁母钱　屠燕治　中国钱币 3：50
陕西华县南宋铜钱窖藏　西北大学文化遗产学院、陕西省华县文管会（魏唯一、李红燕）　中国国家博物馆馆刊 10：6－14
吐鲁番发现金代镇库铅锭　杨文清、李红艳　新疆钱币 1：1－2
由一枚金代本命星官花钱说开去　赵梓凯　收藏 10：70－71
甘肃出土西夏钱币及其相关问题　韩爱丽、赵天英　丝绸之路沿线博物馆专业委员会论文集（第 2 辑）347－353
一枚少见的异形镂空花钱　宋康年　收藏 2：98
缘何洪武背“广”钱出土多　钟成华　收藏 2：96
四川阿坝铝厂清代钱币窖藏清库简报　李俊、陈亚军　中国钱币 1：33－39
顺治满汉福字钱考　佟昱　中国钱币 6：31－34
清代云南“一厘”式顺治通宝停铸时间考略　师伟　中国钱币 6：35
乾隆通宝背纹龙凤呈祥大花钱　尹钊等　收藏 10：75
十大咸丰宝苏当五十经典样钱　汪洋　收藏 10：72－73
新疆“阿城·光绪银元”系列银币　吴强、马彦林　收藏 1：71
“一色杏花红十里”挂牌花钱赏析　潘懿　收藏 6：84－85
几枚清代吉语花钱　尹钊等　收藏 2：97
清末湖北铜元　沈飞　收藏 4：70－71
清末外国人眼中的中国古代钱币　［英］法思远著　孟诗尧、修进译　寻根 1：40－43

七　铜镜

镜台小考　刘芳芳　考古与文物 3：76－85
铜镜文化与铸造艺术研究　安晓燕　美术观察 2：118－119
虢国墓地出土的双钮鸟兽纹铜镜及相关问题　李彦平、袁濛茜　华夏考古 1：75－81
山字镜新探——山字纹是火，山字镜实是火字镜　李亮宇　中原文物 1：60－65
镜里乾坤——六安出土战国六山纹铜镜　刘春、汪欣　文物天地 12：23
成都羊子山战国铜镜初探　张媛　四川文物 5：48－52
邢台市馆藏铜镜选介　李淑芹　文物春秋 4：51－57
汉镜中的西王母图像及其铸制年代　张宏林　收藏家 1：73－85
仙马、天马与车马：汉镜纹饰流变拾遗　曾蓝莹　古代墓葬美术研究（第 3 辑）49－71
试论博局纹饰的文化内涵　刘晓　四川文物 6：51－55
河北出土汉代铜镜（上）、（下）　夏素颖　文物春秋 3：27－35、4：17－25
略谈辽阳新发现三面铜镜　李龙彬等　庆祝魏存成先生七十岁论文集 74－77
甘肃省博物馆馆藏汉代钱纹铜镜探析——兼谈铜镜流传历史及其表达内涵　陈愫閒　丝绸之路 4：27－28
从镜铭中看汉人爱情生活　张宏林　收藏家 8：53－58
从铜镜看十二生肖的演变　尹钊等　收藏 3：112－115
出为世用自有时——汉镜铭文“毋”字考　王纲怀　中国文物报 9 月 15 日 7 版
无锡博物院藏四神博局镜铭文初探　任宝龙　无锡文博 1：68－69
鉴映千古——馆藏历代铜镜精品赏析　蓝韶昱　文物天地 7：48－55
三国、两晋、南北朝铜镜概述　王永红　丝绸之路 20：23－24
洛阳三角缘笠松镜是曹魏镜考　王趁意　中原文物 2：68－72
也谈新发现的洛阳三角缘笠松纹神兽镜　张懋镕　中国文物报 4 月 24 日 6 版
洛阳三角缘笠松纹神兽镜铭文考　王趁意　中原文物 3：60－62

简化型神人神兽镜时代再探讨 步雁、呼啸 中国国家博物馆馆刊 8：44－50
隋唐铜镜综论 李宏阳 丝绸之路 18：25－26
唐代复古风格铜镜 李彦平 中原文物 1：92－99
青州博物馆藏唐镜珍赏 钟惠咏 收藏 6：114－117
唐镜如画 黄宏 文物天地 12：68－73
宋代铜镜的世俗化特征研究 李静 装饰 3：136－137
北宋八瓣菱花形船舶铜镜探析 于力凡 华夏考古 2：132－137
内蒙古代钦塔拉出土的辽代八蝶纹铜镜 尹建光 收藏 2：115－116
许由巢父故事镜刍议 张金凤 华夏考古 3：116－118
金代铜镜制作的成就及特色 李速达 黑龙江史志 12：109－110
院藏元明时期所造准提咒梵文镜 刘国威 故宫文物月刊 385：48－57

八 玺印与封泥

泉币与玺印的比较研究 王东明 印学研究（第 7 辑）118－130
战国私印中的复姓"献于"——兼谈汉印中所谓的"白羊"复姓 李家浩 印学研究（第 7 辑）186－201
战国私印中的复姓"鲜羊" 李家浩 印学研究（第 7 辑）202－208
新见战国私玺零释 施谢捷 文字与解释：学术交流会论文集 78－88
巴蜀印章文字考释——巴蜀文字释读方法探索 冯时 四川文物 3：32－35
巴蜀印章钟形符号考察 严志斌、洪梅 四川文物 5：53－58
馆藏玺印选释 孟婷 文物天地 6：34－37
秦"封陵津印"考——兼论风陵渡之得名 熊长云 文博 2：32－34
海昏侯墓"大刘记印"小考 熊长云 中国文物报 12 月 18 日 6 版
西汉景帝阳陵出土的印章与封泥 张琳、石宁 收藏 8：114－121
滇王金印——史与记忆之间 沈宁 中国抚仙湖文明的影响和传播：纪念抚仙湖水下考古研究 12 周年学术论文集 362－367
汉代官印《广阿侯夫人印》 杨式昭 历史文物 5：1
近出汉代私印选释 李鹏辉 印学研究（第 7 辑）228－235
三方魏晋金印 王裕昌 文物天地 4：39－40
从敦煌遗书印文看隋唐及其前后的印章特点 李兴涛 中国书画报 1 月 24 日 6 版
"云子思士"印考释及其相关问题 陈光敏、马春燕 成都文物 3：22－25
固原史诃耽夫妻合葬墓所出宝石印章图案考 郭物 考古与文物 5：96－101
南宋鹿钮冻石卢遡印 俞国璋 浙江文物 3：26
明代辽阳东宁卫——以新出土的东宁卫指挥使官印为例 王成科 北方文物 1：99－101
"庄严妙相"象牙印 俄军 文物天地 4：57－59
道宁斋印考 游国庆 故宫学术季刊 32 卷 4 期：47－89
土山汉墓出土封泥原生堆积地点及性质探析 吕健、杜益华 东南文化 2：67－75
"阴御弄印"与"阳御弄印"封泥考释 陈治国 考古与文物 3：118－121

补 遗

居延汉简中的官印初探 黄艳萍 宁夏大学学报（人文社科版）2014 年 6：68－73

九 铜鼓

试论铜鼓文化圈 万辅彬、韦丹芳 广西民族研究 1：109－115
中国古代铜鼓非炊具论 孔含鑫、吴丹妮 中南民族大学学报（人文社科版）4：67－69

古代铜鼓与铜提筒比较研究　陈晓倩　中国抚仙湖文明的影响和传播：纪念抚仙湖水下考古研究 12 周年学术论文集 220－238
海南岛发现古代铜鼓述略　曹量、王育龙　海南师范大学学报（社科版）4：107－112
南方古代铜鼓舞蹈纹饰及其宗教文化　孔含鑫、吴丹妮　北京舞蹈学院学报 1：79－82
海上鼓音：翔鹭纹铜鼓　潘汁　人民日报 1 月 18 日 12 版

一〇　兵器

中国彝族与中部非洲赞德—沃格拉族传统兵器之比较研究　涂小元　天津博物馆论丛（2014）165－177
我国西南“山”字格剑渊源探讨　孙利玲　中国抚仙湖文明的影响和传播：纪念抚仙湖水下考古研究 12 周年学术论文集 279－284
试论滇南地区青铜戈　刀紫红　中国抚仙湖文明的影响和传播：纪念抚仙湖水下考古研究 12 周年学术论文集 260－266
云南地区的三叉式护手剑及其文化分析　杨江林　中国抚仙湖文明的影响和传播：纪念抚仙湖水下考古研究 12 周年学术论文集 267－278
甘肃出土的古代军事文物　杜静薇　丝绸之路沿线博物馆专业委员会论文集（第 2 辑）252－262
敦煌壁画兵器研究综述　伏奕冰　2015 敦煌学国际联络委员会通讯 109－113
试论中国境内散见夹叶阔叶铜矛的年代、性质与相关问题　胡保华　江汉考古 6：55－68
试论中国境内出土的塞伊玛—图尔宾诺式倒钩铜矛　高江涛　南方文物 4：160－168
青海大通县塞伊玛—图尔宾诺式倒钩铜矛考察与相关研究　刘翔　文物 10：64－69
西周半环形铜钺研究　井中伟　庆祝魏存成先生七十岁论文集 28－40
叶家山曾国墓地出土半环形铜钺及相关问题研究　严志斌　考古 5：83－92
东周时期内蒙古长城地带青铜镞文化探讨　石岩　北方文物 2：24－30
东周青铜兵器四考　张程昊　文物春秋 4：12－16
山东地区青铜殳研究　刘延常等　中国国家博物馆馆刊 2：69－79
关于短内式铜戈的起源于年代问题　成璟瑭、高振海　庆祝魏存成先生七十岁论文集 41－50
新见郪陵攻尹戈及相关问题研究　吴良宝　吉林大学社会科学学报 1：149－153
蔡公□宴戈考　王长丰　楚文化研究论集（第十一集）372－382
曾子戈小议　曹锦炎　江汉考古 1：76－79
止戈兴仁　百姓福祉——金沙遗址博物馆征藏战国秦汉铜戈解析　明文秀　中华文化论坛 3：67－72
苏州博物馆新入藏吴王余眛剑初探　程义、张军政　文物 9：75－82
“越王不光剑”刍议　杨开勇　江汉考古 5：88－94
越王剑铭与越王世系——兼论越王丌北古剑和越王不光剑的断代问题　周亚　古文字与古代史（第二辑）243－277
楚墓中的“匕首”　周玉端　楚文化研究论集（第十一集）91－102
宿迁青墩发现战国铜戟刺　吴桂兵等　文物 2：61－64
新疆鄯善海洋墓地环首刀和管銎斧的初步研究　王太职　陇右文博 4：32－36
邓错金银铜弩机及其相关问题探析　任艳　中原文物 4：80－86
勾吴国青铜兵器探秘　陈振康　无锡文博 1：32－35
正仓院藏金银钿装唐大刀来源小考　李云河　西部考古（第七辑）298－311
试论宋代斩马刀的产生与流变　范建文　烟台大学学报（哲社版）1：95－102
馆藏太平军兵器述评　李霞　文物天地 7：33－35

补　遗

秦、三晋纪年兵器的刻铭及行款论析　苏辉　郑州大学学报（哲社版）2014 年 6：152－155

一一　服饰

玉润华光——陕西西安何家村窖藏出土的玉带銙　田卫丽　文物天地 2：38－42
华风渐浸夜郎妆——贵州省博物馆藏贵州出土金属饰品　刘秀丹　文物天地 5：25－32
原始巫人戴羽、饰羽与“美”之本义　王政　文艺研究 6：69－77
玉带钩·玉带扣·玉带銙　朱纪　收藏 1：82－91
从先秦人物形象看服制阶级性的形成　吴爱琴　中原文物 3：45－51
先秦时期服饰色彩观念探析　吴爱琴　华夏考古 3：63－71
服周之冕——先秦时期的冕冠　赵丛苍、张朝　文博 5：42－46
说“芾”　田小娟　四川文物 4：84－90
应国墓地出土的玉项饰　常军　收藏 2：104－110
西北游牧文化对春秋青铜带钩的影响　王立波　丝绸之路 16：28－30
张家口市博物馆藏青铜带钩选介　宋志刚、吕慧琴　文物春秋 1：65－66
马家塬战国墓地出土耳饰对比分析　闫虹如　陇右文博 1：18－22
中国境内出土的涡纹牌饰　马艳　考古与文物 3：44－51
从包金嵌玉兽首银带钩看传统装饰工艺　李睿　收藏 7：142－145
裤子、骑马与游牧——新疆吐鲁番洋海墓地出土有裆裤子研究　黎珂等　西域研究 2：48－62
秦始皇帝陵 K9901 陪葬坑新见 4 号陶俑甲衣渊源考　豆海锋　西北大学学报（哲社版）1：16－20
浅析汉代服饰中的紫色应用——以考古学为视角　郭羡雅　江苏第二师范学院学报·社会科学 1：35－38
湖北竹山出土西汉金带扣探析　李菲、徐晓静　中国国家博物馆馆刊 4：56－60
大连营城子汉墓出土金带扣及其相关研究　刘金友、王飞峰　北方文物 3：24－27
南阳汉画像石中所见的女性发式和发饰　孙良玉　中原文物 3：52－55
论佛教对魏晋南北朝服饰的影响　张雅丽　重庆科技学院学报（社科版）6：100－102
从图像资料看北朝时期的明光铠　宋丙玲　东方考古（第 11 集）237－252
误解与重读：北朝图像艺术中的“领带”“帔”与“领巾”　宋丙玲　民族艺术 4：92－99
山西北朝陶俑首服研究　海青　文物世界 1：21－27
试析北周史君墓出土金耳坠　郭凤妍　历史文物 10：52－61
隋炀帝墓发现的十三环蹀躞金玉带及相关问题研究　刘思哲　考古与文物 5：69－73
披帛与丝路文化交流　卢秀文、徐会贞　敦煌研究 3：22－29
唐代胡帽的改良性流播——以长安出土画塑为例　陈霞　南京艺术学院学报（美术与设计版）1：39－43
唐代玉带銙述略——以西安何家村窖藏出土的玉带銙为中心　田卫丽　文物世界 4：11－14
正仓院御冠饰玉与唐代冕冠饰玉对比考析　朱彦　装饰 3：86－88
敦煌妇女首饰步摇考　卢秀文　敦煌研究 2：22－27
崇州出土金冠　李媛、成吟　文物天地 1：24－29
山西长子崇庆寺宋代彩塑十八罗汉服饰衣纹艺术研究　柯秉飞　文物世界 3：33－34
由辽墓壁画看辽代契丹人与汉人服饰的融合　潘晓暾　东北史地 4：30－34
辽代胡人乐舞纹玉带及相关问题探讨　吕富华　东北师大学报（哲社版）1：177－181
辽朝紫金鱼袋考论　葛志娇　辽宁工程技术大学学报（社科版）1：6－13
辽人耳饰——草原上的摇曳风姿　孙娟娟　大众考古 25：34－38
一件元代纳失石大袖袍研究　李莉莎　北方文物 1：46－49
湖南澧县博物馆收藏的两套元代玉带　喻燕姣、王琼　文物天地 12：28－31
举世仅存的明初亲王首服　蒋群　文物天地 5：84－87

明代中后期服饰风格与趣味的嬗变——以王洛家族墓出土纺织品为例　华强等　南京艺术学院学报（美术与设计版）4：55－58
北京艺术博物馆藏龙纹补子分析北京艺术博物馆藏龙纹补子分析——兼论明代皇室成员龙纹胸背及补子的使用　胡桂梅　收藏家 5：39－45
明皇陵石刻文官服饰考　郑艺鸿　装饰 5：76－77
“冕无后旒”说考论　丁鼎、于少飞　中国文化研究 1：86－94
玉带与明代政治生活　虞海燕　北京文博文丛 2：53－58
土豪的奢华与慕汉——馆藏明代壮族土司的金饰品　蓝韶昱　文物天地 7：40－43
盛世余晖下的奢华——陕西历史博物馆藏明清金银饰品选介　张沛心、王西梅　文物天地 2：56－65
凤尾裙小考　高冰清　故宫博物院院刊 4：141－148
管窥清代苏州织造局丝绸特色——以沈阳故宫博物院珍藏为例　杜恒伟　收藏 11：98－111
赤峰博物馆藏三件清公主袍服　秦博　收藏家 9：43－46
清宫体仁阁“恭贮”御用盔甲　毛宪民　文物天地 12：4－9

补　遗

贵州最早的骨制装饰品　蔡思夫　贵州文史丛刊 2014 年 4：96－99
汉代的胡冠与鹖冠考　邹维一、曾维华　上海师范大学学报（哲社版）2014 年 6：135－140
唐代服饰文化的宗教意蕴　安彩凤　西安文理学院学报（社科版）2014 年 5：28－30

一二　其他

香回炉上烟——古代的熏香与熏炉　李曼丽　收藏 4：83－91
洞天：粉盒的功能和外销　李慧、仝一帆　文物天地 10：79－83
西汉滑石璧　张海军　收藏 3：88－93
秦汉包装考　朱和平、邓昶　中原文物 1：81－84
考古材料所见魏晋隋唐时期圆形毡帐形象变化及其所反映的族群互动关系初论　程嘉芬　边疆考古研究（第 16 辑）205－224
略论隋唐时期的香炉　冉万里　西部考古（第 9 辑）105－152
元代八思巴文铁质银字符牌　杨凤明　文物天地 4：52－53
功能繁多的清宫火盆　刘晓晨　文物天地 8：84－89

肆　田野考古

一　北京市

北京市东城区西革新里西汉墓 2013 年发掘简报　北京市文物研究所（冯双元、曾祥江）　北方文物 2：3－9
北京平谷东高村汉唐墓葬发掘简报　北京市文物研究所（胡传耸）　北方文物 2：10－13
石景山京西商务中心汉代窑址、清代墓葬发掘简报　北京市文物研究所（张智勇）　北京文博文丛 3：48－60
北京大兴三合庄村发现 129 座东汉至辽金时期墓葬　郭晓蓉　中国文物报 3 月 20 日 2 版
北京通州次渠唐金墓发掘简报　北京市文物研究所（尚珩等）　文物春秋 1：46－54
古代矿冶遗址的重要考古新发现——北京延庆大庄科辽代矿冶遗址群　刘乃涛等　中国文物报 3 月 27 日 6、7 版
北京延庆大庄科矿业遗址群　刘乃涛、郭京宁　2014 中国重要考古发现 125－130
紫禁城内的考古发现——故宫明清建筑遗址 2014 年的发掘收获　李季等　中国文物报 1 月 9 日 8 版

故宫明清建筑基址2014年发掘收获　冀洛源等　2014中国重要考古发现152－157

明代朱由桴墓发掘简报　北京市文物研究所（尚珩、张依萌）　文物春秋3：53－56

北京顺义区高丽营镇于庄明清墓葬发掘简报　北京市文物研究所（于璞、冯双元）　北京文博文丛1：75－90

通州新城0803－015A地块明清墓葬发掘简报　北京市文物研究所（张智勇）　北京文博文丛3：61－71

二　天津市

天津蓟县东大屯旧石器地点调查简报　王春雪、盛立双　边疆考古研究（第17辑）1－8

天津蓟县旧石器考古调查又获重大突破　盛立双等　中国文物报12月18日2版

天津蓟县小毛庄东汉列侯家族墓　姜佰国、梅鹏云　2014中国重要考古发现64－67

蓟县东五百户村唐代墓葬　天津市文化遗产保护中心（相军）　天津博物馆论丛（2014）85－90

三　河北省

河北邯郸薛庄遗址汉至宋代遗存发掘简报　吉林省大学边疆考古研究中心等（霍东峰等）　北方文物3：3－11

河北张家口宣化东升路东汉墓（M3）发掘简报　张家口市宣化区文物保管所（寇振宏）　文物3：4－11

河北赞皇县北魏李仲胤夫妇墓发掘简报　中国社会科学院考古研究所河北工作队（汪盈等）　考古8：75－88

河北赞皇县北魏李翼夫妇墓　中国社会科学院考古研究所河北工作队（沈丽华等）　考古12：64－77

河北邯郸临水北朝至元代瓷窑遗址发掘简报　邯郸市文物保护研究所、峰峰矿区文物保管所（乔登云等）　文物8：30－57

河北蠡县王庄唐代墓群发掘简报　河北省文物研究所等（马力、孙亚玲）　文物春秋5：35－43

河北省元氏县殷村遗址考古发掘简报　沈阳市文物考古研究所（赵晓刚）　沈阳考古文集（第5集）149－175

河北张家口宣化辽金壁画墓发掘简报　张家口市宣化区文物保管所（寇振宏）　文物3：12－24

河北大名府故城宫殿遗址调查　河北省文物保护中心（白晓燕、任雪岩）　文物春秋5：27－34

霸州市任水村元代墓群清理简报　廊坊市文物管理处（李一萱、张刚）　文物春秋3：47－52

河北三河高楼元代墓群发掘简报　廊坊市文物管理处、三河市文物管理所（杨光、刘妙君）　文物春秋5：44－49

河北井陉天长古城东门城楼、东南角楼基址发掘报告　河北省文物研究所（张晓峥）　文物春秋5：50－56

四　山西省

山西下川遗址发掘获重要进展——发现火塘、石磨盘和赤铁矿共存现象　杜水生、王益人　中国文物报2月13日8版

从“河流相”到“黄土堆积”——山西丁村遗址群2015考古获重要收获　王益人　中国文物报11月20日8版

山西丁村旧石器遗址群发掘获重要收获——发现原地埋藏的石器制作现场、用火遗迹和石料储存地　贾昌明　中国文物报11月17日2版

山西绛县周家庄遗址2007～2012年勘查与发掘简报　中国国家博物馆田野考古研究中心等（戴向明等）　考古5：17－33

山西绛县周家庄遗址居址与墓地2007～2012年的发掘　中国国家博物馆田野考古研究中心等（戴向明

等） 考古 5：34－59

山西襄汾县陶寺遗址Ⅲ区大型夯土基址发掘简报 中国社会科学院考古研究所山西队、山西省考古研究所（高江涛等） 考古 1：30－39

2013～2014 年山西襄汾陶寺遗址发掘收获 中国社会科学院考古研究所山西队等（高江涛、何驽） 中国社会科学院古代文明研究中心通讯 28：54－66

山西兴县碧村发现龙山石城及大型石砌房址 张光辉等 中国文物报 8 月 28 日 8 版

山西襄汾陶寺北发现两周大型墓地 王京燕等 中国文物报 10 月 9 日 8 版

山西侯马虒祁遗址发现 822 座祭祀坑和汉至宋元墓葬 王金平等 中国文物报 7 月 31 日 8 版

山西太原开化墓群 2012～2013 年发掘简报 山西省考古研究所等（张光辉等） 文物 12：23－45

云冈石窟窟前考古研究有重大发现——20 窟 9 米多高的西立佛有望重现风采 员小中、王雁翔 中国文物报 9 月 29 日 2 版

山西大同恒安街北魏墓（11DHAM13）发掘简报 大同市考古研究所（古顺芳） 文物 1：13－21

山西大同南郊仝家湾北魏墓（M7、M9）发掘简报 山西省考古研究所、大同市考古研究所（张庆捷等） 文物 12：4－22

山西忻州市九原岗北朝壁画墓 山西省考古研究所、忻州市文物管理处（张庆捷等） 考古 7：51－74

山西忻州九原岗北朝壁画墓 张庆捷等 2014 中国重要考古发现 88－91

后晋之都会 李唐之雄州——山西绛州州署遗址考古新发现与新认识 杨及耘、王金平 中国文物报 1 月 23 日 6、7 版

山西新绛绛州州署遗址Ⅱ区发掘收获——发现唐至清建筑遗迹，整体格局更加清晰 杨及耘等 中国文物报 9 月 11 日 8 版

山西新绛绛州州署遗址 2014 年发掘收获 杨及耘、王金平 2014 中国重要考古发现 158－161

山西临汾市西赵村唐墓发掘简报 山西省考古研究所、临汾市文物考古工作站（王金平等） 考古 6：39－53

太原晋源果树场唐墓简报 彭娟英 文物世界 4：3－5

四面栏杆彩画檐——山西昔阳宋金墓的发现与保护 刘岩、史永红 中国文物报 6 月 5 日 8 版

山西大同西环路辽金墓发掘简报 大同市考古研究所（李白军） 文物 12：46－59

山西繁峙南关村金代壁画墓发掘简报 山西省考古研究所等（袁泉等） 考古与文物 1：3－19

山西昔阳松溪路宋金墓发掘简报 山西省考古研究所等（刘岩等） 考古与文物 1：20－33

山西沁县上庄村发现一座金代砖室墓 张庆捷等 中国文物报 9 月 25 日 8 版

山西省盂县皇后村宋金壁画墓 赵培青 文物世界 1：42－46

五 内蒙古自治区

中蒙考古合作十周年回顾与展望 陈永志等 草原文物 2：1－7

2014 年内蒙古自治区文物考古研究所考古发现综述 内蒙古自治区文物考古研究所（党郁） 草原文物 1：1－15

内蒙古科左中旗哈民忙哈新石器时代遗址 2012 年的发掘 内蒙古自治区文物考古研究所（阿如娜等） 考古 10：25－45

哈民遗址考古又获新发现 吉平、长海 中国文物报 4 月 7 日 1 版

赤峰市林西县柳树林红山文化遗址发掘简报 内蒙古自治区文物考古研究所（党郁等） 草原文物 1：16－34

赤峰市敖汉旗七家红山文化遗址发掘报告 赤峰市博物馆、敖汉旗博物馆（马凤磊等） 草原文物 1：35－52

内蒙古阿拉善左旗鹿圈山遗址调查记 北京大学考古文博学院、内蒙古自治区阿拉善博物馆（温成浩、李水城） 边疆考古研究（第 16 辑）1－6

内蒙古额济纳旗史前文化调查简报 北京大学考古文博学院等（温成浩、李水城） 边疆考古研究（第16辑）7－22

赤峰松山区水地乡大南沟石城调查简报 乌兰察布市博物馆（李树国、曹永利） 草原文物1：53－56

察右前旗常家村东滩鲜卑墓文物调查简报 内蒙古自治区文物考古研究所等（赵晓峰、张新香） 草原文物1：57－58

内蒙古乌审旗郭家梁村北朝墓葬发掘报告 内蒙古自治区文物考古研究所等（索秀芬等） 华夏考古2：48－55

内蒙古正镶白旗伊和淖尔墓群再次发现北魏贵族墓 陈永志等 中国文物报3月13日8版

考古发掘见证古代草原丝绸之路——伊和淖尔墓群考古发掘纪实 内蒙古自治区文物考古研究所（陈永志等） 中国文物报6月12日22、23版

内蒙古陈巴尔虎旗岗嘎墓地 中国社会科学院考古研究所等（刘国祥等） 考古7：75－86

内蒙古宁城山嘴墓地第一次发掘简报 内蒙古自治区文物考古研究所、内蒙古博物院（索秀芬等） 文物3：39－44

内蒙古呼伦贝尔陈巴尔虎旗岗嘎墓地 刘国祥等 2014中国重要考古发现96－99

内蒙古巴林左旗辽上京宫城城墙2014年发掘简报 中国社会科学院考古研究所内蒙古第二工作队、内蒙古自治区文物考古研究所（汪盈等） 考古12：78－97

考古发掘首次确认辽上京宫城形制和规模 董新林等 中国文物报1月30日8版

内蒙古克什克腾大营子辽代石棺壁画墓 内蒙古克什克腾旗博物馆（王岩） 文物11：49－52

六 辽宁省

沈阳农业大学后山遗址考古发掘收获 沈阳市文物考古研究所、吉林大学边疆考古研究中心（付永平等） 沈阳考古文集（第5集）1－9

2014年牛河梁遗址系统性区域考古调查研究 辽宁省文物考古研究所、中国人民大学历史学院（吕学明等） 华夏考古3：3－8

大连张家岚后山积石冢发掘简报 大连市文物考古研究所等（张翠敏等） 北方文物4：11－20

辽宁锦州西大砬子遗址发掘简报 辽宁省文物考古研究所、锦州市文物考古研究所（褚金刚、崔蕾） 北方民族考古（第2辑）1－15

沈阳市郭七遗址沈阳工程学院地点2013年发掘简报 沈阳市文物考古研究所（李树义、赵晓刚） 沈阳考古文集（第5集）10－18

辽宁建昌东大杖子墓地2000年发掘简报 辽宁省文物考古研究所等（徐韶钢等） 文物11：4－26

沈阳市白鸟公园遗址2013年发掘简报 沈阳市文物考古研究所（李树义、赵晓刚） 文博3：3－8

辽宁辽阳市苗圃墓地汉代土坑墓 辽宁省文物考古研究所（司伟伟等） 考古4：53－66

辽宁鞍山羊草庄墓地石椁墓发掘简报 辽宁省文物考古研究所（白宝玉等） 边疆考古研究（第17辑）29－62

沈阳市五爱墓群发掘报告 沈阳市文物考古研究所（肖达顺、井肖冰） 沈阳考古文集（第5集）19－102

沈阳辽中偏堡子汉墓群2014年发掘报告 沈阳市文物考古研究所（林栋等） 沈阳考古文集（第5集）103－108

辽宁辽阳苗圃汉魏石室墓2008年发掘报告 吉林大学边疆考古研究中心、辽宁省文物考古研究所（王培新等） 考古学报4：505－536

沈阳青桩子汉魏墓群2013年发掘简报 沈阳市文物考古研究所（刘明） 沈阳考古文集（第5集）109－140

沈抚公路二号线建设工程文物勘探及墓葬清理 沈阳市文物考古研究所（刘焕民、张少文） 沈阳考古文集（第5集）141－148

辽宁省北票市金河石椁墓 北票市文物管理所（姜洪军等） 北方文物1：26－28

辽宁省朝阳县土城子两座前燕墓 辽宁省文物考古研究所、朝阳县文物管理所（张桂霞、杜晓红） 北方文物2：14－16

沈阳市辽金城址调查 沈阳市文物考古研究所（刘明） 沈阳考古文集（第5集）176－205

沈阳市惠工街辽代墓葬考古发掘报告 沈阳市文物考古研究所（沈彤林） 沈阳考古文集（第5集）206－209

沈阳康平县大付家窝堡辽墓的发掘 沈阳市文物考古研究所（赵晓刚等） 沈阳考古文集（第5集）210－215

辽宁锦州龙台遗址发掘简报 辽宁省文物考古研究所、锦州市文物考古所（褚金刚、刘潼） 东北史地5：19－28

沈阳市北四台子辽金遗址2012年发掘简报 沈阳市文物考古研究所（李树义、赵晓刚） 沈阳考古文集（第5集）216－229

康平官宝窝铺遗址的考古调查 沈阳市文物考古研究所、康平县文物管理所（赵晓刚、王允军） 沈阳考古文集（第5集）230－244

沈阳盛京城内北通天街南段考古调查报告 沈阳市文物考古研究所（姜万里、刘焕民） 沈阳考古文集（第5集）245－257

沈阳市沈河区大南街清盛京城德盛门瓮城遗址考古发掘报告 沈阳市文物考古研究所（沈彤林、赵晓刚） 沈阳考古文集（第5集）269－274

辽宁省辽阳县首山塔基清代遗址发掘简报 辽宁省文物保护中心（李维宇等） 北方文物4：45－47

沈阳小南山清代墓园发掘报告 沈阳市文物考古研究所（付永平、刘焕民） 沈阳考古文集（第5集）258－268

沈阳大馆墓葬发掘报告 沈阳市文物考古研究所（付永平） 沈阳考古文集（第5集）297－308

新乐遗址发现的一座清墓 沈阳市文物考古研究所、沈阳市新乐遗址博物馆（常乐、李树义） 沈阳考古文集（第5集）288－296

“丹东一号”沉船水下考古重点调查取得重要发现 国家文物局水下文化遗产保护中心、辽宁省文物考古研究所（周春水） 中国文物报10月13日1、2版

沈阳青年大街清代水井发掘报告 沈阳市文物考古研究所（付永平） 沈阳考古文集（第5集）275－287

七 吉林省

2014年吉林省文物考古研究所考古发掘收获 吉林省文物考古研究所（安文荣等） 东北史地1：10－12

吉林图们崎新B、C地点发现的旧石器 陈全家、崔祚文 北方文物4：3－10

吉林省通榆县查森昭遗址调查与遗存分析 郑淑敏、朱永刚 北方文物1：10－15

吉林梅河口东北部新发现三处新石器晚期遗址 李辉 边疆考古研究（第16辑）23－30

吉林长白县民主遗址2011年发掘及以往调查简报 吉林省文物考古研究所、长白县文物管理所（张哲等） 北方文物3：14－17

吉林大安市后地窝堡遗址的调查与认识 王涛等 边疆考古研究（第17辑）9－28

蛟河临江村石棚墓调查纪要 刘力等 边疆考古研究（第17辑）97－102

吉林伊通县羊草沟、何家窝棚、杏山遗址的发掘 吉林省文物考古研究所等（王聪） 考古6：3－22

2011年集安市建疆遗址考古发掘报告 吉林大学边疆考古研究中心等（王志刚等） 边疆考古研究（第17辑）63－95

申遗以来吉林省高句丽考古工作的主要收获 王志刚等 北方文物4：34－38

吉林珲春古城村1号寺庙遗址遗物整理简报 吉林大学边疆考古研究中心等（宋玉彬等） 文物11：

27－48

吉林省东辽县杨树排子地遗址考古发掘简报　吉林省文物考古研究所等（王新胜）　北方文物 2：20－23

吉林乾安发现辽金时期春捺钵遗址群　冯恩学　中国文物报 3 月 27 日 8 版

揭开东夏国的神秘面纱——吉林图们磨盘村山城发掘收获　李强　中国文物报 2 月 13 日 8 版

吉林安图宝马城金代祭祀遗址　赵俊杰　2014 中国重要考古发现 131－135

吉林省辉南县辉发城址发现的明代遗存　刘晓溪等　边疆考古研究（第 17 辑）103－125

八　黑龙江省

黑龙江饶河小南山遗址考古取得重要收获——我国首次发现沃兹涅谢诺夫卡文化　李有骞　中国文物报 12 月 25 日 2 版

厘清昂昂溪文化内涵的重要发现——黑龙江齐齐哈尔洪河遗址的发掘成果　田禾等　中国文物报 5 月 22 日 8 版

黑龙江省五常市白旗遗址发掘简报　黑龙江省文物考古研究所（刘伟、张伟）　北方文物 1：20－25

渤海上京城第 1 号街考古钻探与发掘简报　黑龙江省文物考古研究所（关燕妮等）　北方文物 1：29－34

黑龙江宁安渤海上京城宫城北门址发掘简报　黑龙江省文物考古研究所（赵哲夫等）　文物 6：4－13

黑龙江安宁渤海上京城出土渤海国舍利函　黑龙江省文物考古研究所（朱春雨等）　文物 6：14－16

金上京考古取得新成果——发掘揭露南城南墙西门址　赵永军、刘阳　中国文物报 1 月 30 日 8 版

黑龙江省五常市拉林机场清代遗址发掘简报　黑龙江省文物考古研究所（魏明江等）　北方文物 4：48－52

九　上海市

上海福泉山遗址吴家场墓地 2010 年发掘简报　上海博物馆（陈杰、周云）　考古 10：46－65

志丹苑水闸遗址发现记　王莲芬　志丹苑：上海元代水闸遗址研究文集 69－73

一〇　江苏省

江苏泗洪后陈遗址发掘简报　中国国家博物馆、南京博物院（庄丽娜等）　中国国家博物馆馆刊 7：53－63

张家港东山村新石器时代遗址发掘报告　南京博物院等（胡颖芳等）　考古学报 1：55－100

江苏张家港市东山村遗址崧泽文化墓葬 M90 发掘简报　南京博物院等（周润垦等）　考古 3：3－19

江苏镇江马迹山遗址第二次发掘简报　镇江博物馆（许鹏飞、李西东）　东南文化 1：29－43

江苏句容东岗头遗址的发掘及其对湖熟文化研究的启示　朱国平、高伟　东南文化 3：24－31

江苏镇江大港华山马脊墩土墩墓发掘简报　镇江博物馆（李永军等）　东南文化 3：32－38

江苏苏州高新区大墩土墩遗存抢救性考古发掘报告　苏州市考古研究所（孙明利、周官清）　东南文化 5：28－39

江苏镇江大港庄连山春秋墓地发掘简报　镇江博物馆（王克飞、何汉生）　东南文化 3：39－48

江苏苏州观音山东周石室土墩墓 D1M1 发掘简报　苏州市考古研究所（丁金龙等）　东南文化 5：40－45

南京六合葛塘汉墓 M1　南京市考古研究所（李翔）　中国国家博物馆馆刊 12：48－59

江苏新沂高庄发现汉代土墩墓群　原丰等　中国文物报 5 月 8 日 8 版

江苏宿迁三台山发现汉代墓葬群　王宣波　中国文物报 8 月 14 日 8 版

江苏徐州玫瑰山三座汉墓发掘报告　徐州博物馆（田二卫、原丰）　东南文化 2：30－39

江苏张家港小山村遗址发掘简报　南京博物院等（高伟等）　东南文化 2：40－49
南京板桥新凹子两座西晋纪年墓　南京市考古研究所（骆鹏、龚巨平）　中国国家博物馆馆刊 12：60－77
华为南京基地南朝墓 M36　南京市考古研究所（李翔、陈大海）　中国国家博物馆馆刊 12：78－87
南京板桥张家洼南朝墓 M1　南京市考古研究所（苏舒、沈宏敏）　中国国家博物馆馆刊 12：87－99
南京市雨花台区铁心桥小村南朝墓　南京市博物馆（沈利华）　东南文化 2：50－60
南京栖霞狮子冲南朝大墓发掘简报　南京市考古研究所（许志强、祁海宁）　东南文化 4：43－48
江苏连云港封土石室墓调查简报　骆琳等　东南文化 5：46－55
南京祖堂山南唐陵园考古勘探与试掘简报　南京师范大学文物与博物馆学系等（王志高、夏仁琴）　文物 3：25－38
江苏镇江五洲山宋墓发掘简报　镇江博物馆（许鹏飞）　文物 5：53－59
南京大报恩寺遗址六号井的发掘及与“义井”关系的探讨　祁海宁　东南文化 4：59－71
江苏扬州市蜀岗古代城址西城壕 2013 年发掘简报　中国社会科学院考古研究所等（王小迎等）　考古 9：67－77
江苏扬州南宋宝祐城东城门北侧城墙和东侧城壕的发掘　中国社会科学院考古研究所等（王小迎等）　中国国家博物馆馆刊 9：74－92
南京大报恩寺遗址塔基与地宫发掘简报　南京市考古研究所（祁海宁等）　文物 5：4－52
江苏南京雨花台窑岗村明代琉璃窑址发掘简报　郑州大学历史学院等（陈钦龙）　文物 10：27－48
江苏淮安发现明代水闸遗址　胡兵等　中国文物报 11 月 6 日 8 版
江苏淮安顺黄坝遗址的发掘与研究　胡兵　东方博物（第 54 辑）37－45

一一　浙江省

长兴王家山遗址试掘简报　徐新民、梅亚龙　浙江省文物考古研究所学刊（第 10 辑）1－6
安吉安乐遗址实施第三次发掘　方向明、时萧　浙江文物 1：18
浙江安吉安乐新石器时代遗址第三次发掘收获　方向明等　2014 中国重要考古发现 10－14
嘉兴吴家浜遗址发掘报告　浙江省文物考古研究所、嘉兴市博物馆（徐新民、楼航）　浙江省文物考古研究所学刊（第 10 辑）7－25
浙江省海宁市杨家角遗址的发掘　浙江省文物考古研究所、海宁市博物馆（楼航、方忠华）　浙江省文物考古研究所学刊（第 10 辑）26－62
浙江余杭三亩里遗址发掘简报　浙江省文物考古研究所、杭州余杭区中国江南水乡博物馆（丁品）　浙江省文物考古研究所学刊（第 10 辑）63－108
嘉兴姚家村遗址发掘简报　浙江省文物考古研究所、嘉兴博物馆（马竹山）　浙江省文物考古研究所学刊（第 10 辑）171－203
杭州市良渚古城外围水利系统的考古调查　浙江省文物考古研究所（王宁远、刘斌）　考古 1：3－13
杭州市良渚古城外郭的探查与美人地和扁担山的发掘　浙江省文物考古研究所（王宁远等）　考古 1：14－29
揭开宁绍地区考古文化序列的新图卷——宁波镇海九龙湖鱼山遗址Ⅱ期发掘与乌龟山遗址试掘的主要收获　雷少　中国文物报 3 月 13 日 8 版
萧山老虎洞遗址考古发掘的重要收获　杨金东、崔太金　东方博物（第 54 辑）1－10
桐乡董家桥遗址 2011 年度发掘简报　浙江省文物考古研究所、桐乡市博物馆（游晓蕾）　浙江省文物考古研究所学刊（第 10 辑）130－158
浙江省宁波镇海九龙湖庶来遗址试掘简报　浙江省宁波市文物考古研究所、浙江省宁波市镇海区文物保护管理所（雷少等）　南方文物 4：50－55
杭州市萧山区金山遗址和田螺山石室墓的发掘　浙江省文物考古研究所、杭州市萧山区博物馆（孙国

平、王永磊）　浙江省文物考古研究所学刊（第10辑）109－129

绍兴袍谷遗址第三次发掘简报　浙江省文物考古研究所、绍兴市考古所（王强、田正标）　浙江省文物考古研究所学刊（第10辑）204－221

浙江绍兴越国王陵及贵族墓葬调查与勘探成果丰硕——厘清高等级越国墓葬分布和周边情况，确认战国时期越国王陵区　黄昊德　中国文物报12月18日8版

龙游东华山西汉鲁伯墓　朱士生　东方博物（第54辑）27－36

绍兴平水小家山汉六朝墓　浙江省文物考古研究所（黄昊德）　浙江省文物考古研究所学刊（第10辑）246－266

宁波城市考古的新发现——发现东汉土坑墓葬与南宋建筑基址　李永宁　中国文物报1月9日8版

余杭星桥里山汉墓发掘简报　杭州市文物考古研究所、余杭博物馆（刘卫鹏、刘芳芳）　东方博物（第54辑）11－26

浙江省宁波鄞江古城考古的主要收获与初步认识　许超等　南方文物4：56－59

诸暨枫桥西湖山古墓葬发掘简报　浙江省文物考古研究所、诸暨市博物馆（仲召兵等）　浙江省文物考古研究所学刊（第10辑）267－280

淳安淤泥坞墓群清理简报　杭州市文物考古研究所、淳安县文物管理所（施林等）　东方博物（第56辑）14－22

温州市瓯海区丽塘唐墓发掘简报　浙江省文物考古研究所等（施成哲等）　浙江省文物考古研究所学刊（第10辑）281－283

杭州发现国内最早海塘遗址——五代吴越捍海塘　唐俊杰、郎旭峰　中国文物报2月13日3版

宁波鄞江发现宋元古河道、石砌堤岸与道路遗迹　许超　中国文物报7月31日8版

浙江省洞头县九庙丘盐业遗址发掘简报　温州市文物保护考古所、洞头县文物保护所（梁岩华、刘团徽）　南方文物1：111－122

浙江庆元会溪南宋胡纮夫妇合葬墓发掘简报　浙江省文物考古研究所、庆元县文物管理委员会（谢西营等）　文物7：31－52

浙江临安横街洪起畏夫妇合葬墓发掘简报　杭州市文物考古研究所、临安市文物馆（周学斌等）　文物10：12－26

临安洪起畏夫妇合葬墓发掘成果　杭州市文物考古研究所、临安市文物馆（周学斌等）　东方博物（第56辑）42－60

浙江杭州发现南宋临安知府洪起畏夫妇合葬墓　周学斌等　中国文物报6月5日8版

龙游寺底袁宋墓发掘简报　浙江省文物考古研究所、龙游县博物馆（游晓蕾）　东方博物（第56辑）32－41

余杭星桥里山宋墓发掘简报　杭州市文物考古研究所、余杭博物馆（刘芳芳、刘卫鹏）　东方博物（第56辑）61－68

浙江省宁波江北慈城古县城大东门地块发掘简报　宁波市文物考古研究所（张华琴）　南方文物4：60－64

中国古代南方山水城市考古的新成果——浙江建德严州城的调查与发掘　王征宇等　中国文物报9月25日8版

浙江省宁波慈溪横河乌玉桥明史琳墓发掘简报　宁波市文物考古研究所、慈溪市文物管理委员会办公室（徐宏鸣等）　南方文物4：65－70

浙江长兴石泉明墓发掘简报　浙江省文物考古研究所、长兴县文物保护管理所（胡秋凉）　文物7：53－58

温州市瓯海区焦下明清墓发掘简报　浙江省文物考古研究所、温州市瓯海区博物馆（刘建安）　浙江省文物考古研究所学刊（第10辑）284－300

浙江象山县“小白礁Ⅰ号”清代沉船2012年发掘简报　宁波市文物考古研究所、国家文物局水下文化

遗产保护中心（林国聪等） 考古 6：54－67

一二 安徽省

安徽蚌淮高速凤阳段小南山墓地考古发掘报告 安徽省文物考古研究所、凤阳县文物管理所（张种云等） 文物研究（第 21 辑）173－193

皖北小孙岗、南城孜、杨堡史前遗址试掘简报 安徽省文物考古研究所、武汉大学历史学院考古系（余杰等） 考古 2：3－18

安徽含山县韦岗遗址新石器时代遗存发掘简报 安徽省文物考古研究所、含山县文物局（朔知等） 考古 3：35－50

安徽泗县程台新石器遗址调查简报 涂乔等 南方文物 1：38－44

安徽省怀宁县孙家城遗址 H29 发掘简报 安徽省文物考古研究所、怀宁县文物局（朔知、李宏飞） 江汉考古 2：3－11

安徽铜陵夏家墩、神墩遗址发掘简报 安徽省文物考古研究所、北京大学考古文博学院（黎海超、方玲） 江汉考古 6：21－33

安徽凤阳乔涧子春秋钟离贵族墓葬发掘简报 安徽省文物考古研究所、凤阳县文物管理所（罗虎等） 江汉考古 2：12－20

安徽淮南毛集胡台孜战国楚墓发掘简报 安徽省文物考古研究所（王志） 东南文化 3：49－57

安徽六安汉代王陵墓地附属墓葬群调查报告 六安市文物局、六安汉代王陵管理所（徐明飞等） 文物研究（第 21 辑）146－156

安徽六安经开区宝利嘉二期西汉墓 M26 发掘简报 安徽省文物考古研究所、六安市文物局（杨先锋、苗诗钰） 文物研究（第 21 辑）157－162

安徽六安经济开发区宝利嘉 M184 发掘简报 安徽省文物考古研究所（邱少贝、王峰） 江汉考古 2：21－28

安徽省固镇县蔡庄墓群一号墓发掘简报 安徽省文物考古研究所、固镇县文物局（张义中等） 东南文化 6：37－42

安徽泗县前李墓地发掘简报 安徽省文物考古研究所、泗县文物保护管理所（刘松林等） 华夏考古 3：40－53

安徽濉溪县戚家汉——清代遗址发掘简报 安徽省文物考古研究所（王志） 文物研究（第 21 辑）163－172

安徽蚌淮高速凤阳段陈德墓地考古发掘简报 安徽省文物考古研究所、凤阳县文物管理所（张钟云等） 文物研究（第 21 辑）194－202

安徽淮北工业学校内发现四座汉墓 闫红 中国文物报 7 月 3 日 8 版

安徽繁昌县蜈蚣山唐墓发掘简报 安徽省文物考古研究所、繁昌县文物局（谢军、陈小春） 文物研究（第 21 辑）211－214

安徽南陵铁拐宋墓 张辉、孙茂梅 2014 中国重要考古发现 140－143

安徽繁昌县新港宋代砖室合葬墓发掘简报 繁昌县文物局（彭可市） 文物研究（第 21 辑）215－218

安徽含山县张渡宋代砖室墓清理简报 含山县文物管理局（刘松林） 文物研究（第 21 辑）219－222

安徽南陵县发现两座保存完好的宋墓——发现金银器、家具和丝织品等文物 张辉 中国文物报 4 月 24 日 8 版

一三 福建省

福建三明南山新石器时代遗址 周振宇等 2014 中国重要考古发现 15－19

福建建瓯市东峰村六朝墓 厦门大学历史系考古专业、南平市博物馆（王新天等） 考古 9：41－66

福建福州三坊七巷文儒坊西段遗址 2014 年发掘收获 楼建龙等 2014 中国重要考古发现 100－103

平潭老牛礁一号沉船遗址——水下考古在福建 羊泽林 大众考古 30：19－27

一四 江西省

江西九江荞麦岭遗址 饶华松 2014 中国重要考古发现 36－40

江西省宜黄县新亭下遗址考古调查简报 江西省文物考古研究所等（严振洪等） 南方文物 3：30－33

江西省宜黄县汪家遗址考古调查简报 江西省文物考古研究所等（严振洪等） 文博 5：3－6

江西省乐安县黄泥坪遗址考古调查简报 江西省文物考古研究所等（习通源等） 文博 4：3－8

江西南昌西汉海昏侯墓考古取得重要发现 中国文物报 11 月 6 日 1、2 版

江西省萍乡芦溪古城勘察简报 唐际根等 南方文物 4：71－73

江西九江县荞麦岭唐墓发掘简报 江西省文物考古研究所等（饶华松、虞慎华） 南方文物 2：78－82

江西省星子县塔园明代壁画墓发掘简报 江西省文物考古研究所、江西省星子县博物馆（胡胜） 南方文物 3：23－28

江西抚州玉隆万寿宫文兴庵旧址考古调查与发掘简报 江西省文物考古研究所、江西抚州市文物管理所（李育远等） 南方文物 1：33－37

一五 山东省

山东邹城邾国故城遗址首次大规模主动发掘 王青、路国权 中国文物报 10 月 23 日 8 版

山东薛河流域区域系统考古调查简报 中国国家博物馆、山东大学历史文化学院（郭明建、王睿） 中国国家博物馆馆刊 3：6－16

山东泰安市大汶口遗址 2012～2013 年发掘简报 山东省文物考古研究所（吕凯等） 考古 10：7－24

山东日照市尧王城遗址 2012 年的调查与发掘 中国社会科学院考古研究所山东队等（梁中合等） 考古 9：7－24

山东龙口芦头东南遗址考古发掘报告 烟台市博物馆（沈岩等） 东方考古（第 11 集）521－533

黄岛区台头遗址 2010 年度发掘简报 青岛市文物保护考古研究所（彭峪） 青岛考古（二）3－24

李沧区古城顶遗址 2010 年度发掘简报 青岛市文物保护考古研究所、李沧区文物管理所（陈宇鹏、艾松林） 青岛考古（二）25－55

鲁东南地区商代文化遗存调查与研究 刘延常等 东方考古（第 11 集）453－489

李沧区河南庄周代遗址发掘简报 青岛市文物保护考古研究所、李沧区文物管理所 青岛考古（二）56－73

山东滕州前掌大遗址新发现的西周墓 滕州市博物馆（潘晓庆等） 文物 4：4－8

山东临淄范家村墓地 2012 年发掘简报 淄博市临淄区文物局（王会田） 文物 4：9－27

山东临沂姜墩墓地发现大量东周两汉墓葬 李健 中国文物报 10 月 9 日

黄岛区田家窑墓地 M1 发掘简报 黄岛区博物馆、青岛市文物保护考古研究所（翁建红等） 青岛考古（二）74－83

山东烟台发现战国到魏晋大型墓葬群 孙兆锋 中国文物报 7 月 17 日 8 版

黄岛区“海上丝绸之路”文化遗迹 2014 年度调查勘探简报 青岛市文物保护考古研究所、黄岛区博物馆（翁建红、郑禄红） 青岛考古（二）194－207

黄岛区祝家庄遗址发掘简报 青岛市文物保护考古研究所、黄岛区博物馆（杜义新等） 青岛考古（二）118－131

平度六曲山墓群 2011～2014 年度调查勘探报告 青岛市文物保护考古研究所、平度市博物馆（彭峪、曲涛） 青岛考古（二）84－98

城阳区玉皇岭汉代墓地发掘简报 青岛市文物保护考古研究所（郑禄红、毕兆森） 青岛考古（二）99－117

黄岛区丁家皂户汉墓发掘简报 青岛市文物保护考古研究所（杜义新、翁建红） 青岛考古（二）

132－142

山东莒县浮来山西汉城阳国墓葬发掘简报 刘云涛等 东南文化4：28－32

山东济阳县白杨店村汉代画像石墓发掘简报 济南市考古研究所（邢琪等） 东南文化6：43－49

济南危山汉兵马俑坑发掘纪实 房道国等 大众考古23：32－36

山东济阳发现唐代砖室墓 巴建英、王勇 中国文物报6月19日8版

济南商河发现两座唐代古墓葬 王兴华等 中国文物报8月28日8版

即墨古城西安置区宋金墓发掘简报 青岛市文物保护考古研究所（彭峪） 青岛考古（二）149－162

即墨市东障墓地发掘简报 青岛市文物保护考古研究所、即墨市博物馆（郑禄红） 青岛考古（二）167－181

胶州市“海上丝绸之路”文化遗迹2014年度调查勘探简报暨板桥镇遗址考古工作报告 青岛市文物保护考古研究所、胶州市博物馆（郑禄红） 青岛考古（二）182－193

山东济南历城赵家庄墓地发现宋元墓葬 房振等 中国文物报6月5日8版

济南千佛山元代壁画墓清理简报 房道国、史云 华夏考古4：12－16

山东淄博周村汇龙湖明代墓地发掘简报 南开大学考古学与博物馆学系等（徐学琳等） 中国国家博物馆馆刊2：6－35

2012年京杭大运河（微山段）湖中运道水下调查简报 中国国家博物馆等（梁国庆等） 东方考古（第11集）534－548

一六 河南省

2014年度河南省五大考古新发现 华夏考古2：147－152

河南灵井许昌人遗址首次发现古人类肢骨化石 李占扬 中国文物报7月17日8版

河南灵宝市西坡遗址庙底沟类型两座大型房址的发掘 中国社会科学院考古研究所河南一队等（李新伟等） 考古5：3－16

河南新郑龙湖兴田遗址龙山文化遗存发掘简报 河南省文物考古研究院（樊温泉、韩佳佳） 华夏考古2：3－25

河南禹州市前后屯遗址龙山文化遗产发掘简报 山东大学考古与博物馆学系、河南省文物局南水北调文物保护办公室（史本恒等） 考古4：3－22

河南濮阳戚城发现龙山时代城址 李一丕等 中国文物报3月27日8版

河南省濮阳市铁丘遗址2014年发掘简报 首都师范大学、濮阳市文物保护管理所（赵雅楠等） 洛阳考古（总第7期）3－17

河南禹州发掘大吕墓地——发现新石器遗址和商周至战国汉代重要遗迹和墓葬 马俊才等 中国文物报10月23日8版

河南郑州东赵遗址 张家强 2014中国重要考古发现41－45

河南偃师市二里头遗址墙垣和道路2012～2013年发掘简报 中国社会科学院考古研究所二里头工作队 （陈国梁等） 考古1：40－57

河南偃师市二里头遗址宫殿区1号巨型坑的勘探与发掘 中国社会科学院考古研究所二里头工作队（赵海涛等） 考古12：18－37

夏商周考古的又一重大收获——河南郑州东赵遗址发现大中小三座城址、二里头祭祀坑和商代大型建筑遗址 顾万发等 中国文物报2月27日5版

河南安阳市大司空村东地商代遗存2012～2015年的发掘 中国社会科学院考古研究所安阳工作队（岳洪彬、岳占伟） 考古12：52－63

河南安阳市铁三路殷墟文化时期制骨作坊遗址 中国社会科学院考古研究所安阳工作队（何毓灵等） 考古8：37－62

河南偃师商城宫城第三号宫殿建筑基址发掘简报 中国社会科学院考古研究所河南第二工作队（曹慧

奇、谷飞）　考古 12：38－51

河南新郑望京楼遗址商代小型房址发掘简报　郑州市文物考古研究院（吴倩等）　中国国家博物馆馆刊 1：17－29

郑州黄河路 109 号院殷代墓葬发掘简报　郑州市文物考古研究院（吴倩等）　中原文物 3：4－13

河南荥阳小胡村墓地商代墓葬发掘简报　河南省文物考古研究院（贾连敏等）　华夏考古 1：3－13

河南新郑市寺东高遗址周代遗存发掘简报　郑州市文物考古研究院（黄富成）　中原文物 5：4－12

河南淅川龙山岗遗址西周遗存发掘简报　河南省文物考古研究院、河南省文物局南水北调文物保护办公室（梁法伟、白宜郑）　中国国家博物馆馆刊 7：39－52

河南淅川单岗遗址 2011 年度周代遗存发掘简报　郑州大学历史文化遗产保护研究中心、河南省文物局南水北调文物保护管理办公室（张继华等）　江汉考古 4：3－19

河南荥阳官庄城址周边系统调查与初步收获　郑州大学历史学院历史文化遗产保护研究中心（惠夕平）　中原文物 4：4－9

河南平顶山应国墓地 M257 发掘简报　河南省文物考古研究院等（王龙正等）　华夏考古 3：9－21

洛阳铁道·龙锦嘉园西周墓发掘简报　洛阳市文物考古研究院（田玉娥、顾雪军）　中国国家博物馆馆刊 11：34－48

河南南阳市华鑫苑小区 M124 发掘简报　南阳市文物考古研究所、南阳知府衙门博物馆（付建刚、王磊）　华夏考古 3：22－27

河南南阳万家园 M199 春秋墓发掘简报　南阳市文物考古研究所（刘新、付建刚）　江汉考古 5：15－23

河南淇县宋庄东周墓地 M4 发掘简报　河南省文物考古研究院（韩朝会等）　华夏考古 4：3－11

河南伊川徐阳墓地发现春秋陆浑戎贵族墓葬和车马坑　吴业恒　中国文物报 11 月 20 日 8 版

河南淅川县申明铺墓地 25 号战国墓　何晓琳等　考古 5：114－120

河南漯河固厢墓地战国墓发掘简报　河南省文物管理局南水北调文物保护办公室等（刘晨等）　文物 8：4－18

河南新郑西亚斯墓地发现东周墓葬　樊温泉、郭亮　中国文物报 7 月 3 日 8 版

河南蓬业房地产开发有限公司嘉和广场文物考古勘探报告　王宏民　三门峡文物考古勘探报告集 112－120

建业三门峡壹号城邦（二期）工程文物考古勘探报告　王宏民　三门峡文物考古勘探报告集 138－148

中国水利水电第十一工程局有限公司经济适用房工程文物考古勘探报告　王宏民　三门峡文物考古勘探报告集 101－106

大唐三门峡火电厂三期 2×1000WM 机组一期工程文物考古勘探报告　王宏民　三门峡文物考古勘探报告集 1－40

三门峡天一化工高科有限公司办公楼、车间工程文物考古勘探报告　王宏民　三门峡文物考古勘探报告集 73－80

九州通医药有限公司三门峡分公司医药物流仓储工程文物考古勘探报告　王宏民　三门峡文物考古勘探报告集 47－72

河南三门峡火电厂工地发现大规模秦人墓地——墓地北区可能为战国晚期秦军人墓地　马俊才、史智民　中国文物报 4 月 24 日 8 版

河南三门峡大唐火电厂战国秦汉墓地　马俊才等　2014 中国重要考古发现 46－50

河南漯河发现两座古城址和多处古代遗址——确定为东周至唐时期的郾城故城　马俊才等　中国文物报 8 月 14 日 8 版

河南海洋房地产开发有限公司海洋虢苑文物考古勘探报告　王宏民　三门峡文物考古勘探报告集 89－93

三门峡市第七中学学校改扩建工程文物考古勘探报告　王宏民　三门峡文物考古勘探报告集 94－100

河南南阳百里奚路西汉墓　王凤剑、翟京襄　2014 中国重要考古发现 76－79

河南淅川王庄汉墓群发掘简报 中国科学院大学科技史与科技考古系、河南省文物局南水北调文物保护办公室（明朝方、张清池） 华夏考古2：26－43

河南淅川李沟汉墓发掘报告 湖北文理学院襄阳及三国历史文化研究所等（叶植） 考古学报3：367－424

河南淅川李沟墓地M13、M48发掘简报 湖北文理学院襄阳及三国历史文化研究所等（叶植、李富平） 江汉考古1：16－27

河南开封尉氏县大新庄汉墓发掘简报 开封市文物考古研究所（王三营、曹金萍） 文物8：19－29

河南四方汇泽清华·紫光园小区汉墓发掘简报 郑州市文物考古研究院（胡亚毅、信应君） 文物春秋2：32－48

河南襄城柏宁岗发现一批古代墓葬 李辉、白宜郑 中国文物报10月9日8版

河南南阳市华鑫苑汉画像砖墓发掘简报 南阳市文物考古研究所（刘新） 华夏考古2：44－47

荥阳故城遗址发现手工业作坊区 王峰威、索全星 中国文物报12月18日8版

焦作武陟苗庄汉代陶窑发掘简报 焦作市文物考古研究所、河南省文物局南水北调文物保护办公室（赵志强等） 中原文物5：13－17

河南尉氏县后刘墓地发掘简报 河南省文物考古研究院（张小虎） 华夏考古3：28－39

河南禹州杨庄墓地M101汉墓发掘简报 许昌市文物工作队（王培娟） 文物春秋1：42－45

南阳一中汉墓M189发掘简报 刘新 中原文物1：4－7

洛阳孟津朱仓李密冢东汉墓园 张鸿亮 2014中国重要考古发现72－75

洛阳孟津朱仓东汉墓发掘简报 郑州大学历史学院、洛阳市文物考古研究院（张鸿亮） 文物4：28－38

河南新郑坡赵发现东汉晚至三国大型砖室墓 张小虎 中国文物报5月8日8版

河南淅川杨营墓群发掘简报 咸宁市博物馆、河南省文物局南水北调文物保护办公室（杜峰等） 江汉考古1：28－41

河南洛阳市关林路南西晋墓 洛阳市文物考古研究院（王玲珍） 考古9：25－40

河南洛阳市汉魏故城发现北魏宫城太极东堂遗址 中国社会科学院考古研究所洛阳汉魏故城队（钱国祥等） 考古10：3－6

洛阳吉利济涧北魏墓发掘简报 洛阳市文物考古研究院（黄吉博、商春芳） 文物4：39－43

开封小店王隋唐墓发掘简报 河南省文物考古研究院、开封市文物考古研究所（葛奇峰） 华夏考古1：14－17

河南卫辉市大司马村隋唐乞扶令和夫妇墓 四川大学考古学系、河南省文物局南水北调文物保护办公室（赵川等） 考古2：32－70

古代大型国家粮仓初露端倪——隋代黎阳仓与回洛仓遗址调查与发掘获重要成果 王炬、刘海旺 中国文物报1月9日1版

隋代郑仲明墓发掘简报 郑州市文物考古研究院、首都师范大学历史学院（魏青利等） 中原文物6：4－7

三门峡市中心血站办公楼、车库一期工程文物考古勘探报告 王宏民 三门峡文物考古勘探报告集81－88

建业三门峡壹号城邦（一期）工程文物考古勘探报告 王宏民 三门峡文物考古勘探报告集121－126

三门峡供电公司开发区110千伏变电站文物考古勘探报告 王宏民 三门峡文物考古勘探报告集127－133

湖滨区会兴街道上村村民委员会农民公寓文物考古勘探报告 王宏民 三门峡文物考古勘探报告集107－111

河南安阳刘家庄北地唐宋墓发掘报告 中国社会科学院考古研究所安阳工作队（何毓灵等） 考古学报1：101－128

荥阳后真村墓地唐、宋、金墓发掘简报　郑州大学历史学院考古系、河南省文物局南水北调文物保护办公室（靳松安等）　中原文物 1：8－15
河南淅川县单岗遗址宋元时期遗存发掘简报　郑州大学历史学院考古系、河南省文物局南水北调文物保护管理办公室（靳松安等）　四川文物 2：30－39
焦作温县苏王墓地发掘简报　洛阳市文物考古研究院、河南省南水北调文物保护办公室（任广、王炬）　中国国家博物馆馆刊 4：39－56
洛阳宋代赵思温夫妇合葬墓发掘简报　洛阳市文物考古研究院（马占山）　洛阳考古（总第 7 期）18－26
新安宋村北宋砖雕壁画墓测绘简报　北京大学中国考古学研究中心等（王书林等）　考古与文物 1：34－44
洛阳宜阳仁厚宋代壁画墓发掘简报　洛阳市文物考古研究院（卢青峰、张建文）　文物 4：44－50
洛阳涧西七里河仿木构砖室墓测绘简报　北京大学中国考古学研究中心等（彭明浩、李若水）　考古与文物 1：45－52
河南三门峡市化工厂两座金代砖雕墓发掘简报　三门峡市文物考古研究所（王军震、崔松林）　中原文物 4：10－14
河南西平同心寨遗址发现元明时期遗存　张小虎等　中国文物报 11 月 6 日 8 版
河南九华纺织有限公司 30 万锭高档精梳纺纱一期工程文物考古调查、勘探报告　王宏民　三门峡文物考古勘探报告集 41－46
三门峡市城市建设投资开发有限公司传媒大厦文物考古勘探报告　王宏民　三门峡文物考古勘探报告集 134－137
南阳市明代墓葬发掘简报　南阳市文物考古研究所（付建刚）　中原文物 2：4－13
河南洛阳清代沉船发掘与汉唐漕运水系调查获重要成果　史家珍、赵晓军　中国文物报 3 月 27 日 8 版
洛阳运河一号、二号清代沉船遗址与汉唐漕运水系调查　赵晓军等　2014 中国重要考古发现 162－165

一七　湖北省

丹江口库区舒家岭旧石器遗址发掘简报　李意愿等　人类学学报 2：149－165
湖北天门市石家河古城谭家岭遗址 2011 年的发掘　湖北省文物考古研究所、北京大学考古文博学院（孟华平等）　考古 3：51－73
随州佘家老湾新石器时代遗址 2006 年试掘简报　湖北省文物考古研究所、随州市博物馆（刘辉等）　江汉考古 6：3－20
湖北枣阳郭家庙墓地考古取得多项重大发现　胡刚、张翔　中国文物报 1 月 9 日 8 版
湖北大冶市香炉山遗址调查简报　湖北省文物考古所等（陈树祥等）　江汉考古 2：29－39
湖北郧县尖滩坪遗址发掘简报　符德明等　江汉考古 3：12－27
湖北宜昌万福垴遗址调查勘探报告　湖北省文物考古研究所等（黄文新等）　江汉考古 5：3－14
湖北湖北随州文峰塔墓地 M4 发掘简报　湖北省文物考古研究所、随州市博物馆（黄凤春等）　江汉考古 1：3－15
大冶铜绿山四方塘墓地第一次考古主要收获　湖北省文物考古研究所、大冶市铜绿山古铜矿遗址保护管理委员会（陈树祥等）　江汉考古 5：35－44
湖北南漳川庙山东周墓地 2014 年发掘报告　湖北省文物考古研究所、南漳县博物馆（陆成秋等）　江汉考古 4：20－56
湖北荆州八岭山冯家冢墓地考古勘探简报　荆州博物馆（张万高等）　文物 2：4－8
湖北荆州八岭山冯家冢楚墓 2011～2012 年发掘简报　荆州博物馆（赵晓斌、张万高）　文物 2：9－27
湖北荆州八岭山冯家冢楚墓祭祀坑 2013 年发掘简报　荆州博物馆（张万高、赵晓斌）　文物 2：28－32
湖北荆州楚墓的重大发现——望山桥墓地一号墓　贾汉清　中国文物报 2 月 27 日 8 版

湖北荆州曹家山一号楚墓发掘简报　荆州博物馆（杨开勇）　江汉考古5：24－34
湖北谷城尖角墓地出土重要文物　周婷、梁超　江汉考古3：38－48
湖北随州周家寨小区墓地2014年发掘收获　罗运兵等　2014中国重要考古发现80－83
湖北随州周家寨汉墓发现大量漆器和简牍　罗运兵等　中国文物报2月27日8版
湖北襄阳檀溪宋代壁画墓　襄阳市文物考古研究所（杨一）　文物2：33－43

一八　湖南省

湖南石门旧石器遗址调查简报　石门县博物馆（龙西斌）　湖南考古辑刊（第11集）18－33
湖南临澧谢家山旧石器地点发现的石制品　湖南省文物考古研究所、临澧县文物局（李意愿、黎春林）　湖南考古辑刊（第11集）1－17
湖南南洞庭湖赤山岛发现旧石器地点群　李意愿　中国文物报10月23日8版
湖南澧县城头山遗址城墙与护城河2011～2012年的发掘　湖南省文物考古研究所（赵亚锋）　考古3：20－34
湖南新宁白面寨新石器时代遗址发掘报告　湖南省文物考古研究所、邵阳市文物管理处（王良智）　湖南考古辑刊（第11集）34－53
湖南洪江老屋背遗址发掘报告　湖南省文物考古研究所等（莫林恒）　湖南考古辑刊（第11集）54－99
湖南沅陵窑头古城遗址发掘简报　湖南省文物考古研究所（谭元辉）　湖南考古辑刊（第11集）100－126
长沙市芙蓉区允嘉巷古井群发掘简报　长沙市文物考古研究所（曹栋洋）　文博6：10－20
湖南长沙识字岭西汉墓（M3）发掘简报　长沙市文物考古研究所（雷永利、夏笑容）　文物10：4－11
湖南蓝山五里坪发现汉至魏晋古墓群　陈斌　中国文物报11月20日8版
湖南攸县酒埠江镇发现两座东晋墓　湖南省文物考古研究所、攸县文物局（袁伟）　湖南考古辑刊（第11集）127－135
湖南桂阳旺山宋代墓葬　郴州市文物管理处、桂阳县文物管理所（罗胜强）　湖南考古辑刊（第11集）136－141
湖南永顺老司城遗址祖师殿区考古发掘报告　湖南省文物考古研究所（张涛）　湖南考古辑刊（第11集）163－191

一九　广东省

广东史前考古重大突破　南粤远古文化填补空白——广东郁南磨刀山遗址与南江旧石器地点群考古发现与收获　刘锁强等　中国文物报1月30日5版
广东郁南磨刀山旧石器时代遗址　刘锁强　2014中国重要考古发现2－5
广东遂溪鲤鱼墩新石器时代贝丘遗址发掘简报　广东省文物考古研究所等（冯孟钦）　文物7：4－18
广东龙门县庙山遗址发掘简报　广东省文物考古研究所（刘长）　四川文物6：11－22
广东增城浮扶岭M511发掘简报　广州市文物考古研究所（张强禄）　文物7：19－30
广州黄埔大田山东汉墓　广州市文物考古研究所（邝桂荣）　广州文博（八）36－66
中山大学北校区砖石墓发掘简报　广州市文物考古研究所（张金国、冯永驱）　广州文博（八）67－94
广州市麓湖公园晋南朝墓葬发掘报告　广州市文物考古研究所　广州文博（八）105－120
广东广州第一人民医院建设工地宋明城墙遗址　易西兵　2014中国重要考古发现144－147
广东省揭阳牛屎山宋代砖石墓发掘简报　广东省文物考古研究所（王欢）　南方文物4：74－78

二〇　广西壮族自治区

广西扶绥发掘敢造贝丘遗址——发现贝丘遗存、石器加工场遗存和大石铲遗存　陈晓颖、何安益　中国

文物报 7 月 17 日 8 版

广西邕宁凌屋新石器时代贝丘遗址　覃芳等　2014 中国重要考古发现 24 - 27

广西隆安大龙潭遗址发现史前大型石铲祭祀场　谢广维等　中国文物报 5 月 22 日 8 版

二一　海南省

海南陵水桥山新石器时代遗址　刘业沣等　2014 中国重要考古发现 20 - 23

2015 西沙群岛水下考古发掘与调查收获重要成果——对珊瑚岛一号沉船遗址、甘泉岛遗址、金银岛一号沉船遗址和永乐环礁礁盘外海域进行发掘、调查和探测　邓启江等　中国文物报 12 月 4 日 8 版

海南省海口市丘濬墓园遗址 2007 年度考古发掘简报　海南省文物考古研究所、海口市文物局（李钊等）　中国国家博物馆馆刊 10：15 - 24

二二　重庆市

重庆市丰都县玉溪坪遗址 2002 年度发掘简报　重庆市文化遗产研究院、丰都县文物管理所（白九江、袁东山）　南方民族考古（第 11 辑）247 - 322

重庆市忠县忠州镇考古调查简报　北京大学三峡考古队（李水城、宋蓉）　四川文物 4：40 - 44

重庆忠县崖脚西汉大墓发掘报告　北京大学三峡考古队（宋蓉、李水城）　南方民族考古（第十辑）283 - 395

重庆丰都县麒麟包墓群发掘简报　重庆市文化遗产研究院、丰都县文物管理所（汪伟等）　江汉考古 4：57 - 70

重庆忠县崖脚遗址试掘报告　北京大学三峡考古队（宋蓉、李水城）　南方民族考古（第十辑）325 - 344

重庆市江北区四马溪遗址汉墓发掘简报　重庆市文化遗产研究院、江北区文物管理所（孙治刚等）　四川文物 3：5 - 17

重庆市涪陵区唐家坡、石院子东汉墓发掘简报　重庆市文化遗产研究院、涪陵区博物馆（陈啸等）　四川文物 5：25 - 39

重庆彭水县山谷公园墓群发掘报告　重庆市文化遗产研究院、彭水县文物管理所（牛英彬等）　南方民族考古（第 11 辑）323 - 343

重庆忠县石匣子东汉大墓发掘报告　北京大学三峡考古队（宋蓉、李水城）　南方民族考古（第一辑）297 - 324

重庆市石柱县陶家坝东汉六朝墓发掘简报　重庆市文化遗产研究院等（于桂兰、方刚）　四川文物 2：14 - 20

重庆永川发掘汉东城遗址——探明四川盆地唐宋县城遗址的布局与结构　代玉彪等　中国文物报 8 月 28 日8 版

重庆市大足区龙神湾南宋王若夫妇墓发掘简报　大足石刻研究院（夏明、赵凌飞）　四川文物 4：27 - 39

忠县临江二队炼锌遗址发掘简报　重庆市文化遗产研究院（李大地等）　南方民族考古（第十辑）345 - 368

合川李家坝遗址发掘简报　重庆市文化遗产研究院、合川区文物管理所（白九江、徐克诚）　南方民族考古（第十辑）367 - 391

重庆铜梁县明代石室墓发掘简报　重庆市文化遗产研究院、铜梁县博物馆（黄伟、张泽春）　中国国家博物馆馆刊 6：78 - 85

二三　四川省

四川泸定县坪上遗址先秦时期遗存发掘简报　四川省文物考古研究院等（陈苇等）　四川文物 6：5 - 10

宋家河坝：成都平原青铜时代小型聚落的田野调查、发掘及地球物理勘探　成都平原国际考古调查队（Flad. Rown 等）　南方民族考古（第 11 辑）231－245

成都市新都区高家院子商周遗存的发掘　四川大学考古系、成都文物考古研究所（索德浩等）　考古 4：23－37

成都市新都区同盟村遗址商周时期遗存发掘简报　成都文物考古研究所、新都区文物管理所（王波等）　四川文物 5：5－14

四川阆中郑家坝遗址 2011 年发掘简报　四川省文物考古研究院等（郭富等）　东方考古（第 11 集）490－521

四川广汉市三星堆遗址青关山战国墓发掘简报　四川省文物考古研究院（雷雨）　四川文物 4：5－9

四川成都东华门遗址　易立等　2014 中国重要考古发现 108－111

四川广汉市发现西汉纪年铁"雒江桥敦"　德阳市文物考古研究所等（刘章泽等）　四川文物 1：5－9

四川绵阳市涪城区桐子梁东汉崖墓发掘简报　四川省文物考古研究院等（郭富等）　四川文物 4：10－26

四川长宁县缪家林东汉崖墓群 M5 发掘简报　四川省文物考古研究院等（刘睿等）　四川文物 5：15－24

四川广元昭化大坪子墓地　万靖等　2014 中国重要考古发现 84－87

汶川县寨子坪村古墓清理调查报告　罗进勇　成都文物 4：11－15

成都市东华门古遗址 2013～2014 年度发掘收获　成都文物考古研究所（易立等）　成都文物 1：7－10

成都市下同仁路遗址佛教造像坑发掘简报　成都文物考古研究所（易立等）　成都文物 1：1－6

四川资中县烂泥湾宋墓发掘简报　四川省文物考古研究院、资中县文物管理所（陈卫东等）　四川文物 2：21－29

四川宜宾市明代周洪谟墓发掘简报　四川省文物考古研究院、宜宾市博物院（郑万泉等）　四川文物 1：10－23

四川高县半边寺摩崖造像调查简报　四川省文物考古研究院等（罗培红等）　四川文物 1：24－40

二四　贵州省

贵州毕节老鸦洞遗址 2013 年发掘报告　关莹等　人类学学报 4：461－477

贵州省中部和西南部新发现的洞穴遗址调查简报　张兴龙等　人类学学报 4：503－515

贵州平坝县牛坡洞遗址 2012～2013 年发掘简报　中国社会科学院考古研究所华南一队等（付永旭等）　考古 8：16－36

贵州平坝牛坡洞洞穴遗址　付永旭等　2014 中国重要考古发现 6－9

贵州天柱县溪口遗址商周时期遗存发掘简报　贵州省文物考古研究所、天柱县文物局（吴小华）　四川文物 2：5－13

贵州铜仁锦江流域先秦时期遗址发掘的主要收获与初步认识　张改课等　西部考古（第七辑）117－124

贵州赫章县可乐墓地两座汉代墓葬的发掘　贵州省文物考古研究所、赫章县文物局（吴小华等）　考古 2：19－31

贵州习水黄金湾发现大型汉代聚落遗址　张改课等　中国文物报 6 月 19 日 8 版

贵州遵义市养马城遗址调查与试掘简报　贵州省文物考古研究所、重庆市文化遗产研究院（袁东山等）　考古 11：28－46

贵州考古的重大新突破——遵义新蒲播州杨氏土司墓地　周必素、彭万　中国文物报 1 月 30 日 6、7 版

贵州遵义南宋播州土司杨价墓　周必素、彭万　2014 中国重要考古发现 148－151

贵州遵义市海龙囤遗址城垣、关隘的调查与清理　贵州省文物考古研究所、遵义海龙囤文化遗产管理局（李飞、陈卿）　考古 11：3－27

贵州遵义市新蒲播州杨氏土司墓地　贵州省文物考古研究所等（周必素、彭万）　考古 7：87－100

贵州遵义市新蒲明代播州土司杨铿墓　贵州省文物考古研究所、遵义市文物局（周必素、彭万）　考古 11：47－61

贵州遵义市团溪明代播州土司杨辉墓　贵州省文物考古研究所、遵义县文物管理所（周必素等）　考古 11：62－87

二五　云南省

云南江川甘棠箐旧石器遗址发现木制品　系国内首次发现——遗址学术意义重大　专家建议加强保护　李政　中国文物报 11 月 20 日 2 版

云南宾川白杨村新石器时代遗址　何林珊等　2014 中国重要考古发现 28－31

云南永胜县枣子坪遗址发掘报告　云南省文物考古研究所等（蒋志龙等）　边疆考古研究（第 16 辑）31－60

云南宁蒗干坝子青铜时代墓地　万杨等　2014 中国重要考古发现 56－59

云南祥云县大波那墓地　云南省文物考古研究所等（闵锐等）　考古 7：15－28

云南祥云大波那墓地 2014 年发掘收获　闵锐等　2014 中国重要考古发现 51－55

滇西祥云大波那墓地发现高规格战国秦汉墓葬　闵锐、朱中华　中国文物报 1 月 23 日 8 版

云南陆良县薛官堡墓地发掘简报　中国社会科学院考古研究所等（杨勇等）　考古 4：38－52

云南昭通水富张滩墓地发掘简报　昭通市文物管理所、水富县文化馆（胡长城、丁长芬）　文物 9：49－65

云南晋宁金砂山墓地发掘新获成果——为认识滇池盆地的古代文化提供了宝贵资料　蒋志龙、杨成洪　中国文物报 12 月 4 日 8 版

云南盐津县墨石沟东汉崖墓清理简报　昭通市文物管理所、盐津县文化馆（王晓斌等）　四川文物 3：18－22

二六　西藏自治区

西藏阿里地区故如甲木墓地和曲踏墓地　中国社会科学院考古研究所等（仝涛等）　考古 7：29－50

二七　陕西省

2014 年陕西省考古研究院考古调查发掘新收获　陕西省考古研究院　考古与文物 2：3－26

蓝田县旧头遗址考古调查简报　陕西省文物保护研究院、蓝田县文物管理所（赵强等）　文博 1：20－23

蓝田野村遗址考古调查简报　陕西省文物保护研究院、蓝田县文物管理所（阮新正等）　文博 4：9－15

周原遗址凤雏三号基址 2014 年发掘简报　周原考古队（曹大志等）　中国国家博物馆馆刊 7：6－24

陕西神木县石峁遗址后阳湾、呼家洼地点试掘简报　陕西省考古研究院等（孙周勇等）　考古 5：60－71

陕西神木县木柱柱梁遗址发掘简报　陕西省考古研究院（王炜林等）　考古与文物 5：3－11

陕西榆林寨峁梁龙山遗址发掘获重要收获——发现北方地区保存较好，揭露最为完整的龙山时期小型石城聚落　孙周勇等　中国文物报 11 月 6 日 8 版

陕西周原遗址贺家村车马器窖藏清理简报　岐山县周原博物馆（徐建军、张天宇）　中国国家博物馆馆刊 11：22－33

2009 年千河下游东周、秦汉遗址调查简报　中国国家博物馆、陕西省考古研究（游富祥、郭峰）　考古与文物 3：14－31

雍城十四号秦公陵园钻探简报　陕西省考古研究院、凤翔县博物馆（焦南峰等）　考古与文物 4：3－8

雍城一、六号秦公陵园第三次勘探简报　陕西省考古研究院等（田亚岐等）　考古与文物 4：9－14

雍城六号秦公陵园兆沟西南侧中小型墓葬与车马坑发掘简报 陕西省考古研究院等（田亚岐、耿庆刚） 考古与文物4：15－20
陕北高原首现周代车马坑——陕西宜川虫坪塬墓地的考古收获 李彦峰等 中国文物报5月8日8版
西安秦汉栎阳城考古新进展——确定战国栎阳城位置并发现汉唐白渠 刘瑞等 中国文物报9月11日8版
西安东郊“韩森冢”考古调查简报 西安市文物保护考古研究院（张翔宇、朱连华） 考古与文物2：36－39
陕西黄陵县史家河墓地发掘简报 陕西省考古研究院等（孙周勇等） 考古与文物3：3－13
秦始皇帝陵一号兵马俑陪葬坑2009～2011年发掘简报 秦始皇帝陵博物院兵马俑坑考古队（许卫红等） 文物9：4－38
秦兵马俑坑首次发现最完整弓弩 申茂盛 中国文物报3月24日1版
陕西富县、甘泉县秦直道考古调查成果——明确秦直道路线、修筑方法和附属遗迹 肖健一等 中国文物报9月25日8版
陕西省凤翔双塚村、三家店村古墓葬发掘简报 陕西省考古研究所等（田亚岐等） 文博1：3－13
西安张家堡村汉墓群 西安市文物保护考古研究院（高博等） 中国国家博物馆馆刊4：6－38
西安南郊郭杜镇西汉墓发掘简报 西安市文物保护考古研究院（杨军凯等） 西部考古（第9辑）1－7
西安汉长安城北渭桥遗址发掘再获成果——发现渭桥北端、渭河北岸，确定渭河北移时间上限 渭桥考古队 中国文物报8月14日8版
西安市汉长安城北渭桥遗址出土的古船 陕西省考古研究院等（刘瑞等） 考古9：3－6
陕西咸阳秦汉甘泉宫遗址调查获重要发现——厘清遗址范围，发现汉武帝“通天台”遗址，确定秦汉云阳县城位置 肖健一等 中国文物报12月18日8版
西安南郊韦曲北塬北朝墓发掘简报 陕西省考古研究院（段毅） 考古与文物5：12－17
西安西郊三民村隋代墓葬发掘简报 陕西省考古研究院（段毅、刘呆运） 考古与文物5：18－31
隋韦协墓发掘简报 西安市文物保护考古研究院（张小丽等） 文博3：9－18
户县兆伦遗址隋唐墓葬发掘简报 陕西省考古研究院、户县文管所（陈爱东等） 文博5：7－28
唐李倕墓发掘简报 陕西省考古研究院（马志军） 考古与文物6：3－22
唐代辅君夫人米氏墓清理简报 西安市文物保护考古研究院（张小丽、罗晓艳） 文博4：16－27
西安长安郭新庄唐韩休墓 刘呆运等 2014中国重要考古发现116－119
西安南郊唐渤海郡君高夫人墓发掘简报 陕西省考古研究院 西部考古（第七辑）25－38
西安航天城两座唐代壁画墓发掘简报 西安市文物保护考古研究院（杨军凯等） 文博2：3－16
唐代大理正荀曾墓发掘简报 西安市文物保护考古研究院（张小丽等） 文博1：14－19
陕西富平发现已知唐代最大规模的砖瓦窑场——桑园唐代砖瓦窑址的发掘收获 于春雷 中国文物报1月23日8版
陕西淳化县城址调查 王子奇 华夏考古3：54－62
铜川阿来金、明墓葬发掘简报 陕西省考古研究院、铜川市考古研究所（陈晓捷等） 文博2：17－24
西安南郊大朝刘黑马墓发掘简报 陕西省考古研究院（李举纲、杨洁） 考古与文物4：21－34

二八 甘肃省

甘肃大地湾遗址发掘再获新成果——发现连续的旧石器和新石器时代遗存 张东菊等 中国文物报9月11日8版
甘肃张掖市西城驿遗址2010年发掘简报 甘肃省文物考古研究所等（陈国科等） 考古10：66－84
张掖西城驿冶金遗址调查报告 北京科技大学冶金与材料史研究所、甘肃省文物考古研究所（陈国科等） 考古与文物2：27－35
甘肃漳县墩坪遗址发现春秋战国戎人墓地 杨月光、毛瑞林 中国文物报6月19日8版

甘肃肃北县马鬃山玉矿遗址　甘肃省文物考古研究所（陈国科等）　考古7：3－14
对玉门水线烽燧的调查　何建波　陇右文博2：6－12
临泽西寨汉晋墓群发掘简报　张掖市文物保护研究所、临泽县文物局（王卫东）　陇右文博4：3－14
静宁高城寨东汉墓葬清理简报　静宁县博物馆（张博）　陇右文博4：15－18
环县陈谅墓出土文物　沈浩注　陇右文博2：3－7
会宁康湾金末元初壁画墓清理简报　会宁县博物馆（马可房）　陇右文博1：13－17

二九　青海省

青海都兰热水哇沿水库发掘古代遗址和墓葬——出土墨书古藏文卜骨与木简　李冀源等　中国文物报7月3日8版
青海都兰热水哇沿水库遗址及墓葬2014年发掘收获　李冀源等　2014中国重要考古发现120－124
青海民和喇家遗址2014年发掘收获　杜战伟等　2014中国重要考古发现32－35
青海民和县喇家遗址的辛店文化墓葬　何克洲　考古3：115－120
青海民和喇家遗址发现齐家文化陶窑和集中分布房址　任晓燕　中国文物报3月13日8版
青海西宁陶家寨汉墓发掘简报　青海省文物考古研究所（闫璘等）　文物9：39－48

三〇　宁夏回族自治区

宁夏水洞沟遗址第8地点发掘简报　王春雪等　人类学学报4：478－491
宁夏鸽子山遗址发掘旧石器时代末期遗存——发现打制石器向磨制石器过渡现象　郭家龙等　中国文物报5月22日8版
宁夏固原柳沟遗址发掘简报　宁夏文物考古研究所（王晓阳）　文博6：3－9
宁夏彭阳海子塬北魏、隋墓清理简报　西北大学文化遗产学院等（马晓玲等）　考古与文物3：32－40

三一　新疆维吾尔自治区

哈巴河县托干拜2号墓地考古发掘简报　新疆文物考古研究所（于建军、胡兴军）　新疆文物1：69－75
新疆哈密市柳树沟遗址和墓地的考古发掘　王永强、张杰　西域研究2：124－126
新疆温泉阿敦乔鲁墓地发现家族墓葬“排墓”　丛德新等　中国文物报1月30日8版
2012年和静县和静重工业园区古遗址考古发掘报告　新疆文物考古研究所（吴勇、胡望林）　新疆文物1：76－124
新疆和静县巴仑台——伊尔根铁路沿线考古调查与发掘　阿里甫江·尼亚孜、王永强　西域研究1：133－136
新疆和静巴仑台——伊尔根铁路沿线考古调查与发掘　吴勇等　2014中国重要考古发现60－63
和静县哈布其罕萨拉墓群第一次考古发掘简报　新疆文物考古研究所（吴勇等）　新疆文物2：34－57
2014年新疆哈巴河县喀拉苏墓地考古发掘新收获　于建军、胡望林　西域研究1：131－132
新疆塔什库尔干吉尔赞喀勒墓地发掘报告　中国社会科学院考古研究所新疆工作队（巫新华等）　考古学报2：229－252
富蕴县塑柯尔特墓地考古发掘报告　新疆文物考古研究所（田小红、吴勇）　新疆文物1：4－40
富蕴县萨尔布拉克墓地考古发掘报告　新疆文物考古研究所（吴勇、田小红）　新疆文物1：45－51
富蕴县萨乌迭尔墓地考古发掘报告　新疆文物考古研究所（吴勇、田小红）　新疆文物1：58－68
富蕴县其里克特墓地考古发掘报告　新疆文物考古研究所（吴勇、田小红）　新疆文物1：52－57
富蕴县萨尔巴斯墓地考古发掘报告　新疆文物考古研究所（吴勇、田小红）　新疆文物1：41－44
2014年尼勒克县乌吐兰墓地考古发掘报告　新疆文物考古研究所（侯知军）　新疆文物2：4－17

昭苏县别斯喀拉盖墓地考古发掘报告　新疆文物考古研究所（张杰）　新疆文物 2：70－75
阿勒泰市乌拉斯特墓地考古发掘报告　新疆文物考古研究所（胡兴军、王永强）　新疆文物 2：58－64
霍城县三宫古城遗址考古发掘简报　新疆文物考古研究所（阮秋荣、张杰）　新疆文物 2：65－69
罗布泊楼兰遗址发现一批铜器　牛耕　西部考古（第七辑）3－16
新疆库车县龟兹古城初步勘查　李肖　西域考古·史地·语言研究新视野：黄文弼与中瑞西北科学考查团国际学术研讨会论文集 522－536
策勒县斯皮尔古城的调查与清理简报　中国社会科学院考古研究所新疆队（巫新华等）　新疆文物 2：18－33
新疆策勒县斯皮尔古城的考古调查与清理　中国社会科学院考古研究所新疆工作队（巫新华等）　考古 8：63－74
新疆库车友谊路魏晋十六国墓葬 2010 年发掘报告　新疆文物考古研究所（于志勇等）　考古学报 4：537－563
新疆焉耆七个星佛寺遗址南墓葬清理简报　新疆焉耆回族自治县文物管理所、西北大学文化遗产学院（冉万里、徐卫胜）　西部考古（第 9 辑）8－29
新疆伊犁霍城县惠远古城考古调查报告　新疆文物考古研究所　西部考古（第七辑）39－52

伍　美术考古

一　通论

无形的微型：中国艺术和建筑中对灵魂的界框　巫鸿著　张柏寒译　古代墓葬美术研究（第 3 辑）1－17
早期中国墓葬内部装饰及社会功能探析　董睿　郑州大学学报（哲社版）1：139－144
美术史视野下的考古材料解读：兼论古蜀文化中“神圣的眼睛”　李竞恒　中华文化论坛 8：130－135
浅析先秦人像造型特征　蒋莉　美术研究 1：46－50
“车马出行”图像的早期历史考察　刘祥辉　美术研究 2：58－63
长江流域汉晋西王母图像到佛像的转变——兼谈汉晋西王母与佛像的功能　何志国　民族艺术 1：96－101
海青擒天鹅：北族行国政治的图像学研究　陈晓伟　美术研究 3：45－55

补　遗

巫术交感与魇制：战国前考古学图像的典型特征　王政、陈乃平　民族艺术 2014 年 6：134－142
先秦器物的装饰艺术特征　李韬　民族艺术研究 2014 年 6：146－150
南北朝中晚期飞天艺术形象的演变　马楠　新美术 2013 年 12：26－30

二　雕塑

中国早期佛教美术考古泛议　黄文昆　敦煌研究 1：1－20
甘肃早期雕塑珍品撷英　李永平　丝绸之路沿线博物馆专业委员会论文集（第 2 辑）154－159
明朝浙东石刻艺术研究　赵孟懿　新美术 1：122－124

画像石·画像砖

汉代画像石画像砖研究　古元忠　成都文物 2：41－50
四川汉画像所见丹鼎图考　庄小霞　四川文物 6：41－46
汉代“四神”画像中龙虎方位的互逆问题研究　牛天伟　秦汉史论丛（第十三辑）390－396
南阳汉画画面描述所用的术语与专词　朱青生　古代墓葬美术研究（第 3 辑）72－84
汉画所见存思术考——兼论《老子中经》对汉画的文本化继承　姜生、冯渝杰　复旦学报（社会科学

版）2：12－21
汉代画像石中所表现的汉代人的宇宙观 信立祥 国博讲堂（2011—2012）209－230
汉画像中的阴阳五行元素 朱宏亮 文物春秋6：32－36
《周易》阴阳观与洛阳汉代画像 杨效雷等 天津师范大学学报（社科版）2：41－47
汉画像石的民间属性与生命主题 黄宛峰 秦汉史论丛（第十三辑）379－389
汉画像石菱形类纹样衍变考释 王娟 四川文物3：60－67
汉画像中的亭榭建筑研究 李亚利、滕铭予 考古与文物2：82－90
说“堂皇”——读简牍与画像札记 邢义田 湖南大学学报（社科版）3：12－16
汉画像中桥梁图像的象征意义研究 李亚利、滕铭予 华夏考古1：105－116
汉画像砖石中“树”图像特征研究 胡军 中华文化论坛2：103－108
汉代神祇考 姜生 江西社会科学1：105－118
汉代列仙图考 姜生 文史哲2：17－33
“穆天子见西王母”题材汉画像辨析 方艳 民族艺术研究1：116－121
汉画像西王母关联方位图式研究 王倩 东南大学学报（哲社版）3：125－128
浅论鲁迅藏汉画像拓片中东王公西王母图像和文化含义的变迁 戴晓云 鲁迅研究月刊4：84－88
汉画像中“树下射鸟图”考辨 金爱秀 江汉论坛9：105－109
大桃树、人面鸟身：汉代画像石艺术的升仙图景 刘天华 鲁迅研究月刊4：89－94
六博图与汉墓之仙境隐喻 姜生 史学集刊2：18－25
聂政自屠还是袄教幻术表演？——南阳汉墓画像石图像考析 王伟、张铁梅 装饰4：86－88
论南阳汉画像石图形中的“势” 苏鑫、林瑶 艺术评论3：114－117
山东高青西汉墓出土画像石 王焕文 文物春秋4：58－62
山东滕州新发现佛教内容汉画像石的初步研究 朱浒 中原文物5：85－90
沂南汉画像石墓四神图像分析 乌琼 齐鲁艺苑1：84－87
沂南汉画像石墓“神人手持何物”考 王趁意 大众考古27：36－39
沂南汉画像石墓“神人拔树”辨 王趁意 大众考古22：56－59
平度市侯家村发现双羊头东汉画像石墓门 李秀兰等 青岛考古（二）143－145
平度市马戈庄村出土东汉三羊头画像石墓门 李秀兰、曲涛 青岛考古（二）146－148
青州傅家画像石的图像组合问题 沈睿文 欧亚学刊（新3辑）66－77
徐州汉代墓葬画像中自然灾害题材的图像表现——以徐州汉画像石研究为例 郝利荣、杨孝军 文物世界1：15－20
陕西米脂官庄汉墓射鸟画像试探——也论汉代的射鸟画像 王煜 文博6：44－49
四川泸州市大冲头村出土东汉画像石棺考 邹西丹 四川文物3：54－59
波士顿美术馆藏北魏孝子石棺床的复原和孝子图像研究 徐津 古代墓葬美术研究（第3辑）119－140
天水石马坪石棺床所见希腊神祇 沈睿文 西域考古·史地·语言研究新视野：黄文弼与中瑞西北科学考查团国际学术研讨会论文集497－511
中西文化的交融与借鉴——唐武惠妃石椁“胡人驯兽图”再探讨 韩香 唐史论丛（第十九辑）77－97
墓葬中的窣堵波——再论武惠妃石椁上的勇士神兽图 王庆卫 中国中古史集刊（第一辑）539－561
西安市小雁塔出土的唐代线刻菩萨系吴道子真迹 冉万里 文博1：39－43
石城山岩墓艺术石刻探微 高宪帅 寻根4：92－97
平凡的精致——中国国家博物馆宋代石刻艺术展 乐日乐、杨清越 收藏家10：55－58
杨粲墓石刻 胡进 文物天地5：37－42
安岳卧佛院北岩宋代善财童子五十三参浮雕图像辨识 张雪芬 南方民族考古（第十辑）153－192
“养老”画像砖与两汉时期的尊老爱老传统 卢升弟 中华文化论坛1：122－127
“并非为了欣赏的艺术”——四川博物院汉代神话画像砖试析 陈志学、徐琳 文物天地1：6－12

河南平顶山新发现空心砖装饰纹样浅析　张园媛　西部考古（第七辑）231－246
勇士申博图像考　练春海　文物5：74－79
邛崃新出土汉代画像砖评介　邛崃市文物管理局（胡立嘉等）　成都文物1：15－19
台湾华梵大学文物馆所藏汉代画像砖　周莎　中国文物报5月29日6版
魏晋墓葬彩绘体育砖画的审美研究　林春　敦煌学辑刊1：135－143
河西走廊魏晋十六国壁画墓画像砖题榜内容考论　曹宇　丝绸之路沿线博物馆专业委员会论文集（第2辑）145－153
酒泉东晋十六国壁画墓中的道教文化　张金莲、许晶　丝绸之路沿线博物馆专业委员会论文集（第2辑）112－115
酒泉果园高闸沟墓出土的画像砖　张金莲、许晶　丝绸之路沿线博物馆专业委员会论文集（第2辑）116－119
酒泉墓葬出土的“四神”砖造型赏析　王海宇　丝绸之路沿线博物馆专业委员会论文集（第2辑）120－123
砖之莲——江西六朝时期的墓砖纹饰与佛教文化　刘慧中、徐国群　南方文物4：293－295
南北朝墓葬中的“皿花”图像与佛教　崔贻彤　大众考古25：42－45
馆藏戚家村南朝画像砖浅析　于成龙　文物天地11：21－24
青海湟中徐家寨画像砖墓中的佛教题材　俞长海　青海师范大学学报（哲社版）2：132－136
宋金墓葬中杂剧砖雕的礼仪功能探析　刘乐乐　戏剧艺术3：93－105
晋南金墓中的狮子砖雕　王彦玉　大众考古26：64－66
陇西县博物馆藏“宴乐图”画像砖考论　杨郦　陇右文博3：39－43

补　遗

济南大学藏汉浮雕与汉画像的象征意义及其观念世界　蔡先金　济南大学学报（社科版）2014年6：47－52
南阳汉画像石星宿呈现及其意义　毛娜　郑州大学学报（哲社版）2014年6：177－180
汉画像石中西王母图像的装饰性　汪小洋　装饰2014年12：75－77
汉画像中汉代笞刑考　嵇娟　黑龙江史志2014年24：34－35
汉代“胡汉交战”画像石中“山”图像试析　张海防、来嘉琪　管子学刊2014年4：58－61

造像

长安古韵　盛世佛光——陕西历史博物馆藏佛教造像选介　赵青　文物天地2：31－37
地域视野下的山东佛教造像艺术　李怀杰　艺术探索2：95－97

金铜造像

海外藏河北金铜佛像举要　张建宇　民族艺术3：74－85
早期佛造像的双狮座　李雯雯　收藏家9：61－65
南朝佛像费端详　金申　收藏11：144－149
谈元嘉十四年韩谦造金铜佛像的疑点兼及其他伪像　金申　收藏8：156－162
今春国内拍场所见几尊元代宫廷风格造像　黄春和、黄雯兰　文物天地9：88－91
从茅庐到霸权——院藏持钺刀黑天与西藏山南丹萨替造像　钟子寅　故宫文物月刊387：108－118
正定吴赞周旧宅发现铜器窖藏　房树辉、马国莉　文物春秋3：73－78
西藏：喜马拉雅艺术之载体（上）、（下）　邢继柱、李璟　文物天地9：92－98、11：100－105
清代玛哈噶拉金铜造像研究　李宏坤　中华文化论坛1：95－102
谈清末民初时真品而后刻伪款的佛像　金申　收藏3：138－143

石造像

孔望山摩崖造像的图像体系讨论　汪小洋　民族艺术1：90－95
成都南朝佛教石刻蕴含的绘画艺术　胡文和　成都文物2：1－9

北朝道教造像再考察——以造像碑为中心　刘睿　考古与文物 4：73－80
论贵霜经雕造像对早期敦煌石窟的影响——以“护法”模式和“二佛并坐”模式为例　黄火、黄雅雯　中北大学学报（社科版）1：33－36
敦煌莫高窟北朝尊像图像学考察　东山健吾著　李梅译　敦煌研究 6：1－12
长安地区北魏佛教造像的形制特征　于春　考古与文物 6：55－64
平凉出土北魏佛教石刻造像探析　王怀宥　丝绸之路 4：29－31
河南中部北魏晚期至东魏石刻佛像造型分析　黄文智　敦煌学辑刊 1：104－125
广元千佛崖大云洞石刻佛像的调查研究　姜宝莲　文博 4：28－35
邺城地区佛教造像的发现及相关问题的探索　何立群　华夏考古 3：88－93
古阳洞菩萨造像服饰样式的形成与影响　刘明虎　收藏家 11：79－83
贾思兴造弥勒像龛与荥阳大海寺的创建　王景荃　文物天地 3：41－46
甘肃炳灵寺 169 窟第 6 龛造像背光图像与禅观　金建荣　南京艺术学院学报（美术与设计版）3：106－112
甘肃馆藏造像碑塔舍身饲虎本生图像考　魏文斌、高海燕　中原文物 3：63－73
石观音菩萨立像　俄军　文物天地 4：44－46
北齐白石佛造像赏析　金申　收藏 4：96－99
山西高平大佛山摩崖造像考——“云冈模式”南传的重要例证　李裕群、Lidu Yi　文物 3：81－93
陕西麟游青莲山寺摩崖造像调查　常青　文博 3：19－27
宝顶山石刻佛饰“毫光”意涵探析　高秀军　敦煌学辑刊 2：115－128
炳灵寺唐代未完成造像探析　庞广萍、赵雪芬　丝绸之路 20：29－30
重庆龙多山田湾 3 号龛的造像题材与年代　符永利　敦煌研究 4：5－13
绵阳玉女泉 31 龛天尊、老君合龛像研究　刘睿　四川文物 5：74－80
四川西部中晚唐千手观音造像研究——以夹江千佛岩 081 号龛为例　［日］罗翠恂著　庚地译　于春校　四川文物 1：61－69
涿州市文物保管所藏晚唐五代佛造像　葛淑英　文物春秋 6：70－71
纵拚万金也值得——一尊唐弥勒佛倚坐石像　金申　收藏 1：148－150
“高善穆”石造像塔　卢冬　文物天地 4：41－42
杭州佛教石窟造像考　周景崇　美术观察 5：110－117
五代、宋杭州地区的造像题材与飞来峰元代造像题材之关系　朱晨　新美术 7：27－31
大足石刻宋代两组取经图简说　李小强、姚淇琳　敦煌研究 6：68－74
大足石刻造像与三教融合初探　李光明　中原文物 5：40－44
延安地区宋金石窟僧伽造像考察　石建刚等　敦煌研究 6：30－40
文化人类学视角下的格萨尔石刻艺术　仁钦东珠、兰却加　中央民族大学学报（哲社版）3：142－145

补　遗

孔望山摩崖造像研究综述　刘英俊　艺术探索 2014 年 5：25－26
莫高窟与克孜尔佛教造像背光比较研究　顾虹、卢秀文　敦煌学辑刊 2014 年 4：119－126
陕西馆藏造像概述　程旭　敦煌学辑刊 2014 年 3：129－137

泥塑造像

古寺庙彩绘泥塑宗教造像传统工艺研究体系探讨　杨秋颖　文博 4：48－55
浅谈三处宋代罗汉彩塑造像的艺术风格　郭思瑶　文博 5：109－112
奉国寺“过去七佛”造像与护国思想　谷赟　齐鲁艺苑 3：43－49
长治观音堂佛教彩塑艺术研究　雷琳　法音 8：40－44

补　遗

水陆庵彩塑中的建筑造型及审美特色　周俊玲　西北工业大学学报（社科版）2014 年 4：71－76

陶俑

古代骑像俑的文化价值研究 朝鸿、陆春莉 天津大学学报（社科版）1：90－93
秦始皇陵兵马俑考古情境分析四例 许卫红 文博3：33－38
发现“宫臧”作品——对秦始皇陵一批陶俑的新认识 张卫星 古代墓葬美术研究（第3辑）18－26
汉代抱婴陶俑用途考辨 李兆楠 历史文物9：60－65
河北地区汉代陶俑初探 董雪迎 文物世界5：17－21
徐州北洞山西汉楚王墓陶俑艺术风格初探 庄家会 中国陶瓷9：108－112
徐州北洞山汉墓陶俑佩绶考——兼论秦汉印绶之制 王方 中国国家博物馆馆刊8：32－43
论马王堆汉墓墓俑的风格演变及成因 庄家会 装饰4：89－91
从三门峡出土六博俑模型谈秦汉博具 张延红 中原文物5：91－94
宁县梁高汉墓出土的4件陶俑 朱江波 陇右文博2：24－27
栩栩如生的北齐高洋墓陶俑 李立华 中国文物报5月5日5版
陕西关中蒙元墓葬出土陶俑的组合关系及相关问题 杨洁 考古与文物4：85－91

陵墓雕刻

六朝陵墓装饰中瑞兽的嬗变与“晋制”的形成 霍巍 考古2：103－113
南京甘家巷“梁鄱阳王萧恢墓神道石刻”墓主身份辨正 王志高 中国国家博物馆馆刊12：111－118
从陵墓前仪卫装饰雕刻寻绎盛唐衰微迹象：桥陵与泰陵石雕对比 吴夷 艺术探索2：92－94
五代李茂贞夫妇墓神道浅析 胥孝平 收藏11：150－155

其他

故宫博物院藏河北响堂山石窟北齐石畏兽考 达微佳 故宫博物院院刊3：104－110
镇江出土宋代泥孩儿 刘丽文 收藏2：64－69

三 石窟寺艺术

论“响堂样式”的特征及形成 唐仲明 敦煌研究5：58－63
响堂山石窟的雕刻艺术与古代磁州窑的装饰 郝良真 收藏家10：65－68
云冈第9窟窟顶的雕刻艺术 张旭云 文物世界1：55－57
云冈石窟楼阁式中心柱的涅槃象征 高歌 文博2：102－109
云冈石窟雕刻中的西域人形象 乔建奇 文物世界5：26－28
云冈佛教人物发式谈 王烜华 文物世界3：28－32
浅析天龙山石窟藻井图案 李秀红、崔晓东 文物世界6：21－23
略论河南佛教石窟的艺术特色 李光明 文物建筑（第8辑）16－28
鸿庆寺石窟调查的新收获 李中翔 文物建筑（第8辑）108－113
四川石窟分区与分期初论 雷玉华 南方民族考古（第十辑）193－219
四川安岳县茗山寺石窟调查简报 西南民族大学石窟艺术研究所（徐胭胭、王磊） 四川文物3：23－31
剑川石窟石钟寺第六窟主尊身份及其图像源流考 黄璜 南京艺术学院学报（美术与设计版）1：22－33
陕西榆林沙家店镇木头则沟石窟调查简报 艾剑 西部考古（第七辑）17－24
旬邑县三水河两岸的石窟调查 刘铎、荆海燕 文物世界6：14－17
北魏奚康生开凿南北石窟寺原因探析 刘富强 陇右文博4：67－69
试论北魏陇东的八面体中心塔柱 董华锋 2009丝绸之路国际学术研讨会论文集97－102
丝绸之路佛教文化的辉煌篇章——以对合水保全寺石窟调查为中心的初步研究 郑国穆 2009丝绸之路国际学术研讨会论文集87－96
麦积山石窟115窟功德主蠡测 何洪岩、董广强 丝绸之路18：14－16

敦煌石窟艺术与中外石窟艺术关系研究综述　祁晓庆　2015 敦煌学国际联络委员会通讯 67 - 108
毕尔格·布林的敦煌西千佛洞调查　王新春　2009 丝绸之路国际学术研讨会论文集 302 - 310
敦煌莫高窟编号的几处订正　蔡伟堂　敦煌研究 2：1 - 3
对莫高窟题记的初步整理和研究——《敦煌莫高窟题记汇编》编纂记　徐自强、张永强　敦煌吐鲁番研究（第 14 卷）1 - 13
敦煌莫高窟北区出土擦擦研究　郭萌、张建林　文博 5：34 - 41
敦煌隋代中心柱窟的构成　赵声良　敦煌研究 6：13 - 20
敦煌吐蕃期洞窟与唐蕃文化交流　沙武田　光明日报 9 月 17 日 16 版
敦煌石窟华严经变作品的再思考——以唐代为中心　潘亮文　敦煌研究 5：11 - 19
唐蕃清水会盟在敦煌石窟中的历史遗迹——瓜州榆林窟第 25 窟功德主新解　马俊锋、沙武田　西藏研究 3：15 - 22
一座反映唐蕃关系的“纪念碑”式洞窟——榆林窟第 25 窟营建的动机、思想及功德主试析　沙武田　西部考古（第七辑）276 - 297
甘肃秦安迦叶寺遗址调查报告　张铭、魏文斌　敦煌研究 6：21 - 29
凉州洪元谷大云寺考　张宝玺　敦煌研究 1：35 - 38
志丹城台寺石窟历代题记的识读与分析　刘振刚　敦煌研究 5：64 - 71
镇原石空寺石窟调查简报　镇原县博物馆（王博文）　陇右文博 1：8 - 12
追寻散落在宁夏的丝路文化瑰宝　薛正昌　丝绸之路 3：46 - 53
须弥山石窟：见证古丝绸之路的文化交融　陈运涛　文化学刊 6：156 - 158
宁夏原州区禅塔山石窟调查报告　韩有成　敦煌研究 3：11 - 15
近年吐峪沟石窟考古收获与认识述略　陈凌　欧亚学刊（新 3 辑）35 - 51
克孜尔石窟洞窟组合问题初探　苗利辉　西部考古（第 9 辑）84 - 95
吐鲁番雅尔湖千佛洞 5 号窟突厥文题记研究　张铁山、李刚　西域研究 4：161 - 168
近年对龟兹石窟题记的调查和相关研究　荣新江　西域研究 3：1 - 9
新疆库木吐喇石窟的题记、题刻和榜题　台来提·乌布力　西域研究 3：10 - 15
新疆库木吐喇窟群区第 50 窟主室正壁龛内题记　新疆龟兹研究院等（赵莉等）　西域研究 3：16 - 35
试论库木吐喇第 50 窟主室正壁佛龛千佛图像的程序　［日］获原裕敏　西域研究 3：36 - 42
库木吐喇周边诸遗址——以出土胡汉文书与早期探险队资料为中心　庆昭蓉　西域考古·史地·语言研究新视野：黄文弼与中瑞西北科学考查团国际学术研讨会论文集 537 - 560

补　遗

延安地区石窟的分布、分期及其特征　张志云、代会妍　黑龙江史志 2014 年 24：28 - 29
敦煌莫高窟藻井图案的演变历程　李艳华　艺术探索 2014 年 5：22 - 24
莫高窟汉文游人题记史料价值探析　王力平　敦煌学辑刊 2014 年 3：43 - 59
佛教两种末法观的对抗与阐释——敦煌莫高窟第 321 窟研究　张景峰　敦煌学辑刊 2014 年 3：60 - 73

四　古代建筑

综述

中国建筑史上的圆形草庐初探　顾凯　建筑史（第 35 辑）24 - 39
简论夏商周时期大型院落式建筑对称布局的演变　郭明　考古 3：90 - 98

专题研究

我国历代长城研究现状综述　段清波等　西部考古（第七辑）186 - 204
论战国秦汉时期长城的多重功能　王绍东、杜婷　内蒙古社会科学（汉文版）2：37 - 42
楚长城的修建及功用　衡云花　楚文化研究论集（第十一集）163 - 172
燕秦汉辽东长城形制考古调查研究　李树林、贾云章　边疆考古研究（第 16 辑）143 - 157

酒泉长城与长城文化　孙占鳌　丝绸之路6：5－14
明宣镇长城　郑绍宗、郑立新　文物春秋6：45－52
明代大边长城小考　许慧君　华夏考古3：119－122
青海平安县石家营墓群出土汉代墓砖　闫磷　收藏11：89－95
南京明城墙中的“错版砖”研究　朱明娥　江苏地方志2：72－75
闽南红砖起源于本土探略　唐宏杰　福建史志1：20－24
三峡地区东周时期楚人瓦材的考古发现与研究　粟慧　楚文化研究论集（第十一集）132－148
燕下都瓦钉与瓦钉饰　吴磬军、魏青　文物春秋4：47－50
琅琊台出土小篆文“千秋万岁”瓦当考述　郭长波　青岛考古（二）257－263
圆：汉代文字瓦当的审美意味　卢花　陕西师范大学学报（哲社版）4：132－138
陕西历史博物馆藏四神瓦当　步雁　文物天地2：21－24
湖南醴陵出土人面纹瓦当小议　文国勋　中国抚仙湖文明的影响和传播：纪念抚仙湖水下考古研究12周年学术论文集249－252
木拱廊桥主拱结构传力机理初步研究　邵浦建等　浙江省文物考古研究所学刊（第10辑）365－373
四川广汉石亭江汉代铁桥墩相关问题研究　李映福等　考古9：101－113
秦的建筑排水设施与做法　林源、张文波　华夏考古2：119－126
汉代建筑上的屋脊装饰　韩冰　中原文物2：73－78
中坪二仙宫琉璃脊饰保存与价值评估之探讨　何孟哲　2013年保国寺大殿建成1000周年系列学术研讨会论文合集492－511
话说石窟的窟檐　黄克忠　中国文物报10月13日6版
唐宋斗拱设计研究　王强、张金威　艺术百家2：165－170
浅述太原古塔　王玲娜　文物世界2：26－27
万荣古塔文化　贾红艳　文物世界2：28－30
莎车加满清真寺建筑艺术探究　马晓庆　中国穆斯林1：62－63
故宫竹香馆建筑初探　张雅平　北京文博文丛2：59－65
周代砖瓦窑炉技术及相关问题研究　李清临　中原文物1：43－54
隋唐时期砖瓦窑研究　李清临　江汉考古1：91－106
汉代画像砖石墓地上建筑现象简析　张卓远　文物建筑（第8辑）92－97
巴蜀汉代石阙艺术比较研究　陈绪春　民族艺术研究2：131－138

补　遗

近三十年齐瓦当研究评述　吴国良　管子学刊2014年3：117－120
佛教瓦当符号探究　王珍慧　南京艺术学院学报（美术与设计版）2014年6：207－212

北京·河北·山西·内蒙古·吉林

北京金章宗雀儿庵调查记　景爱　东北史地1：35－38
崇效寺建筑调查及相关史实考　刘文丰　北京文博文丛1：1－8
北京先农坛太岁殿建筑特色分析　宋长忠　北京文博文丛3：39－47
故宫钦安殿大木结构尺度问题探析　刘畅等　故宫博物院院刊6：45－57
北京崇圣寺小考　史可非　北京文博文丛3：6－11
清代北京梨园会馆会址考　武亚军　戏剧文学3：138－141
涿鹿鼓楼调查报告　王雁华　文物春秋2：49－57
正定开元寺唐三门楼石柱初步整理与探析（下）　樊瑞平、刘友恒　文物春秋1：67－73
山西太原龙山童子寺佛寺遗址发现最早佛阁建筑　李裕群　中国文物报4月24日8版
北魏天师道静轮天宫建筑形制渊源　庞骏　扬州大学学报（人文社科版）2：97－105
山西晋阳古城一号建筑基址　韩炳华　2014中国重要考古发现92－95

山西万荣稷王庙大殿大木结构用材与用尺制度探讨　俞莉娜、徐怡涛　中国国家博物馆馆刊 6：128－146

宋至民国时期山西万荣稷王庙建筑格局研究　张梦瑶、徐怡涛　故宫博物院院刊 3：22－33

山西盂县三圣寺建筑历史考　赵培青　中国文物报 10 月 13 日 6 版

大同华严寺薄伽教藏殿梁架结构分析　白志宇　2013 年保国寺大殿建成 1000 周年系列学术研讨会论文合集 122－128

太原市尖草坪区部分献殿建筑特征比较　苑杰　中国文化遗产 2：103－106

大同龙壁与山西琉璃　张丽　收藏 3：66－73

从新绛古民居看明清时期晋南民居演变　高飞娟　文物世界 6：38－42

新忽热古城建筑形制初探　南铭荃等　西部考古（第七辑）375－380

吉林省伊通满族自治县景台镇范家大院调查报告　张迪　东北史地 6：55－56

江苏·浙江·安徽·福建·山东

虎丘山寺始建年代考　孙中旺　江苏地方志 1：54－56

方山定林寺塔门向探究　陈思妙、王为刚　西部考古（第 9 辑）96－104

苏北地区传统建筑调查与初步认识　戴群　东南文化 6：99－111

虎丘云岩寺二山门实物年代与形制年代分析　周淼　建筑史（第 35 辑）72－85

苏州西山雕花楼　马杰　寻根 3：66－71

临海古城墙的建筑特点和保存状况　郑琦　文物建筑（第 8 辑）44－60

宁波天封塔地宫银殿装饰图像考释　胡成明、胡承武　装饰 3：75－77

保国寺观音殿的石质莲花覆盆柱础略考　沈惠耀　2013 年保国寺大殿建成 1000 周年系列学术研讨会论文合集 117－121

宁波传统民居砖雕门楼及其装饰艺术特征——以方宅砖雕门楼为例　傅亦民　文物建筑（第 8 辑）98－102

安吉明代古城墙砌筑灰浆的科学评价　崔彪等　浙江省文物考古研究所学刊（第 10 辑）379－385

安徽当涂黄山塔始建和重建年代考辨　李军　文物研究（第 21 辑）275－282

安徽九华山元末明初古石屋建筑初探　何羿彬、刘英　文物研究（第 21 辑）270－274

宁德古田吉祥寺塔建筑艺术特征及其渊源研究　孙群、高鹏　西安建筑科技大学学报（社科版）3：54－59

闽南建筑的殿堂型构架　曹春平　建筑史（第 35 辑）49－71

千年遗风真教寺　一域清真回汉情　青州东关真教寺　傅萍　中国文化遗产 4：103－107

河南·湖北·广东

安阳修定寺塔年代补证及历史价值　侯卫东　殷都学刊 3：42－45

郑州开元寺塔建筑分析　张玉功、邢薇薇　文物建筑（第 8 辑）103－107

泰安天书观铁塔　张剑葳　中原文物 2：82－88

焦作恩村玉帝庙、祖师庙调查简报　赵德芳等　文物建筑（第 8 辑）29－43

洛阳苗湾村清代任家祠堂　徐婵菲、李波　洛阳考古（总第 7 期）65－70

武当山太和宫金殿——从建筑、像设、影响论其突出的价值　张剑葳　文物 2：84－96

武当山宫观空间研究　崔明、赵宁　中国文化遗产 4：80－87

早期岭南建筑历史资源研究：以南越国时期为中心　高占盈、卓识　湖北民族学院学报（哲社版）2：28－33

四川·云南·甘肃·西藏·新疆

四川马边县明王寺初探　陈凤贵、姚军　四川文物 1：85－96

四川南充白塔建筑年代初探　王书林、徐新云　四川文物 1：75－84

四川中江北塔建构研究　刘伟　四川文物 1：70－74

宝光寺：千年古刹百年影　肖伊绯　寻根 3：72－78
南诏、大理国时期的塔　胡孟翔　中国抚仙湖文明的影响和传播：纪念抚仙湖水下考古研究 12 周年学术论文集 342－356
嘉峪关文昌阁功能初探　高杨　丝绸之路 2：30－31
罗川赵氏石坊题款及艺术研究　梁彦斌　丝绸之路 2：23－26
西藏林周县坚利寺的调查与研究　夏吾卡先　文物 2：74－83
补　遗
清代至民国前期吐鲁番的佛寺道观庙宇考实　王鹏辉　新疆大学学报（哲学·人文社科版）2014 年 6：43－47

五　陶瓷与窑址

综述
中国东南古代瓷业的海洋性　王新天　厦门大学学报（哲社版）2：139－145
古代龙窑排烟系统浅析　沈岳明　中国文物报 12 月 4 日 6 版
"道器合一"——论传统陶瓷"开光"的成因与嬗变　蔡花菲　中国陶瓷 7：87－91
"宜兴窑"初论　贺云翱　东南文化 4：81－88
越窑研究的回顾与展望　郭璐莎　东南文化 4：89－97
越窑摭谈　李刚　东方博物（第 54 辑）46－55
从几件出土标本谈起——越窑制瓷工艺研究之三　杜伟　东方博物（第 54 辑）56－64
武义历史窑址及装烧工艺总结　朱师勤　东方博物（第 56 辑）93－96
点漆未能绳纯黑——黑釉瓷的发展演变与鉴赏　楼钢　收藏 3：43－52
浅议陶瓷军持之发展演变轨迹　刘翠　文物世界 6：24－27
董健丽：中国古代葫芦形陶瓷器鉴赏　文物天地 5：74－81
宋元瓷器中的荷叶盖罐　李钰　东方博物（第 56 辑）87－92
宋元时期景德镇窑瓷胎原料选择演变规律研究　李峰等　中国陶瓷 4：107－112
浅谈陶瓷卷草纹饰及其艺术特征　刘才志等　中国陶瓷 4：84－87
古陶瓷色彩之旅　蓝釉　龙霄飞　收藏家 5：15－22
补　遗
坭兴陶历史文化底蕴新探　黄鸿春　广西地方志 2013 年 5：41－43
中国古代官用瓷器的赏玩趣味　费利君　艺术探索 2014 年 6：87－89
汉及以前
"瓷之源"课题与瓷器起源研究的重大进展　"瓷之源"课题组（沈岳明等）　原始瓷起源研究论文集 1－12
我国原始瓷起源问题再议　李宝宗、原瑕　中原文物 4：68－71
原始瓷的起源　"瓷之源"课题组（郑建明等）　原始瓷起源研究论文集 13－22
试探原始青瓷之本名　王光尧　故宫博物院院刊 5：71－74
夏商原始瓷起源的动力因素　郑建明　原始瓷起源研究论文集 23－35
商周原始瓷器研究综述　谢西营　原始瓷起源研究论文集 75－89
商周时期原始瓷的产地问题再思考　李清临　华夏考古 4：123－134
浙江出土商周原始瓷概述　陈元甫　原始瓷起源研究论文集 68－74
晋侯墓地原始瓷器的来源　温星金　中原文物 4：72－79
东苕溪流域出土的先秦时期原始瓷　周建忠等　原始瓷起源研究论文集 90－101
古代龙窑烟囱的再认识　李刚　中国文物报 4 月 24 日 6 版
浙江地区战国原始瓷生产高度发展原因探析　陈元甫　原始瓷起源研究论文集 36－46

岳州窑蝶变期长沙窑主要特点及文化内涵　周能　中国文物报1月13日5版
汉唐岳州窑青瓷浅谈　周能　湖南考古辑刊（第11集）210－219
三国、两晋、南北朝
鸡首壶功能再探——以鸡首与壶身是否相通为出发点　孙媛　东方博物（第54辑）65－72
魏晋时期鸡首壶的造型演变　郭俊、吴丹　南京艺术学院学报（美术与设计版）3：26－27
古代魂瓶研究　石红　无锡文博2：65－69
北方地区出土西晋瓷器初探　耿朔　故宫博物院院刊3：34－50
西晋宜兴窑青瓷貔貅尊初探　程晓中　收藏7：82－88
洗砚池晋墓出土的青瓷胡人骑狮考释　肖强、张丽莉　文博1：82－89
晋青瓷胡人骑神兽烛台及相关问题　王煜　东南文化6：85－91
四川古代青瓷与越窑青瓷的关系探析　伍秋鹏　中国陶瓷1：103－108
北朝墓葬出土瓷器的编年　刘未　庆祝魏存成先生七十岁论文集224－253
论巩义白河窑出土的早期白瓷年代　武夏等　文物世界1：38－41
南北朝时期的青瓷莲花尊　李婷　寻根3：85－88
花式众多的婺州古瓷碗　周凯　收藏10：48－51
隋、唐、五代
论东亚伞状支烧具的技术体系及始源地问题——兼谈岳州窑和桂林窑的关系　杨宁波　湖南考古辑刊（第11集）235－247
隋唐时期浙江地区窑业的时空特征　王轶凌、郑建明　东南文化2：82－88
邛窑：成都平原大型窑址群的杰出代表　易立　中国文化遗产6：44－51
论邢窑的黑釉瓷　杨敬好　文物世界2：11－16
大理崇圣寺千寻塔出土行炉考　赵云　四川文物4：76－83
南方地区唐宋制瓷馒头窑研究　袁胜文　中国国家博物馆馆刊2：37－52
解析唐代时期的景德镇窑　李兵、刘永红　中国陶瓷12：116－118
景德镇早期窑业的探索——兰田窑发掘的主要收获　秦大树等　南方文物2：128－137
吉州窑之永和窑与临江窑初步比较　王睿　南方文物2：150－152
海丝明珠潮州窑　李炳炎　收藏9：64－73
民窑之花——鹤壁窑　范永禄　中国文物报10月9日4版
唐中后期定窑管理的探讨　王丽敏等　中国文物报3月13日6版
耀州窑青瓷艺术简析　杨俊艳　收藏家1：37－44
长沙窑瓷题文杂识　李建毛　文物天地9：45－50
唐韵——长沙窑釉下彩绘画（上篇）、（下篇）　张海军　收藏11：36－43、12：38－45
大唐气象——长沙窑印花瓷器　陈锐　收藏6：54－62
唐三彩镇墓兽猪耳造型的文化意义及其功能转移　郅阳　中国陶瓷1：92－95
身份与财富：唐代墓葬语境中的三彩驼马　徐胭胭　美术研究5：71－74
唐三彩与西域文化——以甘肃省秦安县叶家堡出土一组唐三彩为例　卢东　2009丝绸之路国际学术研讨会论文集139－146
三门峡庙底沟出土的唐宋三彩器　杨海青、赵小灿　收藏家10：49－51
日本大安寺唐三彩枕再考　［日］神野惠　华夏考古1：124－136
陕西历史博物馆藏塔式罐的年代及装饰特征考　岳敏静　文物世界2：6－10
唐代酒器“双鱼榼”　张海军　大众考古20：39－41
唐代拍鼓玩具与花釉腰鼓　徐仁雨、周长源　收藏家3：57－59
婺州古瓷中的执壶　周凯、徐进　收藏7：89－93
雨过天晴云破处——五代耀州窑天青釉开创青瓷审美新纪元　柴菲　收藏4：126－131

河北出土的耀州窑青瓷——兼谈五代至北宋早期青瓷与白瓷上的深剔刻装饰　穆青　收藏 5：62－75

宋、辽、金、西夏

宋代宫廷用瓷来源探析　项坤鹏　考古与文物 1：53－61
北宋后定瓷不用于宫中辩　丁新义　西安文理学院学报（社科版）1：17－20
官仿龙泉与龙泉仿官　毛晓沪　收藏家 5：51－53
龙泉窑生产状况的再认识　陈扬　南方文物 2：160－165
庆元胡紘墓与南宋中期龙泉窑　柯旭东、郑建明　文物天地 9：129－133
宋代汝窑天青釉成因浅析　赵永川　收藏 4：147－150
略说汝窑与钧窑　王睿　考古 10：111－120
“道”“器”关系的变化对宋代钧瓷器物形制的影响　李维维　艺术评论 6：121－124
钧瓷起源初探：一种文献学的视角　李建设　美术研究 1：108－114
钧瓷釉与乳光、窑变及结构色　王芬等　中国陶瓷 5：1－8
窖藏所见耀州窑瓷器概述（上篇）　杜文　收藏 2：70－77
窖藏发现耀州窑瓷器概述（下篇）　杜文　收藏 3：60－65
浅议宋代当阳峪窑瓷碗　于杨　中原文物 5：118－121
景德镇湖田窑与潮州笔架山窑青白瓷的比较研究　王嫚　中原文物 1：100－105
景德镇落马桥窑址南宋和元代青白瓷胎釉分析——兼议“二元配方”起源　翁彦俊等　东方博物（第 56 辑）97－106
宋景德镇窑青白瓷香炉赏析　曹建文、周浩　收藏 7：94－97
宋代景德镇青白瓷装饰方法的研究　程仁发　中国陶瓷 12：119－122
宋代耀州窑青瓷印花装饰工艺对岭南及其周边地区的影响　吴辉、何安益　湖南考古辑刊（第 11 集）220－234
宋耀州窑与磁州窑植物纹样的装饰方法研究　刘子建、张睿　中国陶瓷 4：100－106
宋金磁州窑鱼纹彩绘装饰探析　靳雅权　装饰 3：130－131
潮州宋代陶瓷莲花装饰的审美取向　杜奕　中国陶瓷 3：87－91
登封窑瓷器装饰艺术　李晔　收藏家 6：13－18
定窑瓷器萱草纹刍议　隋璐　文物春秋 5：19－26
宋代陶瓷鱼纹装饰纹样艺术与技术考　谷莉　中国陶瓷 3：92－95
宋瓷执壶纹饰研究　王亚红、喻斐　农业考古 2：77－82
关于曜变天目　谢明良　故宫文物月刊 390：92－103
南宋官窑瓷器的科学分析：类群关系和产地的揭示　古陶瓷保护研究国家文物局重点科研基地（李合）中国文化遗产 1：48－52
灿若流星——宋代广西的瓷窑及瓷器　章维亚　文物天地 7：23－26
广西永福窑田岭窑装烧具初探　吴辉、何安益　东方博物（第 54 辑）90－99
江苏扬州南宋宝祐城西城门外出土陶瓷器　王小迎、王睿　中国国家博物馆馆刊 9：93－111
浙江松阳宋墓出土瓷器　宋子军、刘鼎　文物 7：80－88
辽怀陵 5 号墓出土瓷器　张红星、唐彩霞　收藏 2：78－82
湖北宋墓出土瓷器探讨　白杨　东方博物（第 54 辑）73－80
安徽望江宋墓出土的瓷俑　宋康年　收藏 12：46－49
大理崇圣寺三塔所出釉陶香盏　赵云　收藏 8：65－69
常州地区出土宋代名瓷赏析　朱敏　文物天地 11：29－33
宋代四川三彩釉陶　李铁锤　收藏 1：57－61
珍珠地·白地黑花·红绿彩——《宋辽金纪年瓷器》补正三则　刘涛　收藏 4：54－65
辽三彩与辽文化　李慧净　收藏 1：34－47

东北、内蒙古出土的耀州窑青瓷——以墓葬材料为中心　彭善国、刘辉　考古与文物 1：108－117
安徽柳孜运河遗址出土红绿彩瓷器的艺术成就　王倩　中国陶瓷 11：115－117
海丰镇遗址出土的金代磁州窑红绿彩瓷俑　张宝刚　文物春秋 1：77－76
隋唐大运河流域出土的金磁州窑系虎衔叶枕　武可　收藏 8：62－64
论金代磁州窑瓷枕绘画装饰艺术及其艺术特征　沈塔、李小龙　中国陶瓷 12：87－90
金代磁州窑绿釉诗文枕撷英　王兴、王时磊　收藏 5：84－90
红绿彩缚捆婴儿与摩睺罗　张军红、李达　收藏家 2：78－80
众里寻他千百度——民间收藏西夏白瓷与白陶　米向军　收藏 3：53－59
略述甘肃馆藏西夏瓷器上的文字　黎李　中国陶瓷 8：104－110

补　遗

宋代广西青白瓷窑的审美风格与装烧工艺　陈方　艺术探索 2014 年 6：6－12
浅谈南宋官窑的若干问题——对南宋官窑起源及发展过程的回顾　王争　黑龙江史志 2014 年 18：21－22
四川遂宁窖藏蟾蜍水盂考辨　杨小语　中华文化论坛 2014 年 12：126－134

元、明、清

哥窑问题的几点思考　牟宝蕾　文物春秋 4：34－46
关于哥窑若干问题的探讨　李昊冰　收藏家 7：28－32
元至明代早期的龙泉窑和龙泉青瓷　刘俊、李晔　收藏家 10：27－32
龙泉窑双鱼洗研究　刘净贤　东方博物（第 54 辑）81－89
元代龙泉窑青釉刻划花墨书八思巴文瓷碗　邢琪等　中国文物报 5 月 5 日 2 版
元代至明初景德镇地区制瓷技术及其源流考察　江建新　中国国家博物馆馆刊 2：53－78
元代卵白釉瓷器的分类　尚刚　故宫博物院院刊 5：131－137
漳浦圣杯屿元代沉船遗址调查收货　羊泽林　东方博物（第 56 辑）69－78
溧水元代窖藏出土瓷器　刘丽文　收藏 11：58－63
漳县汪氏家族墓出土的元代釉里红高足杯　刘光强　文物天地 4：55－57
甘肃出土的元代青花瓷及相关问题探析　李捷　2009 丝绸之路国际学术研讨会论文集 327－333
扬州太子岗遗址出土的一件青花龙纹玉壶春瓶　魏旭、林海南　文物春秋 6：72－74
关于古琉球出土元青花瓷器的几点思考　崔鹏、江静　中国陶瓷 11：118－120
古陶瓷中的“局部铜红釉装饰”与釉里红装饰　冯冕、欧阳世彬　中国陶瓷 2：110－116
李仲谋：元青花的艺术特征　李仲谋　文物天地 1：64－71
元青花斑点的笔法研究——以元明墓葬出土文物为中心　陈殿　考古与文物 1：118－123
论元代青花纹饰特点及其审美特征　吴萍、李峰　艺术评论 1：97－100
莲花纹样在元青花装饰中的两种表现形式　李湘　文物研究（第 21 辑）306－311
元青花筒形香炉之“八卦纹”探究　果美侠　中国国家博物馆馆刊 10：34－44
试析元代磁州窑绘画枕上的蒙元人物形象　杜文　收藏家 2：47－55
元明清以来潮州陶瓷莲花装饰的衍变　杜奕　中国陶瓷 6：100－104
元末明初象舆人物故事图青花大瓷罐　吴红艳　文物天地 8：74－75
明朝瓷器述略　鲜明　成都文物 4：51－58
铜瓷，从中国到海外　袁啸波　收藏 12：16－25
洪武印划云龙纹颜色釉瓷研究　路杰　收藏家 11：61－68
明永乐青花波涛花卉纹折沿洗　黄兰茵　故宫文物月刊 388：66－76
新疆吐鲁番发现明代成化年六字三行陶瓷款识瓷片的研究　阿不来提·阿布拉　中国陶瓷 12：113－115
以图解读明中期青花瓷　高阿申　收藏 7：160－165
明代嘉靖朝龙缸考　李亮　装饰 5：84－86

略论时大彬出土资料的鉴定　袁志洪　无锡文博3：22－33
长兴石泉明墓出土“传世哥窑”型器物及相关问题略论　郑建明、林毅　文物7：69－79
浅谈景德镇明清彩瓷的传承性　高扬　艺术评论7：80－83
瓷中“黑珍珠”——澄城尧头窑黑釉瓷　王樱　收藏10：42－47
慈颜妙相——浅谈明清时期福建漳窑白釉米色人物瓷塑　欧阳桂兰　收藏家5：61－64
明清五彩瓷器的演变　郝培云　文物天地7：73－77
论明清外销五彩军持演变与特色　吴云霞　中国陶瓷3：96－98
明代永宣青花瓷的伊斯兰风格及其成因　谢文璇　回族研究1：110－114
孤品新证——洪武官窑红彩龙纹的新发现　路杰　中国文物报9月15日7版
明成化时期青花缠枝纹装饰艺术特色探析　万剑、丁洁琼　武汉理工大学学报（社科版）2：185－188
明清瓷器八吉祥纹的发展演变　石婷婷　中国藏学3：367－371
圆梦吉祥婴戏纹——明清瓷绘婴戏纹民俗意蕴探析　秦树景　民俗研究2：148－154
明末清初写意花鸟画与民窑青花的比较性分析　刘芳　中国陶瓷11：107－110
中国粉彩的起源　魏婷婷等　中国文物报4月10日7版
浅谈西洋通景画对清中期粉彩的影响　许飞岩　中国陶瓷8：95－98
珐琅彩与洋彩称谓之我见　毛晓沪　收藏家9：49－57
模件体系在康熙御用龙纹瓷器中的应用　李继传　文物天地8：80－81
康熙青花瓷的分期及相关特点　陈潇　收藏家7：23－27
红黄绿紫花　花开看不足——康熙御窑颜色釉瓷器　龙霄飞　文物天地11：76－82
名贵的清康熙墨地素三彩　张建力　收藏2：83－85
动挈路搴秀　静悬屋盎春——清宫壁瓶赏鉴　高晓然　收藏家2：19－26
吉祥之扎西达杰——清宫瓷上八宝纹赏析　张莹　收藏家9：12－18

补　遗

顺治年间景德镇瓷器上的题跋、书法与印章　［美］白谦慎著　贺宏亮译　美苑2014年5：54－59

窑址的调查与发掘

射兽金元三彩窑址调查报告　索丽霞、赵庆国　文物世界6：10－13
辽宁辽阳江官屯瓷窑址考古发掘获得重要成果　梁振晶等　中国文物报1月23日8版
龙游白羊垅东汉窑址发掘简报　浙江省文物考古研究所（徐军）　浙江省文物考古研究所学刊（第10辑）236－245
浙江上虞禁山早期越窑遗址的调查与发掘——发现东汉三国西晋时期完整的龙窑序列　郑建明　中国文物报2月27日5版
浙江上虞禁山早期越窑遗址考古发掘——青瓷溯源　郑建明　大众考古25：26－33
浙江上虞禁山早期越窑遗址　郑建明　2014中国重要考古发现68－71
松阳县的三处窑址　宋子军、刘鼎　东方博物（第54辑）100－102
浙江上林湖荷花芯窑址发掘作坊区——唐宋时期越窑窑场布局更加清晰，发现大量精美越窑瓷器标本　郑建明等　中国文物报12月4日8版
2014年醴陵窑考古调查收货　杨宁波、王献水　东方博物（第56辑）79－86
富阳太平村缸窑山越窑址发掘简报　浙江省文物考古研究所（祝利英）　浙江省文物考古研究所学刊（第10辑）222－235
安徽宣州古窑址群调查报告　朱锐、宋黎藜　文物研究（第21辑）223－235
安徽青阳县窑嘴唐代窑址发掘简报　安徽省文物考古研究所、青阳县文物管理所（查月琴等）　文物研究（第21辑）203－210
安徽繁昌窑遗址2014年发掘收获　罗虎等　2014中国重要考古发现136－139
安徽繁昌窑遗址考古取得重要收获——发现最早分室龙窑和精美青白瓷　罗虎等　中国文物报2月27

日 8 版
安徽凤阳县乔涧子明代琉璃窑发掘收获　罗虎等　文物研究（第 21 辑）259 - 261
景德镇市兰田村大金坞窑址调查与试掘　北京大学考古文博学院等（刘静等）　南方文物 2：67 - 77
江西景德镇湘湖地区早期窑业调查与试掘　秦大树等　2014 中国重要考古发现 104 - 107
破解宋代龙窑建造技术之谜——江西赣州七里镇窑址考古获重要发现　肖发标等　中国文物报 2 月 27 日 4 版
景德镇明清御窑厂遗址最新考古发现揭秘——专访景德镇市陶瓷考古研究所所长江建新　张少华　收藏 5：91 - 95
明代御窑窑炉及烧成工艺探究　丁鹏勃　中国国家博物馆馆刊 2：79 - 86
磁村窑产品烧造技法初探　陈章龙、刘明　东方考古（第 11 集）253 - 273
即墨县衙旧址明清瓷器坑发掘报告　青岛市文物保护考古研究所（郑禄红）　中国国家博物馆馆刊 6：86 - 127
河南新郑铁岭墓地商代和战国陶窑发掘简报　郑州市文物考古研究院（郝红星、黄文兵）　文物研究（第 21 辑）241 - 251
河南中牟县宋庄遗址汉代和宋代陶窑发掘简报　郑州市文物考古研究院、河南省文物管理局南水北调文物保护办公室（鲍颖建、王庆丽）　文物研究（第 21 辑）252 - 258
河南洛阳市新街口唐宋窑址的发掘　洛阳市文物考古研究院（薛方、吕劲松）　考古 6：23 - 38
2013 年当阳峪窑调查简报　赵德才等　文物世界 5：10 - 12
湖南益阳羊舞岭瓦渣仑窑址Ⅱ区发掘简报　湖南省文物考古研究所、益阳市文物管理处（杨宁波）　湖南考古辑刊（第 11 集）142 - 162
陕西富平桑园窑址　王小蒙、于春雷　2014 中国重要考古发现 112 - 115

藏品介绍

甘肃省博物馆藏卡约文化彩陶浅析　徐睿　陇右文博 4：49 - 53
瓷自江南来——馆藏原始瓷器撷英　彭辉　文物天地 11：18 - 20
馆藏瓷器概览　崔伯鉴　文物天地 6：27 - 30
中国古陶瓷中的羊　龙霄飞　文物天地 2：80 - 95
陶瓷里的羊　陈锐　收藏家 4：23 - 32
儒释道思想的融合体——胡人骑羊青瓷插座　张秋华　大众考古 30：52 - 55
古瓷鉴赏　霍华　大众考古 20：79 - 85
流动的色彩——陕西历史博物馆藏唐三彩赏析　万晓、王晶晶　文物天地 2：43 - 49
“盛世风华——洛阳唐三彩特展”专题之一——从离散到合璧：叙事“盛世风华——洛阳唐三彩特展”　江桂珍　历史文物 11：8 - 15
“盛世风华——洛阳唐三彩特展”专题之二——巩义窑唐三彩的发现与研究　孙新民　历史文物 11：16 - 25
“盛世风华——洛阳唐三彩特展”专题之三——洛阳纪年墓出土唐三彩的发现与研究　王军花　历史文物 12：76 - 85
“盛世风华——洛阳唐三彩特展”专题之四——浅析洛阳唐三彩中的宗教元素　黄超、赵杰　历史文物 12：86 - 94
斑斓多变的釉色——河南博物院藏花釉蒜头壶　朱宏秋、郭灿江　文物天地 3：54 - 57
云南省文物总店旧藏精品瓷器赏析　张明　收藏家 4：41 - 46
甘肃省博物馆藏历代瓷器综述　王勇　2009 丝绸之路国际学术研讨会论文集 269 - 279
北方之色——晋蒙两地宋金元黑釉瓷集萃　赵凡奇、魏孔　收藏 4：44 - 53
泉州馆藏瓷器精品　李仁里、吴艺娟　收藏 5：76 - 83
泉州市博物馆藏德化窑、南安窑宋元青白瓷　吴艺娟等　收藏 11：44 - 49

洛阳博物馆藏宋代瓷枕　王霞　收藏家 5：81－82
瓷枕上的癫狂社鼓　刘涛　收藏 9：46－49
谈南京江宁博物馆藏青白瓷——明如镜　声如磬　徐亮　大众考古 27：55－58
松阳博物馆藏北宋龙泉窑青瓷　王永球　文物天地 8：68－71
安徽师范大学博物馆藏两件北宋定窑白瓷精品　刘铮　文物春秋 6：68－69
洛南县面世的北宋耀州窑印花模　刘淑芳　收藏 7：98－99
中国陶瓷史的华彩篇章：江西吉安市博物馆吉州窑瓷器赏析　李希朗　南方文物 4：296－298
陕西历史博物馆藏金代瓷器赏析　张晓艳　文物天地 2：54－55
同根生　殊途归——元青花“四爱图”梅瓶赏析　赵雄　文物天地 5：100－101
端庄秀美　坐赏两用——河北省民俗博物馆藏明清瓷绣墩赏析　王丽平　收藏家 8：18－22
福建中国闽台缘博物馆藏瓷萃　张雅真　文物世界 6：7－9
吉林省博物院藏明青花瓷　高雪　收藏 1：48－56
郑和时代：南京市博物馆藏明代文物特展上的陶瓷精品　陈一帆　收藏 11：50－57
柏林东亚艺术博物馆藏中国青花精品　李智瑛　收藏家 9：29－35
古窑遗珍　芳华绝代——贵州省博物馆藏“黔府”青花盖罐　唐艳　文物天地 5：43－46
一件柴进簪花入禁苑纹青花盘　彭善国　收藏家 9：47－48
北京故宫博物院藏康雍乾黄釉瓷器赏析　崔婷　文物天地 8：76－79
宫苑撷珍——沈阳故宫藏清宫盛世瓷器　刘晓晨　收藏 9：50－63
彩之有粉　浮翠流丹——沈阳故宫博物院藏粉彩瓷　李晓丽　收藏 10：52－59
旅顺博物馆藏乾隆时期官窑颜色釉瓷器　王梅　文物春秋 5：77－80
试析旅顺博物馆藏乾隆官窑彩瓷　王梅　文物天地 11：106－111
吉林省博物院藏雍正瓷器　高雪　收藏家 12：10－12
南京博物院藏清宫文物集萃　郑晶　收藏家 12：63－65
记清宫传世的一件南宋官窑青瓷酒盏　谢明良　故宫文物月刊 393：66－73
清嘉庆官窑粉彩福寿纹转心瓶　宋军　收藏家 2：46

补　遗

甘肃彩陶雕塑珍品撷英　王菊　上海文博论丛 2014 年 2：38－41

六　绘画

岩画

1949 年以来国内左江岩画研究历史回顾　肖波　民族艺术 1：156－162
东亚海岸岩画内涵的初步分析　佟珊　海洋遗产与考古（第二辑）92－110
大兴安岭岩画的田野考察与文化考论　庄鸿雁　黑龙江民族丛刊 1：105－110
文化结点上的大兴安岭龙形岩画解读　庄鸿雁　学习与探索 7：142－145
大兴安岭嘎仙洞岩画与北方民族的狼图腾　庄鸿雁　文艺评论 9：105－108
内蒙古阴山岩画的历史文化意义　王雁飞　艺术评论 3：141－144
文本批评视域下的阴山岩刻资料译文讨论——兼评《山海经》《水经》的传统译名　张浩、刘忠　前沿 4：153－155
赤峰翁牛特旗人面岩画考古年代探究　孙晓勇　西北大学学报（哲社版）3：14－22
西辽河流域同心圆纹眼睛人面岩画文化内涵探析　孙晓勇　民族艺术 2：77－83
西辽河流域“”图像结构人面岩画文化内涵探析　孙晓勇　南京艺术学院学报（美术与设计版）3：100－105
贵州岩画的特征及价值研究　吴晓萍、李浩　贵州社会科学 2：106－109
试论贵州岩画的年代　李飞　华夏考古 1：137－147

榆木山岩画创作形式探析　管瑞庭、杜成峰　丝绸之路 8：61 - 62
浅述嘉峪关黑山岩画中的生殖崇拜　雒惊璟　丝绸之路 24：15 - 16
马蹄寺北寺“三十三天”内甬道岩画略考　周荣、王卫东　陇右文博 4：70 - 72
青藏岩画藏文ཨ字符与[illegible]图形关系考证——由青海玉树一幅岩画引发的思考　张亚莎　中国藏学 4：194 - 200
从祁连山、黑山岩画看羌民族发展　李兴华　丝绸之路 4：34 - 35
贺兰山苏峪口岩画调查简报　宁夏回族自治区博物馆（郭晓红、陈志炜）　文物 1：22 - 3
哈密地区“大手人物”岩画图像考释　罗佳　装饰 1：94 - 96
新疆岩画初步研究　于建军　北方民族考古（第 2 辑）79 - 89
阿里岩画中的原始法鼓考　焦虎三　西藏研究 4：47 - 60

补　遗

内蒙古扎鲁特旗大黑山人面岩画　闫洪森、娜木罕　黑龙江史志 2014 年 17：53 - 54

壁画

汉墓绘画中的两个图像体系——主流社会天界图像与非主流社会仙界图像的比较　汪小洋　民族艺术研究 1：108 - 115
丝绸之路墓室壁画的图像体系讨论　汪小洋　民族艺术 2：66 - 72
山东东平汉墓《孔子见老子》壁画探析　张龙　中国文物报 3 月 20 日 6 版
柿园汉墓《四神云气图》“四神”形象及作用探析　袁恩培、石琳　中州学刊 7：123 - 125
辽东汉至魏晋南北朝墓葬壁画源流初探　孙力楠　庆祝魏存成先生七十岁论文集 130 - 145
浅述魏晋墓壁画反映的丝绸之路文化　杨殿刚　丝绸之路 4：32 - 33
论河西魏晋墓画所反映的经济社会生活　孙占鳌　丝绸之路 8：25 - 30
高台魏晋壁画墓的形态及其美学价值　冯丽娟　丝绸之路 16：58 - 59
南北朝帝陵壁画墓的图像体系讨论　汪小洋　民族艺术 4：85 - 91
略论北朝墓室壁画中牛车鞍马题材　张涵烁　北方民族考古（第 2 辑）231 - 249
忻州九原岗北朝壁画巨制　霍宝强　文物世界 6：3 - 6
磁县北朝墓葬壁画初步研究　张晓峥　文物世界 6：18 - 20
大夏统万城遗址出土北朝墓葬中的佛教题材壁画及有关问题　贾建威　丝绸之路沿线博物馆专业委员会论文集（第 2 辑）32 - 39
北齐高洋墓壁画中的人物画　郝建文　中国文物报 5 月 5 日 5 版
唐代西州的墓室屏风与屏风式壁画　刘文锁、沈昕璐　古代钱币与丝绸高峰论坛暨第四届吐鲁番学国际学术研讨会论文集 283 - 304
对“五花马”的考古新观察　卞坤　陇右文博 2：18 - 23
韩休墓出土山水图的考古学观察　刘呆运、赵海燕　文博 6：26 - 30
唐韩休墓壁画山水图刍议　郑岩　故宫博物院院刊 5：87 - 109
唐韩休墓“乐舞图”探析　周伟洲　考古与文物 6：73 - 79
唐韩休墓《乐舞图》属性及相关问题研究　程旭　文博 6：21 - 25
陕西韩城盘乐村宋墓壁画的象征意义　杨效俊　文博 5：57 - 64
浅议宋金墓葬中的启门图　丁雨　考古与文物 1：81 - 91
二十一世纪以来辽代墓葬壁画研究综述　李玉君、张新朝　中国史研究动态 5：40 - 49
辽墓壁画的考古发现与研究综述　黄小钰　故宫博物院院刊 1：145 - 155
夕阳西下——读兴县红峪村元代武庆夫妇墓壁画札记　郑岩　古代墓葬美术研究（第 3 辑）253 - 272
山西兴县牛家川元代石板壁画解析　郭智勇、李锐　文物世界 1：3 - 6
西藏甘丹彭措林寺色究竟天殿壁画内容辨识与研究　闫雪　西域历史语言研究集刊（第 8 辑）421 - 442
西藏拉萨大昭寺壁画色彩及其价值研究　王乐乐　边疆考古研究（第 16 辑）329 - 341

西藏拉萨大昭寺壁画色彩及其价值研究　王乐乐　庆祝魏存成先生七十岁论文集 413－425
丹丹乌里克二号殿所见于阗诃利帝壁画　［印］洛克什·钱德拉著　杨富学译　敦煌研究 5：45－50
论五台山寺庙壁画的审美承载　李玉福　名作欣赏 2：62－63
孙不二的登真之路及其形象演变——由永乐宫重阳殿壁画中 14 组孙不二形象谈起　吴端涛　美术研究 4：30－46
庄浪紫荆山“老子八十一化”壁画考析　杨拴平　丝绸之路 20：35－36
山西东岳稷益庙壁画与根祖文化源流探析　叶磊、王泽庆　美术研究 3：115－116
山西太原居贤观明代壁画中的风扇车　史晓雷　文物世界 3：57－58
歙县小溪村丛林寺丁云鹏观音壁画　王国辉、王龙辉　收藏 11：16－18
文心妙相——歙县丛林寺水墨观音壁画的文人画特点　金延林　世界宗教文化 2：148－150
从西藏贡嘎曲德寺壁画看钦则画派的特点　罗文华　故宫博物院院刊 5：110－130
晚清广府壁画——广府文化的肖像　黄利平　中国文化遗产 3：90－93
库木吐喇窟群区第 34 窟现存龟兹语壁画榜题简报　新疆龟兹研究院等（赵莉等）　西域文史（第 9 辑）1－32
龟兹石窟中动物画的分期及其特征分析　姚志虎　装饰 2：92－93
龟兹石窟佛传壁画与佛神通力——兼论龟兹石窟涅槃题材故事画　苗利辉　敦煌研究 5：51－57
龟兹“佛履三道宝阶降还”和“龙王搭桥渡佛过河”壁画探析　赵莉、杨波　西域研究 4：135－141
克孜尔 114 窟与佛图舌弥　满盈盈　新疆大学学报（哲学·人文社科版）1：56－58
克孜尔 83 窟壁画图像原型考：以月光夫人为考察中心　雷启兴　南京艺术学院学报（美术与设计版）3：95－99
克孜尔第 123 窟主室两侧壁画新探　朱天舒　敦煌研究 3：1－10
吐峪沟第 42 窟禅观壁画研究——兼及汉文禅观文献的起源　［日］山部能宜著　陈瑞莲译　杨富学校　敦煌研究 4：35－42
格伦威德尔和奥登堡记录的吐鲁番壁画残块　［俄］吉拉·萨马秀克著　杨军涛译　西域考古·史地·语言研究新视野：黄文弼与中瑞西北科学考查团国际学术研讨会论文集 593－595
“身若出壁”的吐火罗粟特壁画——以尉迟乙僧为线索　任平山　敦煌研究 1：46－58
于阗曹皇后画像及生平事迹考述　张晓刚等　西域研究 1：59－68
庆阳北石窟寺第 165 窟“舍身饲虎”图像考辨　董华锋　敦煌学辑刊 1：82－89
麦积山石窟第 127 窟造像壁画思想研究　项一峰　敦煌学辑刊 1：90－103
麦积山与敦煌石窟北魏飞天造像色彩研究　钟国昌　中央民族大学学报（哲社版）4：174－176
丝路遗珍 观音妙像——敦煌艺术中的水月观音图　孔德众　2009 丝绸之路国际学术研讨会论文集 225－227
敦煌壁画“意”与“象”契合的形式美　陈乃惠　沈阳建筑大学学报（社科版）1：46－50
试探敦煌北朝时期供养人画像的美学意义　胡同庆　敦煌研究 1：39－45
敦煌壁画中的女供养人　刘泓文　寻根 2：63－68
敦煌壁画男性舞蹈形象研究　孙汉明　北京舞蹈学院学报 3：40－44
敦煌壁画中马形象探析　刘艳燕、曾俊琴　丝绸之路 8：21－24
敦煌壁画婚礼图中的镜　祁晓庆　敦煌研究 6：41－46
敦煌西魏画风新诠——以莫高窟第 285 窟工匠及粉本问题为核心　张建宇　敦煌研究 2：4－14
由维摩诘经变赞普问疾图看吐蕃之后的敦煌社会　沙武田、李国　中国藏学 4：180－186
试探敦煌壁画中的佛教洗浴文化　胡同庆　敦煌研究 3：16－21
唐代三大胡舞中的佛教转世再生思想——以敦煌石窟佛教经变壁画为例　王毓红、冯少波　唐史论丛（第二十辑）247－273
敦煌水月观音图的艺术　史忠平　敦煌研究 5：20－33

莫高窟唐代观音画像中的净瓶造型探析　史忠平、马莉　中国国家博物馆馆刊 1：66－80
自然的心象——敦煌壁画《十六观》反映的自然观　罗世平、罗简　美术研究 4：55－58
敦煌莫高窟唐代龛内屏风画的起源——以树下人物图屏风画为例　信佳敏　美术研究 1：51－55
一幅珍贵的唐长安夜间乐舞图——以莫高窟第 220 窟药师经变乐舞图中灯为中心的解读　沙武田　敦煌研究 5：34－44
莫高窟第 280 窟菩萨乘象图和比丘诵经图的再解读　王惠民　敦煌研究 1：29－34
中晚唐五代时期敦煌降魔变地神图像　张善庆　2009 丝绸之路国际学术研讨会论文集 194－203
瓜州榆林窟第 3 窟五守护佛母曼荼罗图像解说　刘永增　敦煌研究 1：21－28
榆林窟第 3 窟五护佛母图像研究　贾维维　敦煌研究 4：14－24
阿尔寨石窟壁画中所绘坐具研究　董晓荣　敦煌研究 2：15－21
甘肃民乐童子寺石窟《西游记》壁画补录及其年代新论　丁得天、杜斗城　兰州大学学报（社科版）4：67－74
大足北山宋刻《维摩诘经变》及其相关问题考察　米德昉　中国国家博物馆馆刊 3：81－91

补　遗

牡丹江群力岩画地理环境及其年代、族属研究　王禹浪　黑龙江民族丛刊 2014 年 5：101－108
酒泉丁家闸五号墓“社树图”辨析　朱智武　南京艺术学院学报（美术与设计版）2014 年 6：27－31
塔波寺主殿内绘制的 10、11 世纪的纺织品　安娜·万德著　李俊译　西藏民族学院学报（哲社版）2014 年 6：26－33
西藏甘丹彭措林寺大经堂壁画题记识读与研究　闫雪　中国藏学 2014 年 3：160－169
哲蚌寺措钦大殿内转经道壁画制作材料及工艺研究　祁娜等　中国藏学 2014 年 3：170－175
说一切有部的法身观“十八不共法”——兼论它在龟兹石窟中的图像表现　苗利辉　敦煌学辑刊 2014 年 3：74－87
唐代敦煌壁画“迦陵频伽”造像与佛教音乐美学　叶明春　交响 2013 年 4：12－26
敦煌石窟早期壁画线描艺术探析　邓亚楠　晋阳学刊 2014 年 6：140－142
地图说：敦煌壁画山水画新探　周榕清　艺术百家 2014 年 4：224－225
敦煌壁画中的民俗画　马楠　艺术百家 2014 年 6：237－238

其他

四川年画木刻雕版工艺探讨　四川博物院（李钢、陈静）　成都文物 1：22－27
浪漫与写实的早期帛画——馆藏楚汉帛画赏析　郑曙斌　文物天地 9：26－31
关于马王堆一号汉墓 T 形帛画出土位置的说明　湖南省博物馆马王堆汉墓研究组　中国文物报 6 月 12 日 3 版
长沙马王堆一号汉墓帛画放置位置正误——发现时是画面向上、平铺在黑地云纹彩绘棺棺盖上的　胡继高　中国文物报 4 月 28 日 3 版
也论马王堆汉墓帛画——以阊阖（璧门）、天门、昆仑为中心　王煜　江汉考古 3：91－99
马王堆一号墓漆棺仙山图像再思考　张启彬　楚文化研究论集（第十一集）484－494
马王堆一号汉墓中的龙、璧图像　巫鸿　文物 1：54－61
马王堆汉墓《丧服图》新探　程少轩　文字与解释：学术交流会论文集 129－144
北宋《报父母恩重经变》绢画　李永平　文物天地 4：48－51
明清汉地佛寺彩画兰札体梵字纹饰考析　陈捷、张昕　美术研究 3：56－63
佛光寺东大殿的建筑彩画　天津大学建筑学院等（于垚）　文物 10：70－76
曼荼罗与明代官式宗教建筑彩画——以智化寺为例　侯启月、李沙　装饰 3：84－85
泉州开元寺大殿妙音鸟翅膀造型溯源　穆宏燕　美术研究 4：59－65
徽州承志堂建筑彩画图像内涵与空间环境解析　黄成　装饰 4：121－123

七 书法

伯懋父簋墨书与商周书法 张翀 收藏6：31－33
战国简牍书法与题铭艺术的字体探赜 吴晓懿 中国国家博物馆馆刊2：88－100
山阴法乳 江左风流——写在大观太清楼帖的旁边 止水 中国文物报5月5日7版
书法强音的序曲——写在《大观太清楼帖》的边上 朱申生 中国文物报6月30日7版
从敦煌五代牒状写本看五代书法的过渡特色 王明 敦煌研究3：39－46

八 工艺美术

漆器

北京金漆镶嵌史略 章永俊 北京文博文丛3：23－28
论东周仿铜漆礼器 院文清 楚文化研究论集（第十一集）19－35
一朝临镜度春秋 妆成谁解尽情看——古代盛妆器拾珍 刘芳芳、朱威 收藏家6：55－66
战国秦汉漆夿胎骨刍议——兼读漆器胎骨的演变 刘芳芳 文物研究（第21辑）94－102
战国秦汉漆器纹饰之“用笔” 于献堂 美术观察7：113－117
乐浪郡出土汉代漆绘竹箧装饰画风格辨析 宋广林 装饰4：94－95
从马王堆汉墓出土漆器审度汉初漆器功能工艺的传承与变异——兼论马王堆汉墓漆器产地问题 聂菲 文物天地9：20－26
温州漆器精品鉴赏——兼论历史与文化对古代温州漆器的影响 伍显军 收藏家5：32－40
馆藏宋元漆器精品赏析 谭杨吉 文物天地11：25－29
中国漆器与琉球的文化交流 李晓丽 收藏家11：69－71
故宫博物院藏“洋漆”与“仿洋漆”器探源 夏更起 故宫博物院院刊6：136－150
清高宗御制诗文与清宫漆器 李蕙 收藏家6：67－72
沈阳故宫博物院庋藏清代填漆和戗金漆器拾珍 邓庆 收藏家10：19－26
沈阳故宫藏佛教风格漆器 张莹 文物天地12：10－17

补 遗

中国古漆工艺“剔犀”与“犀皮”之流变 汪瑾 南通大学学报（社科版）2014年5：96－100
齐国漆器及相关问题初探 李鸿雁 管子学刊2014年4：28－30
先秦漆艺文化寻踪 张飞龙、李三原 中华文化论坛2014年12：52－59
战国秦汉漆器装饰的构成方式和布局意识 于献堂 艺术探索2014年5：104－110
唐代中日文化交流对漆器制作技艺的传播 王伟 陕西青年职业学院学报2014年4：83－85
明代宫廷漆器的生产组织与管理 何振纪 设计艺术研究2014年5：104－111

金银器

中国历代金银器的发展（上）、（下） 韩慧泉 历史文物7：36－49、9：44－59
对鄂尔多斯北方青铜文化时期金银器的新认识 王志浩等 草原文物1：113－124
高兔村战国墓出土神兽金铸像造型蠡测 王红梅 中国国家博物馆馆刊8：64－72
东北亚三至六世纪的黄金制品 田立坤 庆祝魏存成先生七十岁论文集203－223
白乌二年金方奇及相关问题 马强 文物4：91－95
20世纪唐代金银器的发现与研究评述 冉万里 西部考古（第七辑）321－340
鎏金鸳鸯鸿雁纹银匜与唐代的吉礼 魏秋萍 文物天地2：50－53
贵州遵义官田坝明墓出土金银器——失而复得的大明奇珍 赵小帆 大众考古25：46－49
玎玎珰珰七事件儿——平武荀家坪明墓出土金事件儿 张丽华 文物天地1：30－34

家具

北朝高足围屏床榻的形成 韦正 文物7：59－68

沉穆雍容之美——明清古典紫檀家具　郑勖溱　收藏家 9：83－84
故园遗珍——颐和园藏明清家具　隗丽佳　收藏家 7：3－14
故宫博物院藏黄花梨六方扶手椅形制及工艺研究　屈峰　文物天地 4：71－75
轿箱考略　王月前　收藏家 2：35－38

文房四宝

中国古代澄泥砚的产生与流传　沈晓筱等　文物研究（第 21 辑）294－302
汉代毛笔的代表作——"白马作"毛笔　王育玲　文物天地 4：37－38
宋墓出土文房器用与两宋士风　扬之水　考古与文物 1：62－70
诸暨博物馆藏南宋文房用具　赵立平　收藏家 6：23－25
故宫博物院藏宣德款、嘉靖款漆笔管年代管窥　杨勇　文物 2：51－60
文房雅玩——墨床、笔架的赏析　鹿艳芬　文物世界 2：49－51

竹木工艺

先秦楚地竹制器具考析　张宗登　艺术探索 4：42－45
以刀代笔　繁绮多姿——明清竹刻艺术　徐华铛　收藏 1：93－99
北京故宫所藏竹刻文物　张林杰　收藏 1：106－113
南京博物院藏明清竹刻精品　吴荣清　收藏 1：128－131
珍如拱璧的嘉定竹刻　徐征伟　收藏 1：100－105
金陵派竹刻及其艺术特色　陆原　收藏 1：124－127
故宫博物院藏扎卜扎雅木器　林欢　文物 4：59－67
中国雕刻和绘画装饰的原生态——新见河西走廊出土汉晋木雕和以木雕艺术为载体的绘画装饰　梁燵德　丝绸之路沿线博物馆专业委员会论文集（第 2 辑）246－251

染织工艺

阿斯塔纳——哈拉和卓古墓群出土丝织品纹样特征探讨　达瓦加甫·乌吉玛　北方民族考古（第 2 辑）221－229
新疆出土汉晋毛织物纺染织工艺研究　于颖　古代钱币与丝绸高峰论坛暨第四届吐鲁番学国际学术研讨会论文集 194－219
马王堆汉墓出土纺织品工艺成就赏析　王叔金　文物天地 9：31－36
汉代河西市场的织品——出土汉简资料与遗址发掘收获相结合的丝绸之路考察　王子今　中国人民大学学报 5：31－40
中国丝绸博物馆收藏的外销绸　蔡琴　收藏 11：112－129

补　遗

从唐朝织锦联珠纹的流变看唐朝对异域文化的吸收　刘昕璐　艺术探索 2014 年 6：81－82

玻璃工艺

寒凝美器中的文明交流：丝路上的玻璃器　希声　中国宗教 2：52－53
轻如云魄　五色焕然——陕西历史博物馆新征集玻璃器　呼啸、卢轩　文物天地 2：25－30
湖南出土战国玻璃器科技研究　"基于无损科技检测的中国古玉器鉴定研究"课题组、湖南省博物馆（赵瑞廷）　北京文博文丛 3：103－112
汉墓出土上古玻璃二题　耿朔　边疆考古研究（第 17 辑）269－276
唐长安城西市遗址出土玻璃残块初探　温睿、郑逸轩　中国敦煌吐鲁番学会丝绸之路专业委员会文集 51－61
福建泉州五代王福墓出土玻璃解析　范佳平　丝绸之路 6：24－25
元代玻璃莲花托盏　刘瑶　文物天地 4：54－55
玲珑珍玩——清代玻璃鼻烟壶　王昊　收藏 11：74－83

其他

古法新技——珐琅之美　苏小梦　历史文物 10：46 - 51
逃离美色　光凝秋水——长沙市博物馆藏战国两汉琉璃器　张海军　收藏家 4：55 - 60
馆藏花斑纹玛瑙珠小议　喻燕姣　文物天地 9：40 - 44
天水宋代琉璃舍利塔　孟旭辉　收藏 1：62 - 63
辽代琥珀童子　王春燕　收藏家 1：70
“明线刻司马迁骨质牌饰”考辨　王莉　文博 2：52 - 56
明代核雕考述　王照烽　收藏 12：130 - 133
馆藏犀角杯珍赏　唐剑玲、张磊　文物天地 7：27 - 30
清代掐丝珐琅福寿高足杯　陈嘉翎　历史文物 8：1

陆　古代科学技术

一　天文与历法

红山文化遗址中的天文学内涵　吕宇斐　古代文明研究通讯 65：1 - 60
式图与式盘　黄儒宣　考古 1：92 - 102
“羞中日”与“七月流火”——说早期纪时语的特殊语序　陈剑　古文字与古代史（第四辑）125 - 150

二　冶铸

冶金技术与中华文明发展　陈建立　南方文物 1：45 - 47
西方因素和本土创造——中国早期冶金技术传统的形成　中国文物报 1 月 9 日 5 版
中国青铜技术的起源与早期发展　梅建军　国博讲堂（2011—2012）309 - 330
论中国古代青铜器的范铸法　万红等　铸造技术 9：2320 - 2323
新论“六齐”之“齐”　杨欢　文博 1：35 - 38
传承与发展——冶铸技术的中国特质　陈建立　中国文物报 1 月 23 日 5 版
关于中国早期冶铜术起源的探索　王建平　中华之源与嵩山文明研究（第 2 辑）120 - 142
酒泉早期的青铜冶炼和铸造技术　刘生平　丝绸之路 6：15 - 18
张掖西城驿遗址出土铜器的初步研究　陈国科等　考古与文物 2：105 - 118
张掖西城驿遗址冶铸遗物研究　李延祥等　考古与文物 2：119 - 128
皖南地区早期冶铜技术研究的新收获　郁永彬等　考古 5：103 - 113
中国所见塞伊玛——图尔宾诺式倒钩铜矛的合金成分　刘瑞等　文物 10：77 - 85
论克什克腾旗喜鹊沟铜矿遗址及相关问题　王立新、付琳　考古 4：79 - 87
安阳殷墟孝民屯出土两类熔铜器具的科学研究　周文丽等　南方文物 1：48 - 57
殷墟青铜器金属芯撑技术研究　刘煜等　南方文物 4：97 - 111
殷墟陶范、陶模、泥芯的材料来源与处理　岳占伟等　南方文物 4：152 - 159
陕西子洲出土商代铜器的科学分析及其相关问题　刘建宇等　文物 1：77 - 84
陕西子洲出土商代青铜容器铸造工艺观察分析　刘建宇等　南方文物 1：58 - 66
陕西宝鸡石鼓山新出西周铜甲的初步科学分析　陈坤龙等　文物 4：68 - 75
陕西横山黑水沟遗址出土铸铜遗物的初步研究　刘建宇等　南方文物 1：67 - 71
大冶香炉山遗址采集炉渣初步研究　李延祥等　江汉考古 2：93 - 100
秦早期青铜器中铅料矿源分析　贾腊江等　自然科学史研究 1：97 - 104
甘肃礼县出土春秋时期青铜方壶的造型工艺研究——兼论秦人的模块化生产方式　刘彦琪等　文物 1：85 - 96

郑韩故城出土青铜器的矿料来源初步分析　张宏英等　文物保护与考古科学 4：39 – 44
赵卿墓镬鼎的铸造工艺研究　廉明琪　文物世界 3：16 – 17
淅川楚国青铜器组合和铸造技术工艺　胡永庆　楚文化研究论集（第十一集）282 – 289
大冶铜绿山楚与汉冶铜炉构筑技术及相关问题考述　陈树祥　楚文化研究论集（第十一集）261 – 281
清朝宫廷制作黄铜技术与流传　赖惠敏、苏德征　吉林师范大学学报（人文社科版）1：43 – 53
先秦两汉钢铁技术发展与传播研究新进展　陈建立　南方民族考古（第十辑）251 – 262
广西贵港六穴岭汉代冶铁遗址初步研究　黄全胜等　南方民族考古（第十辑）231 – 238
勿吉的金属冶炼和制造业　梁玉多　北方文物 4：60 – 62
中国宋元时期的高炉　华道安著　杨盛译　南方民族考古（第十辑）263 – 281
对北京地区辽代冶铁考古研究的思考——由延庆水泉沟辽代冶铁遗址说起　解小敏　北京文博文丛 1：66 – 74
"冶金考古"重地——北京延庆大庄科辽代矿冶遗址群　刘乃涛　大众考古 22：25 – 29

三　纺织业

我国古代织物用金之表现技艺发展的三个阶段　李晓瑜　设计艺术研究 1：103 – 107
天树下娜娜女神的宣言——新疆洛浦县山普鲁出土毛毯系列研究之一　段晴　西域研究 4：147 – 160
昙石山遗址出土纺轮研究（上）、（下）　吴卫　文物春秋 1：15 – 20、2：15 – 21
扎滚鲁克毛编绳研究　贺婧婧、王博　古代钱币与丝绸高峰论坛暨第四届吐鲁番学国际学术研讨会论文集 119 – 152
和田洛浦山普拉汉墓出土的马人和武士纹毛织物的形制、组织结构、造型艺术风格浅析　阿丽娅·托拉哈孜　古代钱币与丝绸高峰论坛暨第四届吐鲁番学国际学术研讨会论文集 171 – 176
新疆山普鲁古毛毯上的传说故事　段晴　西域研究 1：38 – 47

四　农业

略论嵩山地区原始农业发展的三阶段及其特征　黄富成　中国农史研究的新视野 260 – 274
马家窑文化时期甘、青、宁地区的农耕文明　徐日辉　中国农史研究的新视野 275 – 281
史前农业用地模型构建及运用——以河南仰韶村文化遗址为例　查理思等　农业考古 6：13 – 18
尼雅遗址农业考古揭秘——精绝国农业考古资料搜刮记述　卫斯　中国农史研究的新视野 308 – 335
三杨庄遗址所反映的汉代聚落形态　符奎　中国农史研究的新视野 336 – 350

农业起源

全球视野下的粟黍起源及传播探索　何红中　中国农史研究的新视野 249 – 259
李家沟遗址与中原农业的起源　王星光　中华之源与嵩山文明研究（第 2 辑）28 – 38
台头遗址稻作农业的考古学研究　郑晓蕖等　青岛考古（二）234 – 248
新石器时代中期到先秦以前广东农业考古地域　吴建新　广州文博（八）230 – 247

农业工具

古代除草农具"钱、铫和铲"的发展演变　李颖　农业考古 6：205 – 207
简析我国史前之石农具　李三谋等　中国农史研究的新视野 139 – 150
从汉画像石看两汉牛耕技术的进步——兼论两汉时期南方地区的牛耕问题　姚义斌、徐华瑞　扬州大学学报（人文社科版）2014 年 5：67 – 73
汉代水碓的考古学证据　史晓雷　农业考古 1：193 – 196
西南大学历史博物馆馆藏三件汉代有铭农具　邹芙都　农业考古 3：10 – 12
一种汉晋河西和边塞使用的农具——"鐖櫨"　邢义田　简帛（第 11 辑）191 – 205
敦煌曲辕犁新考　郝二旭　2009 丝绸之路国际学术研讨会论文集 178 – 187

五 畜牧业

中国家猪饲养的早期发展 罗运兵 中国文化遗产 4：40－45
中国古代家鸡起源的再研究 袁靖等 南方文物 3：53－57
从出土文物及相关史料谈古代河西地区畜牧业 王海宇 丝绸之路 10：25－26
汉阳陵出土陶羊与西汉时期的羊 石宁 农业考古 4：231－235

六 水利

河济及周边地区龙山时代水井辨析（纲要） 朔知 中国社会科学院古代文明研究中心通讯 27：27－34
商代邑聚输排水综考 张兴照 华夏考古 1：53－62
战国楚都的水井与民生 刘建业 大众考古 28：34－37
关中平原水利建设的历史审视 王双怀 陕西师范大学学报（哲社版）1：109－114
先秦时期河南井灌与中原农耕文明发展 贾兵强 中国农史研究的新视野 151－159
河南地区汉代的水利开发与农业区域 何金龙 中国农史研究的新视野 160－166
中古时期西域水利考（五）——柳中县、蒲昌县水渠考 李方 敦煌吐鲁番研究（第 14 卷）281－287
两宋江南运河入江口澳闸系统研究 刘建国 东南文化 3：92－99
上海志丹苑埋藏元代水闸兴废因素探讨 王昕等 志丹苑：上海元代水闸遗址研究文集 168－175
甘肃永昌金龙坝水利工程遗址调查 丁得天、李勇杰 中国文化遗产 5：97－100

七 医药卫生

"神游武当——道教千年文物特展"专题之六——湖北省博物馆所藏腧穴针灸铜人初探 曾攀 历史文物 1：37－43
西汉前楚地出土医学资料中的科技信息 贾海燕 楚文化研究论集（第十一集）495－510
浅谈何家村出土医药文物与唐代道教外丹术的发展 田卫丽 文博 3：42－46

八 交通与交通工具

从西南丝绸之路的线路节点研析其功能及需求 张弘 学术探索 7：117－121
殷末十年征夷方取道济水考 张华松 东方考古（第 11 集）122－144
传奇古商路——南襄隘道上的商业城镇与建筑 刘炜、余骞 中国文化遗产 3：76－84
《管子》"发、朝鲜之文皮"的考古学探索——兼论东周时期齐国与海北的贸易和交通 王青 东方考古（第 11 集）215－236
燕秦汉时期辽西走廊考——兼与王绵厚、李健才先生商榷 王海 飞軨广路：中国古代交通史论集 1－15
先秦两汉时期中国西南道路与区域交流 颜信 中华文化论坛 1：155－160
丝路古道平川区境内古渡口与古城遗址考述 张明清 丝绸之路 2：27－29
说"甲渠河南道" 孙兆华、田家溧 飞軨广路：中国古代交通史论集 233－246
试论孙吴时期的海路交通的发展——以大秦商人秦论来华为中心 钟良灿 飞軨广路：中国古代交通史论集 362－369
仙霞古道：沟通浙闽的古商道 罗德胤 中国文化遗产 2：94－102
唐至北宋山东半岛南岸港口的商业功能辨析——以板桥镇为中心 陈杰 青岛考古（二）248－256
晚唐五代宋初河西地区羌胡交往考 郑炳林 2009 丝绸之路国际学术研讨会论文集 116－129
浅谈宋元时期航海技术与风险的几个问题 孟原召 海洋遗产与考古（第二辑）454－460
宁波鄞江发现宋元时期古河道等遗迹 许超 浙江文物 4：20

明清广州对外交通的主要航道　章文钦　广州文博（八）121－139
中国和欧洲的鸟形车　［美］劳费尔（Berthold Laufer）著　邵小龙译　欧亚译丛（第一辑）188－200
东北地区先秦时代车马具研究　孙璐著　孙金松、刘丽娜译　草原文物2：72－90
略论汉代的独轮车——兼谈文献中汉代“鹿车”事迹的独特文化内涵　党超　飞軨广路：中国古代交通史论集303－322
汉代彩绘木轺车　王勇　文物天地4：29－31
海上丝绸之路上的中国帆船　蔡薇等　海交史研究2：1－11
广东南澳Ⅰ号沉船船体初探　周春水　海洋遗产与考古（第二辑）349－359
古代“福船”的形态与结构　许路　海洋遗产与考古（第二辑）360－387
法国民族志中的中国帆船　邱丹丹　海洋遗产与考古（第二辑）388－412
补　遗
北朝以来炳灵寺周围交通路线考索　刘满　敦煌学辑刊2014年3：1－24
隋唐大运河通济渠考古新发现研究——以惠济桥为中心　陈隆文　陕西师范大学学报（哲社版）2014年6：26－33

九　地理及地图

嵩山腹地凹形地貌与嵩山文明　周昆叔等　中华之源与嵩山文明研究（第2辑）39－47
长江口古代港市聚落的空间变迁　杨平平　海洋遗产与考古（第二辑）121－135
记西域探险考察与新疆地图的绘制　李孝聪　西域考古·史地·语言研究新视野：黄文弼与中瑞西北科学考查团国际学术研讨会论文集561－576

一〇　制盐

2014年中国盐业考古的发现与随想　李水城　南方文物1：109－110
莱州湾南岸地区发现的龙山时期制盐遗址　燕生东　考古12：106－114
青海玉树州囊谦县两处盐场调查概况　贾鸿键、索南旦周　南方文物1：123－124
重庆郁山盐业考古发现与制盐工艺　牛英彬、白九江　中国文物报5月22日6版
重庆彭水县郁山镇盐业考古发现与研究　牛英彬、白九江　南方民族考古（第十辑）125－152

柒　古代文化生活

一　音乐

中国音乐文物大系　黄翔鹏、王子初　中国音乐学3：133－135
编磬音色特征及音源设计研究　胡壮利等　江汉考古2：101－106
从西亚到新疆——箜篌自西向东的流播路径　杨洪冰、贾嫚　西域研究3：119－124
甘肃玉门火烧沟陶埙探究　何建波　丝绸之路18：12－13
“神游武当——道教千年文物特展”专题之七——先秦乐舞：一种宗教的仪式程式——道教音乐之源　张翔　历史文物1：44－53
西周早期至穆王时期编甬钟成组规范考　任宏　中国音乐1：59－62
西周甬钟编列的“拼合现象”——兼析甬钟的来源　王友华　中国音乐1：63－69
论叶家山曾国编钟及有关问题　方建军　中国音乐学1：49－54
论宋代安陆出土“曾侯钟”之乐律标铭　王子初　音乐研究3：12－20
黄钟大吕　国之正音——三门峡虢国墓地出土的编钟　杨爱民　收藏8：122－125
近年来我国吴越音乐考古资源的调查与研究　王子初　艺术百家1：56－72

江西龙虎山崖墓出土“十三弦筝”之形制渊源考　饶曦　艺术百家 4：218－222
湖北枣阳郭家庙墓地音乐考古新发现　冯光生　中国文物报 5 月 8 日 6 版
楚王酓章钟“商商穆”试解　方建军　黄钟 1：60－63
许公墓编镈探微　陈艳　中国音乐学 2：54－59
汉画艺术中的长笛　季伟　中原文物 1：85－91
汉代不同质别的弹琴类画像文物　季伟　中原文物 6：65－73
莫高窟隋唐壁画“葫芦琴”图像再考　刘文荣　音乐研究 1：82－91
唐琴综述　刘岐荣　收藏家 7：15－22
《张议潮统军出行图》仪仗乐队乐器考　朱晓峰　敦煌研究 4：25－34
冯晖墓砖雕乐舞音乐文化价值略考　王拥军　青海社会科学 1：103－108
石泉七弦琴　赵乐　中原文物 5：100－104

补　遗

“雅”器小考　晏波　湖北民族学院学报（哲社版）2014 年 4：92－96
巴式编钟的考古发现与研究　朱世学　三峡大学学报（人文社科版）2014 年 5：29－35
羊角钮钟和广西古代瓯骆音乐　别志安　艺术探索 2014 年 6：79－80
编磬在汉代的转型与没落　朱国伟　黄钟 2014 年 4：3－10
论云冈石窟乐伎浮雕中的义觜笛　陈婧雅、陈四海　交响 2013 年 4：65－69
河南大晟钟及其复原研究与仿制实验　李幼平等　中国音乐 2014 年 4：8－13

二　舞蹈

从出土文物看汉代长袖折腰舞　马静娟、龙华　文物世界 4：15－18
古道西风别样薰——北魏平城时代的胡风乐舞　赵昆雨　敦煌研究 3：30－38

三　体育与杂技

广西花山岩画蕴涵的壮族传统体育文化及其现代传承发展　董必凯、何卫东　广西社会科学 4：51－54
说骰　徐若冰　文物春秋 2：58－61
河南蹴鞠汉画像石在足球史研究上的意义　赵明奇、刘秉果　郑州商都 3600 年学术研讨会暨中国古都学会 2004 年年会论文选编 223－227
云冈石窟中体育元素的文化探析——以飞天为例　王海　体育科技 2：7－9
西域传入的双陆棋考释　刘志华　2009 丝绸之路国际学术研讨会论文集 158－177
从唐代打马球文物看唐人的精神风貌　田卫丽　文物世界 1：28－32
布达拉宫壁画中的藏民族传统体育文化研究　杨文豪等　西藏民族学院学报（哲社版）1：48－54

补　遗

贺兰山岩画中原始体育活动的审美特征　王昌伟　军事体育学报 2014 年 4：83－85
敦煌壁画中的体育研究　沙滟　体育文化导刊 2014 年 11：158－161

四　饮食文化

史上盘中餐——关于滋味的考古发现　王仁湘　中国文物报 9 月 11 日 5 版
民以食为天，饮当器以用——秦代饮食器具的多元类别与特定社会功能解析　宗椿理　南京艺术学院学报（美术与设计版）4：43－50
从马王堆汉墓遣策中管窥汉代饮食文化　陈顺容　中华文化论坛 3：87－90
酌金馔玉　万般奢华——沈阳故宫博物院藏御用餐饮器皿　李晓丽　收藏 8：126－131
从红山文化源头查海遗址探析我国谷物酿酒的起源　李井岩、李明宇　北方文物 1：16－19

中国烧酒起源新探　冯恩学　吉林大学社会科学学报 1：163－170
注子的起源及演变　牟宝蕾　文博 6：58－65
从出土越窑茶具看浙东茶文化的兴盛　涂师平　收藏 6：63－65
“巴丹”考　王银田　边疆考古研究（第 16 辑）193－204

捌　少数民族考古及民族志

一　西北地区

关于新疆古代居民及其文化的若干问题　徐文堪　西域考古·史地·语言研究新视野：黄文弼与中瑞西北科学考查团国际学术研讨会论文集 3867－392
曲什曼：古代新疆拜火教遗址的新发现　刘文锁　新疆师范大学学报（哲社版）2：68－73
历史时期伊犁河谷文化遗址时空特征及驱动力分析　王芳等　地理学报 5：796－808
乌禅幕东迁蒙古高原考——兼论匈奴文化对汉代艺术之影响　林梅村　欧亚学刊（新 3 辑）1－13
匈奴大型墓葬概述　潘玲、萨仁毕力格　草原文物 2：100－109

二　西南地区

阿里高原象雄考古揭秘——“王侯”丝绸与黄金面罩　霍巍　大众考古 19：32－35
西藏首次考古出土的古象雄天珠　中国社会科学院考古研究所、西藏自治区文物保护研究所（仝涛等）　文物天地 1：114－118
天珠（蚀花石髓珠）浅议　朴良君　文物天地 1：73－77
补　遗
从考古发现看西藏史前时期的身体意识　张学海　西藏民族学院学报（哲社版）2014 年 6：7－12
白马藏族“鱼骨牌”饰品的考古学研究　余永红　青海民族研究 2014 年 4：153－158

三　东北地区

榆树老河深遗址中层墓地文化属性再思考　孙危　北方民族考古（第 2 辑）199－204
民族学视野下的拓跋鲜卑早期遗存　吴松岩　边疆考古研究（第 17 辑）277－284
山西原平北贾铺东汉墓葬所见的北方草原文化因素——附汉鲜卑遗存的发现与辨识　乔梁　考古与文物 2：91－96
鲜卑马形牌饰的来源　潘玲、萨仁毕力格　边疆考古研究（第 16 辑）387－400
靺鞨考古学遗存时空分布的探讨　刘晓东　庆祝魏存成先生七十岁论文集 254－265
朝阳地区隋唐墓葬出土陶器所反映的文化关系试析　乔梁　庆祝魏存成先生七十岁论文集 335－345
唐代两蕃的考古学文化研究　毕德广　辽宁师范大学学报（社科版）4：565－570
康平马莲屯两座墓葬的年代与族属考　周向永　沈阳考古文集（第 5 集）318－327
奚族考古资料的总结与认识　王丽娟　内蒙古大学学报（哲社版）2：21－25
奚族历史的回顾与思考　王丽娟　北方民族考古（第 2 辑）267－275

玖　宗教遗迹与遗物

一　原始宗教

从彩陶纹饰看中国史前晚期的太阳崇拜　姚草鲜　洛阳考古（总第 7 期）27－33

二　佛教

藏传佛教艺术中的唐卡艺术　李雪扬　2009 丝绸之路国际学术研讨会论文集 228－234

新疆、甘肃地区发现的早期佛像与东西方文化交流融合　王琦　2009 丝绸之路国际学术研讨会论文集 70－77
略论洛阳出土佛教造像座的装饰题材　冉万里　考古与文物 5：62－68
“四面像碑”与“四面佛像”　严耀中　社会科学战线 9：90－97
朝阳北塔石函“那吒护法”图像试读　谷赟　美术研究 4：47－51
隋代京畿地区仁寿舍利石函的图像与风格——以神德寺舍利石函为中心　杨效俊　考古与文物 5：80－87
吐火罗语文献所见佛名系列——以出土佛典与库木吐喇窟群区第 34 窟榜题为例　［日］荻原裕敏　西域文史（第 9 辑）33－49
新疆和田达玛沟托普鲁克墩 1 号佛寺图像研究　陈粟裕　世界宗教文化 4：85－90
试论佛教传入图们江流域的初始时间　宋玉彬　文物 11：62－69
吐蕃时期禅定印毗卢遮那图像与禅宗关系研究　席琳　文博 5：102－108
水陆法会起源和发展再考　戴晓云　敦煌吐鲁番研究（第 14 卷）479－487
莫高窟礼佛仪式的左旋与右旋　刘艳燕、吴军　敦煌研究 6：47－53
从 tu?e 一词看龟兹佛教之香华供养　庆昭蓉　西域研究 3：43－52
天龙山佛教瘗葬形式综述　苏玲玲　文物世界 1：7－9
太山龙泉寺初探　张志敏　文物世界 3：3－6
小雁塔的丝路文化价值　王乐庆　丝绸之路沿线博物馆专业委员会论文集（第 2 辑）91－97
安徽六安观音寺出土彩绘孔雀明王经概述　许良杰等　文物研究（第 21 辑）283－287
漫谈佛舍利　孟君　收藏家 3：69－74
随州义地岗出土唐代佛具　项章　江汉考古 3：124－125
南京栖霞寺舍利塔植物纹饰浅析　李思洋　中国文化遗产 5：90－96
北宋初期定州佛教的盛行　王丽花　文物春秋 4：26－33
西藏阿里地区普兰县科迦寺祖拉康木雕　李俊　西藏研究 2：81－90
甘肃省博物馆藏敦煌宋代天禧塔资料辨析　时兰兰　敦煌研究 6：63－67
宋代的罗汉信仰及其仪式——从大德寺宋本《五百罗汉图》说起　刘淑芬　“中央研究院”历史语言研究所集刊（第八十六本）第四分：679－776
大同华严寺、云冈石窟佛教美术考古研究　苏金成　中国书画报 3 月 11 日 5 版
由八大灵塔图像管窥辽代佛教信仰　于博　东北史地 5：29－35
辽代佛像的鉴定　赵国栋　草原文物 1：109－112
观台窑址金代佛教装饰用瓷略说　张美芳　收藏家 8：35－38
摩利支天造像及其崇拜　张宏书　收藏 6：94－103
青海藏传佛教寺院阿柔大寺考述　王云　丝绸之路 8：33－38
试析更庆寺格萨尔唐卡　伦珠多吉　西藏研究 1：111－118
战神九兄弟唐卡——清代藏传佛教战神九兄弟信仰在北京地区的流传　孙涛　收藏家 8：66－68
白塔寺馆藏八幅清代唐卡的风格及来源初探　孙涛　北京文博文丛 1：23－34
四川博物院藏《印度八十四大成就者》唐卡　江佳英、刘舜尧　文物天地 1：35－43
故宫博物院藏五守护佛母图像解读　张雅静　故宫博物院院刊 4：110－125

补　遗

阿弥陀佛五十菩萨图像与信仰——兼论其与西方净土变的关联　于向东　南京艺术学院学报（美术与设计版）2014 年 6：10－15
北朝佛传故事图像艺术研究考析　赵鹏、江南　南京艺术学院学报（美术与设计版）2014 年 6：20－26
唐长安遵善寺考　樊波　敦煌学辑刊 2014 年 3：138－143
鸠摩罗什舍利塔再考察　文军　敦煌学辑刊 2014 年 3：144－151

泉州佛塔雕刻艺术的世俗化特征　孙群　艺术探索2014年6：83－86

三　道教

"神游武当——道教千年文物特展"专题之四——传承与创新：台湾道教的流派及其变化　李丰楙　历史文物1：10－23

"神游武当——道教千年文物特展"专题之五——玄武意涵及其信仰的体现　庄宏谊　历史文物1：24－36

"神游武当——道教千年文物特展"专题之八——台湾的道坛生态与齐醮科仪　谢宗荣　历史文物1：54－63

何家村窖藏中的唐代道教文物　田卫丽　收藏6：104－113

唐宋时期敦煌大众的道教知识与思想——以敦煌文献为中心的研究　杨秀清　敦煌研究3：74－87

四　其他宗教

草原丝绸之路上的汪古景教　张彤　丝绸之路沿线博物馆专业委员会论文集（第2辑）75－83

天水隋贴金彩绘屏风式石棺床祆教内涵初探　王文刚　陇右文博1：26－31

拾　历史地理

禹、启都阳城阳翟新证　贾俊侠　中国历史地理论丛1：103－115

夏代晚期韦、顾、昆吾等方国地望研究　张国硕　中国历史地理论丛2：83－89

周孝王所封非子之"秦"邑地望析异　徐少华　历史地理（第31辑）175－180

春秋战国时期许、叶间地名丛考　李元芝　楚文化研究论集（第十一集）335－343

战国时期赵国两"番吾"番吾地望探析　林献忠　历史地理（第32辑）48－53

试论战国时期代地地理及相关问题　雷鹄宇　赵光贤先生百年诞辰纪念文集520－526

秦据汉水与南郡之置——以军事交通与早期郡制为视角的考察　孙闻博　飞軨广路：中国古代交通史论集42－66

综合视角下的汉代边疆　［美］狄宇宙（Nicola Di Cosmo）著　程秀金译　欧亚译丛（第一辑）90－111

汉帝国北部边疆设立与治理——北部区城市与城市体系的考古学观察　陈博　边疆考古研究（第16辑）159－192

汉初南郡的前进据点与郡国关系　［韩］琴载元　飞軨广路：中国古代交通史论集197－210

从考古发现看汉代钖县地望　潘碧华　江汉考古6：75－79

西汉时期楼兰"伊循城"地望考　于志勇　西部考古（第七辑）218－230

唐会宁关位置辨析　史志林、沈渭显　历史地理（第31辑）313－328

宋金时期彭池原四镇今昔考　张宝玺　2009丝绸之路国际学术研讨会论文集280－294

补　遗

蒙元时代日月山地望考　马晓林　中国历史地理论丛2014年4：49－54

拾壹　中外关系与文化交流

丝绸之路与中原的对外交流　王景荃、董源格　丝绸之路沿线博物馆专业委员会论文集（第2辑）61－68

丝绸之路——沟通东西方文明　俄军　丝绸之路沿线博物馆专业委员会论文集（第2辑）7－12

出土文物中的前丝绸之路东西方文化交流元素　王琦　丝绸之路沿线博物馆专业委员会论文集（第2辑）124－130
塞伊玛——图尔宾诺文化与史前丝绸之路　林梅村　文物10：49－63
丝绸之路——青海道　祝君　丝绸之路沿线博物馆专业委员会论文集（第2辑）13－21
崤函古道：丝路唯一的道路遗迹　黄洋、杜瑶　大众考古19：70－73
从新疆文物看新疆段丝绸之路的重要性　王裕昌　2009丝绸之路国际学术研讨会论文集55－69
楼兰与丝绸之路　刘瑶　丝绸之路沿线博物馆专业委员会论文集（第2辑）335－346
丝绸之路与伊犁　高小伟、郭芳　大众考古19：74－80
“海上丝路”考古奇遇——守候金鸡岭　蒋廷瑜　大众考古20：45－47
丝绸之路上的瓷器运销　刘毅　2009丝绸之路国际学术研讨会论文集257－268
唐三彩与丝绸之路文化交流　林尚斌　丝绸之路沿线博物馆专业委员会论文集（第2辑）209－225
“黑石号”、长沙窑与唐朝的海上交通　王怡苹　海洋遗产与考古（第二辑）243－252
古代丝绸之路胡商的主要交易品浅析　李瑞哲　西部考古（第七辑）255－275
试论明代的宝石贸易　姜波　海洋遗产与考古（第二辑）253－259
从韩国上林里铜剑和日本平原村铜镜论中国古代青铜工匠的两次东渡　白云翔　文物8：67－79
古代中国长江下游地区和朝鲜半岛南部地区的海上交流——以考古文物为中心　金仁喜　海交史研究2：81－92
关于朝鲜半岛古国加耶与南朝交流的两个问题　王志高　文物研究（第21辑）126－132
匈奴联盟与丝绸之路的孕育过程——青铜时代和早期铁器时代中国北方与欧亚草原的文化交往　杨建华、邵会秋　吉林大学社会科学学报1：154－162
文化传播、人群移动和文化影响：以西南地区与北方草原文化关系的研究为例　［英］安可著　陈心舟译　南方民族考古（第11辑）67－90
北燕、柔然与草原丝绸之路——从冯素弗墓出土的玻璃器谈起　刘宁　北方民族考古（第2辑）213－220
马来西亚砂劳越州沙隆河出土的宋元华南瓷器初探　［马来西亚］柯佳育　海洋遗产与考古（第二辑）275－297
销往阿拉伯地区、印度和拉美的广彩瓷　黄静　收藏7：100－107
中国东南沿海发现的16－18世纪西属殖民地银币　刘淼　海洋遗产与考古（第二辑）260－274
从出土汉至唐文物看欧亚文化交流遗痕　葛承雍　故宫博物院院刊3：111－125
欧亚视野内的喜马拉雅黄金面具　仝涛、李林辉　考古2：92－102
从西方传入的文物看古代丝绸之路传播——以甘肃省博物馆藏西式神人纹鎏金银盘为例　俄军　2009丝绸之路国际学术研讨会论文集103－115
东罗马神人纹鎏金银盘　贾建威　文物天地4：42－44

补　遗

青花瓷的参与：16—18世纪中欧景观文化的交融　万明　安徽师范大学学报（人文社科版）2014年6：673－681

拾贰　学术消息与文博工作

一　学术会议

2014年度全国十大考古新发现　中国文物报4月17日6、7版
聚焦2014年度全国十大考古新发现　董健丽　文物天地5：125－127
“中国社会科学院考古学论坛·2014年中国考古新发现”纪要　考古7：101－106
“草原游牧民族与丝绸之路暨中蒙联合考古十周年国际学术研讨会”纪要　包桂红、程鹏飞　草原文物

2：138－145

“中国考古学研究中日论坛”会议纪要 常怀颖 古代文明研究通讯 67：65－84

“黄文弼与中瑞西北科学考查团国际学术研讨会”会议综述 徐玉娟 西域考古·史地·语言研究新视野：黄文弼与中瑞西北科学考查团国际学术研讨会论文集 646－653

西南地区考古协作的新进展——“西南考古协作会预备会议”纪要 李兰 南方民族考古（第 11 辑）345－350

濮阳与华夏文明学术研讨会纪要 张文彦、崔宗亮 中国社会科学院古代文明研究中心通讯 27：1－9

“扬州城考古学术研讨会”综述 王睿等 中国文物报 11 月 6 日 6 版

中国社科院考古所科技考古中心成立 20 周年纪念大会在京召开 贾昌明 中国文物报 11 月 5 日 2 版

中国史前考古龙岗论坛在汉中召开 李政 中国文物报 11 月 13 日 1 版

丁村遗址群 2015 年考古现场研讨会会议纪要 兰会才等 中国文物报 11 月 20 日 6 版

奇和洞遗址国际学术研讨会在福建漳平召开 李政 中国文物报 6 月 19 日 1 版

专家研讨石家河遗址新发现与石家河文化——纪念石家河遗址考古 60 周年学术研讨会暨中国考古学会 新石器时代考古专业委员会成立大会召开 李政 中国文物报 12 月 22 日 2 版

第九届红山文化高峰论坛述要 于建设、滕海键 东北史地 3：94－96

齐家文化与华夏文明国际研讨会在甘肃广河隆重召开 谷丛 中国社会科学院古代文明研究中心通讯 28：1－2

齐家文化与华夏文明国际研讨会学术交流的主要内容 朱乃诚 中国社会科学院古代文明研究中心通讯 28：3－7

在“禹会村遗址与淮河流域文明研讨会”上的发言 严文明 禹会村遗址研究——禹会村遗址与淮河流域文明研讨会论文集 4－5

“禹会诸侯于涂山”传说与禹会村遗址——在“禹会村遗址与淮河流域文明研讨会”上的发言 李伯谦 禹会村遗址研究——禹会村遗址与淮河流域文明研讨会论文集 6－10

嵩山文明与早期中国——嵩山文明与早期中国学术研讨会综述 赵春青等 中华之源与嵩山文明研究（第 2 辑）1－11

在嵩山文明与早期中国学术研讨会开幕式上的讲话 王巍 中华之源与嵩山文明研究（第 2 辑）12－13

“河济地区文明起源与早期国家”学术研讨会在京召开 傅斌 中国文物报 9 月 25 日 1 版

“‘早期文明中的权力与信仰’学术沙龙”纪要 北京大学考古文博学院（常怀颖） 东南文化 4：122－126

“早期文明的对话”国际学术研讨会纪要 常怀颖 古代文明研究通讯 65：72－90

近二十年来中国学术界国家起源研究述评 常怀颖 古代文明研究通讯 66：56－79

考古成果提升认识 科技走向田野 综合研究成果频出——“中华文明探源工程”四期 2014 年度考古工作的主要收获 探源工程项目执行专家组秘书处（常怀颖、高玉） 中国文物报 5 月 6 日 5 版

“考古视野中的早商文化与先商文化”座谈会听记 常怀颖 古代文明研究通讯 67：85－93

“盘龙城与长江文明国际学术研讨会”纪要 常怀颖 古代文明研究通讯 64：61－78

构建宁绍地区考古学文化序列的新坐标——宁波镇海九龙湖鱼山、乌龟山遗址考古发掘专家论证会纪要 雷少等 中国文物报 3 月 13 日 7 版

“湖南出土商、西周青铜器国际学术研讨会”综述 舒丽丽 中国文物报 9 月 11 日 6 版

宝鸡戴家湾、石鼓山与安阳出土青铜器及陶范学术研讨会召开 常怀颖 中国文物报 12 月 18 日 5 版

齐文化研究的新进展——“第 22 届国际历史科学大会淄博卫星会议”齐文化研究综述 马季凡 南方文物 3：113－114

共同努力 促进楚文化研究的新进展——在湘鄂豫皖楚文化研究会第十四次年会闭幕式上的讲话 高崇文 江汉考古 6：117－119

“湘鄂豫皖楚文化研究会第十四次年会”纪要 湘鄂豫皖楚文化研究会秘书处 江汉考古 6：120－126

"曾国考古发现与研究"学术研讨会综述　中国史研究动态6：66－68
"曾国考古发现与研究"学术研讨会纪要　常怀颖　古代文明研究通讯64：78－86
集数十专家十二春秋研究成果——《曾侯乙编钟》新书首发式暨学术研讨会在京召开　李政　中国文物报8月25日1版
"兵与礼——吴王余眛剑学术研讨会"综述　程义、陈伟　东南文化3：120－126
"汉化·胡化·洋化——新出史料中的中国古代社会生活"国际学术研讨会综述　高正亮　2015敦煌学国际联络委员会通讯191－196
唐韵追汉风　蓉城忆未央——历史考古青年论坛（第一届）纪要　金弘翔　中国文物报6月5日6版
志丹苑遗址2001年专家论证会纪要　周云　志丹苑：上海元代水闸遗址研究文集84－86
志丹苑遗址2006年专家论证会纪要　周云　志丹苑：上海元代水闸遗址研究文集87－89
"江苏省'十三五'考古工作座谈会"纪要　江苏省考古研究所（张蕾）　东南文化5：124－126
继往开来，再谱新篇——第五届全国动物考古学研讨会暨中国考古学会动物考古专业委员会成立大会会议综述　尤悦　南方文物1：89－92
第六届全国动物考古学研讨会在重庆召开　陈相龙　中国文物报12月4日6版
自然科学手段助推蒙古族源探索——"蒙古族源问题的体质人类学与分子考古学研究"学术研讨会在吉大召开　郭晓蓉　中国文物报7月7日1版
国际文物修护学会（IIC）2014香港会议纪要　雷勇　故宫博物院院刊2：139－152
石质文物保护最新研究成果的探讨交流——2015中国石质文物保护国际学术研讨会述评　詹长法　中国文化遗产4：46－49
"冶金技术与中华文明发展学术研讨会"暨"田野冶金考古信息采集方法专家咨询会"会议纪要　常怀颖　古代文明研究通讯64：57－60
新疆钱币学会2014年学术年会综述　蔡杰华　新疆钱币1：27－28
2014年"中国古文书学国际学术研讨会"综述　徐义华　中国史研究动态4：70－72
2015中国（安阳）国际汉字大会在安阳召开　张俊梅　中国文物报10月27日1版
第四届中国古文书学研讨会在北京召开　陈丽萍　中国文物报11月10日2版
"武汉大学第二届海外学术周·中国简帛学国际论坛2014"在美举行　与闻　中国史研究动态4：65－66
归宿与永生——第四届古代墓葬美术研究国际学术会议综述　莫阳　中国文物报10月23日6版
一次石窟考古、佛教美术研究的盛会——"2014敦煌论坛：敦煌石窟研究国际学术研讨会"综述　张先堂、顾淑彦　2015敦煌学国际联络委员会通讯167－177
音乐与考古的对话——2014年中国博物馆协会乐器专委会年会暨第六届东亚音乐考古学会国际研讨会综述　王清雷、陈洁　音乐艺术2：180－187
"第六届东亚音乐考古学国际研讨会"综述　李倩　江汉考古1：127－128
"行舟致远：扬帆海上丝绸之路"国际学术研讨会综述　荣亮、尤泽峰　海交史研究2：128－132
"南方丝绸之路学术研讨会"综述　邹一清　中国史研究动态4：67－69
吐鲁番与丝绸之路经济带高峰论坛暨第五届吐鲁番学国际学术研讨会综述　汤士华　2015敦煌学国际联络委员会通讯178－182

补　遗

《玉润东方——大汶口—龙山·良渚玉器文化展》展暨"东部沿海史前玉器与史前文明"学术研讨会会议纪要　周浩然　玉器考古通讯2014年2：1－7
文化·族群·社会——黑龙江流域考古学研讨会综述　包曙光、王乐文　学术交流2014年12：221－222

二　文博展览

宝钿金花——惠风阁金银器展　史博馆研究组　历史文物5：88－89

陶语诉春秋——宝鸡古代陶瓷与文化生活展　崔睿华、王保平　收藏 12：26－37
禾兴之源　葛金根　收藏家 1：18－24
崧泽之美——浙江崧泽文化考古特展　刘斌、陈明辉　收藏家 1：3－8
取经归来——一代宗师唐玄奘展　田卫丽　收藏 10：100－109
六百年后再聚首——略谈举办“明代御窑瓷器——景德镇御窑遗址出土与故宫博物院藏传世洪武、永乐、宣德瓷器对比展”的意义　吕成龙　文物天地 12：36－45
跨越五百年的重聚——故宫举办景德镇御窑遗址出土与院藏传世洪武、永乐、宣德瓷器对比展　翀生　收藏 10：114－123

三　文博机构介绍

抓住历史机遇　积极开拓创新　创造新的辉煌——为纪念中国社会科学院考古研究所成立 65 周年而作　王巍　考古 8：3－15
广州文物考古和文物保护事业迈上新台阶——广州市文物考古研究院成立　韩维龙等　中国文物报 1 月 9 日 6、7 版

四　学术信息

2014 年的中国考古学——考古发现之外的那些事　王巍　中国文物报 3 月 13 日 5 版
世界重大考古成果集体亮相——第二届世界“考古论坛・上海”评出十项考古发现奖与十一项考古研究成果奖　中国文物报 12 月 18 日 5 版
承前启后　继往开来——开创陕西史前考古新局面　陕西省考古研究院　中国文物报 12 月 18 日 6 版
陶寺遗址重要考古成果在京分布　李政　中国文物报 6 月 19 日 1 版
国家社科基金重大项目“盛京城考古与清代历史文化研究”开题——再论盛京城考古　沈阳市文物考古研究所　中国文物报 6 月 5 日 6 版
公共考古在田野考古中的尝试——以柳孜运河遗址二次发掘为例　陈超　中国文物报 2 月 13 日 7 版
公众考古在网络媒体中的新尝试——2015 年网络媒体暨微博达人“重庆考古发现”公众考古活动侧记　贾昌明　中国文物报 6 月 5 日 5 版
踏梦泥河湾　寻访燕赵魂——走进第二届泥河湾公众考古活动现场郭晓蓉　中国文物报 6 月 12 日 1 版
践行公众考古　回馈社会大众——湖南宁乡罗家冲遗址举办大型公众考古活动　曹栋洋等　中国文物报 7 月 3 日 7 版
高校开展公众考古活动的若干思考——以北京联合大学的公众考古活动为例　刘佳月等　中国文物报 7 月 17 日 5 版
多方专家论证确认“丹东一号”沉舰应为致远舰　李政　中国文物报 11 月 6 日 1 版

拾叁　书刊评介

一　总述

写在《中国考古学大辞典》出版之际　王巍　中国文物报 1 月 23 日 4 版
全面修订与更新的经典之作——《考古学：理论、方法与实践》中文第二版推介　陈淳　中国文物报 9 月 25 日 6 版
“理论之美”——读《思考考古学》　徐海峰　中国文物报 2 月 13 日4 版
陶铸群伦励后学　淹贯博通著宏文——李伯谦先生《感悟考古》读后　王晓晖　中国文物报 3 月 13 日 4 版
考古之乐——读《石璋如先生口述历史》　吴玲、何文竞　中国文物报 4 月 10 日 4 版

神话的真相——序叶舒宪《图说中华文明发生史》 王仁湘 中国文物报5月1日4版
文化遗产事业应是人民的事业——读曹兵武《文物与文化》 侯俊杰 中国文物报11月3日6版

二 史前考古

《小工具的大思考：全球细石器化的研究》的再思考 陈胜前、李彬森 边疆考古研究（第16辑）343－353
用一柄手铲解读史前中国——读《石兴邦考古论文集》 王仁湘 文物12：88－92
史前轮轴机械对中华文明起源的作用 王巍、邓聪 中国文物报1月2日4版
古人类化石面面观——读《中国古人类化石》 仪明洁、樊鑫 中国文物报2月6日4版
中国古代文化连续发展的标杆之作：重读《庙底沟与三里桥》有感 朱乃诚 南方文物3：8－13
重新认识史前长江下游的"楔子"——蒋乐平新著《跨湖桥文化研究》读后 肖宇 中国文物报3月6日4版
《良渚文化刻划符号研究》课题成果初现——《良渚文化刻划符号》出版及初步认识 夏勇 中国文物报6月5日6版
中国文明起源研究的鸿篇力作——读《牛河梁——红山文化遗址发掘报告（1983～2003年度）》 栾丰实 考古1：114－120
吹尽狂沙始到金——读《湘西史前遗存与中国古史传说》 卜工 中国文物报3月13日4版
《运城盆地东部聚落考古调查与研究》述评 邵晶、孙周勇 中国文物报12月29日6版
考古学文化功能研究的战略性起点——戈登·威利的《秘鲁维鲁河谷的史前聚落形态》译介 谢银玲、陈淳 东南文化4：6－14
文化上的早期中国说——《早期中国——中国文化圈的形成和发展》序 严文明 中国文物报5月15日4版

三 夏商周考古

夏王朝·青铜时代·都市国家——读饭岛武次《中国夏王朝考古学研究》一书 高江涛 华夏考古4：148－150
当代考古学史的典范之作——评孙庆伟《追迹三代》 陈洪波 古代文明研究通讯67：58－64
三峡考古文化的多角度呈现——写在《三峡夏商时期考古文化》前面的话 杨华 重庆师范大学学报（哲社版）1：18－25
三峡考古发现复原古代社会演变历史——杨华教授著《三峡夏商时期考古文化》序 李禹阶 重庆师范大学学报（哲社版）1：108－109
中国与东南亚古代铜鼓研究的新成果——读李昆生、黄德荣著《中国与东南亚的铜鼓》 黄剑华 中国抚仙湖文明的影响和传播：纪念抚仙湖水下考古研究12周年学术论文集285－289
一部留驻学史考古报告——初读《二里头1999～2006》 李维明 中国文物报3月6日4版
评《登封南洼——2004～2006年田野考古报告》 栾丰实 中国文物报4月10日4版
从盐业角度看渤海南岸地区与商周王朝关系——读燕生东《商周时期渤海南岸地区的盐业》 阎志 古代文明研究通讯67：51－57
一部对先秦射礼作历时性通考的力作——袁俊杰《两周射礼研究》读后 章秀霞 中国文物报11月3日6版
战国晚期西戎文化的独特性、多元性、多层性和多维性——读《西戎遗珍：马家塬战国墓地出土文物》和《清水刘坪：早期秦文化系列考古报告之二》有感 郭物 中国文物报2月13日4版

补 遗

长江中游是东亚稻作原生文明的发祥地——郭静云教授著《夏商周：从神话到史实》述评 郭立新 三峡大学学报（人文社科版）2014年5：1－9

四　秦汉及以后

汉唐间丝绸之路与文明互动的图景——读石云涛《文明的互动：汉唐间丝绸之路与中外交流论稿》　张宜婷　中国文物报 7 月 14 日 6 版

读《秦西汉印章研究》　王伟　中国史研究动态 2：83－84

《河西魏晋十六国壁画墓研究》评介　朱智武　中国文物报 2 月 13 日 4 版

唐贞顺皇后敬陵石椁的回归与相关研究文集的出版　赵荣　中国文物报 7 月 14 日 7 版

石窟寺考古报告的典范——评《莫高窟第 266—275 窟考古报告》　刘进宝　敦煌研究 1：133－140

读《吐鲁番考古记》札记　柴剑虹　西域考古·史地·语言研究新视野：黄文弼与中瑞西北科学考查团国际学术研讨会论文集 92－99

《文明碎片——中国东北地区辽、金、契丹、女真历史遗迹与遗物考》书评　王文轶　满族研究 2：65－68

金史研究领域的重要成果——《金源文化辞典》读后　齐心　中国文物报 12 月 29 日 6 版

五　古文字与文书

继往以开来　袭故而弥新——《新中国甲骨学六十年》读后　齐航福　中国文物报 1 月 2 日 4 版

他山之石　可以攻玉——加拿大高岛谦一教授甲骨学研究新著中文版　夏大兆　中国文物报 5 月 22 日 4 版

为了商周金文学术研究的振兴——刘正先生新出巨著《金文学术史》述评　宋玉玺　殷都学刊 1：118－12

《竹书纪年考》——《竹书纪年》研究史上的里程碑　刘绪　中国文物报 5 月 22 日 4 版

更深入的研究——评陈伟主编《秦简牍合集》　王子今　光明日报 8 月 3 日 16 版

评贾丽英《秦汉家庭法研究：以出土简牍为中心》　王安宇　简帛研究（2015）257－259

评彭浩、陈伟、工藤元男主编《二年律令奏谳书》　［韩］尹在硕著　［韩］李瑾华译　简帛研究（2008）311－329

字样学研究领域里的新力作——读《隋唐石刻与唐代字样》　肖瑜、刘文章　汉字文化 1：92－95

一部敦煌学者的必读之作——张涌泉《敦煌写本文献学》读后　邓文宽　敦煌研究 2：130－135

《朱雷敦煌吐鲁番文书论丛》评介　史文韬　中国史研究动态 6：86－87

《湖北天门熊氏契约文书》评介　杨华、陈新立　中国史研究动态 2：95－96

补　遗

《吐蕃统治下的敦煌地区，787—848 年：对莫高窟发现的世俗文书的研究》一书介绍　陆离　西藏民族学院学报（哲社版）2014 年 6：72－74

六　美术考古

中原岩画与黄帝天门——读《具茨山岩画》　王子今　中国文物报 5 月 1 日 4 版

道在瓦甓　文华天齐——写在《九宫阁藏齐国瓦当拓本集》出版之际　孙敬明　中国文物报 6 月 5 日 4 版

姬燕文馨　瓦磬长音——燕瓦收藏家吴磬军新著《燕下都瓦当》　穆强　中国文物报 5 月 15 日 4 版

旧书新貌——读《洛阳两汉彩画》　杨爱国　中国文物报 12 月 1 日 6 版

以图像建构汉代长生信仰体系——汪小洋《汉墓壁画的宗教信仰与图像表现》中的创新　王倩　艺术百家 1：241－242

《青州龙兴寺佛教造像艺术》述评　杨华胜　中国文物报 9 月 8 日 6 版

中国石窟寺考古学关于佛装研究的新进展——介绍陈悦新著《5～8 世纪汉地佛像着衣法式》　杨泓

中国文物报 4 月 10 日 4 版

梵宫复语　召庙重辉——《内蒙古藏传佛教建筑》读后　袁永明　中国文物报 9 月 8 日 6 版

道教雕塑研究的新成果：评《陶铸永恒》　孙亦平　中国宗教 1：80－81

《宋瓷笔记》：别有一种悦畅　郭学雷　中国文物报 5 月 22 日 4 版

纸落云烟　翰动若飞——读《武汉博物馆藏明代书画珍品录》有感　冯健　中国文物报 1 月 9 日 4 版

补　遗

沙武田所著《吐蕃统治时期敦煌石窟研究》评介　刘振刚　中国藏学 2014 年 3：206－208

七　其他

《伯希和西域探险日记 1906—1908》评介　胡同庆　2015 敦煌学国际联络委员会通讯 205－206

《黄文弼蒙新考察日记》的历史价值　周轩　西域考古·史地·语言研究新视野：黄文弼与中瑞西北科学考查团国际学术研讨会论文集 100－112

读《徐旭生西游日记》随札　吴华峰　西域考古·史地·语言研究新视野：黄文弼与中瑞西北科学考查团国际学术研讨会论文集 229－238

自有源头活水来——读《杨肇清考古文集》　杨升南　中国文物报 3 月 13 日 4 版

中华文明源流的追寻——贾福林和他的新著《中和韶乐》　苏叔阳　中国文物报 7 月 14 日 7 版

从空间和艺术中拓展考古学视野——再度《入山与出塞》　周晓惠、刘辉　中国文物报 1 月 9 日 4 版

动物考古三境界：见物、见人、见世界——评《中国动物考古学》　吕鹏　中国文物报 11 月 3 日 6 版

陶质彩绘文物保护的重要成果——《出土陶质彩绘文物保护关键技术研究》评介　秦文　中国文物报 5 月15 日 4 版

浅议《中国历代长城发现与研究》　同杨阳、薛程　中国文物报 1 月 23 日 4 版

尊祖与收族——滕雪慧《瓜瓞绵延山海间：临海传统宗祠研究》读后　汤惠生　中国文物报 12 月 29 日 6 版

《中国长白山文化》“考古编”书后　王绵厚　中国文物报 5 月 1 日 4 版

江宁博物馆馆藏文物珍品集粹——《东山撷芳》评介　王志高　中国文物报 4 月 24 日 4 版

特立前瞻　务实创新——读王世仁先生新著《文化遗产保护知行录》　宋大川　北京文博文丛 2：114－116

论文集出版时间补充说明：

2016 年鉴所收录“考古学论文资料索引”中涉及的论文集部分资料含非 2015 年度出版情况详细信息：

1. 禹会村遗址研究：禹会村遗址与淮河流域文明研讨会论文集　中国社会科学院古代文明研究中心、安徽省文化厅、蚌埠市人民政府编　朱乃诚、王吉怀、辛礼学主编　科学出版社　2014 年 8 月　318 页
2. 东方考古（第 11 集）　山东大学文化遗产研究院编　科学出版社　2014 年 12 月　548 页
3. 西部考古（第七辑）　西北大学丝绸之路文化遗产保护与考古学研究中心、西北大学唐仲英文化遗产研究与保护技术实验室编　三秦出版社　2014 年 9 月　403 页
4. 西域考古·史地·语言研究新视野：黄文弼与中瑞西北科学考查团国际学术研讨会论文集　荣新江、朱玉麒主编　科学出版社　2014 年 12 月　653 页
5. 西域文史（第 9 辑）　朱玉麒主编　科学出版社　2014 年 12 月　文 367 页
6. 敦煌吐鲁番研究（第 14 卷）：中国敦煌吐鲁番学会成立三十周年国际学术研讨会专号（上）　中国敦煌吐鲁番学会、首都师范大学历史学院、香港大学饶宗颐学术馆、北京大学东方学研究院合办　饶宗颐主编　上海古籍出版社　2014 年 12 月　557 页
7. 故宫学术讲谈录（第 2 辑）　故宫博物院编　宋玲平、王浩主编　故宫出版社　2014 年 4 月　367 页

8. 中国抚仙湖文明的影响和传播：纪念抚仙湖水下考古研究12周年学术论文集　李昆声、黄懿陆主编　云南人民出版社　2014年12月　463页
9. 赵光贤先生百年诞辰纪念文集　孟世凯主编　中国社会科学出版社　2011年3月　548页
10. 丝绸之路沿线博物馆专业委员会论文集（第2辑）　俄军主编　甘肃人民美术出版社　2014年7月　366页
11. 边疆考古研究（第16辑）　吉林大学边疆考古研究中心编　科学出版社　2014年12月　401页
12. 2009丝绸之路国际学术研讨会论文集　甘肃省博物馆编　郑炳林、俄军主编　三秦出版社　2010年7月　362页
13. 简帛研究（2008）　卜宪群、杨振红三编　广西师范大学出版社　2010年9月　348页
14. 古文字与古代史（第二辑）　李宗焜主编　"中央研究院"历史语言研究所　2009年12月　471页
15. 郑州商都3600年学术研讨会暨中国古都学会2004年年会论文选编　郑州市人民政府、中国古都学会编　中州古籍出版社　2005年9月　288页
16. 元史及民族与边疆研究集刊（第28辑）　刘迎胜主编　上海古籍出版社　2014年12月　213页
17. 唐史论丛（第19辑）　杜文玉主编　三秦出版社　2014年10月　338页
18. 秦汉史论丛（第13辑）　中国秦汉史研究会编　郑州大学出版社　2014年8月　426页
19. 南方民族考古（第10辑）　四川大学博物馆、四川大学考古学系、成都文物考古研究所编　科学出版社　2014年12月　397页

（编辑者：汤　超　王景霞　刘思延　许匀馨）

新发表古代铭刻资料简目

（原形字用“□”号代替。期刊名称后的数码依次为期和页，中国文物报后的数码依次为期和版）

一　甲骨文

商

232片带字甲骨

除其中11片为郭沫若主编的《甲骨文合集》收录外，其余大多未公之于世。

（河南新乡市博物馆藏　　华夏考古3：123－132）

二　金文

商

爵

鋬内侧腹壁铭3字：“亚韦舌”。

卣

器内底铭1字：“舌”。

觚

圈足内壁铭1字：“舌”。

爵

鋬内腹外壁铭1字：“舌”。

（以上2006年7月至9月河南荥阳市广武镇小胡村墓葬发现　　华夏考古1：5、9－11）

戈

凹槽内铭1字：“舌”。

戈

内中部正面铭1字：“雨”，背面铭1字：“五”。

钺

器身两面圆形穿孔的两侧均铭1字：“八”。

（以上河南洛阳文物收藏学会收藏　　洛阳考古2：90－91）

西周

簋（2件）

M257：1 器、盖同铭 4 行 31 字（重文二）："隹十月初吉丁柳（卯）柯　史（使）作寡仳（姒）媵簋用　祈眉寿永命子＝孙＝　其迈（万）年永宝用享"。

（1993 年 3 月河南平顶山市西部新华区（现为新城区）滍阳镇（原薛庄乡）北滍村西滍阳岭墓葬发现　华夏考古 3：11－12）

簋

器内底铭 2 行 7 字："西作父　丁將鼎彝史"。

觚（2 件）

圈足内同铭 2 行 7 字："西作父丁　宝彝史"。

（以上 2004 年年底山东滕州市官桥镇前掌大村南南岗子墓地发现　文物 4：5－6、8）

鼎

器铭 6 行 31 字："隹公省㪤南　或（国）至于汉氒（厥）至　于㝬公易（锡）白（伯）□宝　玉五品马四匹　用铸宫　白（伯）宝障彝"。

（2014 年春发现　江汉考古 6：69）

尊（2 件）

圈足内壁铭 3 行 8 字："册耕竹士　乍父癸　彝"。

尊

器腹内底铭 1 行 3 字："〔桓〕父己"。

甗

腹内壁铭 2 行 6 字："騬（駛）麤（羸）蘁（麀）　乍旅獻（甗）。"

簋

器、盖同铭 3 行 13 字（重文二）："弔（叔）莽（带）父乍　障簋子＝　孙＝永宝用"。

（以上中国国家博物馆近年入藏　中国国家博物馆馆刊 5：137－138、141－143）

簋

器底铭 3 行 21 字（重文二）："德克乍朕文且（祖）　考尊簋克其万　年子＝孙＝永宝用享"。

（北京师范大学文博馆收藏　文物春秋 5：67）

春秋

鬲

口沿铭 1 行 23 字（重文二）："杞白（伯）乍车母朕（媵）鬲用享考（孝）于其姑公万年子₌孙₌永宝用"。

俎

器面两端铭 8 字："王子臣乍　䵼彝用冬（终）"。

（以上中国国家博物馆近年入藏　中国国家博物馆馆刊 5：144、146）

鬲

口沿铭 1 行 24 字（重文二）："唯曾白（伯）宫父穆用吉金自作宝鬲其万年子₌孙₌永宝用享"。

（2006 年湖北十堰市私人收藏　江汉考古 4：127）

戈

内部末端铭 2 行 5 字："曾子南　用戈"。

戈

内部末端铭 2 行 5 字："曾子南　用戈"。

戈

内部末端铭 2 行 6 字："曾子南　之用戈"。

戈

内部末端铭 2 行 6 字："曾子叔　迖之䧹"。

（以上浙江绍兴市私人收藏　　江汉考古 1：76－78）

戈

援胡上铭 1 行 5 字："曰（君）臣止用戈"。

（2005 年 3 月河南南阳市华鑫苑小区墓葬发现　华夏考古 3：26）

甬钟（M4：016）

正反两面的钲部、左鼓和右鼓皆铸铭文，共 37 字："徇乔（骄？）壮　武左右　楚王弗　讨是无许穆曾侯　愧（愄）记温　龚□□　□□□命台（以）忧此鳏寡　妥遗（？）皮（彼）　无□余……"。

戟

胡上残存 2 字："曾侯"。

（以上 2011 年 9 月湖北随州市东城区文峰塔墓地 M4 墓葬发现　　江汉考古 1：5－11）

战国

壶

器盖、器身肩部同铭 2 行 7 字："陒（或追）子曾　作铸白壶"。

（2009 年湖北谷城县尖角墓地发现　　江汉考古 3：40－42）

剑

剑格两面刻嵌金银细丝："戉王　戉王""光用金　光用金"；剑首嵌刻一圈金银相间鸟篆 12 字："戉王不光用金戉王不光用金"。

（2000 年 6 月至 8 月湖北荆州市荆州区纪南镇曾家山墓葬发现　　江汉考古 5：30－31）

刺

刺身正面铭 2 行 30 字："六年塚（冢）子軦（韩）政邦库啬夫軦（韩）狐大官上库啬　夫狢贾库吏翆冶尹韥造□（端？）戟束"；背铭 2 字："颖阳"。

（2009 年 9 月江苏宿迁市晓店镇青墩村遗址发现　　文物 2：61－63）

秦

矛（2 件）

骹部铭 2 字："寺工"。

（2009 年至 2011 年陕西秦始皇帝陵园一号兵马俑陪葬坑发现　　文物 9：35）

西汉

鼎

器盖铭 3 行数字："君子□□□□　曰□容□□□　煙行□□□□"；器身腹部近口沿处铭 5 行 33 字："四年晋阳诹丞头祠官□　匠□　重十一斤八两容二斗四升　今并重十一斤　七两第九"。

（河南洛阳文物收藏学会藏　　文物 4：88－89）

灯

灯盘外壁铭 3 行 6 字："陕五　斤十　一两"。

（河南洛阳文物收藏学会藏　　洛阳考古 1：91－92）

桥墩（铁）

柱状器身铭 4 行 16 字："广汉郡雒　江桥墩重　卌五石大　始元年造"。

（2007 年 2 月四川广汉市小汉镇柳林村石亭江河滩发现　　四川文物 1：6）

宋

铃

器腹部以“寿”字为分隔，铭 4 字：“马到成功”。

（2013 年 4 月江苏南京市大报恩寺遗址发现　东南文化 4：63）

钟（铁）

钟身以三弦纹分隔成上下两层，每层八方，铸铭：“……宣和六年岁次甲辰十一月二十日铸……”铸钟时间、匠人、助缘人姓名约 565 字，记录了当时盂县几乎全部的官吏和差役。

（山西阳泉市盂县藏山风景名胜区保存　文物世界 5：22－23）

辽

钟（铁）

钟身铭文分上下两部分，上部铭文 42 行，下部铭文 75 行，汉、梵两种文字合璧。钟铭：“……维天庆四年岁次甲午十月壬寅朔二十月辛酉庚时再建……”铭文 1200 余字。

（河北涞源县阁院寺藏　北方文物 1：86－87）

明

造像

造像座背铭：“造主　□仪　发心”。

熏炉

炉底款：“洪武年制”。

（以上 1991 年河北正定县西南街元件厂分厂窖藏发现　正定县文物保管所藏　文物春秋 3：77－78）

附：金银器刻铭

宋金银器

鎏金银七宝阿育王塔塔身铭：“共计用银一百二十二两，曾再遇银十两……大中祥符四年四月八日记……”20 余条造像题记。主要为施主姓名、捐资数目、打造内容等。

鎏金银椁底座上枋顶部铭：“大宋大中祥符四年辛亥四月八日金陵　长干寺奉真身舍利大卿施护佛顶骨首座守正通悟大师重航尼宝性　比丘绍赟各奉舍利赐紫守愿普定银　各五两王氏银十两”。

金棺棺底部铭：“建长干寺塔会首将仕郎守滑州　助教王六并妻史氏十四娘施金　四两育王第一塔主崇惠大师　绍□施金三两”。

鎏金小银盒盖顶锤揲 1 字：“佛”。

银盒顶盖铭：“王仁规”；盒体四周铭：“王仁规”；底盖铭：“王仁规”。

鎏金银钗顶部铭：“徐備□□”（2 件）。

（以上 2008 年年初江苏南京市主城正南门外大报恩寺遗址发现　文物 5：19－25、38）

元金银器

金钗钗尾铭：“十分赤金”（4 件）。

金牌正面铭 5 字：“建康□七郎”，两端有押记“□”（3 件）。

金牌正面铭 3 字：“出门税”。

金铤中部、两端及背面同铭：“十分赤金”（11 件）。

银铤铤身戳印文字，右上：“出门税”；右中：“宜兴城西”；右下：“出门税”；左上：“出门税”；左中：“陈九七郎”；左下：“出门税”。

银铤铤身戳印文字，右上：“出门税”；右中：“张三九郎”；右下：“出门税”；左上：“出门税”；左中：“重贰拾伍两”；左下：“出门税”。

银铤铤身戳印文字，右上：“霸北街东”；右中：“余姜宅”；右下：“霸北街东”；左上：“霸北街东”；左中：“重贰拾伍两”；左下：“霸北街东”。

银铤铤身正面四角戳印：“真花银”（2件）。

银铤铤身戳印文字3行，右上：“京销银”；左上及下端字迹漫漶不清。

（以上1991年12月江苏南京市高淳区东坝镇下坝南园村窖藏发现　中国国家博物馆馆刊12：121－122）

清银器

银簪簪首锤鍱1字：“寿”；背面錾刻2字：“崑华”。

银簪簪首锤鍱1字：“福”；背面錾刻2字：“崑华”。

银簪簪首锤鍱1字：“福”；背面錾刻2字，模糊不清。

银簪簪首锤鍱1字：“寿”；背面錾刻2字，模糊不清。

银戒指戒面錾刻1字：“寿”。

银扁方一面浅刻2字：“天锦”。

银簪簪首锤鍱1字：“福”。

（以上2014年8月6日至22日北京顺义区高丽营镇于庄墓葬发现　北京文博1：85、87－88）

清银器

鎏金银押发背面中间铸：“绍珍”“足纹”。

鎏金银簪簪首镂铸1字：“寿”。

银戒指戒面铸1字：“永”。

银戒指铭：“福”“寿”“禄”。

银镯镯面铭：“福”“寿”“禄”。

银饰截面铸1字：“寿”。

银押发背面两端铸：“足银”“永”。

银押发背面铸：“永利”“足银”。

鎏金银簪簪首顶部铸1字：“寿”。

鎏金银簪簪首中上部铸1字：“寿”。

银戒指内铸2字：“足银”。

［以上北京石景山区首钢国际工程技术有限公司（首钢设计院）东侧墓葬发现　北京文博3：54、57、59］

清银器

银方扁上部錾刻1字：“寿”。

银耳环内錾刻3字：“文兴金”。

（2014年3月北京通州区通州新城0803－015A地块墓葬发现　北京文博3：68）

三　玺印

（凡未注明质料者均为铜质）

东周

贾（玉）

（2010年11月15日至12月8日江苏苏州市高新区枫桥镇观音山墓葬发现　东南文化5：41）

战国至秦

云子思土

巴蜀符号印（6 枚）
（1985 年至 1986 年四川荥经县同心村墓葬发现　成都文物 3：22）

汉

鲁伯之印（外印）　鲁尊（内印）
鲁毋害印
鲁奉世印
（以上 1992 年浙江龙游县东华山墓葬发现　东方博物第五十四辑：27－33）
华义信印
（2013 年 3 月至 4 月湖南长沙市雨花区人民中路识字岭路段墓葬发现　文物 10：9－10）
巴蜀符号及肖形印（12 枚）
（2005 年 4 月至 6 月云南昭通市水富县张滩墓葬发现　文物 9：61－62）
黄王孙　黄小子（双面印）
（2004 年 3 月河南开封市尉氏县蔡庄镇大新庄村南墓葬发现　文物 8：29）
李利亲印
（2010 年 4 月至 7 月河南淅川县仓房镇侯家坡村李沟自然村东南墓葬发现　考古学报 3：402－403）
李顺之印
（2013 年 3 月 11 日至 31 日陕西西安市未央区张家堡村墓葬发现　中国国家博物馆馆刊 4：34）
韩讳
张寿
（2013 年 4 月北京东城区永定门西革新里墓葬发现　北方文物 2：7－8）
茅胡
（2001 年 12 月山东莒县浮来山之佛来峰东侧墓葬发现　东南文化 4：29）
印文隶书，字迹残损，不可辨识（骨）
（2013 年 11 月江苏徐州市铜山区张集镇伴山村玫瑰山东北坡墓葬发现　东南文化 2：37－38）
印文抽象（陶）（2 枚）
（2010 年 5 月至 7 月河南淅川县仓房镇侯家村李沟自然村东南墓葬发现　江汉考古 1：18－19）
印文不识
（2012 年 6 月至 8 月、2013 年 7 月至 9 月云南曲靖市陆良县薛官堡墓葬发现　考古 4：40－41）

南朝

赵叔则白笺　叔则言疏　叔则白疏　叔则启（石）（四面印）
（2013 年 10 月江苏南京市板桥街道板桥市场群项目建设用地张家洼村墓葬发现　中国国家博物馆馆刊 12：97）

宋

卢遛
［1972 年浙江新昌县城南乡（原新溪人民公社）丁村墓葬发现　浙江文物 3：26］

辽

高□

（2014年内蒙古巴林左旗林东镇东南辽上京宫城城墙遗址发现　　考古12：95）

明

东宁卫指挥使司之印

印背铭："东宁卫指挥使司之印"。

款记："万历十一年六月　日　礼部造""万字一七九八号"。

（2011年11月辽宁辽阳城东瞭高山北部道路建设工地发现　　北方文物1：100）

王□玉

常利□□

［2009年蒙古国南戈壁省瑙木冈苏木的巴彦布拉格（Bayanbulag）西汉要塞遗址发现　　草原文物2：96］

附：汉封泥

西眩□□□□

日利

［2009年蒙古国南戈壁省瑙木冈苏木的巴彦布拉格（Bayanbulag）西汉要塞遗址发现　　草原文物2：96］

四　墓志

南北朝

南齐王珪之砖墓志

无首题。

永明六年（488）七月五日卒。

其年十一月三日葬。

（2013年4月江苏南京市栖霞区燕子矶新城下庙社区上坊庄墓葬发现　　东南文化3：77－78）

北魏李翼夫妇墓志（一盖两志）

志盖字迹多漫漶，依稀可辨有："……常侍……赵郡太守，曾祖□渤海封氏……祖亲荥阳郑氏……"等字，推测为记载墓主人家系情况。

首题："魏故平北将军散骑常侍使持节都督定州诸军事定州刺史李翼墓志铭"。

孝昌三年（527）卒。

（志文未记卒年）。

北魏李翼妻崔徽华墓志（与夫李翼同盖）

首题："魏故平北将军散骑常侍使持节都督定州诸军事定州刺史李翼妻崔氏墓志铭"。

孝昌三年（527）七月十七日卒。

永熙三年（534）二月七日葬。

（以上2009年10月至2010年2月河北赞皇县西高村墓葬发现　　考古12：74－76）

北魏韦鲜玉墓志（砖）

首题："雍州主簿韦敬元长女之墓"。

永安二年（529）十二月十四日葬。

北周韦舒墓志（有盖）

盖称："大周都督韦府君墓志"。

首题："周都督柱国豳文公礼曹韦府君墓志并序"。

天和六年（571）六月十八日卒。

其年十一月廿八日葬。

（以上2007年12月至2008年1月陕西西安市南郊韦曲杜陵西路与长兴路交会处墓葬发现　考古与文物5：15－16）

北魏李仲胤墓志（有盖）

无盖称。

首题："魏故尚书左丞镇远将军光州刺史李侯墓志铭"。

正始三年（506）十月十四日卒。

正始四年（507）三月葬。

北魏李仲胤夫人邢僧兰墓志（有盖）

盖称："魏故李　光州邢　夫人铭"。

首题："魏故尚书左丞镇远将军光州李使君夫人邢墓志"。

太昌元年（532）十一月十六日卒。

永熙三年（534）二月葬。

（以上2009年10月至2010年2月河北赞皇县西高村墓葬发现　考古8：85－87）

北魏韩法容砖墓志

墓志铭："崔令珍妻韩法容"。

（2011年6月至8月山西大同市御河东侧恒安街墓葬发现　文物1：15）

北齐赵信墓志（有盖）

盖称："齐故楚州刺史赵云铭"。

无首题。

河清三年（564）二月廿日卒。

（2012年8月至2013年6月山西太原市晋源区罗城街道开化村东北墓葬发现　文物12：42－44）

隋

隋张崇训墓志

首题："青州故主簿张君墓志铭"。

武定五年（547）十月六日卒。

武定七年（549）三月廿三日葬。

夫人高氏开皇元年（581）五月廿九日卒。

开皇元年（581）十一月十四日附葬先茔。

（2012年6月山东青州市王坟镇乔家庄村发现　青州市文物执法大队联合青州市文物局征集　文物2：71－72）

隋韦协墓志（有盖）

盖称："大隋使持节柱国泰州刺史韦定公墓志"。

首题："隋故使持节柱国泰州诸军事泰州刺史韦公墓志"。

开皇十八年（598）三月二日卒。

（2010年11月陕西西安市长安区祁禾大道以北西京学院新校区墓葬发现　文博3：17）

隋郑仲明墓志（有盖）

盖称："魏尚书仆射郑君墓铭"。

首题："故魏侍中尚书右仆射郑君墓志"。

卒年未详。

大业六年（610）十一月廿三日葬。

（2014年河南郑州市西郊罗庄城中村墓葬发现　中原文物6：7）

隋乞扶令和夫人郁久间氏墓志（有盖）

盖称："大隋西河国夫人墓铭"。

首题："大隋柱国齐州判史西河公乞扶令和夫人郁久间氏墓志"。

开皇八年（588）二月卒。

次年（589）十月十三日葬。

（2006年6月至10月河南卫辉市唐庄镇大司马村北墓葬发现　考古2：66－68）

唐

唐乞扶令和墓志

首题："隋故使持节柱国西河郡开国公乞扶令和墓志铭"。

大业六年（610）九月廿四日卒。

贞观元年（627）八月五日与夫人郁久间氏合葬。

（2006年6月至10月河南卫辉市唐庄镇大司马村北墓葬发现　考古2：66－68）

唐冯孝约墓志（有盖）

盖称："大唐故洛州密县令冯君墓志"。

首题："大唐故洛州密县令冯君墓志铭并序"。

显庆四年（659）二月三日卒。

龙朔三年（663）七月二十三日葬。

（2014年11月至2015年4月陕西户县大王镇兆伦村墓葬发现　文博5：27）

唐杨守澹墓志（有盖）

盖称："大唐故开录事　杨府君墓志铭"。

首题："大唐并州大都督府录事参军上骑都尉长平县开国男杨君墓志铭并序"。

龙朔三年（663）四月廿一日卒。

其年十一月廿三日与夫人合葬。

（2012年10月陕西西安碑林博物馆入藏　文博6：75－76）

唐唐逊墓志

首题："唐故虞部员外郎朝散大夫简州长史唐君墓志铭并序"。

龙朔三年（663）九月十四日卒。

万岁通天二年（697）三月六日与后夫人合葬。

（2012年陕西西安碑林博物馆入藏　文博1：51）

唐武则天之婶诸葛芬墓志（有盖）

盖称："大唐故益州行　台左丞始州刺　史六安县开国公武府君夫人　琅琊县诸葛　氏墓志铭"。

首题："大唐故益州行台左丞始州刺史六安县开国公武府君夫人琅琊君诸葛　氏墓志铭并序"。

咸亨三年（672）八月十八日卒。

垂拱三年（687）十一月廿四日与子武思元葬于凤栖原。

王勃次兄王勮撰文

（2010年11月至2011年7月陕西西安市长安区杜陵乡高望堆村以北航天大道以南墓葬发现　文博2：15）

唐李隐之墓志（有盖）

盖称："大唐故李府君墓志铭"。

首题："唐故赠泉州司马李公墓志铭并序"。

神龙元年（705）正月廿五日卒。

（河南洛阳市瀍河区洛阳九朝刻石文字博物馆藏　　陕西历史博物馆馆刊22：241）

唐高提昔墓志（有盖）

盖称："大唐泉府君故夫人高氏墓志"。

首题："大唐右骁卫永宁府果毅都尉泉府故夫人高氏墓志"。

上元元年（674）八月廿五日卒。

（2012年年初陕西西安市东郊龙首原上发现　　陕西历史博物馆馆刊22：239－240；又见陕西师范大学学报2013年第3期）

唐何洛墓志（有盖）

盖称："大唐晋州洪洞县何君墓志铭"。

首题："大唐故何府君墓志铭"。

永隆二年（681）二月六日葬。

唐墓志（有盖）

志文墨书，字迹漫漶。

唐砖墓志（有盖）

志文白色颜料行书，字迹漫漶。有"长安三年十二月七日奄"等内容。

（以上2013年11月至2014年1月山西临汾市尧都区庙镇西赵村墓葬发现　　考古6：42－43、49、51）

唐武攸宜夫人李氏墓志（有盖）

盖称："唐故夫人李氏墓志铭"。

首题："唐故特进息国公武攸宜夫人李氏墓志并序"。

开元廿一年（733年）六月十四日卒。

其年十一月九日葬。

（2012年7月河南洛阳市洛龙区杜村墓葬发现　洛阳市文物考古研究院藏　　洛阳考古3：73－74；又见洛阳考古2013年第3期）

唐徐孝墓志（有盖）

盖称："徐君墓志"。

首题："故徐君墓志铭并序"。

开元廿二年（734年）十二月廿七日卒。

开元廿三年（735年）二月十六日葬。

（山西晋中市榆次区猫儿岭出土　晋中市考古研究所藏　　文物世界6：28）

唐李倕墓志（有盖）

志文朱书。

志盖仅存1字可辨识："大"。

首题："大唐宣德郎兼直弘文馆侯莫陈敂夫人李氏墓志铭并序"。

开元廿四年（736）正月七日卒。

其年月廿二日葬。

［2001年11月至2002年8月陕西西安市南郊曲江乡孟村北西安理工大学曲江校区墓葬发现　　考古与文物6：12、19；又见文博3：65；又见《唐代李倕墓——考古发掘、保护修复研究报告》（德文版），德国美茵兹罗马—日耳曼中央博物馆出版社，2013年11月］

唐秦晙墓志

首题："大唐故吉州司马秦府墓志铭并序"。

开元廿七年（739）九月十九日卒。

天宝元年（742）十二月廿五日与夫人裴氏合葬。

（出土年月未详　河南郑州大象陶瓷博物馆藏　　中原文物6：93）

唐米氏墓志（有盖）

盖称："唐故夫人米氏墓志铭"。

首题："大唐故云安郡君夫人米氏墓志铭并序"。

天宝十四年（755）八月八日卒。

同年十一月五日葬。

（2002年10月至12月陕西西安市南郊长安区郭杜镇紫薇田园都住宅小区建设工地墓葬发现　文博4：25－26）

唐李洪钧墓志（有盖）

盖称："有唐李殇子墓志之铭"。

无首题。

天宝十四年（755）六月廿二日卒。

同年七月九日葬。

［1987年3月河南沁阳县山王庄乡（现为沁阳市山王庄镇）张庄村墓葬发现　　洛阳考古1：32－33］

唐元庭坚墓志

首题："□□□□行义王友上柱国翰林内供奉河南元公墓志铭并叙"。

天宝十五年（756）七月廿八日卒。

贞元三年（787）葬。

（2012年陕西西安碑林博物馆藏　　文博5：71）

唐张难墓志（有盖）

盖称未详。

首题："唐故游击将军易州修政府折冲都尉上柱国清河郡张公墓志并铭"。

大历三年（768）三月廿五日卒。

（2006年末至2007年3月底北京市密云县新景家园住宅小区建设工地墓葬发现　　文物春秋4：63－66；又见密云大唐庄——白河流域古代墓志发掘报告：65－66）

唐昭靖太子李邈墓志（拓片）

首题："唐故赠昭靖太子志铭并序"。

大历八年（773）五月十八日卒。

（河南洛阳市新近发现　　中原文物3：79－80）

高句丽南单德墓志

首题："大唐故饶阳郡王南公墓志铭并序"。

大历十一年（776）三月廿七日卒。

薛夔　撰

（2010年年初陕西西安市东郊灞桥区红旗乡浐河东岸发现　西安碑林博物馆藏　　北方文物1：80－82）

唐荀曾墓志

首题："唐故大理正荀公墓志铭并序"。

贞元十三年（797）七月十六日卒。

其年八月七日与夫人寇氏合葬。

（2012年9月至11月陕西西安市南郊上塔坡村墓葬发现　　文博1：19）

唐郭燧墓志（有盖）

盖称："郭公墓志"。

首题："唐魏博节度别奏故太原郭府君墓志铭并序"。

大和元年（827）十月九日卒。

大和二年（828）葬。

志盖底面左侧铭夫人墓志："夫人附石文"。

郭燧夫人大和四年（830）十一月十四日卒。

大和九年（835）正月十五日祔葬。

唐卢隐夫人李氏墓志（有盖）

盖称："陇西李氏夫人墓志铭"。

首题："唐将仕郎前守魏州大都督府录事参军摄卫州汲县令卢隐　唐故魏州　录事参军夫人陇西李氏墓志铭并序"。

乾宁元年（894）五月二十四日卒。

其夫卢隐天复元年（901）十一月六日祔葬。

（以上 2010 年 3 月至 2011 年 12 月河南安阳殷墟刘家庄北地墓葬发现　考古学报 1：112－113、117－119）

唐王守强暨夫人孙氏合葬砖墓志

首题："唐故王府君洎夫人孙氏墓志铭并序"。

大和八年（834）十一月七日卒。

夫人孙氏大和八年（834）十月廿四日卒。

大和九年（835）十月十三日合葬。

（2013 年 11 月江苏张家港市凤凰镇小山村西遗址发现　东南文化 2：48）

唐顾忖墓志（有盖）

盖称："唐故顾府君墓志铭记"。

首题未详。

开成元年（836）十月十日卒。

开成二年（837）正月二十日葬。

（2015 年 3 月 24 日山东济阳县垛石镇前刘村墓葬发现　中国文物报 2348：8）

唐张少荣墓志（有盖）

盖称："大唐南阳郡故张府君墓志铭"。

首题："故正虞侯兼知冶将南阳张府君墓志序"。

咸通十二年（871）卒。

乾符四年（877）十月十二日葬。

（2014 年 4 月河北保定市曲阳县文物保管所征集　中国文物报 2320：6）

唐达奚珣墓志（有盖）

盖称："大唐故河南尹达奚公墓志铭"。

首题："唐故先府君河南尹达奚公墓志铭一首并序"。

至德二年（757）十二月二十九日卒。

大历四年（769）十一月八日与其妻寇氏合葬。

其子达奚说　撰

唐达奚珣妻寇氏墓志（有盖）

盖称："大唐故襄城郡君墓志"。

首题："大唐故襄城郡君墓志铭并序"。

天宝六年（747）二月四日卒。

其年七月廿八日葬。

达奚珣　撰　　达奚挚　书

（以上2011年8月河南洛阳市310国道北衡山路东墓葬发现　洛阳考古1：36－42）

唐卢得一墓志

首题："怀州司仓参军摄河内县令卢府君墓志铭并序"。

中和五年（885）六月十六日卒。

唐卢得一妻李氏墓志（有盖）

盖称："唐故范阳卢公……（残）"。

无首题。

咸通七年（866）五月廿一日卒。

（以上2013年4月河南焦作市中站区后辛庄村北墓葬发现　中原文物2：90－91）

宋

宋安番（审）韬墓志（有盖）

盖称："安定郡安府君墓志铭"。

首题："大宋故武宁军节度使光禄大夫检校司徒兼御史大夫上柱国安定郡开国侯食邑一千户安府君墓志铭并序"。

建隆元年（960）二月四日卒。

同年五月二日葬。

（2012年2月至5月河南洛阳市苗南村东南墓葬发现　洛阳考古1：55－56）

宋李从生墓志

额称："李公墓铭"。

首题："河东泽州高平县举义乡丁壁村陇西李公墓铭"。

元祐五年（1090）仲秋月初四日卒。

（2004年7月河南焦作市解放区上白作村南第二十九中学墓葬发现　中原文物3：92－93）

宋陈谅墓志

额称："故武功大夫密州刺史颖川陈公墓铭"。

首题同。

绍兴十一年（1141）四月二日葬。

（2002年陕西环县环城镇十八里村鲁家寨墓葬发现　陇右文博2：5；又见陕西历史博物馆馆刊第二十辑，2013年）

宋王若墓志（2块）

2方墓志正、反两面刻文，志文连排，有缺损。

首题："▨知合州王公墓志铭"。

卒年未详。

宋王若妻徐氏墓志

首题："徐安人墓志铭"。

淳熙九年（1182）六月十六日卒。

绍熙元年（1190）四月二日葬。

（2014年7月至8月重庆市大足区龙岗街道办事处观音岩村9组龙神湾墓葬发现　四川文物4：32－33、38）

宋古骥墓志

首题："□□古君德骏墓志铭"。

乾道八年（1172）八月二日卒。

宋陈鼎墓志

无首题。

淳熙十一年（1184）十二月十三日卒。

[以上2002年四川泸县喻寺镇南坳村一组、奇峰镇红光村一组墓葬发现　四川文物3：76－78；又见四川大学学报（哲学社会科学版）2014年第6期]

宋程大雅墓志

无首题。

庆元元年（1195）正月卒。

（1979年4月浙江遂昌县水南乡横山村乌龟山墓葬发现　文物7：88）

宋胡纮墓志

无首题。

嘉泰三年（1203）十月卒。

开禧元年（1205）十二月与妻吴氏合葬。

（2014年3月浙江庆元县松源镇会溪村和山小学南侧工地墓葬发现　文物7：35、49）

宋杨元甲之妻景秀真墓志

无首题。

绍定二年（1229）二月□日卒。

（2013年4月重庆市北碚区澄江镇澄江村墓葬发现　四川文物6：59）

宋洪起畏夫人郎氏墓志（有盖）

盖称："有宋淑妇孺人郎氏之墓"。

无首题。

宝祐六年（1258）十一月三日卒。

景定二年（1261）十一月十四日葬。

（2013年11月至2014年6月浙江杭州临安市锦城街道横街村郎碧东郊将军山麓墓葬发现　文物10：21－24；又见东方博物第五一六辑：56、58－59）

宋卢氏墓志

碑铭："宋故府判判院卢公之墓"。

卒年未详。

[1972年浙江新昌县城南乡（原新溪人民公社）丁村墓葬发现　浙江文物3：26]

元

蒙元时期刘黑马墓志（有盖）

志盖字迹漫漶不清。

首题："大朝故宣差都总管万户成都路经略使刘公墓志铭并引"。

中统二年（1261）十二月二十一日卒。

中统三年（1262）三月十六日葬。

（2009年3月12日陕西西安市南郊长安区韦曲街道夏殿村西墓葬发现　考古与文物4：32－33）

元刘元振墓志（有盖）

盖称："大元怀远大将军成都经略使刘公墓铭"。

首题："大元故成都路经略使怀远大将军行军副万户刘公墓志铭并序"。

至元十二年（1275）刻石。

（2009年陕西西安市长安区夏殿村发现　陕西省考古研究院藏　四川文物6：68）

元洪起畏墓志

无首题。

至元三十一年（1294）七月二十日卒。

（2013 年 11 月至 2014 年 6 月浙江杭州临安市锦城街道横街村郎碧东郊将军山麓墓葬发现 文物 10：21－24；又见东方博物第五十六辑：56、58－59）

元刘黑马之孙刘天与墓志

首题：“□□□顺大夫广□知府兼□□□□军奥鲁劝农事刘公墓志铭并序”。

皇庆元年（1312）四月初三日卒。

（2009 年陕西西安市长安区韦曲街道办夏殿村西发现　陕西省考古研究院藏　　文博 2：63）

明

明杨铿墓志（有盖）

盖称：“明故亚中大夫播州宣慰使司宣慰使杨公墓志铭”。

无首题。

建文元年（1399）卒。

明杨铿夫人田氏墓志（有盖）

盖称：“明故播郡太淑人田氏墓志铭”。

无首题。

永乐十三年（1415）□月三日卒。

（以上 2013 年 4 月至 8 月贵州遵义市新浦区新铺村官堰组墓葬发现　　考古 11：57－60；又见南方文物 1：157－159）

明杨辉墓志（有盖）

盖称：“宣慰使退斋杨公之墓”。

首题：“有明皇赠昭勇将军播州宣慰使司宣慰使退斋□公墓志铭”。

成化十九年（1483）正月五日卒。

明杨辉夫人田氏墓志（有盖）

盖称：“有明故播郡淑人田氏墓志铭”。

首题：“故淑人田氏墓志铭”。

成化十七年（1481）三月十九日卒。

同年八月葬。

（以上 2015 年 5 月至 8 月贵州遵义县团溪镇白果村堰上组墓葬发现　　考古 11：82－85）

明徐通墓志（有盖）

盖称：“大明故明威将军腾骧右卫指挥佥事徐公之墓”。

首题：“明故明威将军腾骧右卫指挥佥事徐公墓志铭”。

正德十四年（1519）九月十一日卒。

明徐通妻董氏墓志（有盖）

盖称：“明故诰封徐恭人董氏墓志铭”。

首题：“诰封徐恭人董氏墓志铭”。

弘治十八年（1505）九月五日卒。

（2012 年北京市丰台区丽泽金融商务区建设工地墓葬发现　　北方文物 4：83－86）

明刘泾妻戈氏墓志（有盖）

盖称：“大明敕封孺人刘母戈氏合葬墓志铭”。

首题同。

万历十年（1582）二月二十日卒。

万历十一年（1583）三月二十七日与其夫刘泾合葬。

（20 世纪 80 年代河南沁阳县发现　沁阳市博物馆藏　　中原文物 3：98－99）

明妙崑墓志（有盖）

盖称："诰封明威将军玉田妙公墓志铭"。
首题同。
万历十七年（1589）十一月朔日卒。
万历十八年（1590）三月二十九日葬。

明冯淑人妙氏墓志（有盖）
盖称："明故淑人妙氏墓志铭"。
首题同。
万历二年（1574）十二月十六日卒。
次年正月二十日葬。
（以上 2005 年、2009 年甘肃临夏回族自治州博物馆征集　陇右文博 3：71－74；又见民族日报·晚刊，2009 年 10 月 29 日；又见民族日报·晚刊，2010 年 7 月 15 日）

明邢淑人朱氏墓志（有盖）
盖称："明诰封邢淑人朱氏墓志铭"。
首题同。
万历三十六年（1608）五月廿五日卒。
万历三十八年（1610）十一月初一日葬。

明邵相墓志（有盖）
盖称："大明故儒官邵公之墓"。
首题同。
嘉靖三十年（1551）六月初六日卒。
同年十二月十七日葬。

明柴肱及夫人宋氏合葬墓志（有盖）
盖称："大明乡贡进士柴公墓"。
首题："明乡贡进士忠斋柴君墓志铭"。
嘉靖三十四年（1555）四月二十日卒。
夫人宋氏卒年未详。

明柴门郭氏墓志（有盖）
盖称："明柴门冢妇郭氏之墓"。
首题："大明南阳柴门冢妇郭氏墓志"。
嘉靖二十六年（1547）八月十四日卒。

明柴世禄及夫人郭氏和赵氏墓志（有盖）
盖称："明郡庠生思亭柴公墓志铭"。
首题："明故郡庠生思亭柴公墓志铭"。
墓主嘉靖三十四年（1555）四月八日卒。
其妻郭氏嘉靖二十六年（1547）八月十四日卒。
其妻赵氏卒年未详。
墓主嘉靖三十四年（1555）十一月十一日与妻合葬。
（以上近三十年来河南南阳市墓葬发现　中原文物 2：5－9）

明朱由桴圹志（有盖）
盖称："皇太子第二子圹志"。
首题同。
万历三十七年（1609）十月二十八日卒。
万历三十八年（1610）四月初十日葬。
（2013 年 6 月 25 日至 7 月 27 日北京石景山区西小府村南刘娘府建设工地墓葬发现　文物春

秋 3：55）

明孙养素夫妇合葬墓志

首题："孙赠公合葬墓志铭"。

墓主卒年未详。

其妻吉氏崇祯十二年（1639）卒。

王铎　撰　　屈可伸书

（1982 年河南淇县发现　河南博物院藏　　中原文物 5：105－107）

明吴氏墓志（有盖）

盖称："明故巢松吴先生之墓"。

志文漫漶。

首题未详。

卒年未详。

明吴氏母孺人徐氏墓志（有盖）

盖称："大明吴母孺人徐氏墓"。

志文漫漶。

首题未详。

卒年未详。

（以上 2012 年 4 月浙江长兴县湖州南太湖产业集聚区长兴分区石泉村小黄山北坡墓葬发现　文物 7：57）

明砖墓志

墓志铭："妻米氏"。

（2014 年 8 月 6 日至 22 日北京顺义区高丽营镇于庄墓葬发现　　北京文博 1：76）

清

清马可教墓志（有盖）

盖称："待封马公暨元配孺人赵氏合葬墓志铭"。

首题："清故待诰赠恩赐医官恒斋马公墓志铭"。

康熙四年（1665）六月十五日卒。

康熙五年（1666）十一月二十六日与元配赵氏合葬。

（河南沁阳市出土　沁阳市博物馆藏　　文物世界 2：23－24）

清王体坤墓志（有盖）

盖称："皇清待赠明威将军广生王公墓志铭"。

首题同。

康熙三十六年（1697）十一月初一日卒。

（河南开封市西郊野场村发现　开封市文物考古研究所藏　　华夏考古 4：100－101）

清英和砖墓志（2 块）

无首题

道光二十年（1840）六月初十日卒。

道光二十一年（1841）二月十九日葬。

（2009 年 7 月北京朝阳区常营建筑工地墓葬发现　　北京文博 1：45－46）

补　遗

宋赵思温墓志（有盖）

盖称："宋内殿承制赵公墓铭"。

首题："宋故内殿承制赵公墓志铭并序"。

元祐五年（1090）五月七日卒。

绍圣三年（1096）十月十七日迁葬。

宋赵思温夫人石氏墓志（有盖）

盖称："宋太孺人石氏墓志铭"。

首题："宋故太孺人石氏墓志铭"。

政和五年（1115）正月十七日卒。

政和八年（1118）九月五日与夫赵思温合葬。

（以上 2012 年 8 月至 9 月河南洛阳市芒山镇望朝岭村西李家凹村东墓葬发现　洛阳考古 4：22－24）

明汪宪墓志（有盖）

盖称："明故锦衣卫百户汪君墓志铭"。

首题："明锦衣卫百户汪君墓志铭"。

弘治三年（1490）九月廿一日卒。

是年季冬廿有一日葬。

明汪宪夫人罗氏墓志（有盖）

盖称："明故锦衣卫百户汪公配太安人罗氏合葬墓志铭"。

首题："明故昭信校尉锦衣卫百户汪公配太安人罗氏合葬墓志铭"。

嘉靖四年（1525）九月二十四日卒。

（以上 2013 年 6 月 15 日河南洛阳市老城区岳村北墓葬发现　洛阳考古 4：81－83）

附一：墓碑

元墓碑

碑身正面铭："大元故承务郎河间县尹黄公之墓"；左侧题款："元统二年三月二十五日孝男黄景和立石"。

（2014 年 12 月河北霸州市南孟镇任水村西南墓葬发现　文物 3：52）

明墓碑

墓碑正中铭："皇赠昭勇将军播州宣慰使杨公之墓"；上款："明成化十九年龙□癸卯二月十九日良吉"；下款："孝子昭勇将军播州宣慰使司宣慰使杨爱立"。

墓碑铭："明故播郡淑人田氏之墓"。

墓碑铭："明故播郡夫人俞氏之墓"。

（以上 2015 年 5 月至 8 月贵州遵义县团溪镇白果村堰上组墓葬发现　考古 11：67）

明杨烈墓碑

碑中部铭："明故诰封镇国将军□斋杨公墓"；题款："万历二年岁在甲戌闰十二月十五日己酉""孤子应龙立"。

明杨烈夫人张氏墓碑

碑中部铭："明故诰封二品夫人杨母张氏墓"；题款："万历十二年岁在甲申四月二十三日己巳""哀子应龙立"。

（以上 2012 年 8 月贵州遵义市新浦区新浦镇新浦村官堰组播州杨氏土司墓地发现　考古 7：90；又见南方文物 1：157－159）

附二：买地券

金唐氏买地券

券文朱书，共 14 行，满行 19～23 字不等。

明昌七年（1196）六月初二日立券。

券左侧另有朱书："合同分□" 4 字。

金买地券

券文朱书，共 14 行，满行 19～22 字。部分文字漫漶。

元光元年（1222）十一月二十八日卒。

（以上 2008 年、2010 年陕西铜川市耀州区石柱镇阿来村墓葬发现　文博 2：21、24）

明衡恭王朱祐楎地券（残）

券文 27 行，满行残存 16 字，共计残存 298 字。

嘉靖十八年（1539）八月立券。

（山东青州市博物馆藏　中国文物报 2358：6）

明杨辉夫人俞氏买地券

券文 12 行，凡约 173 字。

成化九年（1473）十二月五日立券。

（2015 年 5 月至 8 月贵州遵义市团溪镇白果村堰上组墓葬发现　考古 11：82）

五　碑刻

东汉至三国碑（残）

额称："故府张君之碑"。

大约建安九年（204）刻石。

（2015 年 5 月 17 日四川芦山县姜城遗址发现　四川文物 6：47－48）

唐碑（残）

首题："大唐□□□□寺故觉禅师碑铭并序"。

碑文记录的是 8 世纪新罗入唐求法僧惠觉禅师的生平。

（2009 年 7 月 21 日河北邢台市沙河市刘石岗乡广阳山滚泉寺遗址发现　北方文物 2：89）

宋碑（2 通）

一碑为篆书，另一碑为楷书，2 通碑同铭。

额称："吉水县丞万记"。

汪应辰记　汪涓书

绍兴十九年（1149）五月立石。

嘉定十三年（1220）徐度为此碑加叙。

碑身还有淳祐三年（1243）题记 1 则。

（2013 年夏江西上饶市吉水县博物馆藏　南方文物 3：234－235）

宋碑

东侧碑正面中部铭："宋赠承事郎黄公"。

西侧碑正面中部铭："宋赠孺人杨氏"。

（2014 年 6 月至 9 月广东揭阳市榕城区仙桥街道办牛屎山墓葬发现　南方文物 4：77）

宋碑

额称："张氏族谱"。

碑文追述张氏一族自资州迁至泸州以来五代人的世系、婚姻、归葬等大略情形。

约在嘉熙四年（1240）立石。

［2002 年四川泸县牛滩镇玉峰村墓葬发现　四川文物 3：79；又见四川大学学报（哲学社会科学版）2014 年第 6 期］

辽《南赡部州大契丹国兴中府东北甘草埚建塔葬定光佛舍利记》碑

重熙十五年（1046）四月立石。

（辽宁北票市南八家子乡十家子屯西小山顶辽代塔墓地宫遗址发现　　北方民族考古第 2 辑：294－295）

辽碑残片

残存：“……五种味……草全……”

（2014 年内蒙古巴林左旗林东镇东南辽上京宫城城墙遗址发现　　考古 12：95）

元碑

碑阳铭：“元重修王母宫碑记”，现可辨识者约 120 字；碑阴铭有明代：“……大明嘉靖二十一年在壬寅春三月甲辰十五日吉时”修建香亭等建筑题记 1 则。

（2015 年 4 月甘肃泾川县博物馆征集　　陇右文博 3：94）

明碑

碑阴铭：“……大明嘉靖二十一年在壬寅春三月甲辰十五日吉时”修建香亭等建筑题记 1 则；碑阳铭有元代碑文：“元重修王母宫碑记”，现可辨识者约 120 字。

（2015 年 4 月甘肃泾川县博物馆征集　　陇右文博 3：94）

明碑碣

碑正面铭：“徐州卫卫镇抚司公厅洪武八年镇抚栗茂　创建成化二十年镇抚张茂改建出徐州志　正厅五间　东厢五间　西厢五间　大门一座　内禁房四座　狱神庙三间”。

（2004 年 11 月至 2005 年 9 月江苏徐州市中心彭城广场东侧徐州卫卫镇抚司遗址发现　　东南文化 1：46）

明《伏牛山云岩寺记》碑

正德十三年（1518）九月立石。

（2013 年 12 月河南洛阳市嵩县白河镇下寺村云岩寺遗址发现　　洛阳考古 1：46）

明碑

碑身铭早、晚两个时期的碑文，一处铭：“奉　道府厅县明文将海龙地　土开垦永充龙岩常住　壬午岁季冬　吉日立”；另处铭：“钦差巡抚偏沅等处地方……都〔察〕院右佥都御史江□……〔万〕历二十八年……”

（2013 年至 2014 年贵州遵义市汇川区海龙囤村龙岩山颠海龙囤遗址发现　　考古 11：13）

明《恩纶》碑（16 块）

崇祯九年（1636）夏孟立石。

张瑞图书丹

（2014 年 10 月 20 日浙江德清县新市古镇胡氏陈列馆发现　　中国文物报 2350：2）

明碑（残）

碑身正面残存“明赐进士榜……”

（2013 年 7 月至 9 月四川宜宾市翠屏区螺丝山南麓白沙湾镇黄桷坪村墓葬发现　　四川文物 1：11）

清道教造像碑

碑铭：“玄天上帝”造像题记 543 字。

康熙二十九年（1690）四月立石。

（2009 年 4 月陕西华县下庙镇惠家村发现　　文博 1：63）

清碑

额称：“皇清”。

首题：“重建文庙　文昌宫碑记”。

道光二十八年（1838）冬立石。

清碑

额称：“皇清”。

首题："佛坪厅重修　文庙并增置乡贤名宦祠碑记"。

道光二十八年（1838）仲春月立石。

（以上 2014 年陕西周至县厚畛子镇佛坪厅故城遗址文庙内发现　　文博 3：76－78）

清"继序不忘碑"（燕氏家庙碑）

同治八年（1869）十月立石。

（2015 年山东东营市广饶县大码头镇桑科三村私人捐赠　东营市历史博物馆藏　　中国文物报 2347：8）

清《敕封贾弩碑》

额称："敕封诰命"。

康熙一十六年（1677）孟冬立石。

（辽宁辽阳市博物馆藏　　北方文物 4：88）

清碑

碑阳额称："重修明王寺碑记"。

康熙三十六年（1697）刻石。

碑阴首题："修佛城堡记"。

道光二十五年（1845）刻石。

清碑

碑阳额称："重装诸殿佛神碑记"。

嘉庆二年（1797）刻石。

杨艺林　撰

碑阴首题："鼎建文昌殿碑记"。

道光十一年（1831）刻石。

陈恭期　撰

（以上 2014 年 6 月四川马边县建设乡永乐村东明王寺内发现　　四川文物 1：86－89）

清告示碑（残）

碑正面铭："……光绪二十四年七月……告示"；碑背面为划定凤凰山一带区域示意图。

（四川大邑县斜源镇盘石村凤凰山后岩发现　　成都文物 2：54）

附：题记刻铭

汉墓室题记

前室后壁右侧朱书题记 1 则："大师富贵　高子二万　年"。

（2009 年 11 月至 2010 年 6 月四川绵阳市涪城区新皂镇石梯子村二组桐子梁山崖墓葬发现　四川文物 4：22）

汉石棺铭

石棺身右帮铭："故郡　文""永兴　□年　□□　□□□杨　□祖　父杨　节□　佰□　石□　长乐　□子　□"。

（2014 年 6 月四川泸州市龙马潭区双加镇大冲头村墓葬发现　　四川文物 3：57）

汉魏墓室题记

墓室西室北侧石壁铭："郭师""以太安三年春三月十八日造讫师王休盛"。

西室南侧石壁铭："张乐安曾得曰""吴□□□□"。

中室东壁铭："吾以建安三年""茂安"。

（2014 年辽宁辽阳市白塔区原辽阳林业科学研究院苗圃院内墓葬发现　　北方民族考古第 2 辑：19）

三国曹魏石门铭

崖壁铭："正始五年十月廿五日督治　道郎中上党司徒悌监作吏　司徒从掾位下曲阳兵放督　将师匠兵徒千余人通治步　道作遍桥阁凿开石门一所　高一丈八尺广九尺长二丈　都匠木工司马陈留成有　当部匠军司马河东魏通　开石门师河内司马羌"。

（2013年8月山西晋城泽州县河镇沁河东岸拴驴泉水电站北崖壁发现　文物2：67）

北魏墓室题记

甬道东壁朱书："大代和平二年岁在辛□　三月丁巳朔十五日辛未　□□骑常侍选部□□　安乐子梁拔胡之墓"。

（2008年5月山西大同市南郊仝家湾村墓葬发现　文物12：12－13）

北魏造像铭

左侧小龛的右侧铭："堪主王道仁为祖父母卅七年供养"；内壁左侧造像下部铭："敬造观世音石像二百六十尊……□□十八年八月"造像题记1则。

（河南偃师市首阳山镇石桥村石桥小学内普救寺遗址发现　洛阳考古4：89－91）

北齐造像碑

碑阴铭："皇建元年岁次戊辰十月己酉廿一日己巳"题记600余字。

（2014年10月河南鄢陵县公安局缴获　中原文物6：90）

唐石窟题记

主佛后隔墙右侧龛楷书："天宝十五载（756）五月十五日……"造像题记1则。

主佛后隔墙左侧楷书："敬修菩萨二身……元和二年（807）九月十四日记"造像题记1则。

主佛后隔墙左侧楷书："朝仪大夫守剑州刺史上柱国赐紫金鱼袋李讽　咸通十四年（874）二月十五日挈家赴郡　舍钱五千文修当阳佛一龛　同州参军珂乡贡进士瑶乡贡进士瑶乡贡进士璨从行"。

（以上四川广元县千佛崖大云洞石窟发现　文博4：33）

唐摩崖造像题记

造像后顶部岩壁右侧铭："……唐开成二□（837）（初）六月十八日乡贡进士赵□述并书"题记186字。

造像后顶部岩石右侧铭："大唐光启四年（888）□　此□□□□□□初岁种　红百□花□大□……大□□□□乾（宁）三　年（896）十一月廿三□□□□□□乾"题记92字。

（以上四川大邑县斜源镇盘后石村凤凰山后岩发现　成都文物2：52）

唐墓塔铭

6号塔身南正面石门拱券部铭："有唐皇子泽公和尚灵塔"。

（河北平山县三汲乡东林山西麓万寿禅寺塔林发现　文物春秋2：71）

唐石函铭

石函遍铭供养人姓名，其中有"安息大都护""田杨名"字样。

（2008年5月8日山西太原市太山龙泉寺佛塔地宫发现　文物世界3：5）

唐石窟题记

石窟外壁铭："咸亨五年岁次甲戌"题记1则。

（陕西旬邑县三水河河岸马宝泉石窟发现　文物世界6：15）

唐石函铭

石函盖铭2字："翁极"。

（2010年至2011年12月河南安阳市殷墟刘家庄北地墓葬发现　考古学报1：104）

唐宋摩崖题记

崖壁铭："八二□东（陈）行□王上奏伐平僚……"题记1则。

（湖南西部凤凰古城高峰村崖壁发现　江汉考古2：79）

宋石函铭

首题："金陵长干寺真身塔藏舍利石函记"。

铭文详细介绍了僧人可政得到宋真宗的支持，与将仕郎、守滑州助教王文共为“导首”，于六朝旧址重建长干寺，新建高达二百尺的九级砖塔，于大中祥符四年（1011）六月举办“阖郭大斋”，在塔下瘗藏佛顶骨舍利这一重要历史事件。铭文16行，满行40字，共计626字。

“法主承天院主持圆觉寺大师赐紫德明述并书”。

（2008年年初江苏南京市主城正南门外大报恩寺遗址发现　　文物5：14）

宋石窟题记

窟内正龛右棱铭：“靖康元年（1126）九月十五日本县石匠行人刘开光、刘在……”题记1则。

（陕西旬邑县三水河河岸马宝泉石窟发现　　文物世界6：14）

宋摩崖题记

东侧崖壁铭：“政和三年（1113）六月二十七日伍人张京高元邢诚杜广□荣三记耳二十七日求雨二十八日雨□□足七月初一日再来□雨□伍人”。

西侧崖壁铭：“政和四年（1114）六月初八日祈雨足十八日贺雨□□张京高元□□□开杜庆□□记耳□”。

（以上2008年山西太原市西山地区庙前山崖壁发现　　文物世界3：46）

宋摩崖题记

造像背后岩壁右侧铭：“济南□□□　川庙□□□　□□天□□　宿同游绍兴　十九年（1149）正月二十日”“此境亥山己”。

造像背后岩壁右侧铭：“……绍兴甲戌年（1154）秋八月　□日永眉阳程□谨跋”题记约190字。

造像背后岩壁右侧铭：“□□□　夫淳熙　度马野　于元　横渠药鲁山……绍兴　卅二年（1162）上巳日同游凤凰山后岩”题记1则。

造像左边铭：“子瞻、鲁直、佛印造像　修能藏”。

造像背后右侧铭：“□□壬申四月初四日”及“邛州在城□政街□奉正□……□□十五年十二月二十日立”题记2则。

（以上四川大邑县斜源镇盘后石村凤凰山后岩发现　　成都文物2：52－54）

宋墓室题记

墓室东壁画像书：“一二三四五”。

墓室西壁画像书：“□□煎”“樱桃煎”“木瓜”“山□煎”。

［2007年6月至9月湖北襄阳市（原襄樊市）襄城区檀溪街道办事处檀溪村九组墓葬发现　文物2：38－39］

宋墓室题记

M4左侧龛内铭墓主杨元甲志文，满行8字，楷书20行，共计151字。

M3、M4右壁龛均铭《楞严咒》内容。

M4后龛铭镇墓文10行90字：“天帝告土下冢中王　气五方诸神赵公明等江　津县令杨元甲年六十三　岁生值清真之气死归神　宫医身冥乡潜寄冲虚辟　斥诸禁忌不得妄为害　气当令子孙昌炽文咏九功武备七德世世贵王与　天帝无穷一如土下九天　律令”。

M3后壁龛内层门楣铭：“大椿寿墓”。

M4后壁龛楣匾铭：“巴岳归隐”。

（以上2013年4月重庆市北碚区澄江镇澄江村墓葬发现　　四川文物6：59－61）

金大殿题记

大殿正面当心间的北侧记牌墨书：“维大金国天德三年（1151）……”题记1则。

（2012年春季、2014年年初山东佛光寺大殿遗址发现　　中国文物报2347：6）

金墓室题记

墓门东壁墨书：“大定八年（1168）四月十八日记”。

墓门西边墓室内墨书：“大定八年（1168）四月十八日□白面乌沙村王忠政□忠□立”“盂县同颖

黄侯村□□□家□葬砌坟葬人许平□氏弟许望”。

墓室西南壁墨书：“……少翁许景……大定八年（1168）四月内砌坟葬三所三祖代合葬一所甲穴平葬一所庚穴弟三郎壬穴葬一所砌葬匠人乌沙村王忠（政）四日内□□□□”。

（以上 2013 年 10 月 25 日山西盂县城南路家村乡皇后村楸坟墓葬发现　文物世界 1　42－44）

金墓室题记

墓室东壁右扇门铭：“陕州县司李”。

墓室东壁左扇门铭：“见男李庆二男祥”“贞祐二年（1214）十月十五”“孙百僧二孙瘦”。

（2012 年 5 月至 6 月河南三门峡市大岭路南段西侧化工厂建设工地墓葬发现　中原文物 4：11）

元塔铭

塔身正面铭：“寓庵坚公禅师寿塔”，落款：“提点至舜监寺善兴维那至庆前监寺至晖等”“至元四年（1267）岁次丁卯正月初六日临济禅寺预建”。

（2015 年 7 月 14 日河北正定县南城门瓮城外墙西侧发现　文物春秋 4：69）

元塔铭

10 号塔塔身铭：“灯公庵主塔”；塔后身铭：“宣授主持万寿禅寺静行大师……大德元年（1297）四月十五日同建”。

11 号塔塔身铭：“林山大万寿禅寺龙公禅师寿塔”“至大三年（1310）岁次庚戌仲吕月日门人大众建”。

（以上河北平山县三汲乡东林山西麓万寿禅寺塔林发现　文物春秋 2：71－74）

元石窟题记

窟外南面铭：“大德拾年（1306）贰月二十”。

（陕西旬邑县三水河河岸马宝泉石窟发现　文物世界 5：14）

明摩崖题记

造像后顶部岩壁右侧铭：“重修释子妙台谨同天檀功德……大明国正统七年（1442）吉旦”题记 148 字。

造像背后岩壁正中铭：“中峰寺释子……大明弘治十年（1497）丁巳十月吉旦”题记 91 字。

造像背后岩壁右侧下方铭：“万历壬子（1612）岁　二月庚申日　临邛玉房杨俊墨仙刘之……”题记 58 字。

（以上四川大邑县斜源镇盘石村凤凰山后岩发现　成都文物 2：52－54）

明石窟题记

窟壁铭明代华山大地震、关中洪灾、雹灾的灾异题记多则。

（陕西旬邑县三水河河岸寺沟石窟发现　文物世界 6：15）

明石窟题记

岩壁铭：“大明成化十年（1474）五月初十日造”“造□人明□□”。

岩壁另有 1 则 6 字藏文题记。

（2014 年甘肃裕固族自治县马蹄藏族乡马蹄寺北寺发现　陇右文博 4：71）

明抱鼓石铭

鼓面铭：“徐州信士方昆　进贡　泰山奶奶□宫门古一对　嘉靖贰拾八年（1549）三月吉旦　石匠张连”。

［2013 年 5 月 2 日至 6 月 26 日江苏淮安市淮阴区码头镇码头村（原二闸村）惠济祠遗址发现　洛阳考古 4：45、48］

明城垣题记

筑城石料铭：“十”“十九”“井”“四渡水”。

崖壁关门上有匾铭：“唐太师守播州三十代孙　钦赐飞鱼品服　敕封骠骑将军杨应龙书立　飞龙

关 皇明万历丙申（1596）岁夹钟月□ 未日吉旦重建”。

朝天关关门匾铭：“唐太师守播州三十代孙 钦赐飞鱼品服 敕封骠骑将军杨应龙书立 朝天关 皇明万历乙未（1595）岁中吕月乙 卯日吉旦重建”。

（以上2013年至2014年贵州遵义市汇川区海龙囤村龙岩山巅海龙囤遗址发现 考古11：6、11）

明墓室题记

中室墓顶藻井铭4字，疑似：“寿山福海”。

（2013年4月至8月贵州遵义市新浦区新铺村官堰组墓葬发现 考古11：51）

明墓室题记

后室北壁龛面上牌后正中铭：“明故太子少保周文安公之墓”。

（2013年7月至9月四川宜宾市翠屏区螺丝山南麓白沙湾镇黄角坪村墓葬发现 四川文物1：20）

清摩崖题记

造像群入口处岩壁铭：“清嘉庆元年（1796）□□□□□ 轻敲洞府 □持本隆 邛崃许志义书”。

造像背后岩壁铭：“大清国四川上南道直□邛州大邑 ……□庆十五年六月初二日 吉旦”90字及“江西省□安府万安县永和乡十三都今于四川邛 州孝六里三坝河居住……□□十二年八月十八日造像题记”109字。

岩壁铭：“飞凤山”等题记3则。

造像背后岩壁铭：“芍药大麻以已到……□□廿三年七日廿二日□□□□□□永明”题记96字。

（以上四川大邑县斜源镇盘石村凤凰山后岩发现 成都文物2：52－54）

清塔题记

塔身一层门额上款：“清康熙五年（1666）岁次丙午十二月二十日吉旦”；中书：“释迦如来第十六所真身舍利宝塔”；落款：“中大夫前偏远沅巡抚兵部侍郎袁廓宇重修沐稽首谨题”。

［陕西渭南市富平县城西中山源头（城关乡东化村）圣佛寺旧址发现 考古与文物5：128］

清石窟题记

第2窟洞口正上方铭：“石空寺公地碑记……大清乾隆四十三年（1778）九月二十一日立”题记111字。

（2010年7月6日甘肃庆阳市镇原县城关镇金龙行政村金龙自然村石空寺石窟发现 陇右文博1：10）

清摩崖题记

东侧崖壁K2龛下方铭有：“龙飞乾隆贰拾六年（1761）巳季秋月……大清国四川下南道叙州府高县红岩朝阳洞主持……”题记1则。

东侧崖壁龛内铭题记1则，纵向满行48字，横向满行31字，大部分风化剥落，仅存局部。

西侧崖壁龛内铭题记1则，多漫漶不清。

西侧崖壁K3龛底左侧残存：“……大清咸□五年岁拾□□蒲月……”题记1则。

西侧崖壁K3龛底左侧下方T6左侧残存：“……嘉庆拾伍年（1810）庚午岁……”题记1则。

（以上2014年3月四川高县可久镇中寨村红岩山崖壁发现 四川文物1：37－38）

清寺庙题记

灵池后壁正中南望柱铭：“名望寺新池”诗一首。

后壁南、北两端望柱铭：“道光辛卯年（1831）”“四月八日凿”。

现正面门额铭：“佛城堡道光甲辰（1844）”。

正门两侧竖向铭：“名垂宇宙”“望重千城”及“同治甲子”。

（以上2014年6月四川马边县建设乡永乐村东明王寺内发现 四川文物1：86－87）

补　遗

宋石经幢铭

幢身铭："大宋故内殿承制赵思温，字叔和，元祐五年（1090）五月初七日卒于东京清平坊私第之正寝，享年六十有三。绍圣三年（1096）十月十七日葬于北蟒之原……"及《佛顶尊胜陀罗尼经》和《千手千眼观世音菩萨广大圆满无碍大悲心陀罗尼》经。

（2012年8月至9月河南洛阳市邙山镇望朝岭村西李家凹村东墓葬发现　洛阳考古4：25）

六　有铭砖

汉有铭砖

砖铭："阳遂富贵"。

（2012年9月陕西凤翔县双塚村墓葬发现　文博1：8）

汉有铭砖

砖铭："宜子孙大吉利十千万"。

（2014年2月至11月河南郑州市登封市东华镇袁村附近墓葬发现　洛阳考古2：37）

汉至三国有铭砖

砖面存："乐"字残部。

（2013年11月江苏张家港市凤凰镇小山村西遗址发现　东南文化2：43）

六朝有铭砖

砖铭："永安元年七月"。

砖铭："太岁在甲子"。

砖铭："永康元年八月廿四日□"。

砖铭："建安（叩）头（叩）头"。

砖铭："太康五年九月十六日余"。

（以上2010年1月至5月福建建瓯市东峰村墓葬发现　考古9：64）

晋有铭砖

砖一侧铭："永宁七月十七日就作砖壁"；另侧铭："大中夫高平太守侯府君年七十三薨"。

砖铭："永宁元年七月十日印家立作甓"。

砖铭："永宁元年七月十日印家立作甓"。

砖铭："元康七年九月丁宝作"。

砖铭："元康七年九月□□□作"。

（以上江苏南京市板桥街道板桥市场群项目建设用地新凹子村墓葬发现　中国国家博物馆馆刊12：64、72－73）

晋有铭砖

砖铭："泰和三年方遂家壁"。

砖铭："扬州新安遂安令家作"。

砖铭："扬州新安遂安令家作"。

砖铭："泰和三年方遂家壁"。

砖铭："八月十日方村高作"。

砖铭："□□□九月十日方遂安子□□"。

砖铭："泰元廿一年九月十日作"。

（以上2015年1月初浙江淳安县千岛湖镇屏湖行政村斋塘自然村淤泥坞东南坡墓葬发现　东方博物第五十六辑：15、17、19）

南北朝有铭砖

砖铭："宋景平元年太岁癸亥七月许作"。

砖铭："会稽永兴西乡相藏里许督自书之"。

（2013 年 3 月 21 日至 7 月 29 日浙江杭州市萧山区闻堰镇老虎洞村北部遗址发现　东方博物第五十四辑：9）

南朝梁有铭砖

砖铭："天监九年"。

（2009 年 3 月四川成都市新都区清流镇界牌村九组高家院子墓葬发现　考古 4：23）

南朝有铭砖

砖铭："稽下行卅五"；另端铭："山涛"。

砖铭："向上行卅五"。

砖铭："左天人中行六"。

砖铭："大龙上行八"。

砖铭："虎下行十"。

砖铭："中字斧"。

砖铭："下字斧"。

砖铭："中斧"。

砖铭："正方"。

砖铭："中埣"。

砖铭："申翢"。

砖铭："大宽翢舌"。

砖铭："墚翢舌塼乇"。

砖铭："薄翢□"。

（以上 2012 年 4 月至 6 月江苏南京市雨花台区铁心桥小村墓葬发现　东南文化 2：54）

南朝有铭砖

一号墓：

砖铭："大龙下行六十五讫"。

砖铭："虎中行十六"。

砖铭："朱鸟中行十五"。

砖铭："玄武上行三"。

砖铭："嵇下行卌三"。

砖铭："右师子下行十五"。

砖铭："左值阁中行四"。

砖铭："左家脩四"。

砖铭："向下行……（司徒）……"

砖铭："……具张……"

砖铭："左笠戟……"

砖铭："大月第……"

砖铭："……天人十一"。

砖铭："右迅繖二"。

砖铭："中马（急）埣"。

砖铭："上急斧"。

砖铭："中字斧"。

砖铭："下字塼"。

砖铭："王"。

砖铭："平"。
砖铭："闵"。
砖铭："□陈"。
砖铭："吴"。
砖铭："李"。
砖铭："王"。
砖铭："强正员（负）"。
砖铭："正方"。
砖铭："朱"。
砖铭："官"。
砖铭："西　正方"。
砖铭："强"。
砖铭："二百卅二□"。
砖铭："师李　中大通弍年五月　廿七日於後野作此　砖大好可用"。
二号墓：
砖铭："向下行四七（王戎）"。
砖铭："嵇下行……（□涛）"。
砖铭："向下……（阮咸）"。
砖铭："嵇……（嵇康）"。
砖铭："大日……"
砖铭："右具张三"。
砖铭："右天人上六"。
砖铭："小日二"。
砖铭："右迅繖五……"
砖铭："……笠戟上一"。
砖铭："大月一"。
砖铭："下字塼"。
砖铭："中吉斧"。
砖铭："中字斧"。
砖铭："上急斧"。
砖铭："朱"。
砖铭："单"。
砖铭："急竚"。
砖铭："急竚□"。
砖铭："西急竚□"。
砖铭："急竚官"。
砖铭："中马（急）竚"。
砖铭："大竚"。
砖铭："大鸭舌"。
砖铭："西□正方"。
砖铭："正方"。
砖铭："中塼"。
砖铭："倒臣"。
砖铭："陈"。

砖铭："王"。

砖铭："中鸭"。

砖铭："中鸭舌"。

砖铭："大鸭舌"。

砖铭："浣鸭舌"。

砖铭："大宽鸭"。

砖铭："官"。

砖铭："普通七年　师张正負（员）"。

其他还有表现砖画内容的铭文如："龙""虎""玄武""嵇""向""师子""天人""具张""笠戟""大日""小日""大月""家脩""迅缴""直阁""讫""尽"等。

（以上 2013 年 1 月至 6 月江苏南京市栖霞区新合村狮子冲北象山南麓墓葬发现　东南文化 4：36－38、40、43－46）

隋有铭砖

砖铭："大业元年"。

（2011 年河南浚县城关镇东关村隋代黎阳仓遗址发现　中国文物报 2303：1）

唐宋有铭砖

砖铭："官"（3 件）。

砖铭："宜用□"。

砖铭："三月"。

（以上 2012 年 1 月至 3 月河南洛阳市新街口唐宋窑址发现　考古 6：32）

宋有铭砖

砖铭："伍年王记其□金□和谷直廿五文"。

砖铭："沈家砖记"。

（以上 2015 年浙江衢州市龙游县东郊马报桥村寺底袁自然村西北部墓葬发现　东方博物第五十六辑：38）

宋有铭砖

砖铭："官样"。

砖铭："匠王俗"。

砖铭："南高琮"。

砖铭："高琮"。

砖铭："查"。

砖铭："溧水□"。

砖铭："□天瑞"。

砖铭："穆□"。

砖铭："五"（反书）。

砖铭："朱晃（反书）"。

砖铭："南□□"。

砖铭："殷"。

砖铭："宋儒"。

砖铭："南钱耸"。

砖铭："南"。

砖铭："陈绾"。

砖铭："溧水齐□"。

砖铭："史訒"。

砖铭："溧水袁□"。

砖铭："西"。

砖铭："溧水孙琛"（反书）。

砖铭："匠陶琮"。

砖铭："南朱金"。

砖铭："匠许顶"。

（以上2013年4月江苏南京市古长干里地区大报恩寺遗址发现　东南文化4：60、68）

宋有铭砖

砖一面朱书，字迹漫漶，仅可辨识："邵……舍钱叁拾……"

砖铭："王□年舍钱叁拾□文砖拾贰□"。

（以上2008年年初江苏南京市大报恩寺遗址塔基与地宫发现　文物5：49）

宋有铭砖

砖铭："涟水军"。

（2013年9月至10月江苏扬州市区北部蜀岗南缘古代城址发现　考古9：74）

明有铭砖

砖面残存墨书："正统四年葬于……"

（2006年6月至11月河南焦作市温县北冷乡苏王村墓葬发现　中国国家博物馆馆刊4：49）

明有铭砖

砖铭："十六"。

砖铭："十六砖"。

砖铭："初一号"。

（2013年至2014年贵州遵义市汇川区海龙囤村龙岩山巅海龙囤遗址发现　考古11：18）

明有铭砖

砖铭："黑窑太平场作头赵阿寿小甲张黑儿"。

砖铭："永吉场春季作头赵阿寿小甲张旺四"。

砖铭："惟青场秋季作头唐春一小甲方牛儿"。

砖铭："留右黑字五号"。

砖铭："惟青场作头春一小甲杨阿演"。

砖铭："叁号"。

（以上2008年3月至10月江苏南京市雨花台区窨岗村30号琉璃窨遗址发现　文物10：32、38）

清有铭砖

砖铭："咸丰己未河南府樊任丘"。

（2014年6月至10月河南洛阳市老城区东南隅遗址发现　洛阳考古3：34）

清有铭砖

砖铭："会馆"。

（2012年8月至9月江西抚州市玉隆万寿宫文兴庵旧址发现　南方文物1：37）

清有铭砖

砖铭朱砂道教画符。

（2014年8月6日至22日北京顺义区高丽营镇于庄墓葬发现　北京文博1：76）

七　陶文

周陶文

豆盘底部划刻有："丁""千""干""工""厂"等字或形似数字、箭头等符号

（2009年11月至2010年3月河南新郑市孟庄镇寺东高村遗址发现　中原文物5：11-12）

战国陶文

陶罐外壁近底部戳印3字："詈乡器"。

（山西私人收藏　文物世界6：48）

秦陶文

陶俑左侧刻1字："訥"。

陶俑左上角刻1字："禾"。

陶俑小臂刻1字："廿"。

俑身划刻的文字有："蟜""申""木""米""高""訥""勿""卫""屈""氏""悲""辰""马""禾""二十八友""一辰""七库""一高""六十四"等。

（以上2009年至2011年陕西秦始皇帝陵园一号兵马俑陪葬坑发现　文物9：8、16、18）

秦汉陶文

罐肩部戳印2字："亭升"。

（2012年3月至9月山东淄博市临淄东部范家村以南墓葬发现　文物4：20）

汉陶文

罐肩部划刻2字："九十"（5件）。

罐肩部划刻3字："中九十"。

（2013年3月至4月湖南长沙市雨花区人民中路识字岭路段墓葬发现　文物10：9）

汉陶文

陶樽腹部白色颜料涂写2字："酒樽"。

（2010年4月河南辉县市孟电滨河湾小区发现　中原文物6：98）

汉陶文

罐肩部划刻："黄""X"等字。

瓮肩部划刻："黄"等字符。

瓮肩部及口部刻有："介"字。

（以上2004年3月河南开封市尉氏县蔡庄镇大新庄村墓葬发现　文物8：22-23、26）

汉陶文

缶肩部刻："祝甲□□□"。

缶肩部刻："米"。

缶肩部刻："吕十□□□"。

（以上2013年3月7日至31日陕西西安市未央区张家堡村墓葬发现　中国国家博物馆馆刊4：28-29）

汉陶文

存8块有字残范："广""郡""雒""江""重""卌""五""年"。

（2007年5月四川广汉市小汉镇柳林村石亭江河滩发现　四川文物1：6）

唐陶文

垫柱带文字者，字体多为行书，均为窑工随手划刻而成。

（2006年10月安徽青阳县新河镇老山村窑嘴山南部窑址发现　文物研究第21辑：206）

唐瓷铭

腰鼓喇叭口内壁划刻2字："周生"。

垫柱外侧铭1字："周"。

垫柱外腹铭1字："周"。

垫柱外壁中腹铭1字："周"。

（2012年12月江西景德镇市浮梁县湘湖镇兰田村金星自然村西北大金坞窑址发现　南方文物2：74－75）

唐陶文

陶砚底部铭4字："江州绝上"。

（2013年下半年江西九江县马回岭镇富民村荞麦岭自然村北墓葬发现　南方文物2：81）

唐宋陶文

瓦铭："官"。

瓦铭："官匠杨"。

（2012年1月至3月河南洛阳市新街口唐宋窑址发现　考古6：32）

宋瓷铭

匣钵上划刻："一"至"十""千"等数字和"上""大""小""兴""权""仁""任""夏""江""字""方""女""本""丁""于""之""许""全""元元""□章""淳化"等。

（2013年11月至2014年11月安徽繁昌县县城西郊骆冲窑址发现　中国文物报2316：8）

宋瓷铭

碟外底墨书："辛未叶宅"。

瓶肩部刻1字："大"。

（2003年12月23日浙江松阳县西屏镇云岩山下工业园墓葬发现　文物7：81－82）

宋瓷铭

碗足底墨书："丁"。

碗底墨书："立立"。

碗底墨书："彭"。

（以上2013年11月至2014年3月江苏扬州市南宋宝祐城西城门两侧挡水坝遗址发现　中国国家博物馆馆刊9：99－102）

宋瓷铭

碗内底款："雨香斋"。

碗外底墨书："兼"。

碗外底有文字款，难以辨识。

杯腹部釉上黑彩李白《客中行》诗句。

（以上2013年4月江苏南京市古长干里地区大报恩寺遗址发现　东南文化4：61）

宋瓷铭

碗外底多见墨书："费""宅""朱五记"等字。

（2015年6月至11月浙江湖州市南浔区石淙镇银子桥村凡石桥遗址发现　浙江文物6：22）

宋瓷铭

碗外底墨书1字："官"。

（2013年9月至10月江苏扬州市区北部蜀岗南缘古代城址发现　考古9：75）

宋砚铭

器底铭："长""赵""大""砚台"。

（2013年4月江苏南京市大报恩寺遗址发现　东南文化4：63）

宋瓷铭

枕面墨褐彩楷体："见贤思"。

（2002年5月至6月中旬河北邯郸市临水镇峰峰矿区瓷窑遗址发现　文物：45）

金陶文

陶棺体前档墨书3字："□和尚"。

棺盖顶墨书3字："明师父"。

棺体前档墨书3字："白和尚"。

棺盖顶部墨书3字："张晏师"；左侧墨书1字："张"；棺盖内墨书："大定五年二月十五日　大葬之辰记耳"。

棺体前档分别墨书："浦""师"。

棺体前档墨书："先师"；盖顶墨书："闲师"。

棺体前档墨书："行院"；盖顶墨书："秀师父"。

棺体前档分别墨书："韩""法师""清下"；盖顶墨书："韩下师"。

棺盖顶墨书："果师"。

棺体前档分别墨书："宋和""尚"；盖顶墨书："宋雅师"，其后还有墨书1字，字迹漫漶。

棺盖顶部墨书："老和尚本师"。

棺体前档墨书："惠和尚"。

（以上20世纪80年代末期陕西渭南市富平县城关乡东化村发现　　考古与文物5：124－127）

金瓷铭

小盏足心墨书1字："女"。

小盏足心墨书1字，似"女"字。

（2013年5月山西昔阳县松溪路墓葬发现　　考古与文物1：25－26）

金瓷铭

碗足底墨书："□"。

碗外底墨书："□"。

碗外下腹壁及外底墨书："□""□"。

盘外底墨书："□"。

炉沿面书："花香□□"。

枕面草书："惜花春起早　爱月夜眠迟"。

酒盏残片红彩书："酒中曾得道，醉里遇神仙"。

（以上2002年5月至6月中旬河北邯郸市临水镇峰峰矿区瓷窑遗址发现　　文物8：46、48）

元瓷铭

碗圈足底墨书："黄"。

盘圈足底墨书："黄府"。

（2014年12月河北霸州市南孟镇任水村西南墓葬发现　　文物春秋3：50）

元瓷铭

碗内底褐彩1字："化"字。

盘内底褐彩4字："风花雪月"。

瓶腹部褐彩1字："酉"字。

（以上2015年3月河北三河市高楼镇东北墓葬发现　　文物春秋5：46－48）

元瓷铭

碗黑绘或草书："王""元""花""少"等。

盘内底墨书："□"。

盘残存："风"。

碗外腹墨书："王"。

碗腹内褐彩书写："朝元馆"。

盘外底墨书："王伯达"。

（以上 2002 年 5 月至 6 月中旬河北邯郸市临水镇峰峰矿区瓷窑遗址发现 文物 8：49、51－52）

明瓷铭

碗内底款："右七"。

碗内底款："大明成化年制"。

器物顶面刻有编号，如："大""小""东南地""西南地""上""中""午""子""上十九""大七""东南地卅八""午十五""小十七""子二""中七"等 70 件建筑构件。

剑靶上部一侧朱书："己左"。

榫头顶面朱书"丘左"。

底座一面朱书："七层虎坐出字一"。

（以上 2008 年 3 月至 10 日江苏南京市雨花台区窑岗村 30 号琉璃窑遗址发现 文物 10：38－45）

明瓷铭

瓷枕正面中部铭："资财金玉积如山晓夜尚犹贪妻子好穿罗绮儿女爱腥羶＝福谢俊你咱看也须檐福来同受祸至谁分独自当先诉衷情"。

（2012 年 5 月至 6 月河南三门峡市大岭路南段西侧化工厂建设工地墓葬发现 中原文物 4：13）

明瓷铭

杯、碗、盘、碟、瓶等器皿带有款识："大明宣德年制""宣德年制""大明万历年制""大明万历""玉堂佳器""上品佳器"等。

（2013 年至 2014 年贵州遵义市汇川区海龙囤龙岩山巅海龙囤遗址发现 考古 11：20）

明陶瓷铭

碗内心墨书："碟子"。

碗内底书："福"。

镇墓瓦左侧朱书："亡魂大吉"；中上墨书："奉敕"；中下有朱书符；右侧朱书字迹漫漶。

（以上 2009 年 10 月 9 日至 20 日山东淄博市周村区汇龙湖工程建设工地墓葬发现 中国国家博物馆馆刊 2：16－19、34）

明瓷铭

碗圈足墨书："泰"。

碗圈足内草书："上品佳器"。

碗外底款："大明成化年制"。

碗外底圈足内书："大明成化年制"。

瓷器残片存 2 字："佳器"。

瓷器残片存 1 字："雅"。

碗外底墨书："×"。

碗圈足款："福"。

碗内底铭："雅器"。

碗内底铭："福"。

碗内底墨书："四"。

碗内底铭："寿"。

碗圈足内款："大明成化年制"。

碗内底草书："福"；外壁残存："禄""寿"。

碗残片存："福""寿"。

碗内底款："大明成化年制"。

碗内底款："大明宣德年制"。

碗圈足内款："大明成化年制"。

碗圈足内款："大明宣德年制"。

碗圈足内款："大明嘉靖年制"。

碗圈足内款："大明成化年制"。

碗圈足内款："古斋"。

碗圈足内款："丹桂"。

（以上山东即墨市中山街即墨县衙旧址瓷器坑发现　中国国家博物馆馆刊6：94－124）

明瓷铭

碗内底行书："福"（2件）。

（2013年7月24日江西九江市星子县塔园墓葬发现　南方文物3：27）

清瓷铭

碗外底款："道光"。

碗外底款："嘉庆"。

碗内底书："二"。

盘内底书："福"。

壶底款："二水分白鹭州孟臣别"。

（以上2012年5月至7月浙江宁波市象山县石浦镇东南"小白礁Ⅰ号"清代沉船遗址发现　考古6：57－58）

清瓷铭

碗底有花押款。

盏外壁腹部绘："囍"字，器底有花押款。

盘底有花押款。

碟底有花押款。

盅底款："同治年制"（2件）。

（以上2004年6月至9月黑龙江五常市拉林满旗镇镇北村东拉林机场遗址发现　北方文物4：49－51）

清瓷铭

碗内底铭："国"。

碗内底铭："圣"。

碗内底铭："志"。

碗内底铭："文"。

碗内底有梵文饰，铭："奎"。

碗外壁有梵文排列，内底铭："六"。

碗内底铭："双"。

（以上2012年8月至9月江西抚州市玉隆万寿宫文兴庵旧址发现　南方文物1：36－37）

补　遗

汉陶文

瓮肩部铭："容三石□"。

（2012年6月至12月河南洛阳市瀍河回族区杨文办事处拦沟村东南墓葬发现　洛阳考古2013年1：51、55）

明瓷铭

碗底底款："大明年制"。

（2012年3月至4月河南洛阳市东新安街北侧瀍河三井洞大桥西侧云溪观建筑基址发现　洛

阳考古 3：38）

附一：瓦当铭

清瓦当

有：“穴”。

（2013 年 9 月河南洛阳偃师市首阳山镇义井村西南洛河北岸滩地沉船发现　洛阳考古 3：47）

附二：杂器铭

宋漆器铭

碗外底墨书：“丁巳衢州通道内里金上牢”。

奁盖内朱书：“癸酉温州百里坊叶家上牢”。

（以上 2003 年 12 月 23 日浙江松阳县西屏镇云岩山下工业园墓葬发现　文物 7：86）

宋纺织品铭

罗帕墨书：“建塔主讲律临坛演化大师赐紫可政。先受业和尚金陵昇元寺长讲《上生经》《百法论》大德赐紫玄月。坛中和尚唐左街僧录演法大师昭谋，羯磨阇梨绍贤，教授阇梨白知，证戒梨法赞、处安、彦咸、崇节、德明、浩兴、道随。生身父高洪张洪、生身母禹氏十一娘”。

罗帕墨书：“高邮军左厢招贤坊弟子荀怀义谨舍水晶杯一只，碧玻璃杯一只，白砗磲念珠一串，幸遇皇帝建金陵长干寺阿育王所造释迦佛真身舍利塔，下收葬供养舍利。所愿劫劫生生长承佛护。时大宋大中祥符三年□月□日，弟子荀□记”。

罗帕墨书：“大宋国昇州右厢建业坊弟子周仁祐、男颖、桑氏七娘、郭氏八娘、孩子大女、小女等，各愿：皇帝万岁，国祚遐昌；天下民安乐，天下丰稔；世世生生常敬三宝，常敬三宝。大中祥符四年六月二十六日”。

罗地泥金帕四角绘有：“千秋万岁”。

绢帕四角刺绣：“永保千春”；正中刺绣杜牧《赠终南兰若僧》诗文：“家在城南杜曲旁，两枝仙桂一枝芳。禅师都未知名姓，始觉空门气味长”。

绢帕墨书：“崇圣寺承天甘露戒坛院新戒僧思齐，今□遭逢演化大师□藏如来顶骨真身舍利之资，追荐亡考葛七郎、亡翁葛三郎、亡婆杨氏十娘、同承胜利之因，当超升之果。当愿思齐夙缘不断，万劫二生长为如来弟子，绍隆三宝，作大因缘。大中祥符四年岁次辛亥六月二十七日，新戒僧思齐题记”。

绮巾墨书：“金陵管内僧正赐紫守邈谨舍钱壹佰贯文七十七，洎烧砖三万口，于长干寺造者供养释迦如来真身威应舍利。所□胜缘，愿比丘守邈劫劫生生为佛弟子，所生父母、受业师资同沾利益。大中祥符四年六月二十七日记”。

纱帕墨书：“昇州左厢武定坊住居弟子华文用、文雅、并母吕氏五娘、妻李氏一娘阖家人口等，同舍手帕子一条、土黄二十斤，细香三两于重修长干寺葬佛顶骨舍利塔所衬函，愿永为不朽。大中祥符四年七月二十七日记”。

纯经袱墨书：“六合县太平坊弟子陈知厚施造长干寺三门，愿承三宝恩光，永延福寿，一家眷属，同意结缘。男延寿、男怀玉、孙男仲□、仲宣、仲良、仲贤，孙孩儿旃□、小旃、旃保”。

（以上 2008 年年初江苏南京市大报恩寺遗址塔基与地宫发现　文物 5：44－48）

明史琳墓庐匾铭（木）

匾正面铭：“史宫保公墓庐”；背铭：“……正德元年八月十七日　命”160 字。

（2015 年 1 月浙江宁波市慈溪市横河镇乌玉桥行政村桃园自然村墓志发现　南方文物 4：68）

清匾铭（木）

匾上铭：“小蓬莱”；落款：“地邻海岛国以额之，戊子六月杨岘书”“臣显之印”“杨石头”。

（2015 年年初浙江湖州市第一人民医院仓库发现　中国文物报 2326：2）

（编辑者：金文馨）

第八篇

大 事 记

2015年中国考古学大事记

1月　荆州博物馆自2014年10月以来发掘荆州望山桥一号楚墓。墓主身份可能为“中厩尹”。年代属战国中期晚段。

河南省文物考古研究院自2014年12月以来发掘项城市丁庄战国至东汉墓葬群，清理战国至东汉晚期墓21座，出土文物125件。其中M8出土的兽首纹饰的青铜矛和通体乌黑的青铜戈、M12出土的青铜剑，保存较为完好。该古墓群的清理发掘，为寻找古顿国提供了线索。

中国社会科学院考古研究所汉长安城工作队自2014年12月以来勘探西安市汉长安城建章宫太液池遗址。

中国社会科学院考古研究所洛阳汉魏城队自2014年以来继续发掘洛阳汉魏故城宫城八号遗址。八号遗址毗邻太极殿宫院西南角以西，为一组大型院落遗迹，四面由夯土墙围合，院落平面呈东西向长方形（编号院落1）。2015年在院落中央发现了两座半地下砖砌遗迹（分别编号为池1、池2）。《洛阳伽蓝记》中记载，在太极殿前方左右两侧分别有洗烦池和流化池。此次发现的遗迹是否与“洗烦池”有关，尚有待于进一步的考察与研究。发掘工作至2016年5月。

云南省文物考古研究所、普洱市博物馆自2014年12月以来配合景迈山古茶林申遗工作调查普洱景迈山区域的古道、“元”遗存、仙人坟墓地。在一座墓中出土一件表面有高温烧结灰色陶衣的完整双口陶罐。推测景迈山之景迈名与景迈国之名可能存在某种关系。景迈国即元军南征八百媳妇国，明清时期称八百媳妇国为景迈国。

广西文物保护与考古研究所自2012年10月以来发掘桂林靖江王陵。桂林靖江王陵是明代受封并建藩立国于靖江（今桂林）的历代靖江王陵及其宗亲墓群，号称“靖江王十一陵”。为配合靖江王陵考古遗址公园规划与建设，开展了靖江昭和、温裕、安肃、悼僖、怀顺、宪定、荣穆王陵等7座王陵以及一处奉祠遗址的发掘清理工作，弄清楚了各个王陵的陵园布局及构筑方式。发现的弯子山采石场遗迹及石刻，证明了靖江王陵所用石料基本上都是采自周边。这是考古清理的明代保存最为完整、规模最大、世代最全的藩王陵墓区。

《20世纪中国知名科学家学术成就概览：考古学卷》（全两册）由科学出版社出版。

《石兴邦考古学论文集》由陕西师范大学出版社出版。

新疆维吾尔自治区文物考古研究所编著《新疆昌吉回族自治州考古调查与发掘》由文物出版社出版。

湖南省文物考古研究所编著《沅陵窑头发掘报告：战国至汉代城址及墓葬》由文物出版社出版。

1～4月　郑州市文物考古研究院发掘郑州常西湖新区市民大道项目仰韶文化与龙山文化遗址，发现仰韶文化大河村第三、四期遗存，揭示出遗址的双环壕结构及生活区与墓葬区明显分隔布局的特点。

广东省文物考古研究所发掘英德石岭坪宋代依山而建的建筑遗址，东西宽度超过50米，南北进深超过70米，保留大面积青灰色方形或条形铺地砖，数量较多的柱础石，砖石砌筑的台阶步道及地下排水系统等，建筑废墟中出土较多碗、盏、碟、香炉、佛像手指等宗教场所使用的青瓷器残片，是截至2015年广东发现的唯一一处布局较为清晰、保存相对完好的宋代宗教建筑遗存。

福建博物院发掘闽清县下窑岗元明窑址，清理一座龙窑窑炉、窑炉中部西侧平台上的储泥池、窑炉前部平台的沉淀池等相关遗迹。以下窑岗窑址为核心的义窑是福建省重要的外销瓷窑址之一，我国水下考古及海内外遗址均发现有下窑岗窑址的产品。

1~4月、10月 四川省文物考古研究院开展荔枝道考古学调查，考察万源和宣汉以及周边区域的荔枝道沿线文物点84处，包括摩崖造像、墓葬、碑刻、古桥、古道路、驿站、关隘、古村落、古民居、古遗址等唐宋时期遗存。《新唐书》记载“妃嗜荔枝，必欲生致之，乃置驿传送，走数千里，味未变已至京师”。据调查推测这一区域是唐宋以来荔枝道的主要道路，其中宣汉马渡乡浪洋寺摩崖造像是这一路线上的重要节点。

1~5月 山东省文物考古研究所再次勘探五莲县丹土遗址，并利用RTK等科技手段测绘重新探出已发现的三座城。初步判明遗址东西长约1000米，南北宽约400米，面积约40万平方米。大汶口文化晚期城址东西长约410米，南北宽约220米，城内面积约9万平方米。龙山文化早期城址东西长约520米，南北宽约270米，城内面积约14万平方米，在城址西南角新探出一段城墙和壕沟，新探出西南、北偏东两个城门通道。龙山文化中期城址东西长约540米，南北宽约500米，城内面积约27万平方米。在遗址西北角城址外侧探出有周代文化遗存分布区，打破三圈城壕，发现有墓葬、砂沟。

宁波市文物考古研究所发掘慈溪乌玉桥东周及宋明墓葬。其中一座为东周土墩石室墓，一座为明代弘治年间都察院右都御史史琳墓。

1~6月 陕西省考古研究院咸阳张闫汉魏明时期遗址，清理墓葬13座、灰坑39个、灰沟4条、房址5座、夯土基址12处、古井6眼、道路4条、金属冶铸作坊1处等遗迹，出土遗物186件（组），包括青瓷碗、玉料以及陶质博具棋盘、瓦当、水管道等。其中，金属冶铸作坊遗存的时代下限不晚于北魏，主要由地面房址、多功能下沉式操作间等部分组成。操作间由斜坡土洞通道、壁龛、烘范炉、熔炼（炒钢脱碳）炉、鼓风间等部分组成，全部修建在长方形地下土圹中。总长6.3米~7.3米、宽5.4米~6米、深3.6米。出土耐火砖、鼓风管、铁板、钱范、坩埚及150余千克铁渣块。这是一处非常少见的大型金属冶铸生产遗存。

福建博物院发掘南靖县封门坑明清窑址，揭露有相互叠压打破关系的窑炉遗迹4座、作坊遗迹1处、居住遗迹1处。封门坑窑址产品以青花、白瓷、青瓷为主，亦有部分米黄釉、酱釉产品。器形以碗、盘、盒、碟、杯、汤匙、罐、水注、勺、灯、茶盏、香插、炉等日用生活器为主。其中第三期窑炉的产品与印度尼西亚“泰兴号”沉船出水的部分瓷器相同。“泰兴号”沉船出水“道光二年”的纪年器物，其年代在道光初期。据此推测封门坑窑址第三、四期窑炉年代可能在清代中晚期。

1~7月 武汉大学历史学院发掘武汉市黄陂区盘龙城商代遗址，勘探面积为61万平方米。在杨家湾北坡布设探沟发现疑似盘龙城遗址外城垣遗迹。在小王家嘴清理21座商代墓葬，除M17、M24、M25、M26外，墓葬长度多在90厘米~120厘米、宽度为40厘米~60厘米，墓葬空间似难以容纳正常成人，各类随葬品多为人为打碎后放置于墓葬中，应为“碎器葬”葬俗所导致的现象。

1~8月 四川省文物考古研究院发掘米易县庙门前新石器时代遗址。发掘3125平方米，发现房址7座、灰坑124个、灰沟7条、灶6座、窑址4座，以及红烧土面遗迹1个。出土遗物以陶器、石器居多。目前测定的两个^{14}C测年数据显示遗址年代属于新石器时代晚期，距今4500~4300年。

1~9月 陕西省考古研究院继2014年发掘西安市临潼区秦东陵四号陵园建筑遗址与附葬坑。建筑遗址东西长55米、南北宽40.5米、夯筑墙体宽4.8米，总面积达2230平方米。形制为三面夯土墙围就的“凹”字形。长方形附藏坑距地表深约0.6米，长15.9米、宽5.4米、深4.42米。坑内为三辆面向东的木质车辆，每辆车为两匹马。内部有排列整齐坑洞的建筑遗址是近年来秦汉陵墓建筑遗址的首次发现，坑洞可能为祭祀坑遗存，可能是与“中”字形墓葬祭祀有关的遗存，是战国秦贵族墓葬礼制建筑遗存的重要发现。车马坑是研究战国时期车马随葬制度的新材料。

1～11月　陕西省考古研究院发掘南郑县龙岗寺遗址西北角和北部区域，发掘面积1200平方米，目前仅发掘至半坡文化层面。揭露了龙山时代初期和夏时期以黑皮陶为代表的遗存，以及西周中晚期以连裆和瘪裆陶鬲为代表的遗存。两批黑皮陶遗存与峡江及巴山东部地区新石器晚期至夏商时期的多类遗存均有不同程度的联系。

1～12月　陕西省考古研究院发掘高陵杨官寨庙底沟文化墓地。发现92座土坑（偏洞室）墓，已清理14座，以偏洞室墓为主，有少量竖穴土坑，均为单人葬，随葬品较少，仅少数墓葬随葬有夹砂罐、彩陶壶、杯等。另发现25座明代"甲"字形墓葬，随葬品有瓷碗、铜钱、铅锌合金的饰品、墓志铭等。

浙江省文物考古研究所发掘杭州市余杭良渚古城内莫角山遗址、姜家山遗址、钟家港遗址南段，启动安溪路以东大规模勘探工作。在大莫角山东部发掘900平方米，新发现和确认3座土台房基遗迹，至此，在大莫角山上共发现了7个面积300～900平方米的土台式建筑基址，呈南北两排分布。在小莫角山遗址发现4座房址，其中1座年代较早，另外3座叠压于早期阶段房址上。姜家山遗址位于莫角山遗址的西部，发现14座良渚文化墓葬，大致呈三排分布。出土随葬品485件组，包括玉器，石器、陶器、骨器等，以玉器为主。年代与反山墓地相当。其中姜家山M1棺椁俱备，随葬品65组175件，其中玉器165件，为良渚文化贵族大墓，介于反山M17和M15之间，大致相当于反山墓地的第三等级。在钟家港河道西岸发现一段良渚文化晚期的以木桩及竹片构成的护岸遗迹，这是城内的首次发现。在安溪路以东发现台地21处，应为良渚古城外围的一处重要聚落群。经过2006年以来的考古工作，证明良渚古城的核心区可分三重。最中心为面积约30万平方米的莫角山宫殿区，其外分别为面积约300万平方米城墙和面积约800万平方米的外郭所环绕，堆筑高度也由内而外逐次降低。古城外围还分布着规模宏大的水利系统及范围广阔的郊区，整个城市系统占地面积达100平方千米。

陕西省考古研究院发掘丰镐遗址。在白家庄村一带勘探面积30万平方米，发现灰坑、水井、陶窑、墓葬等遗迹，明确了镐京遗址东南部壕沟北段的走向及延伸范围。在花园村东部区域发掘400平方米，清理灰坑75个、墓葬4座、房址1座。出土遗物有多件与铸铜相关的青铜工具。

山西省考古研究所自2014年7月以来第二期发掘翼城县大河口西周墓地。墓地现存面积4万余平方米，分布着超过2000座墓葬和数以百计的灰坑。第一期发掘曾清理了包括大中型墓葬在内的近600座墓葬和部分灰坑。第二期发掘，2014年清理了小型墓葬238座、灰坑45个；2015年发掘6000余平方米，清理墓葬361座、灰坑56个，出土器物1056件。

中国社会科学院考古研究所、陕西省考古研究院、西安市文物保护考古研究院联合发掘继2012年4月以来发现汉长安城外3组7座桥梁遗址后再次发掘西安市北郊渭桥遗址。在厨城门一号桥北端高铁动车运用所基建区域清理出一艘断为两截、经拼合后长9.71米的汉代木船，为截至2015年我国发现最早的木板船。该船用大量木榫板、木钉并联船板的技术在国内同时期为首次发现，罗马时期地中海区域广泛使用这种造船技术，是长安—罗马"丝绸之路"间文化交流的新资料。

陕西省考古研究院开展全面勘探唐靖陵、简陵、章陵三座陵园遗址，调查和勘探唐昭陵190座陪葬墓中90座，发掘唐永康陵、定陵陵园的部分建筑遗址，全面清理陵园石刻。勘探面积300万平方米，发掘面积900平方米，出土文物50余件。完成了唐代帝陵大遗址保护项目——全部21座唐陵的陵园勘探工作。在永康陵清理的一对华表柱身上发现了清晰的篆刻文字，东侧为"唐太祖景皇"，西侧为"帝永康之陵"。在定陵南神道清理出2件完整的石人。

陕西省考古研究院再次发掘富平桑园唐代窑址，截至2015年在桑园窑址发现窑炉总数达544座。不同组窑分别用于生产某一类特定产品。根据不同的产品种类及窑炉位置分布，该窑场可分为四个功能区：第1区为砖窑区，产品以绳纹条砖为主，其中包含少量的手印砖；第2区为瓦窑区，产品以瓦为主；第3区也为砖窑区，产品以砖为主，包含少量的方砖，另含有极少量的手印砖；第4区为特种窑区，产品为兽面砖、鸱尾等特种建材。

2月　云南省文物考古研究所自2014年10月以来发掘江川甘棠箐旧石器时代遗址。发掘50平方米，文化层厚度近3米。发现一处用火遗存，其木柴向心堆积，木柴近中心部位炭化严重，火塘中心积炭。出土石制品共有25153件，其中石核658件、石片564件、初级砸击断块102件、石器192件、废品（含断块、断片和碎屑等）23637件。石制品以小型为主，多为硅质岩和石英岩。石器类型包括刮削器、凹缺器、尖状器、雕刻器等，其中以刮削器占绝对主体。石制品特征与周口店第1地点、泥河湾以早期旧石器遗址为代表的华北小型石器早期文化传统有相似之处，与华南其他地区以大型砾石石器为主要工具组合的技术和文化传统存在较大差异。出土20多件骨、角制品和数十件木制品。种子化石初步鉴定有25科，31属，其中包含有松子、葡萄等人类可食用的果实化石。哺乳动物组合与元谋动物群极为相似，其地质时代可能为早更新世。此次发掘收获被评为2015年度全国十大考古新发现。

宁波市文物考古研究自2014年9月以来发掘宁波市镇海区鱼山新石器时代至唐宋时期遗址，发掘面积3800平方米，清理遗迹270余处，出土陶、瓷、铜、石、玉、骨、角、木质遗物（小件）400余件（组），分属河姆渡文化、良渚文化、商周时期、唐宋时期四大阶段。其中河姆渡文化遗存是截至2015年已知距离海岸线最近的遗址之一。

山东省文物考古研究所自2014年10月以来发掘昌邑市火道—廒里东周遗址群，揭露500余平方米，发现灰坑、灶、井、沟等遗迹，出土陶器中以煮盐用具盔形器的数量最多。这是鲁北沿海地区东周时期盐业遗存的首次发掘。

洛阳市文物考古研究院自2014年12月以来发掘洛阳市瀍河区东花坛西晋墓，揭露的三座西晋早期大墓（编号C3M1640、C3M1641、C3M1642）具有明显的家族墓地性质，均为长斜坡墓道单室砖室墓，由墓道、甬道、墓室、南侧室、北侧室五部分组成。三座大墓的结构可能是高等级墓葬由东汉、曹魏时期多室墓向西晋时期单室墓过渡阶段的形制。

3月　重庆市文化遗产研究院第三期发掘合川区钓鱼城范家堰遗址。新发现宋元至明清时期房址36座、道路23条、灰坑11个、水沟32条、墙12段、门1座、壁龛1个、碾盘1个。出土器物标本300余件。发现的台基建筑的建筑规模、形制及夯土、石作等建筑技术与《营造法式》比较吻合。在东北部发现清理具防御色彩的成组大型院落建筑、高台建筑基址群等重要遗迹，同时在遗址北部大天池之东南方调查发现成组高规格建筑遗存及《钓鱼城志》记载的“银子田”“黑房子”。通过三期考古工作，范家堰遗址东北部衙署布局结构基本廓清。整个衙署主要由东部的前、中、后三进院落及西部水池亭榭等景观建筑构成，坐北朝南，依山构筑，建筑间路网发达，排水导流明暗相间，纵横交错，是截至2015年保存较为完整的宋元山城衙署遗址。发掘工作至2016年1月。

山西省考古研究所抢救性发掘长治县镇里村金代石棺墓。墓葬平面呈“甲”字形，由墓室和墓道两部分组成。石棺为青石质，由棺盖、棺身和基座三部分组成，棺身和基座为一体，长2.2米、宽0.88米~1.24米、高1.2米~1.4米。棺盖由四块拼合而成，整体像一柄倒置的如意。石棺外表面通体打磨光滑并雕刻有图案。前档正面浅浮雕门窗；两侧板线刻人物及云纹，画面内容相同；后档浅细线刻直棂窗、板门。底座束腰部分细线刻《二十四孝》人物故事。

河南省文物考古研究院、中国科学技术大学科技史与科技考古系编著《舞阳贾湖（二）》由科学出版社出版。

3月28~29日，由中国考古学会和日本中国考古学会主办、北京大学考古文博学院和北京大学中国考古学研究中心承办的“中国考古学研究中日论坛”在北京大学召开。来自中国社会科学院考古研究所、北京大学考古文博学院、中国国家博物馆、陕西省考古研究院、日本东京大学等多家学术机构的代表，以及在京有关学术机构的近200位学者参加了此次论坛。会议收到学术论文20多篇，交流内容涉及中国历代都邑性遗址的发现与研究、以区域为中心的长时段考古学研究、有关专题研究，以及多学科综合研究的探索。

3～5月　山东省文物考古研究所自2014年秋季以来发掘定陶十里铺北遗址，发现大汶口文化、龙山文化、岳石文化及商代遗存，以及岳石文化、晚商时期的城址。城址平面近圆形，直径180米～190米，面积约3万平方米，现存2/3周的夯土墙，墙体顶部距地表0.3米～1.5米，宽7米～8米，底部宽11米～13米，残高2.3米～3.5米。墙体建筑、使用可分三大期。第Ⅰ期墙体为岳石文化时期，主体部分曾遭严重破坏，第Ⅱ期可能始建于岳石文化时期，沿用至商代晚期，第Ⅲ期系商代晚期修补加固而成，东周时期可能仍在沿用。这是在东夷文化边缘地带发现的第一座夷商城址，是东夷西进、先商南下、晚商东渐路线上的重要城邑。

中国国家博物馆田野考古研究中心、山西省考古研究所继续发掘绛县周家庄龙山文化遗址，发掘面积1000余平方米，发现一批龙山晚期至二里头初期遗存。

3～6月、8～9月　重庆市文化遗产研究院、中山大学发掘奉节县白帝城宋代城址。发掘2100平方米，清理小北门遗址西边的一段城墙，部分建筑基址和一个水池，以及大北门遗址。

3～7月　成都文物考古研究所发掘成都市通锦路唐及五代园林遗址。由砖砌沟渠、人工池塘、亭台基址和水井组成。砖砌沟渠位于整个发掘区西部，已揭露部分全长约有90米，形状蜿蜒曲折，最宽处有近6米，最窄处不足1米，深1.6米。人工池塘位于发掘区北部，为一座砖砌水池，平面近圆形，直径19米，深1.7米。西南段有一条砖砌挡水堤，有暗沟穿过水堤与水池相连，水堤及暗沟修砌考究。此园林建筑群毗邻成都著名的古代寺院——万佛寺。自清末光绪以来，万佛寺遗址陆续出土大量南朝至唐宋时期的石刻佛教造像。推测该园林建筑群的修建或与唐代净众寺的历史存在一定关联。

3～10月　江西省文物考古研究所发掘新干县大洋洲牛头城址商代陶窑遗存，清理两座保存较完整的商代半倒焰陶窑。其中Y1由窑室、窑门、燃烧室（火膛）、火道、烟囱（排烟口、排烟道）组成。窑室椭圆形，东西径250厘米、南北径270厘米、存深30厘米～113厘米。窑底自北至南向下倾斜至排烟口，倾斜度为10°。此处陶窑是截至2015年中国发现最早的半倒焰窑炉。

山西省考古研究所自2014年9～12月以来第二次发掘襄汾县陶寺北两周墓地，墓地总面积约24万平方米，两次发掘清理墓葬12座。可能是晋国一处宗族墓地。

3～12月　陕西省考古研究院、中国科学院古脊椎动物与古人类研究所、南京大学为配合龙岗寺国家考古遗址公园建设发掘南郑县龙岗寺旧石器时代遗址，在第三级阶地地点发掘247平方米，发掘地层深度约10米，新石器遗址以下地层普遍出土旧石器制品。已出土各类旧石器4000余件，包括石核、石片、石器工具以及断块和碎屑等，石器工具类型包含砍砸器、刮削器和尖状器等。另外还发现用火遗迹。此次发掘出土的石制品以中、小型为主，大型砍砸器等重型工具比较少见，这与20世纪80年代根据地表采集石制品得出的龙岗寺遗址以大型石制品为主、属南方砾石工业的认识有较大出入。近几年遗址地层测年结果表明，龙岗寺遗址是我国所见为数不多的年代超过100万年的旧石器遗址之一，而且时代跨度大，从人类文化的黄土堆积地层一直延续到距今七八万年间。

湖北省文物考古研究所发掘天门石家河新石器时代遗址。在石家河古城西城垣隔护城河相望的印信台遗址发现大型史前祭祀场所，属于石家河文化晚期，是石家河遗址鼎盛时期的遗存。

在谭家岭遗址东部发掘区发现屈家岭文化晚期土坑墓和石家河文化早期大型房址，以及后石家河文化时期的5座瓮棺葬（编号W3、W4、W7、W8、W9）和随葬的一大批玉器。玉器有双人连体头像玉玦、虎座双鹰玉饰、玉牌饰、虎形玉冠饰、玉虎、玉鹰、玉钺等，以玉蝉、玉管、玉珠、玉虎的数量最多。瓮棺中还发现有将剩余的玉料与玉器同葬的现象。在谭家岭遗址北部与邓家湾遗址接合部发掘，发现在谭家岭遗址周围有不晚于屈家岭文化时期的环壕和城垣遗存，是同时期我国规模最大的史前城址，将石家河城址的城建历史至少提前了500年。

浙江省文物考古研究所继续发掘杭州余杭玉架山良渚文化遗址，确认遗址南部的“古河道”，宽10

米~14米、深0.5米。在环壕Ⅰ西北部清理良渚文化墓葬8座，出土各类遗物约100件（组）。陶器组合为鼎、豆、罐，还有纺轮、盘、盆和双鼻壶等；石器主要为石钺；玉器主要有管珠和锥形器等。自2008年10月下旬以来在玉架山已发现了由六个相邻的环壕组成的良渚文化的完整聚落，共清理墓葬460座、房址11座、灰坑24个，出土各类遗物5000余件。

四川省文物考古研究院再次发掘成都市三星堆商代遗址。截至2013年，在三星堆遗址西北部的青关山台地上揭露一座长逾65米、宽近16米、建筑面积逾1000平方米的三星堆三期大型红烧土建筑基址（F1），以及在其北部的一座面积略小、年代偏早的长方形建筑遗存（F2）。2015年在大型红烧土建筑基址东南部又初步揭露出另一座长方形红烧土建筑基址（F3），长逾20米，宽度近10米，北墙与西墙内侧有类似于F1的锯齿状红烧土“檐柱”，室内夯土地面中也有掩埋象牙的现象，推测是与F1同时存在的另一座大型建筑。同时在这组建筑基址北部发现青关山城墙，确认城址东北部仓包包台地西缘的李家院子城墙和东北角的马屁股城墙拐角。青关山城墙残长140米、顶部残宽10米~15米、残高近3米，始筑于三星堆遗址第二期。青关山城墙与真武宫城墙（外廓城北城墙中段）位于一条直线上，为外廓城北城墙的组成部分——北城墙西段，与马屁股城墙拐角一起，基本揭示出始筑于三星堆第二期比较完整的三星堆外廓城。而李家院子城墙的确认，与“东城墙北段”“马屁股城墙拐角北城墙段”“仓包包城墙”揭示出在三星堆外廓城东北部合围的“仓包包小城”。仓包包小城始筑于三星堆遗址第三期。

陕西省考古研究院、中国社会科学院考古研究所、北京大学考古文博学院自2014年9月启动了周原遗址新一轮考古工作。2015年对周原水系有关的池渠遗迹进行了重点勘探和发掘，完成重点勘探面积约67万平方米，抽样勘探面积108万平方米，共发现并确认淤土遗迹4处、人工沟渠14条。对其中一处淤土遗迹和4条人工沟渠遗迹进行了解剖发掘。发掘者初步认为周原遗址内存在着自然水系与人工水系、蓄水池与引水渠、干渠与支渠等不同层次的水系遗存，它们共同构成了周原遗址的水网系统。在2014年铜轮牙车马发掘点南边50米处的“居址—墓葬区”，又发掘揭露4座西周晚期墓葬，墓葬均被严重盗扰。其中M30发现了未经扰动、摆放整齐的随葬品。包括青铜器、陶器和漆器共计14件。其中青铜器有鼎4件、盨2件。两件立耳鼎大小虽别，但形制、纹饰一致。2号鼎铭文为：“姬生母作尊鼎，其万年，子子孙孙永保用。”2件附耳鼎与2件铜盨均形制、大小、纹饰一致，应各自成套。1、2、4号铜鼎内均有幼猪前腿或后腿骨，3号鼎内为鱼骨；2件铜盨内发现有谷物，颗粒状明显。该墓主可能是一位字为“生母”的姬姓女子。此次发掘收获被评为2015年度全国十大考古新发现。

荆州博物馆发掘荆州延庆寺战国至秦汉建筑遗存与西汉至宋代墓葬，首次在湖北省发现规模较大的战国至秦汉时期建筑群台基，为寻找南郡治所提供新的线索。

洛阳市文物考古研究院发掘孟津县朱仓M722东汉顺帝宪陵陵园遗址。2009~2010年曾发掘4700平方米，2014年发掘近3500平方米，主要是揭露帝陵原始封土、东部建筑遗址、东西垣墙等。2015年在紧邻帝陵封土的东侧发掘2475平方米，发现1号台基（“石殿”）南半部、1号台基与2号台基（“寝殿”）两大建筑单元连接处通道、1号台基外围东侧垣墙基槽、2号台基南部廊道，以及陵园东垣墙外区域等。出土绳纹筒瓦、板瓦，卷云纹瓦当，空心砖、方砖、条形砖，铁钉、钩等建筑材料，铁戈、剑、镞、蒺藜、杈等，以及玉衣片、铜钱五铢等。

中国社会科学院考古研究所、南京博物院、扬州市文物考古研究所发掘扬州蜀岗宋宝祐城西城门外南宋瓮城墙、瓮城壕，以及城内西南隅道路。

安徽省文物考古研究所第二次发掘繁昌县繁昌窑遗址，发掘面积约475平方米，发现作坊基址1处，揭露房址1处、淘洗池1个、陶车基座2处、水井1口、排水沟1条、车辙1处、南宋早期墓葬1座，出土青白瓷碗、盏、盘、碟等各类可复原瓷器200余件。还发现了荡箍、碾轮、擂钵等制瓷工具。首次较完整地揭露了青白瓷成型作坊。陈腐池、陶车基座位于房址内，排列有序。房址外围发现有多个柱洞和大量散落的灰陶绳纹瓦，证明该作坊房址原来是有瓦顶的棚类建筑。车辙通向一座淘洗池，可能是独轮车往返运输制瓷原料留下的痕迹，系首次发现。

4月　陕西省考古研究院自2014年11月以来发掘户县兆伦村新石器时代遗址及唐代墓葬。其中

M55唐墓由斜坡墓道、2个天井、2个过洞、甬道和墓室组成。墓室砖砌而成，穹隆顶，平面近正方形，墓室底部铺砖，墓室东、西、南三壁在砖上绘有人物题材壁画。墓葬内发现有墓志，志盖上刻篆书，四行十二字，“大唐故洛州密县令冯君墓志”；志石上刻楷书，满行三十八字。据墓志可知，该墓葬年代应为唐高宗李治时期，而所葬之地为唐代的户县长乐乡。墓主冯孝约最初为太子千牛备身，即太子（唐太宗李世民太子李承乾）的高级侍卫，于贞观十八年，出为光州司户，而这次被贬黜的原因很可能与太子李承乾于贞观十七年预谋发动的宫廷政变有关。

北京市文物研究所自2014年9月以来发掘海淀玲珑巷宦官墓葬区。墓葬分布于明代寺庙慈祠庵的东西两侧。在西部墓区清理明清墓154座、明代建筑基址10处及道路遗迹1处，出土随葬品约400件（套）。在东部墓区清理明清墓150座、明代建筑基址3处，出土随葬品约300件（套）。在墓葬区中部设有一座专门摆放祭祀器具的大型祭台。其中，M5为明武宗时期“八虎”之一的马永成之墓，M7为明神宗明御用太监王干。玲珑巷墓葬区是北京乃至全国规模最大的宦官墓葬区。

5～8日，由文化遗产与中国考古学研究国际中心（ICCHA）、北京大学考古文博学院、北京大学中国考古学研究中心、伦敦大学考古学院联合主办的“早期文明的对话：世界主要文明起源中心的比较国际学术研讨会”在北京大学召开。来自北京大学考古文博学院、中国社会科学院考古研究所、英国伦敦大学考古学院、美国密歇根大学凯尔西考古博物馆、日本东京大学等机构的代表及中国各高校、各省市考古机构的近300位代表参加了此次会议。会议以两河流域、古埃及、印度河流域、中国、玛雅5个早期文明的起源与早期发展为主题，围绕“中国考古学界对于早期文明的探索与认识（1985—2015）”“早期国家的起源与形态”“文字起源及其作用”“景观、农业、手工业生产与贸易”“全球视野下的早期文明比较研究”等专题进行交流讨论。

4～5月　天津市文化遗产保护中心、吉林大学边疆考古研究中心开展蓟县旧石器考古调查。发现14处旧石器地点（遗址），分布于蓟县下营、罗庄子、孙各庄、穿芳峪和渔阳5个镇乡，大多位于第Ⅳ、第Ⅲ级阶地。采集石制品千余件，年代已经进入到旧石器时代中期甚至早期，即地质年代的晚更新世早期或更早，不晚于距今10万年。

山东大学文化遗产研究院、中国社会科学院考古研究所自2014年10～11月以来继续进行舞阳贾湖M58、M87两座新石器时代墓葬实验室考古发掘。在M58墓主人头下枕一象牙质板状物，其身体正面和背面发现数百枚穿孔绿松石片状饰件，呈包裹式分布在墓主人身体周围。此属首次发现，为中原地区新石器时代中期的服饰文化及生产工艺的研究提供了新的资料。在M87墓主胸部放置陶鼎和陶罐，身体右侧发现龟甲、骨笛、叉形器集中分布的现象，为研究器物之间的相互关系及功能提供很重要的线索。墓主人左右上肢骨发生对调并插入腹腔，下肢中间发现多支骨标插入骨缝。

云南省文物考古研究所发掘晋宁石寨山古墓群金砂山墓地。发掘500平方米，清理墓葬31座。大多数为长方形土坑竖穴墓，直接挖凿在基岩上。长一般在3米，宽0.5米～1米，深2米～3米。仅一座墓保留有木棺，仅一两座墓葬保留有人骨。在部分规模较大的墓坑前面，发现有一斜坡状的类似墓道的遗迹，深的一端与墓坑相连但并不与墓坑相通，在坑内发现有较多的灰烬，似为墓前祭祀坑。墓中随葬品很少，主要有带（双）翼铜戈、铜镦、铜斧、铜刻刀、有领玉镯（环）、玉玦、木镯，有的在镯面还嵌有细小的珠子。这类遗存可能是石寨山文化早期或早于石寨山文化的遗存。

国家文物局水下文化遗产保护中心、海南省文物局、海南省博物馆开展西沙群岛水下考古，发掘珊瑚岛一号沉船遗址，调查金银岛一号沉船遗址。珊瑚岛一号沉船遗址没有发现船体，以石质建筑构件为主要堆积，另发现有少量青花和白釉瓷器碎片。石质建筑构件包括石像、石柱、石板、石条等，此次发掘打捞30余件。金银岛一号沉船遗址表面散落有大量的白釉、青花瓷器残片和石质建筑构件。

4～6月　山东省文物考古研究所发掘临淄齐故城大城东墙遗存。明确城墙主体可分为四期，第一期城墙不会晚于西周晚期，第二期城墙应为春秋时期，第三、四期城墙应为战国时期的扩展。

中国社会科学院考古研究所汉长安城工作队发掘汉长安城长乐宫内东西向干道遗址。

云南省文物考古研究所发掘澜沧仙人坟元代墓地。墓地面积约17000平方米，发掘面积400平方米，清理3座墓葬。出土随葬品有12件陶罐与斧、锸、砍刀、小刀及棍等7件铁器。其中泥质灰色硬陶罐为元代之物，方格纹夹砂红陶罐则是当地傣族自古以来的典型器物。这是中缅边境地区的首次考古发现元代遗存。

4~7月　徐州博物馆（徐州市文物考古研究所）发掘徐州卧牛山四号墓。墓主很有可能为西卧牛山墓主的早薨王后。

4~8月　陕西省考古研究院继2014年再次发掘榆林市榆阳区安崖镇房崖村寨峁梁新石器时代遗址，历时两年发掘揭示出一座保存较好、遗存丰富的龙山时代小型石城聚落。

4~9月　甘肃省文物考古研究所、中国社会科学院考古研究所、西北大学、北京科技大学继续发掘张掖市西城驿遗址。发现沟14条、灰坑14个、房址16座、独立墙体1段、墓葬1座，烧面2处。出土器物主要包括陶器、骨器、石器、铜器和玉器等。陶器有双耳罐、小罐、器盖、球、纺轮、陶珠、管状饰等。骨器有针、锥、珠、管状饰等。石器有砍砸器、刮削器、刀、铲、镞、珠、管、片状饰等，有部分细石器。铜器发现相对较少，有锥、刀、铜片等。玉器主要有斧、刀、权杖头等，另有少量玉料发现。还出土有炭化小麦及一些与冶炼相关的遗物。分为西城驿文化时期、四坝文化时期、四坝文化后等三个时期。

杭州市文物考古研究所发掘杭州市南宋临安城址东城墙遗迹和南宋引西湖水入城的地下设施遗存。

4~10月　辽宁省文物考古研究所发掘朝阳市龙城区召都巴镇尹杖子村半拉山红山文化墓地。发掘面积1450余平方米，清理积石冢1座、墓葬54座、祭祀坑7座、祭坛1座。玉器有“玉猪龙”、鸟、斧、钺、镯、环、方璧、双联璧、三联璧、三耳璧、珠、玉芯、玉料、饰件、绿松石耳坠等。还出土一件可能带玉端饰的石钺，以及数件石人头像和一件近真人大小比例的陶塑人像左手臂和躯干部残块。M4出土人骨的^{14}C测年数据为4510±30，经核正为距今5305~5045年。

辽宁省文物考古研究所第三次发掘辽阳江官屯辽代窑址。发掘面积800平方米，清理灰坑141个、沟5条、房址5座、作坊2座、高台建筑基址1座。整理修复瓷器等标本数千件。产品有碗、盘、盆、罐、盏、坛、匜、炉等生活用具及一些生产工具。除高温的白瓷外，还有低温铅釉器物，在白瓷、黑瓷中都有一部分精品。可见该窑场的产品不全是粗瓷，不仅烧民用瓷，也烧官用精品瓷。

4~11月　山西省考古研究所自2012年8月、2013年11月至2014年5月三次发掘长子县西南呈西周墓地。三次发掘共揭露面积1万平方米，清理墓葬117座，包括5座带斜坡墓道的大型墓葬，15座中型墓葬，95座小型墓葬及2座马坑。其中2组5座大型墓葬，均为带斜坡墓道的“甲”字形土坑竖穴墓。最大的M15，墓道南北长约24.5米，宽3.82米~4.2米，墓室南北长6.2米、东西宽4.6米，墓室底部距现地表10.8米。有两座大型墓葬墓道中随葬车辆，M18随葬4辆，M15随葬14辆，是西周墓葬墓道葬车数量较多的一座。这是一个大型的西周高规格姬姓贵族聚集埋葬区。M15墓主人的级别可能是接近晋侯和井叔等的西周时期高等级贵族。

甘肃省文物考古研究所对礼县大堡子山遗址被盗墓葬进行抢救性发掘，并对秦公大墓周边进行小范围试掘。在龙槐村部分勘探面积近18万平方米，发现各类遗迹182处，墓葬116座，十墓九空。在大堡子山遗址部分发掘探方16个，墓葬4座，揭露面积近500平方米。发现有厚达40厘米~70厘米的踩踏面以及柱洞、殉葬马坑、建筑基址等遗迹。

辽宁省文物考古研究所继2008年至2012年、2014年之后，第三次发掘辽阳苗圃墓地，清理墓葬141座。主要为汉魏时期墓葬，分为土坑竖穴墓、石椁墓、石室墓和砖室墓4类，部分石室墓墓室内还残留有彩绘壁画图案及刻划图案，出土遗物有陶器、铜器、铁器、玉器、金银器和钱币等约1500件。

广州市文物考古研究院发掘广州市中山四路五代南汉建筑基址。清理南北向磉墩4排、东西向磉墩9个，其中最北部磉墩仍向北侧延伸。磉墩南北间距2.4米、东西间距3.2米，磉墩之间残留南北向的方形枕木，磉墩边长1.45米～1.65米，个别磉墩上部残留有木质柱础。可能属于南汉时期广州城东一处大型官府或寺庙建筑。

陕西省考古研究院发掘靖边县统万城遗址无定河南岸的西梁和西城西北方外郭城内查干圪台的两处大型夯土台遗址。其分别位于统万城遗址东南郊与西北，可能为两组礼制性建筑。

辽宁省文物考古研究所发掘北镇洪家街辽代墓地。清理墓葬两座（M1、M2），均为砖室墓，由墓道、天井、墓门、甬道及墓室构成。出土随葬品有铜器、铁器、金银器、漆木器、玻璃器、琥珀、水晶及墓志等。据出土墓志，墓主人为耶律弘礼，为辽景宗曾孙，后过继给耶律隆运（即韩德让）并附其葬，下葬时间为寿昌二年（1096）。洪家街墓地应为辽代中晚期医巫闾山辽代帝陵的陪葬墓地之一。

黑龙江省文物考古研究所、侵华日军第七三一部队罪证陈列馆发掘侵华日军第七三一部队遗址的锅炉房遗址地点、地下回水池遗址地点和动物焚烧炉遗址地点。

4～12月　河北省文物研究所为实施河北省科技厅重点科技支撑计划“东方人类探源工程——泥河湾人类起源、地质及环境背景研究”项目，开展阳原县泥河湾盆地旧石器专题调查。调查区域为泥河湾盆地东缘的大田洼台地及周围地区，共发现旧石器时代遗址33处，时代自早更新世至晚更新世之末。早更新世的有：马圈沟4号地点、马圈沟5号地点、东谷坨北地点、奶奶庙沟遗址、板凳沟遗址等，时代最早可达150余万年。中更新世的以山兑遗址群为代表，位于大田洼台地南侧、山兑村南约6平方千米的范围内，由近20处分布密集的地点组成，包括上、中、下三个文化层，分布于泥河湾层顶部及覆盖于其上的黄土中；下文化层包含十余处地点，距泥河湾层顶部约5米，根据该区域已有的泥河湾层的绝对年代数据，该文化层的时代为中更新世中晚期，距今40万年左右。晚更新世的遗址多分布于油房遗址周围，以周家山岩厦遗址为最为典型，时代为旧石器时代晚期的晚段。

山西省考古研究所发掘兴县碧村龙山时代遗址。清理了龙山时期石砌房址2座及其东侧的护坡墙1段，在遗址东部、小玉梁以东1000米的城墙圪垛地点清理了宽约3米的一组石砌墙体。

陕西省考古研究院为进一步细化和探讨清涧辛庄商代城址内部的功能区划和聚落演变，在前老爷盖山峁发掘了多组商代小型房屋建筑、灰坑、龙山窑洞等遗迹。出土物中有铸铜陶范、模、芯等，器类有容器、车马器、铜铃以及其他不明器形的范、芯等，为首次发现。这证明陕北以往发现的大量晚商青铜器部分为本地制作，丰富了李家崖文化的内涵。

5月　河南省文物考古研究院自2005年以来，第11个年度发掘许昌灵井旧石器时代遗址，累计发掘面积500多平方米。遗址地层厚达9米，自上而下共分11层。往年发掘以第11层和第5层收获最大。第11层已发现两颗基本完整的古人类头骨化石、石器和动物化石3万多件，时代距今10万年左右。许昌人的发现对于研究东亚古人类的演化和中国现代人的起源具有重要意义。第5层出土大量的细石器、小鸟雕像和早期陶器、石磨盘、鸵鸟蛋壳、钻孔的鸵鸟蛋壳饰物、赭石染料等，时代距今1.35万年。2015年在第11层首次发现2块古人类肢骨化石。一件为左侧股骨远端后面残片，另一件为左侧股骨近端残段，股骨头的骨松质已部分缺失，上面有齿痕。均属未成年个体，可能属同一个体。还出土一件顶骨化石断块，性状和2014年发现的“许昌人2号头骨”接近。在第11层还出土了1000多件哺乳动物化石和加工精美的石器。石器中钻器制作精致，左右对称，可代表该遗址石器制作的最高水平。早期陶器共出土72件，类型以腹片为主，口沿较少，可辨器形仅有钵一类。纹饰以素面为主，偶见绳纹、刻划纹等，一般在腹部。烧造温度普遍偏低，制作方法为泥条盘筑、泥片贴筑，部分标本的内外壁残留有碳化物痕迹，一些陶片还有烟炱痕迹，应是烧造或使用时留下的。另外，通过对许昌人遗址第5层出土的石磨盘（残块）和陶片进行的淀粉粒分析，发现了40多粒小麦族、山药、粟属等的淀粉粒。

湖北省文物考古研究所、荆门市博物馆发掘荆门屈家岭新石器时代遗址。建立5个永久控制点，对整个遗址进行勘探，发现石家河文化早期的小壕沟，屈家岭文化时期的大壕沟，发掘清理房址1座，瓮椁葬2座，灰坑9个，出土大量石器和陶器。发掘工作至2016年1月。

甘肃省文物考古研究所等早期秦文化联合考古队再次发掘张家川马家塬战国墓地。在2万余平方米面积内分布有战国晚期西戎墓葬68座。此次发掘涉及B、C两个区域的两处地点，揭露面积2500平方米，清理M28、M49～M53、M68墓葬7座。M50墓葬内出土的两件射箭俑形银箔饰，人物装束造型与斯基泰人极为相似，显示马家塬墓地的人们与欧亚草原地区的往来交流十分密切。发掘至2016年1月。

南京市考古研究所抢救性发掘南京西林寺墓园一座南宋仿木结构雕砖壁画墓。由墓室土圹、墓道、墓门、封门墙、墓室构成，券顶。通长13.5米，土圹墓室长6.2米，宽4.44米。棺床上原放置两棺，出土文物多发现于棺床上，有玉带饰、水晶璧、玛瑙珠、金环、穿心盒、剔犀漆盒、瓷罐、瓷粉盒、铜镜、两方志石等。一枚圆铜镜原悬挂于墓顶掉落在棺床上，直径47厘米，镜背铸“绍兴岁次乙亥壬午月甲寅日雁门郡开国侯御前中军统制高翊卫宅建亡妻恭人朱氏墓铭”。该墓形制较为独特，与同时期的宋墓截然不同，却与北方宋金时期的壁画墓类似。墓主应是南迁北人。

重庆市文化遗产研究院发掘渝中区朝天门宋至明清时期城墙遗迹。城墙呈西南东北走向，依山傍水而建，夯土甃石结构，2015年揭露长度约210米。时代以宋、明、清三个时期为主，现存形制有单独明代城墙、宋明城墙叠压、宋明清城墙叠压、明清城墙叠压几种。城墙内侧及顶部发现蜀汉、宋、元、明清及民国至近代以来的石墙、房址、阶梯道路、排水沟、水池及防空洞等建筑遗存叠压分布。朝天门宋代城墙为重庆主城首次发现，将重庆筑城史向前推进了130余年。

5～6月　陕西省考古研究院抢救性发掘靖边县杨桥畔渠树壕一座东汉壁画墓。壁画星图中表示了三垣、中外星官以及黄道和日月位置，整个天文图星图中描绘了一半“黄道规（圈）”，这只有在东汉“黄道铜仪”被建造并且普及黄道知识以后才有可能，该墓的年代为东汉中晚期。

5～8月　郑州市文物考古研究院发掘郑州市龙翔花园项目仰韶文化与龙山文化遗址，发现仰韶文化大河村第三、四期遗存和中原龙山文化煤山类型遗存，包含有陶鬶、长颈壶等山东地区大汶口晚期文化、龙山文化的陶器，以及陶杯、喇叭形擂钵等江汉平原地区屈家岭文化和石家河文化的陶器。此次发现似可组成一套“列觚”的大小陶觚、陶瓶。

5～9月　江西省文物考古研究所发掘丰城市寨上新石器时代遗址。遗址堆积分为早、中、晚三期，文化面貌与樟树筑卫城遗址和新余拾年山遗址文化因素类似。其夯筑围墙可能是江西地区截至2015年发现最早的墙体建筑。近年在遗址附近的抚河流域发现数十处与之类似的环壕且有围墙的史前聚落。

5～10月　黑龙江省文物考古研究所勘探阿城金上京皇城城墙及四至范围，发掘第四殿址西侧的院落式（庭院）建筑址，揭露面积3100余平方米。中心建筑址台基（编号TJ1）为夯筑，呈“十”字形，大致南北向，台基东西最长约41米、南北最长约33米。四周有围墙、亭台类建筑等附属设施。出土有龙纹瓦当等构件，可能是金代上京城内一处重要的礼制性质的遗存，也是金代上京城首次揭示的一处完整的带院落的建筑址。

故宫博物院考古研究所发掘故宫慈宁宫花园东院遗址，清理一座保存较好的明代早期建筑基址，为研究元代大内（皇宫）与明清紫禁城中轴线是否发生变化等问题提供了重要依据。同时发掘故宫大高玄殿清代东西值房遗址。

5～11月　吉林省文物考古研究所继2013年、2014年再次发掘桦甸市苏密城址，城址由内外双重城垣组成，平面呈“回”字形。城垣土筑，基本保存完好。通过三年的发掘确认内、外城址不仅年代不一，而且内城城壕对外城的渤海寺庙址有直接的打破关系。发掘者推测苏密城外城为渤海始建，内城则可能是辽灭渤海后在东北旧地建制东丹国时期构建。

5～12月　广西文物保护与考古研究所发掘隆安县娅怀洞石器时代遗址，发掘面积近15平方米、下挖深度达7米。发现了用火遗迹，出土石制品10000多件。磨制石器很少，只发现于地层堆积的上部。器类有石锛、石铲和穿孔石器，其中穿孔石器数量最多。还出土若干夹砂绳纹陶片、较多的蚌器和少量的骨器。娅怀洞遗址堆积深厚，文化内涵丰富，延续时间长，可能包含了新、旧石器时代不同时期的文化遗存。

陕西省考古研究院再次发掘神木石峁遗址，发掘樊家庄子"祭坛"遗址，清理东门址局部，并复查"皇城台"。

甘肃省文物考古研究所继续发掘漳县墩坪东周墓地，清理东周时期墓葬43座。多数有木质葬具，有单棺、双棺和一棺一椁三种类型。皆有殉牲，采用马、牛、羊的头骨和蹄骨，以羊骨最为普遍，数量1～193头不等。墓葬填土中随葬品以铜质车饰件为主，其次为马饰件，还有少量兵器如铜矛、铁矛等。一些中等级墓葬填土中随葬解体的车构件，如车辕、车舆、车轮等，高等级墓葬填土中随葬完整马车，皆为髹漆彩车。墓室内随葬品多置于墓主人周身，以项饰、服饰、兵器和工具为主。发掘者推测该墓地人群主体为西戎族群的一支——豲戎。

6月　新疆维吾尔自治区文物考古研究所发掘塔城市阿布都拉水库墓地，清理墓葬10座，房址5座。墓葬可分为竖穴石棺墓、竖穴偏室墓、竖穴土坑墓、石板墓、无墓室墓五种。出土有陶罐、料珠、骨扣、桦树皮箭箙残片、铁箭镞、弓弭、弓弣等遗物。墓葬分属早期铁器时代至历史时期不同时段。房址保存相对完整，推测可能为游牧人的居住遗址，为半穴居房屋向帐篷式建筑过渡的一种建筑形式，类似于鄂伦春族"仙人柱"。

北京市文物研究所自2014年10月以来发掘大兴区三合庄汉至元代遗址，发掘面积6283平方米，清理古代墓葬205座，其中东汉9座、北朝4座、唐代78座、辽金60座、元代45座、明代3座、清代6座、东汉烧窑2座及大量炭化植物遗存。

四川省文物考古研究院、达州市文物管理所、宣汉县文物管理所编著《宣汉罗家坝》由文物出版社出版。

陕西省考古研究院、宝鸡市考古研究所、凤翔县博物馆编著《凤翔孙家南头：周秦墓葬与西汉仓储建筑遗址发掘报告》由科学出版社出版。

6～7月　宁夏回族自治区文物考古研究所、中国社会科学院古脊椎动物与古人类研究所发掘银川市水洞沟旧石器时代遗址，系执行2014～2018年度的第6次发掘计划。在第2地点继2014年向下发掘，出土大于2厘米的石制品3415件，哺乳动物化石953件，鸵鸟蛋皮碎片995件（其中有少量装饰品成品及半成品），采集炭屑样339份。另外发现疑似火塘30个，分别位于第①、②、③、⑤文化层，主要集中于第③文化层，与此前发掘火塘大量集中于第②文化层的情况不同。

四川省文物考古研究院抢救性发掘丹棱县大雅杨氏宋代家族墓地，清理三座墓葬。一座为三室墓，另两座为双室墓。发现"大雅杨氏墓砖"铭文和铜印盒盖、印章。时代为北宋晚期至南宋初期。杨氏家族是唐末入蜀的关中士族。大雅即大雅堂，为杨氏家族杨素约于元符元年至三年所建，用以收藏黄庭坚手书的杜甫两川夔峡诗碑。这三座墓葬与丹陵县唐末入蜀的世家大族有关。

6～8月　西北大学文化遗产学院、哈密地区文物局发掘巴里坤县石人子沟和红山口遗址群。石人子沟遗址发掘中小型墓葬6座，年代属战国至西汉时期。红山口遗址发掘小型墓葬8座，地表墓口外设东西向椭圆形石圈（长径1.5米～3米），石圈东侧设有侧龛，放置陶器。这批墓葬分布密集、成排成列，据地表迹象分析未经发掘的墓葬数量超过百座，应属于红山口遗址青铜时代晚期聚落成员集中埋葬的公墓区域。

6～9月　河北省文物研究所发掘正定古城南城墙瓮城城台、月城城台遗存，明确瓮城城墙为元代、瓮城城台为元末明初、Ⅰ期月城城台为明中期、Ⅱ期月城城台为明末或清初。

陕西省考古研究院发掘高陵姬家村5座明墓，其中3座可知墓主均姓王，可能为明代中晚期王氏家族墓地。M3墓室正面题额由东向西分别刻有“明处士□”“王公配史氏”“□氏合葬墓”。M4为“明诰封奉政大夫工部管缮善司郎中伊菴王公暨配赠宜人李氏田氏合葬墓”。M5墓主为明末通奉大夫山西左布政使王翼明及其三位夫人。

6～10月 吉林省文物考古研究所继2014年再次发掘图们市磨盘村山城——金代末期“东夏国”的“南京”治所。这是我国首次对“东夏国”这一仅存19年的地方政权进行的主动考古发掘。

6～11月 贵州省文物考古研究所2014年12月～2015年2月两次抢救性发掘习水黄金湾遗址，已揭露面积1500余平方米，发现的文化遗存分属先秦、两汉、魏晋等不同时期，以两汉时期遗存为主。先秦时期遗存有房址、陶窑、灰坑、陶器等，是黔北地区和贵州赤水河流域阶地遗址中的首次明确发现，文化面貌与峡江地区的新石器时代晚期至商周时期遗存具有较多的相似性，而陶窑是贵州省年代最早的发现。

吉林省文物考古研究所发掘吉林市龙潭山城内中部的大型台地。发掘面积1000平方米，清理城门址1座、夯土台基建筑3座、房址11座。初步认为龙潭山城的始建年代为高句丽晚期。

吉林省文物考古研究所发掘图们市渤海国时期微波站关遗址，确认为渤海早期修建，且未被后世沿用，形制及出土遗物均与2013～2014年发掘的图们水南关相近，二者同为始建于渤海的延边边墙的重要附属设施。

吉林省文物考古研究所继2013～2014年第三次发掘白城市城四家子辽金城址，确认城内十余处大型建筑址群、一批手工业遗存，以及城外的同时期的一处遗址、一处墓葬区、一处砖瓦窑，清理陶窑址两座，房址四座。出土遗物中有辽代刻划水草、鱼纹的大盆，刻划双塔纹大盆；金代写有“风花雪月”四字的白瓷盘，还有围棋子、象棋子、琉璃簪等文化生活用品。城四家子城址应该是辽金时期东北西部极为重要的城址。

6～12月 成都市文物考古研究所发掘大邑县高山古城新石器时代遗址。高山古城平面形状大致呈梯形，东西平均长500米，南北平均长640米，面积约31万平方米。宝墩时期的聚落主要分布于城内，东、西墙外古河道西侧的台地边缘发现商周时期的遗存，此类遗存不见于古城内，特点是聚落规模较小，时代为十二桥文化早期阶段，遗迹现象相对单一。这是截至2015年成都平原西南山前地带唯一商周时期遗存的线索。在城址周边280万平方米范围内遍布发现汉代遗存，在城内也有少量分布。2015年发掘面积800平方米，发现一处保存较好的宝墩文化墓地，已清理墓葬62座、人祭坑和奠基坑各一座。此次还发现了宝墩文化早晚期遗存的层位关系。

洛阳市文物考古研究院发掘伊川县徐阳东周墓地，清理墓葬2座，陪葬车马坑1座。墓葬为长方形竖穴土坑墓，东西向。文化面貌及特征，与春秋时期“秦晋迁陆浑之戎”于伊川的历史事件相吻合，推测该墓地应为陆浑戎国君及其贵族墓地。

内蒙古自治区文物考古研究所发掘多伦县铁公泡子村两座辽代贵族墓葬。其中一号墓属辽代中晚期的大型贵族墓葬，被多次盗扰，但仍出土了为数众多的文物精品。二号墓为贵妃墓。由墓道、前庭、仿木结构墓门、过洞、甬道、主墓室组成。室平面呈圆形，直径4.1米，青砖砌制，穹隆顶。墓葬全长40余米，最深处11米。虽然在发掘前不久被盗，但是仍出土了金、银、铜、铁、玉、玻璃、琥珀等大量文物。出土墓志一盒，志盖阴刻篆书“故贵妃萧氏玄堂志铭”几个字，志石阴刻楷书，首行撰“大契丹故贵妃兰陵萧氏玄堂志铭并序”其上还详细记载了墓主人的生平、身世等情况。该贵妃为圣宗妃，统和四年下嫁圣宗，初为圣宗皇后，后由于宫廷斗争被贬为贵妃，贵妃育有两女一男，出自辽代后族最为显赫的阿古只一系。这是首次发掘的辽代贵妃墓，被评为2015年度全国十大考古新发现。

7月　安徽省文物考古研究所自2014年10月以来抢救性发掘芜湖市凤凰嘴遗址，发掘面积2000平方米，发现钱山漾文化、广富林文化、春秋中晚期—战国早期、宋代等文化遗存。

江西省文物考古研究所自2012年10月以来发掘莲花县桐鼓堆东周木椁墓。墓葬西部封土堆残高4米。墓穴平面呈“甲”字形，坐西向东。墓道位于墓室东端靠南侧，东西长19米、上宽6米、下底宽4米。墓室开口东西长16.5米、南北宽16米、深8.3米。木椁东西长10.1米、南北宽5.4米、高3.4米，用料70根。出土物主要有漆器与木器，少量陶器残片。墓主人身份可能为战国时期楚国封君或高级贵族。这是江西地区截至2015年发现最早、规格最高的木椁墓葬。

山西省考古研究所自2014年9月以来第九次发掘侯马市虒祁遗址。发掘面积达13200平方米，清理东周祭祀坑822座，西汉墓6座，东汉墓2座，北魏墓4座，金元明墓25座。这是继曲沃秦村首次发现北魏太和二十三年（499）李诜墓后在晋南地区又一次发现的北魏墓葬。

洛阳市文物考古研究院自2014年7月以来发掘孟津新庄汉代烧窑遗址。出土的砖瓦等建筑材料制作精良，规格较高，体量巨大，与朱仓东汉陵园遗址出土遗物基本可以对应，应是营建东汉帝陵所需建材的重要产地。

北京市文物研究所编著《延庆胡家营：延怀盆地东周聚落遗址发掘报告》由科学出版社出版。

中国国家博物馆、山西省考古研究所、长治市文物旅游局编著《浊漳河上游早期文化考古调查报告》由科学出版社出版。

7月18日，由北京大学考古文博学院、河南省文物局和郑州中华之源与嵩山文明研究会联合主办的“纪念郑州商城遗址发现60周年研讨会”在郑州召开。全国150余名考古学者参加了会议。会议在郑州商城遗址举行了韩维周、安金槐、邹衡三位为郑州商城考古做出重要贡献的学者铜像的揭幕仪式。会上，与会学者分别以《郑州商城的发现与研究》《郑州近年来夏商周考古新发现》《深入开展夏商周文化探讨的几点设想》为题，进行了重点发言，还对“一环一带八点五区”的郑州商城遗址公园建设提出了合理化建议。

7~8月　杭州市文物考古研究所发掘杭州市萧山区水漾坞一座春秋大型石室土墩墓。石室内平面呈“凸”字形。墓道口及其外侧用大量石块封堵形成封门，封门呈长条状，长约4米，宽约1米，中部高两侧低。该石室土墩墓的形制与做法十分罕见。

山东省水下考古研究中心、国家文物局水下文化遗产保护中心开展泰安市东平湖水下考古调查。东平湖内因宋咸平三年（1000）黄河决口于郓州王陵埽而淹没须昌故城和清水石桥区。调查以物探扫测为主，综合运用了多波束、旁侧声呐、浅地层剖面仪和磁力仪等多种设备和手段，扫测区域南北长3712米，北部东西宽999米，南部东西宽度2791米，总扫测面积7034240平方米。在湖心区域水下发现并采集了非原生的唐宋时期建筑砖块和瓷器残片。

国家文物局水下文化遗产保护中心、广西文物保护与考古研究所开展防城港庙万口海域水下文化遗产调查，在防城区江山乡白龙村怪石滩（江山半岛西南端）附近海域的4个区域进行物探扫测，总扫测面积约2329155平方米。在怪石滩海域搜索发现了唐代至清代的陶瓷器。

7~9月　陕西省考古研究院开展西藏阿里札达县达巴乡曲龙村琼隆遗址调查。将整个遗址分为五区，发现洞室742座、院落105座、房址45座、护墙29道、墙体25道、碉楼1座、玛尼墙13道、塔20座、其他遗迹2座，采集陶、铁、铜、石、骨角、木、玻璃、毛织物、擦擦、经书残页、唐卡残片、塑像残块等遗物以及木、炭、谷物样品等近400余件（组）。该遗址截至2015年可以确认的年代上限为公元11世纪，而参考洞窟之间的打破关系，遗址区内可能存在早于11世纪的遗存。此次还调查了曲龙村另外3处遗址。其中曲米色布岩画确认37组画面，主体部分的时代应为象雄时期；琼隆卡尔恩遗址有洞室、建筑、佛寺、佛塔等遗迹，时代不晚于11世纪；觉姆拉康石窟有25座洞窟和4座佛塔，其中1座带壁画和塑像的礼佛窟，24座禅修窟或生活窟，功能布局完整，时代为11世纪前后，部分被打破的早期生活洞窟的时代可能早至吐蕃至象雄时期。

7～10月　吉林省文物考古研究所、吉林大学边疆考古研究中心继2014年再次发掘大安市尹家窝堡辽金遗址，确认遗址北部主要为土盐制作环节“淋灰取卤”的场所，遗址南侧区域应为当时人们的聚居区。

吉林省文物考古研究所、吉林大学边疆考古研究中心继2014年再次发掘安图县宝马城金代遗址，确认一座由建筑台基和月台南北两部分组成的大型夯土台基（编号为JZ2），平面呈“凸”字形。宝马城位于长白山主峰以北约50千米处，城内建筑中轴线南向正对天池瀑布豁口。以往将宝马城视为渤海朝贡道上的重要驿站或中京显德府下辖的兴州。但其地望与《金史》《大金集礼》中金王朝在长白山以北建庙祭祀的记载较为符合。发掘发现的建筑基址规模大，结构严整，构筑规范，其中庭院以大块河卵石墁铺的做法极为壮观，为金代建筑中所罕见。

7～11月　内蒙古自治区文物考古研究所自2010年以来发掘化德县裕民新石器时代遗址。发掘面积1475平方米，发现有房址9座，灰沟1条。房屋为圆形半地穴式，房址中部有一凸起的地面圆形灶，依坡势分布，大小不一，直径280厘米～400厘米。出土器物1500余件，大部分为石器，较少量的陶器、骨器，还出土了大量的残碎兽骨。遗存的文化特征可能属内蒙古中南部截至2015年发现的最早的新石器时代文化。

黑龙江省文物考古研究所发掘饶河小南山新石器时代遗址。发掘面积300平方米，文化遗存可初步分为早晚两期。早期遗存以第3层及开口该层下的墓葬为代表，其中3座墓葬的^{14}C测年分别是8020±30年、8150±30年和7880±30年，经树轮校正后为距今9135～8595年。早期遗存出土了大量的玉器、石器和陶器。小南山遗址早期遗存在文化面貌上与黑龙江下游发现的马林斯克文化接近。早期遗存中发现的玉器比以往认识的兴隆洼文化中的玉器年代略早。晚期遗存与黑龙江下游的沃兹涅谢诺夫卡文化有接近之处，年代为新石器时代末期。

黑龙江省文物考古研究所自2013年以来第三次发掘齐齐哈尔市洪河新石器时代及青铜时代遗址，清理灰坑28个、房址7座。出土的新石器时代遗物有可复原的罐、钵、碗、杯等陶器十余件，为进一步探究昂昂溪文化提供重要资料。

青海省文物考古研究所、四川大学考古学系发掘民和县喇家遗址，发现有齐家文化、辛店文化和汉晋遗存。

吉林省文物考古研究所、吉林大学边疆考古研究中心继2011～2014年再次发掘大安市后套木嘎新石器时代至辽金时期遗址。往年的发掘将遗址分为七期，2015年主要发现第三期、第四期及第七期遗存。其中第四期遗存与近年发掘的白城双塔第二期遗存属于同一种考古学文化，与内蒙古自治区科左中旗哈民忙哈遗存也有类似之处。结合^{14}C测年测定数据，推定此期遗存年代在距今5500～5000年。第七期遗存属辽金时期。

杭州市文物考古研究所发掘杭州市余杭区学军中学汉至明代墓葬群。清理汉墓21座、六朝墓145座、唐墓25座、宋墓5座、明清墓8座。其中六朝墓M90系“隆安二年晋故巴东郡汉丰县令施氏”墓，唐墓M40出土“刘府君”墓志。

吉林省文物考古研究所发掘吉林市东团山遗址。遗址由山城和平地城（南城子城址）两部分构成。山城位于遗址西北部的椭圆形山丘上，可见三道城墙，城墙为土石混筑，间距20米至30米不等。外城墙残长493米，中墙残长443米，内墙残长78米。平地城位于山城东侧台地上，紧邻山城。平地城平面近椭圆形，周长1050米。对平地城内高台处的发掘，确认了城内存在2处汉魏时期的夯土建筑；对城墙的解剖，确定城墙为夯土叠筑，存在2个墙心，推测城墙可分为早晚两期，晚期城墙的建筑年代不早于辽代早期。

7～12月　武汉大学历史学院考古系发掘石首走马岭新石器时代城址，并测绘1:500（局部1:200）平面图。此次确认走马岭城址平面形状近不规则圆形，由内、外双城组成，内城外有一周完整的城壕，外城外只在局部发现明显的城壕迹象。内城近 10 万平方米，加上外城总面积达 36 万余平方米。其始建年代应该为屈家岭早期文化，历经屈家岭晚期文化、石家河文化，废弃年代大致为夏代早期。此遗址是截至 2015 年发现的最早的具有内外城结构的史前城址之一。

山西省考古研究所自 2014 年 7 月以来发掘绛县睢村西周墓地。墓地面积约 4 万平方米，勘探出遗迹现象 420 余处，其中灰坑 20 余个、车马坑 3 个、墓葬 380 座。发掘面积 1800 余平方米，清理墓葬 85 座、盗洞 29 处、灰坑 12 个、沟 3 条。其中大中型墓葬 6 座、马坑 2 个。出土陶器 23 件、海贝 52 枚、蚌泡 12 枚。文化面貌与相距仅 15 千米的绛县横水墓地接近。

湖南省文物考古研究所、中山大学社会学与人类学学院发掘长沙铜官窑遗址，在石渚湖完以北揭露了一处制瓷作坊，有处理原料的坑体，建筑遗存柱洞、火烧面、排水沟等历史遗存，出土了大量碗、壶、罐、瓷塑等，彩绘、诗文、贴花等典型长沙铜官窑装饰技法一应俱全，还出土一件刻划有“张元(誉)”的窑具和不少刻划或印有“张”字的产品，证明此处作坊是以张姓为主的制瓷作坊区。

8 月　上海市博物馆考古研究部联合复旦大学、上海大学、南京大学、中国人民大学、浙江大学、洛阳市文物考古研究院自 2014 年 9 月以来再次发掘上海市松江区广富林遗址，发掘面积 6200 平方米，发现崧泽文化墓地和良渚文化土台。

西北大学文化遗产学院、新疆维吾尔自治区文物保护中心继 2014 年 12 月两次发掘库车县苏巴什魏晋至隋唐时期佛教遗址。该遗址主要由佛塔、庙宇、洞窟、殿堂、僧房等建筑组成，是天山南麓古龟兹地区重要的佛教建筑群，也是西域地区截至 2015 年保存最完整、历史最悠久（3～10 世纪）、规模最大的佛教建筑群遗址，集中展现了丝绸之路古龟兹地区长期作为西域佛教传播中心的历史地位。发掘面积约 300 平方米，清理僧房和小型佛殿遗址 12 座，并对苏巴什佛寺遗址西寺遗址北部的洞窟壁画进行了测绘。出土各类铜器、陶器、玉石器、佛像残块等数十件，有钱币、钵、灯盏等。还采集了一些铜器、玻璃碎片等。初步将其分为三期：第一期为晋至南北朝时期（3～4 世纪）；第二期为南北朝时期至隋代（5～6 世纪）；第三期为唐代（7～10 世纪）。

山西省考古研究所抢救性发掘汾西县郝家沟一座金代纪年壁画墓。系仿木构八角形单室砖墓，叠涩八角攒尖，顶部砌藻井。墓道与墓室有墓门、甬道相连。墓室平面呈八边形，方砖铺地。棺床设在墓室中北部。墓壁分八壁，满饰彩绘，壁画保存基本完整。北壁砖雕彩绘格扇门，东北壁、西北壁分别彩绘男、女主人宴享图，东、西壁砖雕彩绘妇人启门图。东南、西南壁砖雕外框彩绘“十”字纹窗。南壁中部开甬道，两侧甬道边墨绘卷草忍冬。墓葬已被扰。出土铜簪、瓷盘各 1 件。收集方砖买地券 1 块，朱砂书写，字体潦草，券文有“大定廿二年後十一月”字样。这是晋南地区临汾以北、吕梁山东南麓山区首次发现的金代纪年壁画墓。

辽宁省博物馆编著《北燕冯素弗墓》由文物出版社出版。

镇江博物馆编著《镇江京口闸遗址（印记与重塑：镇江博物馆考古报告集之三）》由江苏大学出版社出版。

8 月 1～2 日，由中国社会科学院古代文明研究中心、中共甘肃省委宣传部、甘肃省文化厅、甘肃省文物局、中共临夏州委宣传部主办，由甘肃省文物考古研究所、中共广河县委、广河县人民政府承办的“齐家文化与华夏文明国际研讨会”在甘肃省广河县召开。中国社会科学院考古研究所、中国科学院自然科技史研究所、北京大学考古文博学院、香港中文大学中国考古艺术研究中心、瑞典远东博物馆、日本和歌山大学、英国牛津大学、美国哈佛大学、美国菲曼斯大学等 40 多个国内外学术研究机构的 80 多位学者，以及甘肃省有关地县的文物干部，新华通讯社、《人民日报》、中央电视台、中国新闻社、《光明日报》、中国国家地理杂志社、《香港大公报》、《香港文汇报》、凤凰网等各大媒体等约 600 人出席了开幕式大会。会议收到论文 50 多篇，围绕齐家文化的文化面貌、聚落与埋葬制度，以及对东部和西部及周边地区的文化影响，齐家文化与夏（夏文化、夏王朝）的关系，齐家文化及西北地区早期青铜器与冶炼技术，齐家文化玉器研究，齐家文化环境、资源及其利用开发等议题分大会演讲与三个小组会演讲进行学术交流。会上产生了一批新的研究成果，是首次举办的大型齐家文化学术会议。会后编辑出版了

《齐家文化与华夏文明国际研讨会》论文集。

8月24～25日，由国际历史学会主办，中国史学会、山东大学、济南市人民政府承办，章丘市人民政府、中国殷商文化学会、山东省史学会协办的“第22届国际历史科学大会章丘分会——比较视野下的龙山文化与早期文明国际学术研讨会”在山东章丘举办。结合第22届国际历史科学大会日程中的“史前叙事”“文化遗产与民族认同”等议题，分会主题包括：城子崖城址考古研究的新进展、岳石文化与夏商文化、聚落考古与社会复杂化研究、龙山文化的发现、研究与价值评估、龙山文化遗产的保护与利用等。来自国内外60多位学者在会上交流了各自的研究成果，具体内容涉及龙山时代早期中国的宏观新思考、海岱及周边地区考古学新发现与新解析、文化格局和聚落研究、史前遗址保护和展示、成果缤纷的多学科研究、国际视野下的对比研究、考古材料与文献阐释等方面。

8月27～29日，配合由湖南省博物馆、湖南广播电视台、上海市博物馆等14家机构联合主办的“三湘四水集萃：湖南出土商、西周青铜器展”，湖南省博物馆召开了“湖南出土商、西周青铜器国际学术研讨会”。中国社会科学院考古研究所、北京大学、美国旧金山亚洲艺术博物馆、加州大学等30余家国内外机构的80余位学者参加了会议。此次会议收到论文40余篇，27位代表在会上作了学术交流。论文内容涵盖了青铜礼仪、祭祀、纹饰、铭文、地域特征、族属、来源、演变、风格、工艺、断代以及收藏等各方面，既从宏观层面将湖南商周青铜器放到一个更大的文化背景中去探讨，也不乏就某一类器物进行专门的分析研究。

8～9月　湖南省文物考古研究所发掘桑植县官田汉晋矿冶遗址，发掘面积500平方米，发现汉晋时期道路、灰坑、灰沟、房址等。其中灰沟19条，纵横交错，有垂直相交和并排分布两种，有两条并排和三条并排。H5灰坑平面呈梯形，长1.2米、宽0.55米～0.8米、残深0.6米，四壁烧结。坑下部堆砌了大小不一的石块，坑底有一层厚度为3厘米～10厘米的炭屑层。推测H5可能是一座炼炉的底部。出土物中有“半两钱”“五铢钱”和“货泉”，以及少量石范、铁矿石和炼渣。官田遗址与5000米之外的朱家台铸铁场址可能存在一定联系。

杭州市文物考古研究所发掘杭州市萧山区北海塘柴塘遗存。

8～10月　吉林省文物考古研究所、吉林大学边疆考古研究中心再次发掘农安县左家山新石器时代至辽金时期遗址。发现了新石器时代的左家山下层文化、左家山上层文化和辽金时期三个阶段的遗存。

陕西省考古研究院、北京科技大学冶金学院发掘洛南县柏峪寺乡河口村古代绿松石采矿遗址。

吉林省文物考古研究所发掘梨树县偏脸城城址。城址依山势修筑，平面呈平行四边形，周长约4318米。城墙由夯土版筑，基宽约12米，顶宽约1米。四门皆有瓮城。发掘确认偏脸城即为金代韩州城。

8～11月　广州市文物考古研究院发掘广州市榄园岭先秦遗址，清理春秋时期墓葬51座。墓葬沿山势排列有序，多数较为狭小。随葬器物较少，多为陶豆和原始青瓷豆等，个别墓葬随葬小件青铜斧和青铜箭镞。数量最多的是M49，随葬陶、玉石器共7件。个别墓葬存在腰坑、二层台等现象。文化面貌与广州地区的增城浮扶岭、萝岗大公山等遗址的文化内涵相近。

8～12月　河南省文物考古研究院发掘信阳战国城阳城址八号。从20世纪50年代起，该地区陆续发掘了8座大型楚墓，包括著名的长台关一号墓、二号墓以及七号墓。八号墓位于七号墓南部20米，平面呈“甲”字形，坐西向东，由墓道、墓室两部分组成，全长18.5米左右，面积127平方米左右。主室保存完好，双棺双椁。墓主人头向东，头部及全身被织物敷裹，织物纹样依然可辨。主棺暂待清理。发掘过程中在墓葬上部布设航驾天车和摄影灯阵，并架设相机及三维激光扫描仪等设备，固定多角度架设相机拍摄延时影像，完整地记录了墓葬发掘过程和现场文物保护过程。

江西省文物考古研究所第二次发掘鹰潭龙虎山大上清宫遗址。揭露大上清宫遗址的东部厢房，包括往年揭露的主殿玉皇殿、后土殿、三清阁东墙基，可以判断大上清宫遗址是一个完整封闭式的道院建筑。

9月 湖北省文物考古研究所、荆州文物保护中心发掘枣阳郭家庙东周墓地。在郭家庙、曹门湾两片墓区墓葬相对集中的三个区域清理墓葬88座、车马坑1个，出土文物1607件，其中青铜器873件（套）、玉器510件、陶器192件、漆木器25件。铜礼器26件，有鼎、壶、簠、盘、匜，大型编钟一套十件。发掘工作至2016年1月。

河北省文物研究所自2014年9月以来在往年全面勘探的基础上发掘灵寿故城遗址。在遗址中北部发掘面积525平方米，明确故城遗址以西汉至东汉初年遗存为主，最早的遗存为战国晚期，这也可能是故城城址的始建年代。战国晚期可能为中山古城遗址的军事防御城堡，汉代可能为灵寿县城。

浙江省文物考古研究所自2014年5月以来发掘长兴县南宋韩杕及东平郡主合葬墓。该墓墓园占地面积约有2000平方米。发现有拜台、墓祠、神道、泮池和石像生残件若干。韩杕为韩世忠之孙，韩彦直之仲子，官至中奉大夫、赐三品服，韩杕生于绍兴二十三年（1153），卒于嘉定三年（1210）。东平郡主为宋孝宗时期永王赵居广之女，生年不详，卒于嘉泰三年（1203）。

9~10月 甘肃省文物考古研究所、中国科学院古脊椎动物与古人类研究所发掘张家川石峡口第1地点旧石器时代遗址。发掘面积约3平方米，发现火塘1处、灰堆1处，其周围分布较多的烧骨及石制品。出土石制品370余件，动物化石200余件，以及较多的碎骨和石质碎屑等。以往^{14}C测年测定的遗址年代，距今1.8万~1.7万年，处于寒冷的末次冰盛期（LGM）末期。

宁夏回族自治区文物考古研究所、中国科学院古脊椎动物与古人类研究所发掘青铜峡市鸽子山旧石器时代遗址第10地点、第15地点。第10地点有较多的灰烬、火塘、灶等遗迹现象，出土遗物3700余件。第15地点出土土石制品及炭样标本250多件，其中在第②层与第③层之间出土的一件经打制且磨光的石斧毛坯。鸽子山遗址的年代，正处于旧石器向新石器人类文化的过渡期。

云南省文物考古研究所、楚雄州博物馆开展姚安姚州都督府遗址调查。遗址位于山坡上，发现城墙及马面、错墙城门、两处建筑遗存，遗址内地表有零星南诏有字瓦，特征均与大理坝子南诏诸城址相同，属南诏时期。为研究唐王朝与南诏两次“天宝战争”，以及唐王朝与南诏的从友转敌等关系提供了新资料。

河北省文物研究所再次发掘隆尧县唐祖陵以及位于唐祖陵外垣东侧陵园附属建筑光业寺遗址。发现一座唐代早期的砖瓦窑，窑室内出土唐代白瓷片及沟纹砖的残块，推测该窑和兴建唐祖陵有关。

9~11月 青海省文物考古研究所发掘兴海县南坎沿新石器时代遗址，试掘面积25平方米，出土一批陶器与细石器，主要为宗日文化，还见有马家窑文化半山类型因素。

吉林省文物考古研究所发掘集安市霸王朝高句丽山城。山城北高南低，形若簸箕，平面略呈梯形，东壁长299米，南壁长238.7米，西壁长422.8米，北壁长269.5米，全长1230米，面积69438平方米。

9~12月 宁波市文物考古研究所试掘宁波北仑大榭（2008年曾定名为“东岳宫遗址”）海岛遗址，发现良渚文化早、中期遗存，反映了良渚文化时期宁绍平原与舟山群岛之间的文化交流、传播和人群迁徙。

广西文物保护与考古研究所发掘田东利老新石器时代遗址。发掘面积600平方米，发现新石器时代灰坑10个、沟1条、墓葬3座，以及大量石器、陶器标本。大部分坑内发现有大量石铲残片。该遗址是截至2015年百色盆地范围内发现的唯一一处较为明确的石铲类遗存。

甘肃省文物考古研究所继续发掘肃北马鬃山径保尔草场玉矿遗址，发掘面积约1500平方米，清理房屋16座、灰坑8个、柱洞1个、石料堆积15个。出土器物300余件（组），主要有陶器、铜器、铁器、石器、玉料、朽木、骨器、兽骨等。玉料以透闪石为主，多青玉、糖色玉，少量为白色，部分局部磨光，部分有火烧痕迹，有少量玄壁料。铜器以箭镞为主。铁器有铁镞、铁矛头及铁剑、铁工具残块等，并发现铜铁复合器残块。新发现敦煌旱峡玉矿遗址，位于敦煌市东三危山后山东南部，面积300万平方米。调查确认成玉矿脉三条，基本顺山体走向呈东西向分布，各类遗迹沿矿脉分布于山体的南北两侧。发现矿坑、矿沟、岗哨、房址、选料区等地表遗迹145处。地表遗物主要为玉料、石器和陶器、铁器碎块等。陶器均为夹砂红陶片，手制，多素面，部分器耳饰“X”形纹，口沿饰戳印纹呈花边状，为骟马文化类型陶片，年代约在公元前一千纪内。

陕西省考古研究院、咸阳市考古研究所勘探、测绘淳化甘泉宫遗址，完成了甘泉宫遗址8平方千米范围的无人机拍摄及2平方千米1:2000地形图测量，普探面积40万平方米、重点勘探面积10万平方米。发现围绕一号、二号墩台（通天台）分布的5处大型建筑遗址以及多处遗迹现象，包含夯土基址150处、柱础石177个、石砌基址6处、踩踏面4处、鹅卵石散水3处等。探明西城城址平面近方形，方向2°，东西残长637米、南北宽639米、墙体宽5米~7米，三面城墙上发现马面11处。在西城内曾发现长生未央、未字、云纹残瓦当，外细绳纹、内布纹、中麻点纹板瓦，筒瓦、回字纹铺地砖残片，推测西城为西汉时期。外围调查，在小池村夯墙遗址的西北、西南、正南采集春秋晚期至战国晚期陶鼎、釜、茧形壶、喇叭口罐、缶等30余件，十余件陶器戳印“云市”“云亭”文字，进一步确证秦汉云阳县城位于甘泉宫遗址附近。

中国社会科学院考古研究所、云南省文物考古研究所发掘曲靖市师宗县大园子战国秦汉时期墓地。发掘面积约135平方米，清理墓葬160余座。随葬品有铜剑、戈、矛、锛、锄、削刀、镯、扣饰、铃、发簪、泡饰、珠子及夹状片饰等，透闪石玉和玛瑙等制成的装饰品，少量木镯和珠子等，陶器仅见纺轮。文化特征具有鲜明的战国秦汉时期“西南夷”的风格，与滇池地区的滇文化、曲靖盆地的八塔台文化以及泸西石洞村和大逸圃等墓地均有着一定的联系，但地方特色浓厚，可能是西南夷中某一古国或部族的公共墓地。其为探寻历史上的漏卧古国提供线索。

洛阳市文物考古研究院发掘洛阳市瀍河西岸古谷水河道与夯土遗迹以及隋唐宋时期32座砖瓦窑址与作坊遗迹。河道内大面积夯土遗迹很可能为水利设施遗存，与千金堨或九龙池等水利设施有一定关系。隋唐时期窑址共17座，基本呈“一”字形排列。窑址平面呈“马蹄形”。其中北部8座窑址位于河道内夯土的二级台地上。宋代窑址共15座，平面呈曲尺形分布，南北向10座，位于河道内夯土的遗存的一级台地上；东西向3座，开挖于河道边缘生土。窑址平面形状均呈圆形。砖瓦窑遗址内出土部分砖上戳印有“官”字。该处烧窑遗址应为隋唐及宋代瀍河流域营建和修缮东都洛阳城大型官营窑厂的一部分。

10月　山东省文物考古研究所再次发掘章丘城子崖龙山文化及岳石文化遗址。在遗址台地南缘中部发掘面积200平方米。发现龙山文化城墙、岳石文化城墙，岳石文化夯土基址南端边缘及东周道路等遗迹。由此可以勾勒出龙山文化城址的大体范围，即大致与现存台地范围相当。发掘工作至2016年1月。

湖南省文物考古研究所、岳阳市考古所发掘岳阳市古罗城战国至六朝城址，发现古罗城遗址存在大小两座。大城城墙的年代不早于春秋晚期，可能是战国时期楚国在大规模开发南方的过程中所建设的一座县城。小城城墙应不早于六朝时期。古罗城遗址应当是秦至隋代以前的罗县县城。发掘工作至2016年1月。

陕西省考古研究院自2014年10月以来发掘西安市长安区大兆郭庄墓葬区内M2、M3两座墓。M1为2014年10月结束发掘的唐韩休夫妇合葬墓。M2位于M1北约20米，西南邻M3约25米。为长斜坡墓道多天井双室土洞墓，平面呈“中”字形，坐北面南，总长42.2米，墓底距现地表9.55米。由斜坡墓道、4个过洞、4个天井、甬道、砖封门、前室、后室、壁龛组成。前室置随葬品共166件（组），有镇墓兽、武士俑、骑马俑、仓灶、铜药具、墓志等。在其东、西两壁以红彩绘壁画，顶部绘星象图。后室发现木棺痕迹，属同棺合葬。据墓志可知，墓主夫妇为茹茹骠骑大将军乞伏孝达和吐谷浑晖华公主，公主葬于西魏大统七年（541）。M3东距M2约20米，东南邻M1约20米。为带天井单室土洞墓，平面呈“甲”字形，坐北面南，南北长23.2米。由墓道、1个过洞、1个天井、甬道、墓室构成。墓室东侧置随葬品共101件（组），有武士俑、镇墓兽、陶碓、仓灶、牛车、砖墓志等。棺木紧贴西壁放置，墓主为仰身直肢葬。据墓志记载，墓主为金城乞伏永寿夫人临洮郡君。推测葬于北周建德年间。

浙江省文物考古研究所自2014年9月以来发掘慈溪市上林湖越窑荷花芯窑址。发掘面积近1200平方米，清理唐、五代、北宋诸时期丰富的地层堆积，揭露了包括房址、贮泥池、辘轳坑、釉料缸、道路和匣钵挡墙等在内的各种遗迹现象。以两条窑炉之间平坦开阔地带的遗迹现象最为丰富。其中五代瓷质匣钵，胎质细腻，胎色灰白，与瓷器的胎十分接近；瓷器产品主要有玉环底碗、盘、执壶等。器物装饰基本为素面。少量器物胎釉质量极佳，胎质极细腻，釉色天青，釉面莹润，属于秘色瓷类型。这是唐宋时期越窑制作作坊址的首次大规模发掘。

广西文物保护与考古研究所、四川大学历史文化学院发掘桂平弩滩明代巡检司城址，发掘面积约5100平方米，基本廓清城址的结构、布局、周围附属设施等情况。城址平面呈长方形，方向332°，面积约19400平方米。城内发现道路2条、房址30座、作坊1处、沟62条、水井2口、灰坑106个、地面13处。城址西北角发现一处铁器锻冶作坊，发现锻冶炉（Z1～Z5）五座。城址修筑可能与“嘉靖十五年藤峡以北瑶酋侯胜海居弩滩为乱”有关。发掘工作至2016年1月。这是全国首次对明代巡检司遗址进行正式的考古发掘。

河南省文物考古研究院编著《郑州汉墓》由大象出版社出版。

中国社会科学院考古研究所、南京博物院、扬州市文物考古研究所编著《扬州城遗址考古发掘报告（1999～2013年）（中国田野考古报告集，考古学专刊丁种第九十号）》由科学出版社出版。

辽宁省文物考古研究所编著《凌源小喇嘛沟辽墓》由文物出版社出版。

黄骅市博物馆、河北省文物研究所、吉林大学边疆考古研究中心编著《2000年黄骅市海丰镇遗址发掘报告》由文物出版社出版。

10月12～14日，由内蒙古博物院及内蒙古自治区文物考古研究所共同主办的第六届“中国北方及蒙古、贝加尔、西伯利亚地区古代文化国际学术研讨会”在呼和浩特召开，中国、俄罗斯、蒙古国、日本等十余个国家的学者约170人参加会议。会议分成石器时代、青铜与早期铁器时代、历史时期、文化遗产的保护与研究、理论方法与综合研究等分会场进行小组发言。与会代表参观考察了大窑旧石器遗址、白塔遗址及内蒙古博物院。

10～11月 成都市文物考古研究所、凉山彝族自治州博物馆、西昌市文物管理所发掘西昌市沙坪站遗址，发现西周时期的8座房址、1条灰沟、2个灰坑。依据质谱加速器^{14}C测年，该期遗存年代范围为公元前1000～前800年。该遗址为该地区西周时期遗存的首次发现。此次还发现南宋大理国时期遗存。

广西文物保护与考古研究所试掘上林县智城唐代城址。城址包括东西相距4.5千米的两处唐代遗存：东为“智城垌古城垌遗址”，西为“六合坚固大宅颂碑”。城址由内城、外城、护城河等部分组成。

黑龙江省文物考古研究所发掘绥滨县奥里米辽金时期城址。

10～12月 山东省文物考古研究所再次发掘泰安大汶口新石器时代遗址，发现大汶口文化房址3座、灰坑十余个，龙山文化的房址1座、灰坑20余个。

成都市文物考古研究所、四川大学历史文化学院考古学系发掘新津县宝墩新石器时代遗址。在宝墩城址内城田角林西南发掘面积约1200平方米，发现宝墩文化一期的一些房址与分布在房址周围同时期的十余座墓葬，以及打破一期房址的数座宝墩文化二期土坑墓。

江西省文物考古研究所发掘瑞昌市铜岭铜矿遗址，发现东周时期的冶炼堆积和商代的房屋基址、灰坑等。

浙江省文物考古研究所发掘上虞凤凰山三国至西晋窑址，发掘面积300平方米，揭露窑炉一处，为长条形斜坡状龙窑，保存较为完整，包括火膛、窑床、窑尾等完整的结构。出土大量高质量的成熟青瓷器。凤凰山窑址群可能反映了三国至西晋时期窑业发展的最高水平。

洛阳市文物考古研究院发掘隋唐洛阳城西苑遗址水利设施遗存，清理出数量较多的大型石块、密集排列的木桩和东西对称的石堤岸。其位置正处于西苑遗址区外，可能是为向西苑内引水而建。

11月　南京博物院自2011年10月以来发掘兴化市蒋庄遗址，在西区发掘面积3500平方米，揭露良渚文化聚落一处。截至2015年共清理房址8座、灰坑110余个、墓葬278座，以及水井、灰沟等，出土玉、石、陶、骨器近1200件。蒋庄遗址是长江以北地区首次发现的良渚文化大型聚落址与随葬琮、璧等玉质礼器的高等级良渚文化墓地。发现黑陶壶上带有猪形刻划文字符号以及玉璧上刻划“凸”字形祭台符号。此次发掘收获被评为2015年度全国十大考古新发现。

湖北省文物考古研究所自2014年11月以来发掘大冶铜绿山四方塘西周墓地，清理西周晚期墓葬3座、春秋时期墓葬118座，出土两周时期铜、陶、玉、铜铁矿石、石等质地文物170余件（套）。其中5座为一椁一棺墓，116座为无椁单棺或无椁无棺的小型墓。这是铜绿山四十一年来考古及中国矿冶考古中首次发现的古代矿冶生产者的墓地。墓葬区与近几年在同地段发现的洗矿尾矿堆积场、选矿场、35枚矿工脚印、冶铜场，以及20世纪七八十年代Ⅶ号矿体5处采矿遗址等，形成一个同时代的较为完整的铜矿采冶产业链，为研究东周时期铜矿采冶技术流程和分布空间、生产规模等拓宽了新视野。而对出土的铜炉渣、青铜器分别进行成分检测和铅同位素示踪分析，将为研究春秋时期铜绿山地区和楚国的青铜冶炼技术提供新依据。此次发掘收获被评为2015年度全国十大考古新发现。

黑龙江省文物考古研究所自2014年11月以来发掘宁安市渤海上京城寺庙遗址。

重庆市文化遗产研究院自2014年10月以来发掘、调查渝中区太平门遗址。发掘面积800平方米，发现城门、城墙、道路、水沟、水池、井等各类遗迹33处，出土器物标本100余件，分属汉至六朝、宋元、明清各个时期。城门由城门楼和门洞组成。门楼仅存台基和附属台阶。门洞内平面呈“亞”字形，底部发现有三层路面。门洞中部两侧壁均发现有对称分布的门额槽孔，门洞宽4.4米~4.6米、高5.7米、进深6.3米。该城门始建于明代洪武初（约1373~1375），清代曾经过修葺。调查发现南宋至清代城墙57段约4560米，在千厮门、储奇门、南纪门新发现有疑似城门和瓮城遗址的迹象。据乾隆《巴县志》记载，明洪武初重庆卫指挥使戴鼎因旧址砌石为城，设有九开八闭17座城门，城墙周长2666丈7尺约8720米。保存至今的仅余通远门、东水门及近年确认的人和门、太平门及长约4560米的城墙，基本能复原重庆明清古城的格局，印证《巴县志》《重庆府志》等史书对重庆城墙的记载。

湖北省文物考古研究所调查鹤峰县容美土司南府遗址，调查面积约4万平方米，勘探面积约12000平方米。遗址整体保存较好，遗迹多暴露在地表，少数浅埋于地下0.2米~0.8米处。桥梁、道路等部分遗迹单位至今仍在使用；发现桥梁6座，建筑群1处（行署区），寺庙遗迹1座（张桓侯庙），洞穴1处（燕喜洞），道路6条，墓地2处（1处非土司时期）。尚有环壕和九峰读书台两处遗迹未进行清理。调查工作至2016年1月。

故宫博物院考古研究所、北京大学考古文博学院、江西省文物考古研究所、景德镇市陶瓷考古研究所再次发掘景德镇御窑遗址。揭露制瓷作坊1座、墙基4个、房址2座、路面2条、辘轳坑2个等，还发现一座晒架塘。出土一批清代至民国时期的御窑瓷器、窑具、颜料、建筑构件等。发掘表明晚清至民国这一时期，御窑厂的窑业生产从未停止。发掘工作至2016年1月。

浙江省文物考古研究所、海宁市博物馆编著《小兜里》（全二册）由文物出版社出版。

安阳市文物考古研究所编著《安阳殷墟戚家庄东商代墓地发掘报告》由中州古籍出版社出版。

辽宁省文物考古研究所编著《羊草庄汉墓》由文物出版社出版。

11月7~9日，由湘鄂豫皖楚文化研究会主办，河南省文物考古研究院、河南博物院承办，信阳市文物管理局、信阳市博物馆、城阳城址博物馆协办的“湘鄂豫皖楚文化研究会第十四次年会”在河南省信阳市召开，来自北京、湖北、安徽、湖南等11个省市地区70多家机构的180多位代表参加了会议。会议收到论文78篇，汇编为《湘鄂豫皖楚文化研究会第十四次年会论文集》，举行9场楚文化考古新发现学术报告，涉及湖北枣阳郭家庙墓地、湖南株洲茶陵晓塘古城及周边墓地、河南方城楚长城遗址、湖北荆州纪南城遗址、湖北大冶铜绿山四方塘墓地、河南信阳城阳城址八号墓以及湖南蓝山五里坪墓地等，并就楚文化考古新发现、楚文化综合研究、文献与古文字研究等方面分三组开展专题学术讨论。

11～12月 广西文物保护与考古研究所配合花山岩画文化景观申报世界文化遗产工作，发掘龙州县大湾新石器时代贝丘遗址，发掘面积32平方米，发现红烧土遗迹、灰坑和墓葬，出土遗物700多件，以石器为主，少量蚌器。文化面貌与左江流域其他贝丘遗址的接近，推测遗址年代在距今6000年左右。

重庆市文化遗产研究院发掘江北区汪家院子汉代墓地，清理砖室墓3座，平面均呈“凸”字形，时代为东汉中晚期。其中M1甬道保存情况较好，出土了陶罐、锺、案、耳杯、狗、猪、鸡、人物侍俑、铜耳杯、钱币以及铁釜等40余件随葬品。清理西汉晚期土坑墓1座。这是近年来重庆主城区发现的汉代墓葬，为探讨巴郡北府城的有关问题提供了重要线索。

重庆市文化遗产研究院发掘江津区白坪村东汉墓群。20余座崖墓围绕山体呈一列分布，坐北朝南。清理了3座，均为单室崖墓，由墓道、墓门、甬道、墓室等4部分组成。出土画像石棺、陶棺等葬具，以及随葬品近百件（套）。该墓群崖墓数量多、排列有序，应是一处经过布局的家族墓地。石棺与崖棺同处一墓是同室合葬的例证。

陕西省考古研究院发掘咸阳张闫一座东汉墓及两座北周墓。两座北周墓相邻较近，均为长斜坡墓道土洞墓，带一过洞、一天井。出土器物有镇墓类俑、铠甲俑、仪仗俑、侍从俑及牛车，还有模拟家居生活的陶塑动物及灶、井等明器。志文载，一座墓墓主为北周许诞，出生将门世家，担任车骑大将军、仪同三司、大都督，因军功赐鲜卑姓氏去今氏；另一座墓墓主为许诞母亲，河南洛阳人，86岁卒于长安，葬于渭之北中乡。

杭州市文物考古研究所发掘杭州植物园桃源岭一座南宋墓。墓志详细记载了墓主陈氏的有关信息，陈氏祖籍南京，其丈夫为王洌，官至武翼大夫，墓主逝于南宋嘉定三年，即公元1210年，终年79岁。

天津市文化遗产保护中心、国家文物局水下文化遗产保护中心开展大沽口海域水下调查，在大沽沙古航道近岸区域及其南侧的独流减河河口发现疑似沉船点遗址五处，分别为疑点C、D1、D2、E、F点。其中疑点E为通过陆地调查线索扫测出的新发现沉船点，铁质船体，初步命名为大港一号沉船遗址；C点可能为近当代运沙船；F点疑似为木质沉船。

12月 洛阳市文物考古研究院自2014年3月以来发掘栾川龙泉洞旧石器时代晚期遗址，发掘面积20平方米，堆积最厚约3.85米。发现3处疑似用火遗迹，出土石制品、动物化石和疑似骨器等标本共8500多件。

江西省文物考古研究所自2014年11月以来发掘樟树市国字山遗址一座战国墓（M3）。在筑卫城附近，可能与筑卫城有关系。

陕西省考古研究院、汉阳陵博物馆自2014年4月以来发掘汉阳陵东区陪葬墓园中的一座外藏坑。外藏坑位于一座陪葬墓的墓道内，坑内有大型木椁两具。出土器物多数与汉阳陵帝陵外藏坑中的出土器物一致，属于皇帝特赐之物，由此可见外藏坑所属墓葬墓主人地位之显赫。

江西省文物考古研究所、南昌市博物馆自2011年4月以来发掘南昌西汉海昏侯刘贺墓。海昏侯刘贺墓园占地4.6万平方米，由园墙、门、门阙、两座主墓和七座祔葬墓、寝、祠堂及园寺吏舍等建筑构成，内有完善的道路系统和排水设施。刘贺墓和侯夫人两座主墓位于墓园最高亢中心、面积达4000平方米的长方形土台之上，同茔异穴，两墓前分别建有各自的寝，共用一座祠堂。其东、北两侧为七座祔葬的家族成员墓，每座祔葬墓前均有寝。海昏侯刘贺墓由主椁室、过道、回廊形藏椁和甬道构成。墓葬西侧一座车马陪葬坑，出土安车5辆，马匹20匹，青铜车马器3000余件。出土金器、青铜器、铁器、玉器、漆木器、纺织品、陶瓷器、竹简、木牍等珍贵文物1万余件。其中5000枚竹简内容包括《悼亡赋》《论语》《易经》《礼记》《医书》《五色食胜》等部分。近百版木牍包括属遣策类的签牌和奏牍。出土的重要文物还有：整套乐器，包括两架编钟、一架编磬、琴、瑟、排箫、笙和众多的伎乐俑；两辆偶乐车与实用安车；带有“昌邑食官”“籍田”等文字的青铜鼎、灯，“南昌”青铜豆形灯座；10余吨、约200万枚五铢钱；478枚马蹄金和麟趾金、金板等；大量工艺精湛的错金银、包金、鎏金铜器，如车马器、乐器、博山炉、连枝灯、雁鱼灯、鼎、染炉、火锅、蒸馏器、铜镜、铜镇等；玉器有透雕龙、虎、凤纹饰的韘形佩、玉璧、玉环、玉剑具、组玉佩、玉耳杯、玉印等；图案精美的漆器，如绘制孔子及其弟子画像和记载他们生平的漆屏风、围棋盘、耳杯、扣银边的漆盘、贴金片的漆奁、漆樽、镶玉石和玛瑙的几案等。南昌西汉海昏侯刘贺墓园是我国迄今发现的保存最好、结构最完整、功能布局最清晰、拥有最完备祭祀体系的西汉列侯墓园，被评为2015年度全国十大考古新发现。

山东省文物考古研究所发掘平度市即墨故城汉代城址。

甘肃省文物考古研究所等单位配合敦煌飞机场扩建而再次发掘敦煌市佛爷庙湾魏晋及隋唐墓群。清理墓葬172座，以西晋五凉时期为主，其中纪年曹魏墓1座（年号为正元二年、甘露二年）、纪年隋墓1座。发掘工作至2016年2月。

河北省文物研究所发掘定州塔宣村金代僧人合葬墓，系一座古塔的地宫。

国家文物局水下文化遗产保护中心自2013年11月28日以来保护发掘广东“南海Ⅰ号”，清理完成回填堆积和晚期海泥淤积，显露了沉船左右舷板、水线甲板、隔舱板、舵承孔、船中桅托梁、甲板、船壳板、底板和小隔板，船板搭接等部分造船工艺比较明确。为我国古代三大船型的“福船”类型。该船满载货物，沉没于海底。货物以瓷器、铁器为主，有较多钱币，还出土大量戒指、手镯、臂钏、项链等金饰品，还有金页、玉件、银铤、漆器等非贸易品。铜钱中最晚年号为南宋宋高宗时期（1131～1162）的“绍兴元宝”款。推测该沉船应属南宋中晚期。

贵州省文物考古研究所自2013年4月以来发掘遵义市新蒲播州杨氏土司宋至明代墓地，清理播州杨氏土司墓葬3座，除M1（杨烈墓）外，M2（杨铿墓）和M3（杨价墓）均系新发现。杨价夫妇墓未遭盗掘，是一座带墓道、双室并列的大型土坑木椁墓。两墓室大小相同，单个墓室平面呈“甲”字形，中间有生土隔梁。椁室位于墓室正中，平面呈长方形。棺椁之间目前已经出土随葬器物80余件。女室头箱出土金银器7件，男室头箱出土31件金银器和1件玉器（单耳杯）。杨价墓女棺和男椁室由中国社会科学院考古研究所进行室内清理。

《中国城市考古学论集（徐苹芳文集）》由上海古籍出版社出版。

中国社会科学院考古研究所、山西省临汾市文物局编著《襄汾陶寺：1978～1985年考古发掘报告》（中国田野考古报告集，考古学专刊丁种第五十五号）全五册，由文物出版社出版。

12月12日，中国社会科学院考古研究所、山西省文物局、山西省临汾市政府主办了“《襄汾陶寺——1978～1985年发掘报告》出版暨陶寺遗址与陶寺文化学术研讨会”，高炜代表《襄汾陶寺——1978～1985年发掘报告》的作者在会上汇报了报告编写的心路历程。

湖北省文物考古研究所、天门市博物馆编著《天门龙嘴》由科学出版社出版。

湖南省文物考古研究所编著《湘阴青山：新石器时代遗址发掘报告》由科学出版社出版。

福建博物院、福建昙石山遗址博物馆编著《昙石山遗址：福建省昙石山遗址1954～2004年发掘报告》由海峡书局出版。

镇江博物馆编著《镇江台形遗址（印记与重塑：镇江博物馆考古报告集之四）》由江苏大学出版社出版。

山西省考古研究所编著《新绛孝陵陶窑址》由上海古籍出版社出版。

衢州博物馆编著《衢州汉墓研究》由文物出版社出版。

绵阳市博物馆、成都市文物考古研究所编著《绵阳崖墓》由文物出版社出版。

陕西省考古研究院、顺陵文物管理所编著《唐顺陵》由文物出版社出版。

中国社会科学院考古研究所编著《青龙寺与西明寺》（中国田野考古报告集，考古学专刊丁种第九十一号）由文物出版社出版。

山东省文物考古研究所、苏黎世大学东亚美术史系、山东临朐山旺古生物化石博物馆编著《临朐白龙寺遗址发掘报告》由文物出版社出版。

吉林省文物考古研究所编著《白城永平辽金遗址2009～2010年度发掘报告》由科学出版社出版。

杭州市文物考古研究所、临安市文物馆编著《临安洪起畏夫妇合葬墓》由文物出版社出版。

浙江省文物考古研究所、北京大学考古文博学院、龙泉青瓷博物馆编著《龙泉大窑枫洞岩窑址》由文物出版社出版。

12月14~17日，由中国社会科学院、上海市政府主办的“第二届世界考古·上海论坛’在上海举行。时任上海市市长杨雄、时任国家文物局局长刘玉珠、时任中国社会科学院院长王伟光出席于幕式并先后致辞。开幕式上授予英国剑桥大学考古学教授伦福儒勋爵世界考古论坛终身成就奖。会议分三部分进行。第一部分报告世界重大田野考古发现奖与重大考古研究成果奖的主要成果，第二部分进行世界考古学主题论坛演讲，第三部分进行分组演讲与讨论。在晚上还安排了三场公众考古讲座。会后，与会代表参观了志丹苑元代水闸遗址、上海市博物馆、上海市自然博物馆。

12月19~20日，由中国考古学会、北京大学考古文博学院、湖北省文物考古研究所联合主办，天门市文体新广局、天门市文物局、天门市博物馆承办的“纪念石家河遗址考古发掘60年学术研讨会”在湖北天门召开。来自海峡两岸的30多家文物考古研究机构、10多所大学文博考古院系等单位的120多名专家学者参会。34位代表在会议宣读了论文，内容涉及石家河遗址的发现与研究过程及其在中华文明化进程中的地位和作用，以石家河为代表的江汉地区与周边考古学文化区的关联与互动，早期城址的空间分布、功能结构及其形成的背景与过程，玉器造型的解读及其反映的文化传承与交流，遗址群周边地区农业生态格局，以及屈家岭文化在中国文明起源中的地位与作用等多个方面。

12月24~25日，由中华玉文化中心主办，浙江省杭州市余杭区人民政府、良渚遗址管理区管理委员会承办的“中华玉文化中心第五届年会暨第七届中国古代玉器与传统文化学术研讨会”在杭州市良渚举行。来自北京故宫博物院、中国社会科学院考古研究所、台北“故宫博物院”等30家考古科研机构、文博单位近70位学者围绕“春秋战国时期玉器玉文化”主题展开学术交流。有31位学者从单件玉器的个性到整个时代玉器的共性，从纵向、横向不同对比角度出发，围绕九连墩出土玉器、东周时期玉器设计理念、艺术风格和使用功能，以及良渚文化、齐家文化玉器内涵等做了主题演讲。

2015年　安徽省文物考古研究所、中国科学院古脊椎动物与古人类研究所自2014年以来第二、三次发掘东至县华龙洞旧石器时代遗址。在2006年第一次发掘曾出土了古人类牙齿化石1枚和头骨碎片1件以及100余件石制品与大量动物碎骨化石。2014年发掘出土3枚古人类牙齿、1件颞骨化石、1件额骨化石残片，以及4件头骨碎片。2015年发掘出土1件保存有眼眶和部分面部的头骨，1件保存有眼眶上缘（眉脊部分）的头骨残片，3件下颌骨残段（附带4枚牙齿），1件上颌骨残段（附带1枚牙齿），3枚单个牙齿，以及若干头骨碎片。还发现30余种动物化石，若干件石制品。华龙洞遗址发现的古人类化石可能属于直立人（俗称“猿人”），其生存时代在中更新世。华龙洞是继周口店、蓝田、和县、南京之后，在中国发现的又一处重要的包含有头骨的直立人（猿人）化石地点。

山西省考古研究所开展丁村遗址群东北部黄土台塬区以沙女沟为中心约20平方千米的考古调查，发现旧石器时代遗址或地点50余处，并对老虎坡、过水洞和九龙洞遗址进行了8个多月的发掘，发现多个原地埋藏人类活动遗迹和大量文化遗物。这是丁村遗址群60年来在黄土台塬区最大规模的系统性考古调查与发掘工作。

中国社会科学院考古研究所、海南省博物馆（海南省文物考古研究所）自2012年3月以来开展海南东南部沿海地区新石器时代考古，发现史前遗址30余处，先后发掘了陵水桥山、莲子湾以及三亚英墩三处遗址，发现三种有早晚不同的文化遗存，被评为2015年度全国十大考古新发现。

浙江省文物考古研究所开展良渚古城外围大型水利工程遗存探索，对以老虎岭为代表的高坝系统、以鲤鱼山为代表的低坝系统进行大规模勘探和试掘。良渚古城外围大型水利工程遗存位于良渚古城的北面和西面，共由11条堤坝组成。可分为山前长堤和谷口高坝、平原低坝3类。11条堤坝中，塘山长堤曾经发掘证实为良渚文化时期。2015年发掘狮子山、老虎岭、鲤鱼山坝体，证实狮子山人工堆筑体宽约123米，深度逾10米未尽，坝体内出土良渚文化夹砂陶片1块。测定岗公岭、鲤鱼山、狮子山、老虎岭、周家畈、秋坞6个地点的12个^{14}C测年数据，树轮校正值全都为距今5100~4700年，属于良渚文化早中期。良渚古城外围的水利系统可能具有防洪、运输、用水、灌溉等诸方面综合功能，与良渚遗址群及良渚古城的生产与生活关系密切，显示良渚古城具有完整的都城结构。这是中国现存年代最早的大型水利工程，被评为2015年度全国十大考古新发现。

河南省文物考古研究院自2014年以来再次发掘淮阳平粮台古城遗址，揭露1000平方米，在城址南部发现龙山时期早晚两组陶排水管道，确认南门的由城内向城外壕沟的排水系统。

浙江省文物考古研究所自2011年以来调查绍兴越国王陵及贵族墓。基本厘清了绍兴高等级墓葬的主要分布区，越国特大型和大型高等级贵族墓葬主要分布于平水、兰亭、东湖、漓渚、皋埠等乡镇。其中平水盆地是越国特大型越国贵族墓葬最主要的分布区域，发现5座“中”字形大墓，每座“中”字形大墓均与1~5座相对较小的大型“甲”字形墓葬分布在一起，周边还有古水系、沟状遗迹或自然沟壑环绕，把每个墓地围合成一个相对独立的地理单元，为战国时期越国王陵区。

陕西省考古研究院发掘黄金峡库区的洋县金水镇关岭村关岭东南段的大梁顶汉代建筑遗址。发掘证实大梁顶遗址是一组西汉末期至东汉时期的大型建筑群。关岭遗址汉代建筑群位于子午道西行段，是一处重要的垭口关隘遗存。史载子午道作为中央政府官方驿道，凿空于西汉平帝元始五年至孺子婴居摄元年，即王莽专权时期，与此次发掘遗存的年代相吻合。这是子午道的第一次考古勘探和发掘。

中国社会科学院考古研究所洛阳汉魏城队自2012年3月以来发掘洛阳汉魏故城太极殿遗址，勘探面积约3万平方米，发掘面积1万余平方米。基本确认太极殿遗址是一组规模庞大、时代复杂的宫殿建筑群。主要由居于宫城核心的主殿建筑和周围的宫院、廊庑、宫门等附属建筑组成，形成一个大型宫院。太极殿的主殿位于宫院北部中间，由东西向排列的三座大型宫殿建筑组成，主殿居中、东西堂分居左右两侧。太极殿遗址的发掘从考古学层面确立了以太极殿为核心的都城单一宫城制度的内涵，展现了以太极殿为大朝、太极东西堂左右分立的东西堂制度，中心正殿前设置三道宫门涉及的“五门三朝”制度等，体现了“建中立极”“君权神授”的统治理念，是中国古代都城由多宫形制向居中对称的单一宫城形制发展的重要转折点，开启了中国古代都城布局和宫室制度的新时代。发掘收获被评为2015年度全国十大考古新发现。

北京大学考古文博学院、新疆维吾尔自治区文物考古研究所自2014年以来开展“安西大都护府考古工作计划”，调查通古斯巴什古城、乌什喀特古城、克孜勒协尔古城、夏合吐尔遗址，并发掘吐鲁番通古斯巴什古城址北瓮城。出土物反映出该城的世俗化程度较高，可能并非单纯的屯兵、屯田城址。推测该城的始建年代应早于唐代，可能建成于4世纪前后。

山西省考古研究所自2013年5~7月、2014年7月以来发掘新绛绛州衙署遗址。遗址面积约30000平方米，发掘面积达6300平方米。发掘表明作为保存较完整的一处古代官式建筑，自唐代在此营建，后历代州署皆在原址沿袭使用，其结构布局在各时期基本沿袭了古代传统建筑群中“前堂后室”的建筑形式。

成都市文物考古研究所自2014年3月以来抢救性发掘成都市金像寺明代太监墓群，清理明代墓葬39座，绝大部分被盗并破坏。金像寺太监墓群东部紧邻已发掘的“明蜀端王陵”“明蜀怀王陵”和众多的太监墓群，说明成都市区东部是蜀王及王府太监较为集中的埋葬区域。发掘工作至2016年1月。

国家文物局水下文化遗产保护中心、辽宁省文物考古研究所自2013年以来开展“丹东一号”清代沉船（致远舰）水下考古调查。沉船埋于粉砂质的淤泥下，舰体残骸达60多米长（长度还未到艏端），9米~10米宽。舰体周边散落着钢板、锅炉配件、炮弹等物品，原位于水线上的物品，如舷窗、加特林机枪也有发现，应为爆炸时向四周抛撒所致。舰体绝大部分区域均发现有火烧痕迹，过火面积较大，从艏部、右舷到艉部均有烧焦的痕迹，这些区域只能保存下不易燃烧的金属类构件。历次调查提取水下文物计180余件，另有65枚清代铜钱。有银、铜、铁、木、瓷、玻璃、皮革等类，用途涉及船体构件、舰载武器、搭载的官兵生活物品等。致远舰的多种舰载武器在“丹东一号”沉船遗址中均有发现。辽宁“丹东一号”清代沉船（致远舰）水下考古调查为中国近代史、甲午海战史和世界舰船技术史的研究提供了十分珍贵的实物资料。此次调查收获被评为2015年度全国十大考古新发现。

（朱乃诚）